Zugehör (Hrsg.) · Handbuch der Anwaltshaftung

Zugehör (Hrsg.)

Handbuch der Anwaltshaftung

Bearbeiter:

Dr. Horst Zugehör,
Richter am Bundesgerichtshof, Karlsruhe

Dr. Gero Fischer,
Richter am Bundesgerichtshof, Karlsruhe

Dr. Oliver Sieg,
Rechtsanwalt, Düsseldorf

Wolfgang Römer,
Richter am Bundesgerichtshof, Karlsruhe

VERLAG FÜR
DIE RECHTS- UND
ANWALTSPRAXIS
HERNE/BERLIN

Die Deutsche Bibliothek – CIP-Einheitsaufnahme
Handbuch der Anwaltshaftung / hrsg. von Horst Zugehör. Unter Mitarb. von Gero Fischer ... – Herne; Berlin : Verl. für die Rechts- und Anwaltspraxis, 1999
ISBN 3-89655-012-8

ISBN 3-89655-012-8

Satz: Satz-Offizin Hümmer GmbH, Waldbüttelbrunn

Druck: Bercker Graph. Betrieb GmbH, Kevelaer

Vorwort

Das vorliegende umfassende Handbuch soll der **Praxis** bei der regelmäßig schwierigen Aufgabe helfen, die sprunghaft steigenden – tatsächlichen oder vermeintlichen – Regreßfälle aus anwaltlicher Berufstätigkeit zu bewältigen. Es wendet sich deswegen in erster Linie an **Rechtsanwälte** – auch an steuerberatende Anwälte –, die von Schadensersatzforderungen betroffen oder mit der Geltendmachung oder Abwehr eines Regreßanspruchs beauftragt sind, sowie an **Richter** und **Haftpflichtversicherer**.

Ein Rechtsanwalt und drei Bundesrichter erläutern die **Vertragshaftung des Rechtsanwalts gegenüber seinem Auftraggeber** (Mandanten) und **gegenüber Dritten** („Dritthaftung"), die **außervertragliche** – insbesondere deliktische – **Anwaltshaftung** sowie die **Berufshaftpflichtversicherung des Rechtsanwalts**. Die Reihenfolge der Abschnitte entspricht den Schritten, die bei der Prüfung eines Regreßanspruchs beachtet werden sollten. **„Checklisten"** erleichtern die Haftungsprüfung im konkreten Fall.

Im Mittelpunkt der Erläuterungen steht die **aktuelle Rechtsprechung** des IX. Zivilsenats des **Bundesgerichtshofs**, der seit 1984 für Anwaltsregresse zuständig ist. **Mitglieder dieses Senats** machen die Hintergründe, Änderungen und Entwicklungslinien dieser Rechtsprechung deutlich. Auf **Spezialliteratur** wird in jedem Abschnitt verwiesen. **Rechtsprechungsübersichten** zu den einzelnen Abschnitten vermitteln in Leitsätzen wichtige Entscheidungen. Den Erläuterungen der schwierigen Bereiche der haftungsausfüllenden Kausalität und der Verjährung sind **Leitfäden** angefügt.

Rechtsanwalt Dr. Oliver Sieg („Internationale Anwaltshaftung", 1996) behandelt den **Anwaltsvertrag** einschließlich des Mandats mit **Auslandsbezug** und mit **Beteiligung mehrerer Rechtsanwälte** – auch in **Gesellschaften** –, die neuen Möglichkeiten der vertraglichen **Haftungsbeschränkungen** und die **anwaltlichen Einzelpflichten**.

Richter am Bundesgerichtshof Dr. Horst Zugehör – Mitglied des für die Anwaltshaftung zuständigen IX. Zivilsenats – erläutert die **vertraglichen Grundpflichten des Rechtsanwalts**, die **Pflichten des Mandanten**, das **Mitverschulden** des Auftraggebers, die **Verjährung** vertraglicher Regreßansprüche, die vertragliche und vorvertragliche **Dritthaftung des Rechtsanwalts** (gegenüber Nichtmandanten) und die **anwaltliche Deliktshaftung**.

Richter am Bundesgerichtshof Dr. Gero Fischer – ebenfalls Mitglied des zustädigen IX. Zivilsenats – erörtert **Pflichtwidrigkeit** und **Verschulden** sowie **Kausalität, Zurechenbarkeit** und **Schaden**.

Richter am Bundesgerichtshof Wolfgang Römer – Mitglied des für das Versicherungsrecht zuständigen IV. Zivilsenats – befaßt sich mit der Deckung von Haftpflichtansprüchen durch die **Berufshaftpflichtversicherung für Rechtsanwälte**.

Den Mitautoren sei dafür gedankt, daß sie neben ihrer beruflichen Tätigkeit zu diesem Werk beigetragen haben. Dank gilt auch Frau Dr. Andrea Lamberti – Geschäftsführerin des Verlages – für ihre Unterstützung.

Karlsruhe, im Juni 1999 Dr. Horst Zugehör

Bearbeiterverzeichnis

Es haben bearbeitet:

Rechtsanwalt Dr. Sieg

- Teil 1 Abschnitt 1 – Anwaltsvertrag (Rn. 4 ff.)
  - Abschnitt 2B – Einzelpflichten des Rechtsanwalts (Rn. 639 ff.)
  - Abschnitt 2C – Haftung für Hilfspersonen (Rn. 837 ff.)
  - Abschnitt 2E – Rechtsprechungslexikon (Rn. 984 ff.)
- Teil 3 Abschnitt 1 – Geschäftsführung ohne Auftrag, ungerechtfertigte Bereicherung (Rn. 1601 ff.)

Richter am Bundesgerichtshof Dr. Zugehör

- Teil 1 Abschnitt 2A – Allgemeine Vertragspflichten des Rechtsanwalts (Rn. 503 ff.)
  - Abschnitt 2D – Pflichten des Mandanten (Rn. 844 ff.)
  - Abschnitt 5 – Mitverschulden (Rn. 1133 ff.)
  - Abschnitt 6 – Verjährung vertraglicher Regreßansprüche (Rn. 1168 ff.)
- Teil 2 – Vertragliche Haftung gegenüber „Nichtmandanten" („Dritthaftung") (Rn. 1341 ff.)
- Teil 3 Abschnitt 2 – Unerlaubte Handlungen (Rn. 1612 ff.)
- Teil 4 – Checklisten für die Haftungsprüfung (Rn. 1803 ff.)

Richter am Bundesgerichtshof Dr. Fischer

- Teil 1 Abschnitt 3 – Pflichtwidrigkeit und Verschulden (Rn. 988 ff.)
  - Abschnitt 4 – Kausalität, Zurechenbarkeit, Schaden (Rn. 1038 ff.)

Richter am Bundesgerichtshof Römer

- Teil 5 – Berufshaftpflichtversicherung für Rechtsanwälte (Rn. 1807 ff.)

Zitiervorschlag:

Bearbeiter, in: Zugehör, Handbuch der Anwaltshaftung, Rn. …

Inhaltsübersicht

Teil 5: Berufshaftpflichtversicherung für Rechtsanwälte

Literaturverzeichnis

Zur **Spezialliteratur** *s. die Hinweise vor den einzelnen Teilen, bzw. bei Teil 1 vor den einzelnen Abschnitten.*

Arndt/Lerch/Sandkühler, Bundesnotarordnung, 3. Aufl. 1996;
Assmann/Schütze, Handbuch des Kapitalanlagerechts, 2. Aufl. 1997;
Baumbach/Hefermehl, Wettbewerbsrecht, 20. Aufl. 1998;
Baumbach/Hopt, Handelsgesetzbuch, 29. Aufl. 1995;
Baumbach/Hueck, GmbH-Gesetz, 16. Aufl. 1996;
Baumbach/Lauterbach/Albers/Hartmann, Zivilprozeßordnung mit Gerichtsverfassungsgesetz und anderen Nebengesetzen, 57. Aufl. 1999;
Baumgärtel, Handbuch der Beweislast im Privatrecht – Bd. 1 –, 2. Aufl. 1991;
Borgmann/Haug, Anwaltshaftung, 3. Aufl. 1995;
Bruck/Möller/Johannsen, Versicherungsvertragsgesetz, 8. Aufl. 1970;
Coing, Die Treuhand kraft privaten Rechtsgeschäfts, 1973;
Damm/Kuner, Widerruf, Unterlassung und Schadensersatz in Presse und Rundfunk, 1991;
Erman, Handkommentar zum Bürgerlichen Gesetzbuch – 1. u. 2. Band –, 9. Aufl. 1993;
Esser/Schmidt, Schuldrecht, Bd. I – Allgemeiner Teil, 7. Aufl. 1992;
Feuerich/Braun, Bundesrechtsanwaltsordnung, 4. Aufl. 1999;
Flume, Allgemeiner Teil des Bürgerlichen Rechts – Erster Band, Erster Teil –, 1977;
Geigel, Der Haftpflichtprozeß, 22. Aufl. 1997;
Geimer, Internationales Zivilprozeßrecht, 3. Aufl. 1997;
Gerold/Schmidt/von Eicken/Madert, Bundesgebührenordnung für Rechtsanwälte, 14. Aufl. 1999;
Göttlich/Mümmler, Bundesgebührenordnung für Rechtsanwälte, 17. Aufl. 1989;
Göttlich/Mümmler, BRAGO-Kommentar in alphabetischer Zusammenstellung –, 18. Aufl. 1994;
Gräfe/Lenzen/Schmeer, Steuerberaterhaftung, 3. Aufl. 1997;
Hansens, Bundesgebührenordnung für Rechtsanwälte, 8. Aufl. 1995;
Hartmann, Kostengesetze, 28. Aufl. 1999;
Hartstang, Anwaltsrecht, 1991;
Hartung/Holl, Anwaltliche Berufsordnung, 1997;
Haug, Die Amtshaftung des Notars, 2. Aufl. 1997;
Helle, Der Schutz der Persönlichkeit, der Ehre und des wirtschaftlichen Rufes im Privatrecht, 2. Aufl. 1969;
Henssler/Prütting, Bundesrechtsanwaltsordnung, 1997;
v. Heymann, Bankenhaftung bei Immobilienanlagen, 12. Aufl. 1998;
Hirte, Berufshaftung, 1996;
Jauernig, Bürgerliches Gesetzbuch, 7. Aufl. 1994;
Jayme/Hausmann, Internationales Privat- und Verfahrensrecht, 9. Aufl. 1998;
Jessnitzer/Blumberg, Bundesrechtsanwaltsordnung, 8. Aufl. 1998;
Kegel, Internationales Privatrecht, 7. Aufl. 1995;

Kleine-Cosack, Bundesrechtsanwaltsordnung, 3. Aufl. 1997;
Kopp/Schenke,Verwaltungsgerichtsordnung, 11. Aufl. 1998;
Kropholler, Internationales Privatrecht, 3. Aufl. 1997;
Lange, Hermann, Schadensersatz – Handbuch des Schuldrechts, Bd. 1, hrsg. von Gernhuber –, 2. Aufl. 1990;
Langenfeld, Vertragsgestaltung, 1991;
Leipziger Kommentar zum Strafgesetzbuch, 10. Aufl. 1988;
Liebich/Mathews, Treuhand und Treuhänder in Recht und Wirtschaft, 2. Aufl. 1983;
Löffler, Presserecht – Landespressegesetze –, 4. Aufl. 1997;
Löffler/Ricker, Handbuch des Presserechts, 1994;
Maass, Haftungsrecht des Notars, 1994;
Medicus, Bürgerliches Recht, 17. Aufl. 1996;
Münchener Handbuch des Gesellschaftsrechts – Bd. 1 –, 1995;
– Bd. 3, 1996;
Münchener Kommentar zum Bürgerlichen Gesetzbuch,
– Bd. 1, Einleitung und Allgemeiner Teil (§§ 1–240) und AGB-Gesetz, 3. Aufl. 1993;
– Bd. 2, Schuldrecht, Allgemeiner Teil (§§ 241 – 432), 3. Aufl. 1994;
– Bd. 3, Schuldrecht, Besonderer Teil I (§§ 433 – 606), 3. Aufl. 1995;
– Bd. 4, Schuldrecht, Besonderer Teil II (§ 607 – 704), 3. Aufl. 1997;
– Bd. 5, Schuldrecht, Besonderer Teil III (§§ 705 – 853), 3. Aufl. 1997;
– Bd. 9, Erbrecht, 3. Aufl. 1997;
Münchener Kommentar zur Zivilprozeßordnung – Bd. 1 und 3 –, 1992;
Palandt, Bürgerliches Gesetzbuch, 58. Aufl. 1999;
Prölss, Versicherungsaufsichtsgesetz, 11. Aufl. 1997;
Prölss/Martin, Versicherungsvertragsgesetz, 26. Aufl. 1998;
Reichsgerichtsräte Kommentar, Das Bürgerliche Gesetzbuch mit besonderer Berücksichtigung der Rechtsprechung des Reichsgerichts und des Bundesgerichtshofs (RGRK), herausgegeben von Mitgliedern des Bundesgerichtshofes,
Bd. II, 1. Teil, 12. Aufl. 1976;
Bd. II, Teil 3/2, 12. Aufl. 1997;
Bd. II, 4. Teil, 12. Aufl. 1978;
Bd. V, 1. Teil, 12. Aufl. 1974;
Bd. V, 2. Teil, 12. Aufl. 1975;
Reithmann/Martiny, Internationales Vertragsrecht, 5. Aufl. 1996;
Riedel/Sußbauer, Bundesrechtsanwaltsgebührenordnung, 8. Aufl. 1999;
Rinsche, Die Haftung des Rechtsanwalts und des Notars, 6. Aufl. 1998;
Römer/Langheid, Versicherungsvertragsgesetz, 1997;
Rosenberg/Schwab/Gottwald, Zivilprozeßrecht, 15. Aufl. 1993;
Schack, Internationales Zivilverfahrensrecht, 2. Aufl. 1996;
Schaub, Arbeitsrechtshandbuch, 8. Aufl. 1996;
Schimansky/Bunte/Lwowski, Bankrechts-Handbuch, 1997;
Schmidt, Karsten, Handelsrecht, 4. Aufl. 1994;
ders., Gesellschaftsrecht, 3. Aufl. 1997;
Scholz, Kommentar zum GmbH-Gesetz, I. Bd., 8. Aufl. 1993;

Schumann/Geißinger, Bundesgebührenordnung für Rechtsanwälte, 2. Aufl. 1974 (§§ 1–82); 2. Aufl. 1979 (§§ 83 ff.);
Seitz/Schmidt/Schoener, Der Gegendarstellungsanspruch in Presse, Film, Funk und Fernsehen, 3. Aufl. 1998;
Seybold/Schippel, Bundesnotarordnung, 6. Aufl. 1995;
Sieg, Internationale Anwaltshaftung, 1996;
Soergel, Bürgerliches Gesetzbuch, Bd. 2, 12. Aufl. 1990; Bd. 3, Schuldrecht III (§§ 705-853), 11. Aufl. 1985; Bd. 9, 12. Aufl. 1992;
Späte, Allgemeine Versicherungsbedingungen für die Haftpflichtversicherung, Kommentar, 1993;
Späth, Die zivilrechtliche Haftung des Steuerberaters, 4. Aufl. 1995;
Staudinger, Kommentar zum Bürgerlichen Gesetzbuch,
- Zweites Buch, Recht der Schuldverhältnisse (Einl. zu §§ 241 ff., §§ 241 – 243), 13. Bearbeitung 1995,
- Zweites Buch, Recht der Schuldverhältnisse (§§ 249 – 254), 13. Bearbeitung 1998,
- Zweites Buch, Schuldrecht Allgemeiner Teil (§§ 255 – 327), 13. Bearbeitung 1995,
- Zweites Buch, Recht der Schuldverhältnisse (§§ 328 – 361), 13. Bearbeitung 1995,
- Zweites Buch, Recht der Schuldverhältnisse (§§ 620 – 630), 13. Bearbeitung 1995,
- Zweites Buch, Recht der Schuldverhältnisse (§§ 652 – 704), 13. Bearbeitung 1995,
- Fünftes Buch, Erbrecht, 13. Bearbeitung 1996;

Einführungsgesetz zum Bürgerlichen Gesetzbuch, Internationales Gesellschaftsrecht, 13. Aufl. 1993;
Stein/Jonas, Kommentar zur Zivilprozeßordnung, 21. Aufl. 1995;
Thomas/Putzo, Zivilprozeßordnung, 21. Aufl. 1998;
Ulmer/Brandner/Hensen, AGB-Gesetz, 8. Aufl. 1997;
Vollkommer, Anwaltshaftungsrecht, 1989;
Wenzel, Das Recht der Wort- und Bildberichterstattung, 4. Aufl. 1994;
v. Westphalen, Vertragsrecht und AGB-Klauselwerke, 1997;
Wolf/Horn/Lindacher, AGB-Gesetz, 4. Aufl. 1999;
Wussow, Unfallhaftpflichtrecht, 14. Aufl. 1996;
Zöller, Zivilprozeßordnung, 21. Aufl. 1999;

Abkürzungsverzeichnis

a. A.	anderer Ansicht
a. F.	alte Fassung
a. a. O.	am angegebenen Ort
ABA	American Bar Association (U. S. A.)
ABl	Amtsblatt der Europäischen Gemeinschaften
Abs.	Absatz, Absätze
AbzG	Abzahlungsgesetz
AcP	Archiv für die civilistische Praxis
AFG	Arbeitsförderungsgesetz
AfP	Archiv für Presserecht
AG	Aktiengesellschaft
AGB	Allgemeine Geschäftsbedingung(en)
AGBG	Gesetz zur Regelung des Rechts der Allgemeinen Geschäftsbedingungen
AHB	Allgemeine Versicherungsbedingungen für die Haftpflichtversicherung
AktG	Aktiengesetz
Alt.	Alternative
Anh.	Anhang
Anl.	Anlage
AnwBl	Anwaltsblatt
AO	Abgabenordnung
ARB	Allgemeine Bedingungen für die Rechtsschutzversicherung
ArbGG	Arbeitsgerichtsgesetz
Art.	Artikel
Aufl.	Auflage
AVB-A	Allgemeine Versicherungsbedingungen für die Vermögensschäden – Haftpflichtversicherung von Rechtsanwälten und Patentanwälten
AW-Prax	Außenwirtschaftliche Praxis
Az.	Aktenzeichen
BAG	Bundesarbeitsgericht
BayObLG	Bayerisches Oberstes Landesgericht
BB	Der Betriebs-Berater (Zs.)
BDSG	Bundesdatenschutzgesetz
Beil.	Beilage
BeurkG	Beurkundungsgesetz
BGB	Bürgerliches Gesetzbuch
BGBl I, II	Bundesgesetzblatt, Teil I, Teil II
BGH	Bundesgerichtshof
BGHR	Rechtsprechung des Bundesgerichtshofes

BGHSt	Entscheidungen des Bundesgerichtshofes in Strafsachen
BGHZ	Entscheidungen des Bundesgerichtshofes in Zivilsachen
BinnSchG	Binnenschiffahrtsgesetz
BNotO	Bundesnotarordnung
BORA	Berufsordnung für Rechtsanwälte
BRAGO	Bundesgebührenordnung für Rechtsanwälte
BRAK	Bundesrechtsanwaltskammer
BRAK-Mitt.	Mitteilungen der Bundesrechtsanwaltskammer
BRAO	Bundesrechtsanwaltsordnung
BT-Drucks.	Bundestags-Drucksache
Buchst.	Buchstabe
BVerfG	Bundesverfassungsgericht
BVerfGE	Entscheidungen des Bundesverfassungsgerichts
c. i. c.	culpa in contrahendo (Verschulden bei Vertragsschluß)
CCBE	Conseil des Barreaux de la Communauté Européenne (Vereinigung der Anwaltskammern in der Europäischen Gemeinschaft)
CISG	Convention on Contracts for the International Sale of Goods – UN-Kaufrecht
CR	Computer und Recht
d. h.	das heißt
DB	Der Betrieb (Zs.)
ders.	derselbe
dies.	dieselbe(n)
Diss.	Dissertation
DM	Deutsche Mark
DNotZ	Deutsche Notar-Zeitschrift
DRiZ	Deutsche Richterzeitung
DStR	Deutsches Steuerrecht (Zs.)
DtZ	Deutsch-Deutsche Rechts-Zeitschrift
DWiR	Deutsche Zeitschrift für Wirtschaftsrecht
EDV	Elektronische Datenverarbeitung
EG	Europäische Gemeinschaft
EGBGB	Einführungsgesetz zum Bürgerlichen Gesetzbuch
EGGVG	Einführungsgesetz zum Gerichtsverfassungsgesetz
EGV	Vertrag zur Gründung der Europäischen Gemeinschaft
Einf.	Einführung
Einl.	Einleitung
EU	Europäische Union
EuGH	Gerichtshof der Europäischen Gemeinschaften
EuGVÜ	Europäisches Übereinkommen über die gerichtliche Zuständigkeit und Vollstreckung gerichtlicher Entscheidungen in Zivil- und Handelssachen

EuZW	Europäische Zeitschrift für Wirtschaftsrecht
EWG	Europäische Wirtschaftsgemeinschaft
EWGV	Vertrag zur Gründung der Europäischen Wirtschaftsgemeinschaft
EWIV	Europäische wirtschaftliche Interessenvereinigung
EWIV-VO	Verordnung (EWG) Nr. 2137/85 des Rates über die Schaffung einer Europäischen wirtschaftlichen Interessenvereinigung
F.	Fach
f., ff.	folgende, fortfolgende
FAZ	Frankfurter Allgemeine Zeitung
FF	Französische Francs
FGG	Gesetz über die Angelegenheiten der freiwilligen Gerichtsbarkeit
FGO	Finanzgerichtsordnung
Fn.	Fußnote
FS	Festschrift
G	Gesetz
GA	Goltdammer's Archiv
GenG	Gesetz betreffend die Erwerbs- und Wirtschaftsgenossenschaften
GesO	Gesamtvollstreckungsordnung
GG	Grundgesetz für die Bundesrepublik Deutschland
GKG	Gerichtskostengesetz
GmbH	Gesellschaft mit beschränkter Haftung
GmbHG	Gesetz betreffend die Gesellschaften mit beschränkter Haftung
GmbHR	GmbH-Rundschau (Zs.)
Gr.	Gruppe
grdl.	grundlegend
GRUR	Gewerblicher Rechtsschutz und Urheberrecht
GSST	Großer Senat für Strafsachen
GSZ	Großer Senat für Zivilsachen
GVBl	Gesetz- und Verordnungsblatt
GVG	Gerichtsverfassungsgesetz
HausTWG	Gesetz über den Widerruf von Haustürgeschäften und ähnlichen Geschäften
HGB	Handelsgesetzbuch
HRR	Höchstrichterliche Rechtsprechung
Hrsg.	Herausgeber
Hs.	Halbsatz
i. A.	im Auftrag
i. d. R.	in der Regel
i. S. d.	im Sinne der/des/dieser

i. S. v.	im Sinne von
i. V.	in Vertretung
i. V. m.	in Verbindung mit
IFLRev	International Financial Law Review (England)
InsO	Insolvenzordnung
IPR	Internationales Privatrecht
IWB	Internationale Wirtschafts-Briefe (Zs.)
JA	Juristische Arbeitsblätter (Zs.)
JGG	Jugendgerichtsgesetz
JR	Juristische Rundschau (Zs.)
JurBüro	Das juristische Büro (Zs.)
JuS	Juristische Schulung (Zs.)
JW	Juristische Wochenschrift (Zs.)
JZ	Juristenzeitung
KG	Kammergericht, Kommanditgesellschaft
KGaA	Kommanditgesellschaft auf Aktien
KO	Konkursordnung
KostO	Kostenordnung
KSchG	Kündigungsschutzgesetz
KTS	Zeitschrift für Konkurs-, Treuhand- und Schiedsgerichtswesen
LAG	Landesarbeitsgericht
LG	Landgericht
lit.	litera (Buchstabe)
LM	Lindenmaier und Möhring, Nachschlagewerk des Bundesgerichtshofs
Ls.	Leitsatz
LZ	Leipziger Zeitschrift für Deutsches Recht
m. Anm.	mit Anmerkung
m. w. N.	mit weiteren Nachweisen
MDR	Monatsschrift für Deutsches Recht
Mio.	Million(en)
n. F.	neue Fassung
n. rkr.	nicht rechtskräftig
NCPC	Nouveau code de la procédure civile (Frankreich)
NJW	Neue Juristische Wochenschrift
NJW-CoR	NJW-Computerrecht
NJWE-VHR	NJW-Entscheidungsdienst Versicherungs-/Haftungsrecht
NJW-RR	NJW-Rechtsprechungs-Report Zivilrecht

Nr.	Nummer(n)
NStZ	Neue Zeitschrift für Strafrecht
NVersZ	Neue Zeitschrift für Versicherungsrecht
NVwZ	Neue Zeitschrift für Verwaltungsrecht
NWB	Neue Wirtschafts-Briefe (Zs.)
NZA	Neue Zeitschrift für Arbeitsrecht
NZG	Neue Zeitschrift für Gesellschaftsrecht
OHG	Offene Handelsgesellschaft
OLG	Oberlandesgericht
OLGZ	Entscheidungen der Oberlandesgerichte in Zivilsachen
OVG	Oberverwaltungsgericht
OWiG	Gesetz über Ordnungswidrigkeiten
PartGG	Gesetz über Partnerschaftsgesellschaften Angehöriger Freier Berufe (Partnerschaftsgesellschaftsgesetz)
PflichtVG	Pflichtversicherungsgesetz
PHi	Produkt- und Umwelthaftpflicht international – Recht und Versicherung (Zs.)
PVV	Positive Vertragsverletzung
r+s	Recht + Schaden (Zs.)
RabelsZ	Rabels Zeitschrift für ausländisches und internationales Privatrecht
RADG	Rechtsanwaltsdienstleistungsgesetz
RBerG	Rechtsberatungsgesetz
RG	Reichsgericht
RGRK	Reichsgerichtsrätekommentar
RGSt	Entscheidungen des Reichsgerichts in Strafsachen
RGZ	Entscheidungen des Reichsgerichts in Zivilsachen
RichtlRA	Grundsätze des anwaltlichen Standesrechts, Richtlinien gemäß § 177 Abs. 2 Nr. 2 BRAO a. F.
RIW	Recht der Internationalen Wirtschaft, Außenwirtschaftsdienst des Betriebs-Beraters (Zs.)
Rn.	Randnummer(n)
RPfl	Der Deutsche Rechtspfleger (Zs.)
RPflG	Rechtspflegergesetz
S.	Seite(n)
s.	siehe
SGG	Sozialgerichtsgesetz
sog.	sogenannte(r)
StBerG	Steuerberatungsgesetz
StBerGV	Gebührenverordnung für Steuerberater, Steuerbevollmächtigte und Steuerberatungsgesellschaften (Steuerberatergebührenverordnung)

StGB	Strafgesetzbuch
StPO	Strafprozeßordnung
u. a.	und andere
u. U.	unter Umständen
U. S. A.	United States of America (Vereinigte Staaten von Amerika)
UmwG	Umwandlungsgesetz
Urt.	Urteil
UWG	Gesetz gegen den unlauteren Wettbewerb
v.	von, vom
VerbrKrG	Verbraucherkreditgesetz
VerglO	Vergleichsordnung
VermG	Gesetz zur Regelung offener Vermögensfragen (Vermögensgesetz)
VersR	Versicherungsrecht
VGH	Verwaltungsgerichtshof
vgl.	vergleiche
VVG	Versicherungsvertragsgesetz
VwGO	Verwaltungsgerichtsordnung
WiB	Wirtschaftsrechtliche Beratung (Zs.)
WM	Wertpapiermitteilungen (Zs.)
WpHG	Gesetz über den Wertpapierhandel – Wertpapierhandelsgesetz
WPO	Gesetz über eine Berufsordnung der Wirtschaftsprüfer
z. B.	zum Beispiel
ZAP	Zeitschrift für die Anwaltspraxis
ZEuP	Zeitschrift für Europäisches Privatrecht
ZfR	Zeitschrift für Immobilienrecht
ZfS	Zeitschrift für Schadensrecht
ZHR	Zeitschrift für das gesamte Handels- und Wirtschaftsrecht
Ziff.	Ziffer
ZIP	Zeitschrift für Wirtschaftsrecht
ZNotP	Zeitschrift für die Notar Praxis
ZPO	Zivilprozeßordnung
ZRP	Zeitschrift für Rechtspolitik
Zs.	Zeitschrift
z. V. b.	zur Veröffentlichung bestimmt
ZVersWiss	Zeitschrift für die gesamte Versicherungswissenschaft
ZVglRWiss	Zeitschrift für Vergleichende Rechtswissenschaft
ZVG	Gesetz über die Zwangsversteigerung und Zwangsverwaltung
ZZP	Zeitschrift für Zivilprozeß

Teil 1: Vertragliche Haftung gegenüber dem Auftraggeber

Wenn von **Anwaltshaftung** die Rede ist, sind diejenigen Rechtsnormen gemeint, welche die Voraussetzungen regeln, unter denen ein Rechtsanwalt gegenüber seinem Auftraggeber oder anderen Personen zum Schadensersatz verpflichtet ist.[1] Das Recht der Anwaltshaftung ist nicht kodifiziert, sondern **vornehmlich Richterrecht**. Vereinzelte gesetzliche Regelungen enthalten § 44 Satz 2 BRAO, § 51 a BRAO sowie § 51 b BRAO. Grundlegende Bedeutung kommt der Rechtsprechung des für die Anwaltshaftung[2] (und auch für die Haftung der Rechtsbeistände, Notare und Steuerberater) zuständigen IX. Zivilsenats des BGH zu. 1

Das deutsche Recht wählt für die Anwaltshaftung im Gegensatz zu anderen Rechtsordnungen[3] einen **vertragsrechtlichen Ansatz**.[4] Dies hängt vor allem damit zusammen, daß in §§ 823 ff. BGB eine deliktische Haftung für fahrlässig verursachte Vermögensschäden weitgehend ausgeschlossen ist.[5] Dogmatisch wird die Haftung des Rechtsanwalts gegenüber seinem Auftraggeber auf das Institut der **positiven Vertragsverletzung**[6] zurückgeführt.[7] Danach ist der Rechtsanwalt verpflichtet, demjenigen, mit dem er einen Anwaltsvertrag geschlossen hat, den durch eine schuldhafte Pflichtverletzung verursachten Schaden zu ersetzen. Die Tatbestände der Nichterfüllung bzw. der nicht rechtzeitigen Erfüllung treten hinter den Fällen der Schlechterfüllung weitgehend zurück.[8] Auch vertraglichen Gewährleistungsansprüchen[9] kommt für die Anwaltshaftung keine Bedeutung zu. 2

---

1 Allgemein zu Begriff, Grund und Zweck von Haftung: *Sieg*, Internationale Anwaltshaftung, S. 61 ff.

2 Im Geschäftsverteilungsplan des BGH für das Geschäftsjahr 1999 ist von „Rechtsstreitigkeiten über Auftragsverhältnisse (§§ 662–676 BGB) [. . .] betreffend Ansprüche von und gegen Rechtsanwälte" sowie von „Schadensersatzansprüchen wegen Pflichtverletzungen gegen Rechtsanwälte" die Rede; NJW 1999, Beil. Heft 13.

3 Vgl. etwa *Hirte*, Berufshaftung, S. 242 ff. (Österreich, Schweiz, Frankreich, Italien, England und USA); *Sieg*, NJW 1996, 2209 ff. (zum US-amerikanischen Recht); vgl. auch unten, Fn. 542.

4 Allgemein zur Anwaltshaftung: *Borgmann/Haug*, Anwaltshaftung; *Hartstang*, Anwaltsrecht, S. 541 ff.; *Rinsche*, Die Haftung des Rechtsanwalts und des Notars, Teil I; *Vollkommer*, Anwaltshaftungsrecht; vgl. auch *Boergen*, Vertragliche Haftung des Rechtsanwalts; *Henssler*, JZ 1994, 178 ff.; *Hirte*, Berufshaftung, S. 11 ff.; *Poll*, Die Haftung der freien Berufe am Beispiel des Rechtsanwalts, S. 49 f. und S. 163 ff.; *Rinsche*, ZAP (1997), Fach 23, S. 249 ff.; *Römermann*, in: Hartung/Holl, BORA, vor § 11 (§§ 51–51 b BRAO); *Sieg*, Internationale Anwaltshaftung, S. 85 ff.; *ders.*, PHi 1999, 130 ff.

5 Zur Deliktshaftung des Rechtsanwalts: vgl. Rn. 1612 ff.

6 Zum Begriff der positiven Vertragsverletzung: *Sieg*, Internationale Anwaltshaftung, Fn. 338.

7 Vgl. etwa BGH, WM 1986, 199, 203; NJW-RR 1990, 1241, 1244; *Hartstang*, S. 541; *Vollkommer*, Rn. 214–220.

8 Vgl. *Rinsche*, Rn. I 31; *Vollkommer*, Rn. 214.

9 Zur Rechtsnatur des Anwaltsvertrages vgl. Rn. 4 ff.

Abschnitt 1: Der Anwaltsvertrag

Inhaltsverzeichnis

Spezialliteratur:

Adolff, Die zivilrechtliche Verantwortlichkeit deutscher Anwälte bei der Abgabe von Third Party Legal Opinions, 1997;
Ahlers, Die Rechtsanwalts-GmbH, AnwBl 1991, 10;
ders., Die Anwalts-GmbH nach geltendem Recht, AnwBl 1991, 226;
ders., Zur Definition der überörtlichen Sozietät, AnwBl 1992, 54;
ders., Die GmbH als Zusammenschluß Angehöriger freier Berufe zur gemeinsamen Berufsausübung, FS Rowedder, 1994, S. 1;
ders., Die Rechtsanwalts-GmbH zugelassen: Ein Intermezzo?, AnwBl 1995, 121;
Arnold, Die Tragweite des § 8 Abs. 2 PartGG vor dem Hintergrund der Haftungsverfassung der Gesellschaft bürgerlichen Rechts, BB 1996, 597;
Authenrieth, Die inländische Europäische Wirtschaftliche Interessenvereinigung (EWIV) als Gestaltungsmittel, BB 1989, 305;
Bach, Die BGB-Gesellschaft als Mitglied einer Europäischen Wirtschaftlichen Interessenvereinigung (EWIV)?, BB 1990, 1432;
Bayer/Imberger, Die Rechtsformen freiberuflicher Tätigkeit, DWiR 1993, 309;
Becker, Haftungsfragen internationaler Anwaltstätigkeit, AnwBl 1998, 305;
Bellstedt, Die Rechtsanwalts-GmbH, AnwBl 1995, 573;
Berndt/Boin, Zur Rechtsnatur der Gesellschaft bürgerlichen Rechts, NJW 1998, 2854;
v. Bernstorff, Keine entsprechende Anwendung des § 664 BGB auf entgeltliche Geschäftsbesorgungsverträge, NJW 1952, 731;
ders., Die Bedeutung der Legal Opinion in der Außenhandelsfinanzierung, RIW 1988, 680;
Boele, Die Organisation von Rechtsanwaltssozietäten Heute und Morgen, 1992;
Boergen, Die vertragliche Haftung des Rechtsanwalts, 1968;
Bösert, Das Gesetz über Partnerschaftsgesellschaften Angehöriger Freier Berufe (Partnerschaftsgesellschaftsgesetz), ZAP (1994), Fach 15, S. 137;
Boin, Die Partnerschaftsgesellschaft für Rechtsanwälte, 1996;
Borgmann, Haftpflichtfragen, AnwBl 1997, 112;
dies., Haftpflichtfragen, AnwBl 1997, 220;
Brandes, Die höchstrichterliche Rechtsprechung des Bundesgerichtshofs zur GmbH, WM 1998, 1;
Braun, Contra-Anwalts-GmbH, MDR 1995, 447;
Bunte, Mandatsbedingungen der Rechtsanwälte und das AGB-Gesetz, NJW 1981, 2657;
Busse, Die personelle Haftungsbegrenzung in der Steuerberater-Sozietät gemäß § 67 a Abs. 2 StBerG, DStR 1995, 738;
Clausnitzer/Pieper/Schollmeier, EG-Recht in der Anwaltskanzlei, 1993;
Damm, Gesellschaftsrecht der Freien Berufe im Wandel, FS Brandner, 1996, 31;
Dauner-Lieb, Durchbruch für die Anwalts-GmbH?, GmbHR 1995, 259;
Dittmann, Überlegungen zur Rechtsanwalts-GmbH, ZHR 161 (1997), 332;
Döser, Gutachten für den Gegner: Third Party Legal Opinion im deutschen Recht, FS Nirk, 1992, S. 151;
Donath, Rechtsberatungsgesellschaften, ZHR 156 (1992), 134;
Düwell, Zur Zulässigkeit der Berufsausübung in einer Kapitalgesellschaft (sog. Anwalts-GmbH), AnwBl 1990, 388;

Eisenberg, Das Internationale Privatrecht der Anwaltshaftung, 1998;
Ewers, Der Rechtsanwalt als Treuhänder im Bauherrenmodell, NJW 1983, 1652;
Eylmann, Bewegung im Berufsrecht der Notare, NJW 1998, 2929;
v. Falkenhausen, Brauchen die Rechtsanwälte ein Partnerschaftsgesetz?, AnwBl 1993, 479;
Feddersen/Meyer-Landrut, Partnerschaftsgesellschaftsgesetz, 1995;
Flume, Allgemeiner Teil des Bürgerlichen Rechts, Erster Band, Erster Teil, Die Personengesellschaft, 1977 (zitiert: Personengesellschaft);
Frank, Ist die Bestimmung über den Parteiverrat (§ 356 StGB) ein Schutzgesetz im Sinne des § 823 Abs. 2 BGB?, MDR 1962, 945;
Friedlaender, Anmerkung zu RG, Urt. v. 2. 10. 1925 – 497/24 III, JW 1926, 246;
ders., Anmerkung zu RG, Urt. v. 10. 2. 1928 – 231/27 III, JW 1928, 1134;
Fuhrmann, Die Rechtsstellung des angestellten Rechtsanwalts, 1989;
Funke, Der Regierungsentwurf zur Rechtsanwalts-GmbH, AnwBl 1998, 6;
Ganske, Das Recht der Europäischen Wirtschaftlichen Interessenvereinigung, 1988;
Gerlt, Der Gesetzesentwurf zur Anwalts-GmbH: Ein Abschreckungsversuch?, MDR 1998, 259;
Gloria/Karbowski, Die Europäische Wirtschaftliche Interessenvereinigung (EWIV), WM 1990, 1313;
Graef, Die Haftung des deutschen und des englischen Anwalts für fehlerhafte Prozeßführung, 1995;
Großfeld, Internationales und Europäisches Unternehmensrecht, 2. Aufl. 1995;
Gruber, Anwaltshaftung bei grenzüberschreitenden Mandaten, MDR 1998, 1399;
Grüninger, Die deutsche Rechtsanwaltssozietät als Mitglied einer EWIV, AnwBl 1990, 228;
ders., Aspekte, Strategien und Möglichkeiten einer EWIV von Rechtsanwälten, AnwBl 1992, 111;
Haas, Neue Gesellschaftsform, BRAK-Mitt. 1994, 1;
Hartstang, Anwaltliche Berufsausübung in Form einer GmbH – Zugleich eine Besprechung von BayObLG vom 24. 11. 1994–3 Z BR 115/94, ZAP (1994), Fach 23, S. 193;
Hartung, Neues Berufs- und Gebührenrecht für Rechtsanwälte, WiB 1994, 585;
ders., Sozietät oder Kooperation, AnwBl 1995, 333;
K. Heinemann, Baustein anwaltlicher Berufshaftung: die Beweislast, NJW 1990, 2345;
P. Heinemann, Rechtsformwahl und Anwalts-GmbH, AnwBl 1991, 233;
Heinrichs, Die Entwicklung des Rechts der Allgemeinen Geschäftsbedingungen im Jahre 1996, NJW 1997, 1407;
Hellwig, Formen der Gestaltung der Zusammenarbeit mit dem ausländischen Anwalt, AnwBl 1996, 124;
ders., Die Rechtsanwalts-GmbH, ZHR 161 (1997), 337;
Henssler, Die Rechtsanwalts-GmbH, JZ 1992, 697;
ders., Anwaltsgesellschaften, NJW 1993, 2137;
ders., Haftungsrisiken anwaltlicher Tätigkeit, JZ 1994, 178;
ders., Der Regierungsentwurf eines Gesetzes über Partnerschaftsgesellschaften, WiB 1994, 53;
ders., Die Freiberufler-GmbH, ZIP 1994, 844;
ders., Anmerkung zu BayObLG, Beschluß vom 14. 11. 1994–3 Z BR 115/94, ZIP 1994, 1871;

ders., Die Haftung der Partnerschaft und ihrer Gesellschafter, FS Vieregge, 1995, S. 361;
ders., Neue Formen anwaltlicher Zusammenarbeit, DB 1995, 1549;
ders., Die Haftung der Rechtsanwälte und Wirtschaftsprüfer, AnwBl 1996, 3;
ders., Partnerschaftsgesellschaftsgesetz, 1997;
ders., Die Rechtsanwalts-GmbH – Zulässigkeit und Satzungserfordernisse, ZHR 161 (1997), 305;
ders., Der Gesetzesentwurf zur Regelung der Rechtsanwalts-GmbH, ZIP 1997, 1481;
ders., Rechtsanwalts-GmbH oder Partnerschaft?, ZAP (1997), Fach 23, S. 285;
ders., Die gesetzliche Regelung der Rechtsanwalts-GmbH, NJW 1999, 241;
Heublein, Die Rechtsanwalts-Aktiengesellschaft vor der Eintragung ins Handelsregister, AnwBl 1999, 304;
v. d. Heydt/Rechenberg, Die Europäische Wirtschaftliche Interessenvereinigung, 1991;
Hommelhoff/Schwab, Anm. BayObLG, Beschl. 24. 11. 1994 – 3 Z BR 115/94, WiB 1995, 115;
Jackson & Powell, On Professional Negligence, 4. Aufl. 1997;
Jahndorf, Die EWIV im Ertragsteuerrecht, 1995;
Jander/Du Mesnil de Rochemont, Die Legal Opinion im Rechtsverkehr mit den USA, RIW 1976, 332;
Junge-Ilges, Haftungsvereinbarungen der rechts- und wirtschafsberatenden Berufe, 1995;
Jungk, Die Rechtsanwaltssozietät als Haftungsgemeinschaft, AnwBl 1996, 297;
ders., Der Anwaltsnotar, AnwBl 1999, 343, 404;
Kaiser/Bellstedt, Die Anwaltssozietät, 2. Aufl. 1995;
Kempter, Das Partnerschaftsgesellschaftsgesetz, BRAK-Mitt. 1994, 122;
ders., Die Rechtsanwalts-GmbH und das Bayerische Oberste Landesgericht – was nun?, BRAK-Mitt. 1995, 4;
Kempter/Kopp, Hinweise zur Gestaltung der Satzung einer Rechtsanwalts-GmbH, BRAK-Mitt. 1998, 254;
Kewenig, Das Recht der rechtsberatenden Berufe – eine Herausforderung für den Gesetzgeber und die Standesorganisation, JZ 1990, 782;
Kindler, Niederlassungsfreiheit für Scheinauslandsgesellschaften, NJW 1999, 1993;
Klein-Blenkers, Wirtschaftliche Bedeutung und rechtliche Fragen zur Europäischen wirtschaftlichen Interessenvereinigung, DB 1994, 2224;
Kleine-Cosack, Neuordnung des anwaltlichen Berufsrechts, NJW 1994, 2249;
Knief, Der Rechtsanwalt als Angestellter und als freier Mitarbeiter, AnwBl 1985, 58;
Knoll/Schüppen, Die Europäische wirtschaftliche Interessenvereinigung, WiB 1994, 889, 936;
dies., Die Partnerschaftsgesellschaft – Handlungszwang, Handlungsalternative oder Schubladenmodell?, DStR 1995, 608, 646;
Koch, Zur Zulässigkeit der Rechtsanwalts-GmbH nach geltendem Recht, AnwBl 1993, 157;
ders., Pro-Anwalts-GmbH, MDR 1995, 446;
Koller, Das Haftungsprivileg des Geschäftsbesorgers gemäß §§ 664 Abs. 1 Satz 2, 675 BGB, ZIP 1985, 1243;
Kollhosser/Raddatz, Die Europäische Wirtschaftliche Interessenvereinigung (EWIV), JA 1989, 10;
Kornblum, Die Haftung assoziierter Rechtsanwälte, BB 1973, 218;
Kremer, Freie Berufe in der Rechtsform der GmbH, GmbHR 1983, 259;

Landry, Die Anwalts-Kapitalgesellschaft, MDR 1995, 558;
Lang A., Die neuere Rechtsprechung des Bundesgerichtshofs zu Auftrag, Geschäftsbesorgung und Geschäftsführung ohne Auftrag, WM 1988, Beil. 9;
Lang R., Haftpflichtfragen, AnwBl 1981, 496;
Lenz, Die Partnerschaft – alternative Gesellschaftsform für Freiberufler, MDR 1994, 741;
Leutheusser-Schnarrenberger, Die Partnerschaftsgesellschaft – natonale und EG-rechtliche Bestrebungen zu einem Sondergesellschaftsrecht für die freien Berufe, FS Helmrich, 1994, S. 677;
Loewer, Neuordnung des anwaltlichen Berufsrechts, BRAK-Mitt. 1994, 186;
Louven, Die Haftung des deutschen Rechtsanwalts im internationalen Mandat, VersR 1997, 1050;
Mahnke, Das Partnerschaftsgesellschaftsgesetz, WM 1996, 1029;
Mankowski, Anmerkung zu BGH, Urt. 25. 4. 1996 – I ZR 106/94, WiB 1996, 1019;
Marx, Die Europäische Wirtschaftliche Interessenvereinigung (EWIV) als Kooperationsform für die freien Berufe, AnwBl 1997, 241;
Mayer, Eine Lanze für das Korrespondenzmandat, AnwBl 1992, 170;
Mazza, Die Haftung des neu eintretenden Partners für Alt-Verbindlichkeiten der Partnerschaft aus Schäden wegen fehlerhafter Berufsausübung, BB 1997, 746;
Meik/Faecks, Haftungsprobleme bei der Gebührenteilung zwischen Korrespondenz- und Prozeßanwalt, AnwBl 1989, 83;
Meilicke/v. Westphalen/Hoffmann/Lenz, Partnerschaftsgesellschaftsgesetz, 1995;
Meyer-Landrut, Die Europäische wirtschaftliche Interessenvereinigung, 1988;
Michalski, Zum Regierungsentwurf eines Partnerschaftsgesellschaftsgesetzes, ZIP 1993, 1210;
Michalski/Römermann, Partnerschaftsgesellschaftsgesetz, Kommentar, 1995;
dies., Interprofessionelle Zusammenarbeit von Rechtsanwälten, NJW 1996, 3233;
Mühsam-Werther, Beweislast im Anwaltsregreßprozeß, JW 1925, 1362;
Müller, K., Schadensersatzpflicht verbundener Anwälte, NJW 1969, 903, 1416;
Müller-Gugenberger, EWIV – Die neue europäische Gesellschaftsform, NJW 1989, 1449;
Müller-Gugenberger/Schotthöfer, Die EWIV in Europa, 1995;
Münchener Handbuch des Gesellschaftsrechts, Band 1: BGB-Gesellschaft, Offene Handelsgesellschaft, Partnerschaftsgesellschaft, Partenreederei, EWIV, 1995;
Nerlich, Internationale Kooperationsmöglichkeiten für europäische Rechtsanwälte, 1994;
ders., Anwaltssozietäten in Europa, AnwBl 1994, 529;
Neye, Die Europäische wirtschaftliche Interessenvereinigung – eine Zwischenbilanz, DB 1997, 861;
Niebling, Haftungsbeschränkung für Rechtsanwälte trotz AGB-Richtlinie, AnwBl 1996, 20;
Odersky, Die überörtliche Anwaltssozietät, FS Merz, 1992, S. 439;
Oppenhoff, Anwaltsgemeinschaften, ihr Sinn und Zweck, AnwBl 1967, 267;
Pabst, Gebührenrechtliche Folgen der Kündigung des Mandats, MDR 1978, 449;
Pera, Anwaltshonorare in Deutschland und den U. S. A., 1995;
Pilny, Germany offers lawyers new partnership vehicle, IFLRev 2/1996, 14;
Poll, Die Haftung der freien Berufe am Beispiel des Rechtsanwalts, Diss. Berlin 1992;
Probst, Haftpflichtfragen, AnwBl 1976, 288;
Prohaska, Die Handelndenhaftung in der Anwalts-GmbH, MDR 1997, 701;

Rabe, Der Beruf des Rechtsanwalts – Herausforderung in Gegenwart und Zukunft, NJW 1971, 1385;
Raiser, Die Haftung des deutschen Rechtsanwalts bei grenzüberschreitender Tätigkeit, NJW 1991, 2049;
Reiff, Die neuen berufsrechtlichen Bestimmungen über Haftungsbeschränkungen durch AGB, AnwBl 1997, 3;
ders., Wider die unternehmenstragende Gesellschaft bürgerlichen Rechts ohne Gesellschafterhaftung, ZIP 1999, 517;
Riedel, Nochmals: Der Rechtsanwalt als Treuhänder im Bauherrenmodell, NJW 1984, 1021;
Rinsche, Grundsätze der Anwaltshaftung, ZAP (1997), Fach 23, S. 249;
ders., Grundsätze der Notarhaftung, ZAP (1997), Fach 23, S. 273;
Rinsche/Schlüter, Anwaltstätigkeit im internationalen Bereich, ZAP (1992), Fach 23, S. 115;
Römer, Das sogenannte Augenblicksversagen, VersR 1992, 1187;
Römermann, Entwicklungen und Tendenzen bei Anwaltsgesellschaften, 1995;
ders., Anwalts-GmbH als „theoretische Variante" zur Partnerschaft?, GmbHR 1997, 530;
ders., Der neue Regierungsentwurf zum AnwaltsGmbH-Gesetz, NZG 1998, 81;
ders., Neues im Recht der Partnerschaftsgesellschaft, NZG 1998, 675;
ders., Anwalts-GmbH im Wettbewerb, GmbHR 1998, 966;
Römermann/Spönemann, Gesellschaftsformen für Rechtsanwälte – Berufsrecht, Gesellschaftsrecht, Steuerrecht, NZG 1998, 15;
Sandrock, Ein amerikanisches Lehrstück für das Kollisionsrecht der Kapitalgesellschaften, RabelsZ 42 (1978), 227;
ders., Die Konkretisierung der Überlagerungstheorie in einigen zentralen Rechtsfragen, FS Beitzke, 1979, S. 669;
ders., Centros: Ein Etappensieg für die Überlagerungstheorie, BB 1999, 1337;
Schardey, Neue Formen anwaltlicher Berufsausübung, FS Quack, 1991, S. 731;
Schlosser, Grünes Licht für die Rechtsanwalts-GmbHs?, JZ 1995, 345;
Schmeel, Einschaltung mehrerer Anwälte – oder: der geschundene Korrespondenzanwalt, MDR 1995, 24;
Schmellenkamp, Der Prozeßbevollmächtigte als Zustellungsempfänger – Die Bedeutung des § 87 ZPO, AnwBl 1985, 14;
Schmidt, K., Partnerschaftsgesetzgebung zwischen Berufsrecht, Schuldrecht und Gesellschaftsrecht, ZIP 1993, 633;
ders., Die Freiberufliche Partnerschaft, NJW 1995, 1;
Schmidt, M. J., Die internationale Durchsetzung von Rechtsanwaltshonoraren, 1991:
Schneider, Von der losen Kooperation nach dem „Best-friends-System" zur überörtlichen Sozietät, AnwBl 1991, 565;
Schumann, Die überörtliche Anwaltssozietät, 1990;
Scriba, Die Europäische wirtschaftliche Interessenvereinigung, 1988;
Seibert, Zum neuen Entwurf eines Partnerschaftsgesellschaftsgesetzes, AnwBl 1993, 155;
ders., Die Partnerschaft für die Freien Berufe, DB 1994, 2381;
ders., Gesellschaften mit „Partner-Zusatz"-Änderungen zum 1. Juli 1997, ZIP 1997, 1046;
ders., Aktuelle Änderungen des Partnerschaftsgesellschaftsgesetzes: Neue Haftungsregelung für Freiberufler, BRAK-Mitt. 1998, 210;

Seltmann, Die Beteiligung mehrerer Anwälte an einem Haftpflichtfall, VersR 1974, 97;
Sieg, Internationale Anwaltshaftung, 1996;
ders., Internationale Anwaltshaftung in den U. S. A., NJW 1996, 2209;
ders., Anwaltshaftung bei der Anwendung ausländischen Rechts und bei der Zusammenarbeit mit ausländischen Anwälten, IWB Fach 4, Gruppe 2, S. 223 ff.
ders., Die Haftung des Rechtsanwalts bei der Anwendung ausländischen Rechts, ZAP (1996), Fach 23, S. 239;
ders., Allgemeine Geschäftsbedingungen im internationalen Geschäftsverkehr, RIW 1997, 811;
ders., Die Haftung des Rechtsanwalts bei der Zusammenarbeit mit ausländischen Anwälten, ZAP (1998), Fach 23, S. 341;
ders., Grundzüge der Anwaltshaftung in Deutschland, PHi 1999, 130;
Sieg/Holtmann, Der Anwaltsvertrag bei Mandaten mit Auslandsbezug, ZAP (1999), Fach 23, S. 387;
Sommer, Anwalts-GmbH oder Anwalts-Partnerschaft, GmbHR 1995, 249;
Sotiropoulus, Partnerschaftsgesellschaft: Haftung der Partner und Haftungsbeschränkungswege, ZIP 1995, 1879;
Stehle/Longin, Rechtsformen für die Freien Berufe, 1995.
Steindorff, Die Anwaltssozietät, FS R. Fischer, 1979, S. 747;
Stobbe, Die Beschränkung der Anwaltshaftung nach § 51 a Abs. 1 Nr. 2 BRAO und die EG-Verbraucherrichtlinie, AnwBl 1997, 16;
Strotmann, Der Zusammenschluß von Rechtsanwälten, 1998;
Stuber, Das Partnerschaftsgesellschaftsgesetz unter besonderer Berücksichtigung der Belange der Anwaltschaft, WiB 1994, 705;
Taupitz, Die Zulässigkeit von Freiberufler-GmbHs – Heilkunde-GmbH: ja, Rechtsberatungs-GmbH: nein?, JZ 1994, 1100;
ders., Rechtsanwalts-GmbH zugelassen: Durchbruch oder Intermezzo?, NJW 1995, 369;
Theißen, Die überörtliche Anwaltssozietät, MDR 1993, 1;
Timm, Die Rechtsfähigkeit der Gesellschaft bürgerlichen Rechts und ihre Haftungsverfassung, NJW 1995, 3209;
Ulmer, Weg zum Ausschluß der persönlichen Gesellschafterhaftung in der Gesellschaft bürgerlichen Rechts, ZIP 1999, 509;
ders., Gesellschafterhaftung in der Gesellschaft bürgerlichen Rechts: Durchbruch der Akzessorietätstheorie?, ZIP 1999, 554;
Ulmer/Habersack, Die Haftungsverfassung der Partnerschaftsgesellschaft, FS Brandner, 1996, S. 151;
Vogels, Die Haftung von Rechtsanwälten in der Sozietät, 1995;
Vorbrugg/Salzmann, Überörtliche Anwaltskooperationen, AnwBl 1996, 129;
v. Waldhausen, Anwaltshaftung im Rahmen internationaler Zusammenhänge, in: Haarmann Hemmelrath & Partner, Gestaltung und Analyse in der Rechts-, Wirtschafts- und Steuerberatung von Unternehmen, 1998, S. 675;
Weigel, Die Zulässigkeit der Anwalts-GmbH nach geltendem Recht, BRAK-Mitt 1992, 183;
Wellensiek, Anwaltshaftung und Risikomanagement, FS Brandner, 1996, S. 727;
Westerwelle, Die Interessenkollision nach der neuen Berufsordnung, NJW 1997, 2781;

v. Westphalen, Anwaltliche Haftungsbeschränkung im Widerstreit mit der Verbraucherschutzrichtlinie, ZIP 1995, 546;
ders., Leitlinien zur Haftungsbeschränkung in Mandats-AGB, MDR 1997, 989;
ders., Möglichkeiten der Beschränkung und Konzentration der Haftung der Rechtsanwälte, WiB 1997, 1217;
Wettlaufer, Angestellter oder freier Mitarbeiter, AnwBl 1989, 194;
Willandsen, Die verwaltungs- und standesrechtliche Stellung des auch im Ausland zugelassenen deutschen Rechtsanwalts oder Rechtsbeistands, NJW 1989, 1128;
Wolf, Anwaltshaftung in der Sozietät, FS Schneider, 1997, S. 349;
Wolfram, Modern Legal Ethics, 1986;
Zahorka, Die Teilnahme von Drittlandsunternehmen an einer EWIV, EuZW 1994, 201;
Zimmer, Internationales Gesellschaftsrecht, 1996;
Zuck, Die Europäische Wirtschaftliche Interessenvereinigung als Instrument anwaltlicher Zusammenarbeit, NJW 1990, 954;
ders., Die Anwalts-GmbH nach §§ 59 c ff. BRAO, MDR 1998, 1317;
ders., Die berufsrechtliche Zulassung der Anwalts-GmbH, AnwBl 1999, 297;
Zugehör, Die Verjährung in der Berufshaftung der Rechtsanwälte, NJW 1995, Beil. Heft 21;
ders., Die Haftung des Anwaltsnotars als Treuhänder, ZNotP 1997, 42.

A. Vertrag zwischen Rechtsanwalt und Auftraggeber

3 Die Schadensersatzverpflichtung des Rechtsanwalts wegen positiver Vertragsverletzung setzt einen **Vertrag** mit dem Auftraggeber („Mandaten") voraus. Gegenstand des Vertrages muß die Erbringung einer typischen anwaltlichen Leistung sein, z. B. die **Beratung** des Mandanten, dessen **Vertretung** in einem Gerichts- oder Verwaltungsverfahren oder die Berücksichtigung der Interessen des Auftraggebers bei **kautelarjuristischer Tätigkeit**, etwa bei der Aushandlung und/oder Gestaltung eines Vertrages.

I. Rechtsnatur

4 Nach allgemeiner Ansicht in Rechtsprechung und Schrifttum ist ein typischer Anwaltsvertrag **regelmäßig** als **Dienstvertrag** einzuordnen, der eine **Geschäftsbesorgung** zum Inhalt hat (§§ 611, 675 BGB). **Ausnahmsweise** kann der Anwaltsvertrag aber auch **Werkvertrag** sein, der auf eine Geschäftsbesorgung gerichtet ist (§§ 631, 675 BGB).[10] Auf die Besonderheiten eines Vertrages über eine anwaltsfremde Tätigkeit ist gesondert einzugehen (Rn. 132–152).

5 Die **Abgrenzung von Anwaltsdienst- und Anwaltswerkvertrag** ist für die Voraussetzungen der positiven Vertragsverletzung, insbesondere für die von einem Rechtsanwalt zu beachtenden Sorgfaltsstandards, oder für § 51 b BRAO grundsätzlich ohne Bedeutung.[11] Besondere Regeln können sich aus speziellen Vorschriften des Dienstvertragsrechts (etwa §§ 627, 628 BGB)[12] oder des Werkvertragsrechts (etwa §§ 633 ff. BGB, insbesondere § 638 BGB)[13] ergeben.

6 Ob ein Anwaltsvertrag als Dienst- oder als Werkvertrag einzuordnen ist, muß im Einzelfall ermittelt werden. Die Tätigkeit eines Rechtsanwalts ist **im Regelfall**, insbesondere bei Beauftragung zur Prozeßführung oder zur Besorgung von sonstigen Rechtsangelegenheiten, als **Dienstvertrag** zu qualifizieren. In diesem

10 RG, JW 1914, 642 f.; RGZ 88, 223, 226 f.; BGH, NJW 1965, 106; BGH, NJW 1970, 1596, 1597; VersR 1972, 1052, 1053; BGH, NJW 1990, 510; 1996, 661, 662 – Abgrenzung im Ergebnis offen gelassen; NJW 1996, 2929, 2930 – Abgrenzung im Ergebnis ebenfalls offen gelassen; OLG Düsseldorf, VersR 1993, 702, 703; allgemein zur Rechtsnatur des Anwaltsvertrages: *Borgmann/Haug*, §§ 8–11; *Hartstang*, S. 419–428; Staudinger/*Martinek*, BGB, § 675 Rn. C2 , C3; Palandt/*Putzo*, BGB, Einf. v. § 611 Rn. 21; *Rinsche*, Rn. I 4; RGRK/*Steffen*, BGB, § 675 Rn. 57; *Vollkommer*, Rn. 2.

11 BGH, NJW 1996, 2929, 2930, 2931.

12 Zu §§ 627, 628 BGB bei Beendigung eines Anwaltsvertrages: vgl. Rn. 61–101.

13 Zur Verjährung gemäß § 638 BGB: vgl. Rn. 1193; *Zugehör*, NJW 1995, Beil. Heft 21, 9; BGH, NJW 1965, 106 f.; NJW 1996, 661, 662.

Fall bildet der **umfassende anwaltliche Beistand**, d. h. die Wahrung und Durchsetzung der Rechte und Interessen des Auftraggebers, den Gegenstand des Vertrages.[14]

7 Die Rechtsprechung hat einen Anwaltsvertrag **ausnahmsweise als Werkvertrag** gewertet, wenn ausschließlich ein durch anwaltliche Arbeit herbeizuführender Erfolg den Gegenstand der Verpflichtung bildet. Erfolg und Vergütung müssen im Verhältnis von Leistung und Gegenleistung stehen.[15] Dies hat die Rechtsprechung etwa angenommen, wenn nach dem Vertrag (nur) eine **Rechtsauskunft** über eine Einzelfrage[16], (nur) die **Erstattung eines Gutachtens**[17] oder (nur) eines **Vertragsentwurfs**[18] geschuldet ist. Dasselbe gilt auch, wenn ein Rechtsanwalt sich zur Abgabe einer „**legal opinion**“[19] verpflichtet. Ein Werkvertrag liegt jedoch nicht vor, wenn nicht der zu erzielende Erfolg den Inhalt der Vertragsleistung bildet, sondern die zur Erreichung des Erfolgs vorzunehmende Tätigkeit, Beratung und Vertragsfassung.[20]

8 Ein anwaltliches **Dauerberatungs-** bzw. **Dauervertretungsmandat** ist einheitlich als **Dienstvertrag** anzusehen. Aus der Tatsache, daß sich die dem Verpflichteten obliegenden einzelnen Tätigkeiten erst konkretisieren müssen, ist für die rechtliche Einordnung des Vertragsverhältnisses nichts herzuleiten. Damit wird nicht schon jede zu erbringende Einzelleistung für sich als Erfolg im Sinne des Werkvertragsrechts geschuldet. Selbst wenn eine einzelne Dienstleistung, für sich gesehen, einen „Erfolg“ hervorbringt, ist dies bei Dauerschuldverhältnissen nichts Ungewöhnliches.[21]

14 BGH, NJW 1965, 106; OLG Düsseldorf, VersR 1993, 702, 703; OLG Karlsruhe, NJW-RR 1994, 1084; *Borgmann/Haug*, § 11 Rn. 22.

15 RGZ 88, 223, 227; BGH, NJW 1965, 106; BGH, NJW 1970, 1596, 1597; OLG Düsseldorf, VersR 1993, 702, 703.

16 BGH, NJW 1965, 106.

17 BGH, NJW 1965, 106; NJW 1967, 719 f. („in der Regel Werkvertrag“); vgl. auch RG, JW 1936, 1861 (Ls.).

18 RG, JW 1914, 642 (Erstellung eines nach chinesischem Recht brauchbaren Vertrags über die Ausbeutung einer Kohlegrube und Besorgung der dazu erforderlichen Verhandlungen mit dem deutschen Konsulat); vgl. auch OLG Köln, MDR 1980, 667.

19 Allgemein zur legal opinion: *Adolff*, Die zivilrechtliche Verantwortlichkeit deutscher Anwälte bei der Abgabe von Third Party Legal Opinions; *v. Bernstorff*, RIW 1988, 680 ff.; *Döser*, FS Nirk, 1992, S. 151 ff.; *Jander/Du Mesnil de Rochement*, RIW 1976, 332.

20 RGZ 88, 223, 227.

21 BGH, NJW 1970, 1596, 1597; vgl. auch OLG Hamm, NJW-RR 1995, 1530, 1531.

II. Vertragsschluß

Das Zustandekommen eines Anwaltsvertrages richtet sich nach **§§ 145 ff. BGB.**[22] Es bedarf also eines hinreichend bestimmten **Angebots**, das die Gegenseite ohne Änderung innerhalb der Annahmefrist **annimmt**. Einem Rechtsanwalt ist gemäß § 43 b, 2. Hs. BRAO Werbung, die auf den Abschluß eines Auftrags im Einzelfall gerichtet ist, untersagt. Deshalb darf das Angebot zur Übernahme eines Mandats nicht von dem Rechtsanwalt ausgehen.[23] Vertretung durch einen anderen Rechtsanwalt, nicht jedoch durch das Büropersonal, ist beim Vertragsschluß möglich.[24] Im Zusammenhang mit dem Vertragsschluß können die Parteien das **Honorar** im Rahmen des § 3 BRAGO ausgestalten oder eine **Haftungsbeschränkung** (§ 51 a BRAO; dazu Rn. 423–499) vereinbaren. Sowohl für den Rechtsanwalt als auch für den Auftraggeber empfiehlt es sich, den **Vertragsinhalt** möglichst genau schriftlich zu dokumentieren, um späteren Mißverständnissen vorzubeugen.[25] Voraussetzung für einen wirksamen Anwaltsvertrag ist eine schriftliche Dokumentation jedoch nicht.[26] Angebot und Annahme können auch mündlich erklärt werden. Ein Anwaltsvertrag kann sogar durch **schlüssiges Verhalten** der Vertragsparteien zustande kommen. Hiervon ist ein Tätigwerden des Rechtsanwalts aufgrund einer **Gefälligkeit**, d. h. ohne rechtsgeschäftlichen Bindungswillen abzugrenzen. 9

Von dem Zustandekommen des Anwaltsvertrages ist die **Bevollmächtigung** des Rechtsanwalts zur Vornahme materiell- oder prozeßrechtlicher Handlungen zu unterscheiden. Die (Prozeß-) Vollmacht soll den Rechtsanwalt lediglich nach außen legitimieren (vgl. § 84 ZPO). Die Wirksamkeit der (Prozeß-)Vollmacht oder anderer von einem Rechtsanwalt namens der Partei vorgenommenen Rechtshandlungen ist unabhängig vom Zustandekommen oder von der Wirksamkeit des Anwaltsvertrages.[27] 10

1. Stillschweigender Vertragsschluß

Um die Beteiligten vor ungewollten **Haftungs-** oder **Gebührenrisiken** zu schützen, kann ein stillschweigend (konkludent) geschlossener Anwaltsvertrag nicht ohne 11

22 Allgemein zum Zustandekommen eines Anwaltsvertrages: *Borgmann/Haug*, § 12; *Hartstang*, S. 429–438; *Rinsche*, Rn. I 6 f.; *Vollkommer*, Rn. 22–45.
23 *Rinsche*, Rn. I 6.
24 *Borgmann/Haug*, § 12 Rn. 56–58.
25 Allgemein zum Inhalt des Anwaltsvertrages: vgl. Rn. 40–48.
26 BGH, NJW 1991, 2084, 2085.
27 BGH, NJW 1971, 1801, 1802; 1978, 1003, 1004; 1993, 1926; OLG Hamm, NJW 1992, 1174, 1175 f.; *Vollkommer*, Rn. 24.

weiteres angenommen werden.[28] Im Interesse der Rechtssicherheit sind an die Annahme eines Vertragsschlusses durch schlüssiges Verhalten erhöhte Anforderungen zu stellen.[29] Rechtsfolge eines zwischen den Parteien geschlossenen Anwaltsvertrages ist vor allem die Verpflichtung des Rechtsanwalts, im Rahmen des erteilten Auftrags nach jeder Richtung umfassend für den Mandanten tätig zu werden.[30] Wenn der Rechtsanwalt die vertraglich geschuldete Dienst- oder Werkleistung nicht sorgfaltsgerecht erfüllt, muß er dem Mandanten den dadurch entstandenen Schaden ersetzen. Umgekehrt wird mit dem Vertragsschluß gemäß §§ 612 Abs. 1 bzw. § 632 Abs. 1 BGB der **Honoraranspruch** des Rechtsanwalts gegen den Mandanten begründet.

12 Die Annahme eines **Vertragsschlusses durch schlüssiges Verhalten** ist nur gerechtfertigt, wenn das Verhalten eines Beteiligten von dem anderen bei Anwendung der im Verkehr erforderlichen Sorgfalt nach Treu und Glauben mit Rücksicht auf die Verkehrssitte eindeutig und zweifelsfrei als eine auf den Abschluß eines Anwaltsvertrages gerichtete Willenserklärung aufzufassen ist.[31] Ob sich aus den Umständen im Einzelfall ein bestimmter **rechtsgeschäftlicher Verpflichtungswille** schlüssig ergibt (§ 157 BGB), kann nur einer umfassenden **Gesamtwürdigung aller Umstände** entnommen werden.[32]

13 Ein Anwaltsvertrag kommt z. B. durch stillschweigendes Verhalten des Rechtsanwalts zustande, wenn der Rechtsanwalt mit einem Dritten auf Veranlassung des Mandanten korrespondiert, in einem behördlichen oder gerichtlichen Verfahren für diesen tätig wird oder eine gewünschte Auskunft erteilt. Umgekehrt kann der Rechtsuchende eine konkludente Annahme auch durch die Entgegennahme der vertraglichen Leistung des Rechtsanwalts zum Ausdruck bringen. Dies kommt vor allem in denjenigen Fällen in Betracht, in denen die Annahmeerklärung des Rechtsanwalts gemäß § 150 BGB als neues Angebot zu werten ist.

14 Das RG hat entschieden, daß ein Anwaltsvertrag stillschweigend zustande kommen kann, indem der **Rechtsanwalt die Vollmachtsurkunde des Rechtsuchenden entgegennimmt**.[33]

15 Der BGH hat einen konkludent geschlossenen Anwaltsvertrag angenommen, weil der Rechtsanwalt einen Rechtsuchenden während eines Zwangsversteigerungs-

28 Allgemein zum stillschweigenden Abschluß eines Anwaltsvertrages: *Borgmann/Haug*, § 12 Rn. 60; *Hartstang*, S. 431–434; *Rinsche*, Rn. I 7; *Vollkommer*, Rn. 22 f.

29 BGH, NJW 1991, 2084, 2085.

30 BGH, NJW 1993, 3323, 3324.

31 BGH, NJW 1991, 2084, 2086. Zur Rechtserheblichkeit schlüssigen Verhaltens allgemein: BGH, NJW 1984, 2279, 2280; NJW 1990, 454, 456.

32 BGH, NJW 1991, 32.

33 RG, JW 1910, 332.

verfahrens ständig **unterrichtet** und briefliche **Anfragen** pünktlich **beantwortet** hat. Zwischen den Beteiligten fanden wiederholt Gespräche über die Vorgehensweise des Rechtsuchenden statt. Der Rechtsanwalt hatte die Generalvollmacht seines Auftraggebers zu den Verfahrensakten gereicht und war im Verteilungstermin ausdrücklich auch für diesen aufgetreten. Damit habe der Rechtsanwalt zum Ausdruck gebracht, daß er die Interessen seines Auftraggebers vertreten wollte.[34]

In einem anderen Fall hatte ein Mandant seinem bereits beauftragten Rechtsanwalt 16
beiläufig eine neue Rechtssache angetragen und hierzu **Unterlagen überlassen**. Der BGH hat den konkludenten Abschluß eines Anwaltsvertrages in der neuen Sache bejaht, weil der Rechtsanwalt darin eine schriftliche **Stellungnahme** abgegeben, ein **Schreiben entworfen** und dem Mandanten vorgeschlagen hatte, dieses Schreiben an die Gegenseite zu versenden. Hierin habe der Rechtsuchende die Bekundung des Willens des Rechtsanwalts sehen dürfen und müssen, entsprechend dem in der Übersendung der Schriftstücke liegenden Angebot einen weiteren Anwaltsvertrag abzuschließen.[35]

Speziell für den **Verkehrsanwaltsvertrag** hat der BGH ausgeführt, daß die Vor- 17
aussetzungen für einen konkludenten Vertragsschluß nur vorliegen, wenn die Partei die ständige schriftliche und mündliche Information des Berufungsanwalts durch den Prozeßbevollmächtigten erster Instanz hinnimmt und auch eigene Erklärungen zur Sache während des Berufungsverfahrens im wesentlichen über den Prozeßbevollmächtigten erster Instanz leitet. Einem Rechtsanwalt, der im Wege der Prozeßkostenhilfe im ersten Rechtszug beigeordnet wurde und die Vermittlung des Verkehrs mit dem Prozeßbevollmächtigten beim Berufungsgericht übernimmt, soll eine Verkehrsgebühr nicht zustehen, wenn er Anlaß zu der Annahme hat, die Partei gehe davon aus, daß sich die bisherige Beiordnung auch auf die Vermittlung des Verkehrs im Berufungsverfahrens erstrecke, und wenn er die Partei gleichwohl nicht auf die Entgeltlichkeit seiner Tätigkeit hinweist. Diese Aussage sei verallgemeinerungsfähig. Zweifel, ob der andere Partner die möglichen Folgen seines Handelns übersieht, das an sich den Schluß auf ein Vertragsangebot zuläßt, gingen zu Lasten dessen, der sich auf das Zustandekommen eines Vertrages beruft.[36]

---

34 BGH, VersR 1981, 460, 461.

35 BGH, NJW 1988, 2880, 2881. Zum konkludenten Abschluß eines Anwaltsvertrages auch: OLG Celle, JurBüro 1973, 135; OLG Stuttgart, AnwBl 1976, 439, 441.

36 BGH, NJW 1991, 2084, 2086; OLG Koblenz, NJW-RR 1993, 695, 696. Hierzu auch im Zusammenhang mit dem Verkehrsanwaltsvertrag: Rn. 208, 209. Andererseits aber auch OLG Köln, VersR 1994, 1300 (hierzu: Rn. 24) sowie *Borgmann/Haug*, § 12 Rn. 61.

18 Wird ein **Anwaltsnotar** (dazu vgl. Rn. 109–128) zunächst in seiner Eigenschaft als Notar beauftragt oder angesprochen und übt er später Anwaltstätigkeit aus, kommt ein Anwaltsvertrag durch die Entgegennahme der anwaltlichen Leistung nur dann stillschweigend zustande, wenn der Anwaltsnotar den Auftraggeber zuvor darüber aufgeklärt hat, daß er diese Tätigkeit als Rechtsanwalt ausüben wolle und dementsprechend ein Anwaltshonorar erwarte, jedenfalls soweit der Auftraggeber in der Meinung handelt, der Auftragnehmer werde weiterhin als Notar tätig.[37]

19 Bei der Durchsicht der Rechtsprechung fällt auf, daß die Gerichte im Ergebnis bei der Annahme eines konkludent geschlossenen Anwaltsvertrages großzügiger sind, wenn es um die Haftung eines Rechtsanwalts geht. Strengere Anforderungen an einen Vertragsschluß werden vor allem dann gestellt, wenn der Rechtsanwalt von dem Rechtsuchenden ein Honorar für sein Tätigwerden fordert. Daher sollten die Beteiligten im wechselseitigen Interesse, sowohl aus haftungs- als auch aus gebührenrechtlichen Gründen, in jedem Fall von vornherein klar zum Ausdruck bringen, ob eine vertragliche Bindung gewollt ist oder nicht.

2. Gefälligkeit

20 In engem Zusammenhang mit den Voraussetzungen für einen stillschweigenden Abschluß eines Anwaltsvertrages steht die Abgrenzung einer vertraglichen Vereinbarung von einer sog. **Gefälligkeit**, bei der ein **rechtsgeschäftlicher Bindungswille fehlt**.[38]

21 Grundlegend für die **Abgrenzung**, ob die Beteiligten eine (konkludente) rechtsverbindliche Vereinbarung oder nur eine unverbindliche Gefälligkeit gewollt haben, ist das – nicht zur Anwaltshaftung ergangene – Urteil des BGH vom 22. 6. 1956.[39] Danach setzt eine **Gefälligkeit** begriffsnotwendig die **Unentgeltlichkeit** der Leistung voraus. Aus der Unentgeltlichkeit der Leistung allein läßt sich jedoch nicht auf das Fehlen ihres rechtsgeschäftlichen Charakters schließen. Dies zeigt die Regelung für Verträge, die eine Gefälligkeit zum Gegenstand haben (§§ 516, 598, 662 oder 690 BGB). Andererseits ist auch § 676 BGB zu beachten. Danach begründet die auf einer reinen Gefälligkeit beruhende Raterteilung oder

37 OLG Hamm, DNotZ 1968, 625 f.; 1985, 182, 184 f.

38 Zur Abgrenzung von Gefälligkeitsverhältnis und vertraglicher Verpflichtung: Palandt/*Heinrichs*, BGB, Einl. v. § 241 Rn. 9 ff.; MünchKomm/*Kramer*, BGB, vor § 241 Rn. 29 ff.; Staudinger/*J. Schmidt*, BGB, Einl. zu §§ 241 ff. Rn. 214 ff. Speziell für den Anwaltsvertrag: *Borgmann/Haug*, § 12 Rn. 63; *Rinsche*, Rn. I 8; *Vollkommer*, Rn. 12 f.

39 BGH, NJW 1956, 1313.

Empfehlung vorbehaltlich einer Verantwortlichkeit aus einem Vertragsverhältnis oder aus einer unerlaubten Handlung keine Schadensersatzverpflichtung. Eine **Gefälligkeit hat nur dann rechtsgeschäftlichen Charakter**, wenn der Leistende den Willen hat, daß seinem Handeln rechtsgeschäftliche Geltung zukommen soll und der Empfänger die Leistung i. d. S. angenommen hat. Ob ein **Rechtsbindungswille** vorhanden ist, ist nicht nach dem inneren, nicht in Erscheinung getretenen Willen des Leistenden zu beurteilen. **Entscheidend** ist, ob der Leistungsempfänger aus dem Handeln des Leistenden unter den gegebenen Umständen nach Treu und Glauben mit Rücksicht auf die Verkehrssitte auf einen solchen Willen schließen mußte. Es kommt also darauf an, wie sich dem objektiven Beobachter das Handeln des Leistenden darstellt.[40] Die Umstände der Gefälligkeit, also deren Art, Zweck sowie wirtschaftliche und rechtliche Bedeutung für den Empfänger und die sich daraus ergebende Interessenlage der Parteien können die Gefälligkeit über den Bereich rein tatsächlicher Vorgänge hinausheben. **Gefälligkeiten des täglichen Lebens** halten sich regelmäßig außerhalb des rechtsgeschäftlichen Bereichs. Das gleiche gilt für Gefälligkeiten, die im **rein gesellschaftlichen Verkehr** wurzeln. Der Wert einer anvertrauten Sache, die wirtschaftliche Bedeutung einer Angelegenheit, das erkennbare Interesse des Begünstigten und die nicht ihm, wohl aber dem Leistenden erkennbare Gefahr, in die er durch eine fehlerhafte Leistung geraten kann, können aber dennoch auf einen rechtlichen Bindungswillen schließen lassen. Eine Auskunft, die im Rahmen einer **Geschäftsverbindung** erteilt wird, muß auf rechtlich verpflichtender Gewissenhaftigkeit beruhen. Für einen Rechtsbindungswillen spricht es i. d. R., wenn der **Leistende selbst ein rechtliches oder wirtschaftliches Interesse** an der dem Begünstigten gewährten Hilfe hat.[41]

Ob ein bloße Gefälligkeit vorliegt oder die Parteien stillschweigend einen Vertrag 22
geschlossen haben, hängt von den **Umständen des Einzelfalls** ab. Hierzu kann auf eine reichhaltige Kasuistik zurückgegriffen werden. Auch für die anwaltliche Tätigkeit hatte die Rechtsprechung mehrfach Gelegenheit, zu der Abgrenzung Stellung zu nehmen. Im Urteil vom 16. 11. 1989 hat der Bundesgerichtshof das Vorliegen eines Anwaltsvertrages angenommen. Der Rechtsanwalt hatte sich auf telefonische Anfrage des sich im Ausland aufhaltenden Rechtsuchenden bereit erklärt, zu ermitteln, um welchen Vorgang es sich bei einem durch Niederlegung zur Post zugestelltes Schriftstück handele. Im entschiedenen Fall hatte ein vom

40 Hierzu bereits: Rn. 12.

41 BGH, NJW 1956, 1313 f. Vgl. auch BGH, NJW 1992, 498. Kriterien zur Abgrenzung, ob eine Gefälligkeit oder ein rechtsverbindlicher Vertrag vorliegt: *Borgmann/Haug*, § 12 Rn. 63. Auch: RG, JW 1928, 1134 m. Anm. *Friedlaender*.

Rechtsuchenden mitgeteiltes B-Aktenzeichen auf ein Mahnverfahren hingedeutet. Daher habe der Rechtsanwalt damit rechnen müssen, daß die niedergelegten Sendungen nicht unwesentliche rechtliche und wirtschaftliche Interessen des Rechtsuchenden berührten. Dann aber sei für die Annahme einer nicht rechtsgeschäftlichen Gefälligkeitsabrede kein Raum.[42]

23 In dem Urteil vom 21. 12. 1989 hat der BGH die Übernahme vertraglicher Pflichten daraus abgeleitet, daß der Rechtsanwalt den Rechtsuchenden seit mehr als zehn Jahren anwaltlich in anderen Sachen beraten hatte und nunmehr in einer neuen Sache, bei der für den Rechtsuchenden erhebliche wirtschaftliche Interessen auf dem Spiel standen, für diesen die **Korrespondenz** übernommen und ihn in **Verhandlungen** vertreten hatte. Keine Bedeutung hat der Senat dem Umstand beigelegt, daß der Rechtsanwalt unentgeltlich tätig geworden war.[43]

24 In einem anderen Fall hat das OLG Köln das Tätigwerden eines Rechtsanwalts als Verkehrsanwalt in der Berufungsinstanz nicht mehr als bloße Gefälligkeit gewertet. Der Rechtsanwalt hatte – nach vorangegangener Vertretung des Rechtsuchenden bei außergerichtlichen Verhandlungen und nach Entwurf der Schriftsätze sowie Betätigung als Verkehrsanwalt in der ersten Instanz – in der Berufungsinstanz weiterhin den gesamten **Schriftverkehr** der Prozeßbevollmächtigten mit dem Rechtsuchenden vermittelt. Insoweit sah der Senat als unerheblich an, daß der Rechtsanwalt für seine Tätigkeit keine Gebühren berechnet hat (s. zu diesem Urteil bereits Rn. 17).[44]

25 Nach Ansicht des OLG Celle spricht es für eine Gefälligkeit, wenn der Rechtsanwalt nur eine **geringe Arbeitsleistung** für jemanden erbracht hat, mit dem er **freundschaftlich verbunden** ist.[45] Kein Anwaltsvertrag wird geschlossen, wenn der Rechtsanwalt dem Gegner seines Auftraggebers eine **Auskunft** erteilt und jenen über das bestehende Mandatsverhältnis aufklärt.[46]

3. Einbeziehung Allgemeiner Geschäftsbedingungen

26 Bestandteil des **Anwaltsvertrages** können auch **Allgemeine Geschäftsbedingungen** sein.[47] Für **Honorarvereinbarungen** oder vertragliche **Haftungsbeschrän-**

42 BGH, NJW-RR 1990, 204, 205.

43 BGH, NJW-RR 1990, 1532.

44 OLG Köln, VersR 1994, 1300, 1301. Vgl. auch BGH, NJW 1991, 2084, 2086; OLG Koblenz, NJW-RR 1993, 695, 696.

45 OLG Celle, JurBüro 1973, 135.

46 *Friedlaender*, JW 1928, 1134, 1135; vgl. auch BGH, NJW 1991, 32, 33.

47 Zur Verwendung vorformulierter Vertragsbedingungen im Anwaltsvertrag: *Schäfer*, in: v. Westphalen, Vertragsrecht und AGB-Klauseln, Rn. 20 f.; *Vollkommer*, Rn. 25–28.

kungen ist in § 3 Abs. 1 Satz 1 BRAGO bzw. § 51 a Abs. 1 Nr. 1, Abs. 2 Satz 2 BRAO die Verwendung vorformulierter Vertragsbedingungen durch den Rechtsanwalt ausdrücklich vorgesehen. Auch im übrigen bestehen keine Bedenken gegen die Einbeziehung vorformulierter Vertragsklauseln, und zwar sowohl durch den Rechtsanwalt[48] als auch durch den Auftraggeber.

Allgemeine Geschäftsbedingungen sind gemäß § 1 Abs. 1 AGBG alle für eine Vielzahl von Verträgen vorformulierten Vertragsbedingungen, die eine Vertragspartei der anderen Vertragspartei bei Abschluß eines Vertrages stellt. Wann eine Vertragsbedingung „für eine Vielzahl" von Verträgen im Sinne des § 1 Abs. 1 AGBG vorformuliert ist, muß im Einzelfall unter Berücksichtigung aller Umstände geprüft werden.[49] **Sonderregeln** gelten nach § 24 a Nr. 1 und 2 AGBG **für Verträge zwischen Rechtsanwälten und** natürlichen Personen, die den Vertrag zu einem Zweck abschließen, der weder einer gewerblichen noch einer selbständigen beruflichen Tätigkeit zugerechnet werden kann (**Verbrauchern**). Nach § 1 Abs. 2 AGBG liegt keine Allgemeine Geschäftsbedingung vor, wenn eine Klausel zwischen den Vertragspartnern im einzelnen ausgehandelt ist. Eine Klausel ist individuell ausgehandelt, wenn die Gegenseite des Verwenders den Inhalt der Klausel beeinflußt hat bzw. beeinflußen konnte. Eine unveränderte Aufnahme des vom Verwender vorgelegten Textes genügt den Anforderungen des § 1 Abs. 2 AGBG nur, wenn der Verwender zur Änderung bereit und dies der anderen Seite bewußt und möglich war. Es ist notwendig, daß der Verwender der Gegenseite eindeutig und unmißverständlich seine Abänderungsbereitschaft anzeigt, also den gesetzesfremden Kerngehalt der Klausel zur Disposition stellt. Er muß der Gegenseite die reale Möglichkeit gewähren, entsprechend ihrer eigenen rechtsgeschäftlichen Verantwortlichkeit die inhaltliche Ausgestaltung der Vertragsbedingungen zu beeinflussen. Dabei muß der Verwender seine Verhandlungsbereitschaft dem anderen Teil unzweideutig und ernsthaft erklärt haben. Dies gilt auch, wenn eine vorformulierte Vertragsbedingung im kaufmännischen Geschäftsverkehr verwandt wird.[50] 27

Die **Einbeziehung** von **Allgemeinen Geschäftsbedingungen** in den **Anwaltsvertrag** richtet sich nach §§ 2, 24 Abs. 1 Nr. 1 AGBG. Gegenüber Nichtunternehmern setzt § 2 Abs. 1 AGBG voraus, daß der Rechtsanwalt den Mandanten bei Vertragsschluß auf die Allgemeinen Geschäftsbedingungen hinweist und diesem 28

48 Beispiele: BGH, NJW-RR 1986, 1281, 1283 – Aufrechnungsverbot in vorformuliertem Anwaltsvertrag; AG Krefeld, NJW 1980, 1582 f. – vorgedruckter anwaltlicher Honorarschein.

49 BGH, NJW 1997, 135; vgl. auch OLG Düsseldorf, NZG 1998, 353 f.

50 BGH, WM 1995, 1455, 1456; NJW-RR 1996, 783, 787; NJW 1998, 2600, 2601; Palandt/*Heinrichs*, BGB, § 1 AGBG Rn. 18; *Sieg*, RIW 1997, 811 ff.; *Ulmer*, in: Ulmer/Brandner/Hensen, AGBG, § 1 Rn. 45 ff., 88; *Vollkommer*, Rn. 7; *Wolf*, in: Wolf/Horn/Lindacher, AGBG, § 1 Rn. 33 ff.

die Möglichkeit verschafft, in zumutbarer Weise von dem Inhalt der AGB Kenntnis zu nehmen. Der Auftraggeber muß mit der Geltung der AGB einverstanden sein. Dasselbe gilt auch im umgekehrten Fall, wenn der Mandant Allgemeine Geschäftsbedingungen gegenüber dem Rechtsanwalt verwendet.[51]

29 Der **Hinweis** auf die Allgemeinen Geschäftsbedingungen (§ 2 Abs. 1 Nr. 1 AGBG) muß klar erkennbar sein. Daher reicht es etwa nicht aus, wenn sie auf der Rückseite der zum Vertragsschluß führenden Erklärung abgedruckt sind.[52] Der Hinweis auf die AGB muß zum Zeitpunkt des Vertragsschlusses erfolgen.[53] Ein mündlicher Hinweis reicht aus, empfiehlt sich jedoch aus Beweisgründen nicht.

30 Nach § 2 Abs. 1 Nr. 2 AGBG muß der Verwender seinem Vertragspartner die Möglichkeit verschaffen, von dem Inhalt der AGB **in zumutbarer Weise Kenntnis zu nehmen**. Bei einem Vertragsschluß unter Anwesenden ist es grundsätzlich erforderlich, daß die AGB dem Vertragspartner vorgelegt werden. Ausnahmsweise reicht ein ausdrücklicher Hinweis, wo die AGB zur Einsicht ausliegen oder aushängen. Bei einem Vertragsschluß unter Abwesenden ist für die Einbeziehung erforderlich, die AGB dem in Aussicht genommenen Vertragspartner zu übersenden. Insbesondere reicht es nicht aus, daß der Verwender dem Vertragspartner anbietet, die AGB auf Wunsch zu übermitteln. Eine Ausnahme wird anerkannt, wenn die AGB der Gegenseite beim Vertragsschluß aus einem anderen Grund bereits vorlagen oder während der Vertragsverhandlungen überreicht worden sind.[54]

31 Das **Einverständnis des Vertragspartners** mit der Geltung der AGB ist in der Regel gegeben, wenn es nach vorangegangener Erfüllung der Voraussetzungen des § 2 Abs. 1 Nr. 1 und 2 AGBG zum Vertragsschluß kommt.[55] Nimmt der Rechtsanwalt ein Angebot des Rechtsuchenden unter Beiziehung seiner eigenen AGB an, liegt gemäß § 150 Abs. 2 AGBG ein neues Angebot vor. Dieses Angebot bedarf seinerseits der Annahme durch den Mandanten. Im nichtkaufmännischen Verkehr ist eine konkludente Annahme des Mandanten durch Entgegennahme der anwaltlichen Leistung nicht ausreichend. Vielmehr bedarf es – wie bei einer Einbeziehung der AGB nach Vertragsschluß – einer ausdrücklichen Änderungsvereinbarung.[56] Eine nachträgliche Einbeziehung von AGB – etwa nach mündlichem Abschluß eines oder während eines Dauermandats – ist jedenfalls dann zulässig, wenn sie unter den Voraussetzungen des § 2 Abs. 1 AGBG zustandekommt

51 A. A. LG Köln, MDR 1996, 352.
52 Palandt/*Heinrichs*, BGB, § 2 AGBG Rn. 5.
53 Palandt/*Heinrichs*, BGB, § 2 AGBG Rn. 6, 24.
54 Palandt/*Heinrichs*, BGB, § 2 AGBG Rn. 9.
55 Palandt/*Heinrichs*, BGB, § 2 AGBG Rn. 16.
56 BGH, NJW 1988, 2106, 2108; Palandt/*Heinrichs*, BGB, § 2 AGBG Rn. 16; *Vollkommer*, Rn. 25.

und der Vertragspartner des Verwenders sich mit der Vertragsänderung ausdrücklich einverstanden erklärt.[57]

§ 2 AGBG gilt wegen § 24 Abs. 1 Nr. 1 AGBG nicht, wenn die AGB gegenüber einer Person verwendet werden, die bei Abschluß des Vertrages in Ausübung ihrer gewerblichen oder selbständigen beruflichen Tätigkeit handelt (**Unternehmer**). Auch unter Unternehmern gelten die von einer Seite verwendeten AGB allerdings nur, wenn sie durch rechtsgeschäftliche Einbeziehung Vertragsbestandteil geworden sind. Für ein stillschweigendes Einverständnis reicht ein eindeutiger und erkennbarer Hinweis des Verwenders aus, wenn die Gegenseite von den AGB in zumutbarer Weise Kenntnis nehmen kann und der Geltung nicht widerspricht. Die AGB müssen nicht der zum Vertragsschluß führenden Erklärung beigefügt sein. Vom anderen Vertragsteil wird erwartet, daß er die ihm unbekannten AGB anfordert oder sich sonst beschafft.[58] Gegenüber einem Unternehmer werden AGB nach den Regeln über das kaufmännische Bestätigungsschreiben[59] auch Vertragsbestandteil, wenn der Rechtsanwalt auf die AGB Bezug nimmt, selbst wenn sie nicht Gegenstand der Vertragsverhandlungen oder nicht der zum Vertragsschluß führenden Erklärung beigefügt waren. Weist der Verwender erstmals in seiner Auftragsbestätigung auf die Einbeziehung seiner AGB hin, können diese im kaufmännischen Verkehr Vertragsinhalt werden, wenn der Vertragspartner die vertragliche Leistung widerspruchslos entgegennimmt und damit das letzte Angebot billigt.[60] Der Widerspruch kann auch in einer Abwehrklausel der eigenen AGB erklärt werden. 32

Besonderheiten für die Einbeziehung von Allgemeinen Geschäftsbedingungen müssen beachtet werden, wenn der Rechtsanwalt von einem **ausländischen Mandanten** beauftragt worden ist.[61] 33

Um sicher zu gehen, daß die AGB wirksam in einen Vertrag einbezogen sind, empfiehlt es sich, dem Vertragspartner die vorformulierten Vertragsklauseln beim Vertragsschluß zu übergeben und diesen zu einer schriftlichen Bestätigung der Einbeziehung der AGB mit dem Vertragsschluß zu bewegen. Auch im kaufmännischen Geschäftsverkehr sollte dies aus Beweisgründen beachtet werden. Liegen die Vor- 34

57 BGH, NJW 1984, 1112; auch KG, NJW-RR 1994, 1265 f.

58 BGH, NJW 1982, 1749, 1750; OLG Düsseldorf, WiB 1996, 905, 906; Palandt/*Heinrichs*, BGB, § 2 AGBG Rn. 22, 26; MünchKomm/*Kötz*, BGB, § 2 AGBG Rn. 22 ff.; *Ulmer*, in: Ulmer/Brandner/Hensen, AGBG, § 2 Rn. 79 ff.; *Wolf*, in: Wolf/Horn/Lindacher, AGBG, § 2 Rn. 61 ff.

59 Zum kaufmännischen Bestätigungsschreiben: *Baumbach/Hopt*, HGB, § 346 Rn. 16 ff.; *K. Schmidt*, Handelsrecht, § 19 III.

60 BGH, NJW 1995, 1671, 1672; Palandt/*Heinrichs*, BGB, § 2 AGBG Rn. 25; *Ulmer*, in: Ulmer/Brandner/Hensen, AGBG, § 2 Rn. 87 ff.

61 Zur Verwendung von Allgemeinen Geschäftsbedingungen im internationalen Geschäftsverkehr: *Sieg*, RIW 1997, 811 ff.

aussetzungen für eine Einbeziehung von AGB in den Anwaltsvertrag nicht vor, kommt der Vertrag gemäß § 6 Abs. 1 AGBG ohne die AGB zustande, wenn die Parteien den Vertrag einvernehmlich durchführen.[62]

4. Übernahmepflicht

35 Grundsätzlich ist ein Rechtsanwalt nicht zur Übernahme eines Mandats verpflichtet.[63] Er kann die Übernahme eines Mandats ohne Angabe von Gründen ablehnen. Wenn der Rechtsanwalt einen ihm angetragenen Auftrag nicht unverzüglich ablehnt, ist er allerdings gemäß **§ 44 Satz 2 BRAO** verpflichtet, dem Anfragenden den aus der verspäteten Mitteilung entstandenen Schaden zu ersetzen (vgl. dazu Rn. 174–187). Ausnahmsweise ist ein Rechtsanwalt zur Übernahme eines Mandats verpflichtet, wenn er einer Partei **gerichtlich beigeordnet** wird (§§ 48 Abs. 1 Nr. 1 und 2, 49 a BRAO; s. dazu Rn. 160–169).

5. Übernahmeverbot

36 Das Gegenteil der Verpflichtung, ein Mandat anzunehmen, bilden diejenigen Tatbestände, die dem Rechtsanwalt trotz grundsätzlicher Vertragsfreiheit die Übernahme eines Mandats verbieten. **Berufsrechtliche Verbote** der Mandatsübernahme zur **Vermeidung von Interessenkonflikten** enthalten die §§ 43 a Abs. 4, 45–47 BRAO.

37 Für **§ 45 Abs. 1 Nr. 4 BRAO a. F.** (= **§ 45 Nr. 2 BRAO n. F.**) ist wiederholt betont worden, daß ein entgegen dieser Vorschrift geschlossener Vertrag gemäß § 134 BGB nichtig ist.[64] Die **Nichtigkeitsfolge** ergibt sich bereits aus dem Wortlaut der Vorschrift. Nach § 45 Abs. 1 Nr. 4 BRAO a. F. „darf [ein Rechtsanwalt] nicht tätig werden", wenn ein Verbotstatbestand vorliegt. Die Nichtigkeitsfolge des § 134 BGB ergibt sich auch aus dem Sinn und Zweck des Verbots. Ohne Bedeutung ist, daß sich das Verbot nur gegen den Rechtsanwalt richtet. Dies ist für Geschäftsbesorgungsverträge mit einem nicht zugelassenen Rechtsberater, also bei einem Verstoß gegen das Rechtsberatungsgesetz, wiederholt anerkannt worden.[65] Sowohl bei dem RBerG als auch bei § 45 BRAO geht es um den Schutz vor den Gefahren einer un-

62 Palandt/*Heinrichs*, BGB, § 2 AGBG Rn. 17 und § 6 AGBG Rn. 4.

63 BGH, NJW 1967, 1567, 1568.

64 OLG Köln, AnwBl 1980, 70, 71; OLG Hamm, DNotZ 1989, 632; NJW 1992, 1174, 1175 f. Vgl. auch BGH, NJW 1993, 1926, wonach die Wirksamkeit von Rechtshandlungen des Rechtsanwalts durch das Verbot des § 45 Nr. 4 BRAO a. F. nicht berührt wird.

65 BGH, NJW 1962, 2010; 1988, 561; 1996, 1954, 1955; vgl. auch BGH, NJW-RR 1990, 948 f. – Verstoß gegen § 14 Abs. 4 Satz 1 BNotO.

zureichenden und nicht sachgemäßen Betreuung. Auch § 45 Abs. 1 Nr. 4 BRAO a. F. (= § 45 Abs. 1 Nr. 2 BRAO n. F.) will eine von möglichen Interessenkonflikten des Rechtsanwalts unbeeinflußte Betreuung des Rechtsuchenden sicherstellen. Mit diesem Gesetzeszweck wäre es unvereinbar, die Vertragsbeziehungen des Rechtsanwalts mit dem Mandanten auch nur teilweise als rechtswirksam zu behandeln. Insbesondere müßte jeder etwa bestehenden Vergütungsforderung ein Anspruch der Partei auf entsprechende anwaltliche Tätigkeit gegenüberstehen. Eine solche Tätigkeit ist aber vom Gesetz schlechthin untersagt, ohne daß es darauf ankäme, wie eng die Beziehung einzelner Maßnahmen des Rechtsanwalts zu dem denkbaren Interessenkonflikt wegen der früheren Tätigkeit ist.[66]

Diese **Nichtigkeitsfolge** des § 134 BGB greift bei allen Tatbeständen der **§§ 45–47 BRAO** gleichermaßen ein.[67] Nichts anderes gilt auch für das Verbot des **§ 43 a Abs. 4 BRAO**, widerstreitende Interessen wahrzunehmen. Der enge Zusammenhang zu den Tatbeständen des § 45 BRAO wird dadurch verdeutlicht, daß die Regelung des § 43 a Abs. 4 BRAO vor der Novellierung des Anwaltsrechts 1994 in § 45 Nr. 2 BRAO enthalten war. Etwas anderes gilt nur, wenn der Rechtsanwalt nicht in derselben Sache (vgl. § 3 Abs. 1 BORA)[68], sondern in verschiedenen Sachen gleichzeitig für und gegen den Mandanten tätig wird. Der Rechtsanwalt muß den Mandanten dann von der gleichzeitigen Tätigkeit im Interesse Dritter unterrichten. Der Auftraggeber kann in die Wahrnehmung der Interessen des Dritten einwilligen. Rechtlich beachtlich ist diese Einwilligung nur, wenn sie in voller Kenntnis der dafür maßgebenden Umstände erteilt wird. Wenn der Rechtsanwalt seinen Auftraggeber nicht hinreichend aufgeklärt hat, ist eine Einwilligung des Auftraggebers unbeachtlich.[69] 38

Anders als bei § 3 Abs. 2 BeurkG besteht bei §§ 43 a Abs. 4, 45–47 BRAO keine Möglichkeit, auf das Tätigkeitsverbot mit Einwilligung des Mandanten nach dessen Aufklärung über den Hinderungsgrund zu verzichten.[70] Insoweit kann der Rechtsanwalt dem Auftraggeber gemäß §§ 307, 309 BGB, nach den Grundsätzen des Verschuldens bei Vertragsschluß (culpa in contrahendo – c. i. c.)[71] oder nach 39

66 OLG Köln, AnwBl 1980, 70, 71.

67 BGH, NJW 1999, 1715, 1717 zu § 46 Abs. 2. Nr. 1 BRAO; offen gelassen in OLG München, NJW 1997, 1313, 1314 – Lösung über § 138 Abs. 1 BGB; *Borgmann/Haug*, § 12 Rn. 52; *Eylmann*, in: Henssler/Prütting, BRAO, vor § 43 Rn. 11; *Henssler*, in: Henssler/Prütting, BRAO, § 45 Rn. 42; *Kleine-Cosack*, BRAO, § 45 Rn. 44, § 46 Rn. 20 und § 47 Rn. 27; a. A. *Vollkommer*, Rn. 32.

68 Zur Interessenkollision nach der neuen Berufsordnung: *Westerwelle*, NJW 1997, 2782 ff.

69 BGH, NJW 1985, 41 f.

70 *Borgmann/Haug*, § 12 Rn. 52; *Eylmann*, in: Henssler/Prütting, BRAO, § 43 a Rn. 149; *Jessnitzer/Blumberg*, BRAO, § 45 Rn. 3; *Kleine-Cosack*, BRAO, § 45 Rn. 43.

71 Zur Haftung des Rechtsanwalts wegen Verschuldens bei Vertragsschluß: Rn. 173.

§ 823 Abs. 2 BGB in Verbindung mit § 356 StGB[72] zum Schadensersatz verpflichtet sein.[73]

III. Vertragsinhalt

40 Der **Vertragsinhalt** richtet sich nach den **Vereinbarungen** der Parteien.[74] Für den Umfang des Mandats kommt es maßgebend auf den dem Rechtsanwalt erkennbar gewordenen Willen des Mandanten an.

41 Aus dem Umfang einer gleichzeitig erteilten (Prozeß-) **Vollmacht** lassen sich keine Rückschlüsse auf den Inhalt des Mandats ziehen. Zwar werden sich der Inhalt des Auftrags und der gleichzeitig erteilten Prozeßvollmacht in der Praxis regelmäßig decken. Für die Prozeßvollmacht verbietet sich eine solche Schlußfolgerung jedoch deshalb, weil sie jedenfalls im Anwaltsprozeß gemäß §§ 81, 83 ZPO grundsätzlich nicht mit Außenwirkung beschränkt werden kann.[75]

42 Im Vordergrund des festzulegenden Vertragsinhalts steht die vom Rechtsanwalt zu erbringende Leistung. Wenn Rechtsanwalt und Auftraggeber nichts Abweichendes vereinbart haben, liegt **grundsätzlich ein sog. unbeschränktes Mandat** vor. Es besteht allerdings auch die Möglichkeit, den Gegenstand des Mandats genau zu umschreiben und damit die Sorgfaltspflichten des Rechtsanwalts bereits tatbestandlich zu **beschränken**. Schwierig ist die Abgrenzung, wenn die Auftragserklärung des Mandanten entweder ein beschränktes Mandat oder ein unbeschränktes Mandat mit einer Weisung enthalten kann. Dann ist der Wille der Vertragspartner im Wege der Auslegung zu ermitteln (§§ 133, 157 BGB). Dafür kommt es darauf an, ob der Rechtsanwalt nach dem Willen der Parteien von der Pflicht befreit sein sollte, den Mandanten auf erkennbare Risiken und Nachteile seiner Erklärung hinzuweisen.[76]

43 Ein **beschränktes Mandat** liegt z. B. vor, wenn die Parteien sich darüber einig sind, daß Gegenstand der anwaltlichen Beratung nur zivilrechtliche Ansprüche sein sollen, oder wenn der Rechtsanwalt steuerrechtliche Normen oder etwa Rechtsvorschriften eines ausländischen Staates nicht prüfen soll. Ein Auftrag, die Interessen des Mandanten in einer nach Gegenstand und Entgelt beschränkten

---

72 Der BGH hat offen gelassen, ob § 356 StGB ein Schutzgesetz im Sinne von § 823 Abs. 2 BGB darstellt: BGH, NJW 1992, 436, 438. Verneinend: *Frank*, MDR 1962, 945; Palandt/*Thomas*, BGB, § 823 Rn. 154.

73 *Borgmann/Haug*, § 7 Rn. 52 und § 12 Rn. 52; *Feuerich/Braun*, BRAO, § 45 Rdn. 36.

74 Allgemein zum Vertragsinhalt: *Borgmann/Haug*, § 14; *Vollkommer*, Rn. 4–6.

75 OLG Hamburg, NJW 1972, 775.

76 BGH, NJW 1996, 2929, 2931; 1997, 2168, 2169.

Angelegenheit wahrzunehmen, umfaßt nicht die Mitwirkung an einer andersartigen, ungleich bedeutsameren Tätigkeit. So hat der BGH angenommen, daß ein Auftrag, ein Unternehmen im Rahmen einer innerbetrieblichen Weiterbildung gegen ein Tageshonorar zu beraten, nicht auch die Vorbereitung eines Unternehmenskaufs umfaßt.[77] Um Unklarheiten von vornherein zu vermeiden, sollte der Mandatsinhalt positiv und/oder negativ präzise abgegrenzt werden. Im Zusammenhang mit der Umschreibung des Vertragsinhalts empfiehlt es sich klarzustellen, ob der Rechtsanwalt nur nach außen eingeschränkt für seinen Auftraggeber auftreten oder ob er auch im Innenverhältnis bestimmten Rechtsfragen nicht nachgehen soll.[78] Bei einem mündlich geschlossenen Vertrag können spätere Streitigkeiten vermieden werden, wenn die Parteien den Inhalt noch einmal schriftlich fixieren. Soweit der Mandant Kaufmann ist, gelten dann die Regeln des kaufmännischen Bestätigungsschreibens.[79]

Der Vertragsinhalt beeinflußt die von dem Rechtsanwalt zu beachtenden **Sorgfaltsstandards**. Bei einem **unbeschränkten Mandat** ist der Rechtsanwalt grundsätzlich verpflichtet, die Interessen seines Auftraggebers in den Grenzen des erteilten Mandats nach jeder Richtung umfassend wahrzunehmen. Der Rechtsanwalt muß sein Verhalten so einrichten, daß er Schädigungen seines Auftraggebers tunlichst vermeidet, auch wenn deren Möglichkeit nur von einem Rechtskundigen vorhergesehen werden kann. Sind mehrere Wege möglich, um den erstrebten Erfolg zu erreichen, hat der Rechtsanwalt denjenigen zu wählen, auf dem dieser am sichersten erreichbar ist.[80] Der Rechtsanwalt muß den Mandanten dann vor voraussehbaren und vermeidbaren Nachteilen bewahren; Zweifel und Bedenken, zu denen die Sachlage Anlaß gibt, hat der Rechtsanwalt darzulegen und mit seinem Auftraggeber zu erörtern.[81] 44

Innerhalb eines eingeschränkten Mandats – also bezüglich seines Gegenstands – trifft den Rechtsanwalt die zuvor beschriebene umfassende Betreuungspflicht. Der Rechtsanwalt ist allerdings **grundsätzlich** nicht verpflichtet, Vorgänge zu prüfen, die ihm bei Gelegenheit der Erfüllung dieses Auftrags bekannt werden und dazu in keiner unmittelbaren Beziehung stehen.[82] **Ausnahmsweise** muß der Rechtsanwalt den Auftraggeber allerdings auch **über Gefahren außerhalb des Gegenstands des Mandats aufklären**, die dem Rechtsanwalt bekannt oder für 45

77 BGH, NJW 1998, 3486.
78 *Borgmann/Haug*, § 14 Rn. 89.
79 Zum kaufmännischen Bestätigungsschreiben: *Baumbach/Hopt*, HGB, § 346 Rn. 16 ff.; *K. Schmidt*, Handelsrecht, § 19 III.
80 BGH, NJW 1993, 3323, 3324.
81 BGH, NJW 1996, 2929, 2931.
82 BGH, NJW 1995, 958; 1995, 2842; 1998, 1486, 1487, jeweils zur Steuerberaterhaftung.

ihn offenkundig sind, insbesondere wenn er Grund zu der Annahme hat, daß sich der Mandant der ihm drohenden Nachteile nicht bewußt ist.[83] Dies hat der BGH in einem Fall angenommen, in dem der Rechtsanwalt beauftragt worden war, wegen Rentenansprüchen aus einer betrieblichen Alterversorgung Restitutionsansprüche gemäß §§ 3 ff. des Gesetzes zur Regelung offener Vermögensfragen (VermG) zu prüfen, und er während der Bearbeitung des Mandats von fristgebundenen Restitutionsansprüchen gemäß § 30 a VermG wegen Grund- und Aktienvermögen erfahren hatte.[84] Zu den Einzelheiten der Pflichten des Rechtsanwalts beim umfassenden bzw. beschränkten Mandat siehe ausführlich Rn. 517 ff.

46 Neben der Umschreibung der eigentlichen anwaltlichen Leistung können die Parteien **Nebenabreden** in den Vertrag aufnehmen. Die Vertragspartner können etwa im Rahmen von § 3 BRAGO das **Honorar** vertraglich ausgestalten,[85] gemäß § 51 a BRAO eine **Haftungsbeschränkung** vereinbaren (s. dazu Rn. 423–499), bei Mandaten mit Auslandsbezug eine **Rechtswahl- oder Gerichtsstandsvereinbarung** treffen oder sonstige Punkte regeln, welche den Anwaltsvertrag betreffen. Insoweit empfiehlt sich ebenfalls eine schriftliche Fixierung.

47 Der Mandant kann den Vertragsinhalt auch durch **Weisungen** näher ausgestalten.[86] Der Rechtsanwalt muß diese Weisungen grundsätzlich beachten (vgl. §§ 665, 675 BGB). In grundlegenden Fragen des Mandats kann der Rechtsanwalt sogar verpflichtet sein, das ausdrückliche Einverständnis des Mandanten, dessen Weisung, einzuholen, etwa, ob eine bestimmte Klage erhoben, ein Rechtsmittel eingelegt, ein Vergleich oder Vertrag so wie ausgehandelt abgeschlossen werden soll. Bei unklaren Weisungen oder einer Änderung der Sachlage kann der Rechtsanwalt gehalten sein, auf eine Klarstellung oder Ergänzung hinzuwirken.[87]

48 Gemäß § 269 BGB ist auch der **Erfüllungsort** einer vertraglichen Ausgestaltung zugänglich. Für den Gerichtsstand des Erfüllungsortes sind die Einschränkungen des § 29 Abs. 2 ZPO zu beachten.[88] Wenn eine vertragliche Festlegung fehlt, richtet sich der Erfüllungsort nach den Umständen, insbesondere der Natur des Schuld-

83 BGH, NJW 1997, 2168, 2169; WM 1998, 2246, 2247; 1999, 1330, 1336.

84 BGH, WM 1998, 2246, 2247 f.

85 Zu vertraglichen Honorarvereinbarungen: *Hartstang*, S. 495 ff.; *Pera*, Anwaltshonorare in Deutschland und den U. S. A., S. 49–51; *M. J. Schmidt*, Die internationale Durchsetzung von Rechtsanwaltshonoraren, S. 27 f.; *Sieg/Holtmann*, ZAP (1999) Fach 23, S. 387, 391 f. sowie die Kommentierungen zu § 3 BRAGO.

86 Allgemein zu Weisungen des Mandanten: *Borgmann/Haug*, § 22; *Rinsche*, Rn. I 138–143; *Vollkommer*, Rn. 191–201.

87 Zur Pflicht des Rechtsanwalts, Weisungen des Mandanten zu beachten: s. Rn. 976 ff.

88 Zum internationalen Gerichtstand des Art. 5 Nr. 1 EuGVÜ bei sog. abstrakten Erfüllungsortvereinbarungen: EuGH, NJW 1997, 1431, 1432 f.

verhältnisses. Dann ist **Erfüllungsort des Anwaltsvertrages** der Ort, an dem sich die Kanzlei des Rechtsanwalts befindet.[89] Maßgebend sind die Verhältnisse zum Zeitpunkt des Vertragsschlusses, unabhängig von nachträglichen Änderungen des Vertragsschwerpunktes.[90] Zur Begründung des Erfüllungsorts am Ort der Kanzlei des Rechtsanwalts hat das OLG Köln[91] ausgeführt, daß die Kanzlei des Rechtsanwalts den Mittelpunkt seiner beruflichen Tätigkeit bildet. Dort wird in der Regel der Anwaltsvertrag geschlossen und finden üblicherweise die Informations- und Beratungsgespräche mit dem Auftraggeber statt. In seiner Kanzlei leistet der Rechtsanwalt die geistige Vorarbeit, fertigt die Schriftsätze an und wickelt von dort den Schriftverkehr mit seinem Mandanten, dessen Gegner und/oder mit Dritten ab. Der Sitz der Kanzlei bleibt im allgemeinen auch dann Erfüllungsort für die Dienste des Rechtsanwalts, wenn er für seinen Auftraggeber einen auswärtigen Verhandlungs- oder Besprechungstermin wahrnimmt. Diese Erwägungen gelten nicht nur für **Honorarforderungen** des Rechtsanwalts[92], sondern auch für **Schadensersatzansprüche** wegen Schlechterfüllung anwaltlicher Vertragspflichten.[93] Nichts anderes ergibt sich, wenn der Mandant Schadensersatzansprüche gegen seinen Prozeßbevollmächtigten und gegen den von ihm beauftragten Verkehrsanwalt (s. dazu Rn. 205–227) geltend macht.[94] Wenn der Auftraggeber Prozeß- und Verkehrsanwalt gemeinsam verklagen möchte, ist das zuständige Gericht nach § 36 Nr. 2 ZPO zu bestimmen. Unterhält ein Rechtsanwalt mehrere Kanzleien in verschiedenen Staaten (vgl. § 29a BRAO), ist analog Art. 28 Abs. 1 EGBGB nach den Umständen des Einzelfalls festzustellen, zu welcher das in Frage stehende Mandat den engeren Bezug aufweist.

IV. Vertragsparteien

Herkömmlich wird ein **Rechtsanwalt** für „seinen" **Mandanten** tätig. An der Be- 49
arbeitung eines Mandats können aber auch **mehrere Rechtsanwälte** beteiligt sein. Auf die Beteiligung mehrerer Rechtsanwälte und den Vertragsschluß mit einem anwaltlichen Verbund wird an anderer Stelle ausführlich eingegangen (Rn. 204–422). Ein Rechtsanwalt kann auch für **mehrere Auftraggeber** tätig

89 BGH, NJW 1986, 1178; NJW 1991, 3095, 3096; OLG Köln, NJW 1960, 1301; OLG Celle, MDR 1980, 673 f.; BayObLG, MDR 1981, 233 f.; 1992, 296; 1993, 179; OLG Köln, AnwBl 1994, 476; BayObLG, NJW-RR 1996, 52 f.

90 OLG Köln, AnwBl 1994, 476.

91 OLG Köln, AnwBl 1994, 476.

92 BGH, NJW 1986, 1178; 1991, 3095, 3096; OLG Köln, NJW 1960, 1301; AnwBl 1994, 476.

93 BayObLG, MDR 1992, 296; 1993, 179; NJW-RR 1996, 52 f.

94 BayObLG, MDR 1992, 296; 1993, 179; NJW-RR 1996, 52 f.

werden.[95] Dies wird gebührenrechtlich in § 6 BRAGO ausdrücklich anerkannt. Der Rechtsanwalt ist gegenüber jedem Mandanten zur sorgfaltsgerechten Ausübung seiner beruflichen Tätigkeit verpflichtet. Insbesondere muß der Rechtsanwalt beachten, daß er nicht entgegen § 43 a Abs. 4 BRAO widerstreitende Interessen wahrnimmt oder sich wegen Parteiverrats gemäß § 356 StGB strafbar macht (vgl. Rn. 36 ff.). Der Rechtsanwalt hat nicht mehrere Auftraggeber, wenn er von dem **Rechtsschutzversicherer** seines Mandanten beauftragt wird. Die Rechtsschutzversicherung handelt gemäß § 17 Abs. 2 ARB 1994 namens und im Auftrag des Versicherten, wird jedoch selbst nicht Vertragspartner des Rechtsanwalts.[96]

V. Vertragsbeendigung

50 Die vom Rechtsanwalt zu beachtenden Sorgfaltsstandards setzen grundsätzlich einen bestehenden Anwaltsvertrag voraus. Daher kommt der **Beendigung des Anwaltsvertrages**[97] haftungsrechtlich eine erhebliche Bedeutung zu. Nur ausnahmsweise sind **vor- oder nachvertragliche Sorgfaltspflichten** anzuerkennen (Rn. 173–203). Die Beendigung des Auftrags beeinflußt die **Verjährung** von Schadensersatzansprüchen des Auftraggebers aus dem mit dem Rechtsanwalt bestehenden Vertragsverhältnis. Gemäß § 51 b, 2. Alt. BRAO beginnt die Verjährung spätestens, wenn der Auftrag beendet ist.[98] Der Sekundäranspruch, der dem haftpflichtigen Rechtsanwalt die Einrede der Primärverjährung verwehrt, entsteht nur bis zum Mandatsende;[99] anschließend beginnt die Verjährungsfrist für diesen Anspruch.[100] Die **Vergütung** des Rechtsanwalts wird gemäß § 16 BRAGO fällig, wenn der Auftrag erledigt oder die Angelegenheit beendigt ist.[101]

1. Fallgruppen

51 Grundfall der Beendigung des Anwaltsvertrages ist die **Erledigung des Auftrags**. Von praktischer Bedeutung ist daneben die **Kündigung** des Anwaltsvertrages durch den Auftraggeber oder durch den Rechtsanwalt. In Betracht kommt ferner

95 *Rinsche*, Rn. I 14 und 16; *Vollkommer*, Rn. 46, 47.
96 Zur Beauftragung eines Rechtsanwalts durch eine Rechtsschutzversicherung: BGH, NJW 1978, 1003 f.; *Borgmann/ Haug*, § 12 Rn. 65–69.
97 Allgemein zur Beendigung des Anwaltsvertrages: *Borgmann/Haug*, § 14; *Rinsche*, Rn. I 25–30; *Vollkommer*, Rn. 73–86.
98 Ausführlich zur Verjährung: Rn. 1169 ff.
99 BGH, NJW 1987, 326, 327; NJW-RR 1990, 459, 460.
100 BGH, VersR 1984, 162, 163; NJW 1996, 2929, 2931.
101 Dementsprechend beginnt auch die Verjährung des Vergütungsanspruchs nach § 196 Abs. 1 Nr. 15 BGB.

eine **einvernehmliche Vertragsbeendigung**[102] Mit dem Tod des Rechtsanwalts erlischt im Zweifel der mit dem Mandanten geschlossene Vertrag (§§ 675, 673 BGB),[103] es sei denn, daß der Auftrag auch den Sozien erteilt wurde. Dann besteht der Auftrag mit den verbleibenden Mitgliedern der Sozietät fort.[104] Besonderheiten gelten, wenn für die Kanzlei des verstorbenen Rechtsanwalts gemäß § 55 Abs. 1 BRAO ein Abwickler eingesetzt ist (dazu Rn. 281–288). Für Schadensersatzansprüche gegen einen verstorbenen Rechtsanwalt, die bei dessen Tod bereits entstanden waren, haften dessen Erben (§§ 1967, 2058 BGB).[105] Der **Tod des Mandanten** führt demgegenüber gemäß §§ 675, 672 BGB im Zweifel nicht zum Erlöschen des Vertrages. An die Stelle der verstorbenen Partei treten deren Erben (§ 1922 Abs. 1 BGB). Gemäß §§ 115, 116 InsO wird der Anwaltsvertrag auch mit der **Eröffnung des Konkurses** über das Vermögen des Auftraggebers beendet, es sei denn, daß sich die vertragliche Geschäftsbesorgung nicht auf das zur Konkursmasse gehörige Vermögen bezieht.[106]

2. Erledigung des Auftrags

I. d. R. wird der Anwaltsvertrag durch Erledigung des Auftrags, d. h. durch die **Er- 52**
reichung des Vertragszwecks beendet.[107] Grundsätzlich ist der Auftrag erledigt, wenn von dem Rechtsanwalt keine weiteren Handlungen in Erfüllung des Auftrags mehr zu erwarten sind. Der Rechtsanwalt selbst muß seinen Auftrag als erfüllt ansehen.[108] Im Normalfall bringt der Rechtsanwalt gegenüber dem Mandanten mit der Übersendung der **(Schluß-) Rechnung** zum Ausdruck, daß er den Auftrag als erledigt ansieht.[109] Im Einzelfall sind Art und Form der Kostenrechnung zu berücksichtigen. Aus der vorbehaltlosen Zahlung des Mandanten kann gefolgert werden, daß dieser die Rechnung auch so verstanden hat.[110] Nicht ausreichend ist die bloß faktische Beendigung des Mandats, wenn sowohl der Rechtsanwalt als auch der Auftraggeber untätig bleiben, ohne daß eine Partei den Anwaltsvertrag

102 BGH, NJW 1986, 1490 (Novation).
103 Hierzu etwa BGH, VersR 1982, 190 f.; NJW 1988, 1973.
104 BGH, NJW 1988, 1973, 1974. Zur Haftung der Mitglieder einer Rechtsanwaltssozietät: Rn. 336–389.
105 Hierzu etwa OLG Nürnberg, NJW-RR 1989, 1370.
106 Zu § 23 KO: RGZ 118, 158; BGH, WM 1963, 1232; 1988, 1838; NJW 1990, 510; 1997, 1302, 1303.
107 BGH, NJW 1996, 2929, 2930 – speziell zum Anwaltsdienstvertrag; OLG Bamberg, VersR 1978, 329; OLG Köln, VersR 1980, 362 f.; OLG Nürnberg, VersR 1980, 541; *Borgmann/Haug*, § 15 Rn. 92–99; *Rinsche*, Rn. I 25 f.; *Schlee*, AnwBl 1990, 205 f.; *Vollkommer*, Rn. 74.
108 BGH, VersR 1963, 435, 436; NJW 1979, 264, 265; OLG Hamm, VersR 1981, 440, 442.
109 BGH, NJW 1996, 661, 662.
110 BGH, VersR 1984, 162, 163; OLG Bamberg, VersR 1978, 329. Zur Beendigung des Auftrags mit Erstellung der Rechnung durch den Rechtsanwalt auch: BGH, NJW 1992, 436, 438.

gekündigt hat oder der Vertragszweck erreicht worden ist. Dies hat das OLG Köln in einem Fall betont, in dem der Rechtsanwalt seine Tätigkeit eingestellt hatte, nachdem der Mandant einen angeforderten Vorschuß nicht gezahlt hatte.[111]

53 Im übrigen ist derjenige Zeitpunkt, zu dem der einem Rechtsanwalt erteilte, nicht ausdrücklich gekündigte Auftrag endet, den **Umständen des Einzelfalls** zu entnehmen.[112] Für die Feststellung, ob ein Auftrag erledigt ist, spielt dessen Inhalt eine besondere Rolle.[113] Es ist zu prüfen, ob der Rechtsanwalt die vertraglich vereinbarte Leistung erbracht, d. h. die vertraglich vereinbarten Hauptpflichten erfüllt hat. Eine Schlechterfüllung ist demgegenüber für die Beendigung des Auftrags ohne Bedeutung. Auch eine unvollständig erteilte Beratung führt nicht notwendig dazu, daß eine Beendigung des Mandats vor ihrer Vervollständigung nicht eintreten kann.[114] Sie führt i. d. R. vielmehr zur Haftung des Rechtsanwalts. Auch auf die Erfüllung vertraglicher Nebenpflichten kommt es für die Beendigung des Auftrags nicht an.[115]

54 Um festzustellen, ob ein Anwaltsvertrag beendet ist, ist zwischen der eigentlichen anwaltlichen Leistung und der nur **bürotechnischen Abwicklung** eines Auftrags, wie etwa der Rückgabe der zur Durchführung des Auftrags überlassenen Schriftstücken u. ä., zu unterscheiden. Solche abschließenden Arbeiten sind zwar notwendig, betreffen aber nicht mehr die Aufgabe des Rechtsanwalts, Rechtsrat zu gewähren, sondern nur eine Nebenpflicht. Ihre noch ausstehende Erledigung ist deshalb grundsätzlich nicht geeignet, die Beendigung des Mandats hinauszuzögern.[116] Auskünfte, die ein Rechtsanwalt erteilt, nachdem er seinem Mandanten gegenüber zu erkennen gegeben hat, daß er den Vertrag als erfüllt ansieht, haben keinen Einfluß auf die Beendigung des Vertrags.[117] Dies gilt insbesondere dann, wenn die Auskünfte auf nachvertraglichen Verpflichtungen des Rechtsanwalts beruhen.[118]

55 Da die Erledigung des Auftrags von den Umständen des Einzelfalls abhängt, ist es schwer, allgemeingültige Grundsätze aufzustellen.

111 OLG Köln, VersR 1980, 362, 363.
112 BGH, NJW 1979, 264, 265; OLG Bamberg, VersR 1978, 329.
113 BGH, WM 1984, 1318. Zum Inhalt des Anwaltsvertrages: Rn. 40–48.
114 OLG Köln, VersR 1980, 362, 363.
115 Mißverständlich *Römermann*, in: Hartung/Holl, BORA, vor § 11 (§§ 51–51 b BRAO) Rn. 14, der darauf abstellt, ob der Rechtsanwalt seine Pflichten erfüllt hat.
116 BGH, WM 1984, 1318.
117 OLG Bamberg, VersR 1978, 329.
118 Zu nachvertraglichen Pflichten des Rechtsanwalts: Rn. 188–203.

a) Außergerichtliche Tätigkeit des Rechtsanwalts

Die dem Rechtsanwalt aufgetragenen Handlungen können erledigt sein, wenn eine übernommene **Beratung** erteilt ist.[119] Ist der Rechtsanwalt beauftragt, den Mandanten außerhalb eines Rechtsstreits bei **Vergleichsverhandlungen** oder **anderen Vertragsverhandlungen** zu vertreten, tritt die Beendigung des Auftrags grundsätzlich mit der Unterzeichnung des Vergleichs oder des Vertrages ein. Im Einzelfall muß allerdings festgestellt werden, ob der Rechtsanwalt den Mandanten nach dem Inhalt des erteilten Auftrags auch noch beim Vollzug der Vereinbarung beraten soll. 56

Ist die Erstellung eines Vertragsentwurfs als **Werkvertrag** (§§ 631, 675 BGB) zu bewerten, ändert sich in der Sache nichts. Dann ist der Anwaltsvertrag mit der **Abnahme** des anwaltlichen Werkes als in der Hauptsache vertragsgemäße Leistung (§§ 640, 641 BGB) beendet. Dies hat der BGH bejaht, wenn die Vertragspartner einen vom Rechtsanwalt **entworfenen Vertrag unterzeichnet** haben.[120] In einem anderen Fall, in dem der Rechtsanwalt für den Mandanten Verträge für die Beschäftigung freier Mitarbeiter entwerfen sollte, hat der BGH – ohne auf den Vertragstyp einzugehen – die Beendigung eines Auftrags angenommen, nachdem der Rechtsanwalt dem Mandanten den Vertragsentwurf vorgelegt und erläutert hatte.[121] Für einen Fall, in dem der Rechtsanwalt beauftragt war, einen notariell zu beurkundenden Vertrag mit der Gegenseite auszuhandeln und an dessen Abschluß mitzuwirken, hat der BGH[122] zur Fälligkeit der Gebührenforderung nach § 16 BRAGO ausgeführt, daß der Auftrag erst beendet sei, wenn dem beauftragten Rechtsanwalt der Vertrag vereinbarungsgemäß vom Notar übermittelt worden sei, so daß er den Inhalt des Vertrages vor der Weiterleitung an den Mandanten überprüfen könne.

b) Gerichtliche Tätigkeit des Rechtsanwalts

Besondere Regeln für die Beendigung eines Auftrags gelten, wenn der Rechtsanwalt den Mandanten in einem Rechtsstreit vertreten soll. Grundsätzlich ist ein Auftrag mit dem **Abschluß einer Instanz** beendet, wenn vom Rechtsanwalt keine weiteren Handlungen mehr zu erwarten sind.[123] Von dem Prozeßbevollmächtigten ist nach Zustellung des die Instanz abschließenden Urteils zu erwarten, daß er dem 57

119 OLG Köln, VersR 1980, 362, 363.
120 BGH, NJW 1996, 661, 662; 1996, 2929, 2930.
121 BGH, NJW-RR 1990, 459.
122 BGH, WM 1984, 1318.
123 OLG Hamm, VersR 1981, 440, 442.

Mandanten die Entscheidung übersendet,[124] den Zeitpunkt der Zustellung[125] und den Ablauf der Rechtsmittelfrist mitteilt sowie den Mandanten auf die Rechtsmittelmöglichkeiten[126] hinweist.[127] Der Auftrag kann ausnahmsweise nicht als erledigt angesehen werden, wenn im Einzelfall eine Pflicht besteht, innerhalb der Berufungsfrist bei der Partei nachzufragen, ob sie Berufung einlegen wolle. Eine solche Nachfragepflicht ist regelmäßig zu verneinen. Aufgrund der besonderen Umstände des Falls kann sich jedoch eine **nachträgliche Erkundigungspflicht** ergeben, wenn der Rechtsanwalt besonderen Anlaß hat, den Verlust seiner Mitteilung zu befürchten oder wenn ihm der Standpunkt der Partei, unter allen Umständen ein Rechtsmittel einlegen zu wollen, bereits bekannt ist.[128] Ein Anwaltsvertrag ist ferner dann beendet, wenn er nicht durch ein Urteil abgeschlossen wird, sondern wenn die Parteien einen **Vergleich** geschlossen haben. Ein **abschließender Termin- oder Prozeßbericht** gehört in keinem Fall zur Durchführung des Auftrags, sondern ist lediglich dessen Folge.[129] Eine Aufzählung dessen, was gebührenrechtlich zum selben Rechtszug gehört, enthält § 37 BRAGO. Auch **Vollstreckungsmaßnahmen** im Anschluß an einen Rechtsstreit können noch von einem einheitlichen Auftrag umfaßt sein, wenn ein enger zeitlicher Zusammenhang mit der Prozeßvertretung besteht.

58 Der vorbezeichnete Grundsatz, wonach ein Prozeßmandat regelmäßig mit der die Instanz abschließenden Entscheidung beendet ist, wird durchbrochen, wenn der **erstinstanzliche Anwalt auch in der Rechtsmittelinstanz** auftreten soll. Ist der beauftragte Rechtsanwalt (bzw. ein anderes Mitglied der beauftragten Sozietät) ebenfalls bei dem Rechtsmittelgericht zugelassen und sein Auftrag nicht ausdrücklich auf die Vertretung im ersten Rechtszug beschränkt, ist das Mandatsverhältnis zwischen Partei und Rechtsanwalt mit dem Abschluß der Instanz noch nicht beendet. Die Einlegung der Berufung stellt sich in diesem Fall nicht als Ausführung eines neuen Auftrags, sondern als **Fortführung einer „schwebenden Angelegenheit“** dar. Der Wille einer Partei, die einen Rechtsstreit einleiten will oder in einen Rechtsstreit einbezogen wird und einen Rechtsanwalt mit ihrer Vertretung beauftragt, geht in aller Regel dahin, daß dieser sie in der Rechtssache bis zu ihrem endgültigen Abschluß vertritt, soweit seine Postulationsfähigkeit reicht.[130]

124 Die Übermittlung muß nicht durch eingeschriebenen Brief erfolgen: BGH, NJW 1990, 189.
125 Zur Mitteilung des Zustellungsdatums: BGH, VersR 1974, 1131.
126 Hierzu auch BGH, NJW-RR 1989, 1109.
127 BGH, NJW 1960, 818, 819; BGH, VersR 1963, 435; NJW 1977, 1198; 1990, 189, 190. Vgl. auch BGH, NJW 1958, 2015 f.
128 BGH, VersR 1963, 435, 436.
129 OLG Nürnberg, VersR 1979, 541 (der BGH hat die Annahme der Revision abgelehnt).
130 OLG Hamburg, NJW 1972, 775.

Dasselbe gilt, wenn der **erstinstanzliche Anwalt** die Erfolgsaussichten eines Rechtsmittels überprüfen und/oder den am Rechtsmittelgericht zugelassenen Rechtsanwalt auswählen und beauftragen soll, den Mandanten in der höheren Instanz zu vertreten.[131] Ist der erstinstanzliche Anwalt in die vorbereitenden Maßnahmen der Partei zur **Beauftragung eines Rechtsmittelanwalts** einbezogen, endet sein Mandat erst mit der Annahme des Vertretungsauftrags durch den Rechtsmittelanwalt oder der eindeutigen Erklärung gegenüber dem Mandanten, bei der Beauftragung des Rechtsmittelanwalts nicht mehr mitzuwirken.[132] Nach ständiger Rechtsprechung des BGH muß sich ein Anwalt bei der Erteilung des Auftrags zur Rechtsmitteleinlegung notfalls durch telefonischen Anruf rechtzeitig vor Fristablauf davon überzeugen, ob der Auftrag eingetroffen und ob er angenommen worden ist.[133] Die vorbeschriebene Pflicht des Prozeßanwalts, in eigener Verantwortung geeignete und verläßliche Maßnahmen zu treffen, die eine zuverlässige Information über den Lauf der Rechtsmittelfrist gewährleisten, trifft auch den **Verkehrsanwalt**, der es übernommen hat, den Berufungsanwalt zu beauftragen.[134] 59

Soll der beauftragte Rechtsanwalt weiterhin den Verkehr zwischen der Partei und dem Prozeßbevollmächtigten führen, besteht das Mandat – mit geändertem Inhalt – fort. Selbst wenn ein Rechtsanwalt, der nicht zum **Verkehrsanwalt** bestellt ist, nach Erlaß eines erstinstanzlichen Urteils seine Handakten einem anderen, beim Berufungsgericht zugelassenen Anwalt übersendet, folgt daraus nach Ansicht des BGH nicht ohne weiteres, daß der Mandant von diesem Zeitpunkt an von dem Anwalt keine weiteren Tätigkeiten mehr erwarten darf. Aus dem Gesamtverhalten der Beteiligten kann gefolgert werden, daß das Mandat noch nicht beendet ist, wenn der Auftraggeber den Rechtsanwalt, der immer noch als „Hausanwalt" tätig ist, bittet, die Revisionsbegründung im Vorprozeß durchzusehen und zusätzliche Argumente an den Revisionsanwalt zu übermitteln. Im konkreten Fall hatte der Rechtsanwalt die erbetene Stellungnahme übermittelt und mit dem Mandanten einen weiteren Besprechungstermin in der Angelegenheit vereinbart. Wenn der Anwalt in dieser Weise tätig wird, kann im allgemeinen angenommen werden, daß noch ein Mandatsverhältnis besteht. Daran ändert auch der Umstand nichts, daß der Rechtsanwalt für diese Tätigkeit keine besonderen Gebühren berechnet hat.[135] 60

131 OLG Hamm, VersR 1981, 440, 442.

132 BGH, VersR 1978, 722.

133 BGH, VersR 1985, 962; NJW 1988, 3020 f.; VersR 1990, 801–jeweils zu § 233 ZPO. Hierzu auch Rn. 216, 218.

134 BGH, VersR 1990, 801; 1991, 896 – beide Entscheidungen zu § 233 ZPO.

135 BGH, NJW 1979, 264, 265.

3. Kündigung

61 Der Anwaltsvertrag kann auch in der Weise beendet werden, daß entweder der **Auftraggeber** oder der **Rechtsanwalt** den Vertrag **kündigt**.[136] Wenn der Rechtsanwalt die Kündigung ausspricht, ist in der Praxis davon die Rede, daß der Rechtsanwalt **„das Mandat niederlegt“**. Die Wirksamkeit einer Kündigung und die daran anknüpfenden Rechte der Vertragsparteien setzen zunächst voraus, daß ein Kündigungsgrund vorliegt. Die Kündigung darf nicht gesetzlich oder vertraglich ausgeschlossen sein. Schließlich muß die Kündigung wirksam erklärt worden sein. Wenn eine Kündigung wirksam ist, stellt sich die Frage, ob daraus Schadensersatzansprüche des Vertragspartners folgen. Auch ist zu prüfen, welche Folgen die Kündigung eines Anwaltsvertrages für den Honoraranspruch des Rechtsanwalts hat (Rn. 925 ff.).

a) Rechtsgrundlagen

62 I. d. R. handelt es sich bei einem Anwaltsvertrag um einen **Dienstvertrag**, der eine Geschäftsbesorgung zum Gegenstand hat (§§ 611, 675 BGB; zur Rechtsnatur des Anwaltsvertrags: s. Rn. 4–8). Dann richten sich die Kündigung des Anwaltsvertrages und deren Rechtsfolgen in den meisten Fällen nach **§§ 627, 628 BGB**. Neben § 627 Abs. 1 BGB bleibt das Recht aus **§ 626 BGB**, den Anwaltsvertrag aus wichtigem Grund zu kündigen, unberührt.[137] An Stelle eines außerordentlichen Kündigungsrechts gemäß §§ 626, 627 BGB ist zu prüfen, ob der Vertragspartner den Vertrag ordentlich kündigen kann. Ein solches ordentliches Kündigungsrecht richtet sich vorbehaltlich vertraglicher Regelungen nach § 621 BGB. Diese Vorschrift ist auch bei einem Dienstvertrag, der eine Geschäftsbesorgung zum Gegenstand hat, heranzuziehen.[138]

63 Der Anwaltsvertrag kann ausnahmsweise als **Werkvertrag**, der eine Geschäftsbesorgung zum Gegenstand hat (§§ 631, 675 BGB), einzuordnen sein (Rn. 4 ff., 949 ff., 1192 ff.). Dann muß **§ 649 BGB** beachtet werden. § 649 Satz 1 BGB sieht vor, daß der Auftraggeber (Besteller) den Vertrag bis zur Vollendung des Werks jederzeit kündigen kann. Die Vergütung des Rechtsanwalts (des Unternehmers) richtet sich dann nach § 649 Satz 2 BGB. Beim Anwaltswerkvertrag ist ein Sonderkündigungsrecht des Rechtsanwalts nicht vorgesehen. Insoweit stellt sich die Frage nach einer analogen Anwendbarkeit des § 627 BGB.

---

136 Zur Beendigung des Anwaltsvertrages durch Kündigung Rn. 925 ff.; *Borgmann/Haug*, § 15 Rn. 100–106; *Rinsche*, Rn. I 27–29; *Vollkommer*, Rn. 75–78.

137 BGH, NJW 1995, 1425, 1430.

138 OLG Hamm, NJW-RR 1995, 1530, 1532.

Für Dienst- und Werkverträge, die eine Geschäftsbesorgung zum Gegenstand haben, verweist § 675 BGB auf **§ 671 Abs. 2 BGB**, soweit dem Verpflichteten das Recht zusteht, ohne Einhaltung einer Kündigungsfrist zu kündigen. Ein solches Sonderkündigungsrecht enthält § 627 Abs. 1 BGB. § 671 Abs. 2 BGB entspricht § 627 Abs. 2 BGB und ist daneben ohne Bedeutung. Auf § 671 Abs. 3 BGB, wonach der Beauftragte bei Vorliegen eines wichtigen Grundes auch dann zur Kündigung berechtigt ist, wenn er auf das Kündigungsrecht verzichtet hat, verweist § 675 BGB nicht. 64

Die meisten Entscheidungen, in denen sich die Gerichte mit den Voraussetzungen dieser Vorschriften im Zusammenhang mit Anwaltsverträgen beschäftigt haben, betreffen Sachverhalte, in denen der Rechtsanwalt seinen Mandanten nach einer Kündigung des Anwaltsvertrages auf Zahlung des **Honorars** gemäß § 628 Abs. 1 BGB in Anspruch genommen hat.[139] Gemäß **§ 628 Abs. 1 Satz 1 BGB** kann der Rechtsanwalt einen seinen bisherigen Leistungen entsprechenden Teil des Honorars verlangen, wenn nach dem Beginn des Anwaltsvertrages das Vertragsverhältnis auf Grund des § 626 BGB oder des § 627 BGB gekündigt wird. Kündigt der Rechtsanwalt, ohne durch vertragswidriges Verhalten des Auftraggebers dazu veranlaßt zu sein, oder veranlaßt er durch sein vertragswidriges Verhalten die Kündigung des Mandanten, steht ihm ein Anspruch auf das Honorar insoweit nicht zu, als seine bisherigen Leistungen infolge der Kündigung für den anderen Teil kein Interesse haben (Rn. 942). Auf Einzelheiten des Honoraranspruchs des Rechtsanwalts soll an dieser Stelle nicht weiter eingegangen werden. Die Aussagen in den Urteilen zur Auslegung des § 628 Abs. 1 BGB lassen sich auf die hier behandelten Haftungssachverhalte nach § 628 Abs. 2 BGB übertragen. 65

b) Außerordentliches Kündigungsrecht beider Parteien

Aus **§ 627 Abs. 1 BGB** wird allgemein gefolgert, daß sowohl der Auftraggeber als auch der Rechtsanwalt den Anwaltsvertrag grundsätzlich jederzeit und ohne Angabe von Gründen kündigen können. Nach § 627 Abs. 1 BGB kann ein Dienstverhältnis, das kein Arbeitsverhältnis i. S. v. § 622 BGB ist, gekündigt werden, ohne daß die Voraussetzungen des § 626 BGB vorliegen müssen. Es wird daher weder ein Kündigungsgrund vorausgesetzt noch muß dem Vertragspartner ein solcher mitgeteilt oder die Zwei-Wochen-Frist des § 626 Abs. 2 BGB eingehalten werden. 66

139 Vgl. etwa *Pabst*, MDR, 449 ff. sowie die BRAGO-Kommentare zu § 13 Abs. 1 und 4.

aa) Dienste höherer Art auf Grund besonderen Vertrauens

67 Voraussetzung des § 627 Abs. 1 BGB ist lediglich, daß der zur Dienstleistung Verpflichtete **Dienste höherer Art** zu leisten hat, die **auf Grund besonderen Vertrauens** übertragen zu werden pflegen. Der gesetzgeberische Grund für die gegenüber § 626 BGB erleichterte, jederzeitige Möglichkeit zur Lösung eines Dienstverhältnisses i. S. d. § 627 BGB liegt in dem besonderen Vertrauen, von dem derartige Dienstverhältnisse getragen werden. Dieses kann schon durch unwägbare Umstände und rational nicht begründbare Empfindungen gestört werden, die objektiv keinen wichtigen Grund zur Kündigung darstellen. Bei derartigen, auf persönliches Vertrauen ausgerichteten Dienstverhältnissen soll die Freiheit der persönlichen Entschließung eines jeden Teils im weitesten Ausmaß gewährleistet werden.[140]

Ein **Anwaltsvertrag** wird allgemein als ein Dienstvertrag angesehen, aufgrund dessen der Rechtsanwalt i. S. d. § 627 Abs. 1 BGB verpflichtet ist, Dienste höherer Art zu leisten, die auf Grund besonderen Vertrauens übertragen zu werden pflegen.[141]

bb) Dauerhaftes Dienstverhältnis mit festen Bezügen

68 § 627 Abs. 1 BGB schließt das jederzeitige Kündigungsrecht ausnahmsweise aus, wenn der zur Dienstleistung Verpflichtete zu dem Berechtigten in einem **dauerhaften Dienstverhältnis mit festen Bezügen** stehen. Dahinter steht der Gedanke, daß in diesen Ausnahmefällen dem Vertrauen des Dienstverpflichteten auf seine Existenzsicherung Vorrang vor dem Schutz der Entschließungsfreiheit des Dienstberechtigten einzuräumen ist.[142] Der typische Fall eines Rechtsanwalts in einem dauerhaften Dienstverhältnis mit festen Bezügen ist der **Syndikusanwalt**.[143]

69 Regelmäßig steht der beauftragte Rechtsanwalt zu seinem Mandanten nicht in einem dauerhaften Dienstverhältnis mit festen Bezügen.[144] Allerdings ist ein solches dauerhaftes Dienstverhältnis mit festen Bezügen denkbar, wenn dem Rechtsanwalt ein **Dauerberatungsmandat** erteilt ist.[145] Wann ein Dienstverhältnis als „dauernd“ anzusehen ist, muß im Einzelfall nach der Verkehrsanschauung und

140 BGH, NJW-RR 1993, 505, 506 – Managementvertrag.
141 BGH, NJW 1978, 2304; 1985, 41; 1987, 315, 316; 1995, 1425, 1430.
142 BGH, NJW-RR 1993, 505, 506 – Managementvertrag.
143 Staudinger/*Preis*, BGB, § 627 Rn. 14; vgl. BGH, NJW 1999, 1715.
144 BGH, NJW 1985, 41.
145 BGH, NJW 1995, 1425, 1430.

dem Sprachgebrauch ermittelt werden.[146] Ein dauerndes Dienstverhältnis i. S. d. § 627 Abs. 1 BGB erfordert keine Dienstleistung, welche die Erwerbstätigkeit des Verpflichteten vollständig oder hauptsächlich in Anspruch nimmt. Es setzt auch keine soziale und wirtschaftliche Abhängigkeit voraus. Nach der maßgebenden Verkehrsauffassung ist es kein Kennzeichen oder gar Erfordernis eines dauerhaften Diestverhältnisses, daß es auf unbestimmte Zeit eingegangen ist. Ein dauerhaftes Dienstverhältnis kann auch vorliegen, wenn der Vertrag auf eine bestimmte längere Zeit geschlossen ist. Für ein dauerhaftes Dienstverhältnis kann eine Vertragslaufzeit von einem Jahr genügen, wenn es sich um eine Verpflichtung für ständige oder langfristige Aufgaben handelt und die Vertragspartner von der Möglichkeit und Zweckmäßigkeit einer Verlängerung ausgehen.[147] Die Voraussetzung eines dauerhaften Dienstverhältnisses i. S. d. § 627 Abs. 1 BGB ist in anderen Fällen auch bei einer Mindestvertragslaufzeit von 18 Monaten[148] oder von fünf Jahren[149] angenommen worden.

Der Rechtsanwalt erhält **feste Bezüge**, wenn er sich darauf verlassen kann, daß ihm auf längere Sicht bestimmte, von vornherein festgelegte Beträge als Honorar zufließen werden. Sie müssen geeignet sein, Grundlage der Existenzplanung des Rechtsanwalts zu sein. Den Gegensatz stellen Entgelte dar, die von außervertraglichen Entwicklungen abhängen, deshalb der Höhe nach schwanken und im ungünstigsten Fall sogar ganz ausfallen können. Sie sind nur insoweit feste Bezüge, als dem Rechtsanwalt ein bestimmtes Mindesteinkommen versprochen ist.[150] 70

c) Ausschluß des außerordentlichen Kündigungsrechts

Das Recht zur jederzeitigen Kündigung des Anwaltsvertrages nach § 627 Abs. 1 BGB kann gesetzlich oder vertraglich ausgeschlossen sein. 71

aa) Beiordnungsfälle

Wenn der Vertragsschluß auf eine gerichtliche Beiordnung des Rechtsanwalts zurückgeht (dazu auch Rn. 35 sowie Rn. 160–169), kann dieser den Anwaltsvertrag wegen des dadurch begründeten Kontrahierungszwangs nicht ohne weiteres 72

146 BGH, NJW 1967, 1416 – Wirtschaftsberatervertrag.
147 BGH, NJW 1967, 1416, 1417 – Wirtschaftsberatervertrag; BGH, NJW 1984, 1531 – Direktschulvertrag; BGH, NJW-RR 1993, 374 – Steuerberatervertrag.
148 OLG Hamm, NJW-RR 1995, 1530, 1531.
149 BGH, NJW 1995, 1425, 1430; vgl. auch BGH, NJW-RR 1993, 505 – Managementvertrag.
150 BGH, NJW 1995, 1425, 1430; vgl. auch BGH, NJW-RR 1993, 374 (375) – Steuerberatervertrag; BGH, NJW-RR 1993, 505, 506 – Managementvertrag.

kündigen.[151] Dann muß der Rechtsanwalt zunächst die Aufhebung der Beiordnung gemäß §§ 48 Abs. 2, 49 Abs. 2 BRAO beantragen. Voraussetzung ist, daß hierzu ein wichtiger Grund vorliegt.

bb) Vertraglicher Ausschluß

73 Das Sonderkündigungsrecht nach **§ 627 BGB** kann – jedenfalls durch Vereinbarung im Einzelfall – auch vertraglich ausgeschlossen oder beschränkt werden.[152] Der **vertragliche Ausschluß** des Rechts, gemäß § 627 Abs. 1 BGB den Anwaltsvertrag jederzeit ohne Einhaltung einer Frist zu kündigen, muß nicht notwendig ausdrücklich vereinbart werden. Der Ausschluß kann sich eindeutig und bestimmt aus anderen Abreden ergeben.[153] Allein aus dem Umstand, daß ein Anwaltsvertrag auf eine bestimmte Zeit geschlossen ist, läßt sich nicht die Schlußfolgerung ziehen, daß die Parteien das Kündigungsrecht nach § 627 Abs. 1 BGB ausschließen wollten.[154] Offenbaren die Parteien jedoch zusätzlich ein Interesse an einer schuldrechtlichen Bindung, kann dies für einen konkludenten Ausschluß des außerordentlichen Kündigungsrechts des § 627 Abs. 1 BGB sprechen. Auch ein erhebliches wirtschaftliches Interesse des beauftragten Rechtsanwalts an der Durchführung der Vereinbarung kann dafür sprechen, daß den Parteien die Möglichkeit genommen werden sollte, sich jederzeit einseitig von dem Vertrag zu lösen.[155]

Selbst wenn das Recht zur jederzeitigen Kündigung ausgeschlossen oder beschränkt wird, bleibt es dennoch beim Vorliegen eines wichtigen Grundes nach **§ 626 BGB** erhalten. Diese Vorschrift ist unabdingbar.[156] Der BGH hat ausgeführt, daß die in § 627 BGB vorgesehene Möglichkeit, den Anwaltsvertrag unter erleichterten Voraussetzungen zu kündigen, für diesen nicht schlechthin kennzeichnend sei. Sie scheide zum Beispiel bereits gesetzlich aus, wenn der Rechtsanwalt zu dem Mandanten in einem dauernden Dienstverhältnis mit festen Bezügen stehe.[157]

151 *Borgmann/Haug*, § 15 Rn. 100; *Vollkommer*, Rn. 75.

152 RGZ 105, 416, 417; BGH, NJW-RR 1991, 439, 440; NJW 1995, 1425, 1430; 1997, 2944; OLG Düsseldorf, BB 1987, 2187; OLG Koblenz, NJW 1990, 3153, 3154; a. A. *Borgmann/Haug*, § 15 Rn. 100, die jedoch nicht hinreichend berücksichtigen, daß § 671 Abs. 3 BGB von der Verweisung des § 675 BGB gerade nicht erfaßt wird.

153 BGH, NJW-RR 1991, 439, 440; OLG Düsseldorf, BB 1987, 2187; OLG Karlsruhe, NJW-RR 1994, 1084.

154 BGH, NJW-RR 1991, 439, 440; OLG Düsseldorf, BB 1987, 2187; vgl. auch RGZ 105, 416, 417.

155 BGH, NJW-RR 1991, 439, 440 – Auftrag über die Vermarktung eines Namens.

156 BGH, NJW-RR 1993, 374, 375 – Steuerberatervertrag.

157 BGH, NJW 1995, 1425, 1430.

Ob das Kündigungsrecht nach § 627 Abs. 1 BGB beim Anwaltsvertrag auch durch 74
Allgemeine Geschäftsbedingungen ausgeschlossen werden kann, ist noch nicht höchstrichterlich geklärt. Der Bundesgerichtshof hat hierzu Bedenken geäußert, diese Frage im Ergebnis aber offen gelassen. Da unter § 627 BGB verschiedene Dienstleistungen fallen, sei eine differenzierte Betrachtungsweise erforderlich.[158] Zu einem Steuerberatervertrag hat das OLG Koblenz ausgeführt, daß die Abbedingung des außerordentlichen Kündigungsrechts aus § 627 Abs. 1 BGB durch Allgemeine Geschäftsbedingungen zwar nicht grundsätzlich gemäß § 9 Abs. 1, 2 Nr. 1 AGBG unwirksam sei. Eine solche Klausel könne jedoch gegen diese Vorschrift – je nach Ausgestaltung der Klausel – im Einzelfall verstoßen. Bei der erforderlichen Abwägung sei das Interesse des Mandanten zu berücksichtigen, dem Steuerberater, der sein Vertrauen verloren habe, nicht länger Einblick in seine Einkommens- und Vermögensverhältnisse sowie in die sonstigen Betriebsinterna gewähren zu müssen, wenn er das Honorar nicht ohne Gegenleistung zahlen wolle. Umgekehrt habe der Steuerberater ein berechtigtes Interesse, vorausschauend planen zu können. Dem Steuerberater sei verständlicherweise daran gelegen, Betriebseinrichtungen und Personal nicht von heute auf morgen nutzlos oder unrentabel werden zu lassen. Daher sei jedenfalls eine Klausel gemäß § 9 AGBG unwirksam, nach der ein auf unbestimmte Zeit geschlossener Vertrag von jedem Vertragspartner grundsätzlich nur mit einer Frist von drei Monaten zum Schluß eines Kalendervierteljahres beendet werden könne.[159] Diese Erwägungen lassen sich auch auf einen Anwaltsvertrag übertragen.

d) Kündigungserklärung

Die Kündigungserklärung ist eine empfangsbedürftige Willenserklärung, die dem 75
Vertragspartner gemäß § 130 BGB **zugehen** muß. Daher ist etwa eine Kündigung des Anwaltsvertrages durch den Rechtsanwalt unwirksam, wenn die Mandatsniederlegung nur gegenüber dem Prozeßgericht erklärt wird.[160]

e) Schadensersatz bei Kündigung zur Unzeit ohne wichtigen Grund

Wenn der beauftragte Rechtsanwalt den Anwaltsvertrag gemäß § 627 Abs. 1 BGB 76
außerordentlich kündigt, obliegt ihm nach § 627 Abs. 2 Satz 1 BGB, auf das In-

158 BGH, NJW 1989, 1479, 1480 – Partnervermittlungsvertrag; BGH, NJW-RR 1993, 374, 375 – Steuerberatervertrag.

159 OLG Koblenz, NJW 1990, 3153, 3154 – Steuerberatervertrag – m. w. N. aus dem Schrifttum.

160 BGH, VersR 1977, 334; vgl. auch BGH, VersR 1972, 185; BGH, NJW 1998, 3783, 3784.

teresse des Mandanten Rücksicht zu nehmen, sich die Dienste anderweit beschaffen zu können. Eine Ausnahme von dieser Einschränkung des jederzeitigen Kündigungsrechts sieht das Gesetz für den Fall vor, daß ein wichtiger Grund für die unzeitige Kündigung vorliegt. Kündigt der Rechtsanwalt den Auftrag ohne einen wichtigen Grund zur Unzeit, ist er nach **§ 627 Abs. 2 Satz 2 BGB** verpflichtet, dem Mandanten den daraus entstehenden **Schaden zu ersetzen.**[161] Die Wirksamkeit der Kündigung bleibt davon unberührt. Der Mandant, der von dem Kündigungsrecht des § 627 Abs. 1 BGB Gebrauch macht, unterliegt im Gegensatz zum Rechtsanwalt nicht den Einschränkungen des § 627 Abs. 2 BGB.

aa) Kündigung zur Unzeit

77 Eine Kündigung zur Unzeit liegt vor, wenn der Mandant sich notwendige Dienste eines anderen Rechtsanwalts nach Zugang der Kündigung nicht beschaffen kann. Dabei kommt es allerdings nicht darauf an, ob dem Mandanten dies in gleicher Güte und zu gleichen Bedingungen möglich ist. Maßgebend dafür, ob eine Kündigung zur Unzeit erfolgt, ist nicht der Zeitpunkt der Kündigungserklärung, sondern der der tatsächlichen Beendigung des Auftrags.[162] Ob eine Kündigung zur Unzeit ausgesprochen worden ist, hängt von den Umständen des Falls ab. Um eine Kündigung zur Unzeit zu vermeiden, trifft den Rechtsanwalt bei einer Kündigung nach §§ 626, 627 BGB die Obliegenheit, alles zu unterlassen bzw. alles Gebotene zu unternehmen, um unabwendbare Nachteile für den Auftraggeber abzuwenden.

78 Vor einer **Mandatsniederlegung während eines anhängigen Verfahrens** muß ein Rechtsanwalt den Verfahrensgegenstand anhand seiner Akte überprüfen und erforderliche **fristwahrende Maßnahmen**, etwa die Einlegung von Rechtsmitteln, noch veranlassen.[163] Es kann auch eine Obliegenheit des Rechtsanwalts bestehen, eine gebotene Fristverlängerung zu beantragen und zu überwachen, ob diese auch gewährt worden ist, bevor er das Mandat kündigt. Der Rechtsanwalt kann ferner gehalten sein, einen **Termin** für den Mandanten wahrzunehmen, wenn er sich nicht dem Vorwurf ausgesetzt sehen will, das Mandat zur Unzeit niedergelegt zu haben. Notfalls muß der Rechtsanwalt nach einer Niederlegung des Mandats von den ihm nach § 87 Abs. 2 ZPO zustehenden Rechten Gebrauch machen (dazu auch Rn. 201, 202).

161 Vgl. auch die Parallelvorschriften zu § 627 Abs. 2 BGB: §§ 723 Abs. 2, 671 Abs. 2, 712 Abs. 2, 2226 Satz 3 BGB.

162 Staudinger/*Preis*, BGB, § 627 Rn. 28; Palandt/*Putzo*, BGB, § 627 Rn. 6; MünchKomm/*Schwerdtner*, BGB, § 627 Rn. 14.

163 OLG Frankfurt, VersR 1991, 897 f. – zu § 233 ZPO.

79 Der BGH hat einen Fall entschieden, in dem der **Berufungsanwalt** das Mandat niedergelegt hatte, weil der Mandant einer schriftlichen Aufforderung, bei ihm wegen der Berufungsbegründung vorzusprechen, keine Folge geleistet hatte. Der Rechtsanwalt hatte daraufhin keinen Antrag auf Fristverlängerung gestellt. Nach Ansicht des BGH war dem Auftraggeber eine Fristversäumung des Rechtsanwalts nach §§ 233, 85 Abs. 2 ZPO zuzurechnen.[164] Für § 627 Abs. 2 BGB läßt sich daraus ableiten, daß in einem solchen Fall jedenfalls auch eine Kündigung zur Unzeit vorliegt.

80 Zu einem anderen Antrag auf Wiedereinsetzung in den vorigen Stand nach § 233 ZPO hat der BGH ausgeführt, daß die Kündigung eines Anwaltsvertrages durch den Prozeßbevollmächtigten während bereits angelaufener Frist zur Begründung eines Rechtsmittels nicht schuldhaft erfolgt, wenn der Rechtsanwalt damit rechnen konnte, daß der Mandant bis zum Ablauf der Frist genügend Zeit und Gelegenheit zur Beauftragung eines anderen Anwalts haben werde.[165]

81 Das OLG Karlsruhe hat ausgeführt, daß eine Kündigung zur Unzeit nicht vorliege, wenn der **Prozeßbevollmächtigte im Revisionsverfahren** das Mandat zwar während des Laufs der Revisionsbegründungsfrist niederlege, durch die Beantragung einer (auch gewährten) Fristverlängerung aber gleichzeitig dafür Sorge getragen habe, daß sein Mandant noch rechtzeitig einen anderen Anwalt beauftragen und dieser die erforderlichen Maßnahmen fristgerecht einleiten könne. Dabei hat das Gericht offen gelassen, ob eine Kündigung zur Unzeit vorliegt, wenn der Nachfolger des kündigenden Rechtsanwalts wegen einer kurzfristigen Beauftragung nicht vollständig und umfassend informiert werden kann oder wenn sich der Zeitdruck in anderer Weise auf die Qualität der Revisionsbegründung auswirkt.[166]

bb) Wichtiger Grund

82 Die Voraussetzungen, nach denen ein Rechtsanwalt gemäß **§ 627 Abs. 2 BGB** aus einem **wichtigen Grund zu einer unzeitigen Kündigung** berechtigt ist, richten sich ebenfalls nach den Umständen des Einzelfalls. Gerichtliche Entscheidungen sind hierzu im Zusammenhang mit Anwaltsverträgen bislang nicht veröffentlicht worden.[167]

---

164 BGH, VersR 1960, 637 f.
165 BGH, VersR 1987, 286.
166 OLG Karlsruhe, NJW-RR 1994, 1084.
167 Zum Vorliegen eines wichtigen Grundes gemäß § 627 Abs. 2 BGB bei der Kündigung eines Heilbehandlungsvertrages: OLG Karlsruhe, VersR 1996, 62.

Der Wortlaut des § 627 Abs. 2 BGB, der das Vorliegen eines wichtigen Grundes erfordert, unterscheidet sich von § 628 Abs. 2 BGB, der ein vertragswidriges Verhalten voraussetzt, und von § 626 Abs. 1 BGB, der daran anknüpft, ob dem Kündigenden ein Festhalten am Vertrag unzumutbar ist. Eine Gleichsetzung dieser Begriffe verbietet sich daher. So ist ein wichtiger Grund i. S. d. § 627 Abs. 2 BGB nicht erst dann gegeben, wenn dem Rechtsanwalt die Fortsetzung des Auftrags nicht mehr zugemutet werden kann.[168] Sonst würde der Zweck des § 627 Abs. 1 BGB, gegenüber der allgemeinen Vorschrift des § 626 BGB die außerordentliche Kündigung eines Dienstvertrages mit besonderem Vertrauensverhältnis zu erleichtern, verfehlt.[169]

Ein wichtiger Grund i. S. d. § 627 Abs. 2 BGB ist daher immer dann gegeben, wenn eine Kündigung ohne Rücksicht darauf, ob der Auftraggeber sich die Dienste anderweitig beschaffen kann, gerechtfertigt ist.[170] Wie bei § 723 Abs. 2 BGB bedarf es hierzu einer **Abwägung der Interessen** des Kündigenden an einer schnellen Beendigung des Vertrages und derjenigen des Vertragspartners an der Wahl eines schonenderen Zeitpunktes, regelmäßig also an einem zeitlichen Hinausschieben der Kündigung. Dabei kommt es auf die Gesamtumstände des Falles an.[171] Ein erheblicher Anhaltspunkt für einen wichtigen Grund i. S. d. § 627 Abs. 2 BGB besteht dann, wenn das Verhalten des Auftraggebers, welches die Kündigung durch den Rechtsanwalt veranlaßt hat, zugleich als vertragswidrig i. S. d. § 628 Abs. 1 Satz 2, Abs. 2 BGB zu bewerten ist.[172]

cc) Schadensersatz

83 Wenn der Rechtsanwalt den Auftrag zur Unzeit gekündigt hat und ein wichtiger Grund hierzu nicht vorliegt, hat dies nicht die Unwirksamkeit der Kündigung zur Folge. Vielmehr ist der Rechtsanwalt verpflichtet, dem Mandanten denjenigen **Schaden zu ersetzen**, den dieser gerade **infolge des Kündigungszeitpunkts** erlit-

168 RGRK/*Corts*, BGB, § 627 Rn. 16; Erman/*Hanau*, BGB, § 627 Rn. 9; Staudinger/*Preis*, BGB, § 627 Rn. 31; *Vollkommer*, Rn. 78; nunmehr auch: MünchKomm/*Schwerdtner*, BGB, § 627 Rn. 16 (vgl. jedoch auch Rn. 15); a. A., allerdings ohne Begründung, *Borgmann/Haug*, § 15 Rn. 102.

169 Zum Zweck des Sonderkündigungsrechts nach § 627 Abs. 1 BGB: vgl. Rn. 67.

170 Staudinger/*Preis*, BGB, § 627 Rn. 31; *Vollkommer*, Rn. 78.

171 MünchKomm/*Ulmer*, BGB, § 723 Rn. 36.

172 Zum vertragswidrigen Verhalten des Auftraggebers i. S. d. § 628 Abs. 1 Satz 2, Abs. 2 BGB: Rn. 93–99, 938.

ten hat. Demgegenüber kann der Auftraggeber nicht den Ersatz des Erfüllungsinteresses infolge der Vertragsbeendigung als solcher verlangen.[173]

f) Schadensersatz bei Kündigung infolge vertragswidrigen Verhaltens

Hat eine Vertragspartei die Kündigung des Anwaltsvertrages nach § 626 oder § 627 Abs. 1 BGB durch **vertragswidriges Verhalten** veranlaßt, ist sie gemäß **§ 628 Abs. 2 BGB** dem Vertragspartner zum **Ersatz des Schadens** verpflichtet, der dadurch entsteht, daß der Anwaltsvertrag aufgehoben wird. Der Schadensersatzanspruch kann sowohl dem Rechtsanwalt als auch dem Mandanten zustehen. Der Schaden des Rechtsanwalts kann etwa darin bestehen, daß er nicht das Honorar erhält, das er bei der vertragsgemäßen Durchführung des Vertrages hätte beanspruchen können. Auch kann er im Vertrauen auf die Durchführung des Anwaltsvertrages Aufwendungen getätigt haben, die sich nach der Kündigung als nutzlos erweisen. Umgekehrt können Kosten und Aufwendungen des Mandanten durch die Kündigung nutzlos geworden sein. 84

Das vertragswidrige Verhalten, das den Anlaß für die außerordentliche Kündigung bildet, setzt nach allgemeiner Ansicht eine **schuldhafte Verletzung einer Vertragspflicht** voraus.[174] Der Schadensersatzanspruch nach § 628 Abs. 2 BGB entfällt, wenn zur Zeit der Kündigung auch der Kündigungsempfänger aus wichtigem, vom anderen Teil zu vertretenden Grund hätte kündigen können; es kommt nicht darauf an, ob er von seiner Kündigungsmöglichkeit tatsächlich Gebrauch gemacht hätte.[175] Wenn der Auftraggeber sich auf ein vertragswidriges Verhalten des Rechtsanwalts gemäß **§ 628 Abs. 1 Satz 2, Abs. 2 BGB** beruft, trägt der **Auftraggeber** die **Beweislast** dafür, daß er die Kündigung des Rechtsanwalts nicht durch eigenes vertragswidriges Verhalten veranlaßt und daß der Rechtsanwalt sich seinerseits vertragswidrig verhalten hat.[176] 85

aa) Vertragswidriges Verhalten des Rechtsanwalts

Eine Kündigung des Auftraggebers ist berechtigt, wenn der Rechtsanwalt durch **vertragswidriges Verhalten** das Vertrauensverhältnis ernstlich erschüttert oder zerstört hat und dem Auftraggeber ein Festhalten am Vertrag nicht mehr zuzumu- 86

173 RGRK/*Corts*, BGB, § 627 Rn. 18; Staudinger/*Preis*, BGB, § 627 Rn. 30; MünchKomm/*Schwerdtner*, BGB, § 627 Rn. 16; vgl. auch MünchKomm/*Ulmer*, BGB, § 723 Rn. 37.

174 BGH, NJW 1995, 1954, 1955; OLG Köln, AnwBl 1972, 159, 160.

175 BGH, NJW 1966, 437.

176 BGH, NJW 1982, 437, 438; 1995, 1954; 1997, 188, 189; OLG Düsseldorf, VersR 1988, 1155 (Ls.).

ten ist, weil er befürchten muß, daß der Rechtsanwalt seine Interessen nicht mehr sachgerecht wahrnehmen werde.[177] Diese Definition verdeutlicht, daß das Merkmal vertragswidrigen Verhaltens in starkem Umfang von einer Bewertung der Verhältnisse des Einzelfalls abhängt. Daher können die zu § 628 Abs. 1 Satz 2 BGB ergangenen höchstrichterlichen und obergerichtlichen Entscheidungen allenfalls eine grobe Leitlinie für andere Fälle darstellen.

87 Der Rechtsanwalt kann sich etwa vertragswidrig verhalten, wenn er den ihm erteilten Auftrag in erheblicher Weise **unsachgemäß bearbeitet**.[178] Der BGH hat ein vertragswidriges Verhalten eines Rechtsanwalts angenommen, weil dieser in einem Rechtsstreit ohne sachlichen Grund ohne und ohne Zustimmung des Auftraggebers zu dessen Nachteil eine strafbewehrte Unterlassungsverpflichtung abgegeben und einen Schriftsatz verfaßt hatte, der mit dem bisherigen Vorbringen nicht abgestimmt war.[179]

88 Auch eine **Interessenkollision** des beauftragten Rechtsanwalts oder andere Umstände, die Zweifel an dessen Zuverlässigkeit oder Unabhängigkeit begründen, können vertragswidriges Verhalten i. S. d. § 628 Abs. 1 Satz 2, Abs. 2 BGB darstellen. So hat der BGH ausgeführt, daß der beauftragte Rechtsanwalt sich vertragswidrig verhält, wenn er in einer anderen Sache die **berufliche Qualifikation seines Mandanten angreift**, nachdem der Rechtsanwalt den Auftraggeber über die Tragweite eines Interessenkonflikts nicht ausreichend aufgeklärt hatte. Dies gilt auch, wenn der Auftraggeber zuvor darin eingewilligt hat, daß der Rechtsanwalt in einer anderen Sache gleichzeitig die Interessen eines Dritten gegen ihn wahrnimmt. Eine Einwilligung des Auftraggebers, daß sein Rechtsanwalt Interessen eines Dritten gegen ihn – den Mandanten – wahrnimmt, ist nur dann rechtlich beachtlich, wenn der Auftrageber seine Zustimmung in voller Kenntnis der dafür maßgebenden Umstände erteilt hat. Der Rechtsanwalt muß den Mandanten dann u. a. auch darauf hinweisen, mit welchen Angriffen gegen seine berufliche Tätigkeit oder seine Person er rechnen muß. Wenn der Rechtsanwalt dieser Aufklärungspflicht nicht genügt, verstößt er gegen seine Pflicht, alles zu unterlassen, was das Vertrauensverhältnis zu seinem Mandanten beeinträchtigen kann.[180]

89 In einer anderen Sache hat der BGH entschieden, daß ein Rechtsanwalt sich in vorwerfbarer Weise vertragswidrig verhält, wenn er während des Vertrages den **dringenden Verdacht strafbarer Handlungen** zum Nachteil anderer Auftraggeber begründet und dadurch schwerwiegende Zweifel an seiner beruflichen Zuverläs-

177 BGH, VersR 1977, 421, 423; NJW 1985, 41; 1995, 1954.
178 *Pabst*, MDR 1978, 449 (451).
179 BGH, VersR 1977, 421, 423.
180 BGH, NJW 1985, 41 f.

sigkeit und Redlichkeit auslöst. Dies sei etwa der Fall, wenn der Rechtsanwalt in Untersuchungshaft genommen worden ist, weil er verdächtigt wird, Gelder anderer Auftraggeber veruntreut zu haben.[181]

Die Kündigung des Anwaltsvertrages durch den Auftraggeber kann auch durch vertragswidriges Verhalten des Rechtsanwalts i. S. d. § 628 Abs. 1 Satz 2 BGB veranlaßt sein, wenn der Rechtsanwalt bei objektiver Betrachtung den **Eindruck** erweckt, er gebe die **Sache seines Mandanten bereits verloren** und habe deshalb die geschuldeten Bemühungen eingestellt.[182] 90

Nach Ansicht des OLG Koblenz handelt ein Rechtsanwalt demgegenüber **nicht vertragswidrig**, wenn er den Klageauftrag eines von einem Rechtskundigen vertretenen Mandanten nicht sofort ausführt, sondern in einem längeren Schriftwechsel **Bedenken gegen die Schlüssigkeit und Vollständigkeit des Sachvortrags** äußert und dadurch die Klageerhebung um einen Monat verzögert. Im entschiedenen Fall gab der vom Mandanten den beauftragten Rechtsanwälten unterbreitete Sachverhalt Anlaß zu Bedenken. Das Gericht hat auch berücksichtigt, daß der Auftraggeber darauf bestanden hatte, daß die Rechtsanwälte das Mandat ohne eine Haftungsbeschränkung übernehmen. Daher hätten die Rechtsanwälte nicht vertragswidrig gehandelt, indem sie die Voraussetzungen für eine umfassende, möglichst abgesicherte Klagebegründung zu schaffen versuchten und dazu die Stellungnahme und weitere Informationen des Auftraggebers erbaten.[183] 91

In einem anderen Fall hat das OLG Karlsruhe ausgeführt, daß ein Rechtsanwalt **nicht pflichtwidrig** handelt, wenn er das Mandat kündigt, nachdem der Auftraggeber **entgegen dem wohlbegründeten Rat des Rechtsanwalts die Weisung** erteilt hat, ein Revisionsverfahren weiter durchzuführen. Sei der Prozeßbevollmächtigte nach gründlicher Prüfung der Sach- und Rechtslage von der Aussichtslosigkeit eines Rechtsmittels überzeugt, bringe ihn das Beharren des Mandanten auf Durchführung des Verfahrens in einen unauflösbaren Konflikt. Auf der einen Seite stehe die vertragliche Verpflichtung, den Weisungen des Mandanten nachzukommen. Auf der anderen Seite müsse der Rechtsanwalt sowohl auf seine Stellung als unabhängiges Organ der Rechtspflege (§§ 1, 3 Abs. 1 BRAO) als auch auf sein berufliches Ansehen Rücksicht nehmen. Um in einem solchen Fall die Weisung zu erfüllen, müßte der Rechtsanwalt die Revision mit erkennbar unerheblichen Erwägungen begründen. Dies sei dem Rechtsanwalt nicht zumutbar. Schließlich sei die 92

181 BGH, NJW 1995, 1954.
182 OLG Düsseldorf, AnwBl 1985, 259, 260.
183 OLG Koblenz, AnwBl 1976, 214.

Mißachtung des anwaltlichen Rats geeignet, die Vertrauensbasis des Mandatsverhältnisses nachträglich zu erschüttern.[184]

bb) Vertragswidriges Verhalten des Auftraggebers

93 Der **Auftraggeber** verhält sich **vertragswidrig** i. S. d. § 628 Abs. 1 Satz 2 BGB, wenn er durch schuldhaftes Verhalten das Vertrauensverhältnis nachhaltig zerstört hat und dem Rechtsanwalt die weitere Durchführung des Mandats billigerweise nicht zugemutet werden kann.[185] Im Schrifttum hat Pabst den Versuch unternommen, typische Fälle vertragswidrigen Verhaltens des Auftraggebers aufzuzeigen.[186] Danach verhält sich der Auftraggeber etwa vertragswidrig i. S. d. § 628 Abs. 1 Satz 2 BGB, wenn er

- einen angeforderten **Gebührenvorschuß nicht zahlt**, obwohl der Rechtsanwalt zuvor angedroht hat, das Mandat in diesem Fall niederzulegen;
- bewußt **fehlerhafte** bzw. hartnäckig **unvollständige Informationen** erteilt, obwohl der Rechtsanwalt dem Auftraggeber zuvor angedroht hat, das Mandat niederzulegen;
- einen **anderen Rechtsanwalt beauftragt** und dadurch Zweifel an der Tauglichkeit des ursprünglich beauftragten Rechtsanwalts zum Ausdruck bringt;
- unbegründete und/oder in der Form unangemessene **Vorwürfe gegen den Rechtsanwalt** erhebt;
- **unberechtigte Schadensersatzansprüche** geltend macht;
- **unzumutbare Anforderungen stellt**, insbesondere bewußt und hartnäckig verlangt, daß der Rechtsanwalt gegen Gesetze oder berufsrechtliche Vorschriften verstößt;
- vom Rechtsanwalt trotz ordnungsgemäßer Aufklärung verlangt, an einer **offenkundig aussichtslosen Rechtsposition** festzuhalten.

94 Die Rechtsprechung hatte naturgemäß bislang nur mit Einzelfällen zu tun, in denen es um vertragswidriges Verhalten des Auftraggebers ging. Nach Ansicht des BGH liegt ein wichtiger Grund des Rechtsanwalts zur Kündigung des Anwaltsvertrages vor, wenn das Vertrauensverhältnis zerstört ist, weil der Mandant wiederholt gegenüber dem von ihm beauftragten Rechtsanwalt **grundlose Anschuldigungen** erhoben und **unberechtigte Regreßansprüche** angemeldet hat.[187]

---

184 OLG Karlsruhe, NJW-RR 1994, 1084, 1085.
185 OLG Düsseldorf, VersR 1988, 1155 (Ls.); *Pabst*, MDR 1978, 449, 450.
186 *Pabst*, MDR 1978, 449, 450 f.
187 BGH, NJW 1997, 188, 189.

Das OLG Düsseldorf hat vertragswidriges Verhalten nach § 628 Abs. 1 Satz 2 BGB angenommen, weil der Mandant seinem Rechtsanwalt vorgeworfen hatte, mit der Gegenpartei zusammengewirkt und sich daher wegen **Parteiverrats** (§ 356 StGB) strafbar gemacht zu haben. Dann sei dem Rechtsanwalt die Fortsetzung des Mandatsverhältnisses nicht mehr zuzumuten. Dies führe dazu, daß der Rechtsanwalt nicht mehr imstande ist, die Interessen seines Auftraggebers unvoreingenommen und mit der nötigen Einsatzbereitschaft wahrzunehmen. Die für die Bearbeitung eines Mandats unverzichtbare Vertrauensgrundlage entfalle bereits, wenn ein entsprechendes Verhalten ernstlich in Erwägung gezogen und gegenüber dem beauftragten Rechtsanwalt behauptet werde. Ob der Mandant eine angebliche Strafanzeige wirklich gestellt habe, sei unerheblich.[188] 95

Zu der Frage, unter welchen Voraussetzungen **Weisungen des Mandanten**, die den Vorstellungen des Anwalts zuwiderlaufen, ein vertragswidriges Verhalten im Sinne von § 628 Abs. 1 Satz 2 BGB darstellen, hat das OLG Köln ausführlich Stellung genommen. Diese Frage könne nicht generell beantwortet werden. Es sei zu unterscheiden, ob Meinungsverschiedenheiten einen Bereich beträfen, der letztlich der Entscheidung des Auftraggebers selbst unterliege, oder aber ein Gebiet, auf dem die eigenverantwortliche Tätigkeit des Rechtsanwalts im Vordergrund stehe. Es sei die ausschließliche Aufgabe des mit der Prozeßvertretung beauftragten Rechtsanwalts, rechtliche Schlußfolgerungen zu ziehen; der Auftraggeber könne lediglich den Umfang des Sachvortrags, allenfalls noch die äußere Gestaltung des Schriftsatzes bestimmen. Wenn der Auftraggeber trotz Unterrichtung über die Rechtslage Weisungen zum Inhalt eines Schriftsatzes in rechtlicher Hinsicht gegeben habe, habe er die ihm als Auftraggeber zustehenden Befugnisse überschritten. Dann habe der Auftraggeber nicht dem Mandatsverhältnis entsprechend, also vertragswidrig, gehandelt.[189] 96

Das OLG Karlsruhe hat die Ansicht vertreten, daß ein Mandant sich nicht vertragswidrig verhalte, wenn er darauf beharre, ein **aussichtsloses Rechtsmittelverfahren** durchzuführen.[190] 97

Die Kündigung des Auftrags durch den Rechtsanwalt ist nach Meinung des OLG München dann nicht durch vertragswidriges Verhalten des Mandanten veranlaßt, wenn dieser von dem Rechtsanwalt **berufsrechtswidriges Vorgehen**, etwa persönliche und unsachliche **Angriffe auf Richter** verlange. Von einem Rechtsanwalt werde erwartet, daß er ein derartiges Anliegen des Mandanten zurückweise. 98

188 OLG Düsseldorf, VersR 1991, 1381, 1382.
189 OLG Köln, AnwBl 1972, 159, 160.
190 OLG Karlsruhe, NJW-RR 1994, 1084, 1085.

Erst wenn der Mandant hartnäckig auf seiner Weisung bestehe, habe der Rechtsanwalt einen berechtigten Anlaß zur Kündigung des Anwaltsvertrages.[191]

99 In derselben Entscheidung hat das OLG München ausgeführt, daß eine Kündigung des Mandats durch den Rechtsanwalt auch nicht allein deswegen gerechtfertigt sei, weil der Auftraggeber **in einer anderen Sache das Mandat gekündigt** habe, sofern dies ohne beleidigende oder ehrverletzende Äußerungen des Mandanten geschehen sei.[192]

cc) Schadensersatz

100 Hat der Rechtsanwalt eine Kündigung des Auftraggebers durch vertragswidriges Verhalten veranlaßt, ohne daß dieser sich seinerseits vertragswidrig verhalten hat, muß der Rechtsanwalt dem Auftraggeber **den durch die Kündigung verursachten Schaden ersetzen**. Dieser Anspruch geht auf Ersatz des Erfüllungsinteresses. Der Berechtigte ist so zu stellen, wie er bei Fortbestand des Dienstverhältnisses stehen würde. Dem Berechtigten ist (nur) der Schaden zu ersetzen, der ihm bis zum vereinbarten oder durch ordentliche Kündigung herbeigeführten Vertragsende entsteht.[193] Umgekehrt kann auch der Rechtsanwalt schadensersatzberechtigt sein.

g) Ausschluß des Schadensersatzes bei ordentlicher Kündigung

101 Wenn ein Rechtsanwalt den Auftrag **ordentlich kündigt**, handelt er vertragsgemäß. Eine darauf gestützte Schadensersatzpflicht des Rechtsanwalts wegen positiver Vertragsverletzung ist daher ausgeschlossen. Ein Schadensersatzanspruch des Auftraggebers nach § 627 Abs. 2 BGB bzw. §§ 675, 671 Abs. 2 BGB wegen einer Kündigung zur Unzeit, für die kein wichtiger Grund vorliegt, kommt nur bei einer außerordentlichen, nicht jedoch bei einer ordentlichen Kündigung in Betracht. § 628 BGB findet ebenfalls keine Anwendung, wenn eine Partei den Anwaltsvertrag ordentlich kündigt oder wenn die Parteien vereinbaren, den Vertrag einvernehmlich aufzuheben.[194]

---

191 OLG München, Urt. v. 18. 9. 1973–5 U 1359/66, zitiert nach Mitteilungen der Allianz Versicherungs-AG, AnwBl 1974, 43.

192 OLG München, Urt. v. 18. 9. 1973 – 5 U 1359/66, zitiert nach Mitteilungen der Allianz Versicherungs-AG, AnwBl 1974, 43.

193 BGH, NJW 1993, 1386 f.; Staudinger/*Preis*, BGB, § 628 Rn. 45 ff.

194 BGH, NJW 1994, 1069, 1070.

VI. Beweislast

Die **Darlegungs- und Beweislast für den Abschluß eines Anwaltsvertrages** trägt derjenige, der aus dem Vorliegen des Anwaltsvertrages[195] für sich günstige Rechtsfolgen herleitet.[196] Deshalb muß der **Mandant**, der von einem Rechtsanwalt Schadensersatz verlangt, **darlegen und beweisen**, daß ein Anwaltsvertrag oder ein gleichstehendes vertragsähnliches Verhältnis zustande gekommen ist, das nach seinem Inhalt und Umfang die anwaltliche Pflicht auslöst, an deren Verletzung der Schadensersatzanspruch geknüpft wird.[197] Einen **Gebührenanspruch** hat der Rechtsanwalt darzulegen und zu beweisen.[198] 102

Bei einem Haftungssachverhalt muß der Mandant in Abgrenzung zur Gefälligkeit nicht nur nachweisen, daß der Rechtsanwalt eine Tätigkeit ausgeübt hat, die von der Sache her allgemein Gegenstand anwaltlicher Beratung oder Interessenvertretung sein kann. Er muß auch beweisen, daß diese anwaltliche Tätigkeit als vertragliche Leistung gerade in Erfüllung eines Auftrags erbracht worden ist.[199] Wenn der Mandant sich auf einen stillschweigenden Vertragsschluß (dazu Rn. 11–19) beruft, muß er diejenigen Umstände beweisen, aus denen sich diese Rechtsfolge ergibt. 103

Absprachen oder **Weisungen**, die den Vertragsinhalt und damit die vom Rechtsanwalt geschuldete Leistung ausgestalten, muß der Auftraggeber ebenso beweisen[200] wie ein weisungswidriges Verhalten des Rechtsanwalts.[201] Eine **nachträgliche Änderung einer Weisung** muß der Rechtsanwalt darlegen und beweisen.[202] Wenn der Rechtsanwalt behauptet, ihm sei ein gegenständlich **beschränktes Mandat** (dazu Rn. 42–45) erteilt worden, hat der Auftraggeber darzulegen und zu beweisen, daß ein **unbeschränkter Auftrag** vereinbart worden ist.[203] Wenn allerdings feststeht, daß der Rechtsanwalt in einem bestimmten Bereich – etwa im 104

195 Allgemein zum Vertragsschluß: Rn. 9.

196 Zur Beweislast für das Vorliegen eines Anwaltsvertrages: *Borgmann/Haug*, § 42; *Heinemann*, NJW 1990, 2345, 2346 f.; Baumgärtel/*Laumen*, Handbuch der Beweislast im Privatrecht, § 675 BGB Rn. 3–10; *Mühsam-Werther*, JW 1925, 1362 f.; *Vollkommer*, Rn. 491–494.

197 RG, HRR 1933, Nr. 1746; BGH, NJW 1994, 1472, 1474; OLG München, VersR 1971, 525; KG, MDR 1973, 233.

198 Hierzu etwa: OLG Hamm, DNotZ 1968, 625; OLG Frankfurt, AnwBl 1981, 152; OLG Düsseldorf, AnwBl 1986, 400.

199 OLG Düsseldorf, AnwBl 1986, 400; zur Abgrenzung einer bloßen Gefälligkeit von einer vertraglichen Bindung: Rn. 20–25.

200 KG, MDR 1973, 233.

201 *Mühsam-Werther*, JW 1925, 1367, 1368.

202 BGH, NJW 1994, 3295, 3297.

203 BGH, NJW 1996, 2929, 2931; OLG München, NJW 1986, 726, 727 sowie *Borgmann/Haug*, § 42 Rn. 3, 6 m. w. N. unveröffentlichter Oberlandesgerichtsurteile.

Steuerrecht oder in einer ausländischen Rechtsordnung – oder gegenüber bestimmten Personen tätig geworden ist, kann sich daraus der Anscheinsbeweis ergeben, daß der Auftrag sich auch hierauf erstreckt hat. Diese Schlußfolgerung beruht auf dem allgemeinen Erfahrungssatz, daß ein Rechtsanwalt nicht tätig zu werden pflegt, wenn er nicht zuvor entsprechend beauftragt worden ist.[204] Ist zunächst ein unbeschränkter Auftrag erteilt worden, muß der Rechtsanwalt beweisen, daß der Auftrag nachträglich inhaltlich eingeschränkt oder beendet worden ist.[205]

105 Umstritten ist die Beweislastverteilung, wenn der Mandant einen Schadensersatzanspruch auf die Behauptung stützt, der Rechtsanwalt habe abredewidrig eine Klage eingereicht, ohne daß seine Rechtsschutzversicherung eine Deckungszusage erteilt habe. Zum Teil wird die Ansicht vertreten, daß der Rechtsanwalt dann eine **unbedingte Beauftragung** beweisen müsse.[206] Hierzu hat der BGH[207] betont, daß bei Zweifeln, ob ein Vertrag unbedingt oder unter einen aufschiebenden Bedingung geschlossen worden ist, diejenige Partei die Beweislast für einen unbedingten Vertragsabschluß trage, die Rechte aus dem Vertrag herleite. In dem hier erörterten Fall geht es jedoch nicht darum, ob der Vertrag unbedingt oder bedingt geschlossen worden ist. Das Bestehen eines Anwaltsvertrages als Grundlage des geltend gemachten Schadensersatzanspruchs ist unstreitig, und zwar mit dem Inhalt, daß der Rechtsanwalt die Erfolgsaussichten des Rechtsstreits prüfen und die Korrespondenz mit der Rechtsschutzversicherung führen sollte. Streitig ist allein die weitergehende Frage, ob der Rechtsanwalt eine Klage nur bei Deckungszusage der Rechtsschutzversicherung einreichen sollte. Einen solchen, ihn begünstigenden Inhalt des Anwaltsvertrages hat nach allgemeiner Ansicht der Auftraggeber zu beweisen. Im Ergebnis gilt für den hier behandelten Fall nichts anderes als für die Frage, ob ein beschränkter oder unbeschränkter Auftrag erteilt worden ist.

B. Andere anwaltliche Schuldverhältnisse

106 Ein Rechtsanwalt erbringt seine berufliche Leistung in aller Regel, jedoch nicht zwangsläufig aufgrund eines **echten Anwaltsvertrages**. Er kann mit seinem Auftraggeber auch einen **Vertrag** schließen, der eine **anwaltsfremde Tätigkeit** zum

204 Baumgärtel/*Laumen*, Handbuch der Beweislast im Privatrecht, § 675 BGB Rn. 7; *Vollkommer*, Rn. 494.

205 BGH, NJW 1994, 1472, 1474.

206 OLG Düsseldorf, VersR 1976, 892 f.; OLG Nürnberg, NJW-RR 1989, 1370, 1371; *Vollkommer*, Rn. 492; a. A. *Borgmann/Haug*, § 42 Rn. 4; *Heinemann*, NJW 1990, 2345, 2346; Baumgärtel/*Laumen*, Handbuch der Beweislast im Privatrecht, § 675 BGB Rn. 6 (für den Gebührenanspruch).

207 BGH, NJW 1985, 497.

Gegenstand hat oder im Rahmen seiner beruflichen Betätigung Rechtsbeziehungen zu anderen Personen aufgrund eines **gesetzlichen Schuldverhältnisses** begründen, insbesondere bei der amtlichen bzw. amtsähnlichen Tätigkeit. Bedeutung hat diese Abgrenzung für das **Gebührenrecht** (vgl. § 1 BRAGO), für das vom Rechtsanwalt zu beachtende **Berufsrecht** und für die anwaltliche **Haftung**. Die Einordnung des Schuldverhältnisses betrifft nicht nur die zu beachtenden **Sorgfaltsstandards**, sondern auch die **Verjährung** eines solchen Schadensersatzanspruchs (§ 51 b BRAO – dazu Rn. 1179 ff., 1201 ff.). Für den Rechtsanwalt selbst ist von erheblicher Bedeutung, welche Tätigkeiten im Rahmen seiner Berufsausübung von der **Berufshaftpflichtversicherung** (§ 51 BRAO) abgedeckt sind (dazu Rn. 1807 ff., 1827 f., 1895 ff.).

I. Vertrag über anwaltliche Tätigkeit

Für einen **echten Anwaltsvertrag** ist gemäß § 3 BRAO kennzeichnend, daß ein Rechtsanwalt sich verpflichtet, seinen Auftraggeber in dessen *Rechts*angelegenheiten zu beraten und/oder zu vertreten, und zwar sowohl gegenüber Dritten als auch vor Gerichten, Schiedsgerichten oder Behörden. Schließt ein Rechtsanwalt mit einem Auftraggeber einen solchen Vertrag, der ihn zu der **anwaltstypischen Aufgabe des rechtlichen Beistands** im weitesten Sinne verpflichtet, handelt es sich um einen **„Anwaltsvertrag“** und um **„anwaltliche Berufstätigkeit“**. 107

Diese beiden Begriffe lassen sich auch verwenden, wenn der Rechtsanwalt mit dem Auftraggeber einen **Vertrag ohne Rechtsbeistandspflicht** schließt, dessen Gegenstand eine **anwaltsuntypische bzw. anwaltsfremde Aufgabe** betrifft. In beiden Fällen kann der Anwaltsvertrag ein Dienst- oder Werkvertrag sein, der sich auf eine Geschäftsbesorgung bezieht (§§ 611 bzw. 631, 675 BGB). Im Vordergrund der folgenden Betrachtung stehen die Besonderheiten des **„echten“ Anwaltsvertrages**. Ein solcher Vertrag ist gemeint, wenn von einem „**Anwaltsvertrag**“ und von „**anwaltlicher Berufstätigkeit**“ die Rede ist. Der **„unechte“ Vertrag** eines Rechtsanwalts mit seinem Auftraggeber ohne Rechtsbeistandspflicht folgt den allgemeinen Regeln (zur Abgrenzung Rn. 132–152).

II. Mehrfachberufler

Abgrenzungsfragen stellen sich bei **Mehrfachberuflern**, wenn also diejenige Tätigkeit, die Gegenstand des einem **Rechtsanwalt** erteilten Auftrags ist, auch aufgrund eines anderen Berufs, dem der Auftragnehmer angehört, vor allem als **Notar** oder als **Steuerberater** und/oder **Wirtschaftsprüfer**, erledigt werden kann. Wenn 108 ein Rechtsanwalt in mehr als einem Staat zugelassen ist, ist das Recht, das auf die beruflichen Rechtsbeziehungen mit Dritten, insbesondere auf den Anwaltsvertrag anzuwenden ist, nach den Regeln des Internationalen Privatrechts zu ermitteln (dazu Rn. 170, 171).

1. Anwaltsnotar

109 In vielen Bundesländern werden die Aufgaben des Notars von Rechtsanwälten wahrgenommen (sog. Anwaltsnotar; § 3 Abs. 2 BNotO).[208]

a) Grundlagen

110 Die anwaltliche und die notarielle Tätigkeit eines **Anwaltsnotars** sind im Einzelfall voneinander zu trennen. In seiner Eigenschaft **als Rechtsanwalt** ist der Anwaltsnotar gemäß § 2 Abs. 1 BRAO freiberuflich aufgrund eines Anwaltsvertrages tätig und der berufene unabhängige Berater und Vertreter seines Mandanten in allen Rechtsangelegenheiten (§ 3 Abs. 1 BRAO). Rechtsanwälte, die zugleich Notare sind, dürfen eine Sozietät mit anderen Rechtsanwälten oder mit anderen in § 59 a Abs. 1 BRAO aufgeführten Freiberuflern nur bezüglich ihrer anwaltlichen Berufsausübung eingehen (§ 59 a Abs. 1 Satz 3 BRAO).[209] Im Gegensatz zum Rechtsanwalt übt der **Notar** ein öffentliches Amt aus (§ 1 BNotO) und ist gegenüber den Beteiligten zur Unabhängigkeit und Unparteilichkeit verpflichtet (§ 14 Abs. 1 Satz 2 BNotO).

111 Nach **§ 45 Abs. 1 Nr. 1, 2 BRAO** darf ein Rechtsanwalt insbesondere nicht tätig werden, wenn er **in derselben Rechtssache** als Notar (oder als Notarvertreter bzw. Notariatsverweser) bereits tätig geworden ist oder wenn er in dieser Eigenschaft eine Urkunde aufgenommen hat und deren Rechtsbestand oder Auslegung streitig ist oder die Vollstreckung aus einer solchen Urkunde betrieben wird.[210] Diese **Verbote** gelten gemäß § 45 Abs. 2 BRAO auch für die mit dem Rechtsanwalt in Sozietät oder in sonstiger Weise zur gemeinschaftlichen Berufsausübung verbundenen oder verbunden gewesenen Rechtsanwälte, auch soweit einer von diesen im vorbeschriebenen Sinne tätig geworden ist.

112 Umgekehrt soll ein Notar insbesondere in Angelegenheiten einer Person, die ihn oder eine Person, mit der sich der Notar zur gemeinsamen Berufsausübung verbun-

208 Allgemein zur Haftung des Anwaltsnotars: *Borgmann/Haug*, § 7; *Hartstang*, S. 178–201; *Jungk*, AnwBl 1999, 343 und 404; *Vollkommer*, Rn. 21; *Zugehör*, ZNotP 1997, 42 ff.

209 Nach § 9 Abs. 1 BNotO dürfen Nur-Notare mit Rechtsanwälten keine Sozietät bilden.

210 Allgemein zu Übernahmeverboten: Rn. 36–39.

den oder mit der er gemeinsame Geschäftsräume hat, in derselben Angelegenheit außerhalb seiner Amtstätigkeit bevollmächtigt hat, an einer Beurkundung gemäß **§ 3 Abs. 1 Nr. 7 BeurkG** nicht mitwirken.[211] Handelt es sich um eine Angelegenheit mehrerer Personen und ist der Notar früher in derselben Angelegenheit als Bevollmächtigter tätig gewesen oder ist er in dieser Sache für eine dieser Personen als Bevollmächtigter tätig, soll er vor der Beurkundung darauf hinweisen und fragen, ob er die Beurkundung gleichwohl vornehmen soll (§ 3 Abs. 2 BeurkG). Für **Amtstätigkeiten des Notars nach §§ 20–22 a BNotO**, bei denen es sich nicht um Beurkundungen i. S. d. BeurkG handelt, gilt § 3 BeurkG gemäß § 16 Abs. 1 BNotO entsprechend. § 3 BeurkG begründet für den Notar zwingende Amtspflichten. Durch die Ausgestaltung als Sollvorschriften ist nur klargestellt, daß ein Verstoß nicht zur Unwirksamkeit der Beurkundung führt.[212]

b) Haftungsprivileg bei notarieller Tätigkeit

Die Haftung des Rechtsanwalts folgt aus einer schuldhaften Verletzung seiner ver- 113
traglichen Pflichten. Die Haftung des Notars richtet sich gemäß § 19 BNotO nach den Grundsätzen der Amtshaftung.[213]

Eine im Vergleich zur Anwaltshaftung systemwidrige Regelung enthält **§ 19** 114
Abs. 1 Satz 2 BNotO. Danach kann ein Notar, dem Fahrlässigkeit zur Last fällt, nur dann in Anspruch genommen werden, wenn der Verletzte nicht in anderer Weise Ersatz zu erlangen vermag. Dies gilt allerdings nicht bei Amtsgeschäften der in § 23 BNotO (Aufbewahrung und Ablieferung von Wertgegenständen) oder § 24 BNotO (Betreuung und Vertretung eines Beteiligten) bezeichneten Art im Verhältnis zwischen dem Notar und dem Auftraggeber. Eine **vorrangige Haftung Dritter** kommt etwa in Betracht, wenn der Schaden, der durch eine fehlerhafte Beurkundung entstanden ist, zugleich auf einen Fehler eines **Rechtsanwalts** zurückzuführen ist, der den betroffenen Beteiligten beraten hat.

Das **Haftungsprivileg des Notars** gemäß § 19 Abs. 1 Satz 2 BNotO gilt nicht, 115
wenn mit dem ebenfalls zum Schadensersatz verpflichteten Rechtsanwalt Personenidentität besteht. Deshalb ist es einem Notar, der zugleich Rechtsanwalt ist und in beiden Eigenschaften einen Fehler begangen hat, verwehrt, den Ersatzan-

211 Zu der ähnlich lautenden Vorschrift des § 16 Abs. 1 Nr. 5 BNotO a. F.: BGH, NJW 1969, 929, 932; vgl. auch *Eylmann*, NJW 1998, 2929, 2931.

212 BGH, NJW 1985, 2027.

213 Allgemein zur Haftung des Notars: *Haug*, Die Amtshaftung des Notars; *ders.*, in: Seybold/Schippel, BNotO, § 19; *Maass*, Haftungsrecht des Notars; *Rinsche*, Die Haftung des Rechtsanwalts und des Notars, Teil II; *ders.*, ZAP (1997), Fach 23, S. 273 ff.; *Sandkühler*, in: Arndt/Lerch/Sandkühler, BNotO, § 19.

spruch durch Hinweis auf seine Haftung als Rechtsanwalt abzuwehren. Ob die Haftung als Rechtsanwalt – etwa wegen Verjährung – nicht mehr durchsetzbar wäre, ist unerheblich.[214]

c) Abgrenzung anwaltlicher und notarieller Tätigkeit

116 Die **anwaltliche und notarielle Tätigkeit eines Anwaltsnotars** kann sich im Einzelfall überschneiden. Nach § 24 Abs. 1 BNotO ist ein Notar – ebenso wie ein Rechtsanwalt – auch zur Betreuung der Beteiligten auf dem Gebiet der vorsorgenden Rechtspflege, insbesondere zur Anfertigung von Urkundsentwürfen und zur Beratung der Beteiligten berechtigt. Der Notar ist auch, soweit sich nicht aus anderen Vorschriften Beschränkungen ergeben, in diesem Umfang befugt, die Beteiligten vor Gerichten und Verwaltungsbehörden zu vertreten. Die **Abgrenzung** richtet sich nach **§ 24 Abs. 2 BNotO**.[215]

117 **§ 24 Abs. 2 Satz 1 BRAO** begründet in unklaren Fällen eine unwiderlegliche **Vermutung für das Vorliegen eines Notargeschäfts.**[216] Nimmt ein Notar, der zugleich Rechtsanwalt ist, Handlungen der in § 24 Abs. 1 BNotO bezeichneten Art vor, ist danach anzunehmen, daß er als Notar tätig geworden ist, wenn die Handlung bestimmt ist, Amtsgeschäfte der in §§ 20 bis 23 BNotO bezeichneten Art[217] vorzubereiten oder auszuführen. Die Vermutung des § 24 Abs. 2 Satz 1 BNotO greift jedoch nicht ein, wenn die Betreuungstätigkeit als Beitrag zu der Urkundstätigkeit eines *anderen* (Anwalts-) Notars dient.[218]

118 Nur wenn nach § 24 Abs. 2 Satz 1 BNotO keine Klarheit zu erzielen ist, bestimmt § 24 Abs. 2 **Satz 2** BNotO als **Auslegungsregel**,[219] daß in allen anderen Fällen im Zweifel anzunehmen ist, daß der **Anwaltsnotar als Rechtsanwalt** tätig geworden ist.

119 Derartige Zweifel bestehen nicht, wenn nach den objektiven Umständen, insbesondere nach der Art der Tätigkeit, eine Aufgabe zu erfüllen ist, die in den Bereich notarieller Amtstätigkeit fällt.[220] Dasselbe gilt, wenn die Parteien einvernehmlich

214 BGH, NJW 1993, 2747, 2751 f.

215 Allgemein zu § 24 Abs. 2 BNotO: Seybold/Schippel/*Reithmann*, BNotO, § 24 Rn. 50–54; *Sandkühler*, in: Arndt/Lerch/Sandkühler, BNotO, § 24 Rn. 57–65.

216 BGH, WM 1977, 1141.

217 Beurkundungen und Beglaubigungen (§ 20 BNotO), Bescheinigungen über eine Vertretungsberechtigung (§ 21 BNotO), Abnahme von Eiden und Aufnahme eidesstattlicher Versicherungen (§ 22 BNotO), Erteilung von Bescheinigungen für das Ausland (§ 22 a BNotO) oder Aufbewahrung und Ablieferung von Wertgegenständen (§ 23 BNotO).

218 OLG Hamm, DNotZ 1956, 154, 155; 1977, 49, 51.

219 *Zugehör*, ZNotP 1997, 42, 44.

220 BGH, VersR 1983, 81, 82; NJW 1997, 661, 662.

festgelegt haben, daß der Anwaltsnotar – im Rahmen der beruflichen Befugnisse – als Rechtsanwalt oder als Notar handeln soll.[221] Allerdings können die Beteiligten und der Anwaltsnotar nicht über zwingende Normen des Berufsrechts verfügen und eine hiervon abweichende Vereinbarung treffen.[222]

Ansonsten ist in allen übrigen – unklaren – Fällen, in denen ein Geschäft sowohl 120
anwaltlicher als auch notarieller Natur sein kann, grundsätzlich nach objektiven Maßstäben die Art des ausgeübten Geschäfts das ausschlaggebende Abgrenzungskriterium. Wird ein Anwaltsnotar als **einseitiger Vertreter der Interessen eines Beteiligten** tätig, handelt er als **Rechtsanwalt**. Ein Anwaltsnotar wird demgegenüber in seiner Eigenschaft als **Notar** tätig, wenn er als **unparteiischer Mittler** zwischen den widerstreitenden Interessen aller Beteilgten auftritt.[223] Zumindest im Rahmen des § 24 Abs. 2 Satz 1 BNotO ist auch zu berücksichtigen, wie eine Erklärung des Notars aus der Sicht des Empfängers bei vernünftigem, unvoreingenommenem Verständnis aufzufassen ist. Die Sicht eines Beteiligten kann insbesondere dann den Ausschlag geben, wenn die Erklärung des Anwaltsnotars sich nach ihrem Inhalt allein an diesen Beteiligten richtet.[224]

Die Abgrenzung zwischen anwaltlicher und notarieller Tätigkeit hängt von den 121
Umständen des jeweiligen Falls ab. Wenn ein Anwaltsnotar eine schriftliche Rechtsauskunft mit seinem **Notarsiegel** versieht, ist regelmäßig davon auszugehen, daß er als Notar tätig geworden ist.[225] Der umgekehrte Schluß ist jedoch nicht berechtigt. Wird einer Erklärung eines Anwaltsnotars das Notarsiegel nicht beigefügt, läßt dieser Umstand allein nicht ohne weiteres die Annahme zu, der Anwaltsnotar sei als Rechtsanwalt tätig geworden.[226] Auch der **Beifügung der Berufsbezeichnung „Rechtsanwalt"** ist allein nicht zu entnehmen, daß ein Anwaltsnotar entgegen dem objektiven Erklärungsinhalt nicht als Notar, sondern als Rechtsanwalt tätig geworden ist.[227]

Wird ein Anwaltsnotar mit der Anfertigung eines **Vertragsentwurfs** beauftragt, 122
ist danach zu unterscheiden, ob er im Auftrag nur eines Vertragspartners oder im einvernehmlichen Willen aller Vertragsparteien tätig wird. Im erstgenannten Fall nimmt der Anwaltsnotar einseitig die Interessen seines Auftraggebers wahr,

---

221 BGH, NJW 1998, 1864, 1866; *Zugehör*, ZNotP 1997, 42, 43.
222 *Zugehör*, ZNotP 1997, 42, 44.
223 BGH, VersR 1962, 353, 354; NJW 1969, 929, 931; NJW-RR 1992, 1178, 1181; NJW 1993, 2747, 2748; 1996, 520, 521; 1997, 661, 662; 1998, 1864, 1866; OLG Hamm, DNotZ 1956, 154, 156; 1977, 49, 52; NJWE-VHR 1997, 59.
224 BGH, NJW 1997, 661, 662; *Zugehör*, ZNotP 1997, 42, 44.
225 BGH, WM 1977, 1141.
226 BGH, NJW 1997, 661, 662.
227 BGH, NJW 1994, 1405, 1406; OLG Hamm, NJWE-VHR 1997, 59.

so daß seine Tätigkeit dem Berufsbild eines Rechtsanwalts zuzuordnen ist. Dies gilt umsomehr, wenn er seinen Auftraggeber über die Beratung hinaus auch noch in Verhandlungen mit anderen Vertragsparteien vertritt.[228] Entwirft der Anwaltsnotar einen Vertrag dagegen im Auftrag aller Beteiligten, handelt er als Notar, auch wenn die notarielle Beurkundung des Vertrages nicht vorgesehen ist oder durch einen anderen Notar erfolgen soll.[229]

123 Berät ein Anwaltsnotar einen Beteiligten über ein Rechtsgeschäft, das er anschließend beurkundet, treffen ihn bei der Beurkundung die Pflichten eines Notars.[230] War die **vorausgegangene Beratung** dazu bestimmt, die Beurkundung vorzubereiten, ist der Anwaltsnotar auch insoweit als Notar tätig geworden (§ 24 Abs. 2 Satz 1 BNotO). Etwas anderes gilt jedoch, wenn die Beratung den Schwerpunkt der Tätigkeit darstellt und der Anwaltsnotar hierbei einseitig die Interessen des Auftraggebers vertritt.[231]

124 Rät ein Anwaltsnotar seinem Auftraggeber, aus steuerlichen Erwägungen eine bestimmte Eigentumswohnung zu erwerben, kann dies nicht als Vorbereitung einer anschließenden notariellen Beurkundung des Kaufvertrages i. S. d. § 24 Abs. 2 Satz 1 BNotO angesehen werden. Der BGH hat dazu ausgeführt, ein solcher Rat gehöre zum Vorfeld wirtschaftlicher Überlegungen und sei dem Entschluß, die Eigentumswohnung zu kaufen, vorgelagert. Der Rat habe dazu gedient, den Kaufentschluß überhaupt erst zu wecken, und habe mit der rechtlichen Gestaltung des Kaufvertrages nichts zu tun gehabt. Von der späteren Beurkundung des Kaufvertrages sei in diesem Stadium des Vorgesprächs noch nicht die Rede gewesen. Aus diesen Umständen hat der Senat nach § 24 Abs. 2 Satz 2 BNotO die Schlußfolgerung abgeleitet, daß der Anwaltsnotar die dem Kaufentschluß **vorangegangene Beratung** als Rechtsanwalt im Rahmen des damals bereits bestehenden Vertragsverhältnisses durchgeführt hat. Da der Anwaltsnotar den Käufer nicht hinreichend über die rechtlichen Risiken des Erwerbs aufgeklärt hatte, war er im entschiedenen Fall dem Auftraggeber in seiner Eigenschaft als Rechtsanwalt zum Schadensersatz verpflichtet.[232]

125 Im Verfahren der **freiwilligen Gerichtsbarkeit** darf ein **Notar** nicht als Verfahrensbevollmächtigter eines Beteiligten tätig werden, wenn andere Beteiligte mit gegensätzlichen Interessen privater Art in dem Verfahren auftreten. In diesem Fall würde er nämlich als einseitiger Interessenvertreter tätig werden und damit gegen § 14

228 OLG Hamm, DNotZ 1956, 154, 156 f.
229 BGH, VersR 1972, 1049; OLG Hamm, DNotZ 1977, 49, 52.
230 BGH, NJW 1993, 2747, 2748; 1996, 1675, 1676.
231 BGH, NJW 1993, 2747, 2748; hierzu auch Rn. 127.
232 BGH, NJW 1988, 563, 565 f.

Abs. 1 Satz 2 BNotO verstoßen.[233] Ein **Anwaltsnotar** würde dann in seiner Eigenschaft als **Rechtsanwalt** handeln. Zur Vertretung der Beteiligten im FGG-Verfahren durch einen Anwaltsnotar, im konkreten Fall ging es um die Erteilung eines Erbscheins, hat das OLG Hamm Stellung genommen. Während des nicht streitigen Teils der Antragstellung werde der Anwaltsnotar in seiner Eigenschaft als Notar tätig. Hierzu gehöre nicht nur die Aufnahme des Erbscheinantrages gemäß § 2356 Abs. 2 BGB, sondern auch die Teilnahme an einem Termin vor dem Nachlaßgericht, anläßlich dessen die Beteiligten angehört werden. Sobald der Anwaltsnotar allerdings als Interessenvertreter eines Beteiligten im streitigen Verfahren auftrete, handele er als Rechtsanwalt. Das streitige Verfahren werde danach erst eingeleitet, wenn eine rechtsmittelfähige Verfügung oder ein Bescheid des Gerichts ergangen sei, der dem Inhalt nach den gestellten Antrag ganz oder zum Teil ablehne.[234]

In einem vom BGH entschiedenen Fall hatte ein **Anwaltsnotar**, der in die **Abwicklung eines Kapitalanlagegeschäfts** eingeschaltet war, als Treuhänder, 126
Rechtsanwalt und Notar erklärt, zur Absicherung von Anlagegeldern seien ausreichende Sicherheiten hinterlegt worden. Diese Sicherheiten stünden im näher beschriebenen Sicherungsfall unwiderruflich zur Deckung des Anlagekapitals nebst Zinsen zur Verfügung. Er – der Anwaltsnotar – sei beauftragt und bevollmächtigt, bei Nichterfüllung des Anlagevertrages die fällige Summe zum Auszahlungstermin unverzüglich aus den hinterlegten Sicherheiten abzudecken. Diese Erklärung hat der Senat als eindeutigen Hinweis auf ein notarielles Verwahrungsgeschäft i. S. d. § 23 BNotO bewertet. Insbesondere dann, wenn eine Erklärung nach ihrem Inhalt nur den Empfänger betreffe, sei für die Abgrenzung auf dessen Sicht unter Zugrundelegung eines vernünftigen und unvoreingenommenen Verständnisses abzustellen.[235] In dieser Entscheidung hat der BGH erstmals ausdrücklich anerkannt, daß für die Abgrenzung von anwaltlichen und notariellen Geschäften auch das subjektive Verständnis[236] desjenigen maßgeblich sein kann, für den der Anwaltsnotar tätig wird.[237]

d) Aufeinanderfolge anwaltlicher und notarieller Tätigkeit

Die einem Anwaltsnotar aus seiner Beauftragung als Rechtsanwalt entstandenen 127
Pflichten werden nicht nachträglich dadurch zu Amtspflichten, daß er einen von

233 BGH, NJW 1969, 929, 931.
234 OLG Hamm, DNotZ 1985, 182, 183 f.
235 BGH, NJW 1997, 661, 662; vgl. auch OLG Hamm, NJWE-VHR 1997, 59.
236 Zur Berücksichtigung der subjektiven Meinung des Auftraggebers und des Anwaltsnotars vgl. OLG Hamm, DNotZ 1956, 154, 156; 1977, 49, 51 f.
237 *Zugehör*, ZNotP 1997, 42, 44.

ihm **als Rechtsanwalt eines Beteiligten ausgehandelten Vertrag beurkundet** hat.[238] Berät ein Anwaltsnotar etwa einen Mandanten über ein Rechtsgeschäft und beurkundet er anschließend die Willenserklärung des Mandanten, treffen ihn bei der Beurkundung die Pflichten des Notars. War die vorausgegangene Beratung dazu bestimmt, die Beurkundung vorzubereiten, ist er auch insoweit gemäß § 24 Abs. 2 Satz 1 BNotO als Notar tätig geworden. Etwas anderes gilt jedoch, wenn die Beratung den Schwerpunkt der Tätigkeit darstellt und der Anwaltsnotar hierbei einseitig Interessen des Mandanten vertritt. Dann kann der Anwaltsnotar für einen ihm dabei unterlaufenen Beratungsfehler nach den Grundsätzen der Anwaltshaftung einzustehen haben, während eine Pflichtverletzung bei der Beurkundung – etwa eine unterlassene Belehrung – zusätzlich eine Haftung als Notar begründet.[239]

e) Aufeinanderfolge notarieller und anwaltlicher Tätigkeit

128 Problematisch ist der umgekehrte Fall, daß ein Anwaltsnotar zunächst als Notar beauftragt bzw. ersucht worden ist und sodann anwaltliche Aufgaben wahrgenommen hat. Dann bedarf es des zusätzlichen Abschlusses eines Anwaltsvertrages.[240] Ein Anwaltsvertrag kommt durch die Entgegennahme der anwaltlichen Leistung nur dann konkludent zustande (dazu Rn. 11–19), wenn der Anwaltsnotar den Rechtsuchenden zuvor darüber aufgeklärt hat, daß er die in Aussicht genommene Tätigkeit als Rechtsanwalt ausüben wolle und dementsprechend ein – im Vergleich zur Notarvergütung höheres – Anwaltshonorar erwarte. Nimmt der Auftraggeber an, der Auftragnehmer werde weiterhin als Notar tätig, kann aus der stillschweigenden Entgegennahme der anwaltlichen Tätigkeit gerade nicht auf den Willen des Auftraggebers zur Begründung eines anwaltlichen Dienstverhältnisses geschlossen werden.[241]

2. Rechtsanwalt und Steuerberater/Wirtschaftsprüfer

129 Abgrenzungsschwierigkeiten ergeben sich bei einer **steuerlichen Beratung**, wenn der beauftragte **Rechtsanwalt zugleich Steuerberater und/oder Wirtschaftsprüfer** ist.[242] Gemäß § 3 Nr. 1 StBerG bzw. §§ 3 Nr. 2 StBerG, 2 Abs. 2 WPO

238 BGH, VersR 1962, 353, 354.

239 BGH, NJW 1993, 2747, 2748; vgl. auch BGH, VersR 1962, 353, 354.

240 Allgemein zum Abschluß eines Anwaltsvertrages: Rn. 9.

241 OLG Hamm, DNotZ 1968, 625, 626; 1985, 182, 184 f.

242 Zur Zuordnung des Vertragsverhältnisses, wenn ein Rechtsanwalt zugleich als Steuerberater und/ oder Wirtschaftsprüfer zugelassen ist: Rn. 1195 ff.; *Zugehör*, NJW 1995, Beil. Heft 21, 8.

sind Steuerberater sowie Wirtschaftsprüfer zur geschäftsmäßigen Hilfeleistung in Steuersachen befugt. Auch zum Berufsbild des Rechtsanwalts gehört die steuerrechtliche Beratung des Mandanten.[243] Dies folgt aus § 3 Abs. 1 BRAO, wonach der Rechtsanwalt der berufene Berater und Vertreter in *allen* Rechtsangelegenheiten ist, und wird für den **Fachanwalt für Steuerrecht** in § 43 c Abs. 1 Satz 2 BRAO besonders hervorgehoben. § 3 Nr. 2 StBerG erlaubt auch Rechtsanwälten die geschäftsmäßige Hilfeleistung in Steuersachen.

Kann die von einem Rechtsanwalt erbrachte Leistung mehreren von ihm ausgeüb- 130
ten Berufen zugeordnet werden, kommt es für die **Abgrenzung** darauf an, welchem Beruf die Tätigkeit nach dem Willen der Vertragsparteien zugeordnet sein sollte. Wenn eine Parteienvereinbarung fehlt oder der **Wille der Parteien** nicht feststellbar ist, ist zu ermitteln, bei welchem Berufsbild der **Schwerpunkt** der vertraglichen Verpflichtungen liegt.[244]

Ist ein Rechtsanwalt zugleich Steuerberater und/oder Wirtschaftsprüfer, so ist, 131
falls hinreichende Anhaltspunkte für einen abweichenden Willen fehlen, anzunehmen, daß er seinem Mandanten eine steuerliche Beratung als Steuerberater versprochen hat; das gilt jedenfalls dann, wenn diese der ausschließliche oder wesentliche Gegenstand des Vertrages ist.[245]

III. Vertrag über anwaltsfremde Tätigkeit

Ein Rechtsanwalt kann im Rahmen seiner Berufsausübung auch anwaltsfremde 132
Aufgaben wahrnehmen.[246] Ob im Einzelfall ein (typischer) Anwaltsvertrag mit der Verpflichtung zum rechtlichen Beistand oder ein Vertrag über eine anwaltsfremde Tätigkeit vorliegt, hängt vom Inhalt der Aufgabe ab, die dem Rechtsanwalt übertragen und von diesem durchgeführt wurde.[247]

243 BGH, NJW 1968, 844, 845; 1970, 1189, 1190; VersR 1972, 1052, 1053; NJW 1981, 401, 402; 1982, 1866; 1988, 563, 565, 566; 1994, 1405, 1406; 1995, 3248, 3251.

244 BGH, NJW 1981, 401, 402; 1982, 1866, 1867; 1987, 3136, 3137; 1988, 1663 f.; 1994, 1405, 1406; 1995, 3248, 3251.

245 BGH, NJW 1982, 1866, 1867; NJW 1994, 1405, 1406.

246 Allgemein zur Abgrenzung eines Anwaltsvertrages von einem Vertrag über anwaltsfremde Tätigkeiten: Rn. 1201 ff.; *Borgmann/Haug*, § 6; *Hartstang*, S. 427 f.; *Rinsche*, Rn. I 10; *Vollkommer*, Rn. 10, 11; *Zugehör*, NJW 1995, Beil. Heft 21, 8.

247 BGH, NJW 1998, 3486.

1. Abgrenzung

133 Die Rechtsprechung zur Abgrenzung eines echten Anwaltsvertrages mit Rechtsbeistandspflicht (§ 3 BRAO) von einem Vertrag, der nicht diese typische Aufgabe, sondern eine anwaltsfremde Leistung zum Gegenstand hat, ergibt kein einheitliches Bild. Früher hat der BGH für einen echten Anwaltsvertrag darauf abgestellt, ob die dem Rechtsanwalt eigene Aufgabe, rechtlichen Beistand zu leisten, im Vordergrund steht.[248] In anderen Entscheidungen wird darauf abgestellt, ob die dem Rechtsanwalt übertragene Aufgabe in nicht unwesentlichem Umfang rechtsberatender Natur ist. Dann stelle sich der zwischen dem Rechtsanwalt und seinem Auftraggeber geschlossene Vertrag – unabhängig von den Vorstellungen, die sich die Parteien über dessen Rechtsnatur machen – in seiner Gesamtheit als Anwaltsvertrag dar.[249] Keine anwaltliche Berufstätigkeit liegt nach der insoweit einheitlichen älteren Rechtsprechung vor, wenn der rechtliche Beistand bei der Durchführung des erteilten Auftrags zurücktritt, als unwesentlich erscheint und im Ergebnis keine praktisch ins Gewicht fallende Rolle spielt.[250] Gegen eine anwaltliche Tätigkeit spreche es auch, wenn die betreffende Aufgabe i. d. R. oder mindestens in erheblichem Umfang auch von Angehörigen anderer Berufe wahrgenommen werde.[251]

134 Von diesen Abgrenzungskriterien hat der BGH – ohne die frühere Rechtsprechung ausdrücklich aufgegeben zu haben – in neueren Entscheidungen Abstand genommen[252]. Ein Anwaltsvertrag setzt danach nicht zwingend voraus, daß die Rechtsberatung den überwiegenden Umfang oder den Schwerpunkt der gesamten Anwaltstätigkeit ausmacht. Ein **echter Anwaltsvertrag** kann deshalb zugleich **anwaltsuntypische Aufgaben** umfassen, falls diese in einem engen Zusammenhang mit der rechtlichen Beistandspflicht stehen und auch Rechtsfragen aufwerfen können. Dabei sind die Gesamtumstände des Einzelfalls zu würdigen.[253]

135 Kann danach nicht festgestellt werden, ob ein Anwaltsvertrag vorliegt oder nicht, ist **im Zweifel** anzunehmen, daß derjenige, der die Dienste eines Rechtsanwalts in Anspruch nimmt, ihn auch in dieser Eigenschaft beauftragen will, weil er erwartet, daß der Rechtsanwalt bei seiner gesamten Tätigkeit auch die rechtlichen Interessen

248 BGH, NJW 1955, 1921; 1967, 876; 1970, 1189; VersR 1972, 1052, 1053; NJW 1980, 1855 f.

249 BGH, WM 1976, 1135, 1136; 1977, 551, 552; NJW 1985, 2642; 1992, 681, 682.

250 BGH, NJW 1967, 876; 1970, 1189; VersR 1972, 1052, 1053; NJW 1971, 2227; WM 1976, 1135, 1136; 1977, 551, 552; NJW 1980, 1855 f.; 1985, 2642.

251 BGH, NJW 1967, 876; 1970, 1189; 1980, 1855 f.

252 *Zugehör*, NJW 1995, Beil. Heft 21, 8.

253 BGH, NJW 1998, 3486; vgl. auch BGH, NJW 1993, 199; 1994, 1405, 1406; 1995, 1025, 1027 sowie BGH, Urt. v. 8. 7. 1999 – IX ZR 338/97, z.V.b.

des Auftraggebers wahrnehmen werde.[254] Diese **Auslegungsregel** greift allerdings nicht ein, wenn eindeutige und zwingende Gründe entgegenstehen, insbesondere wenn es dem Auftraggeber nicht um die Leistung rechtlichen Beistands geht[255] bzw. wenn die Rechtsberatung und -vertretung völlig in den Hintergrund tritt und deswegen als unwesentlich erscheint.[256]

2. Einzelfälle

Die Rechtsprechung hat in einer Vielzahl von Entscheidungen Gelegenheit gehabt, im Einzelfall abzugrenzen, ob bei Ausübung einer anwaltsfremden Tätigkeit ein echter Anwaltsvertrag vorliegt. Die Tendenz geht in den letzten Jahren eher zu einer großzügigeren Annahme eines solchen Vertrages. Deshalb sind die Schlußfolgerungen älterer Entscheidungen nur mit Vorsicht auf neue Sachverhalte zu übertragen. Streitanfällig ist die Abgrenzung insbesondere bei **Haftungssachverhalten** sowie bei Streitigkeiten um das **Honorar** des Beauftragten. Um von vornherein Abgrenzungsschwierigkeiten zu vermeiden, empfiehlt es sich für beide Parteien, möglichst schriftlich festzulegen, ob der beauftragte Rechtsanwalt in dieser Eigenschaft oder etwa als Treuhänder, Anlageberater, Makler o. ä. tätig und entlohnt werden soll. 136

a) Treuhänderische Vermögensverwaltung

Zur anwaltlichen Berufstätigkeit kann gemäß § 43 a Abs. 5 Satz 2 BRAO, § 4 BORA unter anderem die **Verwahrung und/oder Verwaltung von Fremdgeldern** gehören.[257] Der BGH hat entschieden, daß auch die **Treuhandtätigkeit zum Berufsbild des Rechtsanwalts** gehört.[258] Ein Rechtsanwalt, der als **Treuhänder bei einem Anlagemodell** die eingezahlten Gelder zu überwachen oder zu verwalten hat, schließt mit den Anlegern jedenfalls dann einen Anwaltsvertrag, wenn es zu seinen Aufgaben auch gehört, die Anleger in den mit der Beteiligung und deren Verwaltung auftretenden Rechtsfragen zu beraten.[259] 137

254 BGH, NJW 1980, 1855, 1856; NJW 1985, 2642; NJW 1998, 3486; BGH, Urt. v. 8. 7. 1999 – IX ZR 338/97 z.V.b.

255 BGH, WM 1976, 1135, 1136; 1977, 551, 552; NJW 1980, 1855, 1856; NJW 1985, 2642; OLG Hamm, NJW-RR 1995, 951.

256 BGH, NJW 1998, 3486.

257 Allgemein zur treuhänderischen Tätigkeit eines Rechtsanwalts: *Borgmann*, AnwBl 1997, 112 f.; *Borgmann/Haug*, § 6 Rn. 20; *Evers*, NJW 1983, 1652 f.; *Riedel*, NJW 1984, 1021 f.

258 BGH, NJW 1993, 199; BGH, Urt. v. 8. 7. 1999 – IX ZR 338/97 z.V.b.

259 BGH, NJW-RR 1988, 1299; NJW 1993, 199; 1995, 1025, 1027; vgl. auch BGH, NJW 1986, 1171, 1172 zu dem einem Steuerberater erteilten Treuhandauftrag.

138 Der II. Zivilsenat des BGH hat diese Voraussetzung für die **treuhänderische Verwaltung von Anlagebeteiligungen** bejaht. Beteilige sich ein Anleger über einen Treuhänder mittelbar an einem Kapitalanlagemodell, das durch eine besondere zivilrechtliche Gestaltung eine wirtschaftlich und steuerlich günstige Geldanlagemöglichkeit schaffen soll, setze die treuhänderische Verwaltung der Beteiligung nicht nur Kenntnisse des Steuerrechts, sondern auch zivilrechtliche Kenntnisse voraus. Der Treuhänder, der sich im Interesse der Anleger an einem Kapitalanlagemodell beteilige, habe dabei deren Belange wahrzunehmen; dazu gehöre auch die Beratung der Anleger in den mit der Beteiligung und deren Verwaltung auftretenden Rechtsfragen. Für die haftungsrechtliche Bewertung – vorliegend für die Anwendbarkeit des § 51 BRAO a. F. (= § 51 b BRAO n. F.) – sei nicht entscheidend, daß § 1 Abs. 2 BRAGO die Tätigkeit des Rechtsanwalts als Treuhänder ausdrücklich vom Geltungsbereich dieses Gesetzes ausnehme; auch andere anwaltliche Tätigkeit könne kraft Vereinbarung nach Grundsätzen außerhalb der BRAGO abgerechnet werden. Ausschlaggebend sei, daß es sich um eine Tätigkeit handele, die zum typischen Berufsbild des Rechtsanwalts gehöre.[260]

139 Demgegenüber hat der III. Zivilsenat des BGH später ausgeführt, daß ein Rechtsanwalt, der verpflichtet ist, die Verwendung der Gelder zu überwachen sowie die Anleger auf die typischen wirtschaftlichen Risiken der Anlage und auf regelwidrige Umstände in der Abwicklung durch die Anlegegesellschaft hinzuweisen, mit den Anlegern keinen Anwaltsvertrag schließe. Dann träfen den Treuhänder zwar Überwachungs- und Aufklärungspflichten, nicht aber die Verpflichtung, die Anleger auf zivilrechtlichem und steuerrechtlichem Gebiet zu beraten.[261]

140 Noch 1966 hatte der VII. Zivilsenat eine anwaltliche Berufstätigkeit bezüglich einer allgemeinen Vermögensverwaltung ganz abgelehnt. Der Senat hat darauf abgestellt, daß ein Vermögensverwalter zwar vielfach Geschäfte zu erledigen habe, für die es des Rechtsrats bedürfe. Sie pflegten aber nicht das Wesen einer solchen Verwaltung zu bestimmen. Der Verwalter habe vor allem die Grundsätze der Rentabilität zu berücksichtigen und darauf bedacht zu sein, die ihm anvertrauten Werte sicher und gewinnbringend anzulegen. Darüber hinaus habe er, wenn etwa Miethäuser den wesentlichen Bestand bildeten, mit Dingen zu tun, die sich weit vom Aufgabenkreis eines Rechtsanwalts entfernten. Geschäfte dieser Art würden im allgemeinen von Angehörigen anderer Berufe und nicht von Rechtsanwälten erledigt.[262]

---

260 BGH, NJW 1993, 199.
261 BGH, NJW 1995, 1025, 1027.
262 BGH, NJW 1967, 876.

Das OLG Düsseldorf hat im Anschluß an die neuere Rechtsprechung des BGH entschieden, daß kein Anwaltsvertrag zustande kommt, wenn ein Rechtsanwalt für seinen Auftraggeber Geldbeträge in Empfang zu nehmen und/oder weiterzuleiten hat, um ein Darlehensverhältnis mit einem im Ausland ansässigen Darlehensnehmer anzubahnen und abzuwickeln, soweit hiermit keine rechtliche Beratung verbunden ist, sondern der Rechtsanwalt lediglich die wirtschaftlichen Interessen seines Auftraggebers wahrnimmt.[263] 141

b) Anlageberatung

Die Rechtsprechung hat wiederholt eine **Anlageberatung durch Rechtsanwälte** 142 beschäftigt.[264] Der BGH hat einen Anwaltsvertrag in einem Fall bejaht, in dem der Rechtsanwalt seinem Auftraggeber anläßlich eines Erbfalls ein steuerlich motiviertes Anlagemodell vermittelt hatte. Die Anlageberatung könne Rechtsfragen umfassen, etwa ob das Anlagemodell rechtswirksam und anlegergünstig ausgestaltet sei. Vor allem stellten sich rechtliche Probleme oft – wie auch in dem entschiedenen Fall – im Hinblick auf die Sicherheiten für Investitionen, also dahin, ob eine Absicherung geboten werde, die aus rechtlicher Sicht das Risiko des Anlegers ausschließe oder verringere. Von der Art der Tätigkeit her könne deshalb die Anlageberatung allgemein auch zum Gegenstand einer Rechtsberatung werden. Anlageberatung gehöre allgemein zu den Aufgaben, die bei einer Steuerberatung – dazu sei auch ein Rechtsanwalt befugt – oft mit anfielen. Im Einzelfall sei ein enger innerer Zusammenhang mit der spezifischen Anwaltstätigkeit erforderlich und näher darzulegen. Ein solcher Zusammenhang könne sich insbesondere daraus ergeben, daß der Berater aufgrund seiner fachlichen Tätigkeit Möglichkeiten zu günstigen Vermögensanlagen kenne, die wirtschaftlich gerade dem Mandanten in seiner besonderen Lage nützlich sein könnten. Einer ausdrücklichen Frage des Mandanten oder einer entsprechenden Beratungspflicht des Anwalts bedürfe es dazu nicht. Ein enger innerer Zusammenhang sei schon dann zu bejahen, wenn ein wirtschaftlich denkender, die Interessen seines Mandanten umfassend berücksichtigender Rechtsanwalt aufgrund der Erörterung der Einkommens- und Vermögensverhältnisse sich im Rahmen des erteilten Auftrags herausgefordert fühlen dürfe, zur Vermögensanlage zu raten.[265]

263 OLG Düsseldorf, NJWE-VHR 1997, 255.
264 Allgemein zur Anlageberatung durch Rechtsanwälte: *Borgmann/Haug*, § 6 Rn. 18, 19.
265 BGH, NJW 1994, 1405, 1406; zu den Pflichten eines Rechtsanwalts, der seinem Auftraggeber aus steuerlichen Erwägungen empfiehlt, eine bestimmte Eigentumswohnung zu erwerben: BGH, NJW 1988, 563, 565.

143 1980 hatte der III. Zivilsenat des BGH[266] anwaltliche von anwaltsfremder Tätigkeit noch danach abgegrenzt, ob die Aufgabe, rechtlichen Beistand zu leisten, im Vordergrund stehe, oder ob sie bei der Durchführung des erteilten Auftrags zurücktrete, als unwesentlich erscheine und im Ergebnis keine praktisch ins Gewicht fallende Rolle spiele. Zum Wesen der Anlageberatung gehöre die Leistung rechtlichen Beistands gerade nicht. Eine solche Beratung könne der Tätigkeit eines Nachweismaklers nahestehen oder gleichkommen. Abgesehen davon sei es regelmäßig nicht die eigentliche Aufgabe eines Anlageberaters, Rechtsrat zu erteilen. Bei der Anlage von Geldern müßten zwar vielfach auch rechtliche Gesichtspunkte beachtet werden, vor allem auf dem Gebiet des Steuerrechts und des Gesellschaftsrechts. Deshalb werde eine Anlageberatung aber, soweit nicht ausnahmsweise Rechtsfragen im Vordergrund stünden, noch nicht zur Rechtsberatung. Vielmehr gäben Erwägungen zur Rendite und zur Sicherheit der geplanten Investitionen grundsätzlich den Ausschlag. Den in diesem Zusamenhang auftauchenden Rechtsfragen werde i. d. R. geringeres Gewicht beigemessen. Jedenfalls wenn der Auftraggeber rechtlichen Beistand aber gar nicht gesucht habe oder solche Fragen ganz im Hintergrund gestanden hätten, sei kein Anwaltsvertrag geschlossen worden.

c) Makler

144 Ein **Rechtsanwalt** kann sich grundsätzlich auch als **Makler** i. S. d. § 652 BGB betätigen.[267] Mit dem Beruf des Rechtsanwalts ist eine gewerbliche Tätigkeit nicht kraft Gesetzes unvereinbar. Unzulässig ist es allerdings, daß ein Rechtsanwalt ständig den Beruf eines Maklers ausübt. Jedenfalls gelegentlich kann ein Rechtsanwalt ein einzelnes Maklergeschäft mit Dritten vereinbaren. Dadurch werden das allgemeine Ansehen und Vertrauen in den Berufsstand des Rechtsanwalts nicht untergraben.[268] Dann bestehen auch keine Bedenken gegen die Vereinbarung eines erfolgsabhängigen Maklerhonorars,[269] selbst wenn ein entsprechendes Erfolgshonorar bei echten Anwaltsverträgen wegen Verstoßes gegen § 49 b Abs. 2 BRAO gemäß § 134 BGB nichtig wäre. Etwas anderes soll allerdings gelten, wenn ein Rechtsanwalt für die Vermittlung eines Grundstücksgeschäfts mit seinem Mandanten als Honorar einen prozentualen Anteil am erzielten Kaufpreis vereinbart.[270]

266 BGH, NJW 1980, 1855 f.
267 Zur Maklertätigkeit eines Rechtsanwalts: *Borgmann/Haug*, § 6 Rn. 12–16.
268 BGH, NJW 1992, 681 f.; vgl. auch BGH, WM 1977, 551, 552.
269 BGH, NJW 1992, 681, 682; vgl. auch BGH, NJW 1996, 2499, 2500.
270 BGH, WM 1977, 551, 552 f.; NJW 1996, 2499, 2500.

Zur **Abgrenzung zwischen Anwalts- und Maklervertrag** hat der BGH bislang darauf abgestellt, ob der Rechtsanwalt im Rahmen der erbrachten Maklerleistungen seinem Auftraggeber rechtlichen Rat von nicht völlig untergeordneter Bedeutung hat zuteil werden lassen. Sei der einem Rechtsanwalt erteilte Auftrag in nicht unwesentlichem Umfang rechtsberatender Natur, stelle sich der zwischen ihm und seinem Auftraggeber geschlossene Vertrag – unabhängig von den Vorstellungen, die sich die Parteien über dessen Rechtsnatur machen – in seiner Gesamtheit als Anwaltsvertrag dar, der die Maklertätigkeit mitumfasse. Etwas anderes gelte lediglich dann, wenn die rechtsberatende Tätigkeit völlig in den Hintergrund trete und keine in Betracht kommende Rolle spiele.[271] Der bloße Hinweis darauf, daß der Rechtsanwalt nicht als solcher, sondern als Makler tätig werde, reicht für die Herauslösung eines solchen Geschäfts aus der allgemeinen Anwaltstätigkeit jedenfalls nicht aus.[272] 145

Eine Rechtsberatung des Käufers scheidet etwa aus, wenn der Rechtsanwalt als einseitiger Interessenvertreter des Verkäufers auftritt. Dies gilt umso mehr, wenn der Käufer seinerseits einen Rechtsanwalt mit der Wahrnehmung seiner Interessen beauftragt hat und damit zum Ausdruck bringt, daß er den makelnden Rechtsanwalt nicht mit Rechtsberatung beauftragt und dessen Aufgabe auf die Maklertätigkeit beschränkt sein soll.[273] Besteht die einem Rechtsanwalt übertragene Aufgabe in der Vermittlung eines Kauf- oder Darlehensgeschäfts, ist, sofern nicht eindeutige und zwingende Gründe entgegenstehen, im Zweifel davon auszugehen, daß die Partei, die anstelle eines Maklers einen Rechtsanwalt beauftragt hat, ihn in eben dieser Eigenschaft zuzieht, also von ihm erwartet, daß er bei seinem Tätigwerden auch ihre rechtlichen Interessen betreut.[274] Diese Auslegungsregel greift allerdings nicht ein, wenn feststeht, daß es dem Auftraggeber nicht um die Leistung rechtlichen Beistandes geht.[275] 146

d) Buchführung und -prüfung

Wenn ein **Rechtsanwalt** sich gegenüber seinem Auftraggeber zur **Buchführung oder -prüfung** verpflichtet, ist grundsätzlich kein echter Anwaltsvertrag geschlossen. In den dazu veröffentlichten Entscheidungen wird danach abgegrenzt, ob die dem Rechtsanwalt eigene Aufgabe, rechtlichen Beistand zu leisten, im Vorder- 147

271 BGHZ 18, 340, 346; BGH, VersR 1970, 136, 137; NJW 1971, 2227; WM 1976, 1125, 1136; 1977, 551, 552; NJW 1985, 2642; 1987, 2451 f.; 1992, 681, 682; OLG Hamm, NJW-RR 1995, 951.
272 BGH, NJW 1996, 2499, 2500.
273 BGH, NJW 1992, 681, 682; vgl. auch BGH, VersR 1970, 136, 137.
274 BGH, WM 1977, 551, 552; NJW 1985, 2642.
275 OLG Hamm, NJW-RR 1995, 951.

grund steht oder ob es sich um Arbeiten handelt, die i. d. R. oder doch in erheblichem Umfang auch von anderen Personen berufsmäßig wahrgenommen werden und deshalb nicht zum typischen Aufgabengebiet des Rechtsanwalts gehören.[276] Vor dem Hintergrund der neueren Rechtsprechung zur Abgrenzung zwischen echtem und unechtem Anwaltsvertrag erscheint allerdings fraglich, ob ähnliche Sachverhalte heute noch genauso beurteilt würden.

148 Der BGH hat ausgeführt, daß die kaufmännische Buchführung keine typische Tätigkeit eines Rechtsanwalts sei. Dabei könnten zwar vereinzelt auch Rechtsfragen auftreten. Das Wesentliche der Buchführung liege nicht in der rechtlichen Beratung, sondern in außerrechtlichen Aufgaben. Auch der Jahresabschluß (die Bilanz) gehöre, soweit er von dem mit der Buchhaltung Betrauten erstellt wird, seinem Wesen nach noch zur Buchführung. Zwar könnten hier öfter Rechtsfragen auftreten als bei der laufenden Buchführung. Sie bildeten aber nicht notwendig einen so erheblichen Teil der Tätigkeit bei der Fertigung des Jahresabschlusses durch den Buchführenden, daß sie der Gesamttätigkeit (Buchführung einschließlich Jahresabschluß) das typische Gepräge einer anwaltlichen Tätigkeit geben würden. Auch wenn der Rechtsanwalt später zur finanzamtlichen Betriebsprüfung zugezogen werde, handele es sich nicht um eine wesensmäßig anwaltliche Tätigkeit.[277]

149 An das vorbezeichnete Urteil anknüpfend hat der BGH weiterhin entschieden, daß zwar die Aufgabe, Steuerbilanzen und -erklärungen zu errichten, überwiegend auf rechtlichem Gebiet stehe. Die damit mehr oder weniger zwangsläufig verbundene Aufgabe, auch die Buchführung des Auftraggebers zu kontrollieren, stehe demgegenüber im Hintergrund. Eine von der laufenden Steuerberatung gesondert in Auftrag gegebene Unterschlagungsprüfung, die allein auf die „detektivische" Ermittlungstätigkeit zur Feststellung von Tatsachen ziele und bei der nicht die Fachkenntnisse eines Rechtsanwalts, sondern lediglich Kenntnisse auf dem Gebiet der Buchhaltung und -prüfung einzusetzen seien, sei jedoch keine anwaltliche Berufstätigkeit. Keine Rolle spiele dabei, daß sich an das Ergebnis der Prüfung rechtliche Folgerungen und rechtserhebliche Entschließungen des Auftraggebers knüpfen könnten.[278]

276 Allgemein zu den Abgrenzungskriterien: Rn. 133–135.
277 BGH, NJW 1970, 1189, 1190.
278 BGH, VersR 1972, 1052, 1053.

e) Mitglied eines Aufsichtsrats

Eine **Tätigkeit als Aufsichtsratsmitglied** einer AG, KGaA oder GmbH (§§ 95 ff., 278 Abs. 3 AktG, § 52 Abs. 1 GmbHG) kann nicht zulässigerweise **Gegenstand eines Anwaltsvertrags** sein. Ein Anwaltsvertrag, der **während der Amtszeit als Aufsichtsratsmitglied geschlossen** wird, ist wegen der zwingenden abschließenden Regelung des § 113 AktG gemäß § 134 BGB unwirksam, wenn sich dessen Gegenstand auf gesetzliche **Organpflichten des Aufsichtsrats** bezieht. Eine solche Organpflicht ist insbesondere die Überwachung der Geschäftsführung (§ 111 Abs. 1 AktG) und die damit verbundene allgemeine Pflicht, die Geschäftsführung über die Zweckmäßigkeit und Rechtmäßigkeit der Unternehmenspolitik zu beraten. Nach der Rechtsprechung des BGH handelt es sich demgegenüber nicht mehr um gesetzliche Pflichten eines Aufsichtsratsmitglieds zur laufenden Beratung der Geschäftsführung, wenn die aufgrund des Anwaltsvertrages zu leistenden Dienste von ihrem Gegenstand her **Fragen eines besonderen Fachgebiets** betreffen. Der Umfang der Beratung ist danach ohne Bedeutung.[279] 150

Die Wirksamkeit solcher Verträge, die nicht in den Aufgabenbereich des Aufsichtsrats fallen, hängt gemäß § 114 AktG von der **Zustimmung des Aufsichtsrats** ab. Allerdings muß der Vertrag eindeutige Feststellungen darüber ermöglichen, daß die zu erbringende Leistung außerhalb der organschaftlichen Pflichten liegt. Die besonderen Einzelfragen, in denen das Aufsichtsratsmitglied die Geschäftsleitung beraten soll, sowie das für diese Leistungen von der Gesellschaft zu entrichtende Entgelt müssen so **konkret bezeichnet** werden, daß sich der Aufsichtsrat ein eigenständiges Urteil über die Art der Leistung, ihren Umfang sowie die Höhe und Angemessenheit der Vergütung bilden kann. Verträge, die diese Anforderungen nicht erfüllen, insbesondere weil sie als Beratungsgegenstand nur allgemein bezeichnete Einzelfragen auf Gebieten angeben, die grundsätzlich auch zur Organtätigkeit gehören oder gehören können, sind von vornherein nicht von einer Zustimmung des Aufsichtsrats gemäß § 114 AktG gedeckt. Sie sind vielmehr nach § 113 AktG i. V. m. § 134 BGB unwirksam.[280] 151

Ist demgegenüber ein Anwaltsvertrag, der sich auf Dienstleistungen innerhalb des Aufgabenbereichs des Aufsichtsrats bezieht oder dessen Gegenstand nicht hinreichend konkret zum Ausdruck gebracht wird (§ 113 AktG) bzw. zu dessen Durchführung die Zustimmung des Aufsichtsrats nicht eingeholt oder versagt worden ist (§ 114 AktG), **vor Antritt des Aufsichtsratsmandats geschlossen** worden, ist er 152

279 BGH, NJW 1991, 1830, 1831.
280 BGH, NJW 1994, 2484, 2485; vgl. auch LG Stuttgart, BB 1998, 1549 ff.

grundsätzlich wirksam. Er bleibt jedoch **ohne Wirkung, solange das Aufsichtsratsmandat besteht.**[281]

IV. Amtliche und amtsähnliche Tätigkeit

153 Wenn ein **Rechtsanwalt** zur Wahrnehmung einer **amtlichen oder amtsähnlichen Tätigkeit** bestellt worden ist, scheidet eine Haftung aus Anwaltsvertrag aus.[282]

1. Verwalter in Insolvenzverfahren

154 Ein **Rechtsanwalt**, der zum **Insolvenz-/Konkursverwalter** bestellt worden ist, ist nach §§ 82 KO, 60 InsO für die Erfüllung der ihm obliegenden Pflichten allen Beteiligten gegenüber verantwortlich. Ein Konkursverwalter haftet allen Personen, denen gegenüber er Verwalterpflichten schuldhaft verletzt. Das dem Konkursverwalter übertragene private Amt begründet gegenüber allen Beteiligten gesetzliche Pflichten. Dies führt zu einer außervertraglichen Sonderbeziehung zwischen Konkursverwalter und Beteiligten.[283]

155 Das gleiche gilt für einen vor Konkurseröffnung nach § 106 Abs. 1 Satz 2 KO bestellten **Sequester** in entsprechender Anwendung des § 82 KO[284], für einen **Vergleichsverwalter** (§ 42 VerglO), einen vorläufigen Vergleichsverwalter (§§ 11 Abs. 2, 42 VerglO), einen nach Abschluß eines Vergleichsverfahrens bestellten **Sachwalter** (§§ 92 Abs. 1 Satz 1, § 42 VerglO), einen nach der Gesamtvollstreckungsordnung bestellten **Verwalter** (§ 8 Abs. 1 Satz 1 GesO) oder einen **Zwangsverwalter** (§ 154 Satz 1 ZVG). Tragender Grund dieser Haftungstatbestände ist, daß die Verwalter zur Tätigkeit in einem fremden Rechts- und Interessenkreis gerichtlich bestellt sind und fremde Geschäfte zu besorgen haben; als öffentlich bestellte Verwalter fremden Vermögens haften sie allen, denen gegenüber ihnen aufgrund der übertragenen Vermögensverwaltung besondere Pflichten obliegen, für die ordnungsgemäße Erfüllung dieser Pflichten.[285] Die am 1. 1. 1999 in Kraft getretene **Insolvenzordnung** regelt die Haftung des **Insolvenzverwalters** in § 60 Abs. 1 Satz 1. Der Insolvenzverwalter ist danach allen Beteiligten zum Schadens-

---

281 BGH, NJW 1998, 3486, 3487, unter Bezugnahme auf BGH, NJW 1991, 1830, 1832 und 1994, 2484, 2486.

282 Allgemein zur amtlichen oder amtsähnlichen Tätigkeit eines Rechtsanwalts: Rn. 1179 ff.; *Borgmann/Haug*, § 6 Rn. 22–34; *Hartstang*, S. 444–446; *Vollkommer*, Rn. 14–20; *Zugehör*, NJW 1995, Beil. Heft 21, 6 f.

283 BGH, NJW 1985, 1161, 1162; vgl. auch BGH, NJW 1996, 2499 sowie 1998, 3567 (Rechtsanwalt als Liquidator einer Gesellschaft).

284 BGH, NJW 1989, 1034.

285 BGH, NJW 1989, 1034.

ersatz verpflichtet, wenn er schuldhaft Pflichten verletzt, die ihm nach diesem Gesetz obliegen. Für den **vorläufigen Insolvenzverwalter** (§ 22 InsO) gilt nichts anderes.

Besondere Haftungstatbestände enthielten § 89 KO für **Mitglieder eines Gläubigerausschusses**, § 44 Abs. 3 VerglO für **Mitglieder eines Gläubigerbeirates** und regelt jetzt § 71 InsO für **Mitglieder eines Gläubigerausschusses**. 156

2. Vormund, Pfleger und Betreuer

Ein gerichtlich bestellter **Vormund** (§ 1789 BGB) ist dem Mündel gemäß § 1833 Abs. 1 Satz 1 BGB für den aus einer Pflichtverletzung entstehenden Schaden verantwortlich, wenn ihm ein Verschulden zur Last fällt. Für **Pfleger** (§ 1915 BGB) und **Betreuer** (§ 1908 i BGB) gilt § 1833 BGB entsprechend. 157

3. Testamentsvollstrecker und Nachlaßverwalter

Verletzt ein **Testamentsvollstrecker** seine Pflichten, ist er gemäß § 2219 BGB dem Erben für den daraus entstehenden Schaden und, soweit ein Vermächtnis zu vollziehen ist, auch dem Vermächtnisnehmer verantwortlich, wenn ihm ein Verschulden zur Last fällt. Ein Haftung gegenüber Dritten kommt nur unter dem Gesichtspunkt einer unerlaubten Handlung in Betracht. 158

Ein vom Nachlaßgericht bestellter **Nachlaßverwalter** ist den Gläubigern gemäß §§ 1985 Abs. 2 Satz 2, 1980 Abs. 1 Satz 2 BGB für den Schaden verantwortlich, der diesen daraus entsteht, daß der Nachlaßverwalter nicht unverzüglich die Eröffnung eines Nachlaßkonkurs- oder Nachlaßvergleichsverfahrens beantragt, wenn er von der Überschuldung des Nachlasses Kenntnis erlangt. 159

V. Gerichtliche Beiordnung

In den Fällen der **§§ 48–49 a BRAO** ist ein Rechtsanwalt verpflichtet, die Vertretung oder Beistandschaft für diejenige Partei zu übernehmen, der er gerichtlich beigeordnet worden ist.[286] Die **Beiordnung** begründet ein gesetzliches Schuldverhältnis. Daneben kann es zum Abschluß eines Anwaltsvertrages kommen, aus dem sich weitergehende Pflichten des Rechtsanwalts ergeben. Grundsätzlich bleibt die Partei allerdings frei, ob sie mit dem beigeordneten Rechtsanwalt einen Anwalts- 160

286 Allgemein zu den Beiordnungsfällen: *Borgmann/Haug*, § 12 Rn. 37–47; *Hartstang*, S. 439–443; *Rinsche*, Rn. I 11; *Vollkommer*, Rn. 33–43; *Zugehör*, NJW 1995, Beil. Heft 21, 7 sowie die Kommentierungen zu §§ 48–49 a BRAO. Vgl. Rn. 1185 ff.;

vertrag schließt oder nicht.[287] Vereinzelt ist ein gesetzlicher **Kontrahierungszwang** vorgesehen, d. h. die Verpflichtung des Rechtsanwalts, ein Angebot der Partei zum Abschluß eines Anwaltsvertrages anzunehmen.[288]

1. Prozeßkostenhilfe

161 Nach § 48 Abs. 1 Nr. 1 BRAO muß ein Rechtsanwalt im gerichtlichen Verfahren die Vertretung einer Partei übernehmen, wenn er der Partei im Wege der **Prozeßkostenhilfe**[289] nach § 121 ZPO, § 11 a ArbGG oder aufgrund anderer gesetzlicher Vorschriften[290] zur vorläufig unentgeltlichen Wahrnehmung ihrer Rechte beigeordnet ist.

162 Eine gerichtliche Beiordnung im Wege der Prozeßkostenhilfe begründet als solche noch kein Vertragsverhältnis zwischen Rechtsanwalt und Partei, sondern lediglich ein **öffentlich-rechtliches Schuldverhältnis**. Die Partei kann dem Rechtsanwalt noch ein Angebot auf Abschluß eines Anwaltsvertrages unterbreiten, welches der Rechtsanwalt annehmen muß.[291] Erst dann entsteht ein **vertragliches Mandatsverhältnis**. Nach der Beauftragung des im Wege der Prozeßkostenhilfe beigeordneten Rechtsanwalts gelten haftungsrechtlich keine Besonderheiten im Verhältnis zu einem „frei" beauftragten Rechtsanwalt.[292] § 121 Abs. 1–3 ZPO geht grundsätzlich davon aus, daß der Rechtsanwalt, dessen Beiordnung beantragt wird, der Partei seine Bereitschaft, das Mandat zu übernehmen, bereits erklärt hat. Abgesehen von den Fällen des § 121 Abs. 4 ZPO liegt daher in der Praxis regelmäßig bereits ein Anwaltsvertrag vor.[293] Dieser Vertrag kann unabhängig von einer zu gewährenden Prozeßkostenhilfe geschlossen sein. Der Vertrag kann aber auch die Wahrnehmung der Interessen des Auftraggebers mit dem Ziel beinhalten, ihn zunächst nur in dem Verfahren auf Gewährung von Prozeßkostenhilfe zu vertreten, und im übrigen unter der aufschiebenen Bedingung stehen, daß das Gericht den Rechtsanwalt auch tatsächlich beiordnet. Der genaue Inhalt der zwischen den Parteien getroffenen Vereinbarungen muß im Einzelfall festgestellt werden.

287 Ein Ausnahme gilt im Entmündigungsverfahren gemäß §§ 668, 670, 686 ZPO.

288 Zur Übernahmepflicht bereits: Rn. 35.

289 Die Vorschriften über die Gewährung von Prozeßkostenhilfe (§§ 114–127 ZPO) haben 1980 die bis dahin geltenden Vorschriften des sog. Armenrechts abgelöst und inhaltlich modifiziert. Nach neuem Recht kann der Antragsteller den beizuordnenden Rechtsanwalt grundsätzlich selbst auswählen (§ 121 Abs. 1–3 ZPO).

290 § 166 VwGO, § 73 a SGG und § 142 FGO.

291 RGZ 94, 342, 345 f.; 115, 60, 62; BGH, NJW 1959, 1732, 1733; 1973, 757, 758; vgl. auch RGZ 89, 42, 44 f.; BGHZ 2, 227, 229 – jeweils zu § 115 ZPO a. F.

292 BGH, NJW 1988, 1079, 1080.

293 *Schaich*, in: Henssler/Prütting, BRAO, § 48 Rn. 5.

Wenn Partei und Rechtsanwalt noch keinen Anwaltsvertrag geschlossen haben, verhält sich der beigeordnete Rechtsanwalt grundsätzlich pflichtgemäß, wenn er sich bereithält, mit der Partei einen solchen Anwaltsvertrag zu schließen, um nach seinem Zustandekommen für sie tätig zu werden. Die für den Rechtsanwalt durch die Beiordnung begründete Rechtspflicht besteht dann darin, daß er den Antrag auf Abschluß eines Anwaltsvertrages nicht ablehnen darf, und den Auftrag, sie im Prozeß zu vertreten, annehmen und ausführen muß.[294] 163

Ausnahmsweise begründet bereits die Beiordnung als solche **vorvertragliche**[295] **Fürsorge-, Belehrungs- und Betreuungspflichten**. Der beigeordnete Rechtsanwalt ist u. a. verpflichtet, die Partei, der er im Wege der Prozeßkostenhilfe gerichtlich beigeordnet worden ist, über die notwendigen Maßnahmen und vor allem über die zu wahrenden Fristen zu belehren und so nach Kräften zu verhindern, daß seine Partei aus Rechtsunkenntnis Schaden erleidet.[296] Gegenüber einer rechtsunkundigen Partei kann der beigeordnete Rechtsanwalt verpflichtet sein, darauf hinzuweisen, daß sein Tätigwerden noch eines gesonderten Auftrags bedarf. Eine solche Hinweispflicht kann insbesondere bestehen, wenn eine Frist abzulaufen droht, deren Einhaltung ein alsbaldiges Handeln des Rechtsanwalts ohne Abwarten eines Parteiauftrags erfordert. Aufgrund des Zwecks der Beiordnung, die Rechte der Partei wahrzunehmen, kann der beigeordnete Rechtsanwalt in Ausnahmefällen sogar verpflichtet sein, von sich aus die Rechte der Partei wahrzunehmen und das zur Wahrung einer Frist Erforderliche zu veranlassen, bevor er in vertragliche Beziehungen zur Partei tritt.[297] Eine solche Verpflichtung des Rechtsanwalts entfällt jedoch, wenn die gebotenen Handlungen nicht ohne eine Instruktion oder Mitwirkung der Partei vorgenommen werden können.[298] Dies ist insbesondere der Fall, wenn der beigeordnete Rechtsanwalt den Gerichtsakten des Prozeßkostenhilfeverfahrens nicht die erforderlichen Angaben entnehmen kann, um die objektiv gebotenen Maßnahmen ergreifen zu können. Dann ist es Sache der Partei, die in erster Linie selbst für die Wahrnehmung ihrer Interessen zu sorgen hat, mit dem beigeordneten Rechtsanwalt unverzüglich Kontakt aufzunehmen, diesen zu beauftragen und ihr Rechtsschutzbegehren zu erläutern.[299] 164

Solange Partei und beigeordneter Rechtsanwalt noch keinen umfassenden Anwaltsvertrag geschlossen haben, richtet sich das Handeln des Rechtsanwalts für 165

294 RGZ 115, 60, 62.
295 Allgemein zur vorvertraglichen Haftung eines Rechtsanwalts: Rn. 173.
296 BGH, NJW 1959, 1732, 1733; 1973, 757, 758.
297 RGZ 115, 60, 62 f. A. A. RGZ 94, 342, 347, wonach vor Vertragsschluß lediglich rechtlich unverbindliche Anstandspflichten (nobile officium) des beigeordneten Rechtsanwalts bestehen, für die Partei tätig zu werden.
298 RG, Urt. v. 1. 3. 1907 – III 351/06, zitiert nach RGZ 115, 60, 64.
299 *Borgmann/Haug*, § 12 Rn. 40.

die Partei nach den Vorschriften über die **Geschäftsführung ohne Auftrag**, während er nach außen als Vertreter ohne Vertretungsmacht erscheint (vgl. Rn. 1601 ff.). Die Rechtslage weicht insoweit von derjenigen ab, wenn Partei und Rechtsanwalt bereits einen Anwaltsvertrag geschlossen haben und dem Rechtsanwalt Prozeßvollmacht erteilt ist.[300]

166 Eine schuldhafte Verletzung der durch die Beiordnung auferlegten Pflichten verpflichtet den Rechtsanwalt zum **Schadensersatz**. Der beigeordnete Rechtsanwalt verhält sich insbesondere pflichtwidrig, wenn er den Antrag der Partei auf Abschluß eines Anwaltsvertrages ablehnt. Eine Schadensersatzpflicht kann auch bestehen, wenn der beigeordnete Rechtsanwalt die ihm in den vorbeschriebenen Ausnahmefällen obliegenden Fürsorge-, Belehrungs- und Betreuungspflichten nicht ordnungsgemäß erfüllt.[301]

2. Notanwalt und Gewährung von Beratungshilfe

167 Für die Beiordnung als **Notanwalt** (§§ 78 b, 78 c ZPO, 48 Abs. 1 Nr. 2 BRAO) und für die anwaltliche Vertretung im vor- und außergerichtlichen Bereich nach dem **Beratungshilfegesetz** (§ 49 a Satz 1 BRAO) gelten die zu einer Beiordnung gemäß §§ 48 Abs. 1 Nr. 1 BRAO, 121 ZPO dargelegten Grundsätze entsprechend.[302]

3. Beistand im Scheidungsverfahren

168 Wenn ein **Rechtsanwalt** dem Antragsgegner in einer **Scheidungssache** (§§ 48 Abs. 1 Nr. 3 BRAO, 625 ZPO) gerichtlich als **Beistand** (§ 90 ZPO) zugeordnet wird, entsteht zwischen der Partei und dem Beistand kein Vertrags-, sondern ein **gesetzliches Schuldverhältnis**.[303] Dieses Beistandsverhältnis kann auch ohne Zustimmung oder sogar gegen den Willen der Partei angeordnet werden. Die Haftung des Rechtsanwalts ergibt sich unmittelbar aus diesem gesetzlichen Schuldverhältnis.[304] Dieses Schuldverhältnis begründet eine gesetzliche Sonderbeziehung, die eine analoge Anwendung der Grundsätze der positiven Vertragsverletzung rechtfertigt. Ein Vertrag kommt nur und erst dann zustande, wenn der Antragsgegner den beigeordneten Rechtsanwalt tatsächlich beauftragt, seine rechtlichen Interes-

---

300 RGZ 115, 60, 63.

301 RGZ 115, 60, 63.

302 Hierzu: *Borgmann/Haug*, § 12 Rn. 42, 45; *Vollkommer*, Rn. 35, 36, 43; *Zugehör*, NJW 1995, Beil. Heft 21, 7.

303 Die Gebühren des Rechtsanwalts richten sich nach § 36 a BRAGO. Gebührenschuldner ist die Partei.

304 *Borgmann/Haug*, § 12 Rn. 44; *Vollkommer*, Rn. 40.

sen wahrzunehmen.[305] Von diesem Zeitpunkt an richtet sich eine Haftung des Rechtsanwalts nach vertraglichen Grundsätzen. Daneben bleibt das öffentlich-rechtliche Schuldverhältnis, das durch die Beiordnung begründet worden ist, bestehen. Es erlischt durch den Vertragsschluß nicht.

4. Pflichtverteidiger

Ein ähnliches gesetzliches Schuldverhältnis wie bei einer Beiordnung nach §§ 48 Abs. 1 Nr. 3 BRAO, 625 ZPO liegt vor, wenn ein **Rechtsanwalt** unabhängig vom Willen der zu betreuenden Person nach der **Strafprozeßordnung**[306], dem **Gesetz über Ordnungswidrigkeiten**[307] oder dem **Gesetz über die internationale Rechtshilfe in Strafsachen** als **Pflichtverteidiger bzw. Beistand** bestellt wird. Gemäß § 49 Abs. 1 BRAO ist ein Rechtsanwalt verpflichtet, eine solche Aufgabe zu übernehmen. Durch die Beiordnung wird kein Anwaltsvertrag begründet. Haftungsgrundlage ist das zwischen den Parteien bestehende **gesetzliche Schuldverhältnis**, das durch die konstitutive Beiordnung gemäß §§ 49 Abs. 1 BRAO, 141 Abs. 4 StPO begründet wird.[308] Sobald die Parteien im Nachgang zu der Beiordnung einen Anwaltsvertrag schließen, richtet sich eine Schadensersatzverpflichtung des Rechtsanwalts nach vertragsrechtlichen Grundsätzen.[309] 169

C. Vertragsstatut bei Auslandsbezug

Wenn ein **Haftungssachverhalt** eine Verbindung zum **ausländischen Recht** aufweist, ist vor der eigentlichen Sachprüfung zu ermitteln, **nach welcher Rechtsordnung** sich die Voraussetzungen und Rechtsfolgen eines Schadensersatzanspruchs richten (vgl. Art. 3 Abs. 1 EGBGB).[310] Denkbar ist ein solcher **Auslandsbezug** bei einem **Anwaltsvertrag**, etwa wenn 170

305 *Zugehör*, NJW 1995, Beil. Heft 21, 7.

306 Etwa gemäß §§ 141–143, 117 Abs. 4, 138 c Abs. 3 Satz 4, 231 a Abs. 4, 350 Abs. 3 StPO; vgl. auch §§ 68, 104 Abs. 1 Nr. 10, 109 Abs. 1 Satz 1 JGG; § 34 Abs. 3 Nr. 1 EGGVG.

307 § 60 OWiG.

308 *Borgmann/Haug*, § 12 Rn. 43. *Vollkommer*, Rn. 42, befürwortet eine analoge Anwendbarkeit des § 1833 BGB.

309 *Zugehör*, NJW 1995, Beil. Heft 21, 7.

310 Zu dem auf einen Anwaltsvertrag anwendbaren Recht: *Eisenberg*, Das Internationale Privatrecht der Anwaltshaftung, S. 38 ff.; *Mankowski*, in: Reithmann/Martiny, Internationales Vertragsrecht, Rn. 1471–1488; *Pera*, Anwaltshonorare in Deutschland und den U. S. A., S. 56 ff.; *Raiser*, NJW 1991, 2049, 2056 f.; *Sieg*, Internationale Anwaltshaftung, S. 189–199; Vgl. auch *Sieg*, ZAP (1996), Fach 23, S. 239 (241 f.); *Sieg/Holtmann*, ZAP (1999), Fach 23, S. 387, 388 ff. Zu dem auf internationale Sozietäten anwendbaren Recht: Rn. 381.

- eine ausländische Partei beteiligt ist,
- ein im Ausland zugelassener Anwalt in Deutschland seine Dienstleistung erbringt,
- ein deutscher Rechtsanwalt vor einem ausländischen Gericht oder einer ausländischen Behörde und/oder
- von einem ausländischen Büro aus für den Auftraggeber tätig wird und/oder
- bei der Bearbeitung des Mandats ausländische Rechtsnormen zu berücksichtigen sind.

Das anwendbare (Sach-) Recht ist nach dem einschlägigen **Kollisionsrecht (Internationalen Privatrecht – IPR)** zu ermitteln. Das heranzuziehende Kollisionsrecht richtet sich danach, welches Gericht zur Entscheidung berufen ist. Deutsche Gerichte wenden deutsches Kollisionsrecht an,[311] ausländische Gerichte regelmäßig das am Gerichtsort geltende Kollisionsrecht (sog. lex fori). Nach dem anzuwendenden Kollisionsrecht ist zu prüfen, wie die streitentscheidende Rechtsfrage einzuordnen ist, also etwa berufs-, vertrags-, delikts- oder gesellschaftsrechtlich.[312] Zu ermitteln ist der kollisionsrechtliche Tatbestand, der die Voraussetzungen für das **anwendbare Sachrecht (Statut)** enthält.

171 Im **deutschen Recht** sind die Voraussetzungen und Rechtsfolgen eines Schadensersatzanspruchs des Mandanten gegen den beauftragten Rechtsanwalt vertragsrechtlich zu qualifizieren.[313] Das **Vertragsstatut** richtet sich im deutschen IPR – vorbehaltlich der Regelungen in völkerrechtlichen Vereinbarungen und ungeachtet der Regelungen in den Rechtsakten der Europäischen Gemeinschaften (vgl. Art. 3 Abs. 2 EGBGB) – nach **Art. 27–37 EGBGB**. Vorrangig ist gemäß Art. 27 EGBGB eine **Rechtswahl der Vertragsparteien** zu beachten. Wenn eine Rechtswahl weder ausdrücklich getroffen worden ist noch Umstände vorliegen, die auf eine konkludente Rechtswahl schließen lassen, ist für das Vertragsstatut grundsätzlich auf das **Recht desjenigen Staates** abzustellen, **in dem der Rechtsanwalt seine Kanzlei unterhält**, von der aus er die vertragliche Leistung erbringt. Dies wird gemäß Art. 28 Abs. 2 EGBGB vermutet. Im Einzelfall kann diese Vermutung gemäß Art. 28 Abs. 1, 5 EGBGB widerlegt werden. Dazu muß sich aus der Gesamtheit der Umstände ergeben, daß der Vertrag **engere Verbindungen mit einem anderen Staat** aufweist. Wegen der Unsicherheiten, die bei der Ermittlung des auf einen Anwaltsvertrag anwendbaren Rechts auftreten kön-

311 BGH, NJW 1996, 54 f.

312 Zum anwendbaren Berufsrecht: *Eisenberg*, Das Internationale Privatrecht der Anwaltshaftung, S. 33 ff.; *Sieg/Holtmann*, ZAP (1999), Fach 23, S. 387, 389 f.; *Willandsen*, NJW 1989, 1128 ff.

313 Zur Qualifikation der sog. Dritthaftungsfälle: *Adolff*, Die zivilrechtliche Verantwortlichkeit deutscher Anwälte bei der Abgabe von Third Party Legal Opinions, S. 197–205.

nen, ist bei einem grenzüberschreitenden Mandat eine ausdrückliche Rechtswahl zu empfehlen. Für Verbraucherverträge, d. h. Verträge über die Erbringung von Dienstleistungen zu einem Zweck, der nicht der beruflichen oder gewerblichen Tätigkeit des Auftraggebers zugerechnet werden kann, sind die Besonderheiten des Art. 29 EGBGB zu beachten. Legt eine Partei ihrer zum Vertragsschluß führenden Erklärung **Allgemeine Geschäftsbedingungen** zugrunde, die eine **Rechtswahlklausel** enthalten,[314] gilt § 12 AGBG. Auch Art. 6, 27 Abs. 3 oder 34 EGBGB können ausnahmsweise zur Geltung eines abweichenden Rechts führen. Auf ausländische Kollisionsnormen, die bei einem Rechtsstreit vor einem ausländischen Gericht zu beachten sind, wird nicht weiter eingegangen.

D. Vor- und nachvertragliche Haftung

Die Haftung des Rechtsanwalts setzt im Regelfall, jedoch nicht notwendig das 172
Vorliegen eines Anwaltsvertrages voraus. Eine Haftung ist auch im Vorfeld oder nach Beendigung eines solchen Vertragsverhältnisses denkbar.

I. Vorvertragliche Haftung

1. Verschulden bei Vertragsschluß

Ein Rechtsanwalt kann bei Ausübung seiner beruflichen Tätigkeit nach den 173
Grundsätzen des **Verschuldens bei Vertragsschluß (culpa in contrahendo)** zum Schadensersatz verpflichtet sein.[315] Die vorvertraglichen Sorgfaltspflichten gegenüber einem Vertragsinteressenten sind jedoch wesentlich enger begrenzt als innerhalb eines Vertragsverhältnisses. Eine solche vorvertragliche Haftung kommt auch wegen der **Verletzung vorvertraglicher Fürsorge-, Belehrungs- oder Betreuungspflichten** in Betracht.[316] Die Rechtsprechung hat vorvertragliche Pflichten insbesondere im Zusammenhang mit der Aufklärung des Mandanten über voraussichtlich anfallende Gebühren thematisiert.[317] Denkbar ist eine vorvertragliche Haftung auch, wenn ein Gericht bereits gemäß § 48 Abs. 1 Nr. 1 oder 2

314 Zu einer Rechtswahl in Allgemeinen Geschäftsbedingungen: *Sieg*, RIW 1997, 811, 815–817.

315 Allgemein zur vorvertraglichen Haftung des Rechtsanwalts: *Borgmann/Haug*, § 13; *Eylmann*, in: Henssler/Prütting, BRAO, § 44; *Feuerich/Braun*, BRAO, § 44 Rn. 1–13; *Hartstang*, S. 514–516; *Holl*, in: Hartung/Holl, BerufsO, Anh. § 11 (§ 44 BRAO); *Kleine-Cosack*, BRAO, § 44 (allerdings z. T. identisch mit Borgmann/Haug, § 13); *Rinsche*, Rn. I 33; *Vollkommer*, Rn. 221 vgl. unten, Rn. 1529 ff.

316 *Zugehör*, NJW 1995, Beil. Heft 21, 11.

317 BGH, NJW 1998, 136, 137; hierzu ausführlich: Rn. 676 ff., 858.

BRAO bzw. § 49 a BRAO eine beantragte Beiordnung beschlossen, der Antragsteller mit dem beigeordneten Rechtsanwalt aber noch keinen Anwaltsvertrag geschlossen hat.[318]

2. § 44 Satz 2 BRAO

174 Einen gesetzlich normierten **Sonderfall** des Verschuldens bei Vertragsschluß sowie des Anspruchs aus §§ 675, 663 BGB enthält **§ 44 Satz 2 BRAO**. Nach § 44 Satz 1 BRAO muß ein Rechtsanwalt, der in seinem Beruf in Anspruch genommen wird und den Auftrag nicht annehmen will, die Ablehnung unverzüglich erklären. Wenn der Rechtsanwalt diese Erklärung schuldhaft verzögert, ist er gemäß § 44 Satz 2 BRAO verpflichtet, dem Anfragenden den daraus entstehenden Schaden zu ersetzen (vgl. Rn. 1211, 1538).

a) Angebot zum Abschluß eines Anwaltsvertrages

175 § 44 Satz 2 BRAO setzt voraus, daß der Rechtsanwalt „in seinem Beruf in Anspruch genommen wird". Dies bedeutet, daß dem Rechtsanwalt ein Angebot zum Abschluß eines Anwaltsvertrages zugegangen sein muß. Dies ist nicht der Fall, wenn dem Rechtsanwalt eine bloße Gefälligkeit (dazu Rn. 20–25) oder eine anwaltsfremde Tätigkeit (dazu Rn. 132–152) angetragen wird.

b) Zugang

176 Ein Antrag auf Übernahme eines Mandats geht einem Rechtsanwalt zu, wenn der Antrag in dessen Kanzlei in einer Weise eingeht, daß der Rechtsanwalt selbst oder sein Vertreter[319] hiervon bei normalen Verhältnissen Kenntnis nehmen kann und diese Kenntnisnahme nach der Verkehrsauffassung zu erwarten ist. Nimmt der Rechtsanwalt von dem Antrag früher Kenntnis, geht ihm der Antrag bereits zu diesem Zeitpunkt zu.[320]

177 Nach der Verkehrsauffassung ist von einem Rechtsanwalt zu erwarten, daß ihm ein eingehender Antrag noch am selben Tag, spätestens jedoch am Folgetag vorgelegt wird und somit zugeht. Der Bundesgerichtshof hat zu §§ 233, 85 Abs. 2 ZPO ent-

318 Zu den Beiordnungsfällen: Rn. 160–169.

319 Zum allgemein und amtlich bestellten Vertreter: Rn. 267–280. Zur Vertretung eines Rechtsanwalts beim Vertragsschluß durch einen anderen Rechtsanwalt: Rn. 9.

320 In Anlehnung an den Zugang einer Willenserklärung gemäß § 130 Abs. 1 Satz 1 BGB, vgl. hierzu BGHZ 67, 271; 275; BGH, NJW-RR 1989, 757, 758; Palandt/*Heinrichs*, BGB, § 130 Rn. 5 ff. sowie *Eylmann*, in: Henssler/Prütting, BRAO, § 44 Rn. 5.

schieden, daß ein Rechtsanwalt die gebotene Sorgfalt verletzt, wenn er nicht dafür Sorge trägt, daß alle Eingänge durch einen verantwortlichen Juristen darauf geprüft werden, ob etwas zu veranlassen, insbesondere ob eine fristwahrende (Prozeß-) Handlung vorzunehmen ist. Ein Rechtsanwalt müsse anordnen, daß zumindest alle Posteingänge, die nicht eindeutig in den ausschließlichen Bearbeitungskreis der Bürovorsteherin fallen, am Tag ihres Eingangs ihm oder seinem Vertreter vorzulegen seien.[321]

c) Keine Annahmeerklärung durch den Rechtsanwalt

Ein Schadensersatzanspruch nach § 44 Satz 2 BRAO setzt des weiteren voraus, 178
daß ein Anwaltsvertrag noch nicht – auch nicht etwa stillschweigend (dazu Rn. 11–19) – zustande gekommen ist. Vielmehr muß der Rechtsanwalt dem Anfragenden mitgeteilt haben, daß er dessen Angebot zum Abschluß eines Anwaltsvertrages nicht annimmt. Eine Haftung nach § 44 Satz 2 BRAO kommt auch dann in Frage, wenn der Rechtsanwalt auf eine Anfrage, die auf den Abschluß eines Anwaltsvertrags gerichtet ist, gar nicht reagiert.

d) Schuldhafte Verzögerung der Ablehnungserklärung

Ein Rechtsanwalt muß die Erklärung, daß er ein ihm angetragenes Mandat ablehnt, 179
unverzüglich, d. h. ohne schuldhaftes Zögern abgeben. Nach dem Zugang eines Antrags auf Übernahme eines Mandats (dazu Rn. 176, 177) hat der Rechtsanwalt unverzüglich zu prüfen und zu entscheiden, ob er gemäß §§ 43 a Abs. 4, 45, 46 BRAO verhindert ist bzw. ob er das angetragene Mandat aus einem anderen Grund nicht übernehmen kann oder möchte. Diese Prüfung muß der Rechtsanwalt selbst vornehmen. Er darf sie allenfalls auf einen anwaltlichen Vertreter delegieren, nicht jedoch auf das Büropersonal.[322] Ob der Rechtsanwalt die Ablehnung eines Mandats unverzüglich erklärt hat, hängt von den Umständen des Einzelfalls ab.

I. d. R. hat er eine Anfrage noch am selben Tag oder zumindest am Folgetag zu 180
überprüfen. In einfacheren Fällen wird vom Rechtsanwalt erwartet, umgehend eine Entscheidung zu treffen. In schwierigeren Fällen ist dem Rechtsanwalt eine Bedenk- oder Prüfungszeit bis zu mehreren Tagen einzuräumen.[323] In Sozietäten kann es einer Abstimmung desjenigen Rechtsanwalts, dem der Antrag auf Über-

321 BGH, VersR 1971, 1022; NJW 1990, 189, 190.
322 BGH, VersR 1971, 1022; NJW 1974, 861.
323 *Borgmann/Haug*, § 13 Rn. 72; *Eylmann*, in: Henssler/Prütting, BRAO, § 44 Rn. 7; *Holl*, in: Hartung/Holl, BORA, Anh. § 11 (§ 44 BRAO) Rn. 14.

nahme eines Mandats zugegangen ist, mit den anderen Sozien bedürfen. Das Reichsgericht hat darauf hingewiesen, daß von einem Rechtsanwalt nicht erwartet werden könne, Schreiben, die äußerlich nicht als eilig erkennbar seien, unter allen Umständen in kürzester Zeit zu bearbeiten. Es sei zu berücksichtigen, daß der Rechtsanwalt auch noch andere Geschäfte zu besorgen und auch Anspruch auf angemessene Ruhepausen habe.[324] Wenn dem Rechtsanwalt die Eilbedürftigkeit erkennbar ist, etwa weil der Anfragende hierauf ausdrücklich hingewiesen hat, ist eine raschere Prüfung und Entscheidung als im Normalfall geboten.

181 Der BGH hat zu einem Antrag auf Wiedereinsetzung in den vorigen Stand ausgeführt, daß ein Rechtsanwalt sich nicht von der Pflicht befreien könne, jeden Eingang selbst mindestens darauf durchzulesen, ob er sofort bearbeitet werden muß. Um die ihm anvertrauten Interessen des Absenders sachgerecht zu wahren, müsse er als Adressat darüber entscheiden, ob in einem Brief ein Antrag enthalten sei, und was dann – unter Umständen sogleich – geschehen müsse.[325]

182 Problematisch sind diejenigen Fälle, in denen ein Rechtsanwalt sich zu dem Zeitpunkt, zu dem der Antrag auf Übernahme eines Mandats eingeht, nicht in seiner Kanzlei aufhält, ohne daß er einen Vertreter bestellt hat. Der BGH hat in einem Wiedereinsetzungsverfahren ausgeführt, ein Rechtsanwalt müsse während der Abwesenheit von seiner Kanzlei dafür Sorge tragen, daß ein anderer Rechtsanwalt oder ein ihm gleichgestellter Vertreter die Überwachung vor allem des Posteingangs übernimmt; dies gelte insbesondere dann, wenn der Rechtsanwalt zehn Tage von seiner Kanzlei ferngeblieben sei und mit dieser Dauer der Abwesenheit auch von vornherein gerechnet habe.[326]

183 Nach einem Beschluß des Verwaltungsgerichtshofs München muß ein Rechtsanwalt sogar Sorge tragen, daß auch während seiner Abwesenheit an einem Werktag in den üblichen Bürozeiten eingehende Schriftstücke – vorliegend ein um 15.42 Uhr per Telefax eingegangener Antrag auf Übernahme eines Mandats – noch am selben Tag auf drohenden Fristablauf hin geprüft werden. Es sei dem Rechtsanwalt zuzumuten, noch am selben Tag die Frist zu wahren.[327]

184 Die Voraussetzungen, unter denen ein Rechtsanwalt wegen einer Abwesenheit von seiner Kanzlei einen Vertreter bestellen muß, regelt **§ 53 Abs. 1 BRAO**. Danach muß ein Rechtsanwalt (nur dann) für seine Vertretung sorgen, wenn er länger als

324 RG, JW 1932, 2144, 2145 zu einem Antrag auf Wiedereinsetzung in den vorigen Stand.

325 BGH, NJW 1974, 861; vgl. auch BGH, VersR 1971, 1022.

326 BGH, VersR 1957, 254, 255.

327 VGH München, NJW 1993, 1731, 1732. Kritisch hierzu: *Borgmann/Haug*, § 13 Rn. 71; *Eylmann*, in: Henssler/Prütting, BRAO, § 44 Rn. 6; *Holl*, in: Hartung/Holl, BORA, Anh. § 11 (§ 44 BRAO) Rn. 13.

eine Woche gehindert ist, seinen Beruf auszuüben oder wenn er sich länger als eine Woche von seiner Kanzlei entfernen will. Daraus folgt die Wertung des Gesetzgebers, daß von einem Rechtsanwalt gerade nicht erwartet wird, täglich oder etwa während der üblichen Bürozeiten in seiner Kanzlei anwesend zu sein. Dies wäre weder praktikabel noch kann es von einem Rechtsuchenden erwartet werden. Diesem ist zur Abwendung von Nachteilen zuzumuten, sich in erkennbaren Eilfällen zu erkundigen, ob sein Antrag angenommen worden ist. Stellt der Anfragende dabei fest, daß der Rechtsanwalt, den er um die Übernahme des Mandats ersucht hat, nicht in seiner Kanzlei erreichbar ist und auch keinen Vertreter bestellt hat, muß er sich um die Beauftragung eines anderen Rechtsanwalts bemühen. Daraus folgt, daß ein Rechtsanwalt die Ablehnung eines Mandats nicht allein deshalb schuldhaft verzögert, weil er bei Eingang des Antrages kurzfristig nicht in seiner Kanzlei war.

Hat der Rechtsanwalt die Anfrage geprüft und entschieden, das angetragene Man- 185
dat nicht zu übernehmen, muß er dem Anfragenden seine Entscheidung unverzüglich mitteilen. Er muß sich dann grundsätzlich noch am selben Tag, spätestens am Folgetag erklären. In eiligen Fällen kann es auch geboten sein, die Ablehnung durch Telefon oder Telefax zu übermitteln. Die Erklärung, mit der der Rechtsanwalt die Übernahme eines angetragenen Mandats ablehnt, bedarf keiner besonderen Form. Grundsätzlich reicht eine mündliche Mitteilung aus. Aus Beweisgründen empfiehlt sich allerdings eine schriftliche Antwort. Die Beförderungsgefahr trägt in diesen Fällen der Empfänger. Der Rechtsanwalt handelt pflichtgemäß, wenn er seine Ablehnungserklärung rechtzeitig absendet.[328]

Kann der Rechtsanwalt den Anfragenden nicht mehr rechtzeitig von der Ableh- 186
nung benachrichtigen, etwa weil dieser nicht telefonisch erreichbar ist, ist der Rechtsanwalt nicht verpflichtet, die erforderlichen Maßnahmen zu veranlassen, um für den Anfragenden unabwendbare Nachteile zu verhindern. Allerdings muß der Rechtsanwalt die Ablehnung der Übernahme ordnungsgemäß und rechtzeitig erklärt haben.[329]

e) Schadensersatz

Wenn die vorbeschriebenen Voraussetzungen des § 44 Satz 2 BRAO vorliegen, 187
muß der Rechtsanwalt dem Anfragenden den Verzögerungsschaden ersetzen. Der Anfragende ist so zu stellen, wie er stehen würde, wenn der Rechtsanwalt rechtzeitig erklärt hätte, daß er das Angebot zum Abschluß eines Anwaltsvertrages

328 *Borgmann/Haug*, § 13 Rn. 75; *Eylmann*, in: Henssler/Prütting, BRAO, § 44 Rn. 8.
329 BGH, NJW 1967, 1567, 1568; *Borgmann/Haug*, § 13 Rn. 74; *Eylmann*, in: Henssler/Prütting, BRAO, § 44 Rn. 9.

nicht annimmt. Dieser Schaden kann darin bestehen, daß zwischenzeitlich eine Verjährungs-, eine prozessuale oder eine materiellrechtliche Frist abgelaufen ist. Im Einzelfall kann ein Mitverschulden des Anfragenden nach § 254 BGB bis zum Ausschluß eines Schadensersatzanspruchs führen.

II. Nachvertragliche Haftung

188 Auch **nach Beendigung des Vertragsverhältnisses** (dazu Rn. 50–101) treffen einen Rechtsanwalt im Einzelfall **Pflichten**, deren Verletzung einen Schadensanspruch des ehemaligen Mandanten begründen kann.[330] Hiervon sind diejenigen Sachverhalte abzugrenzen, in denen sich Beratungs- und Handlungspflichten des Rechtsanwalts aus dem laufenden Vertragsverhältnis ergeben (dazu Rn. 504 ff., 532 ff., 639 ff.). Kein Fall der Verletzung nachwirkender Vertragspflichten liegt vor, wenn der Rechtsanwalt den Anwaltsvertrag ohne wichtigen Grund zur Unzeit gekündigt oder die Kündigung des Vertrages durch vertragswidriges Verhalten veranlaßt hat und deswegen eine Haftung nach § 627 Abs. 2 Satz 2 BGB oder § 628 Abs. 2 BGB in Betracht kommt (vgl. dazu Rn. 76–100).

1. Erlöschen der Pflichten mit Beendigung des Anwaltsvertrages

189 Grundsätzlich erlöschen die Pflichten des Rechtsanwalts aus dem Anwaltsvertrag mit der Beendigung des Vertragsverhältnisses. Der BGH hat hervorgehoben, daß ein Rechtsanwalt grundsätzlich nicht verpflichtet sei, seinem bisherigen Mandanten Ratschläge für die künftige Sachbehandlung zu erteilen, wenn dem Rechtsanwalt der Auftrag zu einem Zeitpunkt entzogen werde, in dem keine Nachteile durch alsbaldigen Fristablauf drohten.[331] Eine generelle Rechtspflicht, eine zuvor geschuldete Beratung nach Vertragsende unaufgefordert wieder aufzunehmen, wenn der frühere Mandant erkennbar erneut der Beratung bedarf, würde die beratenden Berufe in unzumutbarer Weise überfordern und außer acht lassen, daß die Beratung im allgemeinen ein besonderes Vertrauensverhältnis voraussetzt.[332]

330 Allgemein zur nachvertraglichen Haftung: *Borgmann*, AnwBl 1997, 220 ff.; *Borgmann/Haug*, § 15 Rn. 109–114; *Probst*, AnwBl 1976, 288; *Rinsche*, Rn. I 34 f.; *Vollkommer*, Rn. 82–86, 222.

331 BGH, NJW 1997, 254; vgl. auch BGH, NJW 1997, 1302.

332 BGH, NJW-RR 1990, 459, 460.

2. Nachwirkende Vertragspflichten

Ausnahmsweise können einem Rechtsanwalt vertragliche Pflichten auch noch nach Beendigung des Vertragsverhältnisses obliegen. Vertragliche Pflichten können insbesondere in dem Sinne **über die Vertragsabwicklung hinaus** fortwirken, daß kein Beteiligter den Vertragszweck nachträglich vereiteln oder gefährden darf. Hierbei geht es aber i. d. R. nur um Nebenpflichten, nicht um ein Fortdauern der – etwa auf Beratung gerichteten – vertraglichen Hauptpflicht selbst.[333] An den nachvertraglichen Pflichten des Rechtsanwalts ändert sich nichts dadurch, daß er von der Beendigung des Mandatsverhältnisses keine Kenntnis hat. § 674 BGB bietet dem Rechtsanwalt keinen weitergehenden Schutz, als wenn der Anwaltsvertrag erloschen wäre.[334] 190

a) Gesetzliche nachvertragliche Pflichten

Nachvertragliche (Neben-) Pflichten werden dem Rechtsanwalt in §§ 203 Abs. 1 Nr. 3, 204 StGB (**Schweigepflicht**), § 356 StGB (**Verbot des Parteiverrats**), § 50 Abs. 2 BRAO (Aufbewahrung von **Handakten**),[335] §§ 675, 666 BGB (**Rechenschaftslegung**) oder §§ 675, 667 BGB (**Herausgabe** erlangter Gegenstände) auferlegt. Diese Pflichten sind allerdings haftungsrechtlich nicht von vorrangigem Interesse. 191

b) Nachvertragliche Aufklärungspflichten

Die Rechtsprechung hat aus § 242 BGB besondere **nachwirkende Vertragspflichten zur Aufklärung und Belehrung** des ehemaligen Auftraggebers abgeleitet. So entfallen die Pflichten des beauftragten Rechtsanwalts mit der Vertragsbeendigung nicht stets in vollem Umfang. Ausnahmsweise kann der Rechtsanwalt unter besonderen Umständen bei Vertragsende gehalten sein, die übernommene Angelegenheit des Mandanten wenigstens so abzuschließen, daß dieser infolge der Beendigung keine einem Rechtskundigen erkennbaren und vermeidbaren Schäden erleidet.[336] 192

333 BGH, NJW-RR 1990, 459, 460; *Zugehör*, NJW 1995, Beil. Heft 21, 11 m. w. N.
334 BGH, NJW 1997, 1302, 1303.
335 Zu § 50 BRAO etwa BGH, NJW 1997, 2944, 2945 f.
336 BGH, NJW 1997, 1302.

aa) Laufende prozessuale Fristen

193 So muß der Rechtsanwalt seinen früheren Auftraggeber unter Umständen weiterhin über **laufende prozessuale Fristen** belehren, deren Versäumung für diesen nachteilige Folgen haben kann. Der Rechtsanwalt muß den früheren Auftraggeber dann aufklären, welche notwendigen Maßnahmen zu ergreifen und welche Umstände zu beachten sind. Der Rechtsanwalt kann auch zu einer Belehrung verpflichtet sein, daß nur ein anderer Rechtsanwalt eine nötige Prozeßhandlung rechtswirksam vornehmen kann.[337]

194 Der BGH hat einen Fall entschieden, in dem der Rechtsanwalt während eines schwebenden Armenrechtsverfahrens (jetzt: Verfahrens auf Gewährung von Prozeßkostenhilfe) im Auftrag seines Mandanten vorsorglich ein Rechtsmittel einlegt hatte, die Begründung des Rechtsmittels jedoch von einer Regelung der Honorarfrage, insbesondere von einer positiven Entscheidung über das Armenrechtsgesuch (jetzt: den Antrag auf Gewährung von Prozeßkostenhilfe) abhängig gemacht hatte. Dann ist der Anwaltsvertrag regelmäßig auf die Einlegung des Rechtsmittels beschränkt. Hatte der Rechtsanwalt zunächst eine unbeschränkte Vertretung in dem Rechtsmittelzug übernommen, liegt jedenfalls in der Weigerung, das Rechtsmittel zu begründen bzw. eine Verlängerung der Frist zur Begründung des Rechsmittels zu beantragen, eine **Niederlegung des Mandats**; dann ist der Auftrag mit der Einlegung des Rechtsmittels beendet. Der BGH hat jedoch eine nachvertragliche Verpflichtung des Rechtsanwalts angenommen, gegenüber seiner Partei vor Ablauf dieser Frist unzweifelhaft zum Ausdruck zu bringen, daß er mit der Einlegung des Rechtsmittels seine Tätigkeit als beendet ansehe und es ablehne, die Einhaltung der Frist zur Begründung des Rechtsmittels weiter zu überwachen. Der Rechtsanwalt müsse seine Partei dann auch darüber belehren, daß mit der Einlegung des Rechtsmittels die Frist zur Begründung dieses Rechtsmittels zu laufen begonnen habe und der Fristlauf auch durch ein etwa noch nicht beschiedenes Armenrechtsgesuch (jetzt: einen noch nicht beschiedenen Antrag auf Gewährung von Prozeßkostenhilfe) nicht gehemmt werde.[338]

195 Die nachvertragliche Verpflichtung eines Rechtsanwalts, seinen früheren Auftraggeber unter Umständen über laufende prozessuale Fristen belehren, deren Versäumung für diesen nachteilige Folgen haben kann, bezieht sich in gleicher Weise auf vorprozessuale **Fristen in einem behördlichen Rechtsmittelverfahren**. Hat ein Rechtsanwalt für einen Mandanten eine Steuererklärung abgegeben, ist er zwar

337 BGH, NJW 1997, 1302 unter Bezugnahme auf BGH, VersR 1957, 127; vgl. auch BGH, NJW 1998, 3783, 3784 zu § 233 ZPO.

338 BGHZ 7, 280, 285–287 – zu § 233 ZPO.

nicht verpflichtet, ein sich anschließendes Einspruchs- oder Abänderungsverfahren ebenfalls zu betreiben. Wendet sich der (frühere) Mandant aber wegen eines solchen Nachfolgebescheids zur früheren Steuererklärung an diesen Rechtsanwalt, so ist dieser aufgrund des nachvertraglichen Schuldverhältnisses gemäß § 242 BGB verpflichtet, dem – früheren – Mandanten die Ablehnung unverzüglich mitzuteilen. Ist die Angelegenheit, wie bei Einsprüchen gegen Steuerbescheide, offensichtlich fristgebunden, hat der Rechtsanwalt möglichst so beschleunigt zu antworten, daß die laufende Frist nicht in vermeidbarer Weise versäumt wird, und hierbei auf den drohenden Fristablauf hinzuweisen. Auf § 44 Satz 2 BRAO[339] kommt es hierfür nicht an.[340]

bb) Materiellrechtliche Fragen, insbesondere Verjährung

Unter besonderen Voraussetzungen kommt auch eine Pflicht zur Belehrung des 196
früheren Auftraggebers über **materiellrechtliche Fragen** in Betracht. Zwar entbindet das Vertragsende den Rechtsanwalt von seiner Pflicht, die zuvor vertraglich übernommene Angelegenheit auch nur zu einem provisorischen Ende zu führen. Der Auftraggeber darf ferner nicht etwa beanspruchen, über die Sach- und Rechtslage bei Mandatsende umfassend unterrichtet zu werden.[341] Ist dem Rechtsanwalt aber erkennbar, daß dem Mandanten gerade **aus der Beendigung der anwaltlichen Tätigkeit ein Schaden droht**, weil er sich mangels Kenntnis der Rechtslage der Gefahren nicht bewußt ist, ist der Rechtsanwalt nach Treu und Glauben (§ 242 BGB) verpflichtet, den ehemaligen Auftraggeber bei Mandatsende auf diese Gefahr jedenfalls dann hinweisen, wenn er sie erkennbar mitverursacht hat.[342]

Ein solcher Fall liegt vor, wenn der beauftragte Rechtsanwalt während des Man- 197
dats pflichtwidrig nicht die erforderlichen Maßnahmen zur Unterbrechung der Verjährung eines Anspruchs eingeleitet hat; er ist dann bei Mandatsende verpflichtet, den früheren Mandanten darauf hinzuweisen, daß der Ablauf der Verjährungsfrist droht.[343]

In einem anderen Fall hat der BGH eine anwaltliche Pflicht zum Hinweis auf eine 198
drohende Verjährung bei Mandatsende angenommen, weil der Rechtsanwalt nur gegen einen Teil der möglichen Schuldner verjährungsunterbrechende Maßnahmen eingeleitet hatte. Im entschiedenen Fall sollte vom Ausgang dieser Rechts-

339 Zu § 44 Satz 2 BRAO: Rn. 174–187.
340 BGH, NJW 1996, 842.
341 BGH, VersR 1957, 127.
342 BGH, NJW 1997, 1302.
343 BGH, NJW 1997, 1302 f.

streitigkeiten das weitere Vorgehen gegen die noch nicht verklagten Schuldner abhängig gemacht werden. Die nachwirkende Verpflichtung folgt dann aus der allgemeinen Vertragspflicht, Ansprüche, die Gegenstand des Mandats sind, rechtzeitig vor Verjährung zu sichern (dazu Rn. 649 ff.).[344]

199 Hat ein Rechtsanwalt von seinem Auftraggeber Unterlagen zur Durchsetzung einer Kaufpreisforderung erhalten, verletzt der Rechtsanwalt seine nachvertraglichen Pflichten aus dem Anwaltsvertrag, wenn er nach Beendigung des Mandats weder die Unterlagen zurückgibt noch den Mandanten auf die drohende Verjährung hinweist.[345]

cc) Verjährung der Sekundärhaftung

200 Auch die sekundäre vertragliche Pflicht des Rechtsanwalts, seinen Auftraggeber auf eine eigene Schadensersatzpflicht hinzuweisen und über die Verjährung dieses Anspruchs zu belehren. besteht **grundsätzlich nur bis zur Beendigung des Mandats**. Später kann diese sog. Sekundärhaftung (dazu Rn. 1249 ff.) nur entstehen, wenn der Rechtsanwalt ein **neues Mandat über denselben Gegenstand** erhält.[346] **Ausnahmsweise** und unter ganz besonderen Umständen kann aus Treu und Glauben eine Benachrichtigungspflicht nach Vertragsbeendigung entstehen, um einen dem Vertragspartner offensichtlich drohenden erheblichen Schaden abzuwenden, der mit der vorangegangenen Vertragserfüllung zusammenhängt. In den hierzu entschiedenen Fällen konnte dem Auskunftspflichtigen selbst kein Nachteil aus der ihm zugemuteten nachvertraglichen Unterrichtung entstehen. Der BGH hat in dem insoweit grundlegenden Urteil vom 1. 2. 1990[347] nicht entschieden, ob eine nachvertragliche Auskunftspflicht auch demjenigen zugemutet werden kann, der durch eine derartige Unterrichtung selbst Nachteile erleiden würde, insbesondere weil er auf eine gegen ihn selbst bestehende Regreßmöglichkeit hinweisen müßte. Ebenso hat der Senat offengelassen, ob eine nachvertragliche Mitwirkungspflicht überhaupt zumutbar ist, wenn ihre Erfüllung eine umfangreiche und schwierige Rechtsprüfung voraussetzt. Jedenfalls scheidet eine nachvertragliche Beratungspflicht des ehemaligen Rechtsanwalts aus, wenn dafür kein Bedarf mehr besteht, weil der frühere Auftraggeber in derselben Sache einen anderen Rechtsanwalt eingeschaltet hat.[348] Dieser Grundsatz läßt sich auf alle

344 BGH, NJW 1993, 1779, 1780.
345 BGH, NJW 1984, 431, 432.
346 *Zugehör*, NJW 1995, Beil. Heft 21, S. 17.
347 BGH, NJW-RR 1990, 459.
348 BGH, NJW-RR 1990, 459, 460; vgl. auch BGH, NJW 1984, 2204; 1985, 1151, 1152; 1987, 326, 327; OLG Hamm, NJW 1981, 2130 (Ls.).

nachwirkenden Vertragspflichten des Rechtsanwalts gegenüber seinem früheren Mandanten übertragen.

c) Nachvertragliche Pflichten bei Fortgeltung einer Vollmacht

Besondere nachvertragliche Pflichten eines Rechtsanwalts können sich auch dar- 201
aus ergeben, daß eine erloschene **(Prozeß-) Vollmacht** im Außenverhältnis zum Teil **als fortbestehend fingiert** wird. So erlischt eine materiell-rechtliche Vollmacht zwar grundsätzlich mit der Beendigung des zugrunde liegenden Rechtsverhälnisses (§ 168 Satz 1 BGB). Die Vollmacht wirkt allerdings gegenüber gutgläubigen Dritten gemäß §§ 169–173 BGB fort, wenn die Erteilung diesen bekannt gemacht, das Erlöschen jedoch nicht mitgeteilt worden ist. Nach § 87 Abs. 1 ZPO erlangt die Kündigung der Prozeßvollmacht erst rechtliche Wirksamkeit, sobald das Erlöschen der Vollmacht dem Prozeßgegner bzw. dem Prozeßgericht angezeigt wird.[349] In Rechtsstreitigkeiten, für die Anwaltszwang besteht (vgl. § 78 ZPO), erlangt die Kündigung sogar erst dann rechtliche Wirksamkeit, wenn dem Gegner und dem Gericht neben dem Ausscheiden des vormaligen Prozeßbevollmächtigten die Bestellung eines neuen Prozeßbevollmächtigten angezeigt worden ist. Zustellungen haben nach § 176 ZPO bis zur Bekanntgabe des Wechsels an den bisherigen Prozeßbevollmächtigten zu erfolgen.[350]

Gemäß § 87 Abs. 2 ZPO ist der Prozeßbevollmächtigte auch nach seiner **Kündigung** berechtigt, für den früheren Mandanten so lange zu handeln, bis dieser für die Wahrnehmung seiner Rechte in anderer Weise gesorgt hat. Dies mag bei materiellrechtlichen nachwirkenden Vertragspflichten angezeigt sein. Allerdings ist der Rechtsanwalt nach Beendigung des Mandats und damit auch der Prozeßvollmacht nicht verpflichtet, für den ehemaligen Mandanten tätig zu werden.[351] Nur wenn der Rechtsanwalt von dieser Berechtigung Gebrauch macht, treffen ihn die gleichen Pflichten wie bei fortbestehender Prozeßvollmacht.[352]

Nach Beendigung des Mandats bleibt der Prozeßbevollmächtigte verpflichtet, 202
seine frühere Partei über eine an ihn erfolgte Zustellung unverzüglich zu unterrichten.[353] Der Rechtsanwalt muß den früheren Mandanten in dem erforderlichen Um-

349 Zu § 87 ZPO vgl. neben den ZPO-Kommentaren: *Schmellenkamp*, AnwBl 1985, 14 ff.

350 BGHZ 47, 135, 138.

351 BGHZ 43, 135, 137; *Schmellenkamp*, AnwBl 1985, 14, 16.

352 OLG Bremen, NJW-RR 1986, 358, 359. Die Entscheidung ist allerdings insoweit zweifelhaft, als das Gericht bereits in der Entgegennahme einer Zustellung nach §§ 87 Abs. 1, 176 ZPO ein solches Tätigwerden erblickt.

353 BGH, NJW 1980, 999; VersR 1988, 835, 836 – jeweils zu §§ 233, 85 Abs. 2 ZPO. Vgl. auch *Borgmann/Haug*, § 15 Rn. 111–114; *Vollkommer*, Rn. 83–86.

fang belehren, insbesondere auf die Rechtsfolgen eines drohenden Fristablaufs hinweisen. Ein Verschulden des Rechtsanwalts ist dem ehemaligen Mandanten dann allerdings nicht mehr nach § 85 Abs. 2 ZPO zuzurechnen. Hierzu kommt es ausschließlich darauf an, ob der Rechtsanwalt noch beauftragt ist, nicht jedoch darauf, ob dessen Vertretungsmacht noch gemäß § 87 Abs. 1 ZPO fortbesteht.[354]

3. Zusammenfassung

203 Aus der **Rechtsprechung zu den nachvertraglichen Pflichten** läßt sich die Empfehlung ableiten, daß ein Rechtsanwalt bei Beendigung des Mandats, insbesondere nach einer Kündigung des Anwaltsvertrages durch einen Beteiligten, sorgfältig prüfen muß, über welche Risiken der ehemalige Auftraggeber noch aufzuklären ist und welche Handlungen noch vorzunehmen sind, um drohende Rechtsnachteile abzuwenden. I. d. R. sollte dem ehemaligen Auftraggeber geraten werden, für die Sicherung seiner Rechte – notfalls unverzüglich – einen anderen Rechtsanwalt zu beauftragen. Im Einzelfall kann es sogar geboten sein, daß der frühere Rechtsanwalt selbst noch die erforderlichen Maßnahmen einleitet.

E. Beteiligung mehrerer Rechtsanwälte

204 In der Beratungspraxis, vor allem aber in der Prozeßpraxis kommt es regelmäßig vor, daß mehrere Rechtsanwälte an der Bearbeitung eines Auftrags beteiligt sind.[355] Systematisch ist zu unterscheiden, ob der Rechtsuchende **mit mehreren Rechtsanwälten einen Anwaltsvertrag geschlossen** hat oder ob der **beauftragte Rechtsanwalt im Innenverhältnis** – mit oder ohne Kenntnis und Zustimmung des Mandanten – einen **anderen Rechtsanwalt einbezogen** hat. Diese Zusammenarbeit der Rechtsanwälte kann **im Einzelfall** erfolgen oder auf einer **dauerhaften vertraglichen Grundlage** beruhen. Haftungsrechtlich stellt sich dann die Frage, welche Sorgfaltspflichten die beteiligten Rechtsanwälte gegenüber dem Auftraggeber zu beachten haben und unter welchen Voraussetzungen eine Pflichtverletzung des einen Rechtsanwalts dem anderen Rechtsanwalt zuzurechnen ist. Weiter-

354 BGHZ 7, 280, 286 f.; 47, 135, 138; 47, 320, 322; BGH, NJW 1980, 999; VersR 1983, 540; 1985, 1185, 1186.

355 Allgemein zur Beteiligung mehrerer Rechtsanwälte: *Borgmann/Haug*, §§ 36, 37; *Hartstang*, S. 77 ff. und 590 ff.; *Hellwig*, AnwBl 1996, 124 ff.; *Jungk*, AnwBl 1997, 620 f.; *Rinsche*, Rn. I 160–207; *Seltmann*, VersR 1974, 97 ff.; *Sieg*, Internationale Anwaltshaftung, S. 145 ff.; *ders.*, NJW 1996, 2209 ff.; *ders.*, IWB 1996, 937 ff.; *ders.*, ZAP (1998), Fach 23, S. 341 ff.; *Vollkommer*, Rn. 313–330.

hin kommt es darauf an, ob mehrere an der Mandatsbearbeitung beteiligte Rechtsanwälte als Gesamtschuldner haften und wie ein Regreß im Innenverhältnis geregelt ist. Haften die beteiligten Rechtsanwälte nicht als Gesamtschuldner, kann die Pflichtverletzung eines Rechtsanwalts gegenüber dem Auftraggeber einem anderen an der Mandatsdurchführung beteiligten Rechtsanwalt unter den Voraussetzungen der §§ 254, 278 BGB zuzurechnen sein.

I. Prozeß- und Verkehrsanwalt

1. Begriffsbestimmung

Die Aufgabenteilung zwischen einem Prozeß- und einem Verkehrsanwalt ergibt 205
sich daraus, daß ein Rechtsanwalt seinen Auftraggeber in Zivilsachen grundsätzlich nur vor demjenigen Gericht vertreten kann, bei dem er zugelassen ist (vgl. § 78 ZPO). Diese rechtliche Beschränkung entspricht nicht der Erfahrungstatsache, daß ein Rechtsuchender i. d. R. einen Rechtsanwalt beauftragt bzw. mit einem Rechtsanwalt seines Vertrauens zusammenarbeitet, der in seiner Nähe niedergelassen ist. Wenn nun ein Rechtsstreit vor einem auswärtigen Gericht geführt werden muß, legt der Rechtsuchende regelmäßig Wert darauf, weiterhin von seinem lokalen Rechtsanwalt beraten zu werden, auch wenn dieser nicht vor dem Prozeßgericht postulationsfähig ist. Dann muß ein weiterer Rechtsanwalt als Prozeßbevollmächtigter beauftragt werden. Dasselbe gilt, wenn der Auftraggeber auch in der Berufungsinstanz nicht auf die Mittlerrolle seines am Berufungsgericht nicht zugelassenen erstinstanzlichen Prozeßbevollmächtigten verzichten möchte. Ein Sonderfall ist die Beauftragung eines ausländischen Prozeßbevollmächtigten, wenn der Mandant Partei eines Rechtsstreits im Ausland ist.[356] Derjenige Rechtsanwalt, der den Verkehr mit dem gemeinsamen Auftraggeber führt, wird allgemein als **Verkehrs- oder Korrespondenzanwalt**, der Prozeßbevollmächtigte als **Prozeßanwalt** bezeichnet.[357]

Das Verhältnis zwischen Verkehrsanwalt und Prozeßbevollmächtigtem sowie die 206
Beziehungen der Rechtsanwälte zum gemeinsamen Auftraggeber sind – abgesehen vom Gebührenrecht – gesetzlich nicht geregelt. Wenn ein **Verkehrsanwaltsvertrag** zustande gekommen ist, erhält der Rechtsanwalt, der lediglich für die Par-

356 Zur Beauftragung eines ausländischen Prozeßbevollmächtigten sowie dem hierzu maßgebenden Präzedenzfall, OLG Bamberg, MDR 1989, 542; s.a. Rn. 315.

357 Allgemein zu Prozeß- und Verkehrsanwalt: *Borgmann/Haug*, § 37 Rn. 36–37; *Hartstang*, S. 77–84 und 595–601; *A. Lang*, WM 1988, Beil. 9, S. 4 f.; *Mayer*, AnwBl 1992, 170 ff.; *Meik/Faecks*, AnwBl 1989, 83 ff.; *Rinsche*, Rn. I 168–185; *Seltmann*, VersR 1974, 97, 99–104; *Vollkommer*, Rn. 319–323.

tei den Verkehr mit dem Prozeßbevollmächtigten führt, gemäß **§ 52 Abs. 1 BRAGO** eine Gebühr in Höhe der dem Prozeßbevollmächtigten zustehenden Prozeßgebühr. Vielfach vereinbaren Verkehrs- und Prozeßanwalt im Innenverhältnis eine **Gebührenteilung**. Dieses Vorgehen wird nunmehr durch § 49 b Abs. 3 BRAO und § 22 BORA anerkannt. Nach § 49 b Abs. 3 Satz 2 BRAO ist es berufsrechtlich zulässig, eine über den Rahmen des § 52 BRAGO hinausgehende Tätigkeit eines anderen Rechtsanwalts angemessen zu honorieren. Die **Erstattungsfähigkeit** der Kosten des Verkehrsanwalts richtet sich nach § 91 ZPO.[358]

207 Die Gestaltung der Zusammenarbeit zwischen dem Mandanten und den beauftragten Rechtsanwälten hängt von ihren **Absprachen** ab. Es gibt **keine zwingend vorgeschriebene Aufgabenverteilung**. Der **Verkehrsanwalt** vermittelt typischerweise die Korrespondenz zwischen dem Prozeßbevollmächtigtem und dem gemeinsamem Mandanten.[359] Vielfach wird zusätzlich vereinbart, daß der Verkehrsanwalt den Auftraggeber weiterhin zu beraten, den rechtserheblichen Sachverhalt aufzuklären und auch die Schriftsätze auszuarbeiten hat, die der Prozeßbevollmächtigte dann mit seinem Briefbogen bzw. Stempel zu versehen, zu unterzeichnen und bei Gericht einzureichen hat. Auf Wunsch des Auftraggebers kann der Verkehrsanwalt auch als Beistand des Prozeßbevollmächtigten an Gerichtsterminen teilnehmen.

2. Verkehrsanwaltsvertrag

208 Ein **Verkehrsanwaltsvertrag**, der eine Gebühr gemäß § 52 Abs. 1 BRAGO auslöst, kann nicht nur **ausdrücklich**, sondern auch **durch schlüssiges Verhalten** der Vertragsparteien zustande kommen. An einen konkludenten Abschluß eines Verkehrsanwaltsvertrages sind im Interesse der Rechtssicherheit erhöhte Anforderungen zu stellen (dazu Rn. 11–19). Ein Verkehrsanwaltsvertrag kommt nicht bereits konkludent zustande, wenn der erstinstanzliche Prozeßbevollmächtigte mit dem Auftraggeber die Entscheidung sowie die Aussichten des Rechtsmittels bespricht, den Rechtsanwalt für das Berufungsverfahren bestellt und an diesen die Handakten weiterleitet. Alle diese Tätigkeiten sind noch mit dem Honorar für das Tätigwerden des Rechtsanwalts in der vorangegangenen Instanz abgegolten. Nur wenn die Umstände die Annahme eines entsprechenden Vertragsangebots eindeutig und klar erkennen lassen, kann vom schlüssigen Abschluß eines Verkehrsanwalts-

358 Einzelheiten etwa bei Zöller/*Herget*, ZPO, § 91 Rn. 13 „Verkehrsanwalt“; *Schmeel*, MDR 1995, 24 ff. Zur Erstattung der Kosten für einen Verkehrsanwalt ausländischer Parteien: *Mankowski*, in: Reithmann/Martiny, Rn. 1505–1521 m. w. N.

359 Zu den Aufgaben der beteiligten Rechtsanwälte: OLG Frankfurt/M., MDR 1980, 51.

vertrages ausgegangen werden. Die Voraussetzungen für einen Verkehrsanwaltsvertrag können als erfüllt anzusehen sein, wenn die Partei die ständige schriftliche und mündliche Information des Prozeßbevollmächtigten durch einen anderen, am Prozeßgericht nicht zugelassenen Rechtsanwalt hinnimmt und auch die eigenen Erklärungen zur Sache während des Verfahrens in erster Linie über diesen Rechtsanwalt leitet. Bestehen nach den Umständen des konkreten Falls, namentlich wegen des Verhaltens einer Partei, **Zweifel**, ob der andere die möglichen Folgen seines Handelns übersieht, das an sich den Schluß auf ein Vertragsangebot zuläßt, gehen diese zu Lasten dessen, der sich auf das Zustandekommen des Verkehrsanwaltsvertrages beruft.[360]

Wenn der für die erste Instanz beauftragte Rechtsanwalt eine **rechtlich unerfahrene Partei** nicht darauf hinweist, daß die beabsichtigte Fortsetzung der Korrespondenz mit den beauftragten Berufungsanwälten zu vergüten ist, kann er sich in der Regel nicht darauf berufen, er habe die Hinnahme seiner Tätigkeit durch den Mandanten als Annahme seiner Offerte zum Abschluß eines Verkehrsanwaltsvertrages verstehen dürfen.[361] 209

3. Eigenständige Pflichtenkreise von Prozeß- und Verkehrsanwalt

Prozeß- und Verkehrsanwalt stehen mit dem gemeinsamen Auftraggeber in **selbständigen Vertragsverhältnissen** mit **eigenständigen** Aufgabenbereichen.[362] Prozeß- und Verkehrsanwalt sind miteinander nicht in vertraglichen Beziehungen verbunden. Die Pflichtenkreise des Prozeßbevollmächtigten und des Verkehrsanwalts sind daher strikt voneinander zu trennen. 210

Der eine ist weder **Unterbevollmächtigter**[363] noch **Erfüllungsgehilfe** des anderen i. S. d. § 278 BGB[364]. 211

4. Haftung des Prozeßbevollmächtigten

Die **Pflicht zu ordnungsgemäßem prozessualem Handeln** gegenüber dem Prozeßgericht obliegt dem **Prozeßbevollmächtigten**,[365] nicht dem Verkehrsanwalt. 212

360 BGH, NJW 1991, 2084, 2085 f.; vgl. auch OLG Koblenz, NJW-RR 1993, 695, 696.
361 OLG Koblenz, NJW-RR 1993, 695, 696.
362 BGH, NJW 1988, 1079, 1082; BGH, NJW-RR 1990, 1241, 1245; OLG München, NJW-RR 1991, 1460, 1462; OLG Düsseldorf, NJWE-VHR 1997, 252, 253.
363 BGH, NJW 1988, 3013, 3014; zum Haupt- und Unterbevollmächtigten: Rn. 228–256.
364 BGH, NJW 1988, 1079, 1082; NJW-RR 1990, 1241, 1245.
365 Die Prozeßvollmacht ermächtigt gemäß § 81 ZPO zu allen den Rechtsstreit betreffenden Prozeßhandlungen, etwa zu Anerkenntnis, Verzicht, Klagerücknahme, Erledigungserklärung oder Vergleich.

Selbst wenn der Verkehrsanwalt einen Schriftsatz ausgearbeitet hat, ist die Verantwortlichkeit des Prozeßbevollmächtigten für den **Inhalt des Schriftsatzes** nicht beschränkt.[366] Deshalb besteht besondere Haftungsgefahr, wenn der Prozeßbevollmächtigte einen vom Verkehrsanwalt entworfenen Schriftsatz ohne weitere Prüfung unterzeichnet und bei Gericht unter seinem Namen einreicht (nur „stempelt"), es sei denn, der Prozeßbevollmächtigte lehnt eine Verantwortung für den Inhalt eines Schriftsatzes unmißverständlich ab.[367] Da eine solche Erklärung als **Haftungsbeschränkung** zu bewerten ist, muß sie inhaltlich den Anforderungen des **§ 51 a Abs. 1 BRAO** genügen.[368] Eine Haftungsbeschränkung betrifft das **Innenverhältnis** zwischen Rechtsanwalt und Mandant. Wenn der Prozeßbevollmächtigte eine solche Erklärung auch im **Außenverhältnis**, d. h. gegenüber dem Prozeßgericht oder der gegnerischen Partei abgibt, gilt der Schriftsatz als nicht ordnungsgemäß unterschrieben.[369]

213 Der **Prozeßbevollmächtigte** hat nach deutschem Zivilprozeßrecht (§ 81 ZPO) eine selbständige, eigenverantwortliche Stellung, die sich zugleich auf das vertragliche Innenverhältnis zu seinem Mandanten auswirkt. Mehrere Prozeßbevollmächtigte sind berechtigt, sowohl gemeinschaftlich als auch einzeln die Partei zu vertreten. Eine abweichende Bestimmung der **Vollmacht** hat gegenüber dem Prozeßgegner keine rechtliche Wirkung (§ 84 ZPO). Gemäß § 85 Abs. 1 ZPO sind die vom Prozeßbevollmächtigten vorgenommenen Prozeßhandlungen für die Partei in gleicher Art verpflichtend, als wenn sie von der Partei selbst vorgenommen worden wären. Andererseits steht ein Verschulden des Prozeßbevollmächtigten dem Verschulden der von ihm vertreteten Partei gleich (§ 85 Abs. 2 ZPO). Der Prozeßbevollmächtigte, nicht der Verkehrsanwalt, verantwortet die **Prozeßtaktik**. Allenfalls der beim Prozeßgericht zugelassene Rechtsanwalt kann die Vorzüge und die Nachteile einer bestimmten Art der Prozeßführung aufgrund seiner Kenntnis der örtlichen und persönlichen Eigenarten des angerufenen Gerichts hinreichend zuverlässig abschätzen. Hält der Prozeßbevollmächtigte die vom Verkehrsanwalt vorgeschlagene Taktik für unzweckmäßig, riskant oder gar nachteilig, muß er seine **Bedenken** gegenüber diesem Anwalt kundtun. Erst wenn der Verkehrsanwalt auf eine solche „Gegenvorstellung" die **Weisung des Mandanten** übermittelt, es solle bei der von ihm vorgeschlagenen Prozeßtaktik bleiben, verletzt der Prozeßbevollmächtigte im allgemeinen nicht seine Vertrags-

366 BGH, NJW 1988, 1079, 1082; 1988, 3013, 3014; NJW-RR 1990, 1241, 1243.
367 OLG Düsseldorf, AnwBl 1993, 637; NJWE-VHR 1998, 234, 235; vgl. auch zum Unterschriftserfordernis gemäß §§ 519, 130 Nr. 6 ZPO: BGH, NJW 1989, 394, 395; NJW 1989, 3022 sowie allgemein: *Rinsche*, Rn. I 174.
368 Allgemein zu vertraglichen Haftungsbeschränkungen auf einen Höchstbetrag: Rn. 428–466.
369 BGH, NJW 1989, 394, 395; 1989, 3022.

pflichten, indem er die Weisung befolgt.[370] Ist die **vom Verkehrsanwalt formulierte Klage unschlüssig oder unsubstantiiert**, so ist der Prozeßbevollmächtigte verpflichtet, auf einen ergänzenden substantiierten Klagevortrag zu drängen.[371] Ohne Hinzutreten besonderer Umstände besteht für den Prozeßbevollmächtigten keine Veranlassung, die **Sachverhaltsdarstellung** in einem Schriftsatz des Verkehrsanwalts in Zweifel zu ziehen und bei dem Auftraggeber nachzufragen; die Ermittlung des rechtlich relevanten Sachverhalts ist die alleinige Aufgabe des die Schriftsätze entwerfenden Verkehrsanwalts.[372]

Die Grenzen der **Sorgfaltspflichten des Prozeßbevollmächtigten** ergeben sich aus dem ihm erteilten **Mandat**. Wenn zunächst nur eine **Teilklage** erhoben worden ist, verbleibt die Verjährungskontrolle bezüglich der nicht eingeklagten Restforderung bei dem Auftraggeber bzw. dem von diesem beauftragten Verkehrsanwalt. Dann ist der Prozeßbevollmächtigte nicht verpflichtet, Rechtsansichten des Verkehrsanwalts zu überprüfen und gegebenenfalls – ohne Gebührenanspruch, jedoch mit Haftungsrisiko – einen korrigierenden Rechtsrat zu erteilen.[373] 214

Die **Vollziehung einer einstweiligen Verfügung** durch Zustellung im Parteibetrieb gehört ebenfalls zu den Aufgaben, die der Prozeßbevollmächtigte aufgrund des Anwaltsvertrages zu erfüllen hat.[374] 215

Nach Abschluß einer Instanz hat der Prozeßbevollmächtigte in eigener Verantwortung geeignete und verläßliche Maßnahmen zu treffen, die eine zuverlässige Unterrichtung über den **Lauf der Rechtsmittelfrist** gewährleisten. Dazu gehört vor allem, das für den Beginn des Laufs der Rechtsmittelfrist maßgebende **Zustellungsdatum** festzustellen.[375] Bei **Rechtsmittelaufträgen** erschöpft sich die Sorgfaltspflicht des beauftragenden Rechtsanwalts nicht im rechtzeitigen Absenden des Auftragsschreibens; der Rechtsanwalt, der einen solchen Auftrag erteilt, muß auch dafür Sorge tragen, daß der beauftragte Rechtsanwalt den Auftrag innerhalb der laufenden Rechtsmittelfrist **bestätigt**. Der beauftragte Rechtsanwalt muß seinerseits den rechtzeitigen Eingang dieser Bestätigung überwachen.[376] Bleibt die Mandatsbestätigung des zweitinstanzlichen Rechtsanwalts aus, ist der erstinstanzliche Prozeßbevollmächtigte verpflichtet, rechtzeitig vor Ablauf der Berufungsfrist Rücksprache zu halten. Anders liegt der Fall, wenn zwischen dem erstinstanz- 216

370 BGH, NJW-RR 1990, 1241, 1243 f.; vgl. auch OLG Düsseldorf, AnwBl 1993, 637.
371 BGH, NJW-RR 1990, 1241, 1243 f.; vgl. auch OLG Brandenburg, AnwBl 1995, 262, 263.
372 OLG Düsseldorf, NJWE-VHR 1997, 58.
373 OLG Düsseldorf, VersR 1989, 850, 851.
374 OLG Düsseldorf, NJWE-VHR 1997, 252, 253.
375 BGH, VersR 1991, 896 – zu § 233 ZPO.
376 BGH, NJW 1988, 3020 f.; VersR 1990, 801; NJW 1997, 3245 – alle Entscheidungen zu § 233 ZPO.

lichen Prozeßbevollmächtigten und dem Rechtsmittelanwalt im Einzelfall oder allgemein eine Absprache besteht, daß dieser Rechtsmittelaufträge annehmen, prüfen und ausführen wird. Bei ordnungsgemäßer Büroorganisation kann sich der erstinstanzliche Prozeßbevollmächtigte dann grundsätzlich darauf verlassen, daß der erteilte Auftrag den Rechtsmittelanwalt rechtzeitig erreicht.[377]

5. Haftung des Verkehrsanwalts

217 Der **Verkehrsanwalt** ist verpflichtet, den **Prozeßbevollmächtigten sorgfältig auszuwählen**, wenn der Auftraggeber ihm dessen Beauftragung überläßt. Entscheidend sind die Umstände des Falls, insbesondere die tatsächliche und rechtliche Schwierigkeit sowie die wirtschaftliche Bedeutung der Angelegenheit für den Auftraggeber. Im Normalfall kann sich der Verkehrsanwalt wegen der fachlichen Eignung des Prozeßbevollmächtigten auf dessen Selbsteinschätzung und auf die Angaben in einem Anwaltsverzeichnis verlassen. Nur wenn das zu übertragende Mandat ausnahmsweise Erfahrung und Fachkenntnisse in einem **Spezialgebiet, Sprachkenntnisse, jederzeitige Erreichbarkeit, sachkundige Vertreter oder Mitarbeiter des sachbearbeitenden Anwalts** erfordert, muß der Verkehrsanwalt sich vor der Beauftragung vergewissern, ob der Prozeßbevollmächtigte persönlich und fachlich geeignet ist sowie über die erforderliche Büroorganisation verfügt. Hierzu kann der Verkehrsanwalt i. d. R. auf Empfehlungen verläßlicher und unabhängiger Dritter und auf Referenzmandate des Prozeßbevollmächtigten vertrauen. Von besonderer Bedeutung ist in jedem Fall, daß der Verkehrsanwalt rechtzeitig mit dem in Aussicht genommenen Prozeßbevollmächtigten Rücksprache nimmt und sicherstellt, daß in dessen Person kein **Interessenkonflikt** vorliegt. Die vorbeschriebenen Pflichten sind **dem Verkehrsanwaltsvertrag im Wege der Auslegung zu entnehmen**. Eine analoge Anwendung des § 664 Abs. 1 Satz 2 BGB ist wegen des auf Anwaltsverträge anzuwendenden § 675 BGB ausgeschlossen.[378]

218 Die dargelegte Pflicht des Prozeßanwalts, in eigener Verantwortung geeignete und verläßliche Maßnahmen zu treffen, die eine zuverlässige Information über den **Lauf der Rechtsmittelfrist** gewährleisten (dazu Rn. 216), trifft auch den Verkehrsanwalt, der es übernommen hat, den Berufungsanwalt zu beauftragen.[379] Der Verkehrsanwalt ist deshalb in eigener Verantwortung verpflichtet, die Man-

377 BGH, NJW 1988, 3020 f.; 1997, 3245 – beide zu § 233 ZPO.

378 Zu den Gründen, die gegen eine direkte oder analoge Anwendung des § 664 Abs. 1 Satz 2 BGB auf Anwaltsverträge sprechen: Rn. 319.

379 BGH, VersR 1990, 801; 1991, 896 – beide zu § 233 ZPO.

datsübernahme durch den auswärtigen Rechtsanwalt sowie die fristgemäße Einlegung und Begründung des Rechtsmittels zu überwachen.[380]

Nach Übernahme des Mandats durch den Prozeßbevollmächtigten ist der Verkehrsanwalt **grundsätzlich nicht verpflichtet, den Prozeßbevollmächtigten bei seiner Tätigkeit zu überwachen**. Nur wenn sich dem Verkehrsanwalt aufgrund besonderer Umstände aufdrängen muß, daß der Prozeßbevollmächtigte ihm obliegende Pflichten nicht erfüllt, muß der Verkehrsanwalt im Rahmen seiner dem Mandanten gegenüber bestehenden Beratungspflicht diesen darauf hinweisen und auf Abhilfe dringen. Der Entwurf eines Schriftsatzes oder die Überwachung von Fristen durch den Verkehrsanwalt erweitert grundsätzlich nicht dessen Verantwortungsbereich gegenüber dem Prozeßgericht.[381] Dies ändert allerdings nichts daran, daß der Verkehrsanwalt seinem Auftraggeber für den Inhalt der von ihm entworfenen Schriftsätze verantwortlich ist.[382] Wenn er den Prozeßbevollmächtigten zu einer mündlichen **Verhandlung vor dem Prozeßgericht** begleitet, ist er verpflichtet zu verhindern, daß der Prozeßbevollmächtigte Maßnahmen ergreift, die den gemeinsamen Auftraggeber schädigen können, etwa wenn der Prozeßbevollmächtigte ohne sachlichen Grund die Klage zurücknimmt.[383] 219

Daneben ist die **Ermittlung des rechtlich relevanten Sachverhalts** grundsätzlich die ausschließliche Aufgabe des Verkehrsanwalts, insbesondere dann, wenn er die Schriftsätze zu entwerfen hat.[384] Der Verkehrsanwalt hat die Informationen des Mandanten aufzunehmen, zu verarbeiten und fehlerfrei an den Prozeßbevollmächtigten weiterzuleiten. Der Verkehrsanwalt hat den Auftraggeber **über den Fortgang des Rechtsstreits zu unterrichten**. Seine Aufgabe erschöpft sich nicht in der Weiterleitung von Schriftstücken. Er hat den Auftraggeber auch über die rechtliche Bedeutung eines Beweisbeschlusses zu **belehren** und auf gerichtliche Auflagen **hinzuweisen**, an deren Erfüllung der Auftraggeber mitwirken muß. Dies gilt insbesondere für die Auflage, einen für die Beweiserhebung notwendigen Kostenvorschuß zu zahlen. Zu diesem Zweck muß der Verkehrsanwalt den Inhalt eines Beweisbeschlusses mit der für einen Rechtsanwalt erforderlichen Sorgfalt prüfen und das Ergebnis dem Mandanten mitteilen. Stellt er Fehler oder Unklarheiten fest, aus denen für den Auftraggeber Rechtsnachteile erwachsen können, darf er es nicht dabei bewenden lassen, sondern muß den Prozeßbevollmächtigten ver- 220

380 BGH, NJW 1997, 3245 – zu § 233 ZPO.
381 BGH, NJW 1988, 1079, 1082; 1988, 3013, 3014; 1992, 836, 837. Vgl. auch BGH, VersR 1990, 801 – zu § 233 ZPO.
382 Vgl. auch *Rinsche*, Rn. I 174.
383 OLG Köln, NJW-RR 1995, 1401, 1402.
384 OLG Düsseldorf, NJWE-VHR 1997, 58; 1998, 234, 235.

anlassen, bei dem Prozeßgericht auf Berichtigung oder Klarstellung zu dringen.[385] Der Verkehrsanwalt handelt vertragswidrig, wenn er den vom Auftraggeber ausgehändigten Gerichtskostenvorschuß nicht an das Gericht weiterleitet.[386]

221 Der Verkehrsanwalt ist ferner verpflichtet, Fristen (mit) zu überwachen, wenn er eine solche **Fristenkontrolle** übernommen hat.[387] Hatte der Verkehrsanwalt aufgrund interner Absprache anstelle des Prozeßbevollmächtigten die Berufungsbegründung zu entwerfen und damit auch deren fristgerechte Einreichung sicherzustellen, ist der Verkehrsanwalt verpflichtet zu überwachen, daß diese Berufungsbegründung fristgerecht bei Gericht eingeht.[388] Wenn der Verkehrsanwalt umfassend für den Auftraggeber im Rahmen eines **einstweiligen Verfügungsverfahrens** tätig ist, d. h. den gesamten Streitstoff aufzubereiten, die Schriftsätze anzufertigen, die zur Glaubhaftmachung notwendigen eidesstattlichen Versicherungen zu beschaffen und an der mündlichen Verhandlung vor dem auswärtigen Gericht teilzunehmen hat, gehört es auch zu seiner Aufgabe, für den Vollzug der erwirkten einstweiligen Verfügung zu sorgen, zumindest also die rechtzeitige Vollziehung zu überwachen.[389]

6. Gesamtschuldnerische Haftung

222 Da der **Prozeß- und der Verkehrsanwalt** selbständig für Fehler in ihrem jeweiligen vertraglichen Verantwortungsbereich einzustehen haben, haften sie dem gemeinsamen Auftraggeber **grundsätzlich nicht** als **Gesamtschuldner**.

223 Eine gesamtschuldnerische Haftung des Prozeßbevollmächtigten und des Verkehrsanwalts kommt **ausnahmsweise** in Betracht, wenn beide Rechtsanwälte unabhängig voneinander eine – jeweils eigene, im Rahmen ihrer selbständigen Verträge mit dem Mandanten bestehende – Pflicht verletzen und deshalb beide für den entstandenen Schaden in gleicher Weise verantwortlich sind. Voraussetzung ist, daß es sich dabei um ein und dieselbe Pflicht handelt (sog. **Pflichtenüberschneidung**).[390] Dann liegt eine Zweckgemeinschaft der beteiligten Rechtsanwälte vor, die zu einer gesamtschuldnerischen Haftung i. S. d. § 421 BGB führt.[391] Hierzu

385 BGH, NJW 1988, 3013, 3014; vgl. auch OLG Köln, VersR 1994, 1300, 1301 zur Überprüfung einer „Abtretungserklärung".

386 BGH, NJW 1988, 1079, 1082.

387 OLG Düsseldorf, VersR 1989, 850, 851.

388 BGH, VersR 1990, 801, 802 – zu § 233 ZPO.

389 OLG Düsseldorf, NJWE-VHR 1997, 252, 253 f.

390 BGH, NJW 1993, 1779, 1781; NJW 1997, 2168, 2170; OLG Köln, VersR 1994, 1300, 1301; NJW-RR 1995, 1401, 1402; OLG Düsseldorf, NJWE-VHR 1997, 252, 253.

391 *Rinsche*, Rn. I 179–181; *Vollkommer*, Rn. 320.

sind vorrangig die den beteiligten Rechtsanwälten obliegenden Pflichten anhand der vertraglich übernommenen Aufgaben im Einzelfall festzustellen. Eine gesamtschuldnerische Haftung von Prozeß- und Verkehrsanwalt wurde **angenommen**, wenn beide Rechtsanwälte

- gerichtliche Auflagen nicht beachtet bzw. es unterlassen haben, den Inhalt dieser Auflagen richtig zu stellen[392];
- es versäumt haben, eine Rechtsmittelfrist zu wahren[393];
- eine sachlich nicht gebotene prozessuale Erklärung in einer gemeinsam wahrgenommenen mündlichen Verhandlung abgegeben, z.B. eine Klage zurückgenommen haben[394];
- es versäumt haben, verjährungsunterbrechende Maßnahmen einzuleiten[395] oder
- eine einstweilige Verfügung nicht durch Zustellung im Parteiverkehr vollzogen haben[396].

Wenn Prozeß- und Verkehrsanwalt als Gesamtschuldner für den Schaden des Auf- 224
traggebers verantwortlich sind, erfolgt der **Haftungsausgleich im Innenverhältnis** gemäß **§ 426 BGB**. Nach § 426 Abs. 1 Satz 1 BGB sind Gesamtschuldner im Verhältnis zueinander zu gleichen Anteilen verpflichtet, soweit nicht ein anderes bestimmt ist. Diese als Grundregel vorgesehene Haftung zu gleichen Teilen ist nur anzuwenden, wenn jeder andere Verteilungsmaßstab fehlt. Praktisch ist sie also die Ausnahme und nur eine bloße Hilfsregel. Jedoch ist der Gesamtschuldner, der eine von der Grundregel abweichende Verteilung verlangt, für die Tatsachen beweispflichtig, welche die Abweichung rechtfertigen sollen.[397] Für die Bemessung des Gesamtschuldnerausgleichs im Innenverhältnis ist der **Gedanke des § 254 BGB** heranzuziehen.[398] Danach kommt es vor allem auf eine Bewertung des **Maßes der Verursachung und des Verschuldens** im Einzelfall an.[399] Dabei kann die Abwägung zu einer Schadensteilung, aber auch zur alleinigen Belastung eines Ersatzpflichtigen führen. Beschränkt sich die Mithaftung eines Gesamtschuldners darauf, daß er den anderen Gesamtschuldner nicht ausreichend beaufsichtigt hat, ist er i. d. R. nicht ausgleichspflichtig. Hat ein Gesamtschuldner gegenüber dem anderen eine besondere Vertragspflicht verletzt, ist dies bei der Abwägung zu sei-

392 BGH, NJW 1988, 3013, 3014.
393 BGH, VersR 1991, 896; NJW 1997, 3245–beide zu § 233 ZPO.
394 OLG Köln, NJW-RR 1995, 1401, 1402.
395 OLG Köln, VersR 1994, 1300, 1301.
396 OLG Düsseldorf, NJWE-VHR 1997, 252, 253 f.
397 OLG Düsseldorf, NJWE-VHR 1997, 252, 254.
398 BGHZ 47, 227, 235.
399 OLG Düsseldorf, NJWE-VHR 1997, 252, 254; OLG Celle, BRAK-Mitt. 1998, 70 (Ls.) m. Anm. *Borgmann*; OLG Celle, DNotZ 1984, 246, 248 f. – zu § 46 Satz 2 BNotO.

nen Lasten zu berücksichtigen. Der zwischen Prozeß- und Verkehrsanwalt vereinbarten Aufteilung des Honorars kommt für den Ausgleichsmaßstab nur eine untergeordnete Bedeutung zu.[400]

7. Fehler eines Rechtsanwalts als Mitverschulden des gemeinsamen Auftraggebers

225 Verlangt der Mandant von einem der gesamtschuldnerisch haftenden Rechtsanwälte Schadensersatz, kann sich der betroffene Rechtsanwalt **grundsätzlich nicht** darauf berufen, der Mandant müsse sich einen Fehler des anderen Rechtsanwalts bei dem haftungbegründenden Vorgang gemäß **§§ 254 Abs. 1, 278 BGB** zurechnen lassen (vgl. Rn. 1149 ff.).[401] Auch im Rahmen des § 254 Abs. 1 BGB ist dem Geschädigten ein Verschulden eines Erfüllungsgehilfen, dessen er sich zur Wahrnehmung seiner Interessen im Rahmen eines Vertragsverhältnisses bedient, in entsprechender Anwendung des § 278 BGB zuzurechnen.[402] Wie bereits zuvor ausgeführt, wird in der Regel keiner dieser Rechtsanwälte in seinem selbständigen vertraglichen Pflichtenkreis als Erfüllungsgehilfe des anderen tätig. **Ausnahmsweise** hat sich der geschädigte Mandant auf einen Regreßanspruch einen schuldhaften Schadensbeitrag eines anderen Rechtsanwalts als Mitverschulden nach §§ 254 Abs. 1, 278 BGB anrechnen zu lassen, wenn er sich dieses Rechtsanwalts **zur Erfüllung eines Gebots des eigenen Interesses bedient** hat und das Verhalten dieser Hilfsperson in einem unmittelbaren Zusammenhang mit dem ihr anvertrauten Pflichtenkreis steht. Daher hat der Mandant gegenüber dem Prozeßanwalt zum Beispiel eine vorwerfbare und schadensursächliche **Falschangabe des Verkehrsanwalts als Mitverschulden** zu vertreten, wenn der Verkehrsanwalt im Einvernehmen mit dem Mandanten den Prozeßanwalt über den Sachverhalt zu unterrichten hat.[403]

226 Unabhängig davon ist die Frage zu beurteilen, ob der Verkehrs- oder der Prozeßanwalt Erfüllungsgehilfe des gemeinsamen Mandanten bei einer **Obliegenheit zur Schadensminderung** ist (vgl. Rn. 1149 ff.).[404] Eine Zurechnung nach **§§ 254 Abs. 2 Satz 2, 278 BGB** ist etwa vorzunehmen, wenn der in Anspruch genommene Verkehrsanwalt einen schuldhaften Schadensbeitrag des **Prozeßanwalts** geltend macht und dieser bestellt wurde, um einen **erkannten oder für mög-**

400 OLG Düsseldorf, NJWE-VHR 1997, 252, 254, im konkreten Fall Annahme einer Haftungsquote von jeweils 50%.

401 BGH, NJW-RR 1990, 1241, 1245.

402 BGHZ 3, 46, 49 f.; 36, 329, 338 f.; NJW 1994, 1211, 1212; 2994, 2822, 2824; 1997, 2168, 2170.

403 BGH, NJW 1997, 2168, 2170; vgl. auch OLG München, NJW-RR 1991, 1460, 1462.

404 BGH, NJW-RR 1990, 1241, 1245; OLG München, NJW-RR 1991, 1460, 1462.

lich gehaltenen Fehler des Verkehrsanwalts zu beheben. Dies hat der BGH wiederholt für den Fall entschieden, daß der Auftraggeber mehrere Rechtsanwälte nacheinander eingeschaltet hat (dazu Rn. 300–306).

8. Zusammenfassung

Im Ergebnis stellt die Rechtsprechung weitreichende Sorgfaltspflichten sowohl an 227
den Prozeß- als auch an den Verkehrsanwalt. Die Gerichte tragen dem **Zusammenwirken beider Rechtsanwälte im Interesse des gemeinsamen Mandanten** Rechnung. Prozeß- und Verkehrsanwalt werden gerade nicht nebeneinander, sondern miteinander tätig. Die vielen hierzu ergangenen Entscheidungen verdeutlichen vor allem die Gefahr, daß der eine Rechtsanwalt sich kritiklos auf den anderen verläßt und die eigenen Vorkehrungen zur Abwehr von Schäden des Auftraggebers vernachlässigt. Die Einschaltung mehrerer Rechtsanwälte darf nicht zum Nachteil des gemeinsamen Auftraggebers gehen. Vielmehr sind diese gehalten, zusammenzuarbeiten und ihre jeweiligen Aufgaben sorgfältig zu erfüllen.

II. Haupt- und unterbevollmächtigter Rechtsanwalt

Ein anderes Zusammenwirken mehrerer Rechtsanwälte im Einzelfall ergibt sich 228
bei **Unterbevollmächtigung.**[405]

1. Grundlagen

Bei Prozeßmandaten kann es vorkommen, daß der Prozeßbevollmächtigte einen 229
Gerichtstermin nicht persönlich wahrnehmen kann. Regelmäßig erteilt der beauftragte Rechtsanwalt dann einem am Gerichtsort niedergelassenen Rechtsanwalt **Untervollmacht**, um den Gerichtstermin wahrzunehmen. Der Hauptbevollmächtigte bleibt der für den Rechtsstreit bestellte Prozeßbevollmächtigte, während der Unterbevollmächtigte sich nicht als weiterer Prozeßbevollmächtigter bestellt, sondern auf die Wahrnehmung eines einzelnen Gerichtstermins beschränkt. Alle übrigen Prozeßhandlungen nimmt weiter der Prozeßbevollmächtigte vor. Die Prozeßvollmacht ermächtigt nach **§ 81 ZPO** zu allen den Rechtsstreit betreffenden Prozeßhandlungen. Beispielhaft ist im Gesetz die „Bestellung eines Vertreters“ aufgeführt, d. h. die Beauftragung eines Unterbevoll-

405 Allgemein zum Haupt- und Unterbevollmächtigten: *Borgmann/Haug*, § 37 Rn. 34, 35; *Hartstang*, S. 84–89 und 601–603; *Rinsche*, Rn. I 186–194; *Seltmann*, JZ 1974, 97, 98 f.; *Vollkommer*, Rn. 317, 318.

mächtigten[406]. Im Anwaltsprozeß (**§ 83 Abs. 1 ZPO**) ist die Prozeßvollmacht im Außenverhältnis grundsätzlich nicht beschränkbar. Eine Beschränkung z. B. auf einzelne Anträge ist unzulässig.[407] Folglich kann der Auftraggeber im Anwaltsprozeß das Recht zur Unterbevollmächtigung eines anderen Rechtsanwalts nicht mit Außenwirkung beschränken. Nur wenn eine Vertretung durch Rechtsanwälte nicht geboten ist, kann eine Vollmacht gemäß **§ 83 Abs. 2 ZPO** für einzelne Prozeßhandlungen erteilt werden.

230 **Gebührenrechtlich** sind die **§§ 53, 54, 56 BRAGO** zu beachten. Der Gebührenanspruch des Unterbevollmächtigten besteht bei wirksamer Unterbevollmächtigung (vgl. Rn. 240–245) gegenüber dem Auftraggeber. Falls die Voraussetzungen für die Einschaltung eines Unterbevollmächtigten fehlen, richtet sich dessen Gebührenanspruch gegen den Rechtsanwalt, der ihn beauftragt hat.[408]

231 Gerichtliche Entscheidungen zu den haftungsrechtlichen Folgen des Zusammenwirkens eines Haupt- mit einem Unterbevollmächtigten sind nicht veröffentlicht. Die Stellungnahmen im Schrifttum weichen in Einzelfragen erheblich voneinander ab.

2. Unterbevollmächtigung beim sog. Kartellsystem

232 Thematisiert wurde die Zulässigkeit der Unterbevollmächtigung vor allem im Zusammenhang mit dem von Rechtsanwälten an einigen Gerichten praktizierten sog. **Kartellsystem**. Dabei handelt es sich um eine langjährige Übung örtlicher Anwaltsvereine vor allem im Oberlandesgerichtsbezirk Düsseldorf. Die Mitglieder des Anwaltsvereins, die an demselben Landgericht zugelassen sind, erteilen sich gegenseitig Untervollmacht. In einer von dem Anwaltsverein beschlossenen **Sitzungsdienstordnung** sind die Aufgaben und Pflichten der beteiligten Rechtsanwälte sowie der Umfang der Untervollmacht niedergelegt. Diese Sitzungsdienstordnung betrifft nur das Verhältnis zwischen den Mitgliedern des Vereins. Das Gericht oder Dritte bindet sie nicht. Der Verein bestellt für jede Sitzung der Amts- und Landgerichte, in der bürgerlichrechtliche Streitigkeiten verhandelt werden, ein anwaltliches Mitglied, das als Unterbevollmächtigter derjenigen Kollegen auftritt, die diesen Verhandlungstermin nicht persönlich wahrnehmen können (sog. **Kartellanwalt**). Dann muß der vom Auftraggeber eingeschaltete Hauptbevollmächtigte die Handakte mit einer klaren schriftlichen, auf einem Formular des Vereins eingetragenen Weisung rechtzeitig im Sitzungssaal niederlegen. Wenn der

406 BGH, NJW 1980, 999.
407 BGHZ 92, 137, 142 f.
408 *Hartmann*, Kostengesetze, § 53 BRAGO Rn. 3.

Hauptbevollmächtigte die Maßgaben der Sitzungsdienstordnung mißachtet, ist der Unterbevollmächtigte nicht verpflichtet aufzutreten.

Die **rechtliche Bewertung des Kartellsystems** durch einzelne Senate des OLG Düsseldorf weicht zum Teil erheblich voneinander ab. Eine einheitliche Linie, an der sich die Praxis ausrichten kann, ist wünschenswert, gegenwärtig jedoch nicht erkennbar. 233

Im Urteil vom 28. 6. 1971[409] hat das OLG Düsseldorf das Kartellsystem grundsätzlich gebilligt. Dessen Einrichtung sei im Interesse der Rechtsanwälte und des Gerichts geschaffen worden und dürfe den Parteien daher keine vermeidbaren Nachteile bringen. 234

In einem späteren Urteil hat ein anderer Senat des OLG Düsseldorf grundlegende Kritik an dem Kartellsystem geübt.[410] Eine wirksame Untervollmacht des Kartellanwalts setze eine Erklärung des Prozeßbevollmächtigten voraus. Diese Erklärung könne darin liegen, daß der Vertretene dem Vertreter mündlich oder schriftlich Weisung erteile, für ihn aufzutreten, und ihm Gelegenheit gebe, sich mit dem Prozeßstoff zu befassen. Dem Kartellanwalt müsse eine auf den Fall bezogene Weisung erteilt worden sein. Er müsse i. d. R. ferner die Möglichkeit haben, sich mittels der Handakten des Prozeßbevollmächtigten ein eigenes Bild von dem Streitstoff zu machen und dabei insbesondere zu prüfen, ob er nicht wegen besonderer Umstände gehindert ist, die Vertretung wahrzunehmen. Eine von zahlreichen Rechtsanwälten gegenseitig erteilte allgemeine Vollmacht, einander in Terminen aller künftigen Rechtsstreitigkeiten zu vertreten, lasse sich nicht mit den Erfordernissen einer ordnungsgemäßen Rechtspflege in Einklang bringen und sei deshalb unwirksam. 235

In dieselbe Richtung weist ein anderes Urteil des OLG Düsseldorf.[411] Eine Büroorganisation, die es ermögliche, daß das Büropersonal ohne Zwischenschalten des Rechtsanwalts eine Akte „ins Kartell" gebe, sei grob mangelhaft. Es sei nachlässig und mit den Pflichten eines Rechtsanwalts nicht zu vereinbaren, daß ein Rechtsanwalt (hier der Kartellanwalt) eine Sache streitig verhandele, ohne sie zu kennen. Es sei nicht einzusehen, daß das Auftreten eines uninformierten Rechtsanwalts im Interesse des Gerichts liegen könne. Jedenfalls nach dem Inkrafttreten des Gesetzes zur Vereinfachung und Beschleunigung gerichtlicher Verfahren vom 3. 12. 1976[412] sei die Auffassung, ein Anwaltskartell führe zu einer ordnungsgemäßen 236

409 OLG Düsseldorf, NJW 1971, 1707.
410 OLG Düsseldorf, NJW 1976, 1324.
411 OLG Düsseldorf, NJW 1982, 1888, 1889.
412 BGBl I, S. 3281.

Prozeßführung, nicht mehr haltbar. Die mündliche Verhandlung, die nach dem Willen des Gesetzgebers Kern des Zivilprozesses sein solle, verkäme zur Farce, wenn es hingenommen würde, daß die Prozeßbevollmächtigten der Parteien den Streitstoff nicht kennen und deshalb zu einer Erörterung in rechtlicher und tatsächlicher Hinsicht nicht in der Lage seien.

237 Den vorläufigen Schlußpunkt der Urteile des OLG Düsseldorf zum Anwaltskartell bildet ein Urteil vom 9. 1. 1989.[413] Danach ist ein Gericht nicht seiner Hinweispflicht enthoben, wenn eine Partei von einem sog. Kartellanwalt vertreten wird.

238 Im Schrifttum wird das Kartellsystem vereinzelt als nicht ordnungsgemäße Prozeßführung bewertet.[414] Die Kritik am Kartellsystem ist in dieser Allgemeinheit nicht gerechtfertigt, zumal wenn eine Auseinandersetzung mit den Stellungnahmen in der obergerichtlichen Rechtsprechung, die dem Kartellsystem wohlwollend gegenüberstehen,[415] unterbleibt. Es wird nicht genügend beachtet, daß das Kartellsystem sich über lange Zeit bewährt hat. Nach den Erfahrungen des Verfassers beteiligen sich die betroffenen Amts- und Landgerichte mittelbar an dieser Praxis, ja unterstützen sie sogar. So werden Durchlauftermine angesetzt, bei denen im Rahmen eines frühen ersten Termins gemäß § 275 ZPO zum Teil bis zu 20 Sachen auf dieselbe Uhrzeit terminiert werden, für deren Behandlung dann insgesamt 30 bis 60 Minuten zur Verfügung stehen. In all diesen Fällen ist von vornherein eine mündliche Erörterung der Sache nicht vorgesehen und auch nicht beabsichtigt. Vielmehr werden nur die bereits schriftlich angekündigten Anträge der Parteien gestellt. Anschließend bestimmt das Gericht einen Termin zur Verkündung einer Entscheidung. Mögliche Hinweise des Gerichts zur Sache werden schriftlich gegeben. So dient das Kartellsystem einer ordnungsgemäßen Prozeßführung und entlastet die Gerichte, auf deren Überlastung an anderer Stelle aus berufenem Mund vielfach hingewiesen worden ist[416]. In anderen Fällen, die außerhalb der Durchlauftermine angesetzt werden, treten keine Kartellanwälte auf. Im Regelfall ist deshalb das Kartellsystem nicht zu beanstanden, wenn der Prozeßbevollmächtigte die Sache ordnungsgemäß, d. h. unter Beifügung der Handakten und mit einer klaren und vollständigen Weisung „ins Kartell gibt". Es liegt auf der Hand, daß das System im Einzelfall auch mißbraucht und von einer ordnungsgemäßen Prozeßführung dann nicht mehr gesprochen werden kann. Die Mißbrauchsfälle können

413 OLG Düsseldorf, NJW 1989, 1489.

414 *Rinsche*, Rn. I 192 unter Bezugnahme auf das zuvor dargestellte Urteil des OLG Düsseldorf vom 21. 4. 1982; ebenso, allerdings ohne Begründung, *Borgmann/Haug*, § 37 Rn. 35.

415 OLG Düsseldorf, NJW 1971, 1707; 1989, 1489.

416 *Gerhardt/Geiss*, ZRP 1997, 165, 166; vgl. auch FAZ v. 31. 1. 1998, S. 4 und vom 23. 1. 1999, S. 6.

durch haftungs- und berufsrechtliche Sanktionen gegen die betroffenen Rechtsanwälte zu einem sachgerechten Ergebnis geführt werden.

Zusammenfassend ist festzuhalten, daß sorgfältig zwischen den Voraussetzungen einer wirksamen Unterbevollmächtigung, der haftungsrechtlichen Behandlung sowie der berufsrechtlichen Bewertung des in einzelnen Gerichtsbezirken praktizierten Anwaltskartells unterschieden werden muß. Hierzu ist es zwingend geboten, den jeweiligen Einzelfall zu betrachten. Für eine pauschale Abwertung des Anwaltskartells gibt dieser komplexe Gegenstand nichts her. 239

3. Voraussetzungen wirksamer Unterbevollmächtigung

Die Voraussetzungen einer wirksamen **Unterbevollmächtigung** müssen anhand 240 der Umstände des jeweiligen Falls ermittelt werden. Die Vollmacht ist vom Anwaltsvertrag als Grundverhältnis zu unterscheiden. Dem Vertretungsverhältnis muß nicht notwendig ein Rechtsverhältnis mit dem Vollmachtgeber zugrundeliegen.[417] Zu denken ist etwa an einen Anwaltsvertrag zugunsten eines Dritten; auch der Dritte erteilt eine Vollmacht, damit die anwaltliche Hauptleistung zu seinen Gunsten zu einem Erfolg führen kann. Für eine wirksame Unterbevollmächtigung muß demjenigen Rechtsanwalt, dem eine Untervollmacht eingeräumt werden soll, ein **Auftrag** erteilt werden. Hierzu bedarf es einer entsprechenden Erklärung des Auftraggebers selbst oder seines Prozeßbevollmächtigten. Eine Prozeßvollmacht zum Zweck der Terminwahrnehmung setzt eine Erklärung des Vertretenen voraus; diese kann darin liegen, daß der Vertretene dem Vertreter mündlich oder schriftlich Weisung erteilt, für ihn aufzutreten.[418] Eine solche Weisung muß sich auf einen im Einzelfall konkretisierten Auftrag beziehen. Eine allgemeine Unterbevollmächtigung für eine Vielzahl, zum Zeitpunkt der Abgabe der Erklärung ungewisse Fälle ist nicht möglich. Daher bedarf es zu einer wirksamen Unterbevollmächtigung im Rahmen des vorbeschriebenen Kartellsystems einer konkreten, vollständigen und verständlichen **Weisung im Einzelfall**. Dieses Angebot zur Unterbevollmächtigung nimmt der Kartellanwalt konkludent an, wenn er für die Partei auftritt, deren Prozeßbevollmächtigter die Sache ins Kartell gegeben hat.

Es bestehen jedoch Bedenken, soweit für eine wirksame Unterbevollmächtigung 241 verlangt wird, dem Rechtsanwalt, der Untervollmacht erhalten soll, müsse Gelegenheit gegeben werden, sich mittels der Handakten des Prozeßbevollmächtigten der Partei ein eigenes Bild von dem Streitstoff zu machen und dabei insbesondere

417 BGH, NJW 1981, 1727, 1728.
418 OLG Düsseldorf, NJW 1976, 1324.

zu prüfen, ob er nicht wegen besonderer Umstände gehindert ist, die Vertretung wahrzunehmen.[419] Hierbei handelt es sich nicht um Voraussetzungen einer wirksamen Unterbevollmächtigung, sondern um Umstände, die das **Innenverhältnis** zwischen dem prozeß- bzw. unterbevollmächtigten Rechtsanwalt und dem Auftraggeber betreffen. Sie können deshalb allenfalls eine haftungs- oder berufsrechtliche Verantwortung der beteiligten Rechtsanwälte begründen. Eine im Innenverhältnis pflichtwidrige Unterbevollmächtigung darf jedoch nicht zu Lasten des Verfahrensgegners im **Außenverhältnis** gehen.

242 Eine wirksame Unterbevollmächtigung setzt des weiteren voraus, daß der die Unterbevollmächtigung vermittelnde Prozeßbevollmächtigte **im Rahmen seiner Vollmacht** handelt. Grundsätzlich ist dies der Fall, wenn der Mandant seinem Hauptvertreter Vollmacht zur Beauftragung des Untervertreters erteilt hatte. Dies gilt auch dann, wenn der Mandant dies nicht getan oder dem Hauptvertreter sogar untersagt hatte, der Hauptvertreter aber im Anwaltsprozeß von einer – nach außen hin nicht beschränkbaren – Prozeßvollmacht Gebrauch gemacht hatte (§§ 81, 83 Abs. 1 ZPO).

243 Für ein Handeln im Rahmen der Prozeßvollmacht kommt es nicht darauf an, daß die Unterbevollmächtigung sachlich gerechtfertigt ist. Die Gegenansicht[420] läßt sich weder zivilrechtlich (vgl. § 164 BGB) noch zivilverfahrensrechtlich (vgl. §§ 81, 83 ZPO) rechtfertigen. Soweit eine Beschränkung der Prozeßvollmacht möglich ist, ist der Prozeßbevollmächtigte nur dann gehindert, einem anderen Rechtsanwalt Untervollmacht zu erteilen, wenn der Auftraggeber ihn angewiesen hat, hiervon abzusehen und den Gerichtstermin persönlich wahrzunehmen. Dann muß der Prozeßbevollmächtigte sich entscheiden, ob er dieser Weisung folgt oder das Mandat niederlegt. **§ 83 Abs. 1 ZPO** legt fest, daß im Anwaltsprozeß eine Beschränkung der Vollmacht nach außen grundsätzlich nicht möglich ist. Nur im Parteiprozeß, in dem eine Vertretung durch Rechtsanwälte nicht geboten ist, kann eine Vollmacht gemäß **§ 83 Abs. 2 ZPO** für einzelne Prozeßhandlungen erteilt und somit auch eine Unterbevollmächtigung mit Außenwirkung ausgeschlossen werden. Die Reichweite der Prozeßvollmacht muß deshalb im Einzelfall festgestellt werden. Die Ansicht, bei einer weisungswidrigen Unterbevollmächtigung hafteten der Prozeß- und der Unterbevollmächtigte als Gesamtschuldner,[421] läßt sich mit den zuvor dargelegten Grundsätzen nicht in Einklang bringen.[422]

---

419 OLG Düsseldorf, NJW 1976, 1324.

420 *Borgmann/Haug*, § 37 Rn. 35; *Vollkommer*, Rn. 318.

421 *Rinsche*, Rn. I 189. Inkonsequent ist dessen Einschränkung in Rn. I 190. Danach kommt zwischen Unterbevollmächtigtem und Mandant kein Vertrag zustande, wenn der Hauptbevollmächtigte den Unterbevollmächtigten wahrheitsgemäß auf das fehlende Einverständnis des Mandanten (mit der Unterbevollmächtigung) hingewiesen hat.

422 *Vollkommer*, Rn. 318.

Eine wirksame Unterbevollmächtigung darf des weiteren **nicht gesetzlich ausgeschlossen** sein. § 81 ZPO sieht eine Unterbevollmächtigung für **zivilrechtliche Streitigkeiten** vor. Demgegenüber kann ein **Pflichtverteidiger** (vgl. § 142 StPO) nicht wirksam Untervollmacht erteilen. Wird eine Revisionsbegründungsschrift von einem Rechtsanwalt unterzeichnet, der von dem Pflichtverteidiger „unterbevollmächtigt" worden ist, führt dies zur Unzulässigkeit der Revision.[423] Auch **§ 52 Abs. 1 BRAO** schränkt die Zulässigkeit einer Unterbevollmächtigung ein. Soweit eine Vertretung durch Rechtsanwälte geboten ist, kann danach der zum Prozeßbevollmächtigten bestellte Rechtsanwalt die Vertretung nur auf einen Rechtsanwalt übertragen, der selbst in dem Verfahren zum Prozeßbevollmächtigten bestellt werden kann. Danach ist eine von einem Unterbevollmächtigten eingelegte Berufung nur wirksam, wenn sowohl der Haupt- als auch der Unterbevollmächtigte vor dem Berufungsgericht postulationsfähig sind.[424] 244

Der Unterbevollmächtigte muß sich schließlich als **selbständig verantwortlicher Bevollmächtigter** zu **erkennen geben**; er darf nicht nur als Überbringer einer fremden Erklärung auftreten. Erklärungen wirken nur dann unmittelbar für und gegen den Vertretenen, wenn der Vertreter sie im Namen des Vertretenen abgibt (§ 164 Abs. 1, 2 BGB). Ein Rechtsanwalt, der „für" einen anderen Rechtsanwalt auftritt, handelt erkennbar als Unterbevollmächtigter.[425] 245

4. Rechtsfolgen wirksamer Unterbevollmächtigung

Wenn die Voraussetzungen einer **Unterbevollmächtigung** vorliegen, kommt auch ein **Vertrag** zwischen dem **Mandanten** und dem Rechtsanwalt (**Unterbevollmächtigten**), der von dem anwaltlichen Hauptbevollmächtigten im Namen des Mandanten eingeschaltet worden ist, zustande. Der Hauptbevollmächtigte und der Unterbevollmächtigte haben in diesem Fall miteinander keinen Vertrag geschlossen.[426] 246

Der Unterbevollmächtigte, der namens des Auftraggebers eingeschaltet ist, handelt dann nicht als Vertreter oder in Erfüllung einer Verbindlichkeit des Hauptbevollmächtigten. Ein Verschuldenszurechnung nach **§ 278 BGB scheidet deshalb aus.**[427] 247

423 OLG Düsseldorf, NJW 1993, 2002.
424 OLG Karlsruhe, VersR 1988, 587.
425 BAG, NJW 1990, 2706 f.
426 *Borgmann/Haug*, § 37 Rn. 34; *Rinsche*, Rn. I 186; *Vollkommer*, Rn. 317.
427 *Rinsche*, Rn. I 188; *Vollkommer*, Rn. 317; mit anderer Begründung *Seltmann*, JZ 1974, 97, 98 f.

248 Im Schrifttum werden die Rechtsfolgen einer wirksamen Unterbevollmächtigung vielfach als Problem der erlaubten **Substitution** gemäß oder analog § 664 Abs. 1 Satz 2 BGB behandelt.[428] Wie an anderer Stelle ausführlich dargelegt wird, findet diese Vorschrift wegen des eindeutigen Wortlauts des § 675 BGB, der § 664 BGB von Geschäftsbesorgungsverträgen ausdrücklich ausnimmt, weder unmittelbare noch – mangels einer Regelungslücke – analoge Anwendung. Im übrigen besteht kein Anlaß, § 664 Abs. 1 Satz 2 BGB entsprechend anzuwenden. Zur Ermittlung der Sorgfaltspflichten des mit der Auswahl des Unterbevollmächtigten beauftragten Rechtsanwalts lassen sich durch Auslegung des Anwaltsvertrages mit dem Hauptbevollmächtigten sachgerechte Ergebnisse ohne dogmatische Systembrüche erzielen.[429]

249 Wie bei der Aufgabenteilung zwischen Verkehrs- und Prozeßanwalt sind auf Grund der Verträge mit dem Auftraggeber die **Sorgfaltspflichten** der beteiligten Rechtsanwälte zu ermitteln. Die für Verkehrs- und Prozeßanwalt aufgestellten Grundsätze (Rn. 210–221) gelten entsprechend.[430]

250 Zu den **Sorgfaltspflichten des Hauptbevollmächtigten** zählen in erster Linie die ordnungsgemäße Erstellung der **Schriftsätze** sowie die **Fristenkontrolle**. Wenn eine wirksame Unterbevollmächtigung vorliegt, ist der Hauptbevollmächtigte gegenüber dem Auftraggeber auch verpflichtet, den **Unterbevollmächtigten sorgfältig auszuwählen, zu unterrichten und zu überwachen**. Wird eine Sache ins Kartell gegeben, liegt eine sorgfältige Auswahl des Unterbevollmächtigten nur dann vor, wenn der Hauptvollmächtigte dem Unterbevollmächtigten die Handakten überläßt, diesen klar und eindeutig anweist und ihm ermöglicht zu prüfen, ob er verhindert ist, den Auftrag zu übernehmen.[431] Der Hauptbevollmächtigte hat durch eine entsprechende Büroorganisation sicherzustellen, daß das Büropersonal eine Akte nicht ohne seine Zwischenschaltung „ins Kartell gibt". Andernfalls handelt er grob fahrlässig.[432] Der Hauptbevollmächtigte handelt auch pflichtwidrig, wenn er einen Unterbevollmächtigten trotz entgegenstehender **Weisung des Auftraggebers** einschaltet. Der Prozeßbevollmächtigte ist aufgrund seiner Prozeßvollmacht nicht befugt, seine Vollmacht an einen anderen so weiterzugeben, daß dieser neben ihm die Vertretung für den Prozeß als Ganzes übernimmt.[433]

428 *Borgmann/Haug*, § 37 Rn. 35 unter Verweis auf § 37 Rn. 27 ff.; *Vollkommer*, Rn. 318.
429 Zu den Gründen, die gegen eine direkte oder analoge Anwendung des § 664 Abs. 1 Satz 2 BGB auf Anwaltsverträge und zur Haftung der beteiligten Rechtsanwälte sprechen: Rn. 319.
430 *Rinsche*, Rn. I 187; *Vollkommer*, Rn. 317.
431 Zu diesen Umständen als Voraussetzungen einer wirksamen Unterbevollmächtigung: OLG Düsseldorf, NJW 1975, 1324.
432 OLG Düsseldorf, NJW 1982, 1888, 1889.
433 BGH, NJW 1981, 1727, 1728.

Der **Unterbevollmächtigte** hat nur einen **eingeschränkten Pflichtenkreis**. Dieser ist im konkreten Einzelfall anhand der durch den Hauptbevollmächtigten übermittelten Weisung des Auftraggebers und des dem Unterbevollmächtigten eingeräumten Spielraums zu ermitteln. In jedem Fall zählt dazu die **ordnungs- und weisungsgemäße Wahrnehmung des Gerichtstermins**, für den die Untervollmacht erteilt worden ist. Es ist nachlässig und mit den Pflichten eines Rechtsanwalts nicht zu vereinbaren, wenn dieser eine Rechtssache streitig verhandelt, ohne sie überhaupt zu kennen.[434] Ob hierzu auch der Fall zu rechnen ist, daß ein Unterbevollmächtigter als Kartellanwalt in einem vom Gericht erkennbar als Durchlauftermin angesetzten frühen ersten Termin aufgrund einer eindeutigen Weisung des Hauptbevollmächtigten nur einen Sachantrag stellt, erscheint angesichts der vorangegangenen Bewertung des Kartellsystems (vgl. Rn. 232–239) als fraglich. Im Anschluß an den wahrgenommenen Termin hat der Unterbevollmächtigte unverzüglich den Hauptbevollmächtigten über den Verlauf vollständig zu **informieren** sowie überlassene Handakten zurückzureichen. 251

Die zur Aufgabenteilung von Prozeß- und Verkehrsanwalt entwickelten Grundsätze (vgl. Rn. 222–224) lassen sich auf eine mögliche **gesamtschuldnerische Haftung** von Haupt- und Unterbevollmächtigtem und einen etwaigen Ausgleich im Innenverhältnis übertragen[435]. Haupt- und Unterbevollmächtigter haften zum Beispiel dann als Gesamtschuldner, wenn sie sich unsachgemäß an einem Anwaltskartell beteiligen, indem der Hauptbevollmächtigte den Fall ohne die Handakten und/oder ohne ausreichende Weisung ins Kartell gibt und der Kartellanwalt die Unterbevollmächtigung gleichwohl annimmt und in der Sache auftritt.[436] 252

5. Rechtsfolgen eigenmächtiger Unterbevollmächtigung

Zwischen dem unterbevollmächtigten Rechtsanwalt und dem Auftraggeber kommt **kein Vertrag** zustande, wenn die Voraussetzungen für die Einschaltung eines Unterbevollmächtigten fehlen. Vertragsbeziehungen bestehen dann allerdings zwischen den beiden Rechtsanwälten. Gegenüber dem Auftraggeber ist dem beauftragtem Rechtsanwalt ein Verschulden des von diesem eingeschalteten Rechtsanwalts gemäß **§ 278 BGB** zuzurechnen. Die früher vertretene Gegenansicht, die aus §§ 1, 2 BRAO folgert, daß die Voraussetzungen des § 278 BGB nicht 253

434 OLG Düsseldorf, NJW 1982, 1888, 1889.

435 Zum Freistellungsanspruch des Unterbevollmächtigten gegen den Hauptbevollmächtigten: *Rinsche*, Rn. I 193.

436 Vgl. hierzu den Fall, der dem zuvor dargelegten Urteil des OLG Düsseldorf, NJW 1982, 1888, 1889, zugrunde lag.

vorliegen,[437] ist allzu formaljuristisch und trägt den Gegebenheiten der Praxis nicht Rechnung.

254 Zum Teil wird eine **gesamtschuldnerische Haftung** beider Rechtsanwälte gegenüber dem Mandanten angenommen.[438] Die Vertreter dieser Ansicht berücksichtigen nicht, daß jedenfalls in Parteiprozessen keine Unterbevollmächtigung zustande gekommen ist. Es wird nicht hinreichend auf die Voraussetzungen einer Unterbevollmächtigung eingegangen, sondern lediglich eine Rechtsfolgenbetrachtung angestellt. Dem Prozeßbevollmächtigten ist eine schuldhafte Pflichtverletzung des von ihm eingeschalteten Rechtsanwalts nach § 278 BGB zuzurechnen.[439] Diese Rechtsanwälte haften also nicht als Gesamtschuldner.

255 Eine Eigenhaftung des von einem anderen Rechtsanwalt eingeschalteten Rechtsanwalts, der nicht Unterbevollmächtigter des Auftraggebers ist, kommt unter den Voraussetzungen der **Sachwalterhaftung** in Betracht, wenn er gegenüber dem Auftraggeber besonderes persönliches Vertrauen in Anspruch genommen hat.[440]

6. Zusammenfassung

256 Für die haftungsrechtliche Bewertung von Sachverhalten, bei denen ein haupt- und ein unterbevollmächtigter Rechtsanwalt für den Mandanten tätig werden, muß unterschieden werden, ob die Voraussetzungen einer Unterbevollmächtigung im Namen des Mandanten vorliegen oder nicht. Abgrenzungsschwierigkeiten können sich ergeben, wenn der vom Prozeßbevollmächtigten eingeschaltete Anwalt als dessen allgemeiner Vertreter i. S. d. § 53 Abs. 1, Abs. 2 Satz 1 BRAO (dazu Rn. 267–280) oder als Sozius bzw. Partner[441] auftritt.

III. Angestellter Rechtsanwalt und freier Mitarbeiter

257 Mehrere Rechtsanwälte können auch in der Weise zusammenwirken, daß der beauftragte Rechtsanwalt im Innenverhältnis **angestellte Rechtsanwälte** oder **freie**

437 *Seltmann*, JZ 1974, 97, 98 f.

438 *Borgmann/Haug*, § 37 Rn. 35; *Rinsche*, Rn. I 190, die in diesen Fällen eine gesamtschuldnerische Haftung des haupt- und des unterbevollmächtigten Rechtsanwalts annehmen.

439 *Vollkommer*, Rn. 318.

440 Zur Sachwalterhaftung des angestellten Rechtsanwalts: BGH, NJW-RR 1990, 459, 460 f. sowie Rn. 263, 1529 ff., 1537 ff.

441 Zur Haftung von Rechtsanwälten, die in einer Sozietät oder in einer Partnerschaft zusammenarbeiten: Rn. 336–339 und Rn. 392–406.

Mitarbeiter in die Mandatsbearbeitung einbezieht.[442] Der angestellte Rechtsanwalt oder freie Mitarbeiter kann z. B. damit betraut werden, einen Schriftsatz vorzubereiten, eine gutachtliche Stellungnahme zu einzelnen Rechtsfragen abzugeben, eine Besprechung mit dem Auftraggeber durchzuführen oder einen Auftrag selbständig zu bearbeiten.

Ist ein Gerichtstermin wahrzunehmen, tritt ein angestellter Rechtsanwalt oder 258
freier Mitarbeiter i. d. R. als **Unterbevollmächtigter** (dazu Rn. 228–256) oder als **allgemeiner Vertreter** gemäß § 53 Abs. 1, Abs. 2 Satz 1 BRAO (dazu Rn. 267–280) des Prozeßbevollmächtigten auf. Besonderheiten gelten, wenn der angestellte Rechtsanwalt oder freie Mitarbeiter nach außen wie ein Mitglied einer Rechtsanwaltssozietät auftritt, etwa indem er auf dem Briefkopf oder Kanzleischild wie ein Sozietätsmitglied behandelt wird. Die rechtliche Einordnung eines solchen sog. **Scheinsozius** wird gesondert im Zusammenhang mit der Sozietät behandelt (vgl. Rn. 369–372).

1. Begriffsbestimmung

Die Zulässigkeit der Beschäftigung von angestellten Rechtsanwälten und freien
Mitarbeitern ist in **§ 26 BORA** anerkannt. Auch **§ 51 Abs. 1 Satz 2, Abs. 2** 259
BRAO unterstellt für die Berufshaftpflichtversicherung eines Rechtsanwalts mittelbar die Zulässigkeit einer Zusammenarbeit mit angestellten Rechtsanwälten bzw. freien Mitarbeitern.[443]

Angestellter Rechtsanwalt ist derjenige, der aufgrund eines privatrechtlichen
Vertrages verpflichtet ist, einem anderen Rechtsanwalt (Arbeitgeber) unter Einglie- 260
derung in dessen Betrieb weisungsabhängige Arbeit gegen Entgelt zu leisten. Im Unterschied dazu **ist für einen freien Mitarbeiter charakteristisch**, daß er sich seine (Arbeits- und Urlaubs-)Zeit frei einteilen kann und in der Bearbeitung einzelner Rechtssachen und der Wahrnehmung von Terminen frei ist. Für die **Abgrenzung** ist im Einzelfall auf den Grad der persönlichen Abhängigkeit abzustellen, in dem sich der zur Dienstleistung Verpflichtete befindet. Die persönliche Abhängigkeit eines Mitarbeiters kann darin bestehen, daß er Arbeitsanweisungen

442 Allgemein zur Haftung des angestellten Rechtsanwalts bzw. des freien Mitarbeiters: *Borgmann/Haug*, § 37 Rn. 38, 42; *Fuhrmann*, Die Rechtsstellung des angestellten Rechtsanwalts, S. 114 f.; *Hartstang*, S. 605–608; *Henssler*, JZ 1994, 178, 185; *Rinsche*, Rn. I 201, 203–205; *Sieg*, Internationale Anwaltshaftung, S. 149; *Vollkommer*, Rn. 328.

443 Zum Ausschluß eines Regresses des Berufshaftpflichtversicherers gegen den angestellten Rechtsanwalt des Versicherungsnehmers: OLG Hamburg, VersR 1985, 230.

hinsichtlich Zeit, Ort und Inhalt der geschuldeten Dienstleistungen beachten muß.[444]

2. Haftung des beauftragten Rechtsanwalts

261 Der Rechtsanwalt als Vertragspartner des Mandanten ist grundsätzlich verpflichtet, die ihm übertragenen Aufgaben selbst zu erfüllen. Dies folgt aus der Natur des Anwaltsvertrages. Für ein Verschulden eines angestellten Rechtsanwalts oder eines freien Mitarbeiters haftet der Rechtsanwalt gemäß **§ 278 BGB**.[445] Diese Vorschrift differenziert nicht danach, ob die Hilfskräfte mit Zustimmung des Mandanten hinzugezogen werden.[446] § 278 BGB ist auch anwendbar, wenn der Rechtsanwalt Aufgaben des Anwaltsvertrages auf einen **Rechtsreferendar**[447] oder einen **nicht-juristischen Mitarbeiter**[448] überträgt (dazu auch Rn. 837 ff.).

3. Haftung des angestellten Rechtsanwalts bzw. des freien Mitarbeiters

262 Zwischen dem angestellten Rechtsanwalt bzw. freien Mitarbeiter und dem Mandanten kommt **kein Vertragsverhältnis** zustande. Vertragsbeziehungen bestehen nur zu dem vom Auftraggeber eingeschalteten Rechtsanwalt.[449] Der Erfüllungsgehilfe eines Rechtsanwalts haftet im Außenverhältnis dem Mandanten i. d. R. nicht.[450]

263 **Ausnahmsweise** wird eine **eigene vertragliche Ersatzpflicht** des Erfüllungsgehilfen bejaht, wenn die positive Vertragsverletzung nicht in einer eigentlichen Leistungsstörung, sondern in einer Verletzung von Nebenpflichten besteht und der Erfüllungsgehilfe bei der Anbahnung und Abwicklung des Vertragsverhältnisses für sich Vertrauen in Anspruch genommen hat. In dem Fall, der dem Urteil des BGH vom 1. 2. 1990[451] zugrundelag, war der Schaden nicht durch die Verletzung einer

---

444 BAG, NJW 1984, 1985, 1986 f.; 1993, 2458, 2459; 1998, 3661 f.; LAG Berlin, NZA 1987, 488 f. Allgemein zum angestellten Rechtsanwalt und freien Mitarbeiter auch: *Feuerich/Braun*, BRAO, § 2 Rn. 23 ff.; *Fuhrmann*, Die Rechtsstellung des angestellten Rechtsanwalts, S. 101 ff.; *Hartung*, in: Henssler/Prütting, BRAO, § 59 a Rn. 94–98; *Kaiser/Bellstedt*, Rn. 30; *Kleine-Cosack*, BRAO, § 59 a Rn. 59 ff.; *Knief*, AnwBl 1985, 58 f.; *Sieg*, Internationale Anwaltshaftung, S. 48; *Wettlaufer*, AnwBl 1989, 194 ff.; vgl. auch § 7 Abs. 4 und § 2 Nr. 9 SGB IV zum Sozialversicherungsrecht.

445 BGH, NJW-RR 1990, 459, 460; NJW 1993, 1323, 1324; KG, MDR 1994, 100.

446 BGH, NJW-RR 1990, 459, 460; a. A. *Borgmann/Haug*, § 37 Rn. 38, wonach § 278 BGB bei einer Übertragung des Auftrags mit Zustimmung des Mandanten nicht anwendbar sei.

447 Zur Haftung für eine schuldhaft pflichtwidrige Verursachung eines Schadens durch einen Referendar: RG, JW 1914, 77, 78; BGH, NJW 1961, 601 f.

448 RG, JW 1921, 460 (Unterschlagungen des Bürovorstehers); *Borgmann/Haug*, § 38.

449 *Rinsche*, Rn. I 203.

450 BGH, NJW-RR 1990, 459, 460 f.

451 BGH, NJW-RR 1990, 459, 460 f.

nebenvertraglichen Schutzpflicht, sondern durch eine Schlechterfüllung der hauptsächlich geschuldeten Beratungspflicht entstanden. Der Gehilfe haftet als **„Sachwalter"** nur dann selbst, wenn er gleichsam in eigener Sache tätig wird. Der BGH hat dies auf diejenigen Fälle beschränkt, in denen der Erfüllungsgehilfe in besonderem Maße persönliches Vertrauen in Anspruch genommen hat oder dem Vertragsgegenstand besonders nahesteht, weil er wirtschaftlich selbst stark am Vertragsschluß interessiert ist und aus dem Geschäft eigenen Nutzen erstrebt. Eine eigene Haftung des Vertreters ist nur gerechtfertigt, wenn er über das normale Verhandlungsvertrauen hinausgegangen ist, das bei der Anbahnung von Geschäftsbeziehungen immer gegeben ist oder vorhanden sein sollte. Der Vertreter muß dem Verhandlungspartner eine zusätzliche, von ihm persönlich ausgehende Gewähr für den Bestand und die Erfüllung des in Aussicht genommenen Rechtsgeschäfts geboten haben, die für den Willensentschluß des anderen Teils bedeutsam war. Dies kann etwa bei einer außergewöhnlichen Sachkunde oder bei großer persönlicher Zuverlässigkeit des Vertreters der Fall sein. Allein der Hinweis auf diejenige Sachkunde, die für die übernommene Tätigkeit ohnehin erforderlich ist, erweckt kein besonderes Vertrauen in diesem Sinne (vgl. Rn. 1531 ff.).

Für die Haftung eines **angestellten Rechtsanwalts** gegenüber dem Auftraggeber 264 gilt nichts anderes. An den vorbeschriebenen Anforderungen für eine Eigenhaftung des angestellten Rechtsanwalts bzw. freien Mitarbeiters fehlt es insbesondere, wenn er am Abschluß des Anwaltsvertrages nicht beteiligt ist.[452]

Inwieweit die Rechtsprechung zur **Eigenhaftung des Vertreters wegen eigenen** 265 **wirtschaftlichen Interesses** am Vertragsschluß künftig aufrechterhalten wird, erscheint fraglich. So hat der für das Gesellschaftsrecht zuständige II. Zivilsenat des Bundesgerichtshofs dieses Kriterium für die Eigenhaftung des Vertreters (im entschiedenen Fall des GmbH-Geschäftsführers) weitgehend aufgegeben.[453] Der für die Anwaltshaftung zuständige IX. Zivilsenat hat auf Anfrage des II. Zivilsenats[454] mitgeteilt, daß er an seiner bisherigen Rechtsauffassung nicht festhalte.[455] Die Rechtsprechung zur Eigenhaftung des Vertreters wegen **Inanspruchnahme besonderen persönlichen Vertrauens** bleibt hiervon unberührt. Unberührt bleibt auch eine **deliktsrechtliche Haftung** des angestellten Rechtsanwalts bzw. freien Mitarbeiters.[456]

452 KG, MDR 1994, 100.
453 BGH, NJW 1994, 2220, 2221.
454 BGH, WM 1993, 1882 ff.
455 BGH, NJW 1994, 2220, 2221.
456 KG, MDR 1994, 100.

266 **Gegenüber dem vertretenen Rechtsanwalt** haftet der angestellte Rechtsanwalt nach den allgemeinen **arbeitsrechtlichen Regeln.**[457] Entsprechendes gilt auch für eine Haftung des freien Mitarbeiters gegenüber dem vertretenen Rechtsanwalt. Danach ist eine Haftung des angestellten Rechtsanwalts bzw. freien Mitarbeiters gegenüber dem vertretenen Rechtsanwalt ausgeschlossen, wenn dem Vertreter im Innenverhältnis ein **Freistellungsanspruch** zusteht.

IV. Allgemein und amtlich bestellter Vertreter

267 Einen Sonderfall des Zusammenwirkens des beauftragten Rechtsanwalts mit einem anderen Rechtsanwalt bildet die allgemeine bzw. amtliche Bestellung eines Vertreters nach **§ 53 BRAO.**[458]

1. Begriffsbestimmung

268 Gemäß **§ 53 Abs. 1 BRAO** ist ein Rechtsanwalt berufsrechtlich verpflichtet, für seine Vertretung zu sorgen, wenn er länger als eine Woche daran gehindert ist, seinen Beruf auszuüben oder wenn er sich länger als eine Woche von seiner Kanzlei entfernen will. Der **Rechtsanwalt kann den Vertreter selbst bestellen**, wenn die Vertretung die Dauer eines Monats nicht überschreitet und von einem bei demselben Gericht zugelassenen Rechtsanwalt übernommen wird (**§ 53 Abs. 2 Satz 1 BRAO**). Die Bestellung bedarf dann keiner besonderen Form.[459] Ist der Vertreter nicht an demselben Gericht wie der vertretene Rechtsanwalt zugelassen oder soll der Vertreter für länger als einen Monat bestellt werden, ist gemäß **§ 53 Abs. 2 Satz 2, Abs. 3 BRAO** ein Vertreter für alle Behinderungsfälle, die während eines Kalenderjahres eintreten, **von der Landesjustizverwaltung zu bestellen.**[460] Dem Vertreter stehen gemäß **§ 53 Abs. 7 BRAO** die anwaltlichen Befugnisse des Rechtsanwalts zu, den er vertritt.

269 Denkbar ist, daß ein Rechtsanwalt etwa wegen einer längeren Krankheit, wegen der Verhängung eines zeitlich beschränkten oder vorläufigen Berufsverbots (§ 70 StGB, § 132 a StPO) oder wegen eines längeren Auslandsaufenthalts an

457 Zur Haftung des angestellten Rechtsanwalts gegenüber dem Rechtsanwalt, der ihn angestellt hat: LAG München, NJW-RR 1988, 542 f. Vgl. auch *Schaub*, Handbuch des Arbeitsrechts, § 52.

458 Allgemein zu § 53 BRAO: Kommentierungen bei *Feuerich/Braun*; *Kleine-Cosack*; *Jessnitzer/Blumberg*; *Schaich*, in: Henssler/Prütting sowie *Hartstang*, S. 92–95, 603–605; *Holl*, in: Hartung/Holl, BORA, Anh. § 20 (§§ 53–55 BRAO) Rn. 1–86.

459 *Kleine-Cosack*, BRAO, § 53 Rn. 3.

460 Hierzu die von der Bundesrechtsanwaltskammer veröffentlichten Hinweise für die Tätigkeit des amtlich bestellten Vertreters, BRAK-Mitt. 1994, 22, 24.

der Berufsausübung gehindert ist. In der Praxis kommt die Bestellung eines amtlichen Vertreters vor allem bei Rechtsanwälten vor, die eine Singularzulassung an einem Oberlandesgericht haben und die sich gemäß § 53 Abs. 3 BRAO durch einen am Landgericht zugelassenen Rechtsanwalt – i. d. R. einen Sozius oder einen angestellten Rechtsanwalt – vertreten lassen, wenn sie selbst – auch nur kurzfristig – an der Berufsausübung gehindert sind. Die Rechtsprechung war vor allem mit Sachverhalten beschäftigt, bei denen um die Wirksamkeit der von einem Vertreter eingelegten Berufung gestritten wurde.[461] In anderen Fällen lag keine wirksame amtliche Bestellung vor. Gleichwohl war der vermeintliche Vertreter für den vertretenen Rechtsanwalt vor einem Gericht, an dem der Vertretene, nicht jedoch der Vertreter postulationsfähig war, aufgetreten bzw. hatte einen fristwahrenden Schriftsatz unterschrieben. Dann stellt sich die Frage, ob die jeweilige Prozeßhandlung wirksam war oder ob Wiedereinsetzung in den vorigen Stand gemäß **§ 233 ZPO** möglich ist. Wiedereinsetzung hängt davon ab, ob die Partei sich ein Verschulden des beauftragten Rechtsanwalts oder des – vermeintlichen – Vertreters gemäß **§ 85 Abs. 2 ZPO** zurechnen lassen muß.[462] Ist durch eine fehlerhafte Prozeßhandlung dem Auftraggeber ein Schaden entstanden, muß geprüft werden, ob sich die beteiligten Rechtsanwälte pflichtwidrig verhalten haben und dem Auftraggeber zum Schadensersatz verpflichtet sind.

2. Haftung der beteiligten Rechtsanwälte

Die **Haftung der beteiligten Rechtsanwälte** gegenüber dem Auftraggeber richtet 270
sich danach, wie der handelnde Rechtsanwalt nach außen auftritt und wie das Gericht bzw. der Gegner das Auftreten verstehen dürfen.[463] Abgrenzungsschwierigkeiten können sich ergeben, wenn der Vertreter einen Gerichtstermin als Unterbevollmächtigter wahrnimmt (dazu Rn. 228–256) oder wenn die beteiligten Rechtsanwälte ständig als Sozien bzw. Partner zusammenarbeiten oder sich zu einer anderen Kooperation verbunden haben[464]. Wenn der handelnde Rechtsanwalt **als amtlich bestellter Vertreter des beauftragten Rechtsanwalts auftritt,** haftet er grundsätzlich nach den gleichen Grundsätzen wie ein angestellter Rechts-

461 BGH, NJW 1975, 542; 1981, 1740; 1991, 1175; 1993, 1925; 1999, 365; OLG München, AnwBl 1985, 589; OLG Koblenz, VersR 1991, 1034; OLG München, MDR 1995, 318.

462 BGH, MDR 1982, 998; VersR 1987, 73; OLG München, AnwBl 1981, 443; MDR 1987, 590 – alle zum Irrtum über die Bestellung des Rechtsanwalts, der als Vertreter eine Berufungsbegründung unterzeichnet hatte; BGH, VersR 1982, 770 – keine Verhinderung des Vertretenen; OVG Hamburg, NJW 1993, 747 – zu § 53 Abs. 2 Satz 1 BRAO. Hierzu auch *R. Lang*, AnwBl 1981, 496.

463 Vgl. auch, BGH, NJW 1975, 542, 543.

464 Zur Haftung von Rechtsanwälten, die sich zu in einer Sozietät, Bürogemeinschaft, Partnerschaft, GmbH, EWIV oder einem Verbund zusammengeschlossen haben: Rn. 336–422.

anwalt oder freier Mitarbeiter (dazu Rn. 257–266).[465] Der Mandant steht dann nur mit dem von ihm beauftragten Rechtsanwalt in **vertraglichen Beziehungen**, nicht dagegen mit dessen Vertreter.[466]

3. Haftung des beauftragten Rechtsanwalts

271 Der beauftragte Rechtsanwalt haftet dem Auftraggeber für die Erfüllung seiner Pflichten aus dem **Anwaltsvertrag**. Wenn der beauftragte Rechtsanwalt die amtliche Bestellung eines Vertreters beantragt und zu diesem Zeitpunkt mit dem Auftraggeber bereits einen Vertrag geschlossen hatte, ist er aufgrund dieses Vertrages verpflichtet, darauf zu achten, daß die **Bestellung seines Vertreters wirksam** ist.[467] Aus dem Anwaltsvertrag ergeben sich weitere **Auswahl-, Unterrichtungs-, Überwachungs- und Kontrollpflichten** hinsichtlich des Tätigwerdens des Vertreters.

272 Ein Rechtsanwalt hat für ein schuldhaftes Versehen, das seinem amtlich bestellten Vertreter bei der Durchführung eines Rechtsstreits unterlaufen ist, nach **§ 278 BGB** einzustehen. § 664 Abs. 1 Satz 2 BGB findet keine Anwendung.[468] Zur Begründung hat das RG darauf abgestellt, daß sich eine Partei i. d. R. ihren Anwalt als den Mann ihres Vertrauens wähle, bei dem sie die Sache in guten Händen wisse. Selbstverständlich müsse sie es hinnehmen und werde auch regelmäßig damit rechnen, daß sich der Anwalt bei seiner zeitweiligen Verhinderung in der Berufsausübung nach der Rechtsanwaltsordnung vertreten lasse. Die Partei baue dann aber regelmäßig doch darauf, daß der von ihr gewählte Anwalt selbst die Verantwortung für eine ordnungsgemäße Behandlung der Rechtssache weiter trage. Es komme nicht darauf an, ob der Auftraggeber von der Vertretung Kenntnis habe. Allgemein betrachte sich ein zeitweise verhinderter Anwalt, dem ein Vertreter bestellt worden sei, für die ihm anvertrauten Rechtssachen selbst weiter als verantwortlich. Der Vertreter werde regelmäßig nicht im eigenen Namen tätig, sondern übe nur im Namen des Anwalts dessen Berufstätigkeit aus. Die auf den Anwalt ausgestellten Vollmachten blieben rechtswirksam, während für den bestellten Vertreter in aller Regel keine besonderen Vollmachten erteilt würden. Der Anwalt bleibe an sich befugt, trotz der Bestellung eines Vertreters Rechtshandlungen für die Partei vorzunehmen, möge die Standespflicht ihm darin auch Beschränkungen auferlegen.

465 *Rinsche*, Rn. I 202–206.

466 *Borgmann/Haug*, § 37 Rn. 39, 40; *Vollkommer*, Rn. 329, 330.

467 OLG München, MDR 1987, 590–zu §§ 233, 85 Abs. 2 ZPO; *Borgmann/Haug*, § 37 Rn. 40; *Vollkommer*, Rn. 330.

468 RGZ 163, 377. Vgl. auch OLG Frankfurt, NJW 1986, 3091.

Der Vertreter habe im Verhältnis zu dem vertretenen Anwalt gleichsam die **Stellung eines gesetzlichen Vertreters**. Wenn aber § 278 BGB ausdrücklich vorschreibe, daß der Schuldner ein Verschulden seines gesetzlichen Vertreters in gleichem Umfang wie eigenes Verschulden zu vertreten hat, so müsse auch die Haftung des vertretenen Anwalts bei Verschulden seines Vertreters ebenso gestaltet sein.[469]

4. Eigenhaftung des Vertreters

Der amtlich bestellte Vertreter ist grundsätzlich **gesetzlicher Vertreter des beauftragten Rechtanwalts**. Deshalb scheidet eine Eigenhaftung des Vertreters regelmäßig aus.[470] 273

Der amtlich bestellte Vertreter haftet nach allgemeinen Grundsätzen, wenn er einen eigenen Anwaltsvertrag mit dem Auftraggeber des Vertretenen abgeschlossen hat oder wenn er in den Vertrag zwischen dem Auftraggeber und dem vertretenen Rechtsanwalt eingetreten ist.[471] 274

In besonderen Ausnahmefällen kann eine **Eigenhaftung** des amtlich bestellten Vertreters gegenüber dem Mandanten nach den Grundsätzen der Sachwalterhaftung[472] in Betracht kommen. Nach einem Urteil des OLG Frankfurt[473] muß sich der amtlich bestellte Vertreter nach **Treu und Glauben** (§ 242 BGB) so behandeln lassen, als ob er eigene Anwaltspflichten gegenüber dem Auftraggeber des Vertretenen übernommen habe. Die Gesamtheit der Umstände hätten im entschiedenen Fall den Vertreter so nahe an die Stellung des vom Mandanten selbst beauftragten Rechtsanwalts herangerückt, daß es recht und billig erscheine, den Vertreter wie einen solchen Rechtsanwalt zu behandeln. Der Vertreter habe sich der Sache nach wie ein Abwickler einer Rechtsanwaltskanzlei verhalten, der nach § 55 Abs. 2 Satz 4 BRAO als von der Partei bevollmächtigt gilt.[474] Des weiteren habe allein der Vertreter Einfluß auf das Mandat des Auftraggebers gehabt. Schließlich habe der Vertreter ähnlich einem Sachwalter in besonderem Maße das persönliche Vertrauen des Auftraggebers in Anspruch genommen.[475] Ob und inwieweit diese Entscheidung des OLG Frankfurt verallgemeinert werden kann, muß angesichts der Betonung der Umstände des Einzelfalls bezweifelt werden.[476] 275

469 RGZ 163, 377. Zur Einordnung der Entscheidung: *Sieg*, Internationale Anwaltshaftung, S. 163.
470 OLG Köln, VersR 1997, 619.
471 OLG Köln, VersR 1997, 619.
472 Zur Eigenhaftung des angestellten Rechtsanwalts bzw. des freien Mitarbeiters: Rn. 262–266.
473 OLG Frankfurt, NJW 1986, 3091.
474 Zum Abwickler: Rn. 281–288.
475 Vgl. Rn. 1533.
476 Vgl. auch OLG Köln, VersR 1997, 619.

276 Der amtlich bestellte Vertreter ist – wie der Vertretene – dafür verantwortlich, daß die **Bestellung wirksam** ist.[477] Der Vertreter muß auch beachten, daß er die **Grenzen seines Vertretungsverhältnisses** nicht überschreitet. Nach **§ 53 Abs. 7 BRAO** stehen dem Vertreter nämlich nur die anwaltlichen Befugnisse des Rechtsanwalts zu, den er vertritt.

277 Der Vertreter ist ferner verpflichtet sicherzustellen, daß das **Vertretungsverhältnis nach außen zum Ausdruck kommt** und die von ihm vorgenommenen **Verfahrenshandlungen wirksam** sind. Allerdings sind die Anforderungen der Rechtsprechung hieran nicht allzu streng. Prozeßhandlungen des Vertreters sind auch ohne die Anzeige oder den Nachweis einer konkreten Verhinderung des Vertretenen wirksam.[478] Es ist zur Vermeidung von Mißverständnissen und unnötigen Rückfragen zweckmäßig, für die Wirksamkeit der Verfahrenshandlungen aber nicht erforderlich, daß der nicht postulationsfähige Rechtsanwalt als Vertreter sich in seinen Schriftsätzen für den vertretenen postulationsfähigen Rechtsanwalt ausdrücklich als „allgemeiner Vertreter“ oder als „amtlich bestellter Vertreter“ bezeichnet.[479] Es reicht aus, wenn sich dem Schriftsatz aus den Umständen entnehmen läßt, daß der Unterzeichner in Vertretung des beim Prozeßgericht zugelassenen Rechtsanwalts gehandelt hat. Ausreichend ist danach sogar, wenn der maßgebliche Schriftsatz den gemeinsamen Stempel des Vertreters und des Vertretenen trägt.[480] Hat der amtliche Vertreter eines beim Berufungsgericht zugelassenen Rechtsanwalts in der Berufungsschrift eindeutig zum Ausdruck gebracht, im Rechtsmittelverfahren nicht für sich selbst, sondern für den vertretenen Rechtsanwalt zu handeln, braucht er in den nachfolgenden Schriftsätzen hierauf nicht nochmals hinzuweisen.[481] Der nach § 53 BRAO bestellte Vertreter kann auch solche Prozeßhandlungen für den vertretenen Rechtsanwalt vornehmen, die diesem als Vertreter eines anderen Rechtsanwalts obliegen.[482] Unterzeichnet ein amtlich bestellter Vertreter eines Rechtsanwalts einen bestimmenden Schriftsatz mit seinem Namen und dem vorangestellten Zusatz „i. V.“, so ist die Unterschrift wirksam. Anders läge es, wenn der Vertreter mit „i. A.“ gezeichnet hätte.[483]

278 Bei einem Verstoß gegen diese Pflichten kommt allerdings – von den vorbeschriebenen Ausnahmen abgesehen – eine Eigenhaftung des Vertreters gegenüber dem

477 BGH, MDR 1982, 998; OLG München, MDR 1987, 590 – jeweils zu §§ 233, 85 Abs. 2 ZPO.
478 BGH, NJW 1975, 542; 1981, 1740, 1741.
479 BGH, NJW 1975, 542; 1999, 365.
480 BGH, NJW 1993, 1925.
481 BGH, NJW 1991, 1175.
482 BGH, NJW 1981, 1740, 1741; OLG München, AnwBl 1985, 589; differenzierend OLG München, MDR 1995, 318.
483 OLG Koblenz, VersR 1991, 1034.

Auftraggeber nicht in Betracht. Vielmehr hat der **Auftraggeber nur einen Schadensersatzanspruch gegen den von ihm beauftragten Rechtsanwalt**. Dieser muß für das Verschulden seines Vertreters nach **§ 278 BGB** einstehen.[484]

Der Vertretene hat dann möglicherweise einen **Ausgleichsanspruch gegen den Vertreter** im Innenverhältnis. Dieser Ausgleichsanspruch richtet sich nach den Grundsätzen der positiven Vertragsverletzung. Wenn der Vertretene den Vertreter bestellt hat, kann das Innenverhältnis ein Gesellschaftsvertrag (§ 705 BGB bzw. § 1 Abs. 4 PartGG), Arbeitsvertrag (§ 611 BGB), Geschäftsbesorgungsvertrag (§§ 675, 611 BGB) oder ein Auftrag (§ 662 BGB) sein. Wenn der Vertreter von der Justizverwaltung bestellt wird und kein Vertragsverhältnis zu dem Vertretenen besteht, richtet sich das Innenverhältnis nach **§ 53 Abs. 9, 10 BRAO**. Gemäß § 53 Abs. 9 BRAO wird der Vertreter in eigener Verantwortung, jedoch im Interesse, für Rechnung und auf Kosten des Vertretenen tätig. Die §§ 666, 667 und 670 BGB gelten entsprechend. Auch aufgrund dieses gesetzlichen Schuldverhältnisses ist der Vertreter gegenüber dem Vertretenen verpflichtet, den ihm obliegenden Pflichten ordnungsgemäß nachzukommen. 279

5. Gesamtschuldnerische Haftung

Der beauftragte Rechtsanwalt und dessen Vertreter können nach Maßgabe der vorstehenden Ausführungen im Außenverhältnis **ausnahmsweise** als **Gesamtschuldner** haften.[485] **Freistellungsansprüche** des Vertreters gegen den beauftragten Rechtsanwalt richten sich nach deren Vereinbarungen im Innenverhältnis. 280

V. Abwickler

In Zusammenhang mit den Vertretungsverhältnissen des § 53 BRAO steht die in **§ 55 BRAO** geregelte Bestellung eines Abwicklers.[486] 281

1. Begriffsbestimmung

Ein Abwickler kann **für die Kanzlei eines verstorbenen Rechtsanwalts** (§ 55 Abs. 1 BRAO) oder für einen **früheren Rechtsanwalt** bestellt werden, dessen Zu- 282

484 Zur Haftung des vertretenen Rechtsanwalts: Rn. 271–272.

485 Zur gesamtschuldnerischen Haftung mehrerer Rechtsanwälte auch: Rn. 222–224 sowie Rn. 299.

486 Vgl. hierzu die von der Bundesrechtsanwaltskammer veröffentlichten Hinweise für die Tätigkeit des Abwicklers, BRAK-Mitt. 1994, 22–24. Allgemein zu § 55 BRAO: Kommentierungen bei *Feuerich/Braun*; *Kleine-Cosack*; *Jessnitzer/Blumberg*; *Schaich*, in: Henssler/Prütting sowie *Holl*, in: Hartung/Holl, BORA, Anh. § 20 (§§ 53–55 BRAO) Rn. 90–143.

lassung zur Rechtsanwaltschaft erloschen, zurückgenommen oder widerrufen ist (§ 55 Abs. 5 BRAO). Die Tätigkeit eines Abwicklers betrifft keinen Fall des Zusammenwirkens mehrerer Rechtsanwälte. Vielmehr werden die Rechtsanwälte **nacheinander** tätig (dazu Rn. 289–306). Gerade im Fall des § 55 Abs. 5 BRAO lassen sich Überschneidungen jedoch nicht ausschließen. Der Abwickler ist i. d. R. längstens für ein Jahr zu bestellen (§ 55 Abs. 1 Satz 4 BRAO). Ihm obliegt es gemäß § 55 Abs. 2 BRAO, die schwebenden Angelegenheiten abzuwickeln. Er führt die laufenden Aufträge fort; innerhalb der ersten sechs Monate ist der Abwickler auch berechtigt, neue Aufträge anzunehmen (§ 55 Abs. 2 Satz 2 BRAO).[487] Ihm stehen die anwaltlichen Befugnisse zu, die der verstorbene bzw. frühere Rechtsanwalt hatte (§ 55 Abs. 2 Satz 3 BRAO). Der Abwickler **gilt für die schwebenden Angelegenheiten als von der Partei bevollmächtigt**, sofern diese nicht für die Wahrnehmung ihrer Rechte in anderer Weise gesorgt hat (§ 55 Abs. 2 Satz 3 BRAO). Einzelne Vorschriften des § 53 BRAO werden durch § 55 Abs. 3 BRAO für entsprechend anwendbar erklärt.

283 Der gemäß § 55 Abs. 5 BRAO bestellte Abwickler steht in einem **öffentlich-rechtlichen Verhältnis**. Es verpflichtet ihn **gegenüber der Landesjustizverwaltung** zur ordnungsgemäßen und zweckentsprechenden Abwicklung der Kanzlei des früheren Rechtsanwalts. Aus der öffentlich-rechtlich begründeten Dienstverpflichtung kann nicht gefolgert werden, daß der Abwickler nicht berechtigt ist, zivilrechtliche Forderungen zu begründen oder Verbindlichkeiten einzugehen. Das Gegenteil ist der Fall.

284 Im **Verhältnis zum früheren Rechtsanwalt und dessen Mandanten** richten sich die Rechte und Pflichten des Abwicklers ausschließlich nach **privatrechtlichen Grundsätzen.**[488] Führt ein Rechtsanwalt die Kanzlei eines verstorbenen Rechtsanwalts fort (§ 55 Abs. 1 BRAO), **tritt er gegenüber den Mandanten des verstorbenen Rechtsanwalts in die Anwaltsverträge ein** oder **schließt mit diesen neue Anwaltsverträge**. Im Fall des § 55 Abs. 5 BRAO handelt der Abwickler gegenüber den Mandanten als Vertreter des Rechtsanwalts, für dessen Kanzlei er als Abwickler eingesetzt ist, es sei denn, er schließt mit Mandanten einen neuen Anwaltsvertrag. Das Verhältnis des Abwicklers zu dem früheren Rechtsanwalt richtet sich nach denselben Grundsätzen wie das Innenverhältnis des amtlich bestellten Vertreters zum Vertretenen (§ 55 Abs. 3 Satz 1 BRAO i. V. m. § 53 Abs. 9 BRAO – dazu Rn. 279).

487 Diese Sechsmonatsfrist hat die Rechtsprechung wiederholt beschäftigt: BGH, NJW 1980, 1050; 1991, 1236; 1992, 2158.

488 OLG Düsseldorf, AnwBl 1997, 226.

2. Haftung des Abwicklers

Haftungsrechtlich sind die **Pflichtenkreise des Abwicklers und des verstorbenen bzw. früheren Rechtsanwalts** auseinander zu halten.[489] 285

Für seine Pflichtverletzungen **haftet der Abwickler selbst**. Seine Haftung ist demgegenüber ausgeschlossen, soweit die Pflichtverletzung in den Aufgabenkreis des verstorbenen bzw. früheren Rechtsanwalts fällt. Allerdings kann der Abwickler seinerseits verpflichtet sein, Fehler des früheren Rechtsanwalts zu beheben. Eine Eigenhaftung des zum Abwickler bestellten Rechtsanwalts kann sich auch ergeben, wenn er selbst mit dem Auftraggeber einen neuen Anwaltsvertrag geschlossen hat oder in den Vertrag zwischen dem Auftraggeber und dem früheren bzw. verstorbenen Rechtsanwalt eingetreten ist.

Der zum Abwickler bestellte Rechtsanwalt haftet dem Auftraggeber, wenn er nicht sicherstellt, daß die von ihm vorgenommenen **Verfahrenshandlungen** wirksam sind. **Neue Aufträge** darf der Abwickler nur innerhalb der Sechsmonatsfrist des § 55 Abs. 2 BRAO annehmen. Die **Einlegung von Rechtsmitteln** wird wie die Annahme eines neuen Auftrags behandelt.[490] Die Gerichte haben vor allem Fälle beschäftigt, in denen der Abwickler Rechtsmittel eingelegt hat. Der Abwickler ist im Rahmen seiner Tätigkeit berechtigt, den Auftraggeber wirksam vor dem Gericht zu vertreten, bei dem der Rechtsanwalt, dessen Kanzlei er abwickelt, zugelassen war.[491] Der Abwickler der Kanzlei eines verstorbenen OLG-Anwalts, der selbst bei diesem Gericht nicht zugelassen ist, kann nur innerhalb der ersten sechs Monate ab Bestellung wirksam Berufung einlegen; diese Frist beginnt bei Verlängerung seiner Bestellung nicht erneut.[492] Wird die Bestellung eines Rechtsanwalts nicht verlängert, sondern wird dieser von der Landesjustizverwaltung zum wiederholten Mal zum Abwickler einer Kanzlei bestellt, ist er nach der weiteren Bestellung erneut zur Übernahme neuer Mandate mit den Befugnissen des verstorbenen Rechtsanwalts berechtigt.[493] 286

3. Haftung des früheren Rechtsanwalts

Mit der Rechtsstellung eines nach § 55 Abs. 5 BRAO bestellten Abwicklers befaßt sich ein Urteil des OLG Düsseldorf.[494] Darin ging es um die Verpflichtung 287

489 Zur Haftung des Abwicklers: *Borgmann/Haug*, § 37 Rn. 41; BRAK, BRAK-Mitt. 1994, 22, 24.
490 BGH, NJW 1992, 2158, 2159.
491 BGH, NJW 1980, 1050.
492 BGH, NJW 1992, 2158; vgl. auch OLG Nürnberg, AnwBl 1971, 203; OLG Hamburg, NJW 1972, 775.
493 BGH, NJW 1991, 1236.
494 OLG Düsseldorf, AnwBl 1997, 226.

des früheren Rechtsanwalts, von ihm kassierte Mandantengelder auszukehren. Nach Ansicht des Senats war im entschiedenen Fall für diese Haftung des früheren Rechtsanwalts ohne Bedeutung, daß für die Kanzlei ein Abwickler bestellt worden war.

Gemäß **§ 55 Abs. 2** Satz 2, 1. Hs. **BRAO** führt der Abwickler die laufenden Aufträge fort; insoweit gilt er als von der Partei bevollmächtigt (§ 55 Abs. 2 Satz 4, 1. Hs. BRAO). Diese Regelung hat nach Ansicht des OLG Düsseldorf zur Folge, daß der **frühere Rechtsanwalt seine Rechtsstellung als beauftragter Rechtsanwalt des Mandanten nur für die Zukunft verliert**. Er hafte nicht für Handlungen des Abwicklers, die dieser ab Bestellung in Ausübung des Amtes vorgenommen habe. Der Abwickler trete als selbstverantwortlicher Vertragspartner für den Mandanten des früheren Rechtsanwalts nur in den Fällen des § 55 Abs. 2 Satz 2 BRAO auf. Wenn der Abwickler weder einen schwebenden Auftrag fortführe noch einen neuen Auftrag angenommen habe, sei der Abwickler gemäß §§ 55 Abs. 3, 53 Abs. 9 Satz 1 BRAO nur Vertreter des früheren Rechtsanwalts. Dies habe zur Folge, daß der frühere Rechtsanwalt gemäß §§ 164 ff. BGB berechtigt und verpflichtet werde und für haftungsbegründende Handlungen seines Vertreters gemäß **§ 278 BGB** einzustehen habe. Ein solcher Sonderfall liege vor, wenn ein Mandat vor Beginn der Abwicklung abgeschlossen sei und es nur noch darum gehe, das durch Geschäftsführung des früheren Rechtsanwalts Erlangte an den Mandanten auszukehren.

288 Ist der Abwickler für die Kanzlei eines verstorbenen Rechtsanwalts gemäß § 55 Abs. 1 BRAO bestellt, trifft diese Pflicht gemäß §§ 1967, 2058 BGB die Erben.

VI. Nacheinander und nebeneinander tätige Rechtsanwälte

1. Grundlagen

289 **Mehrere Rechtsanwälte**, die an der Bearbeitung eines Mandats beteiligt sind, müssen nicht notwendig im Innenverhältnis miteinander verbunden sein. Der Mandant kann mehrere Rechtsanwälte unabhängig voneinander, also **nacheinander oder nebeneinander**, beauftragen.[495] Von praktischer Bedeutung ist vor allem der Fall, daß der zunächst eingeschaltete Rechtsanwalt das Mandat niederlegt bzw. der Auftraggeber den Anwaltsvertrag kündigt und einen anderen Rechtsanwalt in derselben Sache beauftragt. Der Prozeßbevollmächtigte für die Rechtsmittelinstanz folgt demjenigen für die Vorinstanz. Ist der erstinstanzliche Prozeßbevoll-

495 Allgemein zur Haftung nacheinander tätiger Rechtsanwälte: *Borgmann/Haug*, § 28 Rn. 54; *Rinsche*, Rn. I 195–200; *Vollkommer*, Rn. 324–327.

mächtigte in der Rechtsmittelinstanz Verkehrsanwalt (dazu Rn. 205–227), so wird er neben dem Rechtsmittelanwalt für den Mandanten tätig.

Ein innerer Zusammenhang zwischen dem Tätigwerden mehrerer Rechtsanwälte 290
fehlt auch, wenn der Mandant voneinander unabhängig mehrere Rechtsanwälte in derselben Sache nebeneinander beauftragt. Entsprechendes gilt, wenn der Auftraggeber neben einem Rechtsanwalt einen Steuerberater oder einen anderen Berater einschaltet. Ein Rechtsanwalt kann im Zusammenhang mit beratender Tätigkeit einen Vertrag oder eine Erklärung (z. B. ein Testament) entwerfen, der bzw. die anschließend von einem Notar beurkundet wird.

2. Eigenständige Pflichtenkreise

Die Rechtstellung nacheinander oder nebeneinander tätiger Rechtsanwälte wird 291
dadurch charakterisiert, daß **jeder der beteiligten Anwälte** mit dem Auftraggeber einen **eigenständigen Anwaltsvertrag** geschlossen hat. Alle Rechtsanwälte haben dann einen eigenen Pflichten- und Verantwortungsbereich. **Keiner** ist in seinem Pflichtenkreis als **Erfüllungsgehilfe** des anderen i. S. d. § 278 BGB tätig. Selbst wenn die Anwälte voneinander wissen, darf keiner seine Pflichten im Vertrauen darauf vernachlässigen, der andere werde die seinen erfüllen.[496] Die allgemeinen haftungsrechtlichen Sorgfaltsstandards (Rn. 504 ff., 532 ff., 639 ff.) gelten uneingeschränkt für jeden der beteiligten Rechtsanwälte. Es muß in jedem Einzelfall geprüft werden, welche Pflichten einem beteiligten Rechtsanwalt gegenüber dem Mandanten obliegen und ob er diese Pflichten verletzt hat.

Ein Rechtsanwalt, der vor einem anderen Rechtsanwalt tätig geworden ist, hat zu 292
prüfen, ob sich im Zusammenhang mit der **Beendigung des Mandats** besondere Aufklärungspflichten ergeben. Diese Frage wurde in der Rechtsprechung vor allem in Fällen erörtert, in denen eine materielle oder prozessuale Frist abzulaufen drohte. Dann ist zu prüfen, welche Vorkehrungen der Anwalt nach Kündigung des Anwaltsvertrages gegen einen Fristablauf zum Schutz des – ehemaligen – Mandanten ergreifen muß (Rn. 190–203).

3. Kausalität und Zurechnung

Werden für den Auftraggeber **mehrere Rechtsanwälte in derselben Sache** tätig, 293
stellt sich die Frage, unter welchen Voraussetzungen die Pflichtverletzung eines

496 BGH, NJW 1993, 2676 (2677) zu nebeneinander beauftragten, voneinander unabhängig tätigen Rechtsanwälten; *Rinsche*, Rn. I 196. Vgl. hierzu auch die Rechtsprechung zur Haftung von Verkehrs- und Prozeßanwalt: Rn. 210–221.

Rechtsanwalts für einen entstandenen Schaden ursächlich und dem Anwalt zurechenbar ist, wenn der Mandant oder ein anderer vom Mandanten eingeschalteter Rechtsanwalt in den Geschehensablauf eingreift (dazu Rn. 1038 ff., 1061 ff.).

294 **Ursächlich** ist eine pflichtwidrige Handlung, wenn sie nicht hinweggedacht werden kann, ohne daß der Schaden entfiele.[497] Für die Zurechnung eines Schadens ist auf das Kriterium der Adäquanz abzustellen. Ein **adäquater Zusammenhang** besteht, wenn eine Tatsache im allgemeinen und nicht nur unter besonders eigenartigen, ganz unwahrscheinlichen und nach dem regelmäßigen Verlauf der Dinge außer Betracht zu lassenden Umständen zur Herbeiführung des Schadens geeignet ist.[498] Dem Schädiger ist es **nicht zuzurechnen**, daß **der Geschädigte selbst** in ungewöhnlicher und unsachgemäßer Weise in den Geschehenslauf eingreift und eine weitere Ursache setzt, die den Schaden erst endgültig herbeiführt. Diese Voraussetzung liegt aber nicht vor, wenn für die Zweithandlung des Geschädigten ein rechtfertigender Anlaß bestand oder diese durch das haftungsbegründende Ereignis herausgefordert wurde und eine nicht ungewöhnliche Reaktion auf das Ereignis darstellt.[499]

295 Zum Verhältnis von **Rechtsanwalt und Notar** hat der BGH ausgeführt, es liege nicht außerhalb aller Wahrscheinlichkeit, daß ein Notar bei der Beurkundung eines Vertrages Einzelheiten nicht zutreffend berücksichtige. Erst recht könne ein solches Versehen dadurch gefördert werden, daß zuvor der Rechtsberater eines Vertragspartners dem Notar seine rechtliche Bewertung mitgeteilt habe. Es komme nicht selten vor, daß sich sogar verantwortungsbewußte Rechtskundige auf plausibel erscheinende Vorbeurteilungen verließen und deswegen nicht weiter nachforschten.[500] Nichts anderes gilt für Rechtsanwälte, die nebeneinander oder nacheinander in derselben Sache tätig werden.

296 Haben **verschiedene Personen mehrere Ursachen für einen Schaden gesetzt**, wird zivilrechtlich nicht danach unterschieden, ob einzelne Ursachen wesentlicher sind als andere. Dies gilt grundsätzlich auch, wenn eine Ursache für sich allein den Schaden nicht herbeigeführt hat, es dazu vielmehr des Hinzutretens weiterer Ursachen im Sinne einer **Gesamtkausalität** bedurfte. Demgemäß ist derjenige Schaden ebenfalls zu ersetzen, der letztlich durch das **Eingreifen eines Dritten** eintritt. Die Zurechenbarkeit fehlt in derartigen Fällen nur ausnahmsweise, wenn die Ursächlichkeit des ersten Umstands für das Eintreten des zweiten Ereignisses nach

---

497 BGHZ 2, 138, 140 f.; BGH, NJW 1995, 126, 127.

498 BGHZ 3, 261, 264 ff.; BGH, NJW 1990, 2882, 2883.

499 BGH, NJW 1990, 2882, 2883. Vgl. auch BGH, NJW 1993, 1779, 1780; 1994, 2822, 2823; OLG Düsseldorf, NJWE-VHR 1998, 234, 235; jeweils m. w. N.

500 BGH, NJW 1990, 2882, 2883.

dem **Schutzzweck der Norm** gänzlich bedeutungslos war, wenn also das schädigende erste Verhalten nur noch der äußere erste Anlaß für ein völlig ungewöhnliches und sachwidriges Eingreifen eines Dritten bildet, der dann den Schaden erst endgültig herbeiführt. Beim Eingreifen eines Dritten kommt es – **anders als bei Maßnahmen des Geschädigten selbst** – nicht darauf an, ob sich der Außenstehende durch das Verhalten des Erstschädigers zu seinem Willensentschluß herausgefordert fühlen durfte.[501]

Hierzu hat der BGH ausgeführt, daß dies, von den Fällen subsidiärer Haftung 297
(§ 839 Abs. 1 Satz 2 BGB, § 19 Abs. 1 Satz 2 BNotO) abgesehen, **auch im Verhältnis zwischen verschiedenen Organen der Rechtspflege** als möglichen Schädigern gelte. Sie wirkten im Rahmen ihrer Zuständigkeitsbereiche wechselseitig aufeinander ein. Insbesondere habe der Rechtsanwalt die Interessen seines Mandanten auch gegenüber dem Notar wahrzunehmen. Auf die Erfüllung der notariellen Prüfungs- und Belehrungspflichten (§§ 17 f. BeurkG, §§ 14 Abs. 1 Satz 1, 24 Abs. 1 Satz 1 BNotO) dürfe sich der vom Mandanten hinzugezogene Rechtsanwalt nicht verlassen. Umgekehrt habe der Notar seine Amtspflichten grundsätzlich auch gegenüber dem anwaltlich beratenen Beteiligten zu erfüllen, solange nicht feststehe, daß dieser tatsächlich umfassend unterrichtet sei. Gegenüber Rechtskundigen oder rechtskundig Beratenen könne der Notar sich allerdings unter Umständen kürzer fassen. Jedenfalls habe er keine erhöhte Gewährleistungspflicht, die eine Mitverantwortung des Rechtsanwalts ausschließe.[502]

Der **Zurechnungszusammenhang zwischen dem Anwaltsfehler und dem ent- 298
standenen Schaden** entfällt, wenn der Mandant aufgrund anderweitiger rechtlicher Beratung noch in der Lage ist, durch eine Pflichtverletzung seines Rechtsanwalts drohende Nachteile abzuwenden, er jedoch die ihm angeratene Maßnahme aus unvertretbaren Gründen unterläßt. Dies ist der Fall, wenn der Mandant den Rat derjenigen Rechtsanwälte mißachtet, die er eingeschaltet hatte, um die Erfolgsaussichten einer Berufung zu prüfen. Hat der Berufungsanwalt den Mandanten hinsichtlich der Verjährung zutreffend beraten und ihm eindeutig von der Durchführung des Rechtsmittels abgeraten, ist das Verhalten des Mandanten nach Einlegung des Rechtsmittels als gänzlich unsachgemäß zu werten, sofern keine nachvollziehbaren Gründe ersichtlich sind, gleichwohl gegen den Rat des Rechtsanwalts das Rechtsmittel durchzuführen.[503]

501 BGH, NJW 1990, 2882, 2883 f. m. w. N.
502 BGH, NJW 1990, 2882, 2884.
503 BGH, NJW 1994, 2822, 2823.

4. Gesamtschuldnerische Haftung

299 Nacheinander oder nebeneinander tätige Rechtsanwälte haben für Fehler in ihrem eigenen Verantwortungsbereich unabhängig voneinander einzustehen. Sie haften daher **grundsätzlich nicht als Gesamtschuldner**. Ebenso wie beim Zusammenwirken eines Verkehrs- und eines Prozeßanwalts (Rn. 222–224) setzt eine gesamtschuldnerische Haftung i. S. d. §§ 421 ff. BGB voraus, daß die beteiligten Rechtsanwälte unabhängig voneinander eine jeweils eigene Pflicht verletzen und beide für den entstandenen Schaden in gleicher Weise verantwortlich sind. Dies ist etwa der Fall, wenn nacheinander mehrere Rechtsanwälte aufgrund eines Anwaltsvertrages für den Auftraggeber tätig werden und der erste einen schadensursächlichen Fehler begangen hat, den der zweite Rechtsanwalt nicht erkannt oder behoben hat.[504] Dies gilt insoweit, als nicht bereits der Fehler eines Rechtsanwalts dem Auftraggeber gemäß §§ 254, 278 BGB zuzurechnen ist (dazu Rn. 300–306). Eine gesamtschuldnerische Haftung greift auch ein, wenn ein Rechtsanwalt durch fehlerhafte Beratung verschuldet, daß sein Mandant einen ihm ungünstigen Vertrag schließt und der beurkundende Notar den ihm erkennbaren Fehler bei der Beurkundung nicht berichtigt. Dann haften dem Auftraggeber der Rechtsanwalt und der Notar als Gesamtschuldner.[505] Wenn mehrere Rechtsanwälte dem Auftraggeber als Gesamtschuldner haften, erfolgt der **Haftungsausgleich im Innenverhältnis** gemäß § 426 BGB.[506]

5. Fehler eines Rechtsanwalts als Mitverschulden des Auftraggebers

300 Verlangt der Mandant von einem der nacheinander oder nebeneinander beauftragten Rechtsanwälte Schadensersatz, kann sich dieser Rechtsanwalt grundsätzlich nicht darauf berufen, der Mandant müsse sich einen Fehler eines anderen in derselben Sache beauftragten Rechtsanwalts gemäß **§§ 254 Abs. 1, 278 BGB** zurechnen lassen. Zwar ist im Rahmen des § 254 Abs. 1 BGB dem Geschädigten ein Verschulden eines Erfüllungsgehilfen, dessen er sich zur Wahrnehmung seiner Interessen im Rahmen eines Vertragsverhältnisses bedient, in entsprechender Anwendung des § 278 BGB zuzurechnen.[507] Mehrere nacheinander oder nebeneinander beauftragte Rechtsanwälte werden aber i. d. R. unabhängig voneinander tätig, so daß grundsätzlich kein Rechtsanwalt Erfüllungsgehilfe eines anderen im Sinne des § 278 BGB

504 RGZ 167, 76, 80; BGH, NJW 1993, 1779, 1781; 1994, 1211, 1212; 1997, 2168, 2170; OLG Düsseldorf, NJWE-VHR 1998, 234, 236.

505 BGH, NJW 1990, 2882, 2883 f.

506 Zum Haftungsausgleich im Innenverhältnis mehrerer als Gesamtschuldner haftender Rechtsanwälte: Rn. 224.

507 BGHZ 3, 46, 49 f.; 36, 329, 338 f.; NJW 1994, 1211, 1212; 1994, 2822, 2824; 1997, 2168, 2170.

ist. Ausnahmsweise hat sich der geschädigte Mandant auf einen Regreßanspruch einen schuldhaften Pflichtverstoß eines anderen Rechtsanwalts im Rahmen des haftungsbegründenden Vorgangs als Mitverschulden gemäß §§ 254 Abs. 1, 278 BGB anrechnen zu lassen, wenn er sich dieses Rechtsanwalts zur Erfüllung eines Gebots des eigenen Interesses bedient hat und das Verhalten dieser Hilfsperson in einem unmittelbaren Zusammenhang mit dem ihr anvertrauten Pflichtenkreis steht.[508]

Nach Eintritt des schädigenden Ereignisses kann den Mandanten die Obliegenheit treffen, den Schaden abzuwenden oder zu mindern (§ **254 Abs. 2 Satz 1 BGB**). Dabei findet **§ 278 BGB** gemäß § 254 Abs. 2 Satz 2 BGB entsprechende Anwendung. Der BGH hat zu den Voraussetzungen, unter denen dem Auftraggeber, der Schadensersatz von dem zuerst beauftragten Rechtsanwalt verlangt, die schuldhafte Pflichtverletzung eines zweiten von ihm eingeschalteten Rechtsanwalts als Mitverschulden gemäß §§ 254 Abs. 2, 278 BGB zuzurechnen ist, wiederholt Stellung genommen. 301

Früher wurde in der Rechtsprechung die Ansicht vertreten, der in der Berufungsinstanz tätige Rechtsanwalt sei verpflichtet, von der von ihm vertretenen Partei Schaden abzuwenden, der dieser infolge eines Fehlers ihres erstinstanzlichen Anwalts drohe. Insoweit sei der Berufungsanwalt Erfüllungsgehilfe der Partei gegenüber dem erstinstanzlichen Anwalt. Die Partei müsse sich daher gegenüber dem erstinstanzlichen Anwalt stets einen Fehler ihres zweitinstanzlichen Anwalts anspruchsmindernd anrechnen lassen.[509] Nach der **neueren Rechtsprechung** des für die Anwaltshaftung zuständigen IX. Zivilsenats des BGH ist eine **differenziertere Betrachtungsweise** geboten. 302

Im Urteil vom 18. 3. 1993 hat der BGH unter Auseinandersetzung mit der früheren Rechtsprechung und den im Schrifttum vertretenen Ansichten entschieden, daß der Auftraggeber sich das Verschulden eines zweiten Rechtsanwalts, der das Mandat des ersten Anwalts fortführt, nicht zurechnen zu lassen braucht, wenn der Zweitanwalt denselben schadensursächlichen Fehler begangen hat wie der zuerst tätig gewordene Kollege und der Auftraggeber sich darauf verlassen durfte, daß der erste Anwalt seine Vertragspflichten sachgerecht erfüllt hatte. Andernfalls würde nicht hinreichend berücksichtigt, daß eine Zurechnung nach §§ 254 Abs. 2 Satz 2, 278 BGB nur gelten könne, wenn ein Geschädigter sich der Hilfsperson zur Erfüllung eines Gebots des eigenen Interesses bediene. In einem solchen Fall habe der Mandant jedoch von sich keine Veranlassung, etwas zu unter- 303

508 BGH, NJW 1997, 2168, 2170; vgl. auch BGH, NJW 1996, 48, 51; hierzu bereits: Rn. 225, 226; vgl. Rn. 1149 ff.

509 So ausdrücklich: OLG Hamm, VersR 1982, 1057 f. unter Berufung auf RGZ 167, 76, 80 f. Vgl. auch BGH, NJW 1974, 1865, 1867; VersR 1983, 34, 35; OLG Düsseldorf, AnwBl 1985, 38, 40.

nehmen, um eine im eigenen Interesse gebotene Obliegenheit zur Abwendung des Schadens zu erfüllen. Er dürfe sich vielmehr darauf verlassen, daß der von ihm beauftragte Rechtsanwalt die rechtlich erforderlichen Maßnahmen ergriffen habe. Er brauche sich dann den Rechtsirrtum des zweiten Rechtsanwalts nicht als eigenes Verschulden zurechnen zu lassen.[510] In diesen Fällen kommt eine **gesamtschuldnerische Haftung** der beteiligten Rechtsanwälte in Betracht (dazu Rn. 299).

304 Beauftragt der Mandant dagegen einen Rechtsanwalt, **um einen erkannten oder für möglich gehaltenen Fehler eines früheren Rechtsanwalts zu beheben**, muß sich der Mandant im Verhältnis zu seinem ersten Rechtsanwalt einen schuldhaften Schadensbeitrag seines zweiten Rechtsanwalts als **Mitverschulden zurechnen** lassen.[511] Entgegen der von Vollkommer[512] vertretenen Ansicht sei eine solche Belastung des Mandanten in dessen Rechtsverhältnis zu seinem ersten Rechtsanwalt nicht unangemessen, sondern sachgerecht; der Mandant könne insoweit bei seinem zweiten Anwalt Rückgriff nehmen.[513]

305 Später hat der BGH diesen Grundsatz auch auf den Fall erstreckt, daß den Mandanten selbst aufgrund einer anderweitig erhaltenen Rechtsmittelbelehrung die **Obliegenheit** trifft, **Schaden infolge eines Fehlers des ersten Anwalts zu vermeiden**. Auch dann muß der Auftraggeber sich ein Verschulden des zweiten Anwalts als eigenes anrechnen lassen. Im entschiedenen Fall kannte der Auftraggeber von vornherein die streitgegenständliche Verjährungsproblematik aufgrund der Beratung durch den Berufungsanwalt.[514]

306 Bei der Prüfung des Mitverschuldens des geschädigten Mandanten, dessen Rechtsanwalt bei der Behebung eines Fehlers des früheren Rechtsanwalts durch pflichtwidriges Prozeßverhalten zu einem Schaden beigetragen hat, ist für die Beurteilung des **hypothetischen Kausalverlaufs** die Beurteilung desjenigen Gerichts maßgeblich, das mit dem Regreßanspruch gegen den ersten Rechtsanwalt befaßt ist.[515]

VII. Zusammenarbeit mit ausländischen Anwälten

1. Grundlagen

307 Wenn ein Rechtsanwalt mit einem Sachverhalt konfrontiert ist, bei dem Rechtsvorschriften eines ausländischen Staates zu berücksichtigen sind, muß er sich ent-

510 BGH, NJW 1993, 1779, 1781. Bestätigt in BGH, NJW 1994, 1211, 1212; 1994, 2822, 2824.
511 BGH, NJW 1994, 1211, 1212; OLG Düsseldorf, NJWE-VHR 1998, 234, 236.
512 *Vollkommer*, Rn. 327.
513 BGH, NJW 1994, 1211, 1212.
514 BGH, NJW 1994, 2822, 2824.
515 BGH, NJW 1994, 1211, 1212 f.

scheiden, ob er das **ausländische Recht** selbst prüft,[516] ob er dafür einen Anwalt aus dem jeweiligen Rechtskreis hinzuzieht oder ob er das Mandat niederlegt und dem Auftraggeber einen anderen Rechtsanwalt empfiehlt, der über die nötige Kompetenz und Erfahrung im internationalen Rechtsverkehr verfügt.

Nach Ziff. 3.1.3 der **Standesrichtlinien der Rechtsanwälte der Europäischen Gemeinschaft (CCBE)** vom 28. 10. 1988[517] muß ein Rechtsanwalt ein Mandat ablehnen, wenn er weiß oder wissen muß, daß es ihm an den erforderlichen Kenntnissen fehlt, es sei denn, er arbeitet mit einem Rechtsanwalt zusammen, der diese Kenntnisse besitzt. **§ 29 Abs. 1 BORA** der Rechtsanwälte bestimmt, daß die CCBE-Regeln auch in Deutschland rechtsverbindlich sind. Die Berufsordnung unterscheidet – inhaltlich wenig geglückt – zwischen der Tätigkeit von Rechtsanwälten innerhalb der Europäischen Gemeinschaft (Ziff. 1.5 CCBE-Regeln) und „sonstiger grenzüberschreitender Tätigkeit". Nur im erstgenannten Fall finden die CCBE-Regeln Anwendung. Sonst unterliegt die grenzüberschreitende Tätigkeit der Berufsordnung. Diese enthält jedoch keine Ziff. 3.1.3 CCBE-Regeln entsprechende Bestimmung. Damit geht die Verweisung ins Leere. Haftungsrechtlich wirkt sich dies nicht aus, da die Normen des Standesrechts nicht herangezogen werden können, um die von einem Rechtsanwalt zu beachtenden Sorgfaltsstandards zu konkretisieren.[518] 308

Wenn ein Rechtsanwalt für die Prüfung ausländischen Rechts einen **ausländischen Anwalt** hinzuzieht,[519] sind zwei Fälle zu unterscheiden. Die Anwälte können auf einer **ständigen vertraglichen Grundlage** kooperieren.[520] Im Regelfall arbeitet der Rechtsanwalt mit dem ausländischen Kollegen aber **im Einzelfall** anläßlich eines konkreten Mandats zusammen. 309

516 Zur Haftung des Rechtsanwalts bei der Anwendung ausländischen Rechts: Rn. 170 ff., 307 ff., sowie *Sieg*, S. 120 ff.; *ders.*, ZAP (1996), Fach 23, S. 239 ff.

517 Abgedruckt und besprochen bei *Lörcher*, in: Hartung/Holl, BORA. Vgl. auch AnwBl 1989, 647 ff.; NJW 1997, Beil. Heft 19, S. 5–9.

518 *Eylmann*, in: Henssler/Prütting, BRAO, Vorb. § 43 Rn. 9. Zum US-amerikanischen Recht: ABA Model Rules of Professional Conduct (1983), Scope [6] – „Violation of a Rule should not give rise to a cause of action nor should it create any presumtion that a legal duty has been breached. The Rules are designed to provide guidance to lawyers and to provide a structure for regulating conduct through disciplinary agencies. They are not designed to be a basis for civil liability. [...] Accordingly nothing in the Rules should be deemed to augment any substantive legal duty of lawyers or to the extradisciplinary consequences of violating such a duty." Hierzu: *Wolfram*, Modern Legal Ethics, § 5.6.2, m. w. N.

519 Zur Haftung deutscher Rechtsanwälte bei der Zusammenarbeit mit ausländischen Anwälten: *Becker*, AnwBl 1998, 305 ff.; *Gruber*, MDR 1998, 1399, 1400; *Hellwig*, AnwBl 1996, 124 ff.; *Louven*, VersR 1997, 1050, 1054 f.; *Raiser*, NJW 1991, 2049, 2055 f.; *Rinsche/Schlüter*, ZAP (1992), Fach 23, S. 115, 119–121; *Sieg*, S. 145 f.; *ders.*, NJW 1996, 2209, 2211 f.; *ders.*, IWB 1996, 937 (943 ff.); *ders.*, ZAP (1998), Fach 23, S. 341 ff.; *v. Waldthausen*, S. 675, 685.

520 Wegen der Zusammenarbeit auf dauerhafter vertraglicher Grundlage wird auf die Darstellungen zu den einzelnen Rechtsformen (Sozietät, Bürogemeinschaft, Partnerschaft, GmbH, EWIV und Verbund) verwiesen: Rn. 336–422.

2. Anwendbares Recht

310 Wie bei jedem Sachverhalt mit Auslandsberührung ist zunächst die Frage des anwendbaren Rechts zu prüfen (vgl. Art. 3 Abs. 1 EGBGB), wenn ein deutscher Rechtsanwalt einen ausländischen Kollegen im Einzelfall zur Bearbeitung eines Mandats hinzuzieht. Unabhängig davon, ob der deutsche Rechtsanwalt den ausländischen Anwalt im eigenen Namen oder im Namen des Auftraggebers beauftragt, ist das **Vertragsstatut** dieses Anwaltsvertrags zu ermitteln. Nach deutschem Internationalen Privatrecht findet auf einen Anwaltsvertrag gemäß **Art. 28 Abs. 2 EGBGB** – vorbehaltlich einer **Rechtswahl gemäß Art. 27 EGBGB** – grundsätzlich das **Recht am Ort der Kanzlei des beauftragten Rechtsanwalts** Anwendung (ausführlich Rn. 170, 171).

3. Haftung des beauftragten Rechtsanwalts

311 Die **Haftung des in Deutschland niedergelassenen Rechtsanwalts** (im folgenden: des deutschen Rechtsanwalts) richtet sich **grundsätzlich nach deutschem Recht**. Danach kann dem Rechtsanwalt ein Verschulden des hinzugezogenen ausländischen Anwalts unter den Voraussetzungen des **§ 278 BGB** als eigenes Verschulden zuzurechnen sein. Analog **§ 664 Abs. 1 Satz 2 BGB** hat der deutsche Rechtsanwalt nur ein Verschulden bei der Übertragung des Auftrags auf den ausländischen Anwalt zu vertreten, wenn diese gestattet ist. In tatsächlicher Hinsicht ist zu unterscheiden, ob der Rechtsanwalt den ausländischen Kollegen nur intern einbezieht oder als Vertreter im Namen des Mandanten beauftragt. Im ersten Fall kommt ein Vertrag zwischen den Anwälten, im zweiten zwischen dem ausländischen Anwalt und dem Mandanten des deutschen Rechtsanwalts zustande.

312 Der BGH hatte bislang keine Gelegenheit, zur Haftung des Rechtsanwalts bei der Zusammenarbeit mit ausländischen Anwälten Stellung zu nehmen. Mit einschlägigen Präzedenzfällen haben sich das RG sowie das OLG Bamberg befaßt.

313 In dem vom **RG** entschiedenen Fall[521] sollte ein deutscher **Patentanwalt** ein Warenzeichen des Mandanten in Argentinien verlängern. Der Patentanwalt übertrug die Ausführung des Auftrags einem Patentanwaltsbüro in Buenos Aires. Infolge verspäteter Neuanmeldung lief der Warenzeichenschutz ab. Die Schadensersatzklage des Mandanten gegen den deutschen Patentanwalt war erfolglos. Es sei rechtlich zulässig gewesen, den Auftrag nach § 664 BGB zu übertragen. Hierfür sei es unwesentlich, daß zwischen dem Mandanten und dem ausländischen Anwalt unmittel-

521 RG, JW 1926, 246.

bare Vertragsbeziehungen zustandegekommen seien. Entscheidend sei allein, daß die Übertragung sachgemäß gewesen sei. Gemäß § 664 Abs. 1 Satz 2 BGB habe der deutsche Anwalt nur ein ihm bei der Übertragung zur Last fallendes Verschulden zu vertreten. Dies entfalle, weil der deutsche Anwalt ein angesehenes und zuverlässiges Patentanwaltsbüro ausgewählt habe. Ein Verschulden bei der Unterweisung des ausländischen Anwalts sei nicht festzustellen. Für das Verschulden des ausländischen Anwalts hafte der deutsche Anwalt nach § 664 Abs. 1 Satz 2 BGB nicht. Eine Zurechnung des fremden Verschuldens nach § 278 BGB scheide aus.

Diese Erwägungen, welche die Haftung eines Patentanwalts betreffen, lassen sich in vollem Umfang auf einen **Rechtsanwalt** übertragen.[522]

Das **RG** hat die zitierte Entscheidung **später nicht bestätigt**.[523] Das Gericht hat 314
Bedenken Rechnung getragen, die sich daraus ergeben, daß der Vertrag zwischen Rechtsanwalt und Mandant i. d. R. ein Dienstvertrag, der eine Geschäftsbesorgung zum Inhalt hat, ist. Auf solche Verträge sei § 664 BGB, der den unentgeltlichen Auftrag betrifft, wegen § 675 BGB nicht anwendbar. Vielmehr sei eine Auslegung des konkreten Vertrages erforderlich.

Der Entscheidung des **OLG Bamberg**[524] lag ein Fall zugrunde, in dem ein deut- 315
scher Rechtsanwalt beauftragt worden war, Klage gegen eine Gesellschaft mit Sitz in der Schweiz vor einem Gericht in Zürich nach schweizerischem Recht zu erheben. Der Rechtsanwalt beauftragte im Namen und mit Zustimmung des Mandanten einen in der Schweiz niedergelassenen und bei dem zuständigen Gericht zugelassenen Anwalt, den Prozeß durchzuführen. Der schweizerische Anwalt unterließ es, die drohende Verjährung des geltend zu machenden Anspruchs zu unterbrechen.

Das OLG Bamberg hat die Schadensersatzklage gegen den deutschen Rechtsanwalt abgewiesen. Dieser Rechtsanwalt habe die Funktion eines Verkehrsanwalts gehabt, d. h. das Zwischenglied zwischen dem Mandanten und dem Prozeßbevollmächtigten gebildet.[525] Deswegen hätten der deutsche Verkehrs- und der ausländische Prozeßanwalt jeweils einen eigenen, selbständigen Aufgabenkreis gehabt. Der Verkehrsanwalt sei überwiegend für die Übermittlung der notwendigen Informationen und Weisungen zuständig gewesen. Der Prozeßanwalt sei für die eigentliche Prozeßführung verantwortlich. Dazu gehöre neben dem Vortrag des Sachverhalts auch die rechtliche Bearbeitung des Falls. Der Prozeßanwalt habe den Lauf

522 Vgl. *Friedlaender* in seiner Anmerkung zu dem dargestellten Urteil, JW 1926, 246.

523 RGZ 161, 68, 71 und 73 ff. sowie RGZ 163, 377 (378 f.) – hierzu bereits Rn. 272. Unklar demgegenüber: BGH, NJW 1952, 257 einerseits und LM Nr. 1 zu § 664 andererseits.

524 OLG Bamberg, MDR 1989, 542.

525 Allgemein zur Haftung von Verkehrs- und Prozeßanwalt: Rn. 205–227.

etwaiger Verjährungsfristen zu beachten und notfalls für eine Unterbrechung der Verjährung zu sorgen, zumindest aber den Mandanten hierauf hinzuweisen. Die alleinige Verantwortung des Prozeßanwalts hierfür werde auch nicht durch den Auslandsbezug in Frage gestellt. Der deutsche Verkehrsanwalt habe sich darauf verlassen dürfen, daß der beauftragte Prozeßbevollmächtigte seinen Pflichtenkreis vollständig und mit der erforderlichen Sorgfalt übernehme und das anzuwendende schweizerische Recht kennen und beachten werde. Zu einer Kontrolle sei der deutsche Verkehrsanwalt nicht verpflichtet gewesen. Eine Haftung des deutschen Rechtsanwalts für einen Fehler des hinzugezogenen ausländischen Anwalts nach § 278 BGB scheide aus. Zwischen Verkehrs- und Prozeßanwalt bestünden keine vertraglichen Beziehungen. Beide unterhielten ein selbständiges Vertragsverhältnis mit dem Mandanten. Daher erfüllten sie innerhalb ihres Aufgabenkreises eigene Verpflichtungen gegenüber dem Mandanten und nicht gegenüber dem anderen Anwalt. Eine Haftung des deutschen Rechtsanwalts analog § 664 Abs. 1 Satz 2 BGB hat das Gericht nicht in Erwägung gezogen.

316 Der IX. Zivilsenat des BGH hat den Antrag des Klägers auf Bewilligung von Prozeßkostenhilfe für eine Revision gegen dieses Urteil mangels hinreichender Aussicht auf Erfolg abgelehnt.[526]

317 Im **Schrifttum** ist umstritten, ob **§ 664 Abs. 1 Satz 2 BGB** auf Dienstverträge, die eine Geschäftsbesorgung zum Gegenstand haben (§§ 611, 675 BGB), entsprechend anwendbar ist.[527] Zum Teil wird diese Ansicht vertreten, wenn die Hinzuziehung des ausländischen Anwalts mit Zustimmung des Mandanten erfolgt und objektiv sachgerecht ist.[528]

318 Eine andere Ansicht unterscheidet danach, ob der Mandant mit dem ausländischen Anwalt einen gesonderten, eigenständigen Vertrag geschlossen hat (dann entsprechende Anwendung des § 664 Abs. 1 Satz 2 BGB) oder ob der deutsche Rechtsanwalt den ausländischen Kollegen intern eingeschaltet hat (dann Geltung des § 278 BGB).[529]

526 MDR 1989, 543.

527 Dafür etwa: Erman/*Hauß*, BGB, § 664 Rn. 7; *Koller*, ZIP 1985, 1243 (1246 ff.); Soergel/*Mühl*, BGB, § 664 Rn. 4; Palandt/*Spran*, BGB, § 664 Rn. 6. Dagegen etwa: *v. Bernstorff*, NJW 1952, 731 f.; MünchKomm/*Hanau*, BGB, § 278 Rn. 16; Palandt/*Heinrichs*, BGB, § 278 Rn. 10; Staudinger/*Löwisch*, BGB, § 278 Rn. 15; RGRK/*Steffen*, BGB, § 278 Rn. 12; Soergel/*Wolf*, BGB, § 278 Rn. 35.

528 *Borgmann/Haug*, § 37 Rn. 27 ff.; *Gruber*, MDR 1998, 1399, 1400; *Raiser*, NJW 1991, 2049, 2055; *Vollkommer*, Rn. 310; *v. Waldthausen*, S. 675, 685.

529 *Hellwig*, AnwBl 1996, 124, 125; *Henssler*, JZ 1994, 178, 185 f.; *Mankowski*, in: Reithmann/Martiny, Rn. 1524; *ders.*, NJW 1996, 2218; *Rinsche*, Rn. I 207 und 351; wohl auch *Becker*, AnwBl 1998, 305, 306.

Eine Unterscheidung zwischen **§ 278 BGB** und **§ 664 Abs. 1 Satz 2 BGB** danach, 319
ob der Mandant mit dem ausländischen Anwalt einen eigenständigen Vertrag geschlossen hat oder ob der Rechtsanwalt den Kollegen intern eingeschaltet hat, überzeugt nicht. Das RG hat in seiner Entscheidung aus dem Jahr 1925[530], auf die sich die Vertreter der zitierten Ansicht[531] berufen, vielmehr hervorgehoben, daß es für die Annahme einer zulässigen Substitution keineswegs wesentlich sei, ob der Mandant und der ausländische Anwalt unmittelbar einen Vertrag schließen. Entscheidend ist, ob die Übertragung objektiv sachgemäß ist. Daher ist es nicht haltbar, § 278 BGB anzuwenden, nur weil zwischen dem Mandanten und dem anderen Anwalt kein Vertrag zustande kommt. Der praktisch wichtige Fall, daß der ausländische Anwalt mit Wissen bzw. Zustimmung des Mandanten eingeschaltet wird, bleibt danach unberücksichtigt.

Auch die entsprechende Anwendung des **§ 664 Abs. 1 Satz 2 BGB** ist dogmatisch fragwürdig. Gegen eine unmittelbare Anwendung des § 664 BGB auf Anwaltsverträge spricht der ausdrückliche und unzweideutige Wille des Gesetzgebers. § 675 BGB verweist gerade nicht auf § 664 BGB. Für eine Analogie fehlt eine planwidrige Gesetzeslücke.

Zudem kommt es für § 664 Abs. 1 Satz 2 BGB nicht darauf an, ob der Auftraggeber Kenntnis von der Einschaltung des Substituten hatte, ob er dieser zugestimmt oder mit dem ausländischen Anwalt einen gesonderten Vertrag geschlossen hat. Die haftungsrechtliche Privilegierung des Auftragnehmers setzt tatbestandlich nur voraus, daß die Übertragung „gestattet" ist. Hierfür reicht es aus, daß die Gestattung sich aus der Auslegung des jeweiligen Vertrages nach den Grundsätzen der §§ 157, 242 BGB ergibt. Soweit im Schrifttum § 664 Abs. 1 Satz 2 BGB in einen Gegensatz zu § 278 BGB gestellt wird, bleibt ein weiterer Gesichtspunkt unbeachtet. Nach allgemeiner Ansicht zu § 664 Abs. 1 Satz 2 BGB findet § 278 BGB keineswegs Anwendung, wenn die Voraussetzungen einer gestatteten Übertragung des Auftrags nicht vorliegen. Vielmehr hat der Auftragnehmer dann dem Auftraggeber für jeden Fehler des Substituten, also unabhängig von einem Verschulden, einzustehen.[532]

Daher sind die Sorgfaltsanforderungen bei der Einbeziehung eines ausländischen 320
Anwalts dem jeweiligen Anwaltsvertrag im Wege der Auslegung und unter Berücksichtigung der gesetzlichen Wertung des **§ 613 BGB** zu entnehmen.

530 RG, JW 1926, 246. Hierzu: Rn. 312.
531 *Mankowski*, in: Reithmann/Martiny, Rn. 1524.
532 Erman/*Hauß*, BGB, § 664 Rn. 4; Palandt/*Spran*, BGB, § 664 Rn. 2; Staudinger/*Wittmann*, BGB, § 664 Rn. 4.

321 Der Rechtsanwalt muß danach den Auftraggeber über das Erfordernis, einen ausländischen Anwalt einzuschalten, und die damit verbundenen Kosten **aufklären.**

322 Ist der Mandant mit der Einschaltung eines ausländischen Anwalts einverstanden, ist der deutsche Rechtsanwalt verpflichtet, den **ausländischen Anwalt sorgfältig auszuwählen.**[533] Eine Ausnahme greift nur dann ein, falls der Mandant den zu beauftragenden ausländischen Anwalt selbst bestimmt. Die Anforderungen an die Auswahl hängen von den Umständen des Falls ab, insbesondere von den tatsächlichen und rechtlichen Schwierigkeiten sowie der wirtschaftlichen Bedeutung der Angelegenheit für den Auftraggeber. Im Normalfall kann sich der deutsche Rechtsanwalt bezüglich der fachlichen Eignung des ausländischen Anwalts auf dessen Selbsteinschätzung und die Angaben in einem Anwaltsverzeichnis verlassen. Nur wenn das zu übertragende Mandat ausnahmsweise besondere **Erfahrung und Fachkenntnisse in einem Spezialgebiet, Sprachkenntnisse, jederzeitige Erreichbarkeit, sachkundige Vertretung oder Mitarbeiter des sachbearbeitenden Anwalts** erfordert, muß der deutsche Rechtsanwalt sich vor der Beauftragung vergewissern, ob der in Aussicht genommene ausländische Anwalt persönlich und fachlich geeignet ist sowie über die erforderliche Büroorganisation verfügt. Hierzu kann der auswählende Rechtsanwalt i. d. R. auf Empfehlungen verläßlicher und unabhängiger Dritter und auf Referenzmandate des angesprochenen ausländischen Anwalts vertrauen.

323 Von besonderer Bedeutung ist in jedem Fall, daß der deutsche Rechtsanwalt **rechtzeitig** mit dem in Aussicht genommenen ausländischen Kollegen **Rücksprache nimmt.** Insbesondere ist der Gefahr vorzubeugen, daß der ausländische Anwalt wegen eines **Interessenkonflikts** verhindert ist, ein ihm angetragenes Mandat zu übernehmen. Dann muß ausreichend Zeit bestehen, um einen anderen geeigneten ausländischen Anwalt zu beauftragen. Hierzu kann es sich ausnahmsweise sogar empfehlen, mit mehreren ausländischen Anwälten gleichzeitig zu verhandeln.

324 Die **Beauftragung des ausländischen Anwalts** sollte – nach vorangegangener Absprache mit dem Mandanten – durch den deutschen Rechtsanwalt **im Namen des Auftraggebers** erfolgen. Bei der Beauftragung muß der deutsche Rechtsanwalt sicherstellen, daß der ausländische Anwalt die Übernahme des Auftrags schriftlich bestätigt. Bereits zum Zeitpunkt des Vertragsschlusses sollte Klarheit über die **Kosten** sowie das **Honorar des ausländischen Anwalts** bestehen. Um spätere Mißverständnisse auszuschließen, empfiehlt es sich für den deutschen

533 Zur Auswahl und Überwachung des Prozeßbevollmächtigten durch den hiermit beauftragten Verkehrsanwalt: Rn. 217, 219.

Rechtsanwalt, darauf achten, daß der Auftraggeber sein diesbezügliches Einverständnis erklärt hat und dieses beweiskräftig dokumentiert ist.

Nach Beauftragung hat der deutsche Rechtsanwalt den ausländischen Anwalt umfassend **in den Sachverhalt einzuweisen**[534] und hierzu die aus seiner Sicht relevanten Tatsachen zu übermitteln. Soweit erforderlich, hat der deutsche Rechtsanwalt dafür zu sorgen, daß Dokumente ordnungsgemäß und juristisch präzise übersetzt werden. Ist im Inland eine materielle oder prozezuale Frist einzuhalten, muß der ausländische Anwalt über die Folgen einer Fristversäumung aufgeklärt werden. Außerdem hat der deutsche Rechtsanwalt zu **überwachen**, daß der ausländische Anwalt den ihm übertragenen Aufgaben rechtzeitig nachkommt. Im übrigen richtet sich der Umfang der dem deutschen Rechtsanwalt obliegenden Überwachung nach dem konkreten Mandat. Grundsätzlich ist er nicht verpflichtet, aktiv tätig zu werden und Zwischenberichte des ausländischen Anwalts anzufordern. 325

Das von dem ausländischen Anwalt vorgelegte **Ergebnis** – also etwa ein Vertrags- oder Schriftsatzentwurf, ein Rechtsgutachten – ist **auf Plausibilität zu überprüfen und dem Auftraggeber zu übermitteln**. 326

Der deutsche Rechtsanwalt ist jedoch grundsätzlich nicht verpflichtet, ausländische Rechtsnormen zu berücksichtigen und den Auftraggeber diesbezüglich zu beraten und aufzuklären.[535] Insoweit kann er sich darauf verlassen, daß der ausländische Anwalt seine Heimatrechtsordnung kennt.[536] Diese Pflicht trifft ausschließlich den ausländischen Anwalt.[537] 327

Diese Grundsätze setzen voraus, daß der deutsche Rechtsanwalt nach Rücksprache mit dem Mandanten den ausländischen Kollegen eingeschaltet und dessen Erkenntnisse nicht als Ergebnis eigener Prüfung ausgegeben hat. Andernfalls greift § 278 BGB ein, weil dann die Prüfung des ausländischen Rechts Gegenstand des Anwaltsvertrages zwischen dem deutschen Rechtsanwalt und seinem Mandanten ist.[538] 328

Ein deutscher Rechtsanwalt ist gegenüber seinem Mandanten grundsätzlich nicht verpflichtet, ausländische Rechtsnormen zu prüfen.[539] § 278 BGB ist daher nur anzuwenden, wenn der deutsche Rechtsanwalt ausnahmsweise doch dazu verpflichtet ist, weil er entweder nach außen zurechenbar Vertrauen hervorruft, über Kennt-

534 RG, JW 1926, 246.

535 Zu den Pflichten des deutschen Rechtsanwalts bei der Anwendung ausländischen Rechts: *Sieg*, Internationale Anwaltshaftung, S. 120 ff.; *ders.*, ZAP (1997), Fach 23, S. 239 ff. sowie Rn. 562 ff.

536 OLG Bamberg, MDR 1989, 542 f.

537 Einzelheiten bei *Sieg*, S. 169.

538 Einzelheiten bei *Sieg*, S. 170.

539 *Sieg*, S. 127; *ders.*, ZAP (1996), Fach 23, S. 239.

nisse in der jeweiligen ausländischen Rechtsordnung zu verfügen, oder weil die Prüfung ausländischen Rechts Gegenstand des konkreten Anwaltsvertrages ist.[540] Letzteres ist gerade nicht der Fall, wenn der deutsche Rechtsanwalt ausländisches Recht nicht selbst prüft, sondern sich hierzu – mit Wissen des Mandanten und gemäß der berufsrechtlichen Verpflichtung aus Ziff. 3.1.3 CCBE-Regeln – der Sachkunde eines ausländischen Anwalts bedient.

329 Die vorbeschriebenen Grundsätze gelten unabhängig davon, ob der Auftraggeber mit dem ausländischen Anwalt einen eigenständigen Vertrag geschlossen hat. Wenn es allerdings nicht zu einem solchen Vertragsschluß kommt und damit der Auftraggeber den ausländischen Anwalt im Falle eines Fehlers nicht in Regreß nehmen kann, kann dies eine Pflichtverletzung des deutschen Anwalts darstellen. Der deutsche Rechtsanwalt sollte daher darauf achten, den ausländischen Anwalt im Namen des Auftraggebers einzuschalten.

4. Haftung des ausländischen Rechtsanwalts

330 Dem Mandanten des deutschen Rechtsanwalts können auch Ansprüche gegen den ausländischen Anwalt zustehen. Einzelheiten der Haftung des ausländischen Anwalts richten sich bei Anwendung deutschen Internationalen Privatrechts grundsätzlich nach der **Rechtsordnung desjenigen Staates, in dem der Anwalt niedergelassen ist.**[541] Auf die Haftung des Anwalts nach ausländischem Recht wird hier nicht weiter eingegangen.[542]

5. Einvernehmensanwalt

331 Besonderheiten sind zu beachten, wenn ein **Anwalt, der in einem anderen EU- oder EWR-Mitgliedstaat zugelassen ist, in Deutschland seine Dienstleistung unter der heimischen Berufsbezeichnung erbringt.** Hierzu berechtigt ihn die in der Europäischen Gemeinschaft sowie im Europäischen Wirtschaftsraum garantierte **Dienstleistungsfreiheit**. Einzelheiten richten sich in Deutschland nach

540 *Sieg*, S. 128 ff.

541 Zu dem auf den Anwaltsvertrag anwendbaren Recht: Rn. 170, 171.

542 Überblick zur Anwaltshaftung in Österreich, der Schweiz, Frankreich, Italien, England und den USA bei *Hirte*, Berufshaftung, S. 242 ff. Speziell zur Anwaltshaftung nach US-amerikanischem Recht: *Wolfram*, Modern Legal Ethics; *Sieg*, NJW 1996, 2209 ff. m. w. N. Zur Anwaltshaftung nach englischem Recht: *Jackson & Powell* on Professional Negligence; *Dietlmeier*, Die Haftung englischer Rechtsanwälte für Fahrlässigkeit (Professional Negligence); *Graef*, Die Haftung des deutschen und des englischen Anwalts für fehlerhafte Prozeßführung.

dem **Rechtsanwaltsdienstleistungsgesetz** (RADG) vom 16. 8. 1980,[543] das seinerseits auf der Richtlinie des Rates 77/249/EWG vom 22. 3. 1977 betreffend die Erleichterung der tatsächlichen Ausübung des freien Dienstleistungsverkehrs der Rechtsanwälte innerhalb der Europäischen Gemeinschaft beruht.[544] Allerdings ist der ausländische Anwalt dann verpflichtet, **Einvernehmen** mit einem postulationsfähigen Rechtsanwalt herzustellen (**§ 4 Abs. 1 Satz 2 RADG**).[545]

Für den ausländischen Anwalt gelten dieselben Sorgfaltsstandards wie für 332 **deutsche Rechtsanwälte.**[546] Wenn der Einvernehmensanwalt mit dem Mandaten des ausländischen Anwalts keinen eigenen Anwaltsvertrag geschlossenen hat, haftet der ausländische Anwalt für Fehler des Einvernehmensanwalts nach **§ 278 BGB**.

Der **deutsche Einvernehmensanwalt haftet** grundsätzlich nicht gegenüber dem 333 Auftraggeber des ausländischen Anwalts, sondern nur gegenüber dem ausländischen Anwalt aus dem zwischen ihnen bestehenden Vertrag. § 4 Abs. 1 Satz 2 RADG, wonach der Einvernehmensanwalt gegenüber ausländischen Anwälten verpflichtet ist, darauf hinzuwirken, daß sie bei der Vertretung oder Verteidigung die Erfordernisse einer geordneten Rechtspflege beachten, ist nur berufsrechtlich von Bedeutung, haftungsrechtlich jedoch irrelevant.[547] Wenn der deutsche Rechtsanwalt gegenüber dem Mandanten des ausländischen Anwalts besonderes persönliches Vertrauen in Anspruch genommen hat, haftet er diesem ausnahmsweise persönlich.[548]

Wenn ein **deutscher Rechtsanwalt** seinerseits **in einem anderen EU- oder** 334 **EWR-Mitgliedstaat seine anwaltliche Dienstleistung erbringt** und hierzu mit einem im ausländischen Einvernehmensanwalt zusammenarbeitet, ergeben sich haftungsrechtlich keine Besonderheiten für die Zusammenarbeit mit ausländischen Anwälten (vgl. Rn. 311–330). Allerdings sind in jedem Fall auch die Vorschriften des Tätigkeitsstaates zu beachten.

543 BGBl I, S. 1453, zuletzt geändert durch das Gesetz vom 27. 4. 1993, BGBl I, S. 529.

544 ABl EG Nr. L 78 vom 26. 3. 1977, S. 17.

545 Zur Zusammenarbeit mit einem ausländischen Anwalt nach dem Rechtsanwaltsdienstleistungsgesetz: *Henssler*, JZ 1994, 178, 185; *Raiser*, NJW 1991, 2049, 2055 f.; *Schroeder/Federle*, in: Henssler/Prütting, § 4 RADG; *Sieg*, S. 35 f. und S. 174 ff.

546 Vgl. auch: EuGH, NJW 1988, 887, 888 sowie zum RADG, BT-Drucks. 11/4793 vom 15. 6. 1989, S. 7.

547 *Sieg*, S. 176 f.

548 Zur Haftung wegen Inanspruchnahme besonderen persönlichen Vertrauens: BGH, NJW-RR 1990, 459, 460 f. – hierzu Rn. 263, 1531 ff., 1537 ff.

6. Honorar des ausländischen Anwalts

335 **Ziff. 5.7 CCBE-Regeln** bestimmt, daß im beruflichen Verkehr zwischen Rechtsanwälten verschiedener Mitgliedstaaten – vorbehaltlich einer abweichenden Vereinbarung – derjenige Rechtsanwalt, der sich nicht darauf beschränkt, seinem Mandanten einen ausländischen Kollegen zu benennen oder das Mandat zu vermitteln, sondern eine Angelegenheit einem ausländischen Kollegen überträgt oder diesen um Rat bittet, persönlich dann zur **Zahlung des Honorars** verpflichtet ist, wenn Zahlung von dem Mandanten nicht erlangt werden kann. Daraus wird im Schrifttum zum Teil eine zivilrechtliche Haftung des deutschen Rechtsanwalts für das Honorar des ausländischen Anwalts abgeleitet.[549] Dabei wird jedoch nicht hinreichend berücksichtigt, daß die CCBE-Regeln, soweit die Berufsordnung in § 29 Abs. 1 auf sie Bezug nimmt, nur berufsrechtliche Pflichten begründen. Zur Begründung einer zivilrechtlichen Haftung ist die Satzungsversammlung der Rechtsanwälte nicht befugt. Solche Regeln sind dem Bundesgesetzgeber vorbehalten. **Entscheidend ist allein, ob zwischen dem ausländischen Anwalt und dem deutschen Kollegen ein Vertrag besteht.** Einzelheiten ergeben sich nach dem Recht desjenigen Staates, in dem der ausländische Anwalt seine Niederlassung unterhält.[550] Nach deutschem Recht haftet für das Honorar des Rechtsanwalts nur der Auftraggeber (§§ 611, 612, 675 BGB), nicht jedoch dessen Stellvertreter (vgl. § 164 Abs. 1 Satz 1 BGB) oder derjenige, der diesen Auftrag vermittelt hat. Daran ändert sich nichts, wenn es sich bei dem Stellvertreter oder Vermittler um einen anderen Rechtanwalt handelt.

VIII. Sozietät

336 Eine zentrale Frage bei der Zusammenarbeit von Rechtsanwälten in einer Sozietät ist die, unter welchen Voraussetzungen die Mitglieder persönlich für Schadensersatzansprüche des Auftraggebers haften, und zwar auch dann, wenn sie sich selbst nicht schuldhaft pflichtwidrig verhalten haben, i. d. R. nicht einmal an der Übernahme oder Bearbeitung des schadensträchtigen Mandats beteiligt waren.

549 *Hellwig*, AnwBl 1996, 124, 125; *Louven*, VersR 1997, 1050, 1055; *Rinsche/Schlüter*, ZAP (1992), Fach 23, S. 115, 120 f. Unklar *Lörcher*, in: Hartung/Holl, BORA, Anmerkungen zu Ziff. 5.7 CCBE-Richtlinien.

550 Zu dem auf den Anwaltsvertrag anwendbaren Recht: Rn. 170, 171.

1. Grundlagen

Zu den Rechtsformen, in denen Rechtsanwälte zusammenarbeiten können, ist während der letzten Jahre viel geschrieben worden.[551] Im Mittelpunkt des Interesses stand die Zulässigkeit des Zusammenschlusses von Rechtsanwälten in einer **GmbH**, die in dem Beschluß des BayObLG vom 24. 11. 1994 bejaht wurde.[552] Am 25. 7. 1994 wurde das **Partnerschaftsgesellschaftsgesetz** (PartGG) verabschiedet, das am 1. 7. 1995 in Kraft getreten ist. Bereits seit dem 1. 7. 1989 können sich Anwälte aus den Mitgliedstaaten der Europäischen Union grenzüberschreitend zu einer **Europäischen wirtschaftlichen Interessenvereinigung (EWIV)** zusammenschließen. Die Praxis hat die neuen Kooperationsmöglichkeiten eher zurückhaltend angenommen. Bei rund 98 000 zugelassenen Rechtsanwälten waren am 1. 1. 1999 392 Anwalts-Partnerschaften und nur 78 Rechtsanwalts-GmbH registriert.[553] Europaweit bestanden im Februar 1997 741 EWIV. 65 Vereinigungen hatten ihren Sitz in Deutschland. Davon waren 22, also rund ein Drittel, Kooperationen von Rechtsanwälten.[554] 337

Die **§§ 51 a Abs. 2, 59 a BRAO**[555] enthalten erstmals spezielle gesetzliche Regelungen für **Rechtsanwaltssozietäten**. Eine Sozietät ist ein Zusammenschluß von Rechtsanwälten, die nicht nur ein gemeinsames Büro unterhalten, sondern den Beruf im Interesse und auf Rechnung aller Sozien unter Benutzung ihrer gemeinsamen Einrichtungen gemeinschaftlich, als eine Einheit, ausüben.[556] Sie ist die traditionelle Rechtsform, in der Rechtsanwälte beruflich zusammenarbei- 338

551 Etwa *Bayer/Imberger*, DWiR 1993, 309 ff.; *Damm*, in: FS Brandner, 1996, S. 31 ff.; *Hellwig*, AnwBl 1996, 124 ff.; *Henssler*, NJW 1993, 2137 ff.; *Kaiser/Bellstedt*, Die Anwaltssozietät; *Römermann*, Entwicklungen und Tendenzen bei Anwaltsgesellschaften; *Römermann/Spönemann*, NZG 1998, 15 ff.; *Schardey*, in: FS Quack, 1991, S. 731 (736 ff.); *Schneider*, AnwBl 1991, 565 f.; *Sieg*, Internationale Anwaltshaftung, S. 43 ff.; *ders*, ZAP (1998), Fach 23, S. 341 ff.; *Stehle/Longin*, Rechtsformen für die Freien Berufe; *Strotmann*, Der Zusammenschluß von Rechtsanwälten; *Vorbrugg/Salzmann*, AnwBl 1996, 129 ff. sowie die Kommentierungen des § 59 a BRAO. Rechtsvergleichend zu den Rechtsordnungen der EU-Staaten: *Nerlich*, Internationale Kooperationsmöglichkeiten für europäische Rechtsanwälte; *ders.*, AnwBl 1994, 529 (532 ff.). Vgl auch die Angaben zu den einzelnen Kooperationsformen.

552 BayObLG, NJW 1995, 199 ff.; vgl. jetzt §§ 59 c ff. BRAO.

553 BRAK-Mitt. 1999, 90.

554 *Neye*, DB 1997, 861 f. m. w. N.

555 Gesetz zur Neuordnung des Berufsrechts der Rechtsanwälte und Patentanwälte vom 2. 9. 1994, BGBl. I, S. 2278, in Kraft getreten am 9. 9. 1994. Einzelheiten hierzu etwa bei *Hartung*, WiB 1994, 585 ff.; *Kleine-Cosack*, NJW 1994, 2249 ff.; *Loewer*, BRAK-Mitt. 1994, 186 ff.; *Schardey*, AnwBl 1994, 369 ff.

556 BGHZ 56, 355 = NJW 1971, 1801, 1802.

ten.[557] Der Begriff der Sozietät hat einen **gesellschaftsrechtlichen** und einen **berufsrechtlichen Inhalt**. Beide Aspekte müssen auseinandergehalten werden. Besondere Anforderungen an die Ausgestaltung einer Rechtsanwaltssozietät und deren Auftreten nach außen ergeben sich aus dem **Wettbewerbsrecht**.

a) Gesellschaftsrecht

339 Gesellschaftsrechtlich ist eine Sozietät der Zusammenschluß von Rechtsanwälten zur gemeinschaftlichen Berufsausübung in einer **Gesellschaft bürgerlichen Rechts**,[558] soweit die Rechtsanwälte nicht ausdrücklich eine andere Rechtsform gewählt haben. Einzelheiten der gesellschaftsrechtlichen Verfassung einer Sozietät ergeben sich aus **§§ 705 ff. BGB, 51 a Abs. 2 Satz 1 BRAO** und aus dem **Gesellschaftsvertrag**.

b) Berufsrecht

340 **Berufsrechtlich** begrenzt **§ 59 a Abs. 1 und 3 BRAO** die Zulässigkeit einer **Sozietät** auf die Zusammenarbeit mit den Angehörigen der dort genannten Berufsgruppen.[559] Gemäß **§ 59 a Abs. 2 BRAO** muß die Sozietät eine gemeinschaftliche Kanzlei unterhalten oder mehrere Kanzleien, in denen zumindest ein Mitglied der Sozietät verantwortlich tätig ist, für das die Kanzlei den Mittelpunkt seiner beruflichen Tätigkeit bildet.[560] **§ 29 a BRAO**, wonach Rechtsanwälte auch in anderen Staaten Kanzleien einrichten oder unterhalten dürfen, bleibt unberührt. **§ 59 a BRAO** gilt als berufsrechtliche Vorschrift unabhängig von der Rechtsform für sämtliche Zusammenschlüsse von Rechtsanwälten zur gemeinschaftlichen Berufsausübung, insbesondere also auch für Rechtsanwälte, die sich zu einer Partnerschaft zusammengeschlossen haben. Bei einer als GmbH organisierten

557 Allgemein zur Sozietät: *Ahlers*, AnwBl 1992, 54 f.; *Boele*, Die Organisation von Rechtsanwaltssozietäten Heute und Morgen; *Feuerich/Braun*, BRAO, § 59 a Rn. 8 ff.; *Hartung*, AnwBl 1995, 333 ff.; *ders.*, in: Henssler/Prütting, BRAO, § 59 a Rn. 17–92; *Hartstang*, S. 30–74, 590–595; *Kaiser/Bellstedt*, Die Anwaltssozietät, Rn. 1–194; *Kleine-Cosack*, BRAO, § 59 a Rn. 2–39; *Jungk*, AnwBl 1996, 297 ff.; *Kornblum*, BB 1973, 218 ff.; *K. Müller*, NJW 1969, 903 ff. und 1416 f.; *Oppenhoff*, AnwBl 1967, 267 ff.; *Rabe*, NJW 1971, 1385 ff.; *Römermann*, Entwicklungen und Tendenzen bei Anwaltsgesellschaften, S. 30–97; *ders.*, in: Hartung/Holl, BORA, vor § 30 Rn. 16–64; *Schmid*, in: Münchener Handbuch des Gesellschaftsrechts, Band 1, § 19; *Sieg*, Internationale Anwaltshaftung, S. 43 ff. und S. 146 ff.; *Steindorff*, in: FS R. Fischer, 1979, S. 747 ff.; *Vogels*, Die Haftung von Rechtsanwälten in der Sozietät; *Wolf*, in: FS Schneider, 1997, S. 349 ff.

558 BGH, NJW 1971, 1801, 1802; 1996, 2859.

559 Zur interprofessionellen Sozietät Rn. 373–375; zur internationalen Sozietät Rn. 380–387.

560 Zur überörtlichen Sozietät: Rn. 376–379.

Rechtsanwaltsgesellschaft verweist jedoch § 59 m Abs. 2 BRAO nicht auf § 59 a BRAO.

c) Wettbewerbsrecht

Wettbewerbsrechtlich schränkt die Rechtsprechung das Auftreten von Rechtsan- 341
waltssozietäten nach außen ein. Der BGH folgert aus **§§ 1, 3 UWG**, daß ein Rechtsanwalt im gewerblichen Verkehr auf die Mitarbeit in einer Sozietät nur hinweisen darf, wenn die mit den Sozien getroffenen vertraglichen Absprachen den Vorstellungen entsprechen, die das rechtsuchende Publikum mit einer Sozietät berechtigterweise verbindet. **Dem Bild des Außenverhältnisses müsse das Innenverhältnis unter den Rechtsanwälten, die als Sozien auftreten, entsprechen.** Jedes Mitglied der Sozietät müsse durch die Sozietätsvereinbarung ermächtigt und grundsätzlich verpflichtet sein, den Anwaltsvertrag mit Wirkung für und gegen alle Sozien abzuschließen und deren gesamtschuldnerische Haftung mit den Mandanten zu vereinbaren.[561] Daraus leitet der I. Zivilsenat des BGH u. a. ab, daß ein Rechtsanwalt nicht den Anschein erwecken dürfe, sich mit einem anderen Rechtsanwalt zu einer Sozietät zusammengeschlossen zu haben, wenn dies in Wahrheit nicht der Fall sei, wenn also eine sog. Außen- oder Scheinsozietät vorliegt.[562] Dogmatisch inkonsequent – wenn auch in der Sache nicht zu kritisieren – ist dann, daß die Rechtsprechung vor dem Hintergrund der §§ 1, 3 UWG keine Bedenken hat, daß angestellte Rechtsanwälte, mit denen im Innenverhältnis auch keine Geschäftsführungsbefugnis und keine Verteilung von Gewinn und Verlust vereinbart ist, im Briefkopf als „Sozius“ erscheinen dürfen[563].

Ob an dieser wettbewerbsrechtlichen Rechtsprechung seit der grundlegenden 342
Überarbeitung der Bundesrechtsanwaltsordnung im September 1994 noch festzuhalten ist, erscheint fraglich. So hatte der BGH angedeutet, daß an der Vereinbarung der gesamtschuldnerischen Haftung der nach außen in Erscheinung tretenden Sozien jedenfalls festzuhalten sei, solange der Gesetzgeber nicht durch eine Änderung der Haftungsstruktur der Anwaltsgesellschaften die Erwartungshaltung des rechtssuchenden Publikums hinsichtlich der persönlichen Haftung der in einer Sozietät zusammengeschlossenen Rechtsanwälte gewandelt hat.[564] Zwischenzeitlich hat der Gesetzgeber in § 59 a Abs. 2 BRAO die Voraussetzungen für die Bildung

561 BGH, NJW 1991, 49, 50 – zum anwaltlichen Berufsrecht; BGH, NJW 1993, 196, 198 – überörtliche Sozietät; BGH, NJW 1996, 2308, 2309 f. – internationale Sozietät.
562 BGH, NJW 1993, 196, 198.
563 Vgl. BGH, NJW 1996, 2308, 2310.
564 BGH, NJW 1993, 196, 198; vgl. auch BGH, NJW 1992, 3037, 3039.

überörtlicher Rechtsanwaltssozietäten festgelegt. Er hat nicht verlangt, daß der Sozietätsvertrag jedes Mitglied ermächtigen und verpflichten muß, den Anwaltsvertrag mit Wirkung für und gegen alle Sozien abzuschließen und deren gesamtschuldnerische Haftung mit den Mandanten zu vereinbaren. Auch die Gesetzgebungsmaterialien enthalten für einen entsprechenden Willen des Gesetzgebers keinen Anhaltspunkt. Zudem hat der Gesetzgeber in § 51 a Abs. 2 BRAO den Mitgliedern einer Rechtsanwaltssozietät ermöglicht, die Haftung auf einzelne Sozien zu beschränken (dazu Rn. 468–489).

343 Haftungsrechtlich haben die wettbewerbsrechtlichen Regeln – ebenso wie die des Berufsrechts[565] – keine Bedeutung.[566] Mit den einzelnen Normen werden unterschiedliche Zwecke verfolgt.[567] Die Vorschriften des Wettbewerbsrechts bezwecken die Aufrechterhaltung eines fairen Wettwerbs. Sie dienen damit dem Schutz der Allgemeinheit und der Mitbewerber, also der anderen Rechtsanwälte, nicht jedoch der Mandanten.[568] Demgegenüber erfüllen die Vorschriften des Haftungsrechts in erster Linie eine Ausgleichs- und Präventivfunktion und dienen damit dem Schutz der Auftraggeber.[569] Das Berufsrecht bezweckt, das Vertrauen der Allgemeinheit in die ordnungsgemäße Berufsausübung durch die Rechtsanwälte zu gewährleisten (vgl. § 43 BRAO). Die Vorschriften begründen keine subjektiven Rechte des Mandanten.[570]

2. Haftung der Mitglieder einer Sozietät

a) Haftungsverfassung der Gesellschaft bürgerlichen Rechts

344 Unabhängig von der hier in Rede stehenden Haftung der Mitglieder einer Rechtsanwaltssozietät ist die Haftungsverfassung der Gesellschaft bürgerlichen Rechts Gegenstand eines seit Jahrzehnten währenden Streits. Nach der im Schrifttum propagierten sog. **Akzessorietätstheorie** ist eine Gesellschaft bürgerlichen Rechts analog § 124 HGB teilrechtsfähig, und zwar die Gesellschaft selbst und nicht die Gesellschafter in ihrer gesamthänderischen Verbundenheit. Danach haftet den Gläubigern der Gesellschaft grundsätzlich das Gesellschaftsvermögen. Die Mitglieder der Gesellschaft haften analog § 128 HGB persönlich als Gesamt-

565 BGH, NJW 1971, 1801, 1802. Zum Verhältnis von Berufs- und Haftungsrecht vgl. auch Rn. 308.
566 *Eylmann*, in: Henssler/Prütting, BRAO, Vorb. § 43 Rn. 9.
567 Dies wird von *Borgmann/Haug*, § 36 Rn. 4 nicht hinreichend berücksichtigt.
568 Allgemein zu den Zwecken der Vorschriften des UWG: *Baumbach/Hefermehl*, Wettbewerbsrecht, Einl. UWG, Rn. 40 ff.
569 Zu den Funktionen des Haftungsrechts: *Sieg*, S. 63 ff.
570 *Sieg*, S. 89 – zu § 823 Abs. 2 BGB.

schuldner, und zwar akzessorisch neben der Gesellschaft.[571] Nach der traditionellen sog. **Theorie von der Doppelverpflichtung** handelt das nach außen auftretende Mitglied einer Gesellschaft bürgerlichen Rechts sowohl im Namen der Gesellschaft als auch der einzelnen Mitglieder. Neben dem gesamthänderisch gebundenen Gesellschaftsvermögen werden auch die einzelnen Mitglieder der Gesellschaft persönlich rechtsgeschäftlich verpflichtet.[572] Der BGH hat bislang offen gelassen, ob einer Gesellschaft bürgerlichen Rechts umfassende Rechtsfähigkeit zukommt.[573] Auf den dogmatischen Streit über die Rechtsnatur der Gesellschaft bürgerlichen Rechts soll im folgenden nicht weiter eingegangen werden, da die **Rechtsprechung** jedenfalls für die Mitglieder von **Rechtsanwaltssozietäten** eine eindeutige und im Schrifttum nicht in Frage gestellte **vertragsrechtliche Lösung** vertritt.

b) Vertragsrechtliche Lösung der Rechtsprechung

Für die Haftung der Mitglieder einer Rechtsanwaltssozietät entspricht es ständiger Rechtsprechung[574] und wohl allgemeiner Ansicht im Schrifttum,[575] daß **neben der Sozietät, d. h. dem gesamthänderisch gebundenen Gesellschaftsvermögen** (§ 718 Abs. 1 BGB)[576], gemäß § 427 BGB grundsätzlich **alle Sozien aus dem mit dem Auftraggeber bestehenden Vertrag als Gesamtschuldner persönlich mit ihrem Privatvermögen haften**. Grundlegend hierzu ist das Urteil des BGH vom 6. 7. 1971.[577] Danach folgt die Schadensersatzhaftung der Mitglieder einer Rechtsanwaltssozietät den Erfüllungsansprüchen. 345

Nach **§ 425 Abs. 2 BGB** wirkt das Verschulden eines Gesamtschuldners grundsätzlich nur gegen denjenigen Gesamtschuldner, in dessen Person die Voraussetzungen 346

571 *Flume*, Personengesellschaft, § 16 IV 3; *K. Schmidt*, Gesellschaftsrecht, § 60 III 2 (soweit die Gesellschaft von der Organstruktur her einer Personenhandelsgesellschaft vergleichbar ist); *Timm*, NJW 1995, 3209 ff.; *Reiff*, ZIP 1999, 517 ff., jeweils m. w. N.

572 MünchKomm/*Ulmer*, BGB, § 714 Rn. 23 ff.; *ders.*, ZIP 1999, 509 ff. und 554 ff. m. w. N.

573 Zuletzt etwa BGH, NJW 1997, 2754, 2755 – Scheckfähigkeit einer Gesellschaft bürgerlichen Rechts; BGH, NJW 1998, 376; 1998, 2904 f.; vgl. auch OLG Düsseldorf, NJW 1997, 1991 f. – keine generelle Grundbuchfähigkeit einer Gesellschaft bürgerlichen Rechts. Auch *Berndt/Boin*, NJW 1998, 2854 ff.

574 BGH, NJW 1978, 996 f.; 1991, 1225; 1992, 3037, 3038; 1995, 449, 450.

575 *Borgmann/Haug*, § 36 Rn. 1 und § 10 Rn. 27, 28; *Kornblum*, BB 1973, 218 ff.; *K. Müller*, NJW 1969, 903 ff. und 1416 f.; *Plass*, Der Haftungsstatus von Anwaltsgemeinschaften, S. 64 ff.; *Rinsche*, Rn. I 161–165 und I 18–21, *Seltmann*, VersR 1974, 97 ff.; *Sieg*, S. 146 f.; *Steindorff*, in: FS R. Fischer, 1979, S. 747 ff.; *Vollkommer*, Rn. 50–60 und 313–316.

576 Wegen § 736 ZPO muß der Gläubiger insoweit einen Titel gegen alle Mitglieder der Sozietät erwirken, und zwar selbst dann, wenn nicht alle Sozien persönlich haften.

577 BGHZ 56, 355 = BGH, NJW 1971, 1801, 1802 f.

zungen hierfür vorliegen. Es entspricht jedoch ständiger **Rechtsprechung**, daß sich aus den Besonderheiten des mit einer Rechtsanwaltssozietät geschlossenen Vertrages das Gegenteil ergibt (**§ 425 Abs. 1 BGB**). Dieses Ergebnis entspreche allein der **Interessenlage** und **Verkehrsauffassung**. Dem Recht der zur Sozietät verbundenen Rechtsanwälte, selbst darüber zu bestimmen, wer von ihnen den Mandanten betreuen und seine Sache bearbeiten solle und insofern dem Mandanten gegenüber als Einheit, als „die Sozietät" aufzutreten, stehe die Pflicht gegenüber, ihm gegebenenfalls dann auch „als Sozietät" zu haften. Die gerechte Lösung sei allein die **grundsätzlich gesamtschuldnerische Schadensersatzhaftung aller Sozien**. Ohnehin trete i. d. R. die Berufshaftpflichtversicherung für den verantwortlichen Sozius ein.[578]

c) Regelung des § 51 a Abs. 2 Satz 1 BRAO

347 Der Gesetzgeber hat nunmehr in **§ 51 a Abs. 2 Satz 1 BRAO**[579] klargestellt, daß die Mitglieder einer Sozietät „aus dem zwischen ihr und dem Auftraggeber bestehenden Vertragsverhältnis als **Gesamtschuldner**" haften. Diese Vorschrift ist nur insoweit mißverständlich, als von dem Vertragsverhältnis zwischen der „Sozietät" und dem Auftraggeber die Rede ist. Der Gesetzgeber hat mit dieser Formulierung keine Teilrechtsfähigkeit der Sozietät anerkannt.

348 Die **Gesetzgebungsmaterialien** enthalten für eine derartige Auslegung des § 51 a Abs. 2 Satz 1 BRAO keine Anhaltspunkte. Auch im **Gesetz selbst** wurde für die Sozietät – anders als bei dem nahezu zeitgleich erlassenen PartGG – von der ausdrücklichen Anordnung einer Teilrechtsfähigkeit (vgl. § 7 PartGG) und einer akzessorischen Haftung der Gesellschafter (vgl. § 8 Abs. 1 PartGG) abgesehen. Wenn der Gesetzgeber die dogmatische Einordnung der Rechtsanwaltssozietät im besonderen und der Gesellschaft bürgerlichen Rechts im allgemeinen derart grundlegend hätte ändern wollen, hätte es einer eindeutigen Formulierung des Gesetzes, zumindest aber eindeutiger Aussagen während des Gesetzgebungsverfahrens bedurft.

Bei der **Auslegung** des ungenau formulierten § 51 a Abs. 2 Satz 1 BRAO ist die vom Gesetzgeber zugrundegelegte Terminologie der Rechtsprechung zu berücksichtigen. Der BGH verwendet den Begriff Sozietät vielfach synonym mit dem der Gesamthandsgemeinschaft. So heißt es etwa in dem Urteil vom 20. 6. 1996 un-

578 BGH, NJW 1971, 1801, 1803 f. Vgl. auch RGZ 85, 306, 307 f.

579 Eingeführt durch das Gesetz zur Neuordnung des Berufsrechts der Rechtsanwälte und der Patentanwälte vom 2. 9. 1994 (BGBl I, S. 2278), in Kraft getreten am 9. 9. 1994.

ter Berufung auf die Leitentscheidung vom 6. 7. 1971[580], daß ein Anwaltsvertrag „mit den in der Sozietät zusammengeschlossenen Anwälten [...] zustande gekommen“ sei. Der daraus erwachsene Honoraranspruch stehe damit „der von den Anwälten gebildeten Gesamthandsgemeinschaft zu“.[581] An späterer Stelle heißt es in dieser Entscheidung weiter, daß ein Vertrag, „wenn im Einzelfall nichts anderes vereinbart ist, [...] nicht mit dem einzelnen Anwalt, sondern mit der Sozietät zustande [kommt], in deren Namen jener dabei handelt. Für die Annahme, eine zum Gesamthandsvermögen einer Gesellschaft gehörende Forderung stehe gleichzeitig den einzelnen Gesellschaftern als Gesamtgläubigern zu, gibt es keine Grundlage.“[582] Damit erteilt der BGH der im Schrifttum vertretenen Akzessorietätstheorie eine Absage. Der **Begriff der Sozietät** in § 51 a Abs. 2 Satz 1 BRAO kann somit nur im Einklang mit der herkömmlichen Dogmatik und der Rechtsprechung i. S. v. **„Gesamthand“** ausgelegt werden.

§ 51 a Abs. 2 Satz 1 BRAO setzt voraus, daß zwischen dem Auftraggeber und dem Mandanten ein **Vertragsverhältnis** besteht. Die Frage, welche Sozien Vertragspartner des Mandanten sind, beantwortet das Gesetz nicht. Hierzu ist auf die von der Rechtsprechung aufgestellten Regeln abzustellen.

d) Gesamtmandat

Die Frage, welche Rechtsanwälte einer Sozietät **Vertragspartner des Auftraggebers** werden, hat der BGH in der vorbezeichneten Entscheidung vom 6. 7. 1971 ausführlich beantwortet. Ein Rechtsanwalt einer Sozietät, der ein ihm angetragenes Mandat annimmt, handelt danach **regelmäßig namens der Sozietät**. Er verpflichtet nicht nur sich selbst, sondern auch seine Sozien.[583] Vertragspartei ist allerdings nicht die Sozietät als solche, da diese keine juristische Person ist.[584] 349

Allgemein können die Gesellschafter einer Gesellschaft bürgerlichen Rechts gemäß **§§ 714, 709 Abs. 1 BGB** die Gesamthand grundsätzlich nur gemeinsam ver- 350

580 BGH, NJW 1971, 1801.
581 BGH, NJW 1996, 2859.
582 BGH, NJW 1996, 2859, 2860.
583 Daraus folgert der BGH unter anderem auch, daß verjährungsunterbrechende bzw. -einschränkende Erklärungen oder Handlungen eines Sozietätsmitglieds auf der Schuldnerseite grundsätzlich auch gegenüber der Gesamthand sowie den persönlich auf Erfüllung des Schadensersatzanspruch haftenden anderen Mitgliedern der Sozietät wirken. Der dem Mandanten gegenüber auftretende Sozius kann zwar sein Verhalten auf seine eigene Verbindlichkeit beschränken und deutlich machen, daß es nur für ihn persönlich und nicht für etwaige Ansprüche gegen seine Kollegen gelten soll. Eine solche Einschränkung muß in einer entsprechenden Erklärung oder aufgrund der Besonderheiten der konkreten Umstände für den Mandanten deutlich hervortreten. BGH, NJW-RR 1996, 313, 315.
584 BGH, NJW 1971, 1801, 1802.

treten. Diese Regel ist jedoch, wie **§ 710 BGB** zeigt, nicht zwingend. Der Gesellschaftsvertrag kann ausdrücklich oder stillschweigend etwas anderes bestimmen. Aus der **Eigenart der Rechtsanwaltssozietät** und dem **regelmäßigen Willen der Vertragsparteien** leitet die – von §§ 709, 714 BGB abweichende – Rechtsprechung ab, daß **nach außen**, soweit es um das Verhältnis zum Mandanten geht, **jeder Sozius befugt ist, für die Gesellschaft zu handeln und damit diese zu berechtigen und zu verpflichten.**[585]

351 Hierzu hat der BGH weiter ausgeführt, daß für die Bestimmung des Vertragspartners **im Einzelfall** zu ermitteln sei, von welchem Rechtsanwalt der Mandant nach seinem ausdrücklich oder schlüssig erklärten Willen die Erfüllung vertraglicher Pflichten erwarte, und inwieweit ein Anwalt der Sozietät diese Pflichten übernommen habe. Für die **Auslegung** der beiderseitigen Willenserklärungen seien die äußeren Umstände, vor allem die **Verkehrsauffassung** maßgebend. Diese gehe dahin, daß die Sozietät ihren Ruf dem Mandanten anbiete. Der Mandant vertraue auf diesen Ruf, der oft durch ihren Senior-Partner begründet worden sei und in die Zukunft fortwirke. **Der Rechtsuchende, der eine Sozietät beauftrage,** wolle sich gerade – von Ausnahmen abgesehen – **die Vorteile zu nutze machen**, die ihm eine solche Sozietät biete. Er werde wissen, daß innerhalb der Sozietät grundsätzlich nur einer der Anwälte die Sache bearbeite. Darauf werde er sogar Wert legen, weil er nicht alle Rechtsanwälte, sondern nur einen informieren wolle, der ihn vor Gericht vertreten solle und mit dem er seine Angelegenheit besprechen könne. Auf diese Umstände, die bei der Beauftragung eines allein tätigen Rechtsanwalts das Vertrauensverhältnis begründeten und festigten, wolle der Auftraggeber einer Sozietät nicht verzichten. Der Auftraggeber wolle insofern besser stehen, als er die Gewißheit habe, daß hinter „seinem“ Anwalt die Sozietät mit ihren **Vorteilen in Bezug auf Arbeitsteilung und Organisation** stehe. Wenn seine Sache von einem der Sozien bearbeitet werde, der noch über keine große Erfahrung verfüge, rechne der Mandant damit, daß dieser sich insbesondere in Spezialfragen bei den anderen Anwälten der Sozietät Rat holen werde. Die gemeinsame Nutzung der Berufserfahrung und die Pflege des Gedankenaustausches gehöre zum Zweck der Sozietät. Die Anwälte schlössen sich daher auch zu einer Sozietät zusammen, weil sie wüßten, daß die beschriebenen Vorteile manchen Mandanten bewegten, gerade diese Sozietät mit seiner Sache zu betrauen.[586]

352 Die Ausführungen des BGH beanspruchen nach wie vor Gültigkeit und beschreiben die **Interessenlage zwischen Mandant und beauftragtem Rechtsanwalt**

585 BGH, NJW 1971, 1801, 1802; NJW-RR 1996, 313, 314; NJW 1996, 2859.
586 BGH, NJW 1971, 1801, 1802 f.; vgl. auch BGH, NJW 1994, 257; 1994, 2302.

bzw. beauftragter Sozietät zutreffend. Auch wenn der Mandant eine Sozietät beauftragt, ist das Verhältnis zwischen Rechtsanwalt und Mandant stark personenbezogen. Im Vordergrund steht i. d. R. die **persönliche Vertrauensbeziehung zu einem einzelnen Rechtsanwalt**. Die **hinter diesem Rechtsanwalt stehende Sozietät gibt i. d. R. lediglich einen zusätzlichen Anreiz** für die Beauftragung des vom Mandanten ausgewählten Rechtsanwalts. Auch bei großen Sozietäten wenden sich die Mandanten im allgemeinen weniger an die Sozietät als solche, sondern an ein einzelnes Mitglied.

Das **Innenverhältnis**, d. h. die Aufgabenverteilung der Sozien untereinander, 353
spielt für die haftungsrechtliche Bewertung keine Rolle. Deshalb ist unerheblich, welcher Rechtsanwalt ein Mandat angenommen oder bearbeitet bzw. einen Schriftsatz unterschrieben hat.[587]

e) Einzelmandat

Die Beauftragung nur eines Rechtsanwalts oder einer Gruppe von Rechtsanwälten 354
einer Sozietät (sog. **Einzelmandat**) stellt den **Ausnahmefall** dar. Entscheidend für die **Abgrenzung eines Gesamtmandats von einem Einzelmandat** sind die Umstände des Falls unter Berücksichtigung der gegenseitigen Interessen, vor allem das Auftreten des Rechtsanwalts bzw. der Rechtsanwälte nach außen hin.

§ 51 a Abs. 2 Satz 2 und 3 BRAO ermöglicht den zu einer Sozietät verbundenen 355
Rechtsanwälten, mit dem Auftraggeber zu vereinbaren, daß die **Haftung auf einzelne Mitglieder der Sozietät konzentriert** wird (dazu Rn. 468–489). In der Sache wirkt eine solche Haftungsbeschränkung wie die **Vereinbarung eines Einzelmandats**. Aber auch wenn die Beteiligten nicht ausdrücklich eine Haftungsbeschränkung auf einzelne Mitglieder einer Sozietät vereinbart haben, kann sich **aus den Umständen ein Einzelmandat** ergeben. Ausgangspunkt für die Abgrenzung sind die zuvor dargelegten Erwägungen, die den BGH in dem Urteil vom 6. 7. 1971 veranlaßt haben, grundsätzlich eine gesamtschuldnerische Haftung der Mitglieder einer Rechtsanwaltssozietät anzunehmen.[588]

Der Wortlaut der **(Prozeß-)Vollmacht** kann im Rahmen der Gesamtwürdigung 356
der Umstände des Einzelfalls nur ein **Indiz** dafür sein, ob der Anwaltsvertrag mit einem Mitglied einer Rechtsanwaltssozietät als Gesamt- oder Einzelmandat vereinbart worden ist.[589] Dies ergibt sich daraus, daß die (Prozeß-)Vollmacht

587 BGH, NJW 1971, 1801, 1802.
588 BGH, NJW 1971, 1801, 1802 f.
589 BGH, NJW 1978, 1003, 1004; OLG Koblenz, NJW-RR 1997, 952, 953; *Borgmann/Haug*, § 36 Rn. 10.

mit dem Innenverhältnis des Rechtsanwalts zu dem Mandanten, dem Anwaltsvertrag, nichts zu tun hat; sie soll lediglich den Anwalt nach außen legitimieren. Die Prozeßvollmacht ermöglicht es dem beauftragten Rechtsanwalt, ein anderes Sozietätsmitglied auch dann, wenn dieses an sich nicht für den Mandanten tätig ist, als Prozeßbevollmächtigten, also nicht nur als Unterbevollmächtigten, auftreten zu lassen. Daraus hat der BGH gefolgert, daß dann, wenn der Mandant die Prozeßvollmacht nur auf einen der Rechtsanwälte einer Sozietät ausgestellt habe, anzunehmen sein dürfte, er habe den Anwaltsvertrag nur mit diesem Rechtsanwalt abgeschlossen.[590] Eine solche Einzelvollmacht muß allerdings im unmittelbaren Zusammenhang mit der Beauftragung eines Rechtsanwalts der Sozietät unterzeichnet werden. Eine erst während der Bearbeitung der Sache ausgestellte Einzelvollmacht läßt demgegenüber keinen zuverlässigen Schluß darauf zu, mit wem ursprünglich der Anwaltsvertrag geschlossen worden ist.[591] Später hat der BGH betont, daß ein Mandat einer Rechtsanwaltssozietät und nicht einem einzelnen Mitglied dieser Sozietät erteilt sei, wenn dem Mandanten nach Abschluß des Anwaltsvertrages eine Vollmacht zur Unterschrift vorgelegt werde, in der nur ein Rechtsanwalt angegeben ist. Im Zweifel werde der Mandant diesen nur als den sachbearbeitenden Rechtsanwalt und die Sozietät insgesamt als seinen Vertragspartner ansehen. Solle der Auftrag gleichwohl nicht für die Sozietät, sondern nur für einen bestimmten Rechtsanwalt angenommen werden, so sei dies dem Mandanten sofort und ausdrücklich zu erklären.[592]

357 Daß das **Auftragsschreiben an einen Sozius** gerichtet ist, läßt keinen sicheren Rückschluß darauf zu, daß ein Einzelmandat erteilt werden soll.[593] Umgekehrt spricht für die Vereinbarung eines Gesamtmandats, wenn die Sozien in der **Auftragsbestätigung und späteren Korrespondenz ständig die Formulierung „wir" verwenden** und hierzu den **Briefbogen der Sozietät** verwenden.[594]

358 In einem anderen Fall hat der BGH entschieden, daß eine Partei, die ein im Verfahren der **Prozeßkostenhilfe** beigeordnetes Sozietätsmitglied beauftragt, nur für dessen Verschulden einzustehen braucht, nicht aber für das eines anderen Mitglieds der Sozietät.[595] Bestellen sich dagegen die Mitglieder einer Rechtsanwaltssozietät für einen Mandanten und wird im Laufe des Verfahrens Prozeßkostenhilfe unter Beiordnung eines Sozietätsmitglieds beantragt, haften gleichwohl alle So-

590 BGH, NJW 1971, 1801, 1802 unter Berufung auf § 84 ZPO.
591 BGH, NJW 1978, 996 f.
592 BGH, NJW 1978, 1003, 1004; vgl. auch BGH, Urt. v. 8. 7. 1999 – IX ZR 338/97, z. V. b. sowie OLG Koblenz, NJW-RR 1997, 952, 953.
593 BGH, NJW 1994, 257; 1995, 1841; OLG Köln, NJW-RR 1997, 438, 439.
594 OLG Köln, NJW-RR 1997, 438, 439; a. A. OLG Düsseldorf, NJWE-VHR 1997, 255.
595 BGH, NJW 1991, 2294 – zu § 85 Abs. 2 ZPO; vgl. auch BGH, NJW 1971, 1801, 1803.

zietätsmitglieder, sofern nicht ausnahmsweise mit hinreichender Deutlichkeit zum Ausdruck gekommen ist, daß der Mandant nur dieses Sozietätsmitglied beauftragen wollte. Dies gilt nach Ansicht des OLG Köln jedenfalls bis zu einer Beiordnung.[596] Entsprechendes gilt für alle **anderen Beiordnungsfälle** i. S. d. **§§ 48–49 a BRAO** (Rn. 160–169).

Ein **Einzelmandat** an einen Rechtsanwalt, der einer Sozietät angehört, liegt nahe, 359
wenn dieser mit einer Tätigkeit betraut wird, die an sich **außerhalb** des durch § 3 Abs. 1 BRAO gekennzeichneten **Berufsbildes des Rechtsanwalts** liegt. Genannt werden in diesem Zusammenhang etwa **amtliche oder amtsähnliche Aufgaben** (dazu Rn. 153–159) wie Testamentsvollstreckung, Vormundschaft, Pflegschaft, Konkurs-, Vergleichs- oder Nachlaßverwaltung.[597] Ein Gesamtmandat kommt nicht zustande, wenn ein Rechtsanwalt, der Mitglied einer Sozietät ist, für seinen Auftraggeber Geldbeträge in Empfang zu nehmen und/oder weiterzuleiten hat, um ein Darlehensverhältnis mit einem im Ausland ansässigen Darlehensgeber anzubahnen und abzuwickeln, falls hiermit keine rechtliche Beratung verbunden ist.[598] Bei der Wahrnehmung einer anwaltsfremden Aufgabe, etwa einer **treuhänderischen Tätigkeit**[599], ist aber dann kein Einzelmandat anzunehmen, wenn diese mit der rechtsberatenden Tätigkeit eines Rechtsanwalts in Zusammenhang steht.[600]

Im Schrifttum wird die Ansicht vertreten, daß der Mandant, der aus besonderen 360
Gründen den Auftrag an die Person eines der Rechtsanwälte geknüpft hat, auch nur diesen Rechtsanwalt für einen Fehler haftbar machen könne. Ein Einzelmandat liege z. B. vor, wenn der Mandant sich an einen Rechtsanwalt wegen dessen **besonderer fachlicher Kenntnisse** wende oder weil er mit dem Rechtsanwalt **persönlich bekannt** sei.[601] Gegen diese Ansicht spricht, daß es schwierig ist festzustellen, wann diese Voraussetzungen vorliegen. Zudem kann nicht ausgeschlossen werden, daß der Rechtsuchende auch in solchen Fällen die Vorteile des Zusammenwirkens von Rechtsanwälten in einer Sozietät nutzen möchte. Der vorbezeichneten Ansicht steht nunmehr auch der Gedanke des § 51 a Abs. 2 Satz 2, 3 BRAO entgegen.

596 OLG Köln, AnwBl 1994, 300.
597 *Borgmann/Haug*, § 36 Rn. 16.
598 OLG Düsseldorf, NJWE-VHR 1997, 255.
599 Allgemein zur Wahrnehmung anwaltsfremder Aufgaben: Rn. 132–152.
600 BGH, NJW-RR 1988, 1299; BGH, Urt. v. 8. 7. 1999 – IX ZR 338/97, z. V. b.
601 *Borgmann/Haug*, § 36 Rn. 12; *Kornblum*, DB 1873, 218, 224 f.; *Müller*, NJW 1969, 903, 905; *Vollkommer*, Rn. 54, 55.

361 Ein Einzelmandat kann auch vereinbart sein, **wenn nur einer der Sozietätsanwälte bei dem Gericht zugelassen ist, vor dem die Sache zu verhandeln ist.**[602] Inzwischen hat der BGH die entsprechende Rechtsprechung modifiziert. Daß einzelne Mitglieder der Sozietät bei demjenigen Gericht, bei dem der Rechtsstreit geführt werden soll, nicht zugelassen seien, schließe ein Gesamtmandat und damit eine gesamtschuldnerische Haftung aller Sozien nicht aus.[603] Hierfür spricht, daß der Auftraggeber im Einzelfall gar nicht erkennen kann, welcher Rechtsanwalt einer Sozietät ein Mandat tatsächlich bearbeitet. Derjenige Rechtsanwalt, der einen Schriftsatz unterschreibt, muß nicht unbedingt auch dessen Verfasser sein. Zudem spielen auch bei einem Prozeßmandat die Beratung des Mandanten und der Erfahrungsaustausch unter den Mitgliedern der Sozietät eine erhebliche Rolle. § 51 a Abs. 2 Satz 2, 3 BRAO stellt klar, daß die Haftung nur einzelner Mitglieder einer Sozietät, die an einem bestimmten Gericht zugelassen sind, eine den Maßgaben dieser Vorschrift entsprechende Vereinbarung mit dem Auftraggeber voraussetzt. Dies betrifft insbesondere Sozietäten, deren Mitglieder bei dem jeweiligen Landgericht sowie bei dem übergeordneten Oberlandesgericht zugelassen sind. Auch bei einer **überörtlichen Sozietät** (dazu Rn. 376–379) liegt nicht allein deshalb ein Einzelmandat vor, weil die Mitglieder bei verschiedenen Landgerichten zugelassen sind. Besonderheiten ergeben sich, wenn Rechtsanwälte sich zu einer **interprofessionellen** (dazu Rn. 373–375) oder zu einer **internationalen**[604] **Sozietät** verbunden haben.

3. Haftung neu eingetretener Mitglieder

362 Der einem Einzelanwalt erteilte Auftrag erstreckt sich nicht automatisch auf einen später hinzutretenden Sozius. Dazu bedarf es vielmehr einer **vertraglichen Einbeziehung des neuen Sozius in das bisherige Einzelmandat**. Es reicht aus, wenn dies **stillschweigend** erfolgt. Dies begründet der BGH mit den Erwägungen, die er der Entscheidung vom 6. 7. 1971[605] zugrundegelegt hat.[606] Nur bei einer im Zeitpunkt der Auftragserteilung bestehenden Sozietät entspreche eine gesamtschuldnerische Verpflichtung aller Mitglieder dem übereinstimmenden Willen der Vertragschließenden und sei ein Wille auf Einbeziehung der gesamten Sozietät

602 BGH, NJW 1971, 1801, 1803; vgl. auch BGH, NJW 1982, 1866.

603 BGH, NJW 1994, 257, 258; 1995, 1841 – beide Urteile zu § 85 Abs. 2 ZPO; OLG Düsseldorf (24. Senat), AnwBl 1995, 193 f.; a. A. OLG Düsseldorf (10. Zivilsenat), JurBüro 1993, 686; MDR 1994, 411; NJW-RR 1995, 376 – alle zu § 91 Abs. 2 Satz 3 ZPO; vgl. auch Rn. 378, 379.

604 Zur internationalen Anwaltssozietät s. Rn. 380–388.

605 BGH, NJW 1971, 1801.

606 BGH, NJW 1988, 1973 f.; OLG Bamberg, NJW-RR 1989, 223.

anzunehmen. Anders sei es bei der Gründung einer Anwaltssozietät bezüglich der bereits vorher den einzelnen Rechtsanwälten erteilten Einzelmandate. Hier hätten bei Auftragserteilung weder der Mandant noch der Rechtsanwalt den Willen gehabt, das Auftragsverhältnis mit allen Mitgliedern bzw. für alle Mitglieder der – noch gar nicht bestehenden – Sozietät abzuschließen. Ein entsprechender Wille der Vertragschließenden könne auch bei der späteren Gründung der Sozietät fehlen. Damit vertragliche Beziehungen auch zwischen dem Mandanten und dem bei der Gründung der Sozietät neu hinzutretenden Rechtsanwalt entstehen, bedürfe es vielmehr einer nachfolgenden – auch stillschweigenden – Willensübereinstimmung zwischen dem Mandanten und dem Sozius.[607]

Diese Rechtsprechung zur Gründung einer Sozietät hat der BGH auf den **nachträglichen Eintritt in eine Sozietät** ausgeweitet.[608] Danach kann die Einbeziehung eines neu eintretenden Sozius in ein bestehendes Mandatsverhältnis von vornherein oder nachträglich – ausdrücklich oder stillschweigend – erfolgen. Wenn die Parteien keine ausdrückliche Regelung getroffen haben, ist zu prüfen, ob der Anwaltsvertrag entsprechend ausgelegt werden kann. Der Anwaltsvertrag mit einer Sozietät ist nach Treu und Glauben mit Rücksicht auf die Verkehrssitte und die Interessenlage der Parteien i. d. R. so zu verstehen, daß bei einer personellen Erweiterung der Sozietät auch deren neue Mitglieder vom Zeitpunkt ihres Eintritts an mitbeauftragt sein sollen. Die Einbeziehung des neuen Sozius setzt im Außenverhältnis zum Mandanten dessen Zustimmung voraus. Ohne sein Einverständnis besteht der Anwaltsvertrag nur mit der bei Vertragsschluß vorhandenen Sozietät. Hierzu hat der Senat ausgeführt, daß im Zweifel sowohl der Mandant als auch die Sozietät den Willen hätten, im Fall einer Sozietätserweiterung das hinzutretende Mitglied von diesem Zeitpunkt an in das Auftragsverhältnis einzubeziehen. Denn die vom Mandanten erstrebten Vorteile könnten hierdurch nur vermehrt werden. Umgekehrt bestehe für die Sozietät ein praktisches Bedürfnis, auch einen neuen Sozius in die laufenden Vertragsbeziehungen mit Mandanten einzubinden und die in Erfüllung des Auftrags geschuldeten Leistungen mit dem jeweiligen Personal erbringen zu dürfen. Im Einzelfall ist es denkbar, daß aus besonderen Gründen ein Auftrag ausschließlich an die Mitglieder der bei Mandatserteilung bestehenden Sozietät geknüpft sein soll.[609] 363

Ein in eine Sozietät eintretendes **neues Mitglied haftet nicht für Schadensersatzansprüche aus einem Mandatsverhältnis, das zu dem Zeitpunkt seines Ein-** 364

607 Vgl. auch KG, JW 1937, 2217; OLG Karlsruhe, Rpfleger 1957, 42 sowie *Borgmann/Haug*, § 36 Rn. 20–23.
608 BGH, NJW 1994, 257 f.
609 Vgl. auch BGH, NJW 1990, 827, 829 – Eintritt in Steuerberatersozietät.

tritts bereits abgeschlossen war.[610] Soweit der Mandant in einem solchen Fall beabsichtigt, in das Gesellschaftsvermögen zu vollstrecken, muß er allerdings auch einen **Titel auf Duldung der Zwangsvollstreckung** gegen das neu eingetretene – nicht persönlich haftende – Mitglied der Sozietät erwirken (§ 736 ZPO).[611] Wenn ein Rechtsanwalt nach dem Tod eines Mitglieds der Sozietät ein bisher von diesem betreutes **Einzelmandat übernimmt**, ist er ohne besonderen Anlaß nicht verpflichtet, die Handakten darauf durchzusehen, ob der verstorbene Sozius in der Vergangenheit Maßnahmen zur Wahrung der Interessen des Mandanten unterlassen hat.[612]

4. Haftung ausgeschiedener Mitglieder

365 Ein Rechtsanwalt, der aus einer Sozietät ausscheidet, ist damit nicht auch ohne weiteres aus dem Mandatsverhältnis mit seinen Rechten und Pflichten entlassen. Zur Überleitung **der Rechte gegenüber dem Auftraggeber** bedarf es einer Vereinbarung mit den (ehemaligen) Sozien. Eine solche Regelung kann auch bereits **im Sozietätsvertrag** vorweggenommen werden. Für die **Entlassung aus den Pflichten** muß der Mandant seine – ausdrückliche oder stillschweigende – Zustimmung erklären (vgl. auch §§ 414, 415 BGB). Hierzu hat der BGH wiederholt Stellung genommen.

366 Wenn ein Rechtsanwalt aus einer Sozietät ausscheidet, kann es dem **vermutlichen Parteiwillen** entsprechen, daß dieser Sozius berechtigt ist, die noch laufenden Verträge zu kündigen. Eine **Kündigung** hat zur Folge, daß das Mandatsverhältnis mit den verbleibenden Sozien fortgesetzt wird (§§ 675, 627, 671 Abs. 2 BGB).[613] Wird dem Mandanten das Ausscheiden eines Sozius angezeigt, kann darin eine solche Kündigung gesehen werden.[614]

367 Für die Haftung eines ausgeschiedenen Sozietätsmitglieds kommt es auf den Zeitpunkt an, zu dem die Sozietät die in Frage stehende Pflicht verletzt hat. **Das ausgeschiedene Mitglied haftet grundsätzlich nur für Pflichtverletzungen während seiner Mitgliedschaft.**[615]

368 Besonderheiten ergeben sich aus den folgenden Grundsätzen der **Anscheinssozietät** (dazu Rn. 369–372), etwa wenn das ausgeschiedene Sozietätsmitglied nicht al-

---

610 OLG Hamburg, VersR 1980, 1073, 1074.
611 *Borgmann/Haug*, § 36 Rn. 20.
612 BGH, NJW 1988, 1973, 1974.
613 Zur Kündigung des Anwaltsvertrages gemäß § 627 BGB Rn. 61–68.
614 BGH, NJW 1982, 1866.
615 BGH, NJW 1982, 1866 f.

les Zumutbare unternimmt, damit sein Name von dem Briefbogen und dem Praxisschild der Sozietät entfernt wird.

5. Anscheinssozietät

Erwecken Rechtsanwälte nach außen den Anschein, zwischen ihnen bestehe eine 369
Sozietät, haften sie ihrem Auftraggeber nach den Grundsätzen der Duldungs- bzw. Anscheinsvollmacht wie Mitglieder einer Sozietät. Für eine gesamtschuldnerische Haftung kommt es nicht auf die gesellschaftsrechtliche Verbindung im Innenverhältnis an, sondern ausschließlich auf das **nach außen zurechenbar veranlaßte Auftreten der Rechtsanwälte**. Die wettbewerbsrechtlichen Beschränkungen von Anscheinssozietäten (vgl. Rn. 341–343) sind haftungsrechtlich ohne Relevanz.

Eine Anscheinssozietät und damit die Voraussetzungen einer gesamtschuld- 370
nerischen Haftung der Anscheinssozien liegen vor, wenn **angestellte Rechtsanwälte** bzw. **freie Mitarbeiter** mit den Mitgliedern einer **Sozietät** oder einer **Bürogemeinschaft** in nicht unterscheidbarer Weise gemeinsam auf dem Briefkopf, dem Praxisschild oder Stempel wie Mitglieder einer Sozietät aufgeführt sind.[616]

Ein Rechtsanwalt haftet auch dann nach den Grundsätzen der Anscheinssozietät, 371
wenn er seinen ehemaligen Sozien gestattet hat, seinen Namen weiterhin auf den Briefköpfen zu verwenden.[617] Im Ergebnis gilt nichts anderes, wenn der **Name eines aus einer Sozietät ausgeschiedenen Rechtsanwalts weiterhin auf dem Praxisschild und den Briefbögen der Kanzlei** erscheint und dieser nicht alle zumutbaren Maßnahmen zur Beseitigung des **Rechtsscheins** ergriffen hat.[618] Zur Begründung hat der BGH darauf abgestellt, daß der Auftraggeber sich i. d. R. keine Gedanken darüber mache, welche Rechtsanwälte zum Zeitpunkt des Vertragsschlusses tatsächlich der Sozietät angehören. Der Auftraggeber gehe erfahrungsgemäß davon aus, daß die namentlich bezeichneten Personen zur Kanzlei [wohl: Sozietät] gehörten. Er wolle grundsätzlich die Erfahrung und den Ruf der Sozietät uneingeschränkt in Anspruch nehmen. Demgegenüber

616 BGH, NJW 1978, 996 f.; 1990, 827, 829 – Steuerberatersozietät; 1991, 1225; 1994, 257, 258; BGH, Urt. v. 8. 7. 1999 – IX ZR 338/97, z. V. b.; OLG Koblenz, NJW-RR 1997, 952, 953; vgl. auch BAG, NJW 1997, 1867 f. sowie *Borgmann/Haug*, § 36 Rn. 3; *Rinsche*, Rn. I 162; *Sieg*, Internationale Anwaltshaftung, S. 149.

617 BGH, NJW-RR 1988, 1299.

618 BGH, NJW 1991, 1225; vgl. auch OLG Brandenburg, AnwBl 1995, 262, 263.

sei dem ausgeschiedenen Rechtsanwalt bewußt, daß die Sozietät nach außen hin scheinbar fortdauere, solange nicht die Merkmale beseitigt sind, die ihn als Sozietätsmitglied ausweisen und sein Einverständnis mit dem Auftreten des Partners auch in seinem Namen kundtun. Die gesetzliche Regelung der Rechtsscheinvollmacht (**§§ 170–172 BGB**) lasse die Haftung des Vertretenen grundsätzlich so lange bestehen, bis der die Vertretungsbefugnis dokumentierende Akt durch eine nach außen tretende Handlung beseitigt sei. Der Geschäftsherr genüge daher seinen Obliegenheiten nicht schon dadurch, daß er dem Vertreter dessen Handlungen intern ernstlich untersage. Er müsse vielmehr im Rahmen des ihm Zumutbaren selbst diejenigen Handlungen vornehmen, die geeignet seien, den aus der früheren Bevollmächtigung erwachsenen Rechtsschein zu zerstören. Dies erscheine bei der Beendigung einer Rechtsanwaltssozietät in besonderem Maße als notwendig, weil das Praxisschild sich an einen nicht begrenzbaren Personenkreis wende und von einer Vielzahl von Personen wahrgenommen werden könne.

372 Eine Rechtsscheinhaftung ist **ausgeschlossen**, wenn der **Mandant weiß**, daß der in Anspruch genommene Rechtsanwalt nicht Mitglied der Sozietät ist.[619]

6. Interprofessionelle Sozietät

373 **Rechtsanwälte** können sich auch **mit Angehörigen anderer freier Berufe zu einer Sozietät** zusammenschließen. Dies ergibt sich aus § 59 a Abs. 1, Abs. 3 Nr. 2 BRAO, § 42 StBerG bzw. §§ 27, 128, 130 WPO. Allerdings ist eine sog. **interprofessionelle Sozietät** nur mit Angehörigen der in dieser Vorschrift aufgeführten Berufsgruppen berufsrechtlich zulässig, also mit **Patentanwälten, Steuerberatern, Steuerbevollmächtigten, Wirtschaftsprüfern oder vereidigten Buchprüfern.**[620] Sozietäten zwischen Rechtsanwälten und **Notaren** sind gemäß § 9 Abs. 2 BNotO[621] zulässig, wenn die Notare selbst als Rechtsanwalt zugelassen sind. Gemäß § 59 a Abs. 1 Satz 3 und 4 BRAO gilt dies allerdings nur in Bezug auf die anwaltliche Berufsausübung.[622] Für die Vertretung eines Notars gelten die besonderen Vorschriften in §§ 38 ff. BNotO. **Anwaltsnotare** können sich auch mit den Angehörigen der in § 9 Abs. 2 BNotO genannten Berufsgruppen, insbeson-

619 BGH, NJW-RR 1988, 1299, 1300.

620 Zu interprofessionellen Sozietäten: *Hartung*, in: Henssler/Prütting, § 59 a Rn. 68–82; *Michalski/Römermann*, NJW 1996, 3233 ff.; *Sieg*, S. 47.

621 I. d. F. des 3. Gesetzes zur Änderung der Bundesnotarordnung und anderer Gesetze vom 31. 8. 1998, in Kraft getreten ebenfalls am 31. 8. 1998, BGBl I, S. 2585.

622 Ausführlich zum sog. Anwaltsnotar: Rn. 109–128.

dere mit Steuerberatern[623] oder Wirtschaftsprüfern[624] zu einer Sozietät zusammenschließen.

Ein Rechtsanwalt, der sich mit einem **Wirtschaftsprüfer** und/oder **Steuerberater** 374
zu einer Sozietät zusammenschließt, wird durch ein Mandat, das **steuerliche Angelegenheiten** zum Gegenstand hat und der Sozietät als solcher erteilt wird, mitverpflichtet. Zur Begründung hat der BGH[625] auf die bereits erwähnte Entscheidung vom 6. 7. 1971[626] abgestellt. Entscheidend sei, ob nach der Verkehrsauffassung angenommen werde müsse, daß dasjenige Mitglied der Sozietät, welches den Auftrag angenommen hat, bei der Entgegennahme des Mandats auch im Namen seiner Sozien habe handeln wollen. Ein Rechtsanwalt ist nicht gehindert, die steuerliche Beratung eines Mandanten zu übernehmen. Nach § 3 Abs. 1 BRAO ist der Rechtsanwalt der berufene unabhängige Berater und Vertreter in allen Rechtsangelegenheiten. Das gesetzliche Berufsbild des Rechtsanwalts schließt also auch die steuerrechtliche Beratung ein. § 3 Nr. 2 StBerG stellt klar, daß Rechtsanwälte zur geschäftsmäßigen Hilfeleistung in Steuersachen befugt sind. Daher haften alle Mitglieder der Sozietät für eine fehlerhafte Bearbeitung des steuerrechtlichen Mandats grundsätzlich als **Gesamtschuldner**.[627]

Die unterschiedliche berufliche Qualifikation der einzelnen Mitglieder einer inter- 375
professionellen Sozietät hat (lediglich) zur Folge, daß eine gesamtschuldnerische Verpflichtung nur entstehen kann, **soweit jeder Sozius die allgemeinen rechtlichen und fachlichen Voraussetzungen zur Bearbeitung des erhaltenen Auftrags erfüllt**, d. h. berufsrechtlich zur Vertragserfüllung befugt ist. Daher kann in einer Sozietät zwischen einem Rechtsanwalt und einem Steuerberater allein im Bereich der Steuerberatung eine gesamtschuldnerische Mithaftung des Steuerberaters begründet werden.[628] Umgekehrt bedeutet dies, daß ein Steuerberater-Sozius nicht haftet für eine außersteuerliche, ihm selbst gemäß § 1 RBerG verbotene Rechtsberatung durch seinen Rechtsanwaltssozius. Nicht mehr in das Betätigungsfeld eines Steuerberaters fallen etwa Pflichtverletzungen bezüglich Ausschlußfristen, Verjährung oder Formvorschriften im zivilrechtlichen Bereich. Ob dies auch für eine Beratung über steuerliche Auswirkungen eines Vertrages gilt, die im Zusammenhang mit einem Vertragsentwurf der Sozietät geschuldet wird,[629] erscheint sehr fraglich. Dann vertraut der Auftraggeber jedenfalls auch auf das Zusammen-

623 Vgl. auch BVerfGE 80, 269 = NJW 1989, 2611.
624 Vgl. auch BVerfG, NJW 1998, 2269 ff.
625 BGH, NJW 1982, 1866.
626 BGH, NJW 1971, 1801.
627 Vgl. auch BGH, NJW 1992, 3037, 3038.
628 BGH, BB 1993, 1682, 1685, insoweit in NJW 1993, 2799 nicht abgedruckt.
629 So OLG Köln, NJW-RR 1997, 438 f.

wirken des Rechtsanwalts mit dem Steuerberater zur Herbeiführung eines für ihn optimalen Ergebnisses. Daher ist es in diesem Fall sachgerecht, sowohl Rechtsanwalt als auch Steuerberater als Gesamtschuldner haften zu lassen.

7. Überörtliche Sozietät

376 In § 59 a Abs. 2 BRAO ist ausdrücklich anerkannt, daß Rechtsanwälte sich zu **überörtlichen Sozietäten** zusammenschließen dürfen.[630] Mit dieser Regelung hat der Gesetzgeber die Grundsätze modifiziert, die zuvor von der Rechtsprechung für die berufs- und wettbewerbsrechtliche Zulässigkeit von überörtlichen Sozietäten aufgestellt worden sind. Insbesondere muß der Gesellschaftsvertrag einer überörtlichen Sozietät nicht vorsehen, daß jedes Mitglied ermächtigt und verpflichtet ist, den Anwaltsvertrag mit Wirkung für und gegen alle Sozien abzuschließen und deren gesamtschuldnerische Haftung mit dem Mandanten zu vereinbaren.[631]

377 **Haftungsrechtlich** sind überörtliche Sozietäten nicht anders zu behandeln als Sozietäten, die nur eine Kanzlei unterhalten. Die Gründe für eine grundsätzlich gesamtschuldnerische Haftung der Mitglieder einer Sozietät (Ausnutzen des Rufs der Sozietät, der Arbeitsteilung sowie des Erfahrungsaustausches) gelten auch bei überörtlichen Sozietäten uneingeschränkt. Es macht keinen Unterschied, ob die Mitglieder einer Sozietät am selben Ort bei dem Landgericht sowie bei dem übergeordneten Oberlandesgericht[632] oder ob sie an mehreren Orten an verschiedenen Landgerichten zugelassen sind. In beiden Fällen wird eine **gesamtschuldnerische Haftung** nicht dadurch ausgeschlossen, daß nur einzelne Sozien an dem Prozeßgericht zugelassen sind.

378 Das OLG Düsseldorf vertritt die Ansicht, daß ein Mandant, der eine überörtliche Rechtsanwaltssozietät mit der Wahrnehmung seiner Interessen in einem Rechtsstreit beauftrage, einen **Anwaltsvertrag** nur mit denjenigen Sozietätsmitgliedern schließen wolle, die auch bei dem für die Entscheidung des Rechtsstreits örtlich und sachlich zuständigen Gericht zugelassen seien. Die Tätigkeiten der übrigen Sozietätsmitglieder in der Kanzlei am Ort eines anderen Prozeßgerichts sei für den Mandanten ohne Interesse. Im übrigen seien diese Anwälte auch objektiv weitgehend nicht in der Lage, die sich aus dem Vertrag mit dem auswärtigen Mandan-

630 Hierzu: *Hartung*, Henssler/Prütting, BRAO, § 59 a Rn. 45–67.

631 Vgl. zur überörtlichen Sozietät vor Einführung des § 59 a Abs. 2 BRAO: BGH, NJW 1989, 2890, 2891; 1991, 49 f.; 1993, 196 ff.; *Ahlers*, AnwBl 1992, 54 ff.; *Boele*, Die Organisation von Rechtsanwaltssozietäten Heute und Morgen, S. 151 ff.; *Henssler*, NJW 1993, 2137, 2139 ff.; *Odersky*, in: FS Merz, 1992, S. 439 ff.; *Schumann*, Die überörtliche Anwaltssozietät; *Theißen*, MDR 1993, 1 ff.

632 Zum Gesamtmandat, wenn die Mitglieder einer Sozietät an einem LG und an dem übergeordneten OLG zugelassen sind: Rn. 361.

ten ergebenden Pflichten zu erfüllen.[633] Diese Meinung berücksichtigt die Interessen der beteiligten Parteien jedoch nicht hinreichend. Neben der eigentlichen Prozeßvertretung ergeben sich aus dem Anwaltsvertrag weitergehende Beratungs- und Aufklärungspflichten. Diese Pflichten können auch die nicht am Prozeßgericht zugelassenen Rechtsanwälte ohne weiteres erfüllen. Wie bei der Aufgabenverteilung von Prozeß- und Verkehrsanwalt (Rn. 205–227) ist es auch bei der Beauftragung einer überörtlichen Sozietät keineswegs geboten, daß ein Schriftsatz tatsächlich aus der Feder des am Prozeßgericht zugelassenen Rechtsanwalts stammt, der dafür durch seine Unterschrift die Verantwortung übernimmt. Verfasser kann auch ein Rechtsanwalt aus einem anderen Büro sein, der an dem Prozeßgericht nicht zugelassen ist. Zudem nimmt eine überörtliche Sozietät besonderes Vertrauen der Mandanten in Anspruch, weil ein solcher Zusammenschluß ebenso wie eine lokale Sozietät wegen der Zusammenarbeit von Spezialisten für den Mandanten als vorteilhaft erscheint.

Gerade diese Besonderheiten bei der Beauftragung einer überörtlichen Sozität hat- 379
ten sich in dem Sachverhalt verwirklicht, der dem Beschluß des BGH vom 24. 3. 1994[634] zugrundelag. In einem Rechtsstreit vor dem LG Berlin wurde eine Partei von Rechtsanwälten, die sich zu einer überörtlichen Sozietät zusammengeschlossen hatten, vertreten. Die Sachbearbeitung einschließlich des Entwurfs der Schriftsätze wurde von einem in Düsseldorf niedergelassenen Sozietätsmitglied wahrgenommen, das mit der Partei allein unmittelbar in Verbindung stand. Als Prozeßbevollmächtigte traten in Berlin niedergelassene und am Landgericht bzw. Kammergericht postulationsfähige Sozietätsmitglieder auf. Der erstinstanzliche Prozeßbevollmächtigte leitete das am 30. 9. 1993 zugestellte Urteil des Landgerichts an das sachbearbeitende Sozietätsmitglied in Düsseldorf weiter, ohne eine Rechtsmittelfrist in seiner Berliner Kanzlei zu notieren oder in anderer Weise zur Kontrolle festhalten zu lassen. Im Büro des Düsseldorfer Rechtsanwalts wurde als letzter Tag für die Berufungseinlegung statt des 1.11., der in Nordrhein-Westfalen, nicht aber in Berlin gesetzlicher Feiertag ist, der 2.11. notiert. Die Berufung wurde erst an diesem Tag und somit verspätet eingelegt. Zu dem Antrag auf **Wiedereinsetzung in den vorigen Stand** hat der BGH ausgeführt, daß aus Sinn und Zweck des in § 78 Abs. 1 ZPO normierten Erfordernisses der Prozeßvertretung durch einen beim Prozeßgericht zugelassenen Rechtsanwalt zwingend folge, daß die unmittelbare und volle Verantwortung für alle mit der Prozeßführung verbundenen Handlungen und für die Erfüllung der damit verbundenen Pflichten den

633 OLG Düsseldorf, JurBüro 1993, 686; MDR 1994, 411; NJW-RR 1995, 376 – beide zu § 91 Abs. 2 Satz 3 ZPO; a. A. OLG Düsseldorf (24. Zivilsenat), AnwBl 1995, 193.
634 BGH, NJW 1994, 1878.

(postulationsfähigen) Rechtsanwalt träfen, der die Partei vor Gericht vertrete. Von dieser – mit der Postulationsfähigkeit untrennbar verbundenen – Verantwortung könne den Rechtsanwalt im maßgeblichen Außenverhältnis weder eine ausdrückliche Vereinbarung mit Kollegen noch die bloße Begründung einer überörtlichen Sozietät und die damit unter Umständen verbundene Mitverantwortlichkeit anderer Sozietätsmitglieder an einem anderen Standort entbinden. Demgemäß seien bei Vertretung einer Partei durch Mitglieder einer überörtlichen Sozietät Rechtsmittelfristen – jedenfalls auch und in erster Linie – durch den Rechtsanwalt (und an dessen Niederlassungsort) festzustellen und zu überwachen, der die Partei im Prozeß vertrete, auch wenn innerhalb der Sozietät ein anderes Mitglied an einem anderen Niederlassungsort als der maßgebliche Vertreter der Partei angesehen werde.[635]

8. Internationale Sozietät

380 Internationale Sozietäten sind **gesellschaftsrechtliche Zusammenschlüsse von Rechtsanwälten, die in mindestens zwei Jurisdiktionen zugelassen sind**. Nicht notwendig ist demgegenüber, daß eine internationale Sozietät Kanzleien in mehreren Staaten unterhält, wie dies § 29 a BRAO deutschen Rechtsanwälten erlaubt.[636]

a) Anwendbares Recht

381 Wie bei jedem Sachverhalt mit Bezug zum Recht eines ausländischen Staates (vgl. **Art. 3 Abs. 1 Satz 1 EGBGB**) ist auch bei einer internationalen Sozietät vorab festzustellen, **welche Rechtsordnung** anzuwenden ist.[637] Insoweit ist zwischen dem anwendbaren **Berufsrecht** und dem **auf Haftungssachverhalte anwendbaren (Zivil-) Recht** zu trennen.

Im folgenden wird von der Geltung des **deutschen Internationalen Privatrechts** ausgegangen. Allerdings kann im Einzelfall für die Bestimmung des anwendbaren Rechts auch auf **ausländische Kollisionsnormen** abzustellen sein. Das anwendbare Kollisionsrecht richtet sich nach der sog. **lex fori**, d. h. dem am Gerichtsort geltenden Recht.[638] Die Rechtsbeziehungen von Rechtsanwälten, die sich zu einer Sozietät in der Rechtsform einer Gesellschaft bürgerlichen Rechts zusammengeschlossen haben, zu dem Auftraggeber einschließlich einer etwaigen Haftung richten sich nach vertragsrechtlichen Grundsätzen (vgl. § 51 a Abs. 2 Satz 1 BRAO).

---

635 BGH, NJW 1994, 1878 f.; vgl. auch BGH, NJW 1997, 3177, 3178 – beide zu §§ 233, 85 Abs. 2 ZPO.

636 Ausführlich zur internationalen Sozietät: *Sieg*, S. 44 ff.

637 Zu dem auf einen Anwaltsvertrag anwendbaren Recht: Rn. 170, 171 sowie *Sieg*, S. 189 ff.

638 BGH, NJW 1996, 54 f.

Auch dann ist das Vertragsstatut zu ermitteln (Rn. 170 f.). Art. 37 Nr. 2 EGBGB nimmt allerdings Fragen, die das Gesellschaftsrecht und das Recht juristischer Personen betrefffen, von den Regeln der Art. 27 ff. EGBGB aus.[639]

Die **Haftung** der Mitglieder **internationaler Sozietäten** kann gesellschaftsrechtlich oder vertragsrechtlich qualifiziert werden. Das **Gesellschaftsstatut** ist in Deutschland weder staatsvertraglich noch gesetzlich geregelt. Wegen der Einzelheiten ist auf die von der Rechtsprechung entwickelten Grundsätze abzustellen. Nach herkömmlicher Ansicht richtet sich das Gesellschaftsstatut nach dem Recht am tatsächlichen Verwaltungssitz der Gesellschaft.[640] Dieser **tatsächliche Verwaltungssitz** ist im Sinne der kollisionsrechtlichen Anknüpfung der Tätigkeitsort der Geschäftsführung und der dazu berufenen Vertretungsorgane, also der Ort, wo die grundlegenden Entscheidungen der Unternehmensleitung in laufende Geschäftsführungsakte umgesetzt werden.[641] Im Augenblick ist noch nicht abzusehen, welche Auswirkungen das Centros-Urteil des EuGH auf diese Praxis hat. Danach verstößt es grundsätzlich gegen die im EG-Vertrag gewährleistete Niederlassungsfreiheit (Art. 43 ff.), wenn ein Mitgliedstaat die Eintragung der Zweigniederlassung einer Gesellschaft verweigert, die in einem anderen Mitgliedstaat, in dem sie ihren Sitz hat, rechtmäßig errichtet worden ist, aber keine Geschäftstätigkeit entfaltet, und wenn die Zweigniederlassung es der Gesellschaft ermöglichen soll, ihre gesamte Geschäftstätigkeit in dem Staat auszuüben, in dem diese Zweigniederlassung errichtet wird, ohne dort eine Gesellschaft zu errichten.[642] Bei internationalen Anwaltssozietäten kann es sich als schwierig erweisen, diesen Verwaltungssitz zu ermitteln. Gesellschaftsähnliche Strukturen ohne eigene Organisation, insbesondere bei gleichberechtigter Leitung und Kooperation mehrerer Partner, sind daher vertragsrechtlich einzuordnen.[643] Das **Vertragsstatut** richtet sich nach **Art. 27–37 EGBGB**. Vorbehaltlich einer Rechtswahl (Art. 27 EGBGB) ist gemäß Art. 28 Abs. 1 Satz 1 EGBGB das Recht des Staates anzuwenden, zu dem der Vertrag den engsten Bezug aufweist.[644] Für die Haftung einer internatio-

639 Zu dem auf internationale Sozietäten anwendbaren Recht: *Mankowski*, WiB 1996, 1019, 1020; vgl. auch *Sieg/Holtmann*, ZAP (1999), Fach 23, S. 387, 389.

640 Allgemein zum Gesellschaftsstatut: BGHZ 51, 27, 28; BGH, NJW 1986, 2194, 2195; OLG Hamm, RIW 1997, 236, 237. *Staudinger/Großfeld*, Internationales Gesellschaftsrecht, Rn. 13 ff. und 685 ff.; *ders.*, Internationales und Europäisches Unternehmensrecht, S. 38 ff.; *Kegel*, Internationales Privatrecht, S. 408 ff.; *Sandrock*, RabelsZ 42 (1978), 227 ff.; *ders.*, in: FS Beitzke, 1979, S. 669 ff.; *Zimmer*, Internationales Gesellschaftsrecht, alle m. w. N.

641 BGH, NJW 1986, 2194, 2195, im Anschluß an *Sandrock*, in: FS Beitzke, 1979, S. 669, 683.

642 EuGH, NJW 1999, 2027 ff.; hierzu *Kindler*, NJW 1999, 1993 ff.; *Sandrock*, BB 1999, 1337 ff., jeweils m. w. N.

643 *Mankowski*, WiB 1996, 1019, 1020 m. w. N.

644 *Staudinger/Großfeld*, Internationales Gesellschaftsrecht, Rn. 714; *Mankowski*, WiB 1996, 1019, 1020; *Sieg*, S. 190 ff.

nalen Sozietät kommt es hierzu insbesondere auf den **Sitz des bei dem konkreten Mandat federführenden Büros** an.[645]

b) Berufsrechtliche Zulässigkeit

382 Nach **§ 59 a Abs. 3 Nr. 1 BRAO** dürfen sich **Rechtsanwälte mit ausländischen Anwälten**[646] zu einer **Sozietät** zusammenschließen. Vorausgesetzt wird, daß die ausländischen Anwälte „Angehörige von Rechtsanwaltsberufen aus Mitgliedstaaten der Europäischen Union oder anderen Staaten sind, die gemäß **§ 206 BRAO**[647] berechtigt sind, sich im Geltungsbereich dieses Gesetzes [d. h. der Bundesrepublik Deutschland] niederzulassen und ihre Kanzlei im Ausland unterhalten". Diese komplizierte Regelung wird nicht dadurch verständlicher, daß gemäß § 206 BRAO ein ausländischer Anwalt nur dann berechtigt ist, sich in Deutschland niederzulassen, „wenn er [. . .] in die für den Ort seiner Niederlassung zuständige Rechtsanwaltskammer aufgenommen ist". Nach dem Gesetzeswortlaut dürften sich somit deutsche Rechtsanwälte mit ausländischen Anwälten zu einer internationalen Sozietät nur zusammenschließen, wenn alle Anwälte – deutsche und ausländische – in eine deutsche Rechtsanwaltskammer aufgenommen sind. Dies ist bei ausländischen Anwälten, die sich nicht in Deutschland niedergelassen haben und dies auch nicht beabsichtigten, nicht möglich. Ein solches Verständnis der §§ 59 a Abs. 3 Nr. 1, 206 BRAO widerspräche der Lebenswirklichkeit. Bereits 1994, als der Gesetzgeber diese Vorschriften in Kraft gesetzt hat, waren internationale Sozietäten zwischen deutschen Rechtsanwälten und ausländischen Anwälten aus EU- und Nicht-EU-Staaten nicht mehr wegzudenken. Weder das Gesetz noch die Gesetzgebungsmaterialien enthalten Anhaltspunkte dafür, daß diese Zusammenschlüsse rückwirkend für unzulässig erklärt werden sollten.

383 Das offenkundige Redaktionsversehen des Gesetzgebers in §§ 59 a Abs. 3 Nr. 1, 206 BRAO ist durch eine teleologische Reduktion des Gesetzes aufzulösen. Die Zulässigkeit einer internationalen Sozietät deutscher Rechtsanwälte mit ausländischen Anwälten **hängt davon ab, ob die ausländischen Anwälte sich in Deutschland niederlassen**. Geschieht dies, so müssen diese auch in die zuständige Rechtsanwaltskammer aufgenommen sein. Lassen sich die ausländischen Anwälte nicht in Deutschland nieder, weil sie ihre Kanzlei im Ausland unterhalten, so ist eine in-

645 Weitere Kriterien für die Ermittlung der engsten Beziehung beim Anwaltsvertrag: *Sieg*, S. 195 f.

646 Unter ausländischen Anwälten werden im folgenden Anwälte verstanden, die – unabhängig von der Staatsangehörigkeit – ausschließlich bei den Gerichten einer ausländischen Jurisdiktion zugelassen sind.

647 Zu § 206 BRAO: *Feuerich/Brann*, BRAO, § 206 Rn. 10; *Sieg*, S. 36 f. und S. 39 f.

ternationale Sozietät mit ihnen uneingeschränkt zulässig. Allein diese Auslegung entspricht dem Zweck des Gesetzes, die internationale Wettbewerbsfähigkeit der deutschen Anwaltschaft zu stärken.[648]

Das Urteil des BGH vom 25. 4. 1996[649] steht dieser Gesetzesauslegung nicht entgegen. Der I. Zivilsenat hatte über die wettbewerbsrechtliche Zulässigkeit der Bezeichnung „Internationale Sozietät von Rechtsanwälten und Attorneys-at-Law" zu entscheiden.[650] Die Verwendung der vorgenannten Bezeichnung auf dem Briefkopf einer aus sechs Rechtsanwälten bestehenden inländischen Kanzlei sei irreführend, wenn der Sozietät mit den ausländischen Rechtsberatern nur einer dieser Anwälte angehöre. Zu den berufsrechtlichen Voraussetzungen einer internationalen Anwaltssozietät hat das Gericht ebensowenig Stellung genommen wie zu den haftungsrechtlichen Auswirkungen. Eine Sozietät zwischen einem deutschen Rechtsanwalt und den insbesondere in den USA, aber auch in anderen Staaten niedergelassenen Anwälten hat der Senat nicht beanstandet.[651] Daraus kann im Umkehrschluß gefolgert werden, daß der Senat die vorbeschriebene teleologische Reduktion der §§ 59 a Abs. 2, 206 BRAO als selbstverständlich vorausgesetzt hat. 384

c) Haftung

Nach bislang allgemeiner Ansicht im Schrifttum haften alle zu einer internationalen Sozietät verbunden Anwälte ausnahmslos als **Gesamtschuldner**.[652] Diese undifferenzierte und nicht weiter begründete Ansicht widerspricht sowohl den zuvor dargelegten berufsrechtlichen Besonderheiten einer internationalen Anwaltssozietät als auch der Rechtsprechung zur Haftung der Mitglieder einer Rechtsanwaltssozietät oder interprofessionellen Sozietät. 385

Richtigerweise ist nach deutschem Recht wie folgt zu unterscheiden:[653] Auch bei internationalen Sozietäten haften gemäß **§ 51 a Abs. 2 Satz 1 BRAO** alle Sozien, die Vertragspartner des Mandanten sind, als Gesamtschuldner. **Bei einer internationalen Sozietät ist das Einzelmandat allerdings der Regelfall.** Insoweit sind die vorbeschriebenen Grundsätze zu berücksichtigen, die der BGH[654] zur Begründung der gesamtschuldnerischen Haftung von Mitgliedern 386

648 Ausführlich: *Sieg*, S. 44 ff.
649 BGH, NJW 1996, 2308 ff. – „Shearman & Sterling".
650 Allgemein zur wettbewerbsrechtlichen Behandlung von Sozietäten: Rn. 341–343.
651 BGH, NJW 1996, 2308, 2310.
652 *Borgmann/Haug*, § 36 Rn. 5; *Hellwig*, AnwBl 1996, 124, 126; *Raiser*, NJW 1991, 2049, 2056; *Rinsche*, Rn. I 207; wohl auch *v. Waldthausen*, S. 675, 686.
653 Ausführlich: *Sieg*, S. 151 ff.; *ders.*, ZAP (1998), Fach 23, S. 341, 347 f.
654 BGH, NJW 1971, 1801, 1802 f.

einer Rechtsanwaltssozietät angeführt hat. Vorbehaltlich einer abweichenden Vereinbarung werden nur die Anwälte verpflichtet, von denen der Mandant erwarten darf, daß sie Kenntnisse in einer derjenigen Rechtsordnungen haben, die für die Bearbeitung des konkreten Mandats von Bedeutung sind. Insbesondere bei reinen Inlandsmandaten, die keinen Bezug zum Recht eines ausländischen Staates aufweisen, erwartet der Auftraggeber nur, daß das Mandat von denjenigen Anwälten bearbeitet wird, die zu dieser Rechtsordnung einen Bezug aufweisen. Dies sind grundsätzlich nur diejenigen Anwälte, die in den inländischen Büros der internationalen Sozietät niedergelassen oder als Anwälte in dem relevanten Staat zur Berufsausübung zugelassen sind.

387 § 59 a Abs. 3 Satz 1 BRAO setzt für eine internationale Sozietät **berufsrechtlich** nicht voraus, daß die Mitglieder gehalten sind, alle anderen Sozien bei der Übernahme eines Auftrags mitzuverpflichten. Im übrigen wäre eine solche berufs- oder auch wettbewerbsrechtliche Regel haftungsrechtlich ohne Bedeutung.[655] § 51 a Abs. 2 Satz 2, 3 BRAO sieht ausdrücklich die Möglichkeit vor, die Haftung auf einzelne Mitglieder der Sozietät zu konzentrieren. Eine derartige zusätzliche Absicherung, etwa im Sinne einer Haftungsbeschränkung auf diejenigen Anwälte, die in dem federführenden Büro niedergelassen sind, kann sich klarstellend empfehlen (dazu Rn. 468–489). Die vorbeschriebenen Grundsätze zur Haftung der in einer internationalen Sozietät verbundenen Anwälte entsprechen zudem der allgemein anerkannten Rechtsprechung des BGH zur interprofessionellen Sozietät (dazu Rn. 373–376). Danach haften nur diejenigen Mitglieder einer solchen Sozietät als Gesamtschuldner, die die allgemeinen rechtlichen und fachlichen Voraussetzungen zur Bearbeitung des Auftrags erfüllen. **Ausländische Anwälte** sind gemäß Art. 1 § 1 Abs. 1 Nr. 6 RBerG aber **grundsätzlich nicht berechtigt, in Deutschland Mandanten im deutschen Recht zu beraten**.

9. Ausgleich im Innenverhältnis

388 Der Ausgleich mehrerer als Gesamtschuldner haftender Rechtsanwälte im Innenverhältnis richtet sich nach **§ 426 Abs. 1 Satz 1 BGB**. Danach sind mehrere Gesamtschuldner im Verhältnis zueinander zu gleichen Anteilen verpflichtet, soweit nicht ein anderes bestimmt ist. Eine solche Vereinbarung kann sich insbesondere aus dem **Sozietätsvertrag** ergeben. Wenn eine ausdrückliche Vereinbarung der Sozien fehlt, können die im Gesellschaftsvertrag festgelegten Gewinnquoten der Mitglieder der Sozietät oder die Anteile am Gesellschaftsvermögen einen Anhalts-

655 Zum Verhältnis des Berufs- bzw. des Wettbewerbsrechts zur Anwaltshaftung: Rn. 340, 341.

punkt für einen mutmaßlich gewollten Maßstab für die Haftungsquoten bilden.[656] Einem angestellten Rechtsanwalt oder freien Mitarbeiter, der nach den Grundsätzen der Anscheinssozietät (dazu Rn. 369–372) haftet, kann ein **Freistellungsanspruch** gegen seinen Arbeitgeber zustehen.[657]

10. Deliktische Haftung

Neben die vertragliche Haftung des Rechtsanwalts tritt in Anspruchskonkurrenz 389
dessen deliktische Haftung (dazu Rn. 1612 ff.).[658] Die **§§ 823 Abs. 1, 826 BGB** erfassen jedoch nicht die fahrlässige Verursachung eines Vermögensschadens. Deshalb stellen die Fälle, in denen eine deliktische Haftung von Rechtsanwälten diskutiert wird, die Ausnahme dar.[659] Ein deliktisches Verschulden des Mitglieds einer Rechtsanwaltssozietät wird zudem den anderen Mitgliedern **nicht analog § 31 BGB** zugerechnet.[660] Insoweit unterscheidet sich eine Rechtsanwaltssozietät in der Rechtsform einer Gesellschaft bürgerlichen Rechts von einer **Anwalts-Partnerschaft** oder **Anwalts-GmbH**. Bei diesen Gesellschaften ist § 31 BGB analog anwendbar. **§ 831 BGB** setzt voraus, daß der Verrichtungsgehilfe in einem Abhängigkeits- und Weisungsverhältnis zu einem Geschäftsherrn steht. Dies ist bei den Mitgliedern einer Rechtsanwaltssozietät aber gerade nicht der Fall. Mehrere Sozien, die dieselbe unerlaubte Handlung verwirklicht haben, haften gemäß **§ 840 Abs. 1 und 2 BGB** als Gesamtschuldner.

IX. Bürogemeinschaft

1. Rechtsgrundlagen

Im Gegensatz zu einer Sozietät schließen sich die **Mitglieder einer Bürogemein-** 390
schaft[661] nicht zur gemeinschaftlichen Berufsausübung zusammen, sondern teilen

656 *Borgmann/Haug*, § 36 Rn. 8; *Rinsche*, Rn. I 165.

657 Zum angestellten Rechtsanwalt und freien Mitarbeiter: s. Rn. 257–266.

658 Vgl. auch *Sieg*, S. 89 und S. 159 f.

659 Vgl. etwa BGH, NJW 1991, 32 – Erklärungen gegenüber dem Vertragsgegner des Mandanten; NJW 1992, 2821 – Mitwirkung an unzulässigen Anfechtungsklagen und Abfindungsverträgen im Aktienrecht; OLG Karlsruhe, GRUR 1985, 36 – Abmahnung des Schutzrechtsinhabers.

660 BGH, NJW 1966, 1807, 1808; a. A. *K. Schmidt*, Gesellschaftsrecht, § 60 II. 4.; MünchKomm/*Ulmer*, BGB, § 705 Rn. 215 ff.

661 Zur Bürogemeinschaft: *Feuerich/Braun*, BRAO, § 59 a Rn. 16; *Hadding*, in: Soergel, BGB, vor § 705 Rn. 42; *Hartung*, in: Henssler/Prütting, BRAO, § 59 a Rn. 83–92; *Jessnitzer/Blumberg*, BRAO, § 59 a Rn. 14, 18; *Kaiser/Bellstedt*, Die Anwaltssozietät, Rn. 24–29; *Römermann*, in: Hartung/Holl, BORA, vor § 30 Rn. 252–263; *Sieg*, Internationale Anwaltshaftung, S. 48; MünchKomm/*Ulmer*, BGB, vor § 705 BGB Rn. 19; *Vorbrugg/Salzmann*, AnwBl 1996, 129, 130.

sich lediglich die Infrastruktur (Büro, Bibliothek, EDV, Personal, etc.). Jeder Rechtsanwalt wirtschaftet auf eigene Rechnung. Nach **§ 59 a Abs. 4 BRAO** gelten die Absätze 1 und 3 entsprechend für Bürogemeinschaften. Gesellschaftsrechtlich ist eine Bürogemeinschaft eine **Innengesellschaft**.

2. Haftung

391 Rechtsanwälte, die sich zu einer Bürogemeinschaft verbunden haben, **haften grundsätzlich** unabhängig voneinander **nur gegenüber ihren Vertragspartnern**. Dies setzt voraus, daß das Auftreten nach außen dem Innenverhältnis der in einer Bürogemeinschaft verbundenen Rechtsanwälte entspricht. Eine **gesamtschuldnerische Haftung** der Mitglieder einer Bürogemeinschaft kann sich **ausnahmsweise** nach den Grundsätzen der Duldungs- bzw. Anscheinsvollmacht ergeben, wenn die Anwälte gegenüber dem Auftraggeber den **Rechtsschein einer Sozietät** hervorrufen.[662] Dann müssen sie sich haftungsrechtlich so behandeln lassen, als seien sie zu einer Sozietät verbunden.[663]

X. Partnerschaft

1. Rechtsgrundlagen

392 Das **Gesetz über Partnerschaftsgesellschaften Angehöriger Freier Berufe (PartGG)**[664] ist am 1. 7. 1995 in Kraft getreten.[665] Die **Partnerschaft**[666] soll sich nach dem Willen des Gesetzgebers auch für interprofessionelle, überregionale

662 BGH, NJW 1978, 996.

663 Zur Anscheinssozietät: Rn. 369–372.

664 Gesetz vom 25. 7. 1994, BGBl I, S. 1744. Gesetzgebungsmaterialien: BT-Drucks. 12/6152 vom 11. 11. 1993 und BT-Drucks. 12/7642 vom 20. 5. 1994. Zur Entstehungsgeschichte des Gesetzes etwa: *v. Falkenhausen*, AnwBl 1993, 479 ff.; *Henssler*, NJW 1993, 2137, 2142 f.; *ders.*, WiB 1994, 53 ff.; *Leutheusser-Schnarrenberger*, in: FS Helmrich, 1994, S. 677 ff.; *Michalski*, ZIP 1993, 1210 ff.; *K. Schmidt*, ZIP 1993, 633 ff.; *Seibert*, AnwBl 1993, 155 ff.

665 Kommentierungen des Partnerschaftsgesellschaftsgesetzes bei: *Feddersen/Meyer-Landrut*, PartGG; *Henssler*, in: Henssler/Prütting, BRAO; *ders.*, PartGG; *Meilicke/v. Westphalen/Hoffmann/Lenz* PartGG; *Michalski/Römermann*, PartGG sowie MünchKomm/*Ulmer*, BGB.

666 Allgemein zur Partnerschaft etwa: *Bösert*, ZAP (1994), Fach 15, S. 137 ff.; *Boin*, Die Partnerschaftsgesellschaft für Rechtsanwälte; *Henssler*, ZAP (1997), Fach 23, S. 285, 286–293; *Kempter*, BRAK-Mitt. 1994, 122 ff.; *Knoll/Schüppen*, DStR 1995, 608 ff. und 646 ff.; *Lenz*, MDR 1994, 741 ff.; *Mahnke*, WM 1996, 1029 ff.; *Pilny*, IFLRev, 2/1996, 14 ff.; *Römermann*, Entwicklungen und Tendenzen bei Anwaltsgesellschaften, S. 98–140; *ders.*, in: Hartung/Holl, BORA, vor § 30 Rn. 65–119; *K. Schmidt*, NJW 1995, 1 ff.; *ders.*, Gesellschaftsrecht, § 64; *Seibert*, DB 1994, 2381 ff.; *ders.*, in: Münchener Handbuch des Gesellschaftsrechts, Band 1, §§ 30 ff.; *ders.*, ZIP 1997, 1046 ff.; *Sieg*, Internationale Anwaltshaftung, S. 49 und S. 154 ff.; *Sommer*, GmbHR 1995, 249 ff.; *Stuber*, WiB 1994, 705 ff. sowie die bereits aufgeführten Kommentierungen des PartGG.

und internationale Zusammenschlüsse eignen. Sie tritt neben die anderen berufsrechtlich zulässigen Formen, in denen Rechtsanwälte gemeinschaftlich ihren Beruf ausüben können.[667] **Gesellschaftsrechtlich** ist die Partnerschaft (trotz des allgemeinen Verweises auf die §§ 705 ff. BGB in § 1 Abs. 4 PartGG) weitgehend der **Offenen Handelsgesellschaft** (§§ 105 ff. HGB) angeglichen. Partei des **Anwaltsvertrages mit dem Auftraggeber** ist gemäß § 7 Abs. 2 PartGG i. V. m. § 124 HGB die (teilrechtsfähige) **Partnerschaft** und sind **nicht die einzelnen Partner**.

2. Haftung der Partnerschaft

Für **Verbindlichkeiten der Partnerschaft** haftet gemäß **§ 8 Abs. 1 Satz 1** 393
PartGG das – gesamthänderisch gebundene – **Vermögen der Partnerschaft**. Anders als bei einer Rechtsanwaltssozietät in der Rechtsform einer Gesellschaft bürgerlichen Rechts[668] ist einer Partnerschaft ein deliktisches Fehlverhalten eines Partners **analog § 31 BGB** zuzurechnen.[669] Wegen § 6 Abs. 1, 2 PartGG ist jeder Partner bezüglich der Erbringung der beruflichen Leistungen als geschäftsführender Gesellschafter organschaftlicher Vertreter der Partnerschaft (§ 7 Abs. 3 PartGG i. V. m. § 125 Abs. 1 HGB) i. S. d. § 31 BGB.

3. Haftung der Partner

Neben dem Vermögen der Partnerschaft **haften für Verbindlichkeiten der Part-** 394
nerschaft nach **§ 8 Abs. 1 Satz 1 PartGG** die **Partner mit ihrem Privatvermögen als Gesamtschuldner**. § 8 Abs. 1 PartGG ist an das **akzessorische** Haftungsmodell der Offenen Handelsgesellschaft in §§ 128–130 HGB angelehnt. Daher kann für die Auslegung von § 8 Abs. 1 Satz 1 PartGG auf die für § 128 Satz 1 HGB entwickelten Grundsätze zurückgegriffen werden.[670] Die für eine Rechtsanwaltssozietät in der Rechtsform einer Gesellschaft bürgerlichen Rechts entwickelten Grundsätze über Gesamt- und Einzelmandat[671] lassen sich auf eine Partnerschaft nicht übertragen.

---

667 BT-Drucks. 12/6152 vom 11. 11. 1993 und BT-Drucks. 12/7642 vom 20. 5. 1994.

668 Zur deliktsrechtlichen Haftung bei einer Sozietät in der Rechtsform einer Gesellschaft bürgerlichen Rechts: Rn. 389.

669 Zur analogen Anwendbarkeit des § 31 BGB auf OHG bzw. KG: BGH, NJW 1952, 538. Zur Partnerschaft: *Henssler*, PartGG, § 8 Rn. 4 ff.; MünchKomm/*Ulmer*, § 8 PartGG, § 8 Rn. 8.

670 Zur Haftung der Partner gemäß § 8 Abs. 1 PartGG: *Henssler*, in: FS Vieregge, 1995, S. 361, 364–368; *ders.*, PartGG, § 8 Rn. 10–25; *Michalski/Römermann*, PartGG, § 8 Rn. 10–15; MünchKomm/*Ulmer*, § 8 PartGG Rn. 7–15; *v. Westphalen*, in: Meilicke/v. Westphalen/Hoffmann/Lenz, PartGG, § 8 Rn. 9–40.

671 Zum Gesamt- und Einzelmandat bei einer Sozietät: Rn. 349–361.

395 Die Haftung nach § 8 Abs. 1 Satz 1 PartGG umfaßt **sämtliche Verbindlichkeiten der Partnerschaft**, also grundsätzlich auch **Erfüllungsansprüche aus Anwaltsverträgen**[672], sofern die Leistung sich auf anwaltliche Tätigkeiten der Partner bezieht,[673] sowie **vertragliche und gesetzliche Schadensersatzansprüche** unabhängig von ihrem Rechtsgrund.[674]

396 Wird ein Partner von einem Gläubiger der Partnerschaft in Anspruch genommen, richtet sich der **Ausgleich im Innenverhältnis** vorbehaltlich der Regelungen im Partnerschaftsvertrag nach § 6 Abs. 3 PartGG i. V. m. § 110 HGB. Danach besteht grundsätzlich ein Ausgleichsanspruch des Partners gegen die Partnerschaft. Im Verhältnis der Partner zur Partnerschaft besteht kein Gesamtschuldverhältnis i.S.v. §§ 421 ff. BGB.[675] Soweit der ausgleichsberechtigte Partner von der Partnerschaft keinen Ersatz erhalten kann, sind die anderen Partner nach **§ 426 Abs. 1 BGB** anteilig ausgleichspflichtig.[676]

397 Gemäß **§ 8 Abs. 1 Satz 2 PartGG** i. V. m. **§ 129 HGB** kann ein Partner, der wegen einer Verbindlichkeit der Partnerschaft in Anspruch genommen wird, neben persönlichen **Einwendungen** auch die der Partnerschaft zustehenden Einwendungen geltend machen kann. Dem Partner steht zudem die Einrede der Anfechtbarkeit und der Aufrechenbarkeit analog **§ 129 Abs. 2, 3 HGB** zu. Aus einem gegen die Partnerschaft gerichteten vollstreckbaren Titel findet die **Zwangsvollstrekkung** gegen die Partner nicht statt (**§ 129 Abs. 4 HGB**). Vielmehr bedarf es eines auf den einzelnen Partner lautenden Titels.

398 **§ 8 Abs. 1 Satz 2 PartGG** bestimmt des weiteren, daß auch **§ 130 HGB** für die Haftung der Partner entsprechend anzuwenden ist.[677] Danach haftet ein **neu in die Partnerschaft eintretender Partner** gleich den anderen Partnern nach Maßgabe der § 8 Abs. 1 Satz 1 PartGG, § 8 Abs. 1 Satz 2 PartGG, § 129 HGB auch für Verbindlichkeiten der Partnerschaft, die bereits vor seinem Eintritt begründet worden sind. Ohne Bedeutung für die Haftung für solche Altverbindlichkeiten ist, ob der Name der Partnerschaft (vgl. § 2 PartGG) infolge des Eintritts geändert wird oder nicht. Entgegenstehende Vereinbarungen zwischen den Partnern sind gegenüber Dritten unwirksam.

---

672 Vgl. die sog. Erfüllungstheorie für OHG bzw. KG: BGHZ 73, 217 = NJW 1979, 1361 f.; BGH, NJW 1987, 2367, 2369.

673 MünchKomm/*Ulmer*, § 8 PartGG Rn. 7.

674 *Michalski/Römermann*, PartGG, § 8 Rn. 10; MünchKomm/*Ulmer*, § 8 PartGG Rn. 8.

675 *Henssler*, PartGG, § 8 Rn. 12; *Michalski/Römermann*, PartGG, § 8 Rn. 11; a. A. *v. Westphalen*, in: Meilicke/v. Westphalen/Hoffmann/Lenz, PartGG, § 8 Rn. 11 f.

676 MünchKomm/*Ulmer*, § 8 PartGG Rn. 14, 15.

677 Zur Haftung des neu eintretenden Partners für Altverbindlichkeiten der Partnerschaft aus Schäden wegen fehlerhafter Berufsausübung: *Mazza*, BB 1997, 746 ff.

Fraglich ist, ob eine neu gegründete Partnerschaft unter den Voraussetzungen des **§ 28 HGB** für Verbindlichkeiten eines Rechtsanwalts haftet, dessen Praxis in die Partnerschaft mit einem andereren Rechtsanwalt eingebracht wird, so daß dann auch der eintretende Partner gemäß § 8 Abs. 1 Satz 1 PartGG für diese Verbindlichkeiten haftete. § 2 Abs. 2 PartGG verweist für die Partnerschaft auf eine Vielzahl firmenrechtlicher Vorschriften des HGB, nicht jedoch auf § 28 HGB. § 2 PartGG betrifft jedoch nur das Namensrecht der Partnerschaft im engeren Sinne, nicht jedoch die sich daraus ergebenden Haftungsfragen. Der Verweis in § 2 Abs. 2 PartGG bezieht sich folgerichtig auch nur auf Vorschriften des HGB-Firmenrechts im engeren Sinne. Gute Gründe sprechen für eine analoge Anwendung des § 28 HGB auf den Eintritt in eine Partnerschaft,[678] weil die sich daraus ergebende Interessenlage derjenigen beim Eintritt in ein einzelkaufmännisches Geschäft vergleichbar ist und die Partnerschaft einer Offenen Handelsgesellschaft angenähert ist. 399

Denkbar ist auch eine Haftung eines Rechtsanwaltes oder anderen Freiberuflers, der zwar im Innenverhältnis nicht Partner ist, aber im Außenverhältnis, etwa im Partnerschaftsregister, auf dem Briefbogen oder Kanzleischild der Partnerschaft zurechenbar den Anschein hervorruft, er sei Partner. Die **Haftung des Scheinpartners** richtet sich dann nach § 5 Abs. 2 PartGG i. V. m. § 15 Abs. 3 HGB bzw. den allgemeinen Grundsätzen der Rechtsscheinhaftung[679]. 400

4. Haftungsbeschränkung auf einzelne Partner (§ 8 Abs. 2 PartGG n.F.)

§ 8 Abs. 2 PartGG in der Neufassung des Gesetzes zur Änderung des Umwandlungsgesetzes, des Partnerschaftsgesellschaftsgesetzes und anderer Gesetze vom 22. 7. 1998[680], in Kraft getreten am 1. 8. 1998, sieht eine **gesetzliche Haftungsbeschränkung** auf **einzelne Partner** vor. Waren nur einzelne Partner mit der Bearbeitung eines Auftrags befaßt, so haften nur sie gemäß § 8 Abs. 1 PartGG für berufliche Fehler neben der Partnerschaft; ausgenommen sind einzelne Bearbeitungsbeiträge von untergeordneter Bedeutung.[681] Damit dürfte die Partnerschaft 401

678 MünchKomm/*Ulmer*, § 8 PartGG Rn. 12; a. A. *Henssler*, PartGG, § 8 Rn. 21; *Mahnke*, WM 1996, 1029, 1033.

679 *Henssler*, PartGG, § 8 Rn. 25; MünchKomm/*Ulmer*, § 8 PartGG Rn. 13. Zur Rechtsscheinhaftung bei der Sozietät: Rn. 369–372.

680 BGBl I, S. 1878.

681 Vgl. BT-Drucks. 13/9820; zum Referentenentwurf des Bundesjustizministeriums, auch abgedruckt in ZIP 1997, 1518, 1523 f.; *Henssler*, ZIP 1997, 1481, 1489–1491; *Römermann*, GmbHR 1997, 530, 536 f.; zur gesetzlichen Neuregelung des § 8 Abs. 2 PartGG: *Römermann*, NZG 1998, 675 f.; *Seibert*, BRAK-Mitt. 1999, 210 f.

gegenüber der Sozietät in der Rechtsform einer Gesellschaft bürgerlichen Rechts deutlich an Attraktivität gewinnen.

402 Nach der ursprünglichen, nunmehr aufgehobenen Fassung des § 8 Abs. 2 PartGG bedurfte eine Haftungskonzentration auf einzelne Partner noch einer vertraglichen Vereinbarung mit dem Auftraggeber.[682] Bezweckt ist nunmehr – unter Anknüpfung an die Grundgedanken der bisherigen Regelung – eine einfache und unbürokratische Regelung der Handelndenhaftung.[683]

403 Berufen sich die mit der Bearbeitung eines Auftrags nicht bzw. nur mit einem untergeordneten Beitrag befaßten Partner auf die Haftungsbeschränkung nach § 8 Abs. 2 PartGG und reicht das Privatvermögen der haftenden Partner zusammen mit dem gesamthänderisch gebundenen Vermögen der Partnerschaft nicht aus, um einen Schadensersatzanspruch des geschädigten Auftraggebers zu erfüllen, müssen die Partner entscheiden, ob sie den zur Befriedigung des Gläubigers erforderlichen Betrag in die Partnerschaft nachschießen oder Konkurs über das Vermögen der Partnerschaft anmelden. Im erstgenannten Fall läuft die Haftungskonzentration faktisch ins Leere. Im letztgenannten Fall wird die **Partnerschaft gemäß § 131 Abs. 1 Nr. 3 HGB i. V. m. § 9 Abs. 1 PartGG aufgelöst**. Diese Regelung ist zwingend und kann nicht im Gesellschaftsvertrag abbedungen werden.[684] Wird das **Konkursverfahren über das Vermögen eines Partners eröffnet**, wird die Partnerschaft gemäß § 9 Abs. 2 PartGG nicht aufgelöst. Das Gesetz ordnet an, daß dieser Partner dann aus der Partnerschaft ausscheidet.

404 Ebenso wie § 8 Abs. 2 PartGG a. F. gilt auch die neue Fassung nur für die Haftung aus der fehlerhaften Berufsausübung, und zwar **aus dem Anwaltsvertrag** („Auftrag").[685] Weitere Tatbestandsvoraussetzung ist, daß mindestens ein Partner mit der Bearbeitung des Auftrags **„befaßt"** war. Befassen bedeutet, daß der Partner den Auftrag selbst bearbeitet oder den bearbeitenden Rechtsanwalt überwacht hat bzw. dies nach der internen Zuständigkeitsverteilung hätte tun müssen.[686] Damit ist die Neufassung an die bisherige Voraussetzung angelehnt, daß derjenige Partner, auf den die Haftung konzentriert wird, innerhalb der Partnerschaft die berufliche Leistung erbringt oder verantwortlich leitet und überwacht.[687]

682 Zu § 8 Abs. 2 PartGG a. F. Rn. 490–499.

683 Referentenentwurf der Bundesregierung, abgedruckt in ZIP 1997, 1518, 1523.

684 *Henssler*, in: Henssler/Prütting, § 9 PartGG Rn. 21.

685 *Seibert*, BRAK-Mitt. 1999, 210, 211; Zu Ansprüchen aus fehlerhafter Berufsausübung i. S. v. § 8 Abs. 2 PartGG Rn. 493.

686 Begründung des Referentenentwurfs, ZIP 1997, 1518, 1523; *Seibert*, BRAK-Mitt. 1999, 210, 211; a. A. *Römermann*, NZG 1998, 575, 576.

687 Zur Erbringung oder verantwortlichen Leitung und Überwachung der beruflichen Leistung Rn. 495.

Alle Partner haften daher persönlich – neben dem Partnerschaftsvermögen – **als Gesamtschuldner**, wenn sie mit der Leistungserbringung befaßt sind. Dasselbe gilt auch, wenn kein Partner – sondern etwa ausschließlich ein angestellter Rechtsanwalt oder ein freier Mitarbeiter – damit befaßt ist. Letzteres kann auch eintreten, wenn die Partnerschaft den Auftrag angenommen, danach aber nichts unternommen hat oder wenn nicht aufklärbar ist, wer sich mit dem Auftrag befaßt hat oder hätte befassen müssen.[688] 405

Neu ist auch die Klarstellung des Entwurfs, **untergeordnete Bearbeitungsbeiträge** vom Befassen negativ abzugrenzen. Ein solcher Bearbeitungsbeitrag von untergeordneter Bedeutung liegt vor etwa bei einer Urlaubs-, Krankheits- oder sonstigen Abwesenheitsvertretung ohne eigene substantielle Bearbeitung. Von untergeordneter Bedeutung ist auch eine bloß interne Mitwirkung anderer Partner, die dem verantwortlichen, sachbearbeitenden Partner in den Angelegenheiten behilflich sind. Ein Bearbeitungsbeitrag, der den zur Haftung führenden Fehler mitverursacht hat, soll unter keinen Umständen als untergeordnet bewertet werden können. Einzelheiten der Abgrenzung bleiben der Rechtsprechung überlassen.[689] 406

XI. GmbH

1. Rechtsgrundlagen

Die **Zulässigkeit einer GmbH** als Rechtsform für die **berufliche Zusammenarbeit von Rechtsanwälten** war lange im Schrifttum umstritten.[690] Die überwiegende Anzahl der Autoren bejahte deren Zulässigkeit.[691] Der **BGH** konnte sich 407

688 Begründung des Referentenentwurfs, ZIP 1997, 1518, 1523.

689 Begründung des Referentenentwurfs, ZIP 1997, 1518, 1523; vgl. auch *Henssler*, ZIP 1997, 1481, 1490; *Seibert*, BRAK-Mitt. 1999, 210, 211.

690 Dagegen: *Bösert*, ZAP (1994), Fach 15, S. 137, 139 f.; *Braun*, MDR 1995, 447; *Donath*, ZHR 156 (1992), 134, 136 ff.; *Düwell*, AnwBl 1990, 388 f.; *Haas*, BRAK-Mitt. 1994, 1; *Kempter*, BRAK-Mitt. 1995, 4 f.; *Kremer*, GmbHR 1983, 259, 264 f.; *Loewer*, BRAK-Mitt. 1994, 186, 190; *Taupitz*, JZ 1994, 1100, 1104 ff.; *ders.*, NJW 1995, 369 ff.; *Weigel*, BRAK-Mitt. 1992, 183 f.; *Zuck*, in: Lingenberg/Hummel/Zuck/Eich, Grundsätze des anwaltlichen Standesrechts, § 28 Rn. 50.

691 **Dafür** sowie allgemein zur Anwalts-GmbH: *Ahlers*, AnwBl 1991, 10 ff. und 226 ff.; *ders.*, in: FS Rowedder, 1994, S. 1 ff.; *ders.*, AnwBl 1995, 3 ff.; *ders.*, AnwBl 1995, 121 ff.; *Bellstedt*, AnwBl 1995, 573 ff.; *Boele*, Die Organisation von Rechtsanwaltssozietäten Heute und Morgen, S. 214 ff.; *Dauner-Lieb*, GmbHR 1995, 259 ff.; *Hartstang*, ZAP (1994), Fach 23, S. 193 f.; *P. Heinemann*, AnwBl 1991, 233 ff.; *Hellwig*, ZHR 161 (1997), 337 ff.; *Henssler*, JZ 1992, 697 ff.; *ders.*, NJW 1993, 2137, 2140 ff.; *ders.*, ZIP 1994, 844, 848 ff.; *ders.*, ZIP 1994, 1871 f.; *ders.*, DB 1995, 1549 ff.; *ders.*, in Henssler/Prütting, BRAO, Anh. § 59 a; *ders.*, ZHR 161 (1997), 305 ff.; *ders.*, ZAP (1997), Fach 23, S. 285, 293–301; *Hommelhoff/Schwab*, WiB 1995, 115 ff.; *Kewenig*, JZ 1990, 782, 788 f.; *Koch*, AnwBl 1993, 157 ff.; *ders.*, MDR 1995, 446; *Landry*, MDR 1995, 558 ff.; *Römermann*, Entwicklungen und Tendenzen bei Anwaltsgesellschaften, S. 141–180; *ders.*, in: Hartung/Holl, BORA, vor § 30 Rn. 120–204; *ders.*, GmbHR 1997, 530 ff.; *Schlosser*, JZ 1995, 345 ff.; *Sieg*, Internationale Anwaltshaftung, S. 49 ff. und S. 156 f.; *Sommer*, GmbHR 1995, 249 ff.

mit dieser Frage in letzter Zeit nicht befassen. Allerdings hat er die Zulässigkeit einer Zahnarzt-GmbH ausdrücklich anerkannt.[692] Am 24. 11. 1994 hat das **BayObLG** die Zulässigkeit einer Anwalts-GmbH erstmals gerichtlich anerkannt.[693] Es hat diese Rechtsprechung später bestätigt,[694] andere Gerichte sind ihm gefolgt.[695]

408 Mit dem Gesetz zur Änderung der Bundesrechtsanwaltsordnung, der Patentanwaltsordnung und anderer Gesetze vom 31. 8. 1998[696], das am 1. 3. 1999 in Kraft getreten ist,[697] hat der **Gesetzgeber die Rechtsanwalts-GmbH ausdrücklich anerkannt** und deren Zulassungsvoraussetzungen im einzelnen in **§§ 59 c-59 m BRAO** geregelt.[698] Nunmehr können **Rechtsanwaltsgesellschaften mit beschränkter Haftung**, deren Unternehmensgegenstand die Beratung und Vertretung in Rechtsangelegenheiten ist (§ 59 c Abs. 1 BRAO), als Prozeß- oder Verfahrensbevollmächtigte beauftragt werden. Gemäß § 59 l BRAO hat die Rechtsanwaltsgesellschaft dabei die **Rechte und Pflichten eines Rechtsanwalts**; sie **handelt durch ihre Organe und Vertreter**, in deren Person die für die Erbringung rechtsbesorgender Leistungen gesetzlich vorgeschriebenen Voraussetzungen im Einzelfall vorliegen müssen. Verteidiger i. S. d. §§ 137 ff. StPO ist nur die für die Rechtsanwaltsgesellschaft handelnde Person. Ein Prozeßmandat wird deshalb grundsätzlich der Rechtsanwaltsgesellschaft und nicht den einzelnen in ihr zusammengeschlossenen Rechtsanwälten erteilt. Für Rechtsanwaltsgesellschaften gelten die in § 59 m Abs. 2 BRAO im einzelnen aufgeführten Vorschriften der BRAO entsprechend.

2. Haftung

409 **Vertragspartner des Auftraggebers ist ausschließlich die GmbH.** Für schuldhafte Pflichtverletzungen eines Rechtsanwalts, der einer Anwalts-GmbH ange-

692 BGHZ 124, 224 ff.
693 BayObLG, NJW 1995, 199.
694 BayObLG, NJW 1996, 3217 ff.
695 OLG Bamberg, MDR 1996, 423; OLG Köln, NJW-RR 1998, 271 f.; LG Baden-Baden, AnwBl 1996, 537 f.
696 BGBl I, S. 2600.
697 Art. 8 des Gesetzes enthält eine Übergangsregelung für Rechtsanwaltsgesellschaften, die bei Inkrafttreten des Gesetzes bereits eingetragen waren.
698 Zum Referentenentwurf des Bundesjustizministeriums, abgedruckt in ZIP 1997, 1518 ff.: *Dittmann*, ZHR 161 (1997), 333 ff.; *Henssler*, 1997, 1481 ff.; *Prohaska*, MDR 1997, 701; *Römermann*, GmbHR 1997, 530 ff.; zum Regierungsentwurf, abgedruckt in ZIP 1998, 221 ff.: *Funke*, AnwBl 1998, 6 ff.; *Gerlt*, MDR 1998, 259 ff.; *Römermann*, NZG 1998, 81 ff.; zur gesetzlichen Regelung: *Henssler*, NJW 1999, 241 ff.; *Römermann*, GmbHR 1998, 966 ff.; *Zuck*, MDR 1998, 1317 ff.; *ders.*, AnwBl 1999, 297 ff.; vgl. auch *Kempter/Kopp*, BRAK-Mitt. 1998, 254 ff.; zur Rechtsanwalts-AG: *Heublein*, AnwBl 1999, 304 ff.

hört, **haftet dem Mandanten die Gesellschaft mit dem Gesellschaftsvermögen (§ 13 Abs. 2 GmbHG).**

Im Gegensatz zu einer Sozietät in der Rechtsform einer Gesellschaft bürgerlichen Rechts oder einer Partnerschaft **haftet dem Mandanten weder der ihm gegenüber handelnde Rechtsanwalt noch ein anderes Mitglied der Gesellschaft persönlich mit seinem Privatvermögen**. Die in dem Referentenentwurf vorgesehene Regelung des § 59 p E-BRAO, wonach für berufliche Fehler die mit der Bearbeitung des Auftrags befaßten Geschäftsführer neben der Rechtsanwaltsgesellschaft als Gesamtschuldner haften sollten, wurde nicht Gesetz.[699] Eine persönliche Haftung des handelnden Rechtsanwalts kann sich ausnahmsweise nur nach den Grundsätzen der sog. **Sachwalterhaftung** ergeben.[700] Der Rechtsanwalt haftet danach dem Auftraggeber der GmbH insbesondere, wenn er diesem gegenüber besonderes persönliches Vertrauen in Anspruch genommen hat. Dies ist allerdings die begründungsbedürftige Ausnahme.[701] 410

Zum Teil wird im Schrifttum die Ansicht vertreten, bei einer Rechtsanwalts-GmbH hafteten im Bereich **forensischer Tätigkeit** neben der Gesellschaft auch die prozeßbevollmächtigten Rechtsanwälte persönlich. Da die GmbH selbst nicht postulationsfähig sei, bedürfe es eines zusätzlichen Geschäftsbesorgungsvertrages mit dem vertretungsberechtigten Rechtsanwalt, aus dem dieser dann selbständig neben der GmbH für fehlerhafte Prozeßführung hafte.[702] Der Abschluß zweier selbständiger Anwaltsverträge bei der Beauftragung der GmbH zur Prozeßführung wirkt jedoch konstruiert und entspricht nicht der Rechtswirklichkeit. Im übrigen mißachtet diese Ansicht § 59 l BRAO. 411

Darüber hinaus wird die Ansicht vertreten, der Auftraggeber könne bei einem **Fehlverhalten eines Rechtsanwalts, der Geschäftsführer einer Anwalts-GmbH** ist, den Schadensersatzanspruch der Gesellschaft gegen diesen aus § 43 Abs. 2 GmbHG pfänden und sich zur Einziehung überweisen lassen.[703] Eine der Gesellschaft zuzurechnende Pflichtverletzung des Geschäftsführers gegenüber dem Auftraggeber aus dem Anwaltsvertrag ist jedoch nicht mit einer Pflichtverlet- 412

699 Zu den hiergegen geäußerten Bedenken: *Hellwig*, ZHR 161 (1997), 337, 357–362; *Henssler*, DB 1995, 1549, 1551; *ders.*, ZIP 1997, 1481, 1487 f.; *Prohaska*, MDR 1997, 701 ff.; *Römermann*, GmbHR 1997, 530, 533 f.; *Vorbrugg/Salzmann*, AnwBl 1996, 129, 135.

700 Zur Sachwalterhaftung (des angestellten Rechtsanwalts bzw. des freien Mitarbeiters) Rn. 263.

701 Zur Durchgriffshaftung gegen den anwaltlichen GmbH-Gesellschafter: *Henssler*, ZAP (1997), Fach 23, S. 285, 296.

702 *Henssler*, in: Henssler/Prütting, BRAO, Anh. § 59 a Rn. 13 f.; *ders.*, ZHR 161 (1997), 305, 321 f.; *ders.*, ZAP (1997), Fach 23, S. 285, 296 sowie *ders.*, NJW 1999, 241, 243.

703 *Henssler*, ZHR 161 (1997), Fach 23, S. 305, 322 f.; *ders.*, ZAP (1997), Fach 23, S. 285, 296; in diesem Sinne auch: *Kaiser/Bellstedt*, Rn. 576.

zung des Geschäftsführers aus seiner organschaftlichen Stellung gegenüber der Gesellschaft gleichzusetzen. Andernfalls würde die gesetzliche Wertung des § 43 Abs. 1 GmbHG mißachtet. Diese Vorschrift begründet keine Sorgfaltspflichten des Geschäftsführers einer GmbH im Verhältnis zu Dritten, insbesondere nicht zu Gläubigern der Gesellschaft.[704] Ein Anspruch der Gesellschaft gegen den Geschäftsführer einer Anwalts-GmbH aus § 43 Abs. 2 GmbHG besteht daher nicht allein deshalb, weil der Geschäftsführer Pflichten gegenüber einem Mandanten verletzt hat. Ob und unter welchen Voraussetzungen die Gesellschafter auf Schadensersatzansprüche gegen einen Geschäftsführer verzichten – etwa indem sie den Geschäftsführer entlasten (vgl. § 46 Nr. 5 GmbHG)[705] – und dadurch pfändbaren Ansprüchen Dritter gegen die Gesellschaft die Grundlage entziehen können, ist daher unerheblich.

XII. Europäische wirtschaftliche Interessenvereinigung

1. Rechtsgrundlagen

413 Der Rat der Europäischen Gemeinschaft hat mit der **Europäischen wirtschaftlichen Interessenvereinigung** (**EWIV**)[706] 1985 eine supranationale Gesellschaftsform geschaffen. In einer **EWIV** können Anwälte bzw. Anwaltssozietäten aus Mitgliedstaaten der Europäischen Union zusammenarbeiten. Anderen ausländischen Anwälten ist die Beteiligung an einer EWIV verwehrt. Dieser Umstand fördert nicht gerade die Attraktivität dieser Rechtsform.[707] Zu der am 1. 7. 1989 in

704 BGHZ 31, 258 = NJW 1960, 285, 289.

705 Zur Entlastung, ihren Voraussetzungen und ihren Wirkungen: BGHZ 94, 324 = NJW 1986, 129, 1309; *Brandes*, WM 1998, 1, 14; *K. Schmidt*, Gesellschaftsrecht, § 36 II. 4. d) aa).

706 Zur EWIV: *Authenrieth*, BB 1989, 305 ff.; *Bach*, BB 1990, 1432; *Ganske*, Das Recht der Europäischen Wirtschaftlichen Interessenvereinigung; *Gloria/Karbowski*, WM 1990, 1313 ff.; *Grüninger*, AnwBl 1990, 228; *ders.*, AnwBl 1992, 111 ff.; *Henssler*, NJW 1991, 2137, 2143 f.; *v. d. Heydt/v. Rechenberg*, Die Europäische Wirtschaftliche Interessenvereinigung; *Jahndorf*, Die EWIV im Ertragsteuerrecht; *Klein-Blenkers*, DB 1994, 2224 ff.; *Knoll/Schüppen*, WiB 1994, 889 ff.; *Kollhosser/Raddatz*, JA 1989, 10 ff.; *Lentner*, Das Gesellschaftsrecht der Europäischen wirtschaftlichen Interessenvereinigung; *Marx*, AnwBl 1997, 241 ff.; *Meyer-Landrut*, Die Europäische Wirtschaftliche Interessenvereinigung; *Müller-Gugenberger*, NJW 1989, 1449 ff.; *Müller-Gugenberger/Schotthöfer*, Die EWIV in Europa; *Nerlich*, Internationale Kooperationsmöglichkeiten für europäische Rechtsanwälte, S. 93 ff.; *Neye*, DB 1997, 861 ff.; *Römermann*, Entwicklungen und Tendenzen bei Anwaltsgesellschaften, S. 8–29; *ders.*, in: Hartung/Holl, BORA, vor § 30 Rn. 234–251; *Salger/Neye*, in: Münchener Handbuch des Gesellschaftsrechts, Band 1, §§ 87 ff.; *K. Schmidt*, Gesellschaftsrecht, § 66; *Schollmeier*, in: Clausnitzer/Pieper/Schollmeier, EG-Recht in der Anwaltskanzlei, S. 31 34 ff.; *Scriba*, Die Europäische wirtschaftliche Interessenvereinigung; *Sieg*, Internationale Anwaltshaftung, S. 54 f. und S. 157 ff.; *Zahorka*, EuZW 1994, 201 ff.; *Zuck*, NJW 1990, 954 ff.

707 Vgl. etwa FAZ v. 13. 2. 1995, S. 18.

Kraft getretenen **EWIV-Verordnung** (im folgenden: **EWIV-VO**)[708], die gemäß Art. 189 Abs. 2 **EGV** unmittelbar in den Mitgliedstaaten gilt, haben die Mitgliedstaaten **Ausführungsgesetze** erlassen, die weitere Einzelheiten regeln.[709]

2. Anwendbares Recht

Das auf eine EWIV **anwendbare Recht** richtet sich grundsätzlich nach der EWIV-VO. Soweit diese Verordnung keine Regelungen enthält, bestimmt Art. 2 Abs. 1 EWIV-VO, daß für die im einzelnen aufgezählten Gegenstände das **„innerstaatliche Recht"** des Staates anzuwenden ist, in dem die Vereinigung ihren Sitz hat. Im übrigen ist zur Lückenfüllung das **„einzelstaatliche Recht"** zu ermitteln, das sich aus dem jeweils anwendbaren nationalen Kollisionsrecht ergibt.[710] 414

3. Haftung

Die EWIV ist eine **Personengesellschaft ohne eigene Rechtspersönlichkeit**. Art. 1 Abs. 2 EWIV-VO sieht vor, daß eine EWIV von der Eintragung an die Fähigkeit hat, im eigenen Namen Träger von Rechten und Pflichten zu sein, Verträge zu schließen oder andere Rechtshandlungen vorzunehmen sowie vor Gericht zu stehen. Die EWIV selbst ist daher **im Rahmen ihres Gegenstandes ein selbständiges Haftungssubjekt**. 415

Die **Mitglieder haften** gemäß Art. 24 Abs. 1 Satz 1 EWIV-VO und § 1 des deutschen Ausführungsgesetzes i. V. m. § 128 HGB **unbeschränkt und gesamtschuldnerisch für Verbindlichkeiten der EWIV**. Art. 24 Abs. 2 EWIV-VO stellt klar, daß die Mitglieder nur **subsidiär** im Verhältnis zu der Vereinigung haften. **Neu eintretende Mitglieder** können ihre Haftung unter den Voraussetzungen des Art. 26 Abs. 2 Satz 2 EWIV-VO beschränken. 416

Ein wesentliches Merkmal der EWIV besteht darin, daß der **Gegenstand der Vereinigung** nur darin bestehen darf, die wirtschaftliche Tätigkeit ihrer Mitglieder zu erleichtern oder zu entwickeln, um es ihnen zu ermöglichen, die Ergebnisse dieser Tätigkeit zu verbessern oder zu steigern. Eine EWIV darf nicht den Zweck verfolgen, Gewinn für sich selbst zu erzielen (Präambel und Art. 3 Abs. 1 EWIV-VO). 417

708 Verordnung (EWG) Nr. 2137/85 des Rates vom 25. 7. 1985 über die Schaffung einer Europäischen wirtschaftlichen Interessenvereinigung (EWIV), ABl. EG Nr. L 199/1 vom 31. 7. 1985.

709 In Deutschland ist das Gesetz zur Ausführung der EWG-Verordnung über die Europäische wirtschaftliche Interessenvereinigung vom 14. 4. 1988 (BGBl I, S. 514) am 1. 7. 1989 in Kraft getreten. Zu den Ausführungsgesetzen der anderen EU-Mitgliedstaaten: *Müller-Gugenberger/Schotthöfer*, Die EWIV in Europa.

710 Zur Einbeziehung nationalen Rechts: *Jahndorf*, Die EWIV im Ertragsteuerrecht, S. 28–36.

Wegen dieses zwingenden Hilfscharakters eignet sich diese Gesellschaftsform nicht dazu, daß sich Anwälte aus unterschiedlichen Staaten in einer EWIV zusammenschließen, um gemeinschaftlich ihren Beruf auszuüben. **Eine EWIV selbst darf keine Rechtsberatung durchführen.** Dies stellt Ziffer 5 der Erwägungsgründe zur EWIV-VO ausdrücklich klar. **Vertragspartner des Mandanten im Rahmen eines Auftrags zur Wahrnehmung rechtlicher Interessen** ist daher **stets das einzelne EWIV-Mitglied, nicht die EWIV selbst**. Die übrigen EWIV-Mitglieder sind nicht Haftungsschuldner des Auftraggebers eines EWIV-Mitglieds, wenn dieses wegen fehlerhafter Berufausübung zum Schadensersatz verpflichtet ist.

418 Eine **Rechtsscheinhaftung** kommt **ausnahmsweise** in Betracht, wenn die beteiligten Anwälte nach außen zurechenbar den **Anschein einer internationalen Sozietät** hervorrufen.[711] **Arbeitet das deutsche EWIV-Mitglied mit einem ausländischen EWIV-Mitglied zusammen**, gelten im übrigen dieselben Grundsätze, als wenn die Anwälte einander im Einzelfall hinzuziehen.[712]

XIII. Verbund

1. Begriff

419 In der grenzüberschreitenden Praxis kommt es vielfach vor, daß sich **Anwälte aus mehreren Staaten vertraglich verbinden**, ohne gemeinschaftlich den Beruf ausüben oder eine EWIV gründen zu wollen. Ein derartiger Verbund kann unterschiedlich ausgestaltet sein und verschiedene Zwecke verfolgen. Diese werden unter den Schlagworten **„Club"**, **„network"**, **„Allianz"** oder **„Gruppe"** beschrieben.[713]

2. Anwendbares Recht

420 Auch bei einem grenzüberschreitenden Verbund ist vorrangig das **anwendbare Recht** zu ermitteln. Nach deutschem Internationalen Privatrecht richten sich die Fragen der Haftung der Mitglieder eines solchen Verbunds nach dem **Vertragsstatut**. Insoweit wird auf die Ausführungen zur internationalen Sozietät verwiesen.[714]

---

711 Zur Rechtsscheinhaftung allgemein beim Verbund mit ausländischen Anwälten: Rn. 422.

712 Zur Haftung bei der Zusammenarbeit mit ausländischen Anwälten im Einzelfall: Rn. 307–336.

713 Zu den beschriebenen Formen der Zusammenarbeit: *Becker*, AnwBl 1998, 305 ff.; *Hellwig*, AnwBl 1996, 124, 125 ff.; *Schneider*, AnwBl 1991, 565 f.; *Sieg*, Internationale Anwaltshaftung, S. 55 f. und S. 159.

714 Zum Vertragsstatut bei einer internationalen Sozietät: Rn. 381.

3. Haftung

Nach deutschem Recht ist die Zusammenarbeit von Anwälten in einem Verbund **haftungsrechtlich wie die Zusammenarbeit mit einem ausländischen Anwalt im Einzelfall** zu behandeln.[715] 421

Ausnahmsweise können die Grundsätze der **Anscheinssozietät** zu einer gesamtschuldnerischen Haftung aller Mitglieder des Verbunds führen.[716] Allerdings sind dann auch die vorbeschriebenen Einschränkungen für internationale Sozietäten zu beachten.[717] Die Voraussetzungen einer Anscheinssozietät liegen nicht vor, wenn nur auf den Verbund hingewiesen wird. Dasselbe gilt, wenn auch die Sozietätsbezeichnungen der ausländischen Kooperationspartner in der Fußzeile des Briefbogens ausdrücklich erwähnt werden.[718] Die Gegenansicht[719] übersieht, daß die zu einem Verbund zusammengeschlossenen Rechtsanwälte dann gerade nicht als internationale Sozietät auftreten, sondern an untergeordneter Stelle auf die Kooperationspartner oder auf den Verbund hinweisen. Der hiervon angesprochene – wohl nahezu ausschließlich unternehmerisch tätige – Mandantenkreis weiß dies zu unterscheiden. Als Sozietät treten nur die namentlich bezeichneten Rechtsanwälte auf, nicht die Mitglieder des bloß unter der „Firma" angegebenen ausländischen Büros. Eine gesamtschuldnerische Haftung beruht darauf, daß die einzelnen Sozietätsmitglieder gegenüber dem Mandanten in dieser Eigenschaft auftreten. Dies ist bei dem Hinweis auf mehrere Sozietäten, die sich zu einem Verbund zusammengeschlossen haben, aber gerade nicht der Fall. Der Hinweis auf Büros im Ausland kann jedoch zu einem verschärften Haftungsmaßstab für die deutschen Rechtsanwälte führen.[720] Eine gesamtschuldnerische Haftung nach den Grundsätzen der Anscheinssozietät käme in Betracht, wenn die Kooperation firmenmäßig auf der Kopfzeile des Briefbogens in den Vordergrund gerückt wird. Eine solche Gestaltung des Briefbogens dürfte allerdings nach deutschem Wettbewerbsrecht[721] nicht zulässig sein.[722] 422

715 Zur Haftung bei der Zusammenarbeit mit ausländischen Anwälten im Einzelfall: Rn. 307–335.
716 Zur Anscheinssozietät: Rn. 369–372.
717 Zur Haftung einer internationalen Sozietät: Rn. 385–387.
718 *Borgmann/Haug*, § 36 Rn. 6; *Vorbrugg/Salzmann*, AnwBl 1996, 129, 139.
719 *Becker*, AnwBl 1998, 305, 306; *Hellwig*, AnwBl 1996, 124, 126.
720 *Sieg*, S. 159.
721 OLG Düsseldorf, NJW 1994, 869 f. – Werbung eines deutschen Rechtsanwalts im Ausland.
722 BGH, NJW 1996, 2308; OLG Karlsruhe, NJW 1990, 3093 – hierzu Rn. 384.

F. Vertragliche Haftungsbeschränkungen

423 In der BRAO-Novelle 1994[723] hat der Gesetzgeber in **§ 51 a BRAO** die Voraussetzungen geregelt, unter denen ein Rechtsanwalt mit seinem Auftraggeber Vereinbarungen treffen kann, welche die Haftung wegen fehlerhafter Berufsausübung beschränken. Das Gesetz unterscheidet zwischen **Haftungsbeschränkungen auf einen Höchstbetrag** und **Haftungskonzentrationen auf einzelne Mitglieder einer Sozietät**. Für Rechtsanwälte, die sich zur gemeinschaftlichen Berufsausübung in einer **Partnerschaft** zusammengeschlossen haben, enthielt § 8 Abs. 2 PartGG a. F. eine Sonderregelung. **§ 8 Abs. 2 PartGG n. F.** sieht nunmehr eine gesetzliche Haftungskonzentration auf die mit der Bearbeitung eines Mandats befaßten Partner vor (vgl. Rn. 401 ff.).[724]

424 **Vor dem Inkrafttreten des § 51 a BRAO** war die Zulässigkeit vertraglicher Haftungsbeschränkungen zwischen Rechtsanwalt und Auftraggeber im Schrifttum umstritten. Die Lösungsvorschläge ließen keine einheitliche Linie erkennen.[725] Nach Auffassung des BGH lassen sich aus § 51 a BRAO unter Berücksichtigung der früheren Standesregeln Anhaltspunkte dafür entnehmen, was im Rahmen des § 138 Abs. 1 BGB in den letzten Jahren vor dem Inkrafttreten der Neuregelung guter Sitte entsprach. So wurde eine Haftungsbeschränkung für Schäden, die auf einfacher Fahrlässigkeit beruhen, für zulässig erachtet, soweit sie sich an den seinerzeit geltenden Mindestversicherungssummen, im entschiedenen Fall 2 Mio. DM, ausrichtete.[726] Zur Auslegung von § 51 a BRAO bzw. § 8 Abs. 2 PartGG a. F. hatte die Rechtsprechung bislang keine Gelegenheit. Dadurch wird eine Anwendung dieser Vorschriften mit der für die Praxis wünschenswerten Rechtssicherheit

---

723 Gesetz zur Neuordnung des Berufsrechts der Rechtsanwälte und der Patentanwälte vom 2. 9. 1994 (BGBl I, S. 2278), in Kraft getreten am 9. 9. 1994.

724 Allgemein zu vertraglichen Haftungsbeschränkungen zwischen Rechtsanwalt und Auftraggeber: *Borgmann/Haug*, §§ 40, 41; *Busse*, DStR 1995, 738 ff.; *Niebling*, AnwBl 1996, 20 ff.; *Reiff*, AnwBl 1997, 3 ff.; *Rinsche*, Rn. I 323 ff.; *Römermann*, in: Hartung/Holl, BORA, vor § 11 (§§ 51–51 b BRAO) Rn. 35–82; *Schäfer*, „Rechtsanwälte" in: v. Westphalen, Vertragsrecht und AGB-Klauselwerke, Rn. 59 ff.; *Sieg*, Internationale Anwaltshaftung, S. 148 und S. 185 ff.; *Sieg/Holtmann*, ZAP (1999), Fach 23, S. 387, 392 ff.; *Stobbe*, AnwBl 1997, 16 ff.; *Wellensiek*, FS Brandner, 1996, S. 727 ff.; *v. Westphalen*, ZIP 1995, 546 ff.; *ders.*, MDR 1997, 989 ff.; *ders.*, WiB 1997, 1217 ff.; *Wolf*, FS Schneider, 1997, 349, 354–360 sowie die im folgenden zusammengestellten Kommentierungen von § 51 a BRAO und § 8 Abs. 2 PartGG a. F.

725 Zur Rechtslage vor dem Inkrafttreten des § 51 a BRAO: *Borgmann/Haug*, 2. Aufl. 1986, §§ 39–41; *Bunte*, NJW 1981, 2657 ff.; *Feuerich/Braun*, BRAO, § 51 a Rn. 3 f.; *Hartstang*, S. 637–651; *Henssler*, JZ 1994, 178; 186; *Junge-Ilges*, Haftungsvereinbarungen der rechts- und wirtschaftsberatenden Berufe, S. 39–66; *Rinsche*, 4. Aufl. 1992, Rn. I 323 ff.; *ders.*, ZAP (1989), Fach 23, S. 53 ff.; *Vollkommer*, Rn. 426 ff.

726 BGH, NJW 1998, 1864, 1866; vgl. auch BGH, NJW 1997, 1008, 1012 zu Haftungsbeschränkungen in Allgemeinen Geschäftsbedingungen eines Steuerberaters.

erschwert. Einzelne Äußerungen im Schrifttum führen zu einer weiteren Verunsicherung (zu einzelnen Formulierungsbeispielen zur Haftungsbeschränkung vgl. Rn. 502).

I. Die Regelung des § 51 a BRAO

§ 51 a BRAO hat einen **berufsrechtlichen und einen zivilrechtlichen Gehalt**.[727] 425
Im folgenden werden nur die zivilrechtlichen Fragen, d. h. die Haftung des Rechtsanwalts gegenüber seinem Auftraggeber und die Möglichkeiten einer vertraglichen Haftungsbeschränkung, näher untersucht. **§ 51 a BRAO** lautet:[728]

(1) Der Anspruch des Auftraggebers aus dem zwischen ihm und dem Rechtsanwalt bestehenden Vertragsverhältnis auf Ersatz eines fahrlässig verursachten Schadens kann beschränkt werden:

1. durch schriftliche Vereinbarung im Einzelfall bis zur Höhe der Mindestversicherungssumme;

2. durch vorformulierte Vertragsbedingungen für Fälle einfacher Fahrlässigkeit auf den vierfachen Betrag der Mindestversicherungssumme, wenn insoweit Versicherungsschutz besteht.

(2) Die Mitglieder einer Sozietät haften aus dem zwischen ihr und dem Auftraggeber bestehenden Vertragsverhältnis als Gesamtschuldner. Die persönliche Haftung auf Schadensersatz kann auch durch vorformulierte Vertragsbedingungen beschränkt werden auf einzelne Mitglieder einer Sozietät, die das Mandat im Rahmen ihrer eigenen beruflichen Befugnisse bearbeiten und namentlich bezeichnet sind. Die Zustimmungserklärung zu einer solchen Beschränkung darf keine anderen Erklärungen enthalten und muß vom Auftraggeber unterschrieben sein.

1. Motive des Gesetzgebers

Ein Blick auf die Beweggründe des Gesetzgebers erleichtert das Verständnis des 426
§ 51 a BRAO.[729] Die Neuregelung soll im Haftungsfall die **Interessen des Rechtsanwalts und des Mandanten zu einem angemessenen Ausgleich** führen. Mit

727 Allgemein zu § 51 a BRAO: *Feuerich/Braun*, BRAO; *Jessnitzer/Blumberg*, BRAO; *Kleine-Cosack*, BRAO, (jedoch zum Teil wortgleich mit Borgmann/Haug, §§ 40, 41); *Römermann*, in: Hartung/Holl, BORA, vor § 11 (§§ 51–51 b BRAO), Rn. 35–82; *Stobbe*, in: Henssler/Prütting, BRAO.

728 § 51 a BRAO entspricht inhaltlich weitgehend § 67 a StBerG sowie § 54 a WPO. Steuerberater und Wirtschaftsprüfer können durch vorformulierte Vertragsbedingungen ihre Haftung allerdings auch für grobe Fahrlässigkeit beschränken.

729 Gesetzgebungsmaterialien: BT-Drucks. 12/4993 vom 19. 5. 1993, S. 32 f., 49 und 52; BT-Drucks. 12/7656 vom 24. 5. 1994, S. 50 und BT-Drucks. 12/7868 vom 14. 6. 1994, S. 1.

einer vertraglichen Haftungsbeschränkung könnten Rechtsanwälte ein hohes, möglicherweise existenzgefährdendes Haftungsrisiko in vertretbaren Grenzen halten. Eine klare gesetzliche Regelung habe den Vorteil, daß die Rechtsanwälte das Haftungsrisiko besser kalkulieren können. Die berechtigten Interessen des Rechtsuchenden, den Rechtsanwalt für berufliches Fehlverhalten in Anspruch nehmen zu können, seien durch eine vereinbarte Haftungsbeschränkung nicht beeinträchtigt. Der notwendige Mandantenschutz werde durch die in § 51 BRAO flankierend eingeführte **Berufshaftpflichtversicherung** gewährleistet. Wirtschaftlicher Schaden, den ein Mandant durch fehlerhafte Berufshandlungen erleide, werde durch eine leistungsfähige Haftpflichtversicherung zuverlässiger ausgeglichen als durch eine unbeschränkte persönliche Haftung des Rechtsanwalts.[730] Um den Mandanten vor unangemessenen Nachteilen dieser als anwaltsfreundlich empfundenen Regelung zu schützen, ist damit zu rechnen, daß der BGH § 51 a BRAO restriktiv auslegen wird.

2. Zeitlicher Anwendungsbereich

427 § 51 a BRAO ist nur auf Haftungsbeschränkungen anwendbar, die **am oder nach dem 9. 9. 1994**, also dem Tag des Inkrafttretens der BRAO-Novelle, **vereinbart worden** sind. Es wird die Ansicht vertreten, für die zeitliche Geltung des § 51 a BRAO komme es darauf an, ob die ausgeschlossenen Ansprüche sich auf Pflichtverletzungen beziehen, die nach dem Inkrafttreten des Gesetzes begangen worden sind.[731] Nach altem Recht vereinbarte Haftungsbeschränkungen seien am Maßstab des § 51 a BRAO zu messen. Entsprächen die Haftungsbeschränkungen diesem Maßstab nicht, seien sie unwirksam.[732] Diese Aussagen widersprechen einander. Das Gesetz enthält keinen Ansatzpunkt dafür, daß auf den Zeitpunkt der Pflichtverletzung abzustellen ist. Nach § 51 a BRAO ist vielmehr der Zeitpunkt der Vereinbarung einer Haftungsbeschränkung maßgeblich. Die Parteien, die Haftungsbeschränkungen vor dem 9. 9. 1994 vereinbart haben, welche nach dem damaligen Rechtszustand wirksam waren, genießen Vertrauensschutz. Dies betrifft allerdings nur die seltenen Fälle, in denen zulässige Vereinbarungen über eine Haftungsbeschränkung weitere Voraussetzungen als nach § 51 a Abs. 1 BRAO zu erfüllen hatten. Die BRAO enthält auch keine – etwa § 28 Abs. 2 AGBG entsprechende – Ausnahmeregelung, welche die Geltung der Vorschrift auf solche Verträge erstreckt, die vor ihrem Inkrafttreten abgeschlossen worden sind.

---

730 BT-Drucks. 12/4993 vom 19. 5. 1993, S. 32.

731 *Stobbe*, in: Henssler/Prütting, BRAO, § 51 a Rn. 23; wie hier: *Feuerich/Braun*, BRAO, § 51 a Rn. 3 ff.

732 *Stobbe*, in: Henssler/Prütting, BRAO, § 51 a Rn. 22.

II. Haftungsbeschränkung auf einen Höchstbetrag

Eine **Haftungsbeschränkung** kann als **unselbständiger Bestandteil des Anwaltsvertrages** gleichzeitig mit diesem oder auch nachträglich vereinbart werden. Das **Zustandekommen** der Vereinbarung über die Haftungsbeschränkung richtet sich nach den allgemeinen Regeln, insbesondere nach **§§ 145 ff. BGB**. § 51 a Abs. 1 BRAO unterscheidet zwischen Haftungsbeschränkungen durch Vereinbarung im Einzelfall und durch vorformulierte Vertragsbedingungen. Über **§ 8 Abs. 3 PartGG** gilt § 51 a Abs. 1 BRAO auch für die gemeinschaftliche Berufsausübung in einer Partnerschaft. 428

1. Grundlagen des § 51 a Abs. 1 BRAO

a) Anspruch des Auftraggebers aus dem Vertragsverhältnis mit dem Rechtsanwalt

§ 51 a Abs. 1 BRAO betrifft „Ansprüche des Auftraggebers aus dem zwischen ihm und dem Rechtsanwalt bestehenden Vertragsverhältnis" auf Ersatz eines fahrlässig verursachten Schadens. Dies bedeutet, daß eine vertragliche Haftungsbeschränkung **nicht** Schadensersatzansprüche erfaßt, die auf einem **untypischen Anwaltsvertrag**, also einem Vertrag, der eine anwaltsfremde Leistung ohne Rechtsberatungspflicht zum Gegenstand hat, oder auf **gesetzlicher Grundlage** beruhen.[733] Auch auf die sog. **Dritthaftung** des Rechtsanwalts gegenüber Personen, mit denen er keinen Anwaltsvertrag geschlossen hat,[734] erstreckt sich § 51 a Abs. 1 BRAO grundsätzlich nicht. Ein Dritter, der nach den Grundsätzen des **Vertrags mit Schutzwirkung zugunsten Dritter** in den Schutzbereich des Anwaltsvertrages einbezogen wird, kann allerdings nicht besser gestellt werden als der eigentliche Auftraggeber. Der Dritte muß daher Haftungsbeschränkungen gegen sich gelten lassen, die der Auftraggeber mit dem Rechtsanwalt vereinbart hat (vgl. auch § 334 BGB).[735] 429

b) Begriff der Haftungsbeschränkung

Entgegen seinem mißverständlichen Wortlaut erfaßt § 51 a Abs. 1 BRAO nicht nur die Voraussetzungen für die Wirksamkeit von Beschränkungen der Haftung 430

733 Zur Abgrenzung des Anwaltsvertrages von anderen Schuldverhältnissen: Rn. 106–169, sowie zur außervertraglichen Haftung des Rechtsanwalts gegenüber dem Auftraggeber: Rn. 1601 ff.

734 Zur Haftung gegenüber Dritten: Rn. 1354 ff., sowie auch *Sieg*, Internationale Anwaltshaftung, S. 90.

735 *Borgmann/Haug*, § 41 Rn. 54; *Kleine-Cosack*, BRAO, § 51 a Rn. 19; *Stobbe*, in: Henssler/Prütting, BRAO, § 51 a Rn. 32.

auf einen **Höchstbetrag**, sondern auch die eines **vollständigen Haftungsausschlusses**[736]. Allein diese Auslegung entspricht der Absicht des Gesetzgebers, Haftungsbeschränkungen zwischen Rechtsanwalt und Mandant umfassend und abschließend zu regeln.[737] Der BGH hat in einem anderen Zusammenhang ausgeführt, daß der Begriff Haftungsausschluß in der Rechtssprache nicht klar gegen den der Haftungsbeschränkung abgegrenzt sei. Für eine Abgrenzung nach den Merkmalen „Haftungsausschluß gleich Einengung der Haftung zum Grund des Anspruchs" und „Haftungsbeschränkung gleich summenmäßige Begrenzung des Umfangs der Haftung" fehle es an jeglichem Anhalt; denn Grund und Höhe gehörten in gleicher Weise zum Inhalt des anspruchsbegründenden Tatbestandes. Ihre getrennte Behandlung beruhe in erster Linie auf prozessualen Vorschriften und dadurch gegebenen Möglichkeiten. Haftungsausschluß und Haftungsbeschränkung kennzeichneten vielmehr denselben rechtlichen Vorgang unter verschiedenen Blickwinkeln; in jeder Beschränkung der Haftung liege zugleich der Ausschluß einer weiterreichenden Haftung.[738]

2. Individualvertragliche Haftungsbeschränkung

431 Die Zulässigkeit von **Haftungsbeschränkungen auf einen Höchstbetrag** durch **Vereinbarung im Einzelfall** ist in **§ 51 a Abs. 1 Nr. 1 BRAO** geregelt.

a) Haftung für Fahrlässigkeit

432 Nach § 51 a Abs. 1 BRAO kann der Anspruch auf Ersatz eines **fahrlässig verursachten Schadens** beschränkt werden. Die Haftung des Rechtsanwalts für **Vorsatz** kann nicht im voraus beschränkt werden (§ 276 Abs. 2 BGB). § 51 a Abs. 1 Nr. 1 BRAO enthält im Gegensatz zu § 51 a Abs. 1 Nr. 2 BRAO keine Einschränkung auf Fälle einfacher Fahrlässigkeit. Daraus folgt, daß durch eine Vereinbarung im Einzelfall die Haftung nicht nur für einfache, sondern **auch für grobe Fahrlässigkeit** beschränkt werden kann.[739]

433 Im Schrifttum wird die Ansicht vertreten, die Haftung wegen grob fahrlässiger Pflichtverletzungen könne auch durch Vereinbarung im Einzelfall nicht be-

---

736 Zur Unzulässigkeit eines vollständigen Haftungsausschlusses: Rn. 444.

737 *Stobbe*, in: Henssler/Prütting, BRAO, § 51 a Rn. 18; a. A. *Schäfer*, in: v. Westphalen, Vertragsrecht und AGB-Klauselwerke, Rn. 60.

738 BGHZ 49, 218, 220 f.

739 *Borgmann/Haug*, § 41 Rn. 55; *Kleine-Cosack*, BRAO, 51 a Rn. 3; *Feuerich/Braun*, BRAO, § 51 a Rn. 5; *Römermann*, in: Hartung/Holl, BORA, vor § 11 (§§ 51–51 b BRAO), Rn. 41; *Stobbe*, in: Henssler/Prütting, BRAO, § 51 a Rn. 38.

schränkt werden. Andernfalls würde „dieser extreme Randbereich einer Falschberatung zukünftig noch mit dem Bonus der Haftungsbeschränkung ‚belohnt'".[740] Diese Ansicht widerspricht dem Wortlaut, der Systematik und dem Zweck des Gesetzes. Sie mißachtet den Grundsatz der Privatautonomie. Die rechtspolitische Entscheidung des Gesetzgebers, die im Gesetzgebungsverfahren kontovers diskutiert worden war, ist hinzunehmen. Der Auftraggeber wird dadurch geschützt, daß er bei einer im Einzelfall auszuhandelnden Haftungsbeschränkung dem Anliegen des Rechtsanwalts nicht zustimmen muß und von dessen Beauftragung ganz absehen kann.

Allerdings ist damit zu rechnen, daß der BGH in denjenigen Fällen, in denen eine 434
Haftungsbeschränkung auch grob fahrlässige Pflichtverletzungen erfaßt, strenge Anforderungen an die Aufklärung eines rechtlich unerfahrenen Mandanten über die sich aus der Haftungsbeschränkung ergebenden Risiken und das Ausmaß seines möglichen Rechtsverlusts stellen wird (dazu Rn. 443).

b) Vereinbarung im Einzelfall

Eine „**Vereinbarung im Einzelfall**" i. S. d. § 51 a Abs. 1 Nr. 1 BRAO ist negativ 435
von einer Vereinbarung durch „**vorformulierte Vertragsbedingungen**" im Sinne von § 51 a Abs. 1 Nr. 2 BRAO abzugrenzen. Nach einer im Schrifttum vertretenen Meinung fallen auch vorformulierte Haftungsbeschränkungen unter § 51 a Abs. 1 Nr. 1 BRAO, wenn sie im Einzelfall erfolgen.[741] Diese Ansicht widerspricht nicht nur dem bereits dargelegten Willen des Gesetzgebers, sondern auch der gesetzlichen Systematik, die einen Gegensatz zwischen einer Vereinbarung im Einzelfall (§ 51 a Abs. 1 Nr. 1 BRAO) und einer Vereinbarung durch vorformulierte Vertragsbedingungen aufstellt. § 51 a Abs. 1 Nr. 2 BRAO ist danach lex specialis zu § 51 a Abs. 1 Nr. 1 BRAO. Eine vordergründig allein auf den Wortlaut des § 51 a Abs. 1 Nr. 1 BRAO abstellende Argumentation greift demgegenüber zu kurz.

Der Begriff „**vorformulierte Vertragsbedingungen**" ist an die Terminologie in 436
Art. 3 Abs. 2 der Richtlinie des Rates 93/13/EWG vom 5. 4. 1993 über mißbräuchliche Klauseln in Verbraucherverträgen angepaßt. Die gleiche Formulierung enthält jetzt auch § 24 a Nr. 2 AGBG. Im Gegensatz zu § 1 Abs. 1 AGBG setzt § 51 a Abs. 1 Nr. 2 BRAO nicht voraus, daß die Vertragbedingung für eine Vielzahl von Verträgen vorformuliert ist. Eine vorformulierte Vertragsbedingung liegt

740 *Schäfer*, in: v. Westphalen, Vertragsrecht und AGB-Klauselwerke, Rn. 75 g.
741 *Römermann*, in: Hartung/Holl, BORA, vor § 11 (§§ 51–51 b BRAO) Rn. 42–46.

in Anlehnung an § 1 Abs. 1 AGBG insbesondere vor, wenn die Haftungsbeschränkung in vorgedruckten Formularen verwendet wird, auch wenn unselbständige Textteile wie etwa Namen oder die Höhe der Haftungsbeschränkung nachträglich individuell ausgefüllt werden.[742]

437 Demgegenüber liegt eine **„Vereinbarung im Einzelfall"** in Anlehnung an § 1 Abs. 2 AGBG vor, wenn die Haftungsbeschränkung im einzelnen zwischen den Vertragsparteien ausgehandelt ist. Zur Auslegung der Formulierung „Vereinbarung im Einzelfall" in § 51 a Abs. 1 Nr. 1 BRAO kann auf die Rechtsprechung zu § 1 Abs. 2 AGBG zurückgegriffen werden.[743] Danach ist eine Klausel **im Einzelfall ausgehandelt**, wenn die Gegenseite des Verwenders den Inhalt mitbeeinflußt hat bzw. mitbeeinflußen konnte.[744] Der BGH hat ausgeführt, daß ein Indiz für ein individuelles Aushandeln sich daraus ergeben könne, daß im vorformulierten Vertragstext nachträglich Änderungen eingefügt worden sind. Aushandeln i.S.v. § 1 Abs. 2 AGBG bedeute andererseits nicht, daß die vom Verwender der AGB vorformulierte Bestimmung tatsächlich abgeändert oder (mit weiterem Regelungsinhalt) ergänzt worden sei. Es komme vielmehr auf die Umstände des Einzelfalls an. Auch bei einem unveränderten Text könne § 1 Abs. 2 AGBG erfüllt sein, wenn der andere Teil sich nach gründlicher Erörterung ausdrücklich einverstanden erklärt habe. Im kaufmännischen Verkehr könne ein individuelles Aushandeln im übrigen auch dann zu bejahen sein, wenn der Verwender eine bestimmte Klausel für unabdingbar erkläre.[745] In anderen Urteilen des BGH heißt es, daß ein Aushandeln vorliege, wenn der Verwender den in seinen Allgemeinen Geschäftsbedingungen enthaltenen gesetzesfremden Kerngehalt, also die den wesentlichen Inhalt der gesetzlichen Regelung ändernden oder ergänzenden Bestimmungen inhaltlich ernsthaft zur Disposition stelle. Der Verwender müsse dem Verhandlungspartner Gestaltungsfreiheit zur Wahrung eigener Interessen einräumen, zumindest mit der realen Möglichkeit, die inhaltliche Ausgestaltung der Vertragsbedingungen beeinflussen zu können.[746]

---

742 Vgl. BGHZ 102, 152, 158; 118, 229, 238; BGH, NJW 1996, 1208 f.; *Ulmer*, in: Ulmer/Brandner/Hensen, AGBG, § 1 Rn. 56; *Wolf*, in: Wolf/Horn/Lindacher, AGBG, § 1 Rn. 39.

743 *Borgmann/Haug*, § 41 Rn. 57; *Reiff*, AnwBl 1997, 3, 6; *Stobbe*, in: Henssler/Prütting, BRAO, § 51 a Rn. 34, 46.

744 BGHZ 85, 305, 308; 104, 232, 236.

745 BGH, NJW 1992, 2283, 2285; a. A. *Römermann*, in: Hartung/Holl, BORA, vor § 11 (§§51–51 b BRAO) Rn. 51, nach dem nur bei einer tatsächlichen Änderung des ursprünglichen Textes von einer ausgehandelten Klausel auszugehen ist.

746 BGH, WM 1995, 1455, 1456; NJW-RR 1996, 783, 787; vgl. auch Palandt/*Heinrichs*, § 1 AGBG Rn. 18; *Ulmer*, in: Ulmer/Brandner/Hensen, AGBG, § 1 Rn. 45 ff., 88; *Wolf*, in: Wolf/Horn/Lindacher, AGBG, § 1 Rn. 33 ff.

Im Schrifttum wird die Ansicht vertreten, der Rechtsanwalt müsse seinen Auftraggeber auch über **Bedeutung und Tragweite der Freizeichnungsvereinbarung aufklären**. Diese Aufklärung sei notwendiger Bestandteil des Aushandelns der Vereinbarung im Einzelfall. Die Intensität der Aufklärungspflicht werde durch die jeweiligen Umstände, insbesondere die Person des Auftraggebers bestimmt. Sei für den Rechtsanwalt vorhersehbar, daß das Schadensrisiko die im Gespräch befindliche Obergrenze der Haftungsbeschränkung deutlich überschreite, müsse der Rechtsanwalt den Auftraggeber auf die Möglichkeit hinweisen, auf eigene Kosten eine Zusatzversicherung abzuschließen.[747] 438

Eine solche Verpflichtung ist keineswegs „anerkannt". Für diese Behauptung wird kein Beleg angeführt. Wer sich auf eine – individualvertraglich ausgehandelte – Haftungsbeschränkung einläßt, weiß, daß damit auch Risiken verbunden sind. In aller Regel hat der Auftraggeber trotz der für ihn ungünstigen Haftungsbeschränkung ein besonderes Interesse an der Beauftragung des ausgewählten Rechtsanwalts. Ein solches Interesse kann etwa daraus folgen, daß der Mandant gerade den beauftragten Rechtsanwalt für sich gewinnen will oder – bei einem Beratungsmandat – in eine Haftungsbeschränkung gegen eine günstigere Gestaltung des Honorars einwilligt. Die strengen Anforderungen an ein Aushandeln einer Vertragsklausel im Einzelfall sollten nicht übertrieben werden. Es kann also nicht die Rede davon sein, daß eine Vereinbarung im Einzelfall begriffsnotwendig eine Aufklärung des Auftraggebers durch den Rechtsanwalt über das Risiko der Haftungsbeschränkung erfordert. Allerdings kann unabhängig davon, ob eine Vereinbarung im Einzelfall vorliegt oder nicht, eine **Aufklärungspflicht** des Rechtsanwalts über die sich für den Auftraggeber aus einer Haftungsbeschränkung ergebenden Risiken bestehen (dazu: Rn. 443). 439

Die Voraussetzungen des Aushandelns sind **für jede Vertragsklausel gesondert** festzustellen. Dies folgt aus dem Wortlaut des § 1 Abs. 2 AGBG, der die Formulierung „soweit" enthält. Eine Bestimmung, die als AGB bzw. vorformulierte Vertragsbedingung zu bewerten ist, hat keine „Ausstrahlungswirkung" auf den übrigen Vertragsinhalt, wenn die anderen, im einzelnen ausgehandelten Klauseln eine in sich abgeschlossene Regelung darstellen.[748] 440

747 *Stobbe*, in: Henssler/Prütting, BRAO, § 51 a Rn. 43.

748 Vgl. etwa BGHZ 97, 212, 215; BGH, NJW 1997, 135; *Ulmer*, in: Brandner/Ulmer/Hensen, AGBG, § 1 Rn. 55; *Wolf*, in: Wolf/Horn/Lindacher, AGBG, § 1 Rn. 37.

c) Schriftform

441 Für Haftungsbeschränkungen durch Vereinbarung im Einzelfall gilt nach § 51 a Abs. 1 Nr. 1 BRAO ein **Schriftformerfordernis** i. S. d. **§ 126 BGB**. Gemäß § 126 Abs. 2 BGB müssen beide Parteien – also Auftraggeber und Rechtsanwalt – dieselbe Urkunde unterzeichnen. Wenn über den Vertrag mehrere gleichlautende Urkunden aufgenommen werden, genügt es, daß jede Partei die für die andere Partei bestimmte Urkunde unterzeichnet. Eine Vereinbarung über eine Haftungsbeschränkung, die nicht den Maßgaben des § 126 BGB genügt, ist nach § 125 BGB nichtig.

d) Beschränkung der Haftung auf die Mindestversicherungssumme

442 Eine Haftungsbeschränkung durch Vereinbarung im Einzelfall ist **bis zur Höhe der Mindestversicherungssumme** zulässig. Die Versicherungssumme ist in § 51 Abs. 4 BRAO **für jeden Versicherungsfall** auf mindestens **DM 500.000,-** festgelegt. Gemäß § 51 Abs. 8 BRAO kann das Bundesministerium der Justiz diese Summe mit Zustimmung des Bundesrates und nach Anhörung der Bundesrechtsanwaltskammer neu festsetzen. Eine solche Neufestsetzung muß erforderlich sein um bei einer Änderung der wirtschaftlichen Verhältnisse einen hinreichenden Schutz der Geschädigten sicherzustellen. Anders als bei einer Haftungsbeschränkung durch vorformulierte Vertragsbedingungen muß nicht „insoweit Versicherungsschutz bestehen".[749] Aus Gründen der Rechtssicherheit ist für die Höhe der Mindestversicherungssumme der Zeitpunkt maßgebend, zu dem die Parteien die Haftungsbeschränkung vereinbart haben. Anstelle des Mindestbetrages kann die Haftung auch auf einen **höheren Betrag** beschränkt werden. Dann ist darauf zu achten, daß mit der Haftpflichtversicherung eine entsprechende Deckung vereinbart ist. In diesem Rahmen besteht Verhandlungsspielraum. Dieser kann vor allem dazu genutzt werden, den individualvertraglichen Charakter einer Haftungsbeschränkung hervorzuheben.

e) Aufklärung des Auftraggebers

443 Unabhängig von der Frage, ob eine Vereinbarung im Einzelfall vorliegt (Rn. 435–440), ist davon auszugehen, daß der Bundesgerichtshof eine **Aufklärungspflicht des Rechtsanwalts** jedenfalls in denjenigen Fällen annehmen wird, in denen eine Haftungsbeschränkung auch grob fahrlässige Pflichtverletzungen erfaßt und der

749 Vgl. *Stobbe*, in: Henssler/Prütting, BRAO, § 51 a Rn. 39.

Mandant – wie im Regelfall – derart rechtlich unerfahren ist, daß er sich über die aus der Haftungsbeschränkung folgenden Risiken und das Ausmaß seines möglichen Rechtsverlusts nicht im klaren ist.[750] Da Rechtsfolge einer unterbliebenen oder unzureichenden Belehrung des Auftraggebers wäre, daß der Rechtsanwalt sich nicht auf eine Haftungsbeschränkung berufen könnte, muß der Rechtsanwalt auch beweisen, daß er den Mandanten so hinreichend aufgeklärt hat, daß dieser gewußt hat, worauf er sich eingelassen hat.

f) Rechtsfolge einer unzulässigen Haftungsbeschränkung

Es kann vorkommen, daß Rechtsanwalt und Mandant in Unkenntnis des § 51 a Abs. 1 Nr. 1 BRAO individualvertraglich die Haftung des Rechtsanwalts in einer über den gesetzlichen Rahmen hinausgehenden Weise beschränkt haben. Zu denken ist etwa an einen **vollständigen Haftungsausschluß** für telefonische Rechtsberatung, Beratung unter Zeitdruck, für eine Beratung in einer ausländischen Rechtsordnung[751] oder im Steuerrecht. § 51 a BRAO enthält keine Aussage über die Rechtsfolgen einer unzulässigen Haftungsbeschränkung. Der Vorschrift ist jedoch zu entnehmen, daß eine Haftungsbeschränkung nur unter den dort aufgeführten Voraussetzungen zulässig sein soll. Eine **darüber hinausgehende Vereinbarung**, wie **etwa ein vollständiger Haftungsausschluß**, ist daher **grundsätzlich unwirksam**.[752] 444

Die **inhaltlichen Grenzen** einer Haftungsbeschränkung im Einzelfall ergeben sich neben § 51 a Abs. 1 Nr. 1 BRAO aus den allgemeinen Regeln der **§§ 138, 242, 276 Abs. 2 und 278 Satz 2 BGB**. Auf dem Umweg über diese Normen darf allerdings die spezielle gesetzgeberische Wertung in § 51 a Abs. 1 Nr. 1 BRAO nicht umgangen werden. 445

Die Rechtsfolgen einer unwirksamen individualvertraglichen Haftungsbeschränkung richten sich nach **§ 139 BGB**. Danach ist ein Rechtsgeschäft bei Nichtigkeit eines Teils des Geschäfts insgesamt nichtig, wenn nicht anzunehmen ist, daß es auch ohne den nichtigen Teil vorgenommen sein würde. Wenn die Parteien eines Anwaltsvertrages keine ausdrückliche oder konkludente Regelung der Rechtsfolgen einer Teilnichtigkeit vorgesehen haben, ist deren mutmaßlicher Wille im Wege der ergänzenden Auslegung zu ermitteln. Maßgeblich ist, welche Entschei- 446

750 Allgemein zur Pflicht des Rechtsanwalts, den Mandanten über Risiken zu belehren und aufzuklären: Rn. 589 ff.

751 Zur Haftungsbeschränkung bei der Anwendung ausländischen Rechts: *Sieg*, S. 186 ff.

752 *Borgmann/Haug*, § 41 Rn. 56; *Kleine-Cosack*, BRAO, § 51 a Rn. 4; *Stobbe*, in: Henssler/Prütting, BRAO, § 51 a Rn. 21.

dung die Parteien bei Kenntnis der Teilnichtigkeit nach Treu und Glauben, bei vernünftiger Abwägung der beiderseitigen Interessen und unter Berücksichtigung der Verkehrssitte getroffen hätten.[753] Dabei kommt den Umständen des Einzelfalls besondere Bedeutung zu.

447 Bei einem Anwaltsvertrag ist **im Zweifel anzunehmen, daß die Parteien den Vertrag trotz einer unwirksamen Haftungsbeschränkung durchgeführt hätten**. Dann bleibt der Vertrag zwischen Rechtsanwalt und Mandant im übrigen wirksam. An die Stelle der unwirksamen Haftungsbeschränkung tritt eine Regelung, die dem hypothetischen Parteiwillen entspricht, d. h. die der im einzelnen ausgehandelten Vereinbarung am nächsten kommt, aber noch zulässig ist. Unter Berücksichtigung aller Umstände des Einzelfalls kann die Vereinbarung im Zweifel **ergänzend** so **ausgelegt werden**, daß sie den Voraussetzungen des § 51 a Abs. 1 Nr. 1 BRAO genügt: Der Rechtsanwalt haftet seinem Auftraggeber für Vorsatz uneingeschränkt; für Fahrlässigkeit ist die Haftung auf den Mindestbetrag der gesetzlichen Haftpflichtversicherung, gegenwärtig DM 500.000,00, beschränkt. Allein dies entspricht – jedenfalls bei einer individualvertraglichen Haftungsbeschränkung – dem das deutsche Privatrecht beherrschenden Grundsatz der Privatautonomie. Ein Rückgriff auf das dispositive Gesetzesrecht, also eine gemäß § 276 Abs. 1 Satz 1 BGB unbeschränkte Haftung auch für Fahrlässigkeit, entspricht im Zweifel nicht dem übereinstimmenden Willen beider Parteien.

448 Eine Vereinbarung, in der die Haftung des Rechtsanwalts allgemein auf Fahrlässigkeit beschränkt wird, die jedoch den **Anforderungen an eine Vereinbarung im Einzelfall nicht genügt** und deshalb unter § 51 a Abs. 1 Nr. 2 BRAO fällt, ist – wie im folgenden noch zu zeigen sein wird (dazu Rn. 463) – unwirksam.

g) Ausgestaltung

449 Bei einer Haftungsbeschränkung, deren Ausgestaltung nur wirksam ist, wenn sie den Anforderungen an eine Vereinbarung im Einzelfall genügt, muß darauf geachtet werden, daß der Text **nicht einem vorformulierten Muster entnommen** wird. Die Parteien sollten beim Abschluß des Auftrags den **Inhalt** so genau wie möglich **positiv umschreiben** sowie **negativ abgrenzen**. Sie können z. B. vereinbaren, daß der Rechtsanwalt Fragen des Steuerrechts oder ausländischen Rechts nicht prüft. Dann kann es erforderlich sein, daß der Rechtsanwalt vorschlägt, zu diesen Sachgebieten einen anderen Berater zu beauftragen. Durch die Beschreibung

753 BGH, NJW 1986, 2576, 2577; Palandt/*Heinrichs*, BGB, § 139 Rn. 14 ff.; zur Umkehr der Vermutung des § 139 BGB in ihr Gegenteil durch eine salvatorische Klausel: BGH, NJW 1999, 1404, 1406.

des vereinbarten Auftragsinhalts (**Leistungsbeschreibung**) kann der Umfang der Sorgfaltspflichten bereits tatbestandlich begrenzt werden. Aus Gründen der Beweisbarkeit sollte dieser Vertragsinhalt schriftlich fixiert werden. Rechtsanwalt und Mandant können eine Haftungsbeschränkung auch mit einer **Vereinbarung über das Honorar** zusammenfassen. Gemäß **§ 3 Abs. 1 BRAGO** ist hierzu eine **Vereinbarung im Einzelfall** erforderlich. All dies erleichtert im Streitfall den Beweis, daß auch eine Haftungsbeschränkung im Einzelfall vereinbart worden ist. Daneben kann es für den Rechtsanwalt empfehlenswert sein, beweiskräftig zu dokumentieren, daß er den Auftraggeber über die sich für diesen aus der Haftungsbeschränkung ergebenden Risiken **aufgeklärt hat**.

3. Haftungsbeschränkung durch vorformulierte Vertragsbedingungen

Haftungsbeschränkungen auf einen Höchstbetrag durch **vorformulierte Vertragsbedingungen** sind in **§ 51 a Abs. 1 Nr. 2 BRAO** geregelt. Hierfür sieht das Gesetz mehrere Einschränkungen gegenüber einer Haftungsbeschränkung durch Vereinbarung im Einzelfall vor. 450

a) Vorformulierte Vertragsbedingungen

§ 51 a Abs. 1 Nr. 2 BRAO erfaßt tatbestandlich alle Haftungsbeschränkungen auf einen Höchstbetrag durch vorformulierte Vertragsbedingungen. Auf die **Abgrenzung** der Haftungsbeschränkungen durch vorformulierte Vertragsbedingungen von denjenigen durch Vereinbarung im Einzelfall (§ 51 a Abs. 1 Nr. 1 BRAO) wurde bereits eingegangen (dazu Rn. 435–440). 451

b) Einfache Fahrlässigkeit

Eine Haftungsbeschränkung zwischen Rechtsanwalt und Auftraggeber durch vorformulierte Vertragsbedingungen ist nur für Fälle **einfacher Fahrlässigkeit** zulässig.[754] Haftungsbeschränkungen auch für **grob fahrlässige Sorgfaltspflichtverletzungen** des Rechtsanwalts sind nur individualvertraglich möglich. Dadurch kommt der Abgrenzung zwischen einfacher und grober Fahrlässigkeit erhebliche Bedeutung zu. 452

Die Rechtsprechung versteht unter **grober Fahrlässigkeit** ein Handeln, bei dem die erforderliche Sorgfalt nach den gesamten Umständen in ungewöhnlich großem

754 Kritisch zur Begründung und zu Widersprüchen des Gesetzgebers: *Borgmann/Haug*, § 41 Rn. 43 f. sowie *Stobbe*, in: Henssler/Prütting, BRAO, § 51 a Rn. 50.

Maße verletzt worden ist und bei dem dasjenige unbeachtet geblieben ist, was im gegebenen Fall jedem hätte einleuchten müssen.[755] Die Prüfung, ob ein Verhalten als grob fahrlässig zu bewerten ist, muß von Fall zu Fall erfolgen. Dabei sind auch die subjektiven, in der Individualität des Handelnden begründeten Umstände zu berücksichtigen. Im Gegensatz zu den objektiv zu ermittelnden Sorgfaltsmaßstäben bei der gewöhnlichen Fahrlässigkeit (§ 276 Abs. 1 Satz 2 BGB) kann es für die grobe Fahrlässigkeit keine für alle Fälle festen Maßstäbe geben. Der Richter hat vielmehr nach freiem, pflichtgemäßen Ermessen zu prüfen, ob nach der Gesamtlage der Umstände die Sorgfaltsverletzung als besonders schwer erscheint.[756] Da der Anwaltsvertrag häufig sehr von von den Einzelheiten des konkreten Lebenssachverhalts geprägt wird, kann derselbe Fehler je nach den Umständen als eine leichte oder grobe Verletzung vertraglicher Pflichten erscheinen.[757]

453 Der Gesetzgeber meint, Probleme bei der Rechtsanwendung seien nicht zu befürchten, weil der Begriff der groben Fahrlässigkeit bereits in vielen gesetzlichen Regelungen verwendet werde. Die Klärung der Frage, ob etwa in den Fällen einer Fristversäumung von leichter oder grober Fahrlässigkeit auszugehen sei, könne der Rechtsprechung überlassen werden.[758] Entscheidungen zur Anwaltshaftung, die einfache und grobe Fahrlässigkeit abgrenzen, sind jedoch bislang nicht veröffentlicht worden. Auch künftig wird es nur schwer möglich sein, aus einzelnen Urteilen allgemeine Grundsätze abzuleiten, um für die erforderliche Rechtssicherheit zu sorgen. Für die Feststellung grober Fahrlässigkeit muß nämlich stets auf die individuellen Umstände des betroffenen Rechtsanwalts abgestellt werden. Die Rechtsprechung zu § 277 BGB oder anderen auf grobe Fahrlässigkeit abstellenden Vorschriften kann für die vom Rechtsanwalt zu beachtenden Sorgfaltsstandards nicht verwertet werden.

454 Angesichts der Unsicherheit, wie ein Gericht im Streitfall eine Sorgfaltspflichtverletzung bewerten wird, sind bei einer Haftungsbeschränkung in vorformulierten Vertragsbedingungen Auseinandersetzungen über den Grad der Fahrlässigkeit vorherbestimmt. Vor allem aus Gründen der Rechtssicherheit sollte eine Haftungsbeschränkung auf einen Höchstbetrag nach Möglichkeit individualvertraglich vereinbart werden.

---

755 BGHZ 10, 14, 16; BGH, NJW-RR 1994, 1469, 1471; vgl. auch *Römer*, VersR 1992, 1187.
756 BGHZ 10, 14, 17.
757 BGH, NJW 1994, 3295, 3298.
758 BT-Drucks. 12/7868 vom 14. 6. 1994, S. 1.

c) Beschränkung der Haftung auf den vierfachen Betrag der Mindestversicherungssumme

In vorformulierten Vertragsbedingungen ist eine Haftungsbeschränkung nur auf den vierfachen Betrag der Mindestversicherungssumme, also **gegenwärtig auf DM 2 Mio.**, zulässig. Eine Beschränkung auf einen **höheren Betrag** ist möglich, wenn insoweit Versicherungschutz besteht. Wegen des AGB-rechtlichen Transparenzgebots[759] muß der Haftungshöchstbetrag **konkret beziffert** werden. Deshalb ist eine Haftungsbeschränkung „auf den vierfachen Betrag der Mindestversicherungsumme" nicht wirksam. 455

d) Versicherungsschutz

§ 51 a Abs. 1 Nr. 2 BRAO setzt ferner voraus, daß **„insoweit Versicherungsschutz besteht"** (vgl. Rn. 1807 ff.). Hierzu ist nicht nur die **Höhe** der Haftpflichtversicherung zu überprüfen. Der Versicherungsschutz kann auch in den in § 51 Abs. 3 BRAO aufgezählten **Ausnahmetatbeständen** der gesetzlichen Haftpflichtversicherung problematisch sein. Betroffen sind vor allem Mandate mit Auslandsbezug. Soweit die Haftpflichtversicherung im Einzelfall ein bestimmtes Risiko nicht abdeckt, muß der die Haftung beschränkende Rechtsanwalt zusätzlich eine Einzelversicherung abschließen. 456

Um den Mandanten hinreichend zu schützen, muß der erforderliche Versicherungsschutz zum **Zeitpunkt der den Haftungsfall auslösenden Pflichtverletzung** bestehen, nicht etwa zum Zeitpunkt, zu dem die Parteien die Haftungsbeschränkung vereinbaren.[760] 457

e) Vorformulierte Vertragsbedingungen und AGB-Gesetz

Auf **Haftungsbeschränkungen** durch vorformulierte Vertragsbedingungen ist das **AGB-Gesetz**, soweit § 51 a Abs. 1 Nr. 1 BRAO keine besonderen Regelungen enthält, unter den weiteren Voraussetzungen der §§ 1, 23–24 a AGBG grundsätzlich anwendbar. 458

759 Vgl. auch Art. 5 Satz 1 der EG-Verbraucherschutz-Richtlinie sowie Palandt/*Heinrichs*, § 9 AGBG Rn. 15; *Wolf*, in: Wolf/Horn/Lindacher, AGBG, § 9 Rn. 143 ff. (151).

760 *Borgmann/Haug*, § 41 Rn. 41; *Kleine-Cosack*, BRAO, § 51 a Rn. 4; *Römermann*, in: Hartung/Holl, BORA, vor § 11 (§§ 51–51 b BRAO), Rn. 59; *Schäfer*, in: v. Westphalen, Vertragsrecht und AGB-Klauselwerke, Rn. 66; *Stobbe*, AnwBl 1997, 16; *ders.*, in: Henssler/Prütting, BRAO, § 51 a Rn. 23, 53.

459 § 51 a Abs. 1 Nr. 2 BRAO regelt nicht die vertragliche Einbeziehung einer Haftungsbeschränkung durch vorformulierte Vertragsbedingungen. Die **Einbeziehung in den Anwaltsvertrag** richtet sich deshalb nach § 2 AGBG.[761] Da gegenüber Unternehmern § 2 AGBG wegen § 24 Abs. 1 Nr. 1 AGBG keine Anwendung findet, ist insoweit auf die von der Rechtsprechung entwickelten Regeln abzustellen. Danach reicht ein eindeutiger Hinweis auf die AGB aus, wenn es dem Mandanten möglich ist, von den AGB in zumutbarer Weise Kenntnis zu nehmen. In jedem Fall ist ein zumindest stillschweigend erklärtes Einverständnis des Mandanten notwendig.[762] Aus Beweisgründen sollte der Mandant deshalb auch bei einer Haftungsbeschränkung durch vorformulierte Vertragsbedingungen gebeten werden, die Vereinbarung **schriftlich zu bestätigen**.

460 Insbesondere bei der Prozeßvertretung könnte daran gedacht werden, dem Mandanten eine Haftungsbeschränkung durch vorformulierte Vertragsbedingungen auf einem Formular gemeinsam mit der **Prozeßvollmacht** vorzulegen oder die Haftungsbeschränkungsklausel mit einer **Honorarvereinbarung** zu verbinden. Im Schrifttum wird die Ansicht vertreten, wegen **§ 3 AGBG** müßten die Regelungen in getrennten Urkunden enthalten sein.[763] Dies entspricht der Rechtsprechung des BGH zu § 4 Abs. 1 Satz 1 StBGebV (bzw. zu § 3 Abs. 1 BRAGO).[764] Aus der systematischen Stellung des § 51 a Abs. 2 Satz 3 BRAO folgt allerdings, daß diese strenge Formvorschrift nicht für vorformulierte Haftungsbeschränkungen nach § 51 a Abs. 1 Nr. 2 BRAO gilt.[765] Auch wenn gute Gründe dafür sprechen, daß es ausreicht, wenn die Haftungsbeschränkung deutlich von anderen Erklärungen, wie etwa der Vollmacht, **räumlich und drucktechnisch abgegrenzt** wird, sollte zur Sicherheit auf eine **Trennung der Urkunden** geachtet werden.[766]

461 Bei der Gestaltung formularmäßiger Haftungsbeschränkungen kommt **§ 5 AGBG** eine zentrale Rolle zu. Nach dieser Vorschrift gehen **Zweifel bei der Auslegung** Allgemeiner Geschäftsbedingungen zu Lasten des Verwenders, hier also regelmäßig zu Lasten des Rechtsanwalts. Wenn die Haftungsbeschränkungsklausel insge-

761 Allgemein zur Einbeziehung von Allgemeinen Geschäftsbedingungen in den Anwaltsvertrag: Rn. 26–34.

762 Gegen eine Anwendbarkeit des § 2 AGBG auf die Einbeziehung von Haftungsbeschränkungen durch vorformulierte Vertragsbedingungen in den Anwaltsvertrag: *Stobbe*, in: Henssler/Prütting, BRAO, § 51 a Rn. 46.

763 *Feuerich/Braun*, BRAO, § 51 a Rn. 9.

764 BGH, NJW-RR 1996, 375, 376, 377.

765 Vgl. auch *Schäfer*, in: v. Westphalen, Vertragsrecht und AGB-Klauselwerke, Rn. 66.

766 Ausführlich hierzu im Zusammenhang mit § 51 a Abs. 2 Satz 3 BRAO: Rn. 480.

samt unübersichtlich und nur schwer verständlich ist, ist sie gemäß § 5 AGBG unwirksam.[767]

462 Haftungsbeschränkungen durch vorformulierte Vertragsbedingungen, die den von § 51 a Abs. 1 Nr. 2 BRAO vorgegebenen Rahmen ausfüllen, sind nicht bereits gemäß § 8 AGBG einer **Inhaltskontrolle** nach **§§ 9–11 AGBG** entzogen,[768] da solche Klauseln von dem dispositiven gesetzlichen Grundsatz des § 276 Abs. 1 Satz 1 BGB abweichen.[769] Allerdings konkretisiert § 51 a Abs. 1 Nr. 2 BRAO die Vorschriften über die Inhaltskontrolle in §§ 9–11, insbesondere **§ 11 Nr. 7 AGBG**. § 51 a Abs. 1 Nr. 2 AGBG gebührt daher im Rahmen seines Anwendungsbereichs als Spezialregelung Vorrang.[770] Diese Auslegung entspricht dem Willen des Gesetzgebers, Haftungsbeschränkungen zwischen Rechtsanwalt und Auftraggeber in vorformulierten Vertragsbedingungen abschließend zu regeln.[771] Über die §§ 9–11 AGBG können nicht die Wertungen des § 51 a Abs. 1 Nr. 2 BRAO umgangen werden.

f) Rechtsfolge einer unzulässigen Haftungsbeschränkung

463 Eine Haftungsbeschränkung durch vorformulierte Vertragsbedingungen, die den Voraussetzungen des § 51 a Abs. 1 Nr. 2 BRAO nicht genügt, ist **unwirksam**. Bei Allgemeinen Geschäftsbedingungen ist eine sog. **geltungserhaltende Reduktion grundsätzlich ausgeschlossen**. Dies bedeutet, daß eine Klausel, die in einer Allgemeinen Geschäftsbedingung enthalten ist, auch nicht in dem Umfang aufrechterhalten werden darf, in dem sie zulässigerweise hätte vereinbart werden dürfen.[772] Vielmehr gilt dann gemäß **§ 6 Abs. 2 AGBG** das **dispositive Gesetzesrecht**. § 276 Abs. 1 Satz 1 BGB schreibt vor, daß ein Rechtsanwalt Vorsatz und Fahrlässigkeit zu vertreten hat. Er haftet dann auch für nur leicht fahrlässige Pflichtverletzungen. Das Schicksal der übrigen Bestimmungen des Anwaltsvertrages richtet sich nach **§ 6 Abs. 1, 3 AGBG**. Nach § 6 Abs. 1 AGBG bleibt

767 Zu einer Haftungsbeschränkung in Allgemeinen Mandatsbedingungen eines Steuerberaters: BGH, NJW 1997, 1008, 1012.

768 A. A. *Reiff*, AnwBl 1997, 3, 6–12.

769 Zu § 8 AGBG bei sog. normausfüllenden Klauseln: BGHZ 100, 157, 179 – § 651 h Abs. 1 BGB; BGHZ 106, 42, 45 f. – § 20 HypothekenbankenG; vgl. auch *Heinrichs*, NJW 1997, 1407, 1412.

770 *Heinrichs*, NJW 1997, 1407, 1412; *Kleine-Cosack*, BRAO, § 51 a Rn. 1; *Römermann*, in: Hartung/Holl, BORA, vor § 11 (§§ 51–51 b BRAO), Rn. 62; *Stobbe*, AnwBl 1997, 16; *ders.*, in: Henssler/Prütting, BRAO, § 51 a Rn. 20; a. A. („trotz der gesetzlichen Regelung") *Schäfer*, in: v. Westphalen, Vertragsrecht und AGB-Klauselwerke, Rn. 70; wohl auch – allerdings ohne Begründung – *v. Westphalen*, MDR 1997, 989, 990.

771 Der Gesetzgeber beabsichtigte eine „gesetzlich klar geregelte Möglichkeit über die Vereinbarung von Haftungsbeschränkungen", BT-Drucks. 12/4993 vom 19. 5. 1993, S. 32.

772 BGH, NJW 1982, 2309, 2310; 1993, 1786, 1787; 1996, 1407 f.

der Vertrag im übrigen grundsätzlich wirksam, wenn Allgemeine Geschäftsbedingungen ganz oder teilweise nicht Vertragsbestandteil geworden sind. Gemäß § 6 Abs. 3 AGBG ist der Vertrag jedoch ausnahmsweise unwirksam, wenn das Festhalten an ihm auch unter Berücksichtigung der nach § 6 Abs. 2 AGBG vorgesehenen Änderung eine unzumutbare Härte für eine Vertragspartei darstellen würde.

g) EG-Verbraucherschutz-Richtlinie

464 Im Schrifttum wird die Ansicht vertreten, **§ 51 a BRAO verstoße „offensichtlich" gegen die Richtlinie des Rates** 93/13/EWG vom 5. 4. 1993 über mißbräuchliche Klauseln in Verbraucherverträgen[773]. § 51 a Abs. 1 Nr. 2 BRAO unterschreite den durch Art. 8 der Richtlinie vorgeschriebenen Mindestschutz und sei deshalb nichtig, soweit der Mandant „Verbraucher" i. S. d. Richtlinie[774] sei.[775] Der Gesetzgeber habe mit der generell-abstrakten Haftungsbeschränkung in § 51 a BRAO jedenfalls die in Art. 4 Abs. 1 der EG-Richtlinie genannten konkreten Umstände des Vertragsschlusses außer acht gelassen.[776] Selbst wenn man „nur" auf die generellen Umstände abhebe, sei die in § 51 a Abs. 1 Nr. 2 BRAO niedergelegte Haftungsgrenze allemal „ungebührlich", weil sie die Rechtsposition des Verbrauchers verkürze. Die gesetzliche Haftungsbeschränkung liege beträchtlich unter dem vorhersehbaren Schadensvolumen und sei daher nach Art. 3 Abs. 1 der Richtlinie mißbräuchlich.[777]

---

773 ABl EG Nr. L 95/29; auch abgedruckt in NJW 1993, 1838 ff.

774 Verbraucher ist gemäß Art. 2 lit. b eine natürliche Person, die bei Verträgen, die unter diese Richtlinie fallen, zu einem Zweck handelt, der nicht ihrer gewerblichen oder beruflichen Tätigkeit zugerechnet werden kann.

775 *V. Westphalen*, ZIP 1995, 546, 547 f.; *ders.*, MDR 1997, 989, 990 – „ernsthafte Bedenken gegen Wirksamkeit des § 51 a BRAO unter Berücksichtigung der EU-rechtlicher Umsetzungspflicht des nationalen Gesetzgebers"; *Schäfer*, in: v. Westphalen, Vertragsrecht und AGB-Klauselwerke, Rn. 75 o ff. Dagegen: *Feuerich/Braun*, BRAO, § 51 a Rn. 2; *Heinrichs*, NJW 1997, 1407, 1412; *Reiff*, AnwBl 1997, 3, 12–15; *Römermann*, in: Hartung/Holl, BORA, vor § 11 (§§ 51–51 b BRAO), Rn. 64; *Stobbe*, AnwBl 1997, 16 ff.; *ders.*, in: Henssler/Prütting, BRAO, § 51 a Rdn. 69, 70.

776 Gemäß Art. 4 Abs. 1 wird die Mißbräuchlichkeit einer Klausel unter Berücksichtigung der Art der Güter oder Dienstleistungen, die Gegenstand des Vertrages sind, aller den Vertragsschluß begleitenden Umstände sowie aller Klauseln desselben Vertrages oder eines anderen Vertrages, von dem die Klausel abhängt, zum Zeitpunkt des Vertragsschlusses beurteilt.

777 Art. 3 Abs. 1 schreibt vor, daß eine Vertragsklausel, die nicht im einzelnen ausgehandelt wurde, als rechtsmißbräuchlich anzusehen ist, wenn sie gegen das Gebot von Treu und Glauben zum Nachteil des Verbrauchers ein erhebliches und ungerechtfertigtes Mißverhältnis der vertraglichen Rechte und Pflichten der Vertragspartner verursacht. Der Anhang zur Richtlinie enthält hierzu für die Mitgliedstaaten unverbindliche Empfehlungen.

Gegen diese Ansicht wird angeführt, § 51 a Abs. 1 Nr. 2 BRAO sei eine zwingende Norm i. S. d. Art. 1 Abs. 2 der Richtlinie und daher von deren sachlichem Anwendungsbereich ausgeschlossen.[778] § 51 a BRAO ist jedoch nur insoweit zwingend, als darin Mindestanforderungen festgelegt sind, denen Vereinbarungen genügen müssen, durch welche ein Rechtsanwalt seine Haftung gegenüber dem Auftraggeber beschränkt. Die danach zulässige Haftungsbeschränkung ist ihrerseits keineswegs zwingend, sondern dispositiv. Wenn eine Haftungsbeschränkung unzulässig ist, gilt § 276 Abs. 1 Satz 1 BGB. § 51 a BRAO ist deshalb nicht bereits gemäß Art. 1 Abs. 2 vom sachlichen Anwendungsbereich der Richtlinie ausgenommen. 465

§ 51 a BRAO ist aber nicht „offensichtlich" wegen Verstoßes gegen die EG-Verbraucherschutz-Richtlinie nichtig. Entgegen der vorzitierten Ansicht[779] darf nicht allgemein auf § 51 a BRAO abgestellt werden. Die in § 51 a Abs. 1 Nr. 1 BRAO enthaltene Möglichkeit, die Haftung durch Vereinbarung im Einzelfall zu beschränken, wird von der Richtlinie nicht berührt. Vorliegend geht es allein um § 51 a Abs. 1 Nr. 2 BRAO. Diese Vorschrift ist nicht deswegen unwirksam, weil sie den Umständen des Vertragsschlusses keine Bedeutung beimißt. In extrem gelagerten Sachverhalten kann § 51 a Abs. 1 Nr. 2 BRAO **richtlinienkonform** so **ausgelegt** werden, daß die Berufung auf eine danach an sich zulässige Haftungsbeschränkung gemäß § 242 BGB rechtsmißbräuchlich ist. Dies ist der Fall, wenn die Haftungsbeschränkung im Einzelfall außer Verhältnis zu dem vorhersehbaren Schadensrisiko des Auftraggebers steht.[780] An eine solche Einschränkung des § 51 a Abs. 1 Nr. 2 BRAO sind strenge Anforderungen zu stellen. Regelmäßig wird der Auftraggeber bei Gegenstandswerten von mehr als DM 2 Mio. über die nötige Erfahrung und vor allem die Verhandlungsmacht verfügen, seinen Vorstellungen über den Inhalt des Mandats, insbesondere die Vereinbarung einer vertraglichen Haftungsbeschränkung, nachdrücklich Geltung zu verschaffen. Dem Rechtsuchenden bleibt es unbenommen, einen Rechtsanwalt zu beauftragen, der nicht auf einer Haftungsbeschränkung besteht. Solche Mandanten sind nicht der typische „Verbraucher", von dem der Richtliniengeber ausgegangen ist und dessen Schutzbedürftigkeit Rechnung getragen werden muß. Es überzeugt nicht, wegen solcher „Verbraucher" einen Verstoß des § 51 a Abs. 1 Nr. 2 BRAO gegen Art. 4 Abs. 1 der EG-Verbraucherschutz-Richtlinie anzunehmen. Aus ähnlichen Gründen verstößt § 51 a Abs. 1 Nr. 2 BRAO auch nicht gegen Art. 3 Abs. 1 der Richtlinie.[781] 466

778 *Reiff*, AnwBl 1997, 3, 12–15; *Stobbe*, AnwBl 1997, 16, 18 f.; *ders.*, in: Henssler/Prütting, BRAO, § 51 a Rn. 69, 70.
779 *V. Westphalen*, ZIP 1995, 546, 547 und 550.
780 Vgl. auch *Stobbe*, AnwBl 1997, 16, 19.
781 *Reiff*, AnwBl 1997, 3, 13–15; *Stobbe*, AnwBl 1997, 16, 19.

III. Haftungskonzentration auf einzelne Rechtsanwälte

467 Die Haftung der Mitglieder einer Rechtsanwaltssozietät sowie die Voraussetzungen für eine zulässige Beschränkung der Haftung auf einzelne Sozietätsmitglieder sind in **§ 51 a Abs. 2 BRAO** geregelt. Bei einer gemeinschaftlichen Berufsausübung in einer Partnerschaft gilt **§ 8 Abs. 1, 2 PartGG**. Obwohl beide Vorschriften vergleichbare Sachverhalte betreffen, weichen sie inhaltlich erheblich voneinander ab.

1. Haftungskonzentration auf einzelne Mitglieder einer Sozietät

468 Die zu einer Sozietät in der Rechtsform einer Gesellschaft bürgerlichen Rechts zusammengeschlossenen Rechtsanwälte sind unter den Voraussetzungen des § 51 a Abs. 2 Satz 2, 3 BRAO berechtigt, ihre persönliche Haftung auf Schadensersatz auf einzelne Mitglieder der Sozietät zu beschränken.

a) Motive des Gesetzgebers

469 Der Gesetzgeber hat das Bedürfnis für eine Haftungskonzentration vor allem damit begründet, daß das einzelne Mitglied einer Sozietät nur begrenzte Einfluß- und Kontrollmöglichkeiten habe, soweit es an der Mandatsbearbeitung nicht beteiligt ist. Deshalb soll § 51 a Abs. 2 BRAO nicht nur für örtliche, sondern vor allem auch für **überörtliche oder interprofessionelle Sozietäten** eine sachgerechte Gestaltung des Anwaltsvertrages ermöglichen. Der Mandant werde durch die von jedem Sozius abzuschließende **Berufshaftpflichtversicherung** ausreichend geschützt. Auf die Mithaftung der anderen Sozien sei der Mandant dann nicht angewiesen.[782]

b) Mitglieder einer Sozietät

470 § 51 a Abs. 2 BRAO regelt die Haftung von **„Mitgliedern einer Sozietät"**. Die Vorschrift hat einen berufsrechtlichen und einen zivilrechtlichen Gehalt. **Zivil- bzw. gesellschaftsrechtlich** umfaßt der Begriff „Sozietät" speziell die Rechtsform einer Gesellschaft bürgerlichen Rechts. **Berufsrechtlich** ist unter Sozietät allgemein der Zusammenschluß von Rechtsanwälten zur gemeinschaftlichen Berufsausübung zu verstehen.[783] § 51 a Abs. 2 BRAO knüpft insoweit an die berufsrecht-

---

782 BT-Drucks. 12/4993 vom 19. 5. 1993, S. 32.
783 Ausführlich zur Sozietät: Rn. 337–343, sowie *Sieg*, S. 43 ff.

lichen Vorgaben des § 59 a Abs. 1–3 BRAO an. Hinsichtlich der Zulässigkeit einer Haftungsbeschränkung steht der berufsrechtliche Gehalt im Vordergrund. Deshalb ist etwa eine Haftungskonzentration auf ein **Schein-Mitglied der Sozietät**[784] nicht zulässig.[785] Die Voraussetzungen und Rechtsfolgen einer Haftungsbeschränkung sind zivilrechtlicher Natur. Eine Haftungskonzentration auf einzelne Sozien wirkt daher auch zu Gunsten andernfalls haftender Scheinsozien. Aus dem zivilrechtlichen Gehalt der Vorschrift folgt auch, daß § 51 a Abs. 2 Satz 2, 3 BRAO nur für Haftungsbeschränkungen durch Sozietäten in der Rechtsform einer **Gesellschaft bürgerlichen Rechts** gilt, **nicht** jedoch für **Partnerschaften**. Für diese enthält § 8 Abs. 2 PartGG eine Sonderregelung (dazu Rn. 491).

c) Beschränkung der persönlichen Haftung auf Schadensersatz

Bei einer Rechtsanwaltssozietät, die als **Gesellschaft bürgerlichen Rechts** organisiert ist, haften neben dem gesamthänderisch gebundenen Gesellschaftsvermögen **grundsätzlich** alle Mitglieder der Sozietät aus dem zwischen ihnen und dem Auftraggeber bestehenden Vertrag als **Gesamtschuldner mit ihrem Privatvermögen**, wenn ein Sozietätsmitglied infolge pflichtwidrigen Verhaltens Mandanten schuldhaft geschädigt hat.[786] Dieser von der Rechtsprechung entwickelte **Grundsatz** ist nunmehr **in § 51 a Abs. 2 Satz 1 BRAO kodifiziert**. Etwas anderes gilt bei einem sog. **Einzelmandat** an einzelne Mitglieder der Sozietät. 471

Das Urteil des BGH vom 25. 6. 1992 ist die bislang einzige gerichtliche Entscheidung zu Haftungsbeschränkungen von Mitgliedern einer Rechtsanwaltssozietät in der Rechtsform einer BGB-Gesellschaft.[787] Darin wird bestätigt, daß eine **Beschränkung der Haftung auf das Gesellschaftsvermögen** grundsätzlich auch in der Weise möglich ist, daß die Vertretungsmacht des geschäftsführenden Gesellschafters im Gesellschaftsvertrag entsprechend begrenzt wird und diese Beschränkung der Vertretungsmacht für Dritte erkennbar ist. Einer Mitwirkung des Auftraggebers bedürfe es nicht. Bedenken könnten dagegen bestehen, Haftungserleichterungen bei Rechtsanwaltssozietäten durch Hinweise auf Haftungsbeschränkungen im Zusammenhang mit der Gesellschaftsbezeichnung de lege lata als zulässig anzusehen. Einem Bedürfnis nach Haftungserleichterungen könnte dadurch 472

784 Zur Haftung von sog. Anscheinssozien: Rn. 369–372.

785 *Stobbe*, in: Henssler/Prütting, BRAO, § 51 a Rn. 56; a. A. *Römermann*, in: Hartung/Holl, BORA, vor § 11 (§§ 51–51 b BRAO), Rn. 68.

786 Allgemein zur Haftung der zu einer Sozietät verbundenen Rechtsanwälte: Rn. 344–361, sowie auch *Sieg*, S. 146 ff.

787 BGH, NJW 1993, 3037, 3039; vgl. auch BayObLG, NJW 1999, 297 f.; OLG München, ZIP 1999, 535 ff.

entsprochen werden, daß der Gesetzgeber auch für Rechtsanwaltssozietäten bestimmte Gesellschaftsformen zulasse, bei denen – für den Rechtsverkehr erkennbar – gesetzliche Mindestvoraussetzungen bestehen.

473 § 51 a Abs. 2 Satz 2 BRAO erlaubt nunmehr den Mitgliedern einer Sozietät, durch Vereinbarung mit dem Auftraggeber ihre **„persönliche Haftung"** zu beschränken. Damit ist die Haftung der Sozien mit ihrem Privatvermögen gemeint. Die **Haftung mit dem gesamthänderisch gebundenen Gesellschaftsvermögen** darf nicht beschränkt werden.[788] Auch bei einer Haftungskonzentration auf einzelne Sozien ist dem Gläubiger der Zugriff auf das gesamthänderisch gebundene Gesellschaftsvermögen möglich.[789]

474 Unzulässig ist es, die persönliche **Haftung aller Mitglieder** der Sozietät auszuschließen. Eine solche Vereinbarung ginge über § 51 a Abs. 2 BRAO hinaus. Diese Vorschrift regelt abschließend die Möglichkeiten für die in einer Sozietät zusammengeschlossenen Rechtsanwälte, mit dem Auftraggeber eine Beschränkung der Haftung auf einzelne Sozien zu vereinbaren. Das Gesetz erlaubt nur, die persönliche Haftung auf einzelne Mitglieder der Sozietät zu beschränken.[790]

475 Bei einer Haftungsbeschränkung auf einzelne Mitglieder einer Sozietät kann es vorkommen, daß das gesamthänderisch gebundene Vermögen der Gesellschaft sowie das private Vermögen derjenigen Sozien, die persönlich haften, **nicht ausreichen, um den Ersatzanspruch des geschädigten Auftraggebers zu befriedigen**. Wenn der Auftraggeber einen rechtskräftigen Titel erwirkt hat, kann er gemäß § 218 Abs. 1 Satz 1 BGB dreißig Jahre lang in das Vermögen der Sozietät vollstrecken. Die Sozien müssen dann entscheiden, ob sie den erforderlichen Restbetrag nachschießen oder die Sozietät auflösen. Im erstgenannten Fall läuft die Haftungskonzentration faktisch ins Leere. Im letztgenannten Fall können diejenigen Sozien, deren persönliche Haftung wirksam ausgeschlossen ist, zwar ihr Privatvermögen retten, nicht jedoch die gemeinschaftliche Berufsausübung.[791]

Darüber hinaus ist ein weiteres zu beachten: Gemäß **§ 735 BGB** haben die Gesellschafter für einen Fehlbetrag aufzukommen, wenn das Gesellschaftsvermögen zur Berichtigung der gemeinschaftlichen Schulden nicht ausreicht. Diese Vorschrift kann allerdings **im Sozietätsvertrag abbedungen** werden.[792] Haben die Gesellschafter von dieser Möglichkeit keinen Gebrauch gemacht, kann der Mandant

788 BT-Drucks. 12/7656 vom 24. 5. 1994, S. 50; *Borgmann/Haug*, § 41 Rn. 47; *Römermann*, in: Hartung/Holl, BORA, vor § 11 (§§ 51–51 b BRAO), Rn. 72.

789 A. A. *Stobbe*, in: Henssler/Prütting, BRAO, § 51 a Rn. 57.

790 *Wolf*, in: FS Schneider, 1997, S. 349, 350; a. A. *Arnold*, BB 1996, 597, 600 f.

791 *Busse*, DStR 1995, 738, 743.

792 MünchKomm/*Ulmer*, BGB, § 735 Rn. 2.

den der Sozietät zustehenden Anspruch gemäß §§ **736, 829, 835, 836 ZPO** pfänden und sich zur Einziehung überweisen lassen.

d) Vereinbarung im Einzelfall oder durch vorformulierte Vertragsbedingungen

Das Gesetz stellt klar, daß eine Haftungsbeschränkung auf einzelne Sozien „**auch durch vorformulierte Vertragsbedingungen**“ erfolgen darf.[793] Daraus folgt, daß eine **individualvertragliche Regelung nicht ausgeschlossen** ist.[794] Zur **Abgrenzung** zwischen einer Vereinbarung im Einzelfall und durch vorformulierte Vertragsbedingungen kann auf die Ausführungen im Zusammenhang mit Haftungsbeschränkungen auf einen Höchstbetrag verwiesen werden (dazu Rn. 435–440). Die §§ 9–11 AGBG werden durch § 51 a Abs. 2 Satz 2, 3 BRAO als lex specialis im Rahmen seines Anwendungsbereichs verdrängt.[795] 476

e) Bearbeitung des Mandats

Die Haftung darf nur auf solche **Mitglieder einer Sozietät** beschränkt werden, die das **Mandat „im Rahmen ihrer eigenen beruflichen Befugnisse bearbeiten“**. Es ist erforderlich, daß derjenige Sozius, auf den die Haftung konzentriert wird, das Mandat tatsächlich „bearbeitet“. In Anlehnung an § 8 Abs. 2 PartGG a. F. (Rn. 495) ist hiermit vor allem dasjenige Mitglied der Sozietät gemeint, welches die eigentliche anwaltliche Leistung erbringt, also das Mandat annimmt, Schreiben an den Auftraggeber, an den Gegner, an Behörden oder an Gerichte unterzeichnet, Besprechungs-, Verhandlungs- bzw. Gerichtstermine wahrnimmt und die Abschlußrechnung erteilt. Einen Auftrag können auch **mehrere Mitglieder der Sozietät** bearbeiten. **Untergeordnete Hilfstätigkeiten** eines anderen Mitglieds der Sozietät bleiben außer Betracht, etwa die Vertretung des bearbeitenden Sozius wegen Krankheit, Urlaubs oder einer Terminkollision, oder eine interne Erörterung des Mandats. Ist ausschließlich ein Rechtsanwalt tätig geworden, der nicht Mitglied der Sozietät ist, also etwa ein **angestellter Rechtsanwalt** oder 477

793 Hierbei handelt es sich nach dem Willen des Gesetzgebers nur um einen klarstellenden Hinweis: BT-Drucks. 12/4993 vom 19. 5. 1993, S. 52.

794 *Stobbe*, in: Henssler/Prütting, BRAO, § 51 a Rn. 58, 65; *Schäfer*, in: v. Westphalen, Vertragsrecht und AGB-Klauselwerke, Rn. 75 a.

795 A. A. *Wellensiek*, in: FS Brandner, 1996, S. 727, 735 ff., mit der Begründung, aus den Gesetzgebungsmaterialien sei der Wille des Gesetzgebers nicht eindeutig erkennbar, solche Klauseln generell zu erlauben. Genau dies wird jedoch durch die Formulierung „auch durch vorformulierte Vertragsbedingungen“ im Gesetz selbst zum Ausdruck gebracht.

ein **freier Mitarbeiter**, kommt es darauf an, welches Mitglied der Sozietät für die Bearbeitung des Mandats gegenüber dem Auftraggeber die Verantwortung übernommen hat. Die Abgrenzung, welches Mitglied einer Sozietät einen Auftrag bearbeitet hat, kann sich im Einzelfall als schwierig erweisen und wird sicherlich künftig Anlaß zu Rechtsstreitigkeiten bieten.[796]

478 Nach der Begründung des Gesetzgebers soll es nicht möglich sein, die Haftung bei einer **interprofessionellen Sozietät** auf ein Mitglied zu beschränken, das nicht als Rechtsanwalt zugelassen ist.[797] Hierzu ist mit Recht darauf hingewiesen worden, daß bei einer Sozietät zwischen Rechtsanwälten und Steuerberatern bzw. Wirtschaftsprüfern ein steuerrechtliches Mandat auch von einem Steuerberater oder Wirtschaftsprüfer bearbeitet werden darf.[798] Dann ist es auch zulässig, die Haftung auf ein Mitglied dieser Berufsgruppen zu beschränken.[799] Die Haftung kann (nur) auf ein solches Mitglied der Sozietät beschränkt werden, das im Rahmen seiner beruflichen Befugnisse das Mandat auch bearbeiten darf.

f) Namentliche Bezeichnung

479 Diejenigen Mitglieder der Sozietät, die den Auftrag bearbeiten und auf welche die Haftung beschränkt wird, müssen **namentlich bezeichnet** werden. Bei **überörtlichen Sozietäten** ist es zulässig, die Haftung auf die Sozien desjenigen Büros zu beschränken, in welchem der Auftrag bearbeitet wird. Die namentliche Bezeichnung der in einem Büro zugelassenen Sozien ergibt sich dann aus dem Briefkopf, den die Rechtsanwälte im Schriftverkehr mit den Mandanten verwenden. Entsprechendes gilt für eine Haftungskonzentration auf die Mitglieder einer bestimmten Berufsgruppe bei einer **interprofessionellen Sozietät**.

g) Zustimmungserklärung des Auftraggebers

480 § 51 a Abs. 2 Satz 3 BRAO enthält für die **Zustimmungserklärung des Auftraggebers** zu einer Haftungskonzentration auf einzelne Mitglieder der Sozietät eine besondere **Formvorschrift**. Die Zustimmungserklärung darf **keine anderen Erklärungen enthalten** und muß **vom Auftraggeber unterschrieben** sein. Dem Gesetzeswortlaut ist nicht zu entnehmen, ob die Zustimmungserklärung des Auftraggebers in einer **gesonderten Urkunde** abgegeben werden muß oder

---

796 *Busse*, DStR 1995, 738, 743; *Wolf*, in: FS Schneider, 1997, S. 349, 356.
797 BT-Drucks. 12/4993 v. 19. 5. 1993, S. 52.
798 Zur Bearbeitung steuerrechtlicher Mandate durch sog. Mehrfachberufler: Rn. 129.
799 *Borgmann/Haug*, § 41 Rn. 48.

ob es ausreicht, wenn die Zustimmungserklärung auf dasselbe Schriftstück mit anderen Teilen des Anwaltsvertrages, Allgemeinen Geschäftsbedingungen oder der Vollmacht gesetzt wird, vorausgesetzt, die Zustimmungserklärung des Auftraggebers ist von dem übrigen Text **räumlich getrennt, drucktechnisch hervorgehoben und enthält insoweit keine anderen Erklärungen.**[800] Der Gesetzeswortlaut läßt beide Auslegungsmöglichkeiten zu. Für die letztgenannte Auslegung des § 51 a Abs. 2 Satz 3 BRAO läßt sich der Gesetzeszweck und der systematische Zusammenhang mit vergleichbaren Vorschriften anführen. So entspricht die weitergehende Auslegung des § 51 a Abs. 2 Satz 3 BRAO der von § 3 AGBG[801], § 2 Abs. 1 Satz 3 HausTWG[802] sowie dem ausdrücklichen Wortlaut des § 7 Abs. 2 Satz 2 VerbrKrG. Alle diese Vorschriften bezwecken – wie § 51 a Abs. 2 Satz 3 BRAO –, den Vertragspartner vor unüberlegten und übereilten Erklärungen zu schützen.[803] Andererseits hat der BGH zu § 4 Abs. 1 StBGebV (bzw. § 3 Abs. 1 BRAGO[804]) ausgeführt, daß die Vereinbarung einer höheren Vergütung, als sie sich aus der Steuerberatergebührenverordnung (bzw. aus der BRAGO) ergibt, unwirksam sei, wenn die Erklärung des Auftraggebers in einem Vordruck auch Abreden zum Vergütungsanspruch bei vorzeitiger Vertragsbeendigung, zu Änderungen und Ergänzungen sowie zur Kündigung der Vereinbarung enthalte.[805] Um **sicher zu gehen**, empfiehlt es sich für die Praxis, bis zu einer höchstrichterlichen Klärung dieser Frage die engere Gesetzesauslegung zu berücksichtigen. Daher sollte die Zustimmungserklärung des Auftraggebers zu einer Haftungskonzentration auf einzelne Mitglieder einer Rechtsanwaltssozietät gemäß § 51 a Abs. 2 Satz 3 BRAO in einer **gesonderten Urkunde**, die keine weiteren Erklärungen enthält, niedergelegt werden.

Fraglich ist, ob das **Formerfordernis** des § 51 a Abs. 2 Satz 3 BRAO auch für 481
Haftungskonzentrationen durch **Vereinbarung im Einzelfall** gilt. Hierfür spricht nach dem ersten Eindruck der Gesetzeswortlaut. Bedenken ergeben sich aufgrund der Formulierung „zu einer solchen Beschränkung“. Grammatikalisch könnte damit der Satzteil „vorformulierte Vertragsbedingungen“ gemeint sein. Zwingend ist

800 Hierzu: *Busse*, DStR 1995, 738, 743.
801 Palandt/*Heinrichs*, § 3 AGBG Rn. 3.
802 Palandt/*Putzo*, BGB, § 2 HausTWG Rn. 6.
803 Vgl. auch BGH, NJW 1996, 1964 f. (zu § 1 b Abs. 2 Satz 2 AbzG).
804 Nach § 4 Abs. 1 Satz 1 StBGebV bzw. § 3 Abs. 1 Satz 1 BRAGO darf ein Steuerberater bzw. ein Rechtsanwalt aus einer Vereinbarung eine höhere als die gesetzliche Vergütung nur fordern, wenn die Erklärung des Auftraggebers schriftlich abgegeben und nicht in der Vollmacht oder in einem Vordruck, der auch andere Erklärungen umfaßt, enthalten ist.
805 BGH, NJW-RR 1996, 375, 376, 377; vgl. auch OLG Düsseldorf, AnwBl 1998, 102 f.

diese Schlußfolgerung jedoch nicht. Aufschlußreicher ist die Begründung des Gesetzgebers:[806]

> *„Da die Beschränkung der persönlichen Haftung auf ein Sozietätsmitglied nicht ohne weiteres mit den Erwartungen übereinstimmt, die das Publikum von einer Sozietät hat, ist es angemessen, die Einverständniserklärung in einer gesonderten Urkunde zu verlangen. Nur dann ist der Auftraggeber hinreichend davor geschützt, die ihm abverlangte Erklärung zu übersehen."*

Dies legt die Auslegung nahe, § 51 a Abs. 2 Satz 3 BRAO gelte nur für Haftungsbeschränkungen durch vorformulierte Vertragsbedingungen. Bei Vereinbarungen im Einzelfall muß der Mandant vor Überraschungen nicht geschützt werden. Hierfür sprechen auch Praktikabilitätserwägungen. Den Anwälten einer Sozietät muß es möglich sein, individualvertraglich eine Haftungskonzentration auf einzelne Sozien mit einer Beschränkung der Haftung auf einen Höchstbetrag zu verbinden. Sowohl für den Auftraggeber als auch den Rechtsanwalt kann es vorteilhaft sein, mit der Haftungsbeschränkung eine **Honorarvereinbarung** zu verbinden. § 3 Abs. 1 Satz 1 BRAGO verbietet Honorarvereinbarungen nur in der Vollmacht oder in einem Vordruck, der auch andere Erklärungen umfaßt. Für individualvertragliche Haftungsbeschränkungen auf einzelne Sozien gilt das Formerfordernis des § 51 a Abs. 2 Satz 3 BRAO somit nicht. Um **sicher zu gehen**, empfiehlt es sich aber auch für individualvertragliche Haftungsbeschränkungen, bis zu einer höchstrichterlichen Klärung das Formerfordernis des § 51 a Abs. 2 Satz 3 BRAO einzuhalten.

h) Rechtsfolge einer unzulässigen Haftungskonzentration

482 Die Rechtsfolgen unzulässiger Haftungskonzentrationen sind in § 51 a Abs. 2 BRAO nicht geregelt. Insoweit gelten **§ 139 BGB**[807] oder **§ 6 AGBG**[808]. § 51 a Abs. 2 Satz 2 BRAO ist zu entnehmen, daß eine **Haftungskonzentration nicht wirksam** sein soll, wenn die Haftung auf das gesamthänderisch gebundene Vermögen der Sozietät beschränkt wird, also kein Mitglied der Sozietät namentlich als Haftungsschuldner bezeichnet wird, oder wenn auch die Haftung mit dem Gesellschaftsvermögen eingeschränkt wird. Unwirksam ist eine Vereinbarung, die eine Person namentlich als Haftungsschuldner bezeichnet, welche nicht Mitglied der Sozietät ist oder das Mandat nicht im Rahmen ihrer beruflichen Befugnisse be-

806 BT-Drucks. 12/4993 v. 19. 5. 1995, S. 49 sowie BT-Drucks. 12/7656 v. 24. 5. 1994, S. 50.

807 Zu § 139 BGB als Rechtsfolge unzulässiger Haftungsbeschränkungen auf einen Höchstbetrag durch Vereinbarung im Einzelfall: Rn. 446.

808 Zu § 6 AGBG als Rechtsfolge unzulässiger Haftungsbeschränkungen auf einen Höchstbetrag durch vorformulierte Vertragsbedingungen: Rn. 463.

arbeitet. Eine Haftungskonzentration ist ferner unwirksam, wenn das Formerfordernis des § 51 a Abs. 2 Satz 3 BRAO nicht beachtet wird. In diesen Fällen bleibt es dann bei der gesetzlichen Haftung nach § 51 a Abs. 2 Satz 1 BRAO: Alle Mitglieder der Sozietät haften – neben dem gesamthänderisch gebundenen Gesellschaftsvermögen – mit ihrem Privatvermögen als Gesamtschuldner.

i) Auseinanderfallen von bezeichnetem und das Mandat bearbeitendem Mitglied der Sozietät

Für die Praxis stellt sich die wichtige Frage, ob bzw. unter welchen Voraussetzun- 483
gen eine Haftungskonzentration auf einzelne Mitglieder einer Sozietät wirksam ist, wenn neben dem namentlich bezeichneten Sozius noch andere Sozien an der Mandatsbearbeitung beteiligt sind.

Zum Teil wird – ohne nähere Begründung – die Ansicht vertreten, eine Haftungsbeschränkung sei stets unwirksam, wenn entgegen der namentlichen Bezeichnung in der vom Auftraggeber unterschriebenen Erklärung andere Mitglieder der Sozietät in der Sache tätig werden und einen Schadensersatzanspruch des Auftraggebers begründen.[809] Weitergehend wird zum Teil sogar gefordert, in der Vereinbarung müßten alle Erfüllungsgehilfen aufgeführt werden, denen sich der namentlich bezeichnete Sozius zur Ausführung seiner Pflichten bedient.[810]

Nach einer anderen Ansicht haftet neben dem namentlich bezeichneten Sozius – 484
unabhängig von der Intensität seiner Mitwirkung an der Mandatsbearbeitung – auch der tatsächlich den Auftrag bearbeitende Sozius. Es komme nicht darauf an, ob dieser in der Vereinbarung über die Haftungskonzentration namentlich bezeichnet sei. Alle übrigen Sozien, die weder namentlich bezeichnet noch in die Mandatsbearbeitung einbezogen sind, hafteten nicht persönlich mit ihrem Privatvermögen.[811] Hierzu wird auf die Gesetzgebungsmaterialien verwiesen: Nach der Gegenäußerung der Bundesregierung zur Stellungnahme des Bundesrates soll die Gesetzesfassung klarstellen, daß dem Auftraggeber „auch" derjenige hafte, der den Auftrag zulässigerweise bearbeitet.[812] Aus Gründen der Rechtssicherheit müsse dem Auftraggeber der Nachweis der sozietätsinternen Mandatsbearbeitung erspart bleiben. Es lasse sich kaum ein tauglicher Grund finden, warum die sozietätsinterne Hinzuziehung eines namentlich nicht aufgeführten Mitglieds der Sozie-

809 *Borgmann/Haug*, § 41 Rn. 50; *Römermann*, in: Hartung/Holl, BORA, vor § 11 (§§ 51–51 b BRAO), Rn. 77; wohl auch *Stobbe*, in: Henssler/Prütting, BRAO, § 51 a Rn. 63.

810 *Schäfer*, in: v. Westphalen, Vertragsrecht und AGB-Klauselwerke, Rn. 75 e.

811 *Busse*, DStR 1995, 738, 743 zu § 67 a Abs. 2 StBerG.

812 BT-Drucks. 12/4993 v. 19. 5. 1993, S. 52.

tät die unbeschränkte persönliche Haftung aller übrigen (unbeteiligten) Sozien zur Folge haben solle. Den Interessen des Auftraggebers sei dadurch hinreichend gedient, daß der namentlich bezeichnete Sozius im Eigeninteresse weitere Bearbeiter des Mandats preisgeben werde, wenn er wegen seiner persönlichen Haftung andernfalls in eine existentielle Notlage gerate.

485 Zwingend ist diese Argumentation nicht. Der Gesetzeswortlaut gibt für die Lösung der Streitfrage nichts her. Unter welchen Voraussetzungen eine Haftungskonzentration nach § 51 a Abs. 2 Satz 2 BRAO als unwirksam zu bewerten ist, richtet sich nach **§§ 134, 138 Abs. 1 und 242 BGB**. In erster Linie ist der Gesetzeszweck des § 51 a Abs. 2 Satz 2 BRAO heranzuziehen.[813] Die Interessen des Auftraggebers und der Mitglieder der beauftragten oder zu beauftragenden Sozietät sind zu einem angemessenen Ausgleich zu führen. Dabei ist auf eine klare und praktikable Gesetzesanwendung zu achten. Deshalb ist zu unterscheiden, ob bereits zu dem Zeitpunkt, zu dem die Vereinbarung über die Haftungskonzentration zustande kommt ist, andere als die in der Vereinbarung über die Haftungskonzentration bezeichneten Sozien das Mandat bearbeiten bzw. bearbeiten sollen oder ob erst nachträglich andere als die bezeichneten Sozien in die Mandatsbearbeitung einbezogen werden.[814]

486 Nur im ersten Fall besteht die Gefahr, daß der Auftraggeber getäuscht wird. Dieser ist dann schutzbedürftiger als die Mitglieder der Sozietät, die einen Informationsvorsprung haben. Es darf kein Anreiz geschaffen werden, die den Auftrag tatsächlich bearbeitenden Sozien unrichtig zu bezeichnen. Die Bezeichnung des den Auftrag tatsächlich bearbeitenden Sozius ist maßgebend für die Zustimmung des Auftraggebers zu der Haftungsbeschränkung. Dieser muß in der Lage sein, das Risiko abzuschätzen, einen möglichen Schadensersatzanspruch nicht durchsetzen zu können. Hierzu muß er wissen, welcher Sozius das Mandat bearbeitet. Nur wenn der Auftraggeber umfassend informiert ist, kann er von einer Zustimmung zu der Haftungskonzentration oder sogar von einer Beauftragung der Sozietät absehen. Wenn diejenigen Sozien, die das Mandat bearbeiten sollen, zu dem **Zeitpunkt, zu dem die Vereinbarung über die Haftungskonzentration zustande kommt**, in der Zustimmungserklärung **unrichtig bezeichnet** sind, ist es daher sachgerecht, die Haftungskonzentration als **unwirksam** zu bewerten. Dann gilt die gesetzliche Regel des § 51 a Abs. 2 Satz 1 BRAO.

487 Nach den allgemeinen Regeln über die **Beweislast** müssen die in Anspruch genommenen Rechtsanwälte darlegen und beweisen, daß eine Vereinbarung über

813 Allgemein zum Zweck des § 51 a BRAO: Rn. 426, sowie speziell zu § 51 a Abs. 2 s. Rn. 469.
814 Im Anschluß an *Ulmer/Habersack*, in: FS Brandner, 1996, S. 151, 159 ff.; MünchKomm/*Ulmer*, BGB, § 8 PartGG Rn. 21–25.

die Haftungsbeschränkung wirksam zustande gekommen ist. Sie müssen daher auch darlegen und beweisen, daß diejenigen Rechtsanwälte, die in der Vereinbarung über die Haftungsbeschränkung namentlich benannt sind, das Mandat bearbeitet haben. Einwendungen gegen die Haftungsbeschränkung muß der Auftraggeber beweisen.

Wenn sich **nachträgliche Änderungen** der Mandatsbearbeitung ergeben, haften 488
neben dem namentlich bezeichneten Mitglied der Sozietät auch diejenigen Sozien, die tatsächlich an der Mandatsbearbeitung beteiligt sind. Der Auftraggeber braucht nicht zuzustimmen, daß ihm weitere Sozien haften. Die gegenteilige Ansicht würde zu einer für die Praxis überflüssigen Formalisierung und Erhöhung des Aufwands führen. Das namentlich bezeichnete Mitglied der Sozietät kann der Auftraggeber ohne weiteres in Anspruch nehmen. Darüber hinaus kann er diejenigen Sozien in Anspruch nehmen, die ihm gegenüber an der Mandatsbearbeitung mitgewirkt haben. Das Auftreten nach außen läßt die **tatsächliche Vermutung** zu, daß diese Sozien das Mandat auch im Innenverhältnis verantwortlich bearbeitet haben. Es ist dann Sache des in Anspruch genommenen Sozius zu **beweisen**, daß er das Mandat nicht bearbeitet, sondern nur eine untergeordnete Hilfstätigkeit ausgeübt hat. Hierzu kann es erforderlich sein zu beweisen, welches andere Mitglied der Sozietät das Mandat bearbeitet hat.

Der umgekehrte Fall einer **nachträglichen Reduzierung oder eines Wechsels** 489
der möglichen Haftungsschuldner ist dagegen nur wirksam, wenn der Mandant einwilligt. Das **Einverständnis des Auftraggebers** muß bei einer Haftungsbeschränkung durch vorformulierte Vertragsbedingungen den Anforderungen des § 51 a Abs. 2 Satz 3 BRAO entsprechen. Bei individualvertraglicher Vereinbarung sollte die Änderung zu Beweiszwecken dokumentiert werden.

2. Haftungskonzentration auf einzelne Mitglieder einer Partnerschaft

Für Zusammenschlüsse von **Rechtsanwälten in einer Partnerschaft** sieht **§ 8** 490
Abs. 2 PartGG n. F. seit dem 1. 8. 1998 eine **gesetzliche Haftungskonzentration** auf diejenigen Partner vor, die mit der Bearbeitung eines Auftrags befaßt sind, wobei untergeordnete Bearbeitungsbeiträge ausgenommen sind (hierzu: Rn. 401–406). Nach **§ 8 Abs. 2 PartGG a. F.** bedurfte es für eine wirksame Haftungskonzentration noch einer vertraglichen Vereinbarung mit dem Auftraggeber. So konnten die Partner – ähnlich wie in § 51 a Abs. 2 BRAO – ihre Haftung gemäß § 8 Abs. 1 Satz 1 PartGG für Ansprüche aus Schäden wegen fehlerhafter Berufsausübung auch unter Verwendung vorformulierter Vertragsbedingungen auf denjenigen von ihnen beschränken, der innerhalb der Partnerschaft die berufliche Lei-

stung zu erbringen oder verantwortlich zu leiten und zu überwachen hat. Da § 8 Abs. 2 PartGG a. F. für **Altfälle** nach wie vor Bedeutung hat, wird der wesentliche Inhalt dieser umstrittenen Regelung im folgenden zusammengefaßt.

a) Verhältnis zu § 51 a Abs. 2 Satz 2, 3 BRAO

491 Der Gesetzestext enthielt und enthält keine Aussage zu dem Verhältnis von § 51 a BRAO zu § 8 PartGG. Entscheidend dürfte folgende Überlegung sein: Beide Vorschriften haben einen berufsrechtlichen sowie einen zivilrechtlichen Inhalt. Die BRAO enthält gegenüber dem PartGG die spezielleren Vorschriften für **berufsrechtliche Fragen**. Dies verdeutlicht der Vorbehalt in § 1 Abs. 3 bzw. § 6 Abs. 1 PartGG. Dieser Vorbehalt erstreckt sich nicht auf **zivilrechtliche Fragen**, also auf Rechte und Pflichten des Rechtsanwalts gegenüber seinem Auftraggeber. § 8 Abs. 1 PartGG sowie § 51 a Abs. 2 Satz 1 BRAO betreffen die gesellschaftsrechtliche Haftung von Rechtsanwälten, die sich zur gemeinschaftlichen Berufsausübung in einer Sozietät bzw. Partnerschaft verbunden haben. Für das Verhältnis beider Vorschriften wird als selbstverständlich vorausgesetzt, daß § 8 Abs. 1 PartGG die speziellere ist. Gleiches galt für § 8 Abs. 2 PartGG a. F. und § 51 a Abs. 2 Satz 2, 3 BRAO. Beide Tatbestände regelten bzw. regeln vertragliche Vereinbarungen mit dem Auftraggeber über Haftungskonzentrationen auf einzelne Partner bzw. Sozien. Der zivilrechtliche Gehalt dieser Vorschriften überwiegt den berufsrechtlichen. § 8 Abs. 2 PartGG a. F. galt deshalb speziell für Partnerschaften, § 51 a Abs. 2 BRAO für Sozietäten in der Rechtsform einer Gesellschaft bürgerlichen Rechts.[815]

b) Beschränkung der Haftung aus § 8 Abs. 1 Satz 1 PartGG

492 Eine Haftungskonzentration nach § 8 Abs. 2 PartGG a. F. ließ die Haftung der Partnerschaft mit dem gesamthänderisch gebundenen Vermögen unberührt. § 8 Abs. 2 PartGG a. F. ermöglichte nur eine **Beschränkung der persönlichen Haftung der Partner** gemäß § 8 Abs. 1 PartGG. Nach § 8 Abs. 2 PartGG a. F. war es

815 Vgl. auch BT-Drucks. 12/6152 vom 11. 11. 1993, S. 18 und BT-Drucks. 12/7642 vom 20. 5. 1994, S. 12 sowie *Bösert*, ZAP (1994), Fach 15, S. 137, 148; *Henssler*, DB 1995, 1549, 1553; *ders.*, PartGG, § 8 Rn. 66 f.; *Knoll/Schüppen*, DStR 1995, 646, 648 f.; *Seibert*, DB 1994, 2381, 2384; *Sieg*, S. 155; *Stuber*, WiB 1994, 705, 709; *Ulmer/Habersack*, in: FS Brandner, 1996, S. 151, 155 f.; MünchKomm/*Ulmer*, BGB, § 8 PartGG Rn. 4, 18; a. A.: *Mahnke*, WM 1996, 1029, 1034; *Michalski/Römermann*, PartGG, § 8 Rn. 75 ff.; *Römermann*, in: Hartung/Holl, BORA, vor § 11 (§§ 51–51 b BRAO) Rn. 69; *K. Schmidt*, NJW 1995, 1, 6; *Wellensiek*, in: FS Brandner, 1996, S. 727, 743.

nicht möglich, die Haftung nur auf das **Vermögen der Partnerschaft** zu beschränken.[816] Mindestens ein Partner mußte persönlich haften.

c) Ansprüche aus Schäden wegen fehlerhafter Berufsausübung

§ 8 Abs. 2 PartGG a. F. erfaßte „Ansprüche aus Schäden wegen fehlerhafter Be- 493
rufsausübung". Gemeint waren Schadensersatzansprüche des Mandanten aus einem **(typischen) Anwaltsvertrag** oder eines in den Schutzbereich eines solchen Vertrages einbezogenen **Dritten**. Gleichgestellt waren vorvertragliche Ansprüche wegen **Verschuldens bei Vertragsschluß**, wenn es zum Vertragsschluß kam.[817] Einbezogen waren auch Verbindlichkeiten der Partnerschaft aus **gesetzlichen Schuldverhältnissen**, soweit sie auf Handlungen der Partner beruhten, die der Partnerschaft analog § 31 BGB zuzurechnen sind.[818]

d) Vereinbarung im Einzelfall oder durch vorformulierte Vertragsbedingungen

Eine Haftungskonzentration auf einzelne Partner setzte die Zustimmung des Auf- 494
traggebers voraus. Im Gegensatz zu § 51 a Abs. 2 Satz 3 BRAO knüpfte § 8 Abs. 2 PartGG a. F. die Wirksamkeit der Vereinbarung **nicht** an besondere **Formvorschriften**. Ausweislich des Gesetzestextes konnte die Haftungskonzentration „auch" durch vorformulierte Vertragsbedingungen vereinbart werden. Eine **Vereinbarung im Einzelfall** wurde somit nicht ausgeschlossen. Neben § 8 Abs. 2 PartGG a. F. waren die §§ 134, 138, 242, 276 Abs. 2 BGB zu beachten.[819] Bei **Haftungsbeschränkungen durch vorformulierte Vertragsbedingungen** schloß § 8 Abs. 2 PartGG a. F. als spezialgesetzliche Vorschrift im Rahmen seines Anwendungsbereichs eine Inhaltskontrolle gemäß §§ 9–11 AGBG aus.[820] Die übrigen

816 *Stuber*, WiB 1994, 705, 709.
817 BT-Drucks. 12/6152 v. 11. 11. 1993, S. 18; *Ulmer/Habersack*, in: FS Brandner, 1996, S. 151, 153 f.
818 BT-Drucks. 12/6152 v. 11. 11. 1993, S. 18; *Henssler*, in: Henssler/Prütting, § 8 PartGG Rn. 9; *ders.*, PartGG, § 8 Rn. 34; MünchKomm/*Ulmer*, BGB, § 8 PartGG Rn. 17; *v. Westphalen*, in: Meilicke/v. Westphalen/Hoffmann/Lenz, PartGG, § 8 Rn. 44.
819 *Arnold*, BB 1996, 597, 602; *Bösert*, ZAP (1994), Fach 15, S. 137, 147; *Henssler*, in: Henssler/Prütting, § 8 PartGG Rn. 21.
820 BT-Drucks. 12/6152 v. 11. 11. 1993, S. 17; *Henssler*, in: FS Vieregge, 1995, S. 361, 374; *ders.*, PartGG, § 8 Rn. 26, 63; *Michalski/Römermann*, PartGG, § 8 Rn. 37; *Ulmer/Habersack*, in: FS Brandner, 1996, S. 151, 153; MünchKomm/*Ulmer*, BGB, § 8 PartGG Rn. 2, 18. Im Ergebnis ebenso, jedoch über § 8 AGB-Gesetz: *Bösert*, ZAP (1994), Fach 15, S. 137, 147; *Mahnke*, WM 1996, 1029, 1034; *Seibert*, DB 1994, 2381, 2382, 2384; *Stuber*, WiB 1994, 705, 709.

Vorschriften des AGBG, etwa § 2, § 3 sowie § 5, blieben unter den weiteren Voraussetzungen des § 1 sowie der §§ 23–24 a AGBG anwendbar.[821]

e) Erbringung oder verantwortliche Leitung und Überwachung der beruflichen Leistung

495 Die Partner konnten ihre Haftung auf denjenigen (oder diejenigen) Partner beschränken, „der innerhalb der Partnerschaft die berufliche Leistung zu erbringen oder verantwortlich zu leiten und zu überwachen hat". Soweit vom **„Erbringen" der beruflichen Leistung** die Rede war, lag eine Parallele zu § 51 a Abs. 2 Satz 2 BRAO vor. Es kam daher darauf an, welcher Rechtsanwalt den eigentlichen Kern der beruflichen Leistung erbracht, also das Mandat angenommen, Schreiben an den Auftraggeber, an den Gegner, an Behörden oder an Gerichte unterschrieben, Besprechungs-, Verhandlungs- bzw. Gerichtstermine wahrgenommen oder die Abschlußrechnung erteilt hat. Leistende konnten auch mehrere Rechtsanwälte sein. Untergeordnete Hilfstätigkeiten, also etwa eine Vertretung ohne eigene substantielle Bearbeitung des Mandats, blieben außer Betracht.[822]

f) Bestimmbarkeit des haftenden Partners

496 Es wurde die Ansicht vertreten, entsprechend § 51 a Abs. 2 BRAO müßten die **haftenden Partner namentlich bezeichnet** werden.[823] Der benannte Partner und derjenige, der die Sache tatsächlich bearbeite oder verantwortlich leite, müßten identisch sein. Ändere sich nach der Auftragserteilung die Person des Leistungserbringers oder des verantwortlichen Partners, müsse mit dem Auftraggeber eine neue Vereinbarung getroffen werden. Andernfalls sei die Vereinbarung über die Haftungskonzentration unwirksam.[824] Der Gesetzeswortlaut enthielt jedoch keinen Anhaltspunkt hierfür. § 8 Abs. 2 PartGG a. F. verzichtete vielmehr im Gegensatz zu § 51 a Abs. 2 Satz 2 BRAO ausdrücklich auf eine solche namentliche Bezeichnung.[825] Die Vertreter der Ansicht, die eine namentliche Bezeichnung des haftenden Partners forderten, beriefen sich vor allem auf Gerechtigkeits- und Praktikablitätserwägungen. Solche Überlegungen können keine Auslegung gegen den

821 *V. Westphalen*, in: Meilicke/v. Westphalen/Hoffmann/Lenz, PartGG, § 8 Rn. 78.

822 MünchKomm/*Ulmer*, BGB, § 8 PartGG Rn. 21.

823 *Mahnke*, WM 1996, 1029, 1034; *Michalski/Römermann*, PartGG, § 8 Rn. 18, 29; *K. Schmidt*, NJW 1995, 1, 6; *v. Westphalen*, in: Meilicke/v. Westphalen/Hoffmann/Lenz, PartGG, § 8 Rn. 61 ff.

824 *Michalski/Römermann*, PartGG, § 8 Rn. 60 ff.; *v. Westphalen*, in: Meilicke/v. Westphalen/Hoffmann/Lenz, PartGG, § 8 Rn. 64.

825 Vgl. auch BT-Drucks. 12/6152 v. 11. 11. 1993, S. 27 (Vorschlag des Bundesrates), S. 31 (Gegenäußerung der Bundesregierung) sowie BT-Drucks. 12/7642 v. 20. 5. 1994, S. 12 (Begründung des Vermittlungsausschusses zur endgültigen Fassung des § 8 Abs. 2 PartGG).

Willen des Gesetzgebers, das systematische Verhältnis zu anderen Vorschriften und den Gesetzeszweck rechtfertigen.

Eine **namentliche Bezeichnung** des haftenden Partners war deshalb nicht erforderlich.[826] Es reichte aus, wenn dem Vertragspartner die Person, die ihm neben der Partnerschaft als Haftungsschuldner zur Verfügung steht, **anhand objektiver Kriterien bestimmbar** war. Für die Bestimmbarkeit kam es auf den Zeitpunkt an, in dem die Haftungskonzentration vereinbart worden war.[827] Jedenfalls bei Haftungsbeschränkungen durch **vorformulierte Vertragsbedingungen** folgte das Bestimmbarkeitserfordernis auch aus dem im AGB-Recht geltenden Transparenzgebot[828] und der Unklarheitenregelung in § 5 AGBG. Danach waren an eine Klausel, die diesen Anforderungen an die objektive Bestimmbarkeit zu genügen hatte, strenge Anforderungen zu stellen. Bei einer **überörtlichen oder interprofessionellen Partnerschaft** konnte die Haftung nach allgemeiner Ansicht insbesondere auf diejenigen Partner beschränkt werden, die in dem das Mandat bearbeitenden Büro niedergelassen waren oder die einer bestimmten Berufsgruppe angehörten.[829] Von der Bestimmbarkeit der haftenden Partner war auszugehen, wenn der Auftraggeber ohne weiteres, vor allem aufgrund des Briefkopfes der Partnerschaft, ersehen konnte, welcher Partner in welchem Beruf zugelassen und in welchem Büro niedergelassen ist.[830] Demgegenüber reichte es nicht aus, wenn die Haftung abstrakt auf denjenigen beschränkt worden ist, „der innerhalb der Partnerschaft die berufliche Leistung erbringt oder verantwortlich leitet und überwacht".[831] 497

g) Rechtsfolge einer unzulässigen Haftungskonzentration

Die Rechtsfolge einer **unzulässigen Haftungskonzentration** war in § 8 Abs. 2 498
PartGG a. F. nicht geregelt. Sie richtete sich nach §§ 134, 138 Abs. 1, 242 BGB

826 *Henssler*, in: Henssler/Prütting, § 8 PartGG Rn. 17; *ders.*, PartGG, § 8 Rn. 38 ff.; *Sieg*, Internationale Anwaltshaftung, S. 155 f.; *Ulmer/Habersack*, in: FS Brandner, 1996, S. 151, 158; MünchKomm/*Ulmer*, BGB, § 8 PartGG Rn. 22.

827 *Henssler*, in: Henssler/Prütting, § 8 PartGG Rn. 18; *Ulmer/Habersack*, in: FS Brandner, 1996, S. 151, 158.

828 Zum Transparenzgebot vgl. auch Art. 5 Satz 1 der EG-Verbraucherschutz-Richtlinie sowie Palandt/*Heinrichs*, BGB, § 9 AGBG Rn. 16 f.; *Wolf*, in: Wolf/Horn/Lindacher, AGBG, § 9 Rn. 143 ff., 151.

829 *Michalski/Römermann*, PartGG, § 8 Rn. 2, 28 und 38 sowie *v. Westphalen*, in: Meilicke/ v. Westphalen/Hoffmann/Lenz, PartGG, § 8 Rn. 63–beide allerdings insoweit inkonsequent zu der an anderer Stelle geäußerten Ansicht, die haftenden Partner müßten namentlich bezeichnet werden.

830 *Sieg*, Internationale Anwaltshaftung, S. 155 f.; *Henssler*, PartGG, § 8 Rn. 44; *Ulmer/Habersack*, in: FS Brandner, 1996, S. 151, 158; MünchKomm/*Ulmer*, BGB, § 8 PartGG Rn. 23.

831 *Henssler*, PartGG, § 8 Rn. 42; *Ulmer/Habersack*, in: FS Brandner, 1996, S. 151, 158. Mißverständlich *Henssler*, ZAP (1997), Fach 23, S. 285, 292.

und § 6 AGBG. Im Anschluß an die Ausführungen zur inhaltlichen Ausgestaltung war eine Haftungsbeschränkung unwirksam, wenn die Vereinbarung zum Zeitpunkt des Zustandekommens nicht hinreichend bestimmbar erkennen ließ, welcher Partner innerhalb der Partnerschaft die berufliche Leistung erbringt oder verantwortlich leitet und überwacht. Dann **hafteten alle** Partner gemäß § 8 Abs. 1 Satz 1 PartGG mit ihrem Privatvermögen als **Gesamtschuldner**.[832]

h) Auseinanderfallen von bezeichnetem und handelndem Partner

499 War der in der Haftungsbeschränkung **benannte Partner nicht der handelnde Partner**, war an die Grundsätze anzuknüpfen, die für den entsprechenden Fall bei einer Haftungskonzentration nach § 51 a Abs. 2 Satz 2, 3 BRAO entwickelt worden sind (hierzu: Rn. 483–489). Soweit bereits bei der Vereinbarung einer Haftungskonzentration der bezeichnete Partner nicht derjenige war, welcher die berufliche Leistung tatsächlich erbracht oder verantwortlich geleitet und überwacht hat, war die Abrede über die Haftungsbeschränkung unwirksam. Dann galt das dispositive Gesetzesrecht. Alle Partner hafteten – neben dem gesamthänderisch gebundenen Vermögen der Partnerschaft – persönlich als Gesamtschuldner.[833]

500 Fielen der benannte und der handelnde Partner nachträglich, d. h. erst nach Abschluß der Vereinbarung über die Haftungskonzentration, auseinander, war die Vereinbarung dagegen nicht unwirksam. Dies war insbesondere der Fall, wenn während des laufenden Mandats weitere Partner in die Bearbeitung einbezogen wurden. Es kam dann zu einer Mithaftung der anderen, an der Erbringung der Leistung oder deren Leitung und Überwachung beteiligten, in der Konzentrationsabrede nicht benannten Partner. Einer Ergänzungsvereinbarung bedurfte es dann nicht.[834] Der Auftraggeber war nicht schutzbedürftig, wenn nach einer Vereinbarung über eine Haftungskonzentration auf bestimmte Partner ihm weitere Partner als Haftungsschuldner gegenübertraten. Schutzbedürftig war der Auftraggeber nur bei einem Austausch oder der Reduzierung der nachträglich haftenden, d. h. die berufliche Leistung erbringenden oder verantwortlich leitenden und überwachenden

832 *Henssler*, in: Henssler/Prütting, § 8 PartGG Rn. 18; *Knoll/Schüppen*, DStR 1995, 646, 647; *Ulmer/Habersack*, in: FS Brandner, 1996, S. 151, 158.

833 MünchKomm/*Ulmer*, BGB, § 8 PartGG Rn. 21, 25. Ebenso, allerdings undifferenziert für alle Fälle, in denen benannter und handelnder Partner auseinanderfallen: *Henssler*, in: Henssler/Prütting, § 8 PartGG, Rn. 19; *ders.*, PartGG, § 8 Rn. 49; *Michalski/Römermann*, PartGG, § 8 Rn. 62 ff.; *v. Westphalen*, in: Meilicke/v. Westphalen/Hoffmann/Lenz, PartGG, § 8 Rn. 61.

834 *Knoll/Schüppen*, DStR 1995, 646, 647; *Ulmer/Habersack*, in: FS Brandner, 1996, S. 151, 159 ff.; MünchKomm/*Ulmer*, BGB, § 8 PartGG Rn. 24.

Partner. Nur eine solche Änderung der Haftungskonzentration zum Nachteil des Auftraggebers bedurfte dessen Zustimmung. Wenn er die Zustimmung verweigerte, blieb es bei der bisherigen Vereinbarung, während die nachträglich in die Mandatsbearbeitung einbezogenen Partner neben den bereits aufgeführten Partnern hafteten.

G. Anhang

Anhang 1: Rechtsprechungslexikon 501

Abwickler (§ 55 BRAO)

Die Sechsmonatsfrist, während der der Abwickler einer Anwaltspraxis gemäß § 55 Abs. 2 BRAO berechtigt ist, neue Mandate anzunehmen, beginnt mit der Bestellung zum Abwickler.
BGH, Urt. v. 23. 11. 1979 – V ZR 123/76, NJW 1980, 1050.

Wird ein Rechtsanwalt von der Landesjustizverwaltung wiederholt zum Abwickler einer Kanzlei bestellt, so ist er nach der weiteren Bestellung wiederum zur Übernahme neuer Mandate mit den Befugnissen des verstorbenen Rechtsanwalts berechtigt.
BGH, Beschl. v. 16. 1. 1991 – XII ZB 154/90, NJW 1991, 1236.

Ein nicht beim Oberlandesgericht zugelassener, zum Abwickler einer Kanzlei eines verstorbenen OLG-Anwalts bestellter Rechtsanwalt kann nur innerhalb der ersten sechs Monate ab Bestellung wirksam Berufung einlegen. Diese Frist beginnt bei Verlängerung seiner Bestellung nicht erneut.
BGH, Beschl. v. 24. 3. 1992 – X ZB 2/92, NJW 1992, 2158.

1. Der gemäß § 55 Abs. 5 BRAO bestellte Abwickler für die Kanzlei eines früheren Rechtsanwalts, dessen Zulassung zur Rechtsanwaltschaft widerrufen worden ist, steht in einem öffentlich-rechtlichen Rechtsverhältnis. Es verpflichtet ihn zur ordnungsgemäßen und zweckentsprechenden Abwicklung der Kanzlei des früheren Rechtsanwalts. Die öffentlich-rechtlich begründete Dienstverpflichtung schließt nicht aus, daß der Abwickler zivilrechtliche Forderungen oder Verbindlichkeiten begründet. Im Verhältnis zum früheren Rechtsanwalt und dessen Mandanten richten sich die Rechte und Pflichten des Abwicklers ausschließlich nach privatrechtlichen Grundsätzen.
2. Die Regelung des § 55 Abs. 2 Satz 2, 1. Hs. i. V. m. § 55 Abs. 2 Satz 4, 1. Hs. BRAO hat zur Folge, daß der frühere Rechtsanwalt seine Rechtsstellung als beauftragter Rechtsanwalt des Mandanten kraft Gesetzes für die Zukunft verliert. Er haf-

tet nicht für die Handlungen des Abwicklers, die dieser ab Bestellung in Ausübung des Amtes vornimmt.
3. Der Abwickler ist selbstverantwortlicher Vertragspartner des Mandanten des früheren Rechtsanwalts nur in den Fällen des § 55 Abs. 2 Satz 2 BRAO. In allen übrigen Fällen ist er gemäß §§ 55 Abs. 3, 53 Abs. 9 Satz 1 BRAO nur dessen Vertreter. Dies hat zur Folge, daß der frühere Rechtsanwalt gemäß §§ 164 ff. BGB berechtigt und verpflichtet wird und für haftungsbegründende Handlungen seines Vertreters gemäß § 278 BGB einzustehen hat.
4. Auch nach der Bestellung eines Abwicklers gemäß § 55 Abs. 5 BRAO schuldet der frühere Rechtsanwalt seinem Mandanten die Auskehrung von ihm eingezogener Mandantengelder.
OLG Düsseldorf, Urt. v. 28. 1. 1997–24 U 6/96, AnwBl 1997, 226.

Allgemein oder amtlich bestellter Vertreter (§ 53 BRAO)

- **Haftung**

Ein Rechtsanwalt haftet für ein schuldhaftes Versehen seines amtlich bestellten Vertreters im Rahmen des § 278 BGB und nicht nur im Rahmen des § 664 Abs. 1 Satz 2 BGB. Ob der Mandant Kenntnis von der Vertretung des beauftragten Rechtsanwalts hatte, ist unerheblich.
RG, Urt. v. 19. 4. 1940 – III 127/39, RGZ 163, 377.

1. Der amtlich bestellte Vertreter schließt mit dem Auftraggeber des vertretenen Rechtsanwalts weder einen Anwaltsvertrag noch tritt er in dessen Anwaltsvertrag ein. Der nach § 53 BRAO amtlich bestellte Vertreter eines Rechtsanwalt ist lediglich dessen Erfüllungsgehilfe oder gesetzlicher Vertreter i. S. d. § 278 BGB.
2. Der amtlich bestellte Vertreter muß sich ausnahmsweise nach Treu und Glauben (§ 242 BGB) so behandeln lassen, als ob er eigene Anwaltspflichten gegenüber dem Auftraggeber übernommen habe. Dies ist dann der Fall, wenn der Vertreter sich der Sache nach wie ein Abwickler einer Rechtsanwaltskanzlei verhält, allein Einfluß auf das Mandat nimmt oder ähnlich einem Sachwalter in besonderem Maße das persönliche Vertrauen des Auftraggebers in Anspruch genommen hat.
OLG Frankfurt, Urt. v. 10. 4. 1986–22 U 29/85, NJW 1986, 3091.

- **Prüfung der Bestellung**

Ein beim Landgericht zugelassener Rechtsanwalt, der als Vertreter eines beim Oberlandesgericht zugelassenen Rechtsanwalts eine Berufung bei diesem Gericht einlegt, muß selbst prüfen, ob seine Bestellung zum Vertreter erfolgt ist.
BGH, Beschl. v. 12. 5. 1982 – IVa ZB 13/81, MDR 1982, 998.

Versäumt ein Rechtsanwalt eine Berufungsbegründungsfrist, weil er sich über seine Bestellung als Vertreter des beim Berufungsgericht zugelassenen Prozeßbevollmächtigten irrt, ist im Einzelfall zu prüfen, ob die Voraussetzungen für eine Wiedereinsetzung in den vorigen Stand vorliegen.
BGH, Beschl. v. 18. 9. 1986 – I ZB 14/85, VersR 1987, 73.

Die beteiligten Rechtsanwälte müssen selbst überwachen, ob dem Antrag, einen Rechtsanwalt als „oberlandesgerichtlich bestellter Vertreter" eines anderen Rechtsanwalts für das neue Kalendarjahr zu bestellen, stattgegeben wurde. Dies kann nicht einer Kanzleiangestellten überlassen bleiben.
OLG München, Beschl. v. 19. 3. 1981–19 U 1688/81, AnwBl 1981, 443.

1. Ein Rechtsanwalt, der eines amtlich bestellten Vertreters für alle Behinderungsfälle während eines Kalendarjahres bedarf, muß selbst darauf achten, daß der Antrag rechtzeitig gestellt wird und ob ihm entsprochen worden ist.

2. Auch den als Vertreter vorgesehenen Sozius, der nur bei dem Landgericht zugelassen ist, trifft ein Verschulden, wenn er eine an das Oberlandesgericht zu richtende Berufungsschrift unterschreibt, ohne zu prüfen, ob er zum Vertreter bestellt worden ist.
OLG München, Beschl. v. 1. 4. 1987 – 18 U 2421/87, MDR 1987, 590.

- **Wirksamkeit von Prozeßhandlungen**

1. Die Verfahrenshandlungen, die ein nach § 53 BRAO amtlich bestellter Vertreter für den von ihm vertretenen Rechtsanwalt vornimmt, sind ohne die Anzeige oder den Nachweis eines „Verhinderungsfalles" wirksam.

2. Der unterzeichnende Rechtsanwalt muß eindeutig nach außen zum Ausdruck bringen, die Berufungsbegründung mit Wirkung für und gegen den beim Berufungsgericht zugelassenen Rechtsanwalt zu unterschreiben. Es ist zur Vermeidung von Mißverständnissen und unnötigen Rückfragen zweckmäßig, für die Wirksamkeit der Verfahrenshandlungen aber nicht erforderlich, daß sich der nach § 53 BRAO bestellte allgemeine Vertreter des Berufungsanwalts in seinen Schriftsätzen für den vertretenen Rechtsanwalt als „allgemeiner Vertreter" oder „amtlich bestellter Vertreter" bezeichnet.
BGH, Urt. v. 9. 12. 1975 – III ZR 134/72, NJW 1975, 542.

Der nach § 53 BRAO bestellte allgemeine Vertreter kann auch solche Prozeßhandlungen für den vertretenen Rechtsanwalt vornehmen, die diesem als Vertreter eines anderen Rechtsanwalts obliegen.
BGH, Beschl. v. 11. 3. 1981 – VIII ZB 18/81, NJW 1981, 1740.

Für die Frage, ob ein allgemeiner oder amtlich bestellter Vertreter eines Rechtsanwalts im konkreten Fall als Parteivertreter anzusehen ist, kommt es zunächst darauf an, ob er für alle Behinderungsfälle, die während eines Kalenderjahres eintre-

ten können, oder ohne jede Einschränkung für die genannte Zeit zum Vertreter bestellt ist. Im übrigen ist darauf abzustellen, ob ihm die Sache intern zur selbständigen Bearbeitung übertragen ist oder nicht.
BGH, Beschl. v. 5. 5. 1982 – VIII ZB 4/82, VersR 1982, 770.

Hat der amtlich bestellte Vertreter eines beim Berufungsgericht zugelassenen Rechtsanwalts in der Berufungsschrift eindeutig zum Ausdruck gebracht, im Rechtsmittelverfahren nicht für seine eigene Praxis, sondern für den vertretenen Anwalt zu handeln, so braucht er in den nachfolgenden Schriftsätzen hierauf nicht nochmals hinzuweisen.
BGH, Urt. v. 14. 12. 1990 – V ZR 329/89, NJW 1991, 1175.

Für die Wirksamkeit der Prozeßhandlung eines gemäß § 53 BRAO als Vertreter bestellten Rechtsanwalts reicht es aus, wenn sein Handeln als Vertreter sich aus den Umständen hinreichend deutlich erkennbar ergibt.
BGH, Beschl. v. 9. 2. 1993 – XI ZR 2/93, NJW 1993, 1925.

Ein nicht postulationsfähiger Rechtsanwalt als amtlich bestellter Vertreter eines postulationsfähigen Rechtsanwalts handelt rechtswirksam, wenn hinreichend deutlich erkennbar wird, daß er in dieser Eigenschaft auftritt.
BGH, Beschl. v. 22. 10. 1998 – VII ZB 15/98, NJW 1999, 365.

Ein nach § 53 BRAO zum allgemeinen Vertreter bestellter Rechtsreferendar kann gegen ein Urteil Berufung einlegen, wenn der vertretene Rechtsanwalt dies als Vertreter eines beim OLG zugelassenen Rechtsanwalts könnte.
OLG München, Urt. v. 17. 10. 1984 – 20 U 2597/84, AnwBl 1985, 589.

Unterzeichnet ein amtlich bestellter Vertreter eines Rechtsanwalts einen bestimmenden Schriftsatz mit seinem Namen und dem vorangestellten Zusatz „i. V.“, so ist die Unterschrift wirksam. Anders läge es, wenn er mit „i. A.“ gezeichnet hätte.
OLG Koblenz, Urt. v. 4. 4. 1991 – 5 U 388/90.

Die Bestellung eines Anwaltsvertreters nach § 53 Abs. 3 BRAO berechtigt nur zur Vertretung bei den Gerichten, bei denen der vertretene Anwalt selbst zugelassen ist. Sie umfaßt nicht die Befugnis des vertretenen Anwalts, infolge eigener Bestellung als allgemeiner Vertreter eines dritten Anwalts bei dem Gericht Prozeßhandlungen vorzunehmen, bei dem nur der dritte Anwalt zugelassen ist.
OLG München, Beschl. v. 9. 1. 1995–28 U 5254/94, MDR 1995, 318.

Angestellter Rechtsanwalt

Das Verschulden eines angestellten Rechtsanwalts ist dem beauftragten Rechtsanwalt nach § 278 BGB zuzurechnen.
BGH, Urt. v. 14. 1. 1993 – IX ZR 206/91, NJW 1993, 1323.

Der Mandant, der in einer Rechtsangelegenheit eine Anwaltssozietät beauftragt, erlangt, wenn die Bearbeitung einem Referendar und später angestellten Anwalt übertragen wird, im Fall der Schlechterfüllung keinen vertraglichen Schadensersatzanspruch gegen diesen Anwalt.
KG, Urt. v. 18. 6. 1993 – 6 U 3348/92, MDR 1994, 100.

Hat der Berufshaftpflichtversicherer eines Rechtsanwalts seinen Versicherungsnehmer von Haftpflichtansprüchen freigestellt, die aus schuldhaftem Verhalten mitversicherter Mitarbeiter erwachsen sind, so ist er nicht berechtigt, gegen diese Rückgriff wegen Übergangs von Ansprüchen des Versicherungsnehmers aus positiver Vertragsverletzung zu nehmen.
OLG Hamburg, Urt. v. 22. 6. 1982 – 7 U 194/80, VersR 1985, 229.

Hat ein angestellter Rechtsanwalt die von einem Volljuristen im Anwaltsberuf zu erwartende Sorgfalt nicht gewahrt, ist er dennoch nicht schadensersatzpflichtig, wenn der Arbeitgeber die Art und den Umfang der Sorgfalt, die bei der Bearbeitung des Auftrages angewendet wurden, gekannt und gebilligt hat.
LAG München, Urt. v. 27. 5. 1986–7 Sa 714/85, NJW-RR 1988, 542.

Anwaltsfremde Tätigkeit

- **Anlageberatung**

1. Eine anwaltliche Berufstätigkeit liegt vor, wenn die Aufgabe, rechtlichen Beistand zu leisten, im Vordergrund steht. Falls diese Aufgabe bei der Durchführung des Auftrags zurücktritt, als unwesentlich erscheint und im Ergebnis keine ins Gewicht fallende Rolle spielt, handelt es sich nicht um einen echten Anwaltsvertrag.
2. Gegen eine anwaltliche Tätigkeit spricht es, wenn die vertragliche Hauptpflicht i. d. R. oder mindestens in erheblichem Umfang auch von Angehörigen anderer Berufe erfüllt werden kann.
3. Nur im Zweifel ist anzunehmen, daß derjenige, der die Dienste eines Rechtsanwalts in Anspruch nimmt, ihn auch in dieser Eigenschaft beauftragen will.
4. Zum Wesen der Anlageberatung gehört die Leistung rechtlichen Beistandes jedenfalls dann nicht, wenn der Auftraggeber rechtlichen Beistand entweder gar nicht gesucht hat oder aber solche Fragen als nebensächlich ganz im Hintergrund gestanden haben.

BGH, Urt. v. 17. 4. 1980 – III ZR 73/79, NJW 1980, 1855.

Empfiehlt ein Rechtsanwalt aus steuerlichen Gründen einen bestimmten Vermögenserwerb, hat er den Mandanten umfassend über die mit dem Geschäft zusammenhängenden zivilrechtlichen Fragen zu belehren und vor Risiken zu bewahren, die sich erkennbar aus diesem Rechtsbereich ergeben.
BGH, Urt. v. 22. 10. 1987 – IX ZR 175/86, NJW 1988, 563 = WM 1987, 1516.

1. Für die Annahme eines Anwaltsvertrages muß die Rechtsberatung nicht in jedem Einzelfall den überwiegenden Umfang der gesamten Anwaltstätigkeit ausmachen. Vielmehr ist bei einer umfassend angelegten Tätigkeit des Beraters und bei Fehlen einer besonderen Parteivereinbarung entscheidend, wo nach dem Willen der Beteiligten der Schwerpunkt der vertraglichen Verpflichtungen liegen soll.
2. Ein Anwaltsvertrag kann zugleich anwaltsuntypische Maßnahmen umfassen, falls sie in einem engen inneren Zusammenhang mit einer rechtsberatenden Tätigkeit stehen und jedenfalls allgemein auch Rechtsfragen aufwerfen können.
3. Die Anlageberatung kann in diesem Sinne Rechtsfragen umfassen, etwa ob das Anlagemodell rechtswirksam und anlegergünstig ausgestaltet ist.
4. Ein enger innerer Zusammenhang ist schon dann zu bejahen, wenn sich ein wirtschaftlich denkender, die Interessen des Mandanten umfassend berücksichtigender Rechtsanwalt aufgrund der Erörterung der Einkommens- und Vermögensverhältnisse im Rahmen des erteilten Auftrags herausgefordert fühlen darf, zur Vermögensanlage zu raten.
BGH, Urt. v. 27. 1. 1994 – IX ZR 195/93, NJW 1994, 1405 = WM 1994, 504.

Kein Anwaltsvertrag kommt zustande, wenn ein Rechtsanwalt für seinen Auftraggeber Geldbeträge in Empfang zu nehmen und/oder weiterzuleiten hat, um ein Darlehensverhältnis mit einem im Ausland ansässigen Darlehensnehmer anzubahnen und abzuwickeln, soweit hiermit keine rechtliche Beratung verbunden ist, sondern der Rechtsanwalt lediglich die wirtschaftlichen Interessen seines Auftraggebers wahrnimmt.
OLG Düsseldorf, Urt. v. 31. 1. 1997 – 7 U 68/96 – NJWE-VHR 1997, 255.

- **Aufsichtsratsmitglied**

1. Ein Beratungsvertrag einer AG mit einem Mitglied ihres Aufsichtsrats, der sich auf Tätigkeiten bezieht, welche bereits von der Überwachungspflicht des Aufsichtsrats umfaßt werden, ist nichtig, wenn der Vertrag während der Amtszeit geschlossen wird, und für die Dauer der Amtszeit unwirksam, wenn er vor deren Beginn abgeschlossen worden ist.
2. Um eine nicht in den Aufgabenbereich des Aufsichtsrats fallende Tätigkeit handelt es sich, wenn die zu leistenden Dienste Fragen eines besonderen Fachgebiets betreffen, sofern sich die zu erbringenden Beratungsleistungen nicht auf übergeordnete, in den Rahmen der Aufsichtsratstätigkeit gehörende allgemeine Aspekte der Unternehmenspolitik beziehen.
BGH, Urt. v. 25. 3. 1991 – II ZR 188/89, BGHZ 114, 127 = NJW 1991, 1830 = WM 1991, 1075/1143.

1. Die speziellen Einzelfragen, in denen ein Aufsichtsratsmitglied die Geschäftsführung aufgrund eines gesonderten Vertrages beraten soll, sowie das für diese

Leistungen von der Gesellschaft zu entrichtende Entgelt müssen in dem Vertrag so genau bezeichnet werden, daß sich der Aufsichtsrat ein eigenständiges Urteil über die Art der Leistung, ihren Umfang sowie die Höhe und Angemessenheit der Vergütung machen kann.
2. Verträge, welche diese Anforderungen nicht erfüllen, sind von vornherein nicht von § 114 AktG gedeckt. Sie sind nach § 113 AktG i. V. m. § 134 BGB unwirksam.
3. Das Zustimmungserfordernis gilt auch für Beratungsverträge, die vor Antritt des Aufsichtsratsmandats geschlossen worden sind. Wird der Vertrag dem Aufsichtsrat nicht zur Zustimmung vorgelegt oder verweigert der Aufsichtsrat seine Zustimmung, verliert der Beratungsvertrag für die Dauer des Aufsichtsratsmandats seine Wirkung.
BGH, Urt. v. 4. 7. 1994 – II ZR 197/93, BGHZ 126, 340 = NJW 1994, 2484 = WM 1994, 1473.

1. Ein typischer Anwaltsvertrag kann auch anwaltsfremde Maßnahmen umfassen, falls diese in einem engen inneren Zusammenhang mit der rechtlichen Beistandspflicht stehen und auch Rechtsfragen aufwerfen können. Etwas anderes gilt nur dann, wenn die Rechtsberatung und -vertretung völlig in den Hintergrund tritt und deswegen als unwesentlich erscheint.
2. Läßt die Gesamtwürdigung aller Umstände des Einzelfalls nicht die Feststellung zu, ob ein Anwaltsvertrag vorliegt oder nicht, ist im Zweifel anzunehmen, daß derjenige, der die Dienste eines Rechtsanwalts in Anspruch nimmt, ihn auch in dieser Eigenschaft beauftragen will.
3. Ein Anwaltsvertrag, den ein Rechtsanwalt vor seiner Bestellung zum Aufsichtsratsmitglied geschlossen hat und dessen Gegenstand sich auf gesetzliche Organpflichten eines Aufsichtsratsmitglieds bezieht, ist wirkungslos, solange das Aufsichtsratsmandat besteht. Dasselbe gilt auch dann, wenn die Vertragspflichten des Rechtsanwalts außerhalb seiner Tätigkeit im Aufsichtsrat liegen und der Aufsichtsrat dem Vertrag nicht zugestimmt hat.
BGH, Urt. v. 2. 7. 1998 – IX ZR 63/97, NJW 1998, 3486 = WM 1998, 2243.

- **Buchführung oder -prüfung**

1. Für eine anwaltliche Berufstätigkeit ist darauf abzustellen, ob die dem Rechtsanwalt eigene Aufgabe im Vordergrund steht, rechtlichen Beistand zu leisten, oder ob Arbeiten in Rede stehen, die i. d. R. oder doch in erheblichem Umfang auch von anderen Personen berufsmäßig wahrgenommen werden und deshalb nicht zum typischen Aufgabengebiet des Rechtsanwalts gehören.
2. Die kaufmännische Buchführung ist keine typische Tätigkeit eines Rechtsanwalts.

3. Die Fertigung des Jahresabschlusses (der Bilanz) durch den mit der Buchhaltung Betrauten gehört noch zur Buchführung.
4. Wird ein Rechtsanwalt zur finanzamtlichen Betriebsprüfung zugezogen, weil er die Bücher geführt und die Jahresabschlüsse erstellt hat, handelt es sich nicht um eine wesensmäßig anwaltliche Tätigkeit.
BGH, Urt. v. 9. 4. 1970 – VII ZR 146/68, BGHZ 53, 394 = NJW 1970, 1189.

1. Für die Frage, ob die Tätigkeit eines Rechtsanwalts eine Berufsausübung i. S. d. § 3 BRAO darstellt, ist darauf abzustellen, ob die ihm übertragene Aufgabe, rechtlichen Beistand zu leisten, gegenüber den Arbeiten, die andere Aufgaben zum Inhalt haben und daher i. d.R. von anderen Personen wahrgenommen werden, im Vordergrund steht.
2. Dies ist der Fall, wenn Steuerbilanzen und -erklärungen anzufertigen sind. Die damit verbundene Aufgabe, auch die Buchführung des Auftraggebers zu kontrollieren, steht demgegenüber im Hintergrund.
3. Eine Unterschlagungsprüfung, die allein auf die „detektivische" Ermittlungstätigkeit zur Feststellung von Tatsachen zielt und bei der nicht die Fachkenntnisse eines Rechtsanwalts, sondern lediglich Kenntnisse auf dem Gebiet der Buchhaltung und -prüfung einzusetzen sind, ist keine anwaltliche Berufstätigkeit.
BGH, Urt. v. 29. 6. 1972 – VII 184/71, VersR 1972, 1052.

- **Makler**

Ein Fall anwaltlicher Berufsausübung liegt auch vor, wenn die dem Rechtsanwalt eigentümliche Aufgabe des rechtlichen Beistandes nicht so in den Hintergrund tritt, daß es gerechtfertigt wäre, die übernommene und durchgeführte Aufgabe als reine Maklertätigkeit zu sehen.
BGH, Urt. v. 26. 10. 1955 – VI ZR 145/54, BGHZ 18, 340 = NJW 1955, 1921.

1. Einem Rechtsanwalt fällt nach Vorbildung und Beruf in erster Linie die Aufgabe zu, rechtlichen Beistand zu gewähren. Grundsätzlich ist davon auszugehen, daß er zu diesem Zweck, also in seiner Eigenschaft als Rechtsanwalt hinzugezogen wird.
2. Wenn jedoch die rechtliche Betreuung ganz unwesentlich ist, tritt die Rechtsanwaltstätigkeit gegenüber der Maklertätigkeit so weit zurück, daß sie rechtlich unerheblich wird.
BGH, Urt. v. 18. 11. 1969 – VI ZR 90/68, VersR 1970, 136.

Ein Anwaltsvertrag liegt nicht vor, wenn die anwaltliche Tätigkeit gegenüber der Maklertätigkeit ganz zurücktritt, unwesentlich erscheint und keine praktisch ins Gewicht fallende Rolle spielt, also wenn die dem Rechtsanwalt eigentümliche Aufgabe, rechtlichen Beistand zu gewähren, so in den Hintergund tritt, daß nur von einer reinen Maklertätigkeit gesprochen werden kann.
BGH, Urt. v. 16. 9. 1971 – VII ZR 312/69, BGHZ 57, 53 = NJW 1971, 2227.

1. Die Abgrenzung zwischen Anwalts- und Maklervertrag hängt nicht von den Vorstellungen der Vertragspartner, sondern davon ab, ob die dem Rechtsanwalt eigentümliche Aufgabe, rechtlichen Beistand zu leisten, so in den Hintergrund getreten ist, daß es gerechtfertigt ist, die übernommene und durchgeführte Aufgabe als reine Maklertätigkeit zu werten.
2. Hat der Rechtsanwalt seinem Auftraggeber in nicht mehr ganz unerheblichem Umfang rechtlichen Beistand geleistet, so ist der zwischen ihnen bestehende Vertrag in seiner Gesamtheit kein Maklervertrag, sondern ein Anwaltsdienstvertrag.
BGH, Urt. v. 5. 4. 1976 – III ZR 79/74, WM 1976, 1135.

1. Die Eigenschaft als Rechtsanwalt steht dem Abschluß eines einzelnen Maklervertrages nicht entgegen.
2. Ob im Einzelfall eine Anwalts- oder Maklertätigkeit vorliegt, hängt vom Inhalt der dem Rechtsanwalt übertragenen und von ihm durchgeführten Aufgabe ab.
3. Hat ein Rechtsanwalt seinem Auftraggeber bei seiner Tätigkeit auch rechtlichen Beistand zu leisten, so wird er als Anwalt tätig, mag auch im Vordergrund seiner Bemühungen eine typische Maklertätigkeit stehen.
4. Etwas anderes gilt lediglich dann, wenn die rechtsberatende Tätigkeit völlig in den Hintergrund tritt und keine Rolle spielt.
5. Die Vorstellungen, die sich die Parteien über die Rechtsnatur ihrer Vereinbarung machen, sind unerheblich.
BGH, Urt. v. 16. 2. 1977 – IV ZR 55/75, NJW 1976, 628 (Ls.) = WM 1977, 551.

1. Ist der Inhalt der einem Rechtsanwalt übertragenen Aufgabe in nicht unwesentlichem Umfang rechtsberatender Natur, stellt sich der zwischen ihm und seinem Auftraggeber geschlossene Vertrag – unabhängig von den Vorstellungen, die sich die Parteien über dessen Rechtsnatur machen – in seiner Gesamtheit als Anwaltsdienstvertrag dar, der die Maklertätigkeit umfaßt.
2. Etwas anderes gilt lediglich dann, wenn die rechtsberatende Aufgabe völlig in den Hintergrund tritt.
3. Besteht die einem Rechtsanwalt übertragene Aufgabe in der Vermittlung eines Kauf- oder Darlehensvertrages, so ist, sofern nicht eindeutige und zwingende Gründe entgegenstehen, im Zweifel davon auszugehen, daß die Partei, die anstelle eines Maklers einen Rechtsanwalt beauftragt hat, ihn in eben dieser Eigenschaft zuzieht, also von ihm erwartet, daß er bei seinem Tätigwerden insbesondere ihre rechtlichen Interessen betreut.
BGH, Urt. v. 10. 6. 1985 – III ZR 73/84, NJW 1985, 2642 = WM 1985, 1401.

Ein Rechtsanwalt kann nicht aus berufs- und gebührenrechtlichen Gründen einen Teil eines Gesamtauftrages aus dem anwaltlichen Vertragsverhältnis ausklam-

mern. Die Vorstellungen, die sich die Parteien über die Rechtsnatur des Vertragsverhältnisses machen, sind unerheblich.
BGH, Urt. v. 23. 2. 1987 – AnwSt (R) 24/86, NJW 1987, 2451.

1. Mit dem Beruf des Rechtsanwalts ist eine gewerbliche Tätigkeit nicht kraft Gesetzes unvereinbar. Wenn auch die ständige Ausübung des Berufs eines Maklers für einen Rechtsanwalt unzulässig ist, kann er jedenfalls ein gelegentliches einzelnes Maklergeschäft grundsätzlich rechtswirksam mit einem Dritten vereinbaren.
2. Zur Abgrenzung zwischen einem Makler- und einem Anwaltsvertrag ist darauf abzustellen, ob der Rechtsanwalt im Rahmen seiner Maklerleistungen dem Auftraggeber rechtlichen Rat von nicht völlig unerheblicher Bedeutung hat zuteil werden lassen.
3. Für den Abschluß eines Maklervertrages mit einem Rechtsanwalt spricht, daß dieser als Interessenvertreter der Gegenseite aufgetreten ist und der Auftraggeber seinerseits einen anderen Rechtsanwalt mit der Wahrnehmung seiner Interessen beauftragt hat.
BGH, Urt. v. 31. 10. 1991 – IX ZR 303/90, NJW 1992, 681 = WM 1992, 279.

An die Herauslösung eines Geschäfts aus der allgemeinen Anwaltstätigkeit sind strenge Anforderungen zu stellen; der bloße Hinweis darauf, daß der Rechtsanwalt als Makler tätig werde, reicht nicht aus.
BGH, Urt. v. 13. 6. 1996 – III ZR 113/95, BGHZ 133, 90 = NJW 1996, 2499 = WM 1996, 1465.

1. Für die Einordnung eines Auftrags als Anwaltsvertrag ist maßgeblich, daß die übertragene Aufgabe in nicht ganz unwesentlichem Umfang rechtsberatender oder rechtsbesorgender Natur ist.
2. Sofern nicht deutliche und zwingende Gründe entgegenstehen, ist im Zweifel davon auszugehen, daß die Partei, die anstelle eines Maklers einen Rechtsanwalt mit der Vermittlung eines (Kauf-) Vertrages beauftragt hat, erwartet, daß der Anwalt auch ihre rechtlichen Interessen betreut; dabei ist jedoch maßgebend, wie die Willenserklärung redlicherweise unter den bekannten Umständen nach Treu und Glauben unter Berücksichtigung der Verkehrssitte von dem Rechtsanwalt verstanden werden darf. Diese Auslegungsregel greift nicht ein, wenn feststeht, daß es dem Auftraggeber nicht um die Leistung rechtlichen Beistands geht.
OLG Hamm, Urt. v. 2. 3. 1995–28 U 134/94, NJW-RR 1995, 951.

- **(Treuhänderische) Vermögensverwaltung**

1. Eine Vermögensverwaltung gehört i. d. R. nicht zur Berufstätigkeit des Rechtsanwalts.
2. Maßgebend ist insoweit, ob die dem Rechtsanwalt eigene Aufgabe im Vordergrund steht, rechtlichen Beistand zu leisten; ist dies der Fall, dann gehört das Ge-

schäft auch dann zu seiner Berufstätigkeit, wenn es sich um ein sog. Wirtschaftsmandat handelt.
3. Dagegen gehört ein Geschäft nicht zur Berufstätigkeit eines Rechtsanwalts, wenn Arbeiten in Rede stehen, die i. d. R. oder doch in erheblichem Umfang auch von anderen Personen berufsmäßig wahrgenommen werden und deshalb nicht zum typischen Aufgabengebiet des Rechtsanwalts gehören.
BGH, Urt. v. 22. 12. 1966 – VII ZR 195/64, BGHZ 46, 268 = NJW 1967, 876.

Wird ein Rechtsanwalt mit den Aufgaben eines Treuhänders beauftragt, die mit der eigentlichen juristischen Tätigkeit in Zusammenhang stehen, kommt ein Anwaltsvertrag zustande.
BGH, Urt. v. 10. 3. 1988 – III ZR 195/86, NJW-RR 1988, 1299 = WM 1988, 986.

1. Die Treuhandtätigkeit gehört zum Berufsbild des Rechtsanwalts.
2. Die Anwendung des anwaltlichen Berufsrechts auf eine vom Rechtsanwalt ausgeübte Tätigkeit setzt voraus, daß sie auch eine Rechtsberatung zum Gegenstand hat.
3. Dies trifft für die treuhänderische Verwaltung von Anlagebeteiligungen zu. Beteiligt sich ein Anleger über einen Treuhänder mittelbar an einem Kapitalanlagemodell, das durch eine besondere zivilrechtliche Gestaltung eine wirtschaftlich und steuerlich günstige Geldanlagemöglichkeit schaffen soll, setzt die treuhänderische Verwaltung der Beteiligung nicht nur Kenntnisse des Steuerrechts, sondern auch zivilrechtliche Kenntnisse voraus.
4. Der Treuhänder, der sich im Interesse der Anleger an einem Kapitalanlagemodell beteiligt, hat deren Belange wahrzunehmen; dazu gehört auch die Beratung der Anleger in den mit der Beteiligung und deren Verwaltung verbundenen Rechtsfragen.
5. Für die Anwendung des § 51 BRAO a. F. (= § 51 b BRAO n. F.) ist nicht entscheidend, daß nach § 1 Abs. 2 BRAGO die Tätigkeit des Rechtsanwalts als Treuhänder dem Geltungsbereich dieses Gesetzes unterliegt. Ausschlaggebend ist, daß es sich um eine Tätigkeit handelt, die zum typischen Berufsbild des Rechtsanwalts gehört.
BGH, Urt. v. 9. 11. 1992 – II ZR 141/91, BGHZ 120, 157 = NJW 1993, 199.

1. Ein Rechtsanwalt, der als Treuhänder bei einem Anlagemodell die eingezahlten Gelder überwacht oder verwaltet, hat mit den Anlegern einen Anwaltsvertrag geschlossen, wenn es zu seinen Aufgaben gehört, die Anleger in den mit der Beteiligung und deren Verwaltung verbundenen Rechtsfragen zu beraten.
2. Dies ist nicht der Fall, wenn der Treuhänder lediglich verpflichtet ist, die Verwendung der eingezahlten Gelder zu überwachen sowie die Anleger auf die typi-

schen wirtschaftlichen Risiken der Anlage und auf regelwidrige Umstände der Geschäftstätigkeit der Anlagegesellschaft hinzuweisen.
BGH, Urt. v. 1. 12. 1994 – III ZR 93/93, NJW 1995, 1025 = WM 1995, 344.

Übernimmt es ein Rechtsanwalt für seinen Auftraggeber, Geldbeträge in Empfang zu nehmen und/oder weiterzuleiten, um ein Darlehensverhältnis mit einem im Ausland ansässigen Darlehensgeber anzubahnen und abzuwickeln, so liegt hierin, wenn damit eine rechtliche Beratung nicht verbunden ist, nicht deshalb eine anwaltstypische Tätigkeit, weil dem Anwaltsstand besonderes Vertrauen entgegengebracht wird.
OLG Düsseldorf, Urt. v. 31. 1. 1997–7 U 68/96, NJWE-VHR 1997, 255 = VersR 1997, 1279.

Ausländischer Anwalt

1. Ein Patentanwalt ist berechtigt, einen im Ausland auszuführenden Auftrag nach § 664 BGB durch Substitution auf einen ausländischen Anwalt weiter zu übertragen.
2. Für die Annahme einer Substitution ist es unwesentlich, ob zwischen dem Auftraggeber und dem ausländischen Anwalt unmittelbare Vertragsbeziehungen zustande kommen. Entscheidend ist, ob die Übertragung sachgemäß war.
RG, Urt. v. 2. 10. 1925 – III 497/24, JW 1926, 246.

1. Der neben einem ausländischen Prozeßbevollmächtigten bestellte inländische Verkehrsanwalt ist nicht verpflichtet, die Verjährungsvorschriften des ausländischen Rechts zu prüfen und den Mandanten auf drohende Verjährung hinzuweisen.
2. Der deutsche Verkehrsanwalt darf sich darauf verlassen, daß der beauftragte ausländische Prozeßbevollmächtigte seine Pflichten vollständig und mit der erforderlichen Sorgfalt wahrnimmt und das anzuwendende ausländische Recht kennt und beachtet.
OLG Bamberg, Urt. v. 7. 11. 1988–4 U 119/88, MDR 1989, 542.

Beendigung des Anwaltsvertrages

• Erledigung außergerichtlicher Tätigkeit

1. Die Beendigung eines Anwaltsvertrages hängt von dem Inhalt des Auftrags ab. Ein Auftrag ist beendet, wenn der Rechtsanwalt seine Aufgaben erfüllt hat.
2. Ist der Rechtsanwalt beauftragt, einen notariell zu beurkundenden Vertrag auszuhandeln und an dessen Abschluß mitzuwirken, ist der Auftrag erst dann beendet, wenn der Notar die Verträge dem Rechtsanwalt vereinbarungsgemäß übermittelt hat, so daß dieser den Inhalt der Verträge vor der Weiterleitung an die Partei darauf

überprüfen kann, ob er dem Willen der Beteiligten entspricht. Diese Überprüfung gehört auch ohne besondere Weisung zum Inhalt des Auftrags.
3. Insoweit ist zu unterscheiden zwischen der eigentlichen anwaltlichen Leistung und der nur bürotechnischen Abwicklung eines Auftrags durch Rückgabe von Schrifstücken, die zur Durchführung des Auftrags überlassen worden sind. Die noch ausstehende Erledigung einer solchen Maßnahme ist nicht geeignet, die Beendigung des Anwaltsvertrages hinauszuzögern.
BGH, Beschl. v. 13. 7. 1984 – III ZR 137/83, VersR 1984, 1318 = AnwBl 1985, 257.

Hat der Rechtsanwalt Verträge über die Beschäftigung freier Mitarbeiter zu entwerfen, ist der Auftrag jedenfalls mit der Vorlage und Erläuterung des Vertragsentwurfs erkennbar abgeschlossen.
BGH, Urt. v. 1. 2. 1990 – IX ZR 82/89, NJW-RR 1990, 459.

Hat der Rechtsanwalt im Rahmen eines Werkvertrages einen Kaufvertrag zu entwerfen, wird das Mandat beendet, sobald der Auftraggeber den bestellten Entwurf als in der Hauptsache vertragsgemäße Leistung abnimmt, indem er diesen unterzeichnet (§§ 640, 641 BGB). Liegt ein Dienstvertrag vor, endet der Auftrag, sobald der Rechtsanwalt nach Erledigung seiner Aufgaben dem Mandanten seine Gebührenrechnung erteilt.
BGH, Urt. v. 16. 11. 1995 – IX ZR 148/94, NJW 1996, 661 = WM 1996, 540.

Hat der Rechtsanwalt einen Pachtvertrag zu entwerfen, ist das Mandat mit der Unterzeichnung der Vertragsurkunde beendet. Liegt ein Dienstvertrag vor, findet der Auftrag damit seine Erledigung. Handelt es sich um einen Werkvertrag, wird das Mandat beendet, sobald der Auftraggeber den Vertragsentwurf als in der Hauptsache vertragsgemäße Leistung abnimmt, indem er ihn unterschreibt.
BGH, Urt. v. 20. 6. 1996 – IX ZR 106/95, NJW 1996, 2929 = WM 1996, 1832.

1. Die Beendigung eines ungekündigten Mandats ist den Umständen des Einzelfalls zu entnehmen. I. d. R. ist es erforderlich, daß die übertragenen Aufgaben erledigt sind.
2. Trotz unvollständiger Beratung ist der Auftrag erledigt, wenn der Rechtsanwalt zu erkennen gibt, daß er seinen Auftrag als erfüllt betrachtet. Dies ist beispielsweise dann der Fall, wenn der Rechtsanwalt eine Rechnung übersendet.
3. Auskünfte, die im Rahmen einer nachvertraglichen Verpflichtung erfolgen, haben keinen Einfluß auf die Beendigung des Anwaltsvertrages.
OLG Bamberg, Urt. v. 19. 11. 1976 – 3 U 7176, VersR 1978, 329.

- **Erledigung gerichtlicher Tätigkeit**

Grundsätzlich endet der Auftrag des erstinstanzlichen Anwalts, sobald er seiner Partei das Urteil übersandt und mitgeteilt hat, wann das Urteil zugestellt wurde und deswegen die Rechtsmittelfrist endet.
BGH, Urt. v. 16. 12. 1959 – IV ZR 206/59, BGHZ 31, 351 = NJW 1960, 818.

1. Das Mandat kann erst dann enden, wenn keine weiteren Handlungen vom Anwalt mehr zu erwarten sind. Es bleibt dahingestellt, ob das Mandat eines erstinstanzlichen Anwalts regelmäßig nach Übersendung des Urteils mit Zustellungsvermerk erlischt oder ob auf die Übersendung des mit dem Rechtskraftzeugnis versehenen erstinstanzlichen Urteils abzustellen ist.
2. Der Prozeßbevollmächtigte ist verpflichtet, der von ihm vertretenen Partei von dem Lauf der Berufungsfrist Kenntnis zu geben, so daß sie entscheiden kann, ob Berufung einzulegen ist. Diese Pflicht erfüllt der Rechtsanwalt, wenn er das abgekürzte Urteil übersendet und das Zustellungsdatum mit dem Hinweis auf den Ablauftermin der Berufungsfrist angibt. Die Übersendung muß nicht durch eingeschriebenen Brief erfolgen.
3. Der Auftrag kann jedoch nur dann als erledigt angesehen werden, wenn im Einzelfall eine Pflicht, innerhalb der Berufungsfrist bei der Partei nachzufragen, ob sie Berufung einlegen wolle, nicht mehr besteht. Eine solche Nachfragepflicht ist regelmäßig zu verneinen. Aufgrund der besonderen Umstände des Falls kann sich jedoch ausnahmsweise eine nachträgliche Erkundigungspflicht ergeben, wenn der Rechtsanwalt besonderen Anlaß hat, den Verlust seiner Mitteilung zu befürchten, oder wenn ihm der Standpunkt der Partei, unter allen Umständen ein Rechtsmittel einlegen zu wollen, bereits bekannt ist.
BGH, Urt. v. 23. 1. 1963 – VIII ZB 19/62, VersR 1963, 435.

Das Mandat eines Prozeßbevollmächtigten endet nicht, bevor die Entscheidung, welche die Instanz abschließt, ihm zugestellt worden ist.
BGH, Beschl. v. 2. 7. 1974 – VI ZR 80/74, VersR 1974, 1131.

Ist der erstinstanzliche Anwalt in die vorbereitenden Maßnahmen der Partei zur Beauftragung eines Revisionsanwalts einbezogen, endet sein Mandat regelmäßig erst mit der Annahme des Vertretungsauftrags durch den Revisionsanwalt oder mit der eindeutigen Erklärung gegenüber dem Mandanten, bei der Beauftragung des Revisionsanwalts nicht mehr mitzuwirken.
BGH, Beschl. v. 17. 4. 1978 – II ZR 34/78, VersR 1978, 722.

1. Das Mandatsverhältnis zwischen einem Rechtsanwalt und seiner Partei endet grundsätzlich, wenn nach den Umständen des Einzelfalls keine weiteren Handlungen mehr von dem Rechtsanwalt zu erwarten sind.

2. Übersendet ein Rechtsanwalt, der nicht zum Verkehrsanwalt bestellt ist, nach Erlaß eines erstinstanzlichen Urteils seine Handakten einem anderen, beim Berufungsgericht zugelassenen Rechtsanwalt, folgt daraus nicht ohne weiteres, daß der Mandant von diesem Zeitpunkt an von dem Rechtsanwalt keine weitere Tätigkeit mehr erwarten kann und darf.
3. Die Beendigung des Mandats hängt in diesem Fall davon ab, ob der Rechtsanwalt selbst seinen Auftrag als erfüllt ansieht oder nicht. Das kann abschließend nur aufgrund des Gesamtverhaltens des Rechtsanwalts und seines Mandanten beurteilt werden.
4. Im allgemeinen kann angenommen werden, daß noch ein Mandatsverhältnis besteht, wenn der Auftraggeber den Rechtsanwalt, der als sein „Hausanwalt" tätig ist, um Durchsicht der Revisionsbegründung im Vorprozeß und um Übermittlung zusätzlicher Argumente an den Revisionsanwalt bittet, der Rechtsanwalt die erbetene Stellungnahme abgibt und die Vertragspartner wegen des Rechtsstreits noch einen Besprechungstermin vereinbaren.
BGH, Urt. v. 10. 10. 1978 – VI ZR 115/77, NJW 1979, 264.

Das Mandat eines erstinstanzlichen Prozeßbevollmächtigten ist grundsätzlich nicht beendet, bevor er seinem Auftraggeber das erstinstanzliche Urteil übersandt, dessen Zustellung mitgeteilt und auf die Rechtsmittelmöglichkeiten hingewiesen hat.
BGH, Beschl. v. 20. 9. 1989 – IVb ZB 91/89, NJW 1990, 189.

Das Mandatsverhältnis ist jedenfalls dann, wenn der Rechtsanwalt auch beim Rechtsmittelgericht zugelassen ist und sein Auftrag nicht ausdrücklich auf die Vertretung im ersten Rechtszug beschränkt ist, mit dessen Abschluß noch nicht beendet. Die Einlegung der Berufung stellt sich deshalb nicht als Ausführung eines neuen Auftrags, sondern als Fortführung einer „schwebenden Angelegenheit" dar.
OLG Hamburg, Urt. v. 16. 11. 1971 – 12 U 169/69, NJW 1972, 775.

Das Mandat eines Rechtsanwalts endet auch ohne Kündigung, wenn Inhalt und Zweck des Auftrags voll erledigt sind bzw. wenn der Rechtsanwalt keine weitere Tätigkeit mehr für den Mandanten entfalten kann. Ein abschließender Prozeßbericht gehört nicht mehr zur Durchführung des Auftrags.
OLG Nürnberg, Urt. v. 24. 4. 1979–3 U 13/79 (Annahme der Revision abgelehnt: BGH, Beschl. v. 5. 2. 1980 – VI ZR 172/79), VersR 1980, 541.

Ein Anwaltsvertrag erlischt nicht durch faktische Beendigung des Mandats, sondern nur durch Kündigung oder Erreichen des Vertragszwecks. Aus einer Untätigkeit des Rechtsanwalts kann auf einen rechtlich relevanten Beendigungsgrund geschlossen werden. Die Nichtzahlung eines angeforderten Vorschusses nach § 17 BRAGO reicht dafür nicht aus, wenn der Rechtsanwalt deswegen nicht kündigt.
OLG Köln, Urt. v. 17. 10. 1979 – 2 U 33/79, VersR 1980, 362.

Das Mandatsverhältnis zwischen dem Rechtsanwalt und seiner Partei endet grundsätzlich dann, wenn keine weiteren Handlungen mehr von dem Rechtsanwalt zu erwarten sind. Dabei ist entscheidend, ob der Rechtsanwalt seinen Auftrag als erfüllt ansieht oder nicht. Dies kann abschließend nur aufgrund des Gesamtverhaltens der Beteiligten beurteilt werden. Eine Mandatsbeendigung tritt danach regelmäßig mit der die Instanz abschließenden Entscheidung ein. Soll der erstinstanzliche Rechtsanwalt nicht in der Rechtsmittelinstanz auftreten und auch nicht einen anderen Rechtsanwalt beauftragen, ist er aus seiner Verantwortung entlassen und beendet das Mandat, wenn er die Entscheidung mit den Informationen dem Auftraggeber zuleitet.
OLG Hamm, Urt. v. 25. 11. 1980–28 U 18/80, VersR 1981, 440.

- **Übersendung der Rechnung**

Mit der Übersendung seiner Kostenrechnung bringt ein Rechtsanwalt gegenüber seinem Mandanten regelmäßig zum Ausdruck, daß er den Auftrag als erledigt ansieht. Daraus, daß der Mandant vorbehaltlos zahlt, kann geschlossen werden, daß er die Rechnung auch so verstanden hat.
BGH, Urt. v. 29. 11. 1983 – VI ZR 3/82, VersR 1984, 162.

Das Mandat kann mit Erteilung der Rechnung enden.
BGH, Urt. v. 10. 10. 1991 – IX ZR 38/91, NJW 1992, 436.

Beendigung durch Kündigung

→ Kündigung

- **Novation**

Ein Anwaltsvertrag kann auch im Wege der Schuldumschaffung (Novation) erlöschen. Wegen der weitreichenden Folgen einer Schuldumschaffung muß ein dahingehender Vertragswille deutlich erkennbar zum Ausdruck kommen. Verbleiben Zweifel an einer Schuldumschaffung, ist regelmäßig nur von einem Abänderungsvertrag auszugehen.
BGH, Urt. v. 14. 11. 1985 – III ZR 80/84, NJW 1986, 1490.

- **Tod des beauftragten Rechtsanwalts**

Der amtlich bestellte Vertreter eines Rechtsanwalts ist nach dessen Tod nicht der Bevollmächtigte der Partei i. S. d. § 85 Abs. 2 ZPO.
BGH, Beschl. v. 10. 11. 1981 – VIII ZR 315/80, VersR 1982, 190.

Ein Einzelmandat erlischt mit dem Tod des beauftragten Rechtsanwalts gemäß §§ 675, 673 BGB. War bereits vor dem Tod des Rechtsanwalts ein Vertragsver-

hältnis mit allen Mitgliedern seiner Sozietät vereinbart, besteht dieses mit den verbleibenden Mitgliedern fort.
BGH, Urt. v. 4. 2. 1988 – IX ZR 29/87, NJW 1988, 1973 = WM 1988, 457.

Beiordnung im Prozeßkostenhilfeverfahren

1. In dem Armenrechtsgesuch oder in der Zustellung des Beiordnungsbeschlusses an den Anwalt ist nicht schon allgemein die Bevollmächtigung und die Beauftragung des beizuordnenden Anwalts enthalten.
2. Die Partei muß dafür Sorge tragen, daß sie nach der Armenrechtsbewilligung den ihr beigeordneten Anwalt so rechtzeitig bevollmächtigt, daß Fristen gewahrt werden können.
3. Unter Umständen kann die Anstandspflicht (nobile officium) vom Anwalt erfordern, daß er nach der Beiordnung nicht wartet, bis die Partei sich an ihn wendet, sondern daß er seinerseits alsbald die Sache in Angriff nimmt, insbesondere dann, wenn Rechte der Partei gefährdet sind.
4. Diese Anstandspflicht begründet noch keine Vertretereigenschaft des beigeordneten Anwalts.
RG, Urt. v. 18. 2. 1919 – VII 351/18, RGZ 94, 342.

1. Armenrechtsgesuch und Beiordnung bringen i. d. R. noch keinen Dienstvertrag zwischen dem Rechtsanwalt und der Partei zustande.
2. Nach der Beiordnung darf der Rechtsanwalt den Vertragsantrag der Partei nicht ablehnen, sondern muß den Auftrag, sie im Prozeß zu vertreten, annehmen und ausführen.
3. Eine rechtsunkundige Partei hat der Rechtsanwalt darüber aufzuklären, daß sein Tätigwerden noch einen besonderen Auftrag von ihrer Seite voraussetzt.
4. Droht der Ablauf einer Frist, obliegt dem beigeordneten Anwalt die Pflicht, von sich aus das zur Wahrung der Frist Nötige schon zu veranlassen, ehe er in vertragliche Beziehungen zur Partei tritt.
5. Im Verhältnis zur Partei richten sich dann die Rechtsfolgen seines Handelns nach den Vorschriften über die Geschäftsführung ohne Auftrag, während der Anwalt nach außen als Vertreter ohne Vertretungsmacht erscheint.
6. Eine schuldhafte Verletzung der dem Rechtsanwalt durch seine Beiordnung auferlegten Pflichten macht ihn schadensersatzpflichtig. Dies gilt nicht bloß dann, wenn er den Vertragsantrag der armen Partei ablehnt, sondern auch dann, wenn er die ihm in besonderen Fällen obliegenden weitergehenden Pflichten nicht erfüllt.
RG, Urt. v. 26. 11. 1926 – III 536/25, RGZ 115, 60.

1. Die Beiordnung eines Armenanwalts begründet noch kein privates Rechtsverhältnis zwischen dem Rechtsanwalt und der Partei.
2. Ein Mandats- und Vollmachtsverhältnis setzt eine entsprechende Auftrags- und Vollmachtserteilung durch die Partei voraus.
3. Für den Rechtsanwalt entstehen schon mit der Beiordnung Fürsorge-, Belehrungs- und Betreuungspflichten. Er hat vor allem die arme Partei über die zu wahrenden Fristen zu belehren und so zu verhindern, daß sie aus Rechtsunkenntnis Schaden erleidet.
BGH, Urt. v. 22. 6. 1959 – III ZR 52/58, BGHZ 30, 226 = NJW 1959, 1732.

1. Die Beiordnung selbst begründet noch keinen Vertrag zwischen dem Rechtsanwalt und der Partei. Die Partei muß den beigeordneten Rechtsanwalt mit ihrer Vertretung noch beauftragen und ihm für sein Auftreten Vollmacht erteilen.
2. Der beigeordnete Rechtsanwalt hat schon vor der Erteilung dieses privatrechtlichen Auftrags gewisse Fürsorge-, Belehrungs- und Beratungspflichten, die jedoch nicht auf Vertrag beruhen.
BGH, Urt. v. 1. 3. 1973 – III ZR 188/71, BGHZ 60, 255 = NJW 1973, 757.

Beweislast

Ist zweifelhaft, ob ein Vertrag unbedingt oder unter einer aufschiebenden Bedingung abgeschlossen worden ist, trägt diejenige Partei die Beweislast für einen unbedingten Vertragsabschluß, die Rechte aus ihm herleitet.
BGH, Urt. v. 17. 10. 1984 – III ZR 181/83, NJW 1984, 497.

1. Der Auftraggeber ist für den Umfang des erteilten Auftrags beweispflichtig.
2. Ist streitig, ob der Mandant den Auftrag nachträglich eingeschränkt oder gekündigt hat, ist der Rechtsanwalt beweisbelastet.
BGH, Urt. v. 10. 2. 1994 – IX ZR 109/93, NJW 1994, 1472 = WM 1994, 1114.

Der Rechtsanwalt muß darlegen und beweisen, daß der Auftraggeber eine Weisung nachträglich geändert hat.
BGH, Urt. v. 9. 6. 1994 – IX ZR 125/93, BGHZ 126, 217 = NJW 1994, 3295 = WM 1994, 2113.

Der Auftraggeber muß beweisen, daß ein unbeschränktes Mandat vorliegt.
BGH, Urt. v. 20. 6. 1996 – IX ZR 106/95, NJW 1996, 2929 = WM 1996, 1832.

Macht der Anwaltsnotar ein Anwaltshonorar geltend, muß er beweisen, daß der Auftraggeber ihn als Rechtsanwalt beauftragt hat.
OLG Hamm, Urt. v. 10. 4. 1968–12 U 12/68, DNotZ 1968, 625.

Den Inhalt des Anwaltsvertrages muß der Auftraggeber beweisen.
OLG München, Urt. v. 14. 7. 1970 – 4 U 240/69, VersR 1971, 525.

1. Für einen Anspruch aus Verletzung eines Dienstvertrages muß der Auftraggeber den Auftrag als solchen und seinen gesamten Inhalt beweisen. Die Beweislast erstreckt sich auch darauf, welchen Sachverhalt er dem Rechtsanwalt unterbreitet hat.
2. Den Auftraggeber trifft die Beweislast dafür, ob und gegebenenfalls welche Weisungen er dem Rechtsanwalt erteilt hat.
KG, Urt. v. 18. 10. 1972 – 4 U 2377/71, MDR 1973, 233.

Ein Rechtsanwalt muß seine Behauptung, er habe einen ausdrücklichen Klageauftrag auch für den Fall gehabt, daß die Rechtsschutzversicherung des Mandanten keine Deckungszusage erteilt, darlegen und beweisen.
OLG Düsseldorf, Urt. v. 6. 11. 1975 – 8 U 36/75, VersR 1976, 892.

Macht der Rechtsanwalt einen Honoraranspruch geltend, muß er einen Anwaltsvertrag beweisen.
OLG Frankfurt/M., Urt. v. 11. 12. 1980 – 12 U 96/79, AnwBl 1981, 152.

Eine umfassende Beauftragung hat der Auftraggeber zu beweisen.
OLG München, Urt. v. 10. 7. 1985–15 U 4266/84, NJW 1986, 726.

1. Ist streitig, ob ein auf eine anwaltliche Geschäftsbesorgung gerichteter Auftrag erteilt worden ist, muß der Rechtsanwalt nach allgemeinen Grundsätzen das Mandat als Voraussetzung für den Anspruch auf Vergütung beweisen.
2. Dafür reicht es nicht aus, daß er die Entfaltung einer anwaltlichen Tätigkeit nachweist, die Gegenstand anwaltlicher Beratung oder Interessenvertretung sein kann. Der Beweis muß vielmehr dahin geführt werden, daß die Tätigkeit als vertragliche Leistung in Erfüllung eines Mandats erbracht worden ist.
OLG Düsseldorf, Urt. v. 12. 6. 1986 – 8 U 156/85, AnwBl 1986, 400.

Der Rechtsanwalt trägt die Beweislast für einen unbedingten Klageauftrag.
OLG Nürnberg, Urt. v. 29. 6. 1989 – 8 U 4078/88, NJW-RR 1989, 1370.

Erfüllungsort

Nach § 269 BGB sind Ansprüche aus einem Anwaltsvertrag am Ort der Kanzlei des Rechtsanwalts als Leistungsort zu erfüllen. Honoraransprüche aus einem Rechtsanwaltsvertrag können unabhängig davon, ob der Beklagte seinen Wohnsitz im Ausland hat und deshalb ein ausländischer Gerichtsstand gegeben sein kann, jedenfalls auch am Ort der Kanzlei des Rechtsanwalts gerichtlich geltend gemacht werden (§ 29 ZPO).
BGH, Urt. v. 31. 1. 1991- III ZR 150/88, NJW 1991, 3095.

1. Erfüllungsort für die Leistung aus einem Anwaltsvertrag und auch für den Gebührenanspruch des Rechtsanwalts ist grundsätzlich der Kanzleisitz, so daß für die

Gebührenklage des Anwalts im allgemeinen das Gericht am Ort der Anwaltskanzlei örtlich zuständig ist.
2. Maßgeblich für die Bestimmung von Leistungs- und Erfüllungsort sind die Verhältnisse bei Vertragsschluß, unabhängig von nachträglichen Verlagerungen des Vertragsschwerpunktes.
OLG Köln, Urt. v. 29. 6. 1994–17 U 1/94, AnwBl 1994, 476.

1. Erfüllungsort für Schadensersatzansprüche wegen Schlechterfüllung anwaltlicher Vertragspflichten ist regelmäßig der Ort, an dem der Rechtsanwalt seine Kanzlei eingerichtet hat.
2. Das gilt auch dann, wenn ein Mandant, der einen Verkehrsanwalt sowie einen Prozeßbevollmächtigten beauftragt hat, behauptet, den Anwälten seien in ihrem jeweiligen Verantwortungsbereich Fehler unterlaufen.
BayObLG, Beschl. v. 8. 11. 1991 – IZ AR 92/91, MDR 1992, 296.
BayObLG, Beschl. v. 25. 9. 1992 – 1Z AR 117/92, MDR 1993, 179.
BayObLG, Beschl. v. 16. 8. 1995 – 1Z AR 35/95, NJW-RR 1996, 52.

Freier Mitarbeiter

1. Aus der Natur des Anwaltsvertrages folgt, daß in erster Linie der Rechtsanwalt als Vertragspartner persönlich seinem Auftraggeber zur Erfüllung der übertragenen Aufgaben verpflichtet ist. Für ein Verschulden der von ihm eingeschalteten Hilfskräfte haftet er gemäß § 278 BGB auch dann, wenn sie – hier: ein freier Mitarbeiter – mit Zustimmung des Mandanten hinzugezogen werden. Daneben haftet der Gehilfe des Rechtsanwalts im Außenverhältnis dem Mandanten in aller Regel nicht.
2. Der Gehilfe haftet als „Sachwalter" nur dann selbst, wenn er gleichsam in eigener Sache tätig wird, das heißt, wenn er im besonderen Maße persönliches Vertrauen in Anspruch genommen hat oder dem Verhandlungsgegenstand besonders nahesteht, weil er wirtschaftlich selbst stark am Vertragsabschluß interessiert ist und aus dem Geschäft eigenen Nutzen erstrebt.
3. Eine eigene Haftung des Vertreters ist nur dann gerechtfertigt, wenn er über das normale Verhandlungsvertrauen hinausgegangen ist, das bei der Anbahnung von Geschäftsbeziehungen immer gegeben ist oder vorhanden sein sollte. Der Vertreter muß dem Verhandlungspartner eine zusätzliche, von ihm persönlich ausgehende Gewähr für den Bestand und die Erfüllung des in Aussicht genommenen Rechtsgeschäfts geboten haben, die für den Willensentschluß des anderen Teils bedeutsam war. Das kann etwa bei einer außergewöhnlichen Sachkunde oder bei großer persönlicher Zuverlässigkeit des Vertreters der Fall sein. Allein der Hinweis

auf diejenige Sachkunde, die für die übernommene Tätigkeit ohnehin erforderlich ist, erweckt kein besonderes Vertrauen in diesem Sinne.
BGH, Urt. v. 1. 2. 1990 – IX ZR 82/89, NJW-RR 1990, 459 = WM 1990, 815.

Gefälligkeit

1. Eine Gefälligkeit setzt die Unentgeltlichkeit der Leistung voraus; daraus allein läßt sich aber nicht auf das Fehlen ihres rechtsgeschäftlichen Charakters schließen.
2. Ob ein Rechtsbindungswille vorhanden ist, ist nicht nach dem inneren Willen des Leistenden zu beurteilen, sondern danach, ob der Leistungsempfänger aus dem Handeln des Leistenden unter den gegebenen Umständen nach Treu und Glauben mit Rücksicht auf die Verkehrssitte auf einen solchen Willen schließen mußte. Es kommt darauf an, wie sich dem objektiven Beobachter das Handeln des Leistenden darstellt.
3. Ob eine Gefälligkeitshandlung rechtsgeschäftlicher Natur ist, richtet sich nach den Umständen des Einzelfalls, insbesondere nach Art, Zweck, wirtschaftlicher und rechtlicher Bedeutung der Gefälligkeit sowie der sich daraus ergebenden Interessenlage der Beteiligten.
4. Gefälligkeiten des täglichen Lebens halten sich regelmäßig außerhalb des rechtsgeschäftlichen Bereichs. Das gleiche gilt für Gefälligkeiten, die im rein gesellschaftlichen Verkehr wurzeln.
5. Hat der Leistende selbst ein rechtliches oder wirtschaftliches Interesse an der dem Begünstigten gewährten Hilfe, so wird diese i. d. R. für seinen Rechtsbindungswillen sprechen.
BGH, Urt. v. 22. 6. 1956 – I ZR 198/54, BGHZ 21, 102 = NJW 1956, 1313.

Wird ein Rechtsanwalt von seinem im Ausland weilenden Mandanten beauftragt, ein durch Niederlegung zur Post zugestelltes Schriftstück abzuholen, kann ein Anwaltsvertrag zustande kommen, falls der Rechtsanwalt aus dem mitgeteilten B-Aktenzeichen auf ein Mahnverfahren schließen kann. Dann ist für die Annahme einer unverbindlichen Gefälligkeitsabrede kein Raum.
BGH, Urt. v. 16. 11. 1989 – IX ZR 190/88, NJW-RR 1990, 204.

Wirtschaftliche Interessen schließen es aus, in der Korrespondenz und in Verhandlungen mit Dritten eine anwaltliche Gefälligkeit ohne Verpflichtungscharakter zu sehen. Daran ändert sich nichts, wenn der Rechtsanwalt insoweit unentgeltlich tätig wurde.
BGH, Urt. v. 21. 12. 1989 – IX ZR 234/88, NJW-RR 1990, 1532 = WM 1990, 695.

Es kommt kein Anwaltsvertrag mit dem Anfragenden zustande, wenn ein Rechtsanwalt lediglich eine so geringe Arbeitsleistung erbringt, daß angesichts der

freundschaftlichen Bindung zwischen den Parteien von einer reinen Gefälligkeit gesprochen werden muß.
OLG Celle, Urt. v. 23. 11. 1972–7 U 4/71, JurBüro 1973, 136.

Vermittelt ein Rechtsanwalt während des Berufungsverfahrens weiterhin den gesamten Schriftverkehr der Prozeßbevollmächtigten mit dem Mandanten, kommt ein Verkehrsanwaltsvertrag zustande. Bedeutungslos ist insoweit, daß der Rechtsanwalt für seine Tätigkeit keine Gebühren berechnet hat.
OLG Köln, Urt. v. 21. 10. 1993 – 7 U 47/93, VersR 1994, 1300.

Gegenstand

Der Auftrag eines Rechtsanwalts, die Interessen des Mandanten in einer nach Gegenstand und Entgelt begrenzten Angelegenheit wahrzunehmen (hier: Unternehmensberatung für innerbetriebliche Weiterbildung gegen ein Tageshonorar), umfaßt nicht die Mitwirkung an einer andersartigen, ungleich bedeutsameren Tätigkeit, etwa an der Vorbereitung eines Unternehmenskaufs.
BGH, Urt. v. 2. 7. 1998 – IX ZR 63/97, NJW 1998, 3486 = WM 1998, 2243.

Haftungsbeschränkung

Der Hinweis am unteren Rand des Briefbogens einer – in der Rechtsform der BGB-Gesellschaft bestehenden – Anwalts-, Wirtschaftsprüfer- und Steuerberatersozietät auf eine „Gesellschaft bürgerlichen Rechts (mit beschränkter Gesellschafterhaftung)" bzw. „Gesellschaft bürgerlichen Rechts mit beschränkter Haftung" ist nicht geeignet, eine Haftungsbeschränkung herbeizuführen. Die Verwendung derartiger Briefbögen im geschäftlichen Verkehr verstößt gegen § 1 UWG.
BGH, Urt. v. 25. 6. 1992 – I ZR 120/90, NJW 1992, 2037 = WM 1992, 1964.

Für Haftungsbeschränkungen, deren Wirksamkeit sich nach dem vor Inkrafttreten des § 51 a BRAO geltenden Recht richtet, lassen sich aus der in dieser Vorschrift enthaltenen Regelung unter Berücksichtigung der früheren Standesregeln gewichtige Anhaltspunkte dafür entnehmen, was insoweit in den letzten Jahren vor dem Inkrafttreten der Neuregelung guter Sitte entsprach.
BGH, Urt. v. 4. 12. 1997 – IX ZR 41/97, NJW 1998, 1864 = WM 1998, 335.

Kartellanwalt

→ Unterbevollmächtigung

Kündigung

• Allgemeine Geschäftsbedingungen

Ob der Rechtsgedanke des § 627 BGB, bei Diensten, die nur auf Grund besonderen Vertrauens übertragen zu werden pflegen, dem Dienstberechtigten eine Kündigung zu gestatten, wenn er – aus welchen Gründen auch immer – dieses Vertrauen verloren hat, AGB-Klauseln entgegensteht, die das Kündigungsrecht des § 627 Abs. 1 BGB einschränken oder ausschließen, bleibt offen. Da unter diese Gesetzesvorschrift ganz verschiedene Dienstleistungen fallen, ist eine differenzierte Betrachtungsweise angebracht.

BGH, Urt. v. 1. 2. 1989 – IVa ZR 354/87, BGHZ 106, 341 = NJW 1989, 1479.

Die Frage, ob § 627 BGB durch AGB rechtswirksam ausgeschlossen werden darf, bleibt offen.

BGH, Urt. v. 19. 11. 1992 – IX ZR 77/92, NJW-RR 1993, 374 = WM 1993, 515.

Die Abbedingung des Kündigungsrechts aus § 627 Abs. 1 BGB durch Allgemeine Geschäftsbedingungen verstößt grundsätzlich nicht gegen § 9 AGBG. Hiergegen kann eine Klausel jedoch nach ihrer Ausgestaltung im Einzelfall verstoßen.

OLG Koblenz, Urt. v. 18. 5. 1990 – 2 U 1382/88, NJW 1990, 3153.

• Dauerhaftes Dienstverhältnis

1. Ein dauerhaftes Dienstverhältnis i. S. d. § 627 Abs. 1 BGB erfordert keine Dienstleistung, die die Erwerbstätigkeit des Verpflichteten vollständig oder hauptsächlich in Anspruch nimmt.
2. Es setzt auch keine soziale und wirtschaftliche Abhängigkeit des Verpflichteten voraus.
3. Nach der maßgeblichen Verkehrsauffassung muß ein dauerhaftes Dienstverhältnis nicht auf unbestimmte Zeit eingegangen sein.
4. Ein dauerhaftes Dienstverhältnis kann auch vorliegen, wenn der Vertrag auf eine bestimmte längere Zeit abgeschlossen ist. Dafür kann ein Jahr genügen, wenn es sich um eine Verpflichtung für ständige oder langfristige Aufgaben handelt und die Vertragspartner von der Möglichkeit und Zweckmäßigkeit einer Verlängerung ausgehen.

BGH, Urt. v. 31. 3. 1967 – VI ZR 288/64, BGHZ 47, 303 = NJW 1967, 1416 = WM 1967, 717; BGH, Urt. v. 19. 11. 1992 – IX ZR 77/92, NJW-RR 1993, 374 = WM 1993, 515.

- **Dienste höherer Art**

Ein Anwaltsvertrag hat i. S. d. § 627 BGB die Leistung von Diensten höherer Art zum Gegenstand, die auf Grund besonderen Vertrauens übertragen zu werden pflegen.
BGH, Urt. v. 27. 2. 1978 – AnwSt (R) 9/77, NJW 1978, 2304; BGH, Urt. v. 7. 6. 1984 – III ZR 37/83, NJW 1985, 41 = WM 1984, 1426; BGH, Urt. v. 16. 10. 1986 – III ZR 67/85, NJW 1987, 315; BGH, Urt. v. 19. 11. 1992 – IX ZR 77/92, NJW-RR 1993, 374 = WM 1993, 515.

- **Dienstverhältnis mit festen Bezügen**

1. Entscheidend für die Annahme fester Bezüge i. S. d. § 627 Abs. 1 BGB ist, ob der Dienstberechtigte sich darauf verlassen kann, daß ihm auf längere Zeit bestimmte, von vornherein festgelegte Beträge als Dienstbezüge zufließen werden, so daß sie die Grundlage seines wirtschaftlichen Daseins bilden können.
2. Den Gegensatz stellen Entgelte dar, die von außervertraglichen Entwicklungen abhängen und deshalb der Höhe nach schwanken.
3. Sie sind jedoch insoweit feste Bezüge, als dem Dienstverpflichteten ein bestimmtes Mindesteinkommen versprochen ist.
BGH, Urt. v. 13. 1. 1993, – VIII ZR 112/92, NJW-RR 1993, 505 = WM 1993, 795.
BGH, Urt. v. 23. 2. 1995 – IX ZR 29/94, NJW 1995, 1425 = WM 1995, 1064.

- **Form**

Ein Anwaltsvertrag kann durch formloses Schreiben gekündigt werden. Der Rechtsanwalt ist grundsätzlich nicht verpflichtet, beim Mandanten nachzufragen, ob er ein derart versandtes Schreiben erhalten habe. Etwas anderes kann gelten, wenn dem Mandanten infolge der Kündigung ein Rechtsverlust droht.
BGH, Beschl. v. 10. 9. 1998 – II ZB 21/98, NJW 1998, 3783.

- **Individualabrede**

1. Die Parteien können die Kündigungsmöglichkeit des § 627 Abs. 1 BGB abbedingen.
2. Das Kündigungsrecht des § 627 Abs. 1 BGB kann auch konkludent ausgeschlossen werden. Hierzu bedarf es des klaren und bestimmten Ausdrucks eines entsprechenden Parteiwillens.
3. Aus der Vereinbarung einer bestimmen Vertragslaufzeit (hier: fünf Jahre) kann allein noch nicht gefolgert werden, daß die Parteien den Willen konkludent zum Ausdruck gebracht haben, das Kündigungsrecht des § 627 Abs. 1 BGB auszuschließen.
4. Für einen konkludenten Ausschluß kann es aber sprechen, wenn die Parteien zusätzlich ein beiderseitiges Interesse an einer festen schuldrechtlichen Bindung haben.

5. Auch ein erhebliches wirtschaftliches Interesse des Beauftragten an der Durchführung der Vereinbarung kann dafür sprechen, daß den Parteien die Möglichkeit genommen werden sollte, sich jederzeit einseitig von dem Vertrag zu lösen.
BGH, Urt. v. 13. 12. 1990 – III ZR 333/89, NJW-RR 1991, 439 = WM 1991, 604.

1. Das jederzeitige Kündigungsrecht nach § 627 BGB kann durch individualvertragliche Vereinbarung abbedungen werden.
2. Ein solcher Kündigungsausschluß läßt die Möglichkeit der Kündigung aus wichtigem Grund nach § 626 BGB bestehen.

BGH, Urt. v. 3. 7. 1997 – IX ZR 244/96, NJW 1997, 2944.

- **Kündigung zur Unzeit**

Läßt der Prozeßbevollmächtigte des Berufungsklägers nach Niederlegung des Mandats die Berufungsbegründungsfrist verstreichen, weil sein Auftraggeber einer schriftlichen Aufforderung, bei ihm wegen der Berufungsbegründung vorzusprechen, keine Folge geleistet hat, so liegt hierin, insbesondere in der Unterlassung eines Antrags auf Fristverlängerung, ein die Wiedereinsetzung in den vorigen Stand ausschließendes Verschulden des Rechtsanwalts i. S. d. §§ 233, 85 Abs. 2 ZPO.
BGH, Beschl. v. 6. 4. 1960 – IV ZB 78/60, VersR 1960, 637.

Die Niederlegung des Mandats zur Unzeit kann einen Verschuldensvorwurf i. S. d. § 85 Abs. 2 ZPO begründen, der dem Mandanten bei Versäumung eines Termins wegen mangelnder Vertretung zuzurechen ist.
BGH, Beschl. v. 24. 1. 1985 – ZR 113/84, VersR 1985, 542.

Die Kündigung eines Anwaltsvertrages während einer laufenden Rechtsmittelbegründungsfrist begründet gegen die Prozeßbevollmächtigten keinen Schuldvorwurf i. S. d. §§ 233, 85 Abs. 2 ZPO, wenn sie damit rechnen konnten, daß ihr Mandant bis zum Ablauf der Frist genügend Zeit und Gelegenheit zur Beauftragung eines anderen Rechtsanwalts haben werde.
BGH, Beschl. v. 9. 10. 1986 – VII ZB 6/86, VersR 1987, 286.

Bevor ein Rechtsanwalt ein Mandat während eines anhängigen Verfahrens niederlegt, muß er selbst den Verfahrensstand anhand seiner Akte überprüfen und gegebenenfalls noch fristwahrende Maßnahmen treffen. Andernfalls handelt der Rechtsanwalt schuldhaft i. S. d. §§ 233, 85 Abs. 2 ZPO.
OLG Frankfurt/M., Beschl. v. 18. 12. 1990 – 17 W 32/90, VersR 1991, 897.

1. Eine Kündigung zur Unzeit i. S. d. § 627 Abs. 2 BGB liegt nicht vor, wenn der Rechtsanwalt das Mandat zwar während des Laufs der Revisionsbegründungsfrist niederlegt, durch die beantragte (und gewährte) Fristverlängerung aber gleichzeitig dafür Sorge trägt, daß der Mandant noch rechtzeitig einen anderen Anwalt beauftragen und dieser die erforderlichen Maßnahmen fristgerecht einleiten kann.

2. Etwas anderes kann sich allerdings dann ergeben, wenn der Nachfolger als Prozeßbevollmächtigter wegen der kurzfristigen Beauftragung nicht vollständig und umfassend informiert werden kann, oder wenn sich der Zeitdruck in anderer Weise auf die Qualität der Begründung der Rechtsposition des Mandanten in dem Rechtsstreit auswirkt.
OLG Karlsruhe, Urt. v. 8. 3. 1994–3 U 45/93, NJW-RR 1994, 1084.

- **Vertragswidriges Verhalten beider Beteiligter**

Ein Schadensersatzanspruch nach § 628 Abs. 2 BGB steht einem Vertragsteil nicht zu, wenn zur Zeit seiner Kündigung auch der andere wegen vertragswidrigen Verhaltens des Kündigenden hätte fristlos kündigen können; es kommt nicht darauf an, ob von dieser Kündigungsbefugnis auch tatsächlich Gebrauch gemacht wird.
BGH, Urt. v. 29. 11. 1965 – VII ZR 202/63, BGHZ 44, 271 = NJW 1966, 347.

- **Vertragswidriges Verhalten des Rechtsanwalts**

1. Der Rechtsanwalt handelt vertragswidrig i. S. d. § 628 Abs. 1 Satz 2 BGB, wenn sein Verhalten geeignet ist, das Vertrauensverhältnis zwischen den Parteien grundlegend zu erschüttern, und der Auftraggeber dann ernstlich befürchten muß, der beauftragte Rechtsanwalt werde seine Interessen nicht sachgerecht vertreten.
2. Der Rechtsanwalt hat die Kündigung des Anwaltsvertrages durch sein vertragswidriges Verhalten i. S. d. § 628 Abs. 1 Satz 2 BGB veranlaßt, wenn er entgegen der Weisung des Auftraggebers zu dessen Nachteil eine strafbewehrte Unterlassungsverpflichtung abgibt und einen mit dem bisherigen Vorbringen nicht vereinbarten Schriftsatz bei Gericht einreicht, der die Rechtsstellung des Auftraggebers in dem Verfahren verschlechtern kann.
BGH, Urt. v. 7. 10. 1976 – III ZR 110/74, VersR 1977, 421.

Der Auftraggeber hat zu beweisen, daß vertragswidriges Verhalten des Rechtsanwalts zur Kündigung geführt hat und infolgedessen sein Interesse an den bisherigen Leistungen des Rechtsanwalts entfallen ist.
BGH, Urt. v. 8. 10. 1981 – III ZR 190/79, NJW 1982, 437.

1. Beruht ein Vertrag auf besonderem Vertrauen, können beide Vertragsteile bei ernsthafter Erschütterung oder einem Fortfall der Vertrauensgrundlage auch dann kündigen, wenn die Voraussetzungen einer Kündigung aus wichtigem Grund gemäß § 626 BGB nicht gegeben sind.
2. Willigt der Auftraggeber ein, daß der Rechtsanwalt in einer anderen Sache die Interessen eines Dritten gegen ihn wahrnimmt, ist diese Zustimmung nur wirksam, wenn der Rechtsanwalt den Auftraggeber über ihre Tragweite ausreichend unterrichtet hat.

3. Ist eine solche Unterrichtung unterblieben, können Angriffe des Rechtsanwalts gegen die berufliche Qualifikation seines Mandanten in der anderen Sache ein vertragswidriges Verhalten i. S. d. § 628 Abs. 1 Satz 2 BGB darstellen, das die Kündigung des Anwaltsvertrages rechtfertigen kann.
BGH, Urt. v. 7. 6. 1984 – III ZR 37/83, NJW 1985, 41 = WM 1984, 1426.

1. Die Kündigung des Anwaltsvertrages ist durch vertragswidriges Verhalten des Rechtsanwalts i. S. d. § 628 Abs. 1 Satz 2 BGB veranlaßt, wenn das Vertrauen des Auftraggebers infolge eines Fehlverhaltens des Rechtsanwalts derart zerstört ist, daß dem Auftraggeber nicht mehr zuzumuten ist, am Vertrag festzuhalten, weil er ernsthaft befürchten muß, daß der beauftragte Rechtsanwalt seine Interessen nicht sachgerecht wahrnehmen werde.
2. Ein vertragswidriges, die Kündigung des Vertragspartners veranlassendes Verhalten i. S. d. § 628 Abs. 1 Satz 2 BGB setzt eine schuldhafte Verletzung einer Vertragspflicht voraus.
3. Ein Rechtsanwalt verhält sich in vorwerfbarer Weise vertragswidrig, wenn er während des Vertrages den Verdacht strafbarer Handlungen zum Nachteil anderer Auftraggeber begründet und dadurch schwerwiegende Zweifel an seiner beruflichen Zuverlässigkeit und Redlichkeit auslöst. Dies ist etwa dann der Fall, wenn der Rechtsanwalt wegen des Verdachts, Gelder anderer Auftraggeber veruntreut zu haben, in Untersuchungshaft genommen wird.
BGH, Urt. v. 30. 3. 1995 – IX ZR 182/94, NJW 1995, 1954 = WM 1995, 1288.

Ein Rechtsanwalt handelt nicht vertragswidrig i. S. d. § 628 Abs. 1 Satz 2 BGB, wenn er den Klageauftrag eines von Juristen vertretenen Mandanten nicht sofort ausführt, sondern in einem längeren Schriftwechsel Bedenken gegen die Schlüssigkeit und Vollständigkeit des Sachvortrages äußert und dadurch die Klageerhebung verzögert.
OLG Koblenz, Urt. v. 24. 3. 1976 – 1 U 316/75, AnwBl 1976, 214.

Bestätigt ein Prozeßbevollmächtigter als Zeuge Behauptungen seines Mandanten, hat er, wenn eigene Interessen durch die Vernehmung nicht berührt werden, weder prozeßrechtlich noch standesrechtlich einen Grund, sein Mandat niederzulegen.
OLG Hamm, Beschl. v. 7. 9. 1976 – 23 W 598/76, MDR 1977, 142.

Erweckt der Rechtsanwalt den Eindruck, er gebe die Sache seines Mandanten bereits verloren und habe deshalb die geschuldeten Bemühungen eingestellt, handelt er vertragswidrig i. S. d. § 628 Abs. 1 Satz 2 BGB.
OLG Düsseldorf, Urt. v. 7. 2. 1985 – 8 U 135/84, AnwBl 1985, 259.

Erteilt der Mandant entgegen dem wohlbegründeten Rat des Rechtsanwalts die Weisung, ein Revisionsverfahren weiter durchzuführen, stellt es keine Pflichtver-

letzung i. S. d. § 628 Abs. 1 Satz 2 BGB dar, wenn der Rechstanwalt daraufhin das Mandat niederlegt.
OLG Karlsruhe, Urt. v. 8. 3. 1994–3 U 45/93, NJW-RR 1994, 1084.

- **Vertragswidriges Verhalten des Auftraggebers**

1. Wiederholte grundlose Vorwürfe und Androhungen unbegründeter Regreßforderungen seitens des Auftraggebers sind geeignet, das Vertrauensverhältnis zu dem Rechtsanwalt zu zerstören, und begründen ein vertragswidriges Verhalten des Auftraggebers i. S. d. § 628 Abs. 1 Satz 2 BGB.
2. Der Auftraggeber hat die Voraussetzungen des § 628 Abs. 1 Satz 2 BGB darzulegen und zu beweisen. Dazu gehören die Darlegung und der Beweis, daß er die Kündigung durch den Rechtsanwalt nicht durch eigenes vertragswidriges Verhalten veranlaßt hat.
BGH, Urt. 17. 10. 1996 – IX ZR 37/96, NJW 1997, 188 = WM 1996, 2244.

1. Ob Weisungen des Mandanten, die den Vorstellungen des Rechtsanwalts über die Bearbeitung einer bestimmten Angelegenheit zuwiderlaufen, ein vertragswidriges Verhalten i. S. d. § 628 Abs. 1 Satz 2 BGB sind, hängt davon ob, ob die Meinungsverschiedenheiten einen Bereich betreffen, der letztlich der Entscheidung des Auftraggebers selbst unterliegt, oder ein Gebiet, auf dem die eigenverantwortliche Tätigkeit des Rechtsanwalts im Vordergrund steht.
2. Der Auftraggeber verletzt schuldhaft den Anwaltsvertrag, wenn er nach Aufklärung über die Rechtslage seinem Rechtsanwalt verbindliche Weisungen über den rechtlichen Inhalt eines Schriftsatzes erteilt, die der Rechtsansicht des Rechtsanwalts widersprechen.
OLG Köln, Urt. v. 6. 12. 1971–17 U 1/71, AnwBl 1972, 159.

Ein vertragswidriges Verhalten des Auftraggebers i. S. d. § 628 Abs. 1 BGB liegt vor, wenn er durch schuldhaftes Verhalten das Vertrauensverhältnis nachhaltig zerstört hat, so daß dem Rechtsanwalt die weitere Durchführung des Mandats billigerweise nicht zugemutet werden kann. Dieses sog. Kündigungsverschulden setzt regelmäßig eine schwerwiegende Verfehlung oder Vertragswidrigkeit voraus.
OLG Düsseldorf, Urt. v. 24. 3. 1988 – 8 U 95/87, VersR 1988, 1155 (Ls.).

Ein Rechtsanwalt, dem der Auftraggeber Parteiverrat vorwirft, ist nicht mehr imstande, die Interessen seines Auftraggebers unvoreingenommen zu vertreten. Kündigt der Rechtsanwalt daraufhin das Mandatsverhältnis, handelt er nicht vertragswidrig i. S. d. § 628 Abs. 1 Satz 2 BGB.
OLG Düsseldorf, Urt. v. 15. 11. 1990 – 8 U 70/89, VersR 1991, 1381.

Beharrt der Auftraggeber auf einem aussichtslosen Rechtsmittelverfahren, so handelt er nicht vertragswidrig i. S. d. § 628 Abs. 1 Satz 2 BGB.
OLG Karlsruhe, Urt. v. 8. 3. 1994–3 U 45/93, NJW-RR 1994, 1084.

Mehrfachberufler

• Anwaltsnotar

Anwaltliche Pflichten eines Anwaltsnotars werden nicht dadurch zu notariellen Amtspflichten, daß er einen von ihm als Rechtsanwalt eines Beteiligten ausgehandelten Vertrag beurkundet.
BGH, Urt. v. 15. 1. 1962 – III ZR 214/60, VersR 1962, 353.

1. Ein Notar darf im Verfahren der freiwilligen Gerichtsbarkeit nicht als Verfahrensbevollmächtigter eines Beteiligten tätig werden, wenn andere Beteiligte mit gegensätzlichen Interessen privater Art in dem Verfahren auftreten. Dies gilt auch für ein Zwangsversteigerungsverfahren zwecks Aufhebung einer Gemeinschaft.
2. Ein Notar ist nicht Interessenvertreter eines Beteiligten, sondern unparteiischer Betreuer aller Beteiligten.
BGH, Beschl. v. 20. 1. 1969 – NotZ 1/68, BGHZ 51, 301 = NJW 1969, 929.

Erteilt ein Anwaltsnotar eine schriftliche Rechtsauskunft, die neben der Unterschrift auch das Notarsiegel trägt, müssen daraus der Wille und das Bewußtsein des Unterzeichnenden entnommen werden, in diesem bestimmten Fall nicht als Rechtsanwalt, sondern als Notar zu handeln.
BGH, Urt. v. 28. 6. 1977 – VI ZR 74/76, WM 1977, 1141 = DNotZ 1978, 312.

Nimmt ein Notar treuhänderisch Grundschuldbriefe und Pfandfreigabeerklärungen mit der Weisung an, diese Urkunden nur auftragsgemäß zu verwerten, obliegen ihm gegenüber dem Auftraggeber notarielle Betreuungspflichten i. S. d. § 24 Abs. 1 BNotO, deren Verletzung zur Amtshaftung führt.
BGH, Urt. v. 26. 10. 1982 – VI ZR 318/80, VersR 1983, 81.

Rät ein Anwaltsnotar, der als Rechtsanwalt die steuerliche Beratung seines Mandanten übernommen hat, diesem aus steuerlichen Gründen zum Erwerb einer bestimmten Eigentumswohnung und beurkundet er dann als Notar den Kaufvertrag, so gehört die dem Kaufentschluß vorangegangene Beratung zur anwaltlichen Tätigkeit.
BGH, Urt. v. 22. 10. 1987 – IX ZR 175/86, NJW 1988, 563 = WM 1987, 1516.

Entscheidend für die Abgrenzung zwischen notarieller und anwaltlicher Tätigkeit ist die Art des ausgeübten Geschäfts; wird ein Anwaltsnotar als einseitiger Interessenvertreter seines Auftraggebers tätig, so handelt er im Zweifel als Rechtsanwalt und nicht als Notar, der im Rahmen vorsorgender Rechtspflege gemäß § 14 Abs. 1 Satz 2 BNotO unparteiischer Betreuer aller Beteiligten ist.
BGH, Urt. v. 14. 5. 1992 – IX ZR 262/91, NJW-RR 1992, 1178 = WM 1992, 1533; BGH, Urt. v. 19. 10. 1995 – IX ZR 104/94, NJW 1996, 520, = WM 1996, 30.

1. Berät ein Anwaltsnotar einen Mandanten über ein von diesem abzuschließendes Rechtsgeschäft und beurkundet er anschließend die Willenserklärung des Mandanten, so treffen ihn bei der Beurkundung die Pflichten eines Notars. War die vorausgegangene Beratung dazu bestimmt, die Beurkundung vorzubereiten, so ist er auch insoweit als Notar tätig geworden (§ 24 Abs. 2 Satz 1 BNotO). Etwas anderes gilt jedoch, wenn die Beratung den Schwerpunkt der Tätigkeit darstellt und der Anwaltsnotar hierbei einseitig die Interessen seines Mandanten wahrnimmt.
2. Ein Anwaltsnotar kann in derselben Sache als Rechtsanwalt und zusätzlich als Notar haften.
3. Ein Anwaltsnotar, der fahrlässig sowohl anwaltliche als auch Amtspflichten verletzt hat, kann als Notar auch dann in Anspruch genommen werden, wenn der Geschädigte von ihm aufgrund der Anwaltshaftung Ersatz verlangen kann oder – falls dieser Anspruch bereits verjährt ist – hätte erlangen können.
BGH, Urt. v. 24. 6. 1993 – IX ZR 216/92, NJW 1993, 2747 = WM 1993, 1889.

1. Zweifel i. S. d. § 24 Abs. 2 Satz 2 BNotO, ob der Anwaltsnotar als Rechtsanwalt oder als Notar tätig geworden ist, bestehen nicht, wenn nach den objektiven Umständen, insbesondere nach der Art der Tätigkeit, eine Aufgabe zu erfüllen ist, die in den Bereich notarieller Amtstätigkeit fällt.
2. Dies trifft zu, wenn nicht einseitige Interessenwahrnehmung in Rede steht, sondern eine neutrale, unparteiische Berücksichtigung der Belange sämtlicher Beteiligten.
3. Für die Abgrenzung, ob die Erklärung eines Anwaltsnotars seinem anwaltlichen oder notariellen Tätigkeitsbereich zuzuordnen ist, kann auch auf die Sicht des Empfängers abzustellen sein, wenn die abgegebene Erklärung nach ihrem Inhalt nur den Empfänger betrifft.
4. Der Beifügung der Berufsbezeichnung „Rechtsanwalt" allein ist nicht zu entnehmen, daß ein Anwaltsnotar entgegen dem objektiven Erklärungsinhalt nicht als Notar, sondern nur als Rechtsanwalt tätig werden will.
5. Regelmäßig ist davon auszugehen, daß ein Anwaltsnotar, der eine schriftliche Rechtsauskunft mit einem Notarsiegel versieht, als Notar handelt. Wird umgekehrt einer von einem Anwaltsnotar abgegebenen Erklärung das Notarsiegel nicht beigefügt, läßt dieser Umstand allein nicht ohne weiteres die Annahme zu, der Anwaltsnotar sei als Rechtsanwalt tätig geworden.
BGH, Urt. v. 21. 11. 1996 – IX ZR 182/95, BGHZ 134, 100 = NJW 1997, 661 = WM 1997, 78.

1. Um festzustellen, in welcher Eigenschaft ein Rechtsanwalt und Notar bei der Erfüllung einer unter § 24 Abs. 1 BNotO fallenden Aufgabe tätig geworden ist, sind die gesamten objektiven Umstände und die Vorstellungen der an dem Geschäft beteiligten Personen zu berücksichtigen.

2. Um eine notarielle Amtstätigkeit handelt es sich, wenn es nicht um einseitige Interessenwahrnehmung geht, sondern bei der Erfüllung der Aufgabe die Belange sämtlicher Beteiligten neutral und unparteiisch zu berücksichtigen sind.
3. Eine Treuhandtätigkeit, bei der ein Rechtsanwalt und Notar Geld, das ihm von seinem Auftraggeber übergeben worden ist, in Bargeld einer anderen Währung einzutauschen hat, betrifft i. d. R. kein notarielles Verwahrungsgeschäft i. S. d. § 23 BNotO.
BGH, Urt. v. 4. 12. 1997 – IX ZR 41/97, NJW 1998, 1864 = WM 1998, 335.

1. Um die gesetzliche Vermutung des § 24 Abs. 2 Satz 1 BNotO anwenden zu können, genügt es nicht, daß die Betreuungstätigkeit eines Anwaltsnotars als Beitrag zu der von einem anderen Notar geleisteten Urkundentätigkeit aufgefaßt werden kann.
2. Die erforderliche scharfe und objektive Abgrenzung zwischen Notar- und Anwaltstätigkeit ist nicht zu erreichen, wenn dabei lediglich auf die subjektive Meinung des Auftraggebers und des Anwaltsnotars abgestellt wird.
3. Für eine Notartätigkeit muß vielmehr auch nach den Umständen des Falles, insbesondere nach ihrer Art eine Aufgabe zu erfüllen sein, die in den notariellen Amtsbereich gehört. Handelt dagegen der Anwaltsnotar nicht im Rahmen vorsorgender Rechtspflege, sondern in Vertretung einseitiger Interessen, handelt es sich um Anwaltstätigkeit.
4. Beauftragen sämtliche Beteiligte einen Anwaltsnotar, einer beabsichtigten Änderung eines Vertrages eine juristisch einwandfreie Fassung zu geben, wird der Anwaltsnotar als Notar tätig, auch wenn die notarielle Beurkundung des Vertrages nicht vorgesehen ist oder durch einen anderen Notar durchgeführt werden soll.
5. Dagegen wird ein Anwaltsnotar als Rechtsanwalt tätig, wenn er von einem Beteiligten beauftragt wird, einen Vertragsentwurf zu erstellen, der seinen Interessen gerecht wird, und ihn bei den Verhandlungen mit den anderen Vertragsparteien wegen der endgültigen Fassung des Vertrages zu vertreten.
OLG Hamm, Beschl. v. 17. 12. 1955–14 W 130/55, DNotZ 1956, 155;
OLG Hamm, Beschl. v. 14. 8. 1975 – 15 W 104/75, DNotZ 1977, 49.

1. Liegt die Tätigkeit eines Anwaltsnotars nicht im Rahmen der vorsorgenden Rechtspflege, sondern in der Vertretung einseitiger Interessen, so handelt es sich um Anwaltstätigkeit.
2. Wird ein Anwaltsnotar in seiner Eigenschaft als Notar angegangen und übt er später Anwaltstätigkeit aus, ohne den Auftraggeber darüber aufzuklären, daß er diese Tätigkeit als Rechtsanwalt ausüben wolle und dementsprechend ein Anwaltshonorar erwarte, kommt ein Anwaltsvertrag i. d. R. nicht konkludent zu-

stande, falls der Auftraggeber die anwaltliche Leistung in der Meinung entgegennimmt, der Anwaltsnotar werde weiterhin als Notar tätig.
OLG Hamm, Urt. v. 10. 4. 1968 – 12 U 21/68, DNotZ 1968, 625; OLG Hamm, Urt. v. 16. 2. 1984 – 28 U 252/83, DNotZ 1985, 182.

Ein Anwaltsnotar, der einen Geschäftsveräußerungsvertrag als Notar beurkunden soll, bereitet dieses Geschäft nicht i. S. d. § 24 Abs. 2 Satz 1 BNotO vor, wenn er sich im Auftrag des Geschäftsinhabers durch ein Rundschreiben an dessen Gläubiger wendet, um die genaue Höhe ihrer Forderungen zu erfahren.
OLG Schleswig, Urt. v. 25. 2. 1977–3 U 21/76, VersR 1978, 554.

1. Ein Anwaltsnotar, der es übernimmt, eine zur Sicherheit von Kapitalanlegern versprochene Hinterlegung von Bargeld in einem ausländischen Banksafe zu überwachen und das hinterlegte Geld bei Eintritt des Sicherungsfalls an die Anleger auszuzahlen, handelt nicht als Rechtsanwalt, sondern als Notar.
2. Die Übernahme dieser Tätigkeit begründet ungeachtet ihrer dienstrechtlichen Unzulässigkeit ein notarielles Verwahrungsgeschäft.
OLG Hamm, Urt. v. 24. 3. 1995 – 11 U 155/94, NJWE-VHR 1997, 59 (rechtskräftig durch Nichtannahmebeschluß des BGH v. 28. 3. 1996 – IX ZR 149/95).

- **Rechtsanwalt und Steuerberater/Wirtschaftsprüfer**

Ein Rechtsanwalt ist zur Beratung und Vertretung in Steuersachen berufen. Er ist berechtigt, sich zu spezialisieren und nur auf dem Rechtsgebiet des Steuerrechts tätig zu sein.
BGH, Beschl. v. 4. 1. 1968 – AnwZ (B) 10/67, BGHZ 49, 244 = NJW 1968, 844.

1. Die Verjährung von Schadensersatzansprüchen gegen Rechtsanwälte, Steuerberater und Wirtschaftsprüfer aus einer Tätigkeit, die ihrem jeweiligen Berufsbild entspricht, richtet sich nach den Vorschriften derjenigen Berufsordnung, der die Berater bei Ausübung dieser Tätigkeit unterliegen. Dabei kann es darauf ankommen, für welchen Beruf die Tätigkeit „typisch“ oder „spezifisch“ ist und welchem Beruf sie zumindest ihrem Schwerpunkt nach zuzurechnen ist.
2. Für Angehörige nur eines einzigen Berufs ist dagegen allein ausschlaggebend, ob die Tätigkeit in den Bereich dieses Berufs fällt. Trifft das zu, richtet sich die Verjährung allein nach den für diesen Beruf geltenden Bestimmungen.
BGH, Urt. v. 6. 11. 1980 – VII ZR 237/79, BGHZ 78, 335 = NJW 1988, 401.

1. Das gesetzliche Berufsbild des Rechtsanwalts schließt auch die steuerliche Beratung ein.
2. Die Verjährung von Schadensersatzansprüchen gegen Rechtsanwälte, Steuerberater und Wirtschaftsprüfer aus einer Tätigkeit, die ihrem jeweiligen Berufsbild entspricht, richtet sich nach derjenigen Berufsordnung, der sie bei Ausübung dieser Tätigkeit unterliegen.

3. Ein Steuerberater, der gleichzeitig Rechtsanwalt oder Wirtschaftsprüfer ist, verspricht seinem Mandanten die Hilfe und Beratung in Steuersachen als Steuerberater jedenfalls dann, wenn diese der ausschließliche oder wesentliche Gegenstand des Vertrages ist.
BGH, Urt. v. 21. 4. 1982 – IVa ZR 291/80, BGHZ 83, 328 = NJW 1982, 1866.

Übt der steuerliche Berater den Beruf des Steuerberaters, des Wirtschaftsprüfers und des Rechtsanwalts nebeneinander aus, ist die Verjährungsvorschrift für einen Regreßanspruch derjenigen Berufsordnung zu entnehmen, die die Parteien für die Tätigkeit des Beraters erkennbar zugrundelegen wollten, oder die – mangels feststellbaren Parteiwillens – den Schwerpunkt seiner vertraglichen Verpflichtungen regelt.
BGH, Urt. v. 25. 3. 1987 – IVa 259/85, NJW 1987, 3136 = WM 1987, 928.

1. Auch bei Mehrfachberuflern muß für die Annahme eines Anwaltsvertrages die Rechtsberatung nicht in jedem Einzelfall den überwiegenden Teil der Gesamttätigkeit ausmachen. Vielmehr ist bei einer umfassend angelegten Tätigkeit des Beraters und bei Fehlen einer besonderen Parteivereinbarung entscheidend, wo nach dem Willen der Beteiligten der Schwerpunkt der vertraglichen Verpflichtungen liegen soll.
2. Steuerberatung gehört zum typischen Berufsbild des Rechtsanwalts.
BGH, Urt. v. 27. 1. 1994 – IX ZR 195/93, NJW 1994, 1405 = WM 1994, 504.

1. Steuerberatende Tätigkeit gehört sowohl zum Berufsbild des Rechtsanwalts als auch des Wirtschaftsprüfers.
2. Maßgeblich für die Anwendbarkeit des § 51 BRAO a. F. (= § 51 b BRAO n. F.) oder des § 51 a WPO ist, ob die geschuldete Beratung nach dem Willen der Vertragspartner von dem Auftragnehmer als Rechtsanwalt oder als Wirtschaftsprüfer erbracht werden sollte.
BGH, Urt. v. 28. 9. 1995 – IX ZR 158/94, NJW 1995, 3248 = WM 1995, 2075.

Nacheinander tätige Rechtsanwälte

Ein Rechtsanwalt, der an Stelle des bisherigen Parteivertreters einen Prozeß übernimmt, ist grundsätzlich verpflichtet, die Prozeßlage in sachlicher Hinsicht nach allen Richtungen von neuem selbständig zu prüfen.
RG, Urt. v. 7. 2. 1933 – III 180/32, RGZ 139, 358.

1. Darf sich ein Mandant darauf verlassen, daß der von ihm beauftragte Rechtsanwalt (objektiv erforderliche) Maßnahmen zur Unterbrechung der Verjährung zu Recht für unnötig gehalten hat, und unterliegt ein zweiter Rechtsanwalt, der das Mandat des ersten fortführt, demselben Irrtum, so braucht sich der Mandant den

Fehler des zweiten Rechtsanwalts im Verhältnis zum ersten nicht als Mitverschulden anrechnen zu lassen.
2. Verschiedene Personen, die jeweils unabhängig voneinander eine Ursache für einen Schaden gesetzt haben, haften grundsätzlich auch dann als Gesamtschuldner, wenn es sich bei den Schädigern um verschiedene Organe der Rechtspflege handelt.
BGH, Urt. v. 18. 3. 1993 – IX ZR 120/92, NJW 1993, 1779 = WM 1993, 1376.

1. Rechtsanwälte, die jeweils im Rahmen ihrer selbständigen Pflichtenkreise zum Schaden des Mandanten schuldhaft beigetragen haben, haften diesem grundsätzlich als Gesamtschuldner. In einem solchen Fall hat sich der geschädigte Auftraggeber nicht eines zweiten Anwalts i. S. d. Vorschrift des § 278 BGB, die im Rahmen des § 254 BGB entsprechend anzuwenden ist, bedient, um eine im eigenen Interesse gebotene Obliegenheit zur Abwendung oder Minderung seines Schadens zu erfüllen.
2. Beauftragt der Mandant jedoch einen Rechtsanwalt, um einen erkannten oder für möglich gehaltenen Fehler eines früheren Rechtsanwalts zu beheben, so muß sich der Mandant im Verhältnis zu seinem ersten Anwalt einen schuldhaften Schadensbeitrag seines zweiten Anwalts als Mitverschulden zurechnen lassen.
3. Bei der Prüfung eines Mitverschuldens des geschädigten Mandanten, dessen (zweiter) Rechtsanwalt bei der Behebung eines Fehlers eines früheren Rechtsanwalts durch pflichtwidriges Prozeßverhalten zu dem Schaden schuldhaft beigetragen hat, ist für die Prüfung des Kausalverlaufs die Beurteilung des Gerichts maßgeblich, das mit dem Regreßanspruch gegen den ersten Anwalt befaßt ist.
BGH, Urt. v. 20. 1. 1994 – IX ZR 46/93, NJW 1994, 1211 = WM 1994, 948.

1. Ist der Mandant aufgrund anderweitiger rechtlicher Beratung noch in der Lage, ihm durch eine Pflichtverletzung seines Anwalts drohende wirtschaftliche Nachteile abzuwenden, unterläßt er jedoch die ihm geratene Maßnahme aus unvertretbaren Gründen, entfällt der Zurechnungszusammenhang zwischen dem Anwaltsfehler und dem entstandenen Schaden.
2. Trifft den Mandanten selbst aufgrund einer anderweitig erhaltenen Rechtsbelehrung die Obliegenheit, sich darum zu bemühen, Schaden infolge eines Fehlers des ersten Anwalts zu vermeiden, muß er sich ein Verschulden des zweiten Anwalts als eigenes anrechnen lassen.
BGH, Urt. v. 14. 7. 1994 – IX ZR 204/93, NJW 1994, 2822 = WM 1994, 2162.

1. Der Auftraggeber muß sich das Verschulden eines anderen Rechtsanwalts nach §§ 254 Abs. 2 Satz 2, 278 BGB nur zurechnen lassen, wenn der Geschädigte sich der Hilfe dieses Rechtsanwalts bedient, um das Gebot eines eigenen Interesses zu erfüllen.

2. Dies ist nicht der Fall, wenn für den einen Rechtsanwalt nicht erkennbar ist, daß er im Verhältnis zu einem anderen Rechtsanwalt etwas zur Schadensabwehr zu veranlassen hat.
BGH, Urt. v. 21. 9. 1995 – IX ZR 228/94, NJW 1996, 48 = WM 1996, 35.

Nachvertragliche Haftung

1. Ein Rechtsanwalt, der während eines schwebenden Armenrechtsverfahrens ein Rechtsmittel einlegt, muß das Rechtsmittel rechtzeitig begründen, mindestens aber rechtzeitig Verlängerung der Rechtsmittelbegründungsfrist beantragen, wenn er nicht vor Ablauf dieser Frist seiner Partei gegenüber unzweifelhaft zum Ausdruck bringt, daß er mit der Rechtsmitteleinlegung seine Tätigkeit als beendet ansieht und es ablehnt, die Einhaltung der Rechtsmittelbegründungsfrist weiter zu überwachen.
2. Außerdem besteht für ihn die Verpflichtung, eine prozeßunkundige Partei darüber zu belehren, daß mit der Rechtsmitteleinlegung die Frist zur Begründung eines Rechtsmittels zu laufen begonnen hat und diese durch ein noch unbeschiedenes Armenrechtsgesuch nicht gehemmt wird.
BGH, Beschl. v. 6. 10. 1952 – III ZR 369/51, BGHZ 7, 280.

Ein Rechtsanwalt muß bei Beendigung des Anwaltsvertrages seinen Auftraggeber belehren, welche Fristen laufen, welche notwendigen Maßnahmen zu ergreifen und welche wesentlichen Umstände zu beachten sind. Es ist jedoch nicht Aufgabe eines Rechtsanwalts, dem ein Auftrag entzogen wird, seinem Auftraggeber Ratschläge für die künftige Sachbehandlung zu geben.
BGH, Urt. v. 12. 12. 1957 – III ZR 155/56, VersR 1958, 127.

Der Prozeßbevollmächtigte hat nach Kündigung des Mandats die Pflicht, seine frühere Partei über eine an ihn erfolgte Zustellung in Kenntnis zu setzen.
BGH, Urt. v. 14. 12. 1979 – V ZR 146/78, NJW 1980, 999.

Hat ein Rechtsanwalt von seinem Mandanten Unterlagen zur Durchsetzung einer Kaufpreisforderung erhalten, verletzt er nachvertragliche Pflichten aus dem Anwaltsvertrag, wenn er, obwohl eine Verjährung droht, nach Beendigung des Mandats weder diese Unterlagen an den Mandanten zurückgibt noch ihn auf die drohende Verjährung hinweist.
BGH, Urt. v. 11. 10. 1983 – VI ZR 95/82, NJW 1984, 431.

Nach der Niederlegung des Mandats bleibt der Rechtsanwalt verpflichtet, seine frühere Partei über eine an ihn erfolgte Zustellung unverzüglich zu unterrichten.
BGH, Urt. v. 2. 3. 1988 – IVa ZR 218/87, VersR 1988, 835.

1. Die Pflicht eines Rechtsanwalts, den Mandanten auf einen Ersatzanspruch gegen sich selbst und dessen drohende Verjährung hinzuweisen, besteht grundsätzlich nur bis zur Beendigung des Anwaltsvertrages.
2. Jedenfalls dann, wenn der Mandant nach Ablauf des Mandats in derselben Sache anderweitig anwaltlich beraten wird, entfällt die Belehrungspflicht des früheren Rechtsanwalts.
BGH, Urt. v. 1. 2. 1990 – IX ZR 82/89, NJW-RR 1990, 459 = WM 1990, 815.

Hat ein Rechtsanwalt nichts unternommen, um Ansprüche des Mandanten vor Verjährung zu sichern, ist er jedenfalls bei Beendigung der Mandate verpflichtet, den nunmehr beauftragten Rechtsanwalt oder den Auftraggeber auf den drohenden Eintritt der Verjährung hinzuweisen.
BGH, Urt. v. 18. 3. 1993 – IX ZR 120/92, NJW 1993, 1779 = WM 1993, 1376.

1. Hat ein Rechtsanwalt für einen Mandanten eine Steuererklärung abgegeben, ist er nicht verpflichtet, ein Einspruchs- oder Abänderungsverfahren ebenfalls zu betreiben.
2. Wendet sich der (frühere) Mandant wegen eines Nachfolgebescheids zur früheren Steuererklärung an diesen Rechtsanwalt, so ist dieser aufgrund des nachvertraglichen Schuldverhältnisses gemäß § 242 BGB verpflichtet, dem – früheren – Mandanten die Ablehnung unverzüglich mitzuteilen. Ist die Angelegenheit, wie bei Einsprüchen gegen Steuerbescheide, offensichtlich fristgebunden, hat der Rechtsanwalt möglichst so beschleunigt zu antworten, daß die laufende Frist nicht in vermeidbarer Weise versäumt wird, und hierbei auf den drohenden Fristablauf hinzuweisen.
BGH, Urt. v. 23. 11. 1995 – IX ZR 225/94, NJW 1996, 842.

Wird einem Rechtsanwalt der Auftrag zu einem Zeitpunkt entzogen, in dem keine Nachteile durch alsbaldigen Fristablauf drohen, ist er nicht verpflichtet, dem bisherigen Mandanten Ratschläge für die künftige Sachbehandlung zu erteilen.
BGH, Urt. v. 24. 10. 1996 – IX ZR 4/96, NJW 1997, 254 = WM 1997, 77.

1. Droht dem Auftraggeber aus der Beendigung der anwaltlichen Tätigkeit erkennbar ein Schaden, weil er sich mangels Kenntnis der Rechtslage der Gefahr nicht voll bewußt ist, muß der Rechtsanwalt bei Mandatsende jedenfalls dann auf die Gefahr (hier: der baldigen Verjährung) hinweisen, wenn er sie zuvor durch Untätigkeit mitverursacht hat.
2. An den nachvertraglichen Pflichten eines Rechtsanwalts ändert sich nichts dadurch, daß er hiervon keine Kenntnis davon hat, sondern von einem Anwaltsver-

trag ausgeht. § 674 BGB bietet dem Rechtsanwalt keinen weitergehenden Schutz, als wenn der Auftrag nicht erloschen wäre.
BGH, Urt. v. 28. 11. 1996 – IX ZR 39/96, NJW 1997, 1302 = WM 1997, 321 = AnwBl 1997, 230.

Nebeneinander tätige Rechtsanwälte

Beauftragt ein Mandant nebeneinander zwei voneinander unabhängig tätige Rechtsanwälte, so haben beide einen eigenständigen Pflichten- und Verantwortungskreis. Keiner ist in seinem Pflichtenkreis Erfüllungsgehilfe des anderen i. S. d. § 278 BGB. Selbst wenn die Anwälte voneinander wissen, darf keiner seine eigenen Pflichten im Vertrauen darauf vernachlässigen, der andere werde die seinen erfüllen.
BGH, Urt. v. 8. 7. 1993 – IX ZR 242/92, NJW 1993, 2676.

Notar und Rechtsanwalt

Verschuldet der Rechtsanwalt durch fehlerhafte Beratung, daß sein Mandant einen ihm ungünstigen notariellen Vertrag schließt, so entfällt die Haftung des Rechtsanwalts nicht deswegen, weil der beurkundende Notar den ihm erkennbaren Fehler bei der Beurkundung nicht berichtigt.
BGH, Urt. v. 10. 5. 1990 – IX ZR 113/89, NJW 1990, 2882 = WM 1990, 1710.

Rechtsnatur

Das vertragliche Verhältnis zwischen dem Rechtsanwalt und seinem Auftraggeber ist regelmäßig ein Dienstvertrag nach § 611 ff. BGB, der eine Geschäftsbesorgung nach § 675 BGB zum Gegenstand hat. Ausnahmsweise kann ein Anwaltvertrag auch den Charakter eines Werkvertrages nach §§ 631 ff. BGB haben, der eine Geschäftsbesorgung nach § 675 BGB zum Gegenstand hat.
RG, Urt. v. 17. 3. 1914 – 468/13 III, JW 1914, 642.

1. Regelmäßig ist das Vertragsverhältnis zwischen Rechtsanwalt und Auftraggeber ein Dienstvertrag.
2. Nur ausnahmsweise kann insoweit ein Werkvertrag angenommen werden. Voraussetzung dafür ist, daß der zu erzielende Erfolg den Inhalt der Vertragsleistung bildet. Erfolg und Vergütung müssen im Verhältnis von Leistung und Gegenleistung stehen.
RG, Urt. v. 5. 5. 1916 – III 10/16, RGZ 88, 223.

1. Das Vertragsverhältnis zwischen einem Rechtsanwalt und seinem Auftraggeber ist regelmäßig ein Dienstvertrag, der eine Geschäftsbesorgung zum Gegenstand hat.

2. Ausnahmsweise kann es aber auch ein Werkvertrag sein, wenn nicht anwaltlicher Beistand, sondern vielmehr ein durch anwaltliche Arbeit herbeizuführender Erfolg den Gegenstand der Verpflichtung bildet. Dies ist gewöhnlich dann der Fall, wenn der Anwalt es übernimmt, Rechtsauskunft über eine konkrete Frage zu erteilen oder ein schriftliches Rechtsgutachten anzufertigen.
BGH, Urt. v. 20. 10. 1964 – VI ZR 101/63, NJW 1965, 106.

Die Vereinbarung über die Erstattung eines Gutachtens durch einen Diplomingenieur ist i. d. R. kein Dienst-, sondern ein Werkvertrag. Diese Rechtslage entspricht weitgehend der beim Anwaltsvertrag.
BGH, Urt. v. 8. 12. 1966 – VII ZR 114/64, NJW 1967, 719.

Ein Vertrag, durch den einem Steuerberater oder Steuerbevollmächtigten allgemein die Wahrnehmung aller steuerlichen Interessen des Auftraggebers übertragen wird, ist regelmäßig ein Dienstvertrag, der eine Geschäftsbesorgung zum Gegenstand hat. Die Rechtslage entspricht weitgehend der beim Anwaltsvertrag.
BGH, Urt. v. 4. 6. 1970 – VII ZR 187/68, BGHZ 54, 106 = NJW 1970, 1596.

Grundlage der anwaltlichen Tätigkeit ist regelmäßig ein auf Geschäftsbesorgung gerichteter Dienstvertrag (§§ 675, 611 BGB).
BGH, Urt. v. 30. 9. 1989 – III ZR 112/88, BGHZ 109, 266 = NJW 1990, 510.

1. Der Anspruch auf Ersatz eines Schadens aus der Verwertung eines fehlerhaften anwaltlichen Vertragsentwurfs verjährt nach § 51 BRAO a. F. (= § 51 b BRAO n. F.), unabhängig davon, ob der Auftrag an den Rechtsanwalt gemäß dem Regelfall zu einem Dienstvertrag (§§ 611, 675 BGB) oder ausnahmsweise zu einem Werkvertrag der Parteien (§§ 631, 675 BGB) geführt hat.
2. Aufgrund eines Dienstvertrags ist der Rechtsanwalt seinem Auftraggeber grundsätzlich zu einer umfassenden und erschöpfenden Beratung verpflichtet. Der Anwalt muß prüfen, ob der ihm vorgetragene Sachverhalt geeignet ist, den vom Auftraggeber erstrebten Erfolg herbeizuführen. Den Mandanten muß der Rechtsanwalt vor Nachteilen bewahren, soweit solche voraussehbar und vermeidbar sind; Zweifel und Bedenken, zu denen die Sachlage Anlaß gibt, muß der Anwalt darlegen und mit seinem Auftraggeber erörtern. Diese Pflichten obliegen dem Rechtsanwalt im wesentlichen auch dann, wenn er – abweichend vom Regelfall – einen Werkvertrag geschlossen hat.
BGH, Urt. v. 20. 6. 1996 – IX ZR 106/95, NJW 1996, 2929 = WM 1996, 1832.

Die Tätigkeit eines Rechtsanwalts ist regelmäßig ein Geschäftsbesorgungsverhältnis mit Dienstvertragscharakter. Wird die Rechtsauskunft über eine Einzelfrage oder ein Gutachten geschuldet, kommt ein Werkvertrag, der ebenfalls auf eine Geschäftsbesorgung gerichtet ist, in Betracht, insbesondere dann, wenn der Rechtsanwalt nach seinen Vereinbarungen mit dem Auftraggeber für einen bestimmten Erfolg seiner Tätigkeit einzustehen hat.
OLG Düsseldorf, Urt. v. 11. 6. 1992 – 18 U 161/90, VersR 1993, 702.

Sozietät

• Anschein

Die Rechtsgrundsätze für die Haftung eines Rechtsanwalts, der einer Anwaltssozietät angehört, sind auch dann anzuwenden, wenn die Anwälte nur nach außen hin den Anschein erweckt haben, zwischen ihnen bestehe eine Sozietät.
BGH, Urt. v. 24. 1. 1978 – VI ZR 264/76, BGHZ 70, 247 = NJW 1978, 996.

Steuerberater, die gegenüber einem Mandanten durch gemeinsame Briefbögen, Stempel oder Siegel den Anschein einer Sozietät erwecken, müssen sich an dem von ihnen gesetzten Rechtsschein festhalten lassen.
BGH, Urt. v. 17. 10. 1989 – XI ZR 158/88 , NJW 1990, 827 = WM 1990, 188.

Der aus einer Sozietät ausgeschiedene Rechtsanwalt haftet neuen Mandanten nach den Grundsätzen der Anscheinsvollmacht, wenn sein Name weiterhin auf dem Praxisschild und den Briefbögen der Kanzlei erscheint und er nicht alle ihm zumutbaren Maßnahmen zur Beseitigung des Rechtsscheins ergriffen hat.
BGH, Urt. v. 24. 1. 1991 – IX ZR 121/90, NJW 1991, 1225.

Betreibt ein Rechtsanwalt eine Anwaltskanzlei selbständig, ohne daß die anderen im Briefkopf der Kanzlei aufgeführten Rechtsanwälte auf die tägliche Arbeit und auf die Personalentscheidungen erkennbar Einfluß nehmen, kann er einem von ihm angestellten Rechtsanwalt für die (Schein-) Sozietät wirksam kündigen, ohne nach § 174 BGB eine Vollmacht der anderen Mitglieder der (Schein-) Sozietät vorzulegen.
BAG, Urt. v. 6. 2. 1997 – 2 AZR 128/96, NJW 1997, 1867.

• Ausscheidendes Mitglied

Ein Rechtsanwalt haftet nach dem Ausscheiden aus einer Sozietät unter dem Gesichtspunkt der Anscheinsvollmacht als Gesamtschuldner mit den übrigen Mitgliedern, solange die Veränderung in der personellen Zusammensetzung nach außen nicht sichtbar gemacht worden ist.
OLG Brandenburg, Urt. v. 8. 3. 1995–1 U 26/94, AnwBl 1995, 262.

- **Fristenkontrolle**

Von mehreren in einer Sozietät zusammengeschlossenen Rechtsanwälten hat grundsätzlich derjenige die Fristen zu überwachen, der beim zuständigen Gericht zugelassen ist.
BGH, Beschl. v. 10. 7. 1997 – IX ZB 57/97, NJW 1997, 3177.

- **Gesamtschuldnerische Haftung**

Wer einen einer Anwaltssozietät angehörenden Rechtsanwalt beauftragt, schließt den Anwaltsvertrag im Zweifel nicht nur mit dem Rechtsanwalt ab, der seine Sache bearbeitet, sondern mit allen Sozietätsmitgliedern. Sie alle haften ihm auf Schadensersatz, auch wenn nur der Anwalt, der die Sache bearbeitet, den Schaden verschuldet hat.
BGH, Urt. v. 6. 7. 1971 – VI ZR 94/69, BGHZ 56, 355 = NJW 1971, 1801.

Einer auf ein Mitglied einer Rechtsanwaltssozietät lautenden Einzelvollmachtsurkunde kommt eine Indizwirkung für das vertragliche Verhältnis des Rechtsanwalts zu dem Mandanten i. d. R. nur zu, wenn die Vollmacht in unmittelbarem Zusammenhang mit der Auftragserteilung unterzeichnet wird.
BGH, Urt. v. 24. 1. 1978 – VI ZR 220/76, NJW 1978, 1003.

Die Erklärung des Mitglieds einer Steuerberatersozietät, durch die die Verjährung eines Schadensersatzanspruchs des Mandanten unterbrochen oder eingeschränkt wird, wirkt regelmäßig auch gegenüber der Gesamthand und den übigen auf Schadensersatzanspruch haftenden Mitgliedern der Sozietät.
BGH, Urt. v. 28. 9. 1995 – IX ZR 227/94, NJW-RR 1996, 313.

1. Mit der Beauftragung eines einer Rechtsanwaltssozietät angehörenden Rechtsanwalts kommt im Zweifel ein Vertrag zwischen dem Auftraggeber und sämtlichen Sozietätsmitgliedern zustande.
2. Dies gilt dann nicht, wenn ein Angehöriger einer Sozietät mit einer Aufgabe betraut wird, die nicht zum Berufsbild des Rechtsanwalts gehört. Daran ändert der Umstand nichts, daß der beauftragte Rechtsanwalt – ohne Wissen seiner Sozien – bei der Durchführung einer solchen Aufgabe einen Briefbogen der Sozietät benutzt oder die Floskel „Wir“ verwendet.
3. Übernimmt es ein Sozius für seinen Auftraggeber, Geldbeträge in Empfang zu nehmen und/oder weiterzuleiten, um ein Darlehensverhältnis mit einem im Ausland ansässigen Darlehensgeber anzubahnen und abzuwickeln, so liegt hierin, wenn damit eine rechtliche Beratung nicht verbunden ist, nicht deshalb eine anwaltstypische Tätigkeit, weil dem Rechtsanwalt besonderes Vertrauen entgegengebracht wird.
OLG Düsseldorf, Urt. v. 31. 1. 1997–7 U 68/96, NJWE-VHR 1997, 255 = VersR 1997, 1279.

Einer Rechtsanwaltssozietät und nicht einem einzelnen Mitglied ist ein Mandat in der Regel auch dann erteilt, wenn dem Mandanten eine Vollmacht zur Unterschrift vorgelegt wird, in der nur ein Rechtsanwalt angegeben wird. Im Zweifel wird der Mandant diesen nur als sachbearbeitenden Rechtsanwalt und die Rechtsanwaltssozietät insgesamt als seinen Vertragspartner ansehen. Soll gleichwohl der Auftrag nicht für die Sozietät angenommen werden, sondern nur für einen bestimmten Rechtsanwalt, dann ist dies dem Mandanten sofort und ausdrücklich zu erklären.
OLG Koblenz, Urt. v. 18. 2. 1997 – 3 U 286/96, NJW-RR 1997, 952.

- **Honorarforderung**

Honorarforderungen aus einem Vertrag mit einer Anwaltssozietät stehen den Sozietätsanwälten zur gesamten Hand und nicht als Gesamtgläubigern zu.
BGH, Urt. v. 20. 6. 1996 – IX ZR 248/95, NJW 1996, 2859 = WM 1996, 1632.

- **internationale**

Die Verwendung der Bezeichnung „Internationale Sozietät von Rechtsanwälten und Attorneys-at-Law" auf dem Briefkopf einer aus sechs Rechtsanwälten bestehenden inländischen Kanzlei ist wettbewerbswidrig gemäß § 1 UWG i. V. m. § 43 b BRAO sowie nach § 3 UWG, wenn der Sozietät mit den ausländischen Rechtsberatern nur einer dieser Rechtsanwälte angehört.
BGH, Urt. v. 25. 4. 1996 – I ZR 106/94, NJW 1996, 2308.

1. Firmieren deutsche Rechtsanwälte mit französischen Avocats auf einem gemeinsamen Briefbogen und werden jene darin als Partner bezeichnet, obwohl keine Sozietät, sondern eine andersartige Zusammenarbeit zwischen zwei rechtlich und wirtschaftlich selbständig gebliebenen Anwaltsgemeinschaften besteht, stellt dies eine irreführende Angabe über geschäftliche Verhältnisse i. S. d. § 3 UWG dar.
2. Die deutschen Rechtsanwälte sind jedoch befugt, auf ihrem Briefbogen auch die Namen der französischen Kollegen anzuführen, sofern gleichzeitig die von einer Sozietät abweichende Art des Zusammenschlusses hinreichend deutlich gekennzeichnet wird.
OLG Karlsruhe, Urt. v. 21. 6. 1990 – 4 U 217/88, NJW 1990, 3093.

- **interprofessionelle**

Ein Rechtsanwalt, der mit Steuerberatern und/oder Wirtschaftsprüfern in einem Sozietätsverhältnis steht, wird durch ein Mandat, das die Erledigung von steuerlichen Angelegenheiten zum Gegenstand hat und der Sozietät als solcher erteilt wird, mitverpflichtet.
BGH, Urt. v. 21. 4. 1982 – IVa ZR 291/80, BGHZ 83, 328 = NJW 1982, 1866.

Wer einen einer Steuerberatersozietät angehörenden Steuerberater beauftragt, schließt den Vertrag – nicht anders als bei der Einschaltung eines Anwalts – im Zweifel mit allen in der Sozietät verbundenen Steuerberatern und Rechtsanwälten. Die unterschiedliche Qualifikation der einzelnen Mitglieder der Sozietät hat lediglich zur Folge, daß eine gesamtschuldnerische Verpflichtung nur entstehen kann, soweit jedes Mitglied die generellen und fachlichen Voraussetzungen zur Bearbeitung des Auftrags erfüllt.

BGH, Urt. v. 3. 6. 1993 – IX ZR 173/92, BB 1993, 1682 (insoweit in NJW 1993, 2799 nicht abgedruckt).

Bei gemischten Sozietäten tritt die Mithaftung nur für diejenigen Sozietätsmitglieder ein, die auf dem Berufsgebiet, in die das Mandat fällt, nach dem Gesetz auch tätig sein dürfen. Der Steuerberatersozius haftet daher nicht für eine außersteuerliche – ihm selbst gemäß § 1 RBerG verbotene – Rechtsberatung durch seinen Anwaltssozius. Dieser haftet aber für eine steuerliche Falschberatung eines mit ihm assoziierten Steuerberaters, weil auch der Rechtsanwalt zur Hilfeleistung in Steuersachen gemäß § 3 Abs. 1 BRAO und § 3 Nr. 2 StBerG befugt ist.

OLG Köln, Urt. v. 3. 5. 1996–11U 252/95, NJW-RR 1997, 438.

- **neu eintretendes Mitglied**

1. Bei der Gründung einer Anwaltssozietät erstrecken sich die bereits vorher den einzelnen Anwälten erteilten Einzelmandate nicht automatisch auf die übrigen Mitglieder der Sozietät. Dazu bedarf es vielmehr einer zumindest stillschweigenden Einbeziehung der Sozien in das bisherige Einzelmandat.

2. Wenn ein Rechtsanwalt nach dem Tod seines Sozius ein bisher von diesem betreutes Einzelmandat übernimmt, ist er ohne besonderen Anlaß nicht verpflichtet, die Handakten daraufhin durchzusehen, ob seinem Sozius vor Jahren irgendein Versäumnis unterlaufen ist.

BGH, Urt. v. 4. 2. 1988 – IX ZR 20/87, NJW 1988, 1973 = WM 1988, 457.

Ein Steuerberatervertrag, der ursprünglich nur mit einem Steuerberater geschlossen wurde, kann einen neu hinzutretenden Sozius einbeziehen, wenn die Sozien bei der Ausführung des Auftrags gegenüber dem Mandanten gemeinsam auftreten und das Verhalten beider Seiten dahin zu deuten ist, daß sie sich über die Erstreckung des Mandats auf die Sozietät einig sind.

BGH, Urt. v. 17. 10. 1989 – XI ZR 158/88 , NJW 1990, 827 = WM 1990, 188.

Das einer Anwaltssozietät erteilte Mandat erstreckt sich im Zweifel auch auf später eintretende Sozietätsmitglieder.

BGH, Urt. v. 5. 11. 1993 – V ZR 1/93 – NJW 1994, 257.

Das einem Einzelanwalt erteilte Mandat erstreckt sich nicht auf einen später hinzutretenden Sozius, und zwar auch dann nicht, wenn der Erstanwalt später stirbt. Es bedarf dann vielmehr eines (neuen) Vertrages zwischen dem Mandanten und dem Sozius des Erstanwalts. Dieser Vertrag kann jedoch stillschweigend geschlossen werden, z. B. durch bewußte Duldung der Tätigkeit des neuen Anwalts durch die Partei.

OLG Karlsruhe, Beschl. v. 24. 7. 1954 – 3 W 58/54, RPfleger 1957, 42.

Aus der Verletzung eines Anwaltsvertrages kann kein Anspruch gegen einen Rechtsanwalt geltend gemacht werden, der erst nach Beendigung des Mandatsverhältnisses in die bestehende Anwaltssozietät eingetreten ist.

OLG Hamburg, Urt. v. 9. 1. 1980 – 9 U 114/78, VersR 1980, 1073.

Der einem Einzelanwalt erteilte Auftrag erstreckt sich nicht auf seinen später hinzutretenden Sozius. Dazu bedarf es vielmehr einer zumindest stillschweigenden Einbeziehung des Sozius in das bisherige Einzelmandat.

OLG Bamberg, Urt. v. 18. 7. 1988–4 U 60/88, NJW-RR 1989, 223.

- **Prozeßkostenhilfe**

Eine Partei, die im Verfahren der Prozeßkostenhilfe einen einer Anwaltssozietät angehörenden Rechtsanwalt beigeordnet erhält und diesen beauftragt, braucht nur für dessen Verschulden, nicht aber für das eines anderen Mitglieds der Sozietät einzustehen.

BGH, Beschl. v. 7. 5. 1991 – XII ZB 18/91, NJW 1991, 2294.

Bestellen sich die Mitglieder einer Anwaltssozietät für einen Mandanten und beantragen sie Prozeßkostenhilfe unter Beiordnung eines Sozietätsmitglieds, haften gleichwohl alle Sozietätsmitglieder für ein Verschulden aus positiver Verletzung des Anwaltsvertrages, sofern nicht ausnahmsweise mit hinreichender Deutlichkeit zum Ausdruck gekommen ist, daß der Mandant nur dieses Sozietätsmitglied beauftragen wollte; dies gilt jedenfalls, solange es nicht zu einer Beiordnung gekommen ist.

OLG Köln, Beschl. v. 3. 3. 1993 – 19 W 5/93, AnwBl 1994, 300 = ZIP 1993, 520.

- **Treuhandauftrag**

Wer einen einer Rechtsanwaltssozietät angehörenden Rechtsanwalt mit einer Treuhandtätigkeit beauftragt, schließt den Vertrag im Zweifel mit allen der Sozietät angehörenden Rechtsanwälten ab.

BGH, Urt. v. 10. 3. 1988 – III ZR 195/86, NJW-RR 1988, 1299 = WM 1988, 986.

1. Bei einer Rechtsanwaltssozietät kommt im Zweifel ein Vertrag zwischen dem Auftraggeber und allen Sozien zustande.

2. Dies gilt dann nicht, wenn ein Angehöriger einer Sozietät mit einer Aufgabe betraut wird, die nicht zum Berufsbild eines Rechtsanwalts gehört.
OLG Düsseldorf, Urt. v. 31. 1. 1997 – 7 U 68/96, NJWE-VHR 1997, 255.

- **überörtliche**

1. Aus Sinn und Zweck des Erfordernisses der Prozeßvertretung durch einen beim Prozeßgericht zugelassenen Rechtsanwalt (§ 78 Abs. 1 ZPO) folgt zwingend, daß die Verantwortung für alle Prozeßhandlungen und -pflichten den (postulationsfähigen) Rechtsanwalt treffen, der die Partei vor Gericht vertritt.
2. Demgemäß sind bei Vertretung einer Partei durch Mitglieder einer überörtlichen Sozietät Rechtsmittelfristen – jedenfalls auch und in erster Linie – durch den Rechtsanwalt (und an dessen Niederlassungsort) festzustellen und zu überwachen, der die Partei im Prozeß vertritt, auch wenn innerhalb der Sozietät ein anderes Mitglied an einem anderen Niederlassungsort als der maßgebliche Vertreter der Partei angesehen wird.
BGH, Beschl. v. 24. 3. 1994 – I ZB 1/94, NJW 1994, 1878.

Der Einbeziehung eines einer Sozietät angehörenden Rechtsanwalts in ein Mandatsverhältnis steht nicht entgegen, daß dieser nicht bei dem Prozeßgericht postulationsfähig ist.
BGH, Urt. v. 19. 1. 1995 – III ZR 107/94, NJW 1995, 1841.

Ein Mandant, der eine Anwaltssozietät mit der Wahrnehmung seiner Interessen beauftragt, schließt einen Anwaltsvertrag nur mit den Sozietätsmitgliedern, die auch bei dem für die Entscheidung des Rechtsstreits örtlich und sachlich zuständigen Gericht zugelassen sind.
OLG Düsseldorf, Beschl. v. 23. 3. 1993 – 10 W 154/92, JurBüro 1993, 686; OLG Düsseldorf, Beschl. v. 30. 12. 1993 – 10 W 163/93, MDR 1994, 411; OLG Düsseldorf, Beschl. v. 30. 8. 1994 – 10 W 98/94, NJW-RR 1995, 376.

Der einer Anwaltssozietät erteilte Auftrag bezieht sich regelmäßig auf alle Sozietätsmitglieder, auch wenn diese nicht bei dem Prozeßgericht, sondern nur bei dem Berufungsgericht zugelassen sind. Dies führt zur Aktivlegitimation aller Sozietätsmitglieder für das Honorar und zu ihrer gesamtschuldnerischen Haftung.
OLG Düsseldorf, Urt. v. 17. 1. 1995–24 U 231/93, AnwBl 1995, 193.

Stillschweigender Vertragsschluß

Ein Anwaltsvertrag kann stillschweigend zustande kommen, indem der Rechtsanwalt die Vollmacht des Rechtsuchenden entgegennimmt.
RG, Urt. v. 25. 2. 1910 – 153/09 III, JW 1910, 332.

Zwischen den Parteien kann ein Anwaltsvertrag konkludent geschlossen werden, wenn der Rechtsanwalt während eines Zwangsversteigerungsverfahrens den Auftraggeber ständig unterrichtet, seine Anfragen beantwortet, die ihm erteilte Generalvollmacht zu den Zwangsversteigerungsakten reicht und im Verteilungstermin für den Auftraggeber auftritt.
BGH, Urt. v. 23. 1. 1981 – V ZR 198/79, VersR 1981, 460.

Trotz fehlenden Erklärungsbewußtseins (Rechtsbindungs-, Geschäftswillens) liegt eine Willenserklärung vor, wenn der Erklärende bei Anwendung der im Verkehr erforderlichen Sorgfalt hätte erkennen und vermeiden können, daß seine Äußerung nach Treu und Glauben und der Verkehrssitte als Willenserklärung aufgefaßt werden durfte, und wenn der Empfänger sie tatsächlich auch so verstanden hat.
BGH, Urt. v. 7. 6. 1984 – IX ZR 66/83, BGHZ 91, 324 = NJW 1984, 2279.

Ein Anwaltsvertrag kann schlüssig zustandekommen, wenn der Auftraggeber den Rechtsanwalt anläßlich der Erörterung einer anderen Rechtsangelegenheit beiläufig auf eine neue Sache anspricht und ihm hierzu Unterlagen zusendet sowie der Rechtsanwalt daraufhin an den Auftraggeber ein Schreiben richtet, das sich auf die neue Sache bezieht und den Vorschlag eines Schreibens an die Gegenseite enthält.
BGH, Urt. v. 17. 3. 1988 – IX ZR 43/87, NJW 1988, 2880 = WM 1988, 905.

1. Da der Anwaltsvertrag zu seiner Wirksamkeit keiner Form bedarf, kann er auch durch schlüssiges Verhalten der Vertragsparteien zustande kommen. Im Interesse der Rechtssicherheit sind an die Annahme eines Vertragsschlusses durch schlüssiges Verhalten allerdings erhöhte Anforderungen zu stellen.
2. Eine solche Annahme ist – sofern es an einem Erklärungsbewußtsein fehlt – nur gerechtfertigt, wenn das Verhalten eines Beteiligten von dem anderen bei Anwendung der im Verkehr erforderlichen Sorgfalt nach Treu und Glauben mit Rücksicht auf die Verkehrssitte eindeutig und zweifelsfrei als eine auf den Abschluß eines (Anwalts-)Vertrages gerichtete Willenserklärung aufzufassen ist.
3. Die Annahme eines Verkehrsanwaltsvertrages setzt eindeutige und klare Anhaltspunkte voraus.
4. Zweifel an einem Vertragsangebot gehen zu Lasten dessen, der sich auf das Zustandekommen eines Vertrages beruft.
BGH, Urt. v. 21. 3. 1991 – IX ZR 186/90, NJW 1991, 2084 = WM 1991, 1567.

Wird ein Anwaltsnotar in seiner Eigenschaft als Notar angegangen und übt er später Anwaltstätigkeit aus, ohne den Auftraggeber darüber aufzuklären, daß er diese Tätigkeit als Rechtsanwalt ausüben wolle und dementsprechend ein Anwaltshonorar erwarte, kommt ein Anwaltsvertrag i. d. R. nicht konkludent zustande, falls der

Auftraggeber die anwaltliche Leistung in der Meinung entgegennimmt, der Anwaltsnotar werde weiterhin als Notar tätig.
OLG Hamm, Urt. v. 10. 4. 1968 – 12 U 21/68, DNotZ 1968, 625; OLG Hamm, Urt. v. 16. 2. 1984 – 28 U 252/83, DNotZ 1985, 182.

Übernahmepflicht

Ein Rechtsanwalt hat das Recht – unter Umständen sogar die Pflicht (§ 45 BRAO) –, ein ihm angetragenes Mandat abzulehnen. Von § 48 BRAO abgesehen besteht kein Kontrahierungszwang. Allerdings gehört es zu einer Anstandspflicht des Rechtsanwalts, selbst dann vorsorglich Berufung einzulegen, wenn er das Mandat ablehnen will, er davon aber die Partei nicht mehr rechtzeitig benachrichtigen kann.
BGH, Urt. v. 19. 4. 1967 – VIII ZR 46/65, BGHZ 47, 320 = NJW 1967, 1567.

Übernahmeverbot

Ein Verstoß des Rechtsanwalts gegen § 45 Abs. 1 Nr. 4 BRAO a. F. = (§ 45 Abs. 1 Nr. 2 BRAO n. F.) berührt nicht die Wirksamkeit der ihm erteilten Prozeßvollmacht und der von ihm namens der Partei vorgenommenen Rechtshandlungen.
BGH, Urt. v. 19. 3. 1993 – V ZR 36/92, NJW 1993, 1926.

Ein Verstoß gegen § 46 Abs. 2 Nr. 1 BRAO führt zur Nichtigkeit des zwischen Rechtsanwalt und Mandant abgeschlossenen Geschäftsbesorgungsvertrages gemäß § 134 BGB.
BGH, Urt. v. 25. 2. 1999 – IX ZR 384/97, NJW 1999, 1715 = WM 1999, 970.

Der Verstoß gegen das dem Rechtsanwalt auferlegte Verbot, tätig zu werden, wenn es sich um den Rechtsbeistand oder um die Auslegung einer Urkunde handelt, die er als Notar aufgenommen hat (§ 45 Abs. 1 Nr. 4 BRAO a. F. = § 45 Abs. 1 Nr. 2 BRAO n. F.), hat gemäß § 134 BGB die Nichtigkeit des Geschäftsbesorgungsvertrages mit dem Mandanten zur Folge.
OLG Köln, Beschl. v. 14. 2. 1979 – 17 W 421/78, AnwBl 1980, 70.

Eine entgegen der Verbotsnorm des § 45 Abs. 1 Nr. 4 BRAO a. F. (= § 45 Abs. 1 Nr. 2 BRAO n. F.) entwickelte prozessuale oder vorprozessuale Tätigkeit des Anwaltsnotars hat die Nichtigkeit des Geschäftsbesorgungsvertrages mit dem Mandanten zur Folge.
OLG Hamm, Urt. v. 21. 9. 1987 – 5 U 188/87, DNotZ 1989, 632.

Verstößt ein Anwaltsnotar dadurch gegen die ihm nach § 14 Abs. 1 Satz 2 BNotO obliegenden Amtspflichten, daß er einen Beteiligten, für den er zunächst als Notar

tätig war, später als Rechtsanwalt vertritt, ist der mit dem Mandanten abgeschlossene Geschäftsbesorgungsvertrag nichtig.
OLG Hamm, Beschl. v. 1. 10. 1991–15 W 266/91, NJW 1992, 1174.

Unterbevollmächtigter Rechtsanwalt

1. Stellt das Gericht an den in der mündlichen Verhandlung allein anwesenden Kartellanwalt entscheidungserhebliche Fragen, die dieser nicht hinreichend beantworten kann, weil er mit der Sache nicht vertraut ist, so verletzt es hierdurch seine Aufklärungspflicht, wenn es die unzureichende Antwort des Kartellanwalts seiner Entscheidung zugrundelegt.
2. Ein Anwaltskartell, das im Interesse der Rechtsanwälte und des Gerichts eingerichtet ist, darf den Parteien keine vermeidbaren Nachteile bringen.
OLG Düsseldorf, Urt. v. 28. 6. 1971 – 1 U 34/71, NJW 1971, 1707.

Die Erteilung einer Vollmacht zur Terminswahrnehmung setzt eine Erklärung des Vertretenen voraus. Sie kann darin liegen, daß der Vertretene dem Vertreter mündlich oder schriftlich Weisung erteilt, für ihn aufzutreten, und ihm Gelegenheit gibt, sich mit dem notwendigen Prozeßstoff zu befassen. Damit sind zugleich die notwendigen Voraussetzungen aufgezeigt, sich aus Zweckmäßigkeitsgründen in den Sitzungen durch den sog. „Kartellanwalt" vertreten zu lassen. Diesem muß eine auf den Fall bezogene Weisung erteilt worden sein. Er muß i. d. R. ferner die Möglichkeit haben, sich mittels der Handakten des Prozeßbevollmächtigten der Partei ein eigenes Bild von dem Streitstoff zu machen, und insbesondere zu prüfen, ob er nicht etwa wegen besonderer Umstände gehindert ist, die Vertretung wahrzunehmen. Eine von Rechtsanwälten gegenseitig erteilte allgemeine Vollmacht, in Terminen aller künftigen Rechtsstreitigkeiten einander zu vertreten, läßt sich nicht mit den Erfordernissen einer ordnungsgemäßen Rechtspflege in Einklang bringen und wäre deshalb unwirksam.
OLG Düsseldorf, Urt. v. 30. 9. 1975–20 U 22/75, NJW 1975, 1324.

1. Eine Büroorganisation, die es ermöglicht, daß das Büropersonal eines Rechtsanwalts ohne Zwischenschaltung des Rechtsanwalts eine Akte ins „Kartell" gibt, ist grob mangelhaft.
2. Ein Rechtsanwalt handelt pflichtwidrig, wenn er eine Rechtssache vor dem Gericht streitig verhandelt, ohne sie überhaupt zu kennen.
3. Nach dem Inkrafttreten des Gesetzes zur Vereinfachung und Beschleunigung gerichtlicher Verfahren vom 3. 12. 1976 kann ein sogenanntes Anwaltskartell nicht mehr als ordnungsgemäße Prozeßführung angesehen werden.
OLG Düsseldorf, Urt. v. 21. 4. 1982 – 17 U 100/81, NJW 1982, 1888.

1. Das Gericht ist seiner Hinweispflicht nicht enthoben, weil der Kläger im Verhandlungstermin von einem sog. Kartellanwalt vertreten wird.
2. Beabsichtigt das Gericht mit den Parteien ein Rechtsgespräch zu führen, so hat es die Anwälte vor dem Termin hiervon zu unterrichten.
3. Das Gericht darf sich nicht damit begnügen, im Termin einen Hinweis an den sog. Kartellanwalt zu geben. Vielmehr muß der Partei Gelegenheit zur Stellungnahme gegeben werden.
OLG Düsseldorf, Urt. v. 9. 1. 1989–5 U 155/88, NJW 1989, 1489.

Ein Pflichtverteidiger kann nicht wirksam Untervollmacht erteilen. Wird die Revisionsbegründung von einem Rechtsanwalt unterzeichnet, der von dem Pflichtverteidiger „unterbevollmächtigt" worden ist, führt dies zur Unzulässigkeit der Revision.
OLG Karlsruhe, Beschl. v. 8. 2. 1993 – 2 Ss 426/92 – 3/93 II, NJW 1993, 2002.

Verkehrs- und Prozeßanwalt

1. Die Pflichtenkreise des Prozeßbevollmächtigten und des Verkehrsanwalts müssen unterschieden werden. Es handelt sich um rechtlich selbständige Mandate mit verschiedenen Pflichten. Keiner dieser Anwälte ist in seinem Pflichtenkreis als Erfüllungsgehilfe des anderen i. S. d. § 278 BGB tätig.
2. Die Pflicht zu ordnungsmäßigem prozessualen Handeln gegenüber dem Prozeßgericht obliegt dem zum Prozeßbevollmächtigten bestellten Rechtsanwalt, nicht dem Verkehrsanwalt. Nach der Übernahme des Prozeßmandats durch den Prozeßbevollmächtigten trifft den Verkehrsanwalt grundsätzlich keine Pflicht, die Tätigkeit des Prozeßbevollmächtigten zu überwachen. Nur dann, wenn sich dem Verkehrsanwalt aufdrängen muß, daß der Prozeßbevollmächtigte ihm obliegende Pflichten nicht erfüllt, muß der Verkehrsanwalt im Rahmen seiner Beratungspflicht den Mandanten darauf hinweisen und auf Abhilfe dringen.
3. Entwirft der Verkehrsanwalt einen Schriftsatz an das Prozeßgericht, so wird dadurch weder die Verantwortung des Prozeßbevollmächtigten für den Inhalt des Schriftsatzes beschränkt noch der Verantwortungsbereich des Verkehrsanwalts in bezug auf das prozessuale Handeln gegenüber dem Prozeßgericht erweitert.
BGH, Urt. v. 17. 12. 1987 – IX ZR 41/86, NJW 1988, 1079 = WM 1988, 382.

1. Die Pflicht des zum Prozeßbevollmächtigten bestellten Rechtsanwalts zu sachgemäßer Prozeßführung ändert sich nicht dadurch, daß ein Verkehrsanwalt in die Korrespondenz zwischen ihm und dem Mandanten eingeschaltet ist, Fristen überwacht und die Schriftsätze an das Prozeßgericht entwirft.

2. Der Verkehrsanwalt hat den Mandanten auf die rechtliche Bedeutung eines Beweisbeschlusses hinzuweisen, zu dessen Erfüllung der Mandant mitwirken muß. Das gilt insbesondere für die Auflage, einen für die Beweiserhebung notwendigen Kostenvorschuß zu zahlen.
BGH, Urt. v. 24. 3. 1988 – IX ZR 115/87, BGHZ 105, 116 = NJW 1988, 3013 = WM 1988, 987.

Der Rechtsanwalt, der den Rechtsmittelanwalt zu beauftragen hat, muß dafür Sorge tragen, daß dieser den Auftrag rechtzeitig bestätigt, und den Eingang dieser Bestätigung überwachen. Besteht zwischen dem erstinstanzlichen Prozeßbevollmächtigten und dem Rechtsmittelanwalt im Einzelfall oder allgemein die Absprache, daß dieser Rechtsmittelaufträge annehmen, prüfen und ausführen wird, besteht für den beauftragenden Rechtsanwalt i. d. R. kein Grund, von sich aus den Ablauf der Rechtsmittelfrist weiterhin zu überwachen.
BGH, Beschl. v. 11. 7. 1988 – I ZB 5/88, NJW 1988, 3020.

1. Nach der Übernahme des Prozeßmandats trifft den Verkehrsanwalt grundsätzlich keine Verpflichtung mehr, den Prozeßbevollmächtigten bei seiner Tätigkeit zu überwachen, es sei denn, daß sich ihm aufdrängen muß, der Prozeßbevollmächtigte werde die ihm obliegenden Pflichten nicht erfüllen.
2. Eine Pflicht des Verkehrsanwalts, die Wahrung der Berufungsbegründungspflicht zu überwachen, besteht dann, wenn er aufgrund interner Absprachen anstelle des Prozeßbevollmächtigten die Berufungsbegründung zu fertigen und damit auch deren fristgerechte Einreichung sicherzustellen hat.
BGH, Beschl. v. 28. 3. 1990 – VII ZB 7/90, VersR 1990, 801.

1. Der Prozeßbevollmächtigte verantwortet die einzuschlagende Prozeßtaktik. Hält er die vom Verkehrsanwalt vorgeschlagene Taktik für unzweckmäßig, riskant oder gar nachteilig, so muß er seine Bedenken diesem gegenüber kundtun. Erst wenn auf eine solche „Gegenvorstellung" hin der Verkehrsanwalt die Weisung des Mandanten übermittelt, es solle bei der von ihm vorgeschlagenen Prozeßtaktik bleiben, verletzt der Prozeßbevollmächtigte im allgemeinen nicht seine Vertragspflichten, indem er die Weisung befolgt.
2. Ein Versäumnis des Prozeßbevollmächtigten ist dem Mandanten zuzurechnen (§§ 254 Abs. 2, 278 BGB), wenn dieser Rechtsanwalt Erfüllungsgehilfe des Mandanten bei einer Obliegenheit zur Schadensminderung war.
BGH, Urt. v. 28. 6. 1990 – IX ZR 209/89, NJW-RR 1990, 1241 = WM 1990, 1917.

Sowohl der Prozeßbevollmächtigte als auch der Verkehrsanwalt, der den Berufungsanwalt beauftragt hat, haben in eigener Verantwortung geeignete und verläßliche Maßnahmen zu treffen, die eine zuverlässige Information über den Lauf der Rechtsmittelfrist gewährleisten.
BGH, Beschl. v. 22. 11. 1990 – I ZB 13/90, VersR 1991, 896.

Vom schlüssigen Abschluß eines Verkehrsanwaltsvertrages kann nur dann ausgegangen werden, wenn die Umstände die Annahme eines Vertragsangebots eindeutig und klar erkennen lassen.

BGH, Urt. v. 21. 3. 1991 – IX ZR 186/90, NJW 1991, 2084 = WM 1991, 1567.

1. Personen, die jeweils unabhängig voneinander eine Ursache für einen Schaden gesetzt haben, haften grundsätzlich als Gesamtschuldner.
2. Der Geschädigte hat sich ausnahmsweise auf einen Regreßanspruch gegen einen Rechtsanwalt einen schuldhaften Schadensbeitrag eines anderen Rechtsanwalts dann als Mitverschulden anrechnen zu lassen, wenn er sich dieses Rechtsanwalts zur Erfüllung eines Gebots des eigenen Interesses bedient hat und das Verhalten dieser Hilfsperson in unmittelbarem Zusammenhang mit dem ihr anvertrauten Pflichtenkreis steht.
3. Unterrichtet ein Rechtsanwalt im Einvernehmen mit dem Mandanten dessen Prozeßanwalt über den Sachverhalt, so hat der Mandant gegenüber dem Prozeßanwalt eine vorwerfbare und schadensursächliche Falschangabe als Mitverschulden gemäß §§ 254 Abs. 1, 278 BGB zu vertreten.

BGH, Urt. v. 13. 3. 1997 – IX ZR 81/96, NJW 1997, 2168 = WM 1997, 1392.

1. Ein Rechtsanwalt, der einen Rechtsmittelanwalt zu beauftragen hat, kann nicht darauf vertrauen, daß der Auftrag ausgeführt wird. Dies kann anders sein, wenn zwischen dem beauftragenden Rechtsanwalt oder seiner Partei und dem beauftragten Rechtsanwalt eine Absprache besteht, daß dieser Rechtsmittelaufträge annehmen, prüfen und ausführen wird.
2. Fehlt eine solche Absprache, endet die Sorgfaltspflicht des beauftragenden Rechtsanwalts regelmäßig nicht mit dem rechtzeitigen Absenden des Auftragsschreibens. Vielmehr hat er auch nach Absenden des Auftragsschreibens den Ablauf der Rechtsmittelfrist in eigener Verantwortung zu überwachen.

BGH, Beschl. v. 5. 6. 1997 – X ZB 2/97, NJW 1997, 3245 = WM 1997, 2091.

1. Dem Verkehrsanwalt, nicht dem Prozeßbevollmächtigten, obliegt grundsätzlich die Pflicht zur Beratung des Mandanten. Dies gilt jedenfalls bezüglich eines Teilanspruchs, der nicht Gegenstand der Klage ist.
2. Teilt der Verkehrsanwalt dem Prozeßbevollmächtigten fehlerhafte Rechtsansichten mit, kann dies, soweit es sich um den Gegenstand eines dem Prozeßbevollmächtigten noch nicht erteilten Folgemandats handelt, grundsätzlich nicht zu einer Änderung der Pflichtenkreise in dem Sinn führen, daß der Prozeßbevollmächtigte zur Überprüfung der Rechtsansichten des Verkehrsanwalts und zu einem korrigierenden Rechtsrat verpflichtet wäre.

OLG Düsseldorf, Urt. v. 6. 10. 1988–8 U 188/87, VersR 1989, 850.

Der Mandant muß sich unter Umständen eine schuldhafte Pflichtwidrigkeit des Verkehrsanwalts bei der Erfüllung von Informationspflichten gegenüber dem Prozeßanwalt gemäß §§ 254, 278 BGB zurechnen lassen.
OLG München, Urt. v. 31. 5. 1990 – 24 U 808/89, NJW-RR 1991, 1460.

Weist der erstinstanzliche Anwalt den Mandanten nicht darauf hin, daß die von ihm beabsichtigte Fortsetzung der Korrespondenz mit dem Berufungsanwalt entgeltpflichtig sei, und leitet er lediglich die Vorschußanforderung des Berufungsanwalts weiter, ohne – anders als in der ersten Instanz – einen Vorschuß auch für seine eigene weitere Tätigkeit anzufordern, so darf er in der Regel die Hinnahme dieser Tätigkeit durch den Mandanten nicht als Annahme eines Angebots zum Abschluß eines Verkehrsanwaltsvertrags verstehen.
OLG Koblenz, Urt. v. 27. 10. 1992 – 3 U 1884/91, NJW-RR 1993, 695.

Sind Prozeßanwalt und Verkehrsanwalt für einen Schaden insoweit verantwortlich, als jeder in seinem eigenen Verantwortungsbereich eine Ursache für denselben Schaden gesetzt hat, haften sie als Gesamtschuldner.
OLG Köln, Urt. v. 3. 3. 1995–19 U 119/94, NJW-RR 1995, 1401.

1. Ein Verkehrsanwalt, der auch die Schriftsätze zu entwerfen hat, hat den rechtlich relevanten Sachverhalt zu ermitteln.
2. Wenn keine besonderen Umstände hinzutreten, hat der Prozeßbevollmächtigte keine Veranlassung, die Sachverhaltsdarstellung in den vom Verkehrsanwalt gefertigten Schriftsätzen in Zweifel zu ziehen und bei dem Auftraggeber nachzufragen.
OLG Düsseldorf, Urt. v. 18. 1. 1996 – 18 U 220/94, NJWE-VHR 1997, 58.

1. Der Prozeßbevollmächtigte ist dafür verantwortlich, daß die Rechtsbeständigkeit einer einstweiligen Verfügung durch ihre notwendige Vollziehung im Wege der Zustellung im Parteibetrieb gewährleistet wird.
2. Auch der Verkehrsanwalt, der zur Erwirkung einer einstweiligen Verfügung für den Auftraggeber tätig ist, ist diesem gegenüber verpflichtet, für den Vollzug der einstweiligen Verfügung zu sorgen, indem er zumindest den Prozeßanwalt im Hinblick auf die fristgebundene Vollziehung zu überwachen hat.
3. Prozeß- und Verkehrsanwalt haften als Gesamtschuldner, wenn jeder in seinem Verantwortungsbereich pflichtwidrig und schuldhaft eine Ursache für denselben Schaden gesetzt hat.
4. In einem derartigen Fall haften Prozeß- und Verkehrsanwalt ihrem Mandanten als Gesamtschuldner auf Schadensersatz in Höhe der Gerichtskosten, die ihm deshalb zur Last fallen, weil nach Erwirkung einer einstweiligen Verfügung deren Vollziehung durch Zustellung im Parteibetrieb versäumt wird.

5. Die Verteilung des Schadens auf mehrere Ersatzpflichtige gemäß § 426 Abs. 1 Satz 1 BGB richtet sich nach § 254 BGB, wobei in erster Linie das Maß der Verursachung, in zweiter Linie das Verschulden maßgeblich ist.
6. Beruht die Mithaftung eines Gesamtschuldners allein darauf, daß er den anderen Gesamtschuldner nicht ausreichend beaufsichtigt hat, ist er diesem in der Regel nicht ausgleichspflichtig. Hat ein Gesamtschuldner gegenüber dem anderen eine besondere Vertragspflicht verletzt, ist dies bei der Abwägung zu seinen Lasten zu berücksichtigen.
OLG Düsseldorf, Urt. v. 19. 6. 1997–6 U 122/96, NJWE-VHR 1997, 252.

Haften Verkehrs- und Prozeßanwalt als Gesamtschuldner, wird im Innenverhältnis nur dann gemäß § 426 Abs. 1 BGB gleichmäßig geteilt, wenn jeder andere Verteilungsmaßstab fehlt. Die Aufteilung folgt grundsätzlich nach dem Maß der Verursachung und des Verschuldens.
OLG Celle, Urt. v. 5. 11. 1997 – 2 U 217/96, BRAK-Mitt. 1998, 70 (Ls.)

1. Ein Verkehrsanwalt ist verpflichtet, sich umfassend über den entscheidungserheblichen Sachverhalt zu informieren, durch Befragung des Auftraggebers die für die rechtliche Beurteilung der Sache maßgebenden Punkte zu klären und diese Informationen an den Prozeßanwalt zu übermitteln.
2. Auch wenn der Prozeßanwalt die vom Verkehrsanwalt erstellten Schriftsätze nur »gestempelt« hat, ist er für die Prozeßführung verantwortlich. Er hat den relevanten Sachverhalt vorzutragen und den Fall rechtlich zu bearbeiten.
OLG Düsseldorf, Urt. v. 30. 3. 1998 – 9 U 191/97, NJWE-VHR 1998, 234.

Vertragsinhalt

Gibt der Mandant bei Abschluß eines Anwaltsvertrages eine Erklärung ab, die entweder einen beschränkten Auftrag oder ein unbeschränktes Mandat mit einer Weisung zum Inhalt haben kann, so ist der Inhalt eines daraufhin geschlossenen Vertrages im Wege der Auslegung zu ermitteln.
BGH, Urt. v. 13. 3. 1997 – IX ZR 81/96, NJW 1997, 2168 = WM 1997, 1392.

1. Maßgebend für den Umfang der anwaltlichen Pflichten ist der Inhalt des vom Mandanten erteilten Auftrags. Aus der gleichzeitig erteilten Prozeßvollmacht lassen sich keine Rückschlüsse darauf ziehen, ob zugleich mit dem Prozeßmandat auch schon der Auftrag erteilt worden ist, gegen das erstinstanzliche Urteil Berufung einzulegen. Für den Umfang des Mandats kommt es deshalb allein auf den dem Rechtsanwalt erkennbaren Willen des Mandanten an.
2. Der Wille einer Partei, die einem Rechtsanwalt ein Prozeßmandat erteilt, geht in aller Regel dahin, daß dieser sie in der Rechtssache bis zu deren endgültigem Ab-

schluß vertritt, soweit seine Postulationsfähigkeit reicht; dies wird vom Rechtsanwalt auch so verstanden.
3. Dementsprechend findet eine Besprechung mit dem Prozeßbevollmächtigten darüber, ob Berufung einzulegen ist, aus der Sicht der Mandanten innerhalb eines bestehenden Auftragsverhältnisses statt. Dieser wird es als Kündigung des bisherigen Mandats auffassen, wenn er sich dazu entschließt, einen anderen Rechtsanwalt mit der Vertretung im nächsten Rechtszug zu beauftragen.
OLG Hamburg, Urt. v. 16. 11. 1971–12 U 169/69, NJW 1972, 775.

Vorvertragliche Haftung

Von einem Rechtsanwalt kann nicht erwartet werden kann, Schreiben, die äußerlich nicht als eilig erkennbar sind, unter allen Umständen in kürzester Zeit zu bearbeiten.
RG, Urt. v. 9. 3. 1932 – 499/31 IX, JW 1932, 2144.

Ein Rechtsanwalt muß während der Abwesenheit von seiner Kanzlei dafür Sorge tragen, daß ein anderer Rechtsanwalt oder ein ihm gleichgestellter Vertreter die Überwachung der Kanzlei und vor allem des Posteingangs übernimmt; dies gilt insbesondere dann, wenn der Rechtsanwalt zehn Tage seiner Kanzlei fernbleibt und mit dieser Dauer der Abwesenheit auch von vornherein gerechnet hat.
BGH, Urt. v. 19. 2. 1957 – VIII ZR 284/56, VersR 1957, 254.

Ein Rechtsanwalt verletzt die gebotene Sorgfalt, wenn er nicht dafür Sorge trägt, daß alle Eingänge durch einen verantwortlichen Juristen darauf geprüft werden, ob etwas zu veranlassen, insbesondere ob eine fristwahrende Prozeßhandlung vorzunehmen ist. Er muß anordnen, daß zumindest alle Posteingänge, die nicht eindeutig in den ausschließlichen Bearbeitungskreis der Bürovorsteherin fallen, am Tag ihres Eingangs ihm oder seinem Vertreter vorzulegen sind.
BGH, Beschl. v. 7. 7. 1971 – IV ZB 39/71, VersR 1971, 1022.

Ein Rechtsanwalt kann sich nicht von der Pflicht befreien, jeden Eingang selbst mindestens darauf durchzulesen, ob er sofort bearbeitet werden muß. Um die ihm anvertrauten Interessen des Absenders sachgerecht zu wahren, muß er als Adressat darüber entscheiden, ob eine Eilmaßnahme geboten ist. Die Erledigung dieser Aufgabe kann ein Rechtsanwalt nicht seinem Büro überlassen.
BGH, Beschl. 21. 2. 1974 – II ZB 13/73, NJW 1974, 861.

Ein Rechtsanwalt ist verpflichtet, dafür Sorge zu tragen, daß die Schriftstücke, die während seiner Abwesenheit an einem normalen Werktag während der üblichen Bürozeiten eingehen, noch am selben Tag auf drohenden Fristablauf hin geprüft werden.
VGH München, Beschl. v. 28. 12. 1992 – 23 B 92/1549, NJW 1993, 1731.

502 **Anhang 2: Formulierungsbeispiele für Haftungsbeschränkung**

Beispiel 1: Rahmenkonzept einer Haftungsbeschränkung auf einen Höchstbetrag durch Vereinbarung im Einzelfall

Vereinbarung über eine Haftungsbeschränkung
zwischen

[vollständiger Name und Anschrift des Auftraggebers]

(im folgenden „Auftraggeber")

und

[Berufsbezeichnung, vollständiger Name und Kanzleianschrift des beauftragten Rechtsanwalts]

(im folgenden „Rechtsanwalt")

1. *[Inhalt des Auftrags positiv umschreiben und negativ abgrenzen]*
2. Ansprüche des Auftraggebers aus dem mit dem beauftragten Rechtsanwalt zuvor unter 1. beschriebenen Vertragsverhältnis auf Ersatz eines fahrlässig verursachten Schadens werden auf einen Betrag von DM 500.000,00 *[an dieser Stelle kann und sollte eine höhere, mit der Haftpflichtversicherung vereinbarte Haftsumme eingesetzt werden]* beschränkt. Die Haftung wegen Vorsatzes bleibt unberührt.

(Ort, Datum, Unterschrift des Auftraggebers)

(Ort, Datum, Unterschrift des Rechtsanwalts)

Beispiel 2: Haftungsbeschränkung auf einen Höchstbetrag durch vorformulierte Vertragsbedingungen

(Briefbogen des beauftragten Rechtsanwalts)

Auftraggeber: ...

Gegenstand des Auftrags: ...

1. Der Anspruch des Auftraggebers aus dem mit dem beauftragten Rechtsanwalt *[Name]* bestehenden Vertragsverhältnis auf Ersatz eines fahrlässig verursachten Schadens wird für Fälle einfacher Fahrlässigkeit auf einen Höchstbetrag von DM 2 Millionen *[an dieser Stelle kann auch ein höherer Betrag bis zur Deckungsgrenze der abgeschlossenen Versicherung eingesetzt werden]* beschränkt.
2. Wünscht der Auftraggeber eine höhere Absicherung, so kann auf seine Kosten eine Einzelhaftpflichtversicherung mit einer höheren Versicherungssumme abgeschlossen werden.

Ich erkläre mich mit vorstehender Vereinbarung einverstanden.

(Ort, Datum, Unterschrift des Auftraggebers)

Beispiel 3: Haftungsbeschränkung auf einzelne Mitglieder einer Sozietät durch vorformulierte Vertragsbedingungen

(Briefbogen der beauftragten Sozietät)

Auftraggeber: ...

Gegenstand des Auftrags: ...

Bearbeitender Rechtsanwalt: ...

Die persönliche Haftung der Mitglieder der beauftragten Sozietät *[Name]* auf Schadensersatz aus dem mit dem Auftraggeber bestehenden Vertragsverhältnis wird auf die oben genannten, das Mandat bearbeitenden Mitglieder der Sozietät beschränkt.

Ich erkläre mich mit vorstehender Vereinbarung einverstanden.

(Ort, Datum, Unterschrift des Auftraggebers)

Beispiel 4: Haftungsbeschränkung auf einzelne Mitglieder einer überörtlichen Sozietät durch vorformulierte Vertragsbedingungen

(Briefbogen der beauftragten Sozietät)

Auftraggeber: ...

Gegenstand des Auftrags: ...

Bearbeitende(s) Büro(s): ...

Die persönliche Haftung der Mitglieder der beauftragten Sozien *[Name der beauftragten Sozietät]* auf Schadensersatz aus dem mit dem Auftraggeber bestehenden Vertragsverhältnis wird auf diejenigen auf diesem Briefbogen namentlich bezeichneten Mitglieder der Sozietät beschränkt, die in dem/den oben aufgeführten Büro/Büros niedergelassen sind, in welchem/welchen der Auftrag bearbeitet wird.

Ich erkläre mich mit vorstehender Vereinbarung einverstanden.

(Ort, Datum, Unterschrift des Auftraggebers)

Abschnitt 2: Pflichten aus dem Anwaltsvertrag

Inhaltsverzeichnis

Zugehör

Spezialliteratur:

Allgemeine Vertragspflichten:

Franzen, Vermeidbare Prozesse, NJW 1982, 1854;
Gebler, Die Aufklärungspflicht des Anwalts im Rahmen des Mandats und die Beratungs- und Belehrungspflichten beim Vergleichsabschluß sowie die Rechtsfolgen eines Pflichtenverstoßes, 1996;
Hebler, Bedeutung juristischer Projektbegleitung bei der Errichtung umfangreicher Bauprojekte durch Großunternehmen, ZfIR 1998, 58;
Heinemann, Baustein anwaltlicher Berufshaftung: die Beweislast, NJW 1990, 2345;
Henssler, Die Haftung der Rechtsanwälte und Wirtschaftsprüfer, AnwBl 1996, 3;
ders., Haftungsrisiken anwaltlicher Tätigkeit, JZ 1994, 178;
Hübner, Die Berufshaftung – ein zumutbares Berufsrisiko?, NJW 1989, 5;
Mohrbutter, UN-Kaufrecht für die Bundesrepublik Deutschland, ZAP (1991), Fach 3, S. 69;
Müller, K., Die Pflichten des Rechtsanwalts im Zusammenhang mit der Führung eines Prozesses, MDR 1969, 161;
ders., Zur Haftung des Anwalts aus fehlerhafter Prozeßführung, MDR 1969, 797, 896, 965;
Odersky, Die Berufshaftung – ein zumutbares Berufsrisiko?, NJW 1989, 1;
Olzen, Die Rechtswirkungen geänderter höchstrichterlicher Rechtsprechung in Zivilsachen, JZ 1985, 155;
Poll, Die Haftung der Freien Berufe zwischen standesrechtlicher Privilegierung und europäischer Orientierung, 1994;
Prinz, Der juristische Supermann als Maßstab, VersR 1986, 317;
Raiser, Die Haftung des deutschen Rechtsanwalts bei grenzüberschreitender Tätigkeit, NJW 1991, 2049;
Riederer von Paar, Die Haftung des Rechtsanwalts bei grenzüberschreitender Tätigkeit, AnwBl 1991, 496;
Rinsche/Schlüter, Anwaltstätigkeit im internationalen Bereich, ZAP (1992), Fach 23, S. 115;
Scheffler, Anwaltspflichten – Anwaltsverschulden, NJW 1961, 577;
Schlee, Die Pflicht des Rechtsanwalts zur Sachverhaltsaufklärung, AnwBl 1989, 390; *ders.*, Rechtsanwaltspflichten bei Mandatsbeendigung, AnwBl 1990, 205;
ders., Zustellungsmangel als „Rettungsanker" bei Fristversäumung?, AnwBl 1993, 237;
Schmidt, M. J., Vollstreckung titulierter Rechtsanwaltshonorare und Kostenerstattungsansprüche im Ausland – Grundzüge des EuGVÜ und LuganoÜ, ZAP (1992), Fach 24, S. 141, 153;
Schneider, Der freie Anwalt und die Präjudizien, MDR 1972, 745;
Schnorbus, Die Haftung des Rechtsanwalts im Lichte höchstrichterlicher Rechtsprechung, DStR 1998, 1637;
Schultz, Blick in die Zeit, MDR 1965, 264;
Sieg, Haftung des Rechtsanwalts bei der Anwendung ausländischen Rechts, ZAP (1996), Fach 23, S. 239;
ders., Haftung des Rechtsanwalts bei der Zusammenarbeit mit ausländischen Anwälten, ZAP (1998), Fach 23, S. 341;

Tesarczyk, Karlsruher Forum 1991, Überlegungen zum Verjährungsrecht, seine Mängel, seine Rechtfertigung und seine Reform, S. 16 – Sonderheft Versicherungsrecht 1992 –;
van Bühren, Das rechtsschutzversicherte Mandat, MDR 1998, 745;
Wedemeyer, Vermeidbare Klippen des Wettbewerbsrechts, NJW 1979, 293;
Weimar, Grundfragen der anwaltlichen Rechtsberatung, MDR 1998, 1008.

Zugehör

Einzelpflichten:

Abrahams, Präklusion und Fluchtwege im Zivilprozeß, AnwBl 1999, 111 und 168;
Berger, Zur Neuregelung der Zession anwaltlicher Gebührenforderungen in § 49 b IV BRAO, NJW 1995, 1406;
Bergerfurth, Der Widerrufsvergleich und seine Risiken, NJW 1969, 1797;
Bethke, Das Schlichtungsverfahren in Bayern – eine Möglichkeit der außergerichtlichen Beilegung von bürgerlichrechtlichen Streitigkeiten, NJW 1993, 2728;
Borgmann, Haftpflichtfragen, AnwBl 1990, 318;
ders., Haftpflichtfragen, AnwBl 1997, 559;
ders., Auftrag an einen Rechtsmittelanwalt, BRAK-Mitt. 1999, 75;
Büttner, Wiedereinsetzung in den vorigen Stand, 1996;
Derleder, Rechtsformen anwaltlicher Beratungshilfe, MDR 1981, 448;
Dobmaier, Haftungsfälle bei Versicherungsmandaten, AnwBl 1998, 602;
Eggersmann/Hoene, Anwaltliche Verschwiegenheit contra Benachrichtigungs- und Auskunftspflicht – Konflikt zwischen § 203 StGB und § 26 BDSG, CR 1990, 18;
Eylmann, Unsachlichkeit als Charakterfehler ahnden, AnwBl 1999, 338;
Fiala/von Walter, Die Handakte des Steuerberaters, Wirtschaftsprüfers und Rechtsanwalts, DStR 1998, 694 und 736;
Frank, Ist die Bestimmung über den Parteiverrat (§ 356 StGB) Schutzgesetz im Sinne des § 823 Abs. 2 BGB?, MDR 1962, 945;
Gebler, Die Aufklärungspflicht des Anwalts im Rahmen des Mandats und die Beratungs- und Belehrungspflichten beim Vergleichsabschluß sowie die Rechtsfolgen eines Pflichtenverstoßes, 1996;
Gerhardt, Wahrung der Konkursanfechtungsfrist durch Antragstellung bei der „Hamburger Gütestelle“, NJW 1981, 1542;
Goette, Auslandsbeurkundungen im Kapitalgesellschaftsrecht, DStR 1996, 709;
Gounalakis, Haftung des Steuerberaters – Gefahrenanalyse und Risikobegrenzung, NJW 1998, 3593;
Greißinger, Beratungshilfe, Prozeßkostenhilfe und anwaltliche Aufklärungspflicht, AnwBl 1982, 288;
Großfeld/Berndt, Die Übertragung von deutschen GmbH-Anteilen im Ausland, RIW 1996, 626;
Henssler, Das anwaltliche Berufsgeheimnis, NJW 1994, 1817;
Herrmann, Geheimhaltungspflicht des Rechtsanwalts über Geheimnisse des Verhandlungsgegners bei Tätigkeit für aufeinander folgende Auftraggeber in der gleichen Angelegenheit, DB 1997, 1017;

Hoppmann, Anwaltsregreß in der gerichtlichen Praxis, MDR 1994, 14;
Jestaedt, Erstattung von Anwaltskosten im US-Prozeß?, RIW 1986, 95;
Jungk, Merkposten für das gerichtliche Mahnverfahren, AnwBl 1998, 272;
Kanzleiter, Der Blick in die Zukunft als Voraussetzung der Vertragsgestaltung, NJW 1995, 905;
Langenfeld, Vertragsgestaltung, 1991;
Maxeiner, Die Gefahr der Übertragung deutschen Rechtsdenkens auf den US-amerikanischen Zivilprozeß, RIW 1990, 440;
Müller, G., Typische Fehler bei der Wiedereinsetzung in den vorigen Stand, NJW 1993, 681;
dies., Die Rechtsprechung des BGH zur Wiedereinsetzung in den vorigen Stand, NJW 1995, 3224 und NJW 1998, 497;
Müller, K., Die Pflichten des Anwalts im Zusammenhang mit der Führung des Prozesses, JR 1969, 161;
ders., Zur Haftung des Anwalts aus fehlerhafter Prozeßhandlung, MDR 1969, 797, 896 und 965;
Nassall, Auskunfts- und Akteneinsichtsrechte des Konkursverwalters gegenüber dem Rechtsanwalt des Gemeinschuldners, KTS 1988, 633;
ders., Zur Schweigepflicht des Rechtsanwalts im Konkurs juristischer Personen, NJW 1990, 496;
Ostler, Stellung und Haftungsrisiko des Rechtsanwalts in Zivilsachen, JA 1983, 109;
Pera, Anwaltshonorare in Deutschland und den U. S. A., 1995;
Prechtel, Zulässigkeit der Abtretung anwaltlicher Honorarforderungen an Rechtsanwälte angesichts § 49 b IV BRAO, NJW 1997, 1813;
Recq, Das neue Anwaltsgesetz in Frankreich, AnwBl 1993, 67;
Reuter, Keine Auslandsbeurkundung im Gesellschaftsrecht?, BB 1998, 116;
Rinsche, Soll der Anwalt der Empfehlung des Gerichts zur Antragstellung nachkommen?, AnwBl 1994, 216;
Rüpke, Anwaltsrecht und Datenschutzrecht, NJW 1993, 3097;
Scharpenack, Der Vergleich mit Widerrufsvorbehalt – Fakten und Formulierungshilfen, MDR 1996, 883;
Schlee, Haftpflichtfragen, AnwBl 1985, 143;
ders., Haftpflichtfragen, AnwBl 1989, 223;
Schneider, Problemfälle aus der Prozeßpraxis – Anwaltliche Belehrung Hilfsbedürftiger, MDR 1988, 282;
Schultz, Blick in die Zeit, MDR 1965, 264;
Schumann, Zur örtlichen Allzuständigkeit der Öffentlichen Rechtsauskunft- und Vergleichsstelle zu Hamburg im bürgerlich-rechtlichen Güteverfahren, DRiZ 1970, 60;
Sieg, Internationale Anwaltshaftung, 1996;
ders., Anwaltshaftung bei der Anwendung ausländischen Rechts und bei der Zusammenarbeit mit ausländischen Anwälten, IWB (1996), Fach 4 Gr. 2, S. 223;
ders., Haftung des Rechtsanwalts bei der Anwendung ausländischen Rechts, ZAP (1996), Fach 23, S. 239;
ders., Allgemeine Geschäftsbedingungen und UN-Kaufrecht, AW-Prax 1997, 27;
ders., Allgemeine Geschäftsbedingungen im grenzüberschreitenden Geschäftsverkehr, RIW 1997, 811;

ders., Internationale Gerichtsstands- und Schiedsklauseln in Allgemeinen Geschäftsbedingungen, RIW 1998, 102;
ders., Haftung des Rechtsanwalts bei der Zusammenarbeit mit ausländischen Anwälten, ZAP (1998), Fach 23, S. 341;
Späth, Zivilrechtliche Haftung des Steuerberaters, NWB (1995), Fach 30, S. 951;
Triebel, Anglo-amerikanischer Einfluß auf Unternehmenskaufverträge in Deutschland – eine Gefahr für die Rechtsklarheit?, RIW 1998, 1;
Wagner/Lerch, Mandatsgeheimnis im Internet?, NJW-CoR 1996, 380;
Wehrberger, Haftpflichtrisiken aus dem Bereich der erbrechtlichen Beratung, AnwBl 1998, 338;
Weinschenk, Anwaltskosten in den USA, RIW 1990, 935;
Wenzel, Die Pflichten des Rechtsanwalts nach dem Geldwäschegesetz, ZAP (1994), Fach 21, S. 95;
Westerwelle, Die Interessenkollision nach der neuen Berufsordnung, NJW 1997, 2781;
Wirges, Das Verhältnis zwischen § 840 I Nr. 1 ZPO und § 43 a BRAO, JurBüro 1997, 295;
Wirth, Keine Auskunftspflicht der Rechtsanwälte, Wirtschaftsprüfer und Steuerberater gegenüber der Wertpapieraufsicht, BB 1996, 1725.

Sieg

Pflichten des Mandanten:

Bach, Anwaltsvergütungen in Europa, Rpfleger 1991, 7;
Berger, Zur Neuregelung der Zession anwaltlicher Gebührenforderungen in § 49 b Abs. 4 BRAO, NJW 1995, 1406;
ders., Die Abtretung ärztlicher Honorarforderungen, NJW 1995, 1584;
Borgmann, Korrespondierende Pflichten aus dem Anwaltsvertrag: Die Informationspflicht des Mandanten und die Aufklärungspflicht des Anwalts, FS Ostler 1983, S. 1;
Brieske, Die anwaltliche Honorarvereinbarung, 1997;
Eggert, Das Zeitentgelt – gesetzliche Gebühr oder Honorarvereinbarung?, AnwBl 1994, 214;
Gebler, Die Aufklärungspflicht des Anwalts im Rahmen des Mandats und die Beratungs- und Belehrungspflichten beim Vergleichsabschluß sowie die Rechtsfolgen eines Pflichtenverstoßes, 1996;
Hansens, Die Anwaltsvergütung nach dem Recht der bisherigen DDR und nach dem Recht der Bundesrepublik Deutschland – eine rechtsvergleichende Darstellung, DtZ 1991, 97;
Henssler, Treuhandgeschäft – Dogmatik und Wirklichkeit, AcP Bd. 196 – 1996 –, S. 37;
Kilian, Das Verbot des anwaltlichen Erfolgshonorars, JB 1994, 641;
Lindemann, Der Begriff der gleichen „Angelegenheit" in der Beratungshilfe, NJW 1986, 2299;
Pabst, Gebührenrechtliche Folgen der Kündigung des Mandates, MDR 1978, 449;
Prechtel, Zulässigkeit der Abtretung anwaltlicher Honorarforderungen an Rechtsanwälte angesichts § 49 b Abs. 4 BRAO, NJW 1997, 1813;
Schepke, Das Erfolgshonorar des Rechtsanwalts, 1998;
Schmidt, B., Zur unberechtigten Kündigung aus wichtigem Grund beim Werkvertrag, NJW 1995, 1313;
Würz-Bergmann, Die Abtretung von Honorarforderungen schweigepflichtiger Gläubiger, insbesondere Rechtsanwälte, Steuerberater, Wirtschaftsprüfer und Ärzte, 1993.

A. Allgemeine Vertragspflichten des Rechtsanwalts 503

Die folgenden Ausführungen betreffen den **echten Anwaltsvertrag** (Rn. 107, 849, 1201 ff.), in dem sich der Rechtsanwalt gegenüber seinem Auftraggeber (Mandanten) zum anwaltstypischen Rechtsbeistand – i. d. R. zur Rechtsberatung und/oder -vertretung verpflichtet (vgl. § 3 BRAO).[834a] **Unechte Anwaltsverträge** (Rn. 132 ff., 852, 1201 ff.), die dem Rechtsanwalt keine oder nur eine geringfügige Rechtsbeistandspflicht auferlegen, ihm vielmehr anwaltsuntypische (-fremde) Aufgaben – je nach Vertragsgestaltung etwa Anlageberatung, Maklertätigkeit, Vermögensverwaltung – zuweisen, richten sich nach den allgemeinen Regeln des jeweiligen Vertragstyps. 504

I. Grundlagen 505

1. Vertragspflichten nach Maßgabe des Mandats

Vertragliche Pflichten gegenüber seinem Auftraggeber (Mandanten) hat der Rechtsanwalt **grundsätzlich nur im Rahmen seines Auftrags (Mandats)**, d. h. **bezüglich des Gegenstandes des Anwaltsvertrages**.[835] 506

Welche **einzelnen Pflichten** der Rechtsanwalt zu erfüllen hat, richtet sich nach dem **Inhalt und Umfang seines Auftrags** sowie den jeweiligen **Umständen des Einzelfalls**;[836] dafür ist es grundsätzlich gleichgültig, ob der jeweilige Anwaltsvertrag – gemäß dem Regelfall – ein **Dienstvertrag** (§§ 611, 675 BGB) oder ausnahmsweise ein **Werkvertrag** (§§ 631, 675 BGB; Rn. 4 ff., 849, 1192 ff., 1201 ff.) ist.[837] Dies gilt auch für die **steuerberatende Tätigkeit des Rechtsanwalts**[838] und für die Rechtsberatung und -vertretung durch einen **Rechtsbeistand**.[839]

Als **Verteidiger im Strafverfahren** hat der Rechtsanwalt die Stellung eines selbständigen Beistandes des Beschuldigten oder Angeklagten und eines unabhängigen Organs der Rechtspflege; seine Aufgabe besteht darin, alles geltend zu

834a Dazu zusammenfassend BGH, WM 1998, 2243, 2244 = NJW 1998, 3486.

835 BGH, NJW 1988, 563, 566 = WM 1987, 1516; WM 1993, 1376, 1377; NJW 1993, 2045; 1996, 2648, 2649; WM 1998, 140, 141; für den Steuerberater: BGH, NJW 1995, 2842; WM 1997, 335, 338, insoweit nicht abgedruckt in: BGHZ 134, 212.

836 BGH, NJW 1988, 1079, 1080 f.; 1993, 2045; 1996, 2648, 2649; WM 1997, 1392, 1394; für den Steuerberater: BGHZ 128, 358, 361 = WM 1995, 721.

837 BGH, WM 1996, 1832, 1834 = NJW 1996, 2929, 2931.

838 BGH, WM 1993, 510, 511; vgl. für den Steuerberater: BGHZ 128, 358, 361 = NJW 1995, 958 = WM 1995, 721; BGH, WM 1997, 335, 338, insoweit nicht abgedruckt in: BGHZ 134, 212.

839 BGH, WM 1993, 510, 511.

machen, was dem Beschuldigten oder Angeklagten nach dem Sach- oder Verfahrensrecht günstig ist.[840]

2. Anforderungen der Rechtsprechung

507 Der BGH[841] umschreibt die **allgemeinen Vertrags-(General-)pflichten** des Rechtsanwalts aus einem echten Anwaltsvertrag wie folgt:

Der Rechtsanwalt hat seinen Auftraggeber umfassend und erschöpfend zu belehren. Er muß den ihm vorgetragenen Sachverhalt dahin prüfen, ob er geeignet ist, den vom Mandanten erstrebten Erfolg herbeizuführen. Ist dies der Fall, so hat der Anwalt seinem Auftraggeber diejenigen Schritte zu empfehlen, die zu dem erstrebten Ziel führen können. Dafür hat der Anwalt den sichersten Weg vorzuschlagen. Vor voraussehbaren und vermeidbaren Nachteilen muß der Anwalt den Mandanten bewahren. Damit dieser eine sachgerechte Entscheidung treffen kann, hat der Anwalt ihn über Risiken und deren abschätzbares Ausmaß aufzuklären; Zweifel und Bedenken, zu denen die Sach- oder Rechtslage Anlaß gibt, muß der Anwalt darlegen und mit seinem Auftraggeber erörtern.

3. Grundpflichten

508 Aus diesem Katalog, der auch für den **Steuerberater** gilt,[842] ergeben sich folgende **vertraglichen Grund-(Haupt-/„Kardinal"-)pflichten**:

Der Rechtsanwalt hat

- das vom Auftraggeber angestrebte **Ziel** und den dafür maßgeblichen **Sachverhalt**, zu dem auch bereits erhobene oder noch mögliche Einwände eines Gegners gehören, zu **klären** (dazu Rn. 533 ff.),
- diesen Sachverhalt auf seine **rechtliche Erheblichkeit** für das angestrebte Ziel zu **prüfen** (dazu Rn. 548 ff.),
- **den Mandanten über das Ergebnis der Prüfung der Sach- und Rechtslage zu belehren,** die sich daraus ergebenden **Zweifel, Bedenken** und **Risiken darzulegen** und **geeignete Wege** für das weitere Vorgehen – vor allem den **sichersten Weg – aufzuzeigen** (dazu Rn. 585 ff.),
- stets darauf zu achten, daß der **Auftraggeber keinen voraussehbaren und vermeidbaren Schaden erleidet** (dazu Rn. 618 ff.).

840 BGH, MDR 1965, 26 f.

841 NJW 1988, 563, 566; 1992, 1159, 1160; WM 1993, 610, 614 = NJW 1993, 1320, 1322; NJW 1994, 1211, 1212; 1995, 449, 450; WM 1996, 1832, 1834.

842 BGHZ 129, 386, 396 = WM 1995, 1450; BGH, WM 1998, 301, 302 = NJW 1998, 1486.

a) In den Grenzen des Mandats

Diese **anwaltlichen Grundpflichten** bestehen **innerhalb der Grenzen eines jeden Mandats**, sei es umfassend oder beschränkt (dazu Rn. 517 ff.). Das bedeutet, daß der Rechtsanwalt diese Grundpflichten bezüglich des jeweiligen Gegenstandes seines – umfassenden oder beschränkten – Auftrags zu erfüllen hat. Aus der Natur des Anwaltsvertrages ergibt sich, daß der **Rechtsanwalt persönlich** die ihm übertragenen Aufgaben **zu erledigen hat**; für eingeschaltete Hilfskräfte haftet er gemäß § 278 BGB[843] (dazu Rn. 837 ff.). 509

b) Während des Mandats

Diese **Hauptpflichten** obliegen dem Rechtsanwalt nur **während des Mandats**; sie beginnen und enden mit dem Anwaltsvertrag.[844] 510

c) Vor und nach der Mandatszeit

Nach dem Rechtsgrundsatz von Treu und Glauben (§ 242 BGB) kann für den Rechtsanwalt außerhalb der Mandatszeit (nur) eine **vor- oder nachvertragliche Nebenpflicht** zum Schutz des – künftigen bzw. früheren – Mandanten entstehen, deren schuldhafte Verletzung zu einer Haftung führen kann.[845] 511

Wegen eines **Verschuldens vor oder bei Abschluß des Anwaltsvertrages** (dazu Rn. 173 ff.) kann der Rechtsanwalt z. B. haften, wenn er einen Auftrag, den er nicht annehmen will, nicht unverzüglich ablehnt (§ 44 BRAO) oder wenn er zwischen einer Beiordnung (§§ 48, 49 BRAO) und dem Abschluß des Anwaltsvertrages die Interessen des künftigen Auftraggebers nicht wahrt. 512

Nach einer – vorzeitigen oder vertragsgemäßen – Beendigung des Anwaltsvertrages kann eine nachvertragliche Nebenpflicht (dazu Rn. 188 ff.) für den Rechtsanwalt nur dann entstehen, wenn infolge der Vertragsbeendigung dem früheren Mandanten ein unmittelbarer, mit der vorangegangenen Vertragserfüllung zusammenhängender Schaden droht, etwa wegen eines unmittelbar bevorstehenden Fristablaufs.[846] Besteht eine solche Gefahr nicht, so ist der Rechtsanwalt dem früheren Auftraggeber zu keiner Nachsorge verpflichtet; er braucht dann in einer un-

843 BGH, NJW 1981, 2741, 2743; NJW-RR 1990, 459, 460.
844 BGH, NJW-RR 1990, 459, 460.
845 BGH, NJW-RR 1990, 450, 460 zu einer nachvertraglichen Benachrichtigungspflicht; WM 1996, 542, 543.
846 BGH, WM 1996, 542, 543; 1997, 77, 78 = NJW 1997, 254; WM 1997, 321, 322; vgl. *Schlee*, AnwBl 1990, 205.

vollendeten Angelegenheit keine Ratschläge für die künftige Sachbehandlung zu erteilen[847] und nicht die Sache zu einem vorläufigen Ende zu führen.[848]

d) Pflichtverletzung und Haftung

513 Eine bestimmte **objektive Pflichtverletzung** (dazu im einzelnen Rn. 988 ff.) – ein **pflichtwidriges Tun oder Unterlassen** – ist die erste Voraussetzung für einen vertraglichen Regreßanspruch des Mandanten. Ein solcher Anspruch kann sich ergeben bei **Verstoß gegen eine vorvertragliche Pflicht** aus einem **Verschulden vor oder bei Vertragsschluß** („**culpa in contrahendo** – c. i. c."; dazu Rn. 173 ff., 1529 ff.) oder bei **Verletzung einer vertraglichen oder nachvertraglichen,** noch dem Vertrag entspringenden **Pflicht**, i. d. R. aus einer **Schlechterfüllung** („**positive Vertragsverletzung** – pVV") des Anwaltsvertrages.

Nur selten wird ein Schadensersatzanspruch des Mandanten gegen den Rechtsanwalt aus **Verzug** (§§ 286, 326 BGB) oder zu vertretender **Unmöglichkeit** (§§ 280, 325 BGB) gegeben sein (dazu Rn. 990 ff.). Eine **besondere Rechtsgrundlage** für einen Schadensersatzanspruch des Mandanten kann sich aus dem gesetzlichen, auf den Anwaltsvertrag nach § 675 BGB anzuwendenden Dienst- oder Werkvertragsrechts ergeben (§ 628 Abs. 2 BGB – dazu Rn. 84 ff., 926 ff., 948; §§ 635, 636 Abs. 1 Satz 2 BGB).

514 Hat der Rechtsanwalt durch eine objektiv vertragswidrige, nicht ausnahmsweise durch einen Rechtfertigungsgrund gedeckte und damit **rechtswidrige Pflichtverletzung** (dazu Rn. 988 ff.) – oder durch einen entsprechenden objektiven Verstoß gegen eine vorvertragliche Pflicht – einen **Schaden des Mandanten adäquat verursacht** (haftungsbegründender Ursachenzusammenhang = **haftungsbegründende Kausalität**), so ist weitere Haftungsvoraussetzung, daß diese Pflichtverletzung dem Rechtsanwalt als **Verschulden** gemäß § 276 BGB **vorzuwerfen ist** (dazu Rn. 1013 ff.). Kommt Fahrlässigkeit (§ 276 Abs. 1 Satz 2 BGB) in Betracht, so ist zu prüfen, ob besondere Umstände des Einzelfalls – etwa die Eilbedürftigkeit oder eine besondere Schwierigkeit des Mandats – dem Vorwurf entgegenstehen, der Rechtsanwalt habe die im Verkehr erforderliche Sorgfalt außer acht gelassen. Objektive Pflichtverletzung und subjektives Verschulden dürfen nicht, wie es bei der Untersuchung einer Anwaltshaftung häufig geschieht, miteinander vermengt werden.

847 BGH, WM 1997, 77, 78 = NJW 1997, 254.
848 BGH, WM 1997, 321, 322.

Aus einer schuldhaften Verletzung einer Vertragspflicht haftet der Anwalt nur dann, wenn diese einen **Schaden im Rechtssinne adäquat verursacht hat** (haftungsausfüllender Ursachenzusammenhang = **haftungsausfüllende Kausalität** – dazu Rn. 1040 ff.), der dem Anwalt **haftungsrechtlich zuzurechnen** ist, insbesondere in den **Schutzbereich der verletzten Vertragspflicht** fällt (Rn. 1061 ff.). 515

Ein schadensursächliches **Mitverschulden** des geschädigten Mandanten (§ 254 BGB; Rn. 1149 ff.) oder eine **Verjährung** des Regreßanspruchs (§ 51 b BRAO n. F. = § 51 BRAO a. F.; Rn. 1169 ff.) können der anwaltlichen Vertragshaftung entgegenstehen. 516

II. Umfassendes und beschränktes Mandat 517

1. Umfassendes Mandat

Der Rechtsanwalt hat meistens ein **unbeschränktes Mandat** (vgl. Rn. 42 ff.); er ist dann beauftragt, seinen Auftraggeber in der gesamten Rechtsangelegenheit umfassend zu beraten und, soweit dies zulässig ist, zu vertreten. Das bedeutet i. d. R., daß dem („Haus-")Anwalt die entsprechende außergerichtliche und gerichtliche Tätigkeit übertragen ist; soweit der Anwalt bei dem Gericht nicht zugelassen ist, soll er als Verkehrsanwalt die Verbindung zum Prozeßbevollmächtigten halten.[849] 518

2. Beschränktes Mandat

Häufig wird dem Rechtsanwalt nur ein **beschränktes Mandat** übertragen; er ist dann nur beauftragt, seinen Mandanten in einer Rechtsangelegenheit bezüglich eines Teils des Gegenstandes oder in einer bestimmten Art, Richtung und Reichweite zu beraten und zu vertreten.[850] Das Musterbeispiel ist ein gesonderter **Prozeßauftrag**.[851] Ein beschränktes Mandat liegt z. B. auch dann vor, wenn ein Anwalt beauftragt wird, einen bereits vereinbarten Vertragsinhalt in eine geeignete juristische Form zu bringen[852] oder eine Klage zu erheben, ohne vorher die entscheidungserhebliche Frage der Verjährung des Klageanspruchs zu prüfen.[853] 519

849 BGH, WM 1988, 987, 989 f.
850 Vgl. BGH, WM 1996, 1832, 1834.
851 Vgl. BGH, NJW 1993, 2045.
852 BGH, WM 1996, 1832, 1834.
853 BGH, WM 1997, 1392, 1393.

3. Gemeinsamkeit und Unterschied

520 Umfassendes und beschränktes Mandat haben **gemeinsam,** daß die **anwaltlichen Hauptpflichten** aus dem echten Anwaltsvertrag (Rn. 504),

- den maßgeblichen Sachverhalt zu klären (Rn. 533 ff.),
- diesen Sachverhalt rechtlich zu prüfen (Rn. 548 ff.),
- den Auftraggeber über das Ergebnis der Sach- und Rechtsprüfung zu belehren (Rn. 584 ff.)
- und Nachteile des Mandanten zu verhindern (Rn. 618 ff.),

innerhalb der Grenzen des Mandats zu erfüllen sind.

Der **Unterschied** besteht darin, daß – anders als beim umfassenden Mandat – sich diese anwaltlichen **Hauptpflichten beim beschränkten Mandat nur auf den – beschränkten – Gegenstand des jeweiligen Anwaltsvertrages erstrecken.** Das bedeutet, daß derjenige, der einem Rechtsanwalt einen beschränkten Auftrag erteilt hat, diesem **Anwalt grundsätzlich nicht vorwerfen kann,** er habe zwar seinen Auftrag fehlerlos erledigt, hätte aber zur Verhinderung des – anderweitig verursachten – Schadens **über sein Mandat hinausgehen müssen.**[854] Hat der Rechtsanwalt nur den Auftrag erhalten, einen bereits vereinbarten Vertragsinhalt in eine geeignete juristische Form zu bringen, so haftet dieser Anwalt nicht dafür, daß die Vertragspartner von einem falschen Sachverhalt ausgegangen sind.[855] War der Rechtsanwalt nur beauftragt, einen Anspruch einzuklagen, ohne vorab die entscheidungserhebliche Verjährungsfrage zu prüfen, so haftet dieser Anwalt nicht, wenn der Klageanspruch wegen Verjährung abgewiesen wird.[856] Hat der Mandant nach Kündigung seines Arbeitsverhältnisses den Anwalt nur beauftragt, eine höhere Abfindung aus einem Sozialplan durchzusetzen, so ist der Anwalt nicht dafür verantwortlich, daß der Mandant die Frist für eine Kündigungsschutzklage versäumt.[857]

521 Ein **Steuerberater**, der einen Jahresabschluß zu erstellen hat, braucht nicht nachträglich zu prüfen, ob die Voraussetzungen für eine Befreiung von der Grunderwerbsteuer vorlagen.[858] Ein Steuerberater, der seinem Mandanten aus steuerlichen Gründen zur Aufteilung seines Betriebs geraten hat, ist ohne besonderen Auftrag nicht verpflichtet, die ordnungsmäßige Ausführung dieser Maßnahme zu überwa-

854 BGH, WM 1996, 1832, 1834; 1997, 1392, 1393.
855 BGH, WM 1996, 1832, 1834.
856 BGH, WM 1997, 1392, 1393.
857 Vgl. BGH, Beschl. v. 11. 3. 1998 – IX ZR 32/97.
858 BGHZ 128, 358, 361 f. = NJW 1995, 958 = WM 1995, 721.

chen, selbst wenn er allgemeine Steuerangelegenheiten für den Auftraggeber erledigt.[859]

4. Warnpflicht bei beschränktem Mandat

Bei einem **beschränkten Mandat** braucht der **Rechtsanwalt** also **grundsätzlich** 522
Interessen seines Auftraggebers außerhalb des Mandatsgegenstandes nicht wahrzunehmen. Der Wille der Vertragspartner hat die anwaltliche Leistungspflicht auf einen bestimmten Teil der Rechtsangelegenheit des Auftraggebers beschränkt. Nur dafür schuldet dieser dem Anwalt eine Vergütung. Müßte ein Rechtsanwalt zur Wahrung von Belangen seines Auftraggebers über sein Mandat hinausgehen, so hätte der Anwalt – ohne zusätzliches Honorar – ein erweitertes Haftungsrisiko zu tragen, das er häufig nicht übersehen und deswegen nicht versichern könnte. Dies gilt insbesondere dann, wenn solche Interessen des Mandanten keine unmittelbare Beziehung zum – beschränkten – Mandatsgegenstand haben. Häufig müßte der Anwalt, ohne daß dies für die ordnungsmäßige Erfüllung seines beschränkten Auftrags notwendig wäre, das Umfeld seines beschränkten Auftragsgegenstandes nach schutzwerten Interessen seines Auftraggebers absuchen. Würde der Anwalt sodann seinem Mandanten etwa die Verfolgung eines – außerhalb des beschränkten Gegenstandes des Anwaltsvertrages liegenden – Anspruchs empfehlen und wäre eine entsprechende Klage erfolglos, so müßte der Anwalt eine Inanspruchnahme wegen eines fehlerhaften Rats befürchten.

Allerdings besteht für den **Rechtsanwalt** nach Treu und Glauben (§ 242 BGB) 523
dann eine **Nebenpflicht zur Warnung seines Auftraggebers vor Gefahren außerhalb des beschränkten Mandatsgegenstandes**, soweit diese dem Anwalt **bekannt oder für ihn offenkundig** sind.[860] Dies gilt insbesondere dann, wenn die Gefahr Interessen des Auftraggebers betrifft, die mit dem beschränkten anwaltlichen Auftragsgegenstand in engem Zusammenhang stehen.[861] Das ist der Fall, wenn der Anwalt einen Restitutionsanspruch nach dem Vermögensgesetz wegen Rentenforderungen durchsetzen soll und dabei erfährt, daß der Mandant einen solchen Anspruch auch wegen Grund- und Aktienvermögens haben kann und die dafür bestehende Ausschlußfrist abzulaufen droht.[862]

859 BGH, WM 1995, 1500, 1501.
860 BGH, WM 1997, 1392, 1394 = NJW 1997, 2168, 2169; WM 1998, 2246, 2247; für den Steuerberater: BGHZ 128, 358, 361 f. = WM 1995, 721; BGH, WM 1995, 1500, 1501.
861 BGH, WM 1998, 2246, 2248.
862 BGH, WM 1998, 2246, 2247 f.

524 Für den Rechtsanwalt, der beauftragt ist, einen Anspruch einzuklagen, ohne dessen Verjährung zu prüfen, besteht insoweit keine Warnpflicht, als in einem fremden Rechtsgutachten, von dem er auftragsgemäß ausgehen soll, der Verhandlungsbegriff i. S. d. § 852 Abs. 2 BGB verkannt worden ist.[863]

5. Abgrenzung

a) Tatfrage

525 Ob der Auftraggeber dem Rechtsanwalt ein **umfassendes oder beschränktes Mandat** erteilt hat, ist eine **Tatfrage,** keine Rechtsfrage.

526 Zwar hat der BGH[864] in einem Fall, in dem der Rechtsanwalt das „eingeschränkte Mandat" einer **Prozeßführung** erhalten hatte, ausgeführt, der Anwalt habe diese Aufgabe nicht völlig isoliert von den übrigen Interessen des Auftraggebers sehen dürfen; vielmehr habe er die mit dem Rechtsstreit unmittelbar zusammenhängenden rechtlichen und wirtschaftlichen Belange seines Mandanten mit berücksichtigen müssen. Das klingt danach, als sei der mit einem beschränkten Mandat betraute Rechtsanwalt von Rechts wegen stets verpflichtet, solche Interessen des Auftraggebers außerhalb des Mandatsgegenstandes zu wahren; dies wäre nicht gerechtfertigt, weil sich der Wille der Partner des Anwaltsvertrages nur auf einen beschränkten Vertragsgegenstand und damit auf eine entsprechende anwaltliche Leistungspflicht erstreckt hat. Die Entscheidung des BGH muß aber dahin verstanden werden, daß das **Prozeßmandat tatsächlich von den Vertragspartnern dahin erweitert** worden war, daß der Anwalt die Verjährung von Ansprüchen zu verhindern hatte, die der Mandant bei einem Prozeßverlust gegen einen Dritten (den Steuerberater des Mandanten) hatte.

527 Ein solches **erweitertes Mandat liegt nahe,** wenn der Anwalt – anders als in einem vom BGH[865] entschiedenen Fall – keinen unbeschränkten Auftrag zur Durchsetzung von Ansprüchen gegen mehrere Schuldner erhält, sondern nur mit einem „Musterprozeß" gegen einen Schuldner beauftragt wird; dann wird sich dieses Mandat i. d. R. darauf erstrecken, die Verjährung der Ansprüche des Auftraggebers gegen die übrigen Schuldner zu vermeiden. Anders kann es in solchen Fällen dann sein, wenn der Mandant mit der Wahrnehmung seiner Interessen gegenüber denjenigen Schuldnern, die nicht Prozeßgegner sind, einen anderen Rechtsanwalt beauftragt.

---

863 BGH, WM 1997, 1392, 1394.
864 NJW 1993, 2045 = WM 1993, 1508.
865 WM 1993, 1376, 1377.

b) Steuerfragen

Tatfrage des Einzelfalls ist es auch, ob das anwaltliche Mandat sich auf **Steuerfragen** erstreckt. Der Rechtsanwalt ist der berufene Berater und Vertreter auch im Steuerrecht (vgl. § 3 BRAO). Andererseits pflegen Mandanten zwischen einer anwaltlichen Beratung im Steuerrecht und auf anderen Rechtsgebieten zu unterscheiden. Dieser Erfahrungssatz gilt aber nicht, wenn der beauftragte Rechtsanwalt Fachanwalt für Steuerrecht oder zugleich Steuerberater und/oder Wirtschaftsprüfer ist (vgl. Rn. 129 ff.); in solchen Fällen ist auch ein steuerrechtliches Mandat naheliegend.[866] In anderen Fällen bedarf es dafür bestimmter tatsächlicher Anhaltspunkte, etwa der Vereinbarung einer besonderen Vergütung für Steuerberatung. 528

c) Verjährung

Besondere Bedeutung gewinnt die Feststellung des Mandatsgegenstandes bei der **Prüfung, ob ein (neuer) Rechtsanwalt einen Regreßanspruch des Mandanten gegen einen früher für diesen tätigen Rechtsanwalt hat verjähren lassen**. Dieses Problem ergibt sich häufig bei nacheinander tätigen Prozeßanwälten desselben Auftraggebers, vor allem für die Frage, ob die **sekundäre Pflicht eines Anwalts zum Hinweis auf die eigene mögliche Regreßhaftung** und deren Verjährung entfallen ist mit der Beauftragung eines anderen Anwalts (dazu Rn. 1283 ff.). Der **Prozeßauftrag,** der regelmäßig nur die Vertretung des Auftraggebers im Rechtsstreit umfaßt, kann sich aber darauf erstrecken, einen Regreßanspruch des Mandanten gegen dessen früheren Anwalt zu prüfen und die Verjährung eines solchen Anspruchs zu verhindern. Eine entsprechende **Erweiterung des Prozeßmandats liegt nahe**, wenn der Mandant das Vertragsverhältnis mit dem Erstanwalt wegen des Verdachts einer Pflichtverletzung vorzeitig beendet hat und der Zweitanwalt dies weiß. Dies gilt auch, wenn der Auftraggeber gegenüber seinem Berufungsanwalt dem erstinstanzlichen Prozeßbevollmächtigten eine Pflichtverletzung vorwirft. Anders kann dies sein, wenn der Auftraggeber nach der Beauftragung des Berufungsanwalts noch mit dem erstinstanzlichen Anwalt wegen der Verjährungsfrage korrespondiert; damit kann der Mandant zum Ausdruck gebracht haben, daß er diese Frage nicht zum Gegenstand des Mandats des Berufungsanwalts gemacht hat.[867] 529

866 Vgl. BGH, NJW 1988, 563, 565 = WM 1987, 1516; WM 1996, 542, 547 = NJW 1996, 842.
867 Vgl. BGH, Beschl. v. 25. 6. 1998 – IX ZR 124/97, S. 4.

d) Umfassendes Mandat mit Weisung oder beschränkter Auftrag

530 Kann ein **umfassendes Mandat mit einer Weisung** des Auftraggebers (§§ 665, 675 BGB) **oder** aber ein **beschränkter Auftrag** erteilt worden sein, so ist der Wille der Vertragspartner im Wege der **Auslegung** zu ermitteln (§§ 133, 157 BGB); insoweit ist letztlich entscheidend, ob der Rechtsanwalt auch von der Pflicht befreit sein sollte, den Mandanten auf erkennbare Risiken und Nachteile seiner Auftragserklärung hinzuweisen.[868] Verbindet der Mandant nämlich mit einem unbeschränkten Auftrag eine **Weisung**, so ist diese für den Anwalt ausnahmsweise dann nicht bindend, wenn dem Auftraggeber bei ihrer Ausführung Nachteile drohen; in diesem Falle hat der Anwalt den Mandanten darauf hinzuweisen und dessen Antwort abzuwarten.[869]

6. Beweislast

531 Ist streitig, **ob** dem Rechtsanwalt ein **umfassendes oder beschränktes Mandat** erteilt worden ist, so ist diese Frage vom **Tatrichter** aufgrund der Umstände des Einzelfalls gemäß § 286 ZPO zu beantworten. Es gibt keinen Erfahrungssatz, daß ein Auftraggeber dem Anwalt ein unbeschränktes Mandat gibt. Behauptet der Anwalt einen beschränkten Auftragsgegenstand, so hat der **Auftraggeber** für einen Regreßanspruch, der sich nur aus einem **unbeschränkten Mandat** ergeben kann, dieses **zu beweisen**.[870] Gelingt dieser Beweis nicht, so ist – gemäß dem Vorbringen des Anwalts – von einem beschränkten Mandat auszugehen.

532 III. Die einzelnen Grundpflichten

533 1. Klärung des Sachverhalts

a) Ziel des Mandanten

534 Der Rechtsanwalt hat zunächst zu klären, welches **Ziel der Auftraggeber** in seiner Rechtsangelegenheit verfolgt, die Gegenstand des Anwaltsvertrages sein soll.

Die Haftpflichtpraxis zeigt, daß es bereits bei dieser ersten und wichtigsten Frage zu Mißverständnissen zwischen Mandant und Anwalt kommen kann, insbesondere deswegen, weil der i. d. R. rechtsunkundige Mandant keine klare und vollstän-

868 BGH, WM 1997, 1392, 1394.
869 BGH, WM 1997, 1392, 1393 f.
870 BGH, WM 1996, 1832, 1834; 1997, 1392, 1394.

dige Vorstellung von seinen rechtlichen Möglichkeiten hat. Im Regreßprozeß macht der Mandant etwa geltend, er habe nach einem Betriebsübergang den neuen Arbeitgeber, nicht aber – wie geschehen – den früheren Arbeitgeber in Anspruch nehmen wollen, oder er habe eine Kündigungsschutzklage erheben, nicht aber – wie geschehen – nur eine höhere Abfindung aus einem Sozialplan erreichen wollen.

Es ist Sache des Rechtsanwalts, dem Mandanten bei der Festlegung des Ziels des 535
Anwaltsvertrages zu helfen. Dafür hat er zu prüfen, ob der ihm **vorgetragene Sachverhalt den vom Mandanten erstrebten Erfolg rechtlich überhaupt herbeiführen kann.**[871] Ist dies offensichtlich nicht der Fall, so muß der Anwalt den Mandanten sogleich darüber aufklären.[872] Hängt der Erfolg von Erklärungen des Mandanten (z. B. Mahnung, Kündigung, Anfechtung, Fristsetzung) ab, so hat der Rechtsanwalt auf die rechtzeitige Abgabe hinzuwirken.[872a]

b) Sichtung des Sachverhalts

Läßt der geschilderte Sachverhalt nach erster Einschätzung den vorläufigen 536
Schluß zu, daß der Auftraggeber sein Ziel erreichen kann, so muß der Rechtsanwalt den **Sachverhalt einschließlich der notwendigen Beweismittel sammeln, ordnen und feststellen**, um eine möglichst zuverlässige **Grundlage für sein weiteres Vorgehen** zu schaffen.[873]

c) Informationspflicht des Mandanten

Damit der Rechtsanwalt diese Aufgabe erfüllen kann, hat der **Mandant seine ver-** 537
tragliche Informationspflicht zu erfüllen (dazu Rn. 971 ff.), also seinen Anwalt wahrheitsgemäß und vollständig über die tatsächlichen Umstände seiner Rechtsangelegenheit zu **unterrichten** und ihm die einschlägigen **Unterlagen** zur Verfügung zu stellen.[874]

---

871 BGH, NJW 1996, 2929, 2932; WM 1997, 1392, 1394.

872 Vgl. BGH, NJW 1988, 563, 565 f. betreffend einen anwaltlichen Rat zum Erwerb einer Eigentumswohnung aus steuerlichen Gründen; NJW 1992, 1159, 1160 betreffend die Errichtung einer GmbH durch einen Arzt entgegen der Berufsordnung.

872a BGH, VersR 1963, 387, 388.

873 BGH, NJW 1961, 601, 602; 1982, 437; 1983, 1665 f.; 1996, 2929, 2931; 1998, 2048, 2049 = WM 1998, 1542; vgl. *Schlee*, AnwBl 1989, 390.

874 Vgl. BGH, NJW 1996, 2929, 2932 = WM 1996, 1832; WM 1997, 1392, 1395.

aa) Mitverschulden bei Verletzung

538 Verletzt der Mandant seine Informationspflicht und entsteht ihm daraus ein Schaden, so kann ein Regreßanspruch gegen seinen Rechtsanwalt wegen eines **Mitverschuldens** entfallen oder gemindert werden (§ 254 BGB; dazu Rn. 971 ff., 1149 ff.).[875] Dies kommt z. B. in Betracht, wenn der Mandant seinem Anwalt verschwiegen hat, daß Baugenehmigung und Gaststättenerlaubnis einer Erweiterung des Gaststättenbetriebs entgegenstehen und deswegen die Abwicklung eines vom Anwalt entworfenen Pachtvertrages scheitert[876], oder der Mandant bzw. sein Beauftragter dem Prozeßbevollmächtigten unzutreffende Angaben über angeblich verjährungshemmende Verhandlungen i. S. d. § 852 Abs. 2 BGB gemacht hat und die Klage wegen Verjährung abgewiesen wird.[877]

bb) Vertrauen auf Richtigkeit der Angaben

539 I. d. R. darf der Rechtsanwalt auf die **Richtigkeit tatsächlicher Angaben** seines Auftraggebers – oder eines Dritten, dem der Mandant die Unterrichtung seines Anwalts überlassen hat[878] – ohne eigene Nachforschungen **vertrauen.**[879]

540 Dieser Grundsatz gilt **nicht für die Mitteilung von Rechtstatsachen** – etwa für Angaben über die Zustellung eines Urteils[880] –, für die **Verwendung von Rechtsbegriffen** – etwa „Abnahme eines Bauwerks"[881], „Mietkauf", „Leihe", „Übereignung", „Rechtsnachfolge" – und für **rechtliche Wertungen** – etwa betreffend den Umfang einer vertraglichen Verpflichtung[882] oder einen „Betriebsübergang". Solche Angaben des regelmäßig rechtsunkundigen Auftraggebers sind unzuverlässig. Insoweit muß der Anwalt die zugrundeliegenden, für die rechtliche Prüfung bedeutsamen **Umstände und Vorgänge klären**; dafür kann es ausreichen, daß er seinen Auftraggeber „**gezielt befragt**"[883] und von diesem **einschlägige Unterlagen erbittet.**[884]

---

875 BGH, VersR 1983, 34, 35; NJW 1996, 2929, 2932; WM 1997, 1392, 1395.

876 BGH, NJW 1996, 2929, 2932.

877 BGH, WM 1997, 1392, 1395.

878 Vgl. BGH, NJW 1991, 2839, 2840 f. = WM 1991, 1812; WM 1997, 1392, 1394 betreffend die Information des Prozeßbevollmächtigten durch einen Rechtsanwalt.

879 BGH, NJW 1996, 2929, 2931; WM 1997, 1392, 1394; NJW 1998, 2048, 2049.

880 BGH, WM 1994, 1805, 1806.

881 OLG Düsseldorf, NJW-RR 1989, 927, 928.

882 BGH, NJW 1985, 1154, 1155.

883 BGH, NJW 1983, 1665, 1666 = ZIP 1983, 996, 998.

884 BGH, NJW 1961, 601, 602; 1982, 437; WM 1994, 1805; NJW 1996, 2929, 2931.

cc) Ergänzung der Angaben

Hat der Rechtsanwalt Anhaltspunkte dafür, daß die Information durch den Mandanten unzutreffend oder lückenhaft ist, so hat der Anwalt sich um eine **Berichtigung und Ergänzung der Angaben** zu bemühen.[885] 541

Soll der Rechtsanwalt Unterhaltsansprüche einklagen, so muß er mit Rücksicht auf § 323 ZPO für eine ergänzende Aufklärung durch den Mandanten darüber sorgen, ob schon ein Unterhaltstitel vorliegt, wenn dafür Anhaltspunkte gegeben sind.[886] Vertritt der Rechtsanwalt seinen Auftraggeber in einem Kündigungsschutzprozeß, so kann er zur Wahrung eines Anspruchs seines Auftraggebers auf Ersatz eines Lohnausfalls verpflichtet sein zu ermitteln, ob der Mandant mit seinem Arbeitgeber eine Ausschlußfrist für einen solchen Anspruch vereinbart hat oder ob eine solche Frist aufgrund eines Tarifvertrages besteht.[887] 542

Grundsätzlich spricht der **Anscheinsbeweis** dafür, daß der Mandant eine Bitte seines Anwalts um weitere Informationen und Unterlagen erfüllt hätte.[888] 543

d) Einsicht in Akten, Register, Urkunden und Unterlagen

Zur Klärung des Sachverhalts kann es notwendig sein, daß der Anwalt **Akten** eines Gerichts oder einer Behörde, die den Gegenstand des Mandats betreffen[889], sowie das **Grundbuch** und **öffentliche Register** einsieht.[890] 544

Soll der Rechtsanwalt seinen Auftraggeber in einem streitigen Vertragsverhältnis beraten und vertreten, so erfordert die Klärung des Sachverhalts i. d. R. die Durchsicht der **Vertragsurkunden**[891] – in Bausachen auch der Ausschreibungsunterlagen[892] oder Baubeschreibung[893] –, des **Schriftwechsels** der Vertragspartner sowie sonstiger **einschlägiger Unterlagen** und **Belege**.[894] 545

Beweisstücke, die dem Anwalt in seiner Kanzlei vorgelegt werden, hat dieser in Augenschein zu nehmen.[895] 546

885 BGH, NJW 1982, 437; WM 1997, 1392, 1394; NJW 1998, 2048, 2049 f.
886 BGH, NJW 1998, 2048, 2049 = WM 1998, 1542.
887 BGH, NJW 1983, 1665 f. = ZIP 1983, 996, 997.
888 BGH, WM 1991, 1993, 1994; NJW 1994, 1472, 1475; 1996, 2929, 2932; 1998, 2048, 2050.
889 BGH, WM 1994, 1805, 1806 wegen der Zustellung eines Urteils; NJW 1998, 2048, 2050 = WM 1998, 1542 wegen der Geltendmachung weiterer Unterhaltsansprüche.
890 Vgl. OLG Düsseldorf, NJW-RR 1989, 927, 928.
891 BGH, NJW 1985, 1154, 1155.
892 BGH, VersR 1983, 34.
893 BGH, NJW 1985, 1154, 1155.
894 BGH, NJW 1981, 2741, 2743.
895 BGH, NJW 1981, 2741, 2743.

e) Beweissicherung

547 Die Vertragspflichten, den Sachverhalt zu klären und den Mandanten vor voraussehbaren und vermeidbaren Nachteilen zu bewahren, können vom Rechtsanwalt eine **Beweissicherung** verlangen, wenn zu besorgen ist, daß ein Beweismittel verloren geht oder seine Benutzung erschwert wird[896] (dazu Rn. 645 f.).

548 2. Rechtsprüfung

a) Allgemeines

549 Hat der beauftragte Rechtsanwalt den zur Erledigung seines Auftrags maßgeblichen Sachverhalt ermittelt, so beginnt seine **vornehmste und wichtigste Aufgabe**, diesen Sachverhalt im Hinblick auf das von seinem Mandanten erstrebte Ziel – sorgfältig und „nach jeder Richtung"[897] – **rechtlich zu prüfen**. Erst nachdem der Rechtsanwalt selbst die Rechtslage festgestellt hat, kann er seiner Vertragspflicht gerecht werden, seinen Auftraggeber in den Grenzen des Mandats umfassend und möglichst erschöpfend zu belehren, ihm geeignete Ratschläge für das weitere Vorgehen zu empfehlen und ihn in jeder Richtung – auch gegenüber Gerichten und Behörden – zu betreuen.

550 Dies gilt **für jedes Mandat**, gleichgültig, ob es die **Vertretung in einem Prozeß oder sonstigen Verfahren** (dazu Rn. 640 ff.), eine **außergerichtliche Beratung** (dazu Rn. 769 ff.) oder eine **Vertrags- oder sonstige Rechtsgestaltung** (dazu Rn. 783 ff.) zum Gegenstand hat. Zur Rechtsprüfung gehört auch die **Überwachung materieller und prozessualer Pflichten;**[898] allein die Versäumung von Verjährungs- und Ausschlußfristen soll etwa ein Viertel aller Haftpflichtfälle auslösen und damit die größte Fehlerquelle anwaltlicher Tätigkeit sein.[899]

551 Die Pflicht des Rechtsanwalts zur **vertragsgerechten Rechtsprüfung** vielfältiger Rechtsgebiete stellt hohe Anforderungen. Diese Pflicht verlangt regelmäßig, daß der Anwalt zusätzlich zu seinem bereits vorhandenen Wissen **weitere, mandatsbezogene Kenntnisse hinzuerwirbt**. Schon die **Sammlung des einschlägigen Rechtsmaterials** kann zeitraubend und mühselig sein. Juristische Datenbanken und Sammlungen, Lehrbücher und Kommentare helfen, aus der Flut der Gesetze, Gerichtsentscheidungen und Rechtsliteratur die Steinchen zu filtern, aus denen das

896 BGH, NJW 1993, 2676, 2677.
897 BGH, VersR 1967, 704, 705; WM 1993, 1376, 1377.
898 BGH, WM 1992, 739, 740; vgl. *Schlee*, AnwBl 1993, 237.
899 *Tesarczyk*, Karlsruher Forum 1991–Überlegungen zum Verjährungsrecht, S. 16.

Mosaik der Rechtslage im konkreten Einzelfall zusammengesetzt werden kann. Fortbildung ist berufsrechtliche Pflicht des Rechtsanwalts (§ 43 a Abs. 6 BRAO).

Der mühevollen Arbeit – i. d. R. als erster –, das Rechtsdickicht zu lichten, ist der 552
Rechtsanwalt auch bei einem **Prozeß – oder sonstigem Verfahrensauftrag** nicht enthoben. Er kann die Rechtsprüfung nicht nach dem Satz „iura novit curia" dem Gericht überlassen und sich auf die Beibringung des Tatsachenmaterials beschränken. Vielmehr hat der Rechtsanwalt die Vertragspflicht, alle zugunsten seines Auftraggebers sprechenden tatsächlichen und rechtlichen Gesichtspunkte dem Gericht darzulegen und damit auch **Fehlern des Gerichts entgegenzuwirken** (Rn. 714 ff., 1070 ff.). Eine schuldhafte Verletzung dieser Pflicht erhöht, wenn sie nicht rechtzeitig behoben wird,[900] das Risiko eines gerichtlichen Irrtums oder Versehens und wird für eine darauf beruhende Fehlentscheidung mitursächlich,[901] so daß der daraus folgende Schaden des Mandanten dem Rechtsanwalt – auch nach dem Schutzzweck der verletzten Vertragspflicht – zuzurechnen ist (dazu Rn. 719).[902]

Zwar obliegt die rechtliche Beurteilung des Streitfalls dem Gericht; dieses trägt für sein Urteil die volle Verantwortung.[903] Aber auch der Rechtsanwalt als unabhängiges Organ der Rechtspflege (§ 1 BRAO) hat dazu beizutragen, das Recht im Einzelfall zu verwirklichen; innerhalb ihrer verschiedenen Funktionen sind die Pflichten des Gerichts und des Rechtsanwalts gleichrangig.[904] Das Grundrecht auf rechtliches Gehör (Art. 103 Abs. 1 GG) setzt voraus, daß die Verfahrensbeteiligten auf die Entscheidung des Gerichts einwirken; dieses muß die Argumente der Parteien zur Kenntnis nehmen und bei der Entscheidungsfindung erwägen.[905] Die **Mitverantwortlichkeit des Rechtsanwalts für ein richtiges Urteil** besteht – entgegen einer Entscheidung des RG[906] – auch im Revisionsverfahren.[907]

Entsprechend den vorstehenden Ausführungen hat der Rechtsanwalt als **Verteidi-** 553
ger im Strafverfahren das Gericht auf eine Verjährung der Strafverfolgung hinzuweisen, obwohl dieses von Amts wegen den Sachverhalt nach allen Richtungen hin zu untersuchen hat.[908]

900 BGH, NJW 1988, 486, 487.
901 a. A. *Schultz*, MDR 1965, 264, 265 f., soweit der Fehler des Anwalts nicht in dessen „funktionellen Haftungsbereich" fällt.
902 BGH, WM 1988, 987, 993; NJW 1994, 1211, 1213; 1996, 2648, 2650 = WM 1996, 1824; NJW 1998, 2048, 2050 = WM 1998, 1542, 1545; *(Klaus) Möller*, MDR 1969, 161, 165 und 797, 896, 965.
903 BGH, WM 1988, 987, 993; NJW 1996, 2648, 2650.
904 *Schultz*, MDR 1965, 264.
905 BGH, WM 1988, 987, 993.
906 RGZ 142, 394, 396.
907 *(Klaus) Möller*, MDR 1969, 896 f.; vgl. BGH, WM 1988, 987, 993.
908 BGH, MDR 1965, 26, 27.

554 **b) Gesetzeskenntnis**

555 Die Behauptung, die Rechtsprechung erwarte vom Rechtsanwalt „eine im wesentlichen lückenlose Gesetzeskenntnis“,[909] ist in dieser Allgemeinheit falsch. Eine entsprechende Forderung wäre irreal und – auch für Richter – unerfüllbar.

aa) Mandatsbezogen

556 Die Rechtsprechung erwartet vielmehr nur eine **mandatsbezogene Rechtskenntnis.** Um die übernommene Pflicht zur rechtlichen Betreuung seines Auftraggebers erfüllen zu können, muß sich der Rechtsanwalt die **wesentlichen deutschen Rechtsnormen** (Grundgesetz, Bundes- und Landesgesetze, Rechtsverordnungen, Satzungen) sowie **private Rechtsquellen** (z. B. Verträge, Versicherungsbedingungen,[910] Tarifverträge[911]) erschließen, die die vertragsgerechte Erledigung seines konkreten Auftrags betreffen.

557 Diese objektive Pflicht entsteht auch dann, wenn der Anwalt ein Mandat auf einem ungewohnten **Spezialgebiet** übernommen hat, etwa betreffend das Bundesentschädigungsrecht,[912] das Zwangsversteigerungsrecht[913] oder eine Verfassungsbeschwerde.[914]

bb) Neue oder geänderte Rechtsnormen

558 Auch **neue oder geänderte Rechtsnormen**, die für den konkreten Mandatsgegenstand gelten, hat der Rechtsanwalt zu ermitteln.[915]

909 *Rinsche*, Rn. I 99 und *Bergmann/Haug*, § 19 Rn. 34, die jedoch jeweils anschließend – zu Recht – auf mandatsbezogene Gesetzeskenntnis abstellen; überzogen auch OLG Hamm, VersR 1981, 936: „Gesetzeskenntnis, zumindest des BGB, bis ins Detail wird in der Rechtsprechung vom Anwalt fast ausnahmslos gefordert“; i. d. S. weiterhin *Hübner*, NJW 1989, 5, 7: „Dabei wird eine lückenlose Kenntnis aller deutschen Gesetze – an die 3000 Seiten Bundesgesetzblatt pro Jahr – erwartet.“

910 Vgl. BGH, VersR 1971, 1119, 1120 ff.; 1985, 83, 84 f.; OLG Düsseldorf, VersR 1985, 92.

911 BGH, NJW 1983, 1665.

912 BGH, MDR 1958, 496, 497.

913 OLG Köln, VersR 1979, 580.

914 BVerfG, NJW 1993, 2793.

915 Vgl. BGH, NJW 1971, 1704; VersR 1972, 766 und 1024, jeweils betreffend das Gesetz v. 19. 8. 1969 über die rechtliche Stellung der nichtehelichen Kinder; BGH, VersR 1978, 563 und NJW 1978, 1486 betreffend die Amtszustellung des Urteils gemäß Vereinfachungsnovelle v. 3. 12. 1976 in § 317 Abs. 1 ZPO n. F.

cc) Recht der neuen Länder

Dies gilt entsprechend für mandatsbezogene Rechtsvorschriften, die sich aus dem 559
Beitritt der Länder der ehemaligen DDR zur Bundesrepublik am 3. 10. 1990 ergeben.[916]

dd) Andere Frage: Verschulden?

Eine **andere Frage** ist es, ob der Rechtsanwalt, der seine Vertragspflicht zur Er- 560
mittlung der mandatsbezogenen Rechtskenntnis objektiv verletzt hat, sich ein **Verschulden** vorwerfen lassen muß (§ 276 BGB; dazu Rn. 1013 ff.).

Insoweit wirken auch höchstrichterliche Entscheidungen – insbesondere zu § 233 i. V. m. § 85 Abs. 2 ZPO – mitunter schablonenhaft und überzogen. So heißt es z. B. in Beschlüssen des BGH[917] recht pauschal, die Versäumung der Berufungsfrist infolge einer Gesetzesänderung beruhe auf einer schuldhaften Rechtsunkenntnis des Prozeßbevollmächtigten, weil dieser sich jedenfalls Kenntnis von den Bundesgesetzen verschaffen müsse, die die in einer Anwaltspraxis gewöhnlich vorkommenden Gebiete betreffen.

Besondere Umstände des Einzelfalls können eine objektive Pflichtverletzung des 561
Anwalts entschuldigen. Auch zur Beschaffung der mandatsbezogenen Rechtskenntnisse ist dem Anwalt ein **„realistischer Toleranzzeitraum"**[918] bzw. ein der Sachlage angemessener Zeitraum[919] zuzubilligen, es sei denn, daß der übernommene Auftrag besonders eilbedürftig ist. Zur Entschuldigung reicht es aber nicht aus, daß der Anwalt überlastet[920] oder kein Spezialist des einschlägigen Rechtsgebiets ist.[921]

ee) Mandat mit Auslandsbezug

Besonders hohe Anforderungen an die Rechtsprüfung des Rechtsanwalts – und an 562
die Klärung des maßgeblichen Sachverhalts – stellt ein **Mandat mit Auslandsbezug,**[922] das wegen der starken, noch zunehmenden internationalen Verflechtung

916 Vgl. BGH, FamRZ 1991, 1174, 1175; DtZ 1993, 86; NJW 1993, 332.
917 VersR 1972, 766 und 1024.
918 *Vollkommer*, Rn. 149 für die Ermittlung der einschlägigen Rechtsprechung.
919 RGZ 115, 185, 187.
920 BGH, NJW 1971, 1704.
921 BGH, MDR 1958, 496, 497.
922 Vgl. *Sieg*, Internationale Anwaltshaftung 1996; *ders.*, ZAP (1996), Fach 23, S. 239 ff.; *ders.*, ZAP (1998), Fach 23, S. 341 ff.; *Rinsche/Schlüter*, ZAP (1992), Fach 23, S. 115 ff.; *Raiser*, NJW 1991, 2049 ff.

persönlicher und wirtschaftlicher Art inzwischen verbreitet ist. Die **Haftungsgefahr** wegen eines Fehlers, ausgelöst durch die **Sprachbarriere** und **mangelnde Kenntnis des ausländischen Rechts**, liegt auf der Hand.[923]

563 Übernimmt der deutsche Rechtsanwalt – möglichst nach Prüfung der Versicherungsfrage (Rn. 1812 ff.) – ein solches Mandat, so hat er sich **grundsätzlich** die zur Ausführung des Auftrags erforderlichen **Kenntnisse des ausländischen Rechts zu verschaffen.**[924] Hat der Mandant allerdings – neben dem deutschen Rechtsanwalt – einen Anwalt des Landes bestellt, dessen Recht maßgeblich ist, so kann der deutsche Anwalt sich i. d. R. darauf verlassen, daß der ausländische Anwalt sein Heimatrecht kennt und beachtet;[925] die Verpflichtung des deutschen Anwalts kann sich dann beschränken auf die Prüfung, ob der ausländische Anwalt hinsichtlich aller entscheidenden Punkte der Angelegenheit tätig war.[926]

564 Ein Prozeßmandat mit zivilrechtlichem Auslandsbezug verlangt zunächst die **Kenntnis des Internationalen Zivilverfahrensrechts.**[927] Danach ist die Frage zu beantworten, ob die **deutschen Gerichte** für die Entscheidung des Streitfalles mit Auslandsberührung **international zuständig** sind; fehlt eine vorrangige staatsvertragliche Regelung, so richtet sich die internationale Zuständigkeit grundsätzlich nach der örtlichen Zuständigkeit.[928] Für die Mitgliedstaaten der Europäischen Gemeinschaft ist insoweit das Übereinkommen über die gerichtliche Zuständigkeit und Vollstreckung gerichtlicher Entscheidungen in Zivil- und Handelssachen (**EuGVÜ**) zu beachten, für die Mitgliedstaaten des Europäischen Wirtschaftsraums das **Luganer Übereinkommen**[929]**.**

565 Ist ein zivilrechtlicher Streit mit Auslandsbezug vor einem deutschen Gericht auszutragen, so ist weiterhin die **Kenntnis des deutschen Internationalen Privatrechts** (**IPR**) erforderlich.[930] Die dazu gehörenden „Kollisionsnormen" bestimmen, **welche Rechtsordnung** das deutsche Gericht auf den Streitfall anzu-

923 Dazu *Riederer von Paar*, AnwBl 1991, 496 ff.

924 BGH, NJW 1972, 1044; OLG Bamberg, MDR 1989, 542.

925 BGH, NJW 1972, 1044; OLG Bamberg, MDR 1989, 542 f.

926 Vgl. BGH, NJW 1972, 1044.

927 Vgl. MünchKomm/*Gottwald*, ZPO-Bd 3–1992, Schlußanhang „Internationales Zivilprozeßrecht"; *Geimer*, Internationales Zivilprozeßrecht, 3. Aufl. 1997; *Jayme/Hausmann*, Internationales Privat- und Verfahrensrecht, 9. Aufl. 1998; *Schack*, Internationales Zivilverfahrensrecht, 2. Aufl. 1996.

928 BGHZ 115, 90, 91 f. = NJW 1991, 3092; BGHZ 134, 116, 117 = NJW 1997, 657 = WM 1997, 178; BGH, NJW 1997, 2245.

929 *Schmidt*, ZAP (1992), Fach 24, S. 141 ff., 153 ff.

930 Vgl. BGHZ 78, 318, 321 = NJW 1981, 522 betreffend das Anfechtungsrecht; BGHZ 134, 116, 120 = NJW 1997, 657 = WM 1997, 178 betreffend die Konkursanfechtung; BGH NJW 1996, 54 f. betreffend eine Provisionsforderung; *Jayme/Hausmann*, Internationales Privat- und Verfahrensrecht, 9. Aufl. 1998; *Kegel*, Internationales Privatrecht, 7. Aufl. 1995; *Kropholler*, Internationales Privatrecht, 3. Aufl. 1997; *Palandt/Heldrich*, BGB, „Internationales Privatrecht" – zu Art. 3–38 EGBGB.

wenden hat. Vorrang haben insoweit völkerrechtliche Vereinbarungen (Staatsverträge), soweit sie unmittelbar anwendbares innerstaatliches Recht geworden sind (Art. 3 Abs. 2 Satz 1 EGBGB); Regelungen in Rechtsakten der Europäischen Gemeinschaften bleiben unberührt (Art. 3 Abs. 2 Satz 2 EGBGB). Fehlen solche Anknüpfungsbestimmungen, so gelten die Vorschriften der Art. 3 bis 38 EGBGB.

Ergibt sich danach, daß auf den Streitfall **ausländisches Recht** anzuwenden ist, so 566
muß sich der deutsche Rechtsanwalt entscheiden, ob er unter weiterer Ausführung des Mandats entweder selbst prüft, wie die Angelegenheit nach dem ausländischen Recht zu beurteilen ist, oder für diese Prüfung einen Fachmann hinzuzieht oder das Mandat niederlegt. Arbeitet der deutsche Rechtsanwalt mit ausländischen Anwälten ständig zusammen – etwa innerhalb einer Internationalen Sozietät (dazu Rn. 380 ff.), einer Bürogemeinschaft (Rn. 390 ff.), einer Partnerschaft (Rn. 392 ff.), einer Rechtsberatungs-GmbH (Rn. 407 ff.), einer Europäischen wirtschaftlichen Interessenvereinigung (Rn. 413 ff.) oder eines sonstigen vertraglichen Verbundes (Rn. 419 ff.) –, so wird es naheliegen, daß der deutsche Anwalt seinem Mandanten – unter **Aufklärung über die Kostenfolge** – rät, in einem solchen Rahmen **fachkundige Hilfe** bezüglich des ausländischen Rechts zu suchen.[931]

Ein **ausländischer Anwalt** kann auch auf einzelvertraglicher Grundlage zur Un- 567
terstützung des deutschen Mandatsanwalts eingeschaltet werden (zur Haftung in diesem Fall Rn. 330 ff.).[932] Aus dessen Sicht empfiehlt es sich, nicht im eigenen Namen den ausländischen Kollegen zu beauftragen, weil sonst eine Haftung gemäß § 278 BGB in Betracht kommt, sondern den Mandanten – unter Aufklärung über die Kostenfolge – zum Abschluß eines gesonderten Vertrages mit dem ausländischen Anwalt – neben dem bestehenden Vertrag mit dem deutschen Anwalt – zu veranlassen, so daß selbständige anwaltliche Verantwortungsbereiche entstehen.[933] Im letztgenannten Falle kann der deutsche Anwalt für eine eigene schuldhafte Pflichtverletzung haften, wenn er den ausländischen Kollegen schlecht ausgewählt oder unzureichend in den maßgeblichen Sachverhalt eingewiesen hat oder – im Rahmen der eigenen vertraglichen Pflicht zur Verhütung voraussehbarer und vermeidbarer Fehler (Rn. 311 ff.) – nicht geprüft hat, ob der ausländische Anwalt alle wesentlichen Punkte der Angelegenheit betreut hat.[934]

931 Vgl. *Sieg*, ZAP (1998), Fach 23, S. 345 ff.
932 Vgl. *Sieg*, ZAP (1998), Fach 23, S. 342 ff.; *Rinsche/Schlüter*, ZAP (1992), Fach 23, S. 121 f.
933 Vgl. *Sieg*, ZAP (1998), Fach 23, S. 341 ff.; *Rinsche/Schlüter*, ZAP (1992), Fach 23, S. 119 ff., 122.
934 Vgl. BGH, NJW 1972, 1044.

568 Ausländisches Recht kann auch durch ein Gutachten eines entsprechenden Instituts ermittelt werden.[935]

569 Der **deutsche Zivilrichter** ist nicht nur befugt, sondern verpflichtet, das für die Entscheidung des Rechtsstreits **maßgebliche ausländische Recht von Amts wegen zu ermitteln**; es liegt in seinem pflichtgemäßen Ermessen, auf welche Weise dies geschieht (§ 293 ZPO).[936] Bei der Erfüllung dieser Aufgabe haben die **Parteien den Richter** – so gut wie möglich und zumutbar – **zu unterstützen**;[937] ein solcher Beitrag kann die richterliche Ermittlungsaufgabe erheblich beeinflussen.[938]

570 Als **deutsches**, nicht als ausländisches **Recht** sind anzuwenden

- die allgemeinen Regeln des **Völkerrechts** (Art. 25 **GG**),[939]
- das „**Europarecht**" in Gestalt der verbindlichen Rechtsnormen innerhalb der Europäischen Gemeinschaft,[940]
- international geltende, in deutsches Recht umgesetzte Gesetze („Internationales Einheitsrecht"), z. B. das **UN-Kaufrecht (CISG)**,[941]
- die Regelungen des Übereinkommens über den **Beförderungsvertrag im internationalen Straßengüterverkehr** (**CMR**),[942]
- die **HAAGER-Übereinkommen** im Bereich des **Familienrechts**,[943]
- die Bestimmungen des Brüsseler Übereinkommens über die gerichtliche Zuständigkeit und die Vollstreckung gerichtlicher Entscheidungen in Zivil- und Handelssachen (**EuGVÜ**)[944] sowie anderer Anerkennungs- und Vollstreckungsabkommen.[945]

Insoweit muß sich der deutsche Rechtsanwalt Rechtskenntnisse hinsichtlich des Mandatsgegenstandes verschaffen.

935 Vgl. BGH, NJW 1991, 1418, 1419.
936 BGH, MDR 1976, 832 f.; BGHZ 118, 151, 162 f. = WM 1992, 1040; BGH, WM 1997, 1245, 1246.
937 BGH, MDR 1976, 832, 833.
938 Vgl. BGHZ 118, 151, 164 = WM 1992, 1040; BGH, WM 1997, 1245, 1247.
939 Vgl. *Sieg*, S. 76.
940 Vgl. *Sieg*, S. 77 ff.; *Rinsche/Schlüter*, ZAP (1992), Fach 23, S. 116 f.
941 *Mohrbutter*, ZAP (1991), Fach 3, S. 69 ff.
942 MünchKomm/*Gottwald*, ZPO, 1992, Schlußanhang „IZPR".
943 Vgl. *Palandt/Heldrich*, BGB, Anhang zu Art. 13, 18 EGBGB, Art. 24 EGBGB Rn. 55, 59.
944 Vgl. OLG Koblenz, NJW 1989, 2699; MünchKomm/*Gottwald*, ZPO, 1992, Schlußanhang „IZPR".
945 MünchKomm/*Gottwald*, ZPO, 1992, Schlußanhang „IZPR".

c) Kenntnis der Rechtsprechung 571

aa) Höchstrichterliche Rechtsprechung

Aus der Sicht des Mandanten und seines Rechtsberaters ergibt sich das Recht, das 572
auf den Mandatsgegenstand anzuwenden ist, in erster Linie aus dem Gesetz und aus dessen Auslegung durch die Gerichte in früheren, gleichgelagerten Fällen („**Präjudizien**"). Maßgeblich ist vor allem die „**höchstrichterliche Rechtsprechung**", die i. d. R. die Spitze einer „anerkannten" oder „herrschenden Meinung" in einer Rechtsfrage ist.

Daran sind beteiligt:

- das **Bundesverfassungsgericht** wegen der Verbindlichkeit seiner Entscheidungen gemäß § 31 BVerfGG,[946]
- die **obersten Gerichtshöfe des Bundes** (vgl. Art. 95 GG)
- und der **Europäische Gerichtshof** bezüglich des Gemeinschaftsrechts der Europäischen Union.

(1) Richtungweisende Bedeutung

Die höchstrichterliche Rechtsprechung hat „**richtungweisende Bedeutung** ... für 573
die Rechtswirklichkeit"[947] – auch zur Wahrung der Rechtseinheit und zur Rechtsfortbildung –. Sie prägt die Entscheidungen der Instanzgerichte und die juristische Praxis.[948]

(2) Maßgeblich für Rechtsberater

Der **Rechtsberater** hat die Wahrnehmung seines Mandats **grundsätzlich an der** 574
höchstrichterlichen Rechtsprechung auszurichten.[949] Dies gilt auch dann, wenn es sich aus der Sicht des beauftragten Anwalts um ein **rechtliches Sondergebiet** handelt.[950]

946 Vgl. BVerfG, NJW 1975, 1355, 1356.

947 BGH, NJW 1993, 3323, 3324.

948 *Olzen*, JZ 1985, 155, 156 f. zur Bindungswirkung der Rechtsprechung des BGH.

949 Für den Rechtsanwalt: BGH, NJW 1993, 3323, 3324; vgl. *Schneider*, MDR 1972, 745; für einen Steuerberater und Rechtsanwalt: BGH, WM 1993, 1677, 1678; für einen Notar: BGH, NJW 1992, 3237, 3239.

950 RGZ 89, 426, 430 für das Zwangsversteigerungsrecht; BGH, MDR 1958, 496 für das Bundesentschädigungsrecht; NJW 1983, 1665 für das Arbeitsrecht.

Die höchstrichterliche Rechtsprechung ist grundsätzlich auch dann maßgeblich, wenn sie von Instanzgerichten und/oder im Schrifttum abgelehnt wird (vgl. aber Rn. 581 ff.).[951]

(3) Fundorte

575 Die höchstrichterliche Rechtsprechung ist zu finden in den **amtlichen Sammlungen** der obersten Bundesgerichte, in – allgemeinen oder auf besondere Rechtsgebiete festgelegten – **juristischen Zeitschriften**, in **Kommentaren** und **Lehrbüchern**. Der Anwalt darf sich nicht damit begnügen, die mandatsbezogene Rechtsfrage nur anhand der amtlichen Entscheidungssammlung zu prüfen.[952]

(4) Neue Entscheidungen

576 Grundsätzlich ist dem Anwalt ein „**realistischer Toleranzzeitraum**"[953] zuzubilligen, in dem er von **neuen höchstrichterlichen Entscheidungen** Kenntnis zu nehmen hat.[954]

Übersieht ein Anwalt unterhalb dieser angemessenen Zeitgrenze eine neue, den Mandatsgegenstand betreffende höchstrichterliche Entscheidung, so fehlt i. d. R. schon eine Pflichtverletzung, zumindest ein Verschulden. Dies kann ausnahmsweise bei besonderer Eilbedürftigkeit anders sein, z. B. dann, wenn die Einlegung eines fristgebundenen Rechtsmittels von einer solchen Entscheidung abhängt.

(5) Vertrauen auf Fortbestand

577 **Grundsätzlich** darf ein Anwalt **auf den Fortbestand der höchstrichterlichen Rechtsprechung vertrauen.**[955]

In „eng umgrenzten **Ausnahmefällen**" kann dies dann anders sein, wenn neue Gesetze oder neue „Rechtsfiguren" einwirken oder ein oberstes Gericht auf eine mögliche Änderung seiner Rechtsprechung in der Zukunft hingewiesen hat („obiter

951 BGH, NJW 1961, 601 betreffend eine abweichende Ansicht in einem „angesehenen Kommentar"; WM 1993, 1677, 1678; NJW 1993, 3323, 3324.
952 BGH, MDR 1958, 496; NJW 1974, 1865, 1868; BGHZ 85, 252, 259 ff.= NJW 1983, 820; OLG Celle, NJW 1977, 1350.
953 *Vollkommer*, Rn. 149.
954 Vgl. BGH, NJW 1958, 825; 1979, 375 f. und 877; OLG Düsseldorf, VersR 1980, 359 f.
955 BGH, NJW 1993, 3323, 3324 = VersR 1994, 99.

dictum").[956] Eine allgemeine Pflicht, „nach Möglichkeit neue Entwicklungen in Rechtsprechung und Rechtswissenschaft ..... zu verfolgen und im Rahmen des Zumutbaren deren Auswirkungen auf eine ältere Rechtsprechung im Bereich der jeweiligen Problemfelder zu bedenken",[957] mag für einen Revisionsanwalt bestehen, für andere Rechtsanwälte aber grundsätzlich nicht. Im Regelfall wären diese – mit Rücksicht auf ihren Aufgabenbereich und ihre Arbeitsbedingungen[958] – durch eine solche Pflicht überfordert; hellseherische Fähigkeiten können nicht verlangt werden.

Eine anwaltliche Pflicht, bezüglich eines bestimmten Mandatsgegenstandes eine **Änderung der höchstrichterlichen Rechtsprechung** in Betracht zu ziehen, setzt vielmehr voraus, daß sich dies **aufgrund eindeutiger Umstände aufdrängt**.[959] Dies dürfte z. B. der Fall gewesen sein, soweit der IX. Zivilsenat des BGH die „Anlaß-Rechtsprechung" des V. und XI. Zivilsenats des BGH auf die Bürgschaft übertragen hat;[960] es war sicher der Fall bezüglich der neuen Rechtsprechung zur nachträglichen Übersicherung bei Sicherungsübertragungen,[961] nachdem mehrere Senate des BGH dazu verschiedene Ansichten vertreten hatten.[962] Ebenso sicher hatte sich dagegen die Änderung der lange geltenden höchstrichterlichen Rechtsprechung zur „Blankobürgschaft"[963] nicht mit der erforderlichen Deutlichkeit angekündigt.

(6) Keine höchstrichterliche Rechtsprechung

Hat sich bezüglich des Mandatsgegenstandes eine **höchstrichterliche Rechtsprechung noch nicht gebildet**, so kann der Rechtsanwalt im Rahmen der Rechtsprü- 578
fung vor der Aufgabe stehen, die „**Tendenz**" **der Entwicklung** einer solchen Rechtsprechung festzustellen.[964] Eine entsprechende anwaltliche Vertragspflicht setzt aber – ebenso wie bei einer zu erwartenden Änderung der Rechtsprechung (Rn. 577) – „**Evidenz**" voraus.[965] Die Entwicklungslinie kann sich ergeben aus

956 BGH, NJW 1993, 3323, 3324 f.; vgl. BGHZ 60, 98, 102 = NJW 1973, 364.
957 Vgl. BGH, NJW 1993, 3323, 3324 f.
958 Vgl. *Schneider*, MDR 1972, 745, 746.
959 Vgl. BGH, NJW 1993, 3323, 3325.
960 BGHZ 130, 19, 25 ff. = WM 1995, 1397 = NJW-RR 1995, 1450.
961 BGH-GSZ-WM 1998, 227 = BGHZ 137, 212.
962 XI. Zivilsenat in BGHZ 133, 25, 27 ff. = WM 1996, 1128; VII. Zivilsenat in WM 1997, 311; IX. Zivilsenat in WM 1997, 750.
963 BGHZ 132, 119, 122 ff. = WM 1996, 762 = NJW-RR 1996, 882.
964 Vgl. BGH, NJW 1985, 264, 265; WM 1986, 199, 202; 1993, 420, 423 = NJW-RR 1993, 243.
965 Vgl. BGH, WM 1993, 3323, 3325.

richtungweisenden höchstrichterlichen Entscheidungen[966] und/oder aus solchen der Untergerichte[967] und/oder aus der herrschenden Meinung im Schrifttum.

bb) Rechtsprechung der Untergerichte

579 Erreicht der Instanzenzug das oberste Bundesgericht nicht, so wird der Rechtsanwalt die Rechtsprechung des – örtlich und sachlich zuständigen – **(Unter-)Gerichts der letzten Instanz** für den Mandatsgegenstand zu berücksichtigen haben.[968] Dies gilt etwa für die Rechtsprechung der **Oberlandesgerichte** in **Familiensachen** (vgl. §§ 546 Abs. 1 Satz 1, 621 d, 629 a ZPO),[969] im **einstweiligen Rechtsschutz** (vgl. § 545 Abs. 2 ZPO)[970] und in **Angelegenheiten der freiwilligen Gerichtsbarkeit** (vgl. § 28 FGG) sowie für die Rechtsprechung des BayObLG im Rahmen seiner Zuständigkeit (§ 8 EGGVG i. V. m. dem bayerischen Ausführungsgesetz). In **Mietsachen** kann eine ständige Rechtsprechung einer Spezialkammer des Landgerichts zu beachten sein.[971]

Eine schuldhafte Pflichtverletzung des Rechtsanwalts wird allerdings insoweit regelmäßig nur dann in Betracht kommen, wenn er eine ständige, seinen Mandatsgegenstand prägende Rechtsprechung des zuständigen Untergerichts außer acht gelassen hat.

d) Kenntnis des Schrifttums

580 Eine anwaltliche Vertragspflicht, die rechtliche Prüfung des Mandatsgegenstandes auf das **juristische Schrifttum** zu erstrecken, kann nur in beschränktem Umfang bestehen.

Das Studium der **Kommentare**[972] und anderer **Fachbücher**, die Gesetze unter Angabe der Meinungen in der Rechsprechung und Rechtslehre erläutern, ist – auch noch im Zeitalter der juristischen Datenbanken – eine zeitsparende Möglichkeit, sich Kenntnis von der mandatsbezogenen Rechtslage zu verschaffen. Man wird den Blick in solche Bücher auch heute noch für unerläßlich müssen,[973] weil diese eine durchdachte, in sich geschlossene Darstellung bieten.

966 Vgl. BGH, NJW 1985, 264, 265; WM 1986, 199, 202.
967 Vgl. BGH, WM 1993, 420, 423 betreffend OLG-Urteile.
968 *Rinsche*, Rn. I 117; *Vollkommer*, Rn. 133; *Schneider*, MDR 1972, 745.
969 Vgl. OLG Frankfurt, FamRZ 1991, 1047, 1048 betreffend einen Anwaltsregreß wegen Mißachtung einer obergerichtlichen Unterhaltstabelle.
970 *Wedemeyer*, NJW 1979, 293, 298.
971 KG, MDR 1993, 178 f.
972 Zu deren Bedeutung – 1982–BGHZ 85, 252, 259 ff. = NJW 1983, 820.
973 So – 1989 – *Vollkommer*, Rn. 135.

Die übrige, unübersehbare **rechtswissenschaftliche Literatur** braucht der Rechtsanwalt bezüglich des Mandatsgegenstandes nur ausnahmsweise dann einzusehen, wenn der Fortbestand einer höchstrichterlichen Rechtsprechung zweifelhaft ist (Rn. 577) oder sich eine solche noch gar nicht gebildet hat (Rn. 578).[974] Im Zweifel wird es für den Anwalt in solchen Fällen ratsam sein, sich der **herrschenden Meinung im Schrifttum** anzuschließen.[975]

e) Eigene Rechtsüberzeugung

Nachdem der Rechtsanwalt sich – im vorstehenden Rahmen – mandatsbezogene Kenntnis der Rechtsnormen und der Ansichten in der Rechtsprechung und Rechtslehre verschafft hat, wird er diese bewerten und sich – als Abschluß der Rechtsprüfung – eine **eigene Meinung von der Rechtslage** bilden.[976] 581

Als unabhängiges Organ der Rechtspflege (§ 1 BRAO) braucht der Rechtsanwalt die vorgefundenen Meinungen nicht kritiklos zu übernehmen. Beabsichtigt er, im Rahmen seines Mandats einer **herrschenden Meinung** – insbesondere **einer höchstrichterlichen Rechtsprechung – seine eigene Rechtsansicht entgegenzusetzen**, so ist allerdings **Vorsicht** geboten. Ein solches Vorhaben darf nicht leichtfertig auf Kosten und Risiko des Mandanten ausgeführt werden.[977] Eine **Abweichung von der herrschenden Meinung** stellt den Anwalt unter hohen Begründungszwang.[978] Davon befreit sich der Anwalt i. d. R. noch nicht durch den Hinweis, daß eine höchstrichterliche Rechtsprechung von Instanzgerichten und/oder im Schrifttum abgelehnt werde.[979] 582

Deswegen sollte der Rechtsanwalt eine Abweichung von der herrschenden Rechtsmeinung nur **in besonders gelagerten Ausnahmefällen** in Betracht ziehen. Steht er mit seiner Rechtsansicht allein, so sollte er nicht versuchen, diese auf fremdes Risiko durchzusetzen. Bei rechts-/vertragsgestaltender Tätigkeit sollte der Rechtsanwalt niemals von der herrschenden Meinung abweichen.

Andererseits ist ein Rechtsanwalt, der mit guten Gründen eine herrschende, aber nicht mehr als unanfechtbar geltende Rechtsmeinung bekämpft, für die Rechts- 583

974 Vgl. *Schneider*, MDR 1972, 745.
975 Vgl. BGH, NJW 1985, 264, 265; VersR 1970, 932, 933 für die Notarhaftung.
976 RGZ 87, 183, 187; BGH, NJW 1967, 105, 107.
977 Vgl. BGH, NJW 1989, 1155, 1156 – mit Anm. *Wagner*, a. a. O. – zur Versäumung einer Berufungsbegründungsfrist infolge einer unzutreffenden anwaltlichen Auslegung einer Entscheidung des BVerfG.
978 Vgl. BGH, MDR 1958, 496, 497.
979 Vgl. BGH, NJW 1961, 601; WM 1993, 1677, 1678; NJW 1993, 3323, 3324.

entwicklung unverzichtbar.[980] Anwaltlicher Einsatz hat dazu beigetragen, daß – auch „feste“ – höchstrichterliche Rechtsprechung geändert und einer besseren Rechtserkenntnis zum Durchbruch verholfen wurde. Jedenfalls darf der Rechtsanwalt bei der Wahrnehmung eines Mandats nur dann – etwa in einem „Musterprozeß“ – von der herrschenden Meinung abweichen, nachdem er seinen Auftraggeber über das **Erfolgs- und Kostenrisiko** aufgeklärt (dazu Rn. 589 ff., 668 ff.) und dieser seine Zustimmung erklärt hat.[981] Verweigert sich der Mandant, so muß der Anwalt seine eigene Rechtsansicht zurückstellen oder das Mandat niederlegen.

584 **3. Rechtsberatung**

a) Ergebnis der Sach- und Rechtsprüfung

585 Nach der Klärung des maßgeblichen Sachverhalts (Rn. 533 ff.) und der mandatsbezogenen Rechtsprüfung (Rn. 548 ff.) obliegt dem Rechtsanwalt die weitere vertragliche Hauptpflicht (Rn. 508 ff.), **seinen Auftraggeber – in den Grenzen** des umfassenden oder eingeschränkten **Mandats** (Rn. 517 ff.) – **über das Ergebnis der Prüfung der Sach- und Rechtslage zu unterrichten** und ihm darzulegen, welche Schlüsse aus diesem Befund zu ziehen sind.[982]

b) Keine Eindringlichkeit

586 Für diese **Rechtsberatung** (- **belehrung**, – **aufklärung**) ist – entgegen einer mißverständlichen Entscheidung des BGH[983] – **keine besondere Nachdrücklichkeit oder Eindringlichkeit** erforderlich.[984]

c) Ziel

587 **Ziel der anwaltlichen Rechtsberatung** ist es, **dem Mandanten eigenverantwortliche, sachgerechte (Grund-)Entscheidungen** („Weichenstellungen“) in seiner Rechtsangelegenheit **zu ermöglichen**.[985] Der Mandant – nicht an seiner

980 Vgl. RGZ 87, 183, 187; *Borgmann/Haug*, § 19 Rn. 59, 61.
981 Vgl. BGH, NJW 1993, 3323, 3325; *Schneider*, MDR 1972, 745, 747.
982 BGH, NJW 1994, 1211, 1212; 1995, 449, 450; WM 1996, 1832, 1834.
983 BGHZ 97, 372, 376 = NJW 1986, 2043: „eindringliche Belehrung“ statt „klare Belehrung“.
984 Für den Rechtsanwalt: BGH, NJW 1987, 1322, 1323; BGHZ 126, 217, 220 = NJW 1994, 3295 = WM 1994, 2113; für den Steuerberater: BGH, NJW 1995, 2842, 2843; 1996, 2571, 2572.
985 BGH, NJW 1992, 1159, 1160; 1995, 449, 450; 1996, 2648, 2649 = WM 1996, 1824; für den Steuerberater: BGH, WM 1997, 335, 338, insoweit nicht abgedruckt in BGHZ 134, 212.

Stelle der Rechtsanwalt – hat nach der Rechtsberatung z. B. zu entscheiden, ob er ein Recht geltend machen oder sich gegen einen Anspruch wehren soll, welchen wesentlichen Inhalt seine rechtsgeschäftliche Willenserklärung haben oder ob er von einem Vertrag Abstand nehmen soll. Es ist nicht Aufgabe und Sache des Beraters, dem Auftraggeber solche grundlegenden Entschlüsse in dessen Angelegenheit abzunehmen.

d) Belehrungsbedürftigkeit

Der Rechtsanwalt hat von der **Belehrungsbedürftigkeit** seines Mandanten auszu- 588
gehen. Dies gilt selbst gegenüber einem juristisch vorgebildeten und erfahrenen Auftraggeber, weil auch dieser auf eine vertragsgerechte Pflichterfüllung des Rechtsanwalts vertrauen darf; deswegen ist dem Mandanten bei einer Schlechterfüllung des Anwaltsvertrages grundsätzlich kein Mitverschulden (§ 254 BGB) vorzuwerfen (Rn. 1149 ff.). Behauptet der Anwalt im Regreßprozeß, eine rechtliche Belehrung des Auftraggebers sei entbehrlich gewesen, weil dieser die Rechtslage gekannt habe[986], so hat der Anwalt sein Vorbringen im Streitfall – als Ausnahme von der Regel – zu beweisen (Rn. 1009).[987]

Dem Rechtsanwalt ist zu empfehlen, im eigenen Interesse den Kern seiner Rechtsberatung für einen späteren Regreßfall vorsorglich **beweiskräftig festzuhalten**; eine entsprechende **Dokumentationspflicht** besteht allerdings **nicht**.[988]

e) Zweifel, Bedenken und Risiken

Die anwaltliche Rechtsberatung muß sich darauf erstrecken, dem Auftraggeber die 589
Zweifel und Bedenken, zu denen die Sach- und Rechtslage Anlaß geben, sowie **mögliche Risiken und deren abschätzbares Ausmaß** darzulegen und diese mit dem Mandanten zu erörtern; nur in Kenntnis solcher Umstände kann dieser über sein weiteres Vorgehen sachgerecht entscheiden.[989]

Unklar kann der letztlich maßgebliche **Sachverhalt** sein, etwa weil die Einlas- 590
sung und Entschlüsse eines in Anspruch zu nehmenden Gegners unbekannt sind oder das Ergebnis einer Beweisaufnahme aussteht. Unsicher kann die **Rechtslage**

986 Vgl. BGH, NJW 1992, 1159, 1160; 1993, 1320, 1322 = WM 1993, 610, 614.
987 Vgl. für die Notarhaftung BGH, NJW 1996, 2037, 2038.
988 BGH, NJW 1988, 200, 203; 1992, 1695, 1696.
989 BGHZ 89, 178, 182 = NJW 1984, 791; BGHZ 97, 372, 376 = NJW 1986, 2043; BGH, NJW 1992, 1159, 1160; 1993, 1320, 1322 = WM 1993, 610, 614; NJW 1994, 1211, 1212; 1995, 449, 450.

sein,[990] vor allem wenn eine höchstrichterliche Rechtsprechung fehlt; gerade in solchen Fällen muß der Anwalt seinen Auftraggeber auf den entsprechenden Risikograd deutlich hinweisen.[991]

591 Ist ein **Prozeß** – oder ein anderes gerichtliches oder behördliches Verfahren – nahezu sicher oder jedenfalls mit hoher Wahrscheinlichkeit **aussichtslos**, so muß der Rechtsanwalt dies dem Mandanten klarmachen, wenn er nicht für die Kosten haften will.[992] Entscheidet sich dieser nach ausreichender Belehrung über ein solches Risiko doch zum Prozeß, so hat der Anwalt die Kosten nicht zu verantworten.[993] Dies gilt entsprechend, wenn der Mandant sich nach genügender Risikoaufklärung entschließt, gemäß dem Rat seines Anwalts eine herrschende Rechtsmeinung zu bekämpfen (Rn. 582 f.).[994]

f) Risikoreiche Maßnahmen

592 Erhöht der Rechtsanwalt durch eine **ungewöhnliche Maßnahme das Mißerfolgsrisiko des Auftraggebers**, indem er etwa im Prozeß einen Sachvortrag zurückhält[995] oder mehrfache Klagen bei unzuständigen Gerichten anhängig macht,[996] so haftet der Anwalt für die sich daraus ergebenden Nachteile seines Mandanten, falls dieser nicht zuvor genügend über die Risikosteigerung unterrichtet wurde.[997] Dies gilt entsprechend, wenn der Anwalt lediglich eine Teilklage erhebt und deswegen die Verjährung bezüglich der restlichen Forderung nicht unterbrochen wird, oder eine „Musterklage" gegen einen von mehreren Schuldnern anhängig macht und deswegen die Verjährung der Ansprüche gegen die übrigen Schuldner nicht unterbrochen wird.[998]

990 Vgl. BGH, VersR 1983, 34 betreffend den Abschluß eines Bauvertrages; NJW 1985, 264 betreffend eine Schiedsgerichtsklausel; NJW 1992, 1159, 1160 betreffend die Gründung einer GmbH entgegen der ärztlichen Berufsordnung; NJW 1996, 2648, 2649 betreffend einen Leasingvertrag und eine formularmäßige Zinsklausel.

991 BGH, NJW 1984, 791, 792 f.; 1992, 1159, 1160.

992 BGHZ 89, 178, 182 = NJW 1984, 791; BGHZ 97, 372, 376 = NJW 1986, 2043; BGH, NJW 1988, 2113; WM 1997, 1392, 1396; OLG Düsseldorf, VersR 1973, 424, 425; vgl. *Franzen*, NJW 1982, 1854.

993 BGH, NJW 1988, 2113, 2114.

994 Vgl. BGH, NJW 1993, 3323, 3325.

995 BGH, NJW-RR 1990, 1241, 1243 = WM 1990, 1917.

996 BGH, NJW 1991, 2280, 2282 f.

997 BGH, NJW-RR, 1990, 1241, 1243; NJW 1991, 2280, 2282 f.

998 BGH, NJW 1993, 1779, 1780.

g) Außerrechtliche Umstände

Das anwaltliche Mandat aus einem echten Anwaltsvertrag mit Rechtsbeistandspflicht (Rn. 504) umfaßt die Rechtsberatung und -vertretung bezüglich des Auftragsgegenstandes, **grundsätzlich** – mangels anderer Vereinbarung – aber **nicht die Betreuung wegen außerrechtlicher Umstände**, **insbesondere nicht die Wahrnehmung wirtschaftlicher Interessen** (vgl. dazu auch Rn. 782). 593

In einer Entscheidung des BGH[999] heißt es zwar, bei einem Prozeßmandat müsse der Rechtsanwalt die mit dem Rechtsstreit unmittelbar zusammenhängenden rechtlichen und wirtschaftlichen Belange seiner Partei mitberücksichtigen. Diese Formulierung darf aber nicht überbewertet werden. In dem entschiedenen Fall ging es nicht um die Wahrnehmung rein wirtschaftlicher Interessen des Auftraggebers, sondern um die drohende Verjährung von Rechtsansprüchen des Mandanten, die bei einem Prozeßverlust gegen Dritten bestehen konnten. 594

Die Rechtsbeistandspflicht aus einem echten Anwaltsvertrag verlangt vom Rechtsanwalt grundsätzlich nicht, wirtschaftliche Belange seines Auftraggebers wahrzunehmen. Es ist allgemein bekannt, daß der Anwalt nach seiner Ausbildung und seinem gewöhnlichen Aufgabenbereich Rechtsberater, i. d. R. aber **kein Wirtschaftsberater** ist. Erteilt er dennoch im Rahmen einer vertraglichen Rechtsbetreuung wirtschaftliche Ratschläge, so geschieht dies grundsätzlich unentgeltlich und mit Haftungsrisiko. Selbstverständlich kann der Rechtsanwalt jedoch mit seinem Auftraggeber **vereinbaren**, wirtschaftliche oder andere außerrechtliche Belange seines Mandanten gegen Entgelt wahrzunehmen; eine solche Aufgabe kann sogar überwiegender oder ausschließlicher Gegenstand eines unechten Anwaltsvertrages sein, bei dem die Rechtsbeistandspflicht in den Hintergrund tritt (dazu Rn. 504). 595

Ausnahmsweise kann der Rechtsanwalt aus einem Auftrag zur Rechtsbetreuung verpflichtet sein, den **Mandanten auf wirtschaftliche Gefahren hinzuweisen**. Erkennt der Rechtsanwalt im Rahmen der Wahrnehmung eines solchen Mandats, daß dem Auftraggeber Nachteile drohen, so kann die Rechtsbeistandspflicht i. V. m. der – alle anwaltlichen Vertragspflichten überlagernden – Verpflichtung zur Schadensverhütung (dazu Rn. 618 ff.) von dem Anwalt verlangen, den Mandanten vor dieser Gefahr zu **warnen**. Dies kann z. B. der Fall sein, wenn die **wirtschaftliche Gefahr** sich **aus der Anlage des Mandatsgegenstandes** ergibt[1000] oder darin besteht, daß ein anwaltlicher Vertragsentwurf noch eine nota- 596

999 NJW 1993, 2045.
1000 BGH, NJW 1988, 563, 566 betreffend den Erwerb einer Eigentumswohnung aus steuerlichen Gründen; NJW 1996, 2648, 2650 betreffend einen Leasingvertrag.

rielle Beurkundung erfordert, die mit weiteren Kosten verbunden ist,[1001] oder daß die beabsichtigte **Weiterveräußerung einer mangelhaften Kaufsache** einem Schadensersatzanspruch wegen Nichterfüllung des Kaufvertrages entgegensteht.[1002]

597 Über die voraussichtliche Höhe seiner **Vergütung nach der BRAGO** braucht der Rechtsanwalt seinen Auftraggeber nur auf dessen Verlangen oder unter besonderen Umständen des Einzelfalls nach Treu und Glauben (§ 242 BGB) aufzuklären (vgl. Rn. 858 ff.).[1003] Auf die gesetzlichen Möglichkeiten der **Beratungs- und Prozeßkostenhilfe** hat der Rechtsanwalt nur dann hinzuweisen, wenn er Anhaltspunkte für eine wirtschaftliche Bedürftigkeit seines Mandanten hat.[1004]

598 **h) Geeigneter und sicherster Weg**

aa) Geeigneter Weg

599 Die anwaltliche Rechtsberatung muß sich darauf erstrecken, dem Mandanten **geeignete Schritte** zu empfehlen, die **zu dem erstrebten Ziel** führen können.

Hat der Anwalt z. B. eine Forderung seines Auftraggebers geltend zu machen, so können geeignete und erforderliche Schritte zum Erfolg eine **Beweissicherung**[1005] (dazu Rn. 547) und/oder die **Unterbrechung der Verjährung**[1006] (dazu Rn. 612, 648 ff.) sein.

bb) Sicherster Weg

600 Gibt es mehrere gangbare Wege zu dem erstrebten Ziel, so hat der Rechtsanwalt – vorausschauend („ex ante") – den „**sichersten Weg**" zu empfehlen, d. h. diejenige Maßnahme vorzuschlagen, mit der das Ziel voraussichtlich mit größter Sicherheit erreicht werden kann.[1007]

601 Einen Weg, der dem Mandanten mit absoluter Sicherheit und ohne jede Gefahr rechtlichen Erfolg bietet, gibt es nicht. Das Gebot, den „**relativ sichersten**

1001 BGH, WM 1998, 140, 141.
1002 BGH, NJW 1995, 449, 451.
1003 BGH, WM 1998, 2243, 2245 = ZIP 1998, 1801, 1803 = NJW 1998, 2243.
1004 OLG Köln, NJW 1986, 725, 726; OLG Koblenz, VersR 1990, 309, jeweils zur Prozeßkostenhilfe.
1005 BGH, NJW 1993, 2676, 2677 f.
1006 BGH, VersR 1971, 1119, 1121; NJW 1993, 1779, 1780.
1007 BGH, NJW 1992, 1159, 1160; 1993, 1320, 1322 = WM 1993, 610, 614; NJW 1994, 1211, 1212; 1995, 449, 450 und 2551, 2552; 1996, 2648, 2649 = WM 1996, 1824.

Weg"[1008] vorzuschlagen – und regelmäßig zur Schadensverhütung auch zu beschreiten (Rn. 618 ff.) – bedeutet nur, daß der Anwalt zur Sicherung des Mandatsziels grundsätzlich diejenige – rechtlich einwandfreie – Maßnahme wählen soll, die mehr Erfolg verspricht als andere gangbare Schritte und daher sicherer ist.[1009]

Dieses **„Gebot des sichersten Weges" verknüpft** die anwaltlichen Grundpflichten zur **Rechtsbetreuung und Schadensverhütung.**[1010] Deswegen kann sich dieses Gebot mit demjenigen, voraussehbare und vermeidbare Schäden des Auftraggebers zu vermeiden (Rn. 618 ff.), überschneiden. Die Sach- oder Rechtslage kann so unklar sein, daß letztlich mehrere gangbare Wege gar nicht zur Verfügung stehen; dann muß der Rechtsanwalt den einzigen richtigen Weg wählen, Vorsorge zu treffen für die seinem Auftraggeber ungünstigste Wendung der Sach- und Rechtslage (vgl. Rn. 612 ff.). 602

(1) Beispiele

Das **„Gebot des sichersten Weges"** ist z. B. in folgenden Fällen zu beachten: 603

- *Kann es auf den* **Zugang einer empfangsbedürftigen Willenserklärung** *ankommen, so ist die Zustellung (vgl. § 132 BGB) oder eine zustellungsartige Übermittlung – z. B. ein Einschreiben mit Rückschein – wegen des damit verbundenen Zugangsnachweises sicherer als ein gewöhnlicher Brief oder ein einfaches Einschreiben.*[1011] 604
- *Soll ein Rechtsanwalt für seinen Mandanten eine Gesellschaft am letzten Tag der Frist kündigen, so ist es möglich, daß die Gegenseite einräumt, von der Bevollmächtigung durch den Vollmachtgeber in Kenntnis gesetzt worden zu sein (vgl. § 174 Satz 2 BGB). Für den nicht auszuschließenden Fall, daß dies doch bestritten wird, ist es sicherer, daß der Anwalt* **mit der Kündigungserklärung eine Vollmachtsurkunde** *vorlegt (§ 174 Satz 1 BGB).*[1012] 605
- *Soll der Rechtsanwalt einen Vertrag seines Auftraggebers für die Zukunft beenden, so kann es ausreichen, daß der Anwalt gegenüber dem Vertragsgegner zu erkennen gibt, sein Mandant wolle von dem Vertrag Abstand nehmen. Sicherer und frei von der Gefahr eines Mißverständnisses ist eine* **eindeutige Wortwahl** 606

1008 BGH, NJW 1991, 2079, 2080; WM 1993, 510, 511.
1009 Vgl. BGH, NJW 1974, 1865, 1866; VersR 1983, 562, 563.
1010 Vgl. BGH, WM 1996, 35, 40 = NJW 1996, 48 = VersR 1996, 190, 193.
1011 Vgl. BGHZ 101, 49, 55 = NJW 1987, 2235; BGH, NJW 1995, 521, 522 und 665, 666 f.; *Laumen*, in: Baumgärtel, Handbuch der Beweislast, zu §§ 130, 132 BGB.
1012 BGH, NJW 1994, 1472, 1473 = WM 1994, 1114.

unter **Gebrauch des einschlägigen Fachausdrucks** – *„Kündigung", nicht „Rücktritt".*[1013]

607 • *Eine Klage auf Zahlung von Unterhalt kann zwar in eine* **Abänderungsklage** *gemäß § 323 ZPO umgedeutet werden; sicherer ist es aber, sich nicht darauf zu verlassen und von vornherein eine solche Klage zu erheben.*[1014]

608 • *Will ein Mandant den* **Kauf einer mangelhaften Sache rückgängig machen**, *so kann er mit einem* **Rücktritt** *vom Vertrag die Rückzahlung des Kaufpreises und den Ersatz von Verzugsschäden bis zum Rücktritt verlangen; demgegenüber ist jedoch ein* **Schadensersatzanspruch wegen Nichterfüllung** *des Vertrages der bessere und sicherere Weg, bereits entstandene Nachteile – einschließlich der Kaufpreiszahlung – und künftige Folgeschäden auf den Verkäufer abzuwälzen.*[1015]

609 • *Erklärt der Mandant seinem Rechtsanwalt, anläßlich der beabsichtigten Ehescheidung wolle seine Ehefrau keine Rechte aus einem* **Versorgungsausgleich** *geltend machen, so ist eine Vereinbarung gem. § 1587 o BGB möglich, die vom Familiengericht genehmigt werden muß. Der erstrebte Ausschluß des Versorgungsausgleichs wird jedoch sicherer erreicht, wenn ein notariell beurkundeter Ehevertrag geschlossen (§§ 1408, 1410) und die Ehescheidung erst ein Jahr nach Vertragsschluß beantragt (§ 1408 Abs. 2 Satz 2 BGB) wird.*[1016]

610 • *Erhebt ein Rechtsanwalt eine* **Kündigungsschutzklage** *(nur) gegen eine (zweite) Kündigung eines Arbeitsverhältnisses, obwohl er Anhaltspunkte dafür hat, daß gegenüber seinem Mandanten zuvor in unmittelbarem zeitlichen Zusammenhang schon eine (erste) Kündigung ausgesprochen worden ist, so ist es möglich, daß das Arbeitsgericht von einer einheitlichen Kündigung ausgeht, bei der die zweite Erklärung die erste umfaßt. Sicherer und ungefährlicher ist es, die fristgerechte Klage auf beide Kündigungen zu erstrecken.*[1016a]

Wie **schwierig** es für den Anwalt sein kann, den **„sichersten Weg" zu finden** und seinem Auftraggeber aufzuzeigen, zeigt anschaulich ein – vom BGH[1017] entschiedener – Fall, in dem ein Rechtsanwalt einen **Testamentsentwurf** zu überprüfen hatte. Der Erblasser wollte seinen behinderten Sohn umfassend und dauerhaft sichern und außerdem seine Ehefrau bedenken; dabei wollte er sein Ver-

1013 BGH, NJW 1996, 2648, 2650 = WM 1996, 1824.
1014 BGH, NJW 1998, 2048, 2050 = WM 1998, 1542.
1015 BGH, NJW 1995, 449, 450.
1016 BGH, NJW 1994, 1211, 1212.
1016a BGH, WM 1999, 647; 648 = NJW 1999, 1391.
1017 BGH, NJW 1995, 2551.

mögen möglichst als Ganzes erhalten wissen, das nach dem Tode des Sohnes in eine Familienstiftung überführt werden sollte. Schon die rechtliche Einordnung dieser Zielvorstellungen des Mandanten waren nicht leicht zu bewältigen. Die eigentliche Schwierigkeit der anwaltlichen Arbeit ergab sich jedoch daraus, daß der Vermögenskern in Gestalt von Gesellschaftsanteilen teilweise verlorengehen konnte, wenn Erben keine Mitgesellschafter oder Abkömmlinge des Erblassers waren.

(2) Hilfs- und Vorsorgemaßnahmen

Das Gebot des „sichersten Weges" kann vom Anwalt **Hilfs- und Vorsorgemaßnahmen** verlangen. Dieser muß z. B. damit rechnen, daß – entgegen seiner eigenen Beurteilung – ein Gericht einen tatsächlichen oder rechtlichen Streitpunkt zugunsten des Gegners entscheidet, so daß für diesen Fall Vorkehrungen erforderlich sein können.[1018] 611

Selbst wenn eine geltend zu machende Forderungen nach Ansicht des Rechtsanwalts erst zu einem späten Zeitpunkt verjährt, kann der Anwalt verpflichtet sein, einen **früheren Verjährungseintritt** in Betracht zu ziehen und im Hinblick darauf eine frühere Unterbrechung der Verjährung zu veranlassen.[1019] 612

Hält der Rechtsanwalt einen **gerichtlichen Hinweis,** seine Partei möge mit Gegenansprüchen wenigstens hilfsweise aufrechnen, – mit Recht – für unhaltbar, so hat er doch vorsorglich der Rechtsansicht des Gerichts Rechnung zu tragen.[1020] 613

Hält der Rechtsanwalt eine gerichtliche Anordnung, durch die die Beweiserhebung von der **Einzahlung eines Kostenvorschusses** durch seine Partei abhängig gemacht wird, für unzutreffend, so muß er doch die Erfüllung dieser Auflage veranlassen.[1021] 614

Ist es nicht auszuschließen, daß ein bestimmtes Rechtsgeschäft der **notariellen Beurkundung** bedarf, so ist vorsorglich eine entsprechende anwaltliche Empfehlung an den Auftraggeber erforderlich.[1022] 615

1018 BGH, NJW 1974, 1865, 1866; WM 1988, 987, 991; NJW 1993, 2797, 2798.
1019 BGH, NJW 1981, 2741, 2742; 1993, 734, 735 und 2797, 2798.
1020 BGH, NJW 1974, 1865, 1866.
1021 BGH, WM 1988, 987, 990.
1022 Vgl. BGH, VersR 1975, 540, 541; NJW 1993, 3323, 3324 f.; VersR 1996, 99, 100 f.

616 Kann ein Rechtsgeschäft unter ein **Verbraucherschutzgesetz** fallen, so hat der Rechtsanwalt zugunsten eines Mandanten, der Verbraucher im Rechtssinne ist, auch die sich daraus ergebenden Rechtsfolgen zu berücksichtigen.[1023]

(3) Nachteile

617 Der Anwalt muß bedenken, daß der **„sicherste Weg"** dem Auftraggeber zwar rechtliche Vorteile, aber auch **wirtschaftliche Nachteile** – z. B. **Kosten** oder **Verluste anderer Art** (etwa einer Geschäftsbeziehung) – bringen kann. Soweit der Anwalt dies erkennen muß, kann er gehalten sein, den Mandanten darauf hinzuweisen.[1024] Dieser hat die Vor- und Nachteile abzuwägen und zu entscheiden, ob der „sicherste Weg" oder ein anderer gangbarer Weg, der zwar gefährlicher für den Rechtserfolg ist, aber andere Nachteile vermeidet, eingeschlagen werden soll. Entsteht daraus dem Mandanten ein Schaden, so ist der Anwalt dafür nicht verantwortlich; dieser hat mit der vertragsgerechten Aufklärung des Auftraggebers seine Pflicht erfüllt.

618 **4. Schadensverhütung**

a) Verhältnis zu den übrigen Grundpflichten

619 Die allgemeine **Vertragspflicht des Rechtsanwalts, seinen Auftraggeber vor Schäden zu bewahren**, die er – der Anwalt – voraussehen und verhindern kann (Rn. 508 ff.),[1025] **überlagert die übrigen Grundpflichten** aus dem echten Anwaltsvertrag zur Klärung des Sachverhalts sowie zur Rechtsprüfung und -beratung und füllt diese Hauptpflichten aus.

620 Insbesondere **prägt die Schadensverhütungspflicht das Gebot des sichersten Weges** (Rn. 600 ff.). Dies hat auch zur Folge, daß der Rechtsanwalt den **sichersten Weg** nicht nur zu **empfehlen** (Rn. 600 ff.), sondern auch zu **gehen** hat, falls der Mandant keine andere Weisung erteilt. Diese Pflicht verletzt der Rechtsanwalt z. B., wenn er:

- einen gerichtlichen Hinweis gemäß § 139 ZPO mißachtet, weil er ihn – zu Recht – als unhaltbar ansieht[1026],

1023 Vgl. BGH, WM 1993, 420, 423 = NJW-RR 1993, 243 für das Abzahlungsgesetz wegen einer Bierbezugspflicht.
1024 Vgl. BGH, WM 1998, 140, 141.
1025 BGH, NJW 1974, 1865, 1866; VersR 1975, 425; WM 1996, 35, 40 und 1832, 1834; NJW 1996, 2648, 2649.
1026 BGH, NJW 1974, 1865, 1866.

- oder eine fehlerhafte gerichtliche Auflage, die eine Beweisaufnahme von der Einzahlung eines Kostenvorschusses durch den Mandanten abhängig macht, nicht erfüllt, ohne auf eine Berichtigung zu dringen.[1027]

b) Veränderung des Mandatsgegenstandes

Entwickelt und verändert sich der **Mandatsgegenstand**, so wandelt sich auch die **anwaltliche Schadensverhütungspflicht**. 621

Vor allem ein **Prozeßauftrag** macht dies deutlich: Hat der Rechtsanwalt seinem Auftraggeber pflichtgemäß die Einklagung eines Anspruchs oder die Abwehr einer fremden Forderung als aussichtsreich empfohlen, so kann er im Rahmen einer vertragsgerechten Prozeßführung (dazu Rn. 640 ff.) u. a. verpflichtet sein, 622

- die Einzahlung eines Kostenvorschusses für eine fristwahrende Klage[1028] oder für eine Beweisaufnahme[1029] zu veranlassen,
- gerichtliche Auflagen zu beachten,[1030]
- zu einem Vergleich zu raten oder von ihm abzuraten (dazu Rn. 751 ff.),
- die Sicherstellung eines vom Gegner zu zahlenden Betrages für jeden der mehreren Mandanten zu gewährleisten,[1031]
- die Festsetzung des Wertes der Beschwer gemäß § 546 ZPO zu prüfen,[1032]
- für die Rückgabe einer Prozeßsicherheit zu sorgen.[1033]

Ein weiterer dynamischer Vorgang, der hohe Anforderungen an die anwaltliche Schadensverhütungspflicht stellt, ist z. B. eine **baubegleitende Rechtsberatung**.[1034] 623

c) Beispiele

Die vertragliche Pflicht zur Schadensverhütung verlangt z. B. von dem Rechtsanwalt, 624

- einer **gerichtlichen Fehlentscheidung entgegenzuwirken** (Rn. 552),[1035]

1027 BGH, WM 1988, 987, 990 = NJW 1988, 3013.
1028 BGH, VersR 1974, 1224, 1225; WM 1995, 212, 213, jeweils zu § 12 Abs. 3 VVG.
1029 BGH, WM 1988, 987, 990.
1030 BGH, NJW 1974, 1865, 1866.
1031 BGH, VersR 1984, 785, 786.
1032 BGH, WM 1989, 1826, 1827.
1033 BGH, NJW 1990, 2128, 2129.
1034 BGH, WM 1998, 2252; vgl. *Hebler*, ZfIR 1998, 58.
1035 BGH, WM 1996, 35, 40; NJW 1996, 2648, 2650 f.; WM 1998, 1542, 1545 = NJW 1998, 2048.

- den **Auftraggeber vor den Gefahren einer Weisung zu warnen** (Rn. 976 ff.),[1036]
- den **Versicherungsschutz des Mandanten** zu bedenken.[1037]

d) Honorarfreie Schadensverhütung

625 Mit Rücksicht auf die Vorschrift des § 249 BGB, nach der Schadensersatz in erster Linie durch Wiederherstellung des früheren Zustandes zu leisten ist, kann der Rechtsanwalt gegenüber seinem Mandanten verpflichtet sein, den infolge eines Fehlers **drohenden Schaden durch eine zumutbare honorarfreie Zusatzleistung zu verhindern.**[1038]

626 **IV. Zur Kritik an der Rechtsprechung**

1. Anwaltliche Vertragspflichten überzogen?

627 Es ist verständlich, daß vor allem Rechtsanwälte, ihre Haftpflichtversicherer und ihnen nahestehende Autoren zuweilen insbesondere die Anforderungen der Rechtsprechung an die **anwaltlichen Vertragspflichten** als überzogen bewerten. Rechtsanwälte nutzen ihr **Beratungsmonopol** auf vielfältigen Rechtsgebieten; die damit verbundene **Arbeitslast** und der ständige **Zeit-, Konkurrenz- und Kostendruck** wecken zwangsläufig den Wunsch, die allgegenwärtige Haftungsgefahr zu mildern. Dabei geraten die **Belange der rechtsuchenden Mandanten**, deren Schutz die anwaltlichen Vertragspflichten dienen, leicht in den Hintergrund.

628 Unverständlich und bedauerlich sind jedoch diejenigen Stimmen in der Literatur, die mit ihren Formulierungen die **Rechtsprechung zu den vertraglichen Anwaltspflichten in ein falsches Licht** rücken.

Da ist z. B. davon die Rede,

- nach der Rechtsprechung müsse der pflichtgemäß arbeitende Rechtsanwalt „ein juristischer Supermann sein, der über ein computerhaftes Gedächtnis, ein hervorragendes Judiz sowie über höchste Intelligenz und Energie“ verfüge;[1039]

1036 BGH, VersR 1961, 467, 468; 1980, 925, 926; 1985, 83, 84; NJW 1985, 42, 43; NJW-RR 1990, 1241, 1243; OLG Karlsruhe, VersR 1995, 537, 538; WM 1997, 1392, 1393 f.

1037 BGH, VersR 1971, 1119, 1120; 1985, 83, 84; OLG Düsseldorf, VersR 1985, 92, jeweils eine Haftpflichtversicherung betreffend; OLG Düsseldorf, VersR 1976, 892; OLG Nürnberg, NJW-RR 1989, 1370; *van Bühren*, MDR 1998, 745, jeweils eine Rechtsschutzversicherung betreffend; *Borgmann/Haug*, § 20 Rn. 109 ff.; *Vollkommer*, Rn. 174

1038 BGH, NJW 1994, 1472, 1473.

1039 *Rinsche*, Rn. I 72.

- die Rechtsprechung verlange vom Anwalt eine menschenunmögliche Leistung, indem man einen irreal hohen Wissensstand und einen praktisch nicht einzuhaltenden Sorgfaltsstandard voraussetze;[1040]
- der BGH weite den vertraglichen Pflichtenkreis des Anwalts bis an die Grenze des Möglichen aus; er fordere die totale und optimale Wahrung der Mandantenbelange und lasse die Pflicht zu Höchstleistungen ihre Grenze nur an der Unmöglichkeit finden;[1041]
- die Rechtsprechung verlange auch „vom Feld-, Wald- und Wiesenanwalt regelmäßig umfassende Kenntnis des relevanten Rechts"; da der BGH optimale Anwaltsleistung fordere, übernehme der Anwalt insoweit „eine grundsätzliche Garantiehaftung"; zur Zeit hafte dieser „für jede suboptimale Leistung".[1042]

Solche Formulierungen mögen geeignet sein, einem Unbehagen in der Anwaltschaft an der – als „anwaltsfeindlich" empfundenen[1043] – Rechtsprechung Ausdruck zu geben, mit der Realität hat diese Kritik aber wenig gemein. 629

2. Schranken der Regreßpflicht

Diese **Kritik** hat schon einen **falschen Ansatz**. Indem sie von den in der Rechtsprechung entwickelten abstrakten vertraglichen Grundpflichten des Rechtsanwalts zur Klärung des Sachverhalts, zur Rechtsprüfung, Rechtsberatung und Schadensverhütung (Rn. 532 ff.) ausgeht, erweckt sie „zu Unrecht den Anschein einer Gleichsetzung – jeder – suboptimalen Anwaltsleistung mit Anwaltshaftpflicht".[1044] 630

Nicht erläutert wird, daß für jede einzelne Regreßforderung zu prüfen ist, ob sich aus diesen Grundpflichten nach dem Inhalt und Umfang des jeweiligen Mandats sowie nach den Umständen des Einzelfalls einzelne Pflichten bezüglich des konkreten Mandatsgegenstandes ergeben haben, die der Rechtsanwalt verletzt haben kann (Rn. 505, 508, 517 ff. mit Nachweisen der Rechtsprechung).[1045] 631

Die entsprechende Voraussetzung eines Regreßanspruchs führt zu einer **Beschränkung der objektiven Pflichtverletzungen** und damit zu einer – **ersten** – **Begrenzung der Anwaltshaftung**. **Maßstab** der – aus der Rückschau („ex post") – **im Einzelfall geschuldeten objektiven Pflicht** ist **nicht ein Idealanwalt**, sondern **ein gewissenhafter** („Durchschnitts-")**Anwalt**, der die allgemein aner- 632

1040 *Rinsche*, Rn. I 73.
1041 *Scheffler*, NJW 1961, 577.
1042 *Prinz*, VersR 1986, 317 ff.
1043 *Rinsche*, Rn. I 73.
1044 *Vollkommer*, Rn. 94.
1045 Vgl. *Vollkommer*, Rn. 94–96.

kannten Erfordernisse der anwaltlichen Berufsausübung unter den konkreten Umständen beachtet (Rn. 988 ff.).

633 Ein **weiteres**, allerdings nur in Ausnahmefällen wirkendes **Korrektiv** ist das subjektive **Verschulden**, das durch die vertragliche Pflichtverletzung indiziert wird und vom Anwalt auszuräumen ist (Rn. 1013 ff.).[1046] Für die – im Regreßfall regelmäßig in Betracht kommende – **Fahrlässigkeit** ist kein individueller, sondern ein **objektiver Sorgfaltsmaßstab** anzulegen (§ 276 Abs. 1 Satz 2 BGB)[1047]; **maßgeblich** ist danach diejenige **Umsicht und Sorgfalt**, die nach der **Anschauung besonnener, gewissenhafter und erfahrener Angehöriger des jeweiligen Berufskreises** bei der gegebenen Sachlage zu erwarten war.[1048] Danach kommt es – vorausschauend („ex ante") – an auf die **übliche, von einem ordentlichen Rechtsanwalt zu fordernde Sorgfalt** (Rn. 1014 ff.),[1049] **nicht auf diejenige eines Idealanwalts**.

634 Eine weitere Begrenzung der vertraglichen Anwaltshaftung ergibt sich daraus, daß eine **Ersatzpflicht** wegen einer schuldhaften Pflichtverletzung sich **auf den Schaden im Rechtssinne** (Rn. 1086 ff.) **beschränkt, der dem Anwalt haftungsrechtlich zuzurechnen ist**, insbesondere in den **Schutzbereich der verletzten Pflicht** fällt (Rn. 1074 ff.).

635 Die höchste Hürde für einen Regreßanspruch ist die **Beweislast des Mandanten** für alle Anspruchsvoraussetzungen mit Ausnahme des Verschuldens. Dieser hat nicht nur **die objektive Pflichtverletzung des Anwalts zu beweisen** (Rn. 998 ff.),[1050] sondern auch **den Ursachenzusammenhang zwischen einer solchen Pflichtverletzung und dem geltend gemachten Schaden** (Rn. 1039 ff.). Vor allem an diesem **Beweis der sog. haftungsausfüllenden Kausalität** scheitern in der Praxis zahlreiche Regreßforderungen, wenn wegen der Umstände des Einzelfalls kein Anscheinsbeweis zugunsten des Mandanten eingreift und dieser nicht zweifelsfrei beweisen kann, daß er bei pflichtgemäßem Verhalten des Anwalts den geltend gemachten Schaden nicht erlitten hätte. Der – seit 1984 für die Anwaltshaftung zuständige – IX. Zivilsenat des **BGH** hat es – sogar für grobe anwaltliche Pflichtverletzungen – **abgelehnt, die Beweislast für den Ursachenzusammenhang** zwischen der Verletzung einer vertraglichen Aufklärungs- und Beratungspflicht einerseits und dem Schaden andererseits – wie dies in anderen Rechtsbereichen geschehen ist – **umzukehren und dem Rechtsanwalt aufzubürden** (Rn. 1042 ff.).[1051]

1046 BGH, NJW 1987, 326, 327; WM 1996, 1832, 1835.
1047 BGH, NJW 1994, 2232, 2233; NJW-RR 1996, 981.
1048 BGH, VersR 1967, 704, 705; NJW 1972, 150, 151; 1988, 909.
1049 BGH, VersR 1982, 495; NJW 1985, 1710, 1711; NJW-RR 1988, 508, jeweils zu § 233 ZPO.
1050 BGH, NJW 1985, 264, 265; 1996, 2571.
1051 BGHZ 123, 311 = NJW 1993, 3259; BGHZ 126, 217 = NJW 1994, 3295.

3. Folgerungen

Mit Rücksicht auf diese Hindernisse, die ein vertraglicher Regreßanspruch gegen einen Rechtsanwalt zu überwinden hat, sowie auf die anwaltsfreundliche Verjährungsregelung (§ 51 b BRAO n. F. = § 51 BRAO a. F.), die nach ihrem Wortlaut die Grenze der Verfassungsmäßigkeit streift (dazu Rn. 1261 ff.), und die Möglichkeiten einer Beschränkung der anwaltlichen Haftung (§§ 51 a BRAO, 8 PartGG; dazu Rn. 423 ff.), insbesondere über die Gründung einer GmbH (§§ 59 c ff. BRAO i. d. F. des Gesetzes zur Änderung der Bundesrechtsanwaltsordnung, der Patentanwaltsordnung und anderer Gesetze vom 31. 8. 1998–BGBl I S. 2600; dazu Rn. 409 ff.) erscheint eine übertriebene Kritik an der Rechtsprechung als unangebracht. 636

Sollte mit einer solchen Kritik schlüssig die Aufforderung verbunden sein, die nach Vertrag und Gesetz schutzwerten Belange der geschädigten Mandanten, die im Gegensatz zur Anwaltschaft nicht organisiert sind und keinen Einfluß auf Gesetzgeber und Medien haben, zugunsten des schädigenden Rechtsanwalts zu vernachlässigen, so muß der Richter dieses Ansinnen zurückweisen. 637

Jede Kritik sollte allerdings für den Richter, der in jedem einzelnen Regreßprozeß den gerechten Ausgleich der Interessen des geschädigten Mandanten und des schädigenden Rechtsanwalts zu suchen und zu finden hat, Anlaß sein, seine **Maßstäbe** zu überdenken. Einerseits darf der Auftraggeber von „seinem" Rechtsanwalt erwarten, daß dieser – gegen Zahlung der Vergütung – den dienst- oder werkvertraglichen Geschäftsbesorgungsvertrag (§ 675 BGB) durch eine einwandfreie durchschnittliche Leistung bezüglich des Mandatsgegenstandes erfüllt. Wird der Rechtsanwalt daran durch einen Mangel an Zeit, Fähigkeit, Erfahrung oder Sorgfalt gehindert, so fällt ein darauf beruhender Fehler in den Verantwortungsbereich des Anwalts, der die Folgen grundsätzlich nicht auf den Mandanten abwälzen darf. Andererseits ist nicht jeder Mißerfolg des Auftraggebers auf eine schuldhafte Pflichtverletzung des Rechtsanwalts zurückzuführen. Dieser garantiert seinem Mandanten i. d. R. nicht, daß das erstrebte Ziel erreicht wird; folglich darf dem Anwalt **keine (Miß-)Erfolgshaftung ohne schuldhaften Fehler** auferlegt werden. Als allgemeine **Richtschnur** sollte gelten, daß eine objektive Verletzung des Anwaltsvertrages dann in Betracht zu ziehen ist, wenn der Rechtsanwalt im Rahmen seines Auftrags eine Maßnahme vorgenommen bzw. unterlassen hat, deren Unterlassung bzw. Vornahme sich unter den konkreten Umständen des Einzelfalls einem ordentlichen Durchschnittsanwalt aufgedrängt hätte. 638

B. Einzelpflichten des Rechtsanwalts

I. Tätigkeitsbezogene Pflichten

639 Aus den **allgemeinen Pflichten** des Rechtsanwalts (Rn. 504–638) lassen sich für die typischen Bereiche der anwaltlichen Berufsausübung, also für die **prozessuale, beratende und vertragsgestaltende Anwaltstätigkeit**, spezielle **tätigkeitsbezogene Pflichten** ableiten. Diese Pflichten können im Einzelfall ineinander übergehen. Hiervon abzugrenzen sind diejenigen Pflichten, die ein Rechtsanwalt zu beachten hat, wenn er eine **anwaltsfremde** oder eine **amtliche bzw. amtsähnliche Tätigkeit** ausübt (Rn. 132–159, 504). Dabei handelt es sich nicht um typische Fragen der Anwaltshaftung. Vielmehr gelten dann die allgemeinen Regeln zur Haftung eines Vermögensverwalters, Anlageberaters, Maklers, Vormunds (§ 1833 BGB), Testamentsvollstreckers (§ 2219 BGB), Verwalters (§ 60 Abs. 1 Satz 1 InsO), etc. Von den tätigkeitsbezogenen Pflichten werden auch diejenigen Fälle nicht erfaßt, in denen vor allem die **fehlerhafte Beurteilung von Rechtsnormen** die anwaltliche Pflichtverletzung begründet.[1052] Es würde zu weit führen und die hier behandelte Thematik sprengen, allgemein auf die Rechtsgrundlagen der anwaltlichen Berufsausübung und die Ursachen anwaltlicher Pflichtverletzungen bei der Rechtsprüfung einzugehen.[1053] Hierzu wird auf die Darstellungen zu den Verfahrensrechten und zum materiellen Recht verwiesen.

1. Prozessuale Tätigkeit

640 Die Vertretung des Auftraggebers in einem gerichtlichen Verfahren ist das klassische Betätigungsfeld der Rechtsanwälte.[1054] Die Pflichten, die ein Rechtsanwalt dabei zu beachten hat, werden im folgenden **nach den einzelnen Verfahrensabschnitten dargestellt**. Einzelne Pflichten bestehen bereits im Vorfeld eines Prozesses bzw. bei einer vor- oder außerprozessualen Erledigung eines streitigen Rechtsverhältnisses, etwa durch Abschluß einer Vergleichsvereinbarung. Im Vordergrund der folgenden Ausführungen steht die Vertretung des Auftraggebers vor den **ordentlichen Gerichten in Zivilsachen**. Die anwaltlichen Pflichten bei der Vertretung in einem gerichtlichen Verfahren gelten entsprechend auch für die Vertretung des Mandanten in einem **Verwaltungsverfahren**, insbesondere in einem

1052 Zu den Pflichten des Rechtsanwalts bei der Rechtsprüfung: Rn. 548–583.

1053 Zu den hauptsächlichen Haftpflichtquellen: *Borgmann/Haug*, §§ 50–58; *Rinsche*, Rn. I 334 ff.; *Vollkommer*, Rn. 530 ff.

1054 Allgemein zu den Pflichten des Rechtsanwalts im Zusammenhang mit der Führung eines Prozesses: *Hartstang*, S. 514 ff.; *K. Müller*, JR 1969, 161 ff.; vgl. auch *Hoppmann*, MDR 1994, 14 ff.

Einspruchs- oder Wiederspruchsverfahren, und in einem **schiedsrichterlichen Verfahren**.

Zur prozessualen Tätigkeit hat der BGH den **allgemeinen Grundsatz** aufgestellt, daß ein Rechtsanwalt, der die Beratung einer Partei in einem Zivilprozeß übernimmt, zum Schadensersatz verpflichtet ist, wenn er durch sein Verschulden bewirkt, daß sein Auftraggeber einen Rechtsstreit verliert, den er bei sachgemäßer Vertretung gewonnen hätte.[1055] Ein Rechtsanwalt, der eine Prozeßvertretung übernimmt, ist grundsätzlich verpflichtet, die **Prozeßlage in rechtlicher Hinsicht umfassend zu prüfen.**[1056] Diese allgemeinen Aussagen sind bezüglich der einzelnen tätigkeitsbezogenen Pflichten des Rechtsanwalts zu präzisieren. 641

a) Beweissicherung

Ein Rechtsanwalt ist nach Übernahme des Mandats verpflichtet, den rechtlich relevanten Sachverhalt zu ermitteln (Rn. 533–547). Dazu gehört die **Pflicht, Beweise zu sichern.**[1057] 642

aa) Befragung des Auftraggebers

Ein Rechtsanwalt muß geeignete **Beweismittel** ermitteln, indem er den Auftraggeber hierzu gezielt befragt.[1058] Allerdings ist der Rechtsanwalt nicht verpflichtet, in irgendeiner Form an Zeugen heranzutreten, um zu klären, wie diese im Fall einer Vernehmung aussagen werden. Eine derartige „Parteivernehmung" von Zeugen wird von der Rechtsprechung als bedenklich bezeichnet. Sie könne dazu führen, daß der Beweiswert einer Zeugenaussage gemindert und der Rechtsanwalt dem Verdacht einer unzulässigen Zeugenbeeinflussung ausgesetzt werde.[1059] Dabei ist jedoch auch zu beachten, daß es in der Praxis vielfach unumgänglich ist, zur Ermittlung der einer Klage oder Klageerwiderung zugrundezulegenden Tatsachen und zur Prüfung der Erfolgsaussichten eines Rechtsstreits mit möglichen Zeugen Kontakt aufzunehmen. 643

1055 BGH, NJW-RR 1986, 1281.
1056 RGZ 139, 358, 362.
1057 Hierzu *Rinsche*, Rn. I 361–366, 354; *Vollkommer*, Rn. 537.
1058 Weitgehend BGH, VersR 1961, 467, 469; vgl. auch OLG Köln, NJW 1986, 725 f. sowie *Rinsche*, Rn. I 93.
1059 BGH, VersR 1965, 710, 712; vgl. auch RGZ 140, 392, 397 f.

bb) Feststellungen durch den Auftraggeber

644 Zur Vorbereitung eines Prozesses, in welchem ein substantiierter Vortrag zu Ursachen, Art und Umfang des Schadens erwartet wird, ist der mit der Prozeßvertretung beauftragte Rechtsanwalt verpflichtet, **entsprechende Feststellungen zu veranlassen und Beweise zu sichern**. Der BGH leitet diese Pflicht aus der allgemeinen Pflicht des Rechtsanwalts ab, im Rahmen des ihm erteilten Auftrages seinen Auftraggeber allgemein und umfassend zu belehren, seine Belange nach jeder Richtung wahrzunehmen und die Geschäfte so zu erledigen, daß Nachteile für ihn möglichst vermieden werden (Rn. 507). Die Verpflichtung zur Beweissicherung gilt insbesondere dann, **wenn zu befürchten ist, daß solche Feststellungen später nicht mehr nachgeholt werden, Beweismittel verlorengehen oder in Zukunft nur schwer zugänglich sein können**. Unter solchen Umständen ist regelmäßig die Einleitung eines **selbständigen Beweisverfahrens** nach §§ 485 ff. ZPO angebracht. Kommt es für die Feststellungen nicht auf besondere Sachkunde an, kann der Rechtsanwalt auch in anderer Weise dafür sorgen, daß der Mandant in einem späteren Prozeß zu substantiierten Darlegungen und zum Beweis in der Lage ist. Dann kann die Einholung eines **Privatgutachtens** oder eine **Beweissicherung durch den Mandanten selbst** ausreichen.[1060]

In einem vom BGH entschiedenen Fall waren die in einem Modegeschäft vorhandenen Waren durch Feuchtigkeit, die in die gemieteten Geschäftsräume eingedrungen war, beschädigt worden. Die von dem Geschäftsinhaber beauftragten Rechtsanwälte handelten nach Ansicht des Senats pflichtwidrig, weil sie nicht veranlaßt hatten, die Beschädigung der einzelnen Kleidungsstücke vor der späteren Veräußerung **beweiskräftig festzuhalten**, um für eine Klage gegen den Verursacher den Schaden nach Art und Umfang darlegen und belegen zu können. Nachdem die Ware veräußert worden war, war nicht mehr festzustellen, ob, wie und in welchem Umfang die Einzelteile tatsächlich beschädigt worden waren. Die Rechtsanwälte hätten nach Ansicht des BGH den Auftraggeber darauf aufmerksam machen müssen, daß vor dem Verkauf beschädigter Waren deren Zustand entweder

- durch einen Sachverständigen,
- durch Personen, die später als Zeugen in Betracht kommen, oder
- durch den Auftraggeber selbst im Beisein solcher Personen

festgehalten werden. Die Rechtsanwälte seien verpflichtet gewesen, dem Auftraggeber **deutlich vor Augen zu führen**, welches **Risiko** die Unterlassung solcher

1060 BGH, NJW 1993, 2676 f.

Maßnahmen nach sich ziehen konnte. Auf ein von der Partei eingeholtes Gutachten hätten die Rechtsanwälte sich nur dann verlassen dürfen, wenn sie sich darüber vergewissert hätten, daß der Gutachter als zuverlässig bekannt und ihm von dem Mandanten ein sachgerechter Auftrag erteilt worden sei. Das **Gutachten** müsse von den Rechtsanwälten umgehend **auf seine Eignung zur Beweissicherung überprüft** werden. Wenn sich die Vorlage des Gutachtens verzögere, sei es Aufgabe der beauftragten Rechtsanwälte, bei dem Mandanten nachzufragen und erforderlichenfalls zu veranlassen, den Sachverständigen zu erinnern oder dies selbst in die Hand nehmen.[1061]

cc) Beweissicherung durch den Rechtsanwalt

Die Beweissicherungspflicht kann auch Angelegenheiten aus der Sphäre des Rechtsanwalts selbst betreffen. Wenn der beauftragte Rechtsanwalt etwa **Zustellungen** eines Gerichts, einer Behörde oder der Gegenseite entgegennimmt, die an ihn in seiner Eigenschaft als Parteivertreter erfolgen und eine Frist auslösen, kann er verpflichtet sein, Maßnahmen zu treffen, die es ihm erlauben, zu dem Tag des Zugangs substantiiert vorzutragen. Dies hat der BGH in einem Fall angenommen, in dem ein Rechtsanwalt und Steuerberater für seinen Mandanten einen Steuerbescheid entgegengenommen hatte. Der Bescheid war später als drei Tage nach dem angeblichen Tag der Abgabe zur Post (der Ausstellung) zugegangen. Bezeichne die Steuerbehörde unter Hinweis auf den angeblichen Tag der Aufgabe des Steuerbescheides zur Post den von dem steuerlichen Berater eingelegten Einspruch unter Berufung auf §§ 355, 122 Abs. 2 AO 1977 als verspätet, müsse der Berater, falls der Bescheid von der Behörde später als angegeben zur Post aufgegeben worden sei, **Vorkehrungen treffen**, die es ihm ermöglichen, das Aufgabedatum substantiiert zu bestreiten und zu beweisen. Eine **selbständige, allgemeine Dokumentationspflicht**, deren Verletzung einen Schadensersatzanspruch des Mandanten auslöst, **lehnt der BGH jedoch ab**. Ein Rechtsanwalt handele nicht allein deshalb pflichtwidrig, weil er es unterlasse, diejenigen Vorgänge, welche die ordnungsgemäße Bearbeitung des übertragenen Mandats belegen, schriftlich festzuhalten. Schadensersatzpflichtig mache nur eine nicht ordnungsgemäße Bearbeitung des übertragenen Auftrags. Es gehöre indessen zur **ordnungsgemäßen Bearbeitung eines Mandats**, sich **schriftliche Aufzeichnungen zu machen**, um zu den getroffenen Feststellungen oder Maßnahmen später substantiiert vortragen zu können oder um das Gedächtnis zu unterstützen. Dies müsse durch einen **Eingangsstempel** oder **Vermerk**, in dem der Tag des Eingangs festgehalten werde, 645

1061 BGH, NJW 1993, 2676, 2677.

geschehen. Es sei des weiteren empfehlenswert, den **Poststempel** auf dem Briefumschlag so lange aufzuheben, als er noch als Beweismittel dienen könne.[1062] Auch müsse über ein Gespräch mit der zur Entscheidung berufenen Stelle, das für den Fortgang der Angelegenheit für den Mandanten bedeutsam sei, ein Vermerk gefertigt und zu den Handakten genommen werden. Ob auch ein „Bestätigungsschreiben" an den Gesprächspartner geboten ist, hat der BGH offen gelassen.[1063]

646 Entsprechendes gilt, wenn der Rechtsanwalt für den Auftraggeber **fristgebundene Erklärungen** gegenüber Behörden, Gerichten, dem Prozeßgegner oder einem Dritten abzugeben hat. Dann muß er nicht nur auf den form- und fristgerechten Zugang achten,[1064] sondern auch darauf, daß der Mandant in die Lage versetzt wird, dies im Streitfall beweisen zu können. Dies hat insbesondere dadurch zu erfolgen, daß der Rechtsanwalt den Zugang der Erklärung durch eine Urkunde (Rn. 604), durch eine Zeugenaussage oder eine schriftliche Erklärung des Adressaten bestätigen kann.[1065]

dd) Herbeischaffung der Beweismittel im Prozeß

647 Im Rechtsstreit trägt die Partei eine Mitverantwortung, die schriftsätzlich angebotenen **Beweismittel herbeizuschaffen**. Daher muß der Rechtsanwalt den Auftraggeber u. a. veranlassen, einen **Kostenvorschuß zu zahlen**, von dem das Gericht die Ladung eines Zeugen oder Sachverständigen abhängig macht. Diesbezüglich bestehende Zweifel muß der Rechtsanwalt gegenüber dem Auftraggeber sowie gegenüber dem Gericht darlegen.[1066]

b) Anspruchssicherung

648 Über die Beweissicherungspflicht, welche die tatsächlichen Grundlagen von Ansprüchen des Auftraggebers betrifft, hinaus muß ein Rechtsanwalt auch verhindern, daß dem Auftraggeber **rechtliche Nachteile durch Zeitablauf** entstehen, insbesondere dadurch, daß **Fristen** nicht beachtet werden. Dabei kann es sich ins-

1062 BGH, NJW 1992, 1695, 1696.
1063 BGH, NJW 1992, 1695, 1697.
1064 Zu den Pflichten bei einseitigen Rechtsgeschäften oder rechtsgeschäftlichen Erklärungen s. Rn. 803–804.
1065 BGH, NJW 1995, 521, 522.
1066 BGH, NJW 1988, 3013, 3016.

besondere um **Ausschluß- oder Verjährungsfristen** handeln. Auf die Pflicht, **prozessuale Fristen** zu beachten, wird gesondert eingegangen.[1067]

aa) Sicherung gegen Verjährung

Der in der Praxis wichtigste Sicherungsfall ist die Beachtung von **Verjährungsfristen** und die Verhinderung der Verjährung (§§ 194–225 BGB) von Ansprüchen des Auftraggebers.[1068] Die Rechtsprechung leitet die Verpflichtung des Rechtsanwalts, einen Rechtsverlust des Mandanten wegen Verjährung durch geeignete Maßnahmen entgegenzuwirken,[1069] aus der allgemeinen Pflicht ab, im Rahmen des Auftrags die Belange des Auftraggebers nach jeder Richtung wahrzunehmen und ihm voraussehbare und vermeidbare Nachteile zu ersparen (Rn. 507). Im einzelnen muß der Rechtsanwalt im Rahmen seines Mandats 649

- unverzüglich Verjährungsfristen für Ansprüche des Auftraggebers **erfassen** und **überwachen** sowie
- die Ansprüche gegen eine drohende Verjährung **sichern**, d. h. rechtzeitig Maßnahmen zur Hemmung bzw. zur Unterbrechung der Verjährung einleiten.

Wenn der Rechtsanwalt Dispositionen trifft, die das Risiko der Verjährung erhöhen, ist er verpflichtet, **Vorkehrungen gegen eine drohende Verjährung** zu treffen.

(1) Erfassung und Überwachung von Verjährungsfristen

Nach Übernahme eines neuen Mandats muß ein Rechtsanwalt sich unverzüglich, d. h. innerhalb einer angemessenen – i. d. R. nach Tagen zu bemessenden – Frist, mit dem Gegenstand des Auftrags vertraut machen und ihn darauf **überprüfen**, ob und gegebenenfalls welche Maßnahmen zur ordnungsgemäßen Wahrnehmung der Rechte des Auftraggebers erforderlich sind.[1070] Hierzu zählt auch die **Feststellung** und anschließende **Überwachung von Verjährungsfristen**.[1071] Dabei muß 650

1067 Zu der Pflicht, rechtzeitig schriftsätzlich vorzutragen s. Rn. 711; zu der Pflicht, Rechtsmittelfristen und andere Notfristen zu wahren s. Rn. 733, 734.

1068 Allgemein zur Verpflichtung des Rechtsanwalts, Ansprüche des Auftraggebers gegen eine drohende Verjährung zu sichern: *Borgmann/Haug*, § 20 Rn. 79–82 und § 52; *Ostler*, JA 1983, 109, 113; *Rinsche*, Rn. I 406–414; *Vollkommer*, Rn. 621–624.

1069 RGZ 115, 185, 189; BGH, VersR 1960, 991, 992; 1967, 704, 705; 1971, 1119, 1121; WM 1985, 203, 204 f.; NJW 1988, 1079, 1081; 1992, 820; 1993, 1779, 1780; 1993, 2797 f.; 1994, 2822, 2823; 1997, 1302; OLG Hamm, MDR 1998, 122.

1070 RGZ 115, 185, 187; BGH, VersR 1965, 763 f.; NJW 1994, 2822, 2823.

1071 Zu den einzelnen Verjährungsfristen: Kommentierungen zu §§ 195–197 BGB sowie *Rinsche*, Rn. I 399–405; *Vollkommer*, Rn. 618–620.

der Rechtsanwalt im Interesse seines Mandanten den **sichersten Weg** wählen (Rn. 598–617).[1072] Wenn unklar ist, wann der Anspruch des Auftraggebers verjährt, muß der Rechtsanwalt in Erwägung ziehen, daß sich das zur Entscheidung berufene Gericht der seinem Mandanten ungünstigeren Beurteilung anschließt.[1073] Grundsätzlich wird vom Rechtsanwalt erwartet, daß er die in Frage kommenden Verjährungsvorschriften kennt.[1074] Der BGH hat hervorgehoben, daß die **Fristenkontrolle** zu dem ureigenen Aufgabenbereich des Rechtsanwalts gehört.[1075] Fehler bei der Fristenkontrolle, die **angestellte Rechtsanwälte** oder **nichtjuristische Mitarbeiter** des beauftragten Rechtsanwalts zu vertreten haben, sind diesem haftungsrechtlich gemäß § 278 BGB zuzurechnen (vgl. Rn. 257–266 sowie Rn. 837 f.).

(2) Verjährungshemmung und -unterbrechung

651 Grundsätzlich wird ein Rechtsanwalt den Schuldner seines Mandanten zunächst auffordern, einen Anspruch innerhalb einer bestimmten Frist zu erfüllen und für den Fall der Nichterfüllung die gerichtliche Durchsetzung des Anspruchs androhen. Wenn der Schuldner zur **Erfüllung** oder zu einem **Anerkenntnis** i. S. d. § 208 BGB nicht bereit ist, ist der vom Gläubiger beauftragte Rechtsanwalt verpflichtet zu verhindern, daß der Anspruch des Auftraggebers verjährt, d. h. der Schuldner berechtigt ist, die Leistung zu verweigern (§ 222 Abs. 1 BGB). Dann muß der Rechtsanwalt rechtzeitig Maßnahmen zur **Hemmung** (§§ 202–207 BGB)[1076] bzw. zur **Unterbrechung** (§§ 208–217 BGB)[1077] der Verjährung einleiten. Diese Verpflichtung, die Verjährung zu verhindern, ist erst verletzt, wenn die Verjährung entweder bereits eingetreten ist oder so nahe bevorsteht, daß sie aus zeitlichen Gründen nicht mehr unterbrochen werden kann.[1078] Zu den Pflichten des Rechtsanwalts gehört es, eine die Verjährung unterbrechende oder hemmende Maßnahme so rechtzeitig vorzunehmen, daß der Mandant auch bei einer ihm ungünstigen Beurteilung der Verjährungsfrage durch das Prozeßgericht der vermeidbaren Gefahr der Klageabweisung wegen Verjährung entgeht.[1079]

1072 BGH, NJW 1994, 2822, 2823.

1073 BGH, NJW 1993, 2797 f.

1074 Zu den vom Rechtsanwalt erwarteten Rechtskenntnissen: Rn. 548–583.

1075 BGH, NJW 1992, 820.

1076 Vgl. auch Hemmungstatbestände in §§ 639 Abs. 2 Satz 3, 651 g Abs. 2, 852 Abs. 2 BGB, § 3 Nr. 3 Satz 3, 4 PflichtVG, § 12 Abs. 2 VVG. Ausführlich zur Verjährungshemmung die BGB-Kommentare sowie *Borgmann/Haug*, § 20 Rn. 77–85.

1077 Ausführlich zur Verjährungsunterbrechung die BGB-Kommentare sowie *Borgmann/Haug*, § 20 Rn. 61–76.

1078 BGH, NJW 1993, 1779, 1780.

1079 BGH, VersR 1960, 991, 992; allgemein zur Pflicht, den Mandanten über die Prozeßaussicht aufzuklären: Rn. 667–675.

Über die Vor- und Nachteile der einzelnen Möglichkeiten, die Verjährung zu unterbrechen bzw. zu hemmen, muß der Rechtsanwalt seinen **Auftraggeber rechtzeitig aufklären** und mit ihm im konkreten Fall absprechen, wie verfahren werden soll.

(a) Abrede mit dem Schuldner

Bevor der Rechtsanwalt Maßnahmen einleitet, um die Verjährung durch Klageerhebung oder eine gleichgestellte Maßnahme zu unterbrechen, kann er versuchen, mit der Gegenseite eine Vereinbarung zu treffen, wonach diese vor dem Ablauf der Verjährungsfrist darauf verzichtet, sich für einen bestimmten Zeitraum auf die Einrede der Verjährung (§ 222 Abs. 1 BGB) zu berufen (sog. **pactum de non petendo**). Gemäß § 225 Satz 1 BGB kann weder die Verjährungsfrist verlängert werden noch kann der Schuldner auf die Einrede der Verjährung von vornherein wirksam verzichten. Der Schuldner verstößt jedoch mit der Berufung auf die Verjährung solange gegen Treu und Glauben (§ 242 BGB), als er beim Gläubiger den Eindruck erweckt hat, dessen Ansprüche würden befriedigt oder doch nur mit sachlichen Einwendungen bekämpft, und solange er ihn hierdurch von der rechtzeitigen Klageerhebung oder -erweiterung abhält. Die Berufung des Schuldners auf die Verjährung ist dann treuwidrig und unwirksam, wenn der Gläubiger aus dem gesamten Verhalten des Schuldners für diesen erkennbar das Vertrauen geschöpft hat und auch schöpfen durfte, der Schuldner werde die Verjährungseinrede nicht geltend machen, sich vielmehr auf sachliche Einwendungen beschränken. Das ist i. d. R. dann anzunehmen, wenn der Schuldner dem Gläubiger gegenüber ausdrücklich auf die **Einrede der Verjährung verzichtet**. Dieser aus § 242 BGB abzuleitende **Vertrauensschutz** reicht aber nur so weit und gilt nur so lange, wie die den Einwand der unzulässigen Rechtsausübung begründenden tatsächlichen Umstände fortdauern. Der Gläubiger muß nach dem für ihn erkennbaren Fortfall dieser Umstände innerhalb einer angemessenen, nach Treu und Glauben zu bestimmenden Frist seinen Anspruch gerichtlich geltend machen.[1080] 652

(b) Klageerhebung

Der Regelfall einer die **Verjährung unterbrechenden** Maßnahme ist die Erhebung einer **Klage** (§ 209 Abs. 1 BGB). Einer Klage vor den **staatlichen Gerichten** ist eine **Schiedsklage** gleichgestellt (§ 220 BGB). Für die Klageerhebung vor 653

1080 BGH, NJW 1991, 974, 975; vgl. auch BGH, NJW 1974, 1285 f.; 1979, 866, 867; 1981, 1550, 1551; 1999, 1022, 1023.

einem ordentlichen Gericht in Zivilsachen kommt es auf die **Zustellung** der Klage an (§§ 261 Abs. 1; 253 Abs. 1 ZPO). Allerdings ist die **Vorwirkung des § 270 Abs. 3 ZPO** zu beachten. Danach erfolgt eine Verjährungsunterbrechung durch Klageerhebung nicht erst mit der Zustellung der Klage, sondern bereits mit deren Einreichung bzw. Anbringung bei Gericht, falls die Klage demnächst zugestellt wird. Eine Klage ist „demnächst" innerhalb einer nach den Umständen angemessenen, selbst längeren Frist zugestellt, sofern die Partei alles Zumutbare für eine alsbaldige Zustellung getan hat und schutzwürdige Belange der Gegenpartei nicht entgegenstehen; der Partei sind nur Verzögerungen zuzurechnen, die sie bei gewissenhafter Prozeßführung hätte vermeiden können, etwa eine **verspätete Einzahlung des Gerichtskostenvorschusses**. Die Partei soll bei der Zustellung von Amts wegen vor Nachteilen durch Zustellungsverzögerungen innerhalb des gerichtlichen Geschäftsbetriebs bewahrt werden.[1081] Notfalls muß der Rechtsanwalt seinen Mandanten darauf hinweisen, daß ihm im Fall einer verspäteten Einzahlung des Gerichtskostenvorschusses die Gefahr der Anspruchverjährung droht. Hierzu reicht ein allgemein gehaltener Hinweis nicht aus. Der Rechtsanwalt muß dem Mandanten klar vor Augen führen, daß die Klage bei Verjährung des Anspruchs abgewiesen werden muß, so daß auch ein Rechtsmittel aussichtslos wäre.[1082]

654 Hat der Auftraggeber dem Rechtsanwalt **Geld zur Einzahlung der Gerichtsgebühr** für das Verfahren im allgemeinen überlassen, verletzt der Rechtsanwalt seine Pflichten, wenn er das Geld nicht bestimmungsgemäß einzahlt, um durch eine alsbaldige Zustellung der Klage (§ 270 Abs. 3 ZPO) die Verjährung des damit geltend gemachten Anspruchs zu unterbrechen (§§ 209 Abs. 1, 217 BGB), sondern ohne Einwilligung des Auftraggebers zur Tilgung eigener Gebührenforderungen verwendet. Dies gilt auch dann, wenn der Rechtsanwalt gleichzeitig beauftragt wird, einen Antrag auf Bewilligung von Prozeßkostenhilfe zu stellen.[1083]

655 Um die Verjährung zu unterbrechen, kann der Gläubiger insbesondere eine **Leistungs- oder eine Feststellungsklage** (§ 256 ZPO) erheben (§ 209 Abs. 1 BGB). Die Verteidigung gegen eine **negative Feststellungsklage** des Schuldners unterbricht demgegenüber die Verjährung von Ansprüchen des Gläubigers weder gemäß § 209 Abs. 1 BGB noch in entsprechender Anwendung dieser Vorschrift.[1084] Voraussetzung einer Verjährungsunterbrechung gemäß § 209 Abs. 1

1081 BGH, NJW 1988, 1980, 1981 f.; 1992, 1820, 1821; 1995, 2230, 2231; 1999, 1022, 1024.
1082 BGH, NJW 1974, 2318, 2319; NJW-RR 1995, 252 – Ablauf einer Ausschlußfrist gemäß § 12 Abs. 3 VVG.
1083 BGH, NJW 1989, 1148, 1149.
1084 BGHZ 72, 23, 25 ff.

BGB ist, daß eine **Klageerhebung wirksam** ist, also den Voraussetzungen des § 253 ZPO genügt.[1085] Die Klage muß ferner **von dem Berechtigten erhoben** worden sein.[1086] Unbeachtlich ist demgegenüber, ob die Klage zulässig oder begründet ist.[1087] Die Unterbrechungswirkung der Klage setzt nicht voraus, daß alle für einen solchen Anspruch entscheidungserheblichen Tatsachen sogleich schlüssig behauptet und substantiiert vorgetragen werden. Der unzureichende Tatsachenvortrag kann im Laufe des Rechtsstreits nachgeholt werden, und zwar auch dann noch, wenn der Anspruch ohne die Verjährungsunterbrechung der Klage bereits verjährt wäre.[1088] Eine **Teilklage** unterbricht die Verjährung nur in der Höhe des eingeklagten Betrages.[1089] Dafür ist es unerheblich, wenn die Aufgliederung des Klageantrags auf die einzelnen Forderungen und die Bezifferung dieser Forderungen erst nach Ablauf der Verjährungsfrist während des Rechtsstreits vorgenommen werden.[1090]

Die Verjährung wird auch nicht dadurch unterbrochen, daß ein **Antrag auf Gewährung von Prozeßkostenhilfe** (§§ 114 ff. ZPO) gestellt wird. Allerdings ist 656
die Verjährung gemäß § 203 Abs. 2 BGB gehemmt, wenn eine Partei durch höhere Gewalt an der Rechtsverfolgung gehindert ist. Dies ist insbesondere dann der Fall, wenn die Partei infolge Armut keine Klage erheben kann und das zur Behebung des Hindernisses notwendige Prozeßkostenhilfeverfahren durch einen ordnungsgemäß begründeten und vollständigen Antrag auf Prozeßkostenhilfe eingeleitet hat.[1091] Es reicht aus, wenn ein solcher Antrag am letzten Tag der Verjährungsfrist bei Gericht eingeht.[1092] Die Verjährungsfrist ist dann solange gehemmt, bis die Partei in der Lage ist, ordungsgemäß Klage zu erheben.

(c) Mahnverfahren

Kann eine Klage zur Verjährungsunterbrechung noch nicht erhoben werden, weil 657
noch klagebegründende Tatsachen ermittelt und/oder Beweismittel beigebracht

1085 BGH, NJW-RR 1989, 508. Zu den Sorgfaltspflichten des Rechtsanwalts bei Klageerhebung: Rn. 691–701.

1086 BGHZ 78, 1, 3 f.

1087 BGHZ 78, 1, 5 – unzulässige gewillkürte Prozeßstandschaft; BGH, NJW 1978, 1058 – örtlich oder sachlich unzuständiges Gericht. Zur Problematik der Verjährungsunterbrechung durch eine Klage vor einem international unzuständigen Gericht: RG, JW 1926, 374 f.; RGZ 129, 385 ff.; OLG Düsseldorf, NJW 1978, 1752 sowie *Geimer*, Internationales Zivilprozeßrecht, Rn. 2828 ff.; *Schack*, Internationales Zivilverfahrensrecht, Rn. 780 ff.

1088 BGH, NJW-RR 1996, 1409, 1410.

1089 BGHZ 66, 142, 147; BGH, NJW 1978, 1058, 1059.

1090 BGH, NJW 1959, 1819 f.; 1967, 2210, 2211.

1091 BGH, NJW 1978, 938 f.; 1981, 1550 f.; 1987, 3120, 1321; 1989, 1148, 1149.

1092 BGH, NJW 1989, 3149.

werden müssen,[1093] kann es sich – auch aus Kostengründen[1094] – empfehlen, den **Erlaß eines Mahnbescheids** zu beantragen (§ 209 Abs. 2 Nr. 1 BGB, §§ 688–703 d ZPO).[1095] Dann ist lediglich der **Anspruchsgegenstand präzise zu individualisieren** (§ 690 Abs. 1 Nr. 3 ZPO). Der im Mahnbescheid bezeichnete Anspruch muß durch die Kennzeichnung von anderen Ansprüchen so unterschieden und abgegrenzt werden können, daß er über einen Vollstreckungsbescheid Grundlage eines Vollstreckungstitels sein kann. Der Schuldner muß erkennen können, welcher Anspruch gegen ihn geltend gemacht wird, damit er beurteilen kann, ob er sich gegen den Anspruch zur Wehr setzen will oder nicht. Die Art und der Umfang der erforderlichen Angaben hängen vom Einzelfall, vor allem von dem zwischen den Parteien bestehenden Rechtsverhältnis und der Art des Anspruchs ab.[1096]

658 Gemäß § 693 Abs. 2 ZPO, der im Mahnverfahren § 270 Abs. 3 ZPO entspricht, tritt die **verjährungsunterbrechende Wirkung der Zustellung** eines Mahnbescheids (§§ 261 Abs. 1, 693 Abs. 1 ZPO) bereits mit der **Einreichung oder Anbringung des Antrags** auf Erlaß des Mahnbescheids ein, wenn die Zustellung demnächst erfolgt. Auf die Rechtshängigkeit und damit auf § 693 Abs. 3 ZPO kommt es für die Unterbrechung der Verjährung nicht an. Beantragt keine Partei im Anschluß an die Zustellung des Widerspruchs durch den Antragsgegner (§ 694 ZPO), das streitige Verfahren durchzuführen (§ 696 Abs. 1 ZPO), und werden die restlichen Gerichtskosten nicht eingezahlt (§ 65 Abs. 1 Satz 2 GKG), tritt ein **Stillstand des Verfahrens** ein. Die Verjährungsunterbrechung richtet sich dann nach §§ 211 Abs. 2, 212 a, 213 BGB. Der Antragsgegner kann den Antragsteller nach Einleitung eines Mahnverfahrens allerdings zwingen, den Antrag innerhalb von zwei Wochen zu begründen (§§ 696 Abs. 1 Satz 1, 697 ZPO), indem er Widerspruch einlegt und die restlichen Gerichtskosten einzahlt. Dann ergeben sich dieselben Anforderungen, den Antrag hinreichend substantiiert zu begründen, wie bei einer Klageerhebung.

(d) Außergerichtliches Güteverfahren

659 Wenn mit einer Verteidigung des Antragsgegners gegen einen Mahnbescheid zu rechnen ist, sollte in Erwägung gezogen werden, einen Antrag auf Einleitung eines

1093 Zu der Pflicht des Rechtsanwalts, eine Klage bzw. die hiergegen gerichtete Verteidigung hinreichend zu substantiieren: Rn. 707.

1094 Ziff. 1100 im Vergleich zu Ziff. 1201 des Kostenverzeichnisses in Anlage 1 zum GKG.

1095 Hierzu: *Jungk*, AnwBl 1998, 272 ff.

1096 Zu den Anforderungen an die Umschreibung des Anspruchsgegenstands: BGH, NJW 1992, 1111; 1993, 862, 863; 1995, 2230, 2231; 1996, 2152 f.

außergerichtlichen Güteverfahrens bei einer Gütestelle der in § 794 Abs. 1 Nr. 1 ZPO bezeichneten Art zu stellen (§ 209 Abs. 2 Nr. 1 a BGB). Als Beispiel ist etwa die – wenig bekannte – Möglichkeit eines Antrags bei der **Öffentlichen Rechtsauskunft- und Vergleichsstelle der Freien und Hansestadt Hamburg**[1097] zu nennen.[1098] Andere außergerichtliche Gütestellen sind in **Lübeck**[1099] oder in **Bayern**[1100] eingerichtet. Bei einem außergerichtlichen Güteverfahren handelt es sich um ein **Schlichtungsverfahren**, das einem gerichtlichen Verfahren vorgeschaltet werden kann. Die Anforderungen an die Substantiierung des geltend gemachten Anspruchs sind geringer als bei einem ordentlichen Zivilverfahren, zumal eine (kostenträchtige) Abweisung nicht stattfindet. Von einem solchen Güteverfahren ist die Öffentlichkeit ausgeschlossen. Ob der Antragsgegner an dem Ort, an dem die außergerichtliche Gütestelle eingerichtet ist, einen Gerichtsstand nach der ZPO hat, ist für die Unterbrechung der Verjährung nach §§ 212, 209 Abs. 2 Nr. 1 a BGB unerheblich.[1101] Gemäß § 91 Abs. 3 ZPO werden die Kosten eines gescheiterten Güteverfahrens vor einer durch die Landesjustizverwaltung eingerichteten oder anerkannten Gütestelle im Rahmen eines nachfolgenden Rechtsstreits berücksichtigt, wenn zwischen der Beendigung des Güteverfahrens und der Klageerhebung nicht mehr als ein Jahr verstrichen ist.

(e) Selbständiges Beweisverfahren und Streitverkündung

In den gesetzlich vorgesehenen Fällen (vgl. §§ 477 Abs. 2 Satz 1, 480 Abs. 1, 490 660
Abs. 1, 493, 639 Abs. 1 BGB) ist in Erwägung zu ziehen, ein **selbständiges Beweisverfahren** (§§ 485 ff. ZPO) einzuleiten oder Dritten, die an einem Rechtsstreit nicht beteiligt sind, (zulässig) den **Streit zu verkünden** (§§ 72–74 ZPO, § 209 Abs. 2 Nr. 4 BGB).[1102] Bei einer Verjährungsunterbrechung durch Streitverkündung müssen die zeitlichen Grenzen der §§ 215, 211 Abs. 2 BGB beachtet werden. Die Wirkungen einer Streitverkündung können auch durch eine Vereinbarung zwischen den Beteiligten erzielt werden.[1103]

1097 Öffentliche Rechtsauskunft- und Vergleichsstelle der Freien und Hansestadt Hamburg, Hauptstelle, Holstenwall 6, 20355 Hamburg.

1098 Eingerichtet durch die Verordnung vom 4. 2. 1946 über die Öffentliche Rechtsauskunft- und Vergleichsstelle, Hamburgisches GVBl 1946, S. 13. Hierzu auch: BGHZ 123, 337, 340 ff., sowie *Gerhardt*, NJW 1981, 1542; *Schumann*, DRiZ 1970, 60.

1099 Ausführungsverordnungen des Landesjustizministeriums vom 4. 8. 1949 (Schleswig-Holsteinisches ABl 1949, S. 276) und vom 17. 12. 1952 (Schleswig-Holsteinisches ABl 1953, S. 9).

1100 Bekanntmachung des Bayerischen Staatsministeriums der Justiz vom 31. 7. 1984 (Bay. JMBl 1984, S. 146). Hierzu: *Bethke*, NJW 1993, 2728 f.

1101 BGHZ 123, 337, 341 ff.

1102 Zur Pflicht des Rechtsanwalts zur Streitverkündung auch: Rn. 699–701.

1103 OLG Düsseldorf, NJW-RR 1993, 1471.

(3) Vorkehrungen gegen drohende Verjährung

661 Ein Rechtsanwalt hat **vor Ablauf der Verjährungsfrist Vorkehrungen zu treffen**, damit es **nicht zur Verjährung kommt**. Diese Pflicht setzt wesentlich früher ein als der Eintritt der Verjährung selbst. Ein Rechtsanwalt, der von seinem Mandanten beauftragt wird, dessen Rechte gegenüber einem säumigen Schuldner wahrzunehmen, ist aufgrund des Anwaltsvertrags verpflichtet, Vorkehrungen gegen eine drohende Verjährung spätestens dann einzuleiten, wenn er **Dispositionen** trifft, **die das Risiko der Verjährung erhöhen**.[1104] So entsteht diese Verpflichtung i. d. R., wenn der Rechtsanwalt lediglich eine **Teilklage** erhebt, für den nicht anhängig gemachten Teil der Forderung.[1105] Auch wenn ein Rechtsanwalt von seinem Mandanten beauftragt wird, seine Rechte gegenüber einer Vielzahl von Schuldnern wahrzunehmen, und sich dazu entschließt, zunächst nur „**Musterprozesse**" gegen einzelne Schuldner zu führen, hat er Vorkehrungen zu treffen, daß die Ansprüche gegen die übrigen Schuldner nicht verjähren.[1106]

662 Die Pflicht, Vorkehrungen gegen eine drohende Verjährung zu treffen, kann auch nach **risikoerhöhenden Unterlassungen** des Rechtsanwalts eingreifen. Nimmt ein Rechtsanwalt den Auftrag, eine Forderung einzuziehen, nur gut ein halbes Jahr vor deren Verjährung an, so verletzt er seine Pflicht, Vorkehrungen zu treffen, jedenfalls dadurch, daß er fast die Hälfte der Zeit untätig bleibt. Dann darf der Rechtsanwalt die Angelegenheit nach einer ersten Zahlungsaufforderung nicht für mehr als einen Monat auf Frist legen. Nach fruchtlosem Fristablauf wird erwartet, daß der Rechtsanwalt Maßnahmen einleitet, um die Verjährung zu unterbrechen.[1107]

663 Ein Rechtsanwalt, der der Pflicht zu vorbeugenden Maßnahmen nicht gerecht geworden ist, kann sich i. d. R. nicht darauf berufen, daß das Mandat vor Eintritt der Verjährung beendet worden ist und danach eine Unterbrechung der Verjährung noch möglich gewesen wäre, aber nicht stattgefunden hat. Vielmehr kann der Rechtsanwalt auch **nach Beendigung des Mandats** noch verpflichtet sein, den ehemaligen Mandanten auf eine drohende Verjährung hinzuweisen und ihn über die Folgen nicht rechtzeitiger verjährungshemmender bzw. -unterbrechender Maßnahmen aufzuklären.[1108]

1104 BGH, NJW 1993, 1779, 1780; 1997, 1302. Vgl. auch BGH, VersR 1971, 1119, 1122.
1105 RGZ 115, 185 ff.; BGH, NJW 1993, 1779, 1780.
1106 BGH, NJW 1993, 1779, 1780.
1107 BGH, NJW 1997, 1302.
1108 Allgemein zu den nachvertraglichen Pflichten eines Rechtsanwalts: Rn. 190–202.

(4) Hinweispflichten bei beschränktem Mandat

Auch wenn der Rechtsanwalt nur eingeschränkt beauftragt ist (Rn. 517–531), etwa wenn sein Mandat nur die Vertretung in einem bestimmten Rechtsstreit umfaßt, kann eine **Nebenpflicht** bestehen, seinen **Auftraggeber auf die drohende Verjährung** von Ansprüchen gegen einen Dritten **hinzuweisen**. Vorausgesetzt wird, daß für den Rechtsanwalt ersichtlich ist, daß bei Verlust des Rechtsstreits Ansprüche gegen einen Dritten in Betracht kommen, und wenn der Auftraggeber insoweit nicht anderweitig beraten wird. Auch bei einem auf die Führung eines bestimmten Prozesses eingeschränkten Mandat darf der Rechtsanwalt seine Aufgabe nicht völlig isoliert von den übrigen Interessen des Auftraggebers sehen. Vielmehr hat er die **mit dem Rechtsstreit unmittelbar zusammenhängenden rechtlichen und wirtschaftlichen Belange seiner Partei** mitzuberücksichtigen und darauf zu achten, daß ihr insoweit nicht durch ein Versäumnis während des Prozesses Nachteile entstehen; dies gilt insbesondere für den Verlust von Ansprüchen, die gegen Dritte – selbständig oder bei ungünstigem Ausgang des Rechtsstreits – in Betracht kommen. Obwohl das Mandat auf die Verfolgung des Anspruchs gegen eine bestimmte Partei beschränkt ist, gehört es zu dem Auftrag des Rechtsanwalts zu prüfen, ob insoweit Verjährung droht, und seinen Auftraggeber gegebenenfalls zu belehren, welche Maßnahmen zur Vermeidung rechtlicher Nachteile erforderlich sind.[1109] Eine **Nebenpflicht**, den Auftraggeber darauf hinzuweisen, daß neben den Ansprüchen, die Gegenstand des Auftrags sind, auch solche gegen Dritte zu verjähren drohen, scheidet aber jedenfalls dann aus, wenn der mögliche Gegenstand der Beratung bei der Auftragserteilung ausdrücklich ausgeklammert worden ist.[1110] 664

bb) Sicherung gegen Versäumung von Ausschlußfristen

Ausschlußfristen werden dadurch gekennzeichnet, daß die Rechte, die innerhalb einer solchen Frist geltend zu machen sind, mit deren Ablauf erlöschen. Der Ablauf einer Ausschlußfrist ist in einem Rechtsstreit **von Amts wegen zu beachten.**[1111] Ausschlußfristen unterscheiden sich insoweit von Verjährungsfristen (vgl. § 222 Abs. 1 BGB). Ebenso wie bei Verjährungsfristen ist ein Rechtsanwalt verpflichtet, im Rahmen seines Mandats mögliche Ausschlußfristen unverzüglich zu erfassen und zu überwachen sowie zu **verhindern**, daß der **Mandant durch** 665

1109 BGH, NJW 1993, 2045.
1110 BGH, NJW 1993, 1779, 1781.
1111 Allgemein zu Ausschlußfristen etwa Palandt/*Heinrichs*, BGB, Überbl. v. § 194 Rn. 7; *Ostler*, JA 1983, 109, 113 f.; *Vollkommer*, Rn. 532–535, 552; zu § 12 Abs. 3 VVG: *Dobmaier*, AnwBl 1998, 602 f.

Fristablauf Rechtsnachteile erleidet.[1112] Entsprechendes gilt, wenn dem Mandanten ein Rechtsverlust durch den Ablauf einer Klagefrist droht. Dann muß der Rechtsanwalt den Auftraggeber auch auf diese Folge hinweisen, wenn er eine Klage für aussichtslos hält, um diesem eine eigenverantwortliche Entscheidung zu ermöglichen.[1113]

666 Neben dem Übersehen einer Ausschlußfrist kann es auch dadurch zu einem von dem beauftragten Rechtsanwalt zu verantwortenden Fristversäumnis kommen, daß er entgegen § 174 BGB bei einem **einseitigen Rechtsgeschäft**, das während einer Ausschlußfrist im Auftrag des Mandanten vorzunehmen ist – etwa bei einer Kündigung gemäß § 626 BGB – versäumt, eine ordnungsgemäße **Vollmachtsurkunde vorzulegen** und der andere das Rechtsgeschäft aus diesem Grund unverzüglich zurückweist, sofern der Vollmachtgeber den anderen von der Bevollmächtigung nicht in Kenntnis gesetzt hatte. Dann kann es für eine ordnungsgemäße Wiederholung des einseitigen Rechtsgeschäfts bereits zu spät sein (vgl. auch Rn. 804).

c) Prozeßaussicht

667 Der allgemeine Grundsatz, daß der um Beratung ersuchte Rechtsanwalt zu einer umfassenden und möglichst erschöpfenden Belehrung verpflichtet ist und seinen Mandanten vor Schäden bewahren muß (Rn. 507 ff.), findet eine spezielle Ausprägung, wenn ein Rechtsanwalt ein Mandat übernommen hat, das die Vertretung des Auftraggebers in einem gerichtlichen Verfahren zum Gegenstand hat.[1114]

aa) Aufklärung über Notwendigkeit, Erfolgsaussicht und Gefahren eines Prozesses

668 Der **Auftraggeber** muß **eigenverantwortlich über Art und Weise einer gerichtlichen Rechtsverfolgung entscheiden** können. Soweit er hierzu nicht in der Lage ist, muß der Rechtsanwalt ihn über die Notwendigkeit, Erfolgsaussicht und Gefahren eines Rechtsstreits ins Bild setzen.[1115] Für die dabei bestehenden Beratungs-

1112 Vgl. BGH, NJW 1974, 2318, 2319; NJW-RR 1995, 252; NJW 1998, 1860, 1861; WM 1998, 2246, 2248; OLG Düsseldorf, NJW 1987, 2523 f.; BayObLG, NJWE-VHR 1998, 181, 182 f.

1113 BGH, WM 1999, 1342, 1344 – Steuerberater (zu § 47 FGO).

1114 Allgemein zur Pflicht, den Auftraggeber über Prozeßrisiken zu beraten und aufzuklären: *Borgmann/Haug*, § 20 Rn. 83–90; *Hartstang*, S. 516–519; *K. Müller*, JR 1969, 161, 163; *Rinsche*, Rn. I 122–130; *Vollkommer*, Rn. 165–169.

1115 BGH, VersR 1963, 387, 388; NJW-RR 1991, 1241, 1243. Zur fehlenden Belehrungsbedürftigkeit des rechtskundigen Auftraggebers: OLG Düsseldorf, MDR 1986, 145.

und Aufklärungspflichten macht es keinen Unterschied, ob der Rechtsanwalt den Kläger oder Beklagten vertritt oder ob es um die Erfolgsaussichten eines Rechtsmittels[1116] geht.

Bei der Prüfung der Aussichten eines beabsichtigten Prozesses muß der Rechtsanwalt vor allem den ihm **vorgetragenen Sachverhalt darauf überprüfen, ob er geeignet ist, den von dem Auftraggeber erstrebten Erfolg zu begründen** (vgl. Rn. 533 ff.).[1117] Auf rechtliche Bedenken gegen die Erfolgsaussichten einer Klage muß der Rechtsanwalt den Auftraggeber hinweisen.[1118] Der Rechtsanwalt muß nicht nur das Vorhandensein, sondern auch das **ungefähre, in etwa abschätzbare Ausmaß des Risikos** eines zu erwartenden Rechtsstreits darlegen und erörtern.[1119] Eine unzureichende Beurteilung der Prozeßaussicht, die allgemein anerkannte methodische Regeln mißachtet, geht zu Lasten des Rechtsanwalts. 669

In einem Fall, in dem ein **Unterliegen nahezu sicher oder jedenfalls mit hoher Wahrscheinlichkeit zu erwarten** ist, muß der Rechtsanwalt von der Klage **abraten**. Wünscht der Mandant dennoch die Klage, muß der Rechtsanwalt das Prozeßrisiko klar herausstellen. Der Rechtsanwalt darf dann seine Beratung nicht auf den Hinweis beschränken, daß ein Risiko bestehe und der Ausgang des Rechtsstreits offen sei; er muß vielmehr auch von sich aus **deutlicher zum hohen Grad des Risikos und zur Wahrscheinlichkeit eines Prozeßverlustes Stellung nehmen**.[1120] Bleibt der Mandant nach einer solchen eindringlichen Belehrung bei seinem Entschluß, die Klage durchzuführen, kann der Rechtsanwalt dem entsprechen, ohne gegen seine Pflichten aus dem Anwaltsvertrag zu verstoßen.[1121] Ein Rechtsanwalt verstößt auch dann nicht gegen seine Pflichten, wenn er nach eindringlicher Belehrung dem Wunsch seines Mandanten nachkommt, die Rechtsverfolgung auf eine juristische Meinung zu stützen, die allenfalls noch vertretbar erscheint.[1122] 670

Soweit das Begehren des Mandanten aufgrund einer gut vertretbaren Rechtsauffassung zwar Erfolg haben kann, die Rechtslage aber dennoch zweifelhaft ist, weil sich etwa eine gefestigte Rechtsprechung noch nicht gebildet hat, muß der 671

1116 Vgl. BGH, NJW-RR 1986, 1281; OLG Celle, AnwBl 1982, 22 f.
1117 BGH, VersR 1963, 387, 388; NJW 1986, 2043, 2044; 1988, 2113.
1118 BGH, NJW 1988, 2113; 1997, 2168, 2169.
1119 BGH, NJW 1984, 791, 792 f.
1120 BGH, NJW 1984, 791, 793; 1986, 2043, 2044; 1988, 2113; 1997, 2168, 2169; 1998, 1488, 1491; vgl. auch OLG Hamm, AnwBl 1987, 33; OLG Celle, AnwBl 1987, 491 f.; OLG Köln, NJW-RR 1994, 955, 956. Auch der Hinweis auf „ein relatives Risiko" ist nicht hinreichend substantiiert: BGH, NJW 1991, 2280, 2282.
1121 BGH, NJW 1986, 2043, 2044. Vgl. auch OLG Düsseldorf, VersR 1973, 424, 425; MDR 1986, 145; OLG Celle, AnwBl 1987, 491.
1122 BGH, VersR 1974, 458, 459; vgl. auch BGH, NJW 1974, 1865, 1866.

Rechtsanwalt gegenüber seinem Mandanten **Zweifel und Bedenken, zu denen die Rechtslage Anlaß gibt, darlegen und erörtern** sowie die weiteren Schritte von der Entscheidung des Mandanten abhängig machen (vgl. Rn. 589 ff.).[1123] Eine entsprechende Pflicht, den Mandanten aufzuklären und das weitere Vorgehen von dessen Entscheidung abhängig zu machen, trifft den Rechtsanwalt erst recht, wenn die rechtliche Beurteilung infolge der Tatsachenlage oder der Auffassungen im Schrifttum und der Rechtsprechung zu ernstlich begründeten Zweifeln Anlaß gibt, oder wenn der Rechtsanwalt sogar weiß bzw. bei Anwendung der erforderlichen Sorgfalt davon ausgehen muß, daß das Gericht seine Rechtsauffassung nicht teilt. Ein Rechtsanwalt darf nicht darauf vertrauen, seine Auffassung werde die Billigung der Gerichte finden, selbst wenn sie in einem angesehenen Kommentar vertreten wird, aber von der Mehrheitsmeinung abweicht.[1124] Selbst Fehler des Gerichts dürfen nicht außer acht gelassen werden.[1125]

bb) Inhalt der Aufklärungspflicht

672 Der Inhalt der **Pflicht, über das Prozeßrisiko aufzuklären**, hängt von den Umständen des Einzelfalls ab. Wie bereits dargelegt, reicht eine nur allgemein gehaltene Aussage nicht aus. Der Rechtsanwalt muß **konkret beschreiben, woraus sich das Prozeßrisiko ergibt**:[1126]

- So kann etwa die **Zulässigkeit der Klage** zweifelhaft sein, weil unsicher ist, ob die deutschen Gerichte oder ob ausländische Gerichte **international zuständig** sind.[1127]
- Das gleiche gilt, wenn unsicher ist, ob ein ordentliches Gericht oder ein **Schiedsgericht** zur Streitentscheidung berufen ist.[1128]
- Unsicherheiten können sich daraus ergeben, daß eine **Rechtsfrage noch nicht höchstrichterlich entschieden** ist oder von der **Bewertung der Umstände des Einzelfalls** abhängt.

1123 BGH, NJW 1986, 2043, 2044; vgl. auch BGH, NJW 1985, 264, 265. Zum Erfordernis einer Zustimmung des Auftraggebers zu grundlegenden prozessualen Maßnahmen: BGH, VersR 1961, 467, 468 ff.

1124 BGH, NJW 1974, 1865, 1866.

1125 BGH, a. a. O., spricht von dem „bei Richtern nur unvollkommenen menschlichen Erkenntnisvermögen" und der „niemals auszuschließenden Möglichkeit eines Irrtums".

1126 Vgl. etwa BGH, NJW 1991, 2280, 2283.

1127 BGH, NJW-RR 1986, 1281.

1128 BGH, NJW 1985, 264; 1990, 2127.

- Zweifel bestehen häufig deshalb, weil es streitentscheidend auf die **Auslegung** einer Willenserklärung, etwa eines Testaments, oder einer vertraglichen Vereinbarung ankommt.[1129]
- In vielen Fällen ist der Ausgang eines Rechtsstreits nicht genau vorherzusagen, weil der **Sachverhalt nicht hinreichend sicher feststeht** und von ungewissen Zeugenaussagen oder Sachverständigengutachten abhängt.[1130]
- Bei der Entscheidung, ob ein Rechtsstreit einzuleiten ist, können schließlich **außerrechtliche Erwägungen** zu berücksichtigen sein. Aus wirtschaftlicher Sicht ist zu prüfen, ob damit gerechnet werden kann, daß aus einem Titel in das Vermögen des Schuldners mit Erfolg vollstreckt werden kann. Auch ist mit dem Auftraggeber zu erörtern, ob – etwa zur Substantiierung eines Schadensersatzanspruchs – Geschäftsgeheimnisse oder -verbindungen offengelegt werden müssen.

An den vorbeschriebenen Aufklärungs- und Beratungspflichten ändert sich nichts, 673
wenn eine Klage nur deshalb erhoben werden soll, um Zeit zu gewinnen oder die Position bei Vergleichsverhandlungen zu verbessern.[1131] Ein Anliegen des Mandanten, die Erfüllung eines Anspruchs um jeden Preis zu verzögern, deckt jedoch nicht kostspielige sinnlose Verzögerungsmaßnahmen, wenn aussichtsreichere Möglichkeiten bestehen.[1132]

Besonderheiten sind zu beachten, wenn der geltend zu machende Anspruch zu **ver-** 674
jähren droht.[1133] Nach entsprechender Aufklärung des Mandanten kann es wegen der irreversiblen Folgen der Verjährung gemäß § 222 Abs. 1 BGB erforderlich sein, auch bei einem größeren Prozeßrisiko zur Einleitung eines gerichtlichen Verfahrens und damit zu einer Unterbrechung der Verjährung gemäß § 209 BGB zu raten. Ist der Rechtsanwalt nach Prüfung der Rechtslage der Ansicht, eine Klageerhebung schließe für den Mandanten ein zu großes Prozeßrisiko ein, weil der Anspruch wahrscheinlich schon verjährt ist, muß er seinen Auftraggeber innerhalb einer kurzen, allenfalls nach Tagen zu bemessenden Frist auf seine Bedenken hinweisen und die Rechtslage mit ihm erörtern.[1134] Soweit eine aussichtsreiche Klage noch **vorprozessuale rechtsgeschäftliche Erklärungen** der Partei erfordert, etwa eine Mahnung, Kündigung, Fristsetzung oder Anfechtung, muß der Rechtsanwalt

1129 BGH, NJW 1988, 2113 – Wandelungsvereinbarung.
1130 OLG Düsseldorf, VersR 1985, 552, 553 – Arzthaftung.
1131 Vgl. etwa BGH, NJW 1988, 2113; 1991, 2280, 2282 f.
1132 BGH, NJW 1991, 2280, 2283 – Klageerhebung vor dem örtlich zuständigen anstatt vor dem unzuständigen Gericht.
1133 Zu der Pflicht, Ansprüche des Auftraggebers gegen Verjährung zu sichern: Rn. 649–664.
1134 BGH, VersR 1965, 763; vgl. auch BGH, VersR 1971, 1119, 1122.

seinen Auftraggeber darauf hinweisen und auf die fristgemäße Abgabe dieser Erklärungen hinwirken.[1135]

cc) Beweisbarkeit der Aufklärung

675 Aus den vorstehenden Ausführungen ergibt sich für die Praxis die Empfehlung, die Bedenken betreffend die Erfolgsaussichten einer Klage oder der Verteidigung gegen eine Klage oder der Einlegung eines Rechtsmittels dem Mandanten **schriftlich** mitzuteilen bzw. zu bestätigen oder zumindest einen **Aktenvermerk über eine Belehrung** anzufertigen. Auch wenn den Auftraggeber, der einen Rechtsanwalt auf Leistung von Schadensersatz in Anspruch nimmt, die Beweislast dafür trifft, daß der Rechtsanwalt seine Pflichten nicht gehörig erfüllt hat (Rn. 998 ff.), wird von dem Rechtsanwalt erwartet, daß er substantiiert darlegt, ob und wie er den Mandanten gerade über die konkreten Risiken eines Rechtsstreits belehrt hat.[1136]

d) Kosten

676 In engem Zusammenhang mit der Aufklärung und Beratung des Mandanten über das Prozeßrisiko steht die Aufklärung über die mit einem Prozeß verbundenen **Kosten**.[1137] So hat der Rechtsanwalt den Mandanten vor der Führung aussichtsloser bzw. unsicherer Rechtsstreitigkeiten vor allem auch wegen der mit dem Prozeßverlust verbundenen Kostenbelastung (§§ 91 ff. ZPO) zu warnen. Ein Rechtsanwalt, der die Erfolgsaussichten eines Prozesses nicht ausreichend geprüft und deshalb dem Mandanten geraten hat, einen aussichtslosen Rechtsstreit zu führen, haftet wegen der unnütz angefallenen Kosten auf Schadensersatz.[1138] Für die Anforderungen an eine Belehrung des Auftraggebers über die anfallenden Kosten macht es keinen Unterschied, ob der Rechtsanwalt prozessual oder beratend tätig werden soll.

aa) Grundsätzlich keine Kostenaufklärung

677 Grundsätzlich ist ein Rechtsanwalt nicht verpflichtet, den Mandanten von sich aus auf die **Entgeltlichkeit seiner Tätigkeit** (§§ 675, 612 Abs. 1, 632 Abs. 1

1135 BGH, VersR 1963, 387, 388 f.

1136 BGH, NJW 1991, 2280, 2283.

1137 Zur Aufklärung über das Kostenrisiko: *Borgmann/Haug*, § 20 Rn. 91–96; *Hartstang*, S. 519–522; *Madert*, in: Gerold/Schmidt/von Eicken/Madert, BRAGO, § 1 Rn. 9; *Rinsche*, Rn. I 418–424; *Sieg*, S. 97; *Vollkommer*, Rn. 170–172, 571 und 584–586.

1138 BGH, WM 1998, 779, 782, 783 – Steuerberaterhaftung.

BGB) hinzuweisen. Auch auf die Höhe der nach der BRAGO anfallenden Gebühren braucht der Rechtsanwalt i. d. R. nicht ungefragt hinzuweisen (vgl. Rn. 858 ff.).[1139] Der Grundsatz, daß die unterliegende Partei die **Kosten eines Rechtsstreits** zu tragen, insbesondere die dem Gegner erwachsenden Kosten zu erstatten hat, soweit sie zur zweckentsprechenden Rechtsverfolgung oder Rechtsverteidigung notwendig waren (§ 91 Abs. 1 Satz 1 ZPO), ist allgemein bekannt. Der BGH verweist darauf, daß kein Mandant erwarten dürfe, ein Fachberater werde unentgeltlich für ihn tätig. Dessen gesetzliche Gebühren seien allgemein zu erfahren.[1140] Das RG hat darauf abgestellt, daß die Partei selbst zu erwägen habe, ob sich die Rechtsverfolgung lohne. Soweit hierzu die Höhe der aufzuwendenden Kosten von Bedeutung sei, sei es eine Obliegenheit des Mandanten, sich bei dem beauftragten Rechtsanwalt zu erkundigen.[1141]

bb) Ausnahmen

Der vorbeschriebene Grundsatz wird durch zahlreiche Ausnahmen eingeschränkt, 678
in denen der Rechtsanwalt den Auftraggeber auch über die **Kosten einer beabsichtigten Rechtsverfolgung aufklären** muß. Diese Aufklärungspflicht besteht dann i. d. R. bereits vor Abschluß des Anwaltsvertrages. Solche vorvertraglichen Pflichten gegenüber einem Vertragsinteressenten sind wesentlich enger begrenzt als die Pflichten innerhalb eines Vertragsverhältnisses.[1142]

(1) § 12 a Abs. 1 Satz 2 ArbGG

Eine ausdrückliche **gesetzliche Hinweispflicht** auf den Ausschluß einer Kosten- 679
erstattung sieht § 12 a Abs. 1 Satz 2 ArbGG vor. Danach ist vor Abschluß der Vereinbarung über die Vertretung in einem Rechtsstreit vor einem **Arbeitsgericht** darauf hinzuweisen, daß in **Urteilsverfahren des ersten Rechtszuges** kein Anspruch der obsiegenden Partei auf Entschädigung wegen Zeitversäumnis und auf Erstattung der Kosten für die Zuziehung eines Prozeßbevollmächtigten oder Beistandes besteht.[1143]

1139 RGZ 118, 365, 367; BGH, NJW 1969, 932, 934; 1998, 136, 137; 1998, 3486, 3487.
1140 BGH, NJW 1998, 136, 137.
1141 RGZ 118, 365, 367.
1142 BGH, NJW 1998, 136, 137. Allgemein zu vorvertraglichen Pflichten des Rechtsanwalts: Rn. 173–187.
1143 Zu § 12 a Abs. 1 Satz 2 ArbGG: OLG Düsseldorf, AnwBl 1987, 147, 148; LG München I, AnwBl 1981, 68.

(2) Nachfrage des Mandanten

680 Fragt der Mandant nach den Kosten einer beabsichtigten Rechtsverfolgung, etwa um das wirtschaftliche Risiko der Prozeßführung abschätzen zu können, muß der Rechtsanwalt die **voraussichtliche Höhe seiner gesetzlichen Vergütung** wahrheitsgemäß mitteilen.[1144]

(3) Vorliegen besonderer Umstände

681 Ein Rechtsanwalt kann auch gemäß §§ **157, 242 BGB** ausnahmsweise verpflichtet sein, den Mandanten unaufgefordert über das Kostenrisiko aufzuklären, wenn dies aufgrund der besonderen Umstände des Einzelfalls unter Berücksichtigung von **Treu und Glauben** geboten erscheint. Insoweit sind im Rahmen einer Gesamtwürdigung zu berücksichtigen: einerseits der Schwierigkeitsgrad und Umfang der anwaltlichen Aufgabe, ein ungewöhnlich hoher Gegenstandswert und sich daraus ergebende hohe Gebühren, die das vom Auftraggeber erstrebte Ziel wirtschaftlich sinnlos machen können, andererseits die Bedeutung der Angelegenheit für den Mandanten sowie dessen Vermögensverhältnisse und Erfahrung im Umgang mit Rechtsanwälten. Wenn die von dem Rechtsuchenden **erstrebte Rechtsverfolgung aus Sicht des Rechtsanwalts erkennbar wirtschaftlich unvernünftig** ist, weil das Ergebnis in keinem angemessenen Verhältnis zu den Kosten steht, ist der Rechtsanwalt verpflichtet, dem Mandanten nach Hinweis auf die voraussichtlichen Kosten Gelegenheit zu geben, über seine Beauftragung zu entscheiden.[1145]

682 Der BGH hat eine solche Pflicht des Rechtsanwalts angenommen, wenn dieser an dem Abschluß eines zum Zeitpunkt seines Tätigwerdens im wesentlichen bereits entworfenen Unternehmenskaufvertrags mit einem Volumen von DM 45 Mio. nur in der Weise mitgewirkt hat, daß er lediglich Schriftstücke entgegengenommen und Termine abgestimmt hat. Etwas anderes wäre dann anzunehmen, wenn der Rechtsanwalt den komplexen und rechtlich schwierigen Vertrag von Anfang an in mehreren zeitaufwendigen Verhandlungen mit den Parteien vorbereitet und ausgehandelt hat.[1146]

683 Auch wenn der Rechtsanwalt den **Eindruck erweckt hat, weitere Gebühren fielen nicht an**, kann er von sich aus verpflichtet sein, den Auftraggeber über die tat-

1144 BGH, NJW 1980, 2128, 2130; 1998, 136, 137; 1998, 3486, 3487.

1145 BGH, NJW 1998, 136, 137; 1998, 3486, 3487. Vgl. auch RGZ 118, 365, 367; BGH, NJW 1969, 932, 933 f.; OLG München, NJW-RR 1991, 1460, 1461.

1146 BGH, NJW 1998, 3486, 3487.

sächlich anfallenden Kosten aufzuklären.[1147] Eine solche Belehrungspflicht kann entfallen, wenn der Auftraggeber im Umgang mit Rechtsanwälten erfahren ist.[1148]

Besondere Umstände im vorbeschriebenen Sinne liegen regelmäßig auch dann vor, wenn der Rechtsanwalt mit dem Mandanten vereinbart, in einem Rechtsstreit als **Verkehrsanwalt** tätig zu werden (Rn. 205–227). Dann ist der Mandant darüber aufzuklären, daß es zusätzlich der Beauftragung eines am Prozeßgericht zugelassenen Prozeßbevollmächtigten bedarf und damit gerechnet werden muß, daß die anfallende Verkehrsanwaltsgebühr (§ 52 BRAGO) selbst dann nicht nach § 91 ZPO erstattungsfähig ist, wenn die Partei in dem Rechtsstreit obsiegt.[1149] 684

(4) Rechtsverfolgung im Ausland

Besondere Umstände, aufgrund derer ein Rechtsanwalt gemäß §§ 157, 242 BGB ausnahmsweise verpflichtet ist, den Mandanten unaufgefordert über das **Kostenrisiko** aufzuklären, können insbesondere vorliegen, wenn der Rechtsanwalt den Mandanten über eine **Rechtsverfolgung im Ausland** berät.[1150] Andere Rechtsordnungen sehen nicht immer – anders als die §§ 91 ff. ZPO – Ansprüche der in einem Rechtsstreit obsiegenden Partei auf Erstattung der Prozeßkosten vor[1151] oder kennen keine streitwertorientierte Kostenberechnung.[1152] In vielen ausländischen Rechtsordnungen ist es üblich, daß Anwälte insbesondere nach dem zeitlichen Aufwand für die Mandatsbearbeitung abrechnen. Dies kann die Rechtsverfolgung bei Sachverhalten mit einem niedrigen Gegenstandswert im Vergleich zu Deutschland erheblich verteuern, ja sogar wirtschaftlich unsinnig machen.[1153] Auf ein solches mit der Rechts- 685

1147 OLG Koblenz, AnwBl 1988, 64 – Anfall einer doppelten Prozeßgebühr nach Übernahme des Mandants wegen des Todes des bisherigen Prozeßbevollmächtigten.

1148 BGH, NJW 1969, 932, 933.

1149 OLG Köln, VersR 1998, 1282 (Ls.); zur regelmäßig ausgeschlossenen Erstattungsfähigkeit der Kosten für die Einschaltung eines Korrespondenzanwalts gemäß § 91 ZPO: *Bork*, in: Stein/Jonas, ZPO, § 91 Rn. 70–86; *Hartmann*, in: Baumbach/Lauterbach/Albers/Hartmann, ZPO, § 91 Rn. 220–267; Zöller/*Herget*, ZPO, § 91 Rn. 13 („Verkehrsanwalt"), jeweils m. w. N.

1150 *Sieg*, S. 141.

1151 Zur Rechtslage in Frankreich, wo das Gericht die unterlegene Partei zwar zu einer Entschädigung verurteilen kann (Art. 700 NCPC), deren Höhe (gegenwärtig 10.000 FF) aber in aller Regel nicht ausreicht, das Anwaltshonorar abzudecken: *Recq*, AnwBl 1993, 67, 68 f. In den U. S. A. gilt nach common law der Grundsatz, daß die unterlegene Partei eines Rechtsstreits nicht verpflichtet ist, der obsiegenden Partei ihre außergerichtlichen Kosten zu erstatten (sog. American Rule). Hierzu etwa: *Jestaedt*, RIW 1986, 95 ff.; *Maxeiner*, RIW 1990, 440, 445; *Pera*, S. 133 ff.; *Weinschenk*, RIW 1990, 435 ff.

1152 Zu dem Honorarrecht U. S.-amerikanischer Anwälte: *Pera*, S. 94 ff.

1153 In den U. S. A. wird es erst ab einem Gegenstandswert von US$ 10 000 bis 100 000 als wirtschaftlich angesehen, einen Rechtsstreit zu beginnen, soweit der Rechtsanwalt nicht auf der Basis eines Erfolgshonorars tätig wird: *Maxeiner*, RIW 1990, 440, 445.

verfolgung verbundenes Kostenrisiko muß ein Rechtsanwalt den Mandanten daher grundsätzlich hinweisen. Dies beruht darauf, daß der Mandant insoweit besonders schutzbedürftig ist, weil er aufgrund seiner Erwartungen, die auf der Rechtspraxis in Deutschland beruhen, nicht mit abweichenden Regelungen im Ausland rechnet. Entsprechendes kann auch umgekehrt gelten, wenn der Rechtsanwalt einen **ausländischen Mandanten im Inland** vertritt, der mit den Besonderheiten des deutschen Rechtsystems nicht vertraut ist. Beauftragt der Auftraggeber einen deutschen Rechtsanwalt, zur Prüfung ausländischen Rechts oder zur Führung eines Rechtstreits mit einem ausländischen Anwalt zusammenzuarbeiten (Rn. 307–335), ist vor der Beauftragung des ausländischen Anwalts zur Vermeidung von Mißverständnissen dessen Vergütung zu klären und der Mandant sodann über die voraussichtlich anfallenden, unter Umständen nicht erstattungsfähigen Kosten aufzuklären.

cc) Inhalt der Aufklärungspflicht

686 Besteht ausnahmsweise eine Pflicht zur Aufklärung über die gesetzlichen Gebühren, hängt der gebotene **Inhalt der Aufklärung** von den **Umständen des jeweiligen Falls** ab. Entscheidend für das Maß der Unterrichtung ist die für den Rechtsanwalt erkennbare **Belehrungsbedürftigkeit und Interessenlage des Auftraggebers**. Hierbei kommt der praktischen Brauchbarkeit der Belehrung besonderes Gewicht zu. Der Rechtsanwalt muß die **tatsächliche Höhe der zu erwartenden Gebühren** angeben, damit der Auftraggeber seine weiteren Maßnahmen danach einrichten kann. Deshalb gehört hierzu grundsätzlich nicht nur die Angabe der Gesamtsumme der Gebühren, sondern i. d. R. auch der Hinweis darauf, welche Gebühren voraussichtlich entstehen werden. Eine allgemeine Schätzung genügt nicht. Gerade ein **außergewöhnlich hoher Gegenstandswert** und sich daraus ergebende hohe Gebühren begründen eine besondere Verpflichtung des Rechtsanwalts, auf Befragen dem Auftraggeber seine Vorstellungen von der Höhe des Gegenstandswerts und damit auch der Gebühren mindestens der Größenordnung nach mitzuteilen. Daher kann grundsätzlich eine Auskunft nicht genügen, die zwar die insgesamt in Betracht kommenden Gebühren im Ergebnis nicht zu niedrig angibt, aber so ungenau ist, daß der Auftraggeber die Höhe der zu erwartenden Gebühren nicht annähernd sicher überblicken kann. Andererseits kann ein Rechtsanwalt den Auftraggeber nicht abschließend unterrichten, wenn er noch am Anfang seiner Tätigkeit steht und daher nicht alle für die Bemessung der Gebühren wesentlichen Faktoren kennt. Dann ist grundsätzlich ein Vorbehalt geboten, damit der Auftraggeber die Vorläufigkeit der ihm erteilten Auskunft erkennen kann.[1154]

1154 BGH, NJW 1980, 2128, 2130.

dd) Prozeßkosten- und Beratungshilfe

687 Eine Pflicht zur Aufklärung über die Kosten eines Rechtsstreits oder einer Beratung erstreckt sich grundsätzlich nicht darauf, den Auftraggeber auf die abstrakte Möglichkeit hinzuweisen, **Beratungs- bzw. Prozeßkostenhilfe** (Rn. 161–166) in Anspruch nehmen zu können. Eine solche Hinweispflicht kann **ausnahmsweise** bestehen, falls der Mandant beim Rechtsanwalt **nachfragt**, dem Rechtsanwalt die entsprechenden **Umstände mitteilt** oder der Mandant aufgrund seiner Einkommens- und Vermögensverhältnisse **erkennbar anspruchsberechtigt** sein kann.[1155] Einen Hinweis des Rechtsanwalts auf die Möglichkeit, Prozeßkostenhilfe zu beantragen, hat das OLG Köln in einem Fall als nicht geboten angesehen, in dem die Partei die von dem Rechtsanwalt angeforderten Kostenvorschüsse ohne Hinweis auf finanzielle Schwierigkeiten gezahlt hatte.[1156]

688 Der Rechtsanwalt genügt seiner Beratungspflicht, wenn er auf die Notwendigkeit einer umgehenden Antragstellung unter Verwendung der amtlichen Vordrucke hinweist. Ob die persönlichen und wirtschaftlichen Verhältnisse des Antragstellers für die Inanspruchnahme von Prozeßkostenhilfe tatsächlich ausreichen, braucht er nicht zu prüfen.[1157]

ee) Rechtsschutzversicherung

689 Das OLG Nürnberg hat die Ansicht vertreten, daß ein Rechtsanwalt verpflichtet sei, vor Klageerhebung zu klären, ob der Mandant rechtsschutzversichert ist, sowie den Mandanten nach Aufklärung über das Kostenrisiko entscheiden zu lassen, ob ein Klageauftrag unabhängig von einer Deckungszusage der **Rechtsschutzversicherung** erteilt wird.[1158] Gegen diese Auffassung spricht jedoch, daß ein Rechtsanwalt grundsätzlich gerade nicht verpflichtet ist, den Auftraggeber von sich aus über die anfallenden Kosten aufzuklären (dazu Rn. 677). Deshalb kann der Auftraggeber auch nicht erwarten, daß der Rechtsanwalt sich ungefragt nach dem Bestehen einer Rechtsschutzversicherung erkundigt. Hierauf hinzuweisen ist eine **Obliegenheit des Auftraggebers**, die dieser auch unschwer erfüllen kann.[1159] Wenn der Auftraggeber den Rechtsanwalt allerdings über das Bestehen einer Rechtsschutzversicherung informiert hat, darf der Rechtsanwalt regelmäßig vor

1155 BGH, NJW 1998, 136, 137; vgl. auch *Derleder*, MDR 1981, 448; *Greißinger*, AnwBl 1982, 288; *Schneider*, MDR 1988, 282.
1156 OLG Köln, NJW 1986, 725, 726; vgl. auch OLG Koblenz, VersR 1990, 309.
1157 OLG Düsseldorf, AnwBl 1984, 444, 445; AnwBl 1987, 147.
1158 OLG Nürnberg, NJW-RR 1989, 1370.
1159 *Borgmann/Haug*, § 20 Rn. 109; a. A. *Vollkommer*, Rn. 174.

der Kostenzusage des Versicherers nur dann Klage erheben, wenn der Mandant ihn damit ausdrücklich beauftragt und dieser weiß, daß er damit Gefahr läuft, die Kosten des Rechtsstreits selbst tragen zu müssen.[1160]

ff) Rechtsfolge eines Verstoßes

690 Hat der Rechtsanwalt den Mandanten nicht ordnungsgemäß über die Höhe der entstehenden **Gebühren** belehrt, steht dem Mandanten ein Anspruch auf **Schadensersatz** wegen positiver Vertragsverletzung zu. Mit diesem Anspruch kann der Mandant gegen einen Gebührenanspruch des Rechtsanwalts ganz oder teilweise **aufrechnen.**[1161] Nennt der Rechtsanwalt zu einem frühen Zeitpunkt zu niedrige Gebühren, kann er später ohne einen rechtzeitigen Hinweis keine höhere Vergütung verlangen.[1162]

e) Klageerhebung und Verteidigung gegen eine Klage

691 Wie bereits ausgeführt, hat ein Rechtsanwalt, bevor er eine Klage erhebt oder eine vergleichbare Maßnahme einleitet,[1163] den Auftraggeber über das **Prozeßrisiko** – und ausnahmsweise auch über die **Kosten** – aufzuklären.[1164] Nur dann ist der Mandant in der Lage, sich eigenverantwortlich für oder gegen eine gerichtliche Rechtsverfolgung zu entscheiden. Die Klage selbst muß **rechtzeitig**[1165] und **wirksam** (§ 253 ZPO) erhoben werden.[1166] Der Rechtsanwalt verletzt seine Pflichten aus dem Anwaltsvertrag, wenn er eine von vornherein offenkundig aussichtslose Klage bei Gericht einreicht,[1167] es sei denn, er hat den Mandanten hierüber ordnungsgemäß aufgeklärt und dieser hat gleichwohl auf einer Klageerhebung bestanden.

692 Die Ausführungen zur Klageerhebung gelten entsprechend für die Verteidigung des Mandanten gegen eine Klage.

1160 OLG Düsseldorf, VersR 1976, 892.
1161 BGH, NJW 1969, 932, 933; 1980, 2128, 2130.
1162 BGH, NJW 1980, 2128, 2130; OLG Karlsruhe, NJW 1990, 2132, 2133.
1163 Allgemein zu den Pflichten des Rechtsanwalts bei Klageerhebung: *K. Müller*, JR 1969, 161, 164; vgl. auch *Borgmann/Haug*, § 50.
1164 Zur Aufklärung des Auftraggebers über das Prozeßrisiko und über Kosten: Rn. 667–675 und Rn. 676–690.
1165 Zur Sicherung von Ansprüchen gegen Verjährung und gegen den Ablauf von Ausschlußfristen: Rn. 648–666.
1166 Zur Anwaltshaftung wegen Erhebung einer unzureichenden Teilklage: BGH, NJW 1984, 2347 ff.
1167 OLG Köln, NJW-RR 1994, 27, 28 – mietrechtliche Räumungsklage, obwohl die auf § 564 b BGB gestützte Kündigung wegen Mängeln der Kündigungserklärung erkennbar unwirksam war; vgl. auch BGH, WM 1998, 779, 782 f. – Steuerberaterhaftung.

aa) Wille des Auftraggebers

Bevor ein Rechtsanwalt eine Klage erhebt, hat er sich Klarheit über den Willen seines Auftraggebers, zu verschaffen.[1168] **Weisungen** des Mandanten hat er grundsätzlich zu beachten (Rn. 976 ff.). Deshalb empfiehlt es sich, dem Mandanten den Entwurf der Klageschrift mit der Bitte zu übermitteln, diesen zu genehmigen oder Änderungs- oder Ergänzungsvorschläge mitzuteilen. Dadurch kann der Rechtsanwalt sicherstellen, daß er das Begehren seines Mandanten sowie den zugrundegelegten Sachverhalt richtig und vollständig wiedergegeben sowie Beweis durch die zur Verfügung stehenden Erkenntnisquellen angetreten hat. Dagegen kann der Rechtsanwalt dem Auftraggeber nicht die rechtliche Beurteilung abnehmen, insbesondere nicht die Prüfung, ob die Klage schlüssig ist, d. h. ob der Klagevortrag ausreicht, das Klagebegehren zu tragen. 693

bb) Zuständiges Gericht

Grundsätzlich muß eine Klage vor dem zuständigen Gericht erhoben werden.[1169] Der Beklagte braucht sich grundsätzlich auf eine Klage vor einem unzuständigen Gericht nicht einzulassen, sondern kann dessen **Unzuständigkeit rügen** (§ 39 ZPO, Art. 18 **EuGVÜ/Lugano GVÜ**), und zwar **rechtzeitig** (§ 282 Abs. 3 ZPO). Dem Prozeßbevollmächtigten eines Beklagten kann vorgeworfen werden, daß er die fehlende **internationale Zuständigkeit** der deutschen Gerichte nicht gerügt und vor den international unzuständigen deutschen Gerichten eine Widerklage erhoben hat. Der Rechtsanwalt kann sich nicht darauf verlassen, daß die Gegenseite sich auf die (Wider-) Klage vor einem international nicht zuständigen Gericht rügelos einläßt.[1170] 694

Das OLG Hamm begründet eine Verpflichtung, die **sachliche Zuständigkeit** des angerufenen Gerichts zu rügen, mit der Ansicht, der Rechtsuchende habe vor höheren Gerichten eine größere Aussicht auf eine richtige Entscheidung. Diese Gerichte seien mit weniger Sachen befaßt und vielfach mit „Spezialisten" besetzt. Rate der Rechtsanwalt des Beklagten seiner Partei, sich auf eine Klage vor einem Amtsgericht rügelos einzulassen, obwohl an sich das Landgericht erstinstanzlich zuständig wäre, könne dem Rechtsanwalt kein Vorwurf gemacht werden, wenn er seinen Auftraggeber über die in Betracht kommenden Gerichtsstände sowie 695

1168 OLG München, NJW-RR 1991, 1460, 1461.
1169 OLG Koblenz, NJW 1989, 2699 f. – Prüfung der internationalen Zuständigkeit vor Klageerhebung.
1170 BGH, NJW-RR 1986, 1281, 1282.

über die Vor- und Nachteile des **„großen" und „kleinen" Instanzenzugs** belehrt und der Auftraggeber sein Einverständnis bekundet oder eine entsprechende Weisung erteilt habe.[1171]

696 Hat ein Rechtsanwalt pflichtwidrig für seine Partei Klage vor einem unzuständigen Gericht erhoben, hat er seinem Mandanten die durch die Verweisung verursachten **Mehrkosten** (§ 281 Abs. 3 Satz 2 ZPO) zu erstatten. Soweit durch die Klageerhebung vor einem unzuständigen Gericht eine Frist versäumt wird, haftet der Rechtsanwalt auch für den Schaden, der dem Mandanten dadurch entsteht. Dasselbe hat zu gelten, wenn es nicht um die sachliche Zuständigkeit, sondern um die örtliche (Un-)Zuständigkeit des angerufenen Gerichts geht. Besondere Regeln sind bei der Bestimmung der international zuständigen Gerichte zu beachten, insbesondere wenn Gerichte mehrerer Staaten international zuständig sein können (sog. forum shopping) oder eine Prorogation der international zuständigen Gerichte in Betracht kommt.[1172]

cc) Vertretung

697 Eine von einem **vollmachtlosen Rechtsanwalt** eingereichte Klage ist als unzulässig abzuweisen. Ein ohne Vollmacht eingelegtes Rechtsmittel ist als unzulässig zu verwerfen. Allgemein ist eine **ohne Vollmacht vorgenommene Prozeßhandlung unzulässig.**[1173] Die prozeßrechtliche Bevollmächtigung kann nur durch eine schriftliche Vollmacht nachgewiesen werden, die zu den Gerichtsakten abzugeben ist (§ 80 Abs. 1 ZPO). Vor ordentlichen Gerichten in **Zivilsachen** ist die Bevollmächtigung eines Rechtsanwalts allerdings nur **auf Rüge** eines Prozeßbeteiligten nachzuweisen (§ 88 ZPO). § 67 Abs. 3 VwGO sieht grundsätzlich eine Prüfung der Vollmacht **von Amts wegen** vor. Auch vor den Gerichten der **Verwaltungsgerichtsbarkeit** gilt die Regel des § 88 **ZPO**. Diese Vorschrift ist allerdings im Rahmen der VwGO wegen des hier stärker ausgeprägten Untersuchungsgrundsatzes in der Weise anzuwenden, daß bei Auftreten eines Rechtsanwalts als Prozeßbevollmächtigtem eine Prüfung der Vollmacht von Amts wegen grundsätzlich nicht stattfindet, sondern nur dann, wenn besondere Umstände Anlaß geben, die Bevollmächtigung des Rechtsanwalts in Zweifel zu ziehen.[1174] Besonders streng ist der Nachweis der Prozeßvollmacht vor den Gerichten der **Finanzge-**

1171 OLG Hamm, NJW-RR 1991, 1498 f.

1172 Zur Haftung des Rechtsanwalts bei der Auswahl des Gerichtsstandes (forum shopping) bzw. zur Prorogation der internationalen Zuständigkeit: *Sieg*, S. 135 ff.

1173 GemS OBG, NJW 1984, 2149.

1174 BVerwG, NJW 1985, 2963, 2964; vgl. auch *Kopp/Schenke*, VwGO, § 67 Rn. 24 ff.

richtsbarkeit. Gemäß § 62 Abs. 3 **FGO** ist die Bevollmächtigung stets durch eine schriftliche Vollmacht nachzuweisen. Das Gericht hat einen entsprechenden Mangel von Amts wegen zu berücksichtigen. Zur Nachreichung der Vollmacht hat das Gericht eine Frist zu setzen, die eine ausschließende Wirkung hat. Dies gilt auch bei einer Vertretung durch einen Rechtsanwalt.[1175] Ein Rechtsanwalt handelt pflichtwidrig, wenn er es versäumt, die Prozeßvollmacht rechtzeitig bei Gericht einzureichen.[1176]

dd) Klage im Urkundenprozeß

Ausnahmsweise kann ein Rechtsanwalt sogar verpflichtet sein, Klage im **Urkundenprozeß** (§§ 592 ff. ZPO) zu erheben. Grundsätzlich hat ein Rechtsanwalt seinen Auftrag so zu erledigen, daß er die Belange des Auftraggebers in jeder Hinsicht beachtet und Nachteile für ihn möglichst vermeidet. Ein Rechtsanwalt, welcher Ansprüche aus einem schriftlichen Vertrag geltend zu machen hat, ist gleichwohl **i. d. R. nicht gehalten, Klage im Urkundenprozeß zu erheben**. Die Vollstreckung aus einem im Urkundenprozeß erstrittenen Titel ist mit der Gefahr verbunden, bei Aufhebung des Urteils im Nachverfahren Schadensersatz leisten zu müssen (§§ 600 Abs. 2, 302 Abs. 4 Satz 3 ZPO). Nur wenn es dem Auftraggeber vor allem darauf ankommt, mit einem Vorbehaltsurteil **möglichst schnell einen vollstreckbaren Titel zu erhalten**, ist eine Klage im Urkundenprozeß geboten.[1177] Entsprechendes gilt für eine **Klage im Scheck- und Wechselprozeß** (§§ 602, 605 a ZPO). 698

ee) Streitverkündung

Es kann für einen Rechtsanwalt geboten sein, dem Mandanten zu empfehlen, einem **Dritten den Streit zu verkünden** (§§ 72–74 ZPO),[1178] wenn dem Auftraggeber für den Fall eines ungünstigen Ausgangs eines Rechtsstreits gegen den Dritten ein Anspruch auf Gewährleistung oder auf Schadloshaltung zustehen kann oder wenn der Auftraggeber einen Anspruch des Dritten besorgt. Das Merkmal der **Schadloshaltung** ist erfüllt, wenn der Dritte den Schaden ersetzen muß, welcher der Partei dadurch erwächst, daß sie den im Prozeß befangenen Anspruch erfüllen muß oder dessen Erfüllung nicht durchsetzen kann; dies gilt auch dann, 699

1175 BFH, NJW 1987, 2704 (Ls.); vgl. auch BFH, NJW 1996, 3366.
1176 BGH, WM 1998, 779, 781.
1177 BGH, NJW 1994, 3295, 3297.
1178 Zur Streitverkündung: *Rinsche*, Rn. I 463–468 sowie ZPO-Kommentare.

wenn die beklagte Partei und der Dritte dem Streitverkünder alternativ haften, d. h. wenn derselbe Anspruch nicht nur gegen den Beklagten, sondern auch gegen den Dritten in Betracht kommt, aber nur eine dieser Personen verpflichtet sein kann.[1179] Eine Pflicht, einem Dritten den Streit zu verkünden, hat der BGH ausdrücklich für den Fall angenommen, daß sich **während eines Rechtsstreits herausstellt, daß dem Auftraggeber für den Fall des Unterliegens Ansprüche gegen Dritte zustehen.**[1180]

700 Die Streitverkündung bewirkt von dem Zeitpunkt an, zu dem der Beitritt infolge der Streitverkündung möglich war, gemäß § 74 ZPO den Eintritt der **Interventionswirkung** des § 68 ZPO. Dies bedeutet, daß der Streitverkündete sich im Verhältnis zu der Hauptpartei später grundsätzlich nicht mehr darauf berufen kann, daß der Rechtsstreit unrichtig entschieden worden sei. Im Ergebnis wird der Streitverkündete dadurch an die Ergebnisse des Vorprozesses gebunden. Die Interventionswirkung tritt gemäß Art. V des Protokolls vom 27. 9. 1968 zum **EuGVÜ**[1181] bzw. Art. V des Protokolls Nr. 1 vom 16. 9. 1988 zum **LuganoGVÜ**[1182] auch ein, wenn einer Person der Streit verkündet wird, die ihren Wohnsitz in einem anderen Vertragsstaat hat. Neben diesen prozessualen Wirkungen hat eine Streitverkündung auch materiell-rechtliche Folgen. Insbesondere wird die **Verjährung** gegenüber dem Streitverkündeten **unterbrochen** (§ 209 Abs. 2 Nr. 4 BGB).[1183] Neben der Streitverkündung in einem Rechtsstreit kann auch vertraglich mit dem Dritten vereinbart werden, die Wirkungen der Streitverkündung gegen sich gelten zu lassen.

701 Ein Rechtsanwalt, der es übernommen hat, in einem anhängigen Verfahren namens seines Mandanten einem Dritten den Streit zu verkünden oder die Wirkung der Streitverkündung durch Abschluß einer entsprechenden Vereinbarung herbeizuführen, ist verpflichtet, seinen Mandanten über die Wirkung der Streitverkündung und insbesondere über die Dauer der Verjährungsunterbrechung nach § 215 BGB zu belehren. Dies gilt zumindest dann, wenn das Ziel der Streitverkündung gerade auch in der Unterbrechung der Verjährung liegt.[1184] Der Rechtsanwalt muß seinen Auftraggeber vor einer Streitverkündung in einem Rechtsstreit ferner darüber aufklären, daß durch den Beitritt des Streitverkündeten auf Seiten des

1179 BGH, NJW 1989, 521, 522.

1180 BGH, NJW 1993, 2045; zu der Pflicht, eine den Auftraggeber belastende Interventionswirkung zu vermeiden: BGH, NJW 1983, 820, 822.

1181 BGBl 1972 II, S. 808, in der Fassung des dritten Beitrittsübereinkommens vom 26. 5. 1989 (BGBl 1994 II, S. 530), vgl. *Jayme/Hausmann*, Anhang Nr. 72.

1182 BGBl 1994 II, S. 2693, vgl. *Jayme/Hausmann*, Anhang Nr. 77.

1183 Zur Verjährungsunterbrechung durch Streitverkündung: Rn. 660.

1184 OLG Karlsruhe, NJW 1987, 331, 332.

Gegners im Fall eines Unterliegens gemäß §§ 66, 101 ZPO **zusätzliche Kosten** anfallen.

f) Schriftsätze

Den Schriftsätzen der Parteien kommt im Rahmen der Prozeßführung eine entscheidende Aufgabe zu.[1185] Schriftsätze bereiten entweder die mündliche Verhandlung vor (sog. **vorbereitende Schriftsätze**, § 129 ZPO) oder enthalten formgebundene Parteierklärungen, wie etwa Klage, Einlegung von Rechtsmitteln, Streitverkündung oder Klagerücknahme (sog. **bestimmende Schriftsätze**). 702

aa) Anträge

Ein wesentlicher Bestandteil der Schriftsätze sind die darin enthaltenen **(Sach-) Anträge**, auf die in der mündlichen Verhandlung regelmäßig nur Bezug genommen wird (§ 297 ZPO).[1186] Der Rechtsanwalt hat für eine sachgerechte Antragstellung zu sorgen.[1187] Die Anträge müssen **geeignet sein, den vom Auftraggeber geäußerten Willen und dessen Interessen umzusetzen.**[1188] Sie müssen hinreichend **deutlich und bestimmt** sein.[1189] Soweit geboten, sind sachgerechte **Hilfsanträge** zu stellen. So kann der Rechtsanwalt in einem Kündigungsschutzprozeß verpflichtet sein, hilfsweise zu beantragen, das Arbeitsverhältnis aufzulösen und den Arbeitgeber zur Zahlung einer angemessenen Abfindung zu verurteilen (vgl. § 9 Abs. 1 Satz 1 KSchG).[1190] Überflüssige oder zu weit gehende Anträge sind wegen des **Kostenrisikos** im Fall des (teilweisen) Unterliegens zu vermeiden.[1191] Andererseits ist ein Rechtsanwalt nicht allein wegen des Kostenriskos gehalten, eine Teilklage zu erheben. Dies widerspräche der Pflicht, dem Mandanten den sichersten Weg zu empfehlen (Rn. 598–617). Eine **Teilklage** ist nur dann geboten, wenn der Auftraggeber den Rechtsanwalt nach entsprechender Aufklärung hierzu angewiesen hat. Die Anträge müssen im übrigen sicherstellen, daß im Falle eines Ob- 703

1185 Allgemein zu den Pflichten bei der Anfertigung von Schriftsätzen: *Hartstang*, S. 522–528; *K. Müller*, JR 1969, 161, 164 ff.; *ders.*, MDR 1969, 797 ff., 896 ff. und 965 ff.; *Rinsche*, Rn. I 454–458.

1186 Zur Antragstellung: *K. Müller*, JR 1969, 161, 166.

1187 BGH, NJW 1998, 2048, 2050 – Abänderungsklage gemäß § 323 ZPO statt Leistungsklage zur Durchsetzung bereits titulierter Unterhaltsansprüche.

1188 OLG Hamm, NJW-RR 1995, 526 – Antrag auf Gewährung einer Räumungsfrist nach § 721 ZPO.

1189 BGH, VersR 1956, 762, 763.

1190 OLG Bamberg, NJW-RR 1989, 223, 224.

1191 Zur Verpflichtung des Rechtsanwalts zu einer kostensparenden Tätigkeit: BGH, VersR 1959, 390; OLG Düsseldorf, JurBüro 1986, 387.

siegens die mit der Klage geltend gemachten Ansprüche auch **vollstreckt** werden können.

704 Daneben hat der Rechtsanwalt auf sachgerechte, das Verfahren betreffende **Prozeßanträge** zu achten, etwa auf Erlaß eines Anerkenntnis- oder Versäumnisurteils (§§ 307, 330, 331 Abs. 1 ZPO) oder auf Erhebung im einzelnen bezeichneter Beweise (§§ 371, 373, 403, 420, 421, 428, 432, 445 ZPO). Auf richterliche Hinweise über eine sachdienliche Antragstellung (§ 139 Abs. 1 Satz 1 ZPO) kann dabei einzugehen sein.

705 Ein Rechtsanwalt, dessen Mandant als Erbe wegen einer Nachlaßverbindlichkeit in Anspruch genommen wird, ist grundsätzlich verpflichtet, den **Vorbehalt der beschränkten Erbenhaftung** (§ 1990 BGB, § 780 ZPO) zu beantragen und in den Titel aufnehmen zu lassen.[1192]

bb) Sachvortrag

706 Im Zivilprozeß obliegt es den Parteien, den **Tatsachenstoff** einschließlich der **Beweismittel** – schriftsätzlich – beizubringen. Ist die Partei anwaltlich vertreten, trifft den Prozeßbevollmächtigten die Pflicht, dafür einzutreten, daß alle zugunsten des Mandanten sprechenden tatsächlichen (und auch rechtlichen) Gesichtspunkte **so umfassend wie möglich ermittelt werden**, damit das Gericht sie bei der Entscheidung berücksichtigen kann.[1193] Dabei hat der Rechtsanwalt die **Wahrheitspflicht** des § 138 Abs. 1 ZPO zu beachten. Der Inhalt der vorbereitenden Schriftsätze hat den Anforderungen des **§ 130 ZPO** zu genügen. Zu achten ist insbesondere auf das **Unterschriftserfordernis** des § 130 Nr. 6 ZPO. Bestimmende Schriftsätze müssen zwingend unterschrieben sein.[1194] Eine **Berufungsbegründung** muß den inhaltlichen Anforderungen des § 519 Abs. 3 ZPO genügen, um die Frist gemäß § 519 Abs. 2 Satz 2 ZPO zu wahren. Für die **Revisionsbegründung** ist § 554 Abs. 3 ZPO zu beachten.

(1) Schlüssiger und substantiierter Vortrag

707 Der Tatsachenvortrag des Klägers muß **schlüssig**, die Verteidigung des Beklagten rechtserheblich sein.[1195] Eine Partei genügt ihrer Darlegungslast, wenn sie Tatsa-

1192 BGH, NJW 1992, 2694; vgl. auch BGH, NJW 1991, 2839, 2840; *Wehrberger*, AnwBl 1998, 338, 340.

1193 BGH, NJW 1988, 3013, 3016; 1996, 2648, 2650.

1194 Zum Unterschriftserfordernis: *Borgmann/Haug*, § 50 Rn. 22; *Rinsche*, Rn. I 469–475; *Vollkommer*, Rn. 609–611 sowie die ZPO-Kommentare.

1195 Vgl. BGH, NJW 1982, 437; OLG Koblenz, NJW-RR 1997, 954.

chen vorträgt, die in Verbindung mit einem Rechtssatz geeignet sind, das geltend gemachte Recht als entstanden erscheinen zu lassen. Das Gericht muß beurteilen können, ob die gesetzlichen Voraussetzungen der an eine Behauptung geknüpften Rechtsfolge erfüllt sind.[1196] Auch diejenigen Vorschriften, welche die Geltendmachung eines Schadens erleichtern (§ 252 BGB, § 287 ZPO), entbinden den beauftragten Rechtsanwalt nicht von der Pflicht, die für die Begründung eines eingeklagten Anspruchs relevanten Tatsachen schlüssig darzulegen.[1197] Ist ein schlüssiger oder erheblicher Vortrag der Partei nicht möglich, hat der Rechtsanwalt den Mandanten über die Risiken aufzuklären und von einer Klageerhebung bzw. einer Verteidigung gegen eine Klage zur Vermeidung überflüssiger Kosten abzuraten.[1198] Der Rechtsanwalt ist ferner verpflichtet, den Sachvortrag hinreichend zu **substantiieren**,[1199] um zu verhindern, daß die Geständnisfiktion des § 138 Abs. 3 ZPO eingreift bzw. ein Vortrag als unbeachtlich zurückgewiesen wird.

(2) Umfassender Vortrag

Inhalt und Umfang des tatsächlichen Vortrags hängen davon ab, auf welche 708
Rechtsgrundlagen ein geltend gemachter Anspruch bzw. eine Einwendung gestützt wird. Daher besteht ein enger **Zusammenhang zwischen Sach- und Rechtsvortrag**. Gibt die rechtliche Beurteilung wegen der Tatsachenlage oder der Auffassungen im Schrifttum und in der Rechtsprechung zu ernsthaften Zweifeln Anlaß, muß der Rechtsanwalt auch **in Betracht ziehen, daß sich die zur Entscheidung berufene Stelle einer seinem Auftraggeber ungünstigeren Beurteilung der Rechtslage anschließt**; der Rechtsanwalt muß daher möglichst so vortragen, daß sein Auftraggeber auch in diesem Fall keinen Nachteil erleidet.[1200] Dies gilt vor allem dann, wenn der Rechtsanwalt seinen Vortrag so einrichten kann, daß er sowohl seiner eigenen Rechtsansicht gerecht wird als auch derjenigen, die möglicherweise das Gericht oder die entscheidende Behörde vertreten könnte. Weiß der Rechtsanwalt oder muß er bei Anwendung der erforderlichen Sorgfalt davon ausgehen, daß das Gericht seine Rechtsauffassung nicht teilt, dann ist er, soweit dies möglich ist, auch verpflichtet, durch **hilfsweise Prozeß-**

1196 BGH, NJW 1984, 2888, 2889; 1991, 2707, 2709; NJW-RR 1993, 189.
1197 OLG Koblenz, NJW-RR 1997, 954–Mietausfallschaden wegen Verzögerung eines Bauvorhabens.
1198 Zur Pflicht, den Mandanten über das Prozeßrisiko aufzuklären: Rn. 667–675.
1199 BGH, NJW-RR 1990, 1241, 1244; vgl. auch BGH, VersR 1963, 387, 388; NJW 1992, 1695, 1696; 1993, 2676, 2677.
1200 BGH, NJW 1974, 1865, 1866; 1988, 1079, 1080; NJW-RR 1990, 1241, 1242.

handlungen bzw. **vorsorglichen Vortrag** der Rechtsansicht des Gerichts Rechnung zu tragen, um für den Mandanten den größtmöglichen Vorteil im Prozeß zu erreichen. Davon kann auch dann keine Ausnahme gemacht werden, wenn der Rechtsanwalt zu Recht die vom Gericht vertretene Meinung oder einen ihm nach §§ 139, 278 Abs. 3 ZPO erteilten Hinweis für falsch hält. Ein Rechtsanwalt darf nicht darauf vertrauen, seine Auffassung werde die Billigung der Gerichte finden, selbst wenn sie in einem angesehenen Kommentar vertreten wird, aber von der Mehrheitsmeinung abweicht.[1201] Will der Rechtsanwalt einen weniger sicheren Weg gehen, muß er zumindest seinen Auftraggeber zuvor über die daraus folgenden Gefahren **belehren** und die weitere Vorgehensweise von der **Entscheidung des Auftraggebers** abhängig machen.[1202]

709 Ein Rechtsanwalt darf auch nicht völlig auf den Erfolg der von ihm vorgebrachten hauptsächlichen Verteidigungsmittel, also etwa auf Einwendungen gegen die Zulässigkeit einer Klage oder gegen den Grund einer Klage vertrauen. Aus der allgemeinen Pflicht, von mehreren in Betracht kommenden Maßnahmen diejenige zu treffen, welche drohende Nachteile am sichersten vermeidet (Rn. 598–617), folgt, daß ein Rechtsanwalt vorsorglich **alle in Betracht kommenden Einwendungen** gegen eine Klage geltend machen, also etwa zur Sache selbst und zur Höhe des von der Gegenseite geltend gemachten Anspruchs vortragen muß. Er darf sich nicht darauf verlassen, daß das Gericht ihm noch rechtzeitig einen Hinweis erteilen und Gelegenheit geben werde, sein Vorbringen zu ergänzen, wenn es die vorgetragene Verteidigung für nicht erheblich hält. Den Rechtsanwalt entlastet es auch nicht, wenn er im Einklang mit dem Willen des Mandanten handelt. Der Rechtsanwalt darf einen möglicherweise entscheidungserheblichen **Sachverhalt nicht zurückhalten**, ohne den Mandanten auf die damit verbundenen Risiken hingewiesen zu haben.[1203] So handelt ein Rechtsanwalt pflichtwidrig, der in seinem schriftsätzlichen Vortrag von einer für seinen Auftraggeber rechtlich vorteilhaften Einwendung deshalb absieht, weil er meint, dieser Vortrag sei für seinen Mandanten ehrenrührig oder kreditgefährdend, es sei denn, daß er den Auftraggeber über die Vor- und Nachteile dieses Sachvortrags aufgeklärt und dessen Zustimmung eingeholt hat.[1204]

710 **Gerichtliche Auflagen**, ergänzend vorzutragen und/oder Beweis anzutreten, muß der mit der Prozeßführung beauftragte Rechtsanwalt sachgemäß und ausreichend beantworten, soweit der Mandant ihn ausreichend informiert hat. Wenn dieser sei-

1201 BGH, NJW 1974, 1865, 1866; vgl. auch *K. Müller*, JR 1969, 161, 163 f.
1202 Zur Aufklärung über das Prozeßrisiko: Rn. 667–675.
1203 BGH, NJW-RR 1990, 1241, 1242.
1204 RGZ 139, 358, 361 f. – Geltendmachung der fehlenden Devisentermingeschäftsfähigkeit.

ner **Informationslast** nicht nachkommt, muß der Rechtsanwalt ihn auf die bei einem ungenügenden Vortrag drohenden prozeßrechtlichen Nachteile konkret hinweisen.[1205]

(3) Rechtzeitiger Vortrag

Schließlich ist der Rechtsanwalt verpflichtet, **rechtzeitig vorzutragen.**[1206] Die **gesetzlichen und vom Gericht gesetzte Fristen**[1207] sind einzuhalten.[1208] Der Rechtsanwalt muß verhindern, daß die **Präklusionswirkungen** der §§ 296, 296 a ZPO bzw. der §§ 527–529 ZPO eingreifen[1209] und einzelne Angriffs- oder Verteidigungsmittel als verspätet zurückgewiesen werden. 711

(4) Abstimmung des Vortrags mit dem Auftraggeber

Um sicherzustellen, daß er das Begehren seines Mandanten sowie den zugrundegelegten Sachverhalt richtig und vollständig wiedergegeben sowie Beweis durch die zur Verfügung stehenden Erkenntnisquellen angetreten hat, sollte der Rechtsanwalt dem Mandanten die zur Einreichung bei Gericht vorgesehenen Schriftsätze mit der Bitte übermitteln, diese zu genehmigen oder Änderungs- und Ergänzungsvorschläge mitzuteilen. Der Rechtsanwalt kann sich dadurch auch insoweit absichern, als der Auftraggeber sein Einverständnis mit der Diktion der Schriftsätze erklärt.[1210] 712

cc) Rechtsausführungen

Die Partei selbst ist grundsätzlich nicht gehalten, ihre Rechtsansicht dem Gericht mitzuteilen. Das Gericht hat die von den Parteien unterbreiteten Tatsachen von Amts wegen rechtlich zu bewerten. Es gilt der Grundsatz „**iura novit curia**“. Die Partei hat daher nur diejenigen Tatsachen vorzutragen, welche die Voraussetzungen einer Anspruchsnorm oder einer Einwendung gegen einen geltend gemachten Anspruch ausfüllen. 713

1205 BGH, NJW 1982, 437 f.

1206 BGH, NJW-RR 1990, 1241, 1244.

1207 Vgl. etwa §§ 273 Abs. 2 Nr. 1; 275 Abs. 1 Satz 1, Abs. 3, 4; 276 Abs. 1 Satz 2, Abs. 3; 277; 282; 283; 340 Abs. 3; 520 Abs. 2; 697 Abs. 2 Satz 2, Abs. 3 Satz 2; 700 Abs. 4, 5 ZPO.

1208 OLG Düsseldorf, VersR 1989, 287, 288.

1209 Zu den Verspätungsvorschriften etwa: *Abrahams*, AnwBl 1999, 111 ff., *Borgmann/Haug*, § 51; *Vollkommer*, Rn. 628, 629.

1210 OLG Köln, NJW-RR 1996, 698 f.

(1) Verhinderung gerichtlicher Fehler

714 Der für die Partei tätige Rechtsanwalt ist allerdings verpflichtet, den Versuch zu unternehmen, **die zur Entscheidung berufene Stelle – das Gericht oder die Behörde – davon zu überzeugen, daß und warum seine Auffassung richtig ist.**[1211] Dies gilt insbesondere dann, wenn die rechtliche Beurteilung zu ernstlich begründeten Zweifeln Anlaß gibt. Der Rechtsanwalt muß in diesem Fall in Betracht ziehen, daß sich die zur Entscheidung berufene Stelle der dem Auftraggeber ungünstigeren Beurteilung der Rechtslage anschließt.[1212] **Möglichen Fehlern des Gerichts muß der Rechtsanwalt entgegenwirken und diese zu verhindern suchen.**[1213] In einer älteren Entscheidung hat der BGH zur Begründung auf das unvollkommene menschliche Erkenntnisvermögen und die niemals auszuschließende Möglichkeit menschlicher Irrtümer abgestellt.[1214] Später wurde hervorgehoben, daß der mit der Prozeßführung beauftragte Rechtsanwalt seinem Mandanten gegenüber verpflichtet sei, dafür einzutreten, daß die zugunsten seines Mandanten sprechenden tatsächlichen Umstände und rechtlichen Gesichtspunkte so umfassend wie möglich ermittelt und bei der Entscheidung des Gerichts berücksichtigt würden. Zwar weise das Gesetz die Entscheidung und damit die rechtliche Beurteilung des Streitfalls dem Gericht zu. Es widerspreche jedoch der rechtlichen und tatsächlichen Stellung des Prozeßbevollmächtigten in den Tatsacheninstanzen, dessen Aufgabe allein in der Beibringung des Tatsachenmaterials zu sehen. Der Möglichkeit, auf die rechtliche Beurteilung des Gerichts Einfluß zu nehmen, entspreche im Verhältnis zum Mandanten die Pflicht, diese Möglichkeit zu nutzen.[1215]

715 So verletzt ein Rechtsanwalt seine Pflichten aus dem Anwaltsvertrag, wenn eine erforderliche Beweiserhebung nicht durchgeführt wird, weil der Rechtsanwalt es versäumt hat, einen **gerichtlichen Beweisbeschluß zu überprüfen** und deswegen nicht bemerkt hat, daß das Gericht fälschlicherweise seinem Mandanten und nicht dem Prozeßgegner die **Vorschußpflicht für einen Sachverständigen** auferlegt hat.[1216]

1211 BGH, NJW 1988, 486, 487; 1988, 1079, 1080; NJW-RR 1990, 1241, 1242; NJW 1992, 1695, 1696; 1994, 1211, 1213; 1995, 1419, 1429; vgl. auch *Vollkommer*, Rn. 184–190.

1212 BGH, NJW 1974, 1865, 1866; 1988, 1079, 1080; NJW-RR 1990, 1241, 1242.

1213 BGH, NJW 1964, 2402, 2403; 1974, 1865, 1866; 1988, 3013, 3016; NJW-RR 1989, 1109; 1990, 1241, 1242; vgl. auch *K. Müller*, JR 1969, 161, 165 *ders.*, MDR 1969, 896; *Schultz*, MDR 1965, 264.

1214 BGH, NJW 1964, 2402, 2403; vgl. auch BGH, NJW 1974, 1865, 1866.

1215 BGH, NJW 1996, 2648, 2650 sowie BGH, NJW 1988, 3013, 3016, auch in Abgrenzung zu RGZ 142, 396, 398 f.

1216 BGH, NJW 1988, 3013, 3016.

Ein Rechtsanwalt hat in einem Rechtsstreit alles vorzutragen, was die gerichtliche Entscheidung für die von ihm vertretene Partei günstig beeinflussen kann. Er ist daher unter anderem auch verpflichtet, auf die **Unschlüssigkeit einer Klage oder auf die Unerheblichkeit der Verteidigung der Gegenseite hinzuweisen.**[1217] Der BGH hat eine Pflichtverletzung in einem Fall angenommen, in dem der Rechtsanwalt nicht erkannt und gerügt hatte, daß eine AGB-Klausel, auf die sich der Prozeßgegner berufen und die das Gericht seinem Urteil zugrunde gelegt hatte, unwirksam war.[1218] 716

Die Notwendigkeit, auch zu Rechtsfragen Stellung zu nehmen, hat der BGH insbesondere angenommen, wenn der Rechtsanwalt durch **eigenes vorprozessuales Fehlverhalten** die Gefahr einer gerichtlichen Fehlbeurteilung hervorgerufen hat. Allerdings hat der Rechtsanwalt einen durch eine unrichtige Gerichtsentscheidung verursachten Fehler nicht zu verantworten, wenn er nach anfänglichen Fehlern dem Gericht noch rechtzeitig den richtigen Sachverhalt unterbreitet und auf die zutreffenden rechtlichen Gesichtspunkte hingewiesen hat.[1219] 717

Fehler des Gerichts schließen die Mitverantwortung des Rechtsanwalts für eigenes Verschulden grundsätzlich nicht aus.[1220] Ob etwas anderes im Fall ganz ungewöhnlicher, schwerer Fehlgriffe der zur Entscheidung berufenen Stelle gilt, die außerhalb des realitätsgerechten Vorstellungsvermögens eines durchschnittlich erfahrenen, sorgfältigen und vorsichtigen Rechtsanwalts liegen, hat der Bundesgerichtshof offen gelassen.[1221] 718

(2) Auswirkungen auf Kausalität und Zurechenbarkeit

Hat der Rechtsanwalt es unterlassen, Fehlern des Prozeßgerichts entgegenzuwirken, setzt eine Schadensersatzpflicht weiter voraus, daß er einen Schaden des Auftraggebers in zurechenbarer Weise verursacht hat, d. h. daß der gerichtliche Fehler für den Rechtsanwalt voraussehbar war und dieser die dadurch eingetretenen Folgen noch vermeiden konnte. Dabei ist im Einzelfall auf einen lebensnahen und erfüllbaren Maßstab zu achten.[1222] Einem Rechtsanwalt ist ein Schaden aus einem 719

1217 OLG Köln, AnwBl 1984, 92.
1218 BGH, NJW 1996, 2648, 2650.
1219 BGH, NJW 1988, 486, 488.
1220 BGH, NJW 1964, 2402, 2404; 1988, 3013, 3016; NJW-RR 1990, 1241, 1242; WM 1996, 35, 40; NJW 1997, 250; NJW 1998, 2048, 2050.
1221 BGH, NJW-RR 1990, 1241, 1242; vgl. auch BGH, NJW 1988, 3013, 3016.
1222 Hierzu etwa: BGH, NJW 1988, 3013, 3016; 1996, 2648, 2650 f.; *K. Müller*, MDR 1969, 797 ff., 896 ff. und 965 ff.; *Schultz*, MDR 1965, 264, 265; allgemein zu Kausalität und Schadenszurechnung: Rn. 1038 ff.

gerichtlichen Fehler jedenfalls dann zuzurechnen, wenn dieser maßgeblich auf Problemen beruht, die der Rechtsanwalt durch sachgerechtes Arbeiten hätte vermeiden müssen.[1223]

g) Mündliche Verhandlung

720 Die mündliche Verhandlung ist nach der Vorstellung des Gesetzgebers der eigentliche Kern eines Rechtsstreits (vgl. §§ 128 Abs. 1, 137 ZPO).[1224] Sie wird in Anwaltsprozessen (§ 78 ZPO) durch die Schriftsätze der Parteien vorbereitet (§ 129 ZPO). Während der mündlichen Verhandlung kann der Rechtsanwalt zu einer raschen Entscheidung gezwungen sein, insbesondere dann, wenn er sich mit seinem Mandanten nicht kurzfristig absprechen kann.

aa) Wahrnehmung des Termins

721 Ein Rechtsanwalt verletzt seine Pflichten, wenn er einen Gerichtstermin versäumt, zu dem festgesetzten Termin mit erheblicher Verspätung erscheint und nicht für seine Vertretung gesorgt hat. Dann kann gegen die Partei ein **Versäumnisurteil** erlassen werden. Je nach dem **Grund der Säumnis** ist allerdings zu prüfen, ob der Rechtsanwalt auch **schuldhaft** gehandelt hat.[1225] Dem Verschulden steht grundsätzlich nicht entgegen, daß im Anwaltsprozeß der gegnerische Rechtsanwalt berufsrechtlich gehalten ist, ein Versäumnisurteil nur unter besonderen Voraussetzungen zu beantragen (vgl. § 13 BORA). Etwas anderes kann sich allenfalls dann ergeben, wenn unter den bei dem jeweiligen Landgericht zugelassenen Rechtsanwälten eine örtliche Übung besteht, welche die diesbezügliche Regelung des Berufsrechts anerkennt.[1226]

bb) Säumnis des Prozeßgegners

722 Umgekehrt entspricht es i. d. R. dem Interesse des Mandanten, den Erlaß eines **Versäumnisurteils** zu beantragen (§§ 330, 331 Abs. 1 ZPO), wenn der Prozeßgegner säumig ist. Gemäß **§ 13 BORA** darf ein Rechtsanwalt allerdings bei anwaltlicher Vertretung der Gegenseite nur dann ein Versäumnisurteil erwir-

1223 BGH, NJW 1996, 48, 51; 1997, 250, 253; 1998, 2048, 2050.
1224 Zu den Pflichten des Rechtsanwalts in der mündlichen Verhandlung: *Rinsche*, Rn. I 425–430.
1225 Vgl. BGH, NJW 1999, 724 f. – Straßenverkehrsbedingte Säumnis (zu § 345 ZPO).
1226 BGH, NJW 1993, 1323, 1324; vgl. auch BGH, NJW 1976, 196.

ken, wenn er dies zuvor dem Gegenanwalt angekündigt hat, es sei denn, daß es die Interessen des Mandanten erfordern, den Antrag ohne Ankündigung zu stellen.

cc) Ergänzender Vortrag des Prozeßgegners

Bei ergänzendem Vorbringen des Prozeßgegners kann es geboten sein, **Verfahrensrügen** geltend zu machen (§ 295 ZPO), **Verspätung** zu rügen (§ 296 ZPO) oder die Gewährung einer **Schriftsatzfrist** zu beantragen (§ 283 ZPO). 723

dd) Hinweise und Anregungen des Gerichts

Auf einen gerichtlichen Hinweis gemäß §§ 139, 278 Abs. 3 ZPO, etwa wegen Bedenken gegen die Schlüssigkeit einer Klage, die Erheblichkeit einer Verteidigung, wegen nicht ausreichender Substantiierung des Vortrags oder wegen fehlender Beweisantritte, kann es geboten sein, **Vertagung** zu beantragen (§ 227 ZPO).[1227] Ausnahmsweise kann es sogar ratsam sein, **„in die Säumnis zu fliehen"**,[1228] die **Klage zu erweitern** bzw. eine **Widerklage zu erheben**. Dies kann insbesondere dann geboten sein, wenn eine Nachholung des gebotenen Vortrags im Termin nicht möglich ist und eine Zurückweisung als **verspätet** (§ 296 ZPO) droht. Allerdings kann das Unterlassen der „Flucht in die Säumnis" eine Haftung des Rechtsanwalts nur dann begründen, wenn dadurch eine Zurückweisung des verspäteten Vorbringens vermieden worden wäre.[1229] 724

Des weiteren muß der Rechtsanwalt, wie bei der Vorbereitung der Verhandlung durch Schriftsätze, **Fehlern des Gerichts entgegenwirken**, wenn das Gericht zur Aufklärung des Sachverhalts Fragen stellt oder Hinweise zur rechtlichen Bewertung gibt (Rn. 714–718). So kann der prozeßbevollmächtigte Rechtsanwalt z.B. seine Pflichten verletzen, wenn er auf Rat des Gerichts eine **Klage zurücknimmt**, ohne zuvor auf die vom Gericht nicht hinreichend gewürdigte höchstrichterliche Rechtsprechung hingewiesen und versucht zu haben, das Gericht davon zu überzeugen, daß die in der mündlichen Verhandlung vertretene Rechtsansicht unzutreffend ist.[1230] 725

1227 Vgl. BGH, NJW 1999, 2123 ff. – Wiedereröffnung der mündlichen Verhandlung gemäß § 156 ZPO im Anschluß an nicht nachgelassenen Schriftsatz nach Hinweis in der (letzten) mündlichen Verhandlung.

1228 Zur haftungsrechtlichen Relevanz der „Flucht in die Säumnis": *Abrahams*, AnwBl 1999, 168 ff.; *Borgmann/Haug*, § 51 Rn. 60; *Rinsche*, Rn. I 492, 493; *Vollkommer*, Rn. 626, 627

1229 OLG Düsseldorf, VersR 1989, 287, 288.

1230 OLG Köln, NJW-RR 1995, 1401.

Besonderheiten gelten dann, wenn das **letztinstanzliche Gericht** seine Rechtsauffassung durchblicken läßt und dem Prozeßbevollmächtigten einer Partei empfiehlt, die Klage oder ein eingelegtes Rechtsmittel zurückzunehmen. Dann steht der Rechtsanwalt vor der schwierigen Entscheidung, durch ein Eingehen auf die Empfehlung des Gerichts Kosten zu vermeiden oder nochmals seinen Standpunkt zu verdeutlichen, um doch noch die für richtig gehaltene Entscheidung zu erwirken.[1231] Das OLG Köln hat hierzu ausgeführt, daß die Rücknahme der Berufung durch den Prozeßbevollmächtigten jedenfalls dann keine Verletzung der Pflichten aus dem Anwaltsvertrag darstelle, wenn das Rechtsmittel nach ausdrücklicher Erklärung des Berufungsgerichts keine Aussicht auf Erfolg habe, gegen die Entscheidung des Berufungsgerichts kein weiteres Rechtsmittel gegeben wäre und der Mandant sich mit der Berufungsrücknahme einverstanden erklärt habe.[1232] Kann sich der Rechtsanwalt mit dem abwesenden Mandanten nicht abstimmen, handelt er nicht pflichtwidrig, wenn er der ausdrücklichen und nach Beratung wiederholten Empfehlung des Gerichts zur Rücknahme des Rechtsmittels folgt.

726 Werden anläßlich einer mündlichen Verhandlung auf Anregung des Gerichts **Vergleichsverhandlungen** geführt, muß der Rechtsanwalt die hierfür geltenden Grundsätze beachten (Rn. 751–768).

ee) Terminbericht

727 Von dem Ergebnis der mündlichen Verhandlung sollte der Rechtsanwalt dem Auftraggeber umgehend und ausführlich **berichten**, insbesondere im Termin gefaßte Entscheidungen des Gerichts oder Beschlüsse, etwa über Hinweise, Auflagen, Schriftsatzfristen, Beweisaufnahmen oder die Verkündung von Entscheidungen, mitteilen. Dies empfiehlt sich insbesondere deshalb, weil das Terminsprotokoll unter Umständen erst nach mehreren Wochen zugestellt wird.

h) Maßnahmen nach Urteilserlaß

728 Die von einem Rechtsanwalt nach **Erlaß eines Urteils** gegenüber seinem Auftraggeber zu beachtenden Pflichten richten sich danach, ob die Partei unterlegen ist oder obsiegt hat.[1233] Ebenso wie vor der Erhebung einer Klage muß der Rechtsanwalt den Auftraggeber nach Erlaß eines Urteils in die Lage versetzen, eigenverant-

1231 Hierzu: *Rinsche*, AnwBl 1994, 216.
1232 OLG Köln, NJW 1989, 1159; vgl. auch *Rinsche*, Rn. I 447.
1233 Zu den Pflichten nach Urteilserlaß: *Hartstang*, S. 532–537; *K. Müller*, JR 1969, 161, 166 f.

wortlich eine Entscheidung über das weitere Vorgehen treffen zu können (vgl. Rn. 693).

aa) Rechtsmittel

Von besonderer Bedeutung für die – ganz oder teilweise – unterlegene Partei ist die **Aufklärung über Rechtsmittel.**[1234] 729

(1) Möglichkeit und Aussichten eines Rechtsmittels

Nach Abschluß einer Instanz ist der Prozeßbevollmächtigte daher verpflichtet, **die ihm zugestellte Entscheidung umgehend an den Mandanten zu übersenden.** Er hat den Auftraggeber **über mögliche Rechtsmittel aufzuklären.**[1235] So hat der Rechtsanwalt u. a. auch zu überprüfen, ob das Gericht den **Wert der Beschwer** richtig festgesetzt hat.[1236] Des weiteren hat der Rechtsanwalt den Mandanten über die **Aussicht eines Rechtsmittels** aufzuklären. Diese Pflichten treffen den Rechtsanwalt **auch ohne besonderen Auftrag** des Mandanten.[1237] Hierbei handelt es sich um eine besondere Ausprägung der allgemeinen Pflicht, den Mandanten über die Prozeßaussichten zu beraten (Rn. 667–675). Gegebenenfalls ist zu erwägen, mit der Prüfung der Erfolgsaussichten einen am Rechtsmittelgericht zugelassenen Rechtsanwalt zu beauftragen. 730

(2) Feststellung und Mitteilung der Rechtsmittelfrist

Der Rechtsanwalt hat den **Beginn der Rechtsmittelfrist festzustellen** und den **Fristablauf zu berechnen.** Im Zusammenhang mit der Beweissicherungspflicht (Rn. 642–647) ist bereits hervorgehoben worden, daß derjenige Rechtsanwalt, der Zustellungen eines Gerichts, einer Behörde oder der Gegenseite entgegennimmt, die an ihn in seiner Eigenschaft als Parteivertreter erfolgen und eine Frist auslösen, verpflichtet ist, **Maßnahmen zu treffen, die es ihm erlauben, zu dem Tag des Zugangs substantiiert vorzutragen.**[1238] Auch muß über ein Gespräch, das für den Fortgang der Angelegenheit bedeutsam ist, etwa mit dem Vorsitzenden 731

1234 Zu den Pflichten im Zusammenhang mit der Einlegung von Rechtsmitteln: *Borgmann/Haug*, §§ 53–55; *Rinsche*, Rn. I 436–450.

1235 Zur Verpflichtung, den Mandanten auf die Möglichkeit einer Verfassungsbeschwerde hinzuweisen, wenn ein Gericht die Verpflichtung zur Vorlage an ein höheres Gericht willkürlich außer acht läßt (Art. 101 Abs. 1 Satz 2 GG): OLG Braunschweig, NJWE-VHR 1998, 350, 351.

1236 BGH, NJW-RR 1989, 1109.

1237 BGH, NJW-RR 1989, 1109; vgl. auch BGH, VersR 1960, 209; 1965, 710, 711; NJW 1983, 820, 822; OLG Celle, AnwBl 1972, 22.

1238 BGH, NJW 1992, 1695, 1696; vgl. auch BGH, VersR 1974, 1131.

des Prozeßgerichts wegen einer Fristverlängerung, ein Vermerk gefertigt und zu den Handakten genommen werden.[1239]

732 Sodann hat der Rechtsanwalt dem **Auftraggeber Beginn und Ablauf der Rechtsmittelfrist mitzuteilen.**[1240] Falls ein Rechtsmittel ausschließlich von einem am Rechtsmittelgericht zugelassenen Rechtsanwalt fristwahrend eingelegt werden kann, ist der Mandant auch hierüber aufzuklären. All diese Pflichten bestehen noch aufgrund des ursprünglichen Prozeßauftrags.

(3) Wahrung der Rechtsmittelfrist

733 **Grundsätzlich** ist der Rechtsanwalt allerdings **nicht verpflichtet, bei seinem Mandanten nachzufragen, ob er ein Rechtsmittel einlegen will**. Eine solche Pflicht besteht nur dann **ausnahmsweise**, wenn der Rechtsanwalt einen besonderen Anlaß hat, den Verlust seiner Mitteilung zu befürchten oder wenn ihm der Standpunkt der Partei, unter allen Umständen ein Rechtsmittel einzulegen, bereits bekannt ist.[1241]

734 Der **mit der Einlegung des Rechtsmittels beauftragte Rechtsanwalt** hat sicherzustellen, daß die Frist zur Einlegung sowie zur Begründung des Rechtsmittels – formgerecht – eingehalten wird.

(4) Beauftragung eines Rechtsmittelanwalts

735 Wenn der erstinstanzliche Prozeßbevollmächtigte nicht selbst ein Rechtsmittel einlegen kann, etwa weil er an dem Rechtsmittelgericht nicht postulationsfähig ist, nicht einlegen soll oder nicht einlegen will, kann er gleichwohl mit dem Auftraggeber vereinbaren, einen **am Rechtsmittelgericht zugelassenen Rechtsanwalt auszuwählen** und zu beauftragen, den Mandanten in der höheren Instanz zu vertreten. Bei Rechtsmittelaufträgen erschöpft sich die Sorgfaltspflicht des Rechtsanwalts nicht im **rechtzeitigen Absenden des Auftragschreibens**; der Rechtsanwalt, der einen solchen Auftrag erteilt, muß auch dafür Sorge tragen, daß der beauftragte Rechtsanwalt den Auftrag innerhalb der laufenden Rechtsmittelfrist **bestätigt**. Der beauftragende Rechtsanwalt muß den **rechtzeitigen Eingang dieser Bestätigung überwachen**. Notfalls muß sich der beauftragende Rechtsanwalt rechtzeitig vor Fristablauf davon überzeugen, ob der Auftrag bei dem am Rechtsmittelgericht zugelassenen Rechtsanwalt eingetroffen ist und die-

1239 BGH, NJW 1992, 1695, 1697.
1240 BGH, VersR 1963, 435; vgl. auch BGH, NJW 1960, 818, 819; 1977, 1198; 1990, 189, 190.
1241 BGH, VersR 1963, 435, 436.

ser ihn angenommen hat.[1242] Eine Rückfrage bei dem zu beauftragenden Rechtsanwalt ist nur dann **ausnahmsweise nicht erforderlich**, wenn zwischen dem erstinstanzlichen Prozeßbevollmächtigten und dem Rechtsmittelanwalt im Einzelfall oder allgemein die Absprache besteht, daß dieser Rechtsmittelaufträge annehmen, prüfen und ausführen wird. Bei ordnungsgemäßer Büroorganisation darf sich der beauftragende Rechtsanwalt dann grundsätzlich darauf verlassen, daß der erteilte Auftrag den anderen Rechtsanwalt rechtzeitig erreicht.[1243]

bb) Wiedereinsetzung in den vorigen Stand

In engem Zusammenhang mit der Pflicht, ein Rechtsmittel fristwahrend einzulegen 736
und zu begründen, steht das Institut der **Wiedereinsetzung in den vorigen Stand** (§§ 233–238 ZPO).[1244] Wenn der Auftraggeber ohne sein Verschulden verhindert ist, eine **Notfrist** (§ 224 Abs. 1 Satz 2 ZPO), eine **gleichgestellte Frist** zur Begründung eines Rechtsmittels oder die Wiedereinsetzungsfrist (§ 234 Abs. 1 ZPO) einzuhalten, ist ihm auf Antrag Wiedereinsetzung in den vorigen Stand zu gewähren (§ 233 ZPO). Die wichtigsten Anwendungsfälle sind die Versäumung der Frist zur Einlegung oder Begründung der Berufung (§§ 516, 519 Abs. 2 ZPO) und der Revision (§§ 552, 554 Abs. 2 ZPO) sowie zur Einlegung eines Einspruchs (§ 339 Abs. 1 ZPO) oder einer sofortigen Beschwerde (§ 577 Abs. 2 ZPO).

Ein Rechtsanwalt handelt pflichtwidrig, wenn durch sein **Verschulden** (§ 85 737
Abs. 2 ZPO) eine von ihm zu überwachende prozessuale Notfrist oder gleichgestellte Frist nicht eingehalten wird, so daß eine Wiedereinsetzung in den vorigen Stand nicht gewährt werden kann.[1245] Pflichtverletzungen des Rechtsanwalts kommen insbesondere bei der Berechnung und Kontrolle dieser Fristen sowie bei der Einleitung sachgerechter Maßnahmen zu ihrer Wahrung vor.[1246] Zu den Voraussetzungen, unter denen eine Wiedereinsetzung in den vorigen Stand zu gewähren ist bzw. eine Fristversäumung auf ein Verschulden des Prozeßbevollmächtigten zurückzuführen ist, wird auf die speziellen Darstellungen zu §§ 233, 85 Abs. 2 ZPO verwiesen.[1247]

1242 BGH, VersR 1985, 962; NJW 1988, 3020 f.; VersR 1990, 801; NJW 1997, 3245 – alle zu § 233 ZPO; vgl. auch Borgmann, BRAK-Mitt. 1999, 75 f.

1243 BGH, NJW 1988, 3020 f.; 1997, 3245 – beide zu § 233 ZPO.

1244 Vgl. auch § 22 Abs. 2 FGG, § 60 VwGO, § 67 SGG, § 56 FGO, § 110 AO 1977, §§ 44–47 StPO.

1245 *Rinsche*, Rn. I 503–506; *Vollkommer*, Rn. 635–638.

1246 Zu Pflichten im Zusammenhang mit prozessualen Fristen: *Rinsche*, Rn. I 415–417; *Vollkommer*, Rn. 553–555.

1247 Ausführlich zur Wiedereinsetzung in den vorigen Stand: *Borgmann/Haug*, §§ 56–58; *Büttner*, Wiedereinsetzung in den vorigen Stand; *G. Müller*, NJW 1993, 681; 1995, 3224 und 1998, 497 sowie die ZPO-Kommentare.

cc) Zwangsvollstreckung

738 Besondere anwaltliche Pflichten bestehen, wenn die in einem Rechtsstreit vertretene Partei ganz oder teilweise obsiegt hat, so daß sie aus einem rechtskräftigen oder für vorläufig vollstreckbar erklärten Endurteil (§ 704 Abs. 1 ZPO) die Zwangsvollstreckung betreiben kann.[1248]

(1) Einleitung und Betreibung

739 Der mit der Prozeßführung beauftragte Rechtsanwalt hat die von ihm vertretene Partei, die in einer Instanz ganz oder zum Teil obsiegt hat, über die Möglichkeiten der Zwangsvollstreckung aufzuklären. Noch **im Rahmen des Prozeßmandats** hat der Rechtsanwalt darauf zu achten, daß nach Vorliegen eines zur Zwangsvollstrekkung geeigneten Titels umgehend ein **Antrag auf Festsetzung der erstattungsfähigen Kosten** gestellt wird (§§ 103–107 ZPO). Da gemäß § 104 Abs. 1 Satz 2 ZPO die festgesetzten Kosten bereits vom Eingang des Festsetzungsantrags zu verzinsen sind, kann eine ohne Grund verzögerte Antragstellung zum Ausfall erheblicher Beträge führen.

740 Ein Auftrag zur Durchführung der Zwangsvollstreckung erstreckt sich auf die **Durchsetzung titulierter Ansprüche**, die der Partei nach Recht und Gesetz zustehen. Daher verletzt ein Rechtsanwalt die ihm obliegenden Pflichten, wenn er die Vollstreckung aus einem Titel versäumt, und zwar grundsätzlich selbst dann, wenn der Titel mit der materiellen Rechtslage nicht übereinstimmt. Nur **ausnahmsweise** handelt der Rechtsanwalt **nicht pflichtwidrig**, sofern gegen die Vollstreckung der Einwand des § 826 BGB begründet ist. Dies setzt allerdings voraus, daß es mit dem Gerechtigkeitsgedanken schlechthin unvereinbar wäre, wenn der Titelgläubiger seine formelle Rechtsposition unter Mißachtung der materiellen Rechtslage zum Nachteil des Schuldners ausnutzt. Es reicht demgegenüber nicht aus, daß der Titel objektiv unrichtig ist und der daraus vollstreckende Gläubiger dies weiß. Vielmehr müssen Umstände hinzutreten, welche die Ausnutzung des Titels in hohem Maße unbillig und geradezu unerträglich erscheinen lassen.[1249]

741 Der Rechtsanwalt ist gehalten, die **Zwangsvollstreckung zügig zu betreiben.**[1250] Wenn die Pfändung beweglichen Vermögens aus einem **vorläufig vollstreckba-**

1248 Zu den Pflichten bei Zwangsvollstreckung: *Rinsche*, Rn. I 515–522; *Schlee*, AnwBl 1985, 143; *Vollkommer*, Rn. 646.

1249 BGH, NJW 1996, 48, 49 – Vollstreckung aus einem materiell-rechtlich unrichtigen Versäumnisurteil.

1250 OLG Köln, NJW-RR 1986, 222, 223 – Vollstreckung aus einem für vorläufig vollstreckbar erklärten Urteil.

ren Urteil in Betracht kommt, hat der Rechtsanwalt den Auftraggeber über die Möglichkeit zu beraten, gemäß **§ 720a ZPO** ohne Sicherheitsleistung die Zwangsvollstreckung zu betreiben. Dabei ist die **Zwei-Wochen-Frist des § 750 Abs. 3 ZPO** zu beachten. Bei der Zwangsvollstreckung aus einem für vorläufig vollstreckbar erklärten Urteil ist der Auftraggeber auf das Risiko hinzuweisen, daß er **gemäß § 717 Abs. 2 ZPO** dem Schuldner denjenigen Schaden zu ersetzen hat, der diesem durch die Vollstreckung des Urteils oder durch eine zur Abwendung der Vollstreckung gemachte Leistung entstanden ist, wenn das für vorläufig vollstreckbar erklärte Urteil aufgehoben oder abgeändert wird.

Bei der Abfassung eines **Antrags auf Erlaß eines Pfändungsbeschlusses**, mit 742
dem sämtliche Guthaben des Schuldners bei einer Bank gepfändet werden sollen, muß der Rechtsanwalt darauf achten, daß nicht nur Ansprüche des Schuldners aus laufender Geschäftsverbindung, sondern auch aus einem etwaigen **Wertpapierdepot** erfaßt werden.[1251] Nach einer fruchtlosen Vollstreckung in das bewegliche Vermögen des Schuldners kann der vom Gläubiger mit der Zwangsvollstreckung beauftragte Rechtsanwalt bei entsprechenden Anhaltspunkten auch verpflichtet sein, das **Grundbuch darauf einzusehen**, ob der Schuldner noch Grundvermögen hat. Dies hat das OLG Düsseldorf in einem Fall angenommen, in dem es sich bei dem Schuldner um eine Gesellschaft gehandelt hat, die als Baubetreuer tätig geworden ist und die Errichtung von Wohnungsanlagen betrieben hat.[1252]

Nach erfolgloser Vollstreckung in das bewegliche Vermögen ist der Rechtsanwalt 743
verpflichtet, zunächst ein Verfahren nach § 807 ZPO auf **Vorlage eines Vermögensverzeichnisses und auf eidesstattliche Versicherung** der Richtigkeit und Vollständigkeit einzuleiten. Stellt er statt dessen sogleich einen **Antrag auf Eröffnung des Konkurses** über das Vermögen des Schuldners (§§ 102, 103 KO, §§ 12 ff. InsO), handelt er pflichtwidrig.[1253]

Bei der **Forderungspfändung** hat der Rechtsanwalt darauf zu achten, daß die Ver- 744
wertbarkeit des gepfändeten Anspruchs für den Auftraggeber nach Möglichkeit erhalten bleibt. Insbesondere hat der Rechtsanwalt zu verhindern, daß der gepfändete Anspruch gegen den Drittschuldner verjährt.[1254] Bei verzögerter Beitreibung einer dem Gläubiger zur Einziehung überwiesenen Forderung kommt ein Scha-

1251 OLG Düsseldorf, VersR 1991, 42 f. (der BGH hat die Revision gegen dieses Urteil mit Beschl. v. 28. 6. 1990 nicht angenommen – IX ZR 281/89); vgl. BGH, NJW 1998, 2134, 2135.

1252 OLG Düsseldorf, ZIP 1984, 1499, 1501; vgl. auch *Rinsche*, Rn. I 518, der in diesem Zusammenhang auf ein unveröffentlichtes Urteil des OLG Hamm v. 17. 3. 1988 (Az. 28 U 203/86) hinweist (die Revision gegen dieses Urteil hat der BGH mit Beschluß vom 21. 9. 1989 nicht angenommen – IX ZR 154/88).

1253 OLG Düsseldorf, ZIP 1984, 1499, 1500.

1254 BGH, NJW 1996, 48, 51.

densersatzanspruch des Schuldners nach § 842 BGB in Betracht, mit dem dieser gegen Forderungen des Gläubigers aufrechnen kann. Dies kann wiederum zu einem Regreßanspruch des Gläubigers gegen den von ihm beauftragten Rechtsanwalt führen.

745 Der den Gläubiger vertretende Rechtsanwalt hat auch an die Möglichkeit einer **Vorpfändung** gemäß § 845 ZPO zu denken. Danach kann der Gläubiger bereits vor der Pfändung einer Forderung – ohne daß es der Erteilung einer vollstreckbaren Ausfertigung und der Zustellung des Schuldtitels bedarf – auf Grund eines vollstreckbaren Schuldtitels dem Drittschuldner und dem Schuldner durch den Gerichtsvollzieher die Benachrichtigung zustellen lassen, daß die Pfändung bevorstehe. Damit ist die Aufforderung an den Drittschuldner zu verbinden, nicht an den Schuldner zu zahlen; der Schuldner ist aufzufordern, sich jeder Verfügung über die Forderung, insbesondere ihrer Einziehung, zu enthalten. Die Benachrichtigung des Drittschuldners hat die Wirkung eines Arrests (§ 930 ZPO), sofern die Pfändung der Forderung innerhalb eines Monats bewirkt wird. Insbesondere eine Vorpfändung des Geschäftskontos kann die Zahlungsbereitschaft des Schuldners fördern.

746 Ein Rechtsanwalt, der die im Auftrag seines Mandanten eingeleitete **Zwangsvollstreckung versehentlich auch noch nach Tilgung der Schuld weiterbetreibt**, macht sich gegenüber dem Schuldner für daraus entstandene Schäden grundsätzlich nicht schadensersatzpflichtig.[1255]

(2) Verteidigung gegen Zwangsvollstreckung

747 Die Abwehr einer Klage und der Vollstreckung aus einem Urteil stellen i. d. R. inhaltlich eine Angelegenheit dar. Der Auftrag betrifft dann die Abwehr derselben Ansprüche und damit denselben Gegenstand.[1256] Der Rechtsanwalt, der den Mandanten gegen eine Zwangsvollstreckung verteidigen soll, hat zu prüfen, ob die allgemeinen und besonderen **Voraussetzungen der Zwangsvollstreckung** vorliegen und die relevanten **Verfahrensvorschriften** einschließlich der Pfändungsschutzvorschriften (§§ 811–812; 850–850 b ZPO) beachtet werden. Bei einem Verstoß ist der Mandant über mögliche **Rechtsbehelfe** (z. B. §§ 732, 766–768, 793 ZPO, § 11 RPflG) aufzuklären. Der Rechtsanwalt hat ferner in Erwägung zu ziehen, eine **einstweiligen Einstellung der Zwangsvollstreckung** zu beantragen (§§ 707, 719, 769 ZPO) oder **Schutzanträge** zu Gunsten des Auftraggebers (§§ 712, 721, 765 a, 794 a, 813 a ZPO) zu stellen.

1255 BGH, NJW 1979, 1351; ausführlich zur „Dritthaftung" des Rechtsanwalts gegenüber anderen Personen als dem Auftraggeber: Rn. 1341 ff.

1256 BGH, NJW 1996, 48, 51.

Der Rechtsanwalt hat den Mandanten auch auf die Möglichkeit hinzuweisen, eine **Vollstreckung durch Sicherheitsleistung abzuwenden**. Gegebenenfalls ist darauf zu achten, daß eine solche Abwendungsbefugnis durch eine Bankbürgschaft ermöglicht wird. Dann kann der Schuldner nach der Zustellung einer geeigneten Bankbürgschaft (im Original) an den Gläubiger die Einstellung der Zwangsvollstreckung beantragen (§§ 775 Nr. 3; 776 ZPO). 748

Der Berufungsanwalt, der für seinen Mandanten ohne Beteiligung eines Korrespondenzanwalts eine einstweilige Einstellung der Zwangsvollstreckung gegen Sicherheitsleistung erwirkt (§§ 719, 707 ZPO) und die Sicherheit dem Gegner übermittelt hat, ist verpflichtet, sich um die **Rückgabe der Sicherheit** zu kümmern, nachdem sein Mandant mit der Berufung ganz oder im wesentlichen obsiegt hat. In diesen Fällen muß der Berufungsanwalt seinem Mandanten zur Klage auf Rückgabe der Sicherheit raten, falls der Gegner diese nicht freiwillig herausgibt (§ 109 ZPO). Der Rechtsanwalt kann sich seiner Pflichten nicht dadurch entledigen, daß er die Handakten an den Prozeßbevollmächtigten erster Instanz, der im Berufungsverfahren nicht als Korrespondenzanwalt beteiligt und mit der Sache nicht mehr befaßt war, mit der Bemerkung zurückschickt, die Angelegenheit abgeschlossen zu haben.[1257] 749

dd) Arrest und einstweilige Verfügung

Besondere anwaltliche Pflichten gelten nach Erlaß einer Entscheidung im **Arrest- oder einstweiligen Verfügungsverfahren** (§§ 916 ff., 935 ff. ZPO). Wegen §§ 929 Abs. 2, 3, 936 ZPO muß der Rechtsanwalt, der für seinen Auftraggeber einen Arrest oder eine einstweilige Verfügung erstritten hat, darauf achten, daß die Partei die Anordnung innerhalb eines Monats **vollzieht**. Dies wird dadurch sichergestellt, daß der stattgebende Beschluß bzw. das Urteil dem Gegner im Parteiverfahren (§§ 176 ff. ZPO) zugestellt wird. Versäumt der beauftragte Rechtsanwalt dies, verletzt er seine Pflichten aus dem Anwaltsvertrag.[1258] Ist der Gegner in dem Verfügungsverfahren anwaltlich vertreten, hat die **Zustellung** gemäß § 176 ZPO an dessen Prozeßbevollmächtigten zu erfolgen. Eine Zustellung im Parteibetrieb hat zur Vollziehung der Anordnung auch dann zu erfolgen, wenn im Verfügungsverfahren ein Urteil ergeht, das von Amts wegen zugestellt wird.[1259] 750

1257 BGH, NJW 1990, 2128, 2129.

1258 OLG Düsseldorf, NJWE-VHR 1997, 252, 253 – vgl. auch *Rinsche*, Rn. I 381; *Vollkommer*, Rn. 547.

1259 BGH, NJW 1993, 1076, 1077 f.; vgl. auch BGH, NJW 1972, 119, 124.

i) Vergleich

751 Gemäß § 279 Abs. 1 Satz 1 ZPO[1260] soll das Gericht in jeder Lage des Verfahrens auf eine gütliche Beilegung des Rechtsstreits oder einzelner Streitpunkte bedacht sein. In § 54 ArbGG ist ein gerichtliches Güteverfahren sogar zwingend vorgeschrieben. Die **Prozeßvollmacht** erstreckt sich gemäß § 81 ZPO u. a. auch auf die Beendigung des Rechtsstreits durch **Vergleich**. Allerdings kann die Prozeßvollmacht insoweit gemäß § 83 Abs. 1 ZPO im Anwaltsprozeß mit Wirkung auch gegenüber dem Gegner beschränkt werden. Den Rechtsanwalt, der seinen Auftraggeber in Vergleichsverhandlungen berät oder vertritt oder beim Abschluß eines Vergleichs mitwirkt, treffen dabei besondere Pflichten.[1261]

aa) Rechtsnatur und Wirksamkeit

752 Ein in einem Rechtsstreit geschlossener Vergleich hat einen **doppelten Rechtscharakter**.[1262] Zum einen ist ein Vergleich eine **Prozeßhandlung**, welche die Beendigung eines Rechtsstreits herbeiführt und deren Wirksamkeit sich nach den Grundsätzen des Prozeßrechts richtet. Insbesondere muß die Partei in einem Anwaltsprozeß (§ 78 ZPO) beim Abschluß des Vergleichs **von einem postulationsfähigen Rechtsanwalt vertreten werden**. Ein gerichtlich protokollierter Vergleich (§§ 160 ff. ZPO) begründet einen **Titel**, aus dem die Zwangsvollstreckung betrieben werden kann (§ 794 Abs. 1 Nr. 1 ZPO). Ein Vergleich muß inhaltlich – wie alle Vollstreckungstitel – **hinreichend bestimmt** sein.[1263] Andererseits ist ein Vergleich ein **privatrechtlicher Vertrag**, für den die Vorschriften des BGB, insbesondere § 779, gelten. Ein gerichtlicher Vergleich ersetzt durch die Aufnahme der Erklärungen in ein nach den Vorschriften der ZPO errichtetes Protokoll nicht nur eine notarielle Beurkundung (§ 127 a BGB), sondern auch alle anderen privatrechtlichen **Formerfordernisse**. Da die Prozeßhandlung nur die „Begleitform“ für einen materiell-rechtlichen Vergleich ist, verliert sie ihre Wirksamkeit, wenn der materielle Vergleich seinerseits unwirksam ist oder wird. Kommt hingegen wegen

1260 Vgl. auch § 57 Abs. 2 ArbGG, § 106 VwGO und § 101 SGG.

1261 Allgemein zu den Pflichten bei Vergleichsschluß: *Borgmann/Haug*, § 20 Rn. 97–108; *Gebler*, Die Aufklärungspflicht des Anwalts im Rahmen des Mandats und die Beratungs- und Belehrungspflichten beim Vergleichsschluß sowie die Rechtsfolgen eines Pflichtenverstoßes; *Hartstang*, S. 528–531; *Rinsche*, Rn. I 476–490; *Sieg*, S. 98; *Vollkommer*, Rn. 175–177, 615–617; vgl. auch *Borgmann*, AnwBl 1990, 318; 1997, 559; *Schlee*, AnwBl 1989, 223.

1262 RGZ 161, 253, 255; BGHZ 16, 388, 390; 28, 171, 172; BGH, NJW 1985, 1962, 1963; OLG Köln, NJWE-VHR 1997, 133. Allgemein zum Vergleich die ZPO-Kommentare zu § 794 sowie die BGB-Kommentare zu § 779.

1263 OLG Hamm, NJW 1974, 652.

formeller Mängel ein Prozeßvergleich nicht wirksam zustande, führt dies nicht ohne weiteres zur Unwirksamkeit der materiell-rechtlichen Vereinbarung. Die Vereinbarung kann als außergerichtlicher, materiell-rechtlicher Vergleich i. S. d. § 779 BGB Bestand haben, soweit dies dem hypothetischen Parteiwillen entspricht.[1264]

bb) Beratung oder Vertretung bei Vergleichsverhandlungen

Die Pflicht, den Mandanten in die Lage zu versetzen, eigenverantwortlich darüber 753
zu entscheiden, wie er seine Interessen in rechtlicher und wirtschaftlicher Hinsicht zur Geltung bringen will, findet eine besondere Ausprägung, wenn der **Rechtsanwalt in Vergleichsverhandlungen** eingeschaltet ist.[1265] Wegen der Eigenschaft eines Vergleichs als materiell-rechtlicher Vertrag sind insbesondere auch die Pflichten des Rechtsanwalts bei der Gestaltung von Verträgen zu beachten (Rn. 783–804).

(1) Entscheidung des Auftraggebers

Die **Entscheidung**, ob ein Rechtsstreit durch **Vergleich** abgeschlossen oder fort- 754
geführt wird, hat der **Auftraggeber** zu treffen. Daher ist der Rechtsanwalt grundsätzlich gehalten, sich der Zustimmung der Partei zu versichern, nachdem er diese ordnungsgemäß aufgeklärt hat.[1266] Wenn der Rechtsanwalt eine Zustimmung des Auftraggebers nicht einholen kann, sollte er einen Vergleich nur unter **Widerrufsvorbehalt** schließen (Rn. 764–767). Gemäß §§ 675, 665 BGB ist ein Rechtsanwalt ausnahmsweise berechtigt, von einer **Weisung des Auftraggebers** abzuweichen, wenn er nach den Umständen annehmen darf, daß der Auftraggeber bei Kenntnis der Sachlage die Abweichung billigen würde. Allerdings hat der Rechtsanwalt seine entsprechende Absicht dem Auftraggeber vorher mitzuteilen, soweit nicht bei einem weiteren Abwarten dem Auftraggeber ein erheblicher Schaden droht.

Der BGH hat offen gelassen, ob **anderweitige Interessen von überragender Be-** 755
deutung es rechtfertigen können, einen Vergleich auch ohne Belehrung und ohne Absprache mit dem Auftraggeber zu schließen. Dann hätte der Rechtsanwalt aber in jedem Fall die Vorteile eines Vergleichs gegen die Nachteile, die aus einem Ab-

---

1264 BGHZ 16, 388, 390; BGH, NJW 1985, 1962, 1963; OLG Köln, NJWE-VHR 1997, 133.
1265 BGH, NJW 1993, 1325, 1326; NJW-RR 1996, 567.
1266 BGH, VersR 1961, 467, 468; NJW 1994, 2085, 2086; vgl. auch Sachverhalt von OLG Hamm, NJW-RR 1999, 935.

schluß eines möglicherweise der Partei abträglichen und ihrem Willen widersprechenden Vergleich erwachsen können, abzuwägen.[1267] Dies ist immer dann zu verlangen, wenn der Vergleich wesentliche Punkte enthält, die der Rechtsanwalt bis dahin nicht mit dem Auftraggeber besprochen hat und diesem Nachteile bringen können.

(2) Aufklärung des Auftraggebers

756 Der Rechtsanwalt muß den Mandanten auf **Vor- und Nachteile des beabsichtigten Vergleichs** hinweisen.[1268] Eine **Aufklärung** ist insbesondere dann erforderlich, wenn der Rechtsanwalt sich nicht sicher sein kann, daß der Auftraggeber Inhalt und Tragweite des Vergleichs vollständig erfaßt, sondern vielmehr konkrete Anhaltspunkte dafür hat, daß der Mandant erwartet, durch einen Vergleich eine bestimmte Rechtsposition gewahrt zu wissen. Dann muß der Rechtsanwalt den Mandanten aufklären, wenn er beabsichtigt, den Vergleich mit einem abweichenden Inhalt abzuschließen.[1269] Der Rechtsanwalt muß im einzelnen darlegen, welche Gesichtspunkte für und gegen den Abschluß des Vergleichs sprechen. Er muß alle **Bedenken**, **Unsicherheitsfaktoren** und die seinem Mandanten durch den vorhergesehenen Vergleich entstehenden **Folgen** erörtern. Dabei hat der Rechtsanwalt auch auf die durch einen Vergleichsschluß anfallenden **Steuern** bzw. auf **Rückzahlungsansprüche der Arbeitsverwaltung** hinzuweisen.[1270]

(3) Abwägung der Vor- und Nachteile eines Vergleichs

757 Ein Rechtsanwalt hat vor Abschluß eines Vergleichs alle damit zusammenhängenden Vor- und Nachteile so gewissenhaft zu bedenken, wie es ihm auf Grund seiner Informationen, Kenntnisse und Erfahrungen vorausschauend möglich ist.[1271] Wegen der Schwierigkeiten und Ungewißheiten bei der **Abwägung der Vor- und Nachteile eines Vergleichs** billigt die Rechtsprechung dem Rechtsanwalt, der den Auftraggeber bei Vergleichsverhandlungen berät oder vertritt, einen **weiten Ermessensspielraum** zu. Ansonsten ginge der Rechtsanwalt ein für ihn nicht mehr tragbares Risiko ein. Innerhalb dieses Spielraums hat der Rechtsanwalt

1267 BGH, NJW 1994, 2085, 2086.

1268 BGH, VersR 1961, 276, 278; 1968, 450, 451, 452; NJW 1994, 2085, 2086.

1269 BGH, NJW 1993, 1325, 1326; NJW-RR 1996, 567; vgl. auch BGH, VersR 1961, 467, 468; OLG Koblenz, VersR 1983, 450; OLG Düsseldorf, NJWE-VHR 1997, 12, 13.

1270 Vgl. OLG Düsseldorf, VersR 1988, 1048 – § 128 a AFG; *Rinsche*, Rn. I 485 – zu Steuern.

1271 BGH, VersR 1968, 450, 451 f.; vgl. auch RG, JW 1932, 2856.

eine **gewissenhafte Interessenabwägung** vorzunehmen.[1272] Dabei ist auch zu berücksichtigen, daß eine gütliche Regelung naturgemäß voraussetzt, daß nicht nur die Interessen des Mandanten, sondern auch die des Gegners hinreichend berücksichtigt werden, also von beiden Parteien ein Nachgeben in den zuvor eingenommenen Positionen erwartet wird.[1273]

Bei der Abwägung der Vor- und Nachteile eines Vergleichs hat der Rechtsanwalt nicht nur **rechtliche**, sondern auch **wirtschaftliche und persönliche Interessen seines Mandanten** zu berücksichtigen.[1274] Bei den **rechtlichen Aspekten** spielt die Bewertung der Prozeßaussicht eine entscheidende Rolle.[1275] Dabei kann insbesondere darauf abzustellen sein, wie die Rechts- und/oder Beweislage einzuschätzen ist oder ob der Ausgang eines Rechtsstreits von einer nicht eindeutigen Vertragsauslegung abhängt. Bei der Beurteilung der Prozeßaussicht ist auch die Möglichkeit einer gerichtlichen Fehlentscheidung in Rechnung zu stellen. Aus **wirtschaftlicher Sicht** kann in Erwägung zu ziehen sein, daß ein Vergleich dem Mandanten die Möglichkeit bietet, schnell zu Geld zu kommen, ohne das Risiko tragen zu müssen, bei einer späteren Zwangsvollstreckung in das Vermögen des Schuldners auszufallen; dies gilt insbesondere dann, wenn der Konkurs des Schuldners droht. Schließlich können für einen Vergleichsschluß eine **psychische Belastung der Partei** durch einen langjährigen Rechtsstreit sowie **private, familiäre** oder **geschäftliche Beziehungen der Parteien** sprechen. Rein wirtschaftliche Überlegungen gewinnen vor allem dann an Bedeutung, wenn es sich um eine rechtliche Auseinandersetzung unter Fremden handelt. Bei einer Auseinandersetzung im engsten Familienkreis kann nicht allein auf die Erfolgsaussichten abgestellt werden. Dann ist im Regelfall den familiären und psychischen Umständen ein erhebliches Gewicht beizumessen.[1276] 758

Die **Empfehlung des Prozeßgerichts**, einen bestimmten Vergleich zu schließen, entbindet den Rechtsanwalt nicht von seiner Verantwortung, den Auftraggeber zu beraten. Erscheint der gerichtliche Vergleichsvorschlag als unvertretbar und wäre zugleich gegen eine negative Streitentscheidung des Gerichts noch ein Rechtsmittel zulässig, ist ein Rechtsanwalt, der den Vergleich auf Vorschlag des Gerichts schließt, nicht notwendigerweise entschuldigt. Jedoch ist in jedem Fall eine ent- 759

1272 BGH, VersR 1968, 450, 451 f.; NJW 1993, 1325, 1328; OLG Oldenburg, NJW-RR 1991, 1499; OLG Hamburg, MDR 1999, 122 f.

1273 OLG Düsseldorf, NJWE-VHR 1997, 12, 14.

1274 Vgl. etwa BGH, NJW 1993, 1325, 1329; OLG Frankfurt (Kassel), NJW 1988, 3269, 3270; OLG Köln, VersR 1992, 448; OLG Düsseldorf, NJWE-VHR 1997, 12, 13.

1275 RG, JW 1932, 2856; OLG Düsseldorf, NJWE-VHR 1997, 12 f.; ausführlich zur Aufklärung über die Prozeßaussicht: Rn. 667–675.

1276 OLG Düsseldorf, NJWE-VHR 1997, 12, 14.

sprechende richterliche Empfehlung ein wichtiger Faktor bei der Abwägung, ob der Vergleich geschlossen werden soll. Dies gilt vor allem dann, wenn gegen ein Urteil dieses Gerichts kein Rechtsmittel mehr möglich wäre.[1277]

760 Sieht der Vergleich vor, daß mit dessen Abschluß alle gegenseitigen Forderungen der Parteien erledigt sind (sog. **Abfindungsvergleich**) – dies kommt insbesondere bei Schadensersatz- oder Gewährleistungsansprüchen sowie in arbeitsgerichtlichen Verfahren[1278] häufig vor –, bestehen für den Auftraggeber besondere Risiken. Dies gilt insbesondere dann, wenn sich die Abgeltung auch auf zukünftige, zum Zeitpunkt des Vergleichsschlusses noch unbekannte Schäden erstreckt. Selbst wenn der Mandant seine Vergleichsbereitschaft zu erkennen gibt, hat der Rechtsanwalt ihn darüber zu belehren, daß Fehleinschätzungen über die künftige Entwicklung, etwa unfallbedingter Körperschäden, zu seinen Vergleichsrisiken gehören und daß er dann, wenn sich diese Risiken verwirklichen, grundsätzlich keine Ansprüche mehr geltend machen kann.[1279] Diese Belehrungspflicht kann im Einzelfall so weit gehen, daß der Rechtsanwalt von einem solchen Vergleich dringend abraten muß.[1280] So kann es empfehlenswert sein, einen weniger weitreichenden Vergleich vorzuschlagen, wonach etwa nur die eingeklagten Forderungen erledigt und die Regelung von Zukunftsschäden ausdrücklich, klar und unmißverständlich ausgeklammert werden. Im Hinblick auf materielle Zukunftsschäden, die von einem Vergleich ausgenommen werden, ist darauf zu achten, daß bis zu einem möglichen Schadenseintritt die Verjährung gehemmt oder unterbrochen wird.[1281]

761 Der Rechtsanwalt darf einen Vergleich nicht empfehlen, wenn dieser den Interessen seines Mandanten in keiner Weise gerecht wird und begründete Aussicht besteht, im Fall einer **Prozeßentscheidung ein günstigeres Ergebnis** zu erzielen.[1282] Zu strenge Maßstäbe behindern dabei die vom Gesetzgeber ausdrücklich gewünschte gütliche Beilegung von Rechtsstreitigkeiten. Ein Vergleich dient i. d. R. den Interessen der beteiligten Parteien und der Aufrechterhaltung bzw. der Wiederherstellung des Rechtsfriedens. Der Rechtsanwalt hat sich daher – nach entsprechender Belehrung des Mandanten über die Sach- und Rechtslage – nur dann gegen einen Vergleichsschluß auszusprechen, wenn im Einzelfall für die Partei der vermutliche günstige Prozeßausgang ganz im Vordergrund steht

1277 OLG Frankfurt, NJW 1988, 3269, 3270; vgl. auch OLG Stuttgart, VersR 1984, 450, 451; OLG Frankfurt, AnwBl 1984, 91.

1278 Zum Vergleich im arbeitsgerichtlichen Verfahren: *Borgmann*, AnwBl 1997, 559.

1279 BGH, NJW 1994, 2085, 2086; vgl. auch BGH, VersR 1961, 276; 1961, 467.

1280 OLG Köln, NJW-RR 1995, 1529.

1281 Vgl. OLG Hamm, MDR 1998, 388. Zur Gestaltung eines Vergleichs: *Dobmaier*, AnwBl 1998, 602, 603; *Rinsche*, Rn. I 479.

1282 BGH, VersR 1961, 276, 278; 1968, 450, 451; NJW 1993, 1325, 1328; NJW-RR 1996, 567, 568.

und sonstige Motive deutlich dahinter zurücktreten. Die Aufklärungspflicht und der Spielraum des Rechtsanwalts bei Vergleichsverhandlungen richten sich nach der Lage, die sich dem Rechtsanwalt zum Zeitpunkt des Vergleichsabschlusses (**ex-ante**) bietet.[1283]

(4) Inhalt des Vergleichs

Der Rechtsanwalt, der den Mandanten bei Vergleichsverhandlungen berät oder 762
den Vergleich im Namen des Mandanten schließt, muß darauf achten, daß die prozessualen und materiell-rechtlichen **Wirksamkeitsvoraussetzungen eines Vergleichs** (Rn. 752) vorliegen.

Ebenso wie bei der Vertragsgestaltung (Rn. 785, 786) ist bei der Abfassung des 763
Vergleichstextes darauf zu achten, daß der **Wille des Auftraggebers in der schriftlichen Niederlegung der Vereinbarung richtig und vollständig zum Ausdruck kommt**[1284] und kein wichtiger Gesichtspunkt, der das ausgehandelte Ergebnis wesentlich zu Ungunsten des Auftraggebers beeinflußen könnte, außer acht gelassen wird.[1285] Aufgabe des Rechtsanwalts ist es, durch die **Wortwahl** des Vergleichstextes **Klarheit** zu schaffen und Zweifel, die mehrere Auslegungen zulassen, zu vermeiden.[1286] Der Rechtsanwalt hat darauf zu achten, daß der Vergleich das **Ergebnis der Vergleichsverhandlungen wiedergibt** und so wie vereinbart auch **protokolliert** (§ 160 Abs. 3 Nr. 1 ZPO) wird.

cc) Widerruf eines Vergleichs

Die Aufnahme eines **Widerrufsvorbehalts** in einen Vergleich ist zu empfehlen, 764
wenn der Rechtsanwalt den Mandanten über die Vor- und Nachteile des in Aussicht genommenen Vergleichs nicht mehr ausreichend aufklären oder dessen Entscheidung vor Abschluß des Vergleichs nicht einholen kann.[1287] Bei einem in einen Vergleich aufgenommenen Widerrufsvorbehalt handelt es sich i. d. R. um eine **aufschiebende bzw. auflösende Bedingung** (§ 158 BGB) oder um ein **vertragli-**

1283 BGH, VersR 1968, 450, 452; OLG Hamburg, VersR 1980, 1073, 1074; OLG Frankfurt (Kassel), NJW 1988, 3269, 3270; OLG Oldenburg, NJW-RR 1991, 1499; OLG Hamm, VersR 1992, 1404 (Ls.); OLG Düsseldorf, NJWE-VHR 1997, 12, 13.

1284 BGH, VersR 1960, 546, 548; 1960, 932, 933 – zur Vertragsgestaltung.

1285 BGH, VersR 1968, 969 (970) – zur Vertragsgestaltung.

1286 BGH, VersR 1960, 546, 548; 1960, 932, 933 – zur Vertragsgestaltung; BGH, NJW 1996, 2648, 2650 – zu einer rechtsgestaltenden Erklärung.

1287 Allgemein zum Widerrufsvergleich: *Bergerfurth*, NJW 1969, 1797; *Scharpenack*, MDR 1996, 883.

ches Rücktrittsrecht (§§ 346 ff. BGB).[1288] Ein Widerruf muß rechtzeitig, gegenüber der richtigen Stelle und formgerecht erklärt werden. Hierfür ist die widerrufende Partei regelmäßig beweisbelastet.[1289] Deshalb sollte in dem Vergleich auch insoweit auf eine eindeutige Regelung geachtet werden.

765 Wenn ein Rechtsanwalt einen Vergleich widerruft, muß er die vereinbarte **Widerrufsfrist** einhalten. Die Fristberechnung richtet sich nach §§ 187 Abs. 1, 188, 193 BGB. Die Frist beginnt – soweit nichts anderes vereinbart ist – am Tag des Vergleichsschlusses, nicht an dem Tag, an dem das Sitzungsprotokoll dem Prozeßbevollmächtigten zugeht. Die Frist endet am letzten Tag der Vereinbarung. Eine Wiedereinsetzung in den vorigen Stand ist bei vertraglichen Fristen weder gemäß § 233 ZPO noch in entsprechender Anwendung dieser Vorschrift möglich.[1290]

Aus der anwaltlichen Pflicht, den nach den Umständen für den Mandanten sichersten Weg zu gehen (Rn. 598–617), wird gefolgert, daß ein Rechtsanwalt, der einen Prozeßvergleich widerrufen soll, Maßnahmen zu ergreifen hat, die nach allgemeiner Voraussicht den **rechtzeitigen Eingang des Widerrufs in beweisbarer Form sicherstellen**. Ist genügend Zeit vorhanden, kann der Widerruf durch Einschreiben mit Rückschein erklärt werden. In Eilfällen kommt ein Widerruf durch Telefax in Betracht. Der Widerruf kann aber auch schriftlich durch Boten oder mit der Post übermittelt werden, sofern hierbei die Rechtzeitigkeit des Eingangs eindeutig festgestellt werden kann. Als Nachweis kann grundsätzlich auch eine telefonische Eingangsbestätigung des Empfängers des Schreibens dienen; sie kann grundsätzlich von einer zuverlässigen Rechtsanwaltsgehilfin eingeholt werden. Der Zeitpunkt, zu dem der Widerruf erklärt werden muß, hängt entscheidend von den Umständen des Einzelfalls ab. Insoweit läßt sich der Grundsatz, daß die Parteien gegenüber dem Gericht Fristen bis zum letzten Tag ausschöpfen dürfen,[1291] auf das Innenverhältnis des Rechtsanwalts zu seinem Mandanten nicht ohne weiteres übertragen; dem Rechtsanwalt können weitergehende Rechtspflichten obliegen. Steht der Wunsch des Auftraggebers, einen Vergleich frühzeitig zu widerrufen, endgültig fest, hat der Rechtsanwalt dem – vorbehaltlich des § 665 BGB – zu entsprechen. Andernfalls ist er – insbesondere wenn er die vergleichsweise getroffene Regelung im Interesse seines Mandanten für sachgerecht hält – nicht gehindert, die vereinbarte Überlegungsfrist auszuschöpfen, um einen noch unentschlossenen Mandanten von den Vorzügen des Vergleichs zu überzeugen.[1292]

1288 BGH, NJW 1984, 312; vgl. auch BVerwG, NJW 1993, 2193.
1289 BGH, NJW 1995, 521, 522.
1290 BGH, NJW 1974, 107; 1995, 521, 522.
1291 BVerfG, NJW 1986, 244; 1987, 1191; BGHZ 9, 118, 119; BGH, NJW 1990, 188; 1992, 244.
1292 BGH, NJW 1995, 521, 522.

Der Widerruf muß **gegenüber der zuständigen Stelle** erklärt werden. Beim Abschluß eines Vergleichs steht den Parteien das Recht zu, den Adressaten eines Widerrufs festzulegen. Dies kann auch stillschweigend geschehen.[1293] In Rechtsprechung und Schrifttum ist umstritten, ob dann, wenn eine Regelung des Widerrufsadressaten im Vergleich fehlt, der Widerruf dem Gegner gemäß § 130 BGB zugehen[1294] oder gegenüber dem Prozeßgericht[1295] erfolgen muß bzw. wahlweise entweder gegenüber dem Gegner oder dem Prozeßgericht erklärt werden kann.[1296] Dabei können auch örtliche Übungen zu beachten sein.[1297] Unsicherheiten werden vermieden, indem bei der Vereinbarung des Widerrufsvorbehalts festgelegt wird, daß ein Widerruf nur oder auch gegenüber dem Prozeßgericht zu erfolgen hat. Ist im Vergleich nicht geregelt, wem gegenüber ein Widerruf zu erklären ist, empfiehlt es sich zur Sicherheit, einen Widerruf des Vergleichs sowohl gegenüber dem Gericht, vor dem der Vergleich geschlossen wurde, als auch gegenüber dem Gegner fristgerecht zu erklären. 766

Ein Rechtsanwalt muß schließlich auch dafür sorgen, daß ein Vergleich **formgerecht** widerrufen wird.[1298] Der Widerruf kann grundsätzlich formfrei erfolgen, es sei denn, daß etwas anderes vereinbart ist.[1299] 767

dd) Außergerichtlicher Vergleich und Schiedsvergleich

Die Grundsätze über den Prozeßvergleich gelten für einen **außergerichtlichen** – ausschließlich materiell-rechtlichen – **Vergleich** sowie für einen **Vergleich in einem schiedsrichterlichen Verfahren** entsprechend. Allerdings ist dabei zu berücksichtigen, daß weder ein außergerichtlicher Vergleich (**Anwaltsvergleich**) noch ein Vergleich im schiedsrichterlichen Verfahren selbst einen **Vollstreckungstitel** begründen. Bei einem außergerichtlichen Vergleich bedarf es gemäß §§ 794 Abs. 1 Nr. 4 b, 796 a–796 c ZPO einer gerichtlichen oder notariellen **Vollstreckbarerklärung**. Die §§ 796 a–796 c ZPO sind insoweit am 1. 1. 1998 an die 768

1293 Zur Zulässigkeit einer Vereinbarung des Widerrufsadressaten: RGZ 161, 253, 255 f.; BGH, NJW 1980, 1752, 1753; 1980, 1753, 1754; BAG, NJW 1960, 1364, 1365; OLG Düsseldorf, NJW-RR 1987, 255, 256.

1294 Vgl. RGZ 161, 253, 255 f.; BGH, JR 1955, 179, 180; ZZP 71 (1958), 454, 455; BAG, NJW 1960, 1364, 1365; Zöller/*Stöber*, ZPO, § 794 Rn. 10 a.

1295 OLG Köln, NJW 1992, 1369; *Hartmann*, in: Baumbach/Lauterbach/Albers/Hartmann, ZPO, Anh. § 307 Rn. 12, 45 sowie – ausdrücklich begrenzt auf die Sonderregelung des § 106 VwGO – BVerwG, NJW 1993, 2193.

1296 OLG Düsseldorf, NJW-RR 1987, 255, 256; Stein/Jonas/*Münzberg*, ZPO, § 794 Rn. 65; *Thomas/Putzo*, ZPO, § 794 Rn. 22; MünchKomm/*Wolfsteiner*, ZPO, § 794 Rn. 73.

1297 OLG Köln, NJW 1992, 1369; *Bergerfurth*, NJW 1969, 1797; Zöller/*Stöber*, ZPO, § 794 Rn. 10 a.

1298 BGH, NJW 1995, 521, 522.

1299 RGZ 161, 253, 255; BGH, NJW 1995, 521, 522; OLG Hamm, NJW 1992, 1705 f.

Stelle des § 1044 b ZPO a. F. getreten.[1300] Im schiedsrichterlichen Verfahren sieht § 1053 ZPO nunmehr an Stelle des § 1044 a ZPO a. F. vor, daß ein Vergleich nur in der Form eines Schiedsspruches möglich ist, der einer gerichtlichen Vollstreckbarerklärung bedarf (§§ 794 Abs. 1 Nr. 4 a; 1060 ff. ZPO).

2. Außergerichtliche Beratung

769 Der **außergerichtlichen Beratung** sind alle Mandate zuzuordnen, bei denen ein Rechtsanwalt gebeten wird, dem Auftraggeber zu empfehlen, was aus rechtlicher Sicht zu tun bzw. zu unterlassen ist. In der Praxis läßt sich die beratende Tätigkeit regelmäßig nicht genau von Aufträgen abgrenzen, die im Zusammenhang mit der Führung eines Prozesses oder der Gestaltung eines Vertrages stehen, an denen der Auftraggeber beteiligt ist. Die Beratung steht etwa im Vordergrund, wenn ein Rechtsanwalt beauftragt ist, sich zu den Erfolgsaussichten einer Klage bzw. eines Rechtsmittels oder einer hiergegen gerichteten Verteidigung zu äußern. Auch die Prüfung eines Vertrags, eines Testaments, Allgemeiner Geschäftsbedingungen oder die Anfertigung eines Rechtsgutachtens zu einer konkreten Rechtsfrage sind als Beratung anzusehen.[1301]

a) Einordnung der Beratungspflicht

770 Bei der **Beratung** des Auftraggebers handelt es sich um eine vertraglich geschuldete **Primärpflicht**, während **Aufklärung und Belehrung** (s. Rn. 589–591) **Nebenpflichten** im Rahmen eines weitergehenden Auftrags sind.[1302] Belehrung und Aufklärung sollen die rechtliche Tragweite einer konkreten Maßnahme aufzeigen und können hinter der Beratung zurückbleiben, mit ihr übereinstimmen oder über sie hinausgehen. Die Beratung kann sich auf den einzuschlagenden Weg beschränken, auf die Ausgestaltung des Rechtsverhältnisses; sie kann sich über die rechtliche Gestaltung hinaus auf andere rechtliche Fragen erstrecken.[1303] Im Ergebnis

1300 Art. 1 Nr. 2–5 des Gesetzes zur Neuordnung des Schiedsverfahrensrechts vom 22. 12. 1997, BGBl I, S. 3224. Zu §§ 796 a–796 c ZPO: BT-Drucks. 13/5274 v. 12. 7. 1996, S. 29 f.

1301 Vgl. etwa BGH, NJW 1994, 1211 – Beratung über Ausschluß des Versorgungsausgleichs vor Beantragung der Ehescheidung; BGH, NJW 1994, 1472 – Beratung in allen mit dem Ausscheiden aus einer GmbH verbundenen Rechtsfragen; BGH, NJW 1995, 51 – Beratung über Ausschluß einer Person von der Erbberechtigung; BGH, NJW 1995, 449 – Beratung wegen der Verletzung der Pflicht des Verkäufers zur Fertigstellung einer Eigentumswohnung; BGH, NJW 1997, 2946 – Beratung über die Wirksamkeit eines Treuhandvertrages; BGH, NJW 1998, 900 – Beratung über Vertragsauslegung.

1302 Vgl. *Sieg*, S. 96, 113.

1303 BGH, NJW 1993, 729, 730 – zur Notarhaftung.

gehen Beratung einerseits sowie Belehrung und Aufklärung andererseits vielfach ineinander über.

b) Inhalt der allgemeinen Beratungspflicht

771 Auch im Rahmen eines außergerichtlichen Beratungsmandats ist der Rechtsanwalt verpflichtet, den **Mandanten in die Lage zu versetzen, eigenverantwortlich** darüber **zu entscheiden**, wie er seine Interessen in rechtlicher und wirtschaftlicher Hinsicht zur Geltung bringen will.[1304] Der um Rat ersuchte Rechtsanwalt ist seinem Auftraggeber zu einer **umfassenden und erschöpfenden** Belehrung verpflichtet, sofern dieser nicht eindeutig zu erkennen gibt, daß er des Rates nur in einer bestimmten Richtung bedarf (vgl. Rn. 507).[1305]

772 Erhält ein Rechtsanwalt den Auftrag, ein von seinem Mandanten erstrebtes Ziel zu erreichen, muß er prüfen, ob der ihm unterbreitete **Sachverhalt geeignet ist, dieses Ziel zu erreichen.**[1306] Dem Mandanten sind diejenigen Schritte zu empfehlen, die zu dem erstrebten Ziel führen können. Der Rechtsanwalt muß den Auftraggeber **vor Nachteilen bewahren, die voraussehbar und vermeidbar sind**. Dazu hat der Rechtsanwalt dem Mandanten den **sichersten Weg** vorzuschlagen (Rn. 598–617) und ihn über mögliche Risiken aufzuklären, damit der Mandant eine sachgerechte Entscheidung treffen kann. **Zweifel und Bedenken**, zu denen die Sach- und Rechtslage Anlaß gibt, muß der Rechtsanwalt darlegen und mit dem Auftraggeber erörtern.[1307]

773 Der Rechtsanwalt muß den Auftraggeber nicht nur über das Vorhandensein, sondern auch über das **ungefähre, in etwa abschätzbare Ausmaß des Risikos** unterrichten, weil der Mandant i. d. R. nur aufgrund einer Einschätzung auch des Risikoumfangs über sein weiteres Vorgehen entscheiden kann.[1308] Eine solche Belehrung kann allenfalls dann **entbehrlich** sein, wenn der Rechtsanwalt erkennt, daß der Mandant die Risiken des Geschäfts oder der beabsichtigten rechtlichen Gestaltung kennt und er diese auch bei einer Belehrung auf sich nehmen würde.[1309] Weitere Schritte sind davon abhängig, wie sich der Mandant nach der Beratung entscheidet. Allerdings wird von einem Rechtsanwalt nur ein im Rahmen eines geordneten

1304 BGH, NJW 1993, 1325, 1326 – Beratung vor Vergleichsschluß.
1305 BGH, NJW 1961, 601, 602; 1988, 563, 566; 1992, 1159, 1160; 1993, 1320, 1322; 1998, 900, 901.
1306 Zur Pflicht, den Sachverhalt zu klären: Rn. 532–547.
1307 BGH, NJW 1992, 1159, 1160; 1993, 1320, 1322; 1994, 1211, 1212; 1995, 51, 52; 1995, 449, 450; vgl. auch BGH, NJW 1961, 601, 602; 1996, 2648, 2649; 1996, 2929, 2931.
1308 BGH, NJW 1992, 1159, 1160.
1309 BGH, NJW 1977, 2073, 2074; 1992, 1159, 1160; 1993, 1320, 1322.

Kanzleibetriebs regelmäßig zumutbares Verhalten erwartet.[1310] Besondere **Nachdrücklichkeit oder Eindringlichkeit** der Beratung kann **nicht** gefordert werden. Sachgerechte Unterscheidungen für den Grad des Einwirkens auf den Mandanten, den erteilten Rat anzunehmen und ihm auch zu folgen, sind nicht möglich.[1311]

774 Der Inhalt und damit auch der Schutzzweck einer Beratung hängen von den **Umständen des einzelnen Falls** und dem **Inhalt des konkreten Beratungsauftrags** ab.[1312] Sie ergeben sich aus dem für den Rechtsanwalt erkennbaren Ziel, das der Mandant mit der Beauftragung verfolgt.[1313]

775 Wenn der Mandant dem Rechtsanwalt keine besonderen **Weisungen** bei der Durchführung eines bestimmten Auftrags erteilt hat, darf der Rechtsanwalt den Auftrag i. d. R. aus eigener Entschließung erledigen. Er muß dann nur darauf achten, daß voraussehbare und vermeidbare Nachteile für den Auftraggeber vermieden werden. Der Rechtsanwalt ist dann berechtigt und sogar verpflichtet, so vorzugehen, wie es ihm aufgrund der erhaltenen Information und seiner sonstigen Kenntnisse als sachgerecht erscheinen muß. Dabei ist dem Rechtsanwalt ein **Spielraum** zuzubilligen. Im Einzelfall kann der Rechtsanwalt sogar verpflichtet sein, gegen frühere ausdrückliche Weisungen des Mandanten zu handeln, wenn dies in einer neuen Lage objektiv dem Interesse des Mandanten entspricht. Wenn der Rechtsanwalt erkennt, daß für den Mandanten ein anderes als das ursprünglich vorgegebene Ziel (etwa Vertragsauflösung statt Vertragserfüllung) vorteilhafter, aber auch risikobehaftet sein kann, muß er die neue Situation im Rahmen des Möglichen und Zumutbaren mit dem Mandanten besprechen. Der Rechtsanwalt hat den Mandanten dann umfassend aufzuklären und zu beraten und darf grundsätzlich nur nach Absprache weitere Schritte einleiten.[1314]

776 Der Rechtsanwalt verletzt seine Pflichten gegenüber dem Auftraggeber nicht, wenn er bei der Verfolgung der Ziele des Mandanten Maßnahmen ergreift, an denen er im Hinblick auf die notwendige Einzelfallwürdigung aus Rechtsgründen nicht gehindert ist. So handelt ein Rechtsanwalt nicht pflichtwidrig, wenn er dem Mandanten (Verkäufer) empfiehlt, von einem **Kaufvertrag** gemäß § 326 BGB zurückzutreten und nicht Erfüllung (Zahlung des Kaufpreises) oder Schadensersatz wegen Nichterfüllung zu verlangen, um einer langwierigen Auseinandersetzung wegen Mängelrügen des Käufers aus dem Wege zu gehen, zumal dann, wenn Zweifel an der Zahlungsfähigkeit des Käufers und damit an dem Erfolg einer

---

1310 BGH, NJW 1995, 51, 52.
1311 BGH, NJW 1987, 1322, 1323.
1312 BGH, NJW 1988, 563, 566; 1995, 51, 52; 1996, 2648, 2649.
1313 BGH, NJW 1997, 2946, 2647.
1314 BGH, VersR 1980, 925, 926; vgl. auch BGH, VersR 1956, 762, 763.

Zwangsvollstreckung bestehen.[1315] Zur **Kündigung eines Bauwerkvertrages** gemäß § 649 BGB oder zu einem Vorgehen nach § 326 BGB darf ein Rechtsanwalt einem Bauherrn, der ihn beauftragt hat, seine Interessen gegenüber dem Bauunternehmer wahrzunehmen, nur raten, wenn anzunehmen ist, daß dem Mandanten daraus kein Schaden entsteht. Lassen sich nachteilige Folgen für den Bauherrn nicht hinreichend sicher ausschließen und sind auch keine überwiegenden Vorteile erkennbar, muß die Empfehlung zur Kündigung unterbleiben. Der Rechtsanwalt handelt dann pflichtgemäß, wenn er auf **Vertragserfüllung** beharrt. Der BGH hat betont, daß im Rahmen eines solchen Anwaltsdienstvertrages nicht geschuldet wird, eine mangelfreie und fristgerechte Herstellung des Gesamtbauwerkes zu erreichen. Der Mandant kann von dem Rechtsanwalt nur eine vertragsgerechte Beratung und Belehrung erwarten.[1316]

Demgegenüber verletzt ein Rechtsanwalt, der den Mandanten (Käufer) wegen der 777
Verletzung der Pflicht des Verkäufers zur rechtzeitigen Fertigstellung einer Eigentumswohnung beraten hat, seine Pflichten, wenn er dem Mandanten, der nicht nur den Kaufpreis gezahlt, sondern auch darüber hinausgehende Vermögensverluste erlitten hat, empfiehlt, den Rücktritt vom **Kaufvertrag** zu erklären statt Schadensersatz wegen Nichterfüllung des Kaufvertrages zu verlangen, und dem Mandanten nicht zugleich von einer Veräußerung abrät, die weitere Verluste verursacht.[1317] Ebenso verletzt der Rechtsanwalt seine Pflichten aus einem Beratungsauftrag, wenn er dem Mandanten zu einer – rechtlich unzulässigen – **Teilkündigung eines Vertrages** rät.[1318] Hat der Rechtsanwalt den Auftrag, seinen Mandanten in allen Fragen zu beraten, die dessen **Ausscheiden aus einer GmbH** betreffen, ist er i. d. R. verpflichtet, ihm Inhalt und Bedeutung einer im Gesellschaftsvertrag enthaltenen Buchwertklausel zu erläutern; dazu gehört es auch, im Ansatz aufzuzeigen, unter welchen Voraussetzungen die Bindung an die Buchwertklausel nicht gilt, oder durch gezielte Fragen zu ermitteln, ob ein solcher Fall überhaupt in Betracht kommt.[1319]

c) Steuerrechtliche Beratung

Zum Berufsbild des Rechtsanwalts gehört insbesondere auch die **steuerrechtliche** 778
Beratung des Mandanten.[1320] Dies folgt aus § 3 Abs. 1 BRAO. Danach ist der

1315 BGH, NJW 1991, 2079, 2080.
1316 BGH, WM 1998, 2252, 2253 f.
1317 BGH, NJW 1995, 449, 450 f.
1318 BGH, NJW 1993, 1320, 1322.
1319 BGH, NJW 1994, 1472, 1474.
1320 BGH, NJW 1968, 844, 845; 1970, 1189, 1190; VersR 1972, 1052, 1053; NJW 1981, 401, 402; 1982, 1866; 1988, 563, 565 f.; 1994, 1405, 1406; 1995, 3248, 3251.

Rechtsanwalt der berufene Berater und Vertreter in allen Rechtsangelegenheiten. Für den Fachanwalt für Steuerrecht wird dies in § 43 c Abs. 1 Satz 2 BRAO besonders hervorgehoben. § 3 Nr. 2 StBerG erlaubt auch Rechtsanwälten die geschäftsmäßige Hilfeleistung in Steuersachen.[1321] Die Normen des Steuerrechts sind daher grundsätzlich von einem Rechtsanwalt bei der Beratung des Mandanten zu berücksichtigen.[1322] Die Pflichten des Rechtsanwalts, der einen Mandanten steuerlich berät, beurteilen sich nach denselben Grundsätzen wie bei der Beratung in anderen Rechtsangelegenheiten.[1323] Daher ist anhand des konkreten Anwaltsvertrags sowie der Umstände des jeweiligen Falls zu prüfen, ob der Auftraggeber eine umfassende steuerrechtliche Beratung durch den Rechtsanwalt erwartet.

779 **Grundsätzlich** umfaßt das einem Rechtsanwalt erteilte **Mandat nicht** auch die **Beratung und Belehrung im Steuerrecht**.[1324] Dies beruht darauf, daß Mandanten zwischen einer anwaltlichen Beratung im Steuerrecht und auf anderen Rechtsgebieten zu unterscheiden pflegen. Von diesem Erfahrungssatz ist eine **Ausnahme** zu machen, wenn der beauftragte Rechtsanwalt **Fachanwalt für Steuerrecht** oder **zugleich Steuerberater und/oder Wirtschaftsprüfer** ist; in solchen Fällen liegt auch ein steurerrechtliches Mandat nahe.[1325] In anderen Fällen müssen hierzu bestimmte tatsächliche Anhaltspunkte vorliegen, etwa die Vereinbarung einer besonderen Vergütung für die Steuerberatung (Rn. 528).

780 Beabsichtigt der Rechtsanwalt, das **Steuerrecht aus dem Gegenstand des Auftrags ausklammern**, sollte er dies dem Mandanten vor Vertragsschluß anzeigen oder mit dem Auftraggeber während des laufenden Mandats eine entsprechende, den Vertragsinhalt ergänzende Abrede treffen.[1326] In beiden Fällen empfiehlt es sich, den Vertragsinhalt beweiskräftig festzuhalten. Von der tatbestandsmäßigen Beschreibung des Vertragsinhalts ist die Vereinbarung einer **Haftungsbeschränkung** gemäß § 51 a BRAO (dazu Rn. 423–500) abzugrenzen.

781 Wenn der beauftragte Rechtsanwalt die steuerrechtliche Seite eines Mandats nicht selbst prüfen kann oder möchte, sollte er in Erwägung ziehen, dem Mandanten zu empfehlen, einen **Steuerberater oder Wirtschaftsprüfer hinzuziehen**. Für die Zusammenarbeit des Rechtsanwalts mit einem Steuerberater bzw. Wirtschaftsprü-

1321 Zur Abgrenzung, wenn der beauftragte Rechtsanwalt zugleich als Steuerberater und/oder Wirtschaftsprüfer zugelassen ist: Rn. 129–131.

1322 Zur Haftung des Steuerberaters: *Gounalakis*, NJW 1998, 3593 ff.; *Gräfe/Lenzen/Schmeer*, Steuerberaterhaftung; *Späth*, Die zivilrechtliche Haftung des Steuerberaters; *ders.*, NWB (1995), Fach 30, S. 951 ff.

1323 BGH, NJW 1988, 563, 566; vgl. auch BGH, NJW 1992, 1695, 1696.

1324 *Rinsche*, Rn. I 103, 461; differenzierend *Vollkommer*, Rn. 600.

1325 BGH, NJW 1988, 563, 565; 1996, 842, 845.

1326 Ausführlich zum Inhalt eines Anwaltsvertrages: Rn. 40–48.

fer gelten diejenigen Grundsätze, die für die Zusammenarbeit mit ausländischen Anwälten entwickelt worden sind (Rn. 307–335).

d) Wirtschaftliche Erwägungen

Grundsätzlich ist ein Rechtsanwalt **nicht verpflichtet**, die **wirtschaftlichen Belange seines Auftraggebers wahrzunehmen** (Rn. 593–597). Soweit nichts anderes vereinbart ist, besteht keine Pflicht, sich in die Rolle des Unternehmers zu versetzen, wirtschaftliche Analysen und Prognosen zu erstellen und dem Mandanten auf unternehmerischem Gebiet Ratschläge zu erteilen.[1327] Nur ausnahmsweise kann der Rechtsanwalt im Rahmen des Mandats verpflichtet sein, den Auftraggeber auch auf **erkennbar drohende wirtschaftliche Gefahren** des beabsichtigten Vorgehens und die erforderlichen Vorsichtsmaßregeln hinzuweisen.[1328] 782

3. Rechtsgestaltende Tätigkeit

Vielfach werden Rechtsanwälte beauftragt, einen **Vertrag, Allgemeine (Vertrags-) Geschäftsbedingungen, ein Testament oder ähnliches zu entwerfen**. Haftungsrechtlich gleichzubehandeln ist der **Entwurf einer rechtsgeschäftsähnlichen Erklärung**, z. B. einer Fristsetzung, einer Mahnung, einer Kündigung oder eines Rücktritts. Daneben kann ein Rechtsanwalt beauftragt sein, einen vorgelegten **Entwurf zu bewerten** und/oder den Mandanten bei **Vertragsverhandlungen** mit der Gegenseite zu vertreten.[1329] 783

In der Praxis kommt der **vorsorgenden, kautelarjuristischen Tätigkeit** des Rechtsanwalts neben der Prozeßvertretung eine immer stärkere Bedeutung zu. Gleichwohl beachtet das herkömmliche Schrifttum zur Anwaltshaftung – ebenso wie die Juristenausbildung – weitgehend nur die prozessuale Tätigkeit. Für die Beurteilung der Anwaltstätigkeit außerhalb von Rechtsstreitigkeiten fehlt zum Teil das Problembewußtsein. Soweit Sorgfaltsstandards bei kautelarjuristischer Tätigkeit für die **Notarhaftung** nach §§ 19, 24 BNotO, § 17 BeurkG untersucht worden sind,[1330] lassen sich die gewonnenen Erkenntnisse nur begrenzt auf die Haftung des Rechtsanwalts übertragen. Im Gegensatz zum Rechtsanwalt ist ein Notar Inhaber

1327 OLG Karlsruhe, DStR 1991, 780; vgl. auch OLG Stuttgart, DStR 1988, 523 – jeweils zur Steuerberaterhaftung.

1328 BGH, VersR 1968, 969; NJW 1996, 2648, 2650; 1998, 900, 901.

1329 Zu den Pflichten bei Vertragsgestaltung: *Sieg*, S. 93, 131–134.

1330 Etwa: *Langenfeld*, Vertragsgestaltung, S. 40 ff.; *Reithmann*, in: Seybold/Schippel, BNotO, § 24 Rn. 16 ff.; *Rinsche*, Rn. II 28 ff.; *Sandkühler*, in: Arndt/Lerch/Sandkühler, BNotO, § 24 Rn. 14 ff.

eines öffentlichen Amtes (§ 1 BNotO) und zur Unparteilichkeit verpflichtet (§ 14 Abs. 1 Satz 2 BNotO), während ein Rechtsanwalt die Interessen seines Auftraggebers im Rahmen des Mandats bestmöglich wahrzunehmen hat.[1331] Die Pflichten bei Vertragsgestaltung gehen auf die **allgemeinen Pflichten bei außergerichtlicher Beratung** zurück. Die dafür aufgestellten Grundsätze gelten daher auch dann, wenn der Rechtsanwalt den Mandanten bei dem Entwurf von Verträgen berät (Rn. 769–782). Für die Pflichten bei Vertragsgestaltung lassen sich zudem Erkenntnisse aus den **Pflichten bei der Vorbereitung eines Vergleichs** – wegen dessen Eigenschaft als materiell-rechtlicher Vertrag (Rn. 752) – gewinnen (Rn. 753–763).

a) Aufklärung über die rechtliche Tragweite

784 Der Rechtsanwalt hat bei einem Auftrag, der eine Vertragsgestaltung zum Gegenstand hat, den Mandanten über die **rechtliche Tragweite der einzelnen Klauseln aufzuklären**. Einzelheiten richten sich nach den **allgemeinen Beratungs- und Aufklärungspflichten** (Rn. 584–617; Rn. 769–782). Ein Rechtsanwalt, der den Mandanten bei der Errichtung einer GmbH, die den Geschäftsbetrieb eines in finanzielle Schwierigkeiten geratenen einzelkaufmännischen Unternehmens übernehmen soll, umfassend berät, verletzt seine Pflichten aus dem Anwaltsvertrag, wenn er den Mandanten nicht über den Haftungstatbestand des § 25 Abs. 1 HGB belehrt und keine Gestaltung vorschlägt, die eine Haftung der neu gegründeten Gesellschaft für Verbindlichkeiten des erworbenen Handelsgeschäfts ausschließt. Ist dem Rechtsanwalt die Absicht des Auftraggebers bekannt, die GmbH von Altschulden freizuhalten, muß er deutlich auf das verbleibende Haftungsrisiko hinweisen, das sich aus der vom Mandanten vorgesehenen Gestaltung ergibt. Zudem ist der Rechtsanwalt verpflichtet, dem Mandanten einen Weg aufzuzeigen, um die Haftung der zu gründenden GmbH für die Altschulden zu vermeiden. Hierzu hätte der Rechtsanwalt etwa eine neue, mit der Firma des übernommenen Handelsgeschäfts im Kern nicht verwechselbare neue Firma für die GmbH oder einen Haftungsausschluß gemäß § 25 Abs. 2 HGB empfehlen müssen.[1332]

1331 Zur Abgrenzung der anwaltlichen von der notariellen Tätigkeit: vgl. Rn. 109–128.
1332 BGH, NJW 1986, 581, 582.

b) Wiedergabe des Willens des Auftraggebers

Ein Rechtsanwalt, der als Berater zu einer schriftlichen Vereinbarung zugezogen wird, hat vor allem darauf zu achten, daß der **Wille des Auftraggebers** in der Urkunde **richtig und vollständig** zum Ausdruck kommt.[1333] Legt der Auftraggeber dem Rechtsanwalt einen **bereits ausgehandelten Vertragsentwurf** vor, ist der Rechtsanwalt verpflichtet zu prüfen, ob ein wichtiger Gesichtspunkt, sei es aus fehlender Rechtskenntnis, sei es aus Versehen, außer acht gelassen worden ist, der das ausgehandelte Ergebnis wesentlich zu Ungunsten des Mandanten beeinflussen könnte.[1334] 785

Aufgabe des Rechtsanwalts, der einen Vertrag zu entwerfen hat, ist es ferner, **durch die Wortwahl Klarheit zu schaffen**. Der i. d. R. rechtsunkundige Auftraggeber schaltet den Fachberater u. a. deswegen ein, damit dieser das erwünschte rechtliche Ergebnis möglichst auch erreicht. Auslegung setzt erst ein, wenn der Wortlaut eines Vertrages zu Zweifeln Anlaß gibt; dazu darf es der Rechtsanwalt regelmäßig nicht kommen lassen. Ein **Auslegungsrisiko** muß ein juristischer Fachberater nach Möglichkeit **vermeiden**. Den sichersten Weg hält er nur ein, falls seine Erklärung unmißverständlich ist. Dazu gehört auch die zutreffende Verwendung der einschlägigen Fachausdrücke.[1335] 786

c) Zweckmäßigkeit und Wirksamkeit

Der Entwurf einer einseitigen Erklärung oder eines Vertrags muß **zweckmäßig**[1336] und **wirksam** sein. Soweit Bedenken gegen die Wirksamkeit des Vertrages oder einzelner Klauseln bestehen, muß der Rechtsanwalt den Mandanten hierüber aufklären und dessen Entscheidung einholen.[1337] Der Rechtsanwalt hat dem Auftraggeber dann eine rechtlich einwandfreie Gestaltung zu empfehlen, die seinen berechtigten Interessen entspricht.[1338] 787

Wenn die Parteien einen Vertrag nicht selbst schließen, sondern sich vertreten lassen, oder wenn am Vertragsschluß juristische Personen oder gleichgestellte Rechtssubjekte beteiligt sind, ist auf eine wirksame rechtsgeschäftliche oder organschaftliche **Vertretung der Parteien** zu achten. Im Zweifelsfall empfiehlt es 788

1333 BGH, VersR 1960, 546, 548; 1960, 932, 933.
1334 BGH, VersR 1968, 969, 970 – Berücksichtigung der mit einem zu veräußernden Kommanditanteil verbundenen Lastenausgleichsabgabe.
1335 BGH, VersR 1960, 546, 548; 1960, 932, 933; NJW 1996, 2648, 2650.
1336 Vgl. BGH, NJW 1993, 729, 730 – zur Notarhaftung.
1337 BGH, VersR 1956, 451.
1338 BGH, NJW-RR 1993, 243, 247 – Vertrag, der die Übernahme einer Gaststätte zum Gegenstand hat; Pflicht des Rechtsanwalts zur Aufklärung über das Recht des Übernehmers, seine Willenserklärung zur Übernahme der Pflichten aus einem Bierlieferungsvertrag zu widerrufen.

sich, sich Urkunden oder einen aktuellen Handelsregisterauszug vorlegen zu lassen, aus denen sich die Vollmacht der handelnden Personen ergibt.

789 Die Unwirksamkeit eines Vertrages kann sich insbesondere aus der Nichtbeachtung einer **Formvorschrift** ergeben (§ 125 BGB).[1339] Von praktisch erheblicher Bedeutung sind vor allem **§ 313 BGB** sowie **§ 15 Abs. 3, 4 GmbHG**. Nach § 313 Satz 1 BGB bedürfen Verträge, durch die sich der eine Teil verpflichtet, das Eigentum an einem Grundstück zu übertragen oder zu erwerben, der notariellen Beurkundung. § 15 Abs. 3, 4 GmbHG schreibt eine notarielle Beurkundung für die Verpflichtung zur Abtretung eines Geschäftsanteils an einer GmbH sowie für dessen Abtretung vor. Dabei ist zu beachten, daß auch **Nebenabreden** und **nachträgliche Vertragsänderungen bzw. -ergänzungen** der notariellen Beurkundung bedürfen können.[1340] Berät ein Rechtsanwalt seinen Mandanten über Rechtsgeschäfte, die nur unter Einhaltung einer bestimmten Form rechtswirksam abgeschlossen werden können, genügt er im allgemeinen seiner Verpflichtung aus dem Anwaltsvertrag nicht mit dem bloßen Hinweis auf die Formbedürftigkeit. Er muß dem Mandanten vielmehr auch das **besondere Risiko deutlich machen**, das dieser eingeht, wenn er ohne Beachtung der Form das Rechtsgeschäft abschließt oder die Formwahrung auf einen späteren Zeitpunkt verschiebt. Dies gilt jedenfalls dann, wenn der Mandant schon vorher Leistungen erbringt, auf Rechte oder Rechtspositionen verzichtet oder sich sonstiger Möglichkeiten begibt, die den Vertragspartner zum formgültigen Abschluß des Rechtsgeschäfts veranlassen können. Eine solche Belehrung kann allenfalls dann **entbehrlich** sein, wenn der Rechtsanwalt erkennt, daß dem Mandanten die Risiken des Geschäfts oder der beabsichtigten Gestaltung bekannt sind und er diese auch bei einer Belehrung auf sich nehmen würde.[1341]

790 Ein Vertrag darf weiterhin nicht gegen ein **gesetzliches Verbot** verstoßen (§ 134 BGB),[1342] **sittenwidrige Regelungen** enthalten (§ 138 Abs. 1 BGB), auf eine **un-**

1339 BGH, NJW 1977, 2073 – Nichtbeachtung des § 1410 BGB; BGH, NJW 1993, 3323 – Nichtbeachtung des § 313 BGB; vgl. auch OLG Hamm, NJWE-VHR 1998, 130, 131 – Nichtbeachtung des § 2282 BGB.

1340 Zum Umfang des Formzwangs nach § 313 BGB: BGH, NJW 1982, 434; 1984, 974, 975; 1996, 452; Palandt/*Heinrichs*, BGB, § 313 Rn. 25 ff., 41 ff.; MünchKomm/*Kanzleiter*, BGB, § 313 Rn. 47 ff.; Staudinger/*Wufka*, BGB, § 313 Rn. 139 ff. Zum Umfang des Formzwangs nach § 15 Abs. 4 GmbHG: BGH, NJW 1969, 2049; 1983, 1843, 1844; WM 1989, 256, 258; NJW 1996, 2642; *Hueck*, in: Baumbach/Hueck, GmbHG, § 15 Rn. 29; *Jasper*, in: Rieger/Mayer, Münchener Handbuch des Gesellschaftsrechts, GmbH, § 24 Rn. 43 ff.; Scholz/*Winter*, GmbHG, § 15 Rn. 51 ff.

1341 BGH, NJW 1977, 2073, 2074.

1342 Aufklärung über die Risiken einer Vertragsgestaltung zur Vermeidung eines gesetzlichen Verbots: BGH, NJW 1992, 1159 – Verbot einer ärztlichen Zweitpraxis.

mögliche Rechtsfolge gerichtet (§§ 275, 306 BGB) oder aus einem anderen Grund nichtig sein. So hat etwa der mit der Erstellung eines Pachtvertrages über die gewerbliche Nutzung von Räumen beauftragte Rechtsanwalt zu überprüfen, ob der vereinbarte **Vertragszweck erreicht werden kann**. Dies ist insbesondere dann nicht der Fall, wenn die geplante Nutzung bauplanungsrechtlich (§§ 29 ff. BauGB, BauNVO), nach dem Inhalt der Baugenehmigung oder anderen öffentlich-rechtlichen Vorschriften bzw. Verfügungen nicht zulässig ist.[1343] Gegebenenfalls hat der Rechtsanwalt vorzuschlagen, vor Vertragsschluß eine Befreiung gemäß § 31 Abs. 2 BauGB einzuholen. In jedem Fall ist der Auftraggeber über die Risiken aufzuklären und ihm eine zweckmäßige vertragliche Regelung – im vorbeschriebenen Fall bezüglich der Rechtsmängelhaftung in dem Pachtvertrag – zu empfehlen.

d) Spielraum bei inhaltlicher Gestaltung

Vertragsklauseln sind aufgrund ihres Gegenstands notwendigerweise **zukunftsorientiert zu gestalten**. Sie bezwecken eine Vorausregelung denkbarer Konflikte zwischen den Vertragspartnern. Erst im nachhinein kann sich herausstellen, daß einzelne Klauseln den Interessen des Mandanten nicht gerecht werden oder für ihn nachteilig sind. Streitigkeiten können auch auftreten, wenn die Klauseln keine Regelung eines Problems enthalten, das während der Vertragsabwicklung auftritt. 791

Die Parteien bzw. die sie beratenden Rechtsanwälte können bei der Aushandlung eines Vertrages nicht ausschließlich ihre eigenen Vorstellungen verwirklichen, sondern müssen auf die **Interessen der Gegenseite** eingehen. Der Vertragsinhalt kommt im Wege gegenseitigen Nachgebens zustande. Angesichts der Verhandlungssituation können auch **außerrechtliche Erwägungen** eine Rolle spielen, etwa daß der Mandant mit der Gegenseite auch künftig noch anderweitig zusammenarbeiten möchte oder muß bzw. mit der Gegenseite familiär oder privat eng verbunden ist. Eine optimale rechtliche Lösung kann außer Verhältnis zum Aufwand oder Risiko eines langfristigen Streits stehen. Weitere Kriterien können das Bedürfnis des Mandanten sein, Diskretion oder das Gesicht zu wahren.[1344] 792

Vertragsklauseln müssen **abstrakt** gehalten und geeignet sein, **vorbeugend** eine möglichst große Anzahl von Konfliktfällen im Interesse der Vertragsparteien lösen zu können. Ein Rechtsanwalt handelt daher grundsätzlich nicht pflichtwidrig, wenn er bei den Vertragsverhandlungen nicht alle Interessen seines Mandanten 793

1343 Zu einem solchen Fall: BGH, NJW 1996, 2929, 2932.

1344 Zur Berücksichtigung außerrechtlicher Erwägungen: *Sieg*, S. 111.

durchsetzt. Hierzu kann auf die höchstrichterliche Rechtsprechung zur anwaltlichen Beratung beim Abschluß eines Vergleichs (Rn. 751–768) zurückgegriffen werden. Die vom Rechtsanwalt gewählte Lösung muß vertretbar sein und auch den Interessen des Mandanten dienen. Dem Rechtsanwalt ist jedoch ein **Spielraum** einzuräumen, innerhalb dessen er nach pflichtgemäßem Ermessen entscheiden kann. Wichtig ist, daß der Rechtsanwalt den Mandanten über alle für die Entscheidungsfindung relevanten Kriterien, Zweifelsfragen und Ungewißheiten berät und aufklärt, so daß dieser in der Lage ist, eine **eigenverantwortliche Entscheidung** zu treffen. Der Rechtsanwalt haftet nur, wenn die ausgehandelte Lösung offensichtlich nicht den Interessen des Mandanten entspricht.[1345]

794 Wie bereits im Zusammenhang mit den Pflichten bei Vergleichsschluß dargelegt (Rn. 761), ist auch für die Pflichten eines vertragsgestaltenden Rechtsanwalts im Rahmen der Prognose auf eine **ex-ante-Sicht** abzustellen, da der Vertragsjurist für eine ungewisse Zukunft plant und gestaltet.[1346]

e) Kosten einer notariellen Beurkundung

795 Bevor ein Rechtsanwalt ein Mandat zur Gestaltung eines Vertrages übernimmt, ist er regelmäßig zu einem **Hinweis** verpflichtet, wenn der abzuschließende Vertrag der **notariellen Beurkundung** bedarf. Auf die durch einen Vertragsschluß kraft Gesetzes anfallenden Rechtsanwaltsgebühren muß ein Rechtsanwalt allerdings grundsätzlich nicht ungefragt hinweisen (Rn. 677). Er hat den Auftraggeber jedoch darüber aufzuklären, daß durch eine notarielle Beurkundung **zusätzliche** – nicht gemäß § 145 Abs. 1 Satz 3 KostO anrechenbare – **Kosten** entstehen. Der Rechtsanwalt kann nicht ohne weiteres voraussetzen, daß der Auftraggeber dies weiß. Dieser muß in die Lage versetzt werden, selbst sachgerecht entscheiden zu können, ob er die gezielte Betreuung durch anwaltliche Tätigkeit oder einen neutralen notariellen Vertragsentwurf wünscht.[1347]

796 Der Rechtsanwalt schuldet aber **regelmäßig nicht den Rat, einen Notar aufzusuchen**. Dies beruht darauf, daß der Mandant wegen der unterschiedlichen Aufgabenbereiche des Rechtsanwalts einerseits und des Notars andererseits verständige Gründe haben kann, einen Rechtsanwalt seines Vertrauens mit einem Vorentwurf zu beauftragen. Während der Rechtsanwalt Parteivertreter ist, der das Beste gerade für seinen Auftraggeber anstreben und einen entsprechenden Vertrag gestalten soll, darf der Notar als unparteiischer Mittler zwischen beiden Vertragsteilen nicht

1345 Vgl. *Sieg*, S. 132 f.
1346 *Kanzleiter*, NJW 1995, 905, 910.
1347 BGH, NJW 1998, 136, 137; anders noch OLG Düsseldorf, AnwBl 1984, 443.

einseitig die eine oder andere Seite begünstigen. Der Rechtsanwalt kann deshalb im allgemeinen davon ausgehen, daß seine fachkundige Hilfe gerade in der vorbeschriebenen Hinsicht gewünscht wird, wenn der Auftraggeber weiß, daß zusätzliche Kosten durch die Einschaltung eines Notars entstehen werden, und dennoch den Rechtsanwalt mit einem Vertragsentwurf beauftragt. Ist der Mandant darüber unterrichtet, daß der anwaltliche Entwurf zusätzliche Kosten verursacht, kann er eigenverantwortlich entscheiden, ob ihm Bedeutung und Schwierigkeitsgrad der Sache den weiteren Aufwand wert sind. Allenfalls auf eine ausdrückliche Rückfrage hin kann der Rechtsanwalt noch zu ergänzenden Erläuterungen verpflichtet sein. Auch wenn von Anfang an zu erkennen ist, daß eine standardisierte Beurkundung anfällt, die keinen Raum für wesentliche einzelfallbezogene Ausgestaltungen läßt, zieht der BGH in Erwägung, daß der Rechtsanwalt gehalten sein kann, den Rechtsuchenden lediglich an einen Notar zu verweisen. Ob eine solche Verpflichtung besteht, wenn ein Rechtsanwalt mit einem Notar in einer gemeinsamen Praxis verbunden ist, hat der BGH offen gelassen.[1348]

Zudem kann zu berücksichtigen sein, daß die Gebühren einer notariellen Burkun- 797
dung durch einen in Deutschland niedergelassenen Notar, die in der Kostenordnung nach dem Geschäftswert bemessen werden, wesentlich höher sein können als die Kosten einer **gleichwertigen Auslandsbeurkundung**, etwa in der Schweiz, in Österreich oder in den Niederlanden. Allerdings ist in jedem Fall zu prüfen, ob das zu beurkundende Rechtsgeschäft den Formerfordernissen des anzuwendenden materiellen Rechts entspricht (vgl. Art. 11 EGBGB).[1349] So kann die **Auflassung** (§ 925 Abs. 1 Satz 2 BGB) eines in Deutschland belegenen Grundstücks nicht wirksam vor einem ausländischen Notar erklärt werden.[1350] Demgegenüber genügt eine notarielle Beurkundung einer Vielzahl gesellschaftsrechtlicher Vorgänge vor einem ausländischen Notar dem als Wirkungsstatut gemäß Art. 11 Abs. 1, 1. Alt. EGBGB berufenen deutschen Recht, soweit die ausländische Beurkundung der deutschen gleichwertig ist. Dies wurde etwa angenommen für die notarielle Beurkundung der **Satzungsänderung** einer GmbH (§ 53 GmbHG),[1351] des Beschlusses über eine **Kapitalerhöhung** einer GmbH (§ 55 GmbHG)[1352] oder der **Abtretung von Geschäftsanteilen** einer GmbH

1348 BGH, NJW 1998, 136, 137.

1349 Vgl. *Reithmann*, in: Reithmann/Martiny, Internationales Vertragsrecht, Rn. 593 ff., m. w. N.; differenzierend: *Goette*, DStR 1996, 709; vgl. auch *Großfeld/Berndt*, RIW 1996, 626; *Reuter*, BB 1998, 116.

1350 BGH, WM 1968, 1170, 1171; OLG Köln, DNotZ 1972, 489; KG, NJW-RR 1986, 1486.

1351 BGH, NJW 1981, 1160 – Notar aus dem schweizerischen Kanton Zürich.

1352 OLG Düsseldorf, NJW 1989, 2200 – niederländischer Notar.

(§ 15 Abs. 3 GmbHG).[1353] Umstritten ist dagegen, ob auch ein **Verschmelzungsvertrag** (§§ 6, 13 Abs. 3 UmwG) vor einem ausländischen Notar wirksam beurkundet werden kann.[1354]

f) Verträge mit Auslandsbezug

798 Besondere Regeln sind bei Verträgen mit Auslandsbezug zu beachten. Diese Verträge enthalten etwa regelmäßig **Rechtswahl-** und **internationale Gerichtsstands-** bzw. **Schiedsklauseln.**[1355]

aa) Zusammenarbeit mit ausländischen Anwälten

799 Weist der Vertrag einen Bezug zu einer ausländischen Rechtsordnung auf, handelt ein deutscher Rechtsanwalt grundsätzlich gewissenhaft, wenn er einen Vertragsentwurf einem Anwalt aus dem fremden Rechtskreis vorlegt, damit dieser den Entwurf auf etwaige Risiken für den Mandanten überprüft.[1356] Dann kann sich im Einzelfall die Pflicht des deutschen Rechtsanwalts auf die **Kontrolle** beschränken, ob der ausländische Anwalt seine Prüfung auf alle entscheidenden Punkte des Vertragsentwurfs erstreckt hat. Wie weit die Prüfungspflicht des deutschen Rechtsanwalts geht, ist eine Frage der **Auslegung des Anwaltsvertrages**. Der deutsche Rechtsanwalt darf grundsätzlich davon ausgehen, daß ein vom Auftraggeber schon vorher eingeschalteter ausländischer Anwalt sein Heimatrecht kennt und nach diesem Recht einen seiner Natur nach alltäglichen Vertrag fehlerfrei entworfen hat.[1357] Pflichtwidrig ist es allenfalls, wenn der **deutsche Rechtsanwalt den ausländischen Anwalt nicht sorgfältig ausgewählt, instruiert oder überwacht hat.**[1358]

bb) Rechtswahlklauseln

800 Speziell für die **Wahl zwischen zwei oder mehreren Rechtsordnungen** ist noch ein weiteres zu bedenken. Beruft sich der Mandant gegenüber dem Rechtsanwalt

---

1353 BGH, WM 1989, 1221, 1224; OLG München, RIW 1998, 147, 148 – jeweils Notar im schweizerischen Kanton Basel-Stadt.

1354 LG Kiel, RIW 1997, 957 – österreichischer Notar; vgl. auch LG Nürnberg-Fürth, NJW 1992, 633; LG Köln, GmbHR 1990, 171 – Notar aus dem schweizerischen Kanton Basel-Stadt bzw. Zürich; a. A. LG Augsburg, RIW 1998, 65 – Notar aus dem schweizerischen Kanton Zürich.

1355 Ausführlich zu Rechtswahl-, internationalen Gerichtsstands- und Schiedsklauseln: *Sieg*, RIW 1997, 811 und 1998, 102 jeweils m. w. N.

1356 Zur Haftung bei der Anwendung ausländischen Rechts: *Sieg*, S. 118 ff.; *ders.*, NJW 1996, 2209, 2211 f.; *ders.*, IWB (1996) Gruppe 2, S. 223, 225; *ders.*, ZAP (1996), F. 23, S. 239.

1357 BGH, NJW 1972, 1044; vgl. auch RG, JW 1926, 246; OLG Bamberg, MDR 1989, 542 f.

1358 Zur Zusammenarbeit mit ausländischen Anwälten: vgl. Rn. 307–335.

darauf, daß dieser ihm geraten habe, sich auf eine Rechtsordnung einzulassen, die sich später als für ihn nachteilig erweist, ist davon auszugehen, daß die staatlichen Rechtsordnungen einander in dem Bemühen, einen gerechten Ausgleich der betroffenen Interessen herbeizuführen, grundsätzlich gleichwertig sind. Dies bedeutet nicht, daß die einzelnen Rechtsordnungen auch gleichartig sein müssen. Sie können hinsichtlich der Problemlösungen im Detail unterschiedliche Bewertungen vornehmen, andere Rechtsfolgen vorsehen und zu inhaltlich voneinander abweichenden Ergebnissen führen.[1359] Deswegen kann einem Rechtsanwalt nicht ohne weiteres vorgeworfen werden, er habe eine „falsche" Rechtsordnung empfohlen. Zwar mag sich die gewählte Rechtsordnung anläßlich eines späteren Streitfalls für den Mandanten im Einzelfall als nachteilig erweisen. Umgekehrt kann die Vertragsgestaltung den Mandanten unter einem anderen Gesichtspunkt gegenüber seinem Vertragspartner aber auch begünstigen. Deshalb ist es wichtig, alle für den Vertrag relevanten Umstände in eine **Gesamtbewertung** einzubeziehen. Diese darf sich nicht auf Ausschnitte des Gesamtproblems beschränken.[1360] Entsprechendes gilt, wenn die Parteien in einem Vertrag eine **Gerichtsstands- oder Schiedsgerichtsvereinbarung** ausgehandelt haben.

cc) Vertragssprache

Immer wieder ist zu beobachten, daß ein **Vertrag, der deutschem Recht unterliegt**, nicht in deutscher Sprache, sondern **in einer anderen Sprache**, insbesondere in englisch, verfaßt wird.[1361] Dann besteht die naheliegende Gefahr, daß wegen der ausländischen Fachbezeichnungen ein **Auslegungsrisiko** entsteht. Dies hat ein Rechtsanwalt aber nach Möglichkeit zu vermeiden und für unmißverständliche Erklärungen unter Verwendung der einschlägigen Fachausdrücke zu sorgen (vgl. Rn. 785, 786). Daher empfiehlt es sich in solchen Fällen, zumindest auch eine deutschsprachige Version des Vertrages anzufertigen, welche für Auslegungsfragen als maßgeblich bestimmt wird. 801

Für eine wirksame **Einbeziehung von Allgemeinen Geschäftsbedingungen** in einen Vertrag bedarf es – bei Geltung deutschen Rechts als Vertragsstatut (Art. 27 ff. EGBGB) – gemäß § 2 AGBG eines Hinweises auf deren Geltung in der **Verhandlungssprache**, der **Muttersprache des Vertragspartners** oder unter Umständen auch einer im **Handel üblichen Sprache** (vorzugsweise englisch). Entsprechendes gilt für die Sprache, in der die Allgemeinen Geschäftsbedingungen 802

1359 Zur Relativität des Rechtsbegriffs: *Sieg*, S. 73 f.
1360 Zur Haftung bei der Empfehlung und Überprüfung von Rechtswahlklauseln: *Sieg*, S. 133.
1361 Vgl. etwa *Triebel*, RIW 1998, 1.

abzufassen sind. Der Vertragspartner des Verwenders kann nicht eine Übersetzung der Allgemeinen Geschäftsbedingungen in seine Muttersprache verlangen, wenn die Allgemeinen Geschäftsbedingungen in der Verhandlungs- oder Vertragssprache formuliert sind. Dem Vertragspartner ist dann zuzumuten, sich um eine **Übersetzung** zu bemühen.[1362] Ähnliches hat zu gelten, wenn auf den Vertrag die Regeln des Wiener UN-Übereinkommens über Verträge über den internationalen Warenkauf vom 11. 4. 1980 (**UN-Kaufrecht** oder **CISG**)[1363] Anwendung finden.[1364]

g) Einseitige Rechtsgeschäfte und rechtsgeschäftsähnliche Erklärungen

803 Für die Vorbereitung einseitiger Rechtsgeschäfte oder rechtsgeschäftsähnlicher Erklärungen gelten die vorbeschriebenen Pflichten bei der Vertragsgestaltung entsprechend. So muß ein Rechtsanwalt ein **Auslegungsrisiko** nach Möglichkeit vermeiden. Den sichersten Weg hält er nur ein, falls seine Erklärung unmißverständlich ist. Dazu gehört auch die zutreffende Verwendung der einschlägigen **Fachausdrücke**.[1365] Der BGH hat betont, jeder Rechtsanwalt müsse wissen, daß man sich von einem Mietvertrag oder mietähnlichen Vertrag im Regelfall durch eine **„Kündigung"**, nicht durch einen **„Rücktritt"** löst. Auch ist in einem solchen Fall klarzustellen, ob eine Kündigung fristlos (außerordentlich) oder fristgerecht (ordentlich) erfolgen soll. Bei einer außerordentlichen Kündigung ist hilfsweise eine ordentliche Kündigung zum nächstmöglichen Termin auszusprechen.[1366]

804 Gemäß § 174 Satz 1 BGB ist ein **einseitiges Rechtsgeschäft**, das ein Bevollmächtigter einem anderen gegenüber vornimmt, unwirksam, wenn der Bevollmächtigte die **Vollmachtsurkunde** nicht vorlegt und der Adressat die Erklärung aus diesem Grund unverzüglich zurückweist. Nimmt der Rechtsanwalt für seinen Auftraggeber ein einseitiges Rechtsgeschäft vor, ohne die Vollmachtsurkunde im Original vorzulegen, handelt er pflichtwidrig, wenn er mit der Möglichkeit rechnen muß, daß dem Mandanten im Streitfall nicht unerhebliche Rechtsnachteile entstehen, weil er nicht zu beweisen vermag, den Gegner vorher von der Bevollmächtigung seines Rechtsanwalts in Kenntnis gesetzt zu haben.[1367]

1362 *Sieg*, RIW 1997, 811, 816, Fn. 48, 49 m. w. N.
1363 BGBl. 1989 II, S. 586; abgedruckt etwa bei *Jayme/Hausmann*, Nr. 48. Zum UN-Kaufrecht: *Sieg*, RIW 1997, 811, 812 ff. m. w. N.
1364 *Sieg*, AW-Prax, 1997, 27; *ders.*, RIW 1997, 811, 814.
1365 BGH, VersR 1960, 546, 548; 1960, 932, 933; NJW 1996, 2648, 2650.
1366 BGH, NJW 1996, 2648, 2650.
1367 BGH, NJW 1994, 1472.

II. Weitere anwaltliche Pflichten

Die vorbeschriebenen allgemeinen und tätigkeitsbezogenen Pflichten, die ein Rechtsanwalt bei der Berufsausübung zu beachten hat, bezwecken den Schutz des Auftraggebers vor Vermögensschäden. Daneben hat ein Rechtsanwalt weitere Pflichten zu beachten, die vorrangig den **Schutz anderer Rechtsgüter des Mandanten** betreffen.[1368] Auch diese Pflichten ergeben sich vor allem aus dem **Anwaltsvertrag**, aus dem **BGB**, dem **StGB**, der **BRAO**, aus der **anwaltlichen Berufsordnung** (BORA) sowie über § 29 BORA aus den **Standesregeln der Rechtsanwälte der Europäischen Gemeinschaft** (CCBE-Richtlinien). Die einzelnen Rechtsquellen sind auseinanderzuhalten. Insbesondere können **berufsrechtliche Pflichten** nicht – was vielfach nicht hinreichend beachtet wird – ohne weiteres auf das Zivilrecht übertragen werden. Die einzelnen Pflichten werden im folgenden in erster Linie vor dem Hintergrund der hier behandelten Haftung des Rechtsanwalts näher dargestellt. Nicht weiter eingegangen wird auf die **Pflichten, ein Mandat zügig**[1369] und **sachlich zu bearbeiten**[1370] sowie den **Mandanten über den Fortgang der Sache zu unterrichten.**[1371] 805

1. Verschwiegenheit

Die Pflicht zur Verschwiegenheit[1372] ist eine der anwaltlichen Kardinalpflichten. So hat das BVerfG in dem vielbeachteten Beschluß aus 1987 zu den für verfassungswidrig erklärten Richtlinien des anwaltlichen Standesrechts betont, daß die Verschwiegenheitspflicht – ebenso wie das Verbot, widerstreitende Interessen wahrzunehmen (Rn. 815–821) – zu denjenigen Grundpflichten des Rechtsanwalts gehöre, deren Fortbestand zur Aufrechterhaltung einer funktionsfähigen Rechtspflege unverzichtbar sei.[1373] Die Verschwiegenheitspflicht begründet – neben der fachlichen Qualifikation des Rechtsanwalts – die Grundlage für dessen Beauftragung und das dem Rechtsanwalt entgegengebrachte Vertrauen. 806

1368 *Borgmann/Haug*, §§ 23, 24; *Hartstang*, S. 509 ff.; *Rinsche*, Rn. I 144–146; *Vollkommer*, Rn. 202–212.

1369 *Rinsche*, Rn. I 144; vgl. auch BGH, VersR 1999, 442, 444.

1370 Vgl. BVerfGE 76, 171, 193 = NJW 1988, 191; Nichtannahmebeschluß des BGH v. 22. 6. 1995 – IX ZR 224/94; *Eylmann*, AnwBl 1999, 338, 339 f.; *Vollkommer*, Rn. 211, 212; vgl. auch § 43 a Abs. 3 BRAO sowie die Kommentierungen hierzu.

1371 Vgl. § 11 BORA; BGH, NJW 1994, 2085, 2086.

1372 *Borgmann/Haug*, § 24; *Hartung*, in: Hartung/Holl, BORA, § 3; *Henssler*, NJW 1994, 1817; *Vollkommer*, Rn. 208–210 sowie die BRAO-Kommentare zu § 43 a Abs. 2. Zu einzelnen Aspekten: *Eggersmann/Hoene*, CR 1990, 18; *Herrmann*, DB 1997, 1017; *Rüpke*, NJW 1993, 3097; *Wagner/Lerch*, NJW-CoR 1996, 380; *Wirges*, JurBüro, 1997, 295; *Wirth*, BB 1996, 1725.

1373 BVerfG, NJW 1988, 191, 193.

a) Rechtsgrundlagen

807 Die Verschwiegenheitspflicht ergibt sich unmittelbar aus dem **Anwaltsvertrag**.[1374] Berufsrechtlich enthält **§ 43 a Abs. 2 BRAO** eine gesetzliche Regelung. Die Pflicht des Rechtsanwalts zur Verschwiegenheit bezieht sich danach auf alles, was ihm in Ausübung seines Berufs bekanntgeworden ist. Eine Ausnahme macht das Gesetz lediglich für Tatsachen, die offenkundig sind oder ihrer Bedeutung nach keiner Geheimhaltung bedürfen. **§ 2 BORA** konkretisiert § 43 a Abs. 2 BRAO. In Abs. 2 wird insbesondere hervorgehoben, daß die Verschwiegenheitspflicht **nach Beendigung eines Mandats** (insbesondere auch nach dem Tod des Mandanten) **fortbesteht**. Nichts anderes gilt für die Verschwiegenheitspflicht aus dem Anwaltsvertrag.[1375] Gemäß § 2 Abs. 4 BORA ist ein Rechtsanwalt verpflichtet, seine Mitarbeiter und alle sonstigen Personen, die bei seiner beruflichen Tätigkeit mitwirken, ausdrücklich zur Verschwiegenheit zu verpflichten und anzuhalten.

808 Eine besondere Ausprägung findet die Verschwiegenheitspflicht in **§§ 203–205 StGB**. Nach § 203 Abs. 1 Nr. 3 StGB macht sich ein Rechtsanwalt strafbar, der unbefugt ein fremdes Geheimnis, namentlich ein zum persönlichen Lebensbereich gehörendes Geheimnis oder ein Betriebs- oder Geschäftsgeheimnis offenbart, das ihm in seiner Person als Rechtsanwalt anvertraut oder sonst bekanntgeworden ist. § 203 Abs. 3 StGB betont ausdrücklich, daß die Strafbarkeit durch den Tod des Betroffenen nicht ausgeschlossen wird. § 204 StGB verschärft die Strafandrohung noch, wenn der Rechtsanwalt ein fremdes Geheimnis, zu dessen Geheimhaltung er nach § 203 StGB verpflichtet ist, unbefugt verwertet. Ein Verstoß gegen §§ 203, 204 StGB kann unter den weiteren Voraussetzungen des **§ 823 Abs. 2 BGB** auch zu einer zivilrechtlichen Haftung führen.[1376]

809 Im Hinblick auf den unbefugten Umgang mit Insiderinformationen über börsennotierte Gesellschaften, von denen der Rechtsanwalt im Zusammenhang mit seiner beruflichen Tätigkeit Kenntnis erlangt, muß ein Rechtsanwalt die Vorschriften des **Gesetzes über den Wertpapierhandel**[1377] beachten. Gemäß § 38 Abs. 1 WpHG macht sich ein Rechtsanwalt strafbar, der § 14 Abs. 1 WpHG zuwiderhandelt. Danach ist es einem Insider (§ 13 WpHG) verboten, unter Ausnutzung seiner Kenntnis von einer Insidertatsache (§ 15 Abs. 1 WpHG) Insiderpapiere (§ 12

1374 *Hartung*, in: Hartung/Holl, BORA, § 2 Rn. 23; *Henssler*, NJW 1994, 1817, 1818; *Vollkommer*, Rn. 209.
1375 *Borgmann/Haug*, § 24 Rn. 160 f.; *Vollkommer*, Rn. 209.
1376 *Herrmann*, DB 1997, 1017, 1020 f.; Palandt/*Thomas*, BGB, § 823 Rn. 149.
1377 Wertpapierhandelsgesetz (WpHG) i. d. F. der Neubekanntmachung vom 9. 9. 1998, BGBl. I, S. 2708.

WpHG) für eigene oder fremde Rechnung oder für einen anderen zu erwerben oder zu veräußern (Nr. 1), einem anderen eine Insidertatsache unbefugt mitzuteilen oder zugänglich zu machen (Nr. 2) oder einem anderen auf der Grundlage seiner Kenntnis von einer Insidertatsache den Erwerb oder die Veräußerung von Insiderpapieren zu empfehlen (Nr. 3). Nach § 38 Abs. 2 WpHG steht einem Verbot i. S. d. Abs. 1 ein entsprechendes ausländisches Verbot gleich. § 39 WpHG normiert weitere Ordnungswidrigkeiten bei dem Verstoß gegen andere Vorschriften des WpHG.

b) Ausnahmen

Die Verschwiegenheitspflicht gilt jedoch **nicht uneingeschränkt**. Gemäß § 2 Abs. 3 810
BORA ist ein Rechtsanwalt nicht zur Verschwiegenheit verpflichtet, soweit die Berufsordnung oder andere Rechtsvorschriften Ausnahmen zulassen oder die Durchsetzung oder Abwehr von Ansprüchen aus dem Mandatsverhältnis oder die Verteidigung des Rechtsanwalts in eigener Sache die Offenbarung erfordern. Auch für die zivilrechtliche Verschwiegenheitspflicht des Rechtsanwalts aus dem Anwaltsvertrag sowie im Rahmen des § 203 StGB sind entsprechende Ausnahmen zu beachten.

Inbesondere die **Einwilligung des Geheimnisträgers**, i. d. R. die des **Mandanten**, 811
kann den Rechtsanwalt von einer Verschwiegenheitspflicht aus dem Anwaltsvertrag, aus § 43 a Abs. 2 BRAO oder § 203 Abs. 1 Nr. 1 StGB befreien.[1378] Ist der **Mandant verstorben**, ist im Einzelfall zu prüfen, ob dessen Wille sich auch darauf erstreckt hat, daß der Gegenstand des Auftrags gegenüber den Erben und nächsten Angehörigen geheimgehalten werden soll oder nicht. Dies kann und muß der Rechtsanwalt nach pflichtgemäßem Ermessen entscheiden. Wegen ihrer höchstpersönlichen Natur geht die Befugnis, den Rechtsanwalt von der Verschwiegenheitspflicht zu befreien, nicht auf die Erben des Auftraggebers über.[1379] Ist über das Vermögen des Auftraggebers der **Konkurs** eröffnet, geht die Befugnis zur Entbindung von der Schweigepflicht grundsätzlich auf den Konkursverwalter über (§ 6 KO).[1380] Dies gilt nach Inkrafttreten der Insolvenzordnung entsprechend für den Verwalter.

Auch **ohne das Einverständnis und sogar gegen den erklärten Willen des Auftraggebers** kann ein Rechtsanwalt berechtigt sein, ihm in Ausübung des Berufs 812

1378 Vgl. BGH, NJW 1999, 1404, 1406; BayObLG, NJW 1966, 1664, 1665; ausführlich hierzu *Herrmann*, DB 1997, 1017, 1018 ff. m. w. N.

1379 *Borgmann/Haug*, § 24 Rn. 163; *Eylmann*, in: Henssler/Prütting, BRAO, § 43 a Rn. 52; *Hartung*, in: Hartung/Holl, BORA, § 2 Rn. 37; vgl. auch OLG Hamburg, MDR 1964, 672; BayObLG, NJW 1966, 1664, 1665 f.; OLG München, AnwBl 1975, 159, 160 f.

1380 BGH, NJW 1990, 510, 511 f.; OLG Düsseldorf, ZIP 1993, 1807; *Nassall*, KTS 1988, 633, 639.

anvertraute Tatsachen zu offenbaren. Diese Befugnis folgt im Zivilrecht aus dem allgemeinen Rechtsprinzip der **Abwägung widerstreitender Rechtsgüter und Pflichten**. So gebührt den **berechtigten Interessen des Rechtsanwalts**, seinen Honoraranspruch durchzusetzen oder sich gegen eine Inanspruchnahme des Auftraggebers oder in einem gegen ihn eingeleiteten Strafverfahren zu verteidigen, grundsätzlich Vorrang vor dem Schweigegebot, wenn der Rechtsanwalt andernfalls seine berechtigten Interessen nicht sachgerecht durchsetzen kann.[1381] Im Strafrecht kann eine Offenbarung geheimhaltungspflichtiger Tatsachen nach § 34 StGB wegen **Notstands** oder gemäß § 193 StGB wegen **Wahrnehmung berechtigter Interessen** gerechtfertigt sein. Wenn der Rechtsanwalt im Auftrag seines Mandanten mit einem Dritten verhandelt, besteht die Verschwiegenheitspflicht nach einem Urteil des Reichsgerichts nicht in Bezug auf solche Umstände, die der Auftraggeber dem Vertragsgegner offenbaren muß; bestehe der Auftraggeber auf Verschwiegenheit, müsse der Rechtsanwalt die Übernahme oder Fortführung des Auftrags ablehnen.[1382] Weitere Ausnahmen von der Verschwiegenheitspflicht können sich aus gesetzlichen Vorschriften ergeben, etwa im Rahmen einer **Drittschuldnererklärung** gemäß § 840 ZPO, einer **eidesstattlichen Versicherung und der Abgabe eines Vermögensverzeichnisses** nach § 807 ZPO oder einer Pflicht zur **Anzeige schwerer Straftaten** nach §§ 138, 139 Abs. 3 Satz 2 StGB.[1383] Ein Recht zur Offenbarung, jedoch keine entsprechende Verpflichtung sieht § 12 des Gesetzes über das Aufspüren von Gewinnen aus schweren Straftaten[1384] vor, wenn ein Rechtsanwalt den Strafverfolgungsbehörden Tatsachen anzeigt, die auf eine Straftat nach § 261 StGB schließen lassen, es sei denn, die Anzeige ist vorsätzlich oder grob fahrlässig unwahr erstattet worden.

813 Der BGH hat wiederholt entschieden, daß die **Abtretung der anwaltlichen Honorarforderung** wegen der damit nach § 402 BGB verbundenen umfassenden Auskunftspflicht gegen § 203 Abs. 1 Nr. 3 StGB verstoßen und daher gemäß § 134 BGB nichtig sein kann, wenn der Mandant hierzu seine Zustimmung nicht erteilt hat.[1385] **§ 49 b Abs. 4 BRAO** bestimmt nunmehr, daß ein Rechtsanwalt, der eine Gebührenforderung erwirbt, in gleicher Weise zur Verschwiegenheit verpflichtet

1381 BGH, NJW 1952, 151; MDR 1956, 625; KG, NJW 1994, 462, 463; BGH, WM 1986, 426, 429 – Steuerberater; *Borgmann/Haug*, § 24 Rn. 164 ff.; *Hartung*, in: Hartung/Holl, BORA, § 2 Rn. 38 ff.

1382 RG, JW 1929, 3149, 3150.

1383 Henssler/Prütting/*Eylmann*, BRAO, § 43 a Rn. 54–62; *Hartung*, in: Hartung/Holl, BORA, § 2 Rn. 40–43.

1384 Geldwäschegesetz vom 25. 10. 1993, BGBl I, S. 1770; hierzu *Wenzel*, ZAP (1994), F. 21, S. 95.

1385 BGHZ 122, 115, 117 ff.; BGH, NJW 1993, 1912; 1993, 2795; 1995, 2026; 1995, 2915; 1996, 2087; 1997, 188; vgl. auch BGH, NJW 1999, 1404, 1406.

ist wie der beauftragte Rechtsanwalt. Die Abtretung von Gebührenforderungen oder die Übertragung ihrer Einziehung an einen nicht als Rechtsanwalt zugelassenen Dritten ist nach dieser Vorschrift unzulässig, es sei denn, die Forderung ist rechtskräftig festgestellt, ein erster Vollstreckungsversuch ist fruchtlos ausgefallen und der Rechtsanwalt hat die ausdrückliche, schriftliche Einwilligung des Mandanten eingeholt (vgl. Rn. 900 ff.).[1386]

c) Verschwiegenheitsrecht

Der Verschwiegenheitspflicht entspricht ein Verschwiegenheitsrecht.[1387] Dies 814
kommt insbesondere in denjenigen Vorschriften zum Ausdruck, die Rechtsanwälten ein **Zeugnisverweigerungsrecht** einräumen, wie §§ 383 Abs. 1 Nr. 6 ZPO; 15 Abs. 1 FGG; 46 Abs. 2; 80 Abs. 2 ArbGG; 98 VwGO; 65 Abs. 2 VwVfG; 118 Abs. 1 SGG; 53 Abs. 1 Nr. 3 StPO; 102 Abs. 1 Nr. 3 Buchst. a, b AO 1977; § 84 Abs. 1 FGO. Während sich das Zeugnisverweigerungsrecht nach § 383 Abs. 1 Nr. 6 ZPO auf Tatsachen bezieht, die dem Rechtsanwalt kraft seines Standes anvertraut sind und deren Geheimhaltung durch ihre Natur oder durch gesetzliche Vorschrift geboten ist, erstreckt sich § 53 Abs. 1 Nr. 3 StPO auf alles, was dem Rechtsanwalt in dieser Eigenschaft anvertraut worden oder bekanntgeworden ist. Von der zugrundeliegenden Verpflichtung zur Verschwiegenheit kann nur der Auftraggeber den Rechtsanwalt entbinden (vgl. §§ 385 Abs. 2 ZPO; 53 Abs. 2 StPO; 102 Abs. 3 AO 1977).

2. Vermeidung von Interessenkollisionen

Die Pflicht des Rechtsanwalts, Interessenkollisionen zu vermeiden, ist von ihrer 815
Bedeutung mit der Pflicht zur Verschwiegenheit vergleichbar. Auch diese Pflicht ergibt sich aus dem **Anwaltsvertrag**. **§ 146 StPO** schreibt für Strafverfahren vor, daß ein Verteidiger nicht gleichzeitig mehrere derselben Tat Beschuldigte verteidigen darf. In einem Verfahren kann er auch nicht gleichzeitig mehrere verschiedener Taten Beschuldigte verteidigen. **§ 43 a Abs. 4 BRAO** bestimmt allgemein, daß ein Rechtsanwalt keine widerstreitenden Interessen wahrnehmen darf (dazu bereits Rn. 36–39).[1388] **§ 3 BORA** konkretisiert diese Regelung.[1389] Danach darf ein Rechtsanwalt nicht tätig werden, wenn er, gleich in welcher Funktion, eine an-

1386 Hierzu etwa *Berger*, NJW 1995, 1406; *Prechtel*, NJW 1997, 1813 sowie die BRAO-Kommentare.
1387 *Henssler*, NJW 1994, 1817, 1823 f.
1388 Hierzu: OLG München, NJW 1997, 1313; AG Neunkirchen, FamRZ 1996, 298.
1389 Ausführlich: *Hartung*, in: Hartung/Holl, BORA, § 3 m. w. N.; vgl. auch *Westerwelle*, NJW 1997, 2782.

dere Partei in **derselben Rechtssache im widerstreitenden Interesse** bereits beraten oder vertreten hat oder mit dieser Rechtssache in sonstiger Weise i. S. d. §§ 45, 46 BRAO beruflich befaßt war. Das Verbot gilt auch, wenn ein anderer Rechtsanwalt oder Angehöriger eines anderen Berufs im Sinne des § 59 a BRAO, mit dem der Rechtsanwalt in einer **Sozietät**, zur gemeinschaftlichen Berufsausübung in sonstiger Weise – also in einem **Anstellungsverhältnis**, als **freier Mitarbeiter** – oder in einer **Bürogemeinschaft** verbunden ist oder war, in derselben Rechtssache, gleich in welcher Funktion, im widerstreitenden Interesse berät, vertritt, bereits beraten oder vertreten hat oder mit dieser Rechtssache in sonstiger Weise beruflich befaßt ist oder war. Eine gemeinschaftliche Berufsausübung in sonstiger Weise liegt auch vor, wenn mehrere Rechtsanwälte sich zu einer **Partnerschaft** (Rn. 392–406) oder zu einer **GmbH** (Rn. 407–412) zusammengeschlossen haben, nicht dagegen bei einer Zusammenarbeit in einer **Europäischen wirtschaftlichen Interessenvereinigung** (Rn. 413–418) oder in einem **Verbund** (Rn. 419–422).[1390]

816 Ein Anwaltsvertrag, der gegen § 43 a Abs. 4 BRAO verstößt, ist **gemäß § 134 BGB nichtig**. Die Nichtigkeit kann sich auch aus **§ 138 Abs. 1 BGB** ergeben (Rn. 38).[1391] Ein **Honoraranspruch** des Mandanten besteht dann nicht; eine bereits geleistete Vergütung kann gemäß § 812 Abs. 1 Satz 1 BGB zurückgefordert werden (vgl. auch Rn. 1608).[1392] Gleichwohl vorgenommene **Rechtshandlungen** des Rechtsanwalts für den Mandanten bleiben wirksam.[1393]

817 Anders als bei § 3 Abs. 1 Satz 2, Abs. 2 BeurkG besteht bei § 43 a Abs. 4 BRAO – ebenso wie bei §§ 45–47 BRAO - **keine Möglichkeit**, das Tätigkeitsverbot mit **Einwilligung des Mandanten** nach dessen Aufklärung über den Hinderungsgrund außer Kraft zu setzen, soweit dadurch nicht der Interessengegensatz aufgehoben wird.[1394] Der Rechtsanwalt kann dem Mandanten gemäß §§ 307, 309 BGB sowie wegen Verschuldens bei Vertragsschluß (culpa in contrahendo – c. i. c.) zum **Schadensersatz** verpflichtet sein. Daneben kann dem früheren Mandanten ein Schadensersatzersatzanspruch aus **positiver Vertragsverletzung** zustehen.

818 Wenn der Rechtsanwalt **nicht in derselben Sache**, sondern in verschiedenen Sachen gleichzeitig für und gegen den Mandanten tätig wird, muß er den Mandanten

1390 *Hartung*, in: Hartung/Holl, BORA, § 3 Rn. 56 f., jedoch a. A. für die EWIV.

1391 *Hartung*, in: Hartung/Holl, BORA, § 3 Rn. 71; offen gelassen von OLG München, NJW 1997, 1313, 1314.

1392 *Hartung*, in: Hartung/Holl, BORA, § 3 Rn. 71.

1393 *Hartung*, in: Hartung/Holl, BORA, § 3 Rn. 73.

1394 *Borgmann/Haug*, § 12 Rn. 52; *Eylmann*, in: Henssler/Prütting, BRAO, § 43 a Rn. 149; *Hartung*, in: Hartung/Holl, BORA, § 3 Rn. 29; *Jessnitzer/Blumberg*, BRAO, § 45 Rn. 3; *Kleine-Cosack*, BRAO, § 45 Rn. 43 sowie bereits Rn. 39.

von der gleichzeitigen Tätigkeit im Interesse Dritter unterrichten. Der Auftraggeber kann dann in die Wahrnehmung der Interessen des Dritten einwilligen. Rechtlich beachtlich ist diese Einwilligung allerdings nur, wenn sie in voller Kenntnis der dafür maßgebenden Umstände erteilt wird. Hat der Rechtsanwalt seinen Auftraggeber nicht hinreichend aufgeklärt, ist eine Einwilligung des Auftraggebers unbeachtlich.[1395]

Nach **§ 356 StGB** macht sich ein Rechtsanwalt, der bei den ihm in dieser Eigenschaft anvertrauten Angelegenheiten in derselben Rechtssache beiden Parteien durch Rat oder Beistand pflichtwidrig dient, wegen **Parteiverrats** strafbar. Ob der Rechtsanwalt bei einer Verletzung des § 356 StGB gemäß **§ 823 Abs. 2 BGB** zum **Schadensersatz** verpflichtet ist, hat der BGH bislang offen gelassen.[1396] 819

Das Verbot, widerstreitende Interessen wahrzunehmen, erfordert von dem betroffenen Rechtsanwalt **kanzleiinterne Organisationsmaßnahmen**, die zu **Organisationspflichten** erstarken können, wenn Mandanten ein Schaden droht. So ist bei einer Sozietät oder einer anderen dauerhaften Zusammenarbeit mehrerer Rechtsanwälte sicherzustellen, daß vor der Übernahme eines neuen Mandats alle hierzu berechtigten Rechtsanwälte informiert oder die Prüfung von Interessenkollisionen bei einem Rechtsanwalt konzentriert werden. Daneben kann es geboten sein, besondere Listen zu führen, aus denen sich mögliche Interessenkollisionen ergeben können. Insbesondere ist auf Interessenkollisionen im Hinblick auf die Strukturen **verbundener Unternehmen** (§ 15 AktG) zu achten. Eine Beeinträchtigung der Rechte von (auch ehemaligen) Mandanten kommt in Betracht, wenn die Verhältnisse angesichts der Größe eines Büros unübersichtlich zu werden drohen. Dies betrifft in erster Linie die **überörtlichen und internationalen Sozietäten.**[1397] Wenn ein Rechtsanwalt eine Interessenkollision erkannt hat, muß er **unverzüglich** den oder die betroffenen **Mandanten hiervon unterrichten** und das zuletzt angenommene **Mandat**, unter Umständen sogar beide Mandate, **niederlegen.** Entsprechendes kann gelten, wenn infolge eines **Sozietätswechsels** eine Interessenkollision auftritt.[1398] 820

Mandanten können sich **gegen die Gefahr drohender Interessenkonflikte** der beauftragten bzw. zu beauftragenden Rechtsanwälte **sichern**, indem sie eine Be- 821

1395 BGH, NJW 1985, 41.

1396 BGH, NJW 1992, 436, 438; vgl. auch BGH, NJW 1996, 2929, 2931; bejahend: *Borgmann/Haug*, § 7 Rn. 52 und § 12 Rn. 52; verneinend: *Frank*, MDR 1962, 945; Palandt/*Thomas*, BGB, § 823 Rn. 154.

1397 Hierzu *Herrmann*, DB 1997, 1017.

1398 *Hartung*, in: Hartung/Holl, BORA, § 3 Rn. 65, insbes. zum Sozietätswechsel Rn. 61–63, 68–70.

auftragung davon abhängig machen, daß ihnen gerade bei inhaltlich sensiblen Mandaten vertraglich eine Ausschließlichkeit im Hinblick auf Mandanten aus der jeweiligen Branche zugesichert wird, damit die offenbarten Interna nicht später bei der Beratung von Wettbewerbern ausgenutzt werden.

3. Verwahrung und Herausgabe von Mandantengeldern

822 Wenn der Rechtsanwalt für seinen Mandanten Gelder oder andere Gegenstände entgegennimmt und/oder aufbewahrt, ist er hierüber zur **Rechenschaftslegung** und zur **Herausgabe** verpflichtet (§§ 666, 667, 675, 611 bzw. 631 BGB).[1399] In den wichtigsten Anwendungsfällen nimmt der Rechtsanwalt Zahlungen des Auftraggebers zur Weiterleitung an Gerichte, Behörden oder Gegner oder von Schuldnern des Mandanten entgegen.

823 **§ 43 a Abs. 5 BRAO** bestimmt, daß ein Rechtsanwalt bei der Behandlung der ihm anvertrauten Vermögenswerte zu der erforderlichen Sorgfalt verpflichtet ist. Fremde Gelder sind **unverzüglich an den Empfangsberechtigten weiterzuleiten** oder auf ein **Anderkonto** einzuzahlen. **§ 4 BORA** wiederholt und spezifiziert diese Pflichten. Insbesondere darf ein Rechtsanwalt danach eigene Forderungen nicht mit Geldern verrechnen, die an ihn zweckgebunden für Dritte gezahlt worden sind. Haben Rechtsanwälte oder deren Mitarbeiter Gelder des Auftraggebers **veruntreut** (§ 266 StGB), so tritt neben die Haftung aus dem Anwaltsvertrag die **deliktische Schadensersatzverpflichtung** gemäß § 823 Abs. 2 BGB.[1400]

4. Handakten

824 Der Rechtsanwalt hat **Handakten zu führen, aufzubewahren** und gegebenenfalls **an den Mandanten herauszugeben** sowie dem Mandanten **Einsicht** in die Handakten zu gewähren.[1401] Insoweit besteht eine **Nebenpflicht aus dem Anwaltsvertrag.**[1402] Diese Pflicht hat haftungsrechtlich allerdings nur eine mittelbare Bedeutung, etwa wenn der Rechtsanwalt infolge nachlässiger Führung der Handakte eine Frist nicht beachtet. Die Pflichtverletzung liegt dann darin, daß der Rechtsanwalt die Frist versäumt hat, und nicht darin, daß er die Handakte nachlässig geführt

1399 BGH, NJW 1971, 559, 560; 1995, 1425, 1426.

1400 BGHZ 100, 190, 192; vgl. auch BGH, Urt. v. 8. 7. 1999 – IX ZR 338/97, z.V.b.

1401 *Borgmann/Haug*, § 23; *Fiala/von Walter*, DStR 1998, 694 und 736; *Nerlich*, in: Hartung/Holl, BORA, vor § 17; *Rinsche*, Rn. I 145; *Vollkommer*, Rn. 205–207 sowie BRAO-Kommentare zu § 50.

1402 *Vollkommer*, Rn. 205.

hat.[1403] Im Rahmen der **Beweissicherungspflicht** (dazu Rn. 645, 646) kann ein Rechtsanwalt sogar verpflichtet sein, schriftliche Aufzeichnungen über die Zustellung von fristauslösenden Schriftstücken zu machen, um insoweit später substantiiert vortragen zu können. Nur ordnungsgemäß geführte Handakten ermöglichen es i. d. R. dem Rechtsanwalt, sich in einem Regreßprozeß gegen den Vorwurf einer Pflichtverletzung substantiiert zu verteidigen oder einen Honoraranspruch hinreichend zu belegen.

Eine **allgemeine Dokumentationspflicht** des Rechtsanwalts **besteht nicht.**[1404] 825
Gibt der Rechtsanwalt die ihm vom Mandanten überlassenen Unterlagen nach Mandatsende verspätet zurück und erleidet der Auftraggeber sodann wegen einer versäumten Frist einen Rechtsverlust, kann der Rechtsanwalt wegen der **Verletzung nachvertraglicher Pflichten** zum Schadensersatz verpflichtet sein, wenn er den Mandanten nicht anderweitig auf die drohende Verjährung hingewiesen hat.[1405] Ob allerdings die nachlässige Führung der Handakten in einem Regreßprozeß Beweiserleichterungen zugunsten des Auftraggebers begründen kann[1406], erscheint fraglich, da einen Rechtsanwalt eine Dokumentationspflicht gerade nicht trifft.[1407]

a) Führung und Aufbewahrung

Nach **§ 50 Abs. 1 BRAO** muß ein Rechtsanwalt durch Handakten ein geordnetes 826
Bild über die von ihm entfaltete Tätigkeit geben können. Der Rechtsanwalt hat die Handakten **fünf Jahre ab Beendigung eines Mandats**[1408] **aufzubewahren**. Diese Pflicht erlischt vorher, wenn der Rechtsanwalt den Auftraggeber aufgefordert hat, die Handakten in Empfang zu nehmen, und der Auftraggeber dieser Aufforderung nicht binnen sechs Monaten nachgekommen ist (§ 50 Abs. 2 BRAO). § 56 Abs. 1 BRAO enthält eine besondere Pflicht des Rechtsanwalts **gegenüber der Rechtsanwaltskammer** zur Vorlage der Handakten.

1403 Vgl. etwa BGH, VersR 1978, 841–Rechtsanwalt hat telefonischen Auftrag, Berufung einzulegen, nicht notiert und sodann die fristgerechte Berufungseinlegung versäumt.
1404 BGH, NJW 1988, 200, 203; 1992, 1695, 1696.
1405 BGH, NJW 1984, 431, 432 – hierzu Rn. 199.
1406 So OLG Köln, MDR 1968, 674 sowie *Borgmann/Haug*, § 23 Rn. 137 unter Bezugnahme auf BGH, NJW 1986, 59.
1407 BGH, NJW 1992, 1695, 1696 im Gegensatz zu BGH, NJW 1986, 59, 61.
1408 Zur Beendigung des Anwaltsvertrages Rn. 50–101.

b) Herausgabe

827 Gemäß §§ 667, 675, 611 bzw. 631 BGB ist ein Rechtsanwalt verpflichtet, dem Auftraggeber alles **herauszugeben**, was er zur Ausführung des Auftrags erhalten und aus der Geschäftsbesorgung erlangt hat. Der Anspruch aus §§ 667, 675, 611 bzw. 631 BGB wird regelmäßig mit der Ausführung des einzelnen Auftrags oder spätestens mit der Beendigung des Auftragsverhältnisses fällig. Durch das Erlöschen des Mandats wird der Anspruch nicht berührt. Zu den herauszugebenden Unterlagen zählen auch die **Handakten** des Rechtsanwalts.[1409] Für **Vollmachtsurkunden** enthält § 175 BGB eine Sonderregelung. Danach hat der Bevollmächtigte nach dem Erlöschen der Vollmacht die Vollmachtsurkunde dem Vollmachtgeber zurückzugeben; ein Zurückbehaltungsrecht steht ihm nicht zu.

828 **„Aus der Geschäftsführung erlangt"** im Sinne von § 667 BGB ist nicht nur der gesamte drittgerichtete Schriftverkehr des Rechtsanwalts mit dem Auftraggeber, also sowohl die dem Rechtsanwalt zugegangenen Schriftstücke als auch Kopien eigener Schreiben des Rechtsanwalts, sondern sind auch Notizen über Besprechungen, die der Rechtsanwalt im Rahmen der Geschäftsbesorgung mit Dritten geführt hat. Sofern diese Notizen die Wiedergabe von Gesprächen enthalten, ist im Regelfall davon auszugehen, daß sie nicht lediglich dem internen Gebrauch des Rechtsanwalts – etwa als bloße Arbeitshilfe oder Gedächtnisstütze –, sondern auch dem Interesse des Auftraggebers zu dienen bestimmt sind, um den Inhalt der für ihn geführten Verhandlungen zu dokumentieren. Eine Ausnahme gilt für Unterlagen, die nicht lediglich über das Vorgehen im Rahmen der Vertragserfüllung Aufschluß geben, sondern persönliche Eindrücke wiedergeben, die der Rechtsanwalt in den betreffenden Gesprächen gewonnen hat. Die **Herausgabepflicht** erstreckt sich des weiteren **nicht** auf den Briefwechsel zwischen dem Rechtsanwalt und dem Auftraggeber und auf Notizen über Gespräche zwischen diesen[1410] (vgl. auch § 50 Abs. 4 BRAO).

829 Gegenüber einem Anspruch auf Herausgabe der Handakten – ebenso wie gegen einen Anspruch auf Einsichtnahme (Rn. 833–835) – kann sich ein Rechtsanwalt nicht auf seine anwaltliche Schweigepflicht (Rn. 806–814) berufen. Das Berufsgeheimnis des Rechtsanwalts verfolgt einen anderen Schutzzweck. Es dient nicht dem eigenen Geheimhaltungsinteresse des Rechtsanwalts, sondern ausschließlich dem Auftraggeber. Eine Ausnahme wird mit Rücksicht auf Art. 12 Abs. 1 GG lediglich für diejenigen Unterlagen gemacht, die persönliche, vertrauliche Hinter-

1409 BGH, NJW 1990, 510; OLG Köln, VersR 1998, 499, 500; vgl. auch *Nassall*, KTS 1988, 633.
1410 BGH, NJW 1990, 510, 511; vgl. auch BGH, NJW 1983, 328 (Rechtsverhältnis zwischen Arzt und Patient).

grundinformationen des Rechtsanwalts betreffen.[1411] Ohne Bedeutung ist es auch, daß der Rechtsanwalt durch die Offenbarung des Inhalts der Handakten der Gefahr einer strafrechtlichen Verfolgung ausgesetzt wäre.[1412]

c) Zurückbehaltungsrecht des Rechtsanwalts

§ 50 Abs. 3 BRAO räumt dem Rechtsanwalt ein – **neben § 273 Abs. 1 BGB – spezielles Zurückbehaltungsrecht an den Handakten** ein. Danach kann der Rechtsanwalt seinem Auftraggeber die Herausgabe der Handakten verweigern, bis er wegen seiner Gebühren und Auslagen befriedigt ist. Eine Ausnahme wird gemacht, soweit die Vorenthaltung der Handakten oder einzelner Schriftstücke nach den Umständen unangemessen wäre (vgl. auch **§ 17 BORA**). Handakten i. S. d. § 50 Abs. 2, 3 BRAO sind nach Abs. 4 dieser Bestimmung nur diejenigen Schriftstücke, die der Rechtsanwalt aus Anlaß seiner beruflichen Tätigkeit von dem Auftraggeber oder für ihn erhalten hat, nicht aber der Briefwechsel zwischen Rechtsanwalt und Mandant sowie diejenigen Schriftstücke, die dieser bereits in Urschrift oder Abschrift erhalten hat. Entsprechendes gilt, soweit sich der Rechtsanwalt zum Führen von Handakten der elektronischen Datenverarbeitung bedient (§ 50 Abs. 5 BRAO). Dafür, in welchem Umfang der Mandant die bei der Bearbeitung einer Rechtsangelegenheit angefallenen Schriftstücke bereits erhalten hat, ist der Rechtsanwalt darlegungs- und beweisbelastet, da es darum geht, inwieweit der Herausgabeanspruch bereits durch Erfüllung erloschen ist.[1413] 830

Der BGH hat betont, daß das Zurückbehaltungsrecht des Rechtsanwalts gemäß § 50 Abs. 3 BRAO i. d. R. **nur wegen der Honorarforderung aus der konkreten Angelegenheit** bestehe, auf die sich die zurückbehaltene Handakte beziehe. Soweit es um **Geschäftspapiere des Mandanten** geht, dürfen Handakten, die eine andere Angelegenheit betreffen, auch dann nicht zurückgehalten werden, wenn es sich insgesamt um ein einheitliches Lebensverhältnis handelt. Das wäre mit Rücksicht auf den Zweck dieser Regelung, dem Rechtsanwalt zur Durchsetzung seiner Gebührenansprüche ein über die allgemeinen zivilrechtlichen Befugnisse hinausgehendes Druckmittel in die Hand zu geben, nicht gerechtfertigt.[1414] Auch wegen der **Kosten**, die durch Vervielfältigung der Handakte vor der Herausgabe entstehen, steht dem Rechtsanwalt kein Zurückbehaltungsrecht zu.[1415] Das 831

1411 BGH, NJW 1990, 510, 511 f.; vgl. auch *Nassall*, NJW 1990, 496.
1412 BGH, NJW 1990, 510, 511 unter Verweis auf BGH, NJW 1964, 1469.
1413 BGH, NJW 1990, 510, 511; OLG Köln, VersR 1998, 499, 500.
1414 BGH, NJW 1997, 2944, 2945 f. zu § 50 Abs. 1 Satz 1 BRAO a. F., dem § 50 Abs. 3 BRAO n. F. im wesentlichen entspricht.
1415 OLG Köln, VersR 1998, 499, 500.

Zurückbehaltungsrecht des § 50 Abs. 3 BRAO besteht nicht, wenn die **Vorenthaltung** der Akten oder einzelner Schriftstücke **nach den Umständen unangemessen wäre**. Dies ist etwa der Fall, wenn sich in den Handakten ein wesentliches Beweisstück für Rechte des Mandanten befindet, die zu verjähren drohen.[1416]

832 Neben dem besonderen Zurückbehaltungsrecht des § 50 Abs. 3 BRAO kann dem Rechtsanwalt ein **allgemeines Zurückbehaltungsrecht gemäß § 273 Abs. 1 BGB** zustehen. Dessen Voraussetzungen sind zum Teil weiter, zum Teil aber auch enger als diejenigen des Zurückbehaltungsrechts nach § 50 Abs. 3 BRAO. So setzt § 273 Abs. 1 BGB lediglich voraus, daß der Schuldner aus demselben rechtlichen Verhältnis, auf dem seine Verpflichtung beruht, einen fälligen Anspruch gegen den Gläubiger hat. Für „dasselbe rechtliche Verhältnis" i. S. d. § 273 Abs. 1 BGB reicht es aus, daß es als gegen Treu und Glauben verstoßend erscheint, einen Anspruch ohne Rücksicht auf einen sich aus diesem Lebensverhältnis ergebenden Gegenanspruch geltend zu machen.[1417] Andererseits ist ein Zurückbehaltungsrecht nach § 273 Abs. 1 BGB aber ausgeschlossen, wenn dem die Natur des Schuldverhältnisses entgegensteht. Dies hat der BGH bejaht für **Geschäftspapiere**, die für die ordnungsgemäße Bearbeitung der jeweiligen Angelegenheit alsbald benötigt werden, also etwa für vollstreckbare Urkunden, die fällige Forderungen betreffen.[1418]

d) Auskunftserteilung, Rechenschaftslegung, Einsicht in die Handakten

833 Neben die Pflicht aus §§ 667, 675, 611 bzw. 631 BGB zur Herausgabe der Handakten tritt die Pflicht des Rechtsanwalts, dem Mandanten **Einsichtnahme** in die Handakten zu gestatten. Dies folgt aus §§ 666, 675, 611 bzw. 631 BGB, auf Verlangen über den Stand der Geschäfte **Auskunft** zu erteilen und nach der Ausführung des Auftrags Rechenschaft abzulegen (vgl. auch §§ 260, 261 BGB).

834 Der Begriff **„Rechenschaft"** wird in einem weiteren Sinne als in § 259 BGB verstanden. Er bezieht sich insbesondere nicht nur auf eine mit Einnahmen und Ausgaben verbundene Verwaltung, sondern umfaßt allgemein die Pflicht des Beauftragten, in verkehrsüblicher Weise die wesentlichen Einzelheiten seines Handelns zur Auftragsausführung darzulegen und dem Auftraggeber die notwendige Übersicht über das besorgte Geschäft zu verschaffen.

1416 *Borgmann*, AnwBl 1998, 95 unter Verweis auf BGH, NJW 1984, 431, 432.
1417 BGH, NJW 1997, 2944, 2945; vgl. auch BGHZ 92, 194, 196; 115, 99, 103.
1418 BGH, NJW 1997, 2944, 2945.

Dabei sind dem Auftraggeber auch **Belege**, soweit üblich und vorhanden, vorzulegen. Diese Vorlagepflicht des Rechtsanwalts ist die Grundlage für den Anspruch des Auftraggebers auf Einsicht in die Handakten. Dies gilt nicht nur für solche Unterlagen, die dem Auftraggeber zu belassen sind, also bereits unter die Herausgabepflicht des § 667 BGB fallen; vielmehr kann sich die Vorlage auch auf diejenigen Bestandteile des Handakten des Rechtsanwalts beziehen, die nicht herausgegeben zu werden brauchen, sondern beim Rechtsanwalt verbleiben können. Eine **Ausnahme** wird lediglich für diejenigen Unterlagen gemacht, die **persönliche oder vertrauliche Eindrücke des Rechtsanwalts** selbst betreffen. Die Auskunfts- und Rechenschaftspflicht des Rechtsanwalts kann ferner auch dann bestehen, wenn der Herausgabeanspruch des Auftraggebers (Rn. 827, 828) bereits durch Erfüllung erloschen ist; dies gilt insbesondere hinsichtlich solcher Unterlagen, die der Mandant zwar bereits erhalten hat, die aber bei ihm nachträglich verlorengegangen sind. Beschränkungen des Auskunftsanspruchs können sich aus den Umständen des Einzelfalls, insbesondere nach **Treu und Glauben** (§ 242 BGB), ergeben.[1419] 835

Ein **Einsichtnahmerecht des Mandanten nach § 810 BGB** tritt regelmäßig hinter dessen Ansprüche aus §§ 666, 675, 611 bzw. 631 BGB zurück. Der BGH hat hervorgehoben, daß ein „rechtliches Interese" i. S. d. § 810 BGB nicht besteht, wenn die Einsichtnahme lediglich dazu dienen soll, Unterlagen für die Rechtsverfolgung des Auftraggebers zu beschaffen und so den Rechtsanwalt auszuforschen. Daher greift § 810 BGB nicht ein, wenn jemand, der für einen Schadensersatzanspruch gegen den Urkundenbesitzer an sich darlegungs- und beweispflichtig ist, sich durch die Urkundeneinsicht zusätzliche Kenntnisse verschaffen und erst auf diese Weise Anhaltspunkte für ein pflichtwidriges Verhalten des Rechtsanwalts ermitteln will. Diese Einschränkung wird im Rahmen des § 666 BGB nicht gemacht.[1420] 836

C. Haftung für Hilfspersonen

Bei der Mandatserledigung arbeiten Rechtsanwälte vielfach mit anderen Personen zusammen (Rn. 204–422).[1421] Daneben schalten Rechtsanwälte regelmäßig **nichtanwaltliche Hilfspersonen** ein.[1422] 837

1419 BGH, NJW 1990, 510, 511 unter Verweis auf BGH, NJW 1985, 2699; NJW-RR 1988, 1072; NJW 1989, 1601.

1420 BGH, NJW 1990, 510, 511; vgl. auch AG Berlin-Charlottenburg, NJW 1997, 1450.

1421 Die hierzu entwickelten Regeln gelten in gleicher Weise für eine Zusammenarbeit mit Wirtschaftsprüfern, Steuerberatern oder anderen Freiberuflern.

1422 Hierzu: *Borgmann/Haug*, § 38; *Rinsche*, Rn. I 208–210; *Vollkommer*, Rn. 331.

I. Haftung für Erfüllungsgehilfen

838 Aus dem Anwaltsvertrag haftet ein Rechtsanwalt für schuldhaftes Verhalten oder Unterlassen der von ihm eingeschalteten Hilfspersonen unter den Voraussetzungen des **§ 278 BGB**. Diese Verschuldenszurechnung erstreckt sich auch auf eine Haftung des Rechtsanwalts aus Verschulden bei Vertragsschluß (dazu Rn. 173)[1423] oder aus Vertrag mit Schutzwirkung zugunsten Dritter (dazu Rn. 1383 ff.).[1424] **Erfüllungsgehilfe** i. S. d. § 278 BGB ist jeder, der mit dem Willen des Rechtsanwalts bei der Erfüllung einer diesem obliegenden Verbindlichkeit als dessen Hilfsperson tätig wird,[1425] also etwa Bürovorsteher,[1426] Anwaltsgehilfen,[1427] Schreibkräfte, technisches Personal, Boten oder auch studentische Hilfskräfte und Referendare.[1428]

839 Ein **Tätigwerden in Erfüllung einer Verbindlichkeit** setzt voraus, daß die von dem Erfüllungsgehilfen erbrachte Tätigkeit objektiv im Bereich des vom Rechtsanwalt geschuldeten Gesamtverhaltens liegt.[1429] Maßgebend ist der konkrete Pflichtenkreis, der durch Art und Inhalt des jeweiligen Schuldverhältnisses festgelegt wird. Die schuldhafte Handlung oder das schuldhafte Unterlassen des Erfüllungsgehilfen muß in einem **inneren, sachlichen Zusammenhang** mit den Aufgaben stehen, die der Rechtsanwalt ihm im Hinblick auf die Vertragserfüllung zugewiesen hatte.[1430] Hierzu zählt etwa die **unterlassene Erfassung einer Frist** durch einen Büroangestellten.[1431] Eine Verschuldenszurechnung nach § 278 BGB wird nicht dadurch ausgeschlossen, daß der Erfüllungsgehilfe **Weisungen des Rechtsanwalts** mißachtet.[1432] Sogar **vorsätzliche deliktische Handlungen** eines Erfüllungsgehilfen können dem Rechtsanwalt nach § 278 BGB zuzurechnen sein, etwa eine Unterschlagung oder Veruntreuung anvertrauter Mandantengelder unter Ausnutzung der ihm anvertrauten Stellung. Dies hat das RG in einem Fall angenommen, in dem der Bürovorsteher eines Rechtsanwalts, dem dieser während seiner Abwesenheit in weitem Umfang den Verkehr mit den Mandanten überlassen

1423 BGHZ 15, 204, 205; 79, 281, 287; BGH, NJW 1990, 1661, 1662.
1424 BGHZ 9, 316, 318; 24, 325, 327.
1425 BGHZ 13, 111, 113; 50, 32, 35; 62, 119, 124.
1426 RG, JW 1906, 332; RGZ 101, 248, 249; BGH, VersR 1958, 191; NJW 1981, 2741, 2742; zur Inkassovollmacht des Bürovorstehers: *Albrecht*, JW 1908, 729.
1427 BGH, VersR 1965, 43.
1428 RG, JW 1914, 77, 78; BGH, NJW 1961, 601.
1429 BGHZ 123, 1, 14.
1430 Vgl. BGHZ 114, 263, 270; BGH, NJW 1993, 1704, 1705.
1431 BGH, VersR 1965, 43.
1432 BGH, VersR 1965, 43, 44; vgl. auch BGH, NJW-RR 1989, 723, 725; NJW 1997, 1360, 1361.

hatte, einen Auftraggeber auf betrügerische Weise zur Hergabe von Wertpapieren veranlaßt und diese anschließend unterschlagen hatte.[1433]

An dem inneren, sachlichen Zusammenhang fehlt es, wenn der Erfüllungsgehilfe lediglich **bei Gelegenheit der Vertragserfüllung** schuldhaft handelt. Die Haftung des Rechtsanwalts entfällt, wenn das pflichtwidrige Verhalten aus dem allgemeinen Aufgabenkreis herausfällt, den der Erfüllungsgehilfe für den Rechtsanwalt wahrzunehmen hat.[1434] Dies ist insbesondere bei der Verletzung **höchstpersönlicher Pflichten** des Rechtsanwalts der Fall, etwa betreffend die Entscheidung über die Annahme eines Mandats, die Anhörung und Befragung des Auftraggebers, die eigentliche Rechtsberatung sowie die Vertretung des Mandanten gegenüber Gerichten, Behörden und Dritten.[1435] 840

Allerdings kann der Rechtsanwalt in solchen Fällen wegen **eigenen Verschuldens** (§ 276 Abs. 1 Satz 1 BGB) aus dem Anwaltsvertrag zum Schadensersatz verpflichtet sein, wenn er die von ihm in die Mandatsbearbeitung einbezogenen Hilfspersonen nicht ausreichend angewiesen und überwacht hat, seinen Bürobetrieb nicht hinreichend organisiert oder sogar das Fehlverhalten der von ihm eingeschalteten Hilfsperson veranlaßt, gebilligt oder geduldet hat.[1436] Eine **eigene vertragliche Haftung des Erfüllungsgehilfen** scheidet demgegenüber regelmäßig aus.[1437] 841

II. Haftung für Verrichtungsgehilfen

Im Rahmen der **deliktischen Haftung** hat ein Rechtsanwalt für von ihm eingeschaltete Hilfspersonen unter den Voraussetzungen des **§ 831 BGB** einzustehen.[1438] 842

Verrichtungsgehilfe ist jede Hilfsperson, die der Rechtsanwalt in seinem Einflußbereich allgemein oder im Einzelfall eingeschaltet hat und die zu ihm in einem Abhängigkeitsverhältnis derart steht, daß der Rechtsanwalt deren Tätigkeit jederzeit beschränken, untersagen oder nach Zeit und Umfang beschränken kann.[1439] Eine Haftung des Rechtsanwalts nach § 831 BGB setzt nicht voraus, daß der Verrich-

1433 RGZ 101, 248, 249; vgl. auch etwa BGH, NJW 1993, 1704, 1705; *Vollkommer*, Rn. 331.
1434 BGHZ 58, 358, 366; BGH, VersR 1966, 1154, 1155.
1435 RG, JW 1906, 332 f. – unrichtige Rechtsauskunft des Bürovorstehers trotz entgegenstehender Weisung des Rechtsanwalts; BGH, NJW 1981, 2741, 2743; *Borgmann/Haug*, § 38 Rn. 43.
1436 Vgl. BGH, NJW 1981, 2781, 2743; *Borgmann/Haug*, § 38 Rn. 44; *Rinsche*, Rn. I 208; *Vollkommer*, Rn. 331.
1437 Zur Eigenhaftung des anwaltlichen Mitarbeiters Rn. 262–266.
1438 Ausführlich zur deliktischen Haftung des Rechtsanwalts Rn. 1611 ff., 1741 ff.
1439 BGHZ 45, 311, 313; 103, 298, 303; BGH, WM 1989, 1047, 1050.

tungsgehilfe mit seiner ausdrücklichen oder stillschweigenden Zustimmung gehandelt hat. Es genügt, daß der Gehilfe **in Ausführung der Verrichtung** einem Dritten widerrechtlich einen Schaden zugefügt hat und der Rechtsanwalt nicht den Nachweis nach § 831 Abs. 1 Satz 2 BGB führt, daß er bei der Auswahl und Leitung die erforderliche Sorgfalt beobachtet hat oder der Schaden auch bei Anwendung dieser Sorgfalt entstanden wäre.

843 Ein Verschulden des Verrichtungsgehilfen ist nicht erforderlich. Vielmehr genügt die objektive Widerrechtlichkeit seiner Handlung. Nur wenn die Widerrechtlichkeit erst durch die Kenntnis der Tatumstände etwa der Sittenwidrigkeit einer Handlung begründet wird, muß der Verrichtungsgehilfe eine solche Kenntnis haben.[1440] Daneben kommt regelmäßig eine **persönliche deliktische Haftung des Verrichtungsgehilfen** in Betracht, und zwar als Gesamtschuldner neben dem Rechtsanwalt (vgl. § 840 Abs. 1 BGB).

Sieg

844 D. Pflichten des Mandanten

I. Vergütungspflicht

845 Regreßansprüche gegen Rechtsberater werden häufig in der Weise geltend gemacht, daß sie von den Mandanten gegen anwaltliche Honorarforderungen zur Aufrechnung gestellt werden. Umgekehrt kann der Rechtsanwalt mit einem Vergütungsanspruch gegen eine Schadensersatzforderung des Auftraggebers aufrechnen. Deswegen sollen **Grundzüge der Vergütungspflicht des Auftraggebers** in diesem Handbuch der Anwaltshaftung erörtert werden.

1. Vertragliche Hauptpflicht

846 Der **Auftraggeber** hat dem für ihn tätigen Rechtsanwalt die **geschuldete Vergütung zu zahlen**. Dies ist die **Hauptpflicht des Mandanten** aus einem **Anwaltsvertrag**. Im Rahmen dieser Pflicht ist – gemäß §§ 669, 675 BGB, 17 BRAGO – auf Verlangen des Rechtsanwalts ein **Vorschuß** zu entrichten.[1441]

1440 BGH, NJW 1956, 1715.

1441 Vgl. dazu BGH, NJW 1985, 2263, 2264; VersR 1989, 863, 864; 1991, 122; OLG Braunschweig, JB 1976, 1107, 1109.

2. Rechtsgrundlagen 847

a) Allgemeines

Rechtliche Grundlage eines Anspruch des Rechtsanwalts gegen seinen Auftraggeber, seine Tätigkeit zu vergüten, ist **i. d. R. ein Vertrag.** 848

Bei Unwirksamkeit eines Anwaltsvertrages kann sich ein Vergütungsanspruch aus **Geschäftsführung ohne Auftrag** (§§ 677 ff. BGB) oder aus **ungerechtfertigter Bereicherung** (§§ 812 ff. BGB) ergeben.[1442]

b) Vergütung aus echtem Anwaltsvertrag

Handelt es sich um einen – umfassenden oder beschränkten (Rn. 517 ff.) – Anwaltsvertrag mit der dafür typischen Rechtsbeistandspflicht des Rechtsanwalts (§ 3 Abs. 1 BRAO) – also um einen **echten Anwaltsvertrag** (Rn. 107, 504, 849, 1201 ff.)[1443] –, so liegt **i. d. R. ein Dienstvertrag, ausnahmsweise ein Werkvertrag**, vor, der eine **Geschäftsbesorgung** zum Gegenstand hat (§ 675 mit § 611 oder § 631 BGB; Rn. 4 ff., 504 ff., 849, 1192 ff., 1201 ff.). In einem solchen Falle übt ein in Deutschland zugelassener Rechtsanwalt oder eine deutsche Rechtsanwaltsgesellschaft **„Berufstätigkeit"** i. S. d. § 1 Abs. 1 BRAGO aus.[1444] Dann gründet sich der anwaltliche Anspruch auf **„Vergütung (Gebühren und Auslagen)"** i. S. d. Vorschrift bei einem Anwaltsdienstvertrag auf **§§ 611, 612 Abs. 1, 675 BGB**, bei einem Anwaltswerkvertrag auf **§§ 631, 632 Abs. 1, 675 BGB**, jeweils ergänzt durch die Sonderregelungen der **Bundesgebührenordnung für Rechtsanwälte (BRAGO)** für die **Fälligkeit** (§ 16 BRAGO), einen **Vorschuß** (§ 17 BRAGO) und die **Einforderung** (§ 18 Abs. 1 BRAGO);[1445] der **Höhe** nach bemißt sich die anwaltliche Vergütung dann regelmäßig nach der BRAGO (§§ 1–3 BRAGO).[1446] Danach ist zum Abschluß eines solchen Anwaltsvertrages eine Einigung über die gesetzliche Vergütung grundsätzlich nicht notwendig.[1447] 849

Eine **Auslandssache** darf ein deutscher Rechtsanwalt in sinngemäßer Anwendung der BRAGO abrechnen (§ 2 BRAGO).[1448] 850

1442 BGHZ 37, 258, 263 f. = BGH, NJW 1962, 2010, 2011; BGHZ 50, 90, 91 = NJW 1968, 1329; BGHZ 70, 12, 17 = NJW 1978, 322, 323; BGH, WM 1996, 1836, 1840, insoweit nicht abgedruckt in BGHZ 132, 229; vgl. *Madert*, in : Gerold/Schmidt/von Eicken/Madert, § 1 Rn. 13, 14.

1443 Zu den Voraussetzungen zusammenfassend BGH, WM 1998, 2243, 2244 = NJW 1998, 3486.

1444 BGH, NJW 1980, 1855; WM 1998, 2243, 2244.

1445 Vgl. dazu BGH, WM 1998, 2243 2246 = NJW 1998, 3486.

1446 Vgl. BGH, NJW 1987, 315, 316; VersR 1991, 718, 720 = NJW 1991, 3095; OLG Stuttgart, AnwBl 1976, 439, 440.

1447 BGH, WM 1976, 1135, 1136.

1448 BGH, WM 1995, 1962, 1964.

Zum Vergütungsanspruch eines deutschen Rechtsanwalts gegen einen **ausländischen Mandanten**[1449] und eines **ausländischen Rechtsanwalts** gegen einen deutschen Auftraggeber wird verwiesen auf Rn. 170, 307 ff., 799 ff.[1450]

851 In Übergangsfällen kann noch die **Rechtsanwaltsgebührenordnung der früheren DDR** von 1982 – DDR-RAGO – (GBl DDR I, 183) i. d. F. der Änderungen 1990 (GBl DDR I, 666 und 1293) in entsprechender Anwendung des § 134 BRAGO, bezogen auf den Tag des Beitritts am 3. 10. 1990, Gültigkeit haben für Rechtsanwälte, die in der DDR zugelassen waren oder sich im beigetretenen Teil Deutschlands niedergelassen haben; mit dieser Maßgabe ist die BRAGO in den neuen Ländern am Beitrittstag in Kraft getreten (Anl. I Kap. III Sachgeb. A Abschn. III Nr. 26 des Einigungsvertrages 1990: BGBl II 885 und 1177).[1451]

c) Vergütung aus unechtem Anwaltsvertrag

852 Übernimmt der Rechtsanwalt eine anwaltsfremde Aufgabe im Rahmen eines **unechten Anwaltsvertrages,** bei dem die anwaltstypische Rechtsbeistandspflicht in den Hintergrund tritt und deswegen als unwesentlich erscheint (Rn. 132 ff., 504, 852, 1201 ff.),[1452] so richtet sich der **Vergütungsanspruch** sowohl dem Grunde als auch der Höhe nach allein **nach dem jeweiligen Vertrag** – etwa nach einem **Maklervertrag** eines Rechtsanwalts[1453] –.

853 Die BRAGO ist in einem solchen Falle nicht anzuwenden.[1454] Dies ist z. B. angenommen worden bei einem Vertrag eines Rechtsanwalts betreffend

- Vermögensverwaltung,[1455]
- kaufmännische Buchführung,[1456]
- Anlageberatung,[1457]
- Anlagetreuhand.[1458]

1449 Vgl. BGH, VersR 1991, 718 = MDR 1991, 801.
1450 Dazu *Madert*, in: Gerold/Schmidt/von Eicken/Madert, § 1 Rn. 101 f.; zu den Anwaltsvergütungen in Europa: Bach, Rpfleger 1991, 7.
1451 Vgl. Brandenburgisches OLG, JB 1995, 201; im einzelnen *Hansens*, DtZ 1991, 97.
1452 Vgl. BGH, WM 1998, 2243, 2244 = NJW 1998, 3486.
1453 BGH, WM 1992, 279, 280; vgl. dagegen BGHZ 57, 53, 56 = NJW 1971, 2227; BGH, WM 1977, 551, 552; 1985, 1401, 1402.
1454 BGH, WM 1998, 2243, 2344 = NJW 1998, 3486.
1455 BGHZ 46, 268, 270 f. = NJW 1967, 876.
1456 BGHZ 53, 394, 395 f. = NJW 1970, 1189.
1457 BGH, NJW 1980, 1855 f.
1458 BGH, WM 1995, 344, 347.

d) § 1 Abs. 2 BRAGO

Die **BRAGO** gilt nach ihrem **§ 1 Abs. 2 Satz 1** auch dann nicht, wenn der Rechtsanwalt als Vormund, Betreuer, Pfleger, Testamentsvollstrecker, Konkurs- oder Vergleichsverwalter, Mitglied des Gläubigerausschusses oder -beirats, Nachlaß- oder Zwangsverwalter, Treuhänder, Schiedsrichter oder in ähnlicher Stellung tätig wird.[1459] Dabei handelt es sich um Aufgaben, deren Erledigung zum großen Teil nicht nur im privaten, sondern auch im öffentlichen Interesse liegt, und die in erheblichem Umfang auch von Angehörigen anderer Berufe wahrgenommen werden.[1460] 854

Dennoch kann der Rechtsanwalt im Rahmen einer Tätigkeit i. S. d. § 1 Abs. 2 Satz 1 BRAGO für die **Erledigung bestimmter Einzelaufgaben eine Vergütung nach der BRAGO** gemäß **§ 1 Abs. 2 Satz 2** dieses Gesetzes i. V. m. **§ 1835 Abs. 3 BGB** fordern. Nach dieser Vorschrift gelten als Aufwendungen, deren Ersatz der Vormund vom Mündel verlangen kann (§ 1835 Abs. 1 BGB), auch solche Dienste, die zu seinem Beruf gehören; der Rechtsgedanke dieser Bestimmung ist auf die übrigen Tätigkeiten i. S. d. § 1 Abs. 2 Satz 1 BRAGO zu übertragen.[1461] 855

Nimmt der Rechtsanwalt im Rahmen einer solchen Tätigkeit – etwa **als Liquidator**[1462] – Aufgaben wahr, deren sachgerechte Erledigung selbst ein geschäftserfahrener Nichtjurist einem Rechtsanwalt hätte übertragen müssen, so steht dem Anwalt – neben dem Honorar für die allgemeine Tätigkeit – eine **zusätzliche Vergütung** nach der BRAGO zu, gleichgültig, ob es sich um eine gerichtliche oder aussergerichtliche Tätigkeit handelt. Dem Auftraggeber soll es dann nicht zugute kommen, daß der Rechtsanwalt Dienste erbringt, für die der Auftraggeber sonst die Hilfe eines anderen Rechtsanwalts hätte in Anspruch nehmen und vergüten müssen.[1463] An die Berechtigung einer solchen Sondervergütung sind allerdings **hohe Anforderungen** zu stellen; sie sind i. d. R. erst dann erfüllt, wenn es sich um rechtliche Maßnahmen handelt, die über die übliche allgemeine Tätigkeit i. S. d. § 1 Abs. 2 Satz 1 BRAGO erheblich hinausgehen.[1464] Eine **AGB-Klausel**, die einen begründeten Anspruch des Rechtsanwalts auf ein Sonderhonorar im vor-

1459 Zu den sich hieraus ergebenden Vergütungsfragen im einzelnen *Madert*, in: Gerold/Schmidt/von Eicken/Madert, § 1 Rn. 20 ff.

1460 BGHZ 133, 90, 95 = WM 1996, 1465; BGH, WM 1998, 2248, 2249, 2251, zur Veröffentlichung bestimmt in BGHZ 139, 309, jeweils betreffend die Abwicklung einer Gesellschaft.

1461 BGH, WM 1998, 2248, 2250.

1462 BGH, WM 1998, 2248, 2250.

1463 BGH, WM 1998, 2248, 2250 f.

1464 BGH, WM 1998, 2248, 2250.

stehenden Sinne ausschließt und von einer beliebigen Zustimmung des anderen Teils abhängig macht, ist gemäß § 9 Abs. 1, 2 Nr. 1 AGBG unwirksam.[1465]

3. Honorarfreie Leistung

856 Zu einer **honorarfreien Leistung** kann der Rechtsanwalt nach der vertraglichen Grundpflicht zur **Schadensverhütung** (Rn. 618 ff.) verpflichtet sein, um Nachteile, die infolge seines Fehlers dem Mandanten drohen, abzuwenden (Rn. 625).[1466]

857 Eine „**Dritthaftung**" eines Rechtsanwalts gegenüber Nichtmandanten (Rn. 1341 ff.) aufgrund eines **Auskunftsvertrages** (Rn. 1430 ff.) setzt **keinen Vergütungsanspruch** gegen den Dritten voraus.[1467]

4. Aufklärung über Gebührenhöhe

858 Der BGH[1468] nimmt an, daß ein anwaltlicher **Vergütungsanspruch „durch einen Vertragsschluß kraft Gesetzes**" entstehe. Dies betrifft die Fälle, in denen eine bestimmte anwaltliche Vergütung in einem Anwaltsvertrag mit Rechtsbeistandspflicht nicht vereinbart worden ist (vgl. §§ 611 Abs. 1, 631 Abs. 1, 675 BGB). Dann läßt sich für den Regelfall, daß bei Vertragsschluß die Vergütung nicht angesprochen worden ist, das Ergebnis der Rechtsprechung ableiten für einen **Anwaltsdienstvertrag** aus §§ 612 Abs. 1, 675 BGB und für einen **Anwaltswerkvertrag** aus §§ 632, 675 BGB;[1469] ergänzend gilt die BRAGO (Rn. 849). Der Auftraggeber muß bei der Beauftragung eines Rechtsanwalts regelmäßig damit rechnen, daß er die gesetzliche anwaltliche Vergütung zu zahlen hat.[1470]

859 Deswegen braucht der Rechtsanwalt **ungefragt** den Mandanten bei Vertragsschluß grundsätzlich **nicht auf die Vergütungspflicht** nach der BRAGO **hinzuweisen. Auf Verlangen** des Auftraggebers hat der Rechtsanwalt die voraussichtliche Höhe seines Entgelts **mitzuteilen.**[1471]

860 Unter besonderen Umständen des Einzelfalls kann der Rechtsanwalt – **ausnahmsweise – nach Treu und Glauben** (§ 242 BGB) verpflichtet sein, **auch ohne Frage**

1465 BGH, WM 1998, 2248, 2251.
1466 BGH, NJW 1994, 1472, 1473.
1467 BGHZ 100, 117, 119 = NJW 1987, 1815.
1468 NJW 1998, 136, 137 = WM 1998, 140.
1469 Vgl. OLG Stuttgart, AnwBl 1976, 439, 440; OLG Düsseldorf, AnwBl 1986, 400.
1470 BGH, NJW 1998, 136, 137 = WM 1998, 140; WM 1998, 2243, 2245 = NJW 1998, 3486.
1471 BGH, WM 1998, 2243, 2245 = NJW 1998, 3486 m. w. N.

des Auftraggebers diesen vor Vertragsschluß **über die** voraussichtliche Höhe der **Vergütung aufzuklären.**[1472] Insoweit sind im Rahmen einer **Gesamtwürdigung** zu berücksichtigen:

- einerseits der **Schwierigkeitsgrad** und **Umfang der anwaltlichen Aufgabe**,
- ein **ungewöhnlich hoher Gegenstandswert** und sich daraus ergebende hohe Gebühren, die das vom Auftraggeber erstrebte Ziel wirtschaftlich sinnlos machen können,
- andererseits die **Bedeutung der Angelegenheit** für den Mandanten sowie dessen **Vermögensverhältnisse** und **Erfahrung** im Umgang mit Rechtsanwälten.

Letztlich hängt eine solche Aufklärungspflicht **entscheidend** davon ab, ob der Rechtsanwalt nach den Umständen des Einzelfalls ein Bedürfnis des Mandanten, vor Abschluß des Anwaltsvertrags die voraussichtliche Vergütungshöhe zu erfahren, erkennen konnte und mußte.[1473]

Ein solches Bedürfnis wird regelmäßig gegeben sein, wenn der Rechtsanwalt nur 861
eine **geringfügige Vertragstätigkeit** erbringen soll, die in keinem angemessenen Verhältnis zu voraussichtlich hohen Gebühren nach einem ungewöhnlich hohen Gegenstandswert steht; dann muß der Auftraggeber Gelegenheit haben, nach Hinweis auf die Kosten über die Beauftragung des Rechtsanwalts zu entscheiden.[1474]

Dagegen kann auch mit Rücksicht auf Treu und Glauben ein Interesse des Auftraggebers, vor Vertragsschluß über die voraussichtliche Vergütung ungefragt unterrichtet zu werden, trotz eines hohen Gegenstandswertes zu verneinen sein, wenn der Rechtsanwalt eine **ungewöhnlich schwierige, umfangreiche Tätigkeit** entfalten soll und die **Angelegenheit für den Auftraggeber große Bedeutung** hat, so daß die anfallenden Gebühren aus der Sicht des Rechtsanwalts in einem angemessenen Verhältnis zum Nutzen des Auftraggebers stehen.[1475]

Eine Pflicht, vor Vertragsschluß den Auftraggeber **über die voraussichtliche An-** 862
waltsvergütung aufzuklären, ist so zu erfüllen, daß dieser die Gesamthöhe der zu erwartenden Gebühren annähernd sicher überblicken kann; vermag der Rechtsanwalt die voraussichtliche Höhe der Vergütung selbst noch nicht abschließend abschätzen, so ist ein entsprechender Vorbehalt gegenüber dem Auftraggeber nötig.[1476] Dagegen kann der vom BGH[1477] geforderte regelmäßige Hinweis darauf, welche Gebühren voraussichtlich entstehen werden, nur ausnahmsweise dann ge-

1472 BGH, WM 1998, 2243, 2245 = NJW 1998, 3486 m. w. N.
1473 BGH, WM 1998, 2243, 2245 = NJW 1998, 3486.
1474 BGH, WM 1998, 2243, 2245 = NJW 1998, 3486.
1475 BGH, WM 1998, 2243, 2245 = NJW 1998, 3486 für einen Unternehmenskauf.
1476 BGH, NJW 1980, 2128, 2130.
1477 NJW 1980, 2128, 2130.

boten sein, wenn der Auftraggeber daran ein besonderes Interesse haben kann, etwa vor dem Abschluß eines Vergleichs wegen der Gebühr nach § 23 BRAGO.

863 Verletzt der Rechtsanwalt seine Pflicht, vor Vertragsschluß den Auftraggeber über die voraussichtliche Vergütung aufzuklären, so kann dieser deswegen einen **Schadensersatzanspruch** erwerben, der der anwaltlichen Vergütungsforderung entgegensteht.[1478]

5. Gebührenrechtliche Grundbegriffe

864 Der BGH hat in jüngeren Entscheidungen[1479] **gebührenrechtliche Grundbegriffe** definiert.

865 **„Angelegenheit"** im gebührenrechtlichen Sinne (vgl. §§ 6,7 Abs.2, 12, 13 BRAGO) ist das gesamte Geschäft eines einheitlichen Lebenssachverhalts, das der Rechtsanwalt für den Auftraggeber besorgen soll; ihr Inhalt bestimmt den Rahmen der anwaltlichen Tätigkeit.[1480]

866 Ob **„dieselbe Angelegenheit"** vorliegt, die den anwaltlichen Tätigkeitsbereich umfaßt, der durch eine Pauschgebühr grundsätzlich abgegolten wird (§ 13 Abs. 2 Satz 1, Abs. 5 Satz 1 BRAGO), oder ob mehrere Angelegenheiten im gebührenrechtlichen Sinne gegeben sind, hat im Streitfall grundsätzlich der Tatrichter mit Rücksicht auf die jeweiligen Lebensverhältnisse im Einzelfall zu entscheiden.[1481]

Dafür ist insbesondere der Inhalt des **Auftrags** (§§ 5, 6,13 BRAGO) maßgeblich.[1482] Ein einziger Auftrag kann mehrere Angelegenheiten umfassen;[1483] für mehrere Auftraggeber kann der Rechtsanwalt in derselben Angelegenheit tätig werden (§ 6 BRAGO).[1484]

Die außergerichtliche Regulierung eines Unfallschadens aufgrund eines einheitlichen Auftrags ist gebührenrechtlich auch dann nur eine einzige Angelegenheit, wenn sie sich über mehrere Jahre hinzieht und auch neue Schadensbeträge umfaßt.[1485]

1478 BGHZ 77, 27, 29 f. = WM 1980, 1044; BGH, WM 1998, 2243, 2245 = NJW 1998, 3486.
1479 ZIP 1995, 118; NJW 1995, 1431.
1480 BGH, ZIP 1995, 118 f.; NJW 1995, 1431.
1481 BGH, NJW 1995, 1431.
1482 BGH, NJW 1995, 1431.
1483 BGH, ZIP 1995, 118, 119.
1484 Vgl. BGH, Rpfleger 1978, 370, 371; AnwBl 1984, 501.
1485 BGH, NJW 1995, 1431; vgl. zur „Angelegenheit" in der Beratungshilfe: *Lindeman*, NJW 1986, 2299.

„Gegenstand der anwaltlichen Tätigkeit", nach dessen Wert die Gebühren gemäß § 7 Abs. 1 BRAGO berechnet werden (vgl. auch § 13 Abs. 3 BRAGO), ist das Recht oder Rechtsverhältnis, auf das sich die anwaltliche Tätigkeit nach dem konkreten **Auftrag** erstreckt.[1486] Eine einzige Angelegenheit kann mehrere Gegenstände umfassen; dann darf der Rechtsanwalt die Gebühren zwar nur einmal fordern (§ 13 Abs. 2 BRAGO), dies aber nach den zusammengerechneten Werten der mehreren Gegenstände (§ 7 Abs. 2 BRAGO).[1487] 867

Im Honorarprozeß ist der Rechtsanwalt **nicht an seine Gebührenrechnung gebunden.**[1488] 868

6. Gebührenvereinbarung

a) Gebührenüberschreitung (§ 3 Abs. 1 Satz 1 BRAGO)

Nach § 3 Abs. 1 Satz 1 BRAGO kann der Rechtsanwalt aus einer **Vereinbarung** eine **höhere als die gesetzliche Vergütung** nur fordern, wenn die Erklärung des Auftraggebers schriftlich abgegeben und nicht in der Vollmacht oder in einem Vordruck, der auch andere Erklärungen umfaßt, enthalten ist.[1489] 869

aa) Formzwang

Das Formerfordernis dient einem **doppelten Zweck**. Der Mandant soll davor geschützt werden, unüberlegt, leichtfertig oder sogar unbewußt eine höhere als die gesetzliche Gebührenverpflichtung zu übernehmen; daneben soll eine klare Rechtslage geschaffen und Gebührenstreitigkeiten vorgebeugt werden.[1490] 870

Der Formzwang des § 3 Abs. 1 Satz 1 BRAGO ist zum Schutz des Auftraggebers **streng zu beachten.**[1491]

Ein **abstraktes Schuldanerkenntnis**, das nicht auf den Schuldgrund hinweist, **genügt** nach dem Schutzzweck des § 3 Abs. 1 Satz 1 BRAGO **nicht** dem Formerfordernis dieser Vorschrift; vielmehr muß die schriftliche Erklärung des Mandanten einen konkreten Hinweis enthalten, für welche anwaltliche Tätigkeit die vereinbarte Vergütung zu zahlen ist.[1492] 871

1486 BGH, ZIP 1995, 118, 122.
1487 BGH, ZIP 1995, 118, 122.
1488 BGH, ZIP 1995, 118, 120.
1489 Vgl. dazu im einzelnen *Brieske* S. 65 ff.
1490 BGHZ 57, 53, 57 f. = NJW 1971, 2227; BGH, VersR 1991, 718, 721 = NJW 1991, 3095.
1491 OLG Düsseldorf, MDR 1998, 498; vgl. BGH, WM 1996, 73, 77 zu § 4 Steuerberatergebührenverordnung.
1492 BGHZ 57, 53, 57 ff. = NJW 1971, 2227.

Ein solches Schuldanerkenntnis ist auch **keine Leistung i. S. d. § 3 Abs. 1 Satz 2 BRAGO**, die eine formunwirksame Vergütungsabrede heilt.[1493]

872 **Nebenabreden zur Honorarforderung** – etwa zur Fälligkeit und zum Gerichtsstand eines Vergütungsstreits – dürfen in einer vorgedruckten Honorarabrede („**Honorarschein**") enthalten sein. Dies gilt aber nicht für die Vereinbarung eines Gerichtsstandes für sämtliche Ansprüche aus dem Anwaltsvertrag[1494] oder Abreden zum Vergütungsanspruch bei vorzeitiger Vertragsbeendigung sowie zu Änderungen, Ergänzungen und zur Kündigung der Vereinbarung.[1495]

873 Aus einer Vergütungsvereinbarung gemäß § 3 Abs. 1 Satz 1 BRAGO muß der Mandant seine **finanzielle Belastung erkennen können**; erforderlich ist, daß die vereinbarte Vergütung ohne Schwierigkeit und Unsicherheit berechnet werden kann.[1496]

874 **Dem Mandanten muß** bei Abschluß der Vereinbarung **bewußt sein**, daß das vereinbarte Entgelt die gesetzliche Vergütung übersteigt; das bedeutet im Regelfall, daß der Rechtsanwalt seinen Auftraggeber darauf hinweisen muß.[1497]

875 Ein **Schuldbeitritt** zu einer Vereinbarung gemäß § 3 Abs. 1 Satz 1 BRAGO unterliegt dem Formzwang dieser Vorschrift.[1498]

bb) Vereinbarte Zusatzvergütung

876 Eine **höhere als die gesetzliche Vergütung** kann sich ergeben aus der Vereinbarung

- einer **Pauschalvergütung**;[1499]
- eines höheren **Streitwertes**;[1500]
- eines **prozentualen Aufschlags** auf den Gebührenbetrag;[1501]
- eines **Zeithonorars**.[1502]

1493 BGHZ 57, 53, 60 = NJW 1971, 2227.

1494 OLG München, NJW 1993, 3336; OLG Düsseldorf, MDR 1998, 498.

1495 BGH, WM 1996, 73, 77 zu der – § 3 Abs. 1 Satz 1 BRAGO entsprechenden – Vorschrift des § 4 Abs. 1 der Steuerberatergebührenverordnung.

1496 BGH, NJW 1965, 1023; OLG Hamm, AnwBl 1986, 452; weniger streng: LG München I, NJW 1975, 937 f. für ein Stundenhonorar; LG Düsseldorf, JB 1991, 530 f. für die Festlegung eines höheren Streitwertes.

1497 OLG Frankfurt, AnwBl 1983, 513; 1988, 120; LG Kempten, NJW 1954, 725, 726; LG Freiburg, AnwBl 1983, 514.

1498 BGH, VersR 1991, 718, 720 = MDR 1991, 801 = NJW 1991, 3095.

1499 Vgl. BGH, NJW 1980, 1851, 1852; 1982, 2329, 2330; OLG Düsseldorf, AnwBl 1986, 408.

1500 BFH, NJW 1976, 208; OLG Hamm, AnwBl 1986, 452; LG Düsseldorf, JB 1991, 530, 531.

1501 OLG Hamm, AnwBl 1986, 452.

1502 OLG Frankfurt, AnwBl 1983, 513; LG München I, NJW 1975, 937, 938; *Eggert*, AnwBl 1994, 214, 215.

cc) Rechtswidrige Vereinbarung

Ist die Vergütungsvereinbarung formgerecht i. S. d. § 3 Abs. 1 Satz 1 BRAGO, so kann sie doch gemäß § 138 BGB wegen **Sittenwidrigkeit** nichtig sein.[1503] 877

Keinen Anspruch kann der Rechtsanwalt aus einer Vergütungsvereinbarung herleiten, die er durch **vertragswidriges Verhalten** herbeigeführt hat, etwa durch die Androhung, das Mandat niederzulegen und damit die Erfolgsaussicht des Auftraggebers im einem anhängigen Rechtsstreit zu verschlechtern.[1504]

Das vereinbarte Entgelt steht dem Rechtsanwalt, soweit es die gesetzliche Vergütung übersteigt, auch dann nicht zu, wenn die Honorarvereinbarung ein **anfechtbares Rechtsgeschäft** ist, das die Gläubiger des Auftraggebers benachteiligt.[1505]

dd) Irrtum

Sind die Vertragspartner bei einer Vergütungsabrede **irrtümlich** davon ausgegangen, daß die gesetzlichen Gebühren höher seien als die vereinbarten, so kann die **Geschäftsgrundlage der Honorarvereinbarung** fehlen; dann ist deren Inhalt regelmäßig an die tatsächlichen Verhältnisse anzupassen.[1506] 878

ee) Formunwirksamkeit und § 3 Abs. 1 Satz 2 BRAGO

Entspricht die Erklärung des Auftraggebers, mit der dieser einer Vergütungsvereinbarung i. S. d. § 3 Abs. 1 Satz 1 BRAGO zugestimmt hat, nicht den Formerfordernissen der Vorschrift, so kann der Rechtsanwalt **nur die gesetzliche Vergütung** verlangen. 879

Erbringt der Mandant aber **freiwillig und ohne Vorbehalt** die nicht formgerecht vereinbarte **Vergütung**, so kann er diese, soweit sie über die gesetzlichen Gebühren hinausgeht, nach **§ 3 Abs. 1 Satz 2 BRAGO** nicht wegen der Formwidrigkeit der Abrede zurückfordern.[1507]

Eine **freiwillige, vorbehaltslose Leistung** im Sinne dieser Vorschrift liegt nur dann vor, wenn der Auftraggeber die Zahlung in dem **Bewußtsein** erbracht hat, daß sie die gesetzliche Vergütung übersteigt.[1508] 880

1503 Dazu BGH, NJW 1995, 1425, 1428 ff.
1504 LG Karlsruhe, MDR 1991, 548.
1505 Vgl. BGHZ 77, 250, 252 ff. = NJW 1980, 1962; OLG Hamm, NJW 1998, 1871 f.
1506 BGH, NJW 1995, 1425, 1428.
1507 OLG Frankfurt, AnwBl 1983, 513; *Brieske* S. 193 f.
1508 OLG Frankfurt, AnwBl 1983, 513; 1988, 120; LG Freiburg AnwBl 1983, 514.

Auch ein **Verzicht auf die Rückforderung** setzt ein solches Bewußtsein voraus.[1509]

881 Eine **Teilerfüllung** i. S. d. § 3 Abs. 1 Satz 2 BRAGO auf denjenigen Betrag, der die gesetzliche Vergütung überschreitet, kann den Formmangel in Höhe der Leistung heilen.[1510]

882 Ein **Vorschuß** auf den gesetzlichen Vergütungsanspruch kann nicht einseitig vom Rechtsanwalt nachträglich als Leistung auf eine spätere mündliche Vergütungsvereinbarung gewertet werden, um den Formmangel gemäß § 3 Abs. 1 Satz 2 BRAGO zu heilen; der Schutzzweck des Formerfordernisses des § 3 Abs. 1 Satz 1 BRAGO würde sonst unterlaufen.[1511]

ff) Beweislast bei Rückforderung

883 Fordert der Auftraggeber ein Anwaltsentgelt zurück, weil es die gesetzliche Vergütung übersteige, so hat der **Rückzahlungsanspruch aus ungerechtfertigter Bereicherung** (§§ 812 ff. BGB) schon Erfolg, wenn der Mandant beweist, daß nicht einmal eine mündliche – formunwirksame – Vereinbarung nach § 3 Abs. 1 Satz 1 BRAGO geschlossen worden ist.[1512]

Gelingt dieser Beweis nicht und ist deswegen von einer solchen – nicht formgerechten – Vereinbarung auszugehen, so ist die Rückforderung gerechtfertigt, wenn der Rechtsanwalt nicht beweisen kann, daß der Mandant freiwillig i. S. d. § 3 Abs. 1 Satz 2 BRAGO geleistet hat mit dem Bewußtsein, er zahle mehr als die gesetzliche Vergütung.[1513]

gg) Herabsetzung (§ 3 Abs. 3 BRAGO)

884 Nach § 3 Abs. 3 BRAGO kann eine **unangemessen hohe, vereinbarte Vergütung** im Rechtsstreit – nach Einholung eines Gutachtens des Vorstandes der Rechtsanwaltskammer – auf den angemessenen Betrag bis zur Höhe der gesetzlichen Vergütung **herabgesetzt** werden.[1514] Dadurch sollen zum Schutz des Mandanten überzogene Vergütungsabreden, die mit der besonderen Stellung eines

1509 OLG Frankfurt AnwBl 1988, 120, 121.
1510 Vgl. RG, LZ 1916, S. 1017 zu § 518 Abs. 2 BGB; LG Kempten, NJW 1954, 725, 726.
1511 OLG Frankfurt, AnwBl 1983, 513, 514.
1512 LG Freiburg, AnwBl 1983, 514 f.
1513 LG Freiburg, AnwBl 1983, 514, 515.
1514 Dazu LG Düsseldorf, JB 1991, 530 f.

Rechtsanwalts als eines Organs der Rechtspflege (§ 1 BRAO) unvereinbar sind, auf ein angemessenes Entgelt zurückgeführt werden.[1515]

Diesen Rechtsgedanken hat der BGH[1516] auch dann angewandt, wenn der Rechtsanwalt in Vertretung seines Auftraggebers mit dessen Vertragsgegner vereinbart hat, daß dieser den anwaltlichen Honoraranspruch gegen den Mandanten unter **Beitritt zu dessen Vergütungsschuld** in einem Vertrag zugunsten des Rechtsanwalts zu erfüllen hat; der beigetretene Honorarschuldner kann in entsprechender Anwendung des § 417 Abs. 1 Satz 1 BGB die Herabsetzung der vereinbarten Vergütung gemäß § 3 Abs. 3 BRAGO verlangen.

b) Gebührenunterschreitung 885

aa) Gesetzliche Regelungen

Nach **§ 49 b Abs. 1 BRAO**, eingeführt durch Gesetz vom 2. 9. 1994 (BGBl I S. 2278), ist es unzulässig, **geringere Gebühren** und Auslagen zu vereinbaren und zu fordern, als die Bundesgebührenordnung für Rechtsanwälte vorsieht, soweit diese nichts anderes bestimmt (Satz 1). Im Einzelfall darf der Rechtsanwalt besondere Umstände in der Person des Auftraggebers, insbesondere dessen Bedürftigkeit, Rechnung tragen durch Ermäßigung oder Erlaß von Gebühren oder Auslagen nach Erledigung des Auftrags (Satz 2). 886

Dieses **grundsätzliche Verbot einer gebührenunterschreitenden Vereinbarung** wurde **vor Inkrafttreten der neuen Vorschrift** am 9. 9. 1994 aus den anwaltlichen Standesrichtlinien hergeleitet; verbotswidrige Abreden wurden regelmäßig gemäß § 138 Abs. 1 BGB als nichtig bewertet.[1517] 887

Die **Neuregelung** soll nach ihrer Begründung[1518] einen **„Preiswettbewerb um Mandate" verhindern** und „einen weitgehend gleichen Zugang zum Recht und zu den Rechtsanwälten gewährleisten". 888

Nach **§ 21 Abs. 1 der Berufsordnung gilt das Verbot** der Gebührenunterschreitung **auch im Verhältnis des Rechtsanwalts zu Dritten**, die anstelle des Mandanten oder neben diesem es übernehmen, die Gebühren zu bezahlen, oder die sich gegenüber dem Mandanten verpflichten, diesen von anfallenden Gebühren freizustellen.

1515 BGH, NJW 1997, 2388, 2389.
1516 NJW 1997, 2388, 2389.
1517 BGH, NJW 1980, 2407 f.; 1995, 1425, 1426 f.; vgl. *Feuerich/Braun* § 49 b Rn. 1–11.
1518 BT-Drucks. 12/4993 S. 31.

889 Eine – neben § 49 b Abs.1 Satz 2 BRAO bestehende und in § 49 b Abs. 1 Satz 1 BRAO vorgesehene – **Ausnahme** vom grundsätzlichen Verbot der Gebührenunterschreitung enthält die Vorschrift des **§ 3 Abs. 5 Satz 1,2 BRAGO**,[1519] die ebenfalls durch das genannte Gesetz vom 2. 9. 1994 einführt worden ist. Danach kann der Rechtsanwalt in außergerichtlichen Angelegenheiten Pauschal- und Zeitvergütungen vereinbaren, die niedriger sind als die gesetzlichen Gebühren.[1520] Eine solche Abrede unterliegt **nicht dem Formzwang** des § 3 Abs. 1 Satz 1 BRAGO; § 3 Abs. 1 Satz 3 1. Halbs. BRAGO empfiehlt lediglich die Schriftform.

Streiten Rechtsanwalt und Mandant darüber, ob eine Vereinbarung i. S. d. § 3 Abs. 5 Satz 1 getroffen worden ist, so ist dies **vom Auftraggeber zu beweisen** (§ 3 Abs. 1 Satz 3 2. Halbs. BRAGO), der durch eine solche Abrede begünstigt wird.

bb) Folgen der verbotswidrigen Gebührenunterschreitung

890 Eine Vereinbarung, eine geringere als die Vergütung nach der BRAGO zu zahlen oder auf die gesetzlichen Gebühren zu verzichten,[1521] ist wegen Verstoßes gegen § 49 b Abs. 1 BRAO **nach § 134 BGB nichtig**.[1522] Zwar richtet sich das gesetzliche Verbot der Gebührenunterschreitung nur an den Rechtsanwalt; die Durchsetzung des Verbotszwecks erfordert aber die Unwirksamkeit des verbotswidrigen Rechtsgeschäfts.[1523]

891 Die Unwirksamkeit einer gegen § 49 b Abs. 1 BRAGO verstoßenden Vereinbarung hat – entgegen dem Regelfall des § 139 BGB – **grundsätzlich nicht** die **Nichtigkeit** des gesamten Anwaltsvertrages zur Folge.[1524] Vielmehr sind insoweit wegen der gleichliegenden Interessenlage der Vertragspartner die Grundsätze anzuwenden (vgl. Rn. 895 ff. zum Erfolgshonorar), die die Rechtsprechung für eine sittenwidrige Gebührenunterschreitung nach altem Recht entwickelt hat.[1525] Danach ist es dem Rechtsanwalt nach dem Rechtsgrundsatz von Treu und Glauben (§ 242 BGB) **i. d. R. verwehrt**, vom Mandanten nachträglich den **Unterschiedsbetrag** zwischen der verbotswidrig vereinbarten geringeren und der gesetzlichen Vergütung zu fordern. Mit einem solchen Vorgehen würde sich der Rechtsanwalt regelmäßig in einen treuwidrigen Gegensatz zu seinem früheren Verhalten setzen,

1519 Vgl. dazu eingehend *Brieske* S. 90 ff.
1520 Dazu *Brieske* S. 95 ff.
1521 Vgl. zu einem Gebührenverzicht nach altem Recht: BGH, NJW 1980, 2407.
1522 *Dittmann*, in: Henssler/Prütting, § 49 b Rn. 14.
1523 Vgl. BGHZ 65, 368, 370 = NJW 1976, 415.
1524 BGH, NJW 1980, 2407, 2408.
1525 BGH, NJW 1980, 2407, 2408.

das in seinem – meistens rechtsunkundigen – Auftraggeber das Vertrauen begründet hat, nur die vereinbarte – niedrigere – Vergütung zahlen zu müssen. Dies gilt entsprechend, wenn der Rechtsanwalt auf die gesetzliche Vergütung unzulässigerweise verzichtet hat.[1526]

c) Erfolgshonorar 892

aa) Gesetzliche Regelungen

Nach dem – durch Gesetz vom 2. 9. 1994 (BGBl I 2278) eingeführten – **§ 49 b Abs. 2 BRAGO** sind Vereinbarungen unzulässig, durch die eine Vergütung oder ihre Höhe vom Ausgang der Sache oder vom Erfolg der anwaltlichen Tätigkeit abhängig gemacht wird („**Erfolgshonorar**" = „palmarium") oder nach denen der Rechtsanwalt einen Teil des erstrittenen Betrags als Honorar erhält („quota litis" = **Streitanteil**).[1527] Eine gewisse Ausnahme enthält **§ 3 Abs. 5 Satz 3, 4 BRAGO** für Beitreibungssachen.[1528] Diese Vorschrift wurde ebenso wie § 49 b BRAGO durch Gesetz vom 2. 9. 1994 (BGBl I 2278) eingeführt. 893

Nach **§ 352 StGB** kann ein Rechtsanwalt sich strafbar machen, wenn er Gebühren oder andere Vergütungen erhebt, von denen er weiß, daß sie überhaupt nicht oder nur in geringerem Umfang geschuldet werden.

bb) Zweck des Verbots

Das **Verbot eines Erfolgshonorars** – auch in Gestalt eines Streitanteils - soll im Interesse des Allgemeinwohls **gewährleisten**, daß der **Rechtsanwalt** als Organ der Rechtspflege (§ 1 BRAO) und als berufener Berater und Vertreter in allen Rechtsangelegenheiten (§ 3 Abs. 1 BRAO) **unabhängig ist.**[1529] Der Rechtsanwalt soll nicht das erstrebte Ziel seines Auftraggebers zu seiner eigenen wirtschaftlichen Angelegenheit machen, um sich eine Vergütung zu sichern, die sonst gar nicht oder nur in geringerem Umfang geschuldet würde; sonst bestünde die Gefahr, daß der Rechtsanwalt den Erfolg und dessen möglichst weitgehendes Ausmaß mit unzulässigen Mitteln zu erreichen versucht.[1530] Dementsprechend steht 894

1526 BGH, NJW 1980, 2407, 2408.
1527 Dazu eingehend *Schepke* S. 102 ff.; *Brieske* S. 79 ff.
1528 *Feuerich/Braun* § 49 b Rn. 23.
1529 BT-Drucks. 12/4993 S. 31.
1530 BGHZ 39, 142, 146 ff. = NJW 1963, 1147; BGH, WM 1976, 1135, 1137; 1977, 551, 552 f.; NJW 1981, 998; 1987, 3203, 3204; 1992, 681, 682; BGHZ 133, 90, 94 = WM 1996, 1465.

bei der anwaltlichen Tätigkeit die sorgfältige fachliche Dienstleistung, nicht deren Ergebnis im Vordergrund.

Da das Verbot eines Erfolgshonorars letztlich den vorrangigen Belangen einer integren Rechtspflege dient, ist es als Einschränkung des Grundrechts der freien Berufsausübung (Art. 12 Abs. 1 Satz 2 GG) **verfassungsrechtlich unbedenklich.**[1531]

cc) Früherer Rechtszustand

895 **Vor Einführung des § 49 b Abs. 2 BRAGO** wurde die Vereinbarung eines Erfolgshonorars – auch in Gestalt eines Streitanteils – mit Rücksicht auf die **Standesrichtlinien** als grundsätzlich sittenwidriges und damit **nichtiges Rechtsgeschäft** i. S. d. **§ 138 Abs. 1 BGB** angesehen.[1532]

Dagegen hat der BGH[1533] in einem Falle, in dem ein Rechtsanwalt in einem Einzelfall als Makler ohne Rechtsberatung des Vertragspartners – also aufgrund eines unechten Anwaltsvertrages (vgl. Rn. 132 ff., 504, 852, 1201 ff.) – tätig war, die Vereinbarung der **erfolgsabhängigen Maklerprovision** (§ 652 Abs. 1 BGB) als wirksam angesehen.

dd) Folgen einer verbotswidrigen Abrede

896 Die Vereinbarung eines erfolgsbestimmten Honorars i. S. d. § 49 b Abs. 2 BRAGO ist **nach § 134 BGB nichtig.**[1534] Der Verbotszweck erfordert die Unwirksamkeit einer solchen Abrede, obwohl sich das Verbot nur an den Rechtsanwalt richtet (vgl. Rn. 890 zur Gebührenunterschreitung).[1535]

897 Die Nichtigkeit einer gegen § 49 b Abs. 2 BRAGO verstoßenden Vereinbarung führt – entgegen dem Regelfall des § 139 BGB – **grundsätzlich nicht zur Unwirksamkeit des gesamten Anwaltsvertrages.**[1536] Vielmehr sind insoweit wegen der gleichliegenden Interessenlage der Vertragspartner die Grundsätze anzuwen-

1531 *Dittmann*, in: Henssler/Prütting, § 49 b Rn. 16; zweifelnd *Feuerich/Braun*, § 49 b Rn. 27.

1532 BGHZ 39, 142, 145 ff. = NJW 1963, 1147; BGH, WM 1976, 1135, 1137; 1977, 551, 552 f.; NJW 1981, 998; 1987, 3203, 3204 betreffend eine Vereinbarung zur Rückzahlung eines Vergütungsteils bei Mißerfolg; NJW 1992, 681, 682; BGHZ 133, 90, 94 = WM 1996, 1465; zusammenfassend zum früheren Rechtszustand: *Feuerich/Braun*, § 49 b Rn. 19 ff.; *Kilian*, JB 1994, 641 ff.

1533 NJW 1992, 681, 682.

1534 *Dittmann*, in: Henssler/Prütting, § 49 b Rn. 23; a. A. *Kilian* JB 1994, 641, 645 ff.

1535 Vgl. BGHZ 65, 368, 370 = NJW 1976, 415.

1536 BGHZ 18, 340, 348 f. = NJW 1955, 1921; BGHZ 39, 142, 150 = NJW 1963, 1147; BGH, WM 1976, 1135, 1137.

den (vgl. Rn. 891 zur Gebührenunterschreitung), die die Rechtsprechung für eine sittenwidrige Abrede eines Erfolgshonorars nach altem Recht entwickelt hat.

Danach schließt zwar eine unwirksame Vereinbarung eines erfolgsbestimmten 898 Honorars einen Anspruch des Rechtsanwalts auf die **Vergütung nach der BRAGO** grundsätzlich nicht aus.[1537] Diesem kann aber die gesetzliche, erfolgsunabhängige Vergütung nach dem Rechtsgrundsatz von **Treu und Glauben** (§ 242 BGB) – unabhängig vom ausstehenden Erfolgseintritt oder im Falle des Mißerfolgs – dann zu versagen sein, wenn der Rechtsanwalt in seinem – regelmäßig rechtsunkundigen – Auftraggeber das Vertrauen begründet hat, eine Anwaltsvergütung nur im Erfolgsfall zahlen zu müssen.[1538] Soweit der BGH[1539] in diesem Zusammenhang – auch – darauf abgestellt hat, der Mandant hätte sich auf eine entsprechende Honorarregelung nicht eingelassen, ist dies nicht überzeugend, weil der Abschluß eines Anwaltsvertrages die Vereinbarung der gesetzlichen Vergütung nicht voraussetzt.[1540] Richtigerweise kann es insoweit maßgeblich sein, daß der Auftraggeber, wenn er die Unwirksamkeit der Abrede eines erfolgsabhängigen Honorars gekannt hätte, den Rechtsanwalt nicht beauftragt hätte.[1541]

Dagegen steht dem Rechtsanwalt im Falle der nichtigen Vereinbarung eines Erfolgshonorars die **gesetzliche Vergütung** i. d. R. dann zu, wenn der **Erfolg**, von dem das Honorar nach der Abrede abhing, tatsächlich **eintritt**; dann ist regelmäßig kein schutzwürdiges Vertrauen des Auftraggebers enttäuscht worden.[1542]

ee) Erfolgshonorar mit Auslandsbezug

Vereinbart ein **deutscher Rechtsanwalt** nach deutschem Recht ein **Erfolgshonorar** mit einem **ausländischen Auftraggeber**, so ist die Abrede gemäß § 49 b Abs. 2 BRAGO i. V. m. § 134 BGB unwirksam und von einem deutschen Gericht entsprechend zu beurteilen; dagegen kann eine solche Abrede bei Anrufung eines ausländischen Gerichts durchsetzbar sein.[1543] 899

Vereinbaren **ausländische Rechtsanwälte**, deren heimische Rechtsordnung ein **Erfolgshonorar** billigt, mit einem **deutschen Mandanten** eine erfolgsbe-

1537 BGHZ 18, 340, 349 = NJW 1955, 1921; BGH, WM 1976, 1135, 1137; 1977, 531, 553.
1538 BGHZ 18, 340, 347, 349 = NJW 1955, 1921; BGH, WM 1976, 1135, 1137.
1539 BGHZ 18, 340, 347 = NJW 1955, 1921 betreffend die Finanzierung eines Schiffsneubaus.
1540 BGH, WM 1976, 1135, 1136.
1541 Vgl. *Brieske* S. 89.
1542 Vgl. *Brieske* S. 89.
1543 Dazu im einzelnen *Brieske* S. 86 f.

stimmte Vergütung, so kann diese grundsätzlich in Deutschland durchgesetzt werden.[1544]

7. Abtretung der Gebührenforderung

900 Zur Beantwortung der Frage, welche Rechtsfolgen die mit Gesetz vom 2. 9. 1994 (BGBl I 2278) eingeführte und am 9. 9. 1994 in Kraft getretene Vorschrift des **§ 49 b Abs. 4 BRAO** für die **Abtretung anwaltlicher Vergütungsforderungen** hat, ist zunächst der zuvor geltende Rechtszustand darzustellen, an den die Neuregelung anknüpfen will.

a) Vor Einführung des § 49 b Abs. 4 BRAO

901 Im Anschluß an seine Rechtsprechung zur Abtretung ärztlicher Honorarforderungen[1545] und zur Weitergabe einer ärztlichen Patienten- und Berufskartei[1546] hat der BGH[1547] entschieden, daß die **Abtretung der Honorarforderung eines Rechtsanwalts** (§§ 398, 675 BGB) **ohne Zustimmung des Mandanten** i. d. R. den objektiven Tatbestand der – das Privatgeheimnis schützenden – Strafvorschrift des **§ 203 Abs. 1 Nr. 3 StGB** erfüllt, weil mit der Abtretung die **umfassende Informationspflicht** des § 402 BGB gegenüber dem neuen Gläubiger verbunden ist; deswegen sind sowohl das **schuldrechtliche Grundgeschäft** der Forderungsübertragung als auch die **Abtretung als dingliches Erfüllungsgeschäft gemäß § 134 BGB nichtig**. Dadurch soll dem durch Art. 2 Abs. 1 GG gewährleisteten **Recht des Mandanten auf informationelle Selbstbestimmung** Rechnung getragen werden,[1548] selbst wenn es später tatsächlich nicht erforderlich ist, der anwaltlichen Schweigepflicht unterliegende Tatsachen zu offenbaren;[1549] dagegen ergeben sich keine Bedenken aus Art. 14 GG.[1550]

902 Die **Abtretung** der anwaltlichen Honorarforderung ist auch dann **nichtig,** wenn sie erfolgt ist **an Steuerberater derselben Sozietät**[1551] oder **an einen anderen**

1544 Vgl. BGHZ 22, 162, 163 ff. = NJW 1957, 184; BGHZ 44, 183, 187 ff. = NJW 1966, 296; BGHZ 118, 312, 332 ff. = NJW 1992, 3096; *Brieske*, S. 87 f.
1545 BGHZ 115, 123 = NJW 1991, 2955; BGH, NJW 1996, 775.
1546 BGHZ 116, 268 = NJW 1992, 737.
1547 BGHZ 122, 115, 117 ff. = NJW 1993, 1638; BGH, NJW 1993, 1912 = WM 1993, 1251; NJW 1993, 2795, 2796; 1997, 188.
1548 BGHZ 122, 115, 119 = NJW 1993, 1638.
1549 BGH NJW 1993, 1912.
1550 BGH NJW 1993, 1912.
1551 BGHZ 122, 115, 119 = NJW 1993, 1638.

Rechtsanwalt, und zwar auch dann, wenn der Vergütungsanspruch bereits rechtskräftig festgestellt ist.[1552]

Der **Rechtsanwalt darf seine Honorarforderung**, deren Berechtigung von Mandanten bestritten wird, „als letztes Mittel" – auch durch einen anderen Rechtsanwalt als Prozeßbevollmächtigten[1553] – **gerichtlich geltend machen**, selbst wenn dabei ein Geheimnis des Auftraggebers offenbart werden könnte.[1554] Das Geheimhaltungsinteresse des Mandanten muß dann nach dem Grundsatz der Verhältnismäßigkeit hinter die Vermögensbelange des Rechtsanwalts zurücktreten, weil dieser sonst rechtlos stünde. Dies hat auch dann zu gelten, wenn ein Sozietätsanwalt eine den **Sozietätsanwälten zur gesamten Hand zustehende Vergütungsforderung** geltend macht.[1555] 903

Eine Bestimmung in einem Vertrag zur **Übernahme einer Anwaltskanzlei**, die den Veräußerer auch ohne Einwilligung der betroffenen Mandanten verpflichtet, seine Akten dem Erwerber zu überlassen, ist nichtig.[1556] 904

Wirksam ist allerdings die ohne Zustimmung des Mandanten vorgenommene Abtretung einer anwaltlichen Vergütungsforderung

an den **Erwerber einer Anwaltskanzlei**, der zuvor als **Mitarbeiter des Zedenten** die Angelegenheiten des Mandanten umfassend kennengelernt hatte[1557],

und an den bereits vor der Abtretung bestellten **Abwickler** der Kanzlei des Zedenten.[1558]

b) Nach Inkrafttreten des § 49 b Abs. 4 BRAO

Nach dieser neuen, am 9. 9. 1994 in Kraft getretenen Vorschrift ist ein Rechtsanwalt, der eine Gebührenforderung erwirbt, in gleicher Weise zur Verschwiegenheit verpflichtet wie der beauftragte Rechtsanwalt (§ 49 b Abs. 4 Satz 1 BRAO); eine entsprechende Regelung enthält § 64 Abs. 2 Satz 1 StBerG. Die Abtretung von Gebührenforderungen oder die Übertragung ihrer Einziehung an einen nicht als Rechtsanwalt zugelassenen Dritten ist unzulässig, es sei denn, die Forderung ist rechtskräftig festgestellt, ein erster Vollstreckungsversuch ist fruchtlos ausgefal- 905

1552 BGH, NJW 1993, 1912 = WM 1993, 1251.
1553 BGH, NJW 1993, 1912.
1554 BGHZ 122, 115, 120 m. w. N. = NJW 1993, 1638; BGH, NJW 1996, 775, 776.
1555 Vgl. BGH, NJW 1996, 2859, 2860 = WM 1996, 1632
1556 BGH, NJW 1995, 2026 f.
1557 BGH, NJW 1995, 2915 f.
1558 BGH, NJW 1997, 118 = WM 1996, 2244.

len und der Rechtsanwalt hat die ausdrückliche, schriftliche Einwilligung des Mandanten eingeholt (§ 49 b Abs. 4 Satz 2 BRAO); entsprechende Regelungen enthalten § 64 Abs. 2 Satz 2 StBerG und § 55 a Abs. 3 WPO.

906 Der **Zweck der neuen Regelung** erschließt sich hinreichend aus deren **Entstehungsgeschichte**.[1559] § 49 b Abs. 4 Satz 1 BRAO ist auf Vorschlag des Rechtsausschusses des Bundestages[1560] eingeführt worden. In der Begründung[1561] wird auf die Urteile des BGH vom 25. 3. 1993[1562] und vom 13. 5. 1993[1563] verwiesen, aus denen sich ergebe, daß eine Abtretung anwaltlicher Gebührenforderungen im Hinblick auf § 134 BGB nur wirksam sei, wenn entweder der Rechtsanwalt die Zustimmung des Mandanten zur Weitergabe von Informationen aus dem Mandatsverhältnis einhole oder Zessionar und Zedent denselben Schweigepflichten unterworfen seien; dem solle mit der Neuregelung klarstellend Rechnung getragen werden.

Danach ist der Gesetzgeber davon ausgegangen, daß die Abtretung einer anwaltlichen Gebührenforderung nicht nach § 134 BGB i. V. m. § 203 Abs. 1 Nr. 3 StGB unwirksam ist, wenn der Rechtsanwalt als neuer Gläubiger und Empfänger der geschützten Informationen ebenfalls der Pflicht zur Verschwiegenheit unterliegt.

907 Die **Zielsetzung des Gesetzgebers** hat in Satz 1 des § 49 b Abs. 4 BRAO – in Verbindung mit dem Umkehrschluß aus Satz 2 dieser Vorschrift – den erforderlichen **hinreichend bestimmten Ausdruck**[1564] gefunden.[1565]

908 Bei der **Auslegung des § 49 b Abs. 4 Satz 1 BRAO** wird zunächst zu berücksichtigen sein, daß der Gesetzgeber die in der Gesetzesbegründung genannten Entscheidungen des BGH[1566] mißverstanden hat mit der Annahme, für die wirksame Abtretung einer anwaltlichen Vergütungsforderung an einen Rechtsanwalt genüge es, diesem eine Schweigepflicht aufzuerlegen. Der BGH[1567] hat mehrmals für gleichliegende Sachverhalte ausgesprochen, daß die Nichtigkeit eines gegen

1559 Dazu eingehend *Prechtel*, NJW 1997, 1813, 1814.
1560 BT-Drucks. 12/7656 S. 11.
1561 BT-Drucks. 12/7656 S. 49.
1562 NJW 1993, 1638.
1563 NJW 1993, 1912.
1564 Vgl. BVerfGE 11, 126, 130 = NJW 1960, 1563
1565 A. A. *Prechtel*, NJW 1997, 1813, 1814; zu Auslegungsmöglichkeiten OLG Nürnberg, AnwBl 1995, 195, 196, auch zu einer Rückwirkung; *Berger*, NJW 1995, 1406, 1407.
1566 NJW 1993, 1638 und 1912.
1567 BGHZ 115, 123, 128 f. = NJW 1991, 2955 für die Abtretung einer ärztlichen Honorarforderung; BGHZ 116, 268, 272 = NJW 1992, 737 für die Weitergabe einer ärztlichen Patienten- und Beratungskartei.

§ 203 Abs. 1 StGB verstoßenden Rechtsgeschäfts gemäß § 134 BGB nicht dadurch ausgeschlossen werde, daß der Abtretungs- oder Mitteilungsempfänger ebenfalls nach der Strafvorschrift einer Schweigepflicht unterliege. Insoweit wird der BGH mit Rücksicht auf die Neuregelung seine Rechtsprechung bezüglich der Abtretung anwaltlicher Honorarforderungen etwas zurücknehmen müssen.

Es ist **zweifelhaft, ob** diese **berufsrechtliche Neuregelung** einem Rechtsanwalt – 909
unter Einschränkung der Strafbestimmung des § 203 Abs. 1 Nr. 3 StGB – **ausnahmslos gestattet**, seine Gebührenforderung trotz der Informationspflicht gemäß § 402 BGB an einen anderen Rechtsanwalt abzutreten, der nach dem Wortlaut der Strafvorschrift nicht der Schweigepflicht unterliegt, weil ihm die Angelegenheit nicht im Rahmen eines Anwaltsvertrages „als Rechtsanwalt" anvertraut, sondern nur und erst aufgrund der Abtretung bekannt wird.[1568]

Die einschlägigen Entscheidungen des BGH[1569] nach dem Inkrafttreten der Neuregelung sind zu altem Recht ergangen, so daß sie sich mit dieser Frage nicht befassen. Die **überwiegende Ansicht im Schrifttum** hält **§ 49 b Abs. 4 BRAO** im vorstehenden Sinne für **uneingeschränkt anwendbar**.[1570] Dagegen bedarf die Abtretung einer anwaltlichen Honorarforderung an einen Rechtsanwalt **nach anderer Ansicht**[1571] der **Einwilligung des Mandanten** dann, wenn damit die Mitteilung von Geheimnissen verbunden ist, weil die Neuregelung deren Schutz nicht verringern wolle; in diesem Falle liefe die Neuregelung ins Leere.

Da § 49 b Abs. 4 Satz 1 BRAO dahin zu werten ist, daß die Abtretung einer an- 910
waltlichen Gebührenforderung an einen Rechtsanwalt ohne Zustimmung des Mandanten nicht zur Nichtigkeitsfolge nach § 134 BGB in Verbindung mit § 203 Abs. 1 Nr. 3 StGB führen soll, wird sich die **Frage** stellen, ob eine solche allgemeine **Einschränkung des Rechts auf informationelle Selbstbestimmung** (Art. 2 Abs. 1 GG)[1572] und des deswegen gebotenen Schutzes persönlicher Daten **verfassungsrechtlich unbedenklich** ist oder zu einer – einschränkenden – **verfassungskonformen Auslegung** der neuen Gesetzesbestimmung[1573] zwingt.[1574]

1568 Vgl. BGH, NJW 1993, 1912 und 2795, 2796; 1997, 188 m. w. N.; zusammenfassend zu dieser Streitfrage: *Prechtel*, NJW 1997, 1813.

1569 NJW 1995, 2026, 2027 und 2915; 1997, 188.

1570 *Dittmann*, in: Henssler/Prütting, § 49 b Rn. 37; *Feuerich/Braun*, § 49 b Rn. 35; *Jessnitzer/Blumberg*, § 49 b Rn. 7; *Palandt/Heinrichs*, § 134 Rn. 22 a.

1571 *Berger*, NJW 1995, 1406, 1407; *Prechtel*, NJW 1997, 1813, 1816.

1572 BVerfGE 65, 1, 41 ff. = NJW 1984, 419; BVerfGE 78, 77, 84 = NJW 1988, 2031; BVerfGE 80, 367, 373 = NJW 1990, 563; BVerfGE 84, 192, 194 ff. = NJW 1991, 2411.

1573 Vgl. BVerfGE 2, 266, 282 = NJW 1953, 1057; BVerfGE 8, 28, 34 = NJW 1958, 1227.

1574 Eine solche Auslegung befürwortet *Prechtel*, NJW 1997, 1813, 1814 f.

Der BGH[1575] hat in diesem Zusammenhang die **große Bedeutung dieses Rechts** betont und ausgeführt, daß der Schutz dieses Rechts nicht mehr ausreichend gewährleistet sei, wenn die Weitergabe fremder persönlicher Daten allein mit der objektiven Interessenlage gerechtfertigt werde und deren Beurteilung an die Stelle einer freien Entscheidung des Betroffenen über die Preisgabe und Verwendung seiner persönlichen Daten trete. Ein **allgemein überwiegendes Interesse des Rechtsanwalts** an einer uneingeschränkten Abtretbarkeit seiner Gebührenforderung besteht **nicht**.[1576] Soweit die Abtretung die **gerichtliche Durchsetzung der Gebührenforderung** erleichtern soll, weil der frühere Gläubiger als Zeuge zur Verfügung steht, hat der BGH[1577] bereits ausgesprochen, daß ein solcher prozeßtaktischer Zweck die Abtretung an einen außerhalb des Mandatsverhältnisses stehenden Dritten nicht rechtfertige, weil auch eine Parteierklärung im Honorarprozeß den Beweis begründen könne.

Der Rechtsanwalt kann ein **wirtschaftliches Interesse** an der Verwertung seiner Gebührenforderung durch Abtretung haben, etwa bei **Veräußerung seiner Kanzlei** oder zur **Kreditsicherung.** Insoweit hat der BGH[1578] eine stille Zession mit Einziehungsbefugnis des Zedenten für zulässig gehalten. Ob jedoch ein solches anwaltliche Interesse ausreicht, allgemein das Recht des Mandanten auf Selbstbestimmung über seine persönlichen Daten einzuschränken, ist zweifelhaft.

911 Gemäß der in § 49 b Abs. 4 BRAO zum Ausdruck gebrachten Wertung des Gesetzgebers kann zwar **i. d. R.** davon ausgegangen werden, daß das Recht des Mandanten auf **informationelle Selbstbestimmung** (Art. 2 Abs. 1 GG) **durch eine Abtretung der anwaltlichen Honorarforderung** an einen **anderen schweigepflichtigen Rechtsanwalt nicht beeinträchtigt** wird. Das schließt aber in jedem Falle die verfassungsrechtliche Prüfung ein, ob nicht doch **ausnahmsweise** unter Abwägung der beiderseitigen Interessen und nach dem Grundsatz der Verhältnismäßigkeit dem **Grundrecht der Vorzug** zu geben ist; dann wäre eine solche Abtretung trotz des – verfassungskonform auszulegenden – § 49 b Abs. 4 BRAO unwirksam.[1579]

912 Diese Vorschrift ist – zugunsten des Mandanten – ein **Schutzgesetz** i. S. d. § 823 Abs. 2 BGB.[1580]

1575 BGHZ 116, 268, 273 = NJW 1992, 737; BGHZ 122, 115, 119 f. = NJW 1993, 1638.
1576 *Prechtel,* NJW 1997, 1813, 1815.
1577 BGHZ 122, 115, 121 = NJW 1993, 1638.
1578 NJW 1993, 1912 und 2795, 2796.
1579 Vgl. BGHZ 122, 115, 120 = NJW 1993, 1638; *Berger,* NJW 1995, 1406, 1407; *Prechtel,* NJW 1997, 1813, 1814 f., 1816.
1580 *Berger,* NJW 1995, 1406.

8. Pfändung der Gebührenforderung 913

Aus der Vorschrift des **§ 49 b Abs. 4 Satz 2 BRAO**, die die Abtretung einer anwaltlichen Gebührenforderung an einen Dritten, der nicht als Rechtsanwalt zugelassen ist, grundsätzlich für unzulässig erklärt, wird von einer **Mindermeinung** im Schrifttum abgeleitet, die **anwaltliche Gebührenforderung** sei infolgedessen gemäß § 851 Abs. 1 ZPO **unpfändbar**, soweit nicht die in § 49 b Abs. 4 Satz 2 BRAO genannten Ausnahmevoraussetzungen gegeben seien.[1581] Dies würde entsprechend gelten für die **Gebührenforderungen der Steuerberater und -bevollmächtigten** sowie **der Wirtschaftsprüfer** gemäß §§ 64 Abs. 2 StBerG, 55 a Abs. 3 WPO. Dieser Ansicht kann nicht gefolgt werden. 914

Es befremdet schon auf den ersten Blick, daß die genannten Rechtsberater, die Gläubiger eines Kollegen sind, in dessen Honorarforderungen ohne weiteres vollstrecken könnten; andere Gläubiger der Rechtsberater könnten dagegen nur mit schriftlicher Einwilligung des Mandanten (Gebühren- und Drittschuldners) auf rechtskräftig festgestellte Gebührenforderungen zugreifen, die bei einem ersten Vollstreckungsversuch uneinbringlich waren. Da Gebührenforderungen bei Unpfändbarkeit nicht dem Beschlag im Insolvenzverfahren unterlägen (§§ 1 Abs. 1 KO, 1 Abs. 1 Satz 2, 7 Abs. 2 GesO, 35, 36 InsO), wären Außenstände der Rechtsberater dem Zugriff der Gläubiger praktisch entzogen. Danach hätten die – sämtlich 1994 eingeführten – Vorschriften der §§ 49 b Abs. 4 BRAO, 64 Abs. 2 StBerG, 55 a Abs. 3 WPO ein **doppeltes Privileg** für Rechtsberater zur Folge, nämlich einerseits eine „Bevorzugung ... als Vollstreckungsgläubiger" und andererseits einen „Vollstreckungsschutz durch die Hintertür".[1582] 915

Zu Recht nimmt **herrschende Meinung**[1583] an, daß § 851 ZPO einer **Pfändung der Gebührenforderungen der Rechtsberater** nicht entgegensteht; daran haben die neuen Vorschriften nichts geändert.[1584] 916

Nach **§ 851 ZPO** ist eine Forderung grundsätzlich nur insoweit pfändbar, als sie übertragbar ist (Abs. 1); eine nach § 399 BGB nicht übertragbare Forderung kann insoweit gepfändet und zur Einziehung überwiesen werden, als der geschuldete Gegenstand der Pfändung unterworfen ist (Abs. 2).

1581 *Diepold*, MDR 1995, 23 f.; *Dittmann*, in: Henssler/Prütting, § 49 b Rn. 42.

1582 Diepold, MDR 1995, 23.

1583 OLG Stuttgart, NJW 1994, 2838; *Würz-Bergmann*, S. 225 ff., 229; *Berger*, NJW 1995, 1406, 1407 f.; *Stein/Jonas/Brehm*, ZPO, § 851 Rn. 9; *Zöller/Stöber*, ZPO § 829 Rn. 33 – Stichwort: Arzt usw. –; *Feuerich/Braun*, § 49 b Rn. 34; vgl. *Berger*, NJW 1995, 1584, 1588 für eine ärztliche Honorarforderung.

1584 *Zöller/Stöber*, ZPO, § 829 Rn. 33 – Stichwort: Arzt usw. – zu § 49 b Abs. 4 BRAO; *Berger*, NJW 1995, 1406, 1407 f. zu § 49 b Abs. 4 BRAO; *Feuerich/Braun*, § 49 b Rn. 34.

917 Die **Gebührenforderung des Rechtsberaters** ist **nach § 851 Abs. 1 ZPO pfändbar**, weil sie i. S. d. Vorschrift übertragbar ist. Unübertragbar wäre sie nur bei fehlender **Verkehrsfähigkeit**, also dann, wenn der Rechtsberater die Forderung nicht – auch nicht mit Zustimmung des Mandanten – übertragen könnte. Das ist aber nicht der Fall. Die Verschwiegenheitspflicht der Rechtsberater (§ 203 Abs. 1 Nr. 3 StGB), die das Recht der Auftraggeber auf informationelle Selbstbestimmung (Art. 2 Abs. 1 GG) schützen soll, hat zur Folge, daß der Rechtsberater seine Honorarforderung ohne Zustimmung des Mandanten grundsätzlich nicht übertragen darf. § 851 Abs. 1 ZPO betrifft aber nur den Fall, daß die Forderung rechtlich nicht übertragen werden kann; nicht gleichgestellt ist der Fall, daß die Forderung nicht übertragen werden darf. Für die Pfändung der Honorarforderung des Rechtsberaters ist dessen Mitwirkung nicht erforderlich (§ 829 ZPO).

918 Die Pfändbarkeit der Honorarforderungen der Rechtsberater ergibt sich auch aus dem **Rechtsgedanken des § 851 Abs. 2 ZPO**.[1585] Ein Vollstreckungszugriff auf eine solche Forderung verändert nicht deren Inhalt i. S. d. § 399 Fall 1 BGB. Da das Erfordernis der Zustimmung des Mandanten zur Abtretung der Gebührenforderung dessen Datenschutz dient, ist eine Vollstreckung in eine solche Forderung **dem in § 399 Alt. 2 BGB geregelten Fall vergleichbar**, daß die Abtretung durch Vereinbarung – hier des Rechtsberaters – mit dem Schuldner (Mandanten) ausgeschlossen ist. **§ 851 Abs. 2 ZPO** soll verhindern, daß der Vollstreckungsschuldner durch einfache Abrede mit dem Drittschuldner den Gläubigerzugriff vereitelt; dieser Regelung liegt der **Gedanke** zugrunde, daß das Interesse des Drittschuldners an der Unübertragbarkeit der Forderung den Belangen des **Vollstreckungsgläubigers** wenigstens insoweit weichen muß, als es diesem nicht verwehrt sein darf, **auf die Forderung überhaupt zugreifen zu können**.[1586]

919 Die **Datenschutzbelange des Mandanten** (Gebühren- und Drittschuldners) können nach Pfändung der Honorarforderung des Rechtsberaters **im weiteren Vollstreckungsverfahren gewahrt** werden.

Die **Erklärungspflicht des Drittschuldners** gegenüber dem Vollstreckungsgläubiger (**§ 840 ZPO**) erstreckt sich nur auf die Leistungsbereitschaft, nicht auf die Offenbarung von Mandantengeheimnissen bezüglich der Forderungsgrundlage.

Die **Verpflichtung** des Rechtsberaters als **Vollstreckungsschuldner**, **dem Vollstreckungsgläubiger** die zur Geltendmachung der Forderung nötige **Auskunft zu erteilen** und die **Forderungsunterlagen herauszugeben** (**§ 836 Abs. 3**

1585 OLG Stuttgart, NJW 1994, 2838 f.; *Würz-Bergmann*, S. 227 f.; *Zöller/Stöber*, ZPO, § 829 Rn. 33 – Stichwort: Arzt usw. –.

1586 BGHZ 56, 229, 232 = NJW 1971, 1750.

ZPO), umfaßt nicht die Mitteilung von **Tatsachen**, zu deren **Geheimhaltung** der Rechtsanwalt verpflichtet ist.[1587] Dies gilt entsprechend für Angaben im Rahmen einer **eidesstattlichen Versicherung nach § 807 ZPO.**[1588]

Danach verlangt der **Schutz des informationellen Selbstbestimmungsrechts des Mandanten** (Art. 2 Abs. 1 GG) nicht, daß schon die Pfändung der Gebührenforderung des Rechtsberaters unzulässig ist; vielmehr **genügt** es dafür, daß die **Informationspflicht des Vollstreckungsschuldners** gegenüber seinem Gläubiger sich **im Rahmen der Schweigepflicht** hält.[1589] Damit wird zugleich vermieden, daß **das durch Art. 14 GG geschützte Forderungsrecht des Vollstreckungsgläubigers** unzulässig beeinträchtigt wird.[1590] 920
Inzwischen hat sich der **BGH**[1590a] der herrschenden Meinung angeschlossen und entschieden, daß Gebührenforderungen von Steuerberatern grundsätzlich pfändbar sind und dem Insolvenzbeschlag unterliegen.

9. Honorarforderung einer Sozietät

Der BGH[1591] hat – abweichend von seiner früheren Rechtsprechung[1592] – entschieden, daß die **Honorarforderung einer Anwaltssozietät nicht** deren Mitgliedern als **Gesamtgläubigern** (§ 428 BGB) zusteht. Der Vergütungsanspruch gehört zum Vermögen der bürgerlichrechtlichen Gesellschaft der **Sozietätsanwälte** (§ 718 BGB) und steht diesen **zur gesamten Hand** zu (§ 719 BGB); er ist von den geschäftsführenden Gesellschaftern für die Gesellschaft (Sozietät) einzuziehen. Da Geschäftsführung und Vertretung in einer Anwaltssozietät im allgemeinen – entgegen §§ 709, 714 BGB – gemäß § 710 BGB so geregelt sind, daß jedes Sozietätsmitglied allein die Gesellschaft nach außen hin vertreten kann (vgl. Rn 336 ff.)[1593] kann **jeder Sozietätsanwalt** in Vertretung der Gesellschaft vom Mandanten **Zahlung der Vergütung an die Sozietät verlangen.**[1594] Die Geschäftsführungs- und Vertretungsbefugnis des einzelnen Sozietätsanwalts erstreckt sich jedoch nicht 921

1587 OLG Stuttgart, NJW 1994, 2838, 2839; *Stein/Jonas/Brehm*, § 851 Rn. 9; *Berger*, NJW 1995, 1406, 1408; *Zöller/Stöber*, § 829 Rn. 33 – Stichwort: Arzt usw.; *Feuerich/Braun*, § 49 b Rn. 34; vgl. Berger, NJW 1995, 1584, 1588 für eine ärztliche Honorarforderung; insoweit weitergehend zugunsten des Gläubigers: *Würz-Bergmann*, S. 232 ff.

1588 *Stein/Jonas/Münzberg*, § 807 Rn. 34; Berger, NJW 1995, 1406, 1408; vgl. Berger, NJW 1995, 1584, 1589 für eine ärztliche Honorarforderung.

1589 OLG Stuttgart, NJW 1994, 2838, 2839.

1590 *Würz-Bergmann*, S. 230.

1590a BGH, NJW 1999, 1544.

1591 NJW 1996, 2859 = WM 1996, 1632.

1592 NJW 1963, 1301; 1980, 2407.

1593 BGHZ 56, 355, 359 = NJW 1971, 1801 = WM 1971, 1386.

1594 BGH, NJW 1996, 2859 = WM 1996, 1632.

darauf, im eigenen Namen Erfüllung der – zum Gesamthandsvermögen gehörenden – Vergütungsforderung an sich selbst zu fordern. Könnte dies jedes Sozietätsmitglied als Gesamtgläubiger, so bliebe den übrigen Gesellschaftern nach der Leistung des Schuldners gemäß § 428 BGB nur ein Ausgleichsanspruch gegen deren Empfänger.

Die Sozietätsanwälte können allerdings ein Sozietätsmitglied im Wege der **gewillkürten Prozeßstandschaft** ermächtigen, eine Vergütungsforderung der Sozietät im eigenen Namen und auf eigene Rechnung geltend zu machen.[1595]

922 **10. Honorar und Gewährleistung**

923 Der anwaltliche Vergütungsanspruch aus einem – im Regelfall geschlossenen – **Anwaltsdienstvertrag** (§§ 611, 675 BGB; vgl. Rn. 4 ff., 504 ff., 849, 1192 ff., 1201 ff.)[1596] kann nicht kraft Gesetzes wegen mangelhafter Dienstleistung gekürzt werden oder wegfallen, weil das Dienstvertragsrecht **keine Gewährleistungsregelung** kennt.[1597] Allerdings kann die anwaltliche Vergütung zu dem durch Schlechterfüllung des Vertrages entstandenen Schaden gehören, dessen Ersatz der Mandant verlangen kann.[1598]

924 Dagegen kann der Rechtsanwalt seine Vergütung aus einem – nur ausnahmsweise vorliegenden – **Anwaltswerkvertrag** (§§ 631, 675 BGB; vgl. Rn. 4 ff., 504 ff., 849, 1192 ff., 1201 ff.)[1599] bei Herstellung eines mangelhaften Werks gemäß § 634 BGB im Wege der **Wandelung** oder **Minderung** ganz oder teilweise verlieren, unbeschadet eines Anspruchs des Auftraggebers aus **§ 633 BGB**[1600] sowie eines **Schadensersatzanspruchs** aus § 635 BGB auf Ersatz eines „**Mangelschadens**“ (dazu Rn. 949 ff.)[1601] oder aus positiver Verletzung des Werkvertrages auf Ersatz eines „**Mangelfolgeschadens**“ (dazu Rn. 1193 f.).[1602]

1595 BGH, NJW 1996, 2859, 2860 = WM 1996, 1632, 1633.
1596 BGH, WM 1996, 540, 541 und 1832, 1833.
1597 BGH, NJW 1963, 1301, 1302; OLG Nürnberg AnwBl 1971, 175, 176.
1598 BGH, NJW 1963, 1301, 1302 f.; 1981, 1211, 1212.
1599 BGH, NJW 1965, 106; 1967, 719, 720; WM 1996, 540, 541 und 1832, 1833.
1600 Vgl. BGHZ 26, 337, 339 f. = NJW 1958, 706; BGH, NJW 1976, 143; BGHZ 94, 330, 334 = NJW 1985, 2325; BGH, NJW 1991, 2630, 2632.
1601 BGHZ 67, 1, 5 ff. = NJW 1976, 1502; BGHZ 72, 31, 33 = NJW 1978, 1626; BGHZ 87, 239, 241 f. = NJW 1983, 2078; BGHZ 96, 221, 223 ff. = NJW 1986, 922.
1602 Vgl. BGHZ 61, 203, 205 = NJW 1973, 1752; BGHZ 67, 1, 5, 8 f. = NJW 1976, 1502; BGHZ 87, 239, 241 f. = NJW 1983, 2078; BGH, WM 1996, 540, 541.

11. Kündigung und Vergütung 925

a) § 628 BGB (Anwaltsdienstvertrag)

Diese Vorschrift beantwortet die Frage, wie eine **außerordentliche**, vom Rechtsanwalt oder von seinem Mandanten ausgesprochene **Kündigung** eines – regelmäßig vorliegenden (Rn. 923) – **Anwaltsdienstvertrages** (§§ 611, 675 BGB) gemäß §§ 626, 627 BGB sich auf die **anwaltliche Vergütung auswirkt** (vgl. Rn. 61 ff.). Nach dem eindeutigen Wortlaut erstreckt sich § 628 BGB nicht auf eine Vertragsbeendigung durch ordentliche Kündigung (vgl. §§ 620 Abs. 2–625 BGB) oder durch einvernehmliche Auflösung.[1603] 926

Die Anwendung dieser Vorschrift wird nicht durch die Bundesgebührenordnung für Rechtsanwälte ausgeschlossen.[1604] Allerdings ist § 628 BGB **abdingbar**.[1605]

b) § 628 Abs. 1 Satz 1 BGB

Diese Vorschrift enthält den **Grundsatz**, daß der Rechtsanwalt, wenn der Anwaltsdienstvertrag nach dem Beginn der Dienstleistung gemäß §§ 626, 627 BGB gekündigt worden ist, denjenigen **Teil der Vergütung** verlangen kann, der seiner bisherigen Leistung entspricht.[1606] 927

aa) Kündigung gemäß § 626 BGB

Die vorzeitige Beendigung eines Anwaltsdienstvertrages wird nur selten mit einer **Kündigung gemäß § 626 BGB** erstrebt. Danach kann ein Dienstverhältnis von jedem Vertragspartner aus wichtigem Grund ohne Einhaltung einer Kündigungsfrist – in dem kurzen Zeitraum des § 626 Abs. 2 BGB[1606a] – gelöst werden, wenn dem Kündigenden wegen bestimmter Tatsachen mit Rücksicht auf alle Umstände des Einzelfalles und unter Abwägung der Interessen beider Vertragsteile die Fortsetzung des Vertrages nicht zugemutet werden kann. Der Beweis dieser Kündigungsvoraussetzungen kann dem kündigenden Vertragspartner[1607] im Streitfall schwer fallen. 928

1603 BGH, NJW 1994, 1069, 1070.
1604 BGH, NJW 1982, 437, 438; 1985, 41; 1987, 315, 316.
1605 BGHZ 54, 106, 108 = NJW 1970, 1596.
1606 BGH, NJW 1982, 437, 438; 1987, 315, 316.
1606a BGH, WM 1999, 281, 282.
1607 Vgl. BAG, JZ 1973, 58, 59; NJW 1988, 438.

bb) Kündigung gemäß § 627 BGB

929 Nach **§ 627 Abs. 1 BGB** kann ein Dienstverhältnis, das kein Arbeitsverhältnis i. S. d. § 622 BGB ist, „auch ohne die im § 626 bezeichnete Voraussetzung" von jedem Vertragspartner jederzeit – mit der Einschränkung für den Dienstverpflichteten gemäß § 627 Abs. 2 BGB – und ohne Begründung **gekündigt** werden, wenn der Dienstverpflichtete Dienste höherer Art zu leisten hat, die auf Grund besonderen Vertrauens übertragen zu werden pflegen, es sei denn, daß es sich um ein dauerndes Dienstverhältnis mit festen Bezügen handelt. Diese Vorschrift schließt eine Kündigung gemäß der – unabdingbaren – Bestimmung des § 626 BGB nicht aus.

930 § 627 BGB ist zwar grundsätzlich **abdingbar**,[1608] jedoch sind der Beschränkung oder dem Ausschluß **enge Grenzen** gesetzt,[1609] insbesondere wenn dies durch AGB geschieht.[1610]

(1) Dienste höherer Art

931 Im Rahmen eines Dienstvertrages hat ein **Rechtsanwalt** i. S. d. § 627 Abs. 1 BGB **Dienste höherer Art** zu leisten, die ein Mandant auf Grund besonderen Vertrauens zu übertragen pflegt.[1611] Dieses kann schon gestört werden durch unwägbare Umstände und Empfindungen, die objektiv keinen wichtigen Kündigungsgrund darstellen; deswegen soll die Entschließungsfreiheit der Vertragspartner gewährleistet werden.[1612]

(2) Dauerndes Dienstverhältnis

932 Ein **dauerndes Dienstverhältnis** i. S. d. § 627 Abs. 1 BGB erfordert keine Dienstleistung, die die Erwerbstätigkeit des Verpflichteten vollständig oder hauptsächlich in Anspruch nimmt.[1613] Es setzt weder eine soziale und wirtschaftliche Abhängigkeit des Verpflichteten noch eine unbestimmte Vertragsdauer voraus. Ein solches Dauerverhältnis kann auch dann vorliegen, wenn der Vertrag auf eine bestimmte längere Zeit geschlossen worden ist. Dafür kann ein Jahr genügen, wenn es sich um eine Verpflichtung für ständige oder langfristige Aufgaben han-

---

1608 RGZ 105, 416, 417; BGH, NJW-RR 1991, 439, 440.
1609 Vgl. BGH, NJW-RR 1991, 439, 440; OLG Düsseldorf, NJW-RR1987, 691, 693.
1610 BGHZ 106, 341, 346 f. = NJW 1989, 1479; BGH, WM 1993, 515, 516; OLG Hamm, NJW-RR 1987, 243, 244; OLG Koblenz, NJW 1990, 3153 f.
1611 BGH, NJW 1987, 315, 316; WM 1993, 515.
1612 BGH, NJW-RR 1993, 505, 506.
1613 BGH, WM 1993, 515, 516.

delt und die Vertragspartner von der Möglichkeit und Zweckmäßigkeit einer Verlängerung ausgehen.[1614]

(3) Feste Bezüge

Feste Bezüge in einem dauernden Dienstverhältnis sind nur Vergütungen, die von vornherein und für einen längeren Zeitraum festgelegt sind und einen solchen Umfang erreichen, daß der Verpflichtete mit ihnen für seine wirtschaftliche Daseinsvorsorge rechnen und planen darf.[1615] Das ergibt sich aus dem Zweck der Ausnahmeregelung, die ein dauerndes Dienstverhältnis mit festen Bezügen der freien Kündigung gemäß § 627 Abs. 1 BGB entzieht. Dieser besteht darin, das Vertrauen des Dienstverpflichteten auf seine Existenzsicherung zu schützen und insoweit die Kündigungsfreiheit des Dienstberechtigten einzuschränken.[1616] 933

Keine festen Bezüge sind Entgelte, die von außervertraglichen Entwicklungen – etwa vom Jahresumsatz des Auftraggebers – abhängen, der Höhe nach schwanken und kein bestimmtes Mindesteinkommen sichern. Solche Vergütungen begründen kein Vertrauen auf eine Daseinsvorsorge; sie sind zwar letztlich bestimmbar, aber durch den Eintritt ungewisser, wechselhafter Umstände bedingt, so daß sie eine unterschiedliche Höhe erreichen oder sogar vollständig entfallen können.[1617] 934

cc) Vergütungsteil

Nach § 628 Abs. 1 Satz 1 BGB erhält der Rechtsanwalt nach einer Vertragskündigung gemäß §§ 626, 627 BGB grundsätzlich „einen seinen **bisherigen Leistungen entsprechenden Teil der Vergütung**". 935

(1) Pauschgebühren

Sind **Pauschgebühren** im Zeitpunkt der Vertragskündigung bereits entstanden, so beeinträchtigt die vorzeitige Vertragsbeendigung den anwaltlichen Vergütungsanspruch nicht (§ 13 Abs. 4 BRAGO). Diese Gebühren, die der Rechtsanwalt in vol- 936

1614 BGH, WM 1993, 515, 516: Vertrag auf ein Jahr mit Verlängerungsklausel; NJW-RR 1993, 505: Fünfjährige Laufzeit.

1615 BGH, WM 1993, 515, 516; NJW-RR 1993, 505, 506.

1616 BGH, NJW-RR 1993, 505, 506; WM 1993, 515, 516.

1617 BGH, WM 1993, 515, 516 für ein Entgelt eines Steuerberaters, das sich letztlich nach dem Jahresumsatz des Mandanten bestimmt; NJW-RR 1993, 505, 506 für die Vergütung eines Managers, die sich nach der Anzahl der öffentlichen Auftritte und der Höhe der dabei erzielten Gagen eines Künstlers richtet.

ler Höhe mit der ersten Tätigkeit verdient, die die gesetzlichen Voraussetzungen ihres Entstehungstatbestandes erfüllt, sind die Vergütung für die bisherige Leistung des Rechtsanwalts i. S. d. § 628 Abs. 1 BGB.[1618]

(2) Vereinbartes Honorar

937 Eine Herabsetzung eines **vereinbarten Honorars** nach Maßgabe dieser Vorschrift[1619] wird durch § 13 Abs. 4 BRAGO nicht ausgeschlossen.[1620] Eine Ermittlung des gerechtfertigten Teils einer vereinbarten Vergütung gemäß der Vorschrift des § 628 Abs. 1 Satz 1 BGB, die den Anspruchsgrund betrifft, geht einer Ermäßigung des vereinbarten Honorars nach der Bestimmung des § 3 Abs. 3 BRAGO vor, die sich nur auf die Höhe der Vergütung bezieht. In diesem Zusammenhang ist § 3 Abs. 3 BRAGO nur dann anzuwenden, wenn auch das nach § 628 Abs. 1 Satz 1 BGB geschuldete Teilhonorar aus der Vereinbarung noch unangemessen hoch ist oder die Vertragspartner verabredet haben, daß auch bei vorzeitiger Vertragsbeendigung das gesamte vereinbarte Honorar zu zahlen ist.[1621]

c) § 628 Abs. 1 Satz 2 BGB

938 Nach Satz 2 des § 628 Abs. 1 BGB kann ein **Vergütungsanspruch** des Rechtsanwalts aus Satz 1 dieser Vorschrift unter zwei Voraussetzungen – teilweise oder vollständig – insoweit **entfallen**, als die bisherigen Anwaltsleistungen infolge der Kündigung für den Mandanten kein Interesse haben.

aa) Kündigung des Rechtsanwalts

939 Ein solcher Anspruchsverlust kann zunächst eintreten, wenn der **Rechtsanwalt** als Dienstverpflichteter **kündigt**, ohne dazu durch vertragswidriges Verhalten des Auftraggebers veranlaßt worden zu sein.

940 Ein **vertragswidriges Verhalten** i. S. d. § 628 Abs. 1 Satz 2 BGB setzt eine schuldhafte Verletzung einer Vertragspflicht voraus.[1622] Der **Auftraggeber** kann durch vertragswidriges Verhalten den Rechtsanwalt zu einer Vertragskündigung gemäß §§ 626, 627 BGB veranlassen, indem er

1618 BGH, NJW 1982, 437, 438; 1987, 315, 316; WM 1995, 1288, 1289.
1619 Dazu im einzelnen *Pabst*, MDR 1978, 449; *Brieske*, S. 121 ff.
1620 BGH, NJW 1987, 315, 316.
1621 BGH, NJW 1987, 315, 316.
1622 BGH, WM 1995, 1288, 1289.

- diesem grundlose Vorwürfe macht und unbegründete Regreßforderungen androht;[1623]
- mit einer Weisung einen sachgerechten Rat des Anwalts mißachtet und an einer aussichtslosen Maßnahme festhält;[1624]
- den angeforderten Gebührenvorschuß gemäß § 17 BRAGO nicht zahlt;[1625]
- einen anderen Rechtsanwalt beauftragt und unzulässige oder übertriebene Anforderungen an die Art der Mandatsausübung stellt.[1626]

bb) Kündigung des Auftraggebers

Einen Vergütungsanspruch kann der **Rechtsanwalt** gemäß § 628 Abs. 1 Satz 2 BGB auch dann verlieren, wenn er durch **vertragswidriges Verhalten** i. S. d. Vorschrift (Rn. 940) die **Vertragskündigung des Auftraggebers** veranlaßt.[1627] 941

Dies kann der Fall sein, wenn der Rechtsanwalt in vorwerfbarer Weise während des Vertrages

- den Verdacht strafbarer Handlungen zum Nachteil anderer Mandanten begründet[1628]
- oder den Auftraggeber nicht hinreichend über eine Interessenkollision aufklärt.[1629]

cc) Kein Interesse

Die bisherige anwaltliche Tätigkeit hat infolge der Kündigung des Anwaltsdienstvertrages für den Auftraggeber dann „**kein Interesse**“ mehr, wenn dieser sie nicht mehr wirtschaftlich verwerten kann, sie also für ihn nutzlos geworden ist.[1630] 942

Das ist insoweit der Fall, als der Auftraggeber anstelle des bisherigen Rechtsanwalts einen anderen Rechtsanwalt beauftragen und diesem nochmals eine Vergütung zahlen muß;[1631] dies führt zum entsprechenden Verlust des Vergütungsan- 943

1623 BGH, WM 1996, 2244, 2246 = NJW 1997, 188.
1624 AG Köln, AnwBl 1989, 624, 625.
1625 BGH, VersR 1989, 863, 864.
1626 *Pabst*, MDR 1978, 449, 450 f.
1627 Dazu *Pabst*, MDR 1978, 449, 451.
1628 BGH, WM 1995, 1288, 1289
1629 BGH, NJW 1985, 41.
1630 BGH, NJW 1982, 437, 438; 1985, 41.
1631 BGH, NJW 1982, 437, 438; 1985, 41; WM 1995, 1288, 1289; 1996, 2244, 2246; im einzelnen *Pabst*, MDR 1978, 449, 451 f.

spruchs des früheren Rechtsanwalts, ohne daß es dafür einer Aufrechnung des Auftraggebers mit einer Gegenforderung bedarf.[1632]

944 Hat der frühere Rechtsanwalt den Mandanten in einem anhängigen Rechtsstreit vertreten, so entfällt der Anspruch auf eine Vergütung der bisherigen Leistung vollständig, wenn der Auftraggeber – wie im Regelfall – einem **neuen Prozeßbevollmächtigten** die gleichen Gebühren nochmals in voller Höhe entrichten muß.[1633]

945 Anders kann dies bei **Honorarvereinbarungen** sein.[1634]

946 Die **Rückerstattung von Gebührenvorauszahlungen** – insbesondere von **Vorschüssen** gemäß § 17 BRAGO – regelt § 628 Abs. 1 Satz 3 BGB.[1635]

dd) Beweislast

947 Gegenüber der Bestimmung des § 628 Abs. 1 Satz 1 BGB, die dem Rechtsanwalt nach einer Kündigung des Anwaltsdienstvertrages gemäß §§ 626, 627 BGB einen Anspruch auf diejenige Vergütung gewährt, die seinen bisherigen Leistungen entspricht, begründet **§ 628 Abs. 1 Satz 2 BGB für den Auftraggeber eine Einwendung**, deren Voraussetzungen dieser im Streitfall **darlegen und beweisen** muß.[1636]

Hat der **Rechtsanwalt gekündigt**, so trägt der Auftraggeber die Darlegungs- und Beweislast dafür, daß er diese Kündigung nicht durch eigenes vertragswidriges Verhalten veranlaßt hat und sein Interesse an der bisherigen Anwaltsleistung entfallen ist.[1637]

Hat der **Auftraggeber gekündigt**, so muß er darlegen und beweisen, daß der Rechtsanwalt die Kündigung durch vertragswidriges Verhalten veranlaßt hat und kein Interesse an der bisherigen Anwaltsleistung besteht.[1638]

d) § 628 Abs. 2 BGB

948 Im Rahmen eines Schadensersatzanspruchs aus § 628 Abs. 2 BGB kann der Rechtsanwalt eine entgangene Vergütung geltend machen (Rn. 84 f.).[1639]

1632 BGH, NJW 1982, 437, 438; 1985, 41.
1633 BGH, NJW 1982, 437, 438; 1985, 41; WM 1995, 1288, 1289.
1634 Dazu im einzelnen *Pabst*, MDR 1978, 449, 452.
1635 Dazu *Pabst*, MDR 1978, 449, 452 f.
1636 BGH, NJW 1982, 437, 438; WM 1995, 1288, 1289; 1996, 2244, 2246.
1637 BGH, WM 1996, 2244, 2246 = NJW 1997, 188.
1638 BGH, NJW 1982, 437, 438; WM 1995, 1288, 1289.
1639 Dazu im einzelnen *Pabst*, MDR 1978, 449, 453.

e) Vergütung aus gekündigtem Anwaltswerkvertrag

Liegt – ausnahmsweise (Rn. 923 f.) – ein **Anwaltswerkvertrag** 949

(§§ 631, 675 BGB) vor, richtet im **Kündigungsfall** die **anwaltliche Vergütung** nach den werkvertraglichen Regeln.

aa) Kündigung des Auftraggebers

Kündigt der **Auftraggeber**, bevor der Rechtsanwalt sein Werk – etwa ein Gutach- 950
ten – vollendet hat, so bestimmt sich die **anwaltliche Vergütung nach § 649 BGB.**[1640]

Außerdem kann der **Mandant** einen Anwaltswerkvertrag **aus wichtigem Grund** 951
kündigen, wenn ihm eine weitere Bindung an den Vertrag – etwa wegen einer positiven Vertragsverletzung des Vertragspartners[1641] – nicht mehr zugemutet werden kann.[1642]

In diesem Falle erhält der Rechtsanwalt keine Vergütung für die noch nicht erbrachte Vertragsleistung; für die bis zur Kündigung erbrachte Leistung steht ihm der entsprechende Vergütungsanteil zu, es sei denn, daß der hergestellte Werksteil wegen Mängel wertlos ist oder daß dieser trotz Mangelfreiheit für den Auftraggeber unbrauchbar ist oder von diesem nicht in zumutbarer Weise verwertet werden kann.[1643]

bb) Kündigung des Rechtsanwalts

Kündigt der **Rechtsanwalt** einen **Anwaltswerkvertrag aus wichtigem Grund**, 952
so kann ihm eine Vergütung im Rahmen eines Schadensersatzanspruchs wegen einer Pflichtverletzung des Mandanten zustehen.[1644]

Löst der Anwalt den Werkvertrag gemäß **§§ 642, 643 BGB**, kann er – neben einer Entschädigung nach § 642 BGB – einen Vergütungsanteil für die bereits geleistete Arbeit und Ersatz von Auslagen verlangen (**§ 645 Abs. 1 BGB**).[1645]

1640 Vgl. BGH, NJW 1993, 1972, 1973.
1641 Vgl. BGH, WM 1995, 1288, 1289 = NJW 1995, 1954.
1642 Vgl. BGH, WM 1990, 1756, 1757; NJW 1993, 1972, 1973; NJW-RR 1996, 1108; *Schmidt*, NJW 1995, 1313.
1643 Vgl. BGHZ 136, 33, 38 ff. = NJW 1997, 3017 für einen Architektenvertrag.
1644 Vgl. BGH, NJW 1996, 3270, 3271; OLG Köln, NJW 1993, 73
1645 Vgl. BGH, WM 1982, 586, 587; BGHZ 136, 303, 307 f. = NJW 1997, 3018; BGH, NJW 1998, 456, 457; WM 1999, 1179.

12. Verwirkung der Honorarforderung

953 Der Begriff der „**Verwirkung**" betrifft im Regelfall eine gegen den allgemeinen Rechtsgrundsatz von Treu und Glauben (§ 242 BGB) verstoßende **späte Rechtsausübung,**[1646] kann aber auch für einen – ebenfalls auf diesem Grundsatz gestützten – **Rechtsverlust wegen pflichtwidrigen Verhaltens** verwendet werden.[1647]

954 Das RG[1648] hat die Vorschrift des **§ 654 BGB**, die eine Verwirkung des Mäklerlohnanspruchs betrifft, **entsprechend auf den Anwaltsvertrag** dahin angewandt, daß eine vorsätzliche oder fahrlässige Verletzung wesentlicher Vertragspflichten des Rechtsanwalts zum Verlust der Vergütung führen könne. Der BGH[1649] ist dieser Rechtsprechung nur insoweit gefolgt, als lediglich ein vorsätzlicher, nach § 356 StGB strafbarer **Parteiverrat den anwaltlichen Vergütungsanspruch ausschließt**. Eine **fahrlässige Pflichtverletzung**, sei sie auch grober Art, hat eine solche Wirkung **nicht.**[1650] Diese Ergebnisse lassen sich auch mit einer unmittelbaren Anwendung des allgemeinen Grundsatzes von Treu und Glauben im Rechtsverkehr (§ 242 BGB) begründen, dessen Ausprägung § 654 BGB ist.[1651]

13. Verjährung der Honorarforderung

955 Der **Anspruch eines Rechtsanwalts auf Gebühren und Auslagen** – seine „**Vergütung**" i. S. d. § 1 Abs. 1 BRAGO – **verjährt in zwei Jahren** (§ 196 Abs. 1 Nr. 15 BGB).

956 Die **Verjährung beginnt** mit dem Schluß des Jahres, in dem der Anspruch fällig wird (§§ 198, 201 BGB). Die **Fälligkeit** tritt gemäß § 16 Satz 1 BRAGO regelmäßig ein mit der Erledigung des Auftrags (dazu Rn. 866) oder mit der Beendigung der Angelegenheit (dazu Rn. 865 ff.); maßgeblich ist der erste Eintritt eines dieser Tatbestände.[1652] Die Parteien können allerdings abweichend von der abdingbaren Vorschrift des § 16 BRAGO einen anderen Fälligkeitszeitpunkt vereinbaren; sie können schon bei Abschluß des Anwaltsvertrages die Fälligkeit der Vergütungs-

---

1646 BGHZ 25, 47, 51 f. = NJW 1957, 1358; BGHZ 105, 290, 298 = NJW 1989, 836.

1647 Vgl. BGHZ 55, 274, 277 = NJW 1971, 1127; BGH, NJW 1984, 1529, 1530; NJW-RR 1997, 348, 349.

1648 RGZ 113, 264, 269.

1649 NJW 1963, 1301, 1303; 1981, 1211, 1212; vgl. BGH, WM 1999, 970, 972 f. (Syndikus); OLG Nürnberg, AnwBl 1971, 175, 176; OLG München, NJW 1997, 1313, 1314.

1650 BGH, NJW 1981, 1211, 1212.

1651 OLG Nürnberg, AnwBl 1971, 175, 176.

1652 BGH, WM 1998, 2243, 2245 m. w. N. = NJW 1998, 3486.

forderung und damit den Verjährungsbeginn hinausschieben.[1653] Der Lauf der Verjährungsfrist hängt nicht davon ab, daß der Rechtsanwalt seinem Auftraggeber die **Berechnung der Vergütung** mitteilt (§ 18 Abs. 1 Satz 2 BRAGO).

Die Entstehung und die Fälligkeit des anwaltlichen Vergütungsanspruchs werden durch den Erlaß oder das Fehlen einer **Streitwertfestsetzung** nicht berührt; ein solcher Umstand beeinflußt infolgedessen nicht die Verjährung.[1654] Einschränkungen, die sich für die Durchsetzung des Vergütungsanspruchs aus der Bindungswirkung des § 9 BRAGO ergeben, werden durch § 202 Abs. 1 BGB erfaßt; danach ist die **Verjährung gehemmt**, solange der Durchsetzung des Anspruchs vorübergehend ein rechtliches Hindernis entgegensteht.[1655] Deswegen ist, falls der ursprünglich festgesetzte Streitwert später heraufgesetzt wird, die Verjährung des Vergütungsanspruchs, soweit dieser durch die ursprüngliche Streitwertfestsetzung nicht gedeckt ist, bis zur Erhöhung des Wertes gehemmt.[1656] 957

Solange der Rechtsanwalt die Vergütung nicht **einfordern** kann, weil eine von ihm unterzeichnete und dem Auftraggeber mitgeteilte **Berechnung** fehlt, braucht dieser nicht zu zahlen und kann der Rechtsanwalt mit seiner Honorarforderung nicht aufrechnen.[1657] 958

Die **Honorarklage unterbricht die Verjährung** des anwaltlichen Vergütungsanspruchs auch dann, wenn der Rechtsanwalt seinem Auftraggeber noch keine **Berechnung der Vergütung** gemäß § 18 BRAGO mitgeteilt hat; wird dies bis zur letzten mündlichen Verhandlung in der Tatsacheninstanz nachgeholt, so wird die Vergütungsforderung damit **einforderbar**.[1658] 959

Durch den **Antrag auf Festsetzung der Vergütung** gemäß § 19 BRAGO wird die **Verjährung** der Gebührenforderung wie durch Klageerhebung (§ 209 BGB) **unterbrochen** (§ 19 Abs. 7 BRAGO).[1659] 960

Hat der beklagte Gebührenschuldner den anwaltlichen Honoraranspruch im **Urkundenverfahren** unter Vorbehalt der Ausführung seiner Rechte anerkannt, so kann er die **Verjährungseinrede noch im Nachverfahren** erheben.[1660] 961

1653 BGH, NJW-RR 1992, 254, 255 für den Fall der Abtretung einer Forderung zur Sicherung des anwaltlichen Honoraranspruchs.
1654 BGH, NJW 1998, 2670, 2671 = WM 1998, 1545.
1655 BGH, NJW 1998, 2670, 2672.
1656 BGH, NJW 1998, 2670, 2672, abweichend von BGH, LM BGB § 198 Nr. 10 = AnwBl 1978, 229.
1657 BGH, AnwBl 1985, 257 f.
1658 BGH, WM 1998, 2243, 2246 = NJW 1998, 3486.
1659 BGH, NJW 1981, 825, 826.
1660 BGH, NJW-RR 1992, 254, 256.

962 Es wird verwiesen bezüglich

- der **Verjährungshemmung** (§§ 202 ff. BGB) auf Rn. 1305 ff.,
- der **Verjährungsunterbrechung** (§§ 208–210 BGB) auf Rn. 1311 ff.,
- der **mißbräuchlichen Verjährungseinrede** auf Rn. 1331 ff.

963 14. Aufrechnung und Zurückbehaltung

964 Hat der Auftraggeber einen Zahlungsanspruch gegen den Rechtsanwalt, so kann dieser gemäß §§ 387 ff. BGB **aufrechnen** mit Ansprüchen auf Zahlung der Vergütung (§ 675 mit §§ 611, 612 oder 631, 632 BGB) und auf Ersatz von Auslagen (§§ 670, 675 BGB), und zwar auch mit entsprechenden Forderungen aus früheren Mandaten.[1661]

Solche Gegenforderungen des Rechtsanwalts und ein auf Geld gerichteter Herausgabeanspruch des Mandanten aus §§ 667, 675 BGB sind allerdings i. d. R. nicht gleichartig i. S. d. § 387 BGB, so daß insoweit eine Aufrechnung ausscheidet; anders ist dies, wenn der Rechtsanwalt eine Geldforderung seines Auftraggebers nicht über ein Treuhandkonto, sondern über ein eigenes Bankkonto eingezogen hat, weil dann der Herausgabeanspruch die Zahlung eines entsprechenden Betrages betrifft.[1662]

965 Gegen **unpfändbare Ansprüche** kann nicht aufgerechnet werden (§ 394 BGB), gegen **zweckgebundene Ansprüche** nur mit solchen Gegenforderungen, deren Erfüllung demselben Zweck dient.[1663] Nach § 4 Abs. 3 der Berufsordnung darf der Rechtsanwalt eigene Forderungen nicht mit Geldern verrechnen, die an ihn zweckgebunden für Dritte gezahlt worden sind.

966 Die **Aufrechnung** ist über die gesetzlich und vertraglich ausdrücklich geregelten Fälle hinaus **ausgeschlossen**, wenn nach dem besonderen Inhalt des Schuldverhältnisses der Ausschluß als **stillschweigend vereinbart** anzusehen ist (§ 157 BGB) oder wenn wegen der Natur der Rechtsbeziehung oder wegen des Zwecks der geschuldeten Leistung eine Erfüllung im Wege der Aufrechnung **mit Treu und Glauben (§ 242 BGB) unvereinbar** wäre.[1664]

967 Wegen der Natur eines **Treuhandverhältnisses** darf der fremdnützige Treuhänder gegen den Herausgabeanspruch des Treugebers aus §§ 667, 675 BGB **grundsätzlich nicht mit Gegenforderungen aufrechnen**, die ihren Grund nicht in dem

---

1661 BGHZ 71, 380, 382 f. = NJW 1978, 1807; BGH, NJW 1995, 1425, 1426.

1662 BGHZ 71, 380, 392 f. = NJW 1978, 1807.

1663 BGH, WM 1989, 450, 452 betreffend einen Gerichtskostenvorschuß; BGHZ 113, 90, 93 f. = NJW 1991, 839 betreffend beigetriebene Unterhaltsleistungen.

1664 BGHZ 95, 109, 113 = NJW 1985, 2820; BGHZ 113, 90, 93 = NJW 1991, 839; BGH, NJW 1993, 2041, 2042; 1995, 1425, 1426.

Treuhandvertrag und den damit verbundenen Aufwendungen haben.[1665] Dagegen ist die Aufrechnung dann unbeschränkt zulässig, wenn der Treuhandabrede ein gesetzlich verbotenes Ziel – etwa eine Vollstreckungsvereitelung (§ 288 StGB) – zugrunde liegt.[1666]

Die in einem **formularmäßigen Anwaltsvertrag** enthaltene Klausel, wonach jede **Aufrechnung gegenüber der Honorarforderung ausgeschlossen** ist, ist wegen unangemessener Benachteiligung des Mandanten **unwirksam.**[1667] 968

In den Fällen, in denen eine Aufrechnung ausgeschlossen ist, kann eine fällige Geldforderung auch nicht „**zurückbehalten**" werden, weil dies einer Aufrechnung gleichkommt.[1668] Gegenüber einem Anspruch des Treugebers aus §§ 667, 675 BGB auf Herausgabe des vom Treuhänder auftragsgemäß erworbenen Eigentums ist wegen der Natur des **Treuhandverhältnisses** ein **Zurückbehaltungsrecht** (§ 273 BGB) grundsätzlich **ausgeschlossen** wegen solcher Gegenforderungen, die in keinem Zusammenhang mit der Geschäftsbesorgung stehen.[1669] 969

Ein **Zurückbehaltungsrecht** des Rechtsanwalts an den Handakten aus **§ 50 BRAO** besteht i. d. R. nur wegen der Honorarforderung aus der Angelegenheit, auf die sich die Handakte bezieht (vgl. Rn. 830 ff.).[1670] 970

II. Informationspflicht 971

Der Rechtsanwalt kann die Interessen seines **Mandanten** nur dann vertragsgerecht wahrnehmen, wenn dieser seine **vertragliche Nebenpflicht zur Information seines Rechtsanwalts** – während der gesamten Dauer des Anwaltsvertrages – erfüllt, d. h. seinen Anwalt wahrheitsgemäß und vollständig über das **erstrebte Ziel** und die **tatsächlichen Umstände** seiner Rechtsangelegenheit **unterrichtet** und ihm die einschlägigen **Unterlagen** zur Verfügung stellt (Rn. 537 ff.).[1671] 972

Die **Informationspflicht des Auftraggebers** und die **Grundpflicht des Rechtsanwalts zur Klärung des maßgeblichen Sachverhalts** (Rn. 532 ff.) stehen in **Wechselwirkung.**[1672] **Grundsätzlich** darf der **Rechtsanwalt auf die Richtigkeit** 973

1665 BGHZ 95, 109, 113 = NJW 1985, 2820; BGH, NJW 1993, 2041, 2042 m. w. N.; vgl. zur Aufrechnung im Treuhandverhältnis: *Henssler*, AcP 196 (1996) S. 62 ff.

1666 BGH, NJW 1993, 2041, 2042.

1667 BGH, WM 1986, 199, 203 = NJW-RR 1986, 1281.

1668 BGH, NJW 1984, 128, 129.

1669 RGZ 160, 52, 59; BGH LM BGB § 313 Nr. 15.

1670 BGH, WM 1997, 2087, 2090.

1671 BGH, NJW 1996, 2929, 2932 = WM 1996, 1832, 1835, 1836; WM 1997, 1392, 1395; eingehend *Gebler*, S. 16 ff., 47 ff.

1672 BGH, NJW 1982, 437 = VersR 1982, 143; *Borgmann*, FS Ostler 1983, S. 1 ff.

und Vollständigkeit tatsächlicher Angaben seines Auftraggebers – oder eines Dritten, dem der Mandant die Unterrichtung seines Anwalts überlassen hat[1673] – ohne eigene Nachforschungen **vertrauen** (Rn. 539).[1674] Dies gilt insbesondere für eine Information, die die berufliche Tätigkeit des Auftraggebers betrifft.[1675]

Der Vertrauensgrundsatz entfällt für die **Mitteilung von Rechtstatsachen** und für **rechtliche Wertungen**; insoweit muß der Rechtsanwalt den maßgeblichen Sachverhalt ermitteln, indem er selbst – nicht durch seinen Bürovorsteher[1676] – **den Mandanten befragt** und **Unterlagen erbittet** (Rn. 540).[1677] Diese Ermittlungspflicht obliegt dem Rechtsanwalt auch dann, wenn er Anhaltspunkte dafür hat, daß die **Angaben des Mandanten unzutreffend** oder **lückenhaft** sind (Rn. 541 f.).[1678]

974 Grundsätzlich spricht der **Anscheinsbeweis** dafür, daß der Mandant eine Bitte seines Rechtsanwalts um weitere Informationen und Unterlagen erfüllt hätte (Rn. 543).[1679]

975 **Verletzt der Mandant seine vertragliche Informationspflicht**, indem er oder ein Beauftragter den Rechtsanwalt falsch oder unvollständig unterrichtet oder diesem einschlägige Unterlagen oder Beweismittel vorenthält, so kann ein Regreßanspruch des Auftraggebers gegen den Rechtsanwalt wegen eines **Mitverschuldens** (§ 254 BGB) entfallen oder gemindert werden (Rn. 538, 1155).[1680]

III. Weisung

976 Nach §§ 665, 675 BGB hat der **Auftraggeber** das Recht, die Ausführung des Mandats durch **Weisungen** zu steuern. Andererseits trifft den Auftraggeber die **Nebenpflicht**, den Zweck des Anwaltsvertrages **nicht** durch **sachwidrige Weisungen** zu gefährden.

977 Aus §§ 665, 675 BGB ergibt sich, daß der beauftragte **Rechtsanwalt grundsätzlich Weisungen seines Auftraggebers** zu **befolgen** hat, selbst wenn dies zu Nach-

1673 BGH, NJW 1991, 2839, 2840 f. = WM 1991, 1812; WM 1997, 1392, 1394.
1674 BGH, VersR 1960, 911; NJW 1991, 2839, 2841; 1996, 2929, 2931 = WM 1996, 1832, 1835; WM 1997, 1392, 1394; NJW 1998, 2048, 2049.
1675 BGH, NJW 1982, 437 = VersR 1982, 143.
1676 BGH, NJW 1981, 2741, 2743.
1677 BGH, NJW 1961, 601, 602; 1985, 1154, 1155; WM 1994, 1805; NJW 1996, 2929, 2931.
1678 BGH, NJW 1961, 601, 602; VersR 1961, 467, 469; NJW 1982, 437; 1983, 1665 f.; VersR 1983, 34; WM 1997, 1392, 1394; NJW 1998, 2048, 2049 = WM 1998, 1542.
1679 BGH, NJW 1994, 1472, 1475; 1996, 2929, 2932 = WM 1996, 1832, 1835; NJW 1998, 2048, 2050.
1680 BGH, VersR 1983, 34, 35; NJW 1996, 2929, 2931 = WM 1996, 1832, 1835 f.; WM 1997, 1392, 1395.

teilen für den Mandanten führen kann[1681] (vgl. Rn. 530 zur Frage, ob ein umfassendes Mandat mit Weisung oder ein beschränkter Auftrag vorliegt; Rn. 1514 ff. zu Weisungen im Treuhandvertrag).

Nach diesen Vorschriften darf der beauftragte Rechtsanwalt von den Weisungen 978
des Auftraggebers dann **abweichen**, wenn er den Umständen nach annehmen darf, daß der Auftraggeber bei Kenntnis der Sachlage die Abweichung billigen würde; der Rechtsanwalt hat vor der Abweichung dem Auftraggeber Anzeige zu machen und dessen Entschließung abzuwarten, wenn nicht mit dem Aufschub Gefahr verbunden ist. Auch im letztgenannten Fall darf der Rechtsanwalt von einer Weisung nur dann abweichen, wenn er mit der Billigung durch den Auftraggeber rechnen darf.[1682] Der Rechtsanwalt hat zu beweisen, daß eine Abweichung von einer Weisung gemäß §§ 665, 675 BGB gerechtfertigt war.[1683] Dies gilt auch für eine Behauptung des Rechtsanwalts, eine Pflichtverletzung entfalle, weil der Mandant eine ursprünglich erteilte Weisung nachträglich geändert und er – der Rechtsanwalt – sich dementsprechend verhalten habe.[1684]

Unverbindlich ist von vornherein eine Weisung, die vom Rechtsanwalt ein unred- 979
liches, unzulässiges oder rechtswidriges Vorgehen verlangt;[1685] ein solches Ansinnen muß der Rechtsanwalt, der sich als unabhängiges Organ der Rechtspflege (§ 1 BRAO) nicht zum willenlosen Werkzeug seines Auftraggebers machen darf,[1686] zurückweisen.

Die gesetzliche Regelung ist sachgerecht, weil der **Auftraggeber das Mißerfolgs-** 980
und Kostenrisiko des Auftrags trägt. Deswegen ist es grundsätzlich Sache des Mandanten, nach vertragsgerechter Beratung durch seinen Rechtsanwalt **eigenverantwortlich** die **grundlegenden Entscheidungen** darüber zu treffen, in welcher Weise seine Interessen wahrgenommen werden sollen.[1687] Solche Entscheidungen darf sich der Rechtsanwalt nur ausnahmsweise anmaßen. Danach hat z. B. der **Auftraggeber zu entscheiden**, ob

- Klage zu erheben oder die Abweisung eines fremden Klageanspruchs zu verfolgen ist;
- auf einen eigenen Anspruch verzichtet oder eine fremde Forderung anerkannt werden soll;

1681 BGH, NJW 1985, 42, 43 = VersR 1984, 658, 659; VersR 1985, 83, 84; WM 1997, 1392, 1393 f.
1682 BGH, VersR 1977, 421, 423.
1683 RGZ 90, 129, 131; RG, HRR 1931 Nr. 405, KG, OLGZ 1973, 18, 20.
1684 BGHZ 126, 217, 221 = NJW 1994, 3295, 3297.
1685 OLG Karlsruhe, VersR 1995, 537, 538.
1686 BGH, MDR 1958, 496, 497.
1687 Vgl. OLG Karlsruhe, VersR 1995, 537, 538.

- ein Vergleich geschlossen werden soll;[1688]
- ein Rechtsmittel eingelegt[1689] oder ein eingelegtes Rechtsmittel zurückgenommen werden soll;[1690]
- eine Zwangsvollstreckung durchzuführen ist.

981 Allerdings darf der Rechtsanwalt Weisungen seines Auftraggebers **nicht blindlings befolgen**. Aufgrund seiner Vertragspflicht, voraussehbare und vermeidbare Schäden von seinem – i. d. R. rechtsunkundigen – Mandanten abzuwenden (Rn. 618 ff.), hat der Rechtsanwalt zu prüfen, ob dem Auftraggeber bei Ausführung seiner Weisung Nachteile drohen; ist dies der Fall, so hat der Rechtsanwalt seinen Mandanten auf die **Gefahr hinzuweisen** und **dessen Antwort abzuwarten**.[1691] Kann das Ziel des Mandanten auf andere Weise sicherer und ungefährlicher erreicht werden, so hat der Rechtsanwalt den Auftraggeber auch darüber zu unterrichten.[1692]

982 **Beharrt der Mandant** trotz anwaltlicher Warnung **auf seiner Weisung**, so kann der Rechtsanwalt, falls er nicht eine **Niederlegung des Mandats** vorzieht (vgl. Rn. 940), der Weisung – etwa zur Erhebung einer „praktisch aussichtslosen" Klage[1693] – **nachkommen**, **ohne** daß damit eine **Pflichtverletzung** verbunden wäre.[1694] Das bedeutet, daß der Auftraggeber einen Schaden infolge seiner Weisung, die er trotz vertragsgerechter Warnung seines Rechtsanwalts aufrechterhalten hat, allein zu tragen hat.

983 Im Einzelfall kann es für den Rechtsanwalt **schwierig** sein **abzugrenzen**,

- ob er aufgrund seiner Sachkunde und Erfahrung – im Rahmen einer Grundentscheidung des Auftraggebers – eine eigene selbständige Entscheidung und Maßnahme im Interesse seines Mandanten zu treffen hat,
- oder ob vielmehr das beabsichtigte Vorgehen eine grundlegende Entschließung seines Auftraggebers erfordert oder die Prüfung voraussetzt, ob eine Abweichung von einer Weisung des Mandanten gemäß §§ 665, 675 BGB gerechtfertigt ist.

Insoweit klingen die Ausführungen des **BGH**[1695] in einem Urteil aus 1980 verführerisch. Dort heißt es: I. d. R. dürfe der Rechtsanwalt, wenn ihm keine besonderen Weisungen bei der Verfolgung eines bestimmten Auftrags erteilt worden seien, den Auftrag aus eigener Entschließung erledigen. Er müsse nur darauf achten,

1688 BGH, VersR 1961, 467, 468; NJW 1993, 1325, 1326; 1994, 2085, 2086.
1689 BGH, VersR 1958, 526, 527.
1690 BGH, VersR 1961, 467, 468; OLG Karlsruhe, VersR 1995, 537, 538.
1691 BGH, MDR 1977, 476; NJW 1985, 42, 43; VersR 1985, 83, 84; WM 1997, 1392, 1394.
1692 BGH, VersR 1985, 42, 43.
1693 BGHZ 97, 372, 376 = NJW 1986, 2043.
1694 BGH, VersR 1974, 488, 489; BGHZ 97, 372, 376 = NJW 1986, 2043; NJW-RR 1990, 1241, 1243.
1695 VersR 1980, 925, 926.

daß dabei Nachteile für den Auftraggeber vermieden werden, soweit sie voraussehbar und vermeidbar sind. Er sei dann berechtigt und sogar verpflichtet, so vorzugehen, wie es ihm aufgrund der erhaltenen Information und seiner sonstigen Kenntnisse als sachgerecht erscheinen müsse. Der ihm insoweit verbleibende Spielraum sei aufgrund seiner Sachkenntnis und Erfahrung sogar nicht einmal eng zu ziehen. Den Entschluß über das Vorgehen im einzelnen bei Ausführung eines bestimmten Auftrags könne nämlich in vielen Fällen der Mandant nicht allein fassen; er müsse oft notgedrungen dem Anwalt gewisse „freie Hand" lassen. Dieser könne sogar im Einzelfall verpflichtet sein, gegen frühere ausdrückliche Weisungen des Mandanten zu handeln, nämlich dann, wenn es in einer neuen Situation objektiv dem Interesse der Partei entspreche.

Diese Entscheidung sollte den Rechtsanwalt nicht verleiten, im Zweifel anzunehmen, er könne selbst ohne Rücksprache mit seinem Mandanten entscheiden und vorgehen. Handelt es sich allein um die ureigene anwaltliche Aufgabe der Rechtsberatung und -betreuung, so ist i. d. R. nur der allein sachkundige Rechtsanwalt gefordert.[1696] **Im Zweifelsfalle** – insbesondere bei Maßnahmen, die den Kern der Interessen des Auftraggebers berühren und beeinträchtigen können – sollte der Rechtsanwalt aber zugunsten des Mandanten – und unter dem Regreßgesichtspunkt auch zu seinen eigenen Gunsten – dem **Gebot des sichersten Weges** (Rn. 598 ff.) folgen; das bedeutet, daß er im Zweifel sein geplantes Vorgehen mit dem Auftraggeber besprechen und dessen Zustimmung einholen sollte.[1697]

Zugehör

E. Anhang: Rechtsprechungslexikon 984

I. Pflichten des Rechtsanwalts

• Anspruchssicherung

Die Übernahme der Prozeßvertretung begründet für den Rechtsanwalt die Verpflichtung, sich unverzüglich, d. h. innerhalb einer angemessenen, sich je nach Sachlage nach Tagen zu bemessenden Frist mit dem Prozeßstoff vertraut zu machen und ihn darauf zu überprüfen, ob und welche Maßnahmen erforderlich sind, um die drohende Verjährung von Ansprüchen des Auftraggebers zu verhindern.
RG, Urt. v. 2. 11. 1926 – III 534/25, RGZ 115, 185.

1696 Vgl. LG Köln, MDR 1963, 134 f. betreffend eine weisungswidrige Zustimmung zu einer Aussetzung des Rechtsstreits.
1697 Vgl. BGH, MDR 1977, 476.

Ein Rechtsanwalt muß eine Klage so bald erheben oder eine die Verjährung unterbrechende oder hemmende Maßnahme so rechtzeitig vornehmen, daß der Mandant auch bei einer ihm ungünstigen Beurteilung der Verjährungsfrist der Gefahr entgeht, daß die Klage wegen Verjährung abgewiesen wird.
BGH, Urt. v. 20. 6. 1960 – III ZR 127/59, VersR 1960, 991.

Zu den Aufgaben des Prozeßbevollmächtigten gehört es, die Ansprüche seines Auftraggebers nach jeder Richtung sorgfältig zu prüfen und vor allem gegen eine drohende Verjährung zu sichern.
BGH, Urt. v. 7. 2. 1967 – VI ZR 101/65, VersR 1967, 704.

Die Prüfung der Frage, ob einem Anspruch des Mandanten Verjährung droht, gehört zu den wichtigsten Pflichten eines Rechtsanwalts. Er muß alle geeigneten Schritte unternehmen, um die Rechte seines Mandanten zu wahren.
BGH, Urt. v. 13. 7. 1971 – VI ZR 140/70, VersR 1971, 1119.

Ein Rechtsanwalt, der eine Deckungsklage zur Wahrung der Frist des § 12 Abs. 3 VVG eingereicht hat, muß den Mandanten i. d. R. ausdrücklich darauf hinweisen, daß er bei verspäteter Zahlung des Gerichtskostenvorschusses Gefahr läuft, den Versicherungsschutz endgültig zu verlieren.
BGH, Urt. v. 24. 9. 1974 – VI ZR 82/73, NJW 1974, 2318.

Ein Rechtsanwalt handelt pflichtwidrig, wenn er einen Anspruch seines Mandanten verjähren läßt, ohne diesen zuvor auf die Verjährungsgefahr hingewiesen und eine verjährungsunterbrechende Maßnahme empfohlen zu haben.
BGH, Urt. v. 20. 11. 1984 – IX ZR 9/84, WM 1985, 203.

Aus dem Anwaltsvertrag ergibt sich die Verpflichtung des Rechtsanwalts, dafür zu sorgen, daß bestehende Ansprüche des Auftraggebers nicht verjähren.
BGH, Urt. v. 17. 12. 1987 – IX ZR 41/86, NJW 1988, 1079 = WM 1988, 382.

Der Rechtsanwalt verletzt seine Pflichten, wenn er Geld, das er von seinem Auftraggeber zur Einzahlung der Gerichtsgebühr für das Verfahren erhalten hat, eigenmächtig zur Tilgung eigener Gebührenforderungen verwendet, so daß die Klage mangels Zahlung des Kostenvorschusses nicht demnächst im Sinne von § 270 Abs. 3 ZPO zugestellt wird und die geltend gemachte Forderung deshalb verjährt. Dies gilt auch dann, wenn der Rechtsanwalt gleichzeitig beauftragt worden ist, einen Antrag auf Bewilligung von Prozeßkostenhilfe zu stellen.
BGH, Urt. v. 20. 12. 1988 – IX ZR 88/88, NJW 1989, 1148.

Die Fristenkontrolle gehört zum ureigenen Aufgabenbereich des Rechtsanwalts. Er hat dafür Sorge zu tragen, daß die Rechte des Mandaten gegen eine drohende Verjährung gesichert werden.
BGH, Urt. v. 19. 12. 1991 – IX ZR 41/91, NJW 1992, 820.

1. Ein Rechtsanwalt ist verpflichtet, darauf zu achten, ob dem Mandanten wegen Verjährung ein Rechtsverlust droht, und dieser Gefahr durch geeignete Maßnahmen entgegenzuwirken.
2. Die Pflicht zur Unterbrechung der Verjährung ist erst verletzt, wenn diese bereits eingetreten ist oder so nahe bevorsteht, daß sie aus zeitlichen Gründen nicht mehr unterbrochen werden kann.
3. Die Pflicht, Vorkehrungen gegen eine Verjährung zu treffen, entsteht i. d. R. spätestens dann, wenn ein Rechtsanwalt Dispositionen trifft, die das Risiko der Verjährung erhöhen. Dies ist, wenn der Rechtsanwalt lediglich eine Teilklage erhebt, der Fall bezüglich des nicht anhängig gemachten Teils der Forderung.
4. Erhebt der Rechtsanwalt eine „Musterklage" gegen einen oder mehrere Schuldner, muß er Vorkehrungen gegen die drohende Verjährung von Ansprüchen des Mandanten gegen weitere Schuldner treffen.
BGH, Urt. v. 18. 3. 1993 – IX ZR 120/92, NJW 1993, 1779 = WM 1993, 1376.

Auch wenn sich das Mandat nur auf die Verfolgung des Anspruchs gegen eine bestimmte Partei beschränkt, bei negativem Ausgang der erhobenen Klage aber die Ersatzpflicht eines Dritten in Betracht kommt, ist der Rechtsanwalt verpflichtet zu prüfen, ob insoweit Verjährung droht. Ist für den Rechtsanwalt ersichtlich, daß der Auftraggeber insoweit nicht anderweitig beraten wird, muß er diesen darüber belehren, welche Maßnahmen zur Vermeidung rechtlicher Nachteile erforderlich sind.
BGH, Urt. v. 29. 4. 1993 – IX ZR 101/92, NJW 1993, 2045 = WM 1993, 1508.

1. Der Rechtsanwalt ist vertraglich verpflichtet, Ansprüche seines Auftraggebers vor der Verjährung zu sichern.
2. Ist unklar, wann der Anspruch des Auftraggebers verjährt, muß der Rechtsanwalt in Erwägung ziehen, daß sich das zur Entscheidung berufene Gericht der seinem Mandanten ungünstigeren Beurteilung anschließt. Der Rechtsanwalt muß daher die Verjährung so rechtzeitig unterbrechen, daß dem Mandanten auch bei der für ihn ungünstigsten Beurteilung der Verjährungsfrage kein Nachteil entsteht.
3. Hat es ein Rechtsanwalt unter Außerachtlassung des den Umständen nach sichersten Weges unterlassen, Ansprüche seines Auftraggebers in verjährungsunterbrechender Weise geltend zu machen, und ist es deshalb zweifelhaft geworden, ob die Ansprüche verjährt sind, wird der Schaden des Mandanten, der der vom Gegner erhobenen Verjährungseinrede nicht wirksam entgegentritt, auch dann vom Schutzbereich der verletzten Pflicht erfaßt, wenn die Verjährungseinrede zu Unrecht erhoben ist.
BGH, Urt. v. 17. 6. 1993 – IX ZR 206/92, NJW 1993, 2797 = WM 1993, 1798.

1. Der Rechtsanwalt muß die Frage der Verjährung schon prüfen, bevor er eine Klage einreicht.
2. Er ist insoweit gehalten, rechtzeitig die notwendigen Schritte anzuraten und den sichersten Weg zu wählen.
BGH, Urt. v. 14. 7. 1994 – IX ZR 204/93, NJW 1994, 2822 = WM 1994, 2162.

Ein Rechtsanwalt, der mit der Erhebung einer Versicherungsschutzklage betraut ist, muß seinen Auftraggeber darüber belehren, daß die Klagefrist des § 12 Abs. 3 VVG nur durch die Klagezustellung gewahrt wird, und daß dafür die Zahlung des Gerichtskostenvorschusses erforderlich ist.
BGH, Urt. v. 17. 11. 1994 – IX ZR 208/93, NJW-RR 1995, 252 = WM 1995, 212.

1. Ein Rechtsanwalt, der Rechte seines Mandanten gegenüber einem säumigen Schuldner wahrzunehmen, ist verpflichtet, Vorkehrungen gegen eine drohende Verjährung zu treffen.
2. Diese Pflicht entsteht i. d. R. spätestens dann, wenn der Rechtsanwalt Dispositionen trifft, die das Risiko der Verjährung erhöhen. Dies gilt für risikoerhöhende Unterlassungen entsprechend.
3. Nimmt ein Rechtsanwalt den Auftrag, eine Forderung einzuziehen, nur gut ein halbes Jahr vor deren Verjährung an, verletzt er seine Pflicht, Vorkehrungen gegen eine Verjährung zu treffen, jedenfalls dadurch, daß er die Hälfte der Zeit untätig bleibt. Nach einer Zahlungsaufforderung darf der Rechtsanwalt die Angelegenheit dann für nicht mehr als einen Monat auf Frist legen.
BGH, Urt. v. 28. 11. 1996 – IX ZR 39/96, NJW 1997, 1302 = WM 1997, 321.

Ein Rechtsanwalt, der beauftragt worden ist, wegen einer bestimmten Vermögensdisposition Restitutionsansprüche gemäß §§ 3 ff. VermG zu prüfen, muß den Mandanten vor einer drohenden Verfristung von Restitutionsansprüchen wegen anderer Vermögensdispositionen (§ 30 a VermG), von denen der Rechtsanwalt während der Bearbeitung des Mandats erfährt, warnen, wenn er Grund zu der Annahme hat, daß sich der Mandant dieser Gefahr nicht bewußt ist.
BGH, Urt. v. 9. 7. 1998 – IX ZR 324/97, WM 1998, 2246 = NJW 1998, 3050 (Ls.).

Wenn ein Rechtsverlust durch den Ablauf einer Klagefrist droht, ist der Auftraggeber hierauf hinzuweisen, auch wenn der Berater eine Klage für aussichtlos hält.
BGH, Urt. v. 11. 5. 1999 – IX ZR 298/97, WM 1999, 1342.

Ein Rechtsanwalt verletzt die im Rahmen des Anwaltsvertrages bestehende Verpflichtung zur ordnungsgemäßen Prozeßführung, wenn er eine Ausschlußfrist zur Klageerhebung versäumt (hier die Monatsfrist des § 51 Abs. 1 Satz 2 GenG).
OLG Düsseldorf, Urt. v. 11. 6. 1987 – 8 U 86/86, NJW 1987, 2523.

• Beratung (allgemein)

1. Der Auftraggeber, der sich in Rechtsangelegenheiten an einen Rechtsanwalt wendet, darf erwarten, daß er über die Gesichtspunkte und Umstände, die für sein Verhalten in der Angelegenheit entscheidend werden können, eingehend und erschöpfend belehrt wird.
2. Es ist Sache des Rechtsanwalts, einer Partei diejenigen Schritte anzuraten, die zu dem erstrebten Ziel führen.
3. Demgemäß ist der Rechtsanwalt zur allgemeinen, umfassenden und möglichst erschöpfenden Belehrung verpflichtet, soweit sein Auftraggeber nicht unzweideutig zu erkennen gibt, daß er des Rates nur in einer bestimmten Richtung bedarf. Der Rechtsanwalt muß dabei die Zweifel und Bedenken, zu denen die Sachlage Anlaß gibt, darlegen und erörtern.
4. Die Pflicht des Rechtsanwalts zur vollständigen Beratung setzt voraus, daß er zunächst durch Befragung des Auftraggebers diejenigen Punkte klärt, auf die es für die rechtliche Beurteilung ankommen kann, und dabei auch die in der Sache liegenden Zweifel bedenkt und erörtert, die er als Rechtskundiger erkennen kann und muß, während sie auch einem geschäftsgewandten Rechtsunkundigen verborgen bleiben können. Wenn solche Zweifel bestehen können, darf der Rechtsanwalt sich nicht mit der rechtlichen Würdigung des ihm vorgetragenen Sachverhalts begnügen, sondern muß sich bemühen, durch Befragung des Ratsuchenden ein möglichst vollständiges und objektives Bild der Sachlage zu gewinnen.
BGH, Urt. v. 21. 1. 1960 – III ZR 160/59, NJW 1960, 601.

Ein Rechtsanwalt, der die Interessen eines Grundstücksverkäufers vertritt, verletzt die ihm obliegende Aufklärungs- und Beratungspflicht, wenn er ohne Absprache mit seinem Auftraggeber eine von diesem gesetzte Zahlungsfrist verlängert, obwohl für ihn erkennbar ist, daß er damit den Auftraggeber daran hindern kann, sich zu seinem Vorteil von dem Kaufvertrag wegen Zahlungsverzugs des Käufers zu lösen.
BGH, Urt. v. 10. 6. 1980 – VI ZR 127/79, VersR 1980, 925.

Der Rechtsanwalt ist zur umfassenden Belehrung und Beratung des Auftraggebers verpflichtet; besondere Nachdrücklichkeit und Eindringlichkeit der Beratung kann nicht gefordert werden.
BGH, Urt. v. 5. 2. 1987 – IX ZR 65/86, NJW 1987, 1322.

1. Soweit der Auftraggeber nicht unzweideutig zu erkennen gibt, daß er des Rates nur in einer bestimmten Richtung bedarf, ist der Rechtsanwalt zur allgemeinen, umfassenden und möglichst erschöpfenden Belehrung des Auftraggebers verpflichtet.

2. Unkundige muß er über die Folgen ihrer Erklärungen belehren und vor Irrtümern bewahren.
3. Der Rechtsanwalt hat dem Mandanten diejenigen Schritte anzuraten, die zu dem erstrebten Ziel führen können, und Nachteile für den Auftraggeber zu verhindern, soweit solche voraussehbar und vermeidbar sind.
4. Dazu hat der Rechtsanwalt dem Auftraggeber den sichersten und ungefährlichsten Weg vorzuschlagen und ihn über mögliche Risiken aufzuklären, damit der Mandant zu einer sachgerechten Entscheidung in der Lage ist.
5. Welche Pflichten sich aus diesen allgemeinen Grundsätzen im Einzelfall ergeben, hängt davon ab, welches Mandat dem Rechtsanwalt erteilt ist.
BGH, Urt. v. 22. 10. 1987 – IX ZR 175/86, NJW 1988, 563 = WM 1987, 1516.

Ein Rechtsanwalt verletzt seine Pflichten gegenüber dem Auftraggeber nicht, wenn er bei der Verfolgung der Ziele des Mandanten Maßnahmen ergreift, an denen er nach den Umständen des Einzelfalls aus Rechtsgründen nicht gehindert ist.
BGH, Urt. v. 16. 5. 1991 – IX ZR 131/90, NJW 1991, 2079.

1. Der um Rat gebetene Rechtsanwalt ist seinem Auftraggeber zu einer umfassenden und erschöpfenden Belehrung verpflichtet, sofern dieser nicht eindeutig zu erkennen gibt, daß er des Rates nur in einer bestimmten Richtung bedarf.
2. Der Rechtsanwalt muß den ihm vorgetragenen Sachverhalt daraufhin prüfen, ob er geeignet ist, den vom Auftraggeber erstrebten Erfolg herbeizuführen. Er hat dem Mandanten diejenigen Schritte anzuraten, die zu dem erstrebten Ziel führen können, und Nachteile für den Auftraggeber zu verhindern, soweit solche voraussehbar und vermeidbar sind.
3. Dazu hat er dem Auftraggeber den sichersten Weg vorzuschlagen und ihn über mögliche Risiken aufzuklären, damit der Mandant eine sachgerechte Entscheidung treffen kann; Zweifel und Bedenken, zu denen die Sachlage Anlaß gibt, muß der Rechtsanwalt darlegen und mit dem Auftraggeber erörtern.
4. Eine solche Belehrung kann allenfalls dann entbehrlich sein, wenn der Rechtsanwalt erkennt, daß der Mandant die Risiken des Geschäfts oder der beabsichtigten Gestaltung kennt und er diese auch bei einer Belehrung auf sich nehmen würde.
BGH, Urt. v. 6. 2. 1992, IX ZR 95/91, NJW 1992, 1159 = WM 1992, 742.
BGH, Urt. v. 5. 11. 1992 – IX ZR 200/91, NJW 1993, 1320 = WM 1993, 610.

Der Rechtsanwalt muß den Auftraggeber nicht nur über das Vorhandensein, sondern auch über das ungefähre, in etwa abschätzbare Ausmaß des Risikos unterrichten.
BGH, Urt. v. 6. 2. 1992, IX ZR 95/91, NJW 1992, 1159 = WM 1992, 742.

Der Rechtsanwalt verletzt seine Pflichten, wenn er dem Auftraggeber zu einer unzulässigen Teilkündigung eines Vertrages rät.
BGH, Urt. v. 5. 11. 1992 – IX ZR 200/91, NJW 1993, 1320 = WM 1993, 610.

1. Der um Rat gebetene Rechtsanwalt ist seinem Auftraggeber zu einer umfassenden und erschöpfenden Belehrung verpflichtet.
2. Der Rechtsanwalt muß den ihm vorgetragenen Sachverhalt dahin überprüfen, ob er geeignet ist, den vom Auftraggeber erstrebten Erfolg herbeizuführen. Dem Mandanten hat der Rechtsanwalt diejenigen Schritte zu empfehlen, die zu dem erstrebten Ziel führen können.
3. Er muß den Auftraggeber vor Nachteilen bewahren, soweit solche voraussehbar und vermeidbar sind. Dazu hat der Rechtsanwalt dem Mandanten den sichersten Weg vorzuschlagen und ihn über mögliche Risiken aufzuklären, damit der Mandant eine sachgerechte Entscheidung treffen kann; Zweifel und Bedenken, zu denen die Sachlage Anlaß gibt, muß der Rechtsanwalt darlegen und mit dem Auftraggeber erörtern.
BGH, Urt. v. 20. 1. 1994 – IX ZR 46/93, NJW 1994, 1211 = WM 1994, 948.
BGH, Urt. v. 20. 10. 1994 – IX ZR 116/93, NJW 1995, 449 = WM 1995, 398.

Hat der Rechtsanwalt seinen Mandanten in allen Fragen zu beraten, die dessen Ausscheiden aus einer Gesellschaft betreffen, ist er i. d. R. verpflichtet, ihm Inhalt und Bedeutung einer im Gesellschaftsvertrag enthaltenen Buchwertklausel zu erläutern; dazu hat er auch im Ansatz aufzuzeigen, unter welchen Voraussetzungen die Bindung an die Buchwertklausel nicht gilt, oder durch gezielte Fragen zu ermitteln, ob ein solcher Fall überhaupt in Betracht kommt.
BGH, Urt. v. 10. 2. 1994 – IX ZR 109/93, NJW 1994, 1472 = WM 1994, 1114.

1. Ein Rechtsanwalt muß anhand des ihm unterbreiteten Sachverhalts prüfen, ob und gegebenenfalls auf welchem Weg das Ziel seines Auftraggebers erreichbar ist. Bedenken, zu denen die Rechtslage Anlaß gibt, sind zu erörtern.
2. Wenn mehrere Wege zur Verfolgung des Auftragsziels in Betracht kommen, hat der Rechtsanwalt den sichersten zu wählen. Insoweit darf vom Rechtsanwalt nur ein Verhalten erwartet werden, das im Rahmen eines geordneten Kanzleibetriebs regelmäßig zumutbar ist. Dabei richten sich die konkreten Handlungs- und Unterlassungspflichten nach den Umständen des einzelnen Falls und dem Mandat.
BGH, Urt. v. 13. 7. 1994 – IV ZR 294/93, NJW 1995, 51.

Ein Rechtsanwalt verletzt seine Beratungspflicht, wenn er dem Mandanten, der eine unfertige Eigentumswohnung erworben und nicht nur den Kaufpreis gezahlt, sondern darüber hinausgehende Vermögensverluste erlitten hat, empfiehlt, vom Vertrag zurückzutreten statt Schadensersatz wegen Nichterfüllung zu verlangen, und zugleich nicht von der beabsichtigten Veräußerung abrät, die weitere Verluste verursachen würde.
BGH, Urt. v. 20. 10. 1994 – IX ZR 116/93, NJW 1995, 449 = WM 1995, 398.

Der Schutzzweck der Beratung ergibt sich aus dem für den Rechtsanwalt erkennbaren Ziel, das der Mandant mit der Beauftragung verfolgt.
BGH, Urt. v. 26. 6. 1997 – IX ZR 233/96, NJW 1997, 2946 = WM 1997, 1489.

Der Rechtsanwalt muß den Mandanten auch über konkrete wirtschaftliche Gefahren der beabsichtigten Vorgehensweise und die erforderlichen Vorsichtsmaßregeln aufklären.
BGH, Urt. v. 27. 11. 1997 – IX ZR 141/96, NJW 1998, 900 = WM 1998, 776.

Ein Rechtsanwalt darf einem Bauherrn, der ihn mit der Wahrnehmung seiner Interessen beauftragt hat, nur dann raten, einen Bauwerkvertrag gemäß § 649 BGB zu kündigen oder nach § 326 BGB vorzugehen, wenn anzunehmen ist, daß dem Mandanten daraus kein Schaden entsteht. Lassen sich nachteilige Folgen für den Bauherrn nicht hinreichend sicher ausschließen und sind auch keine überwiegenden Vorteile erkennbar, muß die Empfehlung, den Vertrag zu kündigen, unterbleiben. Der Rechtsanwalt handelt in einem solchen Fall pflichtgemäß, wenn er Vertragserfüllung verlangt.
BGH, Urt. v. 17. 9. 1997 – IX ZR 291/97, WM 1998, 2252.

- **Beratung (Steuerrecht)**

Zu der Pflicht des Rechtsanwalts, die Interessen seines Mandanten wahrzunehmen, gehört es auch, seinen Mandanten darauf hinzuweisen, daß bei der Übernahme sämtlicher Geschäftsanteile einer GmbH eine Grunderwerbsteuerpflicht entsteht und hierdurch erhebliche Kosten erwachsen können.
RG, Urt. v. 17. 6. 1932 – 330/31 III, JW 1932, 2855.

1. Die Pflichten eines Rechtsanwalts, der einen Mandanten steuerlich berät, beurteilen sich nach denselben Grundsätzen wie bei der Beratung in anderen Rechtsangelegenheiten.
2. Empfiehlt der Rechtsanwalt aus steuerlichen Gründen einen bestimmten Vermögenserwerb, hat er den Mandanten in der durch die Sachlage gebotenen Weise auch umfassend über die mit dem Geschäft zusammenhängenden zivilrechtlichen Fragen zu belehren und vor Risiken zu bewahren, die sich erkennbar aus diesem Rechtsbereich ergeben.
BGH, Urt. v. 22. 10. 1987 – IX ZR 175/86, NJW 1988, 563 = WM 1987, 1516.

Die Pflicht zur Beschreitung des den Umständen nach „sichersten Weges" trifft Rechtsanwälte nicht nur bei der Beratung in allgemeinen Rechtsangelegenheiten, sondern in gleicher Weise bei der steuerlichen Beratung.
BGH, Urt. v. 13. 2. 1992 – IX ZR 105/91, NJW 1992, 1695.

• Berufungsrücknahme

Die Rücknahme der Berufung in der mündlichen Verhandlung durch den Prozeßbevollmächtigten stellt jedenfalls dann keine Verletzung der Pflichten aus dem Anwaltsvertrag dar, wenn das Rechtsmittel nach ausdrücklicher Erklärung des Berufungsgerichts keine Aussicht auf Erfolg hat, gegen die Entscheidung des Berufungsgerichts kein weiteres Rechtsmittel gegeben wäre und der Mandant sich mit der Berufungsrücknahme einverstanden erklärt hat.
OLG Köln, Beschl. v. 28. 11. 1988 – 2 W 103/88, NJW 1989, 1159.

• Beweissicherung

Die vorherige Befragung der als Zeugen in Betracht kommenden Personen durch den Beweisführer ist als bedenklich zu bezeichnen und geeignet, den Beweiswert eines Zeugnisses herabzumindern. Es besteht daher keine entsprechende Pflicht des Rechtsanwalts.
RG, Urt. v. 6. 3. 1932 – IX 306/31, RGZ 140, 392.

Ein Rechtsanwalt, der in einem Vergleich die Berufung gegen ein klageabweisendes Urteil zurücknehmen will, muß gewissenhaft alle Möglichkeiten für eine günstigere Beendigung des Rechtsstreits, etwa durch die Ermittlung neuer Zeugen, geprüft haben.
BGH, Urt. v. 20. 3. 1961 – III ZR 172/59, VersR 1961, 467.

Ein Rechtsanwalt ist nicht verpflichtet, vor Einlegung einer Berufung an Zeugen heranzutreten, um zu klären, wie diese bei einer Vernehmung aussagen werden. Eine „Parteivernehmung" von Zeugen durch den Prozeßbevollmächtigten ist bedenklich.
BGH, Urt. 23. 4. 1965 – VI ZR 254/63, VersR 1965, 710.

1. Ein Rechtsanwalt und Steuerberater, der für seinen Mandanten einen Steuerbescheid entgegennimmt, muß, wenn der Bescheid ihm später als drei Tage nach dem angeblichen Tag der Abgabe zur Post (der Ausstellung) zugegangen ist, im Interesse des Mandanten Maßnahmen treffen, die es ihm erlauben, zu dem Tag des Zugangs substantiiert vorzutragen und einem gegenteiligen Standpunkt der Behörde wirksam entgegenzutreten.
2. Bezeichnet die Steuerbehörde unter Hinweis auf den angeblichen Tag der Aufgabe des Steuerbescheides zur Post den von dem steuerlichen Berater eingelegten Einspruch unter Berufung auf §§ 355, 122 Abs. 2 AO 1977 als verspätet, muß der Berater, falls der Bescheid von der Behörde später als von ihr angegeben zur Post aufgegeben worden ist, das Aufgabedatum substantiiert bestreiten, um seinen Pflichten gegenüber dem Mandanten zu genügen.

3. Eine selbständige, allgemeine Dokumentationspflicht, deren Verletzung eine Schadensersatzverpflichtung auslöst, besteht nicht.
4. Ein Rechtsanwalt handelt nicht allein deshalb pflichtwidrig, weil er es unterläßt, diejenigen Vorgänge, welche die ordnungsgemäße Bearbeitung des übertragenen Mandats belegen, schriftlich festzuhalten.
5. Über ein Gespräch mit der zur Entscheidung berufenen Stelle, das für den Fortgang der Angelegenheit des Mandanten bedeutsam ist, muß der Rechtsanwalt einen Vermerk fertigen und zu den Handakten nehmen.
BGH, Urt. v. 13. 2. 1992 – IX ZR 105/91, NJW 1992, 1695.

1. Wird ein Rechtsanwalt beauftragt, Schadensersatzansprüche geltend zu machen, kann er verpflichtet sein, zur Vorbereitung des Prozesses, in welchem ein substantiierter Vortrag zu Ursachen, Art und Umfang des Schadens erwartet wird, entsprechende Feststellungen zu veranlassen und Beweise zu sichern.
2. Unter solchen Umständen ist regelmäßig die Einleitung eines selbständigen Beweisverfahrens nach §§ 485 ff. ZPO angebracht. Kommt es für die Feststellungen nicht auf besondere Sachkunde an, kann der Rechtsanwalt auch in anderer Weise dafür sorgen, daß der Mandant in einem späteren Prozeß zu substantiierten Darlegungen in der Lage ist.
BGH, Urt. v. 8. 7. 1993 – IX ZR 242/92, NJW 1993, 2676 = WM 1993, 1967.

Benennt der Mandant dem Rechtsanwalt zum Beweis zwei Zeugen, dann braucht der Rechtsanwalt nicht nachzufragen, ob weitere Zeugen in Betracht kommen.
OLG Köln, Beschl. v. 25. 11. 1985 – 2 W 157/85, NJW 1986, 725.

• Einseitiges Rechtsgeschäft

Nimmt der Rechtsanwalt für seinen Auftraggeber ein einseitiges Rechtsgeschäft – etwa die Kündigung einer Gesellschaft – vor, ohne die Vollmachtsurkunde im Original vorzulegen, handelt er pflichtwidrig, wenn er wegen § 174 Satz 1 BGB mit der Möglichkeit rechnen muß, daß dem Mandanten im Streitfall nicht unerhebliche Rechtsnachteile entstehen, weil er nicht zu beweisen vermag, den Gegner vorher von der Bevollmächtigung des Rechtsanwalts in Kenntnis gesetzt zu haben.
BGH, Urt. v. 10. 2. 1994 – IX ZR 109/93, NJW 1994, 1472 = WM 1994, 1114.

• Einstweilige Verfügung

Der in einem einstweiligen Verfügungsverfahren beauftragte Rechtsanwalt hat dafür zu sorgen, daß eine einstweilige Verfügung dem Gegner im Parteibetrieb zugestellt und damit vollzogen wird.
OLG Düsseldorf, Urt. v. 19. 6. 1997 – 6 U 122/96, NJWE-VHR 1997, 252.

• Handakten

Wird der Rechtsanwalt telefonisch beauftragt, Berufung einzulegen, hat er einen gedächtnisunterstützenden Vermerk zu fertigen, um die unverzügliche Erledigung sicherzustellen.
BGH, Beschl. v. 8. 6. 1978 – VII ZB 13/78, VersR 1978, 841.

Hat ein Rechtsanwalt von seinem Mandanten sämtliche Unterlagen zur Durchsetzung einer Kaufpreisforderung erhalten, so verletzt er nachvertragliche Pflichten aus dem Anwaltsvertrag, wenn er, obwohl eine Verjährung droht, nach Beendigung des Mandats weder diese Unterlagen an den Mandanten zurückgibt noch ihn anderweitig auf die drohende Verjährung hinweist.
BGH, Urt. v. 11. 10. 1983 – VI ZR 95/82, NJW 1984, 431.

1. Der Anspruch des Mandanten gegen den beauftragten Rechtsanwalt auf Herausgabe der Handakten richtet sich nach § 667 BGB i. V. m. § 50 BRAO.
2. Dieser Anspruch erstreckt sich auf den gesamten drittgerichteten Schriftverkehr, den der Rechtsanwalt für den Auftraggeber erhalten und geführt hat, also auf die dem Rechtsanwalt zugegangenen Schriftstücke und die Kopien eigener Schreiben des Rechtsanwalts.
3. Zu den herauszugebenden Unterlagen gehören auch Notizen über Besprechungen, die der Rechtsanwalt zur Besorgung des Geschäfts mit Dritten geführt hat. Eine Ausnahme gilt für Unterlagen, die persönliche Eindrücke des Rechtsanwalts in solchen Gesprächen wiedergeben. Eine weitere Einschränkung erfährt der Herausgabeanspruch durch § 50 Abs. 3 Satz 2 BRAO a. F. (= § 50 Abs. 4 BRAO n. F.) für den Briefwechsel zwischen Rechtsanwalt und Auftraggeber.
4. Darüber hinaus ist der Rechtsanwalt verpflichtet, dem Auftraggeber die erforderlichen Nachrichten zu geben, auf Verlangen über den Stand des Geschäfts Auskunft zu erteilen und nach der Ausführung des Auftrags Rechenschaft abzulegen (§ 666 BGB). Der Mandant darf die Handakten einsehen, und zwar grundsätzlich auch dann, wenn Unterlagen nicht unter die Herausgabepflicht des § 667 BGB fallen; hiervon ausgenommen sind lediglich diejenigen Schriftstücke, die persönliche, vertrauliche Aufzeichnungen des Rechtsanwalts enthalten.
5. Die anwaltliche Schweigepflicht steht der Erfüllung der vorgenannten Pflichten grundsätzlich nicht entgegen.
BGH, Urt. v. 30. 11. 1989 – III ZR 112/88, BGHZ 109, 260 = NJW 1990, 510.

1. Das Zurückbehaltungsrecht nach § 50 Abs. 1 Satz 1 BRAO a. F. (§ 50 Abs. 3 BRAO n. F.) besteht in aller Regel nur wegen der Honorarforderung aus der konkreten Angelegenheit, auf die sich die zurückbehaltene Handakte bezieht. Soweit es um Geschäftspapiere des Mandanten geht, dürfen Handakten, die eine andere

Angelegenheit betreffen, auch dann nicht zurückgehalten werden, wenn es sich insgesamt um ein einheitliches Lebensverhältnis handelt.
2. Ein Zurückbehaltungsrecht nach § 273 Abs. 1 BGB scheidet aus, wenn ihm die Natur des Schuldverhältnisses, auf dem der Anspruch auf Herausgabe der Handakten beruht, entgegensteht. Dies ist dann der Fall, wenn es sich um Geschäftspapiere handelt, die für die ordnungsgemäße Bearbeitung der Angelegenheit, auf die sie sich beziehen, alsbald benötigt werden.
BGH, Urt. v. 3. 7. 1997 – IX ZR 244/96, NJW 1997, 2944 = WM 1997, 2087.

Legt ein Rechtsanwalt in einem Rechtsstreit, den ein Mandant gegen ihn führt, trotz Aufforderung seine Handakten nicht vor und macht er dadurch dem Kläger einen Beweis unmöglich, darf dieser wegen Beweisvereitelung als geführt angesehen werden.
OLG Köln, Urt. v. 20. 3. 1968 – 13 U 82/67, MDR 1968, 674.

1. Der auf Herausgabe der Handakten in Anspruch genommene Rechtsanwalt genügt seiner Darlegungslast nicht mit dem Vorbringen, der Mandant habe „alle zu beanspruchenden Schriftstücke“ zugeleitet bekommen.
2. Dem Rechtsanwalt steht ein Zurückbehaltungsrecht an der Handakte wegen der Kosten, die er für deren Kopie aufwenden will, nicht zu.
OLG Köln, Urt. v. 16. 12. 1996 – 12 U 141/96, VersR 1998, 499.

- **Interessenkollision**

Das Verbot der Wahrnehmung widerstreitender Interessen ist zur Aufrechterhaltung einer funktionsfähigen Rechtspflege unerläßlich.
BVerfG, Beschl. v. 14. 7. 1987 – 1 BvR 537/81 u. a., BVerfGE 76, 171 = NJW 1988, 191.

1. Wer sich darauf beruft, ein Rechtsanwalt habe seinen Honoraranspruch wegen Verstoßes gegen das Verbot der Vertretung widerstreitender Interessen verwirkt, muß hinreichend konkrete Tatsachen dafür vortragen, daß der Rechtsanwalt in derselben Rechtssache tätig geworden ist.
2. Von derselben Rechtssache kann nur gesprochen werden, wenn in zwei Sachverhalten ein und derselbe historische Vorgang von rechtlicher Bedeutung sein kann. Diese Voraussetzung liegt nicht vor, wenn ein Rechtsanwalt mehrfach Konkursverwalter war, in dieser Eigenschaft mit einer Großbank zu tun hatte, und schließlich für einen Schuldner dieser Großbank Verhandlungen über den Verkauf eines Unternehmens des Schuldners an Dritte führt.
3. Es bleibt dahingestellt, ob ein Verstoß gegen das Verbot der Vertretung widerstreitender Interessen (§ 43 a Abs. 4 BRAO) dazu führt, daß der zugrundeliegende

Anwaltsvertrag wegen Verstoßes gegen ein gesetzliches Verbot (§ 134 BGB) oder gegen die guten Sitten (§ 138 Abs. 1 BGB) nichtig ist.
OLG München, Urt. v. 2. 10. 1996 – 21 U 3394/96, NJW 1997, 1313.

- **Klageerhebung bzw. Einlassung auf eine Klage**

Bei einer für den Mandanten zweifelhaften Rechtslage muß ein Rechtsanwalt von zwei Wegen den gefahrloseren wählen, zumal dann, wenn dieser der billigere ist.
BGH, Urt. v. 18. 12. 1958 – III ZR 191/57, VersR 1959, 390.

Ein Rechtsanwalt, der im Auftrag seines Mandanten eine Teilklage erhebt, ist verpflichtet, diese so abzufassen und zu begründen, daß sie den Anforderungen an eine ausreichende Bestimmtheit des Klagegrundes nach § 253 Abs. 2 Nr. 2 ZPO genügt.
BGH, Urt. v. 22. 5. 1984 – VI ZR 228/82, NJW 1984, 2346.

1. Ein Rechtsanwalt ist verpflichtet, zur Abwehr einer Klage die fehlende internationale Zuständigkeit der deutschen Gerichte zu rügen.
2. Ein Rechtsanwalt verletzt seine Pflichten aus dem Anwaltsvertrag, wenn er eine Widerklage erhebt, obwohl die deutschen Gerichte hierfür nicht international zuständig sind. Der Rechtsanwalt darf sich nicht darauf verlassen, daß die Gegenseite sich auf eine solche Widerklage rügelos einläßt.
BGH, Urt. v. 31. 10. 1985 – IX ZR 175/84, NJW-RR 1986, 1281 = WM 1986, 199.

I. d. R. ist ein Rechtsanwalt nicht gehalten, Klage im Urkundenprozeß zu führen. Dies ist erst dann in Erwägung zu ziehen, wenn für den Rechtsanwalt ein besonderes Interesse des Mandanten, mit einem Vorbehaltsurteil möglichst schnell einen vollstreckbaren Titel zu erhalten, ersichtlich wird.
BGH, Urt. v. 9. 6. 1994 – IX ZR 125/93, BGHZ 126, 217 = NJW 1994, 3295 = WM 1994, 2113.

Bei einer Klageerhebung vor den Finanzgerichten verletzt der Prozeßbevollmächtigte seine Pflichten, wenn er trotz einer gerichtlichen Ausschlußfrist keine Prozeßvollmacht einreicht, so daß die Klage abgewiesen wird.
BGH, Urt. v. 18. 12. 1997 – IX ZR 180/96, WM 1998, 779.

Der Rechtsanwalt ist im Verhältnis zu seiner Partei zu einer kostensparenden Tätigkeit verpflichtet.
OLG Düsseldorf, Beschl. v. 5. 11. 1985 – 10 WF 222/85, JurBüro 1986, 387.

Ein Rechtsanwalt ist verpflichtet, vor Klageerhebung die internationale Zuständigkeit des angerufenen Gerichts zu prüfen und die Klage vor einem international zuständigen Gericht einzureichen.
OLG Koblenz, Urt. v. 9. 6. 1989–2 U 1907/87, NJW 1989, 2699.

Bevor ein Rechtsanwalt eine Klage erhebt, muß er ein undeutliches Klageziel seines Mandanten durch Rückfrage klarstellen.
OLG München, Urt. v. 31. 5. 1990 – 24 U 808/89, NJW-RR 1991, 1490.

Ein Rechtsanwalt, der den Auftraggeber über die Vor- und Nachteile des „kleinen“ und des „großen“ Instanzenzugs aufgeklärt hat, verletzt nicht seine Pflichten aus dem Anwaltsvertrag, wenn der Mandant sein Einverständnis mit der rügelosen Einlassung auf eine Klage vor einem sachlich unzuständigen Amtsgericht erklärt hat.
OLG Hamm, Urt. v. 25. 4. 1991 – 28 U 241/90, NJW-RR 1991, 1498.

Ein Rechtsanwalt verletzt seine Pflichten aus dem Anwaltsvertrag u. a. dann, wenn er eine von vornherein offenkundig aussichtslose Klage bei Gericht einreicht.
OLG Köln, Urt. v. 29. 6. 1993 – 9 U 237/92, NJW-RR 1994, 27.

• Klagerücknahme

Verkennt das erstinstanzliche Gericht die Rechtslage, muß der Prozeßbevollmächtigte das Gericht auf die höchstrichterliche Rechtsprechung hinweisen und versuchen, das Gericht von den Rechten seines Auftraggebers zu überzeugen. Nimmt der Rechtsanwalt stattdessen in einem solchen Fall entsprechend dem Rat des Gerichts die Klage zurück, verletzt er die ihm obliegenden Vertragspflichten.
OLG Köln, Urt. v. 3. 3. 1995 – 19 U 119/94, NJW-RR 1995, 1401.

• Kosten

1. Soweit die Wirtschaftlichkeit der Rechtsverfolgung von der Kostenhöhe abhängt, mag sich die Partei beim Anwalt erkundigen.
2. Dem Anwalt kann nur unter ganz besonderen Umständen nach Treu und Glauben (§§ 157, 242 BGB) angesonnen werden, unaufgefordert die Partei auf die erwachsenden Gebühren hinzuweisen. Naheliegende und erhebliche wirtschaftliche Bedenken gegen die Zweckmäßigkeit der Rechtsverfolgung hat der Rechtsanwalt mit seinem Mandanten zu erörtern.
RG, Urt. v. 8. 11. 1927 – III 76/27, RGZ 118, 365.

Grundsätzlich braucht der Rechtsanwalt den Auftraggeber über die Höhe der gesetzlichen Gebühren nicht aufzuklären. Eine solche Pflicht kann sich allerdings nach Treu und Glauben aus den Umständen des Einzelfalls ergeben.
BGH, Urt. v. 16. 1. 1969 – VII ZR 66/66, NJW 1969, 932 = WM 1969, 846.

1. Auf Verlangen des Mandanten muß ein Rechtsanwalt die voraussichtliche Höhe der gesetzlichen Vergütung mitteilen.

2. Art und Umfang der Aufklärung bestimmen sich nach den Umständen des einzelnen Falls, in erster Linie nach der erkennbaren Interessenlage des Mandanten.
BGH, Urt. v. 13. 3. 1980 – III ZR 145/78, BGHZ 77, 27 = NJW 1980, 2128 = WM 1980, 1044.

1. Auf die kraft Gesetzes entstehenden Gebühren muß ein Rechtsanwalt den Mandanten regelmäßig nicht ungefragt hinweisen. Diesbezügliche Fragen muß er wahrheitsgemäß beantworten.
2. Der Rechtsanwalt kann zu einem Hinweis auf die Rechtsberatungs- oder Prozeßkostenhilfe gegenüber einem solchen Mandanten verpflichtet sein, der erkennbar aufgrund seiner Einkommens- und Vermögensverhältnisse anspruchsberechtigt ist.
3. Der Rechtsanwalt hat den Auftraggeber darauf hinzuweisen, daß die beabsichtigte Rechtsverfolgung erkennbar wirtschaftlich unvernünftig ist, weil das Ziel in keinem angemessenen Verhältnis zu den anfallenden Kosten steht.
BGH, Urt. v. 18. 9. 1997 – IX ZR 49/97, NJW 1998, 136 = WM 1998, 140.

1. Ungefragt schuldet der Rechtsanwalt seinem Auftraggeber grundsätzlich keinen Hinweis über die anfallenden Gebühren. Auf Verlangen des Auftraggebers hat der Rechtsanwalt die voraussichtliche Höhe seines Entgelts mitzuteilen.
2. Auch aus besonderen Umständen des Einzelfalls kann sich nach Treu und Glauben eine Pflicht des Rechtsanwalts ergeben, den Auftraggeber ungefragt über die voraussichtliche Höhe der Vergütung zu belehren. Insoweit hat die erforderliche Gesamtwürdigung zu berücksichtigen einerseits den Schwierigkeitsgrad und Umfang der anwaltlichen Aufgabe, einen ungewöhnlich hohen Gegenstandswert und sich daraus ergebende hohe Gebühren, die das vom Auftraggeber erstrebte Ziel wirtschaftlich sinnlos machen können, andererseits die Bedeutung der Angelegenheit für den Mandanten sowie dessen Vermögensverhältnisse und Erfahrung im Umgang mit Rechtsanwälten.
BGH, Urt. v. 2. 7. 1998 – IX ZR 63/97, NJW 1998, 3486 = WM 1998, 2243.

Für einen rechtsschutzversicherten Mandanten darf der Rechtsanwalt regelmäßig vor der Kostenzusage des Versicherers nur dann Klage erheben, wenn der Mandant ihn damit ausdrücklich beauftragt hat, obwohl er weiß, daß er damit Gefahr läuft, die Kosten des Rechtsstreits selbst tragen zu müssen.
OLG Düsseldorf, Urt. v. 6. 11. 1975 – 8 U 36/75, VersR 1976, 892.

Zahlt die Partei die vom Rechtsanwalt angeforderten Kostenvorschüsse ohne Hinweis auf finanzielle Schwierigkeiten, braucht der Rechtsanwalt nicht von sich aus nachzufragen, ob Anlaß besteht, Prozeßkostenhilfe zu beantragen.
OLG Köln, Beschl. v. 25. 11. 1985 – 2 W 157/85, NJW 1986, 725.

Im Normalfall braucht der Rechtsanwalt unbefragt nicht darauf hinzuweisen, daß er eine Vergütung fordern und diese nach der BRAGO berechnen werde. Bei besonderen Umständen ist er nach Treu und Glauben (§ 242 BGB) verpflichtet, auf die Vergütungspflicht hinzuweisen. Dies gilt dann, wenn der Rechtsanwalt den Eindruck erweckt hat, erneute Gebühren fielen nicht an.
OLG Koblenz, Beschl. v. 26. 5. 1986 – 14 W 385/86, AnwBl 1988, 64.

1. Es gehört zu den anwaltlichen Beratungspflichten, auf die Prozeßkostenhilfe aufmerksam zu machen, wenn der Mandant dem Rechtsanwalt die dafür sprechenden Umstände mitteilt.
2. Der Rechtsanwalt genügt dieser Pflicht, wenn er auf die Notwendigkeit einer umgehenden Antragstellung unter Verwendung der amtlichen Vordrucke hinweist. Ob die persönlichen und wirtschaftlichen Verhältnisse des Antragstellers für die Inanspruchnahme von Prozeßkostenhilfe tatsächlich ausreichen, braucht er dagegen nicht zu erörtern und auch nicht zu prüfen.
OLG Düsseldorf, Urt. v. 17. 5. 1984 – 8 U 20/83, AnwBl 1984, 444 = MDR 1984, 937.
OLG Düsseldorf, Urt. v. 20. 6. 1988 – 8 U 166/84, AnwBl 1987, 144.

Es stellt keine Verletzung der dem Rechtsanwalt obliegenden Beratungspflicht dar, wenn er nicht zum Prozeßkostenhilfegesuch rät, weil er weiß, daß der Partei aus einem früheren Hausverkauf erhebliche Geldmittel zugeflossen waren, und die Partei auf Befragen erklärt, mit dem Geld im Ausland ein Ferienhaus erworben zu haben.
OLG Koblenz, Beschl. v. 1. 2. 1989 – 5 W 825/88, VersR 1990, 309.

Ein Rechtsanwalt ist verpflichtet, vor Klageerhebung die Frage der Rechtsschutzgewährung zu klären oder den Mandanten nach Aufklärung über das Kostenrisiko entscheiden zu lassen, ob der Klageauftrag unabhängig von einer Deckungszusage der Rechtschutzversicherung erteilt wird.
OLG Nürnberg, Urt. v. 29. 6. 1989 – 8 U 4078/88, NJW-RR 1989, 1370.

1. Hat der Rechtsanwalt über die Wahrscheinlichkeit eines Prozeßgewinns schuldhaft falsche Angaben gemacht und dadurch den Mandanten zur Prozeßführung veranlaßt, haftet er für die gesamten Kosten des Rechtsstreits, wenn der Mandant bei richtiger Auskunft den Prozeß nicht begonnen hätte.
2. Gibt ein Rechtsanwalt die voraussichtlichen Kosten eines Rechtsstreits zu niedrig an, haftet er – nach negativem Ausgang des Rechtsstreits – nur für die Mehrkosten, nicht aber für alle Kosten des Rechtsstreits.
OLG Karlsruhe, Urt. v. 15. 5. 1990 – 17 U 68/89, NJW 1990, 2132.

Der Rechtsanwalt kann verpflichtet sein, im Zusammenhang mit der Klarstellung des Prozeßziels den Mandanten über das bei unbeschränkter Klageerhebung unge-

wöhnlich hohe Kostenrisiko ungefragt aufzuklären, wenn eine prozessuale Beschränkung der Klage möglich ist.
OLG München, Urt. v. 31. 5. 1990 – 24 U 808/89, NJW-RR 1990, 1460.

Die Aufklärungspflicht des Korrespondenzanwalts erstreckt sich darauf, daß seine Gebühren nicht erstattungsfähig sind.
OLG Köln, Urt. 12. 3. 1997 – 17 U 85/96, VersR 1998, 1282 (Ls.).

• Mündliche Verhandlung

Ein Rechtsanwalt verletzt seine Pflichten, wenn er einen Gerichtstermin versäumt oder zu dem festgesetzten Termin mit erheblicher Verspätung erscheint.
BGH, Urt. v. 14. 1. 1993 – IX ZR 206/91, NJW 1993, 1323.

Die Rücknahme der Berufung in der mündlichen Verhandlung durch den Prozeßbevollmächtigten ist jedenfalls dann keine Verletzung der Vertragspflichten, wenn das Rechtsmittel nach ausdrücklicher Erklärung des Gerichts keine Aussicht auf Erfolg hat, gegen dessen Entscheidung kein weiteres Rechtsmittel gegeben wäre und der Mandant sich mit der Berufungsrücknahme einverstanden erklärt hat.
OLG Köln, Beschl. v. 28. 11. 1988 – 2 W 103/88, NJW 1989, 1159.

Das Unterlassen einer „Flucht in die Säumnis" begründet eine Haftung des Rechtsanwalts nur, wenn dadurch vermieden worden wäre, daß ein Vorbringen als verspätet zurückgewiesen wird.
OLG Düsseldorf, Urt. v. 22. 12. 1988–8 U 15/88, VersR 1989, 287.

Verkennt das erstinstanzliche Gericht die Rechtslage, muß der Prozeßbevollmächtigte das Gericht auf die höchstrichterliche Rechtsprechung hinweisen. Nimmt der Rechtsanwalt statt dessen entsprechend dem Rat des Gerichts die Klage zurück, verletzt er seine Vertragspflichten.
OLG Köln, Urt. v. 3. 3. 1995 – 19 U 119/94, NJW-RR 1995, 1401.

• Prozeßaussicht

1. Ein Rechtsanwalt, der einen Klageauftrag erhält, muß den Auftraggeber über die Notwendigkeit, Aussichten und Gefahren eines Rechtsstreits ins Bild setzen, soweit der Auftraggeber zu eigener Beurteilung nicht in der Lage ist.
2. Sind die Angaben des Mandanten in wesentlichen Punkten unvollständig sind, hat der Rechtsanwalt eine Ergänzung zu veranlassen. Hängt der Prozeßerfolg von einer Mahnung, Kündigung, Fristsetzung oder Anfechtung ab, hat der Rechtsanwalt auf eine fristgemäße Erklärung hinzuwirken.
BGH, Urt. v. 17. 1. 1963 – III ZR 145/61, VersR 1963, 387.

Hält ein Rechtsanwalt nach Prüfung der Rechtslage eine Klageerhebung für ein zu großes Prozeßrisiko, weil der Anspruch wahrscheinlich schon verjährt ist, muß er seinen Auftraggeber innerhalb einer kurzen, allenfalls nach Tagen zu bemessenden Frist auf seine Bedenken hinweisen und die Rechtslage mit ihm erörtern.
BGH, Urt. v. 30. 3. 1965 – VI ZR 279/63, VersR 1965, 763.

Ein Rechtsanwalt verstößt dann nicht gegen seine Vertragspflicht, wenn er nach eindringlicher Belehrung dem Wunsch seines Mandanten nachkommt, die Rechtsverfolgung auf eine juristische Meinung zu stützen, die allenfalls noch vertretbar erscheint. Dies gilt vor allem dann, wenn der Mandant sich auf den Rat eines anderen Rechtskundigen stützen kann.
BGH, Urt. v. 4. 12. 1973 – VI ZR 10/72, VersR 1974, 488.

1. Gibt die rechtliche Beurteilung infolge der Tatsachenlage oder der Auffassungen im Schrifttum und in der Rechtsprechung zu ernstlichen Zweifeln Anlaß, muß der Rechtsanwalt in Betracht ziehen, daß sich die zur Entscheidung berufene Stelle der seinem Auftraggeber ungünstigeren Beurteilung der Rechtslage anschließt; er muß daher im Rahmen des Möglichen seine Maßnahmen so treffen, daß sein Auftraggeber auch in diesem Fall keinen Nachteil erleidet.
2. Weiß der Rechtsanwalt oder muß er bei Anwendung der erforderlichen Sorgfalt davon ausgehen, daß das Gericht seine Rechtsauffassung nicht teilt, dann ist er, soweit das möglich ist, verpflichtet, durch hilfsweise Prozeßhandlungen der Rechtsansicht des Gerichts Rechnung zu tragen, um für seinen Mandanten den größtmöglichen Vorteil im Prozeß zu erreichen.
3. Ein Rechtsanwalt darf nicht darauf vertrauen, seine Auffassung, die in einem angesehenen Kommentar vertreten wird, aber von der Mehrheitsmeinung abweicht, werde die Billigung der Gerichte finden. Er muß seinen Auftraggeber über die insoweit bestehenden Gefahren belehren und sein weiteres Verhalten von dessen Entscheidung abhängig machen.
BGH, Urt. v. 25. 6. 1974 – VI ZR 18/73, NJW 1974, 1865.

1. Die umfassende und erschöpfende Belehrungspflicht des Rechtsanwalts schließt die eingehende Unterrichtung über die einzelnen Gesichtspunkte und Umstände ein, die für das weitere Verhalten des Auftraggebers und die Angelegenheit entscheidend sein können. Dabei muß der Rechtsanwalt Zweifel und Bedenken darlegen und erörtern. Die Unterrichtung muß sich insbesondere nicht nur auf das Vorhandensein, sondern auch das ungefähre, in etwa abschätzbare Ausmaß des Risikos eines zu erwartenden Rechtsstreits erstrecken.
2. Ist für den beratenden Rechtsanwalt erkennbar, daß ein beabsichtigter Rechtsstreit nahezu sicher oder jedenfalls mit sehr hoher Wahrscheinlichkeit für seinen Mandanten verlorengehen wird, genügt er seiner Beratungspflicht i. d. R. nicht

schon durch den Hinweis, daß ein Risiko bestehe und der Ausgang des Rechtsstreits offen sei; der Rechtsanwalt muß vielmehr von sich aus deutlicher zum hohen Grad des Risikos und zur Wahrscheinlichkeit eines Prozeßverlustes Stellung nehmen.
3. Macht ein Rechtsanwalt im Verlauf einer Rechtsberatung Vorschläge zur Änderung einer von ihm als wettbewerbsrechtlich bedenklich bezeichneten Warenausstattung, muß er damit rechnen, daß der Auftraggeber die Vorschläge als geeignet zur Beseitigung oder erheblichen Minderung des Prozeßrisikos ansieht. Sind sie dazu wegen ihrer Geringfügigkeit – für den Rechtsanwalt erkennbar – ungeeignet, muß dieser den verbleibenden hohen Grad des Risikos gegenüber dem Auftraggeber klarstellen.
BGH, Urt. v. 8. 12. 1983 – I ZR 183/81, BGHZ 89, 178 = NJW 1984, 791.

Ein Rechtsanwalt ist verpflichtet, seinen Mandanten über die Zweifel an der Zulässigkeit des Rechtsweges aufzuklären, die sich aus der Tendenz der Rechtsprechung und dem Umstand ergeben, daß sich eine gefestigte Rechtsprechung zu den Besonderheiten der vorliegenden Fallgestaltung noch nicht gebildet hat.
BGH, Urt. v. 16. 10. 1984 – VI ZR 304/82, NJW 1985, 264.

1. Wird ein Rechtsanwalt beauftragt, angebliche Rechte seines Mandanten gegen einen Dritten zu verfolgen, obliegt es ihm zu prüfen, ob das Begehren bei dem vorgetragenen Sachverhalt Erfolg haben kann.
2. Ist eine Klage aussichtslos, muß der Rechtsanwalt von der Klageerhebung abraten. Wünscht der Mandant dennoch die Klage, muß der Rechtsanwalt das Prozeßrisiko klar herausstellen. Bleibt der Mandant nach einer eindringlichen Belehrung bei seinem Entschluß, die Klage durchzuführen, kann der Rechtsanwalt dem ohne Verstoß gegen seine Mandatspflicht entsprechen.
3. Kann das Begehren des Mandanten aufgrund einer gut vertretbaren Rechtsauffassung zwar Erfolg haben, ist die Rechtslage aber dennoch zweifelhaft, weil sich etwa eine gefestigte Rechtsprechung noch nicht gebildet hat, muß der Rechtsanwalt gegenüber seinem Mandanten entsprechende Zweifel und Bedenken darlegen und erörtern und die weiteren Schritte von der Entscheidung des Mandanten abhängig machen.
BGH, Urt. v. 17. 4. 1986 – IX ZR 200/85, BGHZ 97, 372 = NJW 1986, 2043.

1. Bei der Prüfung der Aussichten eines beabsichtigten Prozesses muß der Rechtsanwalt vor allem den ihm vorgetragenen Sachverhalt daraufhin untersuchen, ob er geeignet ist, den von dem Auftraggeber erstrebten Erfolg zu begründen.
2. Auf mögliche Bedenken gegen die Erfolgsaussichten einer Klage muß der Rechtsanwalt den Auftraggeber hinweisen. Ergibt die Prüfung, daß die beabsichtigte Klage nahezu sicher oder jedenfalls mit hoher Wahrscheinlichkeit aussichtslos ist, darf der Rechtsanwalt dies nicht verschweigen; er muß vielmehr von sich

aus hinreichend deutlich auf den Grad des Risikos und der Wahrscheinlichkeit eines Prozeßverlustes Stellung nehmen.
3. Geht es um die Auslegung einer Willenserklärung, etwa um die Frage, ob der Verkäufer der Rückgängigmachung eines Kaufvertrages zugestimmt hat, ist ein anwaltlicher Berater nicht verpflichtet, von einer (Wider-) Klage abzuraten. Er muß allerdings auf die Bedenken gegen die Schlüssigkeit einer beabsichtigten Klage hinweisen.
BGH, Urt. v. 10. 3. 1988 – IX ZR 194/87, NJW 1988, 2113 = WM 1988, 842.

Ein Rechtsanwalt darf die Erhebung einer Klage vor den staatlichen Gerichten, die wegen einer Schiedsgerichtsabrede kaum Erfolgsaussichten hat, nur dann empfehlen, wenn er den Auftraggeber auf das sich daraus ergebende Risiko hinweist und dieser dennoch das Kostenrisiko einer unzulässigen Klage vor den ordentlichen Gerichten auf sich nehmen will, weil er sich vor dem Schiedsgericht ohnehin keinen sachlichen Erfolg verspricht.
BGH, Urt. v. 29. 3. 1990 – IX ZR 24/88, NJW 1990, 2127.

Soll ein Rechtsanwalt einen Rechtsstreit führen, muß er den Auftraggeber über die Notwendigkeit, Aussichten und Gefahren eines Prozesses ins Bild setzen, soweit der Mandant zu eigener Beurteilung nicht in der Lage ist.
BGH, Urt. v. 28. 6. 1990 – IX ZR 209/89, NJW-RR 1990, 1241 = WM 1990, 1917.

1. Bei einer auf bloße Verzögerung bedachten Prozeßführung hat der Rechtsanwalt den Auftraggeber substantiiert über die sich aus den gesetzlichen Vorschriften ergebenden Grenzen zu belehren. Der Hinweis auf „ein relatives Risiko“ reicht dazu nicht aus.
2. Ein Rechtsanwalt, der für seinen Mandanten eine neue Klage während der Rechtshängigkeit einer früheren Klage mit demselben Streitgegenstand vor einem örtlich unzuständigen Gericht einleitet, muß angeben können, ob und wie er den Mandanten gerade in dieser Hinsicht belehrt hat.
3. Ein Anliegen des Mandanten, die Erfüllung eines Anspuchs um jeden Preis zu verzögern, deckt nicht kostspielige sinnlose Verzögerungsmaßnahmen, wenn aussichtsreichere möglich sind, etwa die Klage beim zuständigen Gericht.
BGH, Urt. v. 28. 5. 1991 – IX ZR 181/90, NJW 1991, 2280.

1. Zweifel und Bedenken, zu denen die Sachlage Anlaß gibt, hat der Rechtsanwalt darzulegen und mit seinem Auftraggeber zu erörtern.
2. Erscheint nach pflichtgemäßer Prüfung der Sach- und Rechtslage eine beabsichtigte Klage nahezu sicher oder jedenfalls mit großer Wahrscheinlichkeit als aussichtslos, muß der Rechtsanwalt auf den damit verbundenen Grad der Gefahr eines Prozeßverlustes hinweisen.
BGH, Urt. v. 13. 3. 1997 – IX ZR 81/96, NJW 1997, 2168 = WM 1997, 1392.

Ein Steuerberater muß dem Auftraggeber von einer im Endergebnis aussichtslosen Klage abraten.
BGH, Urt. v. 18. 12. 1997 – IX ZR 180/96, NJW 1998, 1488 = WM 1998, 779.

1. Der Rechtsanwalt hat die Führung eines Prozesses dann abzulehnen, wenn er für den Mandanten nach der Sach- und Rechtslage keine Erfolgsaussicht sieht.
2. In Arzthaftungsprozessen darf der Rechtsanwalt ein Schadensersatzbegehren seines Mandanten in aller Regel nicht von vornherein für aussichtslos halten, weil der Prozeßausgang regelmäßig von einer Beweisaufnahme abhängt, deren Ergebnis für den medizinischen Laien vorher kaum abschätzbar ist.
OLG Düsseldorf, Urt. v. 15. 3. 1984 – 8 U 95/83, VersR 1984, 552.

Hat eine Klage keine Aussicht auf Erfolg, weil die geltend zu machende Forderung verjährt ist, muß der Rechtsanwalt dem Mandanten von der Prozeßführung klar und eindeutig abraten.
OLG Köln, Urt. v. 25. 3. 1994 – 19 U 136/93, NJW-RR 1994, 955.

• Prozessuale Tätigkeit (allgemein)

Ein Rechtsanwalt, der eine Prozeßvertretung übernimmt, ist grundsätzlich verpflichtet, die Prozeßlage in rechtlicher Hinsicht umfassend zu prüfen.
RG, Urt. v. 7. 2. 1933 – III 180/32, RGZ 139, 358.

Der Rechtsanwalt, der die Beratung einer Partei in einem Zivilprozeß übernimmt, haftet auf Schadensersatz, wenn er durch eine schuldhafte Pflichtverletzung bewirkt, daß die Partei einen Prozeß verliert, den sie bei sachgemäßer Vertretung gewonnen hätte.
BGH, Urt. v. 31. 10. 1985 – IX ZR 175/84, NJW-RR 1986, 1281 = WM 1986, 199.

• Rechtsmittel (Prüfung der Erfolgsaussicht)

Ein Rechtsanwalt verletzt schuldhaft seine Pflichten, wenn er eine Beschwerde gegen die Nichtzulassung einer Revision einlegt, obwohl er ohne weiteres erkennen konnte, daß die Rechtsauffassung des OLG in dem angefochtenen Urteil dem klaren, eindeutigen und keine andere Auslegung zulassenden Wortlaut des Gesetzes entspricht oder mit der Rechtsprechung des BGH übereinsimmt, so daß die Entscheidung ausschließlich auf den vom OLG getroffenen tatsächlichen Feststellungen beruht.
BGH, Beschl. v. 15. 1. 1960 – IV ZB 289/59, VersR 1960, 209.

Der Rechtsanwalt muß den Mandanten über die Erfolgsaussicht einer Berufung aufklären. Der Rechtsanwalt hat die Einlegung der Berufung zu empfehlen,

wenn sie Aussicht auf Erfolg verspricht. Dies gilt insbesondere dann, wenn anderenfalls die Gefahr einer doppelten Klageabweisung, und zwar auch in einem späteren Verfahren gegen einen Streitverkündeten, besteht.
BGH, Urt. v. 9. 11. 1982 – VI ZR 293/79, BGHZ 85, 252 = NJW 1983, 820.

1. Es gehört zu den Aufgaben des Berufungsanwalts, den Mandanten über die Möglichkeit und die Aussicht einer Revision zu beraten.
2. Es gehört zu den Pflichten des Rechtsanwalts im Berufungsverfahren, die Festsetzung des Wertes der Beschwer durch das Berufungsgericht auf ihre Richtigkeit zu überprüfen.
BGH, Urt. v. 6. 7. 1989 – IX ZR 75/88, NJW-RR 1989, 1109 = WM 1989, 1826.

Der Rechtsanwalt hat seinen Mandanten über den Inhalt eines gegen ihn ergangenen Urteils, den Zeitpunkt der Zustellung sowie die Möglichkeit eines Rechtsmittels und die dafür geltende Einlegungsfrist zu unterrichten.
OLG Celle, Urt. v. 21. 10. 1981–3 U 43/81, AnwBl 1982, 22.

Ein Rechtsanwalt ist verpflichtet, den Mandanten auf die Möglichkeit einer Verfassungsbeschwerde hinzuweisen, wenn ein Gericht die Verpflichtung zur Vorlage an ein höheres Gericht willkürlich außer acht läßt.
OLG Braunschweig, Urt. v. 24. 9. 1997 – 3 U 40/97, NJWE-VHR 1998, 350.

- **Rechtsmittel (Prüfung und Wahrung der Rechtsmittelfrist)**

1. Der Prozeßbevollmächtigte ist verpflichtet, seiner Partei den Lauf der Berufungsfrist mitzuteilen und die Möglichkeit zu verschaffen, über die Einlegung der Berufung zu entscheiden. Dieser Pflicht entspricht der Rechtsanwalt, wenn er das abgekürzte Urteil übersendet und das Zustellungsdatum mit dem Hinweis auf den Ablauftermin der Berufungsfrist angibt; die Übersendung muß nicht durch eingeschriebenen Brief erfolgen.
2. Eine Pflicht des Rechtsanwalts, innerhalb der Berufungsfrist bei der Partei nachzufragen, ob sie Berufung einlegen wolle, ist regelmäßig zu verneinen. Aufgrund der besonderen Umstände des Falls kann sich jedoch ausnahmsweise eine nachträgliche Erkundigungspflicht ergeben, wenn der Rechtsanwalt besonderen Anlaß hat, den Verlust seiner Mitteilung zu befürchten, oder wenn ihm der Wille der Partei, unter allen Umständen ein Rechtsmittel einlegen zu wollen, bereits bekannt ist.
BGH, Urt. v. 23. 1. 1963 – VIII ZB 19/62, VersR 1963, 435.

1. Der beauftragende Rechtsanwalt muß dafür Sorge tragen, daß der beauftragte Rechtsmittelanwalt den Auftrag rechtzeitig bestätigt, und den Eingang dieser Bestätigung überwachen.

2. Besteht zwischen dem erstinstanzlichen Prozeßbevollmächtigten und dem Rechtsmittelanwalt im Einzelfall oder allgemein die Absprache, daß dieser Rechtsmittelaufträge annehmen, prüfen und ausführen wird, besteht für den beauftragenden Rechtsanwalt i. d. R. kein Grund, von sich aus den Ablauf der Rechtsmittelfrist weiterhin zu überwachen.
BGH, Beschl. v. 11. 7. 1988 – I ZB 5/88, NJW 1988, 3020.

Der Verkehrsanwalt ist verpflichtet, die Wahrung der Frist zur Begründung der Berufung zu überwachen, wenn er aufgrund einer internen Absprache anstelle des Prozeßbevollmächtigten die Berufungsbegründung zu entwerfen und damit auch deren fristgerechte Einreichung sicherzustellen hat.
BGH, Beschl. v. 28. 3. 1990 – VII ZB 7/90, VersR 1990, 801.

Sowohl der Prozeßbevollmächtigte als auch der Verkehrsanwalt, der den Berufungsanwalt beauftragt hat, haben in eigener Verantwortung geeignete und verläßliche Maßnahmen zu treffen, die eine zuverlässige Information über den Lauf der Rechtsmittelfrist gewährleisten.
BGH, Beschl. v. 22. 11. 1990 – I ZB 13/90, VersR 1991, 896.

1. Der Rechtsanwalt, der einem Kollegen einen Rechtsmittelauftrag zu erteilen hat, kann nicht darauf vertrauen, daß der Auftrag ausgeführt wird, es sei denn, daß zwischen den Rechtsanwälten oder der vertretenen Partei einerseits und dem als Prozeßbevollmächtigten in Aussicht genommenen Rechtsanwalt andererseits im Einzelfall oder allgemein eine Absprache dahingehend besteht, daß dieser Rechtsmittelaufträge annehmen, prüfen und ausführen werde.
2. Fehlt eine solche Absprache, endet die Sorgfaltspflicht des beauftragenden Rechtsanwalts regelmäßig nicht mit dem rechtzeitigen Absenden des Auftragsschreibens. Vielmehr hat er nach Absenden des Auftragsschreibens den Ablauf der Rechtsmittelfrist in eigener Verantwortung zu überwachen.
3. Der Verkehrsanwalt hat in diesem Fall dafür zu sorgen, daß der Ablauf der Rechtsmittelfrist als eigene Frist eingetragen wird, um die Mandatsübernahme durch den auswärtigen Rechtsanwalt zu überwachen. Bestätigt der auswärtige Rechtsanwalt den Auftrag nicht, hat der Verkehrsanwalt Nachforschungen innerhalb der laufenden Rechtsmittelfrist anzustellen.
BGH, Beschl. v. 5. 6. 1997 – X ZB 2/97, NJW 1997, 3245 = WM 1997, 2091.

• Schriftsätze (Anträge)

Ein Rechtsanwalt, der den zur Wahrung der Interessen seiner Partei erforderlichen Antrag nicht klar genug stellt, handelt pflichtwidrig.
BGH, Urt. v. 20. 9. 1956 – III ZR 199/55, VersR 1956, 762.

Ein Rechtsanwalt, dessen Mandant als Erbe wegen einer Nachlaßverbindlichkeit in Anspruch genommen wird, ist grundsätzlich verpflichtet, den Vorbehalt der beschränkten Erbenhaftung zu beantragen und in den Titel aufnehmen zu lassen.
BGH, Urt. v. 2. 7. 1992 – IX ZR 256/91, NJW 1992, 2694.

1. Der Rechtsanwalt hat für eine sachgerechte Antragstellung zu sorgen.
2. Ein Rechtsanwalt, der mit der Durchsetzung von Unterhaltsansprüchen beauftragt ist, hat im Hinblick auf § 323 ZPO zu klären, ob eine Abänderungs- oder eine Leistungsklage zu erheben ist.
BGH, Urt. v. 2. 4. 1998 – IX ZR 107/97, NJW 1998, 2048 = WM 1998, 1542.

Ein Rechtsanwalt handelt fahrlässig, wenn er eine Kündigungsschutzklage nur gegen eine zweite Kündigung erhebt, obwohl es Anhaltspunkte dafür hat, daß dem Mandanten möglicherweise zuvor schon einmal gekündigt worden ist.
BGH, Urt. v. 11. 2. 1999 – IX ZR 14/98, NJW 1999, 1391 = WM 1999, 647.

In einem Kündigungsschutzprozeß kann der Prozeßbevollmächtigte verpflichtet sein, hilfsweise den Antrag zu stellen, das Arbeitsverhältnis seiner Partei mit dessen Arbeitgeber aufzulösen und diesen zur Zahlung einer angemessenen Abfindung zu verurteilen.
OLG Bamberg, Urt. v. 18. 7. 1988–4 U 60/88, NJW-RR 1989, 223.

Im Mieträumungsverfahren darf sich der Rechtsanwalt des Beklagten nicht darauf verlassen, daß das Gericht die Bewilligung einer Räumungsfrist von Amts wegen prüft; vielmehr muß der Rechtsanwalt selbst einen Antrag nach § 721 ZPO stellen und begründen.
OLG Hamm, Urt. v. 25. 10. 1994 – 28 U 40/94, NJW-RR 1995, 526.

- **Schriftsätze (Rechtsausführungen)**

1. Der Strafverteidiger hat gegenüber dem Beschuldigten die Pflicht, die Strafverfolgungsbehörden oder das Gericht auf eine Verjährung der Strafverfolgung hinzuweisen.
2. Der Strafverteidiger hat im Interesse des Beschuldigten nach Kräften dazu beizutragen, daß Irrtümer des Gerichts zu Lasten des Beschuldigten vermieden werden.
BGH, Urt. v. 17. 9. 1964 – III ZR 215/63, NJW 1964, 2402.

1. Im Prozeß ist der Rechtsanwalt verpflichtet, den Versuch zu unternehmen, das Gericht davon zu überzeugen, daß und warum seine Auffassung richtig ist.
2. Ein Rechtsanwalt ist mit Rücksicht auf das nur unvollkommene menschliche Erkenntnisvermögen und die niemals auszuschließende Möglichkeit eines Irr-

tums verpflichtet, nach Kräften Irrtümern und Versehen des Gerichts entgegenzuwirken.
3. Daher muß er alles vorbringen, was die Entscheidung günstig beeinflussen kann. Hierzu können auch Rechtsauffassungen gehören.
BGH, Urt. v. 25. 6. 1974 – VI ZR 18/73, NJW 1974, 1865.

Der Rechtsanwalt, dem vorprozessual ein Fehler unterlaufen war, hat einen Schaden, der auf falscher Entscheidung im anschließenden gerichtlichen Verfahren beruht, nicht zu verantworten, wenn er dem Gericht noch rechtzeitig den richtigen Sachverhalt unterbreitet und auf die zutreffenden rechtlichen Gesichtspunkte hingewiesen hat.
BGH, Urt. v. 5. 11. 1987 – IX ZR 86/86, NJW 1988, 486.

1. Gibt die rechtliche Beurteilung Anlaß zu ernstlichen Zweifeln, muß der Rechtsanwalt in Betracht ziehen, daß sich die zur Entscheidung berufene Stelle der seinem Auftraggeber ungünstigeren Beurteilung der Rechtslage anschließt.
2. Im Prozeß ist der Rechtsanwalt verpflichtet, den Versuch zu unternehmen, das Gericht davon zu überzeugen, daß und warum seine Auffassung richtig ist.
3. Welche konkreten Pflichten aus diesen allgemeinen Grundsätzen abzuleiten sind, richtet sich nach dem Mandat und den Umständen des Falls.
BGH, Urt. v. 17. 12. 1987 – IX ZR 41/86, NJW 1988, 1079 = WM 1988, 382.

1. Es gehört zu den Pflichten des Rechtsanwalts, Fehlern des Gerichts entgegenzuwirken.
2. Der verfahrensrechtlichen Mitverantwortung der Verfahrensbeteiligten für die Entscheidungsgrundlagen entspricht im Verhältnis der Partei und dem mit der Wahrnehmung ihrer Interessen beauftragten Rechtsanwalt die anwaltliche Verpflichtung, dafür einzutreten, daß die zugunsten des Mandanten sprechenden tatsächlichen und rechtlichen Gesichtspunkte so umfassend wie möglich ermittelt und bei der Entscheidung des Gerichts berücksichtigt werden.
3. Verletzt der Rechtsanwalt schuldhaft diese Pflicht mit der Folge, daß bei der gerichtlichen Entscheidung zugunsten des Mandanten sprechende Gesichtspunkte übersehen werden, so kann es grundsätzlich die Verantwortung des Rechtsanwalts gegenüber dem Mandanten nicht berühren, daß dem Gericht bei der Entscheidungsfindung ein Fehler in derselben Richtung unterlaufen ist.
4. Diese Überlegungen schließen es nicht aus, daß es Sachverhalte geben mag, in denen der durch eine fehlerhafte Gerichtsentscheidung verursachte Schaden dem Rechtsanwalt haftungsrechtlich nicht zugerechnet werden kann, obwohl eine Verletzung der anwaltlichen Pflichten vorausgegangen ist.
5. Wird eine erforderliche Beweiserhebung nicht durchgeführt, weil dazu notwendige Verfahrenshandlungen der Partei unterbleiben, und geht deshalb der Prozeß verloren, hat der Prozeßbevollmächtigte pflichtwidrig gehandelt, wenn er es ver-

säumt hat, auf die Klarstellung einer mißverständlichen Vorschußanforderung des Gerichts hinzuwirken.
BGH, Urt. v. 24. 3. 1988 – IX ZR 114/87, NJW 1988, 3013 = WM 1988, 987.

Es gehört zu den Pflichten des Rechtsanwalts, Fehlern des Gerichts entgegenzuwirken. Derartige Fehler schließen die Haftung des Rechtsanwalts für vorwerfbare Pflichtverletzungen nicht aus.
BGH, Urt. v. 6. 7. 1989 – IX ZR 75/88, NJW-RR 1989, 1109 = WM 1989, 1826.

1. Ein Rechtsanwalt ist verpflichtet, den Versuch zu unternehmen, das Gericht davon zu überzeugen, daß und warum seine Auffassung richtig ist. Fehler des Gerichts muß er zu verhindern suchen.
2. Etwaige Versäumnisse des Gerichts schließen die Mitverantwortung des Rechtsanwalts für eigenes Versehen grundsätzlich nicht aus.
3. Ob etwas anderes im Falle ganz ungewöhnlicher schwerer Fehlgriffe der zur Entscheidung berufenen Stelle gilt, die außerhalb jedes realitätsgerechten Vorstellungsvermögens eines durchschnittlich erfahrenen, sorgfältigen und vorsichtigen Rechtsanwalts liegen, bleibt offen.
BGH, Urt. v. 28. 6. 1990 – IX ZR 209/89, NJW-RR 1990, 1241 = WM 1990, 1917.

Ein Rechtsanwalt ist verpflichtet, den Versuch zu unternehmen, die entscheidende Stelle – das Gericht oder die Behörde – davon zu überzeugen, daß und warum seine Aufassung richtig ist.
BGH, Urt. v. 13. 2. 1992 – IX ZR 105/91, NJW 1992, 1695.

Der Rechtsanwalt ist verpflichtet zu versuchen, das Gericht unter Hinweis auf die höchstrichterliche Rechtsprechung von seiner Rechtsauffasung zu überzeugen.
BGH, Urt. v. 20. 1. 1994 – IX ZR 46/93, NJW 1994, 1211.

Es gehört zu den Pflichten eines zum Prozeßbevollmächtigten bestellten Rechtsanwalts, Fehlern des Gerichts entgegenzuwirken.
BGH, Urt. 15. 12. 1994 – IX ZR 45/94, NJW 1995, 1419 = WM 1994, 948.

1. Der mit der Prozeßführung betraute Rechtsanwalt ist seinem Mandanten gegenüber verpflichtet, dafür einzutreten, daß die zugunsten des Mandanten sprechenden tatsächlichen und rechtlichen Gesichtspunkte so umfassend wie möglich ermittelt und bei der Entscheidung des Gerichts berücksichtigt werden.
2. Verlangt ein Käufer im Rechtsstreit unter Berufung auf seine Allgemeinen Geschäftsbedingungen überhöhte Zinsen, so ist der gegnerische Prozeßbevollmächtigte verpflichtet, das Gericht auf Bedenken hinzuweisen, die sich aus § 11 Nr. 5 AGBG ergeben.
BGH, Urt. v. 4. 6. 1996 – IX ZR 51/95, NJW 1996, 2648 = WM 1996, 1824.

1. Ein Rechtsanwalt hat in einem Rechtsstreit alles vorzubringen, was die gerichtliche Entscheidung für die von ihm vertretene Partei günstig beeinflussen kann.

2. Ein Rechtsanwalt ist verpflichtet, auf die Unschlüssigkeit einer Klage bzw. auf die Unerheblichkeit einer Verteidigung der Gegenseite hinzuweisen.
OLG Köln, Urt. v. 2. 11. 1983 – 17 U 32/83, AnwBl 1984, 92.

• Schriftsätze (Sachvortrag)

Ein Rechtsanwalt, der eine für seinen Auftraggeber rechtlich vorteilhafte Einwendung nicht schriftsätzlich vorträgt, weil er meint, dieser Vortrag sei für seinen Mandanten ehrenrührig oder kreditgefährdend, handelt pflichtwidrig, wenn er den Auftraggeber nicht über die Vor- und Nachteile dieses Vorgehens aufgeklärt und dessen Zustimmung eingeholt hat.
RG, Urt. v. 7. 2. 1933 – III 180/32, RGZ 139, 358.

1. Soweit der Auftraggeber den Rechtsanwalt informiert hat, hat der Rechtsanwalt gerichtliche Auflagen sachgemäß und ausreichend zu beantworten.
2. Unterrichtet der Auftraggeber seinen Rechtsanwalt nicht ausreichend, muß dieser den Auftraggeber auf die bei einem ungenügenden Vortrag drohenden prozeßrechtlichen Nachteile hinweisen.
BGH, Urt. v. 8. 10. 1981 – III ZR 190/79, NJW 1982, 437.

1. Im Zivilprozeß obliegt die Beibringung des Tatsachenstoffs in erster Linie der Partei.
2. Ein pflichtgemäß handelnder Prozeßbevollmächtigter darf nicht völlig auf den Erfolg der hauptsächlichen Verteidigungsmittel vertrauen, sondern muß darauf bedacht sein, einen von seinem Mandanten möglicherweise geschuldeten Schadensersatz so gering wie möglich zu halten. Er hat neben der Verteidigung gegen die Zulässigkeit der Klage und den Grund des geltend gemachten Anspruchs auch zu der Schadenshöhe vorzutragen.
3. Der Rechtsanwalt ist zu hinreichend substantiiertem und rechtzeitigem Sachvortrag verpflichtet.
BGH, Urt. v. 28. 6. 1990 – IX ZR 209/89, NJW-RR 1990, 1241 = WM 1990, 1917.

1. Ein Rechtsanwalt ist im Rahmen der Prozeßführung verpflichtet, darauf zu achten, daß gesetzliche und gerichtliche Fristen eingehalten werden.
2. Das Versäumen einer gerichtlichen Frist kann einem Rechtsanwalt nur vorgeworfen werden, wenn der Mandant beweist, daß der Rechtsanwalt von der Fristverfügung rechtzeitig Kenntnis erlangt hat.
OLG Düsseldorf, Urt. v. 22. 12. 1988 – 8 U 15/88, VersR 1989, 287.

Ein Verstoß des Prozeßbevollmächtigten gegen eine „Verpflichtung zur moderaten Prozeßführung" besteht jedenfalls dann nicht, wenn der Mandant zu erkennen gegeben hat, daß er mit Inhalt und Diktion der Schriftsätze einverstanden ist.
OLG Köln, Urt. v. 22. 11. 1994 – 22 U 138/94, NJW-RR 1996, 698.

Die eine Geltendmachung des Schadens erleichternden Vorschriften des § 252 BGB und des § 287 ZPO entbinden den beauftragten Rechtsanwalt nicht, die für die Begründung eines eingeklagten Anspruchs relevanten Ausgangs- bzw. Anknüpfungstatsachen schlüssig darzulegen.
OLG Koblenz, Urt. v. 25. 3. 1997 – 3 U 334/96, NJW-RR 1997, 954.

- **Sicherheitsleistung (Rückforderung)**

Ein Berufungsanwalt, der für seinen Mandanten ohne Beteiligung eines Korrespondenzanwalts eine einstweilige Einstellung der Zwangsvollstreckung gegen Sicherheitsleistung erwirkt hat, hat für die Rückgabe der Sicherheit zu sorgen, nachdem sein Mandant mit der Berufung ganz oder im wesentlichen obsiegt hat. In diesem Fall muß der Berufungsanwalt seinem Mandanten zur Klage auf Rückgabe der Sicherheit raten, falls der Gegner diese nicht freiwillig herausgibt.
BGH, Urt. v. 22. 3. 1990 – IX ZR 128/89, NJW 1990, 2128 = WM 1990, 1161.

- **Streitverkündung**

Ein Rechtsanwalt hat darauf hinzuwirken, daß nach einer Streitverkündung eine Interventionswirkung seines Auftraggebers vermieden wird. Hierzu hat der Rechtsanwalt dem Auftraggeber bei hinreichender Erfolgsaussicht zu raten, gegen ein Urteil Berufung einzulegen, wenn andernfalls die Gefahr einer doppelten Klageabweisung droht, und zwar auch in einem späteren Verfahren gegen den Streitverkündeten.
BGH, Urt. v. 9. 11. 1982 – VI ZR 293/79, BGHZ 85, 252 = NJW 1983, 820.

1. Ein Rechtsanwalt ist auch dann verpflichtet, seinen Auftraggeber auf die drohende Verjährung von Ansprüchen gegen einen Dritten hinzuweisen, wenn sein Mandat nur die Vertretung in einem bestimmten Rechtsstreit umfaßt, für den Rechtsanwalt jedoch ersichtlich ist, daß bei Verlust des Prozesses Ansprüche gegen einen Dritten in Betracht kommen und der Auftraggeber insoweit nicht anderweitig beraten wird.
2. Im Zivilprozeß bietet sich in einer solchen Sachlage als naheliegender Weg zur Wahrung der Rechte des Mandanten an, dem Dritten den Streit zu verkünden.
BGH, Urt. v. 29. 4. 1993 – IX ZR 101/92, NJW 1993, 2045 = WM 1993, 1508.

1. Ein Rechtsanwalt, der es übernommen hat, in einem anhängigen Verfahren namens seines Mandanten einem Dritten den Streit zu verkünden oder die Wirkung der Streitverkündung durch Abschluß einer entsprechenden Vereinbarung herbeizuführen, ist verpflichtet, seinen Mandanten über die Wirkung der Streitverkündung auch gemäß § 215 BGB zu belehren.

2. Dies gilt zumindest dann, wenn das Ziel der Streitverkündung gerade auch in der Unterbrechung der Verjährung liegt.
OLG Karlsruhe, Urt. v. 17. 10. 1985 – 12 U 208/84, NJW 1987, 331.

- **Verjährungsunterbrechung**

vgl. Anspruchssicherung

- **Vergleich**

1. Bevor der Rechtsanwalt seiner Partei in einer Rechtsstreitigkeit den Abschluß eines Vergleichs empfiehlt, ist er verpflichtet, sich anhand der Rechtsprechung und des Schrifttums ein Bild über die Prozeßaussichten seines Auftraggebers zu machen.
2. Bestehen in Schrifttum oder Rechtsprechung zu einer Rechtsfrage mehrere beachtliche Meinungen, hat der Rechtsanwalt, der seiner Partei auf der Grundlage einer ihr ungünstigen Meinung einen Vergleich vorschlägt, auf die sich daraus ergebenden Bedenken aufmerksam zu machen.
RG, Urt. v. 4. 3. 1932 – 116/31 III, JW 1932, 2856.

Bevor ein Rechtsanwalt zu einem Vergleich rät, muß er abwägen, ob dieser den wohlverstandenen Interessen seines Mandanten genügt. Er muß seinen Mandanten auf Bedenken und auf die Nachteile des Vergleichs hinweisen. Er darf jedenfalls dann nicht ohne weiteres einen Vergleich empfehlen, vorschlagen oder unwiderruflich abschließen, wenn nach der Prozeßlage eine begründete Aussicht besteht, daß im Falle der Entscheidung für den Mandanten ein günstigeres Ergebnis zu erzielen ist.
BGH, Urt. v. 15. 12. 1960 – III ZR 141/59, VersR 1961, 276.

1. Ein Rechtsanwalt, der in einem Vergleich die Berufung gegen ein klageabweisendes Urteil zurücknehmen will, muß sich der eindeutigen Zustimmung seines Auftraggebers vergewissern, nachdem er diesen eingehend über die rechtliche Bedeutung und die wirtschaftlichen Folgen einer solchen Erklärung belehrt sowie gewissenhaft alle Möglichkeiten für eine günstigere Beendigung des Rechtstreits geprüft hat.
2. Selbst wenn der Auftraggeber dem Rechtsanwalt bedeutet hat, er sei unter Umständen vergleichsbereit, hat der Rechtanwalt die Partei darüber zu belehren, daß Fehlentscheidungen über die künftige Entwicklung der unfallbedingten Körperschäden zu den von ihr im Abfindungsvergleich zu übernehmenden Risiken gehören und daß sie bei Verwirklichung dieser Risiken grundsätzlich keine Schadensersatzansprüche mehr geltend machen kann.

3. Es bleibt offen, ob anderweitige Interessen von überragender Bedeutung es ausnahmsweise rechtfertigen können, einen Vergleich ohne vorherige Belehrung und ohne Absprache mit dem Auftraggeber zu schließen.
BGH, Urt. v. 20. 3. 1961 – III ZR 172/59, VersR 1961, 467.

1. Hat ein Rechtsanwalt zwischen der Empfehlung eines Vergleichs und der Führung eines Rechtsstreits zu wählen, so beschränkt sich seine Sorgfaltspflicht darauf, alle wesentlichen Vor- und Nachteile so gewissenhaft zu bedenken, wie ihm dies auf Grund seiner Informationen, Kenntnisse und Erfahrungen vorausschauend möglich ist, und seinen Auftraggeber entsprechend zu belehren und zu beraten.
2. Ein vorgeschlagener Vergleich kann so eindeutig ungünstig sein, daß der Rechtsanwalt von ihm abraten muß und ihn nur abschließen darf, wenn der Mandant es dem dringenden Rat zuwider ausdrücklich verlangt.
BGH, Urt. v. 5. 1. 1968 – VI ZR 137/66, VersR 1968, 450.

1. Hat ein Rechtsanwalt konkrete Anhaltspunkte dafür, daß sein Mandant erwartet, durch einen Vergleich eine bestimmte Rechtsposition zu wahren, hat er den Mandanten darüber aufzuklären, daß er beabsichtigt, den Vergleich mit einem abweichenden Inhalt abzuschließen.
2. Einem Rechtsanwalt, der an Vergleichsverhandlungen mitwirkt, ist ein Ermessensspielraum zuzubilligen. Besteht nach der Prozeßlage indessen begründete Aussicht, daß im Fall einer Entscheidung ein wesentlich günstigeres Ergebnis zu erzielen ist, hat der Rechtsanwalt von einem Vergleich abzuraten.
BGH, Urt. v. 14. 1. 1993 – IX ZR 76/92, NJW 1993, 1325 = WM 1993, 1197.

Ein Rechtsanwalt darf einen bindenden Abfindungsvergleich mit erheblicher Tragweite regelmäßig nur schließen, wenn sein Mandant hierüber belehrt ist und zugestimmt hat.
BGH, Urt. v. 21. 4. 1994 – IX ZR 123/93, NJW 1994, 2085 = WM 1994, 1340.

1. Weist ein Mandant seinen Rechtsanwalt endgültig an, einen unter Vorbehalt geschlossenen Prozeßvergleich zu widerrufen, hat der Rechtsanwalt den Widerruf unverzüglich zu erklären.
2. Bei der Ausübung des vorbehaltenen Widerrufs eines Prozeßvergleichs hat der Rechtsanwalt regelmäßig für den rechtzeitigen und formgerechten Eingang bei der zuständigen Stelle in beweisbarer Form Sorge zu tragen.
BGH, Urt. v. 1. 12. 1994 – IX ZR 131/94, NJW 1995, 521 = WM 1995, 719.

1. Der Rechtsanwalt hat den Auftraggeber in die Lage zu versetzen, eigenverantwortlich darüber zu entscheiden, ob er sich auf einen Vergleich einlassen will oder nicht.
2. Ein Rechtsanwalt ist verpflichtet, seinen Mandanten darüber aufzuklären, mit welchem Inhalt er einen Vergleich abzuschließen gedenkt. Eine derartige Aufklä-

rung ist grundsätzlich erforderlich, falls sich der Rechtsanwalt nicht sicher sein kann, daß sein Auftraggeber Inhalt und Tragweite des Vergleichs vollständig kennt.
3. Der Rechtsanwalt hat von einem Vergleich abzuraten, wenn nach der Prozeßlage eine begründete Aussicht besteht, im Falle einer Entscheidung ein wesentlich günstigeres Ergebnis zu erzielen.
BGH, Urt. v. 7. 12. 1995 – IX ZR 238/94, NJW-RR 1996, 567.

1. Maßgeblich für die Beurteilung der Frage, ob ein Rechtsanwalt im Zusammenhang mit einem Vergleichsschluß seine Pflichten verletzt hat, ist die Lage, die sich ihm im Zeitpunkt des Vergleichsschlusses bietet.
2. Dabei ist den Schwierigkeiten und Unsicherheiten Rechnung zu tragen, die nahezu bei jedem Vergleichsschluß vor Beendigung eines Prozesses vorhanden sind. Dies schließt allerdings nicht die Verpflichtung des Rechtsanwalts aus, sorgfältig alle Vor- und Nachteile abzuwägen, die ein Vergleich für seinen Mandanten mit sich bringt, und die Chancen und Risiken eines Prozesses zu bedenken.
OLG Hamburg, Urt. v. 9. 1. 1980 – 9 U 114/78, VersR 1980, 1073.

Der Rechtsanwalt wird von seinen Pflichten nicht dadurch entbunden, daß das Gericht einen Vergleichsvorschlag unterbreitet hat.
OLG Stuttgart, Urt. v. 5. 8. 1982 – 7 U 80/82, VersR 1984, 450 (Nichtannahme der Revision durch Beschluß des BGH v. 7. 6. 1983 – VI ZR 216/82).

1. Die Entscheidung, ob ein Vergleich geschlossen werden soll, hat letztlich stets der Mandant zu treffen.
2. Der Rechtsanwalt ist aus diesem Grund verpflichtet, dem Mandanten im einzelnen darzulegen, welche Gesichtspunkte für und gegen einen Vergleich sprechen.
3. Dabei darf der Rechtsanwalt aber nicht durch eine ex-post-Betrachtung überfordert werden. Maßgebend ist die Lage im Zeitpunkt des Vergleichsabschlusses.
4. Die Empfehlung des Gerichts, einen bestimmten Prozeßvergleich zu schließen, entbindet den Rechtsanwalt nicht von seiner Beratungspflicht gegenüber seiner Partei. Dies gilt insbesondere dann, wenn der gerichtliche Vergleichsvorschlag unvertretbar ist und gegen eine negative Entscheidung des Gerichts noch ein Rechtsmittel zulässig wäre.
5. Die richterliche Empfehlung eines Vergleichs ist ein wichtiger Faktor bei der Abwägung, ob ein Vergleich geschlossen werden soll. Dies gilt vor allem dann, wenn gegen ein Urteil dieses Gerichts kein Rechtsmittel mehr möglich wäre.
OLG Frankfurt (Kassel), Urt. v. 12. 1. 1988 – 14 U 178/86, NJW 1988, 3269.

Bei einem Vergleich, der zur Beendigung eines Arbeitsverhältnisses eine Abfindungszahlung an den Arbeitnehmer vorsieht, kann ein Rechtsanwalt verpflichtet sein, seinen Auftraggeber auf die Geltung und Bedeutung des § 128 a AFG hinzu-

weisen und ihm deutlich zu machen, daß der Arbeitgeber bzw. der Arbeitnehmer für Rückforderungen der Arbeitsverwaltung haften kann.
OLG Düsseldorf, Urt. v. 18. 9. 1986 – 8 U 72/85, VersR 1988, 1048.

1. Der Rechtsanwalt hat im Rahmen von Vergleichsverhandlungen einen weiten Ermessensspielraum.
2. Der Rechtsanwalt hat auf der Grundlage der ihm zur Verfügung stehenden Informationen eine Prognose zu treffen, wie ein Rechtsstreit möglicherweise ausgehen wird, und dann zu prüfen, ob einem Vergleich der Vorzug zu geben ist.
3. Rät der Rechtsanwalt nicht zu einem Vergleich, so kann darin nur dann eine Pflichtverletzung liegen, wenn zum Zeitpunkt der Vergleichsverhandlung objektive Anhaltspunkte einen Vergleich eindeutig günstiger erscheinen lassen als die Klage.
OLG Oldenburg, Urt. v. 12. 4. 1991 – 6 U 230/90, NJW-RR 1991, 1499.

1. Vor Abschluß eines Prozeßvergleichs muß der Prozeßbevollmächtigte dem Mandanten etwaige Unsicherheitsfaktoren bei der Weiterführung des Prozesses darlegen und diese gegenüber den Folgen der Beendigung des Prozesses durch Vergleich abwägen.
2. Das Risiko einer Beweisaufnahme, der Kosten, der Einstellung des Richters und der Prognose der Prozeßaussicht hat der Prozeßbevollmächtigte darzulegen. Die Entscheidung, ob ein Vergleich mit einem bestimmten Inhalt geschlossen werden soll, hat letztlich der Mandant zu treffen.
OLG Köln, Urt. v. 10. 7. 1991 – 13 U 68/91, VersR 1992, 448.

1. Bei der Prüfung, ob ein Rechtsanwalt im Zusammenhang mit einem Vergleichsabschluß die ihm obliegenden Pflichten schuldhaft verletzt hat, darf keine ex-post-Betrachtung vorgenommen werden. Maßgebend ist vielmehr die Lage, die sich dem Rechtsanwalt im Zeitpunkt des Vergleichsabschlusses darbietet.
2. Der Rechtsanwalt hat bei der Beratung der Mandanten alle Faktoren sorgfältig gegeneinander abzuwägen und unter Beachtung des Grundsatzes des sicheren und gefahrlosen Weges zu gewichten.
3. Ein Rechtsanwalt, der zu einem Vergleich rät, muß abwägen, ob dieser den wohlverstandenen Interessen seines Mandanten genügt; er muß dabei auf Bedenken und auf nachteilige Vergleichsfolgen hinweisen. Er darf nicht ohne weiteres einen Vergleich empfehlen, vorschlagen oder unwiderruflich abschließen, wenn nach der Prozeßlage eine begründete Aussicht besteht, daß im Fall der Entscheidung ein günstigeres Ergebnis zu erzielen ist; zumindest muß der Rechtsanwalt bei seiner Beratung darauf hinweisen.
OLG Hamm, Urt. v. 18. 2. 1992 – 28 U 209/91, VersR 1992, 1404 (Ls.).

Schwere Verletzungen, dadurch bedingte Behinderungen und die ärztlich attestierte Gefahr einer Verschlimmerung können bei einem erst siebenundzwanzig-

jährigen Mandanten einen Rechtsanwalt verpflichten, von einer Abfindungserklärung in einem Vergleich dringend abzuraten.
OLG Köln, Urt. v. 22. 3. 1995 – 11 U 184/94, NJW-RR 1995, 1529.

1. Bei der Beratung im Rahmen von Vergleichsverhandlungen kommt dem Rechtsanwalt ein weiter Ermessensspielraum zu. Der Rechtsanwalt hat auf der Grundlage der ihm zur Verfügung stehenden Informationen eine Prognose zu treffen, wie ein Rechtsstreit möglicherweise ausgehen wird, und muß dann prüfen, ob einem Vergleich der Vorzug zu geben ist. Hierbei darf der Rechtsanwalt nicht durch übertriebene Anforderungen an seine Berufsausübung eingeengt werden.
2. Neben Unsicherheitsfaktoren (offenes Ergebnis von Beweisaufnahmen, Einstellung des Richters, Kostenrisiko) sind auch die ernsthaften Wünsche sowie die psychische Lage des Mandanten zu berücksichtigen.
3. Rein wirtschaftliche Überlegungen gewinnen insbesondere dann an Bedeutung, wenn es sich um rechtliche Auseinandersetzungen unter Fremden handelt. Bei einer Auseinandersetzung im engsten Familienkreis kann nicht allein auf die Erfolgsaussichten abgestellt werden. Vielmehr ist im Regelfall den familiären und psychischen Umständen ein erhebliches Gewicht beizumessen.
4. Eine gütliche Regelung setzt voraus, daß nicht nur die Interessen der Partei, sondern auch die Vorstellungen der Gegenseite berücksichtigt werden.
OLG Düsseldorf, Urt. v. 12. 7. 1996–7 U 199/95, NJWE-VHR 1997, 12 = NJW-RR 1997, 3034 (Ls.) (Nichtannahme der Revision durch Beschluß des BGH v. 12. 6. 1997 – IX ZR 188/96).

Bei Abschluß eines Abfindungsvergleichs ist ein Rechtsanwalt verpflichtet, bei in Frage kommenden künftigen Schäden und Spätfolgen, die von der Abfindungssumme nicht umfaßt sein sollen, den dahingehenden Vorbehalt klar und unmißverständlich so zu vereinbaren und niederzulegen, daß der Mandant auch nach Ablauf der Verjährungsfrist für die betroffenen Ansprüche gegen die Erhebung der Verjährungseinrede sicher geschützt ist.
OLG Hamm, Urt. v. 16. 6. 1998 – 28 U 237/97, MDR 1999, 388.

Bei der Prüfung, ob der Vorschlag eines Rechtsanwalts, einen außergerichtlich angebotenen Vergleich abzulehnen, eine Pflichtverletzung darstellt, ist auf die Sach- und Rechtslage abzustellen, die sich für den Rechtsanwalt zum Zeitpunkt der Beratung ergab. Dabei ist dem Rechtsanwalt für die Beurteilung ein Ermessenspielraum einzuräumen.
OLG Hamburg, Urt. v. 2. 7. 1998 – 6 U 40/98, MDR 1999, 122.

- **Verschwiegenheit**

Die Verschwiegenheitspflicht ist zur Aufrechterhaltung einer funktionsfähigen Rechtspflege unerläßlich.
BVerfG, Beschl. v. 14. 7. 1987 – 1 BvR 537/81 u. a., BVerfGE 76, 171 = NJW 1988, 191.

1. Verhandelt der Rechtsanwalt im Auftrag seines Mandanten mit einem Dritten, besteht die Verschwiegenheitspflicht nicht in Bezug auf Umstände, die der Auftraggeber dem Vertragsgegner offenbaren muß.
2. Besteht der Auftraggeber auf Verschwiegenheit, muß der Rechtsanwalt die Übernahme oder Fortführung des Auftrags ablehnen.
RG, Urt. v. 11. 7. 1929 – 751/28 VI, JW 1929, 3149.

1. Ein Rechtsanwalt kann auch ohne Einverständnis des Auftraggebers oder sogar gegen dessen erklärten Willen befugt sein, ihm in Ausübung seines Berufs anvertraute Tatsachen zu offenbaren, wenn er andernfalls in einem Rechtsstreit gegen den Auftraggeber seine Honorar- und Gebührenansprüche nicht geltend machen kann.
2. Ein Rechtsanwalt ist nicht befugt, ihm im Rahmen eines Anwaltsvertrages anvertraute Tatsachen, die zur Substantiierung eines Honorar- oder Gebührenanspruchs in einem Hauptprozeß nicht offenbart werden müssen, zur Begründung des Arrestgrundes nach § 917 ZPO zu verwenden.
KG, Urt. v. 7. 10. 1993 – 16 U 4836/93, NJW 1994, 462.

• Vertrag (Gestaltung)

Ein Rechtsanwalt, der einen vom Auftraggeber vorgelegten Vertragsentwurf prüfen soll, muß mit hinreichender Deutlichkeit auf die Unwirksamkeit des Vertrages oder einzelner Vertragsklauseln hinweisen.
BGH, Urt. v. 3. 5. 1956 – III ZR 251/54, VersR 1956, 451.

1. Der als Berater für eine schriftliche Vereinbarung hinzugezogene Rechtsanwalt muß sein Augenmerk in erster Linie darauf richten, daß der Wille seines Auftraggebers in der Urkunde richtig und vollständig zum Ausdruck kommt.
2. Er muß ferner darauf achten, daß Unklarheiten vermieden werden, die den Erfolg der Vereinbarung in Frage stellen könnten.
BGH, Urt. v. 31. 3. 1960, III ZR 34/59, VersR 1960, 546.
BGH, Urt. v. 12. 7. 1960, III ZR 89/59, VersR 1960, 932.

Der Rechtsanwalt muß den Auftraggeber auch über mögliche wirtschaftliche Gefahren und die erforderlichen Vorsichtsmaßregeln aufklären.
BGH, Urt. v. 12. 7. 1960, III ZR 89/59, VersR 1960, 932.

1. Bei der Durchsicht eines vom Auftraggeber vorgelegten Vertragsentwurfs hat der Rechtsanwalt zu prüfen, ob der Auftraggeber einen wichtigen Gesichtspunkt, der das ausgehandelte Ergebnis wesentlich zu seinen Ungunsten beeinflussen kann, außer acht gelassen hat.

2. Der Rechtsanwalt hat zu prüfen, ob alle wichtigen Punkte in die Urkunde aufgenommen sind.
BGH, Urt. v. 18. 6. 1968 – VI ZR 160/66, VersR 1968, 969.

1. Hat an einem Vertrag ein vom Mandanten selbst beauftragter Rechtsanwalt gerade des Landes mitgewirkt hat, dessen Recht maßgebend ist, kann sich im Einzelfall die Pflicht des deutschen Rechtsanwalts auf die Prüfung beschränken, ob der ausländische Anwalt alle entscheidenden Punkte des Vertrages berücksichtigt hat.
2. Der deutsche Rechtsanwalt darf grundsätzlich davon ausgehen, daß der von dem Auftraggeber schon vorher eingeschaltete ausländische Anwalt sein Heimatrecht kennt und nach diesem Recht einen seiner Natur nach alltäglichen Vertrag fehlerfrei entworfen hat.
BGH, Urt. v. 22. 2. 1972 – VI ZR 135/70, NJW 1972, 1044.

1. Berät ein Rechtsanwalt seinen Mandanten über formgebundene Rechtsgeschäfte, genügt er im allgemeinen seiner Verpflichtung aus dem Anwaltsvertrag nicht mit dem einfachen Hinweis auf die Formbedürftigkeit.
2. Der Rechtsanwalt muß dem Mandanten vielmehr das besondere Risiko deutlich machen, das dieser eingeht, wenn er ohne Beachtung der Form das Rechtsgeschäft abschließt oder die Formwahrung auf einen späteren Zeitpunkt verschiebt. Dies gilt jedenfalls dann, wenn der Auftraggeber schon vorher Leistungen erbringt, auf Rechte verzichtet oder sich sonstiger vorhandener Möglichkeiten begibt, die den Vertragspartner zum formgültigen Abschluß des Rechtsgeschäfts veranlassen könnten.
3. Eine solche Belehrung kann allenfalls dann entbehrlich sein, wenn der Rechtsanwalt erkennt, daß dem Mandanten die Risiken des Geschäfts oder der beabsichtigten rechtlichen Gestaltung bekannt sind und er diese auch bei einer Belehrung auf sich nehmen würde.
BGH, Urt. v. 11. 1. 1977 – VI ZR 261/75, NJW 1977, 2073.

1. Ein Rechtsanwalt, der den Auftraggeber bei der Gründung einer den Geschäftsbetrieb eines einzelkaufmännischen Unternehmens fortführenden GmbH berät, muß darauf hinweisen, daß die vom Auftraggeber vorgesehene Firmierung der GmbH zu einer Haftung für die Verbindlichkeiten der zu löschenden Firma führt.
2. Außerdem ist der Rechtsanwalt verpflichtet, dem Auftraggeber den sichersten Weg aufzuzeigen, wie eine Haftung der zu gründenden GmbH für die Altschulden vermieden werden kann. Er muß auf der Eintragung einer neuen Firma, die mit der zu löschenden Firma im Kern nicht identisch ist, bestehen oder gegebenenfalls den Haftungsausschluß nach § 25 Abs. 2 HGB samt Voraussetzungen eingehend darlegen und empfehlen.
BGH, Urt. v. 10. 10. 1985 – IX ZR 153/84, NJW 1986, 581.

Ein Rechtsanwalt, der an einer Vertragsgestaltung zur Umgehung eines gesetzlichen Verbots mitwirkt, muß seinen Auftraggeber auf rechtliche Zweifel und Gefahren, die sich aus der vorgeschlagenen Gestaltung ergeben, auch dann hinweisen, wenn diesem das Verbot als solches bekannt ist.
BGH, Urt. v. 6. 2. 1992 – IX ZR 95/91, NJW 1992, 1159 = WM 1992, 742.

1. Der Rechtsanwalt, der einen ihm vorgelegten Vertragstext zu prüfen hat, hat den Vertrag sowie die einzelnen Klauseln auf ihre Wirksamkeit zu untersuchen.
2. Der Rechtsanwalt hat auf rechtliche Bedenken gegen einen vorgelegten Vertragsentwurf hinzuweisen. Er muß eine rechtlich einwandfreie Vertragsgestaltung empfehlen, die den berechtigten Interessen des Auftraggebers entspricht.
BGH, Urt. v. 8. 10. 1992 – IX ZR 98/91, NJW-RR 1993, 243 = WM 1993, 420.

1. Der Rechtsanwalt, der mit einer Rechtsgestaltung beauftragt ist, hat durch die Wortwahl seiner Erklärung Klarheit zu schaffen. Er darf es nicht dazu kommen lassen, daß der Wortlaut einer Erklärung zu Zweifeln Anlaß gibt. Dazu gehört auch die zutreffende Verwendung der einschlägigen Fachausdrücke.
2. Der Rechtsanwalt hat seinen Mandanten im Rahmen des Mandats vor erkennbar drohenden wirtschaftlichen Gefahren zu warnen.
BGH, Urt. v. 4. 6. 1996 – IX ZR 51/95, NJW 1996, 2648 = WM 1996, 1824.

1. Der Rechtsanwalt, der mit der Gestaltung eines Vertrages beauftragt ist, muß prüfen, ob der vergesehene Vertragszweck zu erreichen ist.
2. Der Rechtsanwalt muß den Auftraggeber über Zweifel an der Durchführbarkeit eines Vertrages aufklären.
BGH, Urt. v. 20. 6. 1996 – IX ZR 106/95, NJW 1996, 2929 = WM 1996, 1832.

1. Der Mandant hat einen Vertragsentwurf seines Rechtsanwalts zu prüfen.
2. Ein Mitverschulden des Mandanten kommt nicht in Betracht, soweit es um die rechtliche Beurteilung des Vertragsentwurfs geht.
3. Diese Einschränkung gilt nicht, wenn sich der haftungsbegründende Fehler des Rechtsanwalts auf die sprachlich eindeutige Wiedergabe eines zuvor erzielten Verhandlungsergebnisses bezieht, welches zu seinem Verständnis keine rechtlichen Spezialkenntnisse erfordert.
OLG Hamm, Urt. v. 24. 11. 1993 – 33 U 31/93, NJW-RR 1995, 1267.

- **Vertrag (Kosten)**

1. Auf die durch einen Vertragsschluß kraft Gesetzes entstehenden Anwaltsgebühren muß ein Rechtsanwalt regelmäßig nicht ungefragt hinweisen. Nur diesbezügliche Fragen muß er wahrheitsgemäß beantworten.

2. Der Rechtsanwalt kann gehalten sein, einen Mandanten auf die Möglichkeit der Rechtsberatungs- oder Prozeßkostenhilfe hinzuweisen, wenn dieser erkennbar aufgrund seiner Einkommens- und Vermögensverhältnisse anspruchsberechtigt ist.
3. Der Rechtsanwalt muß darüber aufklären, daß die beabsichtigte Rechtsverfolgung erkennbar wirtschaftlich unvernünftig ist, weil das Ziel in keinem angemessenen Verhältnis zu den anfallenden Kosten steht.
4. Wird ein Rechtsanwalt mit dem Entwurf eines Vertrages betraut, der notarieller Beurkundung bedarf, hat er den Auftraggeber in der Regel auf diesen Umstand und dadurch entstehende weitere Kosten hinzuweisen.
5. Der Rechtsanwalt schuldet regelmäßig nicht den Rat, einen Notar aufzusuchen.
BGH, Urt. v. 18. 9. 1997 – IX ZR 49/97, NJW 1998, 136 = WM 1998, 140.

1. Der Rechtsanwalt muß den Mandanten darauf hinweisen, daß ein beabsichtigtes Rechtsgeschäft der notariellen Beurkundung bedarf. Diesen Hinweis muß der Rechtsanwalt aber nicht bereits bei Beginn der Beratung geben und mit der Belehrung über Entstehung und Höhe notarieller Gebühren verbinden.
2. Der Rechtsanwalt ist nicht verpflichtet, den Mandanten wegen eines formbedürftigen Vertrages von vornherein an einen Notar zu verweisen und von der Inanspruchnahme anwaltlicher Leistungen unter Hinweis auf die Entstehung doppelter Kosten abzuraten.
3. Etwas anders gilt ausnahmsweise dann, wenn der Rechtsanwalt erkennen muß, daß der Mandant unrichtige Vorstellungen über die Aufgaben von Rechtsanwalt und Notar hat und der Ansicht ist, der Rechtsanwalt könne auch eine notarielle Beurkundung vornehmen.
OLG Düsseldorf, Urt. v. 7. 6. 1984 – 8 U 150/83, AnwBl 1984, 443 = MDR 1984, 844.

• Zwangsvollstreckung

Ein Rechtsanwalt, der die im Auftrag seines Mandanten eingeleitete Zwangsvollstreckung versehentlich auch noch nach Tilgung der Schuld weiterbetreibt, haftet grundsätzlich nicht für einen daraus entstandenen Schaden.
BGH, Urt. v. 13. 3. 1979 – VI ZR 117/77, NJW 1979, 1351.

1. Der Mandant kann von seinem Rechtsanwalt auch im Rahmen eines Vollstrekkungsauftrags grundsätzlich nur die Durchsetzung von Ansprüchen verlangen, die ihm nach Recht und Gesetz zustehen.
2. Versäumt ein Rechtsanwalt die Vollstreckung aus einem rechtskräftigen Versäumnisurteil, verletzt er grundsätzlich die ihm obliegenden Pflichten. Dies gilt grundsätzlich auch dann, wenn das Urteil im Widerspruch zur materiellen Rechtslage ergangen ist. Der Rechtsanwalt handelt jedoch nicht pflichtwidrig, sofern gegen die Vollstreckung der Einwand des § 826 BGB begründet ist.

3. Bei der Vollstreckung hat der Rechtsanwalt darauf zu achten, die Verwertbarkeit eines gepfändeten Anspruchs für den Auftraggeber nach Möglichkeit zu erhalten. Der Rechtsanwalt hat dabei insbesondere die Verjährung rechtzeitig zu unterbrechen und den Mandanten auf diese Weise vor Gegenansprüchen aus § 842 ZPO zu schützen.
BGH, Urt. v. 21. 9. 1995 – IX ZR 228/94, NJW 1996, 48 = WM 1996, 35.

Ein Rechtsanwalt, der den Auftrag zur Zwangsvollstreckung übernommen hat, handelt pflichtwidrig, wenn er nach erfolgloser Vollstreckung in das bewegliche Vermögen nicht zunächst ein Verfahren nach § 807 ZPO einleitet, sondern sogleich einen Antrag auf Eröffnung des Konkurses über das Vermögen des Schuldners stellt.
OLG Düsseldorf, Urt. v. 28. 6. 1984 – 8 U 165/83, ZIP 1984, 1499.

Ein Rechtsanwalt handelt pflichtwidrig, wenn er einen Auftrag zur Zwangsvollstreckung aus einem für vorläufig vollstreckbar erklärten Urteil nicht alsbald ausführt.
OLG Köln, Beschl. v. 4. 11. 1985 – 2 W 129/85, NJW-RR 1986, 222.

Der mit der Einleitung von Zwangsvollstreckungsmaßnahmen beauftragte Rechtsanwalt muß den Antrag auf Erlaß eines Pfändungsbeschlusses, mit dem sämtliche Guthaben des Schuldners bei einer Bank gepfändet werden sollen, so abfassen, daß nicht nur Ansprüche des Schuldners aus laufender Geschäftsverbindung, sondern auch aus einem etwaigen Wertpapierdepot erfaßt werden.
OLG Düsseldorf, Urt. v. 23. 11. 1989 – 8 U 35/89, VersR 1991, 424 (Nichtannahme der Revision durch BGH, Beschl. v. 28. 6. 1990 – IX ZR 281/89).

II. Haftung für Hilfspersonen

Hat der Rechtsanwalt seinem Büropersonal Verhandlungen mit dem Publikum ausdrücklich untersagt, haftet er nicht dafür, daß sein Bürovorsteher eigenmächtig eine unrichtige Rechtsauskunft erteilt.
RG, Urt. v. 16. 3. 1906 – 342/05 III, JW 1906, 332.

Läßt sich ein Rechtsanwalt in einem Zwangsvergleichstermin von einem Referendar vertreten, hat er für dessen Verschulden nach § 278 BGB einzustehen.
RG, Urt. v. 4. 11. 1913 – 266/13 III, JW 1914, 77.

Überläßt der Rechtsanwalt während seiner Abwesenheit den Verkehr mit seinen Auftraggebern dem Bürovorsteher, hat er für dessen schuldhafte Handlungen nach § 278 BGB auch dann einzustehen, wenn der Bürovorsteher Wertpapiere unterschlägt, die ein Mandant zur Abwendung der Zwangsvollstreckung hinterlegt hat.
RG, Urt. v. 28. 1. 1921 – 342/20 III, RGZ 101, 248 = JW 1921, 460.

Ein Rechtsanwalt, der die Interessen seines Mandanten bei einem Versteigerungstermin durch ein näher verabredetes Mitbieten wahrzunehmen hat und zum Versteigerungstermin seinen Bürovorsteher entsendet, muß sich vergewissern, daß dieser mit den Grundlagen für eine gehörige Wahrnehmung der Parteiinteressen in dem Termin vertraut ist.
BGH, Urt. v. 19. 12. 1957 – III ZR 127/56, VersR 1958, 191.

Ein Rechtsanwalt muß sich ein Verschulden eines von ihm eingeschalteten Referendars unter den Voraussetzungen des § 278 BGB zurechnen lassen.
BGH, Urt. v. 21. 11. 1960 – III ZR 160/59, NJW 1961, 601.

Ein Rechtsanwalt hat für das Verschulden seiner Bürogehilfen bei der Erfüllung des Anwaltsvertrages nach § 278 BGB einzustehen.
BGH, Urt. v. 20. 10. 1964 – VI ZR 115/63, VersR 1965, 43.

Ein Rechtsanwalt muß grundsätzlich sowohl die Anhörung und Befragung der Mandanten als auch die eigentliche juristische Beratungstätigkeit persönlich ausüben und darf dies nicht dem Bürovorsteher überlassen.
BGH, Urt. v. 23. 6. 1981 – VI ZR 42/80, NJW 1981, 2741.

Sieg

III. Pflichten des Mandanten

Information

Bei der Erfüllung seiner Pflicht, im Rahmen eines unbeschränkten Mandats den Sachverhalt zu klären, den er seiner fachlichen Tätigkeit zugrunde legen soll, darf der Rechtsanwalt i. d. R. auf die Richtigkeit tatsächlicher Angaben seines Mandanten ohne eigene Nachforschungen vertrauen, solange er die Unrichtigkeit oder Unvollständigkeit der Angaben weder kennt noch kennen muß.
Dieser Grundsatz gilt nicht für die Mitteilung von Rechtstatsachen und rechtlichen Wertungen, weil solche Angaben des regelmäßig rechtsunkundigen Auftraggebers unzuverlässig sind. Insoweit muß der Rechtsanwalt die zugrunde liegenden, für die rechtliche Prüfung bedeutsamen Umstände und Vorgänge klären, indem er seinen Mandanten befragt und von diesem einschlägige Unterlagen erbittet; läßt dies keine verläßliche Klärung erwarten, können weitere zumutbare Ermittlungen erforderlich sein.
Grundsätzlich spricht der Beweis des ersten Anscheins dafür, daß der Mandant eine Bitte seines Rechtsanwalts um Informationen und Unterlagen erfüllt hätte.

Der Auftraggeber kann ein schadensursächliches Mitverschulden (§ 254 BGB) zu tragen haben, wenn er seine Vertragspflicht zur wahrheitsgemäßen und vollständigen Unterrichtung seines Rechtsanwalts verletzt hat.
BGH, Urt. v. 20. 6. 1996 – IX ZR 106/95, WM 1996, 1832, 1834ff. = NJW 1996, 2929.

Unterrichtet ein Mandant seinen Prozeßanwalt durch einen anderen Rechtsanwalt über den Sachverhalt, so hat der Mandant gegenüber dem Prozeßanwalt eine schadensursächliche Falschangabe als Mitverschulden (§§ 254 Abs. 1, 278 BGB) zu vertreten.
BGH, Urt. v. 13. 3. 1997 – IX ZR 81/96, WM 1997, 1392, 1394f. = NJW 1997, 2168.

Ein Rechtsanwalt ist grundsätzlich nicht verpflichtet, eigene selbständige Ermittlungen und Prüfungen darüber anzustellen, ob die von seinem Mandanten erteilten Informationen in allen Punkten richtig und ob Beweismittel in jeder Hinsicht beweiskräftig sind. Der Rechtsuchende kann von seinem Rechtsanwalt erwarten, daß dieser seinen Angaben vertraut.
BGH, Urt. v. 20. 6. 1960 – III ZR 107/59, VersR 1960, 911.

Bestehen Zweifel an der Richtigkeit und Vollständigkeit der Angaben des Mandanten, so muß der Rechtsanwalt durch Befragung seines Auftraggebers die Information ergänzen.
BGH, Urt. v. 21. 11. 1960 – III ZR 160/59, NJW 1961, 601, 602.

Ein Rechtsanwalt muß grundsätzlich sowohl die Anhörung und Befragung des Mandanten als auch die eigentliche rechtliche Beratung selbst vornehmen und darf diese Tätigkeiten nicht seinem Bürovorsteher überlassen.
BGH, Urt. v. 23. 6. 1981 – VI ZR 42/80, NJW 1981, 2741, 2743.

Bei lückenhaften oder oberflächlichen Informationen muß der Rechtsanwalt auf deren Vervollständigung dringen und notfalls den Auftraggeber über die rechtlichen Nachteile unterrichten, falls eine Ergänzung unterbleibt.
Bei Rechtsstreitigkeiten, die die berufliche Tätigkeit des Mandanten betreffen, ist der Rechtsanwalt besonders auf eine sachkundige Information durch den Mandanten angewiesen.
BGH, Urt. v. 8. 10. 1981 – III ZR 190/79, NJW 1982, 437.

Vergütung

• Abschluß eines Anwaltsvertrages

Die BRAGO regelt den Anwaltsvertrag und den darauf beruhenden Honoraranspruch des Rechtsanwalts nicht abschließend. Sie enthält grundsätzlich keine Bestimmungen über den Grund des Vergütungsanspruchs. Dessen Voraussetzungen

ergeben sich vielmehr aus den bürgerlichrechtlichen Vorschriften, die durch die BRAGO hinsichtlich der Höhe der Vergütung ergänzt werden.
BGH, Urt. v. 16. 10. 1986 – III ZR 67/85, NJW 1987, 315, 316.

Der Anspruch auf eine Vergütung nach der BRAGO setzt eine vertragliche Anwaltstätigkeit mit der dafür typischen Rechtsbeistandspflicht (§ 3 Abs. 1 BRAO) voraus (§ 1 Abs. 1 BRAGO).
Ein Anwaltsvertrag erfordert nicht, daß die Rechtsberatung und -vertretung den Schwerpunkt der anwaltlichen Tätigkeit bilden. Ein Anwaltsvertrag kann auch anwaltsfremde Maßnahmen umfassen, die in einem engen inneren Zusammenhang mit der rechtlichen Beistandspflicht stehen und auch Rechtsfragen aufwerfen können.
Wird ein Rechtsanwalt, der bereits für eine Gesellschaft tätig ist, zum Mitglied des Aufsichtsrates dieser Gesellschaft bestellt, so kann sich dies auf den Gebührenanspruch aus dem Anwaltsvertrag auswirken.
BGH, Urt. v. 2. 7. 1998 – IX ZR 63/97, WM 1998, 2243, 2244 = NJW 1998, 3486.

• Abtretung der Honorarforderung

Tritt ein Rechtsanwalt bei Veräußerung seiner Kanzlei Honorarforderungen – unter Übergabe der Handakten – ohne Zustimmung des Auftraggebers an einen Rechtsanwalt ab, der zuvor als Mitarbeiter des Zedenten die Angelegenheiten des Mandanten umfassend kennengelernt hat, so ist die Abtretung nicht gemäß § 134 BGB, § 203 Abs. 1 Nr. 3 StGB unwirksam.
BGH, Urt. v. 10. 8. 1995 – IX ZR 220/94, NJW 1995, 2915 f.

Die Abtretung der Honorarforderung eines Rechtsanwalts ist auch ohne Zustimmung des Mandanten wirksam, wenn der Abtretungsempfänger bereits vor der Abtretung zum Abwickler der Kanzlei des Zedenten bestellt worden ist.
BGH, Urt. v. 17. 10. 1996 – IX ZR 37/96, WM 1996, 2244, 2245 = NJW 1997, 188.

• Aufklärung über Gebühren

Ungefragt schuldet der Rechtsanwalt seinem Auftraggeber grundsätzlich keinen Hinweis auf die Gebührenhöhe. Der Mandant muß bei der Beauftragung eines Rechtsanwalts regelmäßig damit rechnen, daß er die gesetzliche anwaltliche Vergütung zu zahlen hat.
Auf Verlangen des Auftraggebers hat der Rechtsanwalt die voraussichtliche Höhe seines Entgelts mitzuteilen.
Aus besonderen Umständen des Einzelfalls kann sich nach Treu und Glauben (§ 242 BGB) eine Pflicht des Rechtsanwalts ergeben, auch ohne Frage des Auf-

traggebers diesen über die voraussichtliche Höhe seiner Vergütung zu belehren. Insoweit hat die erforderliche Gesamtwürdigung zu berücksichtigen einerseits den Schwierigkeitsgrad und Umfang der anwaltlichen Aufgabe, einen ungewöhnlich hohen Gegenstandswert und sich daraus ergebende hohe Gebühren sowie andererseits die Bedeutung der Angelegenheit für den Mandanten und dessen Vermögensverhältnisse und Erfahrung im Umgang mit Rechtsanwälten. Letztlich ist insoweit entscheidend, ob der Rechtsanwalt nach den Umständen des Einzelfalls ein entsprechendes Aufklärungsbedürfnis des Auftraggebers erkennen konnte und mußte.
BGH, Urt. v. 2. 7. 1998 – IX 63/97, WM 1998, 2243, 2245 = NJW 1998, 3486.

- **Aufrechnung**

Die Klausel eines formularmäßigen Anwaltsvertrages, die jede Aufrechnung gegen die Honorarforderung ausschließt, ist unwirksam (§§ 9, 11 Nr. 3 AGBG).
BGH, Urt. v. 31. 10. 1985 – IX ZR 175/84, WM 1986, 199, 203 = NJW-RR 1986, 1281.

Über die gesetzlich oder vertraglich ausdrücklich geregelten Fälle hinaus ist eine Aufrechnung ausgeschlossen, wenn das nach dem besonderen Inhalt des Schuldverhältnisses als stillschweigend vereinbart angesehen werden muß (§ 157 BGB) oder wenn die Natur der Rechtsbeziehung oder der Zweck der geschuldeten Leistung eine Erfüllung im Wege der Aufrechnung als mit Treu und Glauben unvereinbar (§ 242 BGB) erscheinen läßt.
Insbesondere wegen erkennbarer besonderer Zweckgebundenheit eines Rechtsgeschäfts kann gegen die sich daraus ergebenden Forderungen nicht mit Ansprüchen aufgerechnet werden, die ihren Grund nicht in demselben Geschäft haben. Deswegen kann ein Rechtsanwalt gegen einen Anspruch eines Elternteils auf Auszahlung einer beigetriebenen Leistung auf Kindesunterhalt nicht mit solchen Gegenforderungen aufrechnen, die nicht im Zusammenhang mit der Durchsetzung des Kindesunterhalts stehen.
BGH, Urt. v. 29. 11. 1990 – IX ZR 94/90, BGHZ 113, 90, 93f. = NJW 1991, 839.

Eine Aufrechnung ist über die gesetzlich oder vertraglich ausdrücklich geregelten Fälle hinaus ausgeschlossen, sofern der besondere Inhalt des Schuldverhältnisses, die Natur der Rechtsbeziehungen oder der Zweck der geschuldeten Leistung eine Erfüllung im Wege der Aufrechnung als mit Treu und Glauben unvereinbar erscheinen lassen. Insbesondere Treuhänder und Geschäftsführer dürfen gegen einen Anspruch auf Herausgabe des Erlangten nicht beliebig aufrechnen.
Ein Rechtsanwalt ist grundsätzlich nicht gehindert, sich durch Aufrechnung mit Honoraransprüchen aus nicht zweckgebundenen Fremdgeldern zu befriedigen,

auch wenn die Vergütungsansprüche nicht gerade den Auftrag betreffen, der zu dem Geldeingang geführt hat.
BGH, Urt. v. 23. 2. 1995 – IX ZR 29/94, NJW 1995, 1425, 1426.

• Erfolgshonorar

Verpflichtet sich ein Rechtsanwalt zur Rückzahlung eines Teils der vereinbarten Vergütung, falls ein bestimmter Erfolg seiner anwaltlichen Tätigkeit nicht eintritt (hier: Herabsetzung der Steuerschuld um einen bestimmten Betrag), so ist dies als unzulässige Vereinbarung eines Erfolgshonorars nichtig.
BGH, Urt. v. 4. 12. 1986 – III ZR 51/85, BB 1987, 1064, 1065 = NJW 1987, 3203.

Die Vereinbarung eines Erfolgshonorars ist immer dann sittenwidrig, wenn dadurch die Unabhängigkeit des Rechtsanwalts gefährdet wird.
Dies gilt auch dann, wenn sich ein gerichtlich zum Abwickler einer AG bestellter Rechtsanwalt von einem Aktionär ein Erfolgshonorar versprechen läßt, weil dadurch zumindest die Möglichkeit eines Konflikts zwischen den Interessen der Gesellschaft und den nicht notwendig gleichgerichteten Belangen des Gesellschafters begründet wird.
BGH, Urt. v. 13. 6. 1996 – III ZR 113/95, BGHZ 133, 90, 93 ff. = WM 1996, 1465 = NJW 1996, 2499.

• Gebühren

Die Erledigung des Auftrags kann mit der Beendigung der Angelegenheit zusammenfallen, muß es aber nicht. Ein einziger Auftrag kann mehrere Angelegenheiten umfassen.
Die Angelegenheit bedeutet den durch einen einheitlichen Lebenssachverhalt abgesteckten Rahmen der anwaltlichen Tätigkeit.
Die Angelegenheit ist nicht dasselbe wie der Gegenstand der anwaltlichen Tätigkeit. Gegenstand in diesem Sinne ist das Recht oder Rechtsverhältnis, auf das sich die jeweilige Tätigkeit des Rechtsanwalts nach dem Auftrag bezieht. Eine Angelegenheit kann mehrere Gegenstände umfassen; dann darf der Rechtsanwalt die Gebühren zwar nur einmal fordern (§ 13 Abs. 2 BRAGO), dies aber nach dem Gesamtwert der Gegenstände (§ 7 Abs. 2 BRAGO).
Im Honorarprozeß ist der Rechtsanwalt nicht an seine Gebührenrechnung gebunden.
BGH, Urt. v. 24. 11. 1994 – IX ZR 222/93, ZIP 1995, 118 = NJW-RR 1995, 758 = WM 1995, 947.

Unter einer Angelegenheit im gebührenrechtlichen Sinne ist das gesamte Geschäft zu verstehen, das der Rechtsanwalt für den Auftraggeber besorgen soll. Ihr Inhalt bestimmt den Rahmen, innerhalb dessen der Rechtsanwalt tätig wird.
Wann eine Angelegenheit oder mehrere Angelegenheiten vorliegen, hat grundsätzlich der Tatrichter mit Rücksicht auf die jeweiligen Lebensverhältnisse im Einzelfall zu entscheiden; dabei ist insbesondere der Inhalt des Auftrags maßgeblich.

Die auf einem einheitlichen Auftrag beruhende außergerichtliche Regulierung eines Unfallschadens ist gebührenrechtlich auch dann nur eine einzige Angelegenheit, wenn sie sich über mehrere Jahre hinzieht und sich auch auf die jeweils neu hinzukommenden Schadensbeträge erstreckt.
BGH, Urt. v. 9. 2. 1995 – IX ZR 207/94, NJW 1995, 1431.

- **Honorarforderung einer Sozietät**

Honorarforderungen aus einem Vertrag mit einer Anwaltssozietät stehen den Mitgliedern der Sozietät zur gesamten Hand und nicht als Gesamtgläubigern zu (Abweichung von BGH, NJW 1963, 1301 und NJW 1980, 2407).
Die Sozietätsanwälte können ein Mitglied der Sozietät im Wege der gewillkürten Prozeßstandschaft ermächtigen, eine Vergütungsforderung der Sozietät im eigenen Namen und auf eigene Rechnung geltend zu machen.
BGH, Urt. v. 20. 6. 1996 – IX ZR 248/95, NJW 1996, 2859, 2860 = WM 1996, 1632.

- **Honorarvereinbarung**

Vereinbart ein Rechtsanwalt unmittelbar mit dem Gegner seines Mandanten, daß er – über einen Vertrag zugunsten des Rechtsanwalts unter Beitritt zur Honorarschuld des Mandanten – gegen den Dritten einen eigenen Zahlungsanspruch erhält, so kann eine unangemessen hohe Vergütung nach § 3 Abs. 3 BRAGO auf den angemessenen Betrag herabgesetzt werden. Darauf kann sich der Dritte in entsprechender Anwendung des § 417 Abs. 1 Satz 1 BGB berufen.
BGH, Urt. v. 15. 5. 1997 – IX ZR 167/96, NJW 1997, 2388, 2389.

- **Kündigung**

§ 628 Abs. 1 BGB regelt die Frage, in welchem Umfang dem Rechtsanwalt nach der außerordentlichen Kündigung gemäß § 627 BGB Honoraransprüche gegen den Auftraggeber zustehen.
Danach kann der Rechtsanwalt grundsätzlich einen seinen bisherigen Leistungen entsprechenden Teil der Vergütung verlangen (§ 628 Abs. 1 Satz 1 BGB), so daß

dem Anwalt trotz der vorzeitigen Beendigung seines Auftrags Gebühren gemäß §§ 13 Abs. 4, 31 BRAGO in voller Höhe verbleiben.
Hat der Rechtsanwalt jedoch durch vertragswidriges Verhalten, das eine schuldhafte Verletzung einer Vertragspflicht voraussetzt, die Kündigung des Auftraggebers veranlaßt, so steht dem Anwalt eine Vergütung insoweit nicht zu, als seine bisherigen Leistungen infolge der Kündigung für den Mandanten kein Interesse mehr haben (§ 628 Abs. 1 Satz 2 BGB). Die Voraussetzungen dieser Einwendung hat der Auftraggeber darzulegen und zu beweisen.
Ein Prozeßbevollmächtigter verliert seinen Vergütungsanspruch gemäß § 628 Abs. 1 Satz 2 BGB, wenn der Mandant den Auftrag kündigt, weil der Anwalt in Untersuchungshaft genommen wurde wegen des Verdachts, Gelder anderer Auftraggeber veruntreut zu haben, und einen neuen Prozeßbevollmächtigten bestellt, für den die gleichen Anwaltsgebühren nochmals entstehen.
BGH, Urt. v. 30. 3. 1995 – IX ZR 182/94, WM 1995, 1288, 1289 = NJW 1995, 1954.

Ein Rechtsanwalt leistet Dienste höherer Art i. S. d. § 627 Abs. 1 BGB.
Ein dauerndes Dienstverhältnis i. S. d. Vorschrift erfordert keine Dienstleistung, die die Erwerbstätigkeit des Verpflichteten vollständig oder hauptsächlich in Anspruch nimmt. Es kann auch dann vorliegen, wenn der Vertrag auf eine bestimmte längere Zeit abgeschlossen ist. Dafür kann ein Jahr genügen, wenn es sich um eine Verpflichtung für ständige oder langfristige Aufgaben handelt und die Vertragspartner von der Möglichkeit und Zweckmäßigkeit einer Verlängerung ausgehen.

Mit festen Bezügen ist ein solches dauerndes Dienstverhältnis nur dann verbunden, wenn der Verpflichtete eine bestimmte, vertraglich festgelegte Regelvergütung erhält, mit der er rechnen und planen darf. Dafür genügt nicht ein Entgelt, das zwar letztlich bestimmbar ist, aber von ungewissen, schwankenden Voraussetzungen abhängt (hier : Vom Jahresumsatz des Dienstberechtigten).
Zum Ausschluß des Kündigungsrechts nach § 627 Abs. 1 BGB durch AGB.
BGH, Urt. v. 19. 12. 1992 – IX ZR 77/92, WM 1993, 515, 516.

Feste Bezüge hat ein dauerndes Dienstverhältnis i. S. d. § 627 Abs. 1 BGB dann, wenn der Dienstverpflichtete sich darauf verlassen kann, daß ihm auf längere Sicht bestimmte, von vornherein festgelegte Beträge in einem Umfang zufließen werden, daß diese die Grundlage seines wirtschaftlichen Daseins bilden können. Dies gilt nicht für Entgelte, die von ausservertraglichen Entwicklungen abhängen und deswegen der Höhe nach schwanken.
BGH, Urt. v. 13. 1. 1993 – VIII ZR 112/92, NJW-RR 1993, 505, 506.

Da § 628 Abs. 1 Satz 2 BGB für den Mandanten eine Einwendung gegenüber einem Vergütungsanspruch aus § 628 Abs. 1 Satz 1 BGB begründet, hat der Mandant die Voraussetzungen dieser Einwendung darzulegen und zu beweisen.

Der Auftraggeber hat daher zu beweisen, daß seine Kündigung auf vertragswidrigem Verhalten des Rechtsanwalts beruht und infolgedessen das Interesse an den bisherigen anwaltlichen Leistungen entfallen ist.
BGH, Urt. v. 8. 10. 1981 – III ZR 190/79, NJW 1982, 437, 438.

Da § 628 Abs. 1 Satz 2 BGB einen Ausnahmetatbestand gegenüber Satz 1 dieser Vorschrift enthält, hat der Mandant die Voraussetzungen dieses Ausnahmetatbestandes darzulegen und zu beweisen.
Daher trägt der Auftraggeber die Beweislast dafür, daß er die Kündigung des Rechtsanwalts nicht durch eigenes vertragswidriges Verhalten veranlaßt hat.
BGH, Urt. v. 17. 10. 1996 – IX ZR 37/96, WM 1996, 2244, 2246 = NJW 1997, 188.

- **Pfändbarkeit einer Honorarforderung**

Eine Honorarforderung, die nicht abgetreten werden darf, weil der Gläubiger (hier: Steuerberater) gemäß § 203 StGB zur Wahrung von Mandantengeheimnissen verpflichtet ist, ist grundsätzlich pfändbar (§ 851 ZPO). Das Geheimhaltungsinteresse des Drittschuldners (Mandanten) wird durch eine Einschränkung der Auskunftspflichten des § 836 Abs. 3 ZPO geschützt.
BGH, Urt. v. 25. 3. 1999 – IX ZR 223/97, ZIP 1999, 621, 625, insoweit z. V. b. in BGHZ; OLG Stuttgart, Beschl. v. 11. 5. 1994 – 8 W 89/94, NJW 1994, 2838 f.

- **Vergütung gemäß § 1 Abs. 2 BRAGO**

Die Tätigkeit eines Rechtsanwalts als Liquidator einer GmbH gehört zu den Aufgaben i. S. d. § 1 Abs. 2 Satz 1 BRAGO.
Der als Liquidator tätige Rechtsanwalt kann ein zusätzliches Honorar nach anwaltlichem Gebührenrecht für die Wahrnehmung solcher Aufgaben verlangen, zu deren sachgerechter Erledigung selbst ein als Liquidator erfahrener Nichtjurist einen Rechtsanwalt hinzuziehen müßte (§ 1 Abs. 2 Satz 2 BRAGO mit § 1835 BGB).
Die formularmäßige Bestimmung eines mit einem Rechtsanwalt geschlossenen Liquidatorenvertrages, die nach der gesetzlichen Regelung begründete Ansprüche des Anwalts auf eine zusätzliche Vergütung ausschließt und diese statt dessen von einer im freien Belieben stehenden Zustimmung des Vertragspartners im Einzelfall abhängig macht, ist unwirksam (§ 9 Abs. 1, 2 Nr. 1 AGBG).
BGH, Urt. v. 17. 9. 1998 – IX ZR 237/97, WM 1998, 2248, 2249 ff. = NJW 1998, 3567, z. V. b. in BGHZ 139, 309.

• Verjährung des Vergütungsanspruchs

Der Anspruch eines Rechtsanwalts auf Gebühren und Auslagen verjährt in zwei Jahren (§ 196 Abs. 1 Nr. 15 BGB); die Verjährung beginnt mit dem Schluß des Jahres, in dem Anspruch fällig geworden ist (§§ 198, 201 BGB). Fälligkeit tritt regelmäßig ein mit der Erledigung des Auftrags oder der Beendigung der Angelegenheit (§ 16 Satz 1 BRAGO); maßgeblich ist der erste Eintritt eines dieser Tatbestände, falls nichts anderes vereinbart ist. Der Lauf der Verjährungsfrist hängt nicht davon ab, wann der Rechtsanwalt seinem Auftraggeber die Berechnung der Vergütung mitteilt (§ 18 Abs. 1 Satz 2 BRAGO).
Die Klage auf Zahlung der Vergütung nach der BRAGO unterbricht die Verjährung des Vergütungsanspruchs auch dann, wenn der Rechtsanwalt seinem Auftraggeber noch keine Berechnung der Vergütung gemäß § 18 BRAGO mitgeteilt hat. Wird dies bis zur letzten mündlichen Verhandlung in der Tatsacheninstanz nachgeholt, so wird die Vergütungsforderung damit i. S. d. § 18 Abs. 1 Satz 1 BRAGO einforderbar.
BGH, Urt. v. 2. 7. 1998 – IX ZR 63/97, WM 1998, 2243, 2245 f. = NJW 1998, 3486.

Die den Verjährungsbeginn auslösende Fälligkeit des anwaltlichen Vergütungsanspruchs wird durch die Tatbestände des § 16 BRAGO bestimmt.
Wird der Streitwert i. S. d. § 9 Abs. 1 BRAGO zu niedrig festgesetzt, so wird die Verjährung desjenigen Teils des Vergütungsanspruchs, der vom festgesetzten Streitwert nicht gedeckt wird, bis zu einer Heraufsetzung des Wertes gehemmt; mit der Höherfestsetzung beginnt keine neue Verjährungsfrist (Abweichung von BGH, AnwBl 1978, 229).
BGH, Urt. v. 7. 5. 1998 – IX ZR 139/97, NJW 1998, 2670, 2671 f. = WM 1998, 1545.

• Weisung

Für Anwaltsprozesse räumt die ZPO Rechtsanwälten gegenüber anderen Prozeßarten eine größere Selbständigkeit und Unabhängigkeit ihrer Entscheidungen ein, weil der Rechtsanwalt im Verfahren vor dem Landgericht seine Sachkenntnis und Erfahrung in schwierigeren Rechts- und Sachlagen der von ihm vertretenen Partei voraus hat
LG Köln, Urt. v. 18. 12. 1961 – 7 O 251/61, MDR 1963, 134.

I. d. R. darf der Rechtsanwalt, wenn ihm keine besonderen Weisungen für die Ausführung eines bestimmten Auftrags erteilt sind, diesen aus eigener Entschließung erledigen. Er muß nur darauf achten, daß dabei voraussehbare und vermeidbare Nachteile für den Auftraggeber vermieden werden. Der Rechtsanwalt ist dann berechtigt und sogar verpflichtet, so vorzugehen, wie es ihm aufgrund der erhaltenen

Information und seiner sonstigen Kenntnisse als sachgerecht erscheinen muß. Der ihm insoweit verbleibende Spielraum ist aufgrund seiner Sachkenntnis und Erfahrung nicht eng zu ziehen. Der Rechtsanwalt kann sogar im Einzelfall verpflichtet sein, gegen frühere Weisungen des Mandanten zu handeln, wenn es in einer neuen Lage objektiv dem Interesse der Partei entspricht.
BGH, Urt. v. 10. 6. 1980 – VI ZR 127/79, VersR 1980, 925, 926.

Ein Rechtsanwalt hat Weisungen seines Mandanten nicht blindlings Folge zu leisten. Bei unsachgemäßen und für den Auftraggeber möglicherweise nachteiligen Weisungen hat der Rechtsanwalt diesen vor der Ausführung auf die Gefahren hinzuweisen und die Antwort abzuwarten. Dies gilt für Weisungen bei allen Anwaltstätigkeiten.
BGH, Urt. v. 20. 3. 1984 – VI ZR 154/82, NJW 1985, 42, 43 = VersR 1984, 658.

Der Rechtsanwalt hat grundsätzlich die Weisungen seines Auftraggebers zu befolgen, selbst wenn dies zu Nachteilen für den Mandanten führen kann. Er darf allerdings solche Weisungen nicht blindlings befolgen. Er muß selbständig prüfen, ob dem Auftraggeber bei der Ausführung der Weisung Nachteile drohen. Der Rechtsanwalt hat den Mandanten auf diese hinzuweisen, ihn zu warnen und ihm Alternativen aufzuzeigen, mit denen das erstrebte Ziel sicherer erreicht werden kann.
BGH, Urt. v. 30. 10. 1984 – IX ZR 6/84, VersR 1985, 83, 84.

Ist eine Klage praktisch aussichtslos, so muß der Rechtsanwalt von der Klageerhebung abraten. Bleibt der Mandant nach einer solchen eindringlichen Belehrung bei seinem Entschluß, die Klage durchzuführen, so kann der Rechtsanwalt dem ohne Verstoß gegen seine Mandatspflicht entsprechen.
BGH, Urt. v. 17. 4. 1986 – IX ZR 200/85, BGHZ 97, 372, 376 = NJW 1986, 2043.

Beharrt der Mandant auf seiner Weisung, obwohl er durch seinen Rechtsanwalt auf Bedenken eindringlich hingewiesen worden ist, so verstößt dieser mit der Befolgung der Weisung nicht gegen seine Vertragspflichten.
BGH, Urt. v. 28. 6. 1990 – IX ZR 209/89, NJW-RR 1990, 1241, 1243.

Weisungen des Mandanten sind dann nicht zu befolgen, wenn diese eine rechtswidrige, unlautere, völlig unsinnige oder querulatorische Tätigkeit des Rechtsanwalts verlangen.
OLG Karlsruhe, Urt. v. 8. 3. 1994 – 3 U 45/93, VersR 1995, 537, 538.

Weisungen seines Auftraggebers hat der Rechtsanwalt grundsätzlich zu befolgen. Dies darf aber nicht blindlings geschehen. Vielmehr muß der Rechtsanwalt selbständig prüfen, ob dem Auftraggeber bei Ausführung einer Weisung Nachteile drohen; ist dies der Fall, so hat der Rechtsanwalt den Mandanten darauf hinzuweisen und dessen Antwort abzuwarten.
BGH, Urt. v. 13. 3. 1997 – IX ZR 81/96, WM 1997, 1392, 1393 f. = NJW 1997, 2168.

Abschnitt 3: Pflichtwidrigkeit und Verschulden

Inhaltsverzeichnis

Spezialliteratur:

Deutsch, Anm. zu BGH, Urt. v. 9. 6. 1967 – VI ZR 11/66, JZ 1967, 103;
Hansens, Die Rechtsprechung zum Anwaltshaftpflichtrecht im Jahre 1991, NJW 1992, 1353;
Henssler, Haftungsrisiken anwaltlicher Tätigkeit, JZ 1994, 178;
Löwisch, Rechtswidrigkeit und Rechtfertigung von Forderungsverletzungen, AcP 165, 421;
Raiser, Die Haftung des deutschen Rechtsanwalts bei grenzüberschreitender Tätigkeit, NJW 1991, 2049;
Rinsche, Soll der Anwalt der Empfehlung des Gerichts zur Antragstellung nachkommen? AnwBl. 1994, 216;
Scheffler, Anwaltspflichten – Anwaltsverschulden, NJW 1961, 577;
Schmidt, B., Der Irrtum des Kollegialgerichts als Entschuldigungsgrund? NJW 1993, 1630.

985 Jeder vertragliche Schadensersatzanspruch des Mandanten setzt voraus, daß der Anwalt eine aus der getroffenen Vereinbarung folgende **Pflicht verletzt** hat und sich sein Handeln als **rechtswidrig** und **schuldhaft** erweist. Diese drei Merkmale sind zwar rechtstheoretisch klar zu unterscheiden, lassen sich jedoch im Einzelfall oftmals nur schwer voneinander abgrenzen.

986 Die Praxis befaßt sich damit in aller Regel nicht, weil das Problem im allgemeinen keine entscheidungserhebliche Bedeutung gewinnt. Dies gilt in besonderem Maße für die Unterscheidung von Pflichtverletzung und Rechtswidrigkeit.

987 Dem wird nachfolgend dadurch Rechnung getragen, daß die wesentlichen Fragen aus diesen beiden Bereichen unter dem Begriff der Pflichtwidrigkeit zusammenfassend dargestellt werden.

988 A. Pflichtwidrigkeit

989 I. Inhalt der Pflichtverletzung

1. Unmöglichkeit und Verzug

990 Als vertragliche Leistungsstörung regelt das Gesetz allein **Unmöglichkeit** und **Verzug**. Diese Rechtsinstitute haben für den Anwaltsvertrag **kaum praktische Bedeutung**, weil der rechtliche Berater grundsätzlich nicht für einen Leistungserfolg einzustehen hat. Er verpflichtet sich aufgrund des Geschäftsbesorgungsvertrages i. d. R. nur, den Mandanten auf dem Weg zu seinem erstrebten Ziel sorgfältig und fachkundig zu beraten und zu betreuen.

Selbst dann, wenn der Anwalt den Mandanten in einer Angelegenheit vertritt oder berät, die jener binnen einer bestimmten Frist zu erledigen hat, übernimmt er grundsätzlich nicht die Gewähr für das rechtzeitige Gelingen des Bemühens.[1698] Hat der Mandant die ihm gesetzte Frist nicht einhalten können, folgt also daraus nicht schon eine Haftung des Anwalts wegen Verzuges oder Unmöglichkeit.

991 Ansprüche aus Unmöglichkeit oder Verzug kommen nur dann in Betracht, wenn der Anwalt bestimmte, inhaltliche abgrenzbare, fällige Aufgaben gar nicht oder erst zu einem Zeitpunkt erbracht hat, als er durch Mahnung in Verzug gesetzt wor-

1698 BGHZ 115, 382, 389 = NJW 1992, 307, 309. Die Entscheidung, die eine gegenteilige Rechtsprechung (BGHZ 84, 244) aufgibt, betrifft die Steuerberaterhaftung. Was dort gesagt ist, gilt jedoch für den Anwaltsvertrag erst recht.

den war.[1699] Entsprechende Pflichtverletzungen, die in erster Linie bei **Anwaltswerkverträgen** auftreten,[1700] spielen in der Praxis keine nennenswerte Rolle.

2. Schlechterfüllung (positive Vertragsverletzung)

Die **Anspruchsgrundlage** bildet daher nahezu ausschließlich die **Haftung aus positiver Vertragsverletzung** (positive Forderungsverletzung). 992

Dieses seit langem anerkannte Rechtsinstitut, das inzwischen zum Gewohnheitsrecht erstarkt ist, betrifft alle Pflichtverletzungen im Rahmen eines bestehenden Schuldverhältnisses, die nicht von den Bestimmungen über Unmöglichkeit und Verzug erfaßt werden, also die **Schlechterfüllung von Hauptpflichten** ebenso wie die **Versäumung** oder **Vernachlässigung von Nebenpflichten**. Gedeckt sind alle Schäden, die dem Auftraggeber durch eine entsprechende, dem Anwalt zurechenbare Pflichtverletzung erwachsen.

II. Objektiver Sorgfaltsmaßstab

Nach einer in der Literatur teilweise vertretenen Auffassung ist bei der rechtlichen Wertung, ob ein Pflichtenverstoß vorliegt, von einem Höchstmaß an objektiv möglicher Sorgfalt auszugehen.[1701] Diese Anforderungen seien dann im Rahmen der Verschuldensprüfung auf die von einem gewissenhaften Durchschnittsanwalt zu fordernde Sorgfalt herabzusetzen. Nur so gelange man zu einer nachvollziehbaren Trennung zwischen Rechtswidrigkeit und Schuld und vermeide die Gefahr, eine verschuldensunabhängige Haftung zu begründen. 993

Diese Auffassung ist jedoch rechtlich nicht haltbar.[1702] Die Pflichten des Anwalts bestimmen sich nach dem konkreten Mandat, richten sich also nach dem **Inhalt** der jeweils getroffenen **Vereinbarung**. Der Anwalt hat schon objektiv, wie jeder andere Schuldner, nicht mehr zu leisten als das, was sein Vertragspartner nach Treu und Glauben (§ 242 BGB) erwarten darf. Bei Geschäftsbesorgungsverträgen hat der Auftraggeber nur Anspruch auf eine Art der Erledigung, die den **im Verkehr anerkannten Leistungsmaßstäben der Berufsgruppe** entspricht, zu der der Schuldner gehört. Schon der Inhalt der objektiv geschuldeten Pflicht ist daher **nicht an einem Ideal**, sondern an einem gewissenhaft handelnden, die allgemein anerkannten Maßstäbe der Berufsausübung einhaltenden Anwalt auszu- 994

1699 Vgl. BGHZ 115, 382, 390 = NJW 1992, 307, 309.
1700 Vgl. dazu Rn. 4 ff., 504 ff., 849, 949 ff., 1192 ff., 1201 ff.
1701 *Vollkommer*, Rn. 265 ff.; *Raiser*, NJW 1991, 2049, 2053; *Henssler*, JZ 1994, 178, 182.
1702 Ebenso *Borgmann/Haug*, Kap. V Rn. 15; *Rinsche*, Rn. I 153.

richten.[1703] Dies ist die Linie der höchstrichterlichen Rechtsprechung, ohne daß diese Frage jemals besonders vertieft worden wäre.[1704] Die neue Rechtsprechung begnügt sich deshalb i. d. R. damit, auf die Einhaltung der allgemeinen Standards, wie etwa die Wahl des relativ sichersten Weges, die notwendige rechtliche Belehrung oder das Aufzeigen der konkreten Risiken, zu verweisen, und bejaht eine Pflichtverletzung bei einem Leistungsmangel in einem oder mehreren dieser Bereiche.[1705]

995 Kommt es somit darauf an, was der **Auftraggeber**, bezogen auf den Inhalt der dem rechtlichen Berater übertragenen Aufgaben, **allgemein von jedem gewissenhaften und sorgfältigen Anwalt erwarten durfte**, haben bei Prüfung der Pflichtwidrigkeit einzelfallbezogene Umstände, die es ausnahmsweise zweifelhaft erscheinen lassen, ob dem Anwalt die Einhaltung der grundsätzlich gebotenen Maßstäbe möglich und zumutbar war, außer Betracht zu bleiben. Sie gewinnen rechtliche Bedeutung erst im Rahmen des Verschuldens. Dem objektiven Maßstab entspricht es, daß die Beurteilung der Pflichtwidrigkeit vom Standpunkt einer **Ex-post-Betrachtung** zu erfolgen hat.[1706]

III. Pflicht-/Rechtswidrigkeit

996 Da der Anwalt regelmäßig keinen Erfolg, sondern nur eine bestimmte Tätigkeit schuldet und deren Umfang sowie die Art der Ausführung vom Inhalt des Vertrages abhängen, **indiziert** die Feststellung der **Pflichtwidrigkeit** die **Rechtswidrigkeit** des vertraglichen Verhaltens. Beide Begriffe sind zwar nicht gleichzusetzen, weil der Anwalt trotz Verletzung einer dem Mandanten geschuldeten Pflicht nicht rechtswidrig gehandelt hat, wenn ihm ein Rechtfertigungsgrund zur Seite stand. In der Rechtspraxis kommen solche Fälle aber nur äußerst selten vor.[1707] Im Regelfall steht also mit der Pflichtverletzung die Rechtswidrigkeit fest. Damit ist jedenfalls für den Bereich des Anwaltsvertrages der Lehre vom sogenannten **Verhaltensunrecht**[1708] zu folgen.

1703 Vgl. BGH, VersR 1967, 704, 705.

1704 Vgl. BGH, NJW 1987, 1322, 1323; 1988, 706, 707.

1705 Vgl. BGHZ 97, 372, 376 = NJW 1986, 2043, 2044; BGH, NJW-RR 1990, 1241, 1243; NJW 1992, 1159, 1160; 1995, 2550, 2551; 1996, 2648, 2649 f.

1706 *Borgmann/Haug*, Kap. V Rn. 12; *Vollkommer*, Rn. 266.

1707 *Rinsche*, Rn. I 150, nennt als Beispiel den Bruch der Verschwiegenheitspflicht, um ein Kapitalverbrechen zu verhindern.

1708 MünchKomm/*Hanau*, BGB, § 276 Rn. 31; *Borgmann/Haug*, Kap. V Rn. 13; *Vollkommer*, Rn. 264; *Löwisch*, AcP 165, 421, 426 ff.

Der Rechtsanwalt, der eine objektiv verfehlte Maßnahme trifft, damit jedoch lediglich einer **Weisung des Mandanten** entspricht, handelt schon nicht pflichtwidrig, wenn er den Auftraggeber zuvor ausreichend über die aus der Weisung drohenden Nachteile belehrt hat.[1709] Dies ergibt sich aus dem rein vertragsbezogenen Charakter der geschuldeten Pflichten. Daher scheitert ein Anspruch aus positiver Vertragsverletzung auch dann am Fehlen einer Pflichtverletzung, wenn der Anwalt eine Weisung ausführt, mit der der Mandant selbst ein rechtswidriges Ziel verfolgt, oder wenn der Anwalt mit dem von seinem Auftraggeber verlangten Verhalten gegen standesrechtliche oder öffentlich-rechtliche Bestimmungen verstößt.[1710] Weicht der Anwalt vom Auftrag ohne zwingenden Grund ab, billigt der Mandant jedoch nachträglich die getroffene Entscheidung, so hat der Anwalt zunächst pflichtwidrig gehandelt; sein Verhalten ist jedoch infolge der nachträglich erteilten Zustimmung nicht rechtswidrig. 997

IV. Beweislast 998

1. Grundlagen

Der **Mandant muß die anwaltliche Pflichtverletzung** als Voraussetzung seines Regreßanspruchs – wie jeder Kläger, der Ansprüche aus positiver Vertragsverletzung geltend macht – **beweisen**.[1711] Das gilt grundsätzlich unabhängig davon, welche Vorwürfe gegen den Anwalt erhoben werden, also für Beratungsfehler ebenso wie für unzulängliche Sachaufklärung oder ungeeignete prozessuale Maßnahmen. 999

Da die Pflichtverletzung zur haftungsbegründenden Kausalität gehört, ist nach **§ 286 ZPO** zu beurteilen, ob der Beweis geführt ist.[1712]

Hängt die Frage, ob der Anwalt seinen Vertragspflichten nicht gerecht geworden ist, vom **Umfang des Mandats** ab und besteht über diese Frage Streit, so trifft auch in diesem Punkt die **Beweislast den Kläger**.[1713] Macht er geltend, er habe den Auftrag wegen einer Pflichtverletzung des Anwalts beendet, oder dessen Vertragsverstoß liege gerade darin, daß er den Anwaltsvertrag zur Unzeit gekündigt habe, gilt dasselbe.[1714] 1000

1709 BGHZ 97, 372, 376 = NJW 1986, 2043, 2044; BGH, VersR 1974, 488, 489; NJW 1985, 2028; NJW-RR 1990, 1241, 1243.
1710 BGH, NJW 1991, 2280, 2282.
1711 BGH, NJW 1985, 264; 1996, 2571.
1712 BGH, NJW 1993, 3073, 3076.
1713 BGH, NJW 1982, 437, 438.
1714 BGH, NJW 1996, 2929, 2931.

1001 Liegen vom Anwalt verfaßte **Schriftstücke** vor, die, für sich genommen, **fehlerhaft** sind, stellt sich die Frage, welche beweisrechtlichen Folgen dies nach sich zieht. Der **BGH** hatte folgenden Fall zu entscheiden:[1715]

Der Anwalt hatte eine unzulängliche schriftliche Stellungnahme zum Prozeßrisiko verfaßt und dem Mandanten ausgehändigt, ohne sie in dem Schriftstück als unvollständig zu kennzeichnen oder sich dort eine spätere Ergänzung vorzubehalten. Der Anwalt behauptete jedoch im Regreßprozeß, er habe im unmittelbaren zeitlichen Zusammenhang mit dieser Stellungnahme diese mündlich so erläutert, daß dem Mandanten die Sach- und Rechtslage insgesamt zutreffend dargestellt worden sei.

Der BGH ließ es bei der **allgemeinen Beweislastregel** bewenden, weil der Anwalt sonst gezwungen sei, die unvollständige schriftliche Stellungnahme zurückzurufen oder sich vom Mandanten eine Bestätigung über die Belehrung ausstellen zu lassen, was das Vertrauensverhältnis unzumutbar belaste. Ob diese Frage anders zu beurteilen ist, wenn der Anwalt behauptet, erst später alles richtiggestellt zu haben, wurde in der Entscheidung offengelassen.[1716]

1002 Ein wegen **Einreichung einer unzulässigen Klage** in Anspruch genommener Steuerberater berief sich darauf, der Auftraggeber habe ihm nach umfassender Belehrung einen entsprechenden Auftrag erteilt. Auch in diesem Fall hat der BGH nicht entschieden, ob der Berater dann beweisen muß, seinen Auftraggeber über die Aussichtslosigkeit der Sache hinreichend belehrt und die Klage nur deshalb erhoben zu haben, weil ihm eine entsprechende Weisung gegeben wurde; denn der Klage war schon aus anderen Gründen stattzugeben.[1717] Die Frage ist folglich bisher in der Rechtsprechung nicht hinreichend geklärt.

1003 **Grundsätzlich** tritt in entsprechenden Fällen **keine Umkehr der Beweislast** ein. Die in Betracht kommenden Sachverhalte sind nahezu unübersehbar. Das dem jeweiligen Schriftstück zu entnehmende Indiz für ein anwaltliches Fehlverhalten kann unterschiedlich stark ausgeprägt sein. Schon deshalb wäre eine generelle Verschiebung der Beweislast auf den Anwalt in solchen Fällen nicht sachgerecht. Sie würde nicht zu einem angemessenen Ausgleich zwischen den Interessen der Streitparteien führen. Auf der anderen Seite darf nicht unberücksichtigt bleiben, daß der Anwalt mit einer unzulässigen oder unschlüssigen Klage ebenso wie mit einer als solche fehlerhaften schriftlichen Belehrung zurechenbar den **Anschein einer Pflichtverletzung** begründet hat. Daher liegt es nahe, in solchen Fällen mit dem **prima-facie-Beweis** zu arbeiten.[1718] Der Anwalt muß also Tatsachen dar-

1715 BGH, NJW 1985, 264.
1716 BGH, NJW 1985, 264, 265.
1717 BGH, NJW-RR 1992, 1110, 1114 f.
1718 Wie hier *Baumgärtel/Laumen*, § 675 Rn. 13; *Vollkommer*, Rn. 517.

legen und beweisen, die es möglich erscheinen lassen, daß er gleichwohl seine vertraglichen Aufgaben korrekt erfüllt hat. Erst wenn ihm dies gelingt, obliegt es dem Mandanten, den vollen Beweis der Pflichtverletzung zu führen.

2. Negative Tatsachen

Besteht der behauptete Fehler des Beraters in einer **Unterlassung**, wird dem **Kläger ebenfalls die Beweislast** aufgebürdet, obwohl es insoweit um eine negative Tatsache geht.[1719] Unabhängig davon, ob ein notwendiger Hinweis in fehlerhafter Weise gegeben oder gänzlich versäumt wurde, handelt es sich jeweils um eine positive Vertragsverletzung. Schon deshalb kann nicht danach differenziert werden, ob dem Anwalt eine fehlerhafte Maßnahme oder eine Unterlassung vorgeworden wird.[1720] 1004

Das berechtigte Interesse des Auftraggebers, mit seiner Klage nicht infolge unerfüllbarer Beweisanforderungen zu scheitern, wird vielmehr dadurch gewahrt, daß das **Bestreiten des Beraters nur erheblich** ist, wenn er konkret darlegt, wie die Betreuung ausgesehen hat, die er erbracht haben will. Der Anwalt kann sich also nicht damit begnügen, den erhobenen Vorwurf allgemein in Abrede zu stellen. Vielmehr muß er den Gang der Besprechung schildern, insbesondere **konkrete Angaben** darüber machen, welche Belehrungen und Ratschläge er erteilt und wie der Mandant darauf reagiert hat.[1721] Die Anforderungen an die Substantiierung richten sich nach den Umständen des Einzelfalls. Keinesfalls wird verlangt, daß der Rechtsanwalt die Gespräche mit dem Mandanten nach Ort und Zeit genau einordnet. Grundsätzlich genügt die nähere Erläuterung, wie er die von ihm jeweils geschuldete Pflicht erfüllt haben will.[1722] Ist dies geschehen, muß der klagende Mandant die von seinem früheren Berater gegebene Schilderung widerlegen. 1005

Dieser Rechtsprechung wird im Schrifttum teilweise entgegengehalten, sie überfordere den Anwalt. Von diesem könne nicht verlangt werden, sich noch nach Jahren an den Inhalt einer Besprechung konkret zu erinnnern.[1723] Die von der Rechtsprechung gestellten Anforderungen sind jedoch notwendig, weil andernfalls das 1006

1719 BGHZ 126, 217, 225 = NJW 1994, 3295, 3299; BGH, NJW 1985, 264, 265; 1987, 1322, 1323; NJW-RR 1987, 869; NJW 1991, 2280, 2281; 1993, 1139, 1140; 1995, 2842, 2843; 1996, 2571, 2572; 1998, 136, 137.

1720 BGH, NJW 1996, 2571, 2572; deshalb wurde auch die abweichende Rechtsprechung zur Steuerberaterhaftung (vgl. BGH NJW 1986, 2570) aufgegeben.

1721 BGHZ 126, 217, 225 = NJW 1994, 3295, 3299; BGH, NJW 1987, 1322, 1323; 1995, 2842, 2843; 1996, 2571, 2572.

1722 BGH, NJW 1987, 1322, 1323; 1991, 2280, 2283; 1993, 1139, 1140.

1723 *Rinsche*, Rn. I 301.

Unterlassen gebotener Belehrung und Aufklärung praktisch nicht zu beweisen und damit das **Gebot der Waffengleichheit** im Prozeß verletzt wäre. Der Anwalt wird nicht unzumutbar belastet; er hat die Möglichkeit, den Inhalt der Beratung durch einen Aktenvermerk festzustalten und sich so geeignetes Material zur Auffrischung seiner Erinnerung zu verschaffen. Zwar obliegt ihm dem Mandanten gegenüber keine Dokumentationspflicht.[1724] Jedoch ist es nicht unbillig, wenn der Anwalt Nachteile zu tragen hat, die daraus entstehen, daß er nicht in geeigneter Weise zur Wahrung seiner eigenen Interessen vorgesorgt hat.

3. Weisungen

1007 Der Rechtsanwalt hat Weisungen seines Auftraggebers grundsätzlich zu befolgen.[1725] Streit kann jedoch darüber entstehen, **ob eine Weisung erteilt** wurde, welchen Inhalt sie hatte und ob der Anwalt sie beachtet hat. Auch insoweit ist **derjenige, der Schadensersatz verlangt, beweisbelastet**,[1726] weil es sich ausschließlich um Merkmale handelt, die zu den Voraussetzungen der Pflichtwidrigkeit gehören. Steht zwar der Inhalt der Weisung fest, bestreitet der Mandant jedoch die Behauptung des Anwalts, dieser Weisung entsprechend vorgegangen zu sein, so mag aus § 665 BGB eine Umkehr der Beweislast herzuleiten sein, wenn lediglich Erfüllung einer bestimmten Weisung verlangt wird. Begehrt der Mandant dagegen Schadensersatz, kommt diese Bestimmung ihm beweismäßig nicht zugute; denn ihr geht der Grundsatz vor, daß bei Schadensersatzklagen aus Vertragsverletzung diese als Anspruchsvoraussetzung von demjenigen zu beweisen ist, der Ersatz verlangt.[1727]

1008 Steht dagegen fest, daß der Anwalt von seinen vertraglichen Pflichten abgewichen ist, macht er jedoch geltend, der Kläger habe seinem Handeln nachträglich zugestimmt, beruft er sich auf einen **Rechtfertigungsgrund**. Dieser ist als **Ausnahmetatbestand** von demjenigen zu beweisen, der sich auf ihn beruft.[1728]

1724 BGH, NJW 1992, 1695, 1696; vgl. Rn. 825.

1725 NJW 1997, 2168, 2169.

1726 *Baumgärtel/Laumen*, § 675 Rn. 14.

1727 A. A. *Baumgärtel/Laumen*, § 665 Rn. 1; § 675 Rn. 12. Die Aussagen des das Rechtsverhältnis zwischen Versicherungsnehmer und Versicherungsagenten betreffenden Urteils BGH, NJW 1988, 60, 62 können nicht entsprechend angewandt werden.

1728 *Rinsche*, Rn. I 303.

4. Belehrungsbedürftigkeit des Mandanten

Streiten die Parteien darüber, ob Hinweise und Belehrungen deshalb unterbleiben durften, weil dem Mandanten die Sach- und Rechtslage bekannt und er mit den in Betracht kommenden Risiken vertraut war, so ist für einen solchen Ausnahmetatbestand der **Anwalt beweispflichtig**. Nach der Rechtsprechung des BGH hat der Notar über die rechtliche Tragweite des von ihm zu beurkundenden Geschäfts zu belehren. Diese Verpflichtung entfällt nur dann, wenn sich die Beteiligten infolge einer früheren Belehrung oder aus sonstigen Gründen über die Rechtsfolgen und das damit verbundene Risiko vollständig im klaren sind; die entsprechenden Voraussetzungen hat der Notar zu beweisen.[1729] Dieser Grundsatz gilt entsprechend, wenn sich der Anwalt darauf beruft, er habe von der im allgemeinen gebotenen Aufklärung absehen dürfen, weil der **Mandant nicht belehrungsbedürftig** gewesen sei. 1009

5. Nachträgliche Änderungen des Auftrags

Spätere Abweichungen vom Inhalt des zunächst erteilten **Auftrags** hat die Partei zu beweisen, die sich darauf beruft. Dies trifft auch auf später gegebene **Weisungen** zu, die den Inhalt der ursprünglichen Vertragspflicht beeinflussen.[1730] War die Maßnahme des Anwalts auf der Grundlage des ihm zunächst erteilten Auftrags pflichtwidrig, behauptet er jedoch, aufgrund einer entsprechenden nachträglichen Weisung tätig geworden zu sein, hat er die im Vertragsverhältnis eingetretene Änderung zu beweisen.[1731] 1010

Streiten die Parteien jedoch lediglich darüber, zu welchem Zeitpunkt der Auftraggeber seinen Berater mit einer bestimmten Information ausgestattet hat, verschiebt sich die Beweislage nicht zugunsten des Auftraggebers. Da die Frage des **Informationszeitpunkts** den Vertragsumfang nicht berührt und es für ein laufendes Beratungsverhältnis durchaus typisch ist, daß sich dem Anwalt selbst bei sachgerechtem Arbeiten der entscheidungserhebliche Sachverhalt erst nach und nach erschließt, besteht kein Grund, von den allgemeinen Beweisregeln abzuweichen.[1732] 1011

1729 BGH, NJW 1995, 330, 331; 1996, 2037, 2038.
1730 BGHZ 126, 217, 221 = NJW 1994, 3295, 3297.
1731 BGHZ 126, 217, 221 = NJW 1994, 3295, 3297.
1732 *Rinsche*, Rn. I 392, der sich zu Recht gegen OLG Köln, VersR 1996, 194 wendet.

6. Negative Feststellungsklage

1012 Berühmt sich der Mandant eines Schadensersatzanspruchs gegen den Anwalt und hat dieser ein rechtliches Interesse an der baldigen Klärung des streitigen Rechtsverhältnisses, kann er Klage auf Feststellung erheben, daß ein solcher Anspruch nicht besteht. Auch dann obliegt dem **Mandanten die Darlegungs- und Beweislast** für die von ihm behauptete Pflichtverletzung.[1733] Da die Beweislastregeln zum materiellen Recht gehören, kommt es nicht darauf an, ob der Auftraggeber Schadensersatz verlangt oder ausnahmsweise der Anwalt im Wege einer negativen Feststellungsklage angreift.

B. Verschulden

1013 Die Anwaltshaftung setzt ein **Verschulden des beauftragten Beraters** oder eines **Erfüllungsgehilfen**[1734] voraus (§§ 276 Abs. 1, 278 BGB). Da eine **vorsätzliche Verletzung der Pflichten** aus dem Mandat in der Praxis kaum eine Rolle spielt, geht es im allgemeinen darum, ob ein **fahrlässiges Verhalten** zu bejahen ist. Gemäß § 276 Abs. 1 Satz 2 BGB handelt fahrlässig, wer die im Verkehr erforderliche Sorgfalt außer acht läßt.

I. Sorgfaltsmaßstab

1. Grundsätze

1014 § 276 Abs. 1 Satz 2 BGB stellt auf die **im Verkehr erforderliche Sorgfalt** ab. Die Beurteilung hat somit nach einem **objektivierten Maßstab** zu erfolgen. Es muß die Sorgfalt beachtet worden sein, die nach den Erfordernissen des Verkehrs in der konkreten Lage erwartet werden durfte. Die **persönliche Eigenart des Schuldners**, seine individuellen Fähigkeiten, Kenntnisse und Erfahrungen sind **nicht** von Belang. Vielmehr ist auf die **berechtigte Verkehrserwartung an die betreffende Berufsgruppe** allgemein abzustellen, also auf das Maß an Fähigkeiten, Umsicht und Sorgfalt, das von den Angehörigen dieses Standes bei Erledigung des entsprechenden Geschäfts **typischerweise** verlangt werden kann.[1735]

1733 BGH, NJW 1992, 436, 438.

1734 In diesem Kapitel wird nur das Verschulden des Anwalts selbst behandelt; zur Haftung für Erfüllungsgehilfen vgl. Rn. 837 ff.

1735 BGHZ 80, 186, 193 = NJW 1981, 1603, 1604; BGH, NJW 1980, 2464, 2465; 1988, 909; 1994, 2232, 2233.

Auch die Beurteilung des **Anwaltsverschuldens** ist an diesem Maßstab auszurichten; davon geht die höchstrichterliche Rechtsprechung als selbstverständlich aus.[1736] Die **gebotene objektive Betrachtungsweise** erklärt, warum die meisten Entscheidungen sich nur kurz oder gar nicht mit dem Verschulden befassen. Ist die objektiv gebotene Sorgfalt nicht gewahrt, so kann sich der Verpflichtete nur in Ausnahmefällen darauf berufen, nicht schuldhaft gehandelt zu haben.[1737] Da die Rechtsprechung schon bei der Prüfung der Pflichtverletzung **nicht auf den Idealanwalt abstellt**, sondern auf den Inhalt des Vertrages und die daraus folgenden berechtigten Erwartungen der rechtsuchenden Person an Fähigkeiten und Sorgfalt des beauftragten Beraters,[1738] stellen sich auf der Ebene des Verschuldens regelmäßig keine zusätzlichen Fragen, wenn das Mandat in der generell üblichen Weise abgewickelt werden konnte, also keine Besonderheiten auftraten, die bei der Beurteilung der Pflichtwidrigkeit außer Betracht bleiben. 1015

Wesentliche Umstände für die Beurteilung des Verschuldens können sich aus **situationsbezogenen Besonderheiten** des Falles ergeben. Die rechtliche Beurteilung, ob ein bestimmtes Verhalten als fahrlässig anzusehen ist, muß die **konkrete Lage des jeweiligen Falles** einbeziehen. Den Schuldner trifft nur dann der Vorwurf der Fahrlässigkeit, wenn er den Haftungstatbestand **vorhersehen und vermeiden** konnte.[1739] Für den Anwalt heißt dies, er hätte in der konkreten Situation erkennen können, daß er pflichtwidrig handelt und dem Auftraggeber daraus möglicherweise ein Vermögensschaden entsteht, und er hätte den eingetretenen Nachteil verhindern können. Diese Beurteilung hat vom **Zeitpunkt** der konkreten Situation aus, also **ex ante**, zu erfolgen.[1740] Auf die weitere Schadensentwicklung braucht sich die Vorhersehbarkeit dagegen nicht zu erstrecken.[1741] 1016

2. Materielles und prozessuales Verschulden

Gemäß **§ 233 ZPO** ist einer Partei Wiedereinsetzung in den vorigen Stand zu gewähren, wenn sie ohne Verschulden gehindert war, eine der dort genannten Fristen einzuhalten. Da die Partei sich das Verschulden ihres Anwalts zurechnen lassen muß (**§ 85 ZPO**), kann die schuldhafte Versäumung der Frist den haftungsauslösenden Umstand bilden. In der höchstrichterlichen Rechtsprechung ist inzwischen 1017

1736 Besondere Hinweise finden sich in haftungsrechtlichen Entscheidungen nur selten: vgl. BGH, VersR 1961, 467, 469; 1967, 704, 705; 1975, 425, 426.

1737 BGH, NJW 1994, 2232, 2233.

1738 Vgl. oben Rn. 994.

1739 MünchKomm/*Hanau*, BGB, § 276 Rn. 75; *Palandt/Heinrichs*, BGB, § 276 Rn. 20 f.

1740 BGHZ 80, 186, 193 = NJW 1981, 1603, 1604; *Vollkommer*, Rn. 271.

1741 BGHZ 57, 25, 33 = NJW 1971, 1980, 1982; BGH, NJW-RR 1993, 345.

anerkannt, daß seit der Neufassung der Vorschrift des § 233 ZPO mit Wirkung vom 1. 7. 1977 kein von § 276 Abs. 1 Satz 2 BGB abweichender Maßstab mehr gilt. Gefordert ist lediglich die **übliche Sorgfalt eines ordentlichen Rechtsanwalts.**[1742] Dasselbe gilt für die unverschuldete Versäumung eines Termins nach § 337 Satz 1 ZPO.[1743]

1018 **II. Situationsbezogene Umstände**

1. Einschränkungen der Leistungsfähigkeit

1019 Vor allem infolge plötzlicher **gesundheitlicher Beeinträchtigungen** kann für den Anwalt eine Lage eintreten, die es ihm unmöglich macht, seinen Mandatspflichten nachzukommen. Für solche unvorhersehbaren Ereignisse, die ihn an der Wahrnehmung seiner beruflichen Aufgaben hindern, muß der Anwalt zwar insbesondere durch Bestellung eines geeignetes Vertreters **Vorsorge** treffen, damit dem Mandanten daraus möglichst kein Schaden erwächst.[1744] Die Beeinträchtigungen können jedoch so heftig sein, daß es nicht mehr möglich ist, die Pflichtverletzung durch Einschaltung eines Vertreters zu vermeiden.

1020 Praktische Bedeutung gewinnt diese Problematik vor allem bei der **Versäumung von Fristen**. Die Rechtsprechung hat hier anerkannt, daß ein physischer Zusammenbruch mit Einlieferung ins Krankenhaus,[1745] Herz- und Kreislaufbeschwerden, die zur Unterbrechung der aktuellen beruflichen Tätigkeit führen,[1746] durch Diabetes bedingtes Unwohlsein[1747] oder eine andere Krankheit, die mit hohem Fieber verbunden ist,[1748] im Einzelfall den Vorwurf der Fahrlässigkeit ausschließen können.

1021 Besondere **seelische Belastungen** durch Ausnahmesituationen gehören ebenfalls hierher.[1749] Dabei kommt es freilich immer darauf an, ob die Fristversäumung mit zumutbaren Maßnahmen noch vermeidbar gewesen wäre, wenn der Anwalt rechtzeitig die gebotene Vorsorge getroffen hätte.

1022 In krassen Fällen können die plötzlich eingetretenen körperlichen und seelischen Belastungen so groß sein, daß es dem Anwalt nicht einmal mehr zuzumuten ist,

---

1742 BGH, VersR 1982, 495; NJW 1985, 1710, 1711; NJW-RR 1988, 508.
1743 BGH, NJW 1999, 724.
1744 BGH, VersR 1987, 785, 786; 1990, 1026; VersR 1994, 1207, 1208; NJW 1996, 1540.
1745 BGH, VersR 1990, 1026.
1746 BGH, VersR 1967, 476; vgl. auch BGH, NJW 1992, 1898, 1899.
1747 BGH, VersR 1987, 785.
1748 BGH, VersR 1973, 317.
1749 BGH, VersR 1981, 839; 1984, 988; 1985, 47.

dafür Sorge zu tragen, daß die für entsprechende Situationen vorgesehenen Maßnahmen in Gang gesetzt werden.[1750]

Wird der Anwalt in einen **Unfall** verwickelt, kann er dadurch im Einzelfall auch ohne eigene Verletzungen unverschuldet an der Wahrung seiner Pflichten gehindert sein. Dies trifft etwa dann zu, wenn er infolge der eingetretenen Zeitverzögerung den Nachtbriefkasten nicht mehr rechtzeitig erreicht.[1751] Für solche unvorhersehbaren Ereignisse braucht der Rechtsanwalt keine Reservezeit einzuplanen, auch nicht für Behinderungen durch verkehrswidrig abgestellte Fahrzeuge oder einen **Verkehrsstau**, sofern mit solchen im Einzelfall nicht zu rechnen war.[1752] Dagegen hat der Anwalt es zu verantworten, wenn er sich auf seine Uhr verlassen und nicht bemerkt hat, daß diese inzwischen stehengeblieben war oder nachging.[1753] 1023

Von diesen i. d. R. plötzlich und unerwartet auftretenden Ereignissen abgesehen kann der Anwalt sich für eine hinter der üblichen Sorgfalt zurückbleibende Bearbeitung eines Mandats grundsätzlich nicht durch den Hinweis auf gesundheitliche Beeinträchtigungen entlasten. Der Mandant hat Anspruch darauf, daß der Beauftragte seine Sache mit der **berufsüblichen Sorgfalt** bearbeitet. Ist für den Anwalt erkennbar, daß er dazu infolge persönlicher Umstände gegenwärtig nicht in der Lage ist, muß er entweder dafür sorgen, den üblichen Standard durch Herabsetzung seiner Belastungen wieder zu erreichen, oder, wenn dies nicht möglich ist, den Mandanten auf die Tatsachen hinweisen, die seine Arbeitskraft einschränken, damit jener selbstverantwortlich entscheiden kann, ob er gleichwohl das Vertragsverhältnis fortsetzen will. Danach versteht es sich von selbst, daß der Anwalt eine Pflichtverletzung nicht damit entschuldigen kann, er sei infolge andauernder **Überlastung** zu konzentrierter Arbeit nicht mehr fähig gewesen.[1754] 1024

Die objektive Betrachtungsweise schließt erst recht eine Berufung des Anwalts auf **mangelnde Kenntnisse** oder **fehlende Erfahrung** aus. Der Mandant darf grundsätzlich nicht deshalb schlechtergestellt sein, weil er an einen **Berufsanfänger** geraten ist.[1755] Eine Ausnahme kommt allenfalls dann in Betracht, wenn der Auftraggeber auf ein daraus herrührendes Risiko zuvor ausdrücklich hingewiesen wurde und sich aus den Umständen entnehmen läßt, daß nach dem übereinstimmenden 1025

1750 BGH, VersR 1987, 785, 786.
1751 BGH, VersR 1988, 249.
1752 BGH, NJW 1989, 2393; 1998, 2677, 2678; 1999, 724.
1753 BGH, VersR 1978, 1168; 1985, 477.
1754 BGH, NJW 1996, 997.
1755 Vgl. dazu die Rechtsprechung zum medizinischen Berufsanfänger: BGHZ 88, 248, 259 f. = BGH, NJW 1984, 655, 657; BGH, NJW 1988, 2298, 2299 f.

Willen der Parteien das anwaltliche Handeln ausnahmsweise nicht an der berufsüblichen Sorgfalt gemessen werden sollte.

1026 Im Schrifttum wird in diesem Zusammenhang teilweise die Frage erörtert, ob strengere Verschuldensmaßstäbe bei besonders qualifizierten Rechtsanwälten, insbesondere bei solchen, die eine Bezeichnung als **Fachanwalt** erworben haben, anzulegen und umgekehrt bei **ausländischen Rechtsanwälten** mildere Anforderungen geboten sind.[1756] Indessen handelt es sich dabei nicht um ein Problem des Verschuldens, sondern um die Frage, ob der Pflichtenkreis des Anwalts bei entsprechenden Berufsgruppen erweitert bzw. eingeschränkt ist.[1757] Dies läßt sich nicht generell, vielmehr nur bezogen auf den Inhalt des jeweiligen Vertrages beurteilen. Insbesondere kommt es darauf an, ob der Mandant den Anwalt gerade im Hinblick auf besonders ausgewiesene Fachkenntnisse beauftragt hat und, soweit er einen ausländischen Rechtsanwalt eingeschaltet hat, mit einem in gewisser Weise begrenzten Fachwissen des Beraters rechnen mußte. Ist der Pflichtenkreis des Anwalts auf dieser Grundlage ermittelt, stellen sich im Bereich des Verschuldens keine zusätzlichen Probleme. Zu fragen ist dann auch dort, ob trotz pflichtwidrigen Handelns aufgrund besonderer situationsbezogener Umstände der Vorwurf der Fahrlässigkeit nicht erhoben werden kann.

2. Beeinflussung durch Rechtsfehler Dritter

1027 Der **Anwalt** hat die Angelegenheit nicht nur selbständig zu durchdenken, sondern auch dem **Gericht** gegenüber die zugunsten seiner Partei sprechenden rechtlichen Gesichtspunkte deutlich zu machen.[1758] Infolge dieser Verpflichtung zur eigenverantwortlichen Rechtsprüfung hat er einen ihm unterlaufenen **Rechtsirrtum i. d. R. zu vertreten**. Er wird auch nicht ohne weiteres dadurch entschuldigt, daß andere Rechtskundige denselben Fehler begangen haben. Selbst wenn ein **Kollegialgericht** das Verhalten als objektiv berechtigt angesehen hat, kann im Einzelfall eine schuldhafte Pflichtverletzung zu bejahen sein.[1759]

1028 Nicht jede Rechtsansicht, die von der höchstrichterlichen Rechtsprechung verworfen wird, ist indessen als schuldhafter Irrtum zu bewerten. Schließt der **Rechtsanwalt** in einer Frage, die bis dahin nicht höchstrichterlich entschieden worden ist, sich einem instanzgerichtlichen Urteil oder einer in der Literatur vertretenen Auffassung mit **vertretbaren Erwägungen** an, ist im allgemeinen zumindest ein Ver-

1756 *Borgmann/Haug*, Kap. V Rn. 21; *Vollkommer*, Rn. 288 f.
1757 BGH, NJW 1989, 1432, 1433, zum ausländischen Anwalt.
1758 BGH, NJW-RR 1990, 1241; NJW 1996, 2648, 2650.
1759 BGHZ 85, 252, 261 = NJW 1983, 820, 822; BGH, NJW-RR 1986, 1281; NJW 1994, 1211, 1213.

schulden selbst dann zu verneinen, wenn sich diese Auffassung später in der Praxis nicht durchsetzt.[1760] Wird in den gängigen **Kommentaren** eine fehlerhafte Rechtsansicht vertreten und enthalten diese auch keinen Hinweis auf eine entgegenstehende Rechtsprechung, ist dem Anwalt, der sich darauf verlassen hat, kein Vorwurf zu machen.[1761]

Eine schwierige Lage kann für den Rechtsanwalt entstehen, wenn das **Gericht** bestimmte **rechtliche Hinweise** erteilt, oftmals mit dem Ziel, ihn zu bestimmten Erklärungen, etwa zu einem Vergleichsschluß oder einer Rechtsmittelrücknahme, zu bewegen. Auch hier gilt im Ansatz, daß der Anwalt nicht jede vom Gericht verlautbarte Meinung unbesehen übernehmen darf, sondern möglichst versuchen muß, sich eine **eigenständige Meinung** zu bilden.[1762] Jedoch können gerade in solchem Zusammenhang Umstände auftreten, die geeignet sind, auch bei einem sorgfältig arbeitenden Rechtsanwalt ein schutzwürdiges **Vertrauen** zu begründen. 1029

Art und Inhalt einer gerichtlichen Stellungnahme können den **Anschein einer amtlichen Autorität** begründen, auf die sich der Rechtsanwalt verlassen darf, mit der Folge, daß seine dadurch veranlaßten objektiv fehlerhaften Entschließungen entschuldigt sind. Dies trifft etwa auf die telefonische Mitteilung des Vorsitzenden zu, eine **Fristverlängerung** sei gewährt worden.[1763] Auf die Richtigkeit der von einem Fachsenat erteilten **Rechtsmittelbelehrung** darf sich der Anwalt ebenfalls verlassen.[1764] Wird eine **Zustellung** auf richterliche Anordnung wiederholt, kann der Prozeßbevollmächtigte des Zustellungsempfängers davon ausgehen, daß erst die zweite Zustellung die Rechtsmittelfrist in Lauf gesetzt hat.[1765] Rät der Vorsitzende des zuständigen Gerichts zur **Rücknahme des Rechtsmittels**, weil er es irrig für unzulässig hält, kann bei undurchsichtiger Rechtslage der Anwalt, der diesem Hinweis folgt, entschuldigt sein.[1766] Dasselbe gilt, wenn er sich durch einen entsprechenden Hinweis des unzuständigen Gerichts hat davon abhalten lassen, das Rechtsmittel noch rechtzeitig beim **zuständigen Gericht** einzulegen.[1767] 1030

Nicht selten wird der Anwalt im **Termin** mit einer bis dahin nicht verlautbarten Meinung des Gerichts konfrontiert, auf die er nicht vorbereitet zu sein brauchte. 1031

1760 BGH, NJW 1960, 283; VersR 1980, 193.
1761 BGH, NJW 1985, 495.
1762 BGH, NJW 1994, 1211, 1213.
1763 BGHZ 93, 300, 305; vgl. für eine mißverständliche Verlängerung der Frist zur Berufungsbegründung: BGH, NJW 1999, 1036.
1764 BGH, NJW 1993, 3206.
1765 BGH, VersR 1987, 258.
1766 BGH, VersR 1959, 638, 641 f.; NJW 1981, 576.
1767 BGH, NJW-RR 1989, 825.

In einem solchen Fall wird der Anwalt i. d. R. durchsetzen können, daß ihm Gelegenheit gegeben wird, zu der Ansicht des Gerichts noch Stellung zu beziehen. Möglicherweise verspielt er aber dadurch eine für die eigene Partei günstige Vergleichsmöglichkeit. In einer solchen Lage kann es je nach den Umständen vertretbar sein, die gerichtliche Meinung ungeprüft zu übernehmen, damit ein von der Partei gewünschter, aus der Sicht ex ante günstig erscheinender Vergleich gelingt. Eine entsprechende Konstellation ergab sich für den Berufungsanwalt in einem kürzlich vom **BGH** entschiedenen Fall:[1768]

Der Anwalt wurde dort die Auffassung des Familiensenats konfrontiert, die Zahlungsklage sei unzulässig, weil eine Abänderungsklage hätte erhoben werden müssen. Die gerichtliche Meinung war falsch, weil sich die unzulässige Klage nach der Rechtsprechung des BGH in eine Abänderungsklage hätte umdeuten lassen.[1769] Der Anwalt erkannte den gerichtlichen Fehler nicht und schloß noch im Termin (in Anwesenheit seiner Partei) den vom Gericht vorgeschlagenen Vergleich, der insoweit ungünstig war, als auf rückständigen Unterhalt verzichtet wurde, der Mandantin jedoch den begehrten Unterhalt für die Zukunft sicherte. Darin war nach Auffassung des BGH unter den gegebenen Umständen kein Verschulden zu sehen. Die Abweisung der zunächst auch gegen den Berufungsanwalt gerichteten Klage wurde daher durch Nichtannahmebeschluß bestätigt.[1770]

1032 Erkennt der **Berufungsanwalt** einen Rechtsfehler des erstinstanzlichen Urteils nicht, trifft ihn i. d. R. ein Verschulden. Auch dies kann indessen anders zu beurteilen sein, wenn das vorausgegangene Verhalten aller Beteiligten geeignet war, ihn in dem betreffenden Punkt irrezuführen. In dem Fall, der dem Urteil vom 2. 4. 1998 zugrunde lag,[1771] hat der BGH es nicht als Verschulden gewertet, daß der Anwalt bei Ausarbeitung der Berufungsbegründung die Unzulässigkeit der Zahlungsklage nicht erkannt hatte: Alle Beteiligten einschließlich des erstinstanzlichen Gerichts waren, ohne die Frage überhaupt anzusprechen, von der Zulässigkeit der Zahlungsklage ausgegangen. Das Familiengericht hatte ihr teilweise stattgegeben und sie im übrigen als unbegründet abgewiesen. Die Berufung richtete sich nur gegen den abgewiesenen Teil. In dieser Situation lag es besonders fern, sich noch mit der Zulässigkeit der Klage zu befassen. Das hätte der Anwalt zwar aufgrund seiner umfassenden Rechtsprüfungspflicht grundsätzlich tun müssen. Wegen der Vorgeschichte des Falles und der konkreten Umstände wurde sein Versagen jedoch als entschuldbar eingestuft.

1768 BGH, NJW 1998, 2048.

1769 BGH, NJW 1992, 438; 439; NJW-RR 1993, 5.

1770 Dieses Ergebnis ist aus den Gründen des Urteils BGH, NJW 1998, 2048 nur mittelbar zu erschließen.

1771 BGH, NJW 1998, 2048.

III. Beweislast

Nach **§ 282 BGB** trifft die **Beweislast den Schuldner**, wenn streitig ist, ob er die Unmöglichkeit der Leistung zu vertreten hat. Die Vorschrift wird bei Ansprüchen aus **positiver Vertragsverletzung** nach ständiger Rechtsprechung mit der Maßgabe angewendet, daß derjenige, aus dessen Verantwortungsbereich die Schadensursache hervorgegangen ist, beweisen muß, daß ihn an der Pflichtverletzung kein Verschulden trifft.[1772] Nach anfänglichem Schwanken vertritt der BGH diese Auffassung nunmehr auch für den Bereich der Anwaltshaftung.[1773] Der **Anwalt** hat also die **Darlegungs- und Beweislast** dafür, daß er die objektive Verletzung seiner vertraglichen Pflichten **nicht zu vertreten hat**. Anderslautende ältere Urteile[1774] sind überholt. 1033

C. Anhang 1: Rechtsprechungslexikon 1034

Beweislast

- **Pflichtverletzung**

Wer einen Rechtsanwalt auf Leistung von Schadensersatz in Anspruch nimmt, weil dieser seine Pflichten nicht gehörig erfüllt hat, trägt die Beweislast für die Pflichtverletzung. Daran ändert sich auch dann nichts, wenn der Anwalt eine zur Aufklärung des Mandanten über das Prozeßrisiko nicht ausreichende schriftliche Stellungnahme verfaßt und dem Mandanten ausgehändigt hatte, ohne in dem Schriftstück selbst sie als unvollständig zu bezeichnen oder sich eine spätere Ergänzung oder Einschränkung vorzubehalten, und der Anwalt in unmittelbarem zeitlichem Zusammenhang mit der unvollständigen schriftlichen Stellungnahme ergänzende mündliche Erläuterungen abgegeben haben will.
BGH, Urt. v. 16. 10. 1984 – VI ZR 304/82, NJW 1985, 264.

Wer einen Rechtsanwalt auf Leistung von Schadensersatz in Anspruch nimmt, weil dieser seine Pflichten nicht gehörig erfüllt habe, trägt für dieses Unterlassen die Beweislast, auch wenn ihm damit der Beweis einer negativen Tatsache aufgebürdet wird.
Der Anwalt kann sich aber nicht damit begnügen, eine Pflichtverletzung zu bestreiten oder ganz allgemein zu behaupten, er habe den Mandanten ausreichend un-

1772 BGHZ 23, 288, 290 = NJW 1957, 746, 747; 48, 310, 312 = NJW 1968, 43, 44; 100, 185 = NJW 1987, 1938; BGH, NJW 1978, 2197; 1986, 2757.
1773 BGH, NJW 1987, 326, 327; NJW 1996, 2929, 2932.
1774 BGHZ 30, 226, 231 f.; BGH, VersR 1964, 161; 1975, 540, 541.

terrichtet. Vielmehr muß er den Gang der Besprechung im einzelnen schildern, insbesondere konkrete Angaben darüber machen, welche Belehrungen und Ratschläge er erteilt und wie darauf der Mandant reagiert hat.
BGH, Urt. v. 5. 2. 1987 – IX ZR 65/86, NJW 1987, 1322, 1323; Urt. v. 9. 6. 1994 – IX ZR 125/93; BGHZ 126, 217, 225 = NJW 1994, 3295, 3299; Urt. v. 11. 5. 1995 – IX ZR 130/94, NJW 1995, 2842, 2843; vgl. für den Steuerberater: BGH, Urt. v. 4. 6. 1996 – IX ZR 246/95; NJW 1996, 2571 f. = WM 1996, 1841, 1842.

Der Anspruchsteller muß den Ablauf des Geschehens, das den konkreten Haftungsgrund bildet, nach § 286 ZPO beweisen. Dieser Bereich erstreckt sich nur bis zu der Feststellung, der Vertragspartner sei von dem Verstoß so betroffen, daß nachteilige Folgen für ihn eintreten konnten.
BGH, Urt. v. 15. 6. 1993 – XI ZR 111/92, NJW 1993, 3073, 3076.

Behauptet der Anwalt, die von ihm begangene Pflichtverletzung sei infolge einer späteren Weisung des Mandanten nicht für den Schaden ursächlich geworden, trägt er die Beweislast für die Änderung des Auftrags, nicht jedoch für den weiteren Kausalverlauf.
BGH, Urt. v. 9. 6. 1994 – IX ZR 125/93, BGHZ 126, 217 = NJW 1994, 3295.

Die Belehrungspflicht des Notars entfällt, wenn die Beteiligten sich – aufgrund einer früheren Belehrung oder aus anderen Gründen – über die Tragweite ihrer Erklärungen und das damit verbundene Risiko vollständig im klaren sind. Da es sich um eine Ausnahme von der gesetzlichen Belehrungspflicht handelt, hat der Notar diese Voraussetzungen zu beweisen.
BGH, Urt. v. 27. 10. 1994 – IX ZR 12/94, NJW 1995, 330; Urt. v. 25. 4. 1996 – IX ZR 237/95, NJW 1996, 2037, 2038.

An der dem Mandanten obliegenden Darlegungs- und Beweislast ändert sich nichts dadurch, daß der Anwalt negative Feststellungsklage erhoben hat.
BGH, Urt. v. 10. 10. 1991 – IX ZR 38/91, NJW 1992, 436, 438.

• Verschulden

Der Anwalt hat die Darlegungs- und Beweislast dafür, daß ihn an der objektiven Verletzung seiner vertraglichen Pflichten kein Verschulden trifft.
BGH, Urt. v. 18. 9. 1986 – IX ZR 204/85, NJW 1987, 326, 327.

Pflichtverletzung

• Inhalt der Vertragspflicht

Die Vertragspflichten der steuerlichen Berater sind grundsätzlich wie diejenigen anderer Dienstverpflichteter im Rahmen eines Geschäftsbesorgungsvertrages zu bestimmen. Sie verpflichten sich zur sorgfältigen und fachkundigen Beratung sowie Betreuung des Mandanten, übernehmen jedoch regelmäßig nicht die Gewähr für das rechtzeitige Gelingen des Bemühens.
BGH, Urt. v. 17. 10. 1991 – IX ZR 255/90, BGHZ 115, 382, 389 = NJW 1992, 307, 309.

• Verzug

Ein steuerlicher Berater kommt mit der Erfüllung seiner Vertragspflichten gegenüber seinem Mandanten nicht allein deswegen in Verzug, weil die Steuererklärung nicht innerhalb der hoheitlich festgesetzten Frist beim Finanzamt eingeht. Erfüllt der Berater seine Pflicht, die pünktliche Abgabe der Steuererklärung mit Rat und Tat zu fördern, schuldhaft nicht ordnungsgemäß, so haftet er wegen positiver Vertragsverletzung.
BGH, Urt. v. 17. 10. 1991 – IX ZR 255/90, BGHZ 115, 382 = NJW 1992, 307.

Pflichtwidrigkeit

• Weisung des Mandanten

Ist eine Klage praktisch aussichtslos, so muß der Anwalt von der Klageerhebung abraten. Wünscht der Mandant dennoch die Klage, muß der Anwalt das Prozeßrisiko klar herausstellen. Erteilt der Mandant nach einer solchen eindringlichen Belehrung die Weisung, die Klage durchzuführen, so kann der Anwalt dem ohne Verstoß gegen seine Mandatspflicht entsprechen.
BGH, Urt. v. 17. 4. 1986 – IX ZR 200/85, BGHZ 97, 372, 376 = NJW 1986, 2043, 2044.

Rechtsirrtum

• Eigenverantwortung

Versäumnisse des Gerichts schließen die Mitverantwortung des Rechtsanwalts für eigenes Versehen grundsätzlich nicht aus.
BGH, Urt. v. 28. 6. 1990 – IX ZR 209/89, NJW-RR 1990, 1241, 1243; Urt. v. 4. 6. 1996 – IX ZR 51/95, NJW 1996, 2648, 2650.

- **Fehler in Handkommentaren**

Dem Prozeßbevollmächtigten kann kein Vorwurf daraus gemacht werden, daß er sich ohne nähere Prüfung einer unrichtigen Ansicht angeschlossen hat, die von einem OLG und den gängigen Handkommentaren vertreten wird.
BGH, Beschl. v. 18. 10. 1984 – III ZB 22/84, NJW 1985, 495.

- **Kollegialgericht**

Ein Schuldvorwurf wegen fehlerhafter Prozeßführung wird nicht dadurch ausgeschlossen, daß ein Kollegialgericht die Rechtsansicht des Rechtsanwalts teilte und das Verhalten des Rechtsanwalts als vorwurfsfrei beurteilt hat.
BGH, Urt. v. 31. 10. 1985 – IX ZR 175/84, NJW-RR 1986, 1281; Urt. v. 20. 1. 1994 – IX ZR 46/93, NJW 1994, 1211, 1213.

- **Unsichere Rechtslage**

Bei unsicherer Rechtslage kann dem Rechtsanwalt eine von ihm eingehend überprüfte, jedoch sich als unzutreffend erweisende Auffassung, die zur Versäumung einer Rechtsmittelfrist führt, nicht zum Vorwurf gemacht werden.
BGH, Beschl. v. 23. 11. 1979 – IV ZB 79/79, VersR 1980, 193.

- **Vertrauensschutz**

Unter besonderen Umständen kann ein vom Gericht hervorgerufener und unterhaltener Rechtsirrtum des Rechtsanwalts als unverschuldet erscheinen. Ein solcher Ausnahmefall kommt in Betracht, wenn das Gericht den Anwalt dadurch an einer unbefangenen, sachgerechten Prüfung hindert, daß es ihm unter Ablehnung seiner Gegenvorstellungen nachdrücklich nahelegt, eine angeblich unzulässige, in Wirklichkeit aber rechtswirksam eingelegte Berufung zur Vermeidung von Rechtsnachteilen zurückzunehmen und eine neue, verspätete Berufung einzulegen, für die gleichzeitig die Wiedereinsetzung in den vorigen Stand als sicher in Aussicht gestellt wird.
BGH, Urt. v. 20. 4. 1959 – III ZR 141/57, VersR 1959, 638.

Die Versäumung einer Rechtsmittelfrist kann im Einzelfall unverschuldet sein, wenn der Rechtsanwalt ein zulässig eingelegtes Rechtsmittel auf richterliche Empfehlung zurückgenommen hat, weil es irrtümlich für unzulässig gehalten wurde.
BGH, Beschl. v. 26. 11. 1980 – IVb ZR 592/80, NJW 1981, 576; Beschl. v. 8. 2. 1989 – IVb ZB 185/88, NJW-RR 1989, 825.

Hat der Vorsitzende des zuständigen Gerichts die beantragte Fristverlängerung telefonisch ausgesprochen, so kann es für deren Wirksamkeit keine Rolle spielen, ob er die Verlängerung schriftlich verfügt oder einen Vermerk über sie angefertigt hatte. Auch hier muß der Vertrauensschutz durchgreifen; Mängel des Verlängerungsantrages werden auf diese Weise geheilt.
BGH, Beschl. v. 23. 1. 1985 – VIII ZB 18/84, BGHZ 93, 300, 305.

Wird unter Verkennung der Wirksamkeit einer schon erfolgten Zustellung auf richterliche Anordnung die Zustellung wiederholt, handelt der Prozeßbevollmächtigte des Zustellungsempfängers nicht schuldhaft, wenn er nunmehr darauf vertraut, daß erst die zweite Zustellung die Berufungsfrist in Lauf setzte.
BGH, Beschl. v. 7. 10. 1986 – VI ZB 8/86, VersR 1987, 258.

Auch ein Anwalt darf sich auf die Rechtsmittelbelehrung eines Fachsenats beim Oberlandesgericht verlassen.
BGH, Beschl. v. 23. 9. 1993 – LwZR 10/92, NJW 1993, 3206.

Sorgfaltsmaßstab

Auch bei einem Rechtsanwalt bestimmt sich das Maß der Anforderungen an seine Sorgfaltspflicht danach, was normalerweise von einem gewissenhaften und erfahrenen Angehörigen seines Berufskreises bei der gegebenen Sachlage an Umsicht und Sorgfalt zu erwarten war.
BGH, Urt. v. 7. 2. 1967 – VI ZR 101/65, VersR 1967, 704, 705.

Tatsachen, negative

• Beweislast

Wer einen Rechtsanwalt auf Leistung von Schadensersatz in Anspruch nimmt, weil dieser seine Pflichten nicht gehörig erfüllt habe, trägt für dieses Unterlassen die Beweislast, auch wenn ihm damit der Beweis einer negativen Tatsache aufgebürdet wird.
Der Anwalt kann sich aber nicht damit begnügen, eine Pflichtverletzung zu bestreiten oder ganz allgemein zu behaupten, er habe den Mandanten ausreichend unterrichtet. Vielmehr muß er den Gang der Besprechung im einzelnen schildern, insbesondere konkrete Angaben darüber machen, welche Belehrungen und Ratschläge er erteilt und wie darauf der Mandant reagiert hat.
BGH, Urt. v. 5. 2. 1987 – IX ZR 65/86, NJW 1987, 1322, 1323; Urt. v. 9. 6. 1994 – IX ZR 125/93, BGHZ 126, 217, 225 = NJW 1994, 3295, 3299; Urt. v. 11. 5. 1995 – IX ZR 130/94, NJW

1995, 2842, 2843; vgl. für den Steuerberater: BGH, Urt. v. 4. 6. 1996 – IX ZR 246/95, NJW 1996, 2571 f. = WM 1996, 1841, 1842.

Verschulden

• Arbeitsüberlastung

Die Berufungsfrist wird dann nicht ohne Verschulden versäumt, wenn die Nichteinhaltung der Frist darauf beruht, daß der Anwalt infolge länger andauernder Überlastung zeitweise die Fähigkeit zu konzentrierter Arbeit eingebüßt hat.
BGH, Beschl. v. 23. 11. 1995 – V ZB 20/95, NJW 1996, 997.

• Belastungen, seelische

Die Versäumung einer Rechtsmittelfrist ist nicht vom Anwalt verschuldet, wenn das Fehlen der Vorsorge für die Wahrung der Frist auf der besonderen psychischen Lage beruht, in der sich der Anwalt nach seinem Entschluß zur Selbsttötung befand.
BGH, Beschl. v. 10. 7. 1984 – VI ZB 10/84, VersR 1984, 988.

Ein Rechtsanwalt, der die Vornahme einer zur Fristwahrung erforderlichen Handlung vergißt, ist entschuldigt, wenn er durch familiäre Sorgen von seinen beruflichen Aufgaben stark und nachhaltig abgelenkt war.
BGH, Beschl. v. 8. 11. 1984 – V ZB 14/84, VersR 1985, 47.

• Beweislast

Der Anwalt hat die Darlegungs- und Beweislast dafür, daß ihn an der objektiven Verletzung seiner vertraglichen Pflichten kein Verschulden trifft.
BGH, Urt. v. 18. 9. 1986 – IX ZR 204/85, NJW 1987, 326, 327.

• Krankheit

Der Rechtsanwalt muß geeignete Vorsorge für den Fall treffen, daß er unvorhergesehen an der Wahrung von Fristen gehindert ist. Das gilt insbesondere, wenn er seine Kanzlei allein betreibt und nicht ständig über eingearbeitetes, zum selbständigen Handeln befähigtes Personal verfügt.

Das Fehlen geeigneter Vorsorgemaßnahmen wirkt sich auf die Fristversäumung aber dann nicht aus, wenn für den Rechtsanwalt wegen einer plötzlichen schweren Erkrankung die Unterrichtung eines Vertreters unzumutbar ist.
BGH, Beschl. v. 6. 3. 1990 – VI ZB 4/90, VersR 1990, 1026.

Diabetesbedingtes Unwohlsein des Rechtsanwalts kann unter besonderen Umständen die verspätete Erledigung einer Fristsache entschuldigen.
BGH, Beschl. v. 11. 3. 1987 – VIII ZB 2/87, VersR 1987, 785.

- **prozessuales**

Das Gesetz erwartet seit der Neuregelung des Wiedereinsetzungsrechts im Jahre 1977 vom Prozeßbevollmächtigten lediglich die übliche, von einem ordentlichen Rechtsanwalt zu fordernde Sorgfalt. Nur wenn ein besonderer Anlaß dem Rechtsanwalt im Einzelfall die Notwendigkeit weiterer Prüfung aufdrängt, ist er zu gesteigerter Sorgfalt verpflichtet.
BGH, Beschl. v. 2. 12. 1987 – IVa ZB 17/87, NJW-RR 1988, 508.

- **Rechtsirrtum**

Siehe dort.

- **Unfall**

Es stellt kein Verschulden des Rechtsanwalts dar, wenn er die rechtzeitige Einreichung der Berufungsbegründungsschrift deshalb versäumt, weil an seinem fast neuen Pkw eine unvorhersehbare Reifenpanne auftritt und er deshalb die zuständige Briefannahmestelle erst nach 24.00 Uhr erreicht.
BGH, Beschl. v. 17. 9. 1987 – VII ZB 5/87, VersR 1988, 249; Beschl. v. 23. 4. 1998 – I ZB 2/98, NJW 1998, 2677.

- **Verkehrsstau**

Der Anwalt braucht keine Reservezeit wegen eines unvorhersehbaren Verkehrshindernisses auf dem Weg zum Gericht einzuplanen.
BGH, NJW 1999, 724.

Vertragsänderung

- **Beweislast**

Behauptet der Anwalt, die von ihm begangene Pflichtverletzung sei infolge einer späteren Weisung des Mandanten nicht kausal geworden, trägt er die Beweislast für die Änderung des Auftrags, nicht jedoch für den weiteren Kausalverlauf.
BGH, Urt. v. 9. 6. 1994 – IX ZR 125/93, BGHZ 126, 217 = NJW 1994, 3295.

- **Verzug**

Ein steuerlicher Berater kommt mit der Erfüllung seiner Vertragspflichten gegenüber seinem Mandanten nicht allein deswegen in Verzug, weil die Steuererklärung nicht innerhalb der hoheitlich festgesetzten Frist beim Finanzamt eingeht.
Eine schuldhafte Verletzung der Pflichten kann den Berater nach den Grundsätzen der positiven Vertragsverletzung schadensersatzpflichtig machen. Hingegen gerät er mit seiner vertraglichen Hauptpflicht regelmäßig erst in Verzug, wenn er trotz Mahnung fällige Dienstpflichten nicht erfüllt.
BGH, Urt. v. 17. 10. 1991 – IX ZR 255/90, BGHZ 115, 382, 390 = NJW 1992, 307, 309.

1035 C. Anhang 2: Leitfaden zur Feststellung von Pflichtwidrigkeit und Verschulden

I. Pflichtwidrigkeit

1. Die Pflichtwidrigkeit folgt aus der **Verletzung einer dem Anwalt obliegenden vertraglichen Pflicht**.	Rn. 988 ff.
2. Für die Feststellung, ob eine Pflichtverletzung vorliegt, gilt ein **objektiver Sorgfaltsmaßstab**. Die Anforderungen an die Sorgfalt werden an dem ausgerichtet, was von einem gewissenhaft handelnden, die allgemein anerkannten Maßstäbe der Berufsausübung beachtenden Durchschnittsanwalt erwartet werden kann.	Rn. 993 ff.
3. Die **Pflichtwidrigkeit indiziert die Rechtswidrigkeit** des anwaltlichen Handelns. Diese wird nur durch besondere Rechtfertigungsgründe ausgeschlossen, denen kaum praktische Bedeutung zukommt. Ein **Handeln nach Weisung des Mandanten** ist – sofern dieser hinreichend belehrt wurde – schon **nicht pflichtwidrig**.	Rn. 996 f.

4. Die **Beweislast für die Pflichtverletzung** des Anwalts trifft grundsätzlich den **Mandanten**.	Rn. 999 ff.
a) Dies gilt selbst dann, wenn	
• die behauptete Pflichtverletzung in einem Unterlassen besteht.	Rn. 1004 ff.
• darüber gestritten wird, ob dem Anwalt Weisungen erteilt und diese erfüllt wurden,	Rn. 1007 f.
• der Anwalt auf negative Feststellung klagt.	Rn. 1012
b) Hat der Mandant eine Unterlassung des Anwalts zu beweisen, muß der Berater konkret darlegen, welche Belehrungen und Ratschläge er erteilt haben will und wie der Mandant darauf reagiert hat.	Rn. 1005
c) Ein Anscheinsbeweis zugunsten des Mandanten kommt in Betracht, wenn vom Anwalt verfaßte, rechtlich fehlerhafte Schriftstücke vorliegen. Die Frage ist in der Rechtsprechung jedoch noch nicht geklärt.	Rn. 1003
d) Nachträgliche Vertragsänderungen hat die Partei zu beweisen, die sich darauf beruft.	Rn. 1010
e) Wendet der Anwalt ein, seine Partei sei nicht belehrungsbedürftig gewesen, trifft ihn dafür die Beweislast.	Rn. 1009
f) Der Beweis muß nach § 286 ZPO geführt werden.	Rn. 999

II. Verschulden

1. Wegen des im Zivilrecht geltenden objektiven Fahrlässigkeitsbegriffs **indiziert die Pflichtwidrigkeit das Verschulden**. Ist die objektiv gebotene Sorgfalt nicht gewahrt, entfällt ein Verschulden nur in Ausnahmefällen, nämlich wenn dem Anwalt aufgrund besonderer situationsbezogener Umstände im Einzelfall die Pflichtverletzung nicht vorzuwerfen ist.	Rn. 1014 f.
2. Als **solche situationsbezogenen Umstände** kommen hauptsächlich in Betracht:	Rn. 1018 ff.
a) Einschränkungen der Leistungsfähigkeit durch Krankheit, Unfall oder besondere seelische Belastungen.	Rn. 1019 ff.
b) Schutzwürdiges Vertrauen auf die fehlerhafte Rechtsauffassung Dritter. Dabei ist jedoch zu beachten, daß der Anwalt jede Angelegenheit eigenverantwortlich	Rn. 1027 ff.

rechtlich zu durchdenken hat und nicht schon dadurch entlastet wird, daß ein Kollegialgericht sein Verhalten als rechtmäßig gewertet hat.

3. Der Sorgfaltsmaßstab ist für **materiell-rechtliches** und für **prozessuales Verschulden** derselbe. Rn. 1017
4. Steht ein pflichtwidriges Verhalten des **Anwalts** fest, muß er **Umstände darlegen und beweisen**, aus denen sich ergibt, daß **ihn ausnahmsweise kein Verschulden trifft**. Rn. 1033

Abschnitt 4: Kausalität, Zurechenbarkeit, Schaden

Inhaltsverzeichnis

Spezialliteratur:

Baumgärtel, Die Bedeutung der sogenannten „tatsächlichen Vermutung“ im Zivilprozeß, FS Schwab, 1990, S. 43;
Braun, Zur schadensrechtlichen Problematik des hypothetischen Inzidentprozesses bei Regreßklagen gegen den Anwalt, ZZP 96, 89;
ders., Anm. zu BGH, Urt. v. 13. 6. 1996 – IX ZR 233/95, JZ 1997, 259;
Baur, Hypothetische Inzidentprozesse, FS Larenz, 1973, S. 1063;
Ehricke, Anm. zu BGH LM BGB § 675 Nr. 205;
Fischer, Zum Kausalitätsbeweis in der Anwaltshaftung, FS Odersky, 1996, S. 1023;
Ganter, Der Ersatz eines entgangenen „rechtswidrigen“ Vorteils in der Berufshaftung rechtlicher und steuerlicher Berater, NJW 1996, 1310;
Giesen, Anm. zu BGH, Urt. v. 1. 10. 1987 – IX ZR 117/86, JZ 1988, 660;
Götte, Anm. zu BGH, Urt. v. 16. 11. 1993 – XI ZR 214/92, DStR 1994, 331;
Gottwald, Kausalität und Zurechnung – Probleme und Entwicklungstendenzen des Haftungsrechts, VersR – Karlsruher Forum – 1986, S. 3;
Greger, Praxis und Dogmatik des Anscheinsbeweises, VersR 1980, 1091;
Grunewald, Die Beweislastverteilung bei der Verletzung von Aufklärungspflichten, ZIP 1994, 1162;
Heinemann, Baustein anwaltlicher Berufshaftung: Die Beweislast, NJW 1990, 2345;
Henssler, Haftungsrisiken anwaltlicher Tätigkeit, JZ 1994, 178;
Huster, Beweislastverteilung und Verfassungsrecht, NJW 1995, 112;
Lauda, Anm. zu BGH LM BGB § 249 (Ba) Nr. 33;
Lepa, Der Anscheinsbeweis in der Rechtsprechung des Bundesgerichtshofes, FS F. Merz, 1992, S. 387;
Mertens, Der Begriff des Vermögensschadens im Bürgerlichen Recht, 1967;
Mummenhoff, Erfahrungssätze im Beweis der Kausalität, 1997;
Prütting, Gegenwartsprobleme der Beweislast, 1983;
ders., Beweiserleichterungen für den Geschädigten – Möglichkeiten und Grenzen – Karlsruher Forum 1989, S. 3;
Reinhardt, Die Umkehr der Beweislast aus verfassungsrechtlicher Sicht, NJW 1994, 93;
Schack, Der Schutzzweck als Mittel der Haftungsbegrenzung im Vertragsrecht, JZ 1986, 305;

Schlüter, Beraterhaftung für vermeintlich entgangenen Steuererlaß – Anm. zu BGH, Urt. v. 23. 11. 1195 – IX ZR 225/94, DStR 1996, 1963;
Stodolkowitz, Beweislast und Beweiserleichterungen bei der Schadensursächlichkeit von Aufklärungspflichtverletzungen, VersR 1994, 11;
Stürner, Der entgangene rechtswidrige oder sittenwidrige Gewinn, VersR 1976, 1012;
Vollkommer, Beweiserleichterungen für den Mandanten bei Verletzung von Aufklärungs- und Beratungspflichten durch den Anwalt? FS Baumgärtel 1990, S. 585;
Walter, Der Anwendungsbereich des Anscheinsbeweises, ZZP 90, 270;
Weber, H., Der Kausalitätsbeweis im Zivilprozeß, 1997.

Der vom Mandanten geltend gemachte Ersatzanspruch beruht häufig auf einer Ursachenkette, zu der äußere Ereignisse, Maßnahmen und Entscheidungen Dritter sowie eigene Handlungen des Betroffenen gehören. 1036

Zu einer **Haftung des Anwalts** gelangt man nur dann, **wenn folgende Fragen zu bejahen sind**: 1037

- Ist die Pflichtwidrigkeit für den behaupteten Nachteil **ursächlich** im **logischen Sinn**?
  Damit befaßt sich der Abschnitt „Kausalität" (s. Rn. 1038 ff.).
- Ist dem Anwalt der von ihm verursachte Nachteil **haftungsrechtlich zuzurechnen**?
  Diesen Fragenkreis behandelt der Abschnitt „Zurechenbarkeit" (s. Rn. 1061 ff.).
- Handelt es sich bei dem geltend gemachten Nachteil um einen **Schaden im Rechtssinne**?
  Dieses Thema ist Gegenstand des Abschnitts „Schaden" (s. Rn. 1086 ff.).

A. Kausalität

Zunächst stellt sich immer die Frage, ob zwischen der Pflichtverletzung des Anwalts und dem geltend gemachten Schaden eine **ursächliche Verknüpfung im logischen Sinne** besteht, das dem Anwalt vorgeworfene Handeln also als „conditio sine qua non" nicht hinweggedacht werden kann, ohne daß der Erfolg entfällt. 1038

I. Grundsatz

Der rechtliche Ansatzpunkt der in diesem Bereich vorzunehmenden Prüfung ist in Theorie und Praxis nicht umstritten. Bestand die Pflichtverletzung in einem **positiven Tun**, so ist zu fragen, wie sich das Vermögen des Verletzten ohne die pflichtwid- 1039 rige Handlung entwickelt hätte. Ist dem Anwalt dagegen eine **Unterlassung** vorzuwerfen, muß untersucht werden, wie die Dinge gelaufen wären, wenn er die versäumte Handlung pflichtgemäß vorgenommen hätte.[1775] Der Richter hat damit im Prozeß einen **hypothetischen Tatsachenverlauf** aufzuklären – denjenigen, der bei vertragsgerechtem Verhalten des Anwalts eingetreten wäre. Dies hat jedoch nichts mit den Fragen des rechtmäßigen Alternativverhaltens und der hypothetischen Kausalität zu tun. Jene Begriffe umschreiben Probleme wertender Zurechnung. Hier geht es dagegen allein um die **reale Kausalität einer Pflichtwidrigkeit** als notwendige Voraussetzung des geltend gemachten Schadens.[1776]

II. Haftungsausfüllende Kausalität

1040 Bei Vertragsverletzungen bildet das der übernommenen Pflicht entsprechende Interesse des Vertragspartners das geschützte Rechtsgut. Der **Verstoß** gegen die **vertraglich vereinbarte Pflicht**, durch den der Partner so betroffen wird, daß für ihn nachteilige Folgen eintreten können, ist daher der **nach § 286 ZPO zu beweisende Haftungsgrund**. **Alle weiteren Tatsachen**, insbesondere die Feststellung, daß infolge der Pflichtverletzung ein Schaden entstanden ist, gehören zur **haftungsausfüllenden Kausalität**. Deshalb wird für den Beweis, daß die Vertragsverletzung zum Schaden geführt hat, nach ständiger Rechtsprechung die Vorschrift des **§ 287 Abs. 1 ZPO** herangezogen.[1777]

1041 Zur haftungsausfüllenden Kausalität zählt auch die **Frage, wie sich der Mandant bei vertragsgerechter Beratung verhalten hätte**.[1778] Dies ist schon deshalb berechtigt, weil die Handlung des Mandanten – etwa mit Abgabe einer rechtlich ungünstigen Willenserklärung – bereits unmittelbar den Schaden herbeiführen kann. Abgesehen davon läßt sich für die Zuordnung zu § 287 ZPO zusätzlich ins Feld führen, daß allein die tatsächlichen Geschehnisse exakter Feststellung zugänglich sind, bei Würdigung des Ursachenzusammenhangs zwischen Pflichtverstoß und dem eingetretenen Schaden dagegen hypothetische Erwägungen notwendig werden. Diesen aus der Art des Schadens herrührenden **Beweisschwierigkeiten** wird nur ein Verfahren, wie es in § 287 Abs. 1 ZPO vorgesehen ist, gerecht.[1779]

1775 BGH, NJW 1990, 2128, 2129; vgl. auch BGH, WM 1988, 1454, 1455; NJW-RR 1990, 462, 463.

1776 BGH, WM 1988, 1454; NJW 1992, 2694, 2695.

1777 BGHZ 4, 192, 196; 58, 343, 349 = NJW 1972, 1422, 1423; BGHZ 84, 244, 253 = NJW 1982, 2238, 2240; BGH, NJW 1983, 998; 1993, 3073, 3076.

1778 BGHZ 129, 386, 399 = NJW 1995, 2108, 2111; BGH, NJW 1988, 200, 204; NJW 1992, 2694, 2695; WM 1993, 420, 426; NJW 1993, 1320, 1322; 1995, 449, 451.

1779 Vgl. BGH, NJW 1983, 998; 1993, 3073, 3076.

III. Beweislast 1042

1. Grundregel

Der **Beweis für den Ursachenzusammenhang** zwischen der Pflichtwidrigkeit und dem Schaden obliegt nach allgemeinen Regeln **demjenigen, der Schadensersatz verlangt**; denn es handelt sich dabei um eine **anspruchsbegründende Voraussetzung**. Daran hat die Rechtsprechung im Grundsatz bis heute festgehalten.[1780] Da Regreßprozessen gegen den Anwalt oftmals ein sehr komplexer Sachverhalt zugrunde liegt und die Entscheidung dieses Punktes von Wertungsfragen vielfältiger Art beeinflußt sein kann, bedeutet dies für den Mandanten in der Praxis eine **hohe Hürde**, an der sein Ersatzanspruch nicht selten zu scheitern droht. Daher wurde schon lange die Frage diskutiert, ob – über § 287 ZPO hinaus – unter bestimmten Voraussetzungen eine **Verlagerung der Beweislast** auf den Anwalt oder zumindest eine **Beweiserleichterung** für den Mandanten geboten ist. Gerade in diesem Bereich hat sich die höchstrichterliche Rechtsprechung in wesentlichen Punkten weiterentwickelt. 1043

2. Grober Fehler

Im Arzthaftungsrecht gilt nach ständiger Rechtsprechung der Grundsatz, daß der **Arzt**, der einen **groben Fehler** begangen hat, das **Risiko der nicht vollen Aufklärbarkeit** des ursächlichen Verlaufs zu tragen hat, sofern die ihm zur Last fallende Pflichtwidrigkeit geeignet war, den eingetretenen Schaden herbeizuführen.[1781] Daraus leiten manche Autoren die Forderung ab, auch der Anwalt müsse bei groben Vertragsverletzungen das Beweisrisiko tragen.[1782] 1044

Diesen Bestrebungen hat der **BGH** jedoch in einem Grundsatzurteil vom 9. 6. 1994[1783] **für echte Anwaltsverträge** mit Rechtsbeistandspflicht (§ 3 Abs. 1 BRAO) eine Absage erteilt. Der **Mandant** hat auch im Falle eines **groben anwaltlichen Pflichtverstoßes** dessen **Kausalität** für den geltend gemachten Schaden zu **beweisen**. Zwei Erwägungen waren dafür von maßgeblicher Bedeutung: Der Fehler des Anwalts verletzt den Mandanten nicht in einem höchstpersönlichen Rechtsgut, sondern hat i. d. R. nur vermögensrechtliche Nachteile zur Folge. 1045

1780 BGHZ 123, 311, 313 = NJW 1993, 3259, 3260; BGH, NJW 1988, 200, 203; 1992, 2694, 2695; 1998, 1860, 1863.

1781 BGHZ 85, 212, 216 f. = NJW 1983, 333, 334; 107, 222, 228 = NJW 1989, 2318, 2320.

1782 *Palandt/Heinrichs*, BGB, § 282 Rn. 14; *Vollkommer*, Rn. 525; *Giesen*, JZ 1988, 660; *Heinemann*, NJW 1990, 2345, 2353.

1783 BGHZ 126, 217 = NJW 1994, 3295, 3298; vgl. zu dieser Problematik auch BGH, NJW 1988, 200, 203.

Vor allem aber sind die Beweisschwierigkeiten des Mandanten nicht mit denen des geschädigten Patienten vergleichbar. Bezüglich dessen, was sich im Körper des Patienten abspielt, hat der Arzt einen erheblichen Wissensvorsprung. Weil die Aufklärung des Sachverhalts besondere medizinische Kenntnisse voraussetzt, ist der Patient dem Arzt insoweit als Prozeßpartei deutlich unterlegen. Bei anwaltlichen Vertragsverletzungen wird die Schadensentstehung dagegen häufig entscheidend beeinflußt von Umständen aus der Sphäre des Mandanten, die der Anwalt nicht kennt oder auf die er jedenfalls keinen Einfluß nehmen kann. Oftmals geht es um Fragen, zu deren Klärung der Auftraggeber ebensogut beitragen kann wie der Anwalt, denen der Mandant vielfach sogar näher steht, weil sie sich in seiner Lebenssphäre abgespielt haben. Das Gebot der „Waffengleichheit im Prozeß" rechtfertigt daher **keine Beweislastverlagerung auf den Anwalt**.[1784]

3. Beratungsfehler

1046 Hat der Anwalt vertragliche **Aufklärungs-, Hinweis- oder Beratungspflichten verletzt**, ergibt sich in jedem Fall die **Frage, wie der Mandant gehandelt hätte**, wäre er ordnungsgemäß ins Bild gesetzt worden. Da es sich insoweit um einen gedachten, hypothetischen Sachverhalt handelt, begründet dieser Punkt besondere **Beweisschwierigkeiten**, die zudem bei pflichtgemäßem Handeln des rechtlichen Beraters nicht aufgetreten wären. Daher sind sich Lehre und Praxis im Ansatz einig, daß dem Mandanten das Überwinden dieser Hürde erleichtert werden muß.

1047 Nach einer vom **BGH im Kauf- und Werkvertragsrecht** entwickelten Rechtsprechung trifft **denjenigen, der vertragliche Hinweis- oder Beratungspflichten verletzt**, das **Risiko der Unaufklärbarkeit des Kausalzusammenhangs**, soweit es um die Frage geht, wie der Kunde gehandelt hätte, wenn ihm die gebotene Aufklärung erteilt worden wäre. Zu dessen Gunsten gilt also die Vermutung, er hätte sich so entschieden, daß ihm kein finanzieller Nachteil entstanden wäre. Der Vertragsgegner kann eine entsprechende richterliche Wertung nur dadurch vermeiden, daß er den vollen Gegenbeweis führt.[1785]

1048 Diese Beweislast wurde in der Folgezeit auf andere Vertragstypen ausgedehnt. Die Rechtsprechung nahm zunächst auch bei Regreßprozessen gegen rechtliche Berater eine entsprechende Beweislastumkehr an. Zugunsten des Mandanten gelte die tatsächliche Vermutung, daß derjenige, der einen anderen wegen seiner besonderen Sachkunde um Rat frage, sich beratungsgemäß verhalten hätte.[1786]

1784 BGHZ 126, 217, 223 f. = NJW 1994, 3295.
1785 BGHZ 61, 118, 121 = NJW 1973, 1688; BGHZ 64, 46, 51 = NJW 1975, 824, 825.
1786 BGH, VersR 1981, 982, 985; NJW 1983, 1665, 1666; 1990, 2127, 2128.

Diese Rechtsprechung hat der für die Haftung der rechtsberatenden Berufe zuständige IX. Zivilsenat des **BGH** mit Urteil vom 30. 9. 1993[1787] aufgegeben. Maßgebend dafür war in erster Linie die aus der Behandlung zahlreicher Fälle im Laufe der Jahre gewonnene Erkenntnis, daß die Verlagerung der Beweislast bei Verträgen, die die **rechtliche Beratung und Betreuung** zum Gegenstand haben, nicht zu einer **angemessenen Risikoverteilung** zwischen den Parteien führt. Anders als etwa im Kauf- und Werkvertragsrecht stammen die Gefahren, über die zu belehren ist, nicht regelmäßig aus der Sphäre desjenigen, den die Hinweispflicht trifft. Bei Verträgen mit rechtlichen Beratern bestimmen sich die Umstände, die eine Aufklärung und Belehrung erfordern, wesentlich nach den spezifischen Wünschen, Anliegen und Belastungen des Mandanten sowie nach seinen individuellen Lebensumständen. Daraus können sich deutliche Hinweise dafür ergeben, daß er dem rechtlich gebotenen Hinweis seines Beraters nicht gefolgt wäre. Müßte dieser auch in solchen Fällen den vollen Gegenbeweis führen und demgemäß Tatsachen aus dem Einflußbereich seines Auftraggebers beweisen oder widerlegen, stände er vor einer praktisch nicht überwindbaren Hürde. Die Beweislastumkehr entzöge folglich den individuellen Umständen und Verhaltensweisen des Auftraggebers jede entscheidungserhebliche Bedeutung. Dieser wäre im Ergebnis praktisch so gestellt, als hätte er die versäumten Hinweise tatsächlich befolgt, und erhielte damit mehr, als es seine schutzwürdigen Interessen erfordern. Daher bleibt es im Ansatz bei der **Beweislast des Mandanten**. 1049

Bei der Beurteilung, wie der Mandant im Falle vertragsgerechter Beratung gehandelt hätte, geht es um Fragen der Lebenserfahrung und der Wahrscheinlichkeit. Derjenige, der sich zur Durchsetzung eigener Interessen der überlegenen Kenntnis eines Anwalts bedient, ist i. d. R bereit, die von diesem aufgezeigte Lösung zur Erreichung des angestrebten Ziels zu realisieren. Geht es hier um eine auf Lebenserfahrung gestützte **tatsächliche Vermutung** sowie eine aus der Typizität eines bestimmten Geschehensablaufs gezogene Schlußfolgerung, so liegt es nahe, mit dem **Anscheinsbeweis** zu arbeiten;[1788] denn eine auf Erfahrungssätzen beruhende tatsächliche Vermutung ist ein Element der **Beweiswürdigung**, welches erschüttert ist, sobald feststeht, daß infolge bestimmter Indizien ein atypischer Kausalverlauf konkret möglich erscheint.[1789] 1050

1787 BGHZ 123, 311 = NJW 1993, 3259.

1788 BGHZ 123, 311, 315 = NJW 1993, 3259, 3260.

1789 BGHZ 123, 311, 315 = NJW 1993, 3259 in Übereinstimmung mit einer im Schrifttum zunehmend vertretenen Auffassung: *Baumgärtel/Laumen*, § 675 BGB Rn. 21 f.; MünchKomm/*Prütting*, ZPO, § 292 Rn. 23; *Rinsche*, Rn. I 309; *Rosenberg/Schwab/Gottwald*, S. 663, 673; *Vollkommer*, Rn. 510, 517, 527; *Baumgärtel*, FS Schwab, S. 43, 46 ff.; *Heinemann*, NJW 1990, 2345, 2352; *Prütting*, Gegenwartsprobleme der Beweislast, S. 55; *Stodolkowitz*, VersR 1994, 11, 13; *Walter*, ZZP 90, 274, 277.

1051 In der höchstrichterlichen Rechtsprechung gilt seit jeher der Grundsatz, für individuelle Verhaltensweisen von Menschen in bestimmten Lebenslagen könne es keinen Anscheinsbeweis geben.[1790] Dies mag zutreffend sein, wenn ein Vorgang zu beweisen ist, der sich tatsächlich ereignet hat. Muß sich der Richter jedoch die Überzeugung davon bilden, wie ein nur **gedachtes Geschehen** voraussichtlich abgelaufen wäre, stehen ihm keine unmittelbaren Beweise zur Verfügung. Folglich ist er auf **Indizien**, **Vermutungen** und seine **Lebenserfahrung** angewiesen, aufgrund deren er seine Würdigung vorzunehmen hat. Dann aber muß es rechtlich zulässig sein, aus Sachverhalten, die eine bestimmte Reaktion des Betroffenen nahelegen, prima facie das Beweisergebnis abzuleiten.[1791]

1052 Die neue Rechtsprechung, die **anstelle einer Beweislastumkehr die Grundsätze des Anscheinsbeweises** anwendet, hat der BGH inzwischen in zahlreichen Urteilen bestätigt.[1792] Sie hat im Schrifttum breite Zustimmung gefunden.[1793]

4. Anscheinsbeweis

1053 Seit dem grundlegenden Urteil des BGH vom 30. 9. 1993[1794] sind nunmehr bei Verletzung von Beratungspflichten im Rahmen echter Anwaltsverträge **folgende Grundsätze maßgeblich**:

1054 (1) Es gilt die **Vermutung**, daß der Mandant bei pflichtgemäßer Beratung des Anwalts dessen Hinweisen gefolgt wäre, sofern für ihn bei vernünftiger Betrachtungsweise aus damaliger Sicht **nur eine Entscheidung nahegelegen hätte**.

1055 (2) Diese Vermutung, die keine Beweislastumkehr bewirkt, **kann der Berater entkräften**, indem er Tatsachen beweist, die für ein atypisches Verhalten des Mandanten sprechen.[1795] Wer der in Anspruch genommenen Partei schuld-

---

1790 BGHZ 31, 351, 357 = NJW 1960, 818, 819; BGHZ 100, 214, 216 = NJW 1987, 1944; BGH, NJW 1968, 2139; 1983, 1548, 1551. Diese Auffassung wird im Schrifttum angegriffen: vgl. *Baumgärtel*, FS Schwab, S. 42, 46, 50; *Lepa*, FS Merz S. 387, 399; *Prütting*, Karlsruher Forum 1989, S. 13; *Vollkommer*, FS Baumgärtel, S. 585, 592 ff.

1791 Tatsächlich ist die Rechtsprechung des BGH in einer Reihe vergleichbarer Fälle, insbesondere wenn es darum ging, wie sich der Betroffene ohne die Täuschung oder bei vertragsgerechter Aufklärung verhalten hätte, so verfahren: vgl. BGH, NJW 1958, 177; 1967, 1222, 1223; 1974, 795, 796; WM 1976, 111, 113; VersR 1985, 83, 85; NJW 1992, 1159, 1160; WM 1995, 1540; NJW 1998, 2898, 2899.

1792 BGH, NJW 1994, 1472; 1995, 449, 451; 1996, 312, 314; 1996, 2648; 1998, 749.

1793 *Baumgärtel/Laumen*, § 675 BGB Rn. 21 f.; *Palandt/Heinrichs*, BGB, § 282 Rn. 15; *Borgmann/Haug*, Kap. IX Rn. 26 ff.; *Rinsche*, Rn. I 309; *Grunewald*, ZIP 1994, 1162.

1794 BGHZ 123, 311 = NJW 1993, 3259.

1795 BGH, NJW 1996, 3009.

haft die Möglichkeit beschneidet, den Anscheinsbeweis zu erschüttern, kann sich nicht auf dessen Beweiserleichterung berufen.[1796]

Was das im einzelnen bedeutet, läßt sich an dem BGHZ 123, 311 zugrundeliegenden Sachverhalt aus der Steuerberaterhaftung verdeutlichen: 1056

Die Klägerin war zusammen mit N. Gesellschafter einer OHG. Die Klägerin war daran interessiert, aus der Gesellschaft auszuscheiden. Sie beauftragte den Beklagten, sie in allen damit zusammenhängenden steuerlichen Fragen zu beraten. N. war bereit, ihr eine Barabfindung von 90.000 DM zu zahlen und Darlehensschulden der Klägerin von 350.000 DM zu übernehmen. Der Beklagte erklärte der Klägerin, sie müsse nur wegen der Abfindung mit Steuern (ca. 9.000 DM) rechnen. Das Finanzamt behandelte jedoch auch die Freistellung von der Verbindlichkeit als Veräußerungsgewinn und setzte Steuern in Höhe von insgesamt 100.000 DM fest. Der Beklagte hätte der Klägerin als günstigste Lösung raten müssen, als stille Gesellschafterin in der OHG zu verbleiben. Die Klägerin behauptet, sie wäre einem entsprechenden Rat gefolgt.

1. Alt.:

Der Beklagte bestreitet die Behauptung mit Nichtwissen. Das ist zwar zulässig (§ 138 Abs. 4 ZPO), bringt ihm aber nichts; weil nur eine Entscheidung wirtschaftlich vernünftig war, gilt zugunsten der Klägerin der Anscheinsbeweis, daß sie sich beratungsgemäß verhalten hätte.

2. Alt.:

Der Beklagte wendet ein, die Klägerin hätte auch bei richtiger Beratung die Gesellschaft verlassen, weil sie und N. damals heillos zerstritten gewesen seien, und legt dies substantiiert dar. Die Klägerin räumt die Zerstrittenheit ein. Dann fehlt es an einem Sachverhalt, der den Anscheinsbeweis begründet; denn in diesem Fall war das Verbleiben als stille Gesellschafterin nach der Lebenserfahrung nicht naheliegend.

3. Alt.:

Das Vorbringen des Beklagten ist streitig. Hier ist die Darstellung der Klägerin geeignet, den Anscheinsbeweis zu begründen. Der Beklagte trägt jedoch Tatsachen vor, die den Anscheinsbeweis zu entkräften vermögen. Gelingt dem Beklagten der Beweis dieser Indiztatsachen, obliegt der Klägerin nunmehr der volle Kausalitätsnachweis. Bleibt der Beklagte dagegen beweisfällig, hat die Klägerin den Anscheinsbeweis geführt.

(3) Ein Anscheinsbeweis zugunsten des Mandanten kommt nicht nur dann in Betracht, wenn der Anwalt eine **bestimmte Empfehlung** zu geben hatte. Hatte 1057

1796 BGH, NJW 1998, 79.

der Anwalt seinen Auftraggeber lediglich **umfassend über die Rechtslage zu belehren**, verblieb für den Mandanten aber bei vertragsgerechter Information nur eine sinnvolle Entscheidung, so liegt ebenfalls ein in gleicher Weise typischer Sachverhalt vor.

1058 (4) Zugunsten des Mandanten ist prima facie anzunehmen, daß er dem Anwalt die benötigte **Information** vollständig erteilt hätte, wenn dieser seine Beratungs- und Aufklärungspflichten sachgerecht wahrgenommen hätte.[1797]

1059 (5) Darüber hinaus ist im Bereich der übrigen **Pflichtverletzungen** des Anwalts ebenfalls zu prüfen, ob nach der Lebenserfahrung ein bestimmtes Verhalten des Mandanten naheliegt, wenn der Anwalt seine vertraglichen Pflichten erfüllt hätte. Ist dies zu bejahen, kann dort ebenfalls mit dem Anscheinsbeweis gearbeitet werden. Dies kommt insbesondere in Betracht, wenn einem Anwalt ein grober Fehler unterlaufen ist.[1798]

IV. Sonderformen der Kausalität

1060 Ist der Schaden nur durch das Zusammenwirken mehrerer Ursachen, die von verschiedenen Personen gesetzt wurden, entstanden, spricht man von **Gesamtkausalität**. Ursächlich geworden ist dann jeder einzelne Beitrag.[1799] Das bedeutet indessen nicht ohne weiteres, daß alle Personen für den Schaden haften. Die Frage der Ersatzpflicht läßt sich in diesen Fällen erst aufgrund wertender Zurechnung entscheiden.[1800]

Haben zwei Ereignisse in gleichzeitigem Zusammenwirken den Schaden herbeigeführt, war jedoch schon jedes Ereignis für sich allein geeignet, zu diesem Ergebnis zu führen, wäre der Schaden also auch bei Ausfall der jeweils anderen Ursache eingetreten, ist die Conditio-sine-qua-non-Formel ausnahmsweise nicht brauchbar; denn der Geschädigte ginge leer aus, wenn sie zur Anwendung käme. Sie bedarf daher hier der normativen Korrektur, mit der Folge, daß jedes der Ereignisse als kausal anzusehen ist.[1801] Es handelt sich um einen Fall der **Doppelkausalität**. Im Anwaltshaftungsrecht hat diese Rechtsfigur, die ein gleichzeitiges Zusammenwirken voneinander unabhängiger Ursachen voraussetzt, kaum praktische Bedeutung.

1797 BGH, NJW 1994, 1472; 1998, 2048, 2050.
1798 BGHZ 126, 217, 224 = NJW 1994, 3295, 3298.
1799 BGH, NJW 1990, 2882, 2883; *Vollkommer*, a. a. O., Rn. 353.
1800 Dazu unten Rn. 1061 ff.
1801 BGH, VersR 1971, 818, 819; 1983, 731, 732; NJW 1988, 2880, 2882.

B. Zurechnung

Eine allein an der logischen Ursächlichkeit i. S. d. Bedingungstheorie orientierte Verantwortlichkeit der pflichtwidrig handelnden Person würde zu einer uferlosen Haftung führen. Schon früh hat deshalb die Rechtsprechung eine **Eingrenzung mit der Adäquanzformel** vorgenommen (dazu Rn. 1062 ff.). Diese soll diejenigen Bedingungen innerhalb einer Ursachenkette als nicht haftungsrelevant ausscheiden, die bei wertender Betrachtungsweise unerheblich erscheinen. 1061

Die erforderliche Eingrenzung läßt sich jedoch nicht allein auf diesem Wege erreichen. Nicht jedes für den geltend gemachten Nachteil wesentliche Verhalten des Anwalts macht ihn ersatzpflichtig; erforderlich ist weiter, daß der eingetretene Schaden vom **Schutzzweck der verletzten Pflicht** gedeckt ist (dazu Rn. 1074 ff.).

Schließlich spielen noch Probleme der **hypothetischen Kausalität** (Rn. 1078 ff.) und des **rechtmäßigen Alternativverhaltens** (Rn. 1083 ff.) eine Rolle.

I. Adäquanz 1062

1. Grundlagen

Ist der Schadensfall das Ergebnis einer Reihe ineinandergreifender Ursachen, wird häufig darüber gestritten, ob das dem Anwalt zur Last fallende Verhalten in Anbetracht der übrigen kausal gewordenen Umstände noch rechtserhebliche Bedeutung hat. Nach ständiger Rechtsprechung wird im Schadensersatzrecht allgemein jede Handlung oder Unterlassung als **adäquat ursächlich** angesehen, welche die objektive Möglichkeit eines Nachteils der eingetretenen Art generell in nicht unerheblicher Weise erhöht hat.[1802] 1063

Die Prüfung erstreckt sich auf alle zur Zeit des Eintritts der Begebenheit dem optimalen Beobachter erkennbaren Umstände und bezieht auch das erst im Zeitpunkt der Beurteilung zur Verfügung stehende Erfahrungswissen ein. Gefordert ist eine **wertungsgeprägte Entscheidung**, bis zu welcher Grenze dem Urheber einer Bedingung deren Folgen **billigerweise zugerechnet** werden können.[1803] Ist dessen Verhalten im allgemeinen und nicht nur unter besonders eigenartigen, unwahrscheinlichen und nach dem gewöhnlichen Verlauf der Dinge außer Betracht zu las-

1802 BGHZ 3, 261.
1803 BGHZ 3, 261; 79, 259, 261 = NJW 1981, 983.

senden Umständen geeignet, den eingetretenen Schaden herbeizuführen[1804], wird die Adäquanz und damit ein **Zurechnungszusammenhang** zwischen dem Verhalten und dem eingetretenen Schaden bejaht.

1064 Im Anwaltshaftungsrecht tritt diese Problematik regelmäßig in der Weise auf, daß der **Mandant selbst oder Dritte willentlich in das Geschehen eingegriffen** und damit das Ergebnis beeinflußt haben. Dies schließt i. d. R. nicht aus, die Vertragsverletzung dem Anwalt haftungsrechtlich zuzurechnen. Dessen Pflichtwidrigkeit bleibt nur dann als nicht schadensadäquat unberücksichtigt, wenn sie in keinem inneren Zusammenhang zum eingetretenen Schaden steht, vielmehr nur den äußeren Anlaß für ein völlig ungewöhnliches Eingreifen eines Dritten bildet.[1805]

2. Handlungen des Mandanten

1065 Ein eigener selbständiger Willensakt des Geschädigten schließt es nicht aus, demjenigen die Schadensfolge zuzurechnen, der die Kausalkette in Gang gesetzt hat. Wurde die **Handlung des Mandanten** durch das haftungsbegründende Ereignis geradezu **herausgefordert** oder bestand für sie ein **rechtfertigender Anlaß**, so bleibt der **Zurechnungszusammenhang** mit dem Verhalten des Anwalts bestehen. Der Begriff des rechtfertigenden Anlasses ist in einem weiten Sinne zu verstehen. Es genügt, daß es sich um eine Entschließung handelt, die nicht als ungewöhnlich oder gänzlich unangemessen zu bewerten ist.[1806] Die Beendigung einer rechtlichen Auseinandersetzung durch **Vergleich** ist i. d. R. als vernünftige Reaktion i. d. S. anzusehen.[1807] Hat der Anwalt den Mandanten durch einen Beratungsfehler in eine ungünstige Situation gegenüber seinem Vertragspartner gebracht, entspricht es durchaus der Lebenserfahrung, daß jener daraus Vorteile zu ziehen sucht, auf die er keinen Anspruch hat. Entschließt sich der Mandant in einer solchen Lage, dem Begehren des Vertragsgegners nachzugeben und es nicht auf einen Prozeß ankommen zu lassen, handelt es sich im allgemeinen um einen normalen Geschehensablauf, der die Zurechnung bestehen läßt.[1808]

1804 BGHZ 7, 198, 204 = NJW 1953, 700, 701; BGHZ 57, 137, 141 = NJW 1972, 36, 37; NJW 1986, 1329, 1331; 1990, 2882, 2883.

1805 BGH, NJW 1986, 1329, 1331; 1990, 2882, 2884.

1806 BGH, NJW-RR 1990, 1241, 1244; NJW 1993, 1139, 1141; 1995, 449, 451; 1999, 2183, 2187. Mißverständlich BGH, NJW 1988, 1143, 1145: Dort fehlte es in Wirklichkeit schon am logischen Ursachenzusammenhang.

1807 BGH, NJW 1993, 1139, 1141; 1993, 1320, 1322 f.; 1993, 2797, 2799; 1998, 2048, 2050; 1999, 1391, 1392.

1808 BGH, VersR 1980, 649, 650.

Jedoch darf sich der Mandant nicht zu Leistungen verpflichtet haben, für deren Gewährung kein vertretbarer Anlaß bestand.[1809] Ein völlig unsachgemäßes, den Zurechnungszusammenhang unterbrechendes Verhalten hat der BGH in einem Falle bejaht, in dem der Mandant aufgrund anderweitiger rechtlicher Beratung noch rechtzeitig die Hinweise erhalten hatte, um den ihm aus einem Anwaltsfehler drohenden Schaden abzuwenden, sich jedoch aus schlechthin unvertretbaren Gründen völlig uneinsichtig verhalten hatte.[1810] 1066

3. Handlungen Dritter

Für das **Verhalten Dritter** gilt dasselbe wie für das Eingreifen des Geschädigten. Es beseitigt die Zurechnung nur, sofern es als **gänzlich ungewöhnliche Beeinflussung des Geschehensablaufs** zu werten ist. Der **Zurechnungszusammenhang** wird daher grundsätzlich nicht dadurch unterbrochen, daß nach dem pflichtwidrig handelnden Anwalt eine andere rechtskundige Person mit der Angelegenheit befaßt worden ist und noch in der Lage gewesen wäre, den Schadenseintritt zu verhindern, wenn sie die ihr obliegende Sorgfaltspflicht beachtet hätte. 1067

Deshalb hat der **BGH** in den nachstehend geschilderten **Beispielen** ein schadensadäquates Verhalten des Anwalts bzw. Notars bejaht, der die Erstursache gesetzt hatte: 1068

(1) Der beklagte Anwalt hatte es versäumt, notwendige Maßnahmen zur Unterbrechung der Verjährung zu treffen. Dem später beauftragten Kollegen war derselbe Fehler unterlaufen.[1811]

(2) Der Mandant entschließt sich infolge fehlerhafter anwaltlicher Beratung zu einem ihm ungünstigen Vertrag; der beurkundende Notar hätte auf den ihm erkennbaren Fehler hinweisen müssen.[1812]

(3) Der Notar hatte in dem von ihm beurkundeten Kaufvertrag die Wohnfläche des Hauses versehentlich zu hoch angegeben. Der Käufer verlangte deshalb vom Verkäufer einen Teil des Kaufpreises zurück. Er erwirkte einen Vollstreckungsbescheid; der Verkäufer versäumte infolge eines Anwaltsversehens die Einspruchsfrist. Dieser nahm nunmehr den Notar auf Schadensersatz in Anspruch. Dabei behauptete er, dem Käufer sei die wirkliche Wohnfläche bei Vertragsschluß genau bekannt, dessen Rückzahlungsanspruch also unbegründet gewesen.[1813]

1809 BGH, NJW 1997, 250, 253.
1810 BGH, NJW 1994, 2822; vgl. auch NJW 1997, 250, 253.
1811 BGH, NJW 1993, 1779.
1812 BGH, NJW 1990, 2882, 2884.
1813 BGH, NJW-RR 1990, 204.

1069 Gerade der letzte Fall zeigt, daß im Filter der Adäquanz nur wenige pflichtwidrige Handlungen des Rechtsberaters hängenbleiben. Nach Auffassung der Rechtsprechung wird der **Zurechnungszusammenhang** nicht einmal dadurch unterbrochen, daß ein von der Pflichtwidrigkeit begünstigter Dritter den ihm zu Unrecht zugefallenen Vorteil bewußt zum Nachteil des Mandanten ausnutzt. Da ein solches Verhalten nicht außerhalb aller Erfahrung liegt, bleibt der Anwaltsfehler adäquat ursächlich für den Schaden des Auftraggebers. Die Zurechnungsgrenze ist erst dann überschritten, wenn der erste Anwalt den später mandatierten Kollegen noch rechtzeitig vor Eintritt des Schadens auf den Fehler hinweist und jener trotzdem aus sachwidrigen Erwägungen die gebotene Maßnahme unterläßt.[1814]

4. Fehler des Gerichts

1070 Es gehört zu den vertraglichen Pflichten des **Anwalts**, durch vollständigen Sachvortrag und geeignete Rechtsausführungen auch darauf **hinzuwirken, gerichtliche Fehler** möglichst zu **vermeiden.**[1815] Schon daraus folgt, daß solche Fehler es grundsätzlich nicht ausschließen, den Anwalt wegen eigener Pflichtwidrigkeit haftbar zu machen.[1816] Dieser Grundsatz bedarf jedoch der Einschränkung, weil sonst die Gefahr bestände, daß der Anwalt für Versäumnisse in Anspruch genommen wird, die er nicht oder nur unwesentlich zu beeinflussen vermag. Die neueste Rechtsprechung bejaht einen **Zurechnungszusammenhang** zwischen der **Vertragsverletzung des Anwalts** und dem geltend gemachten **Schaden** trotz eines dazwischen geschalteten **gerichtlichen Fehlers** dann, wenn dieser auf Umständen oder Problemen beruht, deren Auftreten der Anwalt gerade durch sachgerechtes Arbeiten hätte **vermeiden** müssen.[1817]

1071 Hat der Anwalt eine Willenserklärung als **Rücktritt statt als Kündigung** bezeichnet, muß er dafür einstehen, wenn dies mit dazu beigetragen hat, daß das Gericht eine dem Mandanten nachteilige, fehlerhafte Auslegung vorgenommen hat.[1818] Sind infolge einer vom Anwalt verzögerten Durchsetzung des Anspruchs oder wegen unvollständigen Tatsachenvortrags zusätzliche tatsächliche oder rechtliche Schwierigkeiten entstanden, die der Richter nicht zutreffend bewältigt hat, gilt dasselbe.[1819] Hat der Anwalt statt des sachgerechten einen **fehlerhaften Antrag** gestellt und ist dadurch ein zusätzliches, schwieriges Rechtsproblem entstanden,

1814 *Vollkommer*, Rn. 371.
1815 Vgl. Rn. 624, 714 ff.
1816 BGH, NJW 1988, 3013; NJW-RR 1990, 1241, 1242; NJW 1993, 2797, 2799.
1817 BGH, NJW 1996, 48; 1996, 2648, 2650; 1997, 250, 253; 1998, 2048, 2050.
1818 BGH, NJW 1996, 2648, 2650.
1819 BGH, NJW 1996, 48, 51; NJW-RR 1990, 1241, 1244.

das der Richter fehlerhaft gelöst hat, muß sich der Anwalt den daraus entstandenen Schaden haftungsrechtlich zurechnen lassen.[1820]

Zu den Aufgaben des Anwalts im Prozeß kann es auch gehören, auf die **Unschlüssigkeit** eines von der Gegenseite erhobenen Anspruchs oder auf einen klar ersichtlichen **Fehler in einem gerichtlichen Beweisbeschluß** hinzuweisen.[1821] Versäumt er dies, wird der Zurechnungszusammenhang grundsätzlich nicht dadurch unterbrochen, daß das Gericht eine unzutreffende Entscheidung gefällt hat.[1822] Dagegen kann der Anwalt für Irrtümer des Gerichts, zu denen er nicht durch eine eigene Pflichtverletzung beigetragen hat, selbstverständlich in keiner Weise verantwortlich gemacht werden. 1072

Einen Schaden, der zwar auf einen **anwaltlichen Fehler** zurückgeht, jedoch so **rechtzeitig behoben** wurde, daß für das Gericht keine erhöhten Schwierigkeiten mehr bestanden, den Streitfall richtig zu entscheiden, hat der Anwalt nicht zu verantworten.[1823] Hat er beispielsweise dafür gesorgt, daß ein Vertrag, der aus von ihm zu vertretenden Gründen zunächst nicht wirksam geworden ist, im Wege der Genehmigung Gültigkeit erlangt hat, verneint das Gericht jedoch rechtsfehlerhaft eine wirksame Heilung, obwohl der Fall in dieser Hinsicht keine besonderen Schwierigkeiten aufgeworfen hat, braucht der Rechtsanwalt nicht für den daraus entstandenen Nachteil des Mandanten einzustehen. 1073

Steht der Fehler des Gerichts nicht in einem inneren Zusammenhang mit der Pflichtwidrigkeit, begründet dies keine Haftung, sofern der Schaden ohne gerichtlichen Fehler nicht entstanden wäre.[1824] In einem solchen Falle hat sich lediglich das allgemeine Prozeßrisiko der Partei verwirklicht.

II. Schutzzweck der Norm 1074

1. Grundsätze

Seit langem ist in Rechtsprechung und Lehre anerkannt, daß die Adäquanztheorie allein nicht zu einer sachgerechten **Eingrenzung der Haftung** für schadensursächliches Verhalten führt. Demjenigen, der eine ursächliche Bedingung gesetzt hat, darf der Schaden nur zugerechnet werden, wenn dieser sich innerhalb des **Schutzbereichs der verletzten Norm** verwirklicht. Es muß ein **innerer Zusam-** 1075

1820 BGH, NJW 1998, 2048, 2050.
1821 Vgl. Rn. 714 ff.
1822 BGH, NJW 1988, 3013, 3015; 1996, 2648, 2650.
1823 BGH, NJW 1988, 486, 487.
1824 BGH, NJW 1997, 250, 253.

menhang zwischen dem **Verhalten des Schädigers** und dem eingetretenen **Schaden** bestehen; eine lediglich zufällige Verbindung genügt nicht.[1825]

Diese ursprünglich im Deliktsrecht entwickelte Wertung wurde auf das Vertragsrecht übertragen. Die Haftung des Schuldners ist dort durch den **Schutzzweck der verletzten vertraglichen Pflicht** begrenzt.[1826]

1076 Für die Anwaltshaftung heißt dies, daß der Berater nur für solche Nachteile einzustehen hat, zu deren Abwendung er die aus dem Mandat folgenden Pflichten übernommen hat.[1827] Ist der Mandant infolge eines Anwaltsfehlers einen Vertrag eingegangen, der ihm eine ungesicherte Vorleistung aufbürdet, so kann er nicht Ersatz für die Nachteile fordern, die ihm deshalb entstanden sind, weil er später diese Vorleistung verweigert hat; vom Schutzzweck der Pflicht umfaßt ist lediglich der Schaden, der durch Erfüllung der ungünstigen Vorleistungspflicht entstanden ist. Wer einem Anlageinteressenten eine umfassende Beratung oder Aufklärung schuldet, haftet grundsätzlich für alle auf einer Verletzung seiner Pflichten beruhenden Schäden; beschränkt sich die Beratungs- oder Aufklärungspflicht dagegen auf einen bestimmten, für das Vorhaben bedeutsamen Einzelpunkt, so hat der Berater bei Verletzung seiner Pflicht nur für Schäden einzustehen, die in diesem Punkt eintreten.[1828]

Der Gesichtspunkt des Schutzzwecks der Norm wird auch in den Fällen bedeutsam, in denen der Schaden sowohl auf einer Pflichtverletzung des Anwalts als auch einem gerichtlichen Fehler beruht.[1829] Dort läßt sich der Haftungsrahmen nicht ohne die Beachtung von Zweck und Ziel der übernommenen Pflichten sachgerecht bestimmen.[1830]

2. Einzelfälle

1077 Auf folgende Fälle aus der Judikatur ist besonders hinzuweisen:

(1) Die Pflicht des Anwalts, den nach den Umständen sichersten Weg zu wählen, um die **Verjährung von Ansprüchen des Auftraggebers** zu verhindern, soll den Mandanten auch davor schützen, in eine rechtlich oder tatsächlich zweifelhafte Lage zu gera-

1825 BGHZ 27, 137, 140 = NJW 1958, 1041, 1042; BGHZ 37, 311, 315 = NJW 1962, 1676, 1677; BGHZ 57, 137, 142 = NJW 1972, 36.
1826 BGH, NJW 1990, 2057.
1827 BGH, NJW 1993, 1779, 1781; 1993, 2797, 2799; 1995, 449, 451; 1997, 2946.
1828 BGHZ 116, 209, 212 ff. = NJW 1992, 555 = WM 1992, 133.
1829 Vgl. oben Rn. 1070 ff.
1830 BGH, NJW 1996, 48, 51; 1996, 2648, 2650.

ten, in der er sich außerstande sieht, der vom Gegner zu Unrecht erhobenen Verjährungseinrede erfolgreich entgegenzutreten.[1831]

(2) Wendet sich der Treuhänder von Geschäftsanteilen an den Anwalt mit der Bitte um Beratung, weil die Gesellschaft dringend finanzielle Mittel benötigt, die die Treugeber einzuschießen verpflichtet sind, jedoch freiwillig nicht leisten, und erklärt der Anwalt dem Mandanten infolge fehlerhafter rechtlicher Beratung, der **Treuhandvertrag** sei unwirksam und der Mandant deshalb auch wirtschaftlich Alleineigentümer der Anteile, so haftet der Anwalt für wirtschaftliche Nachteile, die dem Mandanten daraus entstanden sind, daß er infolge der Beratung selbst einen Kredit aufgenommen oder eine Bürgschaft erteilt hat.[1832]

(3) Der Kläger und seine Schwester hatten den beklagten Anwalt in einer **erbrechtlichen Auseinandersetzung** mit der Schwägerin mandatiert. Infolge eines Anwaltsfehlers mußte der Kläger wesentlich mehr zahlen, als bei sachgerechter Vertretung seiner Interessen notwendig gewesen wäre. Nunmehr machte die Schwester geltend, infolge der an die Schwägerin gezahlten Abfindung stehe auch ihr ein höherer Anspruch, als zunächst angenommen, zu. Selbst wenn dies zutreffen sollte, haftet der Anwalt insoweit nicht, weil seine Pflicht sich nur auf die Rechtsbeziehungen des Klägers zur Schwägerin erstreckte.[1833]

(4) Der Mandant ist von einem Konkurrenzunternehmen abgemahnt und zur Abgabe einer Unterlassungserklärung aufgefordert worden. Er bittet den Anwalt um Begutachtung der Aussichten eines Prozesses sowie der Höhe der dann entstehenden Kosten. Der Anwalt bewertet (zutreffend) die Rechtslage als unsicher und sieht den Prozeß daher als risikoreich an. Dessen Kosten schätzt er auf höchstens 7.000 DM, obwohl er hätte erkennen können, daß der Aufwand möglicherweise 18.000 DM beträgt. Der Mandant entschließt sich zum Prozeß, den er verliert. Er hätte die Unterlassungserklärung abgegeben, wenn er gewußt hätte, welche Kosten ihm drohen. Das OLG Karlsruhe hat in diesem Falle unter Berufung auf den Schutzzweck der verletzten Pflicht nur zur Zahlung der Differenz von 11.000 DM zwischen den tatsächlich entstandenen und den geschätzten Kosten verurteilt.[1834] Das dürfte rechtlich nicht haltbar sein; denn auch die Verpflichtung, zutreffend über das **Kostenrisiko** aufzuklären, diente dazu, dem Mandanten die notwendige sachliche Grundlage für die Entscheidung zu geben, ob er sich überhaupt auf den Rechtsstreit einlassen wollte. Richtigerweise hätte der Klage daher in Höhe des Unterschiedes zwischen den Prozeßkosten und den Aufwendungen bei sofortiger Unterwerfung stattgegeben werden müssen.

(5) Der Mandant beauftragte den Berater, ihn im Zusammenhang mit dem Erwerb eines Hausgrundstücks **steuerlich zu beraten**. Obwohl die Beratung nicht sachgerecht war, gelang es dem Kläger, alle erstrebten Steuervorteile zu erzielen. Er verlangt jedoch

1831 BGH, NJW 1993, 2797, 2799.
1832 BGH, NJW 1997, 2946, 2947.
1833 BGH, NJW 1997, 250, 253.
1834 OLG Karlsruhe, NJW 1990, 2132.

Schadensersatz, weil sich die Investition aus anderen Gründen als nicht rentabel erwiesen hat. Dieser Anspruch ist selbst dann nicht begründet, wenn der Mandant bei vertragsgerechter Beratung im Steuerrecht das Haus nicht gekauft hätte; denn der Schutzzweck der Vertragspflicht des Beraters erstreckt sich nicht auf Nachteile seines Auftraggebers außerhalb des steuerlichen Bereichs.[1835]

(6) Jedenfalls im Steuerrecht hat der Berater den Mandanten auch davor zu bewahren, bei Ausschöpfung der in Betracht kommenden Steuervorteile den zulässigen Rahmen zu überschreiten und sich dadurch **steuerstrafrechtlicher Verfolgung** auszusetzen. Wird der Berater seiner Aufgabe nicht gerecht, so hat er den dadurch verursachten Vermögensschaden zu ersetzen. Dieser liegt auch insoweit im Schutzbereich der dem Berater obliegenden Pflichten, als es sich um ein dem Steuerpflichtigen auferlegtes Bußgeld handelt, dessen Verhängung ein eigenes Verschulden des Steuerschuldners, nämlich leichtfertiges Verhalten (§ 378 Abs. 1 AO), voraussetzt. Etwas anderes gilt nur dann, wenn der Mandant vorsätzlich gegen die Steuergesetze verstoßen hat.[1836]

III. Hypothetische Kausalität

1078 Dieser Begriff bezeichnet den Einwand, der real bewirkte Schaden wäre später durch einen anderen Umstand, die sogenannte **Reserveursache**, ebenfalls herbeigeführt worden. Ursächlich für den Schaden ist nur das tatsächliche Erstereignis. Die Reserveursache konnte sich nicht mehr auswirken, weil der vermögensrechtliche Nachteil schon eingetreten war. Die Frage betrifft folglich **nicht die Kausalität**, vielmehr handelt es sich um ein reines **Zurechnungsproblem**.[1837]

1079 Während die Rechtsprechung des **Reichsgerichts** die Reserveursache **grundsätzlich als unbeachtlich** behandelte[1838], hat sich in der Rechtsprechung des **BGH** eine **differenzierte Beurteilung** durchgesetzt. An der genannten Regel wird zwar im Grundsatz festgehalten. Jedoch wurden **Fallgruppen** herausgebildet, in denen die **hypothetische Ursache rechtliche Bedeutung** gewinnt, weil ansonsten der Geschädigte ungerechtfertigt besser stände und der Schädiger unbillig belastet würde.[1839]

1080 Das gilt vor allem für die sogenannten **Anlagefälle**, in denen die pflichtwidrige Handlung eine bereits weitgehend entwertete Sache betraf. War der zerstörte oder beschädigte Gegenstand schon im Zeitpunkt des haftungsbegründenden Ereignisses mit einer Schadensanlage behaftet, die später zum gleichen Ergebnis ge-

1835 BGH, NJW 1990, 2057, 2058.
1836 BGH, NJW 1997, 518, 519.
1837 BGHZ 104, 355, 359 = NJW 1988, 3265, 3266.
1838 RGZ 141, 365; 144, 80, 84; 144, 348, 353; 169, 117, 120.
1839 BGHZ 10, 6 = NJW 1953, 977; BGHZ 29, 207, 215; 104, 355, 358 f. = NJW 1988, 3265, 3266; BGHZ 125, 56, 61 = NJW 1994, 999, 1000.

führt hätte, so ist diese Tatsache nach ständiger Rechtsprechung für die Frage, ob und in welchem Umfang ein Schaden entstanden ist, zu berücksichtigen.[1840] Dasselbe gilt bei **vermögensrechtlichen Daueransprüchen**, z. B. auf Ersatz des Verdienstausfalls oder auf Schadensersatzrenten, wenn feststeht, daß der Berechtigte von einem bestimmten Zeitpunkt an auch ohne die vom Schädiger zu verantwortende Handlung die Voraussetzungen für die Einkünfte, deren Ersatz er verlangt, nicht mehr erfüllt hätte.[1841] Hat die Klage des Arbeitnehmers gegen eine ungerechtfertigte Kündigung infolge eines Anwaltsfehlers keinen Erfolg, ist der Umstand, daß der Mandant die Stelle aus persönlichen Gründen ohnehin alsbald hätte aufgeben müssen, für die Frage erheblich, welcher Schaden ihm aus der Pflichtverletzung seines Beraters entstanden ist.[1842] War das benachteiligte Unternehmen nicht lebensfähig, hätte es wegen mangelnder Rentabilität oder wachsender Verschuldung auf jeden Fall binnen kurzem liquidiert werden müssen, ist dies ebenfalls **haftungsrechtlich zu berücksichtigen**.[1843]

Hätte dagegen der hypothetische Ursachenverlauf zu einem Ersatzanspruch des Betroffenen gegen einen Dritten geführt, kann dies denjenigen, der pflichtwidrig gehandelt hat, nicht entlasten, weil sonst der Geschädigte leer ausginge.[1844]

Derjenige, der für den Schaden in Anspruch genommen wird, hat die **hypothetische** 1081
Geschehenskette zu beweisen[1845]; insoweit gilt ebenfalls **§ 287 ZPO**. Die bloße Möglichkeit eines hypothetischen Ereignisses bleibt immer rechtlich unbeachtet.

Fragen des **hypothetischen Kausalverlaufs** tauchen im Haftungsrecht der rechts- 1082
beratenden Berufe i. d. R. nur dort auf, wo es darum geht, **wie der Vorprozeß bei sachgerechtem Verhalten des Anwalts geendet hätte**, und gehören dann i. d. R. zur Schadensproblematik.[1846]

In unmittelbarem Zusammenhang mit der pflichtwidrigen Handlung stellt sich das Problem in den nachfolgenden Beispielen:

(1) Eine Bank hatte auf einem Anderkonto eines Notars 20 Mio. DM zur **Finanzierung eines Grundstückskaufs** zur Verfügung gestellt. Der Notar zahlte den Betrag aus, bevor die von der Bank im Treuhandvertrag festgelegten Voraussetzungen erfüllt waren. Gegen den Schadensersatzanspruch wendet der Notar ein, die Bank wäre, wenn die

1840 BGHZ 78, 209, 214 = NJW 1981, 628, 630; BGHZ 125, 56, 61 = NJW 1994, 999, 1000; BGH, WM 1960, 21, 23 f.; NJW 1985, 676, 677.

1841 BGHZ 10, 6 = NJW 1953, 977.

1842 BGH, MDR 1977, 468.

1843 BGH, LM § 249 (Ba) BGB Nr. 20.

1844 BGH, NJW 1958, 705; 1967, 551, 552.

1845 BGHZ 78, 209, 213 f. = NJW 1981, 628, 630; BGH, NJW 1967, 551; 1983, 1053; 1996, 3343, 3345.

1846 Vgl. unten Rn. 1100 ff.

Auszahlungsvoraussetzungen nicht eingetreten wären, in derselben Höhe aus einer in diesem Zusammenhang dem Verkäufer erteilten Bürgschaft in Anspruch genommen worden.[1847]

(2) Durch Verschulden des Anwalts sind die **Vertragsverhandlungen gescheitert**; der Mandant fordert Schadensersatz. Der Anwalt macht geltend, der Mandant wäre nicht in der Lage gewesen, den gültigen Vertrag zu erfüllen, so daß der andere Teil zurückgetreten wäre.[1848]

In beiden Fällen ist die Berufung auf den **hypothetischen Kausalverlauf beachtlich**, sofern dem Berater der entsprechende Beweis gelingt. Die rechtliche und wirtschaftliche Situation der Bank ist infolge der zusätzlich erteilten Bürgschaft bei wertender Betrachtungsweise ebenso einzuschätzen wie ein schon mit einer Schadensanlage belastetes Rechtsgut.[1849] Im zweiten Fall liegt der hypothetische Ablauf in einem Bereich, der vom Geschädigten selbst zu verantworten ist.[1850] Davon unberührt bleiben die Ansprüche, die sich daraus ergeben, daß der Mandant Nachteile erlitten hat (z. B. durch verfrühte Zahlung), die selbst dann eingetreten wären, wenn sich der hypothetische Verlauf realisiert hätte.[1851]

IV. Rechtmäßiges Alternativverhalten

1083 Der Einwand des rechtmäßigen Alternativverhaltens erfordert nicht die Prüfung, wie die Vermögenslage des Betroffenen wäre, wenn der Anwalt die Pflichtverletzung nicht begangen hätte.[1852] Vielmehr umschreibt der Begriff Fälle, in denen der Schuldner geltend macht, der durch sein rechtswidriges Verhalten tatsächlich verursachte Schaden wäre auch dann eingetreten, wenn er eine **andere**, von der verletzten Pflicht verschiedene, **selbständige Pflicht erfüllt** hätte. Es geht also wiederum um die Frage, ob die realen **Folgen** des **dem Schädiger** zur Last fallenden Verhaltens ihm **billigerweise zugerechnet** werden können.[1853]

1847 BGH, NJW 1996, 3343.

1848 RGZ 147, 248; *Vollkommer*, Rn. 362, behandelt den Fall zu Unrecht als Beispiel für rechtmäßiges Alternativverhalten.

1849 BGH, NJW 1996, 3343, 3345.

1850 Im Ergebnis ebenso *Vollkommer*, Rn. 363.

1851 Entgegen BGH, WM 1985, 666, 670, handelt es sich bei folgendem Sachverhalt nicht um ein Problem hypothetischer Kausalität: Durch einen Fehler des rechtlichen Beraters ist dem Unternehmer ein steuerlicher Nachteil entstanden, der ansonsten bei der drei Jahre später erfolgten Betriebsaufgabe eingetreten wäre. Hier geht es in Wirklichkeit nur darum, wie ein später tatsächlich eingetretenes Ereignis die Schadensberechnung beeinflußt.

1852 Das wird teilweise in der Literatur nicht hinreichend beachtet; vgl. *Borgmann/Haug*, Kap V Rn. 48.

1853 BGHZ 96, 157, 172 = NJW 1986, 576, 579; BGH, NJW-RR 1988, 1367; NJW 1992, 2694, 2695; 1996, 311, 312; NJW-RR 1997, 562, 563 f.

Das Problem des **rechtmäßigen Alternativverhaltens** tritt **im Haftungsrecht der rechtsberatenden Berufe selten** auf. I. d. R. geht es dort nur um die zur Kausalität gehörende Frage, ob der geltend gemachte Nachteil auch dann eingetreten wäre, wenn der Beklagte die Pflichtverletzung nicht begangen hätte. Eine Ausnahme bildet folgender, dem **Notarhaftungsrecht** entnommener Fall:[1854] 1084

Der Notar war beauftragt, die **Fälligkeitsbestätigung für den Kaufpreis** zu erteilen, sobald die Auflassungsvormerkung für die Käuferin mit dem vereinbarten Rang eingetragen war. Er stellte die Bestätigung jedoch zu einem Zeitpunkt aus, als diese Voraussetzung noch fehlte. Die Käuferin macht den Schaden geltend, der ihr dadurch entstanden ist, daß sie den Kaufpreis zu früh gezahlt hat. Der Notar wendet ein, bei Erfüllung aller seiner Pflichten hätte er die Eintragung der Vormerkung bis zu dem Tag bewirkt, an dem er die Fälligkeitsbestätigung ausstellte. Dann hätte die Klägerin zu demselben Zeitpunkt zahlen müssen.

Nach Auffassung des BGH **entscheidet der Schutzzweck der jeweils verletzten Norm** darüber, ob und inwieweit der Einwand des rechtmäßigen Alternativverhaltens im Einzelfall beachtlich ist.[1855] Damit befindet sich die Rechtsprechung in Übereinstimmung mit großen Teilen des Schrifttums[1856] sowie der vom BAG[1857] vertretenen Auffassung. Im hier geschilderten Fall hat der BGH den Einwand zu Recht als unbeachtlich angesehen. Die dem Notar obliegende Pflicht sollte die Käuferin davor schützen, vor Eintragung der zu ihrer Sicherheit vereinbarten Vormerkung leisten zu müssen. Gerade dieses Ziel wurde nicht erreicht. Daher kann sich der Notar der Haftung nicht mit dem Hinweis darauf entziehen, nur weil er eine weitere ihm der Käuferin gegenüber obliegende Pflicht verletzt habe, sei die Vormerkung verspätet eingetragen worden.[1858] Hätten die Beteiligten im Streitfall anstelle des Notars einen Anwalt beauftragt, wäre selbstverständlich ebenso zu entscheiden.

Generell liegt es nahe, hier den im Amtshaftungsrecht geltenden **Grundsatz** entsprechend anzuwenden, daß derjenige, der dem Schutz des Betroffenen dienende grundlegende Verfahrensvorschriften verletzt, sich nicht auf rechtmäßiges Alternativverhalten berufen darf.[1859]

1854 Vgl. BGHZ 96, 157, 158 ff. = NJW 1986, 576.

1855 BGHZ 96, 157, 173 = NJW 1986, 576, 579.

1856 *Palandt/Heinrichs*, BGB, Vorbem. vor § 249 Rn. 106 f.; *Vollkommer*, Rn. 357; *Rinsche*, Rn. I 236 mit weiterem Beispiel; *Esser/Schmidt*, Schuldrecht Allgemeiner Teil, § 33 III 2; *Staudinger/Medicus*, BGB, § 249 Rn. 111 ff.; *v. Caemmerer*, Schriftenreihe der Juristischen Studiengesellschaft Karlsruhe Heft 54 S. 33 ff.

1857 BAGE 6, 321, 376 ff. = DB 1959, 143, 146; NJW 1984, 2846, 2847.

1858 BGHZ 96, 157, 173 f. = NJW 1986, 576, 579.

1859 BGHZ 36, 144, 153 f. = NJW 1962, 583, 585; OLG Köln, VersR 1996, 456; *v. Caemmerer*, S. 32; *Staudinger/Medicus*, BGB, § 249 Rn. 114.

1085 Soweit die Berufung auf rechtmäßiges Alternativverhalten nach dem Schutzzweck der Norm beachtlich ist, trifft den **Schädiger** die **Beweislast** dafür, daß der Nachteil auch bei einem solchen Verhalten entstanden wäre.[1860] Die bloße Möglichkeit, daß sich das rechtmäßige Alternativverhalten in derselben Weise ausgewirkt hätte, ist in jedem Falle unbeachtlich.[1861]

C. Schaden

1086 Während in den vorangegangenen Kapiteln dargestellt wurde, unter welchen Voraussetzungen die anwaltliche Pflichtverletzung für die vom Mandanten geltend gemachten Nachteile als ursächlich anzusehen und dem Anwalt haftungsrechtlich zuzurechnen ist, geht es nunmehr darum, ob und in welchem Umfang das eingetretene Ereignis als ersatzfähiger **Schaden im Rechtssinne** anzuerkennen ist. Dabei werden hier im wesentlichen nur die Probleme behandelt, denen im Anwaltshaftungsrecht erhebliche Bedeutung zukommt. Andere Fragen sind nur angesprochen, soweit die Rechtsprechung dazu in einschlägigen Fällen Stellung genommen hat.

I. Differenztheorie

1087 Ob und inwieweit ein nach **§§ 249 ff. BGB** zu ersetzender Schaden vorliegt, beurteilt sich grundsätzlich nach einem **rechnerischen Vergleich** der durch das schädigende Ereignis bewirkten Vermögenslage mit derjenigen, die ohne jenen Umstand eingetreten wäre (sog. **Differenzhypothese**).[1862] Der haftpflichtige Rechtsanwalt hat den Mandanten vermögensmäßig so zu stellen, wie dieser bei pflichtgemäßem Verhalten des Beraters stünde.[1863] Dazu muß die **tatsächliche Gesamtvermögenslage derjenigen gegenübergestellt** werden, die sich **ohne den Fehler des Rechtsanwalts** ergeben hätte. Hat etwa der Mandant einen gegenseitigen Vertrag geschlossen, von dem er bei sachgerechter Beratung Abstand genommen hätte, ist ein Schaden zu bejahen, wenn die mit dem Vertrag verbundenen Verpflichtungen und sonstigen Nachteile durch die Vorteile nicht ausgeglichen werden.[1864]

1860 BGHZ 120, 281, 287 = NJW 1993, 520, 521 f.; BGH, NJW 1991, 166, 167.

1861 BGH, NJW 1959, 1316, 1317; *Staudinger/Medicus*, BGB, § 249 Rn. 113.

1862 BGHZ 98, 212, 217 = NJW 1987, 50, 51; BGHZ 99, 182, 196 = NJW 1987, 831, 834; BGHZ 123, 96, 99 = NJW 1993, 2527; BGH, NJW 1988, 1143, 1144; NJW-RR 1988, 1367; 1990, 629, 630 f.; NJW 1994, 2357, 2359.

1863 BGH, NJW-RR 1990, 1241, 1244; NJW 1995, 449, 451.

1864 BGH, WM 1997, 2309, 2311; 1998, 142 = NJW 1998, 982.

Die Differenzrechnung darf nicht auf einzelne Rechnungsposten beschränkt werden, sondern erfordert einen **Gesamtvermögensvergleich**, der alle von dem haftungsbegründenden Ereignis betroffenen Vermögenspositionen umfaßt.[1865]

Bei der Schadensberechnung sind alle Folgen des haftungsbegründenden Umstands bis zum Zeitpunkt der **letzten mündlichen Verhandlung** in die Schadensberechnung einzubeziehen.[1866] Auch die nach der mündlichen Verhandlung mit Wahrscheinlichkeit zu erwartende weitere Schadensentwicklung kann berücksichtigt werden.[1867] Nur wenn der Schuldner schon früher seine Ersatzpflicht erfüllt hat, werden ihm spätere Folgen nicht mehr zugerechnet.[1868] 1088

II. Normativer Schaden 1089

1. Grundsätze

In der Rechtsprechung hat sich schon seit langem die Erkenntnis durchgesetzt, daß der Schaden nicht rein rechnerisch auf „natürlichem" Wege bestimmt werden kann. Das nach der Differenzmethode gewonnene Ergebnis bedarf einer **normativen Kontrolle**, die am **Schutzzweck der Haftung** sowie an **Funktion und Ziel des Schadensersatzes** ausgerichtet ist.[1869] Dies führt einerseits zur Erweiterung des Anspruchsumfangs, hat aber auch zur Folge, daß kausale Nachteile ausgeklammert werden, deren Erstattung mit übergeordneten Prinzipien des Rechts nicht vereinbar wäre. 1090

2. Nutzungen

Wesen und Bedeutung des Vermögens erschöpfen sich nicht in dessen Bestand, sondern umfassen auch die Möglichkeit, dieses seiner Bestimmung gemäß zu **nutzen** sowie darüber zu **verfügen**. Schon in der **Beeinträchtigung** dieser Befugnisse kann ein vermögensrechtlicher Nachteil liegen.[1870] Daher wurde schon in der unbefugten Weiterleitung der treuhänderisch übertragenen Darlehenssumme an den Kreditnehmer ein Schaden gesehen.[1871] Dies setzt jedoch immer voraus, daß der 1091

1865 BGH, WM 1983, 418; NJW 1988, 1837, 1838.
1866 BGHZ 79, 249, 258 = NJW 1981, 2065, 2067; BGHZ 99, 81, 86 = NJW 1987, 645, 646; BGH, NJW-RR 1990, 629, 631; NJW 1994, 314; 1996, 2652, 2654.
1867 BGHZ 27, 181, 188 = NJW 1958, 1085, 1086.
1868 BGH, NJW 1980, 1742, 1743; 1988, 1837, 1838; 1996, 2652, 2654.
1869 BGHZ 98, 212, 217 f. = NJW 1987, 50, 51; BGH, WM 1997, 2309, 2311.
1870 BGHZ 88, 11 = NJW 1983, 2139; BGHZ 98, 212, 217 f. = NJW 1987, 50, 51; BGH, NJW 1994, 2357, 2359.
1871 BGH, NJW 1987, 3201.

Vermögenswert in seiner **Verwendungsfähigkeit** mindestens wesentlich **eingeschränkt** war. Daher begründet allein die Tatsache, daß der Eigentümer die Sache aus dringenden wirtschaftlichen Gründen nicht mehr selbst nutzen kann, keinen Ersatzanspruch, soweit sie einem sinnvollen Gebrauch, z. B. durch Vermietung, zugeführt werden kann.[1872] Der bloße **Wegfall der Arbeitskraft** ist ebenfalls kein Schaden, solange sich die Beeinträchtigung der Erwerbsmöglichkeit nicht in erlittenen Verlusten oder entgangenen Gewinnen ausgewirkt hat.[1873]

3. Vermögenslosigkeit

1092 Auch der **vermögenslose Schuldner** hat ein rechtlich geschütztes Interesse daran, nicht grundlos mit einer zusätzlichen Verbindlichkeit belastet zu werden. Der Mandant kann den Anwalt wegen eines Fehlers, der **weitere Schulden** verursacht hat, daher selbst dann in Anspruch nehmen, wenn er keine Aussicht hat, jemals aus eigener Kraft seine Gläubiger zu befriedigen.[1874] Hat der Mandant dagegen infolge eines Anwaltsversehens eine **Forderung** verloren, ist der Einwand beachtlich, diese wäre **gegen den Dritten nicht durchsetzbar** gewesen.[1875] Der Mandant muß dann nach § 287 ZPO beweisen, daß er bei sachgerechtem Vorgehen des Anwalts Leistungen erhalten hätte.[1876] Trifft dies nicht zu, ist die verlorene Forderung wertlos.

4. Zeit- und Arbeitsaufwand

1093 Hat der Mandant infolge eines Anwaltsfehlers einen **Prozeß** verloren, so kann sich die Frage stellen, ob er außer der Erstattung der Gerichtskosten und der auszugleichenden Auslagen des Gegners auch Ersatz für den **eigenen Arbeitsaufwand** verlangen kann. **Außergerichtliche Auseinandersetzungen** können ebenfalls eine vergleichbare zeitliche Beanspruchung hervorrufen. Ein zusätzlicher Erstattungsanspruch entsteht dem Auftraggeber des Anwalts daraus jedoch grundsätzlich nicht. Die Rechtsprechung entnimmt der gesetzlichen Beschreibung der **prozessualen Kostenerstattungspflicht** auch eine in das materielle Recht hinüberwirkende **Zurechnungsgrenze**. Der dem Mandanten selbst entstandene Arbeits- und Zeitaufwand bei der Durchsetzung eigener oder der Abwehr fremder Ansprü-

1872 BGH, NJW 1994, 442.

1873 BGHZ 50, 304, 306 = NJW 1968, 1823; BGHZ 54, 45, 49 ff. = NJW 1970, 1411; BGHZ 131, 220, 226 = NJW 1996, 921, 923.

1874 BGHZ 59, 148, 150 = NJW 1972, 1856, 1857; BGH, NJW 1986, 581, 583.

1875 BGH, VersR 1974, 906, 907; NJW 1986, 246, 247; OLG Köln, VersR 1988, 601.

1876 BGH, NJW 1986, 246, 247; 1993, 734.

che begründet im allgemeinen **keinen ersatzfähigen Nachteil.**[1877] Das gilt selbst dann, wenn der Geschädigte die ihm in diesem Rahmen obliegenden Aufgaben an Angestellte übertragen hat[1878], soweit es sich um Aufwendungen handelt, die nach dem Sinn und Zweck der gesetzlichen Regelung der Partei selbst obliegen.[1879]

Das trifft nicht zu, wenn die Arbeiten zur Beseitigung einer vom Schädiger zu verantwortenden Störung der Rechtssphäre des Betroffenen notwendig waren[1880] oder schon der Art nach über das hinausgingen, was einer Partei zur Wahrung ihrer Interessen billigerweise zugemutet werden kann.[1881] In solchen Fällen ist der zur Wiederherstellung erforderliche Geldbetrag zu erstatten; dieser bestimmt sich unabhängig von den individuellen Möglichkeiten des Betroffenen nach objektiven Kriterien.[1882]

5. Ansprüche gegen Dritte

Hat der **Geschädigte einen Ersatzanspruch gegen einen Dritten**, ist dies scha- 1094
densrechtlich grundsätzlich ohne Bedeutung.[1883] Der Anwalt darf den Mandanten also nicht darauf verweisen, er sei in der Lage, den Vermögensverlust durch Inanspruchnahme eines anderen auszugleichen.[1884] In solchen Fällen kann der Anwalt lediglich – sofern kein Gesamtschuldverhältnis vorliegt – gemäß **§ 255 BGB** die **Abtretung** des Anspruchs gegen den Dritten Zug um Zug gegen Ausgleich des Schadens verlangen.[1885]

6. Verstoß gegen materielles Recht

Der Geschädigte soll im Wege des **Schadensersatzes** grundsätzlich nicht mehr er- 1095
halten als das, was er **nach der materiellen Rechtslage** verlangen kann.[1886] Der

1877 BGHZ 66, 112, 115 = NJW 1976, 1256, 1257; BGHZ 75, 230, 231 = NJW 1980, 119; BGHZ 111, 168, 177 = NJW 1990, 2060, 2062; BGHZ 127, 348, 351 = NJW 1995, 446, 447; BGHZ 131, 220, 225 = NJW 1996, 921, 922.

1878 BGHZ 75, 230, 231 = NJW 1980, 119; BGHZ 131, 220, 225 = NJW 1996, 921, 922.

1879 BGHZ 111, 168, 177 = NJW 1990, 2060, 2062.

1880 BGHZ 76, 216, 219 = NJW 1980, 1518, 1519.

1881 BGHZ 131, 220, 225 = NJW 1996, 921, 922.

1882 BGH, NJW 1996, 1924, 1925.

1883 BGH, NJW 1982, 1806, 1807; 1990, 1360; 1994, 511; 1997, 2946, 2948.

1884 BGH, NJW 1982, 1806; 1997, 1008, 1012.

1885 BGHZ 120, 261, 268 = NJW 1993, 593, 594; BGH, NJW 1982, 1806, 1807; 1997, 1008, 1012; 1997, 2946, 2948.

1886 BGHZ 124, 86, 95 = NJW 1994, 453, 455; BGHZ 125, 27, 34 = NJW 1994, 858, 860; BGH, NJW 1987, 3255, 3256; NJW-RR 1989, 530.

Verlust oder die Vorenthaltung einer tatsächlichen oder rechtlichen Position, auf die nach der Rechtsordnung kein Anspruch besteht, stellt keinen ersatzfähigen Schaden dar.[1887] Deshalb ist ein Vorteil nicht ersatzfähig, wenn er nur durch **Verletzung eines gesetzlichen Verbots**[1888] oder **Verstoß gegen die guten Sitten**[1889] hätte erlangt werden können. Handelt es sich um **entgangenen Gewinn aus verbotswidrigen Verträgen**, schließt die Rechtswidrigkeit des Handelns einen Ersatzanspruch allerdings nur dann aus, wenn das einschlägige Gesetz sowohl die Vornahme des Rechtsgeschäfts mißbilligt als auch dessen rechtliche Wirksamkeit verhindern soll.[1890] Ebenso scheitert ein Anspruch auf entgangenen Gewinn nicht schon deshalb, weil dem Geschädigten zur Ausführung des beabsichtigten Geschäfts die dafür erforderliche Genehmigung fehlte, die er auf Antrag hätte erlangen können, sofern er nicht wissentlich gegen die gesetzliche Ordnung verstoßen hat.[1891] Verliert der Mandant die Möglichkeit, durch ein **unbegründetes Rechtsmittel** die Erfüllung einer berechtigten Forderung hinauszuzögern, stellt dies keinen Schaden im Rechtssinne dar.[1892]

1096 Davon streng zu unterscheiden ist eine Rechtsposition, die der Kläger aufgrund eines **rechtskräftigen Urteils** erlangt hat. Der titulierte Anspruch bildet selbst dann, wenn er auf einer materiell oder verfahrensrechtlich **unrichtigen Entscheidung** beruht, einen rechtlich geschützten **Vermögenswert**, dessen Verlust einen ersatzfähigen Schaden darstellt. Kann der Mandant den Titel infolge anwaltlichen Verschuldens nicht mit Erfolg vollstrecken, haftet der Anwalt auf Schadensersatz. Dies setzt selbstverständlich voraus, daß der Mandant den Titel überhaupt durchsetzen wollte.[1893] Ist das Erwirken oder Ausnutzen des Titels **ausnahmsweise** als vorsätzliche sittenwidrige Schädigung **(§ 826 BGB)** zu werten, hat der Titelinhaber, dem der damit erstrebte Erfolg nicht gelingt, keinen rechtserheblichen Nachteil erlitten.[1894]

1097 Bildet der Titel trotz gerichtlicher Fehlentscheidung einen rechtlich geschützten Vermögenswert und hat der unterlegene Prozeßgegner seinerseits gegen den von ihm beauftragten Anwalt einen **Regreßanspruch**, so ist die **Pfändung** dieser For-

1887 BGHZ 125, 27, 34 = NJW 1994, 858, 860; BGH, NJW-RR 1989, 530; NJW 1995, 3248, 3249.
1888 BGHZ 75, 366, 368 = NJW 1980, 775, 776; BGHZ 79, 223, 231 = NJW 1981, 920, 922; 1986, 1486, 1487.
1889 BGHZ 67, 119, 121 = NJW 1976, 1883, 1884.
1890 BGHZ 75, 366, 368 = NJW 1980, 775, 776.
1891 BGH, NJW 1974, 1374, 1376.
1892 RGZ 162, 65, 68; BGH, WM 1989, 1826, 1828.
1893 BGH, VersR 1985, 83, 85.
1894 BGH, NJW 1996, 48, 49.

derung ein rechtlich zulässiges Mittel, den Titel durchzusetzen. Versäumt der Anwalt dies, ist darin ebenfalls ein Schaden im Rechtssinne zu sehen.[1895]

Hat der Mandant infolge eines dem Anwalt zuzurechnenden Fehlers ein Ver- 1098
gleichsangebot der Gegenseite nicht angenommen oder einen schon geschlossenen **Vergleich** widerrufen, ist ihm dadurch i. d. R. auch dann ein Schaden im Rechtssinne entstanden, wenn sein ursprüngliches Begehren rechtlich nicht begründet war; denn ein den Streit erledigender Vergleich ist gleichwohl wirksam. Aus einem Vergleichsangebot und erst recht aus einem widerruflich abgeschlossenen Vergleich erwächst dem Mandanten daher eine selbständige **Vermögensposition**, deren Verlust unabhängig von der Rechtslage, die sich ohne den Vergleich ergibt, einen ersatzfähigen Schaden darstellt. Diese in einzelnen Berufungsurteilen vertretene Auffassung hat der BGH durch Nichtannahme der Revisionen gebilligt.[1896]

Aus **Rechtshandlungen einer Behörde** kann dem Adressaten – oder bei einer 1099
Selbstbindung durch entsprechende **Verwaltungsübung** auch einem Dritten – eine **vermögenswerte Rechtsposition** erwachsen. Wird diese infolge eines Anwaltsfehlers nicht wahrgenommen, begründet das einen ersatzfähigen Schaden.[1897]

III. Hypothetisches Ausgangsverfahren

Die zuletzt erörterten Fragen treten besonders dann auf, wenn der Kläger geltend 1100
macht, er habe einen **Rechtsstreit** oder ein **behördliches Verfahren**, in dem er von dem beklagten Anwalt vertreten wurde, nur deshalb **verloren**, weil diesem ein Fehler unterlaufen sei. Behauptet der Mandant, infolge unzureichender Beratung durch den Anwalt habe er **versäumt, einen Prozeß zu führen oder ein Gesuch zu stellen**, die für ihn günstig ausgegangen wären, kommt es ebenfalls darauf an, **wie jene Verfahren bei pflichtgemäßem Verhalten des Rechtsanwalts ausgegangen wären**, nach welchen Kriterien das hypothetische Ergebnis zu ermitteln ist und welche Rechte sich daraus für den Mandanten ergeben. Die Problematik betrifft alle Themenbereiche dieses Abschnitts: Kausalität, Zurechnung und Schaden. Da die Lösung der Rechtsprechung nur auf der Grundlage des normativen Schadensbegriffs verständlich und in sich schlüssig ist, wird das Thema erst an dieser Stelle erörtert.

1895 BGH, VersR 1982, 975; NJW 1996, 48, 49.
1896 BGH, Beschl. v. 28. 6. 1990 – IX ZR 241/89; v. 22. 10. 1998 – IX ZR 180/97.
1897 BGHZ 79, 223, 229 f. = NJW 1981, 920, 921; BGH, NJW-RR 1992, 1110, 1112; NJW 1993, 2799, 2802.

1. Gerichtliche Entscheidungen

1101 Bei einer rein kausalen Betrachtungsweise müßte das Regreßgericht aufklären, wie die damals angegangene Instanz tatsächlich geurteilt hätte, also gegebenenfalls die im Ausgangsprozeß tätigen Richter dazu als Zeugen vernehmen.[1898] Nach ständiger Rechtsprechung kommt es darauf nicht an. Vielmehr hat der **Schadensersatzrichter zu prüfen, wie nach seiner Auffassung der Vorprozeß richtigerweise hätte entschieden werden müssen.**[1899] Die Beurteilung des Regreßrichters ist sogar dann maßgeblich, wenn feststeht, welchen Ausgang das frühere Verfahren bei vertragsgerechter Arbeit des Anwalts genommen hätte.[1900] Die wertende Betrachtungsweise führt indessen niemals dazu, daß der Anwalt einen lediglich fiktiven, mit der Realität nicht vereinbarten Schadensersatz schuldet; denn Voraussetzung ist immer, daß dem Mandanten infolge des Fehlers eine ihm günstige, Gesetz und Recht entsprechende Entscheidung entgangen ist.[1901]

1102 Nicht erheblich ist die in einigen Entscheidungen des BGH auftauchende Erwägung, es sei schwerlich aufzuklären, wie die konkret zuständigen Personen entschieden hätten. Diese Begründung trägt nicht, weil das von Fall zu Fall je nach den besonderen Umständen ganz unterschiedlich sein kann. Maßgeblich ist in Wirklichkeit allein die Wertung, daß der Mandant nicht davon profitieren kann, wenn in dem Vorprozeß bei vertragsgerechter Leistung des Anwalts ein **Fehlurteil zu seinen Gunsten** ergangen wäre. Er soll vielmehr nur das ersetzt verlangen können, was er ohne den anwaltlichen Fehler zu Recht erhalten hätte.[1902]

1103 Der **Regreßrichter** hat für seine eigene Beurteilung von dem **Sachverhalt** auszugehen, der dem Gericht bei pflichtgemäßem Verhalten des Anwalts unterbreitet worden wäre.[1903] Zugrunde zu legen ist die **Rechtslage** zu dem **Zeitpunkt**, als die hypothetische Entscheidung ergangen wäre bzw. hätte ergehen müssen[1904]; denn die Pflichtverletzung des Anwalts, auf die der Ersatzanspruch gestützt

---

1898 Dies wird von einer Mindermeinung in der Literatur vertreten: vgl. namentlich *Braun*, ZZP 1996, 89; *ders.*, JZ 1997, 259.

1899 BGHZ 36, 144, 154 f. = NJW 1962, 583, 585 f.; BGHZ 72, 328, 330 = NJW 1979, 819; BGHZ 79, 223, 226 = NJW 1981, 920, 921; BGHZ 124, 86, 96 = NJW 1994, 453, 455; BGHZ 133, 110 = NJW 1996, 2501; BGH, NJW 1989, 1148, 1150; 1993, 1323, 1324; 1994, 1211, 1213.

1900 *Vollkommer*, Rn. 398; *Ganter*, NJW 1996, 1310, 1312.

1901 *Vollkommer*, Rn. 407.

1902 BGHZ 72, 328, 330 = NJW 1979, 819; BGHZ 124, 86, 96 = NJW 1994, 453, 455; BGH, NJW 1987, 3255, 3256.

1903 BGH, NJW 1988, 3013, 3015; WM 1989, 1826, 1828.

1904 BGHZ 79, 223, 228 ff. = NJW 1979, 920, 921; BGH, NJW-RR 1991, 660, 661; NJW 1993, 2799, 2801.

wird, kann grundsätzlich nur auf den Rechtszustand bezogen werden, der galt, als der Anwalt konsultiert wurde.

Hier stellt sich jedoch die Frage, ob zu dem im Zeitpunkt der hypothetischen Entscheidung geltenden Recht auch die **höchstrichterliche Rechtsprechung** in ihrer damaligen Ausprägung gehört oder ob der Regreßrichter an die für den hypothetischen Entscheidungszeitpunkt feststellbaren Grundsätze der höchstrichterlichen Rechtsprechung nicht gebunden ist. Zu dieser Frage hat der BGH bisher nicht eindeutig Stellung genommen. Man wird sie jedoch im erstgenannten Sinne beantworten müssen. Der Anwalt hat seine Beratung an der aktuellen höchstrichterlichen Rechtsprechung auszurichten, sogar dann, wenn er selbst sie für unzutreffend hält.[1905] Hat sie danach für den Anwalt bei seiner Tätigkeit gesetzesähnliche Bedeutung, kann ihr kein geringeres Gewicht beigemessen werden, wenn es darum geht, unter welchen Voraussetzungen der Anwalt dafür einzustehen hat, daß das dem Mandanten günstige Ergebnis des hypothetischen Inzidentprozesses tatsächlich nicht eingetreten ist. Die wertende Beurteilung des über das Schadensersatzbegehren urteilenden Richters hat also die im Zeitpunkt der hypothetischen Entscheidung feststellbare höchstrichterliche Rechtsprechung zu beachten.[1906] Eine Ausnahme gilt lediglich dann, wenn sich später herausstellt, daß diese Rechtsprechung mit der Verfassung nicht vereinbar war.[1907]

Demzufolge hat auch der Regreßrichter, wenn es um eine **hypothetische Entscheidung** in einem Bereich **außerhalb der Zivilgerichtsbarkeit** geht, die rechtliche Wertung auf der Grundlage der Rechtsprechung des insoweit zuständigen obersten Bundesgerichts vorzunehmen. Eine davon eventuell abweichende Meinung des Zivilrichters muß außer Betracht bleiben, weil sie im Hinblick auf die prägende Kraft höchstrichterlicher Entscheidungen im Vorprozeß keine rechtserhebliche Bedeutung hätte gewinnen können. In diesem Punkt ist also die rein normative Betrachtungsweise durch eine Bindung an die einschlägige höchstrichterliche Rechtsprechung einzuschränken.[1908] 1104

1905 BGH, NJW-RR 1992, 1110, 1112; NJW 1993, 2799, 2800.

1906 Eine Tendenz in dieser Richtung lassen erkennen: BGH, NJW 1985, 2482, 2843; 1993, 2799, 2800 f. In der zweiten Entscheidung ist der Senat von einer Selbstbindung der Verwaltung ausgegangen. Er hat also nicht selbst darüber befunden, ob die einschlägige steuerrechtliche Frage entsprechend der früher geltenden oder der nunmehr vertretenen Auffassung des BFH zu beurteilen sei.

1907 BGH, NJW 1985, 2482, 2483.

1908 Zu dieser Frage hat der BGH bisher nicht eindeutig Stellung genommen. Immerhin haben die Urteile BGH, NJW 1993, 2799, 2800 f.; 1998, 1486, 1487 f. in Steuerberaterfällen ohne weiteres die Auffassung des BFH für maßgeblich erachtet.

2. Verwaltungsverfahren

1105 Diese wertende Betrachtungsweise läßt sich jedoch auf den **Ausgang von Verwaltungsverfahren** nur insoweit übertragen, als sie **rechtlich gebunden** waren, bei gesetzmäßiger Durchführung also nur zu einem einzigen Ergebnis hätten gelangen können. Stand der Behörde dagegen ein **Ermessensspielraum** zu, waren also von Rechts wegen inhaltlich verschiedene Ergebnisse möglich, muß der Regreßrichter klären, welche Entscheidung die Behörde tatsächlich getroffen hätte; denn er darf nicht sein Ermessen an die Stelle der dafür zuständigen Behörde setzen. Lediglich dann, wenn das Ermessen der Behörde im Einzelfall so eingeschränkt war, daß nur eine einzige Entscheidung in Betracht kam, ist dies auch im Regreßprozeß zugrunde zu legen.[1909]

1106 Hat der Schadensersatzrichter festzustellen, welche Ermessensentscheidung die Behörde bei vertragsgerechter Leistung des Anwalts tatsächlich getroffen hätte, und gelangt er zu dem **Ergebnis**, daß sie **dem Mandanten günstig** gewesen wäre, kann das nach den **Regeln des normativen Schadensbegriffs** einen Ersatzanspruch grundsätzlich nur unter der Voraussetzung begründen, daß sich die **Behördenentscheidung im Rahmen von Recht und Gesetz gehalten hätte**.[1910]

1107 Die Rechtsprechung des **BGH** hat jedoch zwei **Ausnahmen** von dieser Regel zugelassen.

1108 In der ersten Entscheidung ging es, übertragen auf das Anwaltshaftungsrecht, um folgendes:[1911]

> Der Berater hat die Bearbeitung eines Antrags auf Befreiung von der Grunderwerbsteuer verzögert. Infolge einer zwischenzeitlichen Änderung der Richtlinien hat der Mandant – im Gegensatz zu den früheren Gesuchstellern – die Befreiung nicht mehr erhalten. Die Änderung der Richtlinie beruhte darauf, daß zwischenzeitlich ein höchstrichterliches Urteil ergangen war, welches die bisherige Praxis der Steuerbefreiung als rechtswidrig beanstandete. Bei gesetzmäßigem Verfahren der Behörde hätte keinem Antragsteller Steuerbefreiung gewährt werden dürfen.

Trotzdem hat der **BGH** der Schadensersatzklage stattgegeben, weil der Kläger bei rechtzeitigem Antrag die Steuerbefreiung erhalten hätte und **der durch einen rechtswidrigen Verwaltungsakt Begünstigte eine rechtlich geschützte Position erlange**, deren Verlust als Schaden anzusehen sei.[1912] Ein schutzwürdiger Be-

1909 BGHZ 79, 223, 226 = NJW 1981, 920, 921; BGH, NJW-RR 1991, 660, 661; NJW 1993, 2799, 2801; 1996, 321, 322; 1996, 842, 843.
1910 Vgl. Rn. 1095.
1911 BGHZ 79, 223 = NJW 1981, 920.
1912 BGHZ 79, 223, 229 ff. = NJW 1981, 920, 921.

sitzstand kann jedoch nicht durch eine fiktive Entscheidung begründet werden, die gerade mit diesem Inhalt nicht hätte ergehen dürfen. Wäre die hier gewählte Argumentation richtig, müßte bei Gerichtsentscheidungen im Ausgangsverfahren ebenfalls darauf abgestellt werden, wie der Prozeß tatsächlich ausgegangen wäre; denn das fiktive – materiell falsche – Urteil hätte infolge der Rechtskraft erst recht eine geschützte Rechtsposition begründet. Das aber lehnt der BGH in ständiger Rechtsprechung zu Recht ab, weil ein solches Ergebnis mit dem normativen Schadensbegriff nicht vereinbar wäre. Daher ist es inkonsequent, bei einer falschen Verwaltungsentscheidung von dieser Linie abzuweichen. Das genannte Urteil beruht infolgedessen auf einer unzutreffenden rechtlichen Wertung und ist **abzulehnen**.

Den Ausgangspunkt für die zweite Entscheidung bildete folgender Fall:[1913] 1109

> Der Behörde war ein Ermessen hinsichtlich der Gewährung bestimmter Steuervorteile an Betriebe im Zonenrandgebiet eingeräumt worden. Insoweit hatte sich in Bayern – entgegen den bundeseinheitlichen Richtlinien – zugunsten der Steuerpflichtigen eine ständige **rechtswidrige Verwaltungspraxis** gebildet. Dem Mandanten ist der Vorteil entgangen, weil der Berater versäumt hat, ihn auf diese Praxis hinzuweisen.

Auch hier hat der **BGH** den geltend gemachten Nachteil als **ersatzfähigen Schaden** angesehen. Es widerspreche nicht grundsätzlich der Rechtsordnung, wenn der Auftraggeber Ersatz dafür verlange, daß er sich die Behördenpraxis nicht habe zunutze machen können. Zwar müsse die Verwaltung jeden neuen Einzelfall zum Anlaß nehmen, von der gesetzwidrigen Verfahrensweise abzurücken und zur Rechtmäßigkeit zurückzukehren. Sei jedoch eine grundsätzliche Änderung der Verwaltungsübung nicht gewährleistet, weil die Behörde nicht generell änderungswillig sei, so habe sich die Verwaltung in einer Weise gebunden, welche das **Vertrauen des einzelnen**, ebenso behandelt zu werden, **schutzwürdig** erscheinen lasse.[1914] Hier erhält die ständige Verwaltungspraxis streitentscheidendes Gewicht selbst dann, wenn sie rechtswidrig ist. Im Ergebnis kommt ihr damit dieselbe Bedeutung zu wie einer Bindung durch rechtmäßige ständige Verwaltungsübung. Das vermag wertungsmäßig nur zu überzeugen, sofern in derartigen Fällen ein Anspruch auf **Gleichbehandlung im Unrecht** verwaltungsrechtlich durchsetzbar ist, der Kläger also eine ihm negative Inzidententscheidung der Behörde mit Erfolg hätte gerichtlich anfechten können. Diese Frage ist bisher in der verwaltungsgerichtlichen Rechtsprechung **nicht hinreichend geklärt**[1915]; auch der BGH hat sie offengelassen.

1913 Vgl. BGH, NJW 1995, 3248.
1914 BGH, NJW 1995, 3248, 3249 f.
1915 Vgl. die Nachweise in BGH, NJW 1995, 3248 ff.

3. Beweisfragen

1110 Die **hypothetische Betrachtung**, ob der Kläger bei sachgemäßer anwaltlicher Vertretung den Ausgangsprozeß gewonnen hätte, betrifft nicht nur Rechtsfragen, sondern vor allem **Tatsachenfeststellungen**. Dabei ist von dem Sachverhalt auszugehen, der dem Gericht bei sachgemäßem Vorgehen des Anwalts unterbreitet worden wäre.

1111 Die Feststellung, wie der Prozeß richtigerweise hätte entschieden werden müssen, ist nach **§ 287 ZPO** zu treffen, weil es sich um ein Element der **haftungsausfüllenden Kausalität** handelt.[1916] Entgegen der bis dahin nahezu einhelligen Meinung im Schrifttum[1917] und in Abkehr von einem früheren Urteil[1918] hat der BGH jetzt entschieden, daß diese Grundsätze auch dann zur Anwendung kommen, wenn im **Ausgangsprozeß** oder dem **behördlichen Verfahren** die **Amtsermittlungsmaxime** galt.[1919] Diese dient allein dem öffentlichen Interesse daran, den wahren Sachverhalt zur Geltung zu bringen. Sie liefert jedoch keinen Grund dafür, auch im Regreßprozeß die Beweisanforderungen zu erhöhen. Hier ist die Partei vielmehr wie jeder andere Mandant zu behandeln, welcher behauptet, durch Fehler seines Anwalts geschädigt worden zu sein. Die Ausrichtung an § 287 ZPO entspricht auch den Beweismaßstäben, die die Rechtsprechung bei vergleichbarer Problematik in Amtshaftungsprozessen anwendet.[1920]

1112 Daß damit zugleich der **Umfang der Beweisaufnahme** in sinnvoller Weise gestrafft wird, zeigt folgendes Beispiel:

Die Zwillinge Albert und Anton hatten den Kläger auf **Feststellung der Vaterschaft** in Anspruch genommen. Das Amtsgericht hatte ein serologisches Gutachten eingeholt, welches zu einer Vaterschaftswahrscheinlichkeit von 99,993% gelangte. Das Amtsgericht traf daraufhin die begehrte Feststellung. Der Kläger beauftragte den beklagten Anwalt, Berufung einzulegen. Er wollte einen Zeugen dafür benennen, daß die Mutter in der Empfängniszeit mit einem weiteren Mann geschlechtlich verkehrt hatte, und die Einholung eines erbbiologischen Gutachtens beantragen. Der Anwalt legte Berufung ein, jedoch beim Landgericht statt beim OLG. Nunmehr verklagte der Vater den Anwalt und machte geltend – unter Berufung auf die damaligen Beweisanträge –, die Klage der Kinder wäre bei Durchführung der Berufung abgewiesen worden.

1916 BGH, VersR 1985, 146, 147; NJW 1987, 3255; 1988, 3013, 3015.

1917 *Baumgärtel/Laumen*, § 675 Rn. 26; *Borgmann/Haug*, Kap. IX Rn. 41; *Vollkommer*, Rn. 486; *Baur*, FS Larenz, S. 1063, 1078.

1918 BGH, NJW-RR 1987, 898, 899.

1919 BGHZ 133, 110 = NJW 1996, 2501.

1920 BGH, NJW 1959, 1125, 1126; 1983, 2241, 2243; 1995, 2344, 2345.

Nach der Rechtsprechung hätten im Ausgangsverfahren, in dem das Amtsermittlungsprinzip galt und der wirkliche Vater ermittelt werden sollte, die beantragten Beweise erhoben werden müssen.[1921] Im Regreßprozeß durfte das Gericht davon absehen, weil ohne Beweisaufnahme mit der von § 287 ZPO geforderten Wahrscheinlichkeit anzunehmen war, daß die Berufung keinen Erfolg gehabt hätte.[1922]

Weiter stellt sich die Frage, wie mit **Beweismitteln** umzugehen ist, die nicht im 1113
Vorprozeß zur Verfügung standen, wohl aber im Haftungsprozeß. Da es nicht darauf ankommt, wie die Entscheidung tatsächlich gelautet hätte, sondern vielmehr, wie sie richtigerweise hätte ergehen müssen, der materiellen Gerechtigkeit also Vorrang gebührt vor der tatsächlichen Kausalität, sind diese **neuen Beweismittel zu erücksichtigen**. Deshalb steht der Gegner des Vorprozesses als Zeuge zur Verfügung, ebenso auch jedes weitere nunmehr erst benutzbare Beweismittel.[1923]

Hinsichtlich der **Beweislast** gilt eine Besonderheit: Die **Regeln des Ausgangs-** 1114
rechtsstreits sind auch im Regreßprozeß anzuwenden.[1924] Beispiel:

> Der Kläger verlangt den Kaufpreis für eine Maschine. Der Käufer macht Wandlung geltend und beruft sich auf Verjährung. Die Klage wird wegen Verjährung abgewiesen. Zu den Mängeln trifft das Gericht keine Feststellungen. Verklagt nun der Kläger den Anwalt, weil er versäumt habe, die Verjährung rechtzeitig zu unterbrechen, so wird dieser sich damit verteidigen, die Maschine sei ohnehin mangelhaft gewesen. Dafür trägt er aber nunmehr die Beweislast, obwohl es sich um ein Element der haftungsausfüllenden Kausalität handelt, die grundsätzlich der Geschädigte nachzuweisen hat.

Diese Verlagerung zum Nachteil des Anwalts beruht auf der Erwägung, daß die Beweislastregeln zum materiellen Recht gehören und der Mandant nicht allein deshalb schlechter gestellt werden darf, weil die Frage infolge des Anwaltsfehlers nicht im Prozeß gegen die Vertragspartei, sondern erst im Schadensersatzprozeß entscheidungserheblich wird.[1925]

IV. Vorteilsausgleich 1115

1. Grundsätze

Die neuere Rechtsprechung löst auch die Frage, ob und in welchem Umfang sich 1116
der Geschädigte **Vorteile anrechnen** lassen muß, die in ursächlichem Zusammen-

1921 BGH, NJW 1991, 2961, 2963.
1922 BGHZ 133, 110 = NJW 1996, 2501, 2502.
1923 BGHZ 30, 226, 232; 72, 328, 330 = NJW 1979, 819; BGHZ 133, 110 = NJW 1996, 2501, 2502.
1924 BGHZ 72, 328, 330 = NJW 1979, 819; BGHZ 133, 110 = NJW 1996, 2501, 2502; BGH, VersR 1985, 146, 147; NJW 1987, 3255; 1988, 3013, 3015.
1925 BGHZ 133, 110 = NJW 1996, 2501, 2502.

hang mit dem haftungsbegründenden Ereignis stehen, nicht nach formalen Gesichtspunkten, sondern aufgrund einer **wertenden Betrachtungsweise**. Die Beurteilung wird dabei vor allem von der Erwägung bestimmt, daß einerseits der Geschädigte sich an dem Haftungsfall nicht bereichern, andererseits der Schädiger nicht unbillig entlastet werden soll.

Danach hat eine Anrechnung zu erfolgen, soweit sie mit dem Sinn und Zweck des Ersatzanspruchs übereinstimmt, dem Geschädigten unter Berücksichtigung der Interessenlage nach Treu und Glauben zumutbar ist und den Schädiger nicht in unangemessener Weise von der Verantwortlichkeit für sein pflichtwidriges Verhalten freistellt.[1926]

1117 **Nachteile und Vorteile des Geschädigten** müssen i. d. R. in einem **inneren Zusammenhang** zueinander stehen und dadurch gleichsam zu einer **Rechnungseinheit** verbunden sein. Dies ist anzunehmen, wenn Vorteile sich bestimmten Schadenspositionen wertend zuordnen lassen.[1927] Berechnet der Geschädigte seinen Ersatzanspruch auf der Grundlage eines Deckungsverkaufs, so wird allein dadurch noch kein innerer Zusammenhang zwischen allen durch die Pflichtverletzung bedingten nachteiligen und vorteilhaften Vermögensveränderungen hergestellt, der einen Vorteilsausgleich rechtfertigt. Dies ist nur insoweit anzunehmen, als sich einem bestimmten Nachteil ein bestimmter Vorteil gegenüberstellen läßt.[1928]

2. Ersparte Aufwendungen

1118 Ersparte Aufwendungen muß sich der Geschädigte im allgemeinen **anrechnen** lassen. Das betrifft bei Verdienstausfallschäden die Fahrtkosten und ähnliche mit der Berufstätigkeit eng verbundene Ausgaben[1929] sowie bei Verzögerungsschäden den dadurch ersparten Zinsaufwand.[1930] Die Kosten eines infolge fehlerhafter Beratung eingeholten Privatgutachtens sind nicht zu ersetzen, wenn bei pflichtgemäßem Verhalten des Anwalts Sachverständigenkosten in gleicher Höhe entstanden wären, die nun nicht mehr erforderlich sind.[1931] Wird dem Mandanten infolge eines Anwaltsfehlers der Zuschlag in der Zwangsversteigerung ver-

1926 BGHZ 77, 151, 153 = NJW 1980, 2187, 2188; BGHZ 91, 206, 209 f. = NJW 1984, 2457, 2458; BGH, NJW 1979, 760, 761; 1984, 977, 978; 1989, 2117.
1927 BGHZ 77, 151, 154 = NJW 1980, 2187, 2188; BGH, NJW 1979, 760, 761; 1983, 2137, 2138; 1989, 2117; 1997, 2378.
1928 BGH, NJW 1997, 2378.
1929 BGH, NJW 1980, 1787.
1930 BGH, NJW 1983, 2137, 2138.
1931 BGH, NJW 1997, 250, 251.

sagt, gelingt es jedoch, das Grundstück in einem späteren Versteigerungstermin zu erwerben, so besteht zwischen beiden Ereignissen ein innerer Zusammenhang, der den Vorteilsausgleich rechtfertigt.[1932]

3. Steuervorteile

Grundsätzlich mindern **schadensbedingte Steuerersparnisse** finanzielle Nachteile des Betroffenen, sind also dem Schädiger **gutzubringen**. Jedoch ist jeweils zu prüfen, ob der **Zweck der Steuervergünstigung** im Einzelfall einer entsprechenden Entlastung entgegensteht.[1933] Aus diesem Grunde sind Steuerdifferenzbeträge, die wegen einer Körperverletzung gewährt werden (§ 33 b EStG), nicht anzurechnen.[1934] Auch die für den Ausgleich von Verdienstausfall geltende Steuervergünstigung des § 34 Abs. 2 Nr. 2 EStG mindert den Schaden nicht.[1935] Diese Vorschrift soll Steuernachteile verhindern, die sich aus der Steuerprogression des Einkommensteuertarifs für eine einmalige und außergewöhnliche Zusammenballung von Einkünften im Veranlagungszeitraum ergeben. Selbst wenn der Geschädigte wegen der Höhe seiner übrigen Einkünfte ohnehin der Höchstbesteuerung unterliegt, kommt dieser steuerliche Vorteil allein ihm zugute.[1936] Dasselbe gilt für die Verjährung von Steuerschulden[1937] sowie die zwischenzeitliche Ermäßigung des Steuertarifs bei verspäteter Schadensersatzleistung.[1938] 1119

4. Nutzungen und Gebrauchsvorteile

Nutzungen und Gebrauchsvorteile einer Sache, die im Falle der Ersatzleistung an den Schädiger zurückzugewähren sind, muß sich der Geschädigte i. d. R. **anrechnen** lassen.[1939] Kommt der Schuldner mit einer Verpflichtung in Verzug und erleidet der Gläubiger dadurch einen Schaden, so kann eine damit zusammenhängende Wertsteigerung einer Sache des Gläubigers im Wege der Vorteilsausgleichung zu 1120

1932 BGH, NJW-RR 1987, 246, 247.
1933 BGHZ 53, 132, 134 = NJW 1970, 461, 462; BGHZ 74, 104, 113 f. = NJW 1979, 1449, 1451 f.; BGHZ 127, 391, 397 f. = NJW 1995, 389, 391; BGH, NJW 1980, 1788; 1983, 2137, 2138; 1986, 245.
1934 BGHZ 127, 391, 397 = NJW 1995, 389, 391; BGH, NJW 1986, 245.
1935 BGHZ 74, 104, 116 = NJW 1979, 1449, 1452; BGH, NJW 1980, 1788, 1789; 1986, 245; 1993, 1643.
1936 BGH, NJW 1994, 2084, 2085.
1937 BGHZ 53, 132 = NJW 1970, 461; BGHZ 127, 391, 397 = NJW 1995, 389, 391.
1938 BGHZ 127, 391, 397 = NJW 1995, 389, 391; BGH, NJW 1986, 245.
1939 BGH, NJW 1982, 1279, 1280; 1984, 229, 230.

berücksichtigen sein; jedoch kommt es hier darauf an, wie der Berechtigte mit der Sache verfahren wollte.[1940]

5. Ansprüche gegen Dritte

1121 Vertragliche Ansprüche des Geschädigten gegen Dritte, die durch das den Schaden begründende Ereignis ausgelöst werden oder mit dem haftungsbegründenden Geschehen jedenfalls in ursächlichem Zusammenhang stehen, dienen i. d. R **nicht** dazu, **den Schädiger zu entlasten**.[1941]

6. Beweis

1122 Die **Darlegungs- und Beweislast** für Tatsachen, die den **Vorteilsausgleich** rechtfertigen, trifft immer den **Schädiger**. Allerdings kann der Berechtigte, soweit Tatsachen aus einem nur ihm zugänglichen Bereich herrühren, gehalten sein, sich dazu im einzelnen zu äußern.[1942] Macht der Berater, der die Festsetzung von Säumniszuschlägen gegen seinen Mandanten verschuldet hat, geltend, diesem sei dadurch ein Zinsgewinn zugeflossen, muß er dies dem Grunde und der Höhe nach beweisen.[1943]

V. Person des Geschädigten

1123 Soweit nicht ausnahmsweise die Voraussetzungen eines Vertrages mit Schutzwirkung für Dritte oder der Drittschadensliquidation gegeben sind[1944], hat der haftpflichtige Anwalt nur für den **Schaden des Mandanten** einzustehen. Deshalb ist festzustellen, in wessen Person der Schaden eingetreten ist. Das kann zu Schwierigkeiten führen, wenn der Anwalt von einer **Gesellschaft** mandatiert wurde. Grundsätzlich ist streng zwischen dem Schaden der Gesellschaft und demjenigen der Gesellschafter zu unterscheiden. Die juristische Person ist für die schadensrechtliche Beurteilung als selbständiges Zurechnungsobjekt zu behandeln.[1945] Daher kann ein Schaden der Gesellschafter nur liquidiert werden, wenn diese in den Schutzbereich des Mandats der Gesellschaft einbezogen waren. Aus einem

1940 BGHZ 77, 151, 154 ff. = NJW 1980, 2187, 2188.
1941 Vgl. Rn. 1094.
1942 BGHZ 127, 391, 395 = NJW 1995, 389, 390; BGH, NJW 1979, 760, 761; 1993, 1320, 1323; 1995, 2106, 2107.
1943 BGH, WM 1991, 814.
1944 Vgl. dazu Rn. 1381 ff., 1421 ff.
1945 BGHZ 61, 380, 383 = NJW 1974, 134, 135; BGH, NJW 1977, 1283; NJW-RR 1992, 290.

Schaden der Gesellschafter folgt nicht automatisch ein vermögensrechtlicher Nachteil der Gesellschaft.[1946] Die Saldierung eines Steuernachteils der Gesellschaft mit einem Anrechnungsvorteil des Gesellschafters kommt ebenfalls grundsätzlich nicht in Betracht.[1947]

Jedoch darf die gebotene formale Betrachtungsweise nicht zu wirtschaftlich widersinnigen Ergebnissen führen. Das wird aus einem Urteil des BGH deutlich, welches die Haftung des Beraters für einen bei der Verschmelzung von zwei Kapitalgesellschaften entstandenen Schaden betrifft.[1948] Das Berufungsgericht hatte die Klage mit der Begründung abgewiesen, bei richtiger Beratung wäre die Klägerin durch Verschmelzung untergegangen; der Steuervorteil, dessen Verlust sie geltend machte, wäre bei der anderen, hier tatsächlich untergegangenen Gesellschaft eingetreten. Dem ist der BGH zu Recht nicht gefolgt. Die Person des Rechtsträgers war unwesentlich, weil es immer um dieselbe Vermögensmasse ging, deren Bestand durch die Verschmelzung gesichert werden sollte. In einem solchen Fall hat der Berechtigte der verbleibenden Gesellschaft den Schaden zu ersetzen, der darin besteht, daß es bei ihr zu einer höheren Steuerbelastung kommt, als sie bei einer Verschmelzung auf die untergegangene Gesellschaft eingetreten wäre.[1949] 1124

VI. Inhalt des Schadensersatzanspruchs

Der Mandant hat Anspruch darauf, so gestellt zu werden, als hätte der Anwalt sich pflichtgemäß verhalten (§ 249 Satz 1 BGB). Zu fragen ist, **wie sich das Vermögen des Geschädigten im Vergleich zum tatsächlichen Ablauf entwickelt hätte**.[1950] Hat der Anwalt fehlerhaft beraten, kann er grundsätzlich nicht auf Schadensersatz wegen Nichterfüllung in Anspruch genommen werden; denn er hat nicht für einen bestimmten Erfolg i. S. e. Garantie einzustehen. Vielmehr haftet er nur auf den **Vertrauensschaden**, der dem Mandanten dadurch entstanden ist, daß er sich auf Richtigkeit und Vollständigkeit des erteilten Rates verlassen hat.[1951] Hat er aufgrund einer fehlerhaften Auskunft ein Geschäft abgeschlossen oder eine Maßnahme durchgeführt, die er bei rechtlich einwandfreier Beratung nicht vorgenommen hätte, ist ein ersatzfähiger Schaden nur entstanden, sofern seine Vermögenslage ohne die Investition insgesamt günstiger wäre.[1952] Gedeckt 1125

1946 BGH, NJW-RR 1992, 290, 291 f.
1947 BGH, NJW 1998, 1486, 1487.
1948 BGH, NJW 1997, 1001.
1949 BGH, NJW 1997, 1001, 1002.
1950 BGH, NJW 1988, 2880, 2881; 1995, 449, 451; 1998, 1860, 1862.
1951 BGH, NJW-RR 1991, 1125, 1126; 1995, 619, 620.
1952 BGH, WM 1998, 142 = NJW 1998, 982.

ist aber ein Anspruch auf **entgangenen Gewinn**, sofern dieser ohne die Pflichtverletzung des Anwalts eingetreten wäre.[1953] Dazu können sogar Spekulationsgeschäfte gehören, die mit dem infolge des Anwaltsfehlers verlorenen oder zu spät erhaltenen Geld erfolgreich getätigt worden wären.[1954]

1126 I. d. R. ist der entstandene Schaden **in Geld** zu ersetzen. Das gilt gemäß § 250 Satz 2 BGB auch bei **Freistellungsansprüchen**, wenn der Schädiger die Leistung schon ernsthaft und endgültig verweigert hat.[1955] Voraussetzung ist jedoch, daß der Mandant tatsächlich mit einer Verbindlichkeit beschwert ist, die Forderung des Dritten also erfüllen muß.[1956] Bekämpft er dagegen seinerseits die Forderung, von der er befreit werden will, hat er noch kein schutzwürdiges Interesse an einer Zahlung des haftpflichtigen Anwalts. Da in diesem Falle die Höhe der Forderung noch nicht feststeht, ist es der richtige Weg, auf Feststellung der Ersatzpflicht zu klagen.[1957] Ob der Mandant Zahlung verlangen kann, sobald der Dritte vollstreckt hat oder die Leistung zur Abwendung der Vollstreckung erbracht werden mußte, hat der BGH offengelassen. Das wird man jedoch bejahen müssen; denn in diesem Falle ist ein finanzieller Nachteil bereits eingetreten. Der Anwalt kann lediglich Abtretung des Rückgewähranspruchs nach § 255 BGB verlangen.

1127 Ausnahmsweise entsteht auch eine Pflicht des Anwalts, eine **schadensbeseitigende Handlung** nach § 249 Satz 1 BGB vorzunehmen. Wie der BGH bereits entschieden hat, ist der Anwalt verpflichtet, über den ursprünglichen Auftrag hinausgehende **Leistungen honorarfrei zu erbringen**, wenn dem Mandanten aufgrund eines anwaltlichen Fehlers Nachteile drohen, die auf diese Weise noch abgewendet werden können.[1958] Nach dem Gesetz wird in erster Linie Wiederherstellung des ursprünglichen Zustandes geschuldet. Deshalb besteht die beschriebene Pflicht erst recht, wenn der Schaden nicht lediglich droht, sondern schon eingetreten ist, auf diese Weise aber beseitigt oder zumindest verringert werden kann. Hat der Anwalt z. B. verschuldet, daß ein dem Mandanten **ungünstiges Urteil** ergangen ist, besteht jedoch ernsthafte Aussicht, die Entscheidung im Berufungsverfahren zu korrigieren, ist er verpflichtet – sofern die Partei zustimmt –, die Berufung zwar in deren Namen, aber auf eigene Kosten durchzuführen und insoweit alles zu veranlassen, was geeignet ist, den Prozeßerfolg zu bewirken. Die Grenzen einer solchen Verpflichtung ergeben sich aus § 251 Abs. 2 Satz 1 BGB.

1953 BGH, NJW 1988, 200, 203; 1998, 900, 902.
1954 BGH, NJW 1983, 758.
1955 BGH, NJW 1989, 1215, 1216; 1991, 2014; 1993, 1137, 1138.
1956 BGH, NJW 1989, 1215, 1216; 1993, 1137, 1138.
1957 BGH, NJW 1993, 1137, 1138 f.
1958 BGH, NJW 1994, 1472, 1473.

VII. Beweisfragen

Da der **Schaden** ebenfalls zu den Voraussetzungen eines Ersatzanspruchs gehört, trifft den **Mandanten die Beweislast**, die ihm jedoch durch **§ 287 ZPO** erleichtert wird. Eine deutlich überwiegende, auf gesicherter Grundlage beruhende Wahrscheinlichkeit, daß ein Schaden entstanden ist, reicht für die richterliche Überzeugungsbildung aus.[1959] Dessen Umfang ist dann nach freiem Ermessen zu schätzen. 1128

§ 287 ZPO erleichtert dem Geschädigten darüber hinaus die **Darlegungslast**. Die Klage darf nicht wegen eines lückenhaften Vortrages abgewiesen werden, solange greifbare Anhaltspunkte für die Schätzung vorhanden sind.[1960] Notfalls muß der Richter sich mit der Schätzung eines Mindestschadens begnügen, damit der Betroffene nicht leer ausgeht, obwohl im Ergebnis feststeht, daß ein erheblicher Schaden entstanden ist. Eine Schätzung wird erst dann unzulässig, wenn sie mangels jeglicher konkreter Anhaltspunkte praktisch völlig in der Luft hinge und daher willkürlich wäre.[1961] Die Rechtsprechung des BGH ist jedoch in diesem Punkt nicht ganz einheitlich. Teilweise wird eine Schätzung für unzulässig gehalten, wenn der Kläger nicht hinreichend konkrete Anhaltspunkte für die Schadensermittlung genannt hat.[1962] 1129

§ 252 Satz 2 BGB bringt für den Geschädigten eine zusätzliche Erleichterung, soweit er **entgangenen Gewinn** nachzuweisen hat. Nach dieser Vorschrift gilt als entgangen der Gewinn, welcher nach dem gewöhnlichen Lauf der Dinge oder nach den besonderen Umständen, insbesondere nach den getroffenen Anstalten und Vorkehrungen, mit Wahrscheinlichkeit erwartet werden konnte. Demzufolge genügt es, wenn nach den Umständen der Ausfall des Gewinns wahrscheinlicher ist als das Gegenteil.[1963] Allerdings benötigt der Kläger auch insoweit Anknüpfungstatsachen, die auf einen entgangenen Gewinn schließen lassen. Erst dann kommt ihm die Vermutung des § 252 Satz 2 BGB zugute.[1964] Die nach dieser Vorschrift gebotene Prognose hat nicht nur die Verhältnisse im Zeitpunkt der Entstehung des Schadens, sondern auch die wahrscheinliche künftige Entwicklung zu berücksichtigen.[1965] Kann der Geschädigte, weil er im Zeitpunkt des Schadensereignisses noch in der Ausbildung oder erst am Anfang seiner beruflichen Entwick- 1130

1959 BGH, NJW 1992, 2694, 2695; 1993, 734.
1960 BGH, NJW 1992, 2694, 2695 f.; 1993, 734; NJW-RR 1992, 202, 203.
1961 BGHZ 91, 243, 256 f.; BGH, NJW-RR 1990, 200, 203; ZIP 1997, 1839, 1842.
1962 BGH, NJW 1995, 1023, 1024.
1963 BGH, NJW 1988, 200, 204.
1964 BGHZ 54, 45, 55 f. = NJW 1970, 1411, 1412; BGH, NJW 1988, 200, 204.
1965 BGH, NJW 1997, 937, 938.

lung stand, nur wenige konkrete Anhaltspunkte liefern, darf der Richter nicht allein deshalb eine entsprechende Schätzung verweigern.[1966]

1131 D. Anhang

Anhang 1: Rechtsprechungslexikon

Adäquanz

- **Begriff**

1. Eine Begebenheit ist adäquate Bedingung eines Erfolges, wenn sie die objektive Möglichkeit eines Erfolges von der Art des eingetretenen generell in nicht unerheblicher Weise erhöht hat. Bei der dahin zielenden Würdigung sind lediglich zu berücksichtigen:
   a) alle zur Zeit des Eintritts der Begebenheit dem optimalen Beobachter erkennbaren Umstände,
   b) die dem Urheber der Bedingung noch darüber hinaus bekannten Umstände.
   Diese Prüfung ist unter Heranziehung des gesamten Erfahrungswissens vorzunehmen, das im Zeitpunkt der Beurteilung zur Verfügung steht.
2. Bei dieser Adäquanzprüfung handelt es sich nicht eigentlich um eine Frage der Kausalität, sondern um die Ermittlung der Grenze, bis zu der dem Urheber einer Bedingung eine Haftung für ihre Folgen billigerweise zugemutet werden kann.

BGH, Urt. v. 23. 10. 1951 – I ZR 31/51, BGHZ 3, 261.

- **Handlungen des Mandanten**

Bestand für die Zweithandlung des Geschädigten ein rechtfertigender Anlaß oder wurde sie durch das haftungsbegründende Ereignis herausgefordert und erweist sich die Reaktion auch nicht als ungewöhnlich oder gänzlich unangemessen, so bleibt der Zurechnungszusammenhang mit dem Verhalten des Schädigers bestehen.
Die Beendigung einer rechtlichen Auseinandersetzung durch Vergleich kann grundsätzlich ein sachgemäßes Verhalten sein, das auf die Zurechnung des Schadens zum haftungsbegründenden Verhalten des Schuldners keinen Einfluß hat.
BGH, Urt. v. 3. 12. 1992 – IX ZR 61/92, NJW 1993, 1139, 1141.

1966 BGH, NJW 1998, 1633, 1634.

Ist der Mandant aufgrund anderweitiger rechtlicher Beratung noch in der Lage, ihm durch eine Pflichtverletzung seines Anwalts drohende wirtschaftliche Nachteile abzuwenden, unterläßt er jedoch die ihm geratene Maßnahme aus unvertretbaren Gründen, entfällt der Zurechnungszusammenhang zwischen dem Anwaltsfehler und dem entstandenen Schaden.
BGH, Urt. v. 14. 7. 1994 – IX ZR 204/93, NJW 1994, 2822.

- **Handlungen Dritter**

Ein adäquater Zusammenhang besteht, wenn eine Tatsache im allgemeinen und nicht nur unter besonders eigenartigen, ganz unwahrscheinlichen und nach dem regelmäßigen Verlauf der Dinge außer Betracht zu lassenden Umständen zur Herbeiführung eines Erfolges geeignet war. Er kann fehlen, wenn der Geschädigte oder ein Dritter in völlig ungewöhnlicher und unsachgemäßer Weise in den schadensträchtigen Geschehensablauf eingreift und eine weitere Ursache setzt, die den Schaden erst endgültig herbeiführt.
BGH, Urt. v. 16. 11. 1989 – IX R 190/88, NJW-RR 1990, 204.

Verschuldet ein Rechtsanwalt durch fehlerhafte Beratung, daß sein Mandant einen ihm ungünstigen notariellen Vertrag schließt, so entfällt die Haftung des Rechtsanwalts nicht deswegen, weil der beurkundende Notar den ihm erkennbaren Fehler bei der Beurkundung nicht berichtigt.
BGH, Urt. v. 10. 5. 1990 – IX ZR 113/89, NJW 1990, 2882.

- **Fehler des Gerichts**

Der sowohl durch einen anwaltlichen Fehler als auch durch ein objektiv unrichtiges Urteil verursachte Schaden des Mandanten ist dem Anwalt i. d. R. zuzurechnen, wenn dessen Pflichtverletzung zusätzliche tatsächliche oder rechtliche Schwierigkeiten hervorgerufen hat und diese sich auf die ergangene Entscheidung ausgewirkt haben.
BGH, Urt. v. 21. 9. 1995 – IX ZR 228/94, NJW 1996, 48.

Alternativverhalten, rechtmäßiges

Bei dem Einwand des rechtmäßigen Alternativverhaltens geht es um die der Bejahung des natürlichen Ursachenzusammenhangs nachfolgende Frage, inwieweit einem Schadensverursacher die Folgen seines pflichtwidrigen Verhaltens bei wertender Betrachtung billigerweise zugerechnet werden können.

Der Schutzzweck der jeweils verletzten Norm entscheidet darüber, ob und inwieweit der Einwand im Einzelfall erheblich ist.
BGH, Urt. v. 24. 10. 1985 – IX ZR 91/84, BGHZ 96, 157 = NJW 1986, 676.

Regelmäßig muß der Schädiger nachweisen, der Schaden wäre auch bei rechtmäßigem Alternativverhalten eingetreten.
BGH, Urt. v. 25. 11. 1992 – VIII ZR 170/91, BGHZ 120, 281, 287 = NJW 1993, 520, 521.

Anscheinsbeweis

1. In Verträgen mit rechtlichen Beratern gilt die Vermutung, daß der Mandant beratungsgemäß gehandelt hätte, nur, wenn nach der Lebenserfahrung bei vertragsgemäßer Leistung des Beraters lediglich ein bestimmtes Verhalten nahegelegen hätte.
2. Diese Vermutung bewirkt keine Beweislastumkehr, sondern bildet einen Anwendungsfall des Anscheinsbeweises. Der rechtliche Berater kann ihn daher entkräften, indem er Tatsachen beweist, die für ein atypisches Verhalten des Mandanten sprechen.
3. Ein Anscheinsbeweis zugunsten des Mandanten setzt nicht zwingend voraus, daß der rechtliche Berater eine bestimmte Empfehlung zu geben hat. Ein Sachverhalt, der bei zutreffender Information nur eine Entscheidung sinnvoll erscheinen ließ, kann auch dann gegeben sein, wenn sich die Aufgabe des Beraters darauf beschränkte, die Rechtslage zu erläutern.

BGH, Urt. v. 30. 9. 1993 – IX ZR 73/93, BGHZ 123, 311 = NJW 1993, 3259.

Bei der Vermutung, daß der Mandant dem Anwalt rechtzeitig die notwendigen Informationen erteilt hätte, wenn dieser seine Beratungs- und Aufklärungspflichten sachgerecht wahrgenommen hätte, handelt es sich um einen Anwendungsfall des Anscheinsbeweises.
BGH, Urt. v. 10. 2. 1994 – IX R 109/93, NJW 1994, 1472.

Im Anwaltshaftungsrecht hat der Mandant auch dann zu beweisen, daß die Pflichtverletzung des Anwalts für den geltend gemachten Schaden ursächlich geworden ist, wenn dem Anwalt ein grober Fehler unterlaufen ist. Die Beweisführung kann jedoch im Einzelfall nach den Grundsätzen des Anscheinsbeweises erleichtert sein.
BGH, Urt. v. 9. 6. 1994 – IX ZR 125/93, BGHZ 126, 217 = NJW 1994, 3295.

Arbeitsaufwand

1. Für eigenen Zeitaufwand bei der außergerichtlichen Abwicklung des Schadensersatzanspruchs kann der Geschädigte, jedenfalls soweit dabei der übliche Rahmen nicht überschritten wird, vom Schädiger keinen Ersatz verlangen.
2. Dies gilt auch für eine Behörde, die wegen der Häufung von Schadensfällen in ihrem Bereich für diese Tätigkeit besonderes Personal einsetzt.

BGH, Urt. v. 9. 3. 1976 – VI ZR 98/75, BGHZ 66, 112 = NJW 1976, 1256.

Der tatsächliche geldwerte Arbeitsaufwand, der ohne das schädigende Ereignis nicht erbracht worden wäre, ist ebenso ein Vermögensschaden wie die verhinderte geldwerte Arbeitsleistung.

BGH, Urt. v. 24. 11. 1995 – V ZR 88/95, BGHZ 131, 220 = NJW 1996, 921.

Ausgangsverfahren, hypothetisches

- **Grundsatz**

Hängt die Haftung des Anwalts vom Ausgang eines Vorprozesses ab, hat das Regreßgericht nicht darauf abzustellen, wie jener voraussichtlich geendet hätte, sondern selbst zu entscheiden, welches Urteil richtigerweise hätte ergehen müssen.

BGH, Urt. v. 13. 6. 1996 – IX R 233/95, BGHZ 133, 110 = NJW 1996, 2501.

Grundsätzlich ist von dem Sachverhalt auszugehen, der dem Gericht des Vorprozesses bei pflichtgemäßem Verhalten des Anwalts unterbreitet und von diesem Gericht aufgeklärt worden wäre. Die dazu notwendigen Feststellungen sind nach § 287 ZPO unter Würdigung aller Umstände nach freier Überzeugung zu treffen.

BGH, Urt. v. 24. 3. 1988 – IX ZR 114/87, NJW 1988, 3013, 3015.

- **Beweislast**

Dem Kläger günstige Beweislastregeln des Ausgangsprozesses sind auch im Rechtsstreit gegen den Anwalt anzuwenden. Dies beruht auf der Erwägung, daß es sich um Vorschriften des materiellen Rechts handelt und der Mandant nicht allein deshalb schlechter gestellt sein darf, weil der hypothetische Sieg im Vorprozeß nunmehr eine notwendige Voraussetzung für die Bejahung eines Schadens darstellt, den grundsätzlich der Kläger nachzuweisen hat.

BGH, Urt. v. 13. 6. 1996 – IX ZR 233/95, BGHZ 133, 110 = NJW 1996, 2501, 2502.

- **Beweisverfahren**

Bei der Entscheidung über den Schadensersatzanspruch gegen einen Rechtsanwalt kann sich das Gericht sämtlicher zulässiger Beweismittel bedienen, auch wenn sie in dem durch Verschulden des Anwalts unterbliebenen Vorprozeß nicht hätten berücksichtigt werden können.
BGH, Urt. v. 14. 11. 1978 – VI ZR 112/97, BGHZ 72, 328 = NJW 1979, 819.

Über die Frage, wie ein vorausgegangener Rechtsstreit ohne den vom Rechtsanwalt zu verantwortenden Fehler hätte enden müssen, ist im Regreßprozeß auch dann gemäß § 287 ZPO zu entscheiden, wenn das Ausgangsverfahren nach dem Amtsermittlungsgrundsatz zu führen ist.
BGH, Urt. v. 13. 6. 1996 – IX ZR 233/95, BGHZ 133, 110 = NJW 1996, 2501.

- **Verwaltungsverfahren**

Der Grundsatz der selbständigen Rechtsprüfung durch das Regreßgericht erfährt dann eine Ausnahme, wenn der Verwaltungsbehörde ein Ermessensspielraum zustand oder eine Bindung aufgrund allgemeiner Verwaltungsübung eingetreten war. In solchen Fällen ist die mutmaßliche Behördenentscheidung festzustellen.
BGH, Urt. v. 3. 6. 1993 – IX ZR 173/92, NJW 1993, 2799, 2801.

Hängt die Schadensursächlichkeit einer anwaltlichen Pflichtverletzung von einer behördlichen Ermessensentscheidung ab, so ist ausnahmsweise darauf abzustellen, wie die Verwaltungsbehörde richtigerweise hätte entscheiden müssen, wenn die zu beurteilende Fallgestaltung bei pflichtgemäßer Ermessensausübung nur eine einzige Beurteilung zuließ.
BGH, Urt. v. 23. 11. 1995 – IX ZR 225/94, NJW 1996, 842.

Läßt ein Berater eine ständig geübte Verwaltungspraxis zur Wirtschaftsförderung pflichtwidrig und schuldhaft außer acht, hat er dem Mandanten für die daraus erwachsenden Nachteile einzustehen, auch wenn die Verwaltungsübung gegen Ermessensrichtlinien verstößt.
BGH, Urt. v. 28. 9. 1995 – IX ZR 158/94, NJW 1995, 3248.

Beweis

- **Allgemein**

Die Beurteilung der haftungsausfüllenden Kausalität unterliegt der Vorschrift des § 287 ZPO. Danach ist der Richter bei der Feststellung des Schadens freier gestellt. Gegenüber § 286 ZPO ermäßigt § 287 ZPO das Beweismaß. Jedenfalls eine

deutlich überwiegende, auf gesicherter Grundlage beruhende Wahrscheinlichkeit reicht für die richterliche Überzeugungsbildung aus.
§ 287 ZPO erleichtert dem Geschädigten darüber hinaus auch die Darlegungslast.
BGH, Urt. v. 2. 7. 1992 – IX ZR 256/91, NJW 1992, 2694, 2695.

• Entgangener Gewinn

Konnte der Gewinn nach dem gewöhnlichen Lauf der Dinge oder den besonderen Umständen mit Wahrscheinlichkeit erwartet werden, wird vermutet, daß er entstanden wäre; der Schädiger trägt dann die Beweislast dafür, daß der Gewinn gleichwohl nicht erzielt worden wäre. Voraussetzung für diese Beweiserleichterung ist allerdings, daß der Schadensersatz fordernde Kläger zunächst die Tatsachen darlegt und im Streitfall beweist, aus denen sich die Wahrscheinlichkeit der Gewinnerzielung ergeben soll; insoweit trägt er die volle, nur durch § 287 ZPO gemilderte Beweislast.
BGH, Urt. v. 1. 10. 1987 – IX ZR 117/86, NJW 1988, 200, 204.

• Hypothetisches Ausgangsverfahren

Bei der Entscheidung über den Schadensersatzanspruch gegen einen Rechtsanwalt kann sich das Gericht sämtlicher bei ihm zulässiger Beweismittel bedienen, auch wenn sie in dem durch Verschulden des Anwalts unterbliebenen Vorprozeß nicht hätten berücksichtigt werden können.
BGH, Urt. v. 14. 11. 1978 – VI ZR 112/77, BGHZ 72, 328 = NJW 1979, 819.

Über die Frage, wie ein vorausgegangener Rechtsstreit ohne den vom Rechtsanwalt zu verantwortenden Fehler hätte enden müssen, ist im Regreßprozeß auch dann gemäß § 287 ZPO zu entscheiden, wenn das Ausgangsverfahren nach dem Amtsermittlungsgrundsatz zu führen war.
BGH, Urt. v. 13. 6. 1996 – IX ZR 233/95, BGHZ 133, 110 = NJW 1996, 2501.

Beweislast

• Hypothetisches Ausgangsverfahren

Dem Kläger günstige Beweislastregeln des Ausgangsprozesses sind auch im Rechtsstreit gegen den Anwalt anzuwenden. Dies beruht auf der Erwägung, daß es sich um Vorschriften des materiellen Rechts handelt und der Mandant nicht allein deshalb schlechter gestellt sein darf, weil der hypothetische Sieg im Vorprozeß

nunmehr eine notwendige Voraussetzung für die Bejahung eines Schadens darstellt, den grundsätzlich der Kläger nachzuweisen hat.
BGH, Urt. v. 13. 6. 1996 – IX ZR 233/95, BGHZ 133, 110 = NJW 1996, 2501, 2502.

- **Hypothetische Kausalität**

Für den Einwand der hypothetischen Kausalität ist der Schädiger beweispflichtig.
BGH, Urt. v. 29. 9. 1982 – IVa ZR 309/80, BGH, NJW 1983, 1053.

- **Kausalität**

Grundsätzlich hat der Geschädigte den Ursachenzusammenhang zwischen der Vertragsverletzung und dem Schaden als anspruchsbegründende Voraussetzung darzutun und nachzuweisen.
BGH, Urt. v. 30. 9. 1993 – IX ZR 73/93, BGHZ 123, 311, 313 = NJW 1993, 3259, 3260.

In Verträgen mit rechtlichen Beratern gilt die Vermutung, daß der Mandant beratungsgemäß gehandelt hätte, nur, wenn nach der Lebenserfahrung bei vertragsgemäßer Leistung des Beraters lediglich ein bestimmtes Verhalten nahegelegen hätte.
Diese Vermutung bewirkt keine Beweislastumkehr, sondern bildet einen Anwendungsfall des Anscheinsbeweises. Der rechtliche Berater kann ihn daher entkräften, indem er Tatsachen beweist, die für ein atypisches Verhalten des Mandanten sprechen.
Der Anscheinsbeweis zugunsten des Mandanten setzt nicht zwingend voraus, daß der rechtliche Berater eine bestimmte Empfehlung zu geben hat. Ein Sachverhalt, der bei zutreffender Information nur eine Entscheidung sinnvoll erscheinen ließ, kann auch dann gegeben sein, wenn sich die Aufgabe des Beraters darauf beschränkte, die Rechtslage zu erläutern.
BGH, Urt. v. 30. 9. 1993 – IX ZR 73/93, BGHZ 123, 311 = NJW 1993, 3259.

Im Anwaltshaftungsrecht hat der Mandant auch dann zu beweisen, daß die Pflichtverletzung des Anwalts für den geltend gemachten Schaden ursächlich geworden ist, wenn dem Anwalt ein grober Fehler unterlaufen ist. Die Beweisführung kann jedoch im Einzelfall nach den Grundsätzen des Anscheinsbeweises erleichtert sein.
BGH, Urt. v. 9. 6. 1994 – IX ZR 125/93, BGHZ 126, 217 = NJW 1994, 3295.

Bei der Vermutung, daß der Mandant dem Anwalt rechtzeitig die notwendigen Informationen erteilt hätte, wenn dieser seine Beratungs- und Aufklärungspflichten

sachgerecht wahrgenommen hätte, handelt es sich um einen Anwendungsfall des Anscheinsbeweises.
BGH, Urt. v. 10. 2. 1994 – IX ZR 109/93, NJW 1994, 1472.

- **Rechtmäßiges Alternativverhalten**

Regelmäßig muß der Schädiger nachweisen, der Schaden wäre auch bei rechtmäßigem Alternativverhalten eingetreten.
BGH, Urt. v. 25. 11. 1992 – VIII ZR 170/91, BGHZ 120, 281, 287 = NJW 1993, 520, 521.

- **Vorteilsausgleich**

Der Schädiger hat einen anrechenbaren Vorteil des Geschädigten zu beweisen.
BGH, Urt. v. 5. 11. 1992 – IX ZR 200/91, NJW 1993, 1320, 1323.

Differenztheorie

Der Rechtsanwalt, der seinem Auftraggeber wegen positiver Vertragsverletzung zum Schadensersatz verpflichtet ist, hat diesen bei der Schadensersatzleistung so zu stellen, wie er bei pflichtgemäßem Verhalten des Anwalts stünde.
BGH, Urt. v. 28. 6. 1990 – IX ZR 209/89, NJW-RR 1990, 1241, 1244.

Ob ein Vermögensschaden vorliegt, beurteilt sich grundsätzlich nach der sogenannten Differenzhypothese, also nach einem Vergleich der infolge des haftungsbegründenden Ereignisses eingetretenen Vermögenslage mit derjenigen, die sich ohne jenes Ereignis ergeben hätte.
Die Differenzhypothese hat sich einer normativen Kontrolle zu unterziehen, die sich einerseits an der jeweiligen Haftungsgrundlage, konkret also an dem haftungsbegründenden Ereignis, und andererseits an der darauf beruhenden Vermögensminderung orientiert und die dabei auch die Verkehrsanschauung berücksichtigt.
BGH, Urt. v. 26. 9. 1997 – V ZR 29/96, WM 1997, 2309, 2311.

Bei der konkreten Schadensberechnung sind grundsätzlich alle adäquaten Folgen des haftungsbegründenden Umstands bis zum Zeitpunkt der letzten mündlichen Verhandlung, dem aus prozessualen Gründen letztmöglichen Beurteilungszeitpunkt, in die Schadensberechnung einzubeziehen.
BGH, Urt. v. 12. 7. 1996 – V ZR 117/95, NJW 1996, 2652, 2654.

Dritte

• Anspruch gegen Dritte

Ein Schaden kann grundsätzlich nicht deshalb verneint werden, weil dem Berechtigten gegen einen Dritten ein Anspruch zusteht, dessen Durchsetzung den erlittenen Vermögensnachteil ausgleichen würde. In einem solchen Fall kann der Ersatzpflichtige lediglich die Abtretung jenes Anspruchs nach § 255 BGB verlangen.
BGH, Urt. v. 26. 6. 1997 – IX ZR 233/96, NJW 1997, 2946, 2948.

• Kausale Handlungen

Ein adäquater Zusammenhang kann fehlen, wenn ein Dritter in völlig ungewöhnlicher und unsachgemäßer Weise in den schadensträchtigen Geschehensablauf eingreift und eine weitere Ursache setzt, die den Schaden erst endgültig herbeiführt.
BGH, Urt. v. 16. 11. 1989 – IX ZR 190/88, NJW-RR 1990, 204.

Verschuldet ein Rechtsanwalt durch fehlerhafte Beratung, daß sein Mandant einen ihm ungünstigen notariellen Vertrag schließt, so entfällt die Haftung des Rechtsanwalts nicht deswegen, weil der beurkundende Notar den ihm erkennbaren Fehler bei der Beurkundung nicht berichtigt.
BGH, Urt. v. 10. 5. 1990 – IX ZR 113/89, NJW 1990, 2882.

Entgangener Gewinn

• Beweis

Konnte der Gewinn nach dem gewöhnlichen Lauf der Dinge oder den besonderen Umständen mit Wahrscheinlichkeit erwartet werden, wird vermutet, daß er entstanden wäre; der Schädiger trägt dann die Beweislast dafür, daß der Gewinn gleichwohl nicht erzielt worden wäre. Voraussetzung für diese Beweiserleichterung ist allerdings, daß der Schadensersatz fordernde Kläger zunächst die Tatsachen darlegt und im Streitfall beweist, aus denen sich die Wahrscheinlichkeit der Gewinnerzielung ergeben soll; insoweit trägt er die volle, nur durch § 287 ZPO gemilderte Beweislast.
BGH, Urt. v. 1. 10. 1987 – IX ZR 117/86, NJW 1988, 200, 204.

Ersatzanspruch

• Freistellung

Zwar geht der zunächst auf Befreiung von der Schuld gerichtete Anspruch gemäß § 250 Satz 2 BGB in einen Schadensersatzanspruch über, wenn der Schädiger die Leistung ernsthaft und endgültig abgelehnt hat. Das setzt aber voraus, daß der Kläger tatsächlich mit einer Verbindlichkeit beschwert ist, die Forderung also erfüllen muß.
BGH, Urt. v. 10. 12. 1992 – IX ZR 54/92, NJW 1993, 1137, 1138.

• Gegen Dritte

Ein Schaden kann grundsätzlich nicht deshalb verneint werden, weil dem Berechtigten gegen einen Dritten ein Anspruch zusteht, dessen Durchsetzung den erlittenen Vermögensnachteil ausgleichen würde. In einem solchen Fall kann der Ersatzpflichtige lediglich die Abtretung jenes Anspruchs nach § 255 BGB verlangen.
BGH, Urt. v. 26. 6. 1997 – IX ZR 233/96, NJW 1997, 2946, 2948.

• Inhalt

Zur Beantwortung der Frage, welchen Schaden eine Pflichtverletzung zur Folge hat, ist zu prüfen, welchen Verlauf die Dinge bei pflichtgemäßem Verhalten genommen hätten und wie die Vermögenslage des Betroffenen sein würde, wenn der Pflichtenverstoß nicht begangen, sondern pflichtgemäß gehandelt worden wäre.
BGH, Urt. v. 17. 3. 1988 – IX ZR 43/87, NJW 1988, 2880, 2881.

Der Berater hat dem Mandanten nur den Nachteil zu ersetzen, der ihm durch das Vertrauen auf die Richtigkeit und Vollständigkeit der Beratung entstanden ist, ihn also so zu stellen, wie er bei pflichtgemäßem Verhalten stände.
BGH, Urt. v. 7. 5. 1991 – IX ZR 188/90, NJW-RR 1991, 1125, 1126.

• Schadensbeseitigendes Handeln

Drohen dem Mandanten Nachteile infolge eines dem Anwalt unterlaufenen Fehlers, kann dieser verpflichtet sein, zur Abwendung des Schadens über den ursprünglichen Auftrag hinausgehende Leistungen honorarfrei zu erbringen.
BGH, Urt. v. 10. 2. 1994 – IX ZR 109/93, NJW 1994, 1472.

Freistellungsanspruch

Zwar geht der zunächst auf Befreiung von der Schuld gerichtete Anspruch gemäß § 250 Satz 2 BGB in einen Schadensersatzanspruch über, wenn der Schädiger die Leistung ernsthaft und endgültig abgelehnt hat. Das setzt aber voraus, daß der Kläger tatsächlich mit einer Verbindlichkeit beschwert ist, die Forderung also erfüllen muß.
BGH, Urt. v. 10. 12. 1992 – IX ZR 54/92, NJW 1993, 1137, 1138.

Gericht

- **Kausale Fehler**

Der sowohl durch einen anwaltlichen Fehler als auch durch ein objektiv unrichtiges Urteil verursachte Schaden des Mandanten ist dem Anwalt i. d. R. zuzurechnen, wenn dessen Pflichtverletzung zusätzliche tatsächliche oder rechtliche Schwierigkeiten hervorgerufen hat und diese sich auf die ergangene Entscheidung ausgewirkt haben.
BGH, Urt. v. 21. 9. 1995 – IX ZR 228/94, NJW 1996, 48.

Geschädigter

- **Anspruch gegen Dritte**

Ein Schaden kann grundsätzlich nicht deshalb verneint werden, weil dem Berechtigten gegen einen Dritten ein Anspruch zusteht, dessen Durchsetzung den erlittenen Vermögensnachteil ausgleichen würde. In einem solchen Fall kann der Ersatzpflichtige lediglich die Abtretung jenes Anspruchs nach § 255 BGB verlangen.
BGH, Urt. v. 26. 6. 1997 – IX ZR 233/96, NJW 1997, 2946, 2948.

- **Anspruch auf schadensbeseitigende Handlung**

Drohen dem Mandanten Nachteile infolge eines dem Anwalt unterlaufenen Fehlers, kann dieser verpflichtet sein, zur Abwendung des Schadens über den ursprünglichen Auftrag hinausgehende Leistungen honorarfrei zu erbringen.
BGH, Urt. v. 10. 2. 1994 – IX ZR 109/93, NJW 1994, 1472.

• **Anspruchsinhalt**

Zur Beantwortung der Frage, welchen Schaden eine Pflichtverletzung zur Folge hat, ist zu prüfen, welchen Verlauf die Dinge bei pflichtgemäßem Verhalten genommen hätten und wie die Vermögenslage des Betroffenen sein würde, wenn der Pflichtenverstoß nicht begangen, sondern pflichtgemäß gehandelt worden wäre.
BGH, Urt. v. 17. 3. 1988 – IX ZR 43/87, NJW 1988, 2880, 2881.

• **Freistellungsanspruch**

Zwar geht der zunächst auf Befreiung von der Schuld gerichtete Anspruch gemäß § 250 Satz 2 BGB in einen Schadensersatzanspruch über, wenn der Schädiger die Leistung ernsthaft und endgültig abgelehnt hat. Das setzt aber voraus, daß der Kläger tatsächlich mit einer Verbindlichkeit beschwert ist, die Forderung also erfüllen muß.
BGH, Urt. v. 10. 12. 1992 – IX ZR 54/92, NJW 1993, 1137, 1138.

• **Juristische Person**

Eine GmbH kann steuerliche Nachteile ihrer Gesellschafter nicht als eigenen Schaden geltend machen.
BGH, Urt. v. 7. 11. 1991 – IX ZR 3/91, NJW-RR 1992, 290.

Wurde die Verpflichtung, über die günstigste Art der Verschmelzung zweier Kapitalgesellschaften zu beraten, schuldhaft verletzt, so ist der nach der Verschmelzung übrigbleibenden Gesellschaft der Schaden zu ersetzen, der darin besteht, daß die Verschmelzung der untergegangenen Gesellschaft wirtschaftlich günstiger gewesen wäre.
BGH, Urt. v. 5. 12. 1996 – IX ZR 61/96, NJW 1997, 1001.

Inzidentverfahren, hypothetisches

S. Ausgangsverfahren, hypothetisches

Kausalität

• **Allgemein**

Zur Beantwortung der Frage, welchen Schaden die Pflichtverletzung zur Folge hatte, ist zu prüfen, welchen Verlauf die Dinge bei pflichtgemäßem Verhalten ge-

nommen hätten und wie die Vermögenslage des Betroffenen sein würde, wenn der Rechtsanwalt die Pflichtverletzung nicht begangen, sondern pflichtgemäß gehandelt hätte. Sofern die Pflichtverletzung in einer Unterlassung besteht, muß untersucht werden, wie die Dinge bei pflichtgemäßem positiven Handeln gelaufen wären. Es muß also hinzugedacht werden, daß der Schädiger seine Pflichten ordnungsgemäß erfüllt habe.
BGH, Urt. v. 22. 3. 1990 – IX ZR 128/89, NJW 1990, 2128, 2129.

• Anscheinsbeweis

In Verträgen mit rechtlichen Beratern gilt die Vermutung, daß der Mandant beratungsgemäß gehandelt hätte, nur, wenn nach der Lebenserfahrung bei vertragsgemäßer Leistung des Beraters lediglich ein bestimmtes Verhalten nahegelegen hätte.
Diese Vermutung bewirkt keine Beweislastumkehr, sondern bildet einen Anwendungsfall des Anscheinsbeweises. Der rechtliche Berater kann ihn daher entkräften, indem er Tatsachen beweist, die für ein atypisches Verhalten des Mandanten sprechen.
Ein Anscheinsbeweis zugunsten des Mandanten setzt nicht zwingend voraus, daß der rechtliche Berater eine bestimmte Empfehlung zu geben hat. Ein Sachverhalt, der bei zutreffender Information nur eine Entscheidung sinnvoll erscheinen ließ, kann auch dann gegeben sein, wenn sich die Aufgabe des Beraters darauf beschränkte, die Rechtslage zu erläutern.
BGH, Urt. v. 30. 9. 1993 – IX ZR 73/93, BGHZ 123, 311 = NJW 1993, 3259.

Bei der Vermutung, daß der Mandant dem Anwalt rechtzeitig die notwendigen Informationen erteilt hätte, wenn dieser seine Beratungs- und Aufklärungspflichten sachgerecht wahrgenommen hätte, handelt es sich um einen Anwendungsfall des Anscheinsbeweises.
BGH, Urt. v. 10. 2. 1994 – IX ZR 109/93, NJW 1994, 1472.

• Beweislast

Grundsätzlich hat der Geschädigte den Ursachenzusammenhang zwischen der Vertragsverletzung und dem Schaden als anspruchsbegründende Voraussetzung darzutun und nachzuweisen.
BGH, Urt. v. 30. 9. 1993 – IX ZR 73/93, BGHZ 123, 311, 313 = NJW 1993, 3259, 3260.

Im Anwaltshaftungsrecht hat der Mandant auch dann zu beweisen, daß die Pflichtverletzung des Anwalts für den geltend gemachten Schaden ursächlich geworden

ist, wenn dem Anwalt ein grober Fehler unterlaufen ist. Die Beweisführung kann jedoch im Einzelfall nach den Grundsätzen des Anscheinsbeweises erleichtert sein.
BGH, Urt. v. 9. 6. 1994 – IX ZR 125/93, BGHZ 126, 217 = NJW 1993, 3295.

- **Haftungsausfüllende Kausalität**

Bei Vertragsverletzungen erstreckt sich der Bereich des nach § 286 ZPO zu beweisenden Haftungsgrundes nur bis zu der Feststellung, der Vertragspartner sei von dem Verstoß so betroffen worden, daß nachteilige Folgen für ihn eintreten konnten. Für den Nachweis der Ursächlichkeit der Vertragsverletzung für den eigentlichen Schadenseintritt ist dagegen § 287 ZPO maßgebend.
BGH, Urt. v. 15. 6. 1993 – XI ZR 111/92, NJW 1993, 3073, 3076.

- **Hypothetische Kausalität**

Im Schadensersatzrecht besteht heute Einigkeit darüber, daß es sich bei der sogenannten hypothetischen Kausalität nicht um ein Problem der Kausalität, sondern um eine Frage der Schadenszurechnung handelt. Daß der durch das haftungsbegründende Ereignis real bewirkte Schaden später durch einen anderen Umstand (die *Reserveursache*) ebenfalls herbeigeführt worden wäre, kann an der Kausalität der realen Ursache nichts ändern. Ob die Reserveursache beachtlich ist und zu einer Entlastung des Schädigers führt, ist eine Wertungsfrage, die für verschiedene Fallgruppen durchaus unterschiedlich beantwortet wird.
BGH, Urt. v. 7. 6. 1988 – IX ZR 144/87, BGHZ 104, 355, 359f. = NJW 1988, 3265, 3266.

Für den Einwand der hypothetischen Kausalität ist der Schädiger beweispflichtig.
BGH, Urt. v. 29. 9. 1982 – IVa ZR 309/80, NJW 1983, 1053.

Nutzungen

Eine Entschädigung wegen entgangener Nutzung einer Sache kommt nur dann in Betracht, wenn diese objektiv nicht nutzbar oder in ihrer Verwendungsfähigkeit wesentlich eingeschränkt ist.
Selbst dann, wenn der Eigentümer sich aus dringenden wirtschaftlichen Gründen veranlaßt sieht, die Selbstnutzung der eigenen Sache aufzugeben und sie einer anderen Verwendung zuzuführen, kann das allein keinen Ersatzanspruch begründen, solange dem Eigentümer eine sinnvolle Verwendung der Sache weiterhin möglich ist.
BGH, Urt. v. 11. 11. 1993 – IX ZR 229/92, NJW 1994, 442.

Nicht der Wegfall der Arbeitskraft als solcher ist ein Schaden im haftungsrechtlichen Sinne, sondern der dadurch entstandene Ausfall der Arbeitsleistung. Daher kann ein Unternehmer, bei dem sich der wirtschaftliche Wert seiner Arbeitsleistung nach dem Erfolg seiner Tätigkeit bestimmt, seinen Schaden nicht nach der Höhe des Gehalts einer gleichwertigen Ersatzkraft bestimmen.
BGH, Urt. v. 5. 5. 1970 – VI ZR 212/68, BGHZ 54, 45 = NJW 1970, 1411.

Prozeß

• Hypothetischer Ausgang

Hängt die Haftung des Anwalts vom Ausgang eines Vorprozesses ab, hat das Regreßgericht nicht darauf abzustellen, wie jener voraussichtlich geendet hätte, sondern selbst zu entscheiden, welches Urteil richtigerweise hätte ergehen müssen.
BGH, Urt. v. 13. 6. 1996 – IX ZR 233/95, BGHZ 133, 110 = NJW 1996, 2501.

Grundsätzlich ist von dem Sachverhalt auszugehen, der dem Gericht des Vorprozesses bei pflichtgemäßem Verhalten des Anwalts unterbreitet und von diesem Gericht aufgeklärt worden wäre. Die dazu notwendigen Feststellungen sind nach § 287 ZPO unter Würdigung aller Umstände nach freier Überzeugung zu treffen.
BGH, Urt. v. 24. 3. 1998 – IX ZR 114/87, NJW 1988, 3013, 3015.

Schaden (allgemein)

• Differenztheorie

Ob ein Vermögensschaden vorliegt, beurteilt sich grundsätzlich nach der sogenannten Differenzhypothese, also nach einem Vergleich der infolge des haftungsbegründenden Ereignisses eingetretenen Vermögenslage mit derjenigen, die sich ohne jenes Ereignis ergeben hätte.
BGH, Urt. v. 26. 9. 1997 – V ZR 29/96, WM 1997, 2309, 2311.

Der Rechtsanwalt, der seinem Auftraggeber wegen positiver Vertragsverletzung zum Schadensersatz verpflichtet ist, hat diesen bei der Schadensersatzleistung so zu stellen, wie er bei pflichtgemäßem Verhalten des Anwalts stünde.
BGH, Urt. v. 28. 6. 1990 – IX ZR 209/89, NJW-RR 1990, 1241, 1244.

Bei der konkreten Schadensberechnung sind grundsätzlich alle adäquaten Folgen des haftungsbegründenden Umstands bis zum Zeitpunkt der letzten mündlichen Verhandlung, dem aus prozessualen Gründen letztmöglichen Beurteilungszeitpunkt, in die Schadensberechnung einzubeziehen.
BGH, Urt. v. 12. 7. 1996 – V ZR 117/95, NJW 1996, 2652, 2654.

• Normativer Schaden

Die Differenzhypothese hat sich einer normativen Kontrolle zu unterziehen, die sich einerseits an der jeweiligen Haftungsgrundlage, konkret also an dem haftungsbegründenden Ereignis, und andererseits an der darauf beruhenden Vermögensminderung orientiert und die dabei auch die Verkehrsanschauung berücksichtigt.
BGH, Urt. v. 26. 9. 1997 – V ZR 29/96, WM 1997, 2309, 2311.

Der Verlust einer tatsächlichen oder rechtlichen Position, auf die der Geschädigte keinen Anspruch hat, stellt grundsätzlich keinen ersatzfähigen Nachteil dar. Der Kläger soll im Wege des Schadensersatzes nicht mehr erhalten als das, was er nach der materiellen Rechtslage hätte verlangen können.
BGH, Urt. v. 11. 11. 1993 – IX ZR 35/93, BGHZ 124, 86, 95 = NJW 1994, 453, 455.

Entgangener Gewinn aus verbotswidrigen Verträgen ist nur dann nicht zu ersetzen, wenn das Verbotsgesetz nicht nur die Vornahme des gewinnbringenden Rechtsgeschäfts mißbilligt, sondern auch dessen zivilrechtliche Wirksamkeit verhindert.
BGH, Urt. v. 30. 11. 1979 – V ZR 214/77, BGHZ 75, 366 = NJW 1980, 775.

Es widerspricht grundsätzlich nicht der Rechtsordnung, wenn der Auftragnehmer für die Nachteile einstehen muß, die dem Auftraggeber entstanden sind, weil er sich durch schuldhaft schlechte Ausführung des Auftrags die damalige Behördenpraxis nicht hat zunutze machen können.
BGH, Urt. v. 28. 9. 1995 – IX ZR 158/94, NJW 1995, 3248, 3249.

Die Vollstreckung aus einem Versäumnisurteil ist grundsätzlich selbst dann rechtlich einwandfrei, wenn es mit der materiellen Rechtslage nicht übereinstimmt. Der Fehler, der einem Anwalt bei der Vollstreckung aus einem solchen Urteil unterläuft, ist folglich geeignet, den Mandanten in einer rechtlich geschützten Position zu verletzen.
BGH, Urt. v. 21. 9. 1995 – IX ZR 228/94, NJW 1996, 48, 49.

• Vertrauensschaden

Der Berater hat dem Mandanten nur den Nachteil zu ersetzen, der ihm durch das Vertrauen auf die Richtigkeit und Vollständigkeit der fehlerhaften Beratung entstanden ist, ihn also so zu stellen, wie er bei pflichtgemäßem Verhalten stände.
BGH, Urt. v. 7. 5. 1991 – IX ZR 188/90, NJW-RR 1991, 1125, 1126.

Schutzzweck

Der Anwalt hat für solche Nachteile einzustehen, die im Schutzbereich der verletzten vertraglichen Pflichten liegen. Zu ersetzen sind solche Schadensfolgen, zu deren Abwendung die verletzte Vertragspflicht übernommen wurde.
BGH, Urt. v. 21. 9. 1995 – IX ZR 228/94, NJW 1996, 48, 51.

Berät der Anwalt den Mandanten rechtlich fehlerhaft und geht dieser infolgedessen eine Verpflichtung ein, aus der ihm ein Schaden entsteht, liegt dieser regelmäßig im Schutzbereich der verletzten Anwaltspflicht, wenn sich aus Inhalt und Zweck der geschuldeten Beratung ergibt, daß sie den Mandanten auch vor den Gefahren zu bewahren hatte, die eingetreten sind.
BGH, Urt. v. 26. 6. 1997 – IX ZR 233/96, NJW 1997, 2946.

Ein Berater, der es durch einen Rat oder durch die unzutreffende Darstellung steuerlich bedeutsamer Vorgänge verschuldet, daß gegen seinen Mandanten wegen leichtfertiger Steuerverkürzung ein Bußgeld verhängt wird, kann verpflichtet sein, jenem den darin bestehenden Vermögensschaden zu ersetzen.
BGH, Urt. v. 14. 11. 1996 – IX ZR 215/95, NJW 1997, 518.

Wer einem Anlageinteressenten umfassende Beratung oder Aufklärung schuldet, haftet bei Verletzung seiner Pflicht grundsätzlich für alle Schäden infolge einer nachteiligen Anlageentscheidung. Beschränkt sich die Beratungs- oder Aufklärungspflicht dagegen auf einen bestimmten, für das Vorhaben bedeutsamen Einzelpunkt, so hat der Berater bei Verletzung seiner Pflicht nur für die Schäden einzustehen, die in diesem Punkt eintreten, nicht aber für den Gesamtschaden infolge des fehlgeschlagenen Vorhabens.
BGH, Urt. v. 3. 12. 1991 – XI ZR 300/90; BGHZ 116, 909, 212 ff. = NJW 1992, 555 = WM 1992, 133.

Steuervorteile

Schadensbedingte Steuerersparnisse des Geschädigten verringern stets den zu ersetzenden konkreten Schaden, sind also dem Schädiger gutzubringen, wenn nicht gerade der Zweck der Steuervergünstigung einer solchen Entlastung entgegensteht. Deswegen verbleiben dem Geschädigten Steuerdifferenzbeträge, die ihm nur deshalb gewährt werden, weil er eine Körperverletzung erlitten hat (§ 33 b EStG), weil eine einmalige und außergewöhnliche Zusammenballung von Ersatzleistungen in einem Veranlagungszeitraum erfolgt ist (§ 34 Abs. 2 EStG), weil die Steuerschuld verjährt ist oder die Schadensersatzleistung verspätet gezahlt und inzwischen der Steuertarif ermäßigt worden ist.
BGH, Urt. v. 15. 11. 1994 – VI ZR 194/93, BGHZ 127, 391, 397 = NJW 1995, 389, 391.

Vermögenslosigkeit

Ein Schaden liegt auch dann vor, wenn eine zusätzliche Verbindlichkeit einen vermögenslosen Schuldner trifft.
BGH, Urt. v. 10. 10. 1985 – IX ZR 153/84, NJW 1986, 581.

Eine wegen der Vermögenslage des Schuldners auf Dauer uneinbringliche Forderung hat keinen Geldwert. Ihr Verlust verringert den Wert des Vermögens des Geschädigten nicht.
BGH, Urt. v. 19. 9. 1985 – IX ZR 138/84, NJW 1986, 246, 247.

Vermutung

- **Kausalität**

In Verträgen mit rechtlichen Beratern gilt die Vermutung, daß der Mandant beratungsgemäß gehandelt hätte, nur, wenn nach der Lebenserfahrung bei vertragsgemäßer Leistung des Beraters lediglich ein bestimmtes Verhalten nahegelegen hätte.
Diese Vermutung bewirkt keine Beweistlastumkehr, sondern bildet einen Anwendungsfall des Anscheinsbeweises. Der rechtliche Berater kann ihn daher entkräften, indem er Tatsachen beweist, die für ein atypisches Verhalten des Mandanten sprechen.
BGH, Urt. v. 30. 9. 1993 – IX ZR 73/93, BGHZ 123, 311 = NJW 1993, 3259.

Bei der Vermutung, daß der Mandant dem Anwalt rechtzeitig die notwendigen Informationen erteilt hätte, wenn dieser seine Beratungs- und Aufklärungspflichten sachgerecht wahrgenommen hätte, handelt es sich um einen Anwendungsfall des Anscheinsbeweises.
BGH, Urt. v. 10. 2. 1994 – IX ZR 109/93, NJW 1994, 1472.

Vertrauensschaden

Der Berater hat dem Mandanten nur den Nachteil zu ersetzen, der ihm durch das Vertrauen auf die Richtigkeit und Vollständigkeit der fehlerhaften Beratung entstanden ist, ihn also so zu stellen, wie er bei pflichtgemäßem Verhalten stände.
BGH, Urt. v. 7. 5. 1991 – IX ZR 188/90, NJW-RR 1991, 1125, 1126.

Verwaltungsverfahren

• Hypothetischer Ausgang

Der Grundsatz der selbständigen Rechtsprüfung durch das Regreßgericht erfährt dann eine Ausnahme, wenn der Verwaltungsbehörde ein Ermessensspielraum zustand oder eine Bindung aufgrund allgemeiner Verwaltungsübung eingetreten war. In solchen Fällen ist die mutmaßliche Behördenentscheidung festzustellen.
BGH, Urt. v. 3. 6. 1993 – IX ZR 173/92, NJW 1993, 2799, 2801.

Hängt die Schadensursächlichkeit einer anwaltlichen Pflichtverletzung von einer behördlichen Ermessensentscheidung ab, so ist ausnahmsweise darauf abzustellen, wie die Verwaltungsbehörde richtigerweise hätte entscheiden müssen, wenn die zu beurteilende Fallgestaltung bei pflichtgemäßer Ermessensausübung nur eine einzige Beurteilung zuließ.
BGH, Urt. v. 23. 11. 1995 – IX ZR 255/94, NJW 1996, 842.

Läßt ein Berater eine ständig geübte Verwaltungspraxis zur Wirtschaftsförderung pflichtwidrig und schuldhaft außer acht, hat er dem Mandanten für die daraus erwachsenen Nachteile einzustehen, auch wenn die Verwaltungsübung gegen Ermessensrichtlinien verstößt.
BGH, Urt. v. 28. 9. 1995 – IX ZR 158/94, NJW 1995, 3248.

Vorteilsausgleich

• Allgemein

Die Grundsätze der Vorteilsausgleichung beruhen auf dem Gedanken, daß der Geschädigte sich – jedenfalls in gewissem Umfang – diejenige Vorteile anrechnen lassen muß, die mit dem Schadensereignis „korrespondieren", d. h. die ihm im Zusammenhang mit diesem Ereignis in einer Weise zugeflossen sind, daß ihre Anrechnung nach dem Sinn des Schadensersatzrechts mit dem Zweck des Ersatzanspruchs übereinstimmt; die Anrechnung muß dem Geschädigten unter Berücksichtigung der gesamten Interessenlage nach Treu und Glauben zumutbar sein und darf den Schädiger nicht unangemessen entlasten.
BGH, Urt. v. 15. 12. 1988 – III ZR 110/87, NJW 1989, 2117.

• Ansprüche gegen Dritte

Ein Schaden kann grundsätzlich nicht deshalb verneint werden, weil dem Berechtigten gegen einen Dritten ein Anspruch zusteht, dessen Durchsetzung den erlitte-

nen Vermögensnachteil ausgleichen würde. In einem solchen Fall kann der Ersatzpflichtige lediglich die Abtretung jenes Anspruchs nach § 255 BGB verlangen.
BGH, Urt. v. 26. 6. 1997 – IX ZR 233/96, NJW 1997, 2946, 2948.

- **Beweislast**

Der Schädiger hat einen anrechenbaren Vorteil des Geschädigten zu beweisen.
BGH, Urt. v. 5. 11. 1992 – IX ZR 200/91, NJW 1993, 1320, 1323.

- **Ersparte Aufwendungen**

Die Kosten eines überflüssigen Privatgutachtens hat der wegen fehlerhafter Beratung in Anspruch genommene Anwalt dem Mandanten nach den Grundsätzen der Vorteilsausgleichung dann nicht zu ersetzen, wenn der Mandant bei ordnungsgemäßer Beratung Kosten in gleicher Höhe für ein anderes Gutachten hätte aufwenden müssen, die er nunmehr einspart, weil es sich im Regreßprozeß – und nur hier – um Prozeßkosten handelt.
BGH, Urt. v. 10. 10. 1996 – IX ZR 294/95, NJW 1997, 250.

- **Gebrauchsvorteile**

Vorteile, die dem Geschädigten infolge des Gebrauchs der gekauften Sache zugeflossen sind, müssen berücksichtigt werden.
BGH, Urt. v. 10. 2. 1982 – VIII ZR 27/81, NJW 1982, 1279, 1280.

- **Steuervorteile**

Schadensbedingte Steuerersparnisse des Geschädigten verringern stets den zu ersetzenden konkreten Schaden, sind also dem Schädiger gutzubringen, wenn nicht gerade der Zweck der Steuervergünstigung einer solchen Entlastung entgegensteht. Deswegen verbleiben dem Geschädigten Steuerdifferenzbeträge, die ihm nur deshalb gewährt werden, weil er eine Körperverletzung erlitten hat (§ 33 b EStG), weil eine einmalige und außergewöhnliche Zusammenballung von Ersatzleistungen in einem Veranlagungszeitraum erfolgt ist (§ 34 Abs. 2 EStG), weil die Steuerschuld verjährt ist oder weil die Schadensersatzleistung verspätet gezahlt und inzwischen der Steuertarif ermäßigt worden ist.
BGH, Urt. v. 15. 11. 1994 – VI ZR 194/93, BGHZ 127, 391, 397 = NJW 1995, 389, 391.

Zeitaufwand

s. Arbeitsaufwand

Zurechnungszusammenhang

s. Adäquanz
Schutzzweck
Kausalität, hypothetische
Alternativverhalten, rechtmäßiges

1132 **Anhang 2: Leitfaden zur Feststellung von Kausalität, Zurechnung und Schaden**

Eine **Pflichtverletzung des Anwalts** begründet nur dann einen **Ersatzanspruch**, wenn – kumulativ –

(I) sie für den geltend gemachten Nachteil **ursächlich (kausal)** ist (s. Rn. 1038 ff.),

(II) dieser dem Anwalt **haftungsrechtlich zuzurechnen** ist (s. Rn. 1061 ff.),

(III) ein **Schaden im Rechtssinne** entstanden ist (s. Rn. 1086 ff.).

I. Kausalität	Rn. 1038 ff.
1. Es geht nur um die **Ursächlichkeit im logischen Sinne**. *Kontrollfrage:* Wie wäre der Tatsachenverlauf gewesen, wenn sich der Anwalt vertragsgerecht verhalten hätte? (Achtung: Hat nichts mit hypothetischer Kausalität oder rechtmäßigem Alternativverhalten zu tun!)	
2. Beweislast: Sie liegt beim **Mandanten**, jedoch gibt es **Beweiserleichterungen**: a) **§ 287 ZPO**;	Rn. 1042 ff.
b) **Anscheinsbeweis**: (1) daß sich der Mandant beratungsgemäß verhalten hätte, wenn bei vernünftiger Betrachtungsweise aus damaliger Sicht nur eine einzige Entscheidung nahegelegen hätte;	Rn. 1053 ff.

(2) daß der Mandant die benötigte Information vollständig erteilt hätte;
(3) hinsichtlich jedes anderen Mandantenverhaltens, das nach den Umständen und der Lebenserfahrung nahelag.

II. Zurechnung	Rn. 1061 ff.
1. Zunächst ist die **Adäquanz** zu prüfen. **Formel:** Ein **adäquater Zusammenhang** besteht, wenn eine Tatsache im allgemeinen und nicht nur unter besonders eigenartigen, nach dem regelmäßigen Verlauf der Dinge außer Betracht zu lassenden Umständen zur Herbeiführung des Erfolges geeignet war. Im Anwaltshaftungsrecht spielt das willentliche **Eingreifen des Mandanten oder Dritter** eine große Rolle. In diesen Fällen bleibt ein adäquater Zusammenhang mit der Pflichtwidrigkeit des Anwalts bestehen, wenn,	Rn. 1062 ff.
a) das **Handeln des Mandanten** als vernünftige oder zumindest vertretbare Reaktion zu werten ist,	Rn. 1065 f.
b) das **Handeln Dritter** sich nicht als ein gänzlich ungewöhnliches Verhalten darstellt,	Rn. 1067 ff.
c) **Fehler des Gerichts** auf Umständen oder Problemen beruhen, deren Entstehung der Anwalt hätten vermeiden müssen.	Rn. 1070 ff.
2. Ist die Adäquanz zu bejahen, schließt sich die Prüfung an, ob der eingetretene **Nachteil innerhalb des Schutzzwecks der verletzten Anwaltspflicht** liegt. *Kontrollfrage:* Handelt es sich um einen Nachteil, zu dessen Abwendung der Anwalt die aus dem Mandat folgenden Pflichten übernommen hat?	Rn. 1074 ff.
3. Zurechnungsausschluß infolge **hypothetischer Kausalität?** I. d. R. zu verneinen.	Rn. 1078 ff.
4. Zurechnungsausschluß wegen **rechtmäßigen Alternativverhaltens?**	Rn. 1083 ff.

Kontrollfrage:
Wäre der tatsächlich verursachte Nachteil auch dann entstanden, wenn der Anwalt eine andere, von der verletzten Pflicht verschiedene, selbständige Pflicht erfüllt hätte? Das kommt äußerst selten vor und erfordert dann eine Abwägung nach Schutzzweckgesichtspunkten.

III. Schaden

Rn. 1086 ff.

1. Zu ersetzen ist nur der **Vertrauensschaden**. Rn. 1125 ff.
   Kontrollfrage:
   Wie hätte sich das Vermögen ohne die anwaltliche Pflichtverletzung entwickelt?
   Die Berechnung erfolgt grundsätzlich im Wege der **Differenzhypothese**.
2. Die Differenzhypothese bedarf jedoch einer **normativen Kontrolle**; diese ist am Schutzzweck der Haftung sowie an der Funktion des Schadensersatzes auszurichten. Rn. 1090 ff.
   Grundsatz:
   Der Mandant soll nicht mehr erhalten als das, was ihm nach Recht und Gesetz zugestanden hätte.
3. **Sonderproblem:** Rn. 1100 ff.
   Der Schaden hängt davon ab, wie ein **Rechtsstreit** oder ein **behördliches Verfahren** bei vertragsgerechtem Verhalten des Anwalts ausgegangen wäre.
   Grundsatz:
   a) Bei gerichtlichen Entscheidungen kommt es darauf an, wie der **Vorprozeß** richtigerweise hätte entschieden werden müssen.
   b) Bei **behördlichen Verfahren** gilt dasselbe, wenn nur eine einzige rechtmäßige Entscheidung möglich war. Anderenfalls ist festzustellen, wie das Verfahren tatsächlich ausgegangen wäre.
4. **Vorteilsausgleich** Rn. 1115 ff.
   Es gilt eine wertende Betrachtungsweise.
   Kontrollfragen:
   Ist die Anrechnung mit Sinn und Zweck des Ersatzanspru-

ches vereinbar? Wird der Schädiger durch eine Anrechnung in unangemessener Weise entlastet?

5. **Beweislast** Rn. 1128 ff.

   Sie liegt zu 1. bis 3. beim Mandanten, zu 4. beim Anwalt.

   Beweiserleichterungen:

   a) § 287 ZPO;

   b) § 252 Satz 2 BGB.

Abschnitt 5: Mitverschulden

Inhaltsverzeichnis

A. Allgemeines

1133 Nach **§ 254 BGB** hat der **Geschädigte** ein **Mitverschulden** bei der Entstehung oder Entwicklung seines Schadens zu verantworten, das ihm **selbst** vorzuwerfen oder – in entsprechender Anwendung des § 278 BGB (vgl. § 254 Abs. 2 Satz 2 BGB) – wegen eines schuldhaften Schadensbeitrags seines **gesetzlichen Vertreters** oder **Erfüllungsgehilfen** (Rn. 1140 ff.) zuzurechnen ist; diese Verantwortlichkeit kann den **Schadensersatzanspruch** des Geschädigten – etwa aus einem Vertrag – **verringern oder sogar beseitigen** (vgl. Rn. 1660 ff. zum Mitverschulden bei unerlaubter Handlung).

1134 Mitverschulden i. S. d. § 254 BGB ist ein **vorwerfbarer Verstoß** gegen die im eigenen Interesse gebotene Obliegenheit, eine Selbstschädigung zu vermeiden, also ein „**Verschulden gegen sich selbst**"[1967] und „**in eigener Angelegenheit**".[1968] Der Geschädigte hat ein Mitverschulden zu verantworten, wenn er zur Entstehung oder Entwicklung seines Schadens dadurch beiträgt, daß er diejenige **Aufmerksamkeit**

1967 BGHZ 57, 137, 145 = NJW 1972, 36.
1968 BGH, VersR 1961, 907; NJW 1965, 962, 963.

und Sorgfalt außer acht läßt, die nach der Sachlage jedem verständigen Menschen erforderlich erscheint, um sich selbst vor Schaden zu bewahren.[1969]

Eine selbständige Haftung des Geschädigten braucht damit nicht verbunden zu sein. Letztlich ist § 254 BGB eine besondere **Ausprägung** des allgemeinen **Grundsatzes von Treu und Glauben** (§ 242 BGB).[1970] Der Geschädigte soll i. d. R. nicht Ersatz auch desjenigen Schadensanteils erhalten, der billigerweise auf seinen eigenen Schadensbeitrag zurückzuführen ist; andererseits kann ein anrechenbares Mitverschulden des Geschädigten entfallen, wenn dessen Schadensbeitrag vom Schädiger veranlaßt worden ist und diesem nach der Rechtsbeziehung der Beteiligten – etwa im Rahmen eines Beratungsvertrages mit einem Fachmann – billigerweise allein zuzurechnen ist.[1971] 1135

Das adäquat schadensursächliche, nach dem Schutzzweck des § 254 BGB zurechenbare Mitverschulden (Rn. 1138 f.) des Geschädigten kann die **Entstehung des Schadens** betreffen (§ 254 Abs. 1 BGB). Es bezieht sich auf die **Entwicklung des Schadens**, wenn der Geschädigte es unterlassen hat, den Schädiger auf die – diesem unbekannte und nicht erkennbare – Gefahr eines ungewöhnlich hohen Schadens aufmerksam zu machen oder den Schaden abzuwenden oder zu mindern (§ 254 Abs. 2 Satz 1 BGB). Mit Ausnahme der Fälle, in denen der Schädiger für schuldloses Handeln haftet, kann nur eine **schuldhafte Mitverursachung** des Schadens den Ersatzanspruch des Geschädigten beeinträchtigen.[1972] 1136

B. Schuldfähigkeit

Ein Mitverschulden kann nur einem **Schuldfähigen** vorgeworfen werden[1973]; fehlt diese Voraussetzung beim Geschädigten, so hat dieser im Rahmen einer schuldrechtlichen Verbindung zum Schädiger für einen Schadensbeitrag seines **gesetzlichen Vertreters** einzustehen (§§ 254, 278 BGB[1974]; Rn. 1140, 1142). 1137

1969 BGHZ 9, 316, 318 = NJW 1953, 977; BGH, VersR 1961, 907; NJW 1965, 962, 963; NJW-RR 1988, 855 f.; WM 1995, 212, 214.
1970 BGH, NJW-RR 1988, 855, 856.
1971 BGH, NJW-RR 1988, 855, 856.
1972 BGH, NJW-RR 1988, 855.
1973 RGZ 108, 86, 90.
1974 BGHZ 9, 316, 320 = NJW 1953, 977; BGHZ 24, 325, 327 = NJW 1957, 1187; BGHZ 33, 136, 141 ff. = NJW 1961, 20; BGHZ 33, 247, 250 = NJW 1961, 211; BGH, NJW 1964, 1670, 1671; 1968, 1323, 1324; 1980, 2080; 1984, 2087.

C. Adäquate Mitursache

1138 Ein Mitverschulden kann nur dann auf den Schadensersatzanspruch angerechnet werden, wenn es als **adäquate Mitursache** zum Schaden beigetragen hat.[1975] Zeitlich kann es grundsätzlich dem schadensstiftenden Verhalten des Schädigers vorausgehen oder nachfolgen.[1976] Bei einem Schadensersatzanspruch wegen verspäteter Erfüllung oder Nichterfüllung eines Vertrages ist nur ein Mitverschulden nach Vertragsschluß rechtserheblich, weil erst dieser die Rechtsgrundlage für den Ersatzanspruch schafft.[1977]

D. Schutzbereich

1139 Die Zurechnung eines Mitverschuldens setzt weiterhin voraus, daß der Schadensbeitrag des Geschädigten nach Art und Entstehungsweise in den **Schutzbereich der verletzten Norm (§ 254 BGB)** fällt; der infolge des Mitverschuldens entstandene Nachteil muß aus dem Bereich der Gefahren stammen, zu deren Abwendung die verletzte Vorschrift dient (vgl. Rn. 1074 ff.).[1978] Der Zweck des § 254 BGB, eine vorausseh- und vermeidbare Selbstschädigung zu verhindern, muß die vom Geschädigten verletzte Obliegenheit und den damit verbundenen Nachteil umfassen.

E. Zurechnung eines Mitverschuldens Dritter

1140 Nach § 254 Abs. 2 Satz 2 BGB hat der Geschädigte in entsprechender Anwendung des § 278 BGB für ein **Mitverschulden seines gesetzlichen Vertreters** und eines **Erfüllungsgehilfen** einzustehen, soweit es sich um einen vorwerfbaren Verstoß gegen die in § 254 Abs. 2 Satz 1 BGB bezeichneten Obliegenheiten zur **Warnung** sowie zur **Abwendung** oder **Minderung des Schadens** handelt. Darüber hinaus hat der Geschädigte ein Mitverschulden solcher Personen auch dann in entsprechender Anwendung des § 278 BGB zu vertreten, wenn deren schuldhaf-

1975 BGH, NJW 1957, 217; WM 1959, 1112, 1113; BGHZ 61, 144, 147 = NJW 1973, 1698 betreffend Beschädigung von Bauleistungen durch wolkenbruchartige Regenfälle.

1976 BGH, NJW 1957, 217; NJW 1983, 622, 623; VersR 1988, 570 und 1238, 1239.

1977 BGH, NJW 1972, 1702, 1703; 1987, 251, 253.

1978 BGH, VersR 1970, 812, 813; 1972, 1016, 1017; 1978, 1070 1071: Beschädigung eines verbotswidrig geparkten Fahrzeugs beim Abschleppen.

ter Schadensbeitrag den haftungsbegründenden Vorgang der **Schadensentstehung** betrifft.[1979]

Erfüllungsgehilfe i. d. S. ist diejenige Person, deren sich der Geschädigte zur Wahrnehmung seiner Interessen aus einem Schuldverhältnis – etwa aus einem Vertrag[1980] – oder aus einer sonstigen, einem Schuldverhältnis ähnlichen Verbindung[1981] – etwa aus einem Verschulden vor oder bei Vertragsschluß[1982] – bedient.[1983] **Erfüllungsgehilfen** eines Auftraggebers können auch ein **Rechtsanwalt**[1984] und ein **Notar**[1985] sein. 1141

Ein Mitverschulden der in § 278 BGB genannten Hilfspersonen ist dem Geschädigten nur dann zuzurechnen, wenn diese **in Erfüllung einer Obliegenheit des Geschädigten** – nicht nur bei entsprechender Gelegenheit – tätig geworden sind[1986]; dies ist der Fall, wenn das Verhalten der Hilfspersonen im unmittelbaren sachlichen Zusammenhang mit ihrem Pflichtenkreis steht.[1987] Das bedeutet, daß der **gesetzliche Vertreter** im Rahmen seiner Vertretungsmacht[1988] und der **Erfüllungsgehilfe** innerhalb seines Aufgabenbereichs[1989] gehandelt haben oder hätten handeln müssen und können.[1990] Auch ein **eigenmächtiges Vorgehen** des Erfüllungsgehilfen kann dem Geschäftsherrn – hier dem Geschädigten – als Mitverschulden zugerechnet werden; dieses entfällt erst dann, wenn das Verhalten des Erfüllungsgehilfen aus dem allgemeinen Kreis des ihm anvertrauten Aufgabenbereichs herausfällt.[1991] 1142

1979 BGH, WM 1997, 1392, 1395 m. w. N.
1980 BGH, WM 1994, 2162, 2165; 1997, 1392, 1395.
1981 BGH, NJW 1965, 962; 1980, 2080; BGHZ 103, 338, 342 = NJW 1988, 2667; BGHR BGB § 254 Abs. 2 Satz 2 – Sonderverbindung 1.
1982 RGZ 151, 357, 360 f.; BGH, NJW 1968, 1966, 1967; BGHZ 95, 170, 179 = NJW 1985, 2258.
1983 BGHZ 50, 32, 35 = NJW 1968, 1569; BGHZ 62, 119, 124 = NJW 1974, 692; BGHZ 98, 330, 334 = NJW 1987, 1323.
1984 BGHZ 58, 207, 211 f. = NJW 1972, 1048; BGH, NJW 1994, 1211, 1212 und 2822, 2824 und 3102, 3105, insoweit nicht abgedruckt in BGHZ 126, 138; NJW 1997, 2168, 2170.
1985 BGHZ 62, 119, 121 f., 124 = NJW 1974, 692.
1986 BGH, WM 1993, 1376, 1378.
1987 BGH, NJW 1965, 962, 963 und 1709, 1710; WM 1997, 1392, 1395.
1988 BGHZ 33, 136, 142, 144 = NJW 1961, 20.
1989 BGH, NJW 1965, 1709, 1710; BGHZ 114, 263, 270 = NJW 1991, 2556; BGH, NJW 1993, 1704, 1705.
1990 RGZ 160, 310, 313 ff.; BGHZ 23, 319, 322 f. = NJW 1957, 709; BGHZ 62, 63, 66 ff. = NJW 1974, 553; BGHZ 66, 43, 44 = NJW 1976, 516.
1991 BGHZ 31, 358, 366 = NJW 1960, 669; BGH, NJW 1965, 1709, 1710; 1993, 1704, 1705.

F. Haftungsverteilung

1143 Nach Feststellung sämtlicher Umstände, die die vom Schädiger und vom Geschädigten zu verantwortenden Schadensanteile begründet haben,[1992] sind diese wechselseitigen Schadensbeiträge gegeneinander **abzuwägen** (§ 254 Abs. 1, 2 BGB). Dafür ist abzustellen **in erster Linie** (§ 254 Abs. 1 BGB: „insbesondere“) auf das Maß der **wechselseitigen** Verursachung, erst **in zweiter Linie** auf den Umfang des **beiderseitigen Verschuldens.**[1993] **Entscheidend** für die Haftungsverteilung nach § 254 BGB ist, ob das Verhalten des Schädigers oder des Geschädigten den Schadenseintritt in wesentlich höherem Maße wahrscheinlich gemacht hat.[1994]

Im Ergebnis kann die Abwägung dazu führen, daß der **Schadensersatzanspruch** des Geschädigten **voll erhalten bleibt**, weil dessen Mitverschulden gegenüber dem Schadensbeitrag des Schädigers unerheblich ist, oder daß der Geschädigte seinen Ersatzanspruch wegen seines Mitverschuldens **teilweise oder vollständig verliert**, je nachdem, welches Gewicht das Mitverschulden gegenüber dem Schadensanteil des Schädigers hat. Handelt dieser vorsätzlich, so wird er bei nur fahrlässigem Mitverschulden des Geschädigten dessen Schaden meistens allein zu tragen haben.[1995] Dieser Grundsatz gilt nicht, wenn ein Erfüllungsgehilfe vorsätzlich gehandelt hat.[1996]

G. Beweis

1144 Der **Schädiger** muß die Umstände **beweisen**, die ein anspruchsminderndes Mitverschulden begründen; der **Geschädigte** muß, soweit es sich um Umstände aus seinem Verantwortungsbereich handelt, an der Aufklärung **mitwirken** und darlegen, was er zur Schadensminderung unternommen hat.[1997] Die Beweislastregel des § 282 BGB ist im Rahmen der Abwägung nach § 254 BGB nicht anzuwenden.[1998]

Der **Beweis** für die **Umstände**, die dem Geschädigten **als Mitverschulden vorzuwerfen** wären („konkreter Haftungsgrund“ des Geschädigten oder „haftungsbegründende Kausalität“ seines möglichen Schadensbeitrags), ist nach der strengen

1992 BGH, NJW 1963, 1447, 1449.
1993 BGHZ 33, 293, 302 = NJW 1961, 166; BGH, NJW 1969, 789, 790.
1994 BGH, NJW 1983, 622, 623; WM 1994, 217, 218; 1995, 212, 214.
1995 BGHZ 57, 137, 145 f. = NJW 1972, 36.
1996 BGH, WM 1966, 64, 65.
1997 BGHZ 91, 243, 260 = NJW 1984, 2216; BGH, NJW 1991, 1412, 1413.
1998 BGHZ 46, 260, 268 = NJW 1967, 622.

Vorschrift des **§ 286 ZPO** – bei typischen Geschehensabläufen mit der Erleichterung des **Anscheinsbeweises** (Rn. 1053 ff.) – zu führen.[1999]

Nach dem verringerten Beweismaß des **§ 287 ZPO** (vgl. Rn. 1128 f.). ist dagegen zu **beweisen, daß und inwieweit** ein festgestelltes Verhalten des Geschädigten zum Entstehen und Umfang des Schadens **beigetragen** hat (haftungsausfüllende Kausalität eines Mitverschuldens).[2000]

H. Verfahren

Im Rechtsstreit ist ein vom Geschädigten zu verantwortendes Mitverschulden **von Amts wegen** zu berücksichtigen. 1145

Die **Haftungsverteilung** nach § 254 BGB ist im Rechtsstreit Aufgabe des **Tatrichters**. An seiner Stelle darf das **Revisionsgericht** insoweit nur dann entscheiden, wenn die tatrichterliche Abwägung rechtsfehlerhaft ist und die maßgeblichen Abwägungsumstände geklärt sind.[2001] Die tatrichterliche **Abwägung** ist **rechtsfehlerhaft**, wenn ihr rechtlich unzulässige Erwägungen zugrunde liegen oder die maßgeblichen Umstände unvollständig oder falsch berücksichtigt wurden oder die Abwägung auf einem Verstoß gegen Denk- oder Erfahrungssätze beruht.[2002] 1146

Die Entscheidung über den **Grund des Schadensersatzanspruchs** erstreckt sich **grundsätzlich** auf den Einwand des **Mitverschuldens**.[2003] Deswegen ist darüber i. d. R. bereits in einem **Grundurteil** (§ 304 ZPO) zu befinden; ausnahmsweise kann die Abwägung nach § 254 BGB dem **Höhe-(Betrags-, Nach-)verfahren** vorbehalten werden, wenn bereits endgültig feststeht, daß ein Mitverschulden des Geschädigten allenfalls zu einer Minderung, nicht aber zu einer Beseitigung des Schadensersatzanspruchs führen kann.[2004] Dies gilt auch dann, wenn über den Einwand des Mitverschuldens bei der Entstehung **einzelner Schadensposten** erst im Betragsverfahren entschieden werden soll.[2005] Ein Grundurteil darf dagegen nicht ergehen, wenn ungeklärt ist, welches Ereignis von **mehreren möglichen schadensbegründenden Vorgängen**, die nach Verlauf und Auswirkung – auch 1147

1999 BGH, NJW 1986, 2945, 2946; 1991, 166, 167.
2000 BGH, NJW 1968, 985; 1986, 2945, 2946; BGHR BGB § 254 Abs. 1 – Abwägung 1.
2001 BGHZ 108, 386, 392 = NJW 1990, 250; BGH, NJW 1993, 1191, 1192; WM 1994, 217, 218.
2002 BGH, NJW 1983, 622, 623; BGHR, BGB § 254 Abs. 1 – Abwägung 1; NJW-RR 1989, 676, 677.
2003 BGHZ 76, 397, 400 = NJW 1980, 1579; BGHZ 110, 323, 332 = WM 1990, 1539, 1542.
2004 BGHZ 1, 34, 36 = NJW 1951, 188; BGHZ 76, 397, 399 f. = NJW 1980, 1579; BGHZ 110, 323, 332 = WM 1990, 1539, 1542.
2005 BGH, VersR 1974, 1172, 1173.

bezüglich eines Mitverschuldens – verschieden sind, den Schaden herbeigeführt hat.[2006] Die **Revision** kann auf die Frage des Mitverschuldens beschränkt werden.[2007]

In einem **Feststellungsurteil** über den Grund des Schadensersatzanspruchs muß wegen der Rechtskraftwirkung entschieden werden, ob der Kläger seinen Schaden mitverschuldet hat und deshalb einen Schadensteil selbst tragen muß.[2008]

1148 Der Geschädigte kann – zur Kostenersparnis – unter Berücksichtigung eines Mitverschuldens nur einen **Teil seines Schadensersatzanspruchs einklagen**.[2009]

I. Mitverschulden des Mandanten

1149 Die folgenden Ausführungen betreffen diejenigen Fälle, in denen der **Rechtsanwalt** aus einem **echten Anwaltsvertrag** mit Rechtsbeistandspflicht (Rn. 504) **haftet** und dem geschädigten **Mandanten ein Mitverschulden** vorwirft. Für den unechten Anwaltsvertrag ohne eine solche Verpflichtung (Rn. 504) gelten die allgemeinen Regeln.

I. Grundsätze der Anrechnung eines Mitverschuldens

1150 Die Anrechnung eines schadensursächlichen **Mitverschuldens des Mandanten** selbst oder seines gesetzlichen Vertreters oder Erfüllungsgehilfen (§§ 254, 278 BGB) auf den **Regreßanspruch** gegen den **Rechtsanwalt** – oder **Steuerberater** – richtet sich nach folgenden **Grundsätzen**[2010]:

1151 Der Einwand des mitwirkenden Verschuldens greift **i. d. R.** dann **nicht** ein, wenn die Verhütung des entstandenen Schadens nach dem Vertragsinhalt allein dem in Anspruch genommenen Berater oblag. Deswegen kann grundsätzlich dem geschädigten Auftraggeber nicht ein **Mitverschulden** angerechnet werden, weil er eine **Gefahr, zu deren Vermeidung er den fachkundigen Berater hinzugezogen hat**, bei genügender Sorgfalt selbst hätte erkennen und abwenden können. Dies

2006 BGH, NJW 1979, 1933, 1935.
2007 BGH, NJW-RR 1991, 1458.
2008 BGH, NJW 1978, 544; 1992, 307, 309 = ZIP 1992, 548, 552, insoweit nicht abgedruckt in BGHZ 115, 382.
2009 RGZ 122, 351, 360; OLG München, NJW 1970, 1924, 1927; OLG Schleswig, VersR 1983, 932.
2010 Für den Rechtsanwalt: BGH, WM 1992, 739, 740 = NJW 1992, 820; NJW 1993, 1320, 1323 und 2045, 2047; WM 1995, 212, 213 f.; NJW 1996, 2929, 2932 = WM 1996, 1832, 1835; für den Steuerberater: BGH, WM 1998, 301, 304.

gilt selbst bei **einschlägiger Vorbildung des Mandanten**, weil dieser sich auf eine einwandfreie Vertragserfüllung durch seinen Berater verlassen darf.[2011]

Dagegen kann ein vom geschädigten Mandanten zu verantwortendes **Mitverschulden** (§§ 254, 278 BGB) die **Regreßforderung beeinträchtigen**, wenn sein Schadensbeitrag im **Bereich seiner Eigenverantwortung** wurzelt, also dort seine Ursache hat und der Auftraggeber – oder sein gesetzlicher Vertreter oder Erfüllungsgehilfe – diejenige Sorgfalt außer acht gelassen hat, die nach der Sachlage erforderlich erschien, um sich selbst – bei Einschaltung von Hilfspersonen: den Mandanten – vor Schaden zu bewahren. 1152

II. Einzelfälle eines Mitverschuldens

Der Berater kann dem Mandanten grundsätzlich **kein Mitverschulden** insoweit entgegenhalten, als er auftragsgemäß als Fachmann tätig geworden ist. Dem **Rechtsanwalt** steht also regelmäßig kein Einwand des Mitverschuldens zu, soweit sich der Regreßanspruch aus **seiner rechtlichen Tätigkeit** – also insbesondere aus **Rechtsberatung und -vertretung** – ergibt, weil es in diesem Bereich nach dem Inhalt des Anwaltsvertrages allein Sache des Anwalts ist, einen Schaden seines Auftraggebers zu vermeiden[2012] (vgl. Rn. 618 ff.). 1153

Dies gilt für einen **Steuerberater** entsprechend.[2013] 1154

Ein **anrechenbares Mitverschulden** kann sich daraus ergeben, daß der Mandant durch Verletzung seiner vertraglichen (Mitwirkungs-) Pflichten – insbesondere zur vollständigen und wahrheitsgemäßen **Information** seines Anwalts[2014] – zur Entstehung seines Schadens beiträgt (§ 254 Abs. 1 BGB; vgl. Rn. 538, 971 ff.) oder gegen seine Obliegenheit verstößt, seinen Schaden – etwa durch Einlegung von **Rechtsbehelfen und -mitteln** – abzuwenden oder zu mindern (§ 254 Abs. 2 BGB). 1155

Ein **eigenverantwortlicher Schadensbeitrag des geschädigten Auftraggebers** ist angenommen worden, weil dieser 1156

2011 Für einen rechtskundigen Auftraggeber: BGH, WM 1992, 739, 740 = NJW 1992, 820; NJW 1993, 2045, 2047; WM 1993, 1889, 1893 f.; NJW 1997, 2168, 2170; für einen Mandanten mit steuerlichen Kenntnissen: BGH, WM 1998, 301, 304.

2012 BGH, WM 1992, 739, 740 = NJW 1992, 820, insbesondere zur Fristenkontrolle; WM 1993, 1889, 1894.

2013 BGH, WM 1998, 301, 304.

2014 BGH, NJW 1996, 2929, 2931 = WM 1996, 1832, 1836.

- seine Vertragspflicht zur wahrheitsgemäßen und vollständigen **Unterrichtung seines Rechtsanwalts** verletzt hat, insbesondere diesem nicht von sich aus einschlägige **Unterlagen** zur Verfügung gestellt hat[2015];
- den **Gerichtskostenvorschuß** verspätet gezahlt und dies dazu beigetragen hat, daß der Rechtsanwalt die Frist für eine Versicherungsschutzklage nicht eingehalten hat[2016];
- es zu vertreten hat, daß seine **Vergleichsforderung** nicht durch seinen Rechtsanwalt im Vergleichsverfahren angemeldet und auch deswegen nicht auf Grund eines Liquidationsvergleiches erfüllt wurde[2017];
- sich ausnahmsweise den **Fehler eines anderen Anwalts** zurechnen lassen muß (dazu Rn. 1157 ff., 1163);
- nach **vorzeitiger Beendigung des Beratungsvertrages** nicht den – zur weiteren Ausführung seines Vorhabens gebotenen – Rat eines anderen Fachmanns eingeholt hat[2018];
- seinem **Steuerberater** „Grundaufzeichnungen" und **Belege** nicht oder nur lücken- und fehlerhafte **Unterlagen** zur Verfügung gestellt hat[2019];
- in vorwerfbarer Weise versäumt hat, den **Schaden** infolge der Pflichtverletzung seines Beraters – insbesondere durch Einlegung zulässiger, aussichtsreicher und zumutbarer **Rechtsbehelfe und -mittel**[2020] – **abzuwenden oder zu mindern.**[2021]

III. Zurechnung eines anwaltlichen Schadensbeitrags

1157 Haften verschiedene Personen für den Schaden eines anderen, so sind sie als **Gesamtschuldner** zum Schadensersatz verpflichtet (§§ 421 ff. BGB). Ein Gesamtschuldner kann sich gegenüber dem Geschädigten nicht damit entlasten, daß neben ihm andere – möglicherweise in stärkerem Maße als er – zu dem Schaden beigetragen haben.[2022] Dieser **Grundsatz** gilt auch dann, wenn **mehrere Rechts-**

2015 BGH, NJW 1996, 2929, 2932 = WM 1996, 1832, 1835 f. für den Fall einer Verletzung der anwaltlichen Pflicht zur Klärung des Sachverhalts; NJW 1997, 2168, 2170 für den Fall, daß der Mandant einen Rechtsanwalt mit der Information seines Prozeßbevollmächtigten betraut hat.

2016 BGH, WM 1995, 212, 214.

2017 BGH, NJW 1994, 3102, 3105, insoweit nicht abgedruckt in BGHZ 126, 138.

2018 BGH, WM 1994, 270 f. betreffend eine Steuerberatung.

2019 BGH, NJW 1992, 307, 309 = ZIP 1992, 548, 552, insoweit nicht abgedruckt in BGHZ 115, 382.

2020 BGHZ 90, 17, 31 f. = NJW 1984, 1169; BGHZ 110, 323, 330 = WM 1990, 1539, 1541 f.; BGH, NJW-RR 1991, 1458 f.; WM 1992, 2110, 2113 f.; NJW 1992, 1695, 1697; 1994, 1211, 1212.

2021 Für eine Schädigung durch Rechtsanwälte: BGH WM 1993, 610, 615; NJW 1994, 3102, 3105, insoweit nicht abgedruckt in BGHZ 126, 138; für ein entsprechendes Mitverschulden des Auftraggebers nach Entzug des Mandats des – haftpflichtigen – Steuerberaters: BGH, NJW 1992, 1695, 1697.

2022 BGH, NJW 1990, 2882, 2883 = WM 1990, 1710; NJW 1997, 2168, 2170.

anwälte – neben- oder nacheinander – denselben Auftraggeber geschädigt haben[2023].

Der **geschädigte Mandant** muß sich – in Anwendung der allgemeinen Regeln über die Zurechnung eines mitwirkenden Verschuldens Dritter (Rn. 1140 ff.) – auf seinen vertraglichen Schadensersatzanspruch den **Schadensbeitrag eines Rechtsanwalts** nur dann **zurechnen** lassen, wenn dieser als sein **gesetzlicher Vertreter** oder als sein **Erfüllungsgehilfe** zur Wahrnehmung einer Pflicht oder Obliegenheit – jeweils gegenüber dem Schädiger – gehandelt hat (§§ 254, 278 BGB). Das gilt auch dann, wenn der **Mandant von einem Rechtsanwalt Schadensersatz verlangt** und ein **anderer, neben oder nach diesem Anwalt tätiger weiterer Rechtsanwalt** zu dem **Schaden** schuldhaft **beigetragen** hat. Dies kann sowohl den haftungsbegründenden Vorgang der **Schadensentstehung** (§ 254 Abs. 1 BGB) als auch die Obliegenheit zur **Schadensminderung** gemäß § 254 Abs. 2 BGB betreffen.[2024] 1158

Ein vom geschädigten Mandanten zu vertretender **Beitrag eines für ihn tätigen Rechtsanwalt** zur **Entstehung des Schadens** (§ 254 Abs. 1 BGB) ist angenommen worden, weil dieser Anwalt in Erledigung seines Auftrags, die dem Auftraggeber obliegende Vertragspflicht zur **Unterrichtung des** – haftpflichtigen – **Prozeßbevollmächtigten**[2025] zu erfüllen, unzutreffende Angaben gemacht hat.[2026] 1159

Häufiger stellt sich die Frage, ob sich der geschädigte Auftraggeber auf seinen **Regreßanspruch gegen einen haftpflichtigen Rechtsanwalt** als **Mitverschulden** anrechnen lassen muß, daß **ein anderer** – in seinem Auftrag tätiger – **Anwalt** der Obliegenheit des Mandanten zur **Abwendung oder Minderung des Schadens** nicht gerecht geworden ist (§§ 254 Abs. 2, 278 BGB). Das RG[2027] hatte angenommen, der Mandant müsse sich auf seinen Ersatzanspruch gegen einen Rechtsanwalt einen solchen Schadensbeitrag eines anderen Anwalts als Mitverschulden anrechnen lassen, weil dieser sein Erfüllungsgehilfe bei der „Verpflichtung" zur Verhütung oder Minderung des Schadens gewesen sei. Dementsprechend hatte der VI. Zivilsenat des BGH[2028] auf den Regreßanspruch des Auftraggebers gegen den erstinstanzlichen Rechtsanwalt den Schadensbeitrag des Berufungsanwalts als Mitverschulden gemäß §§ 254, 278 BGB angerechnet. Diese Rechtsprechung, 1160

2023 Vgl. für nacheinander tätige Rechtsanwälte: BGH, NJW 1997, 2168, 2170; für nebeneinander tätige Rechtsanwälte: BGH, NJW 1988, 3013, 3016 = WM 1988, 987 betreffend Prozeß- und Verkehrsanwalt.

2024 BGH, NJW 1997, 2168, 2170.

2025 BGH, NJW 1996, 2929, 2931 = WM 1996, 1832, 1836.

2026 BGH, NJW 1997, 2168, 2170 = WM 1997, 1392, 1395; vgl. auch BGH, NJW 1991 2839, 2840 f.

2027 RGZ 167, 76, 80.

2028 NJW 1974, 1865, 1867.

nach der der geschädigte Mandant im Verhältnis zu einem haftpflichtigen Rechtsanwalt den Schadensbeitrag eines anderen Anwalts schlechthin als Mitverschulden zu vertreten hat, hat der für die Anwaltshaftung nunmehr zuständige IX. Zivilsenat des BGH nicht fortgeführt.

1161 Er betont die **grundsätzliche rechtliche Selbständigkeit** der Rechtspflegetätigkeit verschiedener Personen. Dies hat der IX. Zivilsenat des BGH mehrfach ausgesprochen für die Mandate des **Prozeßbevollmächtigten und des Verkehrsanwalts**, die **nebeneinander** tätig werden (vgl. Rn. 205 ff., 289 ff.). Diese Rechtsanwälte haben im Rahmen ihres jeweils eigenen Vertrages mit demselben Auftraggeber[2029] grundsätzlich unterschiedliche Pflichtenkreise, in denen keiner dieser Anwälte als Erfüllungsgehilfe i. S. d. § 278 BGB für den anderen tätig ist[2030]; nur dann, wenn ausnahmsweise eine Vertragspflicht – etwa zur Wahrung einer Rechtsmittelfrist[2031] oder zur Prüfung gerichtlicher Auflagen[2032] – sowohl dem Prozeßbevollmächtigten als auch dem Verkehrsanwalt obliegt und beide diese Pflicht schuldhaft verletzen, haften sie ihrem Mandanten für den dadurch verursachten Schaden als Gesamtschuldner. Rechtlich selbständig ist auch die Tätigkeit verschiedener Organe der Rechtspflege; deswegen entfällt die Haftung eines **Rechtsanwalts**, der seinen Mandanten durch fehlerhafte Beratung zum Abschluß eines nachteiligen notariellen Vertrages veranlaßt, nicht deswegen, weil der **Notar** den ihm erkennbaren Fehler bei der Beurkundung nicht berichtigt (vgl. Rn. 116 ff.).[2033]

1162 Auch **Rechtsanwälte**, die **nacheinander denselben Auftraggeber geschädigt** haben, haften diesem **grundsätzlich** als **Gesamtschuldner**, **ohne** daß sich der Geschädigte bei der Inanspruchnahme eines haftpflichtigen Anwalts den Schadensbeitrag eines anderen Anwalts als **Mitverschulden** entgegenhalten lassen muß (vgl. Rn. 289 ff.).[2034] Die Anrechnung eines Mitverschuldens des Mandanten würde insoweit voraussetzen, daß dieser sich des anderen (Zweit-) Anwalts bedient hat, um eine im eigenen Interesse gebotene Obliegenheit zur Abwehr oder Minderung des Schadens zu erfüllen, der durch den in Anspruch genommenen Erstanwalt herbeigeführt wurde. Dies ist aber nicht der Fall, wenn der Auftragge-

2029 Zu den Anforderungen an einen Verkehrsanwaltsvertrag: BGH WM 1991, 1567, 1569.

2030 BGH, WM 1988, 382, 387 = NJW 1988, 1079, 1082; WM 1988, 987, 990 = NJW 1988, 3013, 3014; WM 1990, 1917, 1921 ff. = NJW-RR 1990, 1241; WM 1992, 579, 581 = NJW 1992, 836, 837.

2031 Vgl. BGH, VersR 1986, 703; NJW 1988, 3020 f.; VersR 1991, 801 f. und 896.

2032 BGH, WM 1988, 987, 990 = NJW 1988, 3013, 3014.

2033 BGH, NJW 1990, 2882, 2884 = WM 1990, 1710; vgl. zur Haftung eines Notars für einen Rechtsanwalt: BGHZ 131, 200, 204 = NJW 1996, 464.

2034 BGH, NJW 1993, 1779, 1781 = WM 1993, 1376, 1378; NJW 1994, 1211, 1212; WM 1994, 2162, 2165 = NJW 1994, 2822, 2824; WM 1997, 1392, 1395 = NJW 1997, 2168, 2170.

ber – wie im Regelfall – auf eine fehlerfreie Vertragserfüllung durch den in Anspruch genommenen Rechtsanwalt vertrauen durfte und vertraut hat.

Anders ist dies dagegen, wenn der geschädigte Mandant **ausnahmsweise** einen **(Zweit-) Anwalt** beauftragt hat, um einen erkannten oder für möglich gehaltenen Fehler eines früheren, auf Schadensersatz in Anspruch genommenen **(Erst-) Anwalts** zu beheben; in diesem Falle muß sich der Auftraggeber auf seine Regreßforderung einen schuldhaften Schadensbeitrag seines zweiten Anwalts als **Mitverschulden** gemäß §§ 254, 278 BGB anrechnen lassen.[2035] Dann hat der Mandant nicht auf eine fehlerfreie Vertragserfüllung des ersten Anwalts vertraut, sondern sich des Zweitanwalts – zumindest auch – zur Erfüllung seiner Obliegenheit bedient, einen Schaden infolge eines erkannten oder für möglich gehaltenen Fehlers des früheren Anwalts abzuwenden oder zu mindern. Die Anrechnung eines mitwirkenden Verschuldens des Zweitanwalts in solchen Fällen betrifft vor allem die Tätigkeit eines – haftpflichtigen – **Prozeßbevollmächtigten** und eines nachfolgenden – ebenfalls regreßpflichtigen – **Rechtsmittelanwalts**. Der BGH[2036] hat dem Mandanten auf seinen Regreßanspruch gegen einen Rechtsanwalt, der ihn im erstinstanzlichen Ehescheidungsverfahren bezüglich des Versorgungsausgleichs schuldhaft geschädigt hatte, einen schuldhaften **Schadensbeitrag seines Rechtsmittelanwalts als Mitverschulden** gemäß §§ 254, Abs. 2, 278 BGB angerechnet; dieser Zweitanwalt hatte, nachdem er Schadensersatzansprüche des Mandanten gegenüber dem früheren Anwalt angemeldet hatte, die – von diesem eingelegte – aussichtsreiche Beschwerde gegen die erstinstanzliche Entscheidung zurückgenommen. In einem anderen Fall ist dem geschädigten Mandanten auf einen Schadensersatzanspruch gegen seinen erstinstanzlichen Prozeßbevollmächtigten, der eingeklagte Ansprüche hatte verjähren lassen, aber dennoch ein überwiegend obsiegendes erstinstanzliches Urteil erwirkt hatte, ein **Mitverschulden** gemäß §§ 254 Abs. 2, 278 BGB zugerechnet worden **wegen eines Schadensbeitrags des Berufungsanwalts**; dieser hatte seinem Auftraggeber nicht die Rücknahme der Berufung empfohlen, obwohl der Gegner mit einer unselbständigen Anschlußberufung erstmals die Verjährungseinrede erhoben hatte.[2037] 1163

Borgmann / Haug[2038] halten die Anrechnung eines Mitverschuldens in diesen Fällen für unberechtigt, weil der Zweitanwalt immer die vollen Aufklärungs-, Rechtsprüfungs- und Beratungspflichten habe und deswegen den Mandanten auch über die Fehler seines Vorgängers belehren müsse. Ob eine solche Pflicht Gegenstand 1164

2035 BGH, NJW 1994, 1211, 1212; WM 1994, 2162, 2165 = NJW 1994, 2822, 2824.
2036 NJW 1994, 1211, 1212 f.
2037 BGH, NJW 1994, 2822, 2824 = WM 1994, 2162, 2165.
2038 § 30 Rn. 101.

des Mandats des Zweitanwalts ist, ist aber eine Tatfrage, die bei einem beschränkten Mandat (dazu Rn. 519 ff.) zu verneinen sein kann. Dies kann auch bei einem Rechtsmittelanwalt der Fall sein, wenn sein Auftrag im Einzelfall auf die Prozeßvertretung beschränkt ist.

1165 Soll dem geschädigten Auftraggeber auf einen Regreßanspruch gegen einen haftpflichtigen Verfahrensanwalt ein Mitverschulden wegen des Fehlers eines anderen – ebenfalls für den Mandanten in dem Verfahren tätigen – Anwalts als **Mitverschulden** angerechnet werden (§§ 254, 278 BGB), so hat das **Regreßgericht** für die Frage, ob dieser Fehler zu dem Schaden beigetragen hat, zu **beurteilen**, wie das Vorverfahren bei pflichtgemäßem Verhalten dieses anderen Anwalts richtig hätte entschieden werden müssen (**hypothetischer Kausalverlauf bezüglich eines mitwirkenden Verschuldens**); unmaßgeblich ist, wie seinerzeit im Vorverfahren mutmaßlich entschieden worden wäre[2039] (vgl. Rn. 1040 ff., 1100 ff.).

IV. Abwägung der Schadensbeiträge

1166 Sind alle tatsächlichen Umstände – gemäß § 286 ZPO – festgestellt worden, die **Schadensbeiträge des haftpflichtigen Rechtsanwalts** und **des geschädigten Auftraggebers** begründen können, so ist – gemäß § 287 ZPO – zu beurteilen, inwieweit das schadensstiftende Verhalten des Rechtsanwalts und das mitwirkende – schadensursächliche und zurechenbare – Mitverschulden des Mandanten zu dessen Schaden beigetragen haben (Rn. 1143 f.). Da bei der **Abwägung** darauf abzustellen ist, ob das Verhalten des Schädigers (Rechtsanwalts) oder des Geschädigten (Mandanten) den Schadenseintritt in wesentlich höherem Maße wahrscheinlich gemacht hat (Rn. 1143), hat **i. d. R.** ein **Berater**, der seinen Auftraggeber im Rahmen eines Beratungsvertrages geschädigt hat, gegenüber dem Mandanten, der ein schadensursächliches Mitverschulden zu verantworten hat, den **wesentlich größeren Beitrag** zu dem (Beratungs-) Schaden des Auftraggebers geleistet. Dementsprechend hat der BGH[2040] den **Berater** in einem solchen Falle mit **3/5 des Schadens** belastet.

2039 BGH, NJW 1994, 1211, 1212 f.
2040 WM 1995, 212, 214 betreffend einen Rechtsanwalt; WM, 1994, 217, 218 betreffend einen Steuerberater.

J. Anhang: Rechtsprechungslexikon zum Mitverschulden

1167

Abwägung

Die Abwägung des Schadensanteils des Schädigers und eines Mitverschulden des Geschädigten richtet sich in erster Linie danach, inwieweit der Schaden vorwiegend von dem einen oder dem anderen Teil verursacht worden ist; hierfür ist maßgeblich, wer den Schaden in wesentlich höherem Maße wahrscheinlich gemacht hat.
Erst wenn das Maß der schadensursächlichen Wirkung des beiderseitigen Verhaltens keine überwiegende Verursachung durch einen Teil ergibt, ist der Grad des Verschuldens beider Teile zu prüfen.
BGH, Urt. v. 29. 1. 1969 – I ZR 18/67, NJW 1969, 789, 790.

Bei der Haftungsverteilung nach § 254 BGB ist entscheidend darauf abzustellen, ob das Verhalten des Schädigers oder des Geschädigten den Schadenseintritt in wesentlich höherem Maße wahrscheinlich gemacht hat.
BGH, Urt. v. 28. 10. 1993 – IX ZR 252/92, WM 1994, 217, 218 (Steuerberater) = NJW 1994, 379; v. 17. 11. 1994 – IX ZR 208/93, WM 1995, 212, 213 (Rechtsanwalt) = NJW 1995, 252.

Grundsätzlich hat der Tatrichter die Schadensbeiträge des Schädigers und des Geschädigten gegeneinander abzuwägen. Seine Haftungsverteilung ist mit der Revision nur begrenzt angreifbar. Das Revisionsgericht kann nur nachprüfen, ob der Abwägung rechtlich zulässige Erwägungen zugrunde liegen und ob der Tatrichter dabei alle Umstände vollständig und richtig berücksichtigt und nicht gegen Denk- und Erfahrungssätze verstoßen hat.
BGH, Urt. v. 30. 9. 1982 – III ZR 110/81, NJW 1983, 622, 623; Beschl. v. 21. 12. 1988 – III ZR 54/88, NJW-RR 1989, 676, 677.

Das Revisionsgericht kann die Abwägung der Schadensbeiträge im Rahmen des § 254 BGB selbst vornehmen, wenn dafür alle tatsächlichen Umstände feststehen.
BGH, Urt. v. 3. 10. 1989 – XI ZR 163/88, BGHZ 108, 386, 392 = NJW 1990, 250; v. 17. 11. 1994 – IX ZR 208/93, WM 1995, 212, 214 = NJW-RR 1995, 252.

Anrechnung eines anwaltlichen Schadensbeitrags

Verschiedene Personen, die jeweils unabhängig voneinander eine Ursache für einen Schaden gesetzt haben, haften grundsätzlich als Gesamtschuldner. Dies gilt auch dann, wenn die Schädiger verschiedene Organe der Rechtspflege – etwa ein Rechtsanwalt und ein Notar – sind.
Haben ein Rechtsanwalt und nach ihm ein anderer Rechtsanwalt, der das Mandat fortführt, erforderliche Maßnahmen zur Unterbrechung der Verjährung unterlas-

sen, so braucht sich der Auftraggeber in seinem Verhältnis zum Erstanwalt den Fehler des Zweitanwalts nicht als Mitverschulden anrechnen zu lassen, wenn er sich darauf verlassen hat, daß der Erstanwalt die Rechtslage umfassend geprüft hatte.

BGH, Urt. v. 18. 3. 1993 – IX ZR 120/92, NJW 1993, 1779, 1781 = WM 1993, 1376, 1378.

Hat ein Rechtsanwalt einen schadensursächlichen Fehler begangen, der von einem nachfolgenden Rechtsanwalt nicht erkannt oder nicht behoben wurde, so braucht der Auftraggeber sich auf einen Regreßanspruch gegen den Erstanwalt eine schuldhafte Pflichtverletzung des Zweitanwalts dann nicht als Mitverschulden (§§ 254, 278 BGB) anrechnen zu lassen, wenn er sich auf eine sachgerechte Vertragserfüllung des Erstanwalts verlassen durfte. In diesem Falle haften die Rechtsanwälte, die jeweils im Rahmen ihrer selbständigen Pflichtenkreise zum Schaden des Mandanten schuldhaft beigetragen haben, diesem grundsätzlich als Gesamtschuldner.

Beauftragt der Mandant dagegen einen Rechtsanwalt, um einen erkannten oder für möglich gehaltenen Fehler eines früheren Rechtsanwalts zu beheben, so muß sich der Auftraggeber auf einen Regreßanspruch gegen den Erstanwalt einen schuldhaften Schadensbeitrag des Zweitanwalts als Mitverschulden anrechnen lassen. Bei der Prüfung eines solchen Mitverschuldens ist für die Beurteilung des hypothetischen Kausalverlaufs die Beurteilung des Gerichts maßgeblich, das mit dem Regreßanspruch gegen den Erstanwalt befaßt ist.

BGH, Urt. v. 20. 1. 1994 – IX ZR 46/93, NJW 1994, 1211, 1212 f. = WM 1994, 948 = AnwBl 1994, 194.

Auch im Rahmen des § 254 Abs. 1 BGB hat der Geschädigte ein Verschulden eines Erfüllungsgehilfen, dessen er sich zur Wahrnehmung seiner Interessen im Rahmen eines Vertragsverhältnisses bedient, in entsprechender Anwendung des § 278 BGB zu verantworten.

Ein geschädigter Mandant hat sich auf einen Regreßanspruch gegen den Prozeßanwalt einen schuldhaften Schadensbeitrag eines anderen Anwalts, der im Auftrag des Mandanten den Prozeßanwalt über den Sachverhalt zu unterrichten hatte, als Mitverschulden anrechnen zu lassen.

BGH, Urt. v. 13. 3. 1997 – IX ZR 81/96, NJW 1997, 2168, 2170 = WM 1997, 1392 = AnwBl 1997, 674.

Beweis

Der Schädiger muß die Umstände beweisen, die ein Mitverschulden des Geschädigten begründen. Dieser muß an der Aufklärung mitwirken, soweit es sich um

Umstände aus seinem Verantwortungsbereich handelt, und darlegen, was er zur Schadensminderung unternommen hat.
BGH, Urt. v. 22. 5. 1984 – III ZR 18/93, BGHZ 91, 243, 260 = NJW 1984, 2216.

Trifft den Geschädigten ein Mitverschulden an der Entstehung des Schadens (§ 254 Abs. 1 BGB), so sind die haftungsbegründende Kausalität seines Schadensbeitrags nach dem Strengbeweis des § 286 ZPO und die haftungsausfüllende Kausalität des schadensursächlichen Mitverschuldens nach dem erleichterten Beweis gemäß § 287 ZPO festzustellen.
Verletzt der Geschädigte seine Obliegenheit zur Minderung des Schadens (§ 254 Abs. 2 BGB), so ist die Verletzung der Obliegenheit nach § 286 ZPO festzustellen; bei der Ermittlung, welchen Einfluß die Obliegenheitsverletzung auf den Umfang des Schadens gehabt hat, geht es um die nach § 287 ZPO festzustellende haftungsausfüllende Kausalität.
BGH, Urt. v. 24. 6. 1986 – VI ZR 222/85, NJW 1986, 2945, 2946.

Einwand

Ein Mitverschulden i. S. d. § 254 BGB setzt grundsätzlich ein schuldhaftes schadensursächliches Verhalten des Geschädigten voraus. Eine schuldlose Mitverursachung des Schadens durch den Geschädigten kann dann berücksichtigt werden, wenn der Schädiger ebenfalls für schuldloses Handeln haftet oder der Geschädigte eine besondere Sach- oder Betriebsgefahr zu verantworten hat.
Ein Mitverschulden i. S. d. § 254 BGB liegt vor, wenn der Geschädigte diejenige Sorgfalt außer acht läßt, die nach der Sachlage erforderlich erscheint, um sich selbst vor Schaden zu bewahren.
Dem Schädiger kann der Einwand des Mitverschuldens verwehrt sein, wenn der Schadensbeitrag des Geschädigten vom Schädiger veranlaßt worden ist und diesem nach den Rechtsbeziehungen im Innenverhältnis billigerweise allein zugerechnet werden muß.
BGH, Urt. v. 1. 12. 1987 – X ZR 36/86, NJW-RR 1988, 855f.

Der Einwand des Mitverschuldens greift i. d. R. dann nicht durch, wenn die Verhütung des entstandenen Schadens nach dem Vertragsinhalt dem in Anspruch genommenen Schädiger allein oblag. Deswegen kann der haftpflichtige Rechtsanwalt dem Auftraggeber grundsätzlich nicht als Mitschulden entgegenhalten, daß dieser eine Gefahr, zu deren Vermeidung er den Fachmann hinzugezogen hat, bei genügender Sorgfalt selbst hätte erkennen und abwenden können.
Anders ist dies jedoch, wenn eine Schadensursache im Bereich der Eigenverantwortung des Geschädigten entstanden ist und dieser diejenige Sorgfalt außer

acht gelassen hat, die nach der Sachlage erforderlich erschien, um sich selbst vor Schaden zu bewahren.

BGH, Urt. v. 20. 6. 1996 – IX ZR 106/95, NJW 1996, 2929, 2932 = WM 1996, 1832.

Hat der Rechtsanwalt seinen Auftraggeber durch eine schuldhafte Pflichtverletzung geschädigt, so kann er nicht einwenden, der Mandant hätte aufgrund eigener Rechtskunde den Schaden verhüten können.

BGH, Urt. v. 19. 12. 1991 – IX ZR 41/91, WM 1992, 739, 740 = NJW 1992, 820; v. 24. 6. 1993 – IX ZR 216/92, WM 1993, 1889, 1894 = NJW 1993, 2747 = AnwBl 1993, 635; v. 29. 4. 1993 – IX ZR 101/92, WM 1993, 1508, 1511 = NJW 1993, 2045; v. 13. 3. 1997 – IX ZR 81/96, NJW 1997, 2168, 2170 = WM 1997, 1392 = AnwBl 1997, 674.

Entstehung des Schadens

Im Rahmen des § 254 BGB kommt es nicht auf die zeitliche Reihenfolge der von den Parteien gesetzten Schadensursachen an.

BGH, Urt. v. 30. 9. 1982 – III ZR 110/81, NJW 1983, 622, 623.

Ein Mitverschulden an der Entstehung eines Schadens setzt bei einem Ersatzanspruch wegen Nichterfüllung oder nicht rechtzeitiger Erfüllung eines Vertrages grundsätzlich voraus, daß der Schadensbeitrag des Geschädigten nach Vertragsschluß geschehen ist.

BGH, Urt. v. 12. 7. 1992 – VIII ZR 200/71, NJW 1972, 1702, 1703.

Dem Mandanten ist ein schadensursächliches Mitverschulden vorzuwerfen, wenn er seinen Rechtsanwalt nicht wahrheitsgemäß und vollständig über den Sachverhalt unterrichtet und ihm nicht von sich aus die einschlägigen Unterlagen zur Verfügung stellt.

BGH, Urt. v. 20. 6. 1996 – IX ZR 106/95, NJW 1996, 2929, 2932 = WM 1996, 1832.

Überläßt der Auftraggeber die Unterrichtung seines Prozeßbevollmächtigten einem Streitgenossen oder einem Dritten, so hat er eine Fehlinformation als Mitverschulden zu vertreten.

BGH, Urt. v. 11. 7. 1991 – IX ZR 180/90, NJW 1991, 2839, 2840f.

Hat der geschädigte Mandant einen Rechtsanwalt beauftragt, den Prozeßanwalt über den Sachverhalt zu unterrichten, so hat der Mandant eine Fehlinformation als Mitverschulden zu vertreten.

BGH, Urt. v. 13. 3. 1997 – IX ZR 81/96, NJW 1997, 2168, 2170 = WM 1997, 1392 = AnwBl 1997, 674.

Den Auftraggeber trifft ein Mitverschulden, wenn die schadensursächliche Versäumung der Klagefrist gemäß § 12 Abs. 3 VVG durch seinen Rechtsanwalt auch darauf beruht, daß er den Gerichtskostenvorschuß nicht rechtzeitig gezahlt hat.
BGH, Urt. v. 17. 11. 1994 – IX ZR 208/93, WM 1995, 212, 214 = NJW-RR 1995, 252.

Versäumt ein Rechtsanwalt die Anmeldung einer Vergleichsforderung seines Auftraggebers im Vergleichsverfahren, so hat der Mandant dies als Mitverschulden zu vertreten, wenn die Forderung nicht aufgrund eines Liquidationsvergleichs erfüllt wird.
BGH, Urt. v. 26. 5. 1994 – IX ZR 39/93, NJW 1994, 3102, 3105, insoweit nicht abgedruckt in BGHZ 126, 138.

Erfüllungsgehilfe

Die entsprechende Anwendung des § 278 BGB im Rahmen des § 254 BGB setzt voraus, daß bereits ein Schuldverhältnis – mindestens ein einer Verbindlichkeit ähnliches Verhältnis – des Geschädigten besteht, zu dessen Erfüllung – nicht nur bei Gelegenheit seiner Tätigkeit – der Gehilfe handelt.
Für ein Mitverschulden des Geschädigten reicht es aus, daß der mit der Erledigung des einschlägigen Pflichtenkreises betraute Gehilfe bei einer schadensursächlichen Handlung diejenige allgemeine Sorgfalt außer acht läßt, die nach der Sachlage im Interesse des geschädigten Geschäftsherrn geboten war.
BGH, Urt. v. 8. 2. 1965 – III ZR 170/63, NJW 1965, 962f.

Im Rahmen des § 254 Abs. 1, 2 BGB ist dem Geschädigten ein Verschulden eines Erfüllungsgehilfen, dessen er sich zur Wahrnehmung seiner Interessen im Rahmen eines Vertragsverhältnisses bedient, in entsprechender Anwendung des § 278 BGB zuzurechnen.
BGH, Urt. v. 13. 3. 1997 – IX ZR 81/96, NJW 1997, 2168, 2170 = WM 1997, 1392 = AnwBl 1997, 674.

Auch vorsätzliche unerlaubte Handlungen können zur Erfüllung einer vertraglichen Verbindlichkeit i. S. d. § 278 BGB begangen werden. Dies setzt voraus, daß die Verfehlung des Erfüllungsgehilfen seinen allgemeinen Aufgabenbereich betrifft und nicht nur mit der Vertragserfüllung in äußerem Zusammenhang steht.
BGH, Urt. v. 7. 5. 1965 – I b ZR 108/63, NJW 1965, 1709, 1710.

Ein Gläubiger haftet gemäß § 278 BGB dafür, daß sein mit der Zwangsvollstreckung beauftragter Rechtsanwalt den Pfandgegenstand nicht freigibt, nachdem ein die Veräußerung hinderndes Recht glaubhaft gemacht worden ist.
BGH, Urt. v. 7. 3. 1972 – VI ZR 158/70, BGHZ 58, 207, 211ff. = NJW 1972, 1048.

Der Prozeßbevollmächtigte und der Verkehrsanwalt werden innerhalb ihrer selbständigen Pflichtkreise nicht als Erfüllungsgehilfe des anderen i. S. d. § 278 BGB tätig.

BGH, Urt. v. 18. 3. 1993 – IX ZR 120/92, NJW 1993, 1779, 1781 = WM 1993, 1376.

Schaltet ein Vertragspartner zur Erfüllung einer ihm obliegenden Verpflichtung einen Notar ein, so kann dieser sein Erfüllungsgehilfe i. S. d. § 278 BGB sein.

BGH, Urt. v. 8. 2. 1974 – V ZR 21/72, BGHZ 62, 119, 122ff. = NJW 1974, 692.

Minderung des Schadens

Ein Mitverschulden des Geschädigten ist im Rechtsstreit von Amts wegen zu berücksichtigen.

BGH, Urt. v. 26. 6. 1990 – X ZR 19/89, NJW 1991, 166, 167.

Der Geschädigte hat grundsätzlich im Rahmen des § 254 BGB aussichtsreiche und zumutbare Rechtsmittel und Rechtsbehelfe zu ergreifen, um den ihm drohenden Schaden abzuwenden oder zu mindern.

BGH, Urt. v. 23. 5. 1991 – III ZR 73/90, NJW-RR 1991, 1458; v. 20. 1. 1994 – IX ZR 46/93, NJW 1994, 1211, 1212 = WM 1994, 948 = AnwBl 1994, 194.

Bestellt der Auftraggeber einen neuen Verfahrensbevollmächtigten, um einen erkannten oder für möglich gehaltenen Fehler seines früheren Rechtsanwalts zu beheben, so muß sich der Mandant auf seinen Regreßanspruch gegen den Erstanwalt ein Mitverschulden anrechnen lassen, wenn der Zweitanwalt das vom Erstanwalt eingelegte aussichtsreiche Rechtsmittel zurücknimmt.

BGH, Urt. v. 20. 1. 1994 – IX ZR 46/93, NJW 1994, 1211, 1212f. =WM 1994, 948 = AnwBl 1994, 194.

Auf einen Schadensersatzanspruch gegen den erstinstanzlichen Prozeßbevollmächtigten, der die eingeklagten Ansprüche hat verjähren lassen, hat sich der Mandant ein Mitverschulden anrechnen zu lassen, wenn ihm der Berufungsanwalt nicht die Rücknahme der Berufung gegen ein überwiegend obsiegendes erstinstanzliches Urteil empfiehlt, nachdem der Gegner mit einer unselbständigen Anschlußberufung erstmals die Verjährungseinrede erhoben hat.

BGH, Urt. v. 14. 7. 1994 – IX ZR 204/93, NJW 1994, 2822, 2824 = WM 1994, 2162, 2165.

Verfahren

Grundsätzlich hat der Tatrichter die Schadensbeiträge des Schädigers und des Geschädigten gegeneinander abzuwägen. Seine Haftungsverteilung ist mit der Revision nur begrenzt angreifbar. Das Revisionsgericht kann nur nachprüfen, ob der

Abwägung rechtlich zulässige Erwägungen zugrunde liegen und der Tatrichter dabei alle Umstände vollständig und richtig berücksichtigt und nicht gegen Denk- und Erfahrungssätze verstoßen hat.
BGH, Urt. v. 30. 9. 1982 – III ZR 110/81, NJW 1983, 622, 623; Beschl. v. 21. 12. 1988 – III ZR 54/88, NJW-RR 1989, 676, 677.

Das Revisionsgericht kann die Abwägung der Schadensbeiträge im Rahmen des § 254 BGB selbst vornehmen, wenn dafür alle tatsächlichen Umstände feststehen.
BGH, Urt. v. 3. 10. 1989 – XI ZR 163/88, BGHZ 108, 386, 392 = NJW 1990, 250; v. 17. 11. 1994 – IX ZR 208/93, WM 1995, 212, 214 = NJW-RR 1995, 252.

Besteht die Möglichkeit, daß das Mitverschulden des Geschädigten zum völligen Ausschluß der Haftung führen kann, so muß darüber im Grundverfahren entschieden werden.
Kann das Mitverschulden nur zur einer Minderung, nicht aber zur Beseitigung der Schadenshaftung führen, so kann die Prüfung dem Betragsverfahren vorbehalten bleiben.
BGH, Urt. v. 11. 1. 1951 – III ZR 83/50, BGHZ 1, 34, 36 = NJW 1951, 188; v. 25. 3. 1980 – VI ZR 61/79, BGHZ 76, 397, 399 f. = NJW 1980, 1579.

Die Entscheidung über das Mitverschulden darf dem Betragsverfahren überlassen werden, wenn feststeht, daß das Mitverschulden nicht zum Haftungsausschluß führt.
Dies gilt auch für die Entscheidung über ein Mitverschulden bei der Entstehung einzelner Schäden, wenn klar ist, für welche Schadensposten die Prüfung des Mitverschuldens in das Betragsverfahren verwiesen wird.
BGH, Urt. v. 11. 7. 1974 – II ZR 31/73, VersR 1974, 1172, 1173.

Die Prüfung des Mitverschuldens darf nicht dem Betragsverfahren überlassen werden, wenn ungeklärt ist, welcher von zwei nach Ablauf und Wirkung verschiedenen schadensbegründenden Verläufen erwiesen ist.
BGH, Urt. v. 15. 5. 1979 – VI ZR 70/77, NJW 1979, 1933, 1935.

Für ein Feststellungsurteil über den Grund des Anspruchs darf – anders als bei einem Grundurteil – nicht offen bleiben, ob der Kläger den Schaden mitverschuldet hat und deshalb einen Schadensteil selbst tragen muß.
BGH, Urt. v. 25. 11. 1977 – I ZR 30/76, NJW 1978, 544; v. 17. 10. 1991 – IX ZR 255/90, NJW 1992, 307, 309.

Abschnitt 6: Verjährung vertraglicher Regreßansprüche

Inhaltsverzeichnis

Spezialliteratur:

Brandner, Der Anwalt als Regreßschuldner, AnwBl 1969, 384;
Brinker, Die Verjährung von Ersatzansprüchen gegen den Rechtsanwalt, 1990;
Derleder, Rechtsformen anwaltlicher Beratungshilfe, MDR 1981, 448;
Eckert, Die Verjährung vertraglicher Schadensersatzansprüche gegen Rechtsanwälte und Steuerberater, NJW 1989, 2081;
Giesen, Anm. zum Urteil des BGH v. 2. 7. 1992 – IX ZR 268/91 (BGHZ 119, 69), JR 1993, 284;
Greissinger, Beratungshilfe – Eine Zwischenbilanz, NJW 1985, 1671;
Heinrichs, Überlegungen zum Verjährungsrecht, seine Mängel, seine Rechtfertigung und seine Reform, Versicherungsrecht-Karlsruher Forum 1991;
Hübner, Die Berufshaftung – Ein unzumutbares Berufsrisiko?, NJW 1989, 5;
Kleutgens, Die Sekundärhaftung des Rechtsanwalts 1994;
Reihlen, Die Haftung von Rechtsanwälten und Notaren gegenüber Drittbegünstigten für Fehler bei der Testamentserrichtung, 1992;
Schnaufer, Die Kenntnis des Geschädigten als Auslöser für den Beginn der Verjährungsfrist, 1997;
Stoecker, Die Verjährungsproblematik der vertraglichen Haftung des Rechtsanwaltes und des Steuerberaters, 1992;
Stoklossa, Der Sekundäranspruch des Mandanten und die daraus resultierende Verlängerung der Verjährungsfrist nach § 51 b BRAO, 1996;
Taupitz, Die zivilrechtliche Pflicht zur unaufgeforderten Offenbarung eigenen Fehlverhaltens, 1989;
van Venrooy, Die Verjährung der Schadensersatzansprüche gegen Rechtsanwälte, Steuerberater, Wirtschaftsprüfer und Notare, DB 1981, 2364;
Windeknecht, Die Verjährung des gegen den Rechtsanwalt gerichteten Schadensersatzanspruchs – Berechtigung des Sekundäranspruchs –, 1990;
Zimmermann, „Sekundäre“ und „tertiäre“ Schadensersatzansprüche gegen den Rechtsanwalt, NJW 1985, 720;
Zugehör, Die Verjährung in der Berufshaftung der Rechtsanwälte, NJW 1995–Beilage zu Heft 21 –;
ders., Die Haftung des Anwaltsnotars als Treuhänder, ZNotP 1997, 42.

A. Einführung

I. Bedeutung der Verjährung

1168 Die **Verjährung** hat für die **vertragliche oder vertragsähnliche Berufshaftung** des Rechtsanwalts **herausragende Bedeutung.** Es empfiehlt sich, in jedem Haftpflichtfall zu prüfen, ob der Anwalt mit der Verjährungseinrede die Erfüllung eines Schadensersatzanspruchs aus dem Anwaltsvertrag oder aus einem vor- oder nachvertraglichen Verhältnis verweigern kann (§§ 194, 222 Abs. 1 BGB).

Die Verjährung soll **verhindern**, daß der Schuldner noch nach längerer Zeit in Anspruch genommen werden kann, obwohl sich seine Beweislage inzwischen verschlechtert haben kann, und auf unbegrenzte Zeit Rücklagen für Forderungen aus früherem Verhalten bilden muß. Darüber hinaus dient die Verjährung dem öffentlichen Interesse an Rechtsfrieden und -sicherheit durch möglichst rasche Abwicklung von Rechtsverhältnissen.[2041]

II. Verjährungsvorschriften

1169 Nach **§ 51 b der Bundesrechtsanwaltsordnung – BRAO –, § 45 b der Patentanwaltsordnung – PatAnwO –** in der Fassung des Gesetzes zur Neuordnung des Berufsrechts der Rechtsanwälte und der Patentanwälte vom 2. 9. 1994 (BGBl I 2278), in Kraft seit dem 9. 9. 1994 (Art. 22 Abs. 1 des Gesetzes), verjährt ein Anspruch des Auftraggebers auf Schadensersatz aus dem Vertragsverhältnis zwischen ihm und dem Rechts- bzw. Patentanwalt in drei Jahren von dem Zeitpunkt an, in dem der Anspruch entstanden ist, spätestens jedoch in drei Jahren nach der Beendigung des Auftrags. Diese Vorschriften haben die gleichlautenden Bestimmungen der §§ 51 BRAO, 45 PatAnwO abgelöst, die noch auf Haftpflichtfälle anzuwenden sind, die sich vor dem Inkrafttreten des Neuordnungsgesetzes ereignet haben. Dieses hat (Art. 21) das zuvor in den neuen Bundesländern geltende Rechtsanwaltsgesetz vom 13. 9. 1990 aufgehoben, so daß die geänderte **BRAO** nunmehr auch **im Beitrittsgebiet gilt.**[2042]

1170 Nach der Vorschrift des **§ 59 m Abs. 2 BRAO** i. d. F. des Gesetzes zur Änderung der Bundesrechtsanwaltsordnung, der Patentanwaltsordnung und anderer Gesetze vom 31. 8. 1998 (BGBl. I S. 2600), die am 1. 3. 1999 in Kraft getreten ist, gilt die Verjährungsregelung des § 51 b BRAO sinngemäß für vertragliche Schadenser-

2041 RGZ 145, 239, 244; BGHZ 59, 72, 74 = NJW 1972, 1460.

2042 Vgl. Art. 231 § 6 EGBGB; BGHZ 122, 308, 310 = NJW 1993, 2178; BGHZ 126, 87 = NJW 1994, 1792; BGHZ 129, 282, 287 = DtZ 1995, 280.

satzansprüche gegen Rechtsanwaltsgesellschaften. Dementsprechend ist die Verjährungsvorschrift des § 45 b PatAnwO nach **§ 52 m Abs. 2 PatAnwO** auf vertragliche Regreßansprüche gegen Patentanwaltsgesellschaften anzuwenden.

Nach **§ 68 Steuerberatungsgesetz – StBerG –** richtet sich die Verjährung eines Regreßanspruchs wegen fehlerhafter Steuerberatung gegen einen Rechtsanwalt, der auch Steuerberater ist (Rn. 1197). Danach verjährt ein Anspruch des Auftraggebers auf Schadensersatz aus dem zwischen ihm und dem Steuerberater oder Steuerbevollmächtigten bestehenden Vertragsverhältnis in drei Jahren von dem Zeitpunkt an, in dem der Anspruch entstanden ist. Diese Vorschrift gilt nach **§ 72 Abs. 1 StBerG** sinngemäß für einen vertraglichen Schadensersatzanspruch gegen Steuerberatungsgesellschaften sowie gegen Vorstandsmitglieder, Geschäftsführer und persönlich haftende Gesellschafter einer Steuerberatungsgesellschaft, die nicht Steuerberater sind. 1171

Nach **§ 51 a Wirtschaftsprüferordnung – WPO –** kann die Verjährung eines Regreßanspruchs wegen mangelhafter Steuerberatung gegen einen Rechtsanwalt, der zugleich Wirtschaftsprüfer ist, zu beurteilen sein (Rn. 1197). Danach verjährt ein vertraglicher Schadensersatzanspruch des Auftraggebers gegen einen Wirtschaftsprüfer in fünf Jahren seit Entstehung des Anspruchs. Diese Vorschrift gilt nach **§ 56 Abs. 1 WPO** sinngemäß für einen vertraglichen Schadensersatzanspruch gegen Wirtschaftsprüfungsgesellschaften sowie gegen Vorstandsmitglieder, Geschäftsführer und persönlich haftende Gesellschafter einer Wirtschaftsprüfungsgesellschaft, die nicht Wirtschaftsprüfer sind. 1172

III. Kennzeichen der Verjährungsregelung

§ 51 b BRAO – die folgenden Ausführungen zu dieser Vorschrift gelten entsprechend für § 45 b PatAnwO – hat folgende **Kennzeichen**, die **sämtlich für den Rechtsanwalt vorteilhaft** sind: 1173

- Die **Verjährungsfrist** beträgt nur ein Zehntel der regelmäßigen Verjährungsdauer (§ 195 BGB).
- Der **Verjährungsbeginn** ist **i. d. R. allein an die objektive Voraussetzung der Entstehung des Schadensersatzanspruchs geknüpft (§ 51 b Fall 1 BRAO)**. Anders als bei kenntnisabhängigen Verjährungsvorschriften des BGB (§§ 852, 1378 Abs. 4, 2332 BGB) und in Sondergesetzen[2043] ist also der Verjährungsbeginn unabhängig davon, ob der geschädigte Auftraggeber die anwaltliche Pflichtverletzung, seinen Schaden und des-

2043 Vgl. die Zusammenstellung durch *Schnaufer*, S. 203 ff.

sen Urheber kennt. Der Ersatzanspruch kann also verjährt sein, bevor der Mandant diese Kenntnis erlangt.

- Die **Verjährung beginnt schon mit der Beendigung des Auftrags**, wenn dies zu einer früheren Verjährung führt (**§ 51 b Fall 2 BRAO).**[2044] Dies ist der Fall, wenn der Schaden des Auftraggebers infolge der anwaltlichen Pflichtverletzung und damit dessen Ersatzanspruch erst nach Mandatsende entstehen.
- Die **einheitliche Verjährungsfrist** erstreckt sich auf **alle voraussehbaren Schadensfolgen aus einer bestimmten Pflichtverletzung.**[2045] Die Verjährung kann also bereits eingetreten sein, bevor sich ein Spätschaden einstellt.

IV. Geschichte[2046]

1174 Vor dem Inkrafttreten der BRAO vom 1. 8. 1959 (BGBl I 565) und der PatAnwO vom 7. 9. 1966 (BGBl I 557) hatte die Anwaltshaftung einer längeren Verjährungsfrist unterlegen. Nach dem Inkrafttreten des BGB hatte die Regelfrist des § 195 BGB gegolten. Durch Gesetz vom 22. 5. 1910 (RGBl 772) war sie auf fünf Jahre verkürzt worden.

V. Zweck und Einschränkung der Verjährungsregelung

1175 Die geltende Verjährungsregelung soll die **Rechtsanwälte davor bewahren**, durch die **Folgen berufstypischer Risiken** in unübersehbarer Weise auf unangemessen lange Zeit wirtschaftlich **bedroht zu werden.**[2047] Dieser **gesetzliche Schutzzweck** zielt darauf ab, die hohe **Haftungsgefahr des Anwalts auszugleichen**. Dieser hat, sofern keine wirksame Haftungsbeschränkung vereinbart ist (vgl. Rn. 423 ff.), für jede auch nur leicht fahrlässige Verletzung seiner Vertragspflichten zur umfassenden Beratung und Wahrnehmung der Interessen seines Auftraggebers einzustehen[2048] (vgl. Rn. 505 ff.). Dieses Haftungsrisiko steht oft in einem Mißverhältnis zur Vergütung nach der BRAGO. Übersteigt die Ersatzpflicht das vom Berufshaftpflichtversicherer gedeckte Wagnis, so ist die wirtschaftliche Existenz des Anwalts bedroht.

Die **anwaltsfreundliche Verjährungsregelung** geht zwangsläufig **zu Lasten des geschädigten Auftraggebers**. Dieser ist infolge fehlender Rechtskenntnis häufig

---

2044 BGHZ 94, 380, 390 = NJW 1985, 2250; BGH, NJW 1988, 265, 266.
2045 BGHZ 50, 21, 23 f. = NJW 1968, 1324; BGHZ 100, 228, 232 = NJW 1987, 1887; BGHZ 114, 150, 155 = NJW 1991, 2028; BGH, NJW 1993, 1320, 1321.
2046 Im einzelnen *Stoecker*, S. 42; *Windeknecht*, S. 3, 6 ff.; *Stoklossa*, S. 41 f.
2047 BGHZ 94, 380, 387 = NJW 1985, 2250.
2048 BGH, NJW 1993, 1320, 1322; 1994, 1211, 1212.

außerstande, die Pflichtverletzung seines Anwalts und seinen daraus folgenden („Rechts“-) Schaden so früh zu erkennen, daß er seinen Ersatzanspruch im gesetzlich vorgesehenen Zeitraum rechtzeitig geltend machen kann. **Benachteiligt** ist **vor allem der Mandant,** der das beiderseits erwünschte – **Vertrauensverhältnis** zu seinem Anwalt **über lange Zeit aufrechterhält (Dauermandat).** Die **höchstrichterliche Rechtsprechung** ist bemüht, den vom Gesetzgeber gewollten Verjährungsschutz den Anwälten zugute kommen zu lassen, ohne den geschädigten Mandanten mit einer strengen Anwendung der Verjährungsvorschrift weitgehend rechtlos zu stellen. Diesem muß – auch **aus verfassungsrechtlichen Gründen** (vgl. Rn. 1261 ff.) **– eine faire Chance** verbleiben, seinen Anspruch durchzusetzen. Um dies zu gewährleisten, hat der BGH zwei Wege beschritten. Er hat die vom RG 1938–zur damals geltenden Verjährungsfrist von fünf Jahren – entwikkelte **Sekundärhaftung**[2049] 1967 übernommen[2050] und seitdem fortgeführt[2051] (vgl. Rn. 1249 ff.). Außerdem ist er der Gefahr, die Verjährungsregelung durch Festlegung eines zu frühen Verjährungsbeginns noch zu verschärfen, entgegengetreten, indem er – ausgehend von seiner Grundsatzentscheidung vom 2. Juli 1992 zum Verjährungsbeginn in der Steuerberaterhaftung[2052] – den **Zeitpunkt der Schadensentstehung**, die den Ersatzanspruch und damit den **Verjährungsbeginn** auslöst, durch die sog. **„Risiko-Schaden-Formel“** genauer bestimmt hat (vgl. Rn. 1233 ff.).

Im **Ergebnis** führt die **richterliche Auslegung** der gesetzlichen Verjährungsregelung dazu, daß der **Schutz der Rechtsanwälte** vor einer unangemessen langen Bedrohung durch das berufliche Haftungsrisiko – gemäß dem Willen des Gesetzgebers – **im Vordergrund** steht, der **geschädigte Mandant** aber dennoch **i. d. R. Gelegenheit** erhält, **seinen Ersatzanspruch rechtzeitig geltend zu machen.** Dies hat die 1. Kammer des Ersten Senats des **BVerfG** in einem Beschluß vom 16. 2. 1999 (1 BvR 812/96) im Kern gebilligt (Rn. 1265). 1176

B. Vertraglicher Schadensersatzanspruch des Auftraggebers

Die Verjährungsregelungen der §§ 51 b BRAO, 45 b PatAnwO erstrecken sich auf den Anspruch des Auftraggebers auf Schadensersatz aus seinem **„Vertragsverhältnis“** mit dem **Rechtsanwalt.** Darunter fällt – in zulässiger entsprechender An- 1177

2049 RGZ 158, 130, 136.
2050 BGH, VersR 1967, 979.
2051 U. a. BGHZ 94, 380, 385 = NJW 1985, 2250.
2052 BGHZ 119, 69 = NJW 1992, 2766.

wendung der Verjährungsvorschrift[2053] – auch ein Ersatzanspruch gegen den Anwalt aus **vertragsähnlicher Beziehung** (vgl. Rn. 1209 f.).

Dies gilt entsprechend für die vertragliche oder vertragsähnliche Haftung eines **Rechtsbeistandes.**[2054]

I. Vertragsverhältnis

1178 Ein **Vertragsverhältnis** i. S. d. **§ 51 b BRAO** liegt nur dann vor, wenn der **Rechtsanwalt** im Rahmen eines **Geschäftsbesorgungsvertrages** (§ 675 BGB) oder aufgrund einer **vertragsähnlichen Beziehung** gemäß **§ 3 Abs. 1 BRAO als unabhängiger Berater und Vertreter in einer Rechtsangelegenheit** tätig werden soll.[2055] Dazu gehört auch eine **steuerrechtliche Beratung** durch den Rechtsanwalt (vgl. § 3 Nr. 2 Steuerberatungsgesetz – StBerG).[2056]

1179 1. Amtliche oder amtsähnliche Anwaltstätigkeit und Verjährung

a) Tätigkeiten gemäß § 1 Abs. 2 BRAGO

1180 Der Rechtsanwalt wird nicht aufgrund eines Vertrages, sondern in einem **gesetzlichen Schuldverhältnis** tätig, wenn er für eine amtliche oder amtsähnliche Aufgabe „bestellt" wird (vgl. Rn. 153 ff.). In diesen Fällen richtet sich die Verjährung eines Ersatzanspruchs **nicht nach § 51 b BRAO.** Dies gilt für die in **§ 1 Abs. 2 BRAGO** genannten Tätigkeiten als **Vormund, Betreuer, Pfleger, Testamentsvollstrecker, Insolvenzverwalter, Sachwalter, Mitglied des Gläubigerausschusses, Nachlaß- oder Zwangsverwalter.**

1181 Dagegen verjährt ein **vertraglicher Schadensersatzanspruch** gegen einen Rechtsanwalt, der als **Treuhänder** auch Rechtsberatung durchzuführen hatte, nach § 51 b BRAO[2057] (vgl. Rn. 1201 ff.). Dies gilt auch für eine Ersatzforderung gegen einen Rechtsanwalt, der aufgrund eines Vertrages als **Schiedsrichter**[2058] oder als **Liquidator**[2059] tätig war.

2053 Vgl. BGHZ 58, 121, 122 = NJW 1972, 630; BGHZ 93, 278, 285 = NJW 1985, 1161.

2054 BGH, Beschl. v. 9. 1. 1997 – IX ZR 17/96, BGHR BRAO § 51 a. F. - Belehrungspflicht 4.

2055 BGH, NJW 1994, 1405 = WM 1994, 504 m. w. N.

2056 BGHZ 83, 328, 330 = NJW 1982, 1866; BGH NJW 1994, 1405 = WM 1994, 504.

2057 BGHZ 120, 157, 159 = NJW 1993, 199; BGH WM 1995, 344, 347 = NJW 1995, 1025.

2058 Vgl. RGZ 94, 210, 213; BGHZ 42, 313, 315 = NJW 1965, 298; BGH NJW 1954, 1763, 1764; NJW 1986, 3077.

2059 Vgl. BGH, WM 1998, 2248, z. V. b. in BGHZ 139, 309.

In entsprechender Anwendung des **§ 852 BGB verjährt** ein Schadensersatzanspruch gegen einen Rechtsanwalt, wenn dieser haftet 1182

- als **Konkursverwalter** aus § 82 KO,[2060]
- als **Sequester** aus §§ 106, 82 KO,[2061]
- als **Vergleichsverwalter** aus § 42 VerglO und als **Sachwalter** aus § 92 Abs. 1, § 42 VerglO,[2062]
- als **Mitglied des Gläubigerausschusses** aus § 89 KO[2063] oder des **Gläubigerbeirats** aus § 44 Abs. 3 VerglO[2064] und
- als **Zwangsverwalter** aus § 154 ZVG.[2065]

Nach § 62 der ab 1999 geltenden Insolvenzordnung – InsO – vom 5. 10. 1994 1183 (BGBl I 2866) verjährt ein Schadensersatzanspruch gegen einen **Insolvenzverwalter** grundsätzlich in drei Jahren von dem Zeitpunkt an, in dem der Verletzte von dem Schaden und den Umständen, welche die Ersatzpflicht begründen, Kenntnis erlangt. Dies gilt entsprechend für einen Schadenersatzanspruch gegen Mitglieder des Gläubigerausschusses (§ 71 InsO).

Haftet ein Rechtsanwalt als **Vormund**, so soll ein Ersatzanspruch des Mündels aus 1184 § 1833 BGB nach herkömmlicher Rechtsprechung der Regelverjährung gemäß § 195 BGB unterliegen.[2066] Das würde entsprechend gelten für die auf § 1833 BGB zurückzuführende Haftung als **Pfleger** (§ 1915 BGB), als **Betreuer** (§ 1908 i BGB) sowie als **Nachlaßverwalter** gegenüber dem Erben[2067] und gegenüber Nachlaßgläubigern (§§ 1985, 1980 Abs. 1 Satz 2 BGB). Auch ein Ersatzanspruch gegen einen **Testamentsvollstrecker** aus § 2219 BGB soll gemäß § 195 BGB verjähren.[2068] Die Ansicht, für die Haftung aus diesen gesetzlichen Schuldverhältnissen gelte die regelmäßige Verjährungsfrist von dreißig Jahren, dürfte jedoch überholt sein. Es wird eine **Verjährung analog § 852 BGB** anzunehmen sein anknüpfend an die Rechtsprechung des BGH zur Verjährung von Ersatzansprüchen gegen Konkurs- und Vergleichsverwalter. Eine entsprechende Anwendung dieser Vorschrift erfaßt Ansprüche, die ihrem Wesen und Inhalt nach einem delik-

2060 BGHZ 93, 278 = NJW 1985, 1161.
2061 Vgl. BGH, NJW 1989, 1034.
2062 BGH WM 1992, 2110, 2115 = NJW 1993, 522; BGHZ 126, 138 = NJW 1994, 3102.
2063 Vgl. BGHZ, 124, 86 = NJW 1994, 453.
2064 BGHZ 126, 138 = NJW 1994, 3102.
2065 OLG Hamm, ZIP 1989, 1592.
2066 RG, Das Recht 1907 Nr. 2575; BGHZ 9, 255, 257 = NJW 1953, 1100.
2067 Vgl. BGH, NJW 1985, 140.
2068 RGRK/*Kregel*, BGB, § 2219 Rn. 11; *Staudinger/Reimann*, BGB, § 2219 Rn. 22; MünchKomm/*Brandner*, BGB, § 2219 Rn. 15; *Soergel/Damrau*, BGB, § 2219 Rn. 10; *Erman/M. Schmidt*, BGB, § 2219 Rn. 6; *Palandt/Edenhofer*, BGB, § 2219 Rn. 2.

tischen Schadensersatzanspruch vergleichbar sind und für die keine besondere Verjährungsbestimmung gilt; damit kann die Verjährung für diese Ansprüche, die eine rasche Klärung erfordern, vereinheitlicht werden.[2069] Eine solche Annäherung an die Verjährungsregelung des § 51 b BRAO ist nach deren Sinn und Zweck zumindest dann geboten, wenn ein Rechtsanwalt die genannten Tätigkeiten ausgeübt hat.[2070]

b) Tätigkeiten gemäß §§ 48, 49, 49 a BRAO

1185 Die öffentlich-rechtliche Beiordnung des Rechtsanwalts im Wege der **Prozeßkostenhilfe** (vgl. § 121 ZPO und die entsprechenden Bestimmungen in anderen Verfahrensgesetzen) begründet **noch kein Vertragsverhältnis** zwischen dem Anwalt und der Partei. Dafür hat diese noch einen **Auftrag** zu erteilen, den der Anwalt im öffentlichen Interesse annehmen muß (§ 48 Abs. 1 Nr. 1 BRAO).[2071]

1186 Dies gilt entsprechend für die Beiordnung als **Notanwalt** (§§ 78 b, 78 c ZPO; vgl. § 48 Abs. 1 Nr. 2 BRAO)[2072] und für die anwaltliche Beratung und Vertretung im vor- und außergerichtlichen Bereich nach dem **Beratungshilfegesetz** (vgl. § 49 a BRAO).[2073]

1187 Ein gesetzliches Schuldverhältnis entsteht auch dann, wenn der Rechtsanwalt dem Antragsgegner in einer Scheidungssache gemäß **§ 625 ZPO** als **Beistand** beigeordnet wird (vgl. § 48 Abs. 1 Nr. 3 BRAO).[2074] Solange der Beistand unabhängig vom Willen der betreuten Partei geleistet wird, kann dies nicht auf einen Vertrag zurückgeführt werden. Daran ändert es nichts, daß der beigeordnete Anwalt von der Partei die Vergütung eines zum Prozeßbevollmächtigten bestellten Rechtsanwalts verlangen kann (§ 36 a Abs. 1 BRAGO). Erst wenn der Antragsgegner den Anwalt tatsächlich zum Prozeßbevollmächtigten bestellt, kommt ein Vertrag zustande.

1188 Um ein gesetzliches Schuldverhältnis handelt es sich auch, wenn der Anwalt nach der Strafprozeßordnung oder dem Gesetz über Ordnungwidrigkeiten zum **(Pflicht-) Verteidiger** oder nach dem Gesetz über die internationale **Rechtshilfe in Strafsa-**

2069 Vgl. BGHZ 93, 278, 280 = NJW 1985, 1161.
2070 Vgl. BGHZ 93, 278, 286 = NJW 1985, 1161.
2071 Vgl. RGZ 115, 60, 62; BGHZ 47, 320, 322 = NJW 1967, 1567; BGHZ 60, 255, 258 = NJW 1973, 757.
2072 Vgl. *Feuerich/Braun*, § 48 Rn. 2, 14 f.; *Vollkommer*, Rn. 35.
2073 *Derleder*, MDR 1981, 448, 449; *Greissinger*, NJW 1985, 1671, 1674; *Borgmann/Haug*, § 12 Rn. 38, 39, 45; *Vollkommer*, Rn. 43; *Brinker*, S. 15.
2074 Vgl. *Feuerich/Braun*, § 48 Rn. 18; *Borgmann/Haug*, § 12 Rn. 44; *Vollkommer*, Rn. 40; *Brinker*, S. 16.

chen vom 23. 12. 1982 (BGBl I 2071) **als Beistand** bestellt ist (§ 49 BRAO),[2075] solange der Anwalt diese Tätigkeit unabhängig vom Willen der zu betreuenden Person ausübt und diese von sich aus kein Mandat erteilt.

Soweit eine anwaltliche Tätigkeit gemäß **§§ 48, 49, 49 a BRAO nicht** auf einem **Vertragsverhältnis** ruht, kann ein Schadensersatzanspruch gegen den Rechtsanwalt **nicht** nach **§ 51 b BRAO** verjähren. Insoweit wird im Schrifttum eine Haftung in entsprechender Anwendung des § 1833 BGB befürwortet,[2076] die nach h. M. der Regelverjährung gemäß **§ 195 BGB** unterliegen soll (vgl. Rn. 1184). **Richtigerweise** ist auch insoweit **§ 852 BGB entsprechend** anzuwenden in Fortführung der Rechtsprechung zu den unter a) genannten gesetzlichen Schuldverhältnissen (Rn. 1180 ff., 1184). 1189

c) Notar und Anwaltsnotar

Der **Notar** ist unabhängiger Träger eines **öffentlichen Amtes** (§ 1 BNotO). Er hat für eine Amtspflichtverletzung nicht aufgrund eines privatrechtlichen Vertrages einzustehen, sondern unterliegt der **Amtshaftung** (§ 19 BNotO). Ein Schadensersatzanspruch gegen den Notar verjährt gemäß **§ 852 BGB (§ 19 Abs. 1 Satz 3 BNotO).** 1190

In welcher Eigenschaft ein **Notar, der zugleich Rechtsanwalt ist,** tätig wird, bestimmt sich nach **§ 24 Abs. 2 BNotO.**[2077] Danach handelt er **als Notar,** wenn er Amtsgeschäfte gemäß §§ 20 bis 23 BNotO (Beurkundungen und Beglaubigungen, Bescheinigungen nach § 21 BNotO, Eidesabnahmen und Aufnahmen eidesstattlicher Versicherungen, Verwahrungsgeschäfte) vorzubereiten oder auszuführen hat (§ 24 Abs. 1 Satz 1 BNotO). **Im übrigen** ist **im Zweifel** anzunehmen, daß der **Anwaltsnotar anwaltliche Tätigkeit** ausübt (§ 24 Abs. 2 Satz 2 BNotO). Entscheidend für die Abgrenzung zwischen notarieller und anwaltlicher Tätigkeit ist die **Art des ausgeübten Geschäfts**; wird ein Anwaltsnotar als einseitiger Interessenvertreter seines Auftraggebers tätig, so handelt er im Zweifel als Rechtsanwalt und nicht als Notar, der gemäß § 14 Abs. 1 Satz 2 BNotO unparteiischer Betreuer aller Beteiligten ist.[2078] 1191

2075 Vgl. *Borgmann/Haug*, § 12 Rn. 43; *Vollkommer*, Rn. 41; *Brinker*, S. 17.
2076 Vgl. *Vollkommer*, Rn. 42; *Brinker*, S. 16.
2077 Vgl. *Zugehör*, ZNotP 1997, 42 ff. zur Abgrenzung anwaltlicher und notarieller Treuhandtätigkeit.
2078 U. a. BGH, WM 1996, 30, 32; WM 1997, 78, 80.

2. Anwaltsdienst- oder -werkvertrag und Verjährung

1192 Das Vertragsverhältnis zwischen einem Rechtsanwalt und seinem Auftraggeber ist **regelmäßig ein Dienstvertrag**, der eine **Geschäftsbesorgung** zum Gegenstand hat (§§ 611, 675 BGB). Nur **ausnahmsweise** kann der Anwaltsvertrag ein **Werkvertrag** sein, der eine Geschäftsbesorgung zum Gegenstand hat (§§ 631, 675 BGB), nämlich dann, wenn der Anwalt in erster Linie nicht rechtlichen Beistand, sondern einen durch fachliche Arbeit herbeizuführenden **Erfolg** schuldet.[2079] Dies kann der Fall sein, wenn der Rechtsanwalt eine **Rechtsauskunft** zu einer bestimmten Frage zu erteilen, ein schriftliches **Rechtsgutachten** anzufertigen[2080] oder einen **Vertragsentwurf** zu erstellen hat.[2081]

1193 Für die anwaltliche Haftung auf **Schadensersatz** – anders für Rechte aus §§ 633, 634, 640 BGB[2082] – ist es **grundsätzlich unwesentlich,** ob ein Dienst- oder Werkvertrag vorliegt.[2083] **Bedeutsam** kann dieser Unterschied allerdings werden für die **Verjährungsfrage**. Ein Schadensersatzanspruch des Mandanten aus einem **Anwaltsdienstvertrag** unterliegt der Verjährung nach **§ 51 b BRAO**. Entgegen der im Schrifttum vorherrschenden Ansicht,[2084] die durch das mißverständliche Urteil des BGH vom 26. 5. 1982[2085] gefördert wurde, verjährt ein Schadensersatzanspruch des Auftraggebers aus einem **Anwaltswerkvertrag nicht stets nach § 51 b BRAO.** Die **Ausnahme** bildet der – in der Praxis allerdings seltene – Fall, daß ein solcher Anspruch gemäß **§ 638** Abs. 1 BGB der **kurzen Verjährung von sechs Monaten** seit Abnahme des Werkes unterliegt. Die spezialgesetzlichen Verjährungsregelungen in den Anwaltsordnungen haben nur die regelmäßige Verjährungszeit gemäß § 195 BGB nach und nach verkürzt, nicht aber kürzere Verjährungsfristen zu Lasten der Rechtsanwälte verlängert.[2086] Die kurze Verjährung nach § 638 BGB betrifft einen Schadensersatzanspruch des Bestellers aus § 635 BGB wegen eines vom anderen Vertragsteil zu vertretenden Werkmangels. Ein solcher Anspruch umfaßt den sog. **„Mangelschaden“**,[2087] also denjenigen Schaden, der dem Werk infolge seines Mangels unmittelbar anhaftet, den deswegen

2079 BGHZ 54, 106, 107 f. = NJW 1970, 1596; BGH, NJW 1965, 106; NJW 1967, 719, 720.

2080 BGH, NJW 1965, 106; NJW 1967, 719, 720.

2081 Vgl. RG, JW 1914, 642; BGH, WM 1996, 540, 541; WM 1996, 1832, 1833.

2082 *Kleutgens*, S. 4.

2083 BGH, WM 1996, 1832, 1834.

2084 *Rinsche*, Rn. I 5; *Kleutgens*, S. 121; *Vollkommer*, Rn. 453; *Feuerich/Braun*, § 51 b Rn. 7; *Henssler/Prütting*, § 51 b Rn. 16; *Brinker*, S. 12 ff.; *van Venrooy*, DB 1981, 2364, 2369 f.; *Stoklossa*, S. 38 f.

2085 BGH, NJW 1982, 2256.

2086 RGZ 88, 223, 225 f.; BGH, NJW 1965, 106; *Stoecker*, S. 79 ff.; *Hirte*, S. 28.

2087 BGHZ 67, 1, 5 f. = NJW 1976, 1502.

entgangenen Gewinn sowie diejenigen Folgeschäden, die eng und unmittelbar mit dem Werkmangel zusammenhängen.[2088] Die Verjährungsregelung des § 638 BGB erstreckt sich auch auf einen Aufwendungsersatzanspruch aus § 633 Abs. 3 BGB[2089] und auf einen Schadensersatzanspruch aus einem Verschulden bei Vertragsverhandlungen, soweit dieser mit einem Anspruch aus § 635 BGB übereinstimmt.[2090] Ein Mangelschaden in diesem Sinne können die **Kosten für die Nachbesserung** eines fehlerhaften Gutachtens oder Vertragsentwurfs sein.[2091]

Für die in der Praxis bedeutsamen Fälle, in denen der Mandant aufgrund eines Werkvertrages Ersatz von **Nachteilen aus der Verwertung** eines mangelhaften anwaltlichen Werkes verlangt, gilt **§ 51 b BRAO.**[2092] Dabei handelt es sich um einen sog. **„Mangelfolgeschaden"**, der nicht mehr eng mit dem Werkmangel zusammenhängt, sondern eine entfernte Mangelfolge ist. Ein Anspruch auf Ersatz eines solchen Schadens verjährt nicht nach § 638 BGB, sondern grundsätzlich nach den Regeln der positiven Vertragsverletzung in dreißig Jahren (§ 195 BGB).[2093] Eine so lange Verjährungsfrist für einen Anspruch des Auftraggebers aus einem **Anwaltswerkvertrag auf Ersatz von Mangelfolgeschäden** wäre aber weder mit dem Wortlaut noch mit dem Zweck der spezialgesetzlichen Vorschrift des § 51 b BRAO vereinbar. Diese unterscheidet – für ihren Anwendungsbereich – nicht zwischen Dienst- und Werkvertrag und soll die Bedrohung des Rechtsanwalts durch berufstypische Risiken möglichst kurz halten. Deswegen verjährt ein solcher Anspruch nach § 51 b BRAO. 1194

3. „Mehrfachberufler" und Verjährung 1195

a) Rechtsanwalt-Steuerberater-Wirtschaftsprüfer

Die Verjährungsvorschriften für einen vertraglichen Haftpflichtanspruch gegen einen **Rechtsanwalt** (§§ 51 b BRAO, 45 b PatAnwO) überschneiden sich dann nicht mit denjenigen, die für vertragliche Regreßforderungen gegen **Steuerberater, Steuerbevollmächtigte** und **-beratungsgesellschaften** (§§ 68, 72 StBerG) sowie gegen **Wirtschaftsprüfer** und **Wirtschaftsprüfungsgesellschaften** (§§ 51 a, 56 1196

2088 BGHZ 58, 85, 87 = NJW 1972, 625; BGHZ 58, 332, 338 = NJW 1972, 1280; BGHZ 61, 203, 205 = NJW 1973, 1752; BGHZ 67, 1, 5 f. = NJW 1976, 1502; BGHZ 87, 239, 241 f. = NJW 1983, 2078.
2089 BGHZ 19, 319, 320 = NJW 1956, 1195; BGH NJW 1987, 3254.
2090 BGH, NJW 1969, 1710, 1711.
2091 BGHZ 59, 365, 366 = NJW 1973, 138; BGHZ 61, 28, 30 = NJW 1973, 1457; BGHZ 99, 81, 84 = NJW 1987, 645 m. w. N.
2092 BGH, WM 1996, 540, 541.
2093 Vgl. BGHZ 61, 203, 205 = NJW 1973, 1752 = WM 1973, 1139; BGHZ 67, 1, 5, 8 f. = NJW 1976, 1502 = WM 1976, 841; BGHZ 87, 239, 241 f. = NJW 1983, 2078 = WM 1983, 760.

Wirtschaftsprüferordnung – WPO –) gelten, falls der Anwalt nicht auch dem anderen Beruf angehört.[2094] **Kein Mehrfachberufler** ist **grundsätzlich** der **Rechtsanwalt, der Steuerberatung durchführt**, weil diese zum typischen Berufsbild des Anwalts gehört; deswegen verjährt ein Schadensersatzanspruch gegen den Anwalt wegen fehlerhafter steuerrechtlicher Beratung nach § 51 b BRAO, nicht gemäß § 68 StBerG.[2095] Dies gilt auch dann, wenn es sich um einen **Fachanwalt für Steuerrecht** handelt.[2096]

Gehört der Rechtsberater dagegen mehreren Berufen an („Mehrfachberufler"), so ist die Verjährungsvorschrift derjenigen Berufsordnung anzuwenden, der die im Einzelfall ausgeübte Tätigkeit zuzuordnen ist.[2097] Dafür ist zunächst **maßgeblich**, welche **Berufsordnung** die Vertragspartner der Beratertätigkeit **erkennbar zugrunde legen wollten;** ist dies nicht festzustellen, so kann vom **Schwerpunkt** der Vertragspflichten des Beraters auf den mutmaßlichen Vertragswillen geschlossen werden.[2098]

b) Steuerberatender Rechtsanwalt, der zugleich Steuerberater und/oder Wirtschaftsprüfer ist

1197 Danach verjährt ein **Ersatzanspruch wegen fehlerhafter Steuerberatung gegen einen Rechtsanwalt, der auch Steuerberater ist, i. d. R. nach § 68 StBerG**[2099] (vgl. Rn. 1196). Dies gilt **nicht, wenn der Rechtsanwalt zugleich Wirtschaftsprüfer ist;** da die steuerrechtliche Beratung zum Bild beider Berufe gehört,[2100] verjährt ein Regreßanspruch aus dieser Tätigkeit entweder **nach § 51 b BRAO oder gemäß § 51 a WPO**, je nachdem, ob die Beratung nach dem Willen der Vertragspartner als Rechtsanwalt oder als Wirtschaftsprüfer erbracht werden sollte.[2101]

c) Verjährung nach § 68 StBerG

1198 Die für vertragliche Haftpflichtansprüche gegen den **Steuerberater** geltende Verjährungsvorschrift des **§ 68 StBerG,**[2102] die **mit § 51 b Fall 1 BRAO überein-**

2094 BGHZ 78, 335, 343 = NJW 1981, 401.
2095 BGHZ 78, 335, 339 = NJW 1981, 401.
2096 BGH, WM 1994, 504, 505 = NJW 1994, 1405.
2097 BGHZ 58, 335, 343 = NJW 1981, 401.
2098 Vgl. BGHZ 83, 328, 332 = NJW 1982, 1866; BGHZ 102, 220, 223 = NJW 1988, 1663.
2099 BGHZ 83, 328, 332 = NJW 1982, 1866; BGH, WM 1994, 504, 505 = NJW 1994, 1405.
2100 Vgl. BGHZ 787, 335, 344 = NJW 1981, 401.
2101 BGH, NJW 1987, 3136, 3137 = WM 1987, 928; WM 1995, 2075, 2079.
2102 Zur geschichtlichen Entwicklung dieser Vorschrift: *Stoklossa*, S. 88.

stimmt, erstreckt sich **i. d. R.** auf vertragliche Schadensersatzansprüche gegen einen **steuerberatenden Rechtsanwalt, der zugleich Steuerberater ist** (Rn. 1197). In dieser Bestimmung **fehlt** eine **Regelung gemäß § 51 b Fall 2 BRAO**, so daß die Verjährung eines vertraglichen Schadensanspruchs des Mandanten gegen den Steuerberater immer mit der Entstehung des Anspruchs – also mit dem Eintritt des Schadens infolge der Pflichtverletzung – beginnt.

(1) Im Rahmen des **§ 68 StBerG** gilt nach der seit Juli 1992 geänderten höchstrichterlichen Rechtsprechung folgender **Verjährungsbeginn** für einen vertraglichen Schadensersatzanspruch: 1199

(a) Liegt die Pflichtverletzung **vor** Erlaß des belastenden Steuerbescheids, so ist nach der neuen „Risiko-Schaden-Formel" (vgl. Rn. 1233) die – den Verjährungsbeginn auslösende – **Schadensentstehung** anzunehmen **mit Bekanntgabe des belastenden Steuerbescheids** gemäß §§ 122 Abs. 1, 155 Abs. 1 Satz 2 AO,[2103] **nicht** erst mit dessen **Bestandskraft** oder **Unanfechtbarkeit.**[2104]

Die Verjährung eines Regreßanspruchs wird nicht dadurch gehindert, daß der steuerliche Berater für seinen Auftraggeber Einspruch gegen den Steuerbescheid einlegt.[2105]

(b) Ereignet sich die Pflichtverletzung erst **nach** Bekanntgabe des belastenden Steuerbescheids, so gilt folgendes:

Hat der steuerliche Berater pflichtwidrig gegen den Steuerbescheid **keinen Rechtsbehelf eingelegt**, so **beginnt die Verjährung** des Schadensersatzanspruchs mit **Eintritt der Bestandskraft des Bescheids**. Hat der steuerliche Berater einen **Einspruch** gegen den Bescheid **nicht ordnungsgemäß begründet,** so **beginnt die Verjährung** des Schadensersatzanspruchs mit **Bekanntgabe des Einspruchsbescheids.**[2106]

Begründet ein steuerlicher Berater weder einen Einspruch gegen einen belastenden Steuerbescheid, der nicht auf einer Pflichtverletzung des Beraters beruht, noch eine nachfolgende Anfechtungsklage, so beginnt die Verjährung des Regreßanspruchs des Mandanten wegen des Steuernachteils mit der Bekanntgabe der Einspruchsentscheidung.[2107]

2103 BGHZ 119, 69 = WM 1992, 1738 = NJW 1992, 2766; BGH, WM 1994, 1848 m. w. N.; WM 1996, 1106.
2104 BGHZ 129, 386 = WM 1995, 1450.
2105 BGH, WM 1996, 1106.
2106 BGH, WM 1996, 2066.
2107 BGH, WM 1998, 786, 788 = NJW-RR 1998, 742.

(c) Wird der Ersatzanspruch mit dem Verlust einer **Subvention** begründet, so ist die **Schadensentstehung** anzunehmen, **sobald feststeht,** daß die Voraussetzungen für die Gewährung der Zulage nicht erfüllt sind und nicht mehr erfüllt werden können, also **nicht erst mit der Entscheidung** des Finanzamtes oder einer anderen Behörde.[2108]

1200 (2) Auch die Verjährungsregelung des **§ 68 StBerG** wird durch eine **Sekundärhaftung** ausgefüllt.[2109] Insoweit gelten die Ausführungen zur Verjährung eines Sekundäranspruchs gemäß § 51 b Fall 1 BRAO entsprechend (Rn. 1296), mit der Maßgabe, daß ein solcher Anspruch nach § 68 StBerG immer ab Eintritt der Primärverjährung verjährt.[2110]

Eine **Sekundärhaftung des steuerberatenden Rechtsanwalts und Steuerberaters (Mehrfachberuflers)** entfällt nicht, wenn der Mandant einen (anderen) Steuerberater beauftragt,[2111] wohl aber bei Einschaltung eines (anderen) Rechtsanwalts[2112] (Rn. 1283 ff.).

4. Anwaltsfremde Tätigkeit und Verjährung

1201 Ein Vertragsverhältnis i. S. d. § 51 b BRAO setzt nicht voraus, daß der Rechtsanwalt seinen Auftraggeber ausschließlich in einer Rechtsangelegenheit zu beraten und zu vertreten hat (vgl. § 3 Abs. 1 BRAO; Rn. 4 ff., 503 ff.). Die **anwaltstypische Aufgabe, rechtlichen Beistand zu leisten,** muß nicht einmal im Vordergrund des Anwaltsvertrages stehen; die gegenteilige ältere Rechtsprechung des BGH[2113] ist überholt. Ein Vertrag i. S. d. Verjährungsvorschrift kann sich auf eine **anwaltsuntypische (-fremde) Tätigkeit** – z. B. als **Makler** – erstrecken, falls diese in einem **engen inneren Zusammenhang mit einer Rechtsberatung** steht und jedenfalls auch Rechtsfragen aufwerfen kann.[2114] Danach verjährt auch ein Haftpflichtanspruch gegen einen Rechtsanwalt aus einem Vertrag, der eine **anwaltsfremde Tätigkeit** in den Vordergrund rückt, einheitlich **nach § 51 b BRAO**, falls der Anwalt seinem Auftraggeber auch in nennenswertem, nicht ganz unwesentlichem Umfang rechtlichen Beistand zu leisten hat. Dies entspricht der **Auslegungsregel,** daß derjenige, der einen Rechtsanwalt mit einer für diesen untypischen Aufgabe betraut, grundsätzlich erwartet, dieser werde bei

2108 BGH WM 1996, 1108, 1109.
2109 BGHZ 83, 17, 23, 26 f. = NJW 1982, 1285.
2110 BGHZ 129, 386, 395 = WM 1995, 1450.
2111 BGHZ 129, 386, 392 = WM 1995, 1450.
2112 BGH, WM 1996, 33, 34.
2113 BGHZ 46, 268, 270 = NJW 1967, 876; BGHZ 53, 394, 396 = NJW 1970, 1189.
2114 BGH, NJW 1994, 1405 = WM 1994, 504; WM 1998, 2243, 2244 = NJW 1998, 3486.

seiner gesamten Tätigkeit auch die rechtlichen Interessen des Auftraggebers wahrnehmen.[2115] Nur aufgrund der **Umstände des Einzelfalles** kann festgestellt werden, ob es sich noch um einen Anwaltsvertrag i. S. d. § 51 b BRAO handelt, wenn der Rechtsanwalt überwiegend mit einer berufsfremden Aufgabe betraut ist. **Im Zweifel** ist dies **anzunehmen.** Diese Verjährungsregelung ist erst recht dann anzuwenden, wenn der Anwalt aufgrund eines einheitlichen Vertrages anwaltstypische und -fremde Aufgaben von annähernd gleichem Gewicht zu erledigen hat.[2116]

Ein **Anwaltsvertrag** ist angenommen worden bei einer Tätigkeit des **Rechtsanwalts** 1202

- als **Makler,** der Grundstücke vor dem Gläubigezugriff zu sichern hatte,[2117]
- als **Vertragsvermittler,**[2118]
- als **steuerlicher Berater,** der zugleich eine **Geldanlage** zu empfehlen hatte,[2119]
- als **Treuhänder**, der den Kapitalanleger auch in Rechtsfragen zu beraten hatte,[2120]
- zur **Änderung eines Flächennutzungsplans,**[2121]
- zur **Verhinderung einer Enteignung.**[2122]

Dementsprechend ist ein ausreichender Zusammenhang mit einer steuerberatenden Tätigkeit , der die Anwendung der Verjährungsregelung des **§ 68 StBerG** erlaubt – auch zugunsten des **steuerberatenden Rechtsanwalts, der zugleich Steuerberater ist** (Rn. 1197) – , bejaht worden, wenn der **Steuerberater** tätig war 1203

- als **Treuhänder**[2123],
- als **Anlageberater**[2124],
- oder als **Anlagevermittler.**[2125]

2115 BGH, WM 1976, 1135, 1136; WM 1977, 551, 552; NJW 1980, 1855, 1856; NJW 1985, 2642.
2116 BGHZ 120, 157, 159 = NJW 1993, 199; BGH, VersR 1968, 792, 795; NJW 1994, 1405 = WM 1994, 504, jeweils zu § 51 BRAO a. F.
2117 BGHZ 57, 53, 56 = NJW 1971, 2227.
2118 BGHZ 18, 340, 346 = NJW 1955, 1921; BGH, VersR 1968, 792, 793; WM 1976, 1135, 1136.
2119 BGH, WM 1994, 504, 505.
2120 BGHZ 120, 157 159 f. = NJW 1993, 199.
2121 BGH, WM 1977, 551, 552.
2122 BGH, NJW 1985, 2642.
2123 BGHZ 97, 21, 25 = NJW 1986, 1171; BGH NJW 1990, 2464, 2465; WM 1991, 695, 697.
2124 BGH, NJW 1982, 1866, 1867.
2125 BGH, NJW 1984, 2524; vgl. BGHZ 74, 103, 106 = NJW 1979, 1449.

1204 Nur dann, wenn die Rechtsberatung als Vertragsgegenstand völlig in den Hintergrund tritt, liegt eine nicht mehr dem Berufsbild des Rechtsanwalts entsprechende, **rein anwaltsfremde Tätigkeit** vor.[2126] Dies ist angenommen worden bei einer Tätigkeit des **Rechtsanwalts**

- als **Grundstücksmakler,**[2127]
- als **Anlageberater,**[2128]
- als **Vermögensverwalter,**[2129]
- betreffend **Buchführung und -prüfung,**[2130]
- als **Treuhänder** ohne Rechtsberatung.[2131]

In solchen Fällen handelt es sich nicht um einen typischen Anwaltsvertrag und damit **nicht** um ein Vertragsverhältnis i. S. d. **§ 51 b BRAO**. Schadensersatzansprüche gegen den Rechtsanwalt aus solchen Verträgen mit rein anwaltsfremder Tätigkeit verjähren daher nicht nach dieser Vorschrift; der Zweck dieser Verjährungsregelung, den Rechtsanwalt weitgehend vor den Folgen berufstypischer Risiken zu schützen, greift nicht ein. Vielmehr **verjähren Schadensersatzansprüche** gegen den Rechtsanwalt aus solchen Verträgen nach den Bestimmungen, die für die **in Betracht kommende Vertragsart** (z. B. Makler-, Dienst-, Werk-, Auskunfts-, Geschäftsbesorgungsvertrag) gelten.

5. Anwaltsvertrag zugunsten eines Dritten oder mit Schutzwirkung für einen Dritten und Verjährung

1205 Das Vertrauensverhältnis zwischen Mandant und Rechtsanwalt prägt Wesen und Inhalt des Anwaltsvertrages so sehr, daß eine **Schadensersatzhaftung des Anwalts grundsätzlich nur gegenüber seinem Auftraggeber** entstehen kann. Nur **ausnahmsweise** kann ein **Dritter** in den Anwaltsvertrag so stark eingebunden sein, daß der Rechtsanwalt wegen einer Pflichtverletzung einen Vermögensschaden des Dritten zu ersetzen hat. Es handelt sich dann um einen **Anwaltsvertrag zugunsten des Dritten** gemäß § 328 BGB (Rn. 1354 ff.) oder **mit Schutzwirkung für den Dritten** (vgl. Rn. 1383 ff.) – § 328 BGB ana-

2126 BGH, WM 1977, 551, 552; NJW 1985, 2642; NJW 1992, 681, 682 m. w. N.
2127 BGH, NJW 1992, 681, 682.
2128 BGH, NJW 1980, 1855, 1856.
2129 BGHZ 46, 268, 271 = NJW 1967, 876.
2130 BGHZ 53, 394, 396 = NJW 1970, 1189; BGH, VersR 1972, 1052, 1053.
2131 BGH, WM 1995, 344, 347.

log –[2132] (vgl. Rn. 1471 ff. zur Verjährung eines Ersatzanspruchs aus **Auskunftsvertrag**). Auch eine solche Schadensersatzforderung des Dritten aus fremdem Anwaltsvertrag **verjährt nach § 51 b BRAO.** Zwar handelt es sich nicht um einen vertraglichen „Anspruch des Auftraggebers auf Schadenersatz“ i. S. d. Vorschrift. Der Haftpflichtanspruch des Dritten gegen den Anwalt ist aber aus dem Vertragsrecht des Mandanten abgeleitet. Da eine Regreßforderung des Auftraggebers unter § 51 b BRAO fiele, kann der Dritte, der grundsätzlich kein weitergehendes Recht aus fremdem Vertrag haben kann als der Vertragspartner des Schädigers,[2133] auch bezüglich der Verjährung nicht besser stehen als der Mandant. Dies gebieten auch Sinn und Zweck dieser Verjährungsregelung.

Ein **Treuhandvertrag** eines Rechtsanwalts mit seinem Auftraggeber kann ein 1206
Vertrag zugunsten eines Dritten (Rn. 1354 ff.) sein, beim **Liquidationsvergleich** (vgl. §§ 7 Abs. 4, 9 Abs. 3 VerglO) zugunsten der Gläubiger,[2134] zugunsten eines **Kapitalanlegers** wegen übernommener Kontrolle der Mittelverwendung[2135] und bei **Verwahrung fremder Gelder** zugunsten anderer Beteiligter. Verpflichtet sich der Anwalt entgegen der Regel nicht zu einer umfassenden Beratung, sondern nur zu einer Auskunft – dies geschieht oft „stillschweigend“ durch schlüssiges Verhalten[2136] –, so kann sich auch aus dem **Auskunftsvertrag** (vgl. § 676 BGB) eine **Haftung gegenüber einem Dritten** ergeben, der auf die Richtigkeit und Vollständigkeit der Auskunft vertraut hat[2137] (Rn. 1433 ff.).

Erhebliche praktische Bedeutung haben **Anwaltsverträge mit Schutzwirkung** 1207
für Dritte (Rn. 1397 ff.). Der Dritte hat zwar keinen Anspruch auf die anwaltliche Vertragsleistung. Erstreckt sich diese jedoch auf die Wahrung eines Interesses des Dritten, so kann dieser so stark in den Schutzbereich des fremden Anwaltsvertrages einbezogen sein, daß er daraus einen **eigenen Schadensersatzanspruch gegen den Anwalt** wegen Beeinträchtigung seiner Belange erwerben kann.[2138] Dies ist angenommen worden in Fällen, in denen Interessen eines **Angehörigen des Mandanten** durch den Anwaltsvertrag berührt wurden, z. B. bei einem gescheiterten Testament,[2139] bei einer unwirksamen Scheidungsvereinba-

2132 BGH, NJW 1977, 2073, 2074.
2133 Vgl. BGHZ 56, 269, 272 = NJW 1971, 1931.
2134 BGH, NJW 1966, 1116.
2135 BGH, WM 1986, 904, 905.
2136 BGH, WM 1995, 941, 943 m. w. N.
2137 BGH, WM 1976, 498 f.; WM 1978, 576, 577; NJW 1991, 32; NJW 1991, 352.
2138 Vgl. BGHZ 49, 350, 353 f. = NJW 1968, 885; BGHZ 56, 269, 272 = NJW 1971, 1931; BGH, WM 1986, 711.
2139 BGH, NJW 1965, 1955; vgl. *Reihlen*, S. 13 f., 70 ff.

rung,[2140] bei einem mangelhaften Vertrag über die Aufhebung des Arbeitsverhältnisses des Ehemannes[2141] und bei einer gescheiterten Ehelichkeitsanfechtung.[2142] Eine **GmbH** kann in den Schutzbereich eines Anwaltsvertrages einbezogen sein, wenn die Gründungsgesellschafter nicht über § 25 Abs. 1, 2 HGB belehrt werden.[2143]

1208 Von einem Vertrag zugunsten eines Dritten oder mit Schutzwirkung für einen Dritten ist der Fall zu unterscheiden, daß der Mandant als Vertragspartner des Rechtsanwalts – im Wege der **Drittschadensliquidation** – den Schaden aus einem Anwaltsfehler geltend macht, der nicht ihm, sondern einem Dritten entstanden ist[2144] (Rn. 1421 ff.)

1209 **6. Vor- oder nachvertragliches Verhältnis und Verjährung**

a) Verschulden bei Vertragsschluß

1210 Ein Schadensersatzanspruch gegen einen Rechtsanwalt aus einem **Verschulden bei Vertragsschluß (culpa in contrahendo = c. i. c.)** wird von **§ 51 b BRAO** umfaßt, falls ein **Anwaltsvertrag** angebahnt wurde oder werden sollte, der eine nennenswerte Rechtsberatung zum Gegenstand hat (vgl. Rn. 173 ff.).

In diesen Fällen ist die grundsätzlich geltende Verjährungsfrist von dreißig Jahren für einen Ersatzanspruch aus c. i. c. (§ 195 BGB)[2145] zu verkürzen. Die Aufnahme von Vertragsverhandlungen begründet ein **vertragsähnliches Vertrauensverhältnis,** das vom Zustandekommen eines Vertrages und dessen Wirksamkeit weitgehend unabhängig ist und **wechselseitige Aufklärungs-, Schutz- und Obhutspflichten der Beteiligten** auslösen kann.[2146] Deswegen ist die Verletzung einer solchen Pflicht bei Anbahnung eines Anwaltsvertrages **wesensgleich** mit der **Schlechterfüllung** eines bereits geschlossenen Vertrages (positive Vertragsverletzung), die der **hauptsächliche Anwendungsfall des § 51 b BRAO** ist. Der **Zweck** dieser Verjährungsvorschrift, den Rechtsanwalt nicht zu lange vertraglichen Regreßansprüchen auszusetzen, erfordert es, daß eine **Schadensersatzforderung aus anwaltlichem Verschulden vor oder bei Abschluß eines echten Anwalts-**

2140 BGH, NJW 1977, 2073.

2141 BGH, NJW 1988, 200.

2142 OLG Hamm, MDR 1986, 1026.

2143 BGH, NJW 1986, 581, 582.

2144 Vgl. BGHZ 40, 91, 100 ff. = NJW 1963, 2071; BGH, NJW 1977, 2073, 2074 m.Anm. *Hohloch*, FamRZ 1977, 530, 531; OLG Düsseldorf, NJW-RR 1986, 730, 731.

2145 BGHZ 49, 77, 80 = NJW 1968, 547; BGHZ 83, 222, 223 = NJW 1982, 1514; BGH, NJW 1992, 1615, 1616.

2146 RGZ 162, 129, 156; BGHZ 66, 51, 54 = NJW 1976, 712; BGH, NJW 1993, 2107.

vertrages unter diese Regelung fällt und nicht später verjährt als ein Ersatzanspruch aus einem Anwaltsvertrag.[2147] Der BGH hat einen Schadensersatzanspruch gegen einen Rechtsanwalt aus schuldhafter Pflichtverletzung bei **Anbahnung eines Treuhandverhältnisses,** das auch Rechtsberatung zum Gegenstand hatte, unter § 51 BRAO a. F. gefaßt.[2148] Dementsprechend ist eine solche Haftung eines Wirtschaftsprüfers der Verjährungsfrist von fünf Jahren nach § 51 a WPO unterworfen worden.[2149]

Gemäß **§ 51 b BRAO** verjährt ein Ersatzanspruch gegen einen Rechtsanwalt aus 1211
§ 44 BRAO – einem gesetzlich geregelten Fall einer Haftung für vorvertragliches Verschulden[2150] –.[2151] Nach dieser Vorschrift hat der Rechtsanwalt, der in seinem Beruf in Anspruch genommen wird und den Auftrag nicht annehmen will, den Schaden zu ersetzen, der aus einer schuldhaften Verzögerung der Ablehnung entsteht.

§ 51 b BRAO ist auch dann anzuwenden, wenn der **beigeordnete oder mit Bera-** 1212
tungshilfe befaßte Rechtsanwalt wegen Verletzung vorvertraglicher Fürsorge-, Belehrungs- und Betreuungspflichten auf Schadensersatz haftet.[2152]

Zu der aus c. i. c. abgeleiteten Haftung als **Vertreter, Vermittler oder Sachwalter** 1213
und aus **Prospekthaftung** gegenüber **Dritten** – also gegenüber einer Person, die nicht Vertragspartner des Handelnden ist oder werden will – wird verwiesen auf Rn. 1529 ff. (vgl. auch Rn. 1339 – „Prospekthaftung").

b) Verletzung einer nachvertraglichen Pflicht

Auch ein Schadensersatzanspruch gegen einen Rechtsanwalt wegen Verletzung 1214
einer **nachvertraglichen Pflicht** aus einem Anwaltsvertrag verjährt nach **§ 51 b BRAO** mit Rücksicht auf den Schutzzweck dieser Vorschrift[2153] (vgl. Rn. 188 ff.).

2147 *Kleutgens*, S. 122 ff.; *Rinsche*, Rn. I 287; *Borgmann/Haug*, § 48 Rn. 8; *Vollkommer*, Rn. 452; *Jessnitzer/Blumberg*, § 51 b Rn. 12; *Feuerich/Braun*, § 51 b Rn. 6; *Hartstang*, S. 669; *Brinker*, S. 23 ff.; *Stoecker*, S. 59 f.

2148 BGHZ 120, 157, 160 = NJW 1993, 199.

2149 BGHZ 100, 132, 136 = NJW 1987, 3135.

2150 BGHZ 47, 320, 323 = NJW 1967, 1567.

2151 *Kleutgens*, S. 122 ff.; *Feuerich/Braun*, § 44 Rn. 12, 13, § 51 b Rn. 6; *Henssler/Prütting*, § 51 b Rn. 14; *Jessnitzer/Blumberg*, § 51 b Rn. 12; *Borgmann/Haug*, § 48 Rn. 8; *Vollkommer*, Rn. 452; *Brinker*, S. 25; *Stoecker*, S. 59.

2152 Vgl. BGHZ 60, 255, 258 f. = NJW 1973, 757; *Derleder*, MDR 1981, 448, 450.

2153 *Rinsche*, Rn. I 287; *Hartstang*, S. 669; *Kleutgens*, S. 122 ff.; *Henssler/Prütting*, § 51 b Rn. 14; *Brinker*, S. 23 ff.; *Stoecker*, S. 60.

Grundsätzlich entbindet das Vertragsende den Anwalt von seinen Pflichten, selbst wenn die übertragene Angelegenheit noch nicht erledigt ist. Entzieht der Mandant den Auftrag zu einem Zeitpunkt, in dem keine Nachteile durch einen unmittelbar bevorstehenden Fristablauf drohen, so braucht der Anwalt keine Ratschläge für die künftige Sachbehandlung zu erteilen.[2154]

Andererseits kann jeder Vertrag nach dem Grundsatz von Treu und Glauben im Rechtsverkehr (§ 242 BGB) über das Vertragsende hinaus – auch nach beiderseitiger Vertragserfüllung – Verhaltens- und Schutzpflichten der Vertragspartner auslösen, deren schuldhafte Verletzung zum Schadensersatz verpflichtet.[2155] Demgemäß kann der Anwalt gegen eine **nachwirkende Vertragspflicht,** seinen Mandanten vor Schaden zu bewahren, verstoßen, wenn er nach Mandatsende seinen früheren Auftraggeber nicht auf die erkennbare Gefahr eines **unmittelbar drohenden Schadens** hinweist, den er infolge der Beendigung seiner anwaltlichen Tätigkeit nicht mehr abwenden kann. Dies kommt z. B. in Betracht bei unterlassener Unterrichtung über die **drohende Verjährung** eines Anspruchs,[2156] den unmittelbar bevorstehenden **Ablauf prozessualer Fristen**[2157] oder die **Rückforderung einer Prozeßbürgschaft.**[2158]

7. Rechtsanwälte als Gesamtschuldner und Verjährung

1215 Nach § 425 BGB hat u. a. die **Verjährung** grundsätzlich nur **Einzelwirkung** bezüglich des jeweiligen Gesamtschuldners. Das bedeutet, daß ein Schadensersatzanspruch gegen einen Gesamtschuldner verjährt sein kann, gegen einen anderen aber nicht infolge Hemmung oder Unterbrechung der Verjährung (§§ 202 ff., 208 ff. BGB). Eine wichtige **Ausnahme** gilt für **gesellschaftlich verbundene Rechtsanwälte,** die dem Mandanten als Gesamtschuldner haften (Rn. 336 ff.).

a) Gesellschaftlich verbundene Rechtsanwälte

1216 Herkömmlicher Zusammenschluß von Rechtsanwälten, die sich in einem Sozietäts-(Gesellschafts-)vertrag zur gemeinsamen Berufsausübung verbunden haben, ist die **bürgerlichrechtliche Gesellschaft – Rechtsanwaltssozietät –**

2154 BGH, VersR 1958, 127; WM 1997, 77, 78.
2155 RGZ 161, 330, 338; BGHZ 16, 4, 10 = NJW 1955, 460; BGHZ 61, 176, 179 = NJW 1973, 1923; BGH, NJW-RR 1990, 141 f. m. w. N.
2156 BGH, NJW 1984, 431, 432; WM 1997, 321, 322.
2157 BGH, NJW 1980, 999; VersR 1988, 835, 836.
2158 BGH, NJW 1990, 2128, 2129.

(§§ 705 ff. BGB; vgl. Rn. 336 ff.). Für Schulden dieser Gesellschaft haften die Gesellschafter – außer mit dem Gesellschaftsvermögen – auch mit ihrem Privatvermögen. Abweichend vom Grundsatz der gemeinschaftlichen Geschäftsführung und Vertretung (§§ 709, 714 BGB) schließt der Mandant den **Anwaltsvertrag** i. d. R. – mit Rücksicht auf die „Interessenlage und Verkehrsauffassung“[2159] – **mit allen Sozietätsmitgliedern,** wenn ein Sozietätsanwalt das Mandat annimmt (§§ 710, 711, 714 mit § 675 BGB). Aus einem solchen **Gesamtmandat** sind **alle Sozietätsmitglieder** dem Auftraggeber als **Gesamtschuldner** zum Schadensersatz verpflichtet, auch wenn nur der sachbearbeitende Anwalt den Schaden verschuldet hat (§§ 421 ff., 427 BGB),[2160] es sei denn, daß die Haftung durch wirksame Vereinbarung mit dem Mandanten auf den Sachbearbeiter konzentriert wurde (§ 51 a Abs. 2 BRAO; vgl. Rn. 425 ff.). Haften die Sozietätsmitglieder als Gesamtschuldner, so gilt also nicht der Grundsatz, daß das Verschulden nach § 425 BGB nur Einzelwirkung hat.

Eine entsprechende Haftung als **Gesamtschuldner** trifft Rechtsanwälte, die sich 1217
nach dem **Partnerschaftsgesellschaftsgesetz – PartGG –** vom 25. 7. 1994 (BGBl I 1774), in Kraft seit dem 1. 7. 1995, zu einer **Partnerschaft** – einer der OHG (§§ 105 ff. HGB) angeglichenen Gesellschaftsform (§§ 6–8 PartGG) – verbunden haben (§ 8 PartGG; vgl. Rn. 392 ff.). Desgleichen haften Mitglieder einer **Europäischen wirtschaftlichen Interessenvereinigung – EWiV –** nach Art. 24, 34, 37 der VO (EWG) Nr. 2137/85 des Rates vom 25. 7. 1985–EWiV – VO – (ABl EG Nr. L 199, S. 1) i. V. m. dem deutschen Ausführungsgesetz vom 14. 4. 1988 (BGBl I 514; vgl. Rn. 413 ff.).

Der BGH[2161] hat für die gesamtschuldnerische Haftung der Mitglieder einer **Steuerberatersozietät** entschieden, daß **verjährungsunterbrechende oder -einschränkende Erklärungen und Handlungen** eines Gesellschafters grundsätzlich 1218
auch gegenüber der Gesamthand und den anderen Sozietätsmitgliedern wirken, also **Gesamtwirkung** haben. Dies ist mit der „Eigenart“ eines Vertrages mit einer solchen Sozietät begründet worden. Daraus ist zu entnehmen, daß eine **Gesamtwirkung der Verjährung** für **alle gesellschaftlich verbundenen Rechtsanwälte** gilt, die dem Mandanten als **Gesamtschuldner** haften.

2159 BGHZ 56, 355, 362 = NJW 1971, 1801.

2160 BGHZ 56, 355 = NJW 1971, 1801; BGHZ 70, 247, 249, 251 f. = NJW 1978, 996 – Anschein einer Sozietät; BGHZ 83, 328, 330 = NJW 1982, 1866 – gemischte Sozietät; BGHZ 124, 47 = NJW 1994, 257 – neuer Sozius; BGH, NJW 1988, 1973 – neuer Sozius; NJW 1991, 1225 – ausgeschiedener Sozius; NJW 1993, 196, 198 – überörtliche Sozietät.

2161 BGH, WM 1996, 33, 34 f.

b) Andere Fälle anwaltlicher Gesamtschuldnerschaft

1219 Auch nicht gesellschaftlich miteinander verbundene Rechtsanwälte können dem gemeinsamen Auftraggeber als Gesamtschuldner zum Schadensersatz verpflichtet sein.

Nacheinander – etwa in verschiedenen Prozeßinstanzen – **tätige Rechtsanwälte** (vgl. Rn. 289 ff., 1157 ff.) haben ihre eigenen Pflichtenkreise, können jedoch **bei Pflichtenüberschneidung** als **Gesamtschuldner** haften.[2162] Dies gilt etwa für den **Prozeß- und den Verkehrs-(Korrespondenz-) anwalt** (vgl. §§ 81 ff. ZPO, 52 BRAGO; Rn. 205 ff.). Diese haben grundsätzlich verschiedene Aufgaben,[2163] können aber dem Mandanten bei einer Überschneidung ihrer verletzten Pflichten als Gesamtschuldner zum Schadensersatz verpflichtet sein,[2164] z. B. bei **Versäumung einer Rechtsmittelfrist**[2165] und **Nichterfüllung gerichtlicher Auflagen.**[2166] Auch **nebeneinander tätige Rechtsanwälte,** die grundsätzlich ebenfalls getrennte Aufgabenbereiche haben, können bei Pflichtenüberschneidung dem Mandanten als **Gesamtschuldner** auf Schadensersatz haften (Rn. 289 ff., 1157 ff.). Dies gilt etwa für einen **Haupt- und einen Unterbevollmächtigten** bei vertragswidriger Beteiligung an einem „Anwaltskartell“.[2167] Ein **Rechtsanwalt** und ein **Notar** können **Gesamtschuldner** sein, wenn nicht ein Fall der Subsidiärhaftung (§ 19 Abs. 1 Satz 2 BNotO) vorliegt.[2168]

In diesen Fällen einer anwaltlichen Gesamtschuldnerschaft hat die **Verjährung** nur **Einzelwirkung,** weil die Rechtsanwälte hier – anders als bei einem Gesamtmandat an eine anwaltliche Gesellschaft – jeweils einen eigenen Vertrag mit dem Mandanten geschlossen haben.

1220 II. Ersatzanspruch gegen den Rechtsanwalt

1. Vertragliche Schadensersatzansprüche

1221 § 51 b BRAO umfaßt nach seinem Wortlaut und Zweck, den Rechtsanwalt vor langer Bedrohung durch die Folgen berufstypischer Risiken zu schützen, **Schadensersatzansprüche des Auftraggebers aus dem Anwaltsvertrag** wegen Störung der anwaltlichen Vertragsleistung durch **Verzug** (§§ 286, 326 BGB), durch zu ver-

2162 BGH, WM 1993, 1376, 1378; NJW 1994, 1211, 1212.
2163 BGH, WM 1988, 382, 387; 1988, 987, 990; VersR 1990, 801; WM 1990, 1917, 1920 ff.
2164 BGH, WM 1992, 579, 581.
2165 BGH, NJW 1988, 3030; VersR 1991, 896.
2166 BGH, WM 1988, 987, 990.
2167 Vgl. OLG Düsseldorf, NJW 1982, 1888; *Rinsche*, Rn. I 192.
2168 BGH, NJW 1990, 2882, 2884.

tretende **Unmöglichkeit** (§§ 280, 325 BGB) oder – dies ist der Regelfall – durch **Schlechterfüllung (positive Vertragsverletzung)** – § 242 BGB bzw. analog §§ 280, 286, 325, 326 BGB.[2169]

Weiterhin fallen unter diese Verjährungsvorschrift Schadensersatzansprüche aus **Sonderregelungen** – etwa aus **§§ 628 Abs. 2, 671 Abs. 2 BGB** –, die gemäß § 675 BGB auf den Anwaltsvertrag anzuwenden sind; in der Sache begründen diese Vorschriften Ersatzansprüche wegen positiver Vertragsverletzung.

Bei einem einheitlichen **gemischten Anwaltsvertrag,** der anwaltstypische und 1222 anwaltsfremde Aufgaben zum Gegenstand hat, verjährt ein Schadensersatzanspruch auch insoweit nach § 51 b BRAO, als er die Verletzung der anwaltsfremden Vertragspflicht betrifft (vgl. Rn. 1201). Dagegen umfaßt diese Verjährungsregelung nicht einen Schadensersatzanspruch des Auftraggebers aus einem Vertrag, der dem Anwalt rein anwaltsuntypische Pflichten auferlegt hat (vgl. Rn. 1204).

2. Darlegungs- und Beweislast 1223

a) Mandant

Der **Mandant,** der einen vertraglichen Anspruch gegen den Rechtsanwalt auf Ersatz eines Vermögensschadens erhebt, 1224

(1) **muß darlegen und gemäß den Anforderungen des § 286 ZPO beweisen,**[2170]

- daß **ein Anwaltsvertrag oder ein gleichstehendes vertragsähnliches Verhältnis** zustande gekommen ist, das nach seinem Inhalt und Umfang die anwaltliche Pflicht ausgelöst hat, an deren Verletzung der Ersatzanspruch geknüpft wird,[2171]
- und daß der **Anwalt diese Pflicht verletzt hat**, wobei die Last des (Negativ-)Beweises für die Unterlassung einer geschuldeten Beratung dadurch gemildert wird, daß **der Anwalt die behauptete Pflichterfüllung im einzelnen darzulegen hat.**[2172]

(2) Weiterhin muß der **Mandant – gemäß den geringeren Anforderungen des § 287 ZPO – darlegen und beweisen,**[2173] **daß aus dieser Pflichtverletzung** der geltend gemachte, haftungsrechtlich zurechenbare **Schaden**[2174] **entstanden ist,** wobei die **Erleich-**

2169 Vgl. BGHZ 11, 80, 83 f. = NJW 1954, 229.
2170 BGH, NJW 1992, 3298; 1993, 3073, 3076.
2171 Vgl. BGH, WM 1991, 1427, 1429; 1996, 1832, 1834; *Baumgärtel/Lamm*, § 675 BGB Rn. 4, 7.
2172 BGH, NJW 1987, 1322, 1323; 1991, 2280, 2281; WM 1996, 1841, 1842 = NJW 1996, 2571.
2173 BGH, NJW 1992, 3298; 1993, 3073, 3076.
2174 Vgl. dazu BGH, NJW 1995, 449.

terungen der §§ 287 ZPO, 252 Satz 2 BGB und die Regeln über den **Beweis des ersten Anscheins** der Bewältigung dieser Aufgabe dienen.[2175]

b) Rechtsanwalt

1225 Demgegenüber hat der in Anspruch genommene **Rechtsanwalt darzulegen und zu beweisen,**

- daß die objektive Pflichtverletzung **nicht** auf einem **Verschulden** (§ 276 BGB) beruht (§§ 282, 285 BGB),[2176]
- daß den Mandanten ein schadensursächliches **Mitverschulden** (§ 254 BGB) trifft[2177]
- und daß – gemäß einer Verjährungseinrede – die **Verjährungsfrist abgelaufen ist.**[2178]

3. Andere vertragliche Ansprüche und Verjährung

1226 Andere vertragliche Ansprüche des Mandanten gegen den Rechtsanwalt, die nicht auf Schadensersatz wegen einer Verletzung der anwaltlichen Hauptpflicht zum rechtlichen Beistand im Rahmen des Mandats gerichtet sind, verjähren **nicht** nach **§ 51 b BRAO.** Der Regelverjährung gemäß § 195 BGB unterliegt grundsätzlich ein Anspruch des Mandanten auf **Auskunft** und **Rechenschaft** aus §§ 666, 675 BGB[2179] sowie aus §§ 667, 675 BGB auf **Herausgabe** desjenigen, was der Mandant zur Ausführung des Auftrags erhalten hat – z. B. Handakten (vgl. § 50 BRAO),[2180] zu treuhänderischem Zweck überlassene Gelder des Auftraggebers –, und was er aus der Geschäftsbesorgung erlangt hat – z. B. für den Mandanten bestimmte Gelder –.[2181] Solche Ansprüche beziehen sich nicht auf die Folgen berufstypischer Risiken, die § 51 b BRAO eindämmen soll.

2175 BGHZ 123, 311 = NJW 1993, 3259; BGHZ 126, 217 = NJW 1994, 3295; BGH, NJW 1992, 2694, 2695; 1993, 734; 1993, 1513; WM 1996, 2071, 2072; NJW 1998,79, 80 f.

2176 BGH, NJW 1987, 326, 327; BGHZ 129, 386, 399 = WM 1995, 1450 = NJW 1995, 2108.

2177 BGHZ 91, 243, 260 = NJW 1984, 2216.

2178 BGH, WM 1980, 532, 534.

2179 Vgl. BGHZ 33, 373, 379 = NJW 1961, 602; BGHZ 108, 393, 399 = NJW 1990, 180; BGHZ 109, 260, 268 = NJW 1990, 510; 1985, 384.

2180 BGHZ 109, 260, 263 = NJW 1990, 510.

2181 Vgl. RGZ 96, 53, 55; BGH, Beschl. v. 16. 1. 1997 – IX ZR 340/95, BGHR BRAO § 51 a. F. – Geltungsbereich 2.

4. Außervertragliche Ansprüche des Auftraggebers und Verjährung

Diese Verjährungsregelung umfaßt nach ihrem Wortlaut und Zweck **nicht außervertragliche Ansprüche** des **Auftraggebers** gegen den Rechtsanwalt (vgl. Rn. 1602 ff., 1612 ff.), etwa aus **Geschäftsführung ohne Auftrag** (§§ 677 ff. BGB), **ungerechtfertigter Bereicherung** (§§ 812 ff. BGB) und aus **unerlaubter Handlung** (§§ 823 ff. BGB). Zur Streitfrage, ob die anwaltsfreundliche Vorschrift des § 51 b BRAO nach ihrem Schutzzweck die dem Mandanten günstigere Verjährungsregelung des § 852 BGB für einen deliktischen Ersatzanspruch verdrängt, wird verwiesen auf Rn. 1334. 1227

5. Zwangsvollstreckung in Regreßforderung gegen Rechtsanwalt

Ein **vertraglicher Regreßanspruch eines Mandanten gegen seinen Rechtsanwalt** kann **gepfändet** und zur Einziehung überwiesen werden; die Pfändung erfaßt auch einen **Sekundäranspruch.**[2182] 1228

C. Erst-(Primär-)verjährung 1229

I. Verjährungsbeginn mit Entstehung des vertraglichen Schadensersatzanspruchs (§ 51 b Fall 1 BRAO)

Nach § 51 b Fall 1 BRAO **verjährt der (ursprüngliche) Schadensersatzanspruch des Auftraggebers (Primäranspruch)** aus einem Anwaltsvertrag, der eine nennenswerte Rechtsberatung zum Gegenstand hat (vgl. Rn. 1201), in drei Jahren von dem Zeitpunkt an, in dem der **Anspruch entstanden ist;** dies gilt allerdings **nur dann,** wenn **dieser Anspruch –** mit dem **Eintritt eines Schadens** aus der anwaltlichen Pflichtverletzung – **vor Mandatsende entstanden ist.** Ist der Regreßanspruch dagegen erst **später entstanden,** so **beginnt die Verjährung** dieses Anspruchs gemäß § 51 b Fall 2 BRAO bereits mit der **Beendigung des Auftrags,** so daß die Verjährung dann früher eintritt als nach der Hauptregelung des § 51 b Fall 1 BRAO.[2183] 1230

Haftet ein **Rechtsanwalt, der zugleich Steuerberater ist,** wegen fehlerhafter steuerlicher Beratung, so verjährt der Ersatzanspruch des Auftraggebers nach der – mit § 51 b Fall 1 BRAO übereinstimmenden – Vorschrift des **§ 68 StBerG**

2182 BGH, WM 1996, 35, 37, 38 f.
2183 BGHZ 94, 380, 390 = NJW 1985, 2250; BGH, WM 1996, 540, 541; 1996, 1832, 1833.

(vgl. Rn. 1197);[2184] diese Bestimmung enthält keine verjährungsverkürzende Regelung gemäß § 51 b Fall 2 BRAO.

Der **Verjährungsbeginn** nach § 51 b BRAO knüpft – anders als § 852 Abs. 1 BGB – allein an die **objektive Voraussetzung** der Entstehung des Regreßanspruchs, hilfsweise des Mandatsendes, an. Die **Verjährungsfrist beginnt** also auch dann zu laufen, wenn der – regelmäßig fachunkundige – Mandant die anwaltliche Pflichtverletzung, seinen daraus folgenden Schaden, dessen Urheber und seinen Ersatzanspruch **nicht kennt.**[2185]

1. § 198 BGB

1231 Die Antwort auf die **den Verjährungsbeginn bestimmende Frage,** wann dem Mandanten ein Schaden aus der Verletzung einer anwaltlichen Vertragspflicht entstanden ist, hat von **§ 198 BGB** auszugehen.

Danach beginnt die Verjährung, soweit §§ 199, 200 BGB nichts anderes besagen, mit der Entstehung des Anspruchs. Ein Anspruch entsteht, sobald er fällig wird und notfalls eingeklagt werden kann.[2186] Für einen **Schadensersatzanspruch** bedeutet dies, daß er **entsteht** mit dem **Eintritt eines Schadens** aus der Pflichtverletzung, so daß der Gläubiger auf Erfüllung dieses Anspruchs klagen kann.[2187]

2. Überholte Rechtsprechung zum Schadenseintritt

1232 Die **frühere Rechtsprechung,** die seit der Grundsatzentscheidung des BGH vom 2. 7. 1992[2188] **überholt** ist, hatte den Zeitpunkt des Schadenseintritts festgelegt mit der Formel, die Verjährungsfrist laufe, sobald eine verjährungsunterbrechende **Klage auf Feststellung** der Ersatzpflicht des Vertragsgegners erhoben werden könne.[2189] Eine solche Abgrenzung kann den **Verjährungsbeginn** zu Lasten des geschädigten Mandanten **vorverlegen,** also **zu früh ansetzen,** und damit die ohnehin anwaltsfreundliche Verjährungsregelung noch zu seinem Nachteil verschärfen. Eine Klage nach § 256 ZPO auf Feststellung einer Ersatzpflicht kann nämlich schon vor der Entstehung eines Schadens i. S. d. § 198 BGB erhoben werden, da

2184 BGHZ 83, 328, 332 = NJW 1982, 1866; BGH, WM 1994, 504, 505 = NJW 1994, 1405.
2185 BGHZ 119, 69, 71 = NJW 1992, 2766; BGH, WM 1993, 610, 612.
2186 BGHZ 55, 340, 341 = NJW 1971, 979; BGHZ 113, 188, 193 = NJW 1991, 836.
2187 BGHZ 94, 380, 385 = NJW 1985, 2250; BGH, NJW 1993, 648, 650.
2188 BGHZ 119, 69, 71 = NJW 1992, 2766, 2767 zu § 68 StBerG.
2189 BGHZ 100, 228, 231 = NJW 1987, 1887 m. w. N.

dafür schon die hinreichende Wahrscheinlichkeit eines Schadens – also eine bestimmte Vermögensgefährdung – genügt.[2190]

3. Neue Risiko-Schaden-Formel

1233 Seit seiner grundlegenden Entscheidung vom 2. 7. 1992[2191] bestimmt der **BGH** mit einer **neuen Formel den Zeitpunkt der Schadensentstehung** in den Verjährungsregelungen für Regreßansprüche gegen **Rechtsanwälte** nach **§ 51 BRAO a. F. = § 51 b BRAO n. F.,**[2192] gegen **Steuerberater** nach **§ 68 StBerG**[2193] und gegen **Notare** nach **§§ 19 Abs. 1 Satz 3 BNotO, 852 BGB.**[2194] Diese Abgrenzung läßt eine bloße **Vermögensgefährdung** infolge der Pflichtverletzung des Beraters **nicht** für die Annahme eines Schadens ausreichen.

1234 Vielmehr **entsteht ein Schaden** nach dieser Rechtsprechung erst dann, wenn sich die **Vermögenslage** des Betroffenen durch die Pflichtverletzung des Beraters gegenüber seinem früheren Vermögensstand **objektiv verschlechtert** hat. Dafür genügt es, daß der Schaden wenigstens dem Grunde nach erwachsen ist, mag auch seine Höhe noch nicht beziffert werden können. Es muß nicht feststehen, daß eine Vermögensbuße bestehenbleibt und damit endgültig wird; es reicht auch aus, daß ein endgültiger Teilschaden entstanden ist und mit weiteren adäquat verursachten Nachteilen gerechnet werden muß.[2195] Ein **Schaden** ist dagegen **noch nicht eingetreten,** solange **nur das Risiko eines Vermögensnachteils** infolge der Pflichtverletzung des Beraters besteht, so daß noch offen ist, ob es tatsächlich zu einem Schaden kommt. Solange sich dieses Risiko nicht verwirklicht, laufen die Verjährungsfristen noch nicht, weil bei der **gebotenen wertenden Betrachtung** allenfalls eine Vermögensgefährdung vorliegt, die jedenfalls für das Entstehen eines Regreßanspruchs noch nicht einem Schaden gleichsteht.[2196] Ist nach dieser **„Risiko-Schaden-Formel“** ein **Schaden entstanden,** so kann und muß der Betroffene die Verjährung seines Ersatzanspruchs unterbrechen; dies geschieht i. d. R. durch Erhebung einer Klage auf Schadensersatz oder, falls der eingetretene

2190 BGH, NJW 1993, 648, 650, 653 f.; NJW-RR 1993, 706; NJW 1993, 2181, 2182.
2191 BGHZ 119, 69 = NJW 1992, 2766.
2192 BGH, NJW 1992, 2828, 2829; 1993, 1320; WM 1993, 1889, 1894; 1996, 540, 541; 1996, 1832, 1833.
2193 BGHZ 119, 69 = NJW 1992, 2766; BGHZ 129, 386 = WM 1995, 1450 = NJW 1995, 2108; BGH WM 1994, 1848; 1996, 1106; 1996, 1108; 1996, 2066; 1998, 786, 788.
2194 BGH, NJW 1992, 3034; 1993, 648, 650.
2195 BGHZ 119, 69, 71 = NJW 1992, 2766, 2767.
2196 BGH, WM 1993, 251, 255; 1996, 1832, 1833.

Schaden nicht beziffert werden kann, auf Feststellung des Anspruchs (§ 209 Abs. 1 BGB).

Die Außerachtlassung eines Zeitraums der Vermögensgefährdung aufgrund einer wertenden Betrachtung, die im Schadensersatzrecht unumgänglich ist,[2197] hat gegenüber der herkömmlichen, überholten Abgrenzung die **Tendenz,** den **Verjährungsbeginn** in der Beraterhaftung **hinauszuschieben (zurückzuverlegen).** Dies wirkt sich **zugunsten des geschädigten Mandanten** aus, der entsprechende Zeit gewinnt, in der er von der Pflichtverletzung seines Beraters und ihren Folgen erfahren kann. Häufig führt dies dazu, daß der Zeitpunkt der Schadensentstehung mit demjenigen zusammenfällt, in dem sich dem Geschädigten ein Regreßanspruch aufdrängen muß. Andererseits ist diese Wirkung der neuen Abgrenzungsformel auch **für den Berater insoweit vorteilhaft,** als ein solcher Anspruch nicht vorzeitig – vor dem tatsächlichen Schadenseintritt – gegen ihn gerichtet werden muß. Das **Vertragsverhältnis** zum Auftraggeber wird **nicht zu früh gestört;** dieser hat **erst von der tatsächlichen Schadensentstehung an ein schutzwürdiges Interesse an einem Rückgriff** gegen seinen Berater.[2198]

1235 Daß die **neue Formel** zur Festlegung des Zeitpunkts des Schadenseintritts den **Verjährungsbeginn deutlich verzögern kann,** zeigen folgende Entscheidungen des BGH:

- Auf Rat seines Anwalts spricht der Mandant eine **unzulässige Teilkündigung eines Vertrages** aus. Dies bedeutet eine Vertragsverletzung, die den Vertragspartner berechtigen kann, seinerseits Rechte gegen den Mandanten geltend zu machen. Dieser – allenfalls vermögensgefährdende – Tatbestand ergibt aber noch keinen Schaden des Mandanten infolge des falschen Ratschlags seitens des Anwalts. Ein solcher **Schaden** tritt vielmehr **frühestens und nur dann** ein, wenn der Vertragspartner wegen der Teilkündigung **Rechte gegen den Mandanten geltend macht**, die er sonst nicht hätte.[2199]
- Der Mandant ist noch nicht geschädigt, wenn er einen **Vertrag aufgrund eines mangelhaften Entwurfs** seines Rechtsanwalts schließt, obwohl von diesem Zeitpunkt dem Mandanten Rechte seines Vertragspartners wegen des fehlerhaften Vertrages drohen. **Erst wenn ein solches Recht tatsächlich geltend gemacht wird** – etwa eine Anfechtung wegen Irrtums oder arglistiger Täuschung –, **entsteht ein Schaden** des Mandanten.[2200]
- Aufgrund eines **ungenügenden Vertragsentwurfs** seines Anwalts verpachtet der Mandant eine Gaststätte. Dieser ist noch nicht mit Vertragsschluß geschädigt, obwohl der Pächter schon von diesem Zeitpunkt an Minderung des Pachtzinses und Schadensersatz

2197 Vgl. BGHZ 43, 378, 381 = NJW 1965, 1430; BGHZ 50, 304, 306 = NJW 1968, 1823; BGHZ 51, 109, 111 = NJW 1969, 321.

2198 BGHZ 119, 69, 74 = NJW 1992, 2766, 2768; BGH, WM 1994, 1848, 1850;; 1996, 1832, 1833.

2199 BGH, WM 1993, 610, 612.

2200 BGH, WM 1996, 540, 541.

verlangen kann (§§ 537, 538, 581 BGB). Vielmehr **entsteht der Schaden** des Mandanten **erst dann,** wenn der Pächter **tatsächlich solche Rechte geltend macht.**[2201]

Andererseits darf die **Risiko-Schaden-Formel nicht überzogen** werden. Neben 1236
der Vermeidung eines zu frühen Verjährungsbeginns, der die für den Mandanten strenge Regelung des § 51 b BRAO noch zu dessen Nachteil verschärfen würde, strebt diese Formel auch eine **klare Anknüpfung für den Zeitpunkt der Schadensentstehung** an „aus Gründen der **Rechtsklarheit“.**[2202] Diesen Gesichtspunkt schätzt der BGH so hoch ein, daß dahinter die **Neigung, den Verjährungsbeginn hinauszuschieben, völlig zurücktreten kann.** Das zeigt sich in folgenden Entscheidungen:

- Läßt der **Rechtsanwalt** einen **Anspruch seines Auftraggebers** gegen einen Dritten **verjähren,** so **entsteht der Schaden** zumindest bei einem streitigen Anspruch mit dem **Ablauf der Verjährungsfrist,** nicht erst mit der Verjährungseinrede.[2203] Dies gilt selbst dann, wenn eine verjährungsunterbrechende Rückwirkung der Klagezustellung gemäß **§ 270 Abs. 3 ZPO** möglich ist.[2204]
- Dementsprechend ist der Mandant bereits mit dem – vom Anwalt zu vertretenden – **Ablauf einer materiellen oder prozessualen Frist geschädigt.**[2205]
- Erhebt der Rechtsanwalt eine **aussichtslose Klage**, so tritt der **„Prozeßkostenschaden“ mit Klageerhebung** ein – wegen der Zweitschuldnerhaftung des Klägers gemäß §§ 49, 58 GKG –, nicht erst mit Abweisung der Klage.[2206]
- Schließt der Anwalt in Vertretung eines Mandanten einen ungünstigen **Vergleich,** so tritt der **Schaden** mit dem wirksamen **Zustandekommen des Vergleichs** ein.[2207]
- Wird dem Mandanten im Zusammenhang mit rechtlicher Beratung eine **nachteilige Vermögensanlage** empfohlen, ist dieser regelmäßig schon **mit seiner rechtsgeschäftlichen Bindung** – etwa an ein Anlagemodell, mit der Gewährung eines Darlehens – **geschädigt,** nicht erst dann, wenn die weitere wirtschaftliche Entwicklung des Vertragspartners den Geldverlust augenscheinlich macht.[2208]

2201 BGH, WM 1996, 1832, 1833.
2202 BGH, WM 1996, 1832, 1833.
2203 BGH, NJW 1994, 2822, 2823 f.; a. A. *Kleutgens*, S. 132 ff.
2204 BGH, Beschl. v. 14. 3. 1996 – IX ZR 196/95, BGHR BRAO § 51 a. F. – Verjährungsbeginn 3.
2205 BGH, NJW 1996, 48, 50 zur Versäumnis der Frist zum Einspruch gegen ein Versäumnisurteil; OLG Karlsruhe, MDR 1990, 336, 337 zur Versäumung der Frist zur Berufungsbegründung; anders zu § 68 StBerG bei Versäumung einer Auschlußfrist BGH, WM 1993, 1511, 1513.
2206 BGH, NJW 1995, 2039, 2041.
2207 BGH, Beschl. v. 19. 11. 1992 – IX ZR 221/91; OLG Hamm, NJW 1981, 2130; AnwBl 1990, 207; vgl. BGH, NJW 1993, 1325, 1328.
2208 BGH, WM 1991, 1303, 1305; BGHZ 119, 69, 72 = NJW 1992, 2766; BGH, WM 1994, 504, 506; anders noch BGHZ 83, 328, 333 f. = NJW 1982, 1866.

1237 Bei der **Vielfalt** der verletzten Anwaltspflichten und der sich daraus ergebenden Rückgriffsansprüche fällt es **häufig schwer,** in einem Haftungsfall den **Verjährungsbeginn** nach § 51 b BRAO **festzulegen,** der von der Entstehung des Schadensersatzanspruchs aus der anwaltlichen Pflichtverletzung und damit vom **Zeitpunkt des Schadenseintritts** abhängt. Hilfe bietet eine **Übersicht** über die einschlägige Rechtsprechung[2209] (vgl. Rn. 1339). Zur Lösung dieser Aufgabe **empfiehlt es sich,** unter Berücksichtigung der besonderen Umstände des Einzelfalles **beide Zielrichtungen** der höchstrichterlichen **Risiko-Schaden-Formel** im Auge zu behalten, nämlich einen zu frühen, den Geschädigten benachteiligenden Verjährungsbeginn durch **Außerachtlassung einer bloßen Vermögensgefährdung** zu vermeiden und im Interesse der Rechtsklarheit einen **eindeutigen, greifbaren Zeitpunkt für den Schadenseintritt** zu bestimmen.

1238 Der BGH[2210] hatte für den Fall, daß **fehlerhaftes Prozeßverhalten eines Rechtsanwalts** (hier: verspäteter Sachvortrag) zu einem für den Mandanten nachteiligen (hier: erstinstanzlichen) Urteil führt, entschieden, daß ein Schaden regelmäßig nicht eingetreten und damit ein Regreßanspruch nicht entstanden sei, solange eine Änderung der Entscheidung in einem zweiten Rechtszug zugunsten des Mandanten nicht auszuschließen sei. Diese Ansicht hat der BGH[2211] inzwischen aufgegeben und ausgeführt, ein **Schaden** des Auftraggebers entstehe i. d. R. bereits **mit der ersten nachteiligen Gerichtsentscheidung** infolge anwaltlichen Fehlverhaltens.

II. Verjährungsbeginn mit Beendigung des Auftrags (§ 51 b Fall 2 BRAO)

1239 Die Verjährung eines primären vertraglichen Schadensersatzanspruchs des Auftraggebers gegen den Rechtsanwalt beginnt nach § 51 b Fall 2 BRAO **„spätestens“ mit dem Mandatsende.** Das bedeutet, daß der Verjährungsbeginn sich nach dieser Regelung richtet, wenn sie zu einer **früheren Verjährung** führt als § 51 b Fall 1 BRAO (vgl. Rn. 1172, 1230); dies ist der Fall, wenn erst **nach Beendigung des anwaltlichen Auftrags** der – den Ersatzanspruch auslösende – **Schaden** des Mandanten aus der Pflichtverletzung des Rechtsanwalts **eintritt.**[2212] Ohne die Zusatzregelung des § 51 b Fall 2 BRAO würde die Verjährung erst mit der Entstehung des Regreßanspruchs nach Mandatsende beginnen; so ist es in der Steuer-

2209 *Zugehör*, NJW 1995 – Beilage zu Heft 21 – S. 13 f.
2210 NJW 1992, 2828, 2829 f. = WM 1992, 2023.
2211 WM 1998, 786, 787 f. = NJW-RR 1998, 742.
2212 BGHZ 94, 380, 390 = NJW 1985, 2250; BGH, WM 1996, 540, 541; 1996, 1832, 1833.

beraterhaftung nach der Vorschrift des § 68 StBerG, in der eine entsprechende Bestimmung fehlt.

Der **Auftrag des Rechtsanwalts endet** (vgl. Rn. 50 ff.) mit der **Erledigung** der Aufgabe (Erreichen des Vertragszwecks), und zwar im Regelfall eines **Dienstvertrages (§§ 611, 675 BGB) mit der vertragsgerechten Dienstleistung (Rechtsberatung und -vertretung),** bei einem **Werkvertrag** (§§ 631, 675 BGB) mit der **Abnahme** des anwaltlichen Werkes als in der Hauptsache vertragsgemäße Leistung (§§ 640, 641 BGB) – etwa mit der Unterzeichnung eines Vertragsentwurfs durch die Vertragspartner -.[2213] Die Erledigung zeigt der Anwalt seinem Auftraggeber meistens durch Erteilung seiner **Honorarrechnung** an. Außerdem wird das Mandat beendet durch **Kündigung,** die sich vorrangig nach den Vereinbarungen im jeweiligen Anwaltsvertrag richtet, soweit nicht §§ 626, 627 BGB anzuwenden sind[2214] (vgl. Rn. 925 ff.). Weiterhin endet das anwaltliche Mandat durch **Eröffnung des Konkursverfahrens** über das Vermögen des Auftraggebers, wenn sich der Vertragsgegenstand auf die Konkursmasse bezieht (§ 23 Abs. 1 KO);[2215] dies gilt nunmehr gemäß § 115 Abs. 1 InsO entsprechend für einen Auftrag, der sich auf die Insolvenzmasse erstreckt. Ferner erlischt der Auftrag im Zweifel durch den **Tod des Anwalts** (§§ 673, 675 BGB), nicht aber mit dem Tod des Auftraggebers (§§ 672, 675 BGB). 1240

Ein Verjährungsbeginn nach § 51 b Fall 2 BRAO kann dazu führen, daß ein **Rückgriffsanspruch vor seiner Entstehung** mit Schadenseintritt **bereits verjährt** ist. Ist dies nicht der Fall, so kann die Verjährung nur noch in der – möglicherweise kurzen – Zeit unterbrochen werden, die an drei Jahren seit dem Mandatsende fehlt. Diese für den Anwalt günstigen und für den geschädigten Auftraggeber harten Folgen zeigen sich **insbesondere bei Kurzmandaten,** bei denen von der Erteilung des Auftrags bis zu dessen Ende nur wenig Zeit vergeht, etwa bei Aufträgen zur Anfertigung eines Gutachtens oder eines Vertragsentwurfs. Bei solchen Mandaten kommt hinzu, daß sich die Verjährungszeit i. d. R. nicht oder nur unwesentlich durch eine Sekundärhaftung des Rechtsanwalts verlängert (vgl. Rn. 1299). 1241

2213 BGH, WM 1996, 540, 541; 1996, 1832, 1833.
2214 Vgl. BGH, WM 1993, 515; 1993, 795; 1995, 1288; 1996, 2244, 2246.
2215 Vgl. RGZ 118, 158, 162; BGH, MDR 1964, 50.

1242 **III. Verjährungsbeginn bei vor- und nachvertraglicher Anwaltshaftung**

1. Vorvertraglicher Regreßanspruch

1243 Die **Primärverjährung** eines Schadensersatzanspruchs aus einem **anwaltlichen Verschulden vor oder bei Abschluß eines Anwaltsvertrages,** der zumindest auch eine nennenswerte Rechtsberatung umfassen sollte, richtet sich ebenfalls nach **§ 51 b BRAO** (vgl. Rn. 1210 ff.).

Die Verjährung eines solchen Haftpflichtanspruchs beginnt nach § 51 b Fall 1 BRAO **mit seiner Entstehung,** wenn der Schaden eingetreten ist **vor Ende des Anwaltsvertrages,** bei dessen Anbahnung es zur anwaltlichen Pflichtverletzung gekommen ist, und gemäß § 51 b Fall 2 BRAO **mit dem Ende des Vertrages,** wenn erst **danach der Ersatzanspruch mit dem Schadenseintritt** entstanden ist. Hat die vorvertragliche Beziehung **nicht zu einem Anwaltsvertrag** geführt, so verjährt ein Schadensersatzanspruch wegen einer vorvertraglichen Pflichtverletzung des Rechtsanwalts – etwa aus § 44 BRAO – nach § 51 b Fall 1 BRAO.

2. Nachvertraglicher Regreßanspruch

1244 Ein Schadensersatzanspruch wegen Verletzung einer **nachvertraglichen Pflicht** des Rechtsanwalts (vgl. Rn. 1214) verjährt nach **§ 51 b Fall 2 BRAO** ab Mandatsende.

IV. Verjährungsbeginn bei Spätschäden

1245 Der **Schaden** aus einem **bestimmten schädigenden Ereignis** – also aus ein und der derselben pflichtwidrigen Handlung oder Unterlassung – ist ein **einheitliches Ganzes (Grundsatz der Schadenseinheit)**;[2216] deswegen läuft für den – einheitlichen – Anspruch auf Ersatz des **Gesamtschadens** einschließlich aller voraussehbaren Nachteile eine **einheitliche Verjährungsfrist.**[2217]

1246 Daher hat auch die Verjährung eines Anspruchs des Auftraggebers gegen den Rechtsanwalt auf Ersatz adäquat kausaler, zurechenbarer **Spätschäden** (vgl. Rn. 1172), die sich während einer langwierigen Entwicklung des Schadens aus ein und derselben Pflichtverletzung erst nach und nach zeigen, nach § 51 b Fall 1 BRAO **bereits mit der Entstehung des ersten Teilschadens begonnen, falls**

2216 Dazu eingehend *Kleutgens*, S. 143 ff.

2217 BGHZ 50, 21, 23 f. = NJW 1968, 1324; BGHZ 100, 228, 232 = NJW 1987, 1887; BGHZ 114, 150, 155 = NJW 1991, 2828; BGH, NJW 1993, 1320, 1321; WM 1996, 1106, 1107; 1998, 779, 780 und 786, 788.

nicht ein noch **früherer Verjährungsbeginn mit Mandatsende** gemäß § 51 b Fall 2 BRAO maßgeblich ist. Eine vollendete Verjährung erstreckt sich auf spätere Schadensfolgen.

Haben dagegen **mehrere selbständige, pflichtwidrige Handlungen und/oder Unterlassungen** des Rechtsanwalts zu Schäden seines Auftraggebers geführt, so **beginnt die Verjährung** eines Ersatzanspruchs aus der **jeweiligen Pflichtverletzung** nach § 51 b Fall 1 BRAO mit der **Entstehung des ersten daraus folgenden Nachteils, es sei denn,** daß die Verjährung gemäß § 51 b Fall 2 BRAO – früher – mit der **Beendigung des Mandats beginnt,** aus dem das schädigende Ereignis stammt.[2218] Eine Schädigung des Auftraggebers durch mehrere selbständige Pflichtverletzungen kann z. B. vorliegen, wenn der Anwalt zunächst eine Forderung des Mandanten verjähren läßt und sodann den verjährten Anspruch einklagt; Ansprüche des Mandanten auf Ersatz seiner Vermögenseinbußen infolge der Forderungsverjährung und der Kosten des aussichtslosen Rechtsstreits können dann verjährungsrechtlich verschiedene Wege gehen. 1247

Zur **natürlichen Handlungseinheit** und zu **wiederholten Schadenshandlungen** wird verwiesen auf Rn. 1777, 1780.

V. Eintritt und Einrede der Primärverjährung

Die **Primärverjährung** des (ursprünglichen) Schadensersatz-(Regreß-)anspruchs (Primäranspruchs) tritt ein mit **Ablauf von drei Jahren** nach Beginn der Verjährung gemäß einem der beiden Fälle des § 51 b BRAO, es sei denn, daß die Verjährung – möglicherweise nach einer **Hemmung** gemäß §§ 202 ff. BGB (vgl. Rn. 1305 ff.) – nach §§ 208 ff. BGB rechtzeitig **unterbrochen** wird (vgl. Rn. 1311 ff.). Entgegen einem in der Praxis verbreiteten Irrtum wird der Verjährungsbeginn nicht gemäß § 201 BGB auf den Schluß des Jahres hinausgeschoben, in dem der Regreßanspruch des Mandanten entstanden ist.[2219] 1248

Trotz Eintritts der Primärverjährung kann sich die Verjährungszeit um eine **Zweit-(Sekundär-)verjährungsfrist** aufgrund einer Sekundärhaftung des Anwalts verlängern (vgl. Rn. 1249, 1271 ff.).

Im **Haftpflichtprozeß** hat der Richter die Verjährung nur auf **Einrede** des Anwalts zu berücksichtigen (§ 222 Abs. 1 BGB).

2218 Vgl. BGH, NJW 1993, 648, 650 = WM 1993, 251; WM 1998, 786, 788.
2219 BAG, NJW 1997, 3461, 3462.

1249 D. Zweit-(Sekundär-)Verjährung

1250 I. Sekundäranspruch des Auftraggebers und Sekundärhaftung des Rechtsanwalts

1. Allgemeines

1251 Ist gemäß § 51 b BRAO die **Primärverjährung** des ursprünglichen Regreß-(Primär-)anspruchs des geschädigten Mandanten gegen den Rechtsanwalt eingetreten, so kann dennoch dieser Anspruch dann noch durchgesetzt werden, wenn der Anwalt einem **zweitrangigen (sekundären) Schadensersatzanspruch (Sekundäranspruch) des Auftraggebers** wegen pflichtwidriger Herbeiführung der Primärverjährung ausgesetzt ist **(Sekundärhaftung)** und ein solcher Sekundäranspruch seinerseits noch nicht verjährt ist **(Sekundärverjährung)**.

Die **Verjährung** des Regreßanspruchs des Auftraggebers gegen den Rechtsanwalt ist dann endgültig **vollendet,** wenn die Primärverjährung eingetreten ist und entweder kein verjährungsverlängernder Sekundäranspruch besteht oder ein solcher Sekundäranspruch ebenfalls verjährt ist.

Einer Sekundärhaftung unterliegen auch **Steuerberater, -bevollmächtigte und -beratungsgesellschaften**[2220] sowie **Architekten.**[2221]

2. Inhalt

1252 Für den **Rechtsanwalt** kann unter bestimmten Voraussetzungen grundsätzlich bis zum Mandatsende (Rn. 1273) – ausnahmsweise auch bis zur Beendigung eines neuen Auftrags über denselben Gegenstand (Rn. 1275) – die **nicht einklagbare, vertragliche Neben-(Schutz-)pflicht**[2222] **entstehen**, seinen Auftraggeber rechtzeitig vor Eintritt der Primärverjährung darauf **hinzuweisen,** daß dieser gegen ihn – den Rechtsanwalt – **möglicherweise einen Schadensersatzanspruch** wegen schuldhafter Pflichtverletzung hat und dieser Anspruch **der kurzen Verjährung des § 51 b BRAO unterliegt.** Verletzt der Anwalt schuldhaft diese **sekundäre Hinweispflicht**, so löst dies einen **sekundären Schadensersatzanspruch (Sekundäranspruch) des Mandanten** aus, **falls dieser** bei ordnungsmäßiger Aufklärung **die Primärverjährung** seines (primären) Regreßanspruchs **verhindert hätte.** Den (sekundären) Schadensersatz hat der Anwalt gemäß § 249 BGB in

2220 BGHZ 83, 17, 23, 26 f. = NJW 1982, 1285.
2221 BGHZ 71, 144, 148 f. = NJW 1978, 1311; BGH, WM 1996, 1096.
2222 *Taupitz*, S. 100 f.; *Borgmann/Haug*, § 49 Rn. 34; *Vollkommer*, Rn. 465.

der Weise zu leisten, daß er den Mandanten so zu stellen hat, wie dieser stünde, wenn er pflichtgemäß belehrt worden wäre **(Sekundärhaftung);** das bedeutet, daß der Anwalt dem Regreß-(Primär-)anspruch des Mandanten die **Einrede der Primärverjährung** und das damit verbundene Leistungsverweigerungsrecht (§ 222 Abs. 1 BGB) **nicht** mit Erfolg entgegenhalten kann.[2223]

Der Anwalt muß seine sekundäre Pflicht, auf die Möglichkeit seiner Regreßhaftung und die drohende Verjährung gemäß § 51 b BRAO so **rechtzeitig hinweisen,** daß der geschädigte Mandant noch anderweitigen Rechtsrat einholen und die **Primärverjährung** eines Schadenersatzanspruchs nach § 209 BGB **unterbrechen kann.**[2224] Zur ordnungsmäßigen Erfüllung dieser Pflicht sind zunächst der **Anwaltsfehler und dessen Folgen** so weit **zu erläutern,** daß der Mandant die Art seines möglichen Schadens und den Inhalt eines Ersatzanspruchs zumindest mit fachlicher Hilfe erkennen kann. Außerdem können besondere Umstände des Einzelfalles es notwendig machen, daß der Anwalt sich zur vertragsgerechten Erfüllung seiner sekundären Hinweispflicht nicht – wie i. d. R. – mit einer **Wiedergabe des Wortlauts des § 51 b BRAO** begnügen kann, sondern **nähere Angaben** zum Beginn oder Ende der Verjährung eines Regreßanspruchs machen muß, etwa dann, wenn der Eintritt der Primärverjährung unmittelbar bevorsteht. Insoweit können an einen Rechtsanwalt höhere Anforderungen gestellt werden als an einen Steuerberater; da dieser außerhalb des Steuerrechts regelmäßig keine ausreichenden Rechtskenntnisse hat und keinen Rechtsrat erteilen darf, braucht er zur Erfüllung seiner sekundären Hinweispflicht seinem Mandanten nur den – mit § 51 b Fall 1 BRAO übereinstimmenden – Wortlaut des § 68 StBerG bekanntzugeben.[2225] Die sekundäre Hinweispflicht des Anwalts darf allerdings **nicht überspannt** werden. Sie **beschränkt sich im allgemeinen darauf,** daß der regelmäßig rechtsunkundige und deswegen arglose Mandant, der auf eine umfassende Rechtsberatung im Rahmen des Mandats angewiesen ist, rechtzeitig darauf aufmerksam zu machen ist, daß ihm möglicherweise durch einen vom Anwalt zu verantwortenden Fehler ein Schaden droht und ein Regreßanspruch der kurzen Verjährung des § 51 b BRAO unterliegt. Eine ins einzelne gehende Beratung ist grundsätzlich nicht erforderlich; es genügt im allgemeinen, den Mandanten problembewußt zu machen. Es ist dann dessen Sache, die im eigenen Interesse gebotenen Maßnahmen zur Wahrnehmung seiner Belange zu ergreifen. 1253

Nach Erfüllung der sekundären Hinweispflicht wird der Auftraggeber regelmäßig das **Mandat beenden,** weil er das Vertrauen zu seinem Anwalt verloren hat. Ge- 1254

2223 BGHZ 94, 380, 385 = NJW 1985, 2250.
2224 BGHZ 94, 380, 384 = NJW 1985, 2250; BGH, WM 1986, 1500, 1501 = NJW 1987, 326; NJW 1992, 836, 837.
2225 BGHZ 114, 150, 159 = NJW 1991, 2828.

schieht dies nicht, so muß der haftpflichtige Anwalt das Mandat kündigen, wenn er nicht den Auftraggeber bei der Durchsetzung eines Regreßanspruchs beraten und vertreten will.[2226]

1255 Über den Sekundäranspruch selbst und dessen Verjährung braucht der haftpflichtige Anwalt auch bei fortbestehendem Mandat nicht aufzuklären, da ein **„Tertiäranspruch" nicht** besteht.[2227]

3. Wirkung

1256 Wird dem haftpflichtigen Rechtsanwalt aufgrund einer Sekundärhaftung die Einrede der Primärverjährung versagt, so **entfällt** in der Sache die eingetretene **Verjährungswirkung** – in Gestalt eines Leistungsverweigerungsrechts (§ 222 Abs. 1 BGB) – und verlängert sich die frühere, an sich bereits abgelaufene Verjährungsfrist bis zur Verjährung des Sekundäranspruchs des Mandanten (vgl. Rn. 1256). Der verjährte Primäranspruch lebt gleichsam für eine gewisse Zeit wieder auf.[2228] Dadurch gewinnt der geschädigte Auftraggeber eine Zeitspanne, in der er die Grundlagen seines Schadensersatzanspruchs kennenlernen und diesen rechtzeitig geltend machen kann.

Entgegen einem verbreiteten Irrtum **verdoppelt die Sekundärhaftung nicht regelmäßig die gesetzliche Verjährungsfrist.** Diese Folge kann sich nur bei einem **Dauermandat** einstellen, bei dem die Verjährungsfristen für Primär- und Sekundäranspruch vor dem Mandatsende ablaufen können (Rn. 1298). Dies entspricht der besonderen Schutzwürdigkeit des Mandanten, dem durch einen – ihm regelmäßig unbekannten – Anwaltsfehler ein Schaden droht und der das – beiderseits erwünschte – Vertrauensverhältnis zu seinem Anwalt über lange Zeit aufrechterhält. Bei den zahlreichen **Kurzmandaten**, bei denen zwischen Erteilung und Beendigung nur wenig Zeit vergeht, verjähren Primär- und Sekundäranspruch in unwesentlichem Abstand (vgl. Rn. 1299).

4. Zweck

1257 Die anwaltliche Sekundärhaftung wurde vom RG im Jahre 1938 – zur damals geltenden Verjährungsfrist von fünf Jahren – entwickelt[2229] und vom BGH 1967 – ebenfalls in einem Fall mit einer Verjährungsfrist von fünf Jahren – übernom-

2226 Vgl. RGZ 158, 130, 134; *Brinker*, S. 52.
2227 BGHZ 94, 380, 391 = NJW 1985, 2250.
2228 *Rinsche*, Rn. I 266.
2229 RGZ 158, 130, 136.

men[2230] und seitdem fortgeführt.[2231] Die mit dieser Zweithaftung verbundene Verlängerung der Verjährungsfrist, die sich im allgemeinen nur bei Dauermandaten nennenswert auswirken kann (vgl. Rn. 1256, 1298), soll die **Härten und Unbilligkeiten mildern,** die sich aus einer strengen Anwendung der Verjährungsregelung des § 51 b BRAO für den geschädigten Mandanten ergeben. Dieser kann infolge seiner Rechtsunkenntnis – anders als der fachkundige Rechtsanwalt – regelmäßig gar nicht oder nur schwer erkennen, daß er durch einen Anwaltsfehler geschädigt wurde. Deswegen **wäre die gesetzliche Verjährungsfrist,** deren Beginn von einer solchen Kenntnis unabhängig ist, **häufig** – wahrscheinlich sogar meistens – bereits **vollständig oder überwiegend abgelaufen,** bevor der Geschädigte eine solche Kenntnis erlangt und für eine Verjährungsunterbrechung sorgen kann; dies gilt erst recht, wenn der Schaden sich spät zeigt oder nach und nach entwickelt. Dadurch würde der betroffene **Mandant** nach Ansicht des IV. Zivilsenats des BGH **„teilweise rechtlos" gestellt** und der regreßpflichtige Anwalt in die Lage versetzt, „materiell begründete Schadensersatzansprüche aus rein formellen Gründen zu Fall bringen" zu können.[2232] Dies hat der **Gesetzgeber jedoch nicht beabsichtigt**. Hart und unbillig wäre eine strenge Anwendung des § 51 b BRAO insbesondere für denjenigen Mandanten, der seinem Anwalt lange vertraut hat. Deswegen erschließt sich der Gerechtigkeitsgehalt des § 51 b BRAO nur unter Berücksichtigung von **(Minimal-)Interessen des Mandanten;** gemäß dem Willen des Gesetzgebers muß allerdings bei Anwendung dieser Vorschrift der **Schutz der Rechtsanwälte im Vordergrund stehen.**

5. Rechtsgrund 1258

a) Beratungspflicht auch „gegen sich selbst"

Die Zweit-(Sekundär-)Haftung beruht auf der **Vertragspflicht des Rechtsanwalts**, im Rahmen seines Mandats **den Auftraggeber umfassend zu beraten** und vor voraussehbaren und vermeidbaren **Nachteilen zu bewahren** (vgl. Rn. 504 ff.).[2233] 1259

Diese Pflicht des Anwalts gegenüber seinem Mandanten, der i. d. R. rechtsunkundig ist und deswegen fachliche Aufklärung benötigt, **darf vor der möglichen eigenen Regreßhaftung nicht haltmachen.**[2234] Dies entspricht der offensichtlichen

2230 BGH, VersR 1967, 979, 980.
2231 U. a. BGHZ 94, 380, 385 = NJW 1985, 2250.
2232 BGHZ 83, 17, 26 = NJW 1982, 1285.
2233 U. a.BGHZ 89, 178, 181 = NJW 1984, 791; BGH, WM 1996, 1832, 1834 m. w. N.
2234 BGH, VersR 1967, 979, 980; 1968, 1042, 1043; NJW 1975, 1655, 1656.

Interessenlage der Partner des Anwaltsvertrages, die durch den **Wissensvorsprung des fachkundigen Rechtsanwalts** gegenüber seinem beratungsbedürftigen Mandanten gekennzeichnet ist. Zur Begründung der anwaltlichen Sekundärhaftung wird die **Strenge der gesetzlichen Verjährungsregelung** gegenüber dem geschädigten Mandanten **ausgeglichen durch strenge Anforderungen an die Beratungspflicht des Rechtsanwalts.** Daneben wird die sekundäre Hinweispflicht des Anwalts damit gerechtfertigt, daß er seinem Auftraggeber nach **§§ 666, 675 BGB** die erforderlichen Nachrichten geben muß.[2235]

b) Keine unzulässige Selbstbezichtigung

1260 Mit der sekundären Pflicht, unter bestimmten – engen – Voraussetzungen den Mandanten auf die Möglichkeit eines Regreßanspruchs und dessen kurze Verjährung nach § 51 b BRAO hinzuweisen (Rn. 1251 ff.), wird dem haftpflichtigen Rechtsanwalt **keine verfassungsrechtlich unzulässige Pflicht zur Selbstbezichtigung** auferlegt.[2236] Zwar hat der Rechtsanwalt im Falle einer Kollision der eigenen Interessen mit denen des Auftraggebers **von sich aus zu offenbaren,** daß seine Vertragsleistung möglicherweise fehlerhaft war. Die damit verbundene **Selbstbelastung verletzt** aber **weder die Menschenwürde noch das Persönlichkeitsrecht** des Rechtsanwalts, die in Art. 1 Abs. 1, 2 Abs. 1 GG geschützt werden. Das aus diesen Bestimmungen abgeleitete **Schweigerecht** des Betroffenen im Straf- und Zivilprozeß beruht auf einer Abwägung schutzwürdiger Interessen des einzelnen mit öffentlichen Belangen.[2237] Dieser **Schutzbereich** erstreckt sich aber **nicht** auf Fälle, in denen diejenigen Handlungen, über die Auskunft erteilt werden soll, zum **freiwillig übernommenen Pflichtenkreis** des Offenbarungspflichtigen gehören, **er allein die erforderliche Information geben kann** und der **Auskunftsberechtigte** ohne diese Mitteilung **erheblich benachteiligt wäre.**[2238] Die sekundäre Hinweispflicht des Rechtsanwalts beruht auf einer **Abwägung der Interessen gleichgeordneter Vertragspartner** im Rahmen der gesetzlichen Vorgabe des § 51 b BRAO. Diese Nebenpflicht stützt die **freiwillig übernommene anwaltliche Hauptpflicht,** den Auftraggeber im Rahmen des Mandats umfassend zu beraten und vor Schäden zu bewahren (Rn. 504 ff.). Der **regelmäßig rechtsunkundige Mandant** ist auf die uneingeschränkte Erfüllung dieser Vertragspflicht des Rechtsanwalts **angewiesen** und bezahlt eine fehlerfreie Erledi-

2235 BGHZ 83, 17, 27 = NJW 1982, 1285; *Taupitz*, S. 40 ff., 49 ff.; *Stoecker*, S. 138 ff., 147, 155, 187.
2236 *Taupitz*, S. 30 ff., 45 ff., 61 ff., 70 ff. und *Stoecker*, S. 146 ff., 151 ff. im Anschluß an BVerfGE 56, 37, 41 ff., 45 f. = NJW 1981, 1431; a. A. *Hübner*, NJW 1989, 5, 11.
2237 BVerfGE 56, 37, 41 ff. = NJW 1981, 1431.
2238 BVerfGE 56, 37, 45 f. = NJW 1981, 1431.

gung des Auftrags. Außerdem ist die Fähigkeit des Mandanten, die anwaltliche Vertragsleistung zu prüfen und Fehler zu erkennen, herabgesetzt, weil er „seinem" Rechtsanwalt das vertragstypische und beiderseits erwünschte **Vertrauen** entgegenbringt.[2239] Im Falle einer **Interessenkollision** wegen eines möglichen Anwaltsfehlers **darf der schutzbedürftige Mandant erwarten,** daß der Rechtsanwalt seine Fachkunde, die er vertraglich in den Dienst des Auftraggebers – regelmäßig zur Vermögensbetreuung – gestellt hat, nicht ausnutzt, um durch Schweigen einen möglichen Regreßanspruch der Verjährung zuzuführen. Die **Darlegungs- und Beweislast** wird durch die sekundäre Hinweispflicht **nicht** zum Nachteil des Rechtsanwalts **geändert** (Rn. 1224 f., 1288 f.).

c) Verfassungsrechtliches Gebot

Eine **Milderung der außerordentlichen Härte,** die eine wortgetreue Anwendung 1261
des **§ 51 b BRAO** unter völliger Außerachtlassung schutzwürdiger Belange des Mandanten für diesen zur Folge hätte, ist **verfassungsrechtlich geboten.**

Nach Wortlaut und Reichweite **bündelt diese Vorschrift Vorteile für den haft-** 1262
pflichtigen Rechtsanwalt, indem die kurze Verjährungsfrist von drei Jahren an die kenntnisunabhängigen Voraussetzungen der Entstehung des vertraglichen Schadensersatzanspruchs – mit Eintritt des Schadens – und „spätestens" des Mandatsendes geknüpft wird und dieser Verjährungsbeginn auch für alle Spätfolgen gilt (Rn. 1173, 1245 ff.). Diese Privilegierung ist schon **auffällig** gegenüber der kenntnisunabhängigen **Verjährung von fünf Jahren** ab Schadensentstehung für die vergleichbare – keiner Sekundärhaftung unterliegende – Haftpflicht eines **Wirtschaftsprüfers** (§ 51 a WPO) und eines **Abschlußprüfers** (§ 323 Abs. 5 HGB); eine entsprechende Verjährungsregelung gilt für einen Schadensersatzanspruch gegen das **Vorstandsmitglied einer AG** (§ 93 Abs. 6 AktG) und den **Geschäftsführer einer GmbH** (§ 43 Abs. 4 GmbHG). Der VII. Zivilsenat des BGH hat angeregt, die Verjährungsregelungen für Rechtsanwälte und Steuerberater auf fünf Jahre auszudehnen.[2240]

In welchem Ausmaß § 51 b BRAO den Rechtsanwalt bevorzugt, wird erst recht 1263
deutlich bei einem Blick auf die entsprechenden **Verjährungsregelungen** in den **Nachbarstaaten.**[2241] Vertragliche Schadensersatzansprüche aus anwaltlichen Pflichtverletzungen verjähren

2239 *Taupitz*, S. 72 f.
2240 BGHZ 78, 335, 346 = NJW 1981, 401.
2241 Nach *Hirte*, S. 242 ff., 311.

- in **Österreich** innerhalb von drei Jahren, nachdem der Geschädigte Kenntnis von Schaden und Schädiger erlangt hat;[2242]
- in der **Schweiz** unabhängig von der Kenntnis des Geschädigten binnen zehn Jahren seit der Pflichtverletzung, spätestens zehn Jahre nach dem Erlöschen des Mandats;[2243]
- in **Frankreich** in zehn Jahren nach Ende des Mandats;[2244]
- in **Italien** binnen zehn Jahren[2245] und
- in **England** in sechs Jahren nach Entstehung des Anspruchs.[2246]

1264 Nach dem **Vorschlag der Kommission der Europäischen Gemeinschaft 1990** für eine Richtlinie über die Haftung bei Dienstleistungen (ABl EG v. 18. 1. 1991 – Nr. C 12/8) sollte ein Schadensersatzanspruch, der nicht die Planung oder Errichtung eines Gebäudes betrifft, in drei Jahren von dem Zeitpunkt an verjähren, zu dem der Geschädigte Kenntnis vom Schaden und Schädiger erlangt hat oder hätte erlangen müssen; der Anspruch sollte fünf Jahre nach der schadensursächlichen Dienstleistung erlöschen, sofern der Geschädigte kein Verfahren gegen den Dienstleistenden angestrengt hatte.[2247] Inzwischen wurde dieser Vorschlag – nicht zuletzt wegen deutscher Ablehnung – zurückgezogen.[2248]

1265 Nach Ansicht des **BGH** lassen sich die Vorschriften des – mit § 51 b BRAO n. F. übereinstimmenden – § 51 BRAO a. F. und des § 68 StBerG nur dann mit rechtsstaatlichen Grundsätzen vereinbaren, wenn über eine Sekundärhaftung des Beraters die Interessen des Auftraggebers berücksichtigt werden.[2249] **Dehner** hat – in seiner Anmerkung zu diesem Urteil – ausgeführt, die gesetzliche Verjährungsregelung dürfe nicht dazu führen, daß der Geschädigte rechtlos gestellt werde, weil sonst das Rechtsstaatsprinzip (Art. 20 GG) berührt werde; die sekundäre Hinweispflicht des Rechtsanwalts führe zu einem angemessenen Interessenausgleich und sei ein verfassungsrechtlich notwendiges Korrektiv, das die gesetzliche Regelung „überhaupt erst vom Standpunkt der natürlichen Gerechtigkeit aus erträglich" mache.[2250] **Taupitz** meint, die gesetzliche Verjährungsregelung sei verfassungsrechtlich bedenklich, weil sie den Rechtsanwälten letztlich „Schutz gegen die Anwendung ihrer berufsspezifischen Fähigkeiten" gewähre; sie bewirke „nämlich eine Freistellung von der Pflicht, diejenigen Kenntnisse zur Fehlererkennung in der

2242 *Hirte*, S. 245.
2243 *Hirte*, S. 249.
2244 *Hirte*, S. 257.
2245 *Hirte*, S. 268, 272.
2246 *Hirte*, S. 280.
2247 *Zugehör*, NJW 1995 – Beilage zu Heft 21 – S. 22 f.; *Hirte*, S. 220 ff.
2248 Nach *Hirte*, S. 220 f.
2249 BGHZ 83, 17, 26 = NJW 1982, 1285.
2250 LM StBerG § 68 Nr. 18.

noch laufenden Vertrauensbeziehung einsetzen zu müssen, mit denen sie werben und derentwegen sie vom Laien gerade aufgesucht werden".[2251] Nach **Stoecker** verlangt die in Art. 2 Abs. 1 GG gewährleistete Privatautonomie, das Ungleichgewicht zu beheben, das sich daraus ergebe, daß der Auftraggeber die Leistung seines Vertragspartners nicht überprüfen könne und deswegen auf eine Unterrichtung durch den allein fachkundigen Rechtsanwalt angewiesen sei.[2252] Das **BVerfG** hat in seinen Entscheidungen zur Bürgschaft die aus der grundrechtlichen Garantie der Privatautonomie (Art. 2 Abs. 1 GG) und dem Sozialstaatsprinzip (Art. 20 Abs. 1, 28 Abs. 1 GG) folgende Aufgabe des Richters betont, in typisierbaren Fällen, die eine „strukturelle Unterlegenheit" eines Vertragsteils erkennen lassen, ungewöhnlich belastende Folgen für den schwächeren Vertragspartner zu verhindern.[2253] Der damit angesprochene Grundsatz der Vertragsparität verlangt nicht nur ein Gleichgewicht bei Abschluß des Vertrages, sondern auch bei dessen Durchführung.[2254]

Unter Bezugnahme auf die genannte Bürgschaftsentscheidung des **BVerfG** hat die 1. Kammer des Ersten Senats dieses Gerichts in einem Beschluß vom 16. 2. 1999 (1 BvR 812/96) in einem Fall, in dem der Regreßanspruch eines Mandanten an der Primärverjährung gemäß **§ 51 BRAO a. F.** (= § 51 b BRAO n. F.) gescheitert war,[2255] zu der – nicht zur Entscheidung angenommenen – Verfassungsbeschwerde des geschädigten Mandanten ausgeführt: Gegen die genannte Vorschrift bestünden **keine durchgreifenden verfassungsrechtlichen Bedenken**. Eine Verletzung grundrechtlicher Schutzpflichten entfalle bereits deshalb, weil die höchstrichterliche Rechtsprechung dem (primären) Regreßanspruch des Mandanten gegen seinen Anwalt besondere Aufklärungs- und Hinweispflichten des Bevollmächtigten als Nebenpflichten aus dem Anwaltsvertrag zur Seite stelle. Die Rechtsprechung halte den Anwalt insbesondere für verpflichtet, den Mandanten auf mögliche Regreßansprüche und deren drohende Verjährung hinzuweisen (**sekundärer Schadensersatzanspruch**). Die Rechtsordnung stelle im Bereich der Anwaltshaftung damit insgesamt ein Instrumentarium zur Verfügung, das geeignet sei, die **strukturelle Abhängigkeit des Mandanten von seinem Prozeßbevollmächtigten zu kompensieren**.

Die **Fachkunde des Rechtsanwalts** und **das Vertrauen seines Auftraggebers** 1266
begründen **typischerweise** im Rahmen eines Anwaltsvertrages eine **Überlegen-**

2251 S. 77 f.
2252 S. 146 f.
2253 BVerfGE 89, 214 = NJW 1994, 36; BVerfG, ZIP 1994, 1516, 1517 f.
2254 *Taupitz*, S. 75.
2255 BGH, Beschl. v. 14. 3. 1996 – IX ZR 196/95.

heit des Anwalts gegenüber seinem regelmäßig rechtsunkundigen Mandanten. Dieses Kompetenzgefälle könnte der Mandant ausgleichen, indem er seinen Anwalt mit Hilfe eines anderen Rechtsanwalts überwachen ließe; davon wird regelmäßig im Einvernehmen der Vertragspartner abgesehen. Das Ungleichgewicht der beiderseitigen Vertragspositionen wirkt sich aus bei einer **Interessenkollision,** die sich einstellt, wenn der Anwalt möglicherweise durch eine Pflichtverletzung einen Schaden seines Mandanten ausgelöst hat. Da der Geschädigte infolge fehlender Fachkunde und des Vertrauens zu „seinem" Rechtsanwalt diesen Vorgang nicht oder nur schwer erkennen kann, kann der sachkundige Schädiger im eigenen Interesse versucht sein, dem Geschädigten unter Ausnutzung seines fortbestehenden Vertrauens die vertragswidrige Schädigung zu verschweigen und dadurch die kenntnisunabhängige Verjährung eines Regreßanspruchs herbeizuführen. Bei einem solchen Vorgehen könnte die Verjährung eines Schadensersatzanspruchs zur Regel werden. Dies wäre für den vertragstypischerweise unterlegenen Mandanten eine ungewöhnliche, bei einem **Dauermandat** i. d. R. sogar unerträgliche Belastung. Gerade dann, wenn der Mandant das beiderseits erwünschte Vertrauensverhältnis über lange Zeit aufrechterhalten hat, muß ihm die anwaltliche Sekundärhaftung helfen; bei **Kurzmandaten** wirkt sich diese i. d. R. nicht aus (Rn. 1256, 1299).

Zwar kann Verjährung auch dann eintreten, wenn der Gläubiger seinen Anspruch nicht kennt und nicht kennen konnte.[2256] Eine **gesetzliche Verjährungsregelung** muß aber dem Gläubiger **typischerweise die faire Chance geben**, seinen Anspruch durchzusetzen.[2257] Die Verjährungsvorschrift des § 51 b BRAO soll den **schädigenden Rechtsanwalt** gemäß dem Willen des Gesetzgebers im Rahmen des anerkennenswerten Schutzbedürfnisses **auf Kosten des geschädigten Mandanten bevorzugen**, darf diesem aber **nicht** darüber hinaus durch **völlige Vernachlässigung seiner schutzwerten Interessen** die Durchsetzung eines Regreßanspruchs regelmäßig verwehren. Dies entspricht **Sinn und Zweck des § 51 b BRAO bei verfassungskonformer Auslegung**.

d) Abwägung

1267 Die **anwaltliche Sekundärhaftung ermöglicht** trotz ihrer Bindung an enge Voraussetzungen (Rn. 1271 ff.) und ihrer im wesentlichen auf Dauermandate beschränkten Wirkung (Rn. 1256, 1298 f.) einen **Interessenausgleich** im Rahmen des **§ 51 b BRAO.** Bei richtiger Einordnung ergibt sich folgende **Abwägung**:

2256 BGHZ 77, 215, 220 = NJW 1980, 1950; BGHZ 88, 130, 140 = NJW 1983, 2697.
2257 *Heinrichs*, S. 7.

Nach dem Willen des Gesetzgebers muß der **Schutz der Rechtsanwälte** vor einer unangemessen langen Bedrohung durch Schadensersatzpflichten aus berufstypischer Tätigkeit **im Vordergrund** stehen.[2258] Daß dies zu seinen Lasten geht, **muß der geschädigte Mandant grundsätzlich hinnehmen.** Er kann jedoch eine **Beachtung seiner schutzwürdigen Belange** insoweit verlangen, als dies mit dem gesetzgeberischen Anliegen vereinbar ist. Weder aus dem Wortlaut noch aus der Zielsetzung des § 51 b BRAO ergibt sich ein Wille des Gesetzgebers, möglichst viele Regreßansprüche der Verjährung zuzuführen; ein solches einseitiges Schutzdenken ginge über das anerkennenswerte Schutzbedürfnis der Anwaltschaft hinaus. Die Gefahr, daß der rechtsunkundige Mandant einen vertraglichen Schadensersatzanspruch gegen den Rechtsanwalt häufig – wenn nicht regelmäßig – wegen der kenntnisunabhängigen Verjährung nicht mehr durchsetzen könnte, bestünde jedoch **insbesondere bei Dauermandaten,** wenn der fachkundige Rechtsanwalt nicht wenigstens unter den engen, von der höchstrichterlichen Rechtsprechung verlangten Voraussetzungen einer Sekundärhaftung den von ihm geschädigten Mandanten auf die Möglichkeit eines Regreßanspruchs und dessen kurze Verjährung **hinweisen** müßte.

Eine solche Berücksichtigung des vertragstypischen Interesses des Mandanten **mildert das Ungleichgewicht** der Positionen der Partner eines Anwaltsvertrages. Nur der unumgängliche Blick auf schutzwürdige Belange des Auftraggebers erschließt den **Gerechtigkeitsgehalt der gesetzlichen Verjährungsregelung** mit Hilfe anderer Rechtsgrundsätze, nämlich der **Vertragstreue auch bei Interessenkollision** und dem **verfassungsrechtlichen Verbot einer Ausnutzung eines vertragstypischen Ungleichgewichts.** Damit werden zugleich die **Grenzen des § 51 b BRAO aufgezeigt.**

e) Keine Gesetzesumgehung

Nach alledem begründet die **anwaltliche Sekundärhaftung keine Gesetzesumgehung.**[2259] Ein solcher Vorwurf beruht auf dem Mißverständnis, der Gesetzgeber wolle mit § 51 b BRAO die Rechtsanwälte vor berufstypischen Risiken so weitgehend bewahren, daß ohne Rücksicht auf schutzwürdige Interessen des geschädigten Auftraggebers Regreßansprüche möglichst zahlreich der Verjährung anheim- 1268

2258 Vgl. BGHZ 94, 380, 387 = NJW 1985, 2250.

2259 A. A. *Zimmermann*, NJW 1985, 720; *Eckert*, NJW 1989, 2081, 2086 f.; *Borgmann/Haug*, § 49 Rn. 35; *Henssler/Prütting*, § 51 b Rn. 66, 82 ff.; *van Venrooy*, DB 1981, 2364, 2367; *Hübner*, NJW 1989, 5, 10 f.; *Windeknecht* lehnt zwar einen Sekundäranspruch ab – S. 84 –, bejaht aber eine „Hinweispflicht des Rechtsanwalts gegen sich selbst" – S. 78 –, deren Verletzung zu einem Arglisteinwand des Mandanten führen soll – S. 90 ff.

fallen sollen. Vielmehr ist die anwaltliche Sekundärhaftung aufgrund des Inhalts eines Anwaltsvertrages und aus verfassungsrechtlichen Gründen gerechtfertigt. Daß sie Härten und Unbilligkeiten einer strengen Anwendung des § 51 b BRAO in vertretbarer Weise mildern kann, wird von einem Teil des Schrifttums – auch von Rechtsanwälten – anerkannt.[2260]

6. Arglisteinwand statt Sekundärhaftung?

1269 Der Vorschlag, an Stelle der anwaltlichen Sekundärhaftung dem geschädigten Mandanten einen – von den Umständen des Einzelfalles abhängigen – **Einwand der Arglist (§ 242 BGB) gegenüber der Einrede der Primärverjährung des Regreßanspruchs** zuzubilligen,[2261] ist **untauglich.**

Das RG hatte zunächst diesen Weg beschritten,[2262] bevor es die anwaltliche Sekundärhaftung entwickelte.[2263] Der Arglisteinwand hemmt und unterbricht die Verjährung nicht, beseitigt die Verjährungseinrede auch nicht für immer. Vielmehr beginnt, nachdem die den Einwand begründenden Umstände weggefallen sind, eine nach Treu und Glauben **im jeweiligen Einzelfall angemessene Frist,** in der der Gläubiger **die Verjährung seines Anspruchs noch nachträglich unterbrechen kann;** wird diese Frist versäumt, so entfällt der Arglisteinwand und die Verjährungseinrede gewinnt wieder volle Kraft.[2264] In jenem Falle, der der Übernahme der anwaltlichen Sekundärhaftung durch den BGH zugrunde lag, war die durch den Arglisteinwand begründete Frist zur nachträglichen Verjährungsunterbrechung nicht genutzt worden.[2265]

Mit Taupitz ist schon **zu bezweifeln,** ob der **Vertrauenstatbestand,** der für einen Arglisteinwand gegenüber der Einrede der Primärverjährung erforderlich ist, vorliegt, wenn der Mandant infolge des Schweigens des Rechtsanwalts seinen Regreßanspruch gar nicht kennt.[2266] Selbst wenn dies zu bejahen sein sollte, so entspricht ein **Sekundäranspruch** des geschädigten Mandanten den **tragenden Regelungen des § 51 b BRAO** eher als ein Arglisteinwand gegenüber der Einrede

2260 *Brandner*, AnwBl 1969, 384, 385; *Rinsche*, Rn. I 266; *Kleutgens*, S. 160 ff., 171, 225 ff., 236 mit Reformvorschlägen S. 249 ff.; *Feuerich/Braun*, § 51 b Rn. 25; *Vollkommer*, Rn. 465; *Heinrichs*, S. 5; *Giesen* JR 1993; 284, 285; *Brinker*, S. 49; *Stoecker*, S. 177 ff., 187; *Hirte*, S. 456; vgl. *Taupitz*, S. 77, 80, 99 ff., 104 f.

2261 *Windeknecht*, S. 90 ff.

2262 RGZ 143, 250, 253 ff.; 153, 101, 111 ff.

2263 RGZ 158, 130, 136.

2264 RGZ 143, 250, 253 f.; 153, 101, 111.

2265 BGH, VersR 1967, 979.

2266 S. 24 f.

der Primärverjährung, der allein normbedingte Härten mildern soll. Der Wegfall der Umstände, die den Einwand begründet haben, tritt i. d. R. erst dann ein und eröffnet die nachträgliche Frist zur Verjährungsunterbrechung, sobald der Mandant weiß, daß er durch eine anwaltliche Pflichtverletzung geschädigt wurde und sein Ersatzanspruch verjährt ist. Dies ist nicht zu vereinbaren mit der kenntnisunabhängigen Verjährungsvorschrift. Die Sekundärhaftung verlangt dagegen nicht, daß der Anwalt seinem Mandanten eine sichere Kenntnis seines Ersatzanspruchs und des Ersatzpflichtigen vermittelt (Rn. 1252 f., 1278). Außerdem läßt sich in die verschiedenen Verjährungsregelungen der beiden Fälle des § 51 b BRAO auch der sekundäre Schadensersatzanspruch des geschädigten Mandanten einordnen (§ 194 Abs. 1 BGB; vgl. Rn. 1230), nicht aber der Arglisteinwand.

Im Gegensatz zu diesem Einwand dient der von Billigkeitserwägungen freie Sekundäranspruch der **Rechtsklarheit**. Da der Arglisteinwand von den Umständen des Einzelfalles abhängt, wäre es nahezu in jedem Regreßfall zweifelhaft, ob der Einwand überhaupt zur Verfügung steht und wie lang gegebenenfalls die Frist zur nachträglichen Verjährungsunterbrechung ist. Der Mandant wäre deswegen regelmäßig gezwungen, seinen verjährten Schadensersatzanspruch auf gut Glück einzuklagen in der Hoffnung, das Gericht werde ihm den Arglisteinwand zubilligen und auch die Dauer der Frist gutheißen, die er zur nachträglichen Verjährungsunterbrechung durch Klageerhebung in Anspruch genommen hat.

7. Entsprechende Anwendung des § 852 Abs. 1 BGB?

Der Vorschlag,[2267] an Stelle der anwaltlichen Sekundärhaftung die Verjährung eines vertraglichen Regreßanspruchs des Auftraggebers gegen den Rechtsanwalt entsprechend § 852 Abs. 1 BGB mit Kenntnis des Schadens und des Ersatzpflichtigen beginnen zu lassen, scheitert an der entgegengesetzten Entscheidung des Gesetzgebers in § 51 b BRAO, den Verjährungsbeginn allein an objektive Voraussetzungen zu knüpfen.[2268] 1270

II. Voraussetzungen des Sekundäranspruchs

Der Mandant, dessen ursprünglicher (primärer) Schadensersatzanspruch gegen seinen Rechtsanwalt wegen schuldhafter Vertragsverletzung gemäß § 51 b BRAO verjährt ist (Primärverjährung), hat grundsätzlich einen weiteren **(sekundären) Schadensersatzanspruch,** wenn der Anwalt diesen Schaden in Gestalt 1271

2267 *van Venrooy*, DB 1981, 2364, 2365 ff., 2372.
2268 Vgl. *Eckert*, NJW 1989, 2081, 2083 f.; *Stoecker*, S. 184 f.; *Kleutgens*, S. 239 ff.

der Primärverjährung verursacht hat, indem er eine bis zum Ende des Mandats – oder eines neuen Auftrags über denselben Gegenstand – entstandene (sekundäre) Pflicht, den Auftraggeber auf die Möglichkeit einer eigenen Regreßhaftung und deren drohende Verjährung hinzuweisen, schuldhaft verletzt hat. Dieser Sekundäranspruch **verwehrt** dem Anwalt **die Einrede der Primärverjährung.**

1272 **1. Entstehung der sekundären Hinweispflicht**

a) Grundsätzlich bis Mandatsende

1273 Die **sekundäre Pflicht des Rechtsanwalts,** den Mandanten vor Eintritt der Primärverjährung darüber aufzuklären, daß er möglicherweise einen Regreßanspruch gegen ihn – den Anwalt – hat und ein solcher Anspruch gemäß § 51 b BRAO verjährt, kann **im allgemeinen nur entstehen bis zum Ende des Mandats.** Diese Pflicht ist nämlich Teil der umfassenden vertraglichen Beratungspflicht des Anwalts (vgl. Rn. 504 ff.),[2269] die grundsätzlich mit der Beendigung des Auftrags entfällt.

b) Keine nachvertragliche sekundäre Hinweispflicht

1274 Den haftpflichtigen Rechtsanwalt trifft **keine nachvertragliche sekundäre Hinweispflicht** zur Verhinderung der Primärverjährung. Mit dem Mandatsende entfällt grundsätzlich die vom Rechtsanwalt geschuldete Beratungspflicht.[2270] Zwar kann dieser ausnahmsweise nachvertragliche Pflichten nach Treu und Glauben (§ 242 BGB) dann haben, wenn seinem Mandanten gerade aus der Beendigung der anwaltlichen Tätigkeit ein unmittelbarer Schaden droht und der Mandant sich mangels Fachkunde dieser Gefahr nicht bewußt ist (vgl. Rn. 1214).[2271] Deswegen kann eine nachvertragliche Pflicht bestehen, Fristen zu wahren,[2272] eine drohende Anspruchsverjährung zu verhindern[2273] oder unnötige Kosten aus einer Prozeßbürgschaft zu vermeiden.[2274] Eine solche nachvertragliche Pflicht kann sich nach den Umständen des Einzelfalles ergeben, um in Erfüllung der primären anwaltlichen Vertragspflicht aus dem Mandat über dessen Ende hinaus einen unmittelbar drohenden Schaden vom Auftraggeber abzuwenden. Damit kann es aber

2269 BGHZ 94, 380, 386 = NJW 1985, 2250.
2270 Vgl. BGH, WM 1997, 77, 78.
2271 BGH, WM 1997, 321, 322.
2272 BGH, NJW 1980, 999; VersR 1988, 835, 836.
2273 BGH, NJW 1984, 431, 432; WM 1997, 321, 322.
2274 BGH, NJW 1990, 2128, 2129.

nicht gerechtfertigt werden, die sekundäre Hinweispflicht wegen eines Anwaltsfehlers, der sich vor dem Mandatsende ereignet hat oder bei Erfüllung einer nachvertraglichen Pflicht geschieht, noch nach Vertragsende – ebenfalls als nachvertragliche Pflicht – entstehen zu lassen. Der IX. Zivilsenat des BGH hat die Frage, ob „ausnahmsweise unter ganz besonderen Umständen .... nach Treu und Glauben eine Benachrichtigungspflicht nach Vertragsbeendigung angenommen" werden kann, aufgeworfen, jedoch nicht beantwortet.[2275] Der VI. Zivilsenat des BGH hatte diese Frage zu Recht verneint, weil sonst die gesetzliche Verjährungsregelung ausgehöhlt werde.[2276] Nach § 51 b Fall 2 BRAO beginnt die Verjährung eines Schadensersatzanspruchs des Auftraggebers gegen den Rechtsanwalt „spätestens" mit der Beendigung des Auftrags. Außerhalb eines bestehenden Vertragsverhältnisses besteht keine Pflicht des Anwalts, auf seine Regreßhaftung und die drohende Verjährung hinzuweisen.[2277]

c) Neuer Auftrag über denselben Gegenstand

Nach Beendigung des Mandats, aus dem der Regreßanspruch des Mandanten entstanden ist, kann eine anwaltliche Pflicht, den Auftraggeber auf die mögliche Haftung aus diesem Auftrag und die Verjährung hinzuweisen, nur dann begründet werden, wenn der Rechtsanwalt von diesem Mandanten – vor Eintritt der Primärverjährung – einen **neuen Auftrag über denselben Gegenstand** erhält.[2278] Die umfassende Beratungspflicht aus dem früheren Mandat, zu der eine sekundäre Hinweispflicht gehört, lebt damit nicht wieder auf. Vielmehr ist eine Pflicht des Rechtsanwalts, seinen Auftraggeber auf einen Regreßanspruch aus dem früheren Mandat und die drohende Verjährung hinzuweisen, Vertragspflicht aus dem neuen Auftrag.[2279] 1275

d) Begründeter Anlaß zur Prüfung

Die sekundäre Hinweispflicht entsteht nur, wenn der Rechtsanwalt – nach seinem Fehler und vor Eintritt der Primärverjährung – bei der weiteren Wahrnehmung desselben Mandats oder eines neuen Auftrags mit demselben Gegenstand aufgrund 1276

2275 WM 1990, 815, 817 f.
2276 NJW 1979, 264; MDR 1984, 477.
2277 *Rinsche*, Rn. I 288; *Feuerich/Braun*, § 51 b Rn.28; *Jessnitzer/Blumberg*, § 51 b Rn. 7; *Brinker*, S. 55, 66, *Stoecker*, S. 100.
2278 BGH, MDR 1984, 477; NJW 1986, 581, 583; WM 1988, 629, 631; 1993, 1889, 1895; 1996, 540, 541 f.
2279 BGH, VersR 1984, 162, 163 f.; WM 1993, 1889, 1895; *Stoecker*, S. 96.

objektiver Umstände **begründeten Anlaß** hat **zu prüfen,** ob er durch eine Pflichtverletzung den Mandanten geschädigt hat, und wenn ein sorgfältiger Anwalt dabei seine mögliche Haftpflicht erkennen kann. Sind diese Voraussetzungen gegeben und erfüllt der Anwalt nicht seine damit entstandene Pflicht, den Auftraggeber über einen möglichen Regreßanspruch und dessen Verjährung zu unterrichten, so führt dies zu einer **neuen Pflichtverletzung** im Rahmen des Anwaltsvertrages.[2280]

1277 **Begründeter Anlaß** in diesem Sinne, der die sekundäre Hinweispflicht auslösen kann, liegt beispielsweise vor, wenn

- der vorausgegangene Anwaltsfehler dazu geführt hat, daß der Rechtsanwalt seinen **Prozeßantrag umstellen** muß,[2281]
- gegen den Mandanten ein **nachteiliges Urteil** ergangen ist,[2282]
- der **Haftpflichtversicherer des Gegners die Verjährungseinrede erhebt,**[2283]
- oder wenn **gegenüber der Verjährungseinrede des Mandanten der Einwand der unzulässigen Rechtsausübung** geltend gemacht wird.[2284]

Ein **Anlaß** im vorstehenden Sinne muß also den Rechtsanwalt unmittelbar **auf einen bestimmten oder zumindest bestimmbaren Fehler hinweisen**; dafür genügt nicht ein beiläufiges Gespräch zwischen Mandant und Rechtsanwalt bei einer zufälligen Begegnung, bei dem beide von einem fehlerfreien anwaltlichen Verhalten ausgehen.[2285]

1278 Die Entstehung der sekundären Hinweispflicht ist **unabhängig davon, ob bereits feststeht,** daß der Mandant durch eine schuldhafte Pflichtverletzung seines Anwalts geschädigt wurde. Die entsprechende konkrete Möglichkeit genügt.[2286]

1279 Sind die Voraussetzungen einer sekundären Hinweispflicht gegeben, so entsteht diese im allgemeinen **auch gegenüber einem rechtskundigen Auftraggeber.** Der BGH hat zum Mitverschulden (§ 254 BGB) den Grundsatz entwickelt, daß auch ein solcher Mandant grundsätzlich auf eine einwandfreie Vertragserfüllung durch seinen Rechtsanwalt vertrauen darf und ihm deswegen i. d. R. nicht vorzuwerfen ist, er hätte das, worüber ihn sein Fachberater hätte aufklären müssen,

---

2280 BGHZ 94, 380, 386 f. = NJW 1985, 2250; BGH, WM 1986, 1500 f. = NJW 1987, 326; WM 1990, 815, 817 = NJW-RR 1990, 459.
2281 BGH, NJW 1985, 2941, 2943.
2282 BGH, NJW 1986, 581, 583; WM 1986, 199, 203.
2283 BGH, WM 1988, 1856, 1858 = NJW-RR 1989, 215.
2284 BGH, VersR 1968, 1042, 1043.
2285 BGH, Beschl. v. 24. 2. 1999 – IX ZR 309/97.
2286 BGHZ 94, 380, 386 = NJW 1985, 2250; BGH, NJW 1988, 265, 266; 1993, 2747, 2751.

selbst feststellen können und müssen (Rn. 1149 ff.).[2287] Dementsprechend entfällt die sekundäre Hinweispflicht grundsätzlich nicht, wenn der Mandant nach seinen Rechtskenntnissen die Möglichkeit eines Regreßanspruchs gegen den Rechtsanwalt und den Zeitpunkt der Verjährung eines solchen Anspruchs selbst hätte erkennen können.[2288]

Da die anwaltliche Hinweispflicht eine neue Pflichtverletzung im vorstehenden 1280
Sinne voraussetzt, entsteht sie **nicht schon mit der früheren Verletzung der ursprünglichen Vertragspflicht,** die den Regreßanspruch des Auftraggebers begründet. Anderenfalls würde mit jedem Anwaltsfehler eine verjährungsverlängernde Sekundärhaftung ausgelöst, so daß entgegen dem Schutzgedanken des § 51 b BRAO kaum noch ein primärer Schadensersatzanspruch des Auftraggebers drei Jahre nach Schadenseintritt verjährte; außerdem könnte der Anwalt nicht durch pflichtgemäße Aufklärung des Auftraggebers einem Sekundäranspruch vorbeugen.[2289]

Keinen begründeten Anlaß zur Prüfung einer eigenen Haftpflicht hat der Rechts- 1281
anwalt allein wegen der **bevorstehenden Beendigung des Mandats.**[2290]

Hat der Anwalt **erst nach Eintritt der Primärverjährung** des ursprünglichen Re- 1282
greßanspruchs seines Auftraggebers **begründeten Anlaß,** seine Haftpflicht zu prüfen, so löst dies **keine sekundäre Hinweispflicht** mehr aus, weil deren Erfüllung die Primärverjährung nicht mehr verhindern kann.[2291]

e) Anderweitige Beratung des Mandanten

Nach dem Urteil des IX. Zivilsenats des BGH vom 28. 9. 1995,[2292] der für die Haf- 1283
tung der Rechtsberater zuständig ist, **entfällt eine sekundäre Hinweispflicht** des haftpflichtigen Steuerberaters, wenn der **Mandant** rechtzeitig vor Ablauf der Verjährungsfrist **wegen der Haftungsfrage anderweitig anwaltlich beraten** worden ist oder auf anderem Wege von seinem Schadensersatzanspruch und dessen Verjährung Kenntnis erhalten hat, und zwar auch dann, wenn der Steuerberater schon vorher Anlaß zur Prüfung der Regreßfrage gehabt hat. Die Hinweispflicht eines mit der Prüfung von Regreßansprüchen betrauten Rechtsanwalts tritt an die Stelle derjenigen des Beraters, der die zum Schadensersatz verpflichtende Handlung be-

2287 BGH, WM 1995, 212, 213 m. w. N.
2288 BGH, WM 1999, 1330, 1336.
2289 BGHZ 94, 380, 387 = NJW 1985, 2250.
2290 BGH, WM 1990, 815, 817 = NJW-RR 1990, 459.
2291 BGHZ 94, 380, 387 ff. = NJW 1985, 2250.
2292 WM 1996, 33, 34.

gangen hat, so daß der Mandant dann durch die Haftung des (neuen) Anwalts hinreichend gesichert ist.

1284 Dieser Grundsatz gilt auch für **die sekundäre Hinweispflicht eines haftpflichtigen Rechtsanwalts** gegenüber einem Mandanten, der inzwischen durch einen anderen Anwalt wegen eines Regreßanspruchs beraten wird. Selbst wenn – dies hebt der BGH hervor – der neue Anwalt den Mandanten unvollständig oder falsch unterrichtet, etwa über die Verjährung des Regreßanspruchs gar nicht oder unzutreffend belehrt, entfällt eine aus begründetem Anlaß bereits entstandene sekundäre Hinweispflicht des haftpflichtigen (früheren) Anwalts, deren Erfüllung dem geschädigten Mandanten Klarheit verschaffen könnte; es ist also dann unerheblich, daß die Verletzung dieser Pflicht – neben dem Fehler des neuen Anwalts – den Eintritt einer Primärverjährung mitverursacht. Die primäre vertragliche Beratungspflicht des neuen Anwalts – in der Haftungsfrage – tritt allgemein an die Stelle einer sekundären Hinweispflicht des haftpflichtigen Anwalts.

1285 Der BGH hatte schon früher ausgesprochen, daß bei einem Anwaltswechsel die Beratungspflicht aus dem neuen Mandat den Auftraggeber vor einem Schaden infolge Verjährung seines Regreßanspruchs schütze.[2293]

Insoweit ist der Grundsatz einzuschränken, daß dem regreßpflichtigen Anwalt eine sekundäre Hinweispflicht so lange obliegt, wie sein Mandat besteht.[2294] Ein Auftraggeber braucht **nicht** über seinen Regreßanspruch und dessen Verjährung **aufgeklärt zu werden**, wenn er davon **bereits rechtzeitig Kenntnis** erlangt hat,[2295] sei es **durch einen anderen Rechtsanwalt** oder **auf sonstige Weise – etwa durch die Rechtsschutzversicherung**[2296] oder **durch ein Gerichtsurteil;**[2297] in diesem Falle beruht der Eintritt einer Primärverjährung nicht darauf, daß der haftpflichtige Anwalt den Mandanten nicht über die Rückgriffsmöglichkeit belehrt hat.[2298] Der BGH hatte jedoch einen Wegfall der sekundären Hinweispflicht verneint, wenn der Anwalt lediglich vermutet hatte, sein Mandant kenne die gesetzliche Verjährungsregelung, dies aber nicht sicher gewußt hatte.[2299] Nur wenn ein anderer Anwalt einen Schadensersatzanspruch des Mandanten bereits geltend gemacht hatte, durfte der haftpflichtige Anwalt i. d. R. davon ausgehen, daß der Anspruchsteller

2293 BGH, WM 1990, 815, 818; 1992, 579, 581 f.
2294 Vgl. BGH, WM 1990, 815, 818 m. w. N.
2295 BGH, NJW 1984, 2204; 1987, 326, 327 = WM 1986, 1500, 1501; 1990, 815, 818; NJW 1992, 836, 837.
2296 Vgl. OLG Celle, VersR 1978, 1119, 1120.
2297 Vgl. OLG Celle, VersR 1981, 236, 237.
2298 BGH, WM 1988, 629, 631
2299 BGH, NJW 1987, 326, 327; vgl. i. d. S. noch BGHZ 129, 386, 392 = NJW 1995, 2108 für die Steuerberaterhaftung.

über die Verjährung belehrt worden war.[2300] In den beiden letztgenannten Fällen kommt es nach der Entscheidung vom 28. 9. 1995 (Rn. 1284) nicht mehr darauf an, ob der durch einen anderen Anwalt beratene Mandant über seinen Regreßanspruch und dessen Verjährung vollständig und richtig unterrichtet ist, weil jedenfalls eine sekundäre Hinweispflicht des haftpflichtigen Anwalts entfällt.

Inzwischen hat der IX. Zivilsenat des BGH durch Urteil vom 15. 4. 1999[2301] klar- 1286
gestellt, daß die **sekundäre Hinweispflicht** nur dann **entfällt**, wenn der **haftpflichtige Rechtsanwalt auf Grund konkreter Umstände** davon ausgehen darf, daß der **Mandant** rechtzeitig vor Ablauf der Verjährungsfrist gerade wegen der Frage, ob der Anwalt ihn durch einen Fehler geschädigt hat, **anderweitig anwaltlich beraten** wird oder auf andere Weise von dem möglichen Regreßanspruch und dessen Verjährung Kenntnis erhalten hat. Ein erstinstanzlicher Rechtsanwalt wird während seines Mandats von der sekundären Hinweispflicht **nicht** schon deswegen befreit, weil der Mandant einen **Rechtsmittelanwalt** beauftragt, es sei denn, daß diesem auch die Aufgabe übertragen wird, einen Regreßanspruch gegen den Erstanwalt zu verfolgen.

2. Verletzung der sekundären Hinweispflicht 1287

Besteht die Möglichkeit, daß ein Rechtsanwalt seine vertragliche Hauptpflicht zur Beratung und Vertretung seines Auftraggebers verletzt hat, so begeht er eine **(neue) Pflichtverletzung**, wenn er **gegen seine sekundäre Hinweispflicht verstößt;** dies kann den sekundären Schadensersatzanspruch des Auftraggebers auslösen.[2302]

Diese sekundäre Pflicht wird **objektiv verletzt**, indem der Rechtsanwalt trotz begründeten Anlasses die Prüfung unterläßt, ob er den Mandanten durch einen Fehler geschädigt hat, oder trotz einer solchen Prüfung den Auftraggeber nicht oder zu spät auf einen möglichen Regreßanspruch und dessen Verjährung hinweist.[2303]

Eine solche (weitere) – haftungsbegründende – **Pflichtverletzung** des Rechtsan- 1288
walts ist **von dem Mandanten,** der einen sekundären Schadensersatzanspruch zur Abwehr der Einrede der Primärverjährung geltend macht, als anspruchsbegründende Voraussetzung gemäß den allgemeinen Regeln **darzulegen** und – ge-

2300 BGH, NJW 1992, 836, 837.
2301 BGH, WM 1999, 1330, 1335 f.
2302 Vgl. Rn. 1251 ff., 1272 ff.
2303 BGHZ 94, 380, 386 = NJW 1985, 2250.

mäß § 286 ZPO – **zu beweisen** (vgl. Rn. 1224).[2304] Da es i. d. R. schwer zu beweisen ist, daß ein geschuldeter Hinweis unterlassen wurde, wird die Darlegungs- und Beweislast für die negative Tatsache dadurch **gemildert,** daß **der Rechtsanwalt** zu einem solchen konkreten Vorwurf substantiiert Stellung zu nehmen und **zunächst im einzelnen darzulegen hat,** in welcher Weise er die von ihm behauptete Aufklärung vorgenommen haben will.[2305] Dafür genügt es, daß der Anwalt die wesentlichen Gesprächspunkte in einer Weise darstellt, die erkennen läßt, daß er seiner Hinweispflicht gerecht geworden ist.[2306] Bestreitet er die vom Mandanten behauptete Pflichtverletzung nur unsubstantiiert, so gilt das Vorbringen des Auftraggebers als zugestanden (§ 138 Abs. 3 ZPO).[2307]

3. Verschulden

1289 Ein sekundärer Schadensersatzanspruch des Mandanten setzt weiterhin voraus, daß der haftpflichtige Rechtsanwalt den geschuldeten **Hinweis** auf seine mögliche Regreßhaftung und die Verjährung **schuldhaft,** also vorsätzlich oder fahrlässig **unterlassen hat** (§ 276 BGB). Jedes Verschulden genügt,[2308] so daß **leichte Fahrlässigkeit ausreicht;** entgegen der Ansicht des OLG Düsseldorf[2309] ist nicht mindestens grobe Fahrlässigkeit erforderlich.[2310]

Dem Anwalt ist die Verletzung seiner sekundären Hinweispflicht als **Verschulden vorzuwerfen,** wenn er die geschuldete Aufklärung seines Mandanten über die mögliche Regreßhaftung und die Verjährung **bewußt nicht erteilt,** nachdem er zumindest die Möglichkeit seiner Haftpflicht erkannt hat, oder wenn er diese **fahrlässig nicht erkennt,** weil er sein eigenes Verhalten trotz begründeten Anlasses nicht auf einen Fehler hin überprüft oder diesen bei einer solchen Prüfung übersieht, obwohl ihn ein sorgfältiger Anwalt erkennen konnte und mußte.[2311] Im Streitfall braucht der **Mandant nicht zu beweisen,** daß der Anwalt seine sekundäre Hinweispflicht vorsätzlich – also mit Wissen und Wollen – oder fahrlässig – also unter Mißachtung der im Rechtsverkehr erforderlichen Sorgfalt – verletzt hat. Auf seiner Seite genügt es, daß sein Vorbringen mindestens den Schluß nahelegt,

---

2304 BGH, NJW 1987, 1322, 1323; WM 1991, 1427, 1429 = NJW 1991, 2280; 1992, 2694, 2695; 1996, 2571; WM 1997, 335, 339.

2305 BGH, NJW 1987, 1322, 1323; 1996, 2571; WM 1997, 335, 339.

2306 BGH, NJW 1996, 2571.

2307 BGH, NJW 1996, 2571; WM 1997, 335, 339.

2308 BGHZ 94, 380, 387 = NJW 1985, 2250.

2309 VersR 1985, 92, 93.

2310 Vgl. BGH, NJW 1985, 1151, 1152.

2311 Vgl. BGHZ 94, 380, 386 = NJW 1985, 2250; BGH, WM 1988, 1856, 1858 = NJW-RR 1989, 215; vgl. BGHZ 129, 386, 391 = NJW 1995, 2108 für den Steuerberater.

der Anwalt hätte bei Beachtung der erforderlichen Sorgfalt die Pflichtwidrigkeit seines Vorgehens (Unterlassung der geschuldeten Aufklärung) erkennen und den sich daraus ergebenden Nachteil des Mandanten (Eintritt der Primärverjährung) vermeiden können und müssen; es dann **Sache des Anwalts, sich zu entlasten**[2312] (Rn. 1225).

4. (Sekundär-) Schaden und haftungsausfüllende Kausalität

Der Sekundäranspruch des Mandanten setzt ferner voraus, daß der **Sekundärschaden,** der in der **Primärverjährung** des ursprünglichen vertraglichen Regreßanspruchs gegen den Rechtsanwalt besteht, **beruhen muß** auf der schuldhaften Verletzung der sekundären Hinweispflicht. Diese anspruchsbegründende Voraussetzung des **Ursachenzusammenhangs** zwischen dem Schaden in Gestalt der Primärverjährung und der Verletzung der sekundären anwaltlichen Hinweispflicht **(haftungsausfüllende Kausalität)** hat der **Mandant darzulegen und zu beweisen** (vgl. Rn. 1042, 1224).[2313] Der **BGH** hat es ausdrücklich **abgelehnt, die Darlegungs- und Beweislast** für die haftungsausfüllende Kausalität zum Nachteil des Rechtsanwalts und Steuerberaters **umzukehren;**[2314] dies gilt **auch für den Fall einer groben Pflichtverletzung.**[2315] 1290

Insoweit ist für einen Schadensersatzanspruch die sich aus **§ 249 Satz 1 BGB** ergebende Frage zu beantworten, was geschehen wäre, wenn der Vertragspartner sich vertragsgerecht verhalten hätte, und wie die Vermögenslage des Anspruchstellers dann wäre.[2316] Danach **erfordert ein Sekundäranspruch des Mandanten grundsätzlich die Feststellung,** daß dieser den Eintritt der Primärverjährung seines Regreßanspruchs – etwa durch Unterbrechung nach § 209 BGB – verhindert hätte, wenn der Anwalt ihn gemäß seiner sekundären Hinweispflicht rechtzeitig über seine mögliche Haftpflicht und die Verjährung nach § 51 b BRAO unterrichtet hätte. Dies ist nicht der Fall, wenn der Mandant eine solche Aufklärung rechtzeitig von anderer Seite erhalten hatte, gleichwohl aber den Eintritt der Primärverjährung nicht vermieden hat.[2317] 1291

2312 BGH, NJW 1987, 326, 327; WM 1996, 1832, 1835; vgl. BGHZ 129, 386, 391 f. = NJW 1995, 2108 für den Steuerberater.

2313 BGHZ 123, 311 = NJW 1993, 3259 = WM 1994, 78; BGHZ 126, 217 = WM 1994, 2113; BGH, NJW 1992, 2694, 2695; WM 1996, 1832, 1835; vgl. BGHZ 129, 386, 392 = NJW 1995, 2108 für die sekundäre Steuerberaterhaftung.

2314 BGHZ 123, 311 = NJW 1993, 3259 = WM 1994, 78.

2315 BGHZ 126, 217 = WM 1994, 2113.

2316 BGH, WM 1993, 610, 614; 1996, 1832, 1835.

2317 BGH, NJW 1985, 1151, 1152; 1988, 2245 = WM 1988, 629, 631.

1292 Die **Darlegungs- und Beweislast** des geschädigten Mandanten für den **Ursachenzusammenhang** wird **erleichtert** durch **§ 287 ZPO** und die Regeln über den **Beweis des ersten Anscheins.**[2318] Die Vorschrift des **§ 287 ZPO** mindert die Darlegungslast des Geschädigten und ermäßigt das Beweismaß gegenüber § 286 ZPO dahin, daß eine deutlich überwiegende, auf gesicherter Grundlage beruhende Wahrscheinlichkeit für die richterliche Überzeugungsbildung ausreicht.[2319] Der **Anscheinsbeweis** begründet nach der Lebenserfahrung die **tatsächliche Vermutung,** daß der geschädigte Ratsuchende sich bei pflichtgemäßem Vorgehen des Rechtsberaters **beratungsgemäß verhalten hätte,** also einem Rat, Hinweis oder einer Warnung gefolgt wäre; es ist dann **Sache des Schädigers,** Tatsachen darzulegen und zu beweisen, die den ihm nachteiligen **Anschein erschüttern.**[2320] Kann der Rechtsanwalt dies nicht, so spricht nach der Lebenserfahrung eine **tatsächliche Vermutung dafür,** daß der Mandant einen Hinweis des Rechtsanwalts auf seine mögliche Haftpflicht und die Verjährung beherzigt und den **Eintritt der Primärverjährung eines Regreßanspruchs verhindert hätte.** Kann der Anwalt jedoch im Einzelfall der Vermutung die Grundlage entziehen, indem er Umstände vorträgt und notfalls beweist, die darauf hindeuten, daß der Mandant auch bei rechtzeitiger Erfüllung der sekundären Hinweispflicht den Eintritt der Primärverjährung nicht vermieden hätte, so versagt die Beweiserleichterung des Anscheinsbeweises und bleibt es bei der vollen Beweislast des Mandanten für den Ursachenzusammenhang. Wer dem Gegner schuldhaft die Möglichkeit abschneidet, den Anscheinsbeweis zu erschüttern oder zu widerlegen, kann sich nicht auf die Grundsätze des Anscheinsbeweises berufen.[2321]

III. Sekundäranspruch und Mitverschulden

1293 Als eigenständiger Schadensersatzanspruch kann der Sekundäranspruch des Mandanten dem – von Amts wegen zu prüfenden[2322] – **Einwand des Mitverschuldens (§ 254 BGB)** ausgesetzt sein, so daß es vom Ansatz her denkbar ist, daß der Sekundärschaden in Gestalt der Primärverjährung des Regreßanspruchs gar nicht

2318 BGHZ 123, 311, 314 ff. = NJW 1993, 3259; BGHZ 126, 217, 222 ff. = WM 1994, 2113; BGH, NJW 1992, 2694, 2695; 1993, 734; vgl. BGHZ 129, 386, 392 f. = NJW 1995, 2108 für die sekundäre Steuerberaterhaftung.

2319 BGH, WM 1992, 1155, 1156 = NJW-RR 1992, 997; NJW 1992, 2694, 2695; WM 1993, 382 = NJW 1993, 734.

2320 BGHZ 123, 311, 314 ff. = NJW 1993, 3259; BGHZ 126, 217, 222 = WM 1994, 2113; 1993, 610, 614 f.; 1993, 1513, 1516.

2321 BGH, NJW 1998, 79, 80 f.

2322 BGH, NJW 1991, 166, 167.

oder nur teilweise zu ersetzen ist.[2323] Allderdings dürfte dieser Einwand nur **selten durchgreifen.** Nach ständiger Rechtsprechung kann dem Ratsuchenden grundsätzlich ein schadensursächliches Mitverschulden nicht deswegen angerechnet werden, weil er das, worüber ihn sein Fachberater hätte unterrichten müssen, bei genügender Sorgfalt selbst hätte feststellen können und müssen;[2324] dies gilt i. d. R. sogar im Verhältnis eines Rechtsanwalts zu einem rechtskundigen Mandanten (vgl. Rn. 1149 ff.).[2325] Dementsprechend entfällt der Sekundäranspruch des Mandanten grundsätzlich nicht, wenn dieser nach seinen Rechtskenntnissen die Möglichkeit eines Regreßanspruches gegen den Rechtsanwalt und den Zeitpunkt der Verjährung eines solchen Anspruchs selbst hätte erkennen können.[2326]

Nach dem insoweit maßgeblichen Inhalt des Anwaltsvertrages obliegt die **Verhütung** des entstandenen Schadens, der in **der Primärverjährung** eines Regreßanspruchs des Mandanten besteht, **grundsätzlich allein dem Rechtsanwalt** aufgrund seiner sekundären Hinweispflicht und befindet sich deswegen regelmäßig außerhalb des Bereichs der Eigenverantwortung des Mandanten.

IV. Verjährung des Sekundäranspruchs 1294

1. Einrede der Sekundärverjährung

Eine **Verjährungseinrede** des Rechtsanwalts (§§ 51 b BRAO, 222 Abs. 1 BGB) 1295
gegen den vertraglichen (primären) Regreßanspruch im Haftpflichtprozeß erstreckt sich **im Zweifel** auf einen **Sekundäranspruch des Mandanten.** Der haftpflichtige Anwalt will mit seinem Leistungsverweigerungsrecht im allgemeinen geltend machen, die Verjährung des Primäranspruchs sei vollendet, weil die Primärverjährung eingetreten sei und entweder kein verjährungsverlängernder Sekundäranspruch bestehe oder ein solcher Anspruch ebenfalls verjährt sei.

2. Sekundärverjährung gemäß § 51 b BRAO

Da der **sekundäre Schadensersatzanspruch** auf einer Verletzung der umfas- 1296
senden vertraglichen Beratungspflicht des Rechtsanwalts beruht, **verjährt** dieser Anspruch aus positiver Verletzung des Anwaltsvertrages – ebenso wie der Pri-

2323 Vgl. *Rinsche*, Rn. I 280; *Stoecker*, S. 106.
2324 BGH, WM 1995, 212, 213 m. w. N. = NJW-RR 1995, 252; WM 1996, 1832, 1835.
2325 BGH, NJW 1992, 820; 1993, 2045, 2047.
2326 BGH, WM 1999, 1330, 1336.

märanspruch – **gemäß § 51 b BRAO** (§ 194 Abs. 1 BGB).[2327] Ein Sekundäranspruch verjährt also in drei Jahren seit seiner Entstehung, spätestens jedoch in drei Jahren nach Beendigung des Auftrags. Der sekundäre Ersatzanspruch entsteht i. S. d. § 198 BGB mit dem Eintritt der Verjährung des ursprünglichen (primären) Regreßanspruchs gemäß § 51 b BRAO; diese **Primärverjährung** ist der **Schaden**, den der Anwalt durch schuldhafte Verletzung seiner sekundären Pflicht, den Auftraggeber auf die mögliche eigene Haftpflicht und die Verjährung hinzuweisen, herbeigeführt hat, und der mit dem Sekundäranspruch behoben werden soll. Dieser verjährt nach **§ 51 b Fall 1 BRAO,** wenn der Schaden des Auftraggebers in Gestalt der **Primärverjährung vor dem Mandatsende** entstanden ist. Ist dagegen die **Primärverjährung erst nach Beendigung des Auftrags** eingetreten, so richtet sich die Verjährung nach **§ 51 b Fall 2 BRAO.**[2328] Der Ansicht des VI. Zivilsenats des BGH in seinem Urteil vom 5. 5. 1984,[2329] ein Sekundäranspruch verjähre grundsätzlich in drei Jahren nach Mandatsende, hat der – nunmehr für die Anwaltshaftung zuständige – IX. Zivilsenat des BGH zu Recht entgegengehalten, es fehle eine gesetzliche Grundlage dafür, den Verjährungsbeginn für einen solchen Anspruch stets bis zur Beendigung des Auftrags hinauszuschieben.[2330]

3. Regelfälle der Sekundärverjährung

1297 Danach sind für den **Regelfall,** daß der haftpflichtige Rechtsanwalt kein Anschlußmandat des Auftraggebers über denselben Gegenstand erhalten hat, **folgende Möglichkeiten der Verjährung eines Sekundäranspruchs** zu unterscheiden[2331]:

a) Dauermandat

1298 Ist der vertragliche (primäre) Regreßanspruch des Mandanten – mit dem Eintritt seines Schadens – vor Mandatsende entstanden (vgl. Rn. 1230 ff.), so tritt die Primärverjährung gemäß § 51 b Fall 1 BRAO drei Jahre nach der Entstehung dieses Anspruchs ein; in diesem Falle beginnt die dreijährige Verjährungsfrist für den Sekundäranspruch nach **§ 51 b Fall 1 BRAO** mit dem Eintritt der Primärverjährung, falls zu diesem Zeitpunkt das Mandat noch fortbesteht.[2332]

2327 BGHZ 94, 380, 389 = NJW 1985, 2250.
2328 BGH, WM 1988, 629, 631.
2329 NJW 1984, 2204.
2330 BGHZ 94, 380, 389 ff. = NJW 1985, 2250.
2331 *Zugehör*, NJW 1995 – Beilage zu Heft 21 – S. 19 f.
2332 BGH, VersR 1977, 617, 618; BGHZ 94, 380, 390 = NJW 1985, 2250.

Dieser **für den geschädigten Mandanten günstige Verjährungsfall** betrifft das **Dauermandat** (vgl. Rn. 1256). Je später der Auftrag nach Entstehung des Regreßanspruchs beendet wird, desto länger dauert es grundsätzlich, bis die Verjährungsfristen für Primär- und Sekundäranspruch verstreichen und die Gesamtverjährung vollendet ist. **Höchstens verdoppelt sich die gesetzliche Verjährungsfrist,** nämlich dann, wenn die Verjährungsfristen für Primär- und Sekundäranspruch vor dem Mandatsende voll ablaufen können.

b) Kurzmandat

Ist der vertragliche Regreß-(Primär-)anspruch des Auftraggebers zwar vor dem Mandatsende entstanden, tritt aber die Primärverjährung gemäß § 51 b Fall 1 BRAO erst nach Beendigung des Auftrags ein, so beginnt die Verjährungsfrist für einen Sekundäranspruch nach **§ 51 b Fall 2 BRAO** mit dem Mandatsende[2333] (Rn. 1296). 1299

In diesem Falle **beginnt** also die **Verjährung des Sekundäranspruchs vor dessen Entstehung.** Dies entspricht dem in § 51 b Fall 2 BRAO zum Ausdruck gebrachten Willen des Gesetzgebers, die Verjährung jedenfalls „spätestens" mit dem Mandatsende beginnen zu lassen, wenn dies für den Anwalt günstiger ist als ein Verjährungsbeginn nach § 51 b Fall 1 BRAO.[2334] So ist es hier, weil die Verjährungsfrist für den Sekundäranspruch ab Mandatsende früher läuft und verstreicht als bei einem Verjährungsbeginn mit Eintritt der Primärverjährung nach Beendigung des Auftrags.

Dieser **für den haftpflichtigen Rechtsanwalt günstige Verjährungsfall** betrifft vor allem die **Kurzmandate** – beispielsweise betreffend einen Vertragsentwurf oder ein Rechtsgutachten –. Ist in der verhältnismäßig geringen Zeitspanne zwischen Erteilung und Beendigung eines solchen Auftrages ein Regreßanspruch des Mandanten entstanden, so tritt die Primärverjährung dieses Anspruchs i. d. R. erst nach Mandatsende ein. Falls in der kurzen Mandatszeit überhaupt eine sekundäre Hinweispflicht des Anwalts entstanden und diese verletzt worden ist, so verjährt ein Sekundäranspruch – vor seiner vollen Entstehung mit Eintritt der Primärverjährung – bereits vom Mandatsende an. **Primär- und Sekundäranspruch verjähren dann in unwesentlichem Abstand.** Im Ergebnis bleibt es in diesen Fällen nahezu bei der strengen Verjährungsregelung des § 51 b BRAO.

2333 BGH, VersR 1977, 617, 618; BGHZ 94, 380, 390 = NJW 1985, 2250; BGH, WM 1988, 629, 631.
2334 Vgl. *Kleutgens*, S. 202.

4. Grundsätzlich keine Sekundärverjährung bei einem nach Mandatsende entstandenen Primäranspruch

1300 Ist der vertragliche **Regreß-(Primär-)anspruch** – mit dem Eintritt des Schadens des Auftraggebers – erst **nach dem Mandatsende entstanden,** so **entfällt grundsätzlich** ein verjährungsverlängernder **Sekundäranspruch,** weil nur bis zu diesem Zeitpunkt die sekundäre Vertragspflicht des Rechtsanwalts besteht, den Auftraggeber auf seine mögliche Haftpflicht und die Verjährung hinzuweisen (vgl. Rn. 1271 ff.). Danach verbleibt es auch in diesem Falle **bei der gesetzlichen Verjährungsregelung; anders** kann dies nur dann sein, wenn der Anwalt ein **Anschlußmandat** über denselben Gegenstand erhalten hat (vgl. Rn. 1275).

5. Sekundärverjährung aus Anschlußmandat

1301 Ausnahmsweise kann ein **Sekundäranspruch** des Mandanten entstanden sein **nach Beendigung des Auftrags,** aus dem der Regreßanspruch gegen den Rechtsanwalt hergeleitet wird, und zwar dann, wenn dieser von demselben Auftraggeber **vor Eintritt der Primärverjährung ein neues Mandat über denselben Gegenstand** erhalten hat (vgl. Rn. 1275).

1302 In diesem Falle sind **folgende vier Verjährungsmöglichkeiten** gegeben[2335]:

Möglichkeit 1:

Ist der Regreßanspruch aus dem früheren Mandat vor dessen Ende entstanden, so verlängert sich die Primärverjährung gemäß § 51 b Fall 1 BRAO durch den aufgrund des neuen Auftrags begründeten Sekundäranspruch ebenfalls gemäß dieser Vorschrift, falls das neue Mandat bei Vollendung der Primärverjährung besteht; in diesem Falle ist Verjährungsbeginn jeweils der Zeitpunkt, in dem diese Ansprüche entstanden sind.

Möglichkeit 2:

Ist der Regreßanspruch aus dem früheren Mandat vor dessen Ende entstanden und wird vor Ablauf der gemäß § 51 b Fall 1 BRAO laufenden Verjährungsfrist für diesen Anspruch aufgrund des neuen Auftrags ein Sekundäranspruch begründet, besteht dieses neue Mandat aber bei Vollendung der Primärverjährung nicht mehr, so beginnt die Verjährungsfrist für den aufgrund des neuen Mandats entstandenen Sekundäranspruch gemäß § 51 b Fall 2 BRAO mit dem Ende des neuen Mandats.[2336]

2335 *Zugehör*, NJW 1995 – Beilage zu Heft 21 – S. 20.
2336 BGH, WM 1993, 1889, 1895 = NJW 1993, 2747.

Möglichkeit 3:

Ist der Regreßanspruch aus dem früheren Auftrag – mit dem Schadenseintritt beim Auftraggeber – erst nach Beendigung dieses Mandats entstanden, so läuft die Verjährungsfrist für diesen Anspruch gemäß § 51 b Fall 2 BRAO ab Ende dieses Auftrags; begründet dann vor Ablauf dieser Frist das neue Mandat einen Sekundäranspruch, so verjährt dieser nach § 51 b Fall 1 BRAO, falls das neue Mandat bei Vollendung der Primärverjährung noch besteht.

Möglichkeit 4:

Ist – wie im zuvor erörterten Fall – der Regreßanspruch aus dem früheren Auftrag erst nach dessen Ende entstanden und läuft deswegen die Verjährungsfrist gemäß § 51 b Fall 2 BRAO, so verjährt ein Sekundäranspruch, der vor Ablauf dieser Frist durch ein neues Mandat begründet wird, ebenfalls nach dieser Vorschrift ab Ende des neuen Mandats, wenn dieses bei Vollendung der Primärverjährung nicht mehr besteht.[2337]

6. Sekundärverjährung für Primäranspruch aus vorvertraglicher Pflichtverletzung

Stammt der **Regreß-(Primär-)anspruch aus vorvertraglicher Pflichtverletzung** des Rechtsanwalts bei Anbahnung eines echten Anwaltsvertrages (Rn. 1210 ff.), so kann ein verjährungsverlängender **Sekundäranspruch nur dann entstehen,** wenn der **angestrebte Anwaltsvertrag zustande gekommen ist.** Nur im Rahmen einer damit begründeten umfassenden Beratungspflicht kann für den Rechtsanwalt die sekundäre Pflicht entstehen, den Auftraggeber auf einen möglichen Schadensersatzanspruch aus der vorvertraglichen Beziehung und dessen Verjährung nach § 51 b BRAO hinzuweisen. Verletzt der haftpflichtige Anwalt schuldhaft diese Pflicht und hätte der Mandant bei rechtzeitiger Aufklärung die Primärverjährung seines Regreßanspruchs verhindert, so entsteht ein Sekundäranspruch. Dieser **verjährt** gemäß den dargelegten Regeln (Rn. 1210 ff.). 1303

2337 BGH, WM 1993, 1889, 1895 = NJW 1993, 2747.

1304 **E. Allgemeines zur Verjährung von Primär- und Sekundäranspruch**

1305 **I. Hemmung der Verjährung**

1. Gründe und Wirkung (§§ 202 ff. BGB)

1306 Soweit das Gesetz die **Hemmung der Verjährung** anordnet, weil der Gläubiger seinen Anspruch aus rechtlichen oder tatsächlichen Gründen **vorübergehend nicht verfolgen kann,** wird die **Hemmungszeit nicht in die Verjährungsfrist eingerechnet** (§§ 202 ff., 205 BGB). Mit Eintritt des Hemmungsgrundes wird die bereits angelaufene Verjährungsfrist angehalten; nach Wegfall des hemmenden Ereignisses läuft die Verjährungsfrist – gemäß § 187 BGB – weiter.[2338]

Kann die Verjährung nur durch Hemmung vermieden worden sein, so ist der Anspruch verjährt, sobald der vor der Hemmung abgelaufene Teil der Verjährungsfrist und die nach Wegfall der Hemmung verstrichene Zeit die gesamte Verjährungsfrist ausmachen. Diese kann **mehrmals gehemmt werden;** eine Höchstgrenze für Hemmungszeiten gibt es nicht.[2339]

2. Einzel- oder Gesamtwirkung für Gesamtschuldner (§ 425 BGB)?

1307 Haften **mehrere Schädiger als Gesamtschuldner,** so hat die **Hemmung der Verjährung grundsätzlich nur Einzelwirkung** zwischen den Personen, zwischen denen der Hemmungsgrund besteht (§ 425 BGB).[2340] Da diese Vorschrift aber für die **gesamtschuldnerische Haftung verbundener Rechtsanwälte** gegenüber dem Mandanten im allgemeinen nicht angewendet wird (Rn. 1215 ff.), kann in diesem Rechtsverhältnis auch **Gesamtwirkung** eintreten.[2341]

3. Hauptanwendungsfälle in der anwaltlichen Berufshaftung (Stillhalteabkommen, Antrag auf Prozeßkostenhilfe)

1308 Ein **Hauptanwendungsfall der Verjährungshemmung** in der anwaltlichen Vertragshaftung ist das **Stillhalteabkommen (pactum de non petendo),** nach dem der Schuldner vorübergehend zur Leistungsverweigerung berechtigt sein soll (§§ 202 Abs. 1, 205 BGB),[2342] sofern nicht darüber hinaus sogar die Klagbarkeit

2338 Vgl. RGZ 120, 355, 361 f.; BGHZ 86, 98, 102 ff. = LM BGB § 202 Nr. 19.
2339 BGH, NJW 1990, 176, 178.
2340 Vgl. BGH, NJW 1977, 1879; 1984, 793, 794; 1994, 1150, 1152.
2341 BGH, WM 1996, 33, 35.
2342 Vgl. BGH, WM 1993, 610, 615; NJW 1998, 2274, 2277 = WM 1998, 1493; NJW 1999, 1101, 1103; WM 1999, 922, 924.

ausgeschlossen wurde.[2343] Eine solche Vereinbarung kann vorliegen, wenn im Einvernehmen zwischen Gläubiger (Mandant) und Schuldner (Rechtsanwalt) die Auseinandersetzung über den Schadensersatzanspruch zurückgestellt werden soll bis zur Beendigung eines Rechtsstreits,[2344] bis zur Entscheidung einer Verwaltungsbehörde,[2345] bis zum Abschluß von Ermittlungen oder eines Versuchs zur Schadensbeseitigung[2346] oder bis zur Entschließung des Haftpflichtversicherers.[2347] In solchen Fällen ist eine gütliche Einigung noch nicht ausgeschlossen; deswegen soll der Gläubiger nicht gezwungen sein, die Verjährung vorsorglich durch Klageerhebung unterbrechen zu müssen.

Die Verjährung wird **gehemmt,** wenn der Mandant, der die Kosten einer Regreßklage nicht aufbringen kann (§ 114 ZPO), bis zum Ablauf der Verjährungsfrist einen ordnungsgemäß begründeten und vollständigen Antrag auf Bewilligung der **Prozeßkostenhilfe** stellt (§ 203 BGB).[2348]

4. Nicht analog §§ 639 Abs. 2, 852 Abs. 2 BGB

Die Verjährung eines Schadensersatzanspruchs des Mandanten gegen den Rechts- 1309
anwalt wird **nicht** in entsprechender Anwendung des **§ 639 Abs. 2 BGB** gehemmt, wenn der Anwalt seine Vertragsleistung im Einverständnis mit dem Auftraggeber auf Mängel überprüft und solche zu beseitigen versucht.[2349]

Verhandeln der geschädigte Mandant und der haftpflichtige Rechtsanwalt über einen Schadensersatz, so wird die Verjährung des Regreßanspruchs **nicht analog § 852 Abs. 2 BGB** gehemmt.[2350]

5. Darlegungs- und Beweislast

Die **Darlegungs- und Beweislast** für **verjährungshemmende Umstände** trägt 1310
der **Anspruchsteller,** der die Verjährungseinrede abwehren will.[2351]

2343 BGH, NJW-RR 1989, 1048, 1049.
2344 BGH, WM 1993, 610, 615.
2345 BGH, LM BGB § 202 Nr. 3.
2346 BGH, LM BGB § 202 Nr. 5.
2347 Vgl. BGH, NJW 1973, 316, 317 f.; 1986, 1337, 1338.
2348 BGHZ 70, 235, 237 ff. = NJW 1978, 938; BGH, NJW 1981, 1550; 1989, 1148, 1149; 1989, 3149.
2349 Vgl. BGH, WM 1996, 1106, 1107 für die Steuerberaterhaftung.
2350 BGH, WM 1989, 581, 583 = NJW 1990, 326; WM 1996, 1106, 1107.
2351 BGH, WM 1993, 610, 615; 1996, 1832, 1833.

1311 **II. Unterbrechung der Verjährung**

1312 **1. Unterbrechungsgründe**

a) Anerkenntnis (§ 208 BGB)

1313 Die **Verjährung** eines Anspruchs wird insoweit **unterbrochen,** als dieser vom Schuldner gegenüber dem Gläubiger durch Abschlags- oder Zinszahlung, Sicherheitsleistung oder in anderer Weise – zumindest durch rein tatsächliches Verhalten – während der Verjährungsfrist wenigstens dem Grunde nach **anerkannt** wird (§ 208 BGB).[2352]

b) Klage und gleichstehende Maßnahmen (§§ 209, 210 BGB)

1314 Soweit ein Anerkenntnis des Schuldners fehlt, muß der **Gläubiger** die Verjährung während der Verjährungsfrist **unterbrechen** durch **Klage** auf Befriedigung oder Feststellung seines Anspruchs oder durch eine gesetzlich **gleichgestellte Handlung** (§§ 209, 210 BGB). Ein Mandant versucht meistens, die Verjährung eines vertraglichen Regreßanspruchs gegen den Rechtsanwalt durch **Klageerhebung** zu unterbrechen (§ 209 Abs. 1, 2 Nr. 1 BGB). Der Umfang der Verjährungsunterbrechung richtet sich nach dem Gegenstand der Klage.[2353]

Häufig wird die Unterbrechung auch herbeigeführt, indem der Mandant mit einem solchen Anspruch gegen die eingeklagte Gebührenforderung des Rechtsanwalts **aufrechnet** (§ 209 Abs. 2 Nr. 3 BGB) oder diesem den **Streit verkündet** in einem Prozeß, von dessen Ausgang der Regreßanspruch abhängt (§ 209 Abs. 2 Nr. 4 BGB); insoweit ist § 215 Abs. 2 BGB zu beachten (vgl. Rn. 1319).

c) Nicht Inanspruchnahme von Primärrechtsschutz

1315 Nach der Rechtsprechung des III. Zivilsenats des BGH[2354] unterbricht die **Inanspruchnahme von Primärrechtsschutz** gegen ein amtspflichtwidriges Verwaltungshandeln – durch Einlegung von Rechtsbehelfen oder Klage – grundsätzlich die Verjährung eines Amtshaftungsanspruchs (§ 839 BGB, Art. 34 GG) gemäß § 852 BGB in entsprechender Anwendung der §§ 209 Abs. 1, 211 BGB. Der – für die Anwalts- und Steuerberaterhaftung zuständige – IX. Zivilsenat des BGH

2352 Vgl. BGH, WM 1997, 330, 332 = NJW 1997, 516.
2353 BGH, NJW 1996, 117, 118.
2354 BGHZ 95, 238, 242, 244 = WM 1985, 1503; BGHZ 97, 97, 110 ff. = WM 1986, 1447; BGHZ 103, 242, 246 ff. = NJW 1988, 1776, BGHZ 122, 317, 323 ff. = WM 1993, 1689; BGH, WM 1995, 1959, 1960.

hat es **abgelehnt,** diese Rechtsprechung **auf die Steuerberaterhaftung zu übertragen.**[2355] Dies muß **auch für die Anwaltshaftung** gelten. Diese Haftungsbereiche werden nicht wie die Amtshaftung dadurch gekennzeichnet, daß der Gegner im Primärrechtsschutzverfahren und der Schadensersatzpflichtige identisch sind. Außerdem wäre eine solche erleichterte, über die gesetzlichen Unterbrechungsgründe hinausgehende Möglichkeit der Verjährungsunterbrechung unvereinbar mit dem Zweck der §§ 51 b BRAO, 68 StBerG, die Haftungsgefahr der Rechtsberater durch eine günstige Verjährungsregelung auszugleichen.

d) Unterbrechung der Sekundärverjährung durch Regreßklage

Wird dem Rechtsanwalt eine Klage oder ein Mahnbescheid des Mandanten wegen 1316
eines Regreßanspruchs zugestellt, so wird dadurch auch **die Verjährung eines Sekundäranspruchs unterbrochen** (§ 209 Abs. 1, 2 Nr. 1 BGB).[2356] Hat der Mandant seine Klage nach Eintritt der Primärverjährung während der Verjährungsfrist für den Sekundäranspruch erhoben, so kann ihm also nicht entgegengehalten werden, die Klage betreffe nur den ursprünglichen und verjährten Regreßanspruch, nicht aber den unverjährten Sekundäranspruch. Dieser erstreckt sich nicht unmittelbar auf eine Schadensersatzleistung in Geld, sondern ist gleichsam ein **Hilfsrecht des Geschädigten**, das ihm durch die Verlängerung der primären Verjährungsfrist ermöglicht, seinen ursprünglichen Schadensersatzanspruch rechtzeitig durchzusetzen. Beide Ansprüche des Mandanten beruhen auf derselben vertraglichen Beratungspflicht des Rechtsanwalts und entstammen daher einem einheitlichen Lebenssachverhalt, sind nach Grund und Rechtsnatur wesensgleich sowie auf denselben wirtschaftlichen Erfolg gerichtet, den Schaden auszugleichen, der durch die ursprüngliche anwaltliche Pflichtverletzung entstanden ist. Der prozessuale Leistungsanspruch i. S. d. § 209 BGB,[2357] der alle materiellrechtliche Ansprüche umfaßt, die den Klageantrag begründen können,[2358] erstreckt sich auf den Sekundäranspruch, der – im Rahmen seiner Reichweite – den Klageanspruch stützt. Dies überrascht den Rechtsanwalt nicht, der während der Sekundärverjährungsfrist in Anspruch genommen wird; er weiß aufgrund seiner Fachkunde, daß die Primärverjährung des eingeklagten Regreßanspruchs des Mandanten eingetreten ist, und kann beurteilen, ob er sich gegen den Klageanspruch, der nur noch mit Hilfe des Sekundäranspruchs durchgesetzt werden kann, wehren soll oder

2355 WM 1996, 1106, 1107.
2356 BGH, WM 1996, 2069, 2070 = NJW 1996, 2797.
2357 Vgl. dazu BGH, NJW 1993, 2439, 2440; NJW-RR 1994, 514, 515; NJW 1996, 117, 118.
2358 BGH, NJW 1983, 2813; 1996, 117, 118.

nicht. Nach Rechtskraft eines Titels muß der verklagte Rechtsanwalt nicht befürchten, daß aus diesem Lebenssachverhalt gegen ihn noch weitere – über die eingeklagten und beschiedenen Ansprüche hinausgehende – Forderungen geltend gemacht werden.

2. Wirkung der Unterbrechung (§ 217 BGB)

1317 Wird die Verjährung unterbrochen, so **fällt** die bis zur Unterbrechung **verstrichene Verjährungsfrist weg;** es beginnt eine **neue Verjährungsfrist,** die erst **nach dem Ende der Unterbrechungszeit** in Lauf gesetzt wird (§ 217 BGB).

Endet die Unterbrechung während eines Tages, so läuft die neue Verjährungsfrist nach den Auslegungsvorschriften der §§ 186 ff. BGB vom folgenden Tage an (§ 187 Abs. 1 BGB); endet die Unterbrechung mit Beginn eines Tages – etwa mit Eintritt der Rechtskraft eines Urteils (§ 211 Abs. 1 BGB) – so beginnt die neue Verjährung bereits an diesem Tage (§ 187 Abs. 2 BGB). Wird die Verjährung zugleich mit der Hemmung oder später unterbrochen, so läuft die neue Verjährungsfrist erst vom Ende der Hemmung an.[2359] Die neue Verjährungsfrist kann wiederum unterbrochen werden.

a) Dauer und Ende der Unterbrechungszeit

1318 Wird die Verjährung durch ein Anerkenntnis (§ 208 BGB) oder durch eine Vollstreckungsmaßnahme (§ 209 Abs. 2 Nr. 5 BGB) unterbrochen, so läuft sofort wieder eine neue Verjährungsfrist. In den **übrigen Unterbrechungsfällen** des § 209 BGB löst die Unterbrechung der Verjährung zunächst eine **Unterbrechungszeit** aus **(§§ 211 ff. BGB); erst nach deren Ablauf** kann die **neue Verjährungsfrist** beginnen (§ 217 Halbs. 2 BGB). Die **Unterbrechungsdauer** ist geregelt für

- die Klageerhebung in § 211 BGB,[2360]
- den Güteantrag in § 212 a BGB,
- den Mahnbescheid in § 213 i. V. m. § 212 a BGB,
- die Anmeldung im Konkurs in § 214 Abs. 1, 3 BGB
- sowie für Prozeßaufrechnung und Streitverkündung in § 215 Abs. 1 BGB.

2359 BGHZ 109, 220, 223 = NJW 1990, 826.
2360 Vgl. zu § 211 Abs. 2 BGB BGH, WM 1995, 1962; 1997, 1338; NJW 1998, 2274, 2276 = WM 1998, 1493; NJW 1999, 1101 f.

b) Rückwirkender Wegfall der Unterbrechung

Weitgehend unbekannt sind die Vorschriften, die die **Unterbrechungswirkung nachträglich und rückwirkend wegfallen** lassen (§§ 212, 212a Satz 3, 213 Satz 1 mit §§ 212a Satz 3, § 213 Satz 2, 214 Abs. 2, 215 Abs. 2, 216 BGB). Nicht selten werden der Anspruchsteller und sein Anwalt im nachhinein davon überrascht, daß die Unkenntnis dieser Bestimmungen zur Verjährung des Anspruchs geführt hat, obwohl diese zunächst rechtzeitig unterbrochen worden war. Im Bereich der anwaltlichen Berufshaftung ist vor allem **§ 215 BGB** zu beachten. Die Unterbrechung der Verjährung durch **Prozeßaufrechnung** (§ 209 Abs. 2 Nr. 3 BGB) und **Streitverkündung** (§ 209 Abs. 2 Nr. 4 BGB) dauert fort, bis der Prozeß rechtskräftig entschieden oder anderweitig erledigt ist – etwa durch Vergleich oder gemäß § 211 Abs. 2 BGB – (§ 215 Abs. 1 BGB). Diese **Unterbrechungswirkung fällt aber nachträglich und rückwirkend weg,** wenn nicht innerhalb einer Ausschlußfrist von sechs Monaten nach der Beendigung des Prozesses der Anspruch eingeklagt – oder gemäß § 209 Abs. 2 BGB geltend gemacht[2361] – wird (§ 215 Abs. 2 BGB).[2362] 1319

3. Einzel- oder Gesamtwirkung für Gesamtschuldner (§ 425 BGB)?

Abweichend von § 425 BGB haben verjährungsunterbrechende oder – einschränkende Erklärungen oder Handlungen eines Mitglieds einer **Anwalts- oder Steuerberatersozietät grundsätzlich Gesamtwirkung** gegenüber den übrigen, als Gesamtschuldnern haftenden Sozietätsmitgliedern, es sei denn, daß der gegenüber dem Mandanten auftretende Sozius deutlich macht, daß sein Vorgehen sich auf die eigene Verbindlichkeit beschränkt (vgl. Rn. 1215 ff., 1307).[2363] 1320

4. Darlegungs- und Beweislast

Der **Anspruchsteller** hat **verjährungsunterbrechende Umstände darzulegen und zu beweisen,** weil er damit die Verjährungseinrede des Schuldners abwehren will.[2364] 1321

2361 Vgl. BGHZ 53, 270, 273 = NJW 1970, 940.
2362 Vgl. BGHZ 65, 127, 135 ff. = NJW 1976, 39; NJW 1980, 2303, 2304.
2363 BGH, WM 1996, 33, 35.
2364 BGH, WM 1997, 330, 332 = NJW 1997, 516; *Baumgärtel/Laumen*, BGB, § 194 Rn. 2.

1322 **III. Vollendung der Verjährung, Beweislast und Verjährungseinrede**

1. Vollendung der Verjährung

1323 Die **Verjährung** eines Schadensersatzanspruchs des Mandanten gegen den Rechtsanwalt aus einem Vertrag, der in nennenswertem Umfang Rechtsberatung oder -vertretung zum Gegenstand hatte (§ 3 Abs. 1 BRAO), oder aus einer vorvertraglichen Beziehung, die einen solchen Anwaltsvertrag anbahnen sollte, ist **vollendet,** wenn unter Berücksichtigung gesetzlicher Hemmungs- und Unterbrechungszeiten die (Primär-)Verjährungsfrist gemäß § 51 b BRAO abgelaufen ist und entweder kein verjährungsverlängernder Sekundäranspruch des Mandanten besteht oder auch dieser Anspruch nach § 51 b BRAO verjährt ist.

2. Beweislast

1324 Die tatsächlichen Voraussetzungen der Verjährung, d. h. den **Beginn** und den **Ablauf der gesetzlichen Verjährungsfrist** hat der **Schuldner** – also der haftpflichtige Rechtsanwalt – **darzulegen und zu beweisen.**[2365]

Verjährungshemmende- und -unterbrechende Umstände hat der **Mandant darzulegen und zu beweisen,** weil er damit die Verjährungseinrede abwehren will.[2366]

3. Verjährungseinrede

1325 Nach Vollendung der Verjährung ist der Schuldner berechtigt, die **Leistung zu verweigern** (§ 222 Abs. 1 BGB). Ob er dies tut, steht in seinem Belieben. Im Rechtsstreit berücksichtigt das Gericht die Verjährung **nicht von Amts wegen,** sondern nur **auf Einrede des Schuldners,** so daß gegen diesen ein Versäumnisurteil ergehen kann. Da der verjährte Anspruch nach wie vor besteht und erfüllbar ist, kann der Schuldner eine Leistung auf den verjährten Anspruch auch dann nicht zurückfordern, wenn sie in Unkenntnis der Verjährung bewirkt worden ist (§ 222 Abs. 2 BGB); der Gläubiger darf sich aus den ihm eingeräumten Sicherheiten grundsätzlich befriedigen (§ 223 BGB).

2365 BGH, WM 1980, 532, 534; 1996, 1832, 1834; *Baumgärtel/Laumen*, BGB, § 194 Rn. 1.
2366 Für die Verjährungshemmung BGH, WM 1993, 610, 615; 1996; 1832; 1833; für die Verjährungsunterbrechung BGH, WM 1997, 330, 332.

IV. Verzicht auf Verjährungseinrede

Die Beantwortung der Frage, ob ein **Verzicht des Schuldners auf die Verjährungseinrede** wirksam ist, hat von **§ 225 Satz 1 BGB** auszugehen. Danach kann die Verjährung des Rechtsgeschäfts weder ausgeschlossen noch erschwert werden, soweit das Gesetz nicht ausnahmsweise – etwa in § 638 Abs. 2 BGB – eine Verlängerung der Verjährungsfrist – höchstens bis zu dreißig Jahren[2367] – gestattet. Dieser Grundsatz erklärt sich daraus, daß die Verjährung nicht nur den Schuldner schützen soll, sondern auch dem öffentlichen Interesse an Rechtsfrieden und -sicherheit dient.[2368] Wird die Verjährung entgegen § 225 Satz 1 BGB ausgeschlossen oder erschwert, so verjährt der Anspruch nach Ablauf der gesetzlichen Verjährungsfrist.[2369] 1326

Danach kann auf die Einrede der Verjährung **nicht vor deren Vollendung** endgültig **verzichtet** werden.[2370] 1327

Verzichtet der Schuldner – möglicherweise mehrmals nacheinander – **während** des Laufs einer **Verjährungsfrist für eine bestimmte Zeit** auf die Verjährungseinrede, so darf er sich nach Treu und Glauben (§ 242 BGB) nicht auf den Eintritt der Verjährung in diesem Zeitraum berufen; in einem solchen Falle ist § 270 Abs. 3 ZPO entsprechend anwendbar.[2371] Ein solcher befristeter Verzicht auf die Verjährungseinrede kommt in der Berufshaftung oft vor, um die Prüfung des Regreßanspruchs – auch durch den Haftpflichtversicherer des regreßpflichtigen Beraters – nicht mit einem der Verjährungsunterbrechung dienenden Rechtsstreit zu belasten. 1328

Nach Ablauf der **Verjährungsfrist** kann der Schuldner auf die Verjährungseinrede und das damit verbundene Leistungsverweigerungsrecht **verzichten.**[2372] Soll sich nach Ansicht des Gläubigers der – formlos zulässige – **Verzicht schlüssig** aus dem Verhalten des Schuldners ergeben, so kann ein Verzicht – bei strengen Anforderungen – nur dann angenommen werden, wenn der Schuldner wußte oder zumindest für möglich hielt, daß die Verjährung bereits eingetreten war.[2373] Dagegen kommt es auf ein solches Bewußtsein des Schuldners bei einem **ausdrücklichen Verzicht** nicht entscheidend an.[2374] Eine **Auslegung** hat vielmehr darauf abzustel- 1329

2367 BGH, NJW-RR 1994, 1327, 1328.
2368 RGZ 145, 239, 244; BGHZ 59, 72, 74 = NJW 1972, 1460.
2369 BGH, NJW 1988, 1259, 1260.
2370 BGH, NJW 1998, 902, 903.
2371 BGH, WM 1990, 695, 699; 1994, 1848, 1849 = NJW-RR 1994, 1210.
2372 BGHZ 83, 382, 389 = WM 1982, 827; BGH, WM 1996, 540, 542.
2373 Vgl. BGHZ 93, 382, 389 = WM 1982, 827; BGH, NJW 1994, 379, 380; NJW-RR 1996, 237.
2374 A. A. BGHZ 83, 382, 289 = WM 1982, 827.

len, wie der Gläubiger die Erklärung des Schuldners nach Treu und Glauben verstehen mußte, so daß der objektive Erklärungswert maßgeblich ist.[2375] Danach kann sich aus einer ausdrücklichen Erklärung ein Verzicht auf das Leistungsverweigerungsrecht aus Verjährung auch dann ergeben, wenn der Schuldner dieses nicht kannte und damit auch nicht rechnete. Trotz fehlenden Erklärungsbewußtseins liegt eine Willenserklärung vor, wenn der Erklärende bei Beachtung der im Rechtsverkehr erforderlichen Sorgfalt hätte erkennen und vermeiden können, daß seine Äußerung nach Treu und Glauben und der Verkehrssitte als Willenserklärung in diesem Sinne aufgefaßt werden durfte, und der Empfänger sie auch so verstanden hat.[2376] Führt die Auslegung zu dem Ergebnis, daß der Schuldner sein Leistungsverweigerungsrecht aus der Verjährung nicht uneingeschränkt aufgeben, sondern nur eine vermeintlich noch laufende Verjährungsfrist für eine bestimmte Zeit verlängern wollte, so ist die Erklärung des Schuldners **wirkungslos, wenn** die **Verjährung** in Wirklichkeit **bereits eingetreten** war.[2377]

1330 Einen **Verzicht auf die Verjährungseinrede** und das damit verbundene Leistungsverweigerungsrecht hat der **Gläubiger zu beweisen.**

V. Rechtsmißbräuchliche Verjährungseinrede

1331 Die **Verjährungseinrede** des Rechtsanwalts gegenüber einem primären und sekundären Schadensersatzanspruch des Mandanten ist **unbeachtlich,** wenn sie gegen das Verbot der **unzulässigen Rechtsausübung (§ 242 BGB)** verstößt.[2378] Der Zweck der Verjährungsregelung verlangt, an diesen Einwand **strenge Anforderungen** zu stellen, so daß dieser einen groben Verstoß gegen Treu und Glauben voraussetzt.[2379] Dies kann der Fall sein, wenn der Schuldner – oder sein Haftpflichtversicherer[2380] –, sei es auch nur unabsichtlich, den Gläubiger **von der rechtzeitigen Einklagung** der Regreßforderung **abgehalten** hat, etwa indem er den Gläubiger nach objektiven Maßstäben zur **Annahme veranlaßt hat,** der Anspruch werde auch ohne Rechtsstreit erfüllt oder nur mit Einwendungen in der Sache bekämpft.[2381] Ein solcher Vertrauenstatbestand kann vorliegen, wenn der haftpflichtige Anwalt den geschädigten Mandanten vor Eintritt der Verjährung

2375 BGH, WM 1996, 540, 542; *Palandt/Heinrichs*, BGB, § 222 Rn. 5.
2376 BGHZ 109, 171, 177 = NJW 1990, 454 m. w. N.
2377 BGHZ 83, 382, 390 f. = WM 1982, 827; BGH, WM 1996, 540, 542.
2378 U. a. BGHZ 94, 380, 391 = NJW 1985, 2250; BGH, WM 1988, 1855, 1858; 1996, 1106, 1108; BAG, NJW 1997,3461, 3462.
2379 BGH, WM 1988, 1855, 1858; 1996, 1106, 1108.
2380 BGH, VersR 1969, 451 f.; NJW 1981, 2243 (Ls.).
2381 BGH, WM 1996, 1106, 1108; NJW 1998, 902, 903.

bewogen hat, im Hinblick auf den Regreßanspruch den Ausgang eines anderen Verfahrens abzuwarten.[2382] Die Verjährungseinrede ist aber nicht allein deswegen ein Rechtsmißbrauch, weil der Anwalt zum geltend gemachten Schadensersatzanspruch geschwiegen hat oder der Mandant der Ansicht war, er könne mit der Klageerhebung noch zuwarten.[2383]

Die tatsächlichen Voraussetzungen einer mißbräuchlichen Verjährungseinrede hat der **Gläubiger** – also der Mandant – **darzulegen und zu beweisen.**[2384] 1332

Der **Arglisteinwand** gegenüber einer Verjährungseinrede bleibt nur dann erhalten, wenn der Gläubiger **nach Wegfall des Umstandes,** aus dem er die unzulässige Rechtsausübung herleitet, **unverzüglich seinen Anspruch gerichtlich geltend macht** (vgl. Rn. 1269).[2385] 1333

VI. Verjährungskonkurrenz (§ 51 b BRAO und § 852 BGB)

Für den Fall, daß eine **Pflichtverletzung** des **Rechtsanwalts** aus einem **Anwaltsvertrag zugleich eine unerlaubte Handlung** (§§ 823 ff. BGB) ist, nimmt ein Teil des Schrifttums[2386] an, die Schadensersatzansprüche des Mandanten verjährten insgesamt nach der kenntnisunabhängigen, anwaltsfreundlichen Regelung des § 51 b BRAO, die diejenige des § 852 Abs. 1 BGB verdränge; diese Vorschrift ist für den Geschädigten günstiger, weil sie für den Verjährungsbeginn grundsätzlich auf die Kenntnis des Schadens und des Schädigers abstellt. Dieser Ansicht kann **nicht** gefolgt werden für den Fall einer **Vorsatztat.**[2387] 1334

Treffen Schadensersatzansprüche aus Vertrag und Delikt zusammen, so unterliegt grundsätzlich jeder Anspruch der für ihn geltenden Verjährungsregelung.[2388] Dementsprechend verjährt i. d. R. ein Schadensersatzanspruch aus unerlaubter Handlung nach § 852 BGB, selbst wenn ein zugleich bestehender vertraglicher Ersatzanspruch früher verjährt gemäß § 638 BGB,[2389] nach § 477 BGB[2390] oder gemäß § 43 GmbHG.[2391] Dies ist nur dann ausnahmsweise anders, wenn eine 1335

2382 BGH, NJW 1985, 1151, 1152 = WM 1985, 1038; 1996, 1106, 1108.
2383 BGH, NJW 1988, 265, 266.
2384 BGH, WM 1996, 1106, 1108.
2385 BGH, NJW 1985, 1151, 1152 m. w. N.; vgl. BGH, WM 1996, 1106, 1108.
2386 *Borgmann/Haug*, § 48 Rn. 11; *Rinsche*, Rn. I 289; *Vollkommer*, Rn. 454; *Feuerich/Braun*, § 51 b Rn. 9; *Jessnitzer/Blumberg*, § 51 b Rn. 14; *Kleutgens*, S. 125 f.
2387 Zugehör, NJW 1995 – Beilage zu Heft 21 – S. 21; i. d. S. *Hartstang*, S. 678; *Brinker*, S. 27 ff.; *Stoecker*, S. 82 f.; *Windeknecht*, S. 36 f.; generell verneinend *Henssler/Prütting*, § 51 b Rn. 15.
2388 BGHZ 116, 297, 300 = NJW 1992, 1679 m. w. N.
2389 BGHZ 55, 392, 395 ff. = NJW 1971, 1131.
2390 BGHZ 66, 315, 319 = NJW 1976, 1505.
2391 BGHZ 100, 190, 199 ff. = NJW 1987, 2008.

Vertragshaftung gesetzliche Besonderheiten aufweist, die nach ihrem Zweck einen Sachverhalt erschöpfend regeln und sich deswegen auch auf eine konkurrierende Schadensersatzpflicht aus Delikt auswirken.[2392] Aus diesem Grunde ist die Verjährungsregelung des § 852 BGB angeglichen worden an diejenige des § 117 BinnSchG[2393] und des § 558 BGB.[2394]

1336 Beim **Anwaltsregreß, der zugleich auf Vertragsverletzung und unerlaubter Handlung beruht,** fehlen diese Ausnahmevoraussetzungen jedenfalls dann, wenn der Rechtsanwalt seinen Mandanten **vorsätzlich geschädigt hat.** Die Regelungen der Haftung und der Verjährung sind verschieden. § 51 b BRAO erstreckt sich nach seinem Wortlaut nur auf Schadensersatzansprüche aus Anwaltsvertrag. Der Zweck dieser Vorschrift, den Rechtsanwalt vor einer langen Bedrohung durch die Folgen berufstypischer Risiken zu schützen,[2395] umfaßt nicht einen Schaden, den der Anwalt seinem Auftraggeber durch eine vorsätzliche unerlaubte Handlung zufügt. Zu den **berufstypischen Risiken** eines Rechtsanwalts, vor denen § 51 b BRAO schützen soll, gehören beispielsweise **nicht** die **Unterschlagung und Veruntreuung von Mandantengeldern** (§ 823 Abs. 2 BGB mit §§ 246, 266 StGB)[2396] oder eine **sittenwidrige Schädigung des Auftraggebers** (§ 826 BGB). Bei einem solchen berufsuntypischen Verhalten besteht kein Anlaß, den Schädiger zu Lasten des Geschädigten zu bevorzugen und die anwaltsfreundliche Verjährungsregelung des § 51 b BRAO auch auf den deliktischen Schadensersatzanspruch an Stelle des § 852 BGB auszudehnen.

1337 Eine Ersetzung des § 852 BGB durch § 51 b BRAO liegt dagegen nahe, wenn eine **fahrlässige Verletzung eines echten Anwaltsvertrages** durch den Rechtsanwalt **zugleich eine unerlaubte Handlung** zum Nachteil des Auftraggebers ist.

VII. Erleichterung der Verjährung

1338 § 225 Satz 2 BGB gestattet eine **einvernehmliche Erleichterung der Verjährung.** Dies kann geschehen durch eine Festlegung eines vorzeitigen Verjährungsbeginns[2397], eine Einschränkung der Hemmungs- und Unterbrechungsgründe sowie eine Verkürzung der Verjährungsfrist.

2392 Vgl. BGHZ 100, 190, 201 = NJW 1987, 2008; BGHZ 116, 297, 300 = NJW 1992, 1679.
2393 BGHZ 76, 312, 318 = NJW 1981, 2576.
2394 BGHZ 98, 235, 237 = NJW 1987, 187.
2395 BGHZ 94, 380, 387 = NJW 1985, 2250.
2396 Vgl. BGHZ 100, 190, 199 ff. = NJW 1987, 2008.
2397 Vgl. RGZ 66, 412, 414.

Eine **entsprechende Vereinbarung zwischen einem Rechtsanwalt und seinem Auftraggeber,** die sich auch auf einen Ausschluß oder eine Verringerung der anwaltlichen Sekundärhaftung erstrecken könnte, wäre jedoch **unwirksam,** und zwar als Einzelabrede nach § 242 BGB und als Allgemeine Mandatsbedingung nach § 9 AGBG.[2398] Die kenntnisunabhängige Verjährungsvorschrift des § 51 b BRAO ist trotz ihrer richterlichen Ausfüllung durch die anwaltliche Sekundärhaftung, die nur bei Dauermandaten die Verjährungsfrist nennenswert verlängern kann, für den regelmäßig rechtsunkundigen Mandanten ungewöhnlich streng und für den Anwalt außerordentlich günstig (vgl. Rn. 1172, 1257 ff.). Dies gilt entsprechend für die Verjährungsbestimmung des § 68 StBerG, die mit § 51 b Fall 1 BRAO übereinstimmt. Der BGH hat **§ 68 StBerG Leitbildfunktion für eine Mindestregelung der Verjährung** zuerkannt, die **nicht durch AGB eingeschränkt** werden könne.[2399] Auch **§ 51 b BRAO** hat – einschließlich der Ausfüllung durch die anwaltliche Sekundärhaftung – einen entsprechenden **Mindestgehalt,** der nicht zu Lasten des Mandanten unterschritten werden kann.[2400]

F. Anhang

Anhang 1: Rechtsprechungslexikon 1339

Unter den folgenden Stichworten werden Entscheidungen zu § 51 BRAO a. F. solchen zum gleichlautenden § 51 b BRAO n. F. gleichgestellt.

Amtliche oder amtsähnliche Anwaltstätigkeit

Ein Schadensersatzanspruch gegen einen Konkursverwalter (§ 82 KO) verjährt entsprechend § 852 BGB.

BGH, Urt. v. 17. 1. 1985 – IX ZR 59/84, BGHZ 93, 278 = NJW 1985, 1161 = WM 1985, 470.

Ein Schadensersatzanspruch gegen einen Vergleichsverwalter (§ 42 VerglO), Sachwalter (§§ 92 Abs. 1, 42 VerglO) und ein Mitglied des Gläubigerbeirats (§ 44 Abs. 3 VerglO) verjährt entsprechend § 852 BGB.

BGH, Urt. v. 24. 9. 1992 – IX ZR 217/91, NJW 1993, 522 = WM 1992, 2110, 2115; v. 26. 5. 1994 – IX ZR 39/93, BGHZ 126, 138, 144 = NJW 1994, 3102 = WM 1994, 1584.

2398 Vgl. *Zugehör*, NJW 1995 – Beilage zu Heft 21 – S. 21 f. m. w. N.; eingehend *Kleutgens*, S. 260 ff.; weiterhin *Feuerich/Braun*, § 51 b Rn. 43; *Henssler/Prütting*, § 51 b Rn. 59.

2399 BGHZ 97, 21, 24 ff. = NJW 1986, 1171; BGH, WM 1992, 1738, 1739.

2400 *Kleutgens*, S. 273 f.; vgl. *Stoklossa*, S. 17 f.

Ein Schadensersatzanspruch gegen einen Zwangsverwalter (§ 154 ZVG) verjährt entsprechend § 852 BGB.
OLG Hamm, Beschl. v. 19. 10. 1989 – 27 W 13/89, ZIP 1989, 1592.

Arglisteinwand

Zu den Voraussetzungen eines Arglisteinwands (§ 242 BGB) gegenüber einer Verjährungseinrede. Ein solcher Einwand bleibt nur dann erhalten, wenn der Gläubiger nach Wegfall des Umstandes, der den Einwand begründet hat, unverzüglich seinen Anspruch gerichtlich geltend macht.
BGH, Urt. v. 29. 2. 1996 – IX ZR 180/95, NJW 1996, 1895 = WM 1996, 1106, 1108.

Beginn (Primärverjährung – Rechtsanwalt – § 51 b Fall 1 BRAO)

Die Verjährung nach § 51 b BRAO beginnt auch dann, wenn der Auftraggeber den Schaden und seinen Ersatzanspruch nicht kennt.
BGH, Urt. v. 2. 7. 1992 – IX ZR 268/91, BGHZ 119, 69, 71 = NJW 1992, 2766 = WM 1992, 1738; v. 5.11.1992 – IX ZR 200/91, NJW 1993, 1320, 1321 = WM 1993, 610, 612.

Ein Schadenersatzanspruch i. S. d. § 51 b BRAO entsteht mit dem Eintritt des Schadens infolge der anwaltlichen Pflichtverletzung. Dieser Schaden tritt ein, sobald sich die Vermögenslage des Auftraggebers durch die anwaltliche Pflichtverletzung objektiv verschlechtert; dies ist noch nicht der Fall, solange nur das Risiko eines Vermögensnachteils infolge der anwaltlichen Pflichtverletzung besteht, also allenfalls eine Vermögensgefährdung vorliegt („Risiko-Schaden-Formel").
BGH, Urt. v. 9. 7. 1992 – IX ZR 50/91, NJW 1992, 2828, 2829 = WM 1992, 2023 = AnwBl 1992, 493; v. 24. 6. 1993 – IX ZR 216/92, NJW 1993, 2747 = WM 1993, 1889, 1894 = AnwBl 1993, 635; v. 16. 11. 1995 – IX ZR 148/94, NJW 1996, 661 = WM 1996, 540, 541 = AnwBl 1996, 339; v. 20. 6. 1996 – IX ZR 106/95, NJW 1996, 2929 = WM 1996, 1832, 1833 = AnwBl 1996, 637.

Ein – den Verjährungsbeginn nach § 51 b BRAO auslösender – Schaden des Auftraggebers ist noch nicht entstanden, solange dieser infolge einer anwaltlichen Pflichtverletzung Rechten eines Vertragspartners ausgesetzt ist; der Schaden tritt erst dann ein, sobald der Vertragspartner diese Rechte gegen den Mandanten geltend macht.
BGH, Urt. v. 5. 11. 1992 – IX ZR 200/91, NJW 1993, 1320 = WM 1993, 610, 612 (Unzulässige Teilkündigung eines Vertrages); v. 16. 11. 1995 – IX ZR 148/94, NJW 1996, 661 = WM 1996, 540, 541 = AnwBl 1996, 339 (Mangelhafter Entwurf eines Kaufvertrages); v. 20. 6. 1996 – IX ZR 106/95, NJW 1996, 2929 = WM 1996, 1832, 1833 = AnwBl 1996, 637 (Ungenügender Entwurf eines Pachtvertrages).

Läßt der Rechtsanwalt einen Anspruch seines Auftraggebers gegen einen Dritten verjähren, so entsteht der Schaden zumindest bei einem streitigen Anspruch mit dem Ablauf der Verjährungsfrist, nicht erst mit der Verjährungseinrede.
BGH, Urt. v. 14. 7. 1994 – IX ZR 204/93, NJW 1994, 2822, 2823 f. = WM 1994, 2162; BGH, Beschl. v. 14. 3. 1996 – IX ZR 196/95, BGHR BRAO § 51 a. F. – Verjährungsbeginn 3: Dies gilt selbst dann, wenn eine verjährungsunterbrechende Rückwirkung der Klagezustellung gem. § 270 Abs. 3 ZPO möglich ist.

Erhebt der Rechtsanwalt eine aussichtslose Klage, so tritt der „Prozeßkostenschaden" des Mandanten mit Klageerhebung ein, nicht erst mit Abweisung der Klage.
BGH, Urt. v. 7. 2. 1995 – X ZR 32/93, NJW 1995, 2039, 2041.

Schließt der Rechtsanwalt für seinen Auftraggeber einen ungünstigen Vergleich, so tritt der Schaden mit dem wirksamen Zustandekommen des Vergleichs ein.
BGH, Beschl. v. 19. 11. 1992 – IX ZR 221/91; Urt. v. 14. 1. 1993 – IX ZR 76/92, NJW 1993, 1325, 1328; OLG Hamm, Urt. v. 30. 4. 1981 – 28 U 175/80, NJW 1981, 2130 (Ls.); OLG Hamm, Urt. v. 16. 2. 1989 – 28 U 233/88, AnwBl 1990, 207.

Empfiehlt der Rechtsanwalt seinem Auftraggeber eine nachteilige Vermögensanlage, so ist dieser regelmäßig schon mit seiner rechtsgeschäftlichen Bindung geschädigt.
BGH, Urt. v. 27. 1. 1994 – IX ZR 195/93, NJW 1994, 1405 = WM 1994, 504, 506 = AnwBl 1994, 243.

Versäumt der Rechtsanwalt die Frist zum Einspruch gegen ein Versäumnisurteil, so ist der Mandant mit Fristablauf geschädigt.
BGH, Urt. v. 21. 9. 1995 – IX ZR 228/94, NJW 1996, 48, 50 = WM 1996, 35 = AnwBl 1996, 640.

Hat der Rechtsanwalt die Frist zur Berufungsbegründung versäumt, so ist der daraus folgende Schaden bereits mit dem Fristablauf (vgl. § 230 ZPO) auch dann entstanden, wenn objektive Gründe für die Wiedereinsetzung in den vorigen Stand gegeben sind (§ 233 ZPO), diese aber wegen Ablaufs der Ausschlußfrist (§ 234 ZPO) nicht mehr möglich ist.
OLG Karlsruhe, Urt. v. 23. 6. 1989–14 U 292/87, MDR 1990, 336, 337.

Ein Schaden des Auftraggebers entsteht i. d. R. bereits mit der ersten nachteiligen Gerichtsentscheidung infolge fehlerhaften Prozeßverhaltens seines Rechtsanwalts.
BGH, Urt. v. 12. 2. 1998 – IX ZR 190/97, WM 1998, 786, 787 f. = NJW-RR 1998, 742 unter Aufgabe seines Urteils v. 9. 7. 1992 (IX ZR 50/91, NJW 1992, 2828, 2829 f. = WM 1992, 2023), wonach in einem solchen Falle der Schaden regelmäßig noch nicht eingetreten sein soll, solange nicht auszuschließen ist, daß die Entscheidung in einem weiteren Rechtszug zugunsten des Mandanten geändert wird.

Hat der Rechtsanwalt einen – nicht von Amts wegen zu beachtenden – Verfahrensmangel während der Frist zur Revisionsbegründung nicht gerügt, so kann daraus ein Schaden des Mandanten i. d. R. frühestens mit der den Rechtsstreit abschließenden Entscheidung entstehen.
BGH, Urt. v. 30. 5. 1969 – VI ZR 30/68, VersR 1969, 849, 850.

Klagt ein Rechtsanwalt eine Geldforderung seines Auftraggebers nicht gegen den Schuldner, sondern gegen einen Dritten ein, so wird der Mandant geschädigt, wenn vor rechtskräftigem Abschluß dieses Rechtsstreits der Schuldner – der zu diesem Zeitpunkt unverjährten Forderung – in Vermögensverfall gerät.
BGH, Versäumnisurt. v. 9. 7. 1992 – IX ZR 152/91.

Der Schaden einer GmbH, die durch einen anwaltlichen Beratungsfehler bei ihrer Gründung gemäß § 25 HGB für Altschulden haftet, entsteht mit der Eintragung der Gesellschaft im Handelsregister.
BGH, Urt. v. 10. 10. 1985 – IX ZR 153/84, NJW 1986, 571 = WM 1985, 1475, 1477.

Der Schaden eines Mandanten, der seinen Rechtsanwalt zu einer unnötigen notariellen Beurkundung eines Vertrages veranlaßt, entsteht mit der Beurkundung in Verbindung mit der Kostenrechnung des Notars.
BGH, Urt. v. 11. 7. 1985 – IX ZR 11/85, NJW 1985, 2941, 2943 = WM 1985, 1035.

Erlischt bei einem vereinbarten Bürgschaftsaustausch der Bürgschaftsanspruch eines Gläubigers, weil dieser aufgrund anwaltlicher Fehlberatung die alte Bürgschaftsurkunde zurückgibt, ohne sich Zug um Zug die zugesagte neue Bürgschaftsurkunde aushändigen zu lassen, so ist der Mandant mit dem Erlöschen seines Bürgschaftsanspruchs geschädigt.
BGH, Urt. v. 23. 5. 1985 – IX ZR 102/84, BGHZ 94, 380, 384 f. = NJW 1985, 2250, 2251 f. = WM 1985, 889.

Kündigt ein Rechtsanwalt, der Interessen von Bauherren wegen mangelhafter Bauarbeiten wahrzunehmen hat, den Vertrag mit einem Bauhandwerker, ohne die Voraussetzungen gemäß § 4 Nr. 7, § 8 Nr. 3 der – zum Vertragsinhalt gemachten – VOB/B einzuhalten, so sind die Auftraggeber mit der Absendung (richtig: mit dem Zugang) des (voreiligen) Kündigungsschreibens geschädigt, weil dadurch die Vertragsrechte aus § 8 Nr. 3 Abs. 2 VOB/B verlorengehen.
BGH, Urt. v. 26. 2. 1985 – VI ZR 144/83, VersR 1985, 661 = NJW 1985, 1151 (teilweise abgedruckt) = WM 1985, 1038.

Für den Anspruch des Auftraggebers auf Ersatz eines Gesamtschadens einschließlich aller voraussehbaren weiteren Nachteile aus ein und derselben pflichtwidrigen

Handlung oder Unterlassung des Rechtsanwalts läuft eine einheitliche Verjährungsfrist.
BGH, Urt. v. 5. 7. 1992 – IX ZR 200/91, NJW 1993, 1320, 1321 = WM 1993, 610 = AnwBl 1994, 37; v. 29. 2. 1996 – IX ZR 180/95, NJW 1996, 1895 = WM 1996, 1106, 1107; zu einem Steuerschaden: BGH, Urt. v. 18. 12. 1997 – IX ZR 180/96, WM 1998, 779, 780 = NJW 1998, 1488; v. 12. 2. 1998 – IX ZR 190/97, WM 1998, 786, 788 = NJW-RR 1998, 742.

Haben mehrere selbständige, pflichtwidrige Handlungen und/oder Unterlassungen zu Schäden des Auftraggebers geführt, so beginnt die Verjährung eines Ersatzanspruchs mit der Entstehung des ersten daraus folgenden Nachteils.
BGH, Urt. v. 15. 10. 1992 – IX ZR 43/92, NJW 1993, 648, 650 = WM 1993, 251 (für die Notarhaftung); v. 12. 2. 1998 – IX ZR 190/97, WM 1998, 786, 788 (Steuerschaden) = NJW-RR 1998, 742.

Beginn (Primärverjährung – Rechtsanwalt – § 51 b Fall 2 BRAO)

Die Verjährung beginnt schon mit der Beendigung des Auftrags, wenn dies – gegenüber der Regelung des § 51 b Fall 1 BRAO – zu einer früheren Verjährung führt (§ 51 b Fall 2 BRAO).
BGH, Urt. v. 16. 11. 1995 – IX ZR 148/94, NJW 1996, 661 = WM 1996, 540, 541 = AnwBl 1996, 339; v. 20. 6. 1996 – IX ZR 106/95, NJW 1996, 2929 = WM 1996, 1832, 1833 = AnwBl 1996, 637.

Ein – nicht vorzeitig aufgelöster – Auftrag des Rechtsanwalts endet im Sinne des § 51 b Fall 2 BRAO bei einem Dienstvertrag mit der Erledigung der Aufgabe, bei einem Werkvertrag mit der Abnahme des anwaltlichen Werks als in der Hauptsache vertragsgemäße Leistung – etwa mit Unterzeichnung eines Vertragsentwurfs durch die Vertragspartner –.
BGH, Urt. v. 16. 11. 1995 – IX ZR 148/94, NJW 1996, 661 = WM 1996, 540, 541 = AnwBl 1996, 339; v. 20. 6. 1996 – IX ZR 106/95, NJW 1996, 2929 = WM 1996, 1832, 1833 = AnwBl 1996, 637.

Beginn (Primärverjährung – Steuerberater – § 68 StBerG)

Liegt die Pflichtverletzung des Steuerberaters vor Erlaß des belastenden Steuerbescheids, so ist die – den Verjährungsbeginn gemäß § 68 StBerG auslösende – Schadensentstehung anzunehmen mit Bekanntgabe des belastenden Steuerbescheids (§§ 122 Abs. 1, 155 Abs. 1 Satz 2 AO).
BGH, Urt. v. 2. 7. 1992 – IX ZR 268/91, BGHZ 119, 69 = NJW 1992, 2766 = WM 1992, 1738; v. 26. 5. 1994 – IX ZR 57/93, NJW-RR 1994, 1210 = WM 1994, 1848; v. 29. 2. 1996 – IX ZR 180/95, NJW 1996, 1895 = WM 1996, 1106.

Die Bestandskraft oder Unanfechtbarkeit des belastenden Steuerbescheids ist für den Verjährungsbeginn nach § 68 StBerG unerheblich.
BGH, Urt. v. 11. 5. 1995 – IX ZR 140/94, BGHZ 129, 386 = NJW 1995, 2108 = WM 1995, 1450.

Die Verjährung eines Regreßanspruchs gemäß § 68 StBerG wird nicht dadurch gehindert, daß der steuerliche Berater für seinen Auftraggeber Einspruch gegen den Steuerbescheid einlegt.
BGH, Urt. v. 29. 2. 1996 – IX ZR 180/95, NJW 1996, 1895 = WM 1996, 1106.

Hat ein Steuerberater, dem die Beratung im Gesellschaftsrecht erlaubt ist, durch einen falschen Rat die Verpflichtung seines Mandanten verursacht, einem Dritten Steuerschulden zu erstatten, so entsteht daraus ein Schaden grundsätzlich erst mit Bekanntgabe des Steuerbescheids (§ 68 StBerG). Hat der Mandant jedoch für die Erfüllung dieser Verpflichtung Sicherheit zu leisten und dafür finanzielle Aufwendungen zu erbringen, so tritt der Schaden bereits mit der Verpflichtung zur Sicherheitsleistung ein.
BGH, Urt. v. 3. 12. 1992 – IX ZR 61/92, NJW 1993, 1139, 1141 = WM 1993, 510, 513f.

Hat der Steuerberater pflichtwidrig gegen den Steuerbescheid keinen Rechtsbehelf eingelegt, so beginnt die Verjährung eines darauf beruhenden Schadensersatzanspruchs nach § 68 StBerG mit Eintritt der Bestandskraft des Bescheids.

Hat der Steuerberater einen Einspruch nicht ordnungsgemäß begründet, so beginnt die Verjährung eines daraus folgenden Schadensersatzanspruchs mit Bekanntgabe des Einspruchsbescheids (§ 68 StBerG).
BGH, Urt. v. 20. 6. 1996 – IX ZR 100/95, NJW-RR 1997, 50 = WM 1996, 2066.

Begründet ein steuerlicher Berater weder einen Einspruch gegen einen belastenden Steuerbescheid, der nicht auf einer Pflichtverletzung des Beraters beruht, noch eine nachfolgende Anfechtungsklage, so beginnt die Verjährung eines vertraglichen Schadensersatzanspruchs des Mandanten wegen des Steuernachteils mit der Bekanntgabe der Einspruchsentscheidung (§ 68 StBerG).
BGH, Urt. v. 12. 2. 1998 – IX ZR 190/97, WM 1998, 786, 788 = NJW-RR 1998, 742.

Garantiert der Mandant auf Grund einer fehlerhaften Auskunft seines steuerlichen Beraters einem Dritten, einen Schaden aus einem möglichen Fehlschlag einer Umsatzsteueroption im Rahmen eines Erwerbermodells zu ersetzen, so beginnt die Verjährung eines Regreßanspruchs des Mandanten gemäß § 68 StBerG mit dem Bescheid des Finanzamtes, in dem die Option nicht anerkannt wird.
BGH, Urt, v, 16. 2. 1995 – IX ZR 15/94, WM 1995, 941, 944 = NJW-RR 1995, 619.

Wird ein Schadensersatzanspruch gegen den Steuerberater mit dem Verlust einer Subvention begründet, so beginnt die Verjährung nach § 68 StBerG, sobald feststeht, daß die Voraussetzungen für die Gewährung der Zulage nicht erfüllt sind und nicht mehr erfüllt werden können, nicht erst mit der Entscheidung des Finanzamtes oder einer anderen Behörde.
BGH, Beschl. v. 28. 3. 1996 – IX ZR 197/95, WM 1996, 1108, 1109.

Beginn (Sekundärverjährung – Rechtsanwalt)

Ein sekundärer Schadensersatzanspruch des Auftraggebers gegen den Rechtsanwalt verjährt nach § 51 b Fall 1 BRAO ab Eintritt der (Primär-)Verjährung des (primären) Regreßanspruchs, falls zu diesem Zeitpunkt das Mandat noch fortbesteht.
Dagegen verjährt ein Sekundäranspruch nach § 51 b Fall 2 BRAO vom Mandatsende an, wenn die Primärverjährung erst nach diesem Zeitpunkt eingetreten ist.
BGH, Urt. v. 23. 5. 1985 – IX ZR 102/84, BGHZ 94, 380, 390 = NJW 1985, 2250 = WM 1985, 889; v. 21. 1. 1988 – IX ZR 65/87, WM 1988, 629, 631.

Ist ein Regreßanspruch des Auftraggebers aus einem früheren Mandat vor dessen Ende entstanden und wird vor Ablauf der Verjährungsfrist nach § 51 b Fall 1 BRAO aufgrund eines neuen Auftrags über denselben Gegenstand ein Sekundäranspruch begründet, so beginnt die Verjährung für diesen Anspruch gemäß § 51 b Fall 2 BRAO mit dem Ende des neuen Mandats, falls dieses bei Eintritt der Primärverjährung nicht mehr besteht.
Ist der Regreßanspruch aus dem früheren Mandat erst nach dessen Ende entstanden und läuft deswegen die Verjährungsfrist gemäß § 51 b Fall 2 BRAO, so verjährt ein Sekundäranspruch, der vor Ablauf dieser Frist durch ein neues Mandat über denselben Gegenstand begründet worden ist, ebenfalls nach dieser Vorschrift ab Ende des neuen Mandats, wenn dieses bei Eintritt der Primärverjährung nicht mehr besteht.
BGH, Urt. v. 24. 6. 1993 – IX ZR 216/92, NJW 1993, 2747, 2751 = WM 1993, 1889, 1895 = AnwBl 1993, 635.

Beginn (Verjährung-Abschlußprüfer)

Hat ein Abschlußprüfer in der Bilanz der AG einen Wirklichkeit nicht bestehenden Gewinn ausgewiesen, so beginnt die Verjährung des gegen ihn gerichteten Schadensersatzanspruchs (§ 323 Abs. 1, 5 HGB, § 168 Abs. 5 AktG a. F.) erst mit

dem Gewinnverwendungsbeschluß der Hauptversammlung (§§ 58 Abs. 3, 174 AktG), nicht schon mit Ablieferung des Prüfungsberichts.
BGH, Urt. v. 28. 10. 1993 – IX ZR 21/93, BGHZ 124, 27, 29 ff. = NJW 1994, 323 = WM 1994, 33.

Beginn (Verjährung – Notar)

Hat ein Notar einen wegen Minderjährigkeit der Ehefrau unwirksamen Ehevertrag beurkundet, in dem die Eheleute Gütertrennung vereinbart haben, so wird dadurch der Ehemann i. S. d. §§ 19 Abs. 1 Satz 3 BNotO, 852 BGB mit der Rechtskraft des Scheidungsurteils geschädigt, weil damit der Anspruch der geschiedenen Ehefrau auf Zugewinnausgleich entsteht (§ 1378 Abs. 3 Satz 1 BGB).
BGH, Urt. v. 2. 7. 1992 – IX ZR 174/91, NJW 1992, 3034 = WM 1992, 1742 = AnwBl 1993, 239.

Hat ein Notar nicht darüber belehrt, daß ein Grundstücksverkauf nach dem Grundstücksverkehrsgesetz genehmigt werden muß, so entsteht daraus dem Verkäufer ein Schaden i. S. d. §§ 19 Abs. 1 Satz 3 BNotO, 852 BGB frühestens dann, wenn der Käufer zum Ausdruck bringt, er wolle sich vom Vertrag lösen, weil dessen Genehmigung aussichtslos sei.
BGH, Urt. v. 15. 10. 1992 – IX ZR 43/92, NJW 1993, 648, 650 f. = WM 1993, 251.

Beweislast

Der Schuldner hat darzulegen und zu beweisen, daß die Verjährungsfrist abgelaufen ist.
BGH, Urt. v. 30. 1. 1980 – VIII ZR 237/78, WM 1980, 532, 534; v. 20. 6. 1996 – IX ZR 106/95, NJW 1996, 2929 = WM 1996, 1832, 1834 = AnwBl 1996, 637.

Verjährungshemmende Umstände hat der Gläubiger darzulegen und zu beweisen.
BGH, Urt. v. 20. 6. 1996 – IX ZR 106/95, NJW 1996, 2929 = WM 1996, 1832, 1833 = AnwBl 1996, 637.

Verjährungsunterbrechende Umstände hat der Gläubiger darzulegen und zu beweisen.
BGH, Urt. v. 21. 11. 1996 – IX ZR 159/95, NJW 1997, 516 = WM 1997, 330, 332.

Die tatsächlichen Voraussetzungen eines Arglisteinwands (§ 242 BGB) gegenüber der Verjährungseinrede hat der Gläubiger darzulegen und zu beweisen.
BGH, Urt. v. 29. 2. 1996 – IX ZR 180/95, NJW 1996, 1895 = WM 1996, 1106, 1108.

Dienstvertrag

Der Vertrag zwischen einem Rechtsanwalt und seinem Auftraggeber ist i. d. R. ein Dienstvertrag, der eine Geschäftsbesorgung zum Gegenstand hat (§§ 611, 675 BGB). Ein Schadensersatzanspruch des Mandanten aus einem solchen Vertrag verjährt gemäß § 51 b BRAO.
BGH, Urt. v. 16. 11. 1995 – IX ZR 148/94, NJW 1996, 661 = WM 1996, 540, 541 = AnwBl 1996, 339; v. 20. 6. 1996 – IX ZR 106/95, NJW 1996, 2929 = WM 1996, 1832, 1833 = AnwBl 1996, 637.

Gesamtschuldner

Verjährungsunterbrechende oder -einschränkende Erklärungen und Handlungen eines Mitglieds einer Steuerberatersozietät wirken grundsätzlich auch gegenüber der Gesamthand und den anderen Sozietätsmitgliedern, es sei denn, daß der gegenüber dem Mandanten auftretende Sozius deutlich macht, daß sein Vorgehen sich auf die eigene Verbindlichkeit beschränkt.
BGH, Urt. v. 28. 9. 1995 – IX ZR 227/94, NJW-RR 1996, 313 = WM 1996, 33, 34 f. = AnwBl 1996, 345.

Hemmung

Die Verjährung wird gemäß § 205 BGB in der Weise gehemmt, daß mit Eintritt des Hemmungsgrundes die bereits angelaufene Verjährungsfrist angehalten wird und diese nach Wegfall des hemmenden Ereignisses weiterläuft.
BGH, Urt. v. 9. 12. 1982 – III ZR 182/81, BGHZ 86, 98, 102 ff. = LM BGB § 202 Nr. 19.

Zur Hemmung der Verjährung durch ein Stillhalteabkommen (pactum de non petendo).
BGH, Urt. v. 5. 11. 1992 – IX ZR 200/91, NJW 1993, 1320 = WM 1993, 610, 615; v. 23. 4. 1998 – III ZR 7/97, NJW 1998, 2274, 2277 = WM 1998, 1493, 1496.

Zur Hemmung der Verjährung durch einen Antrag auf Bewilligung der Prozeßkostenhilfe.
BGH, Urt. v. 19. 1. 1978 – II ZR 124/76, BGHZ 70, 235, 237 = NJW 1978, 938 = WM 1978, 329; v. 20. 12. 1988 – IX ZR 88/88, NJW 1989, 1148, 1149 = WM 1989, 450; v. 8. 3. 1989 – IV a ZR 221/87, NJW 1989, 3149 = WM 1989, 970.

Die Verjährung eines Regreßanspruchs des Mandanten wird nicht in entsprechender Anwendung der §§ 639 Abs. 2, 852 Abs. 2 BGB gehemmt.
BGH, Urt. v. 29. 2. 1996 – IX ZR 180/95, NJW 1996, 1895 = WM 1996, 1106, 1107.

Verjährungshemmende Umstände hat der Gläubiger darzulegen und zu beweisen.
BGH, Urt. v. 20. 6. 1996 – IX ZR 106/95, NJW 1996, 2929 = WM 1996, 1832, 1833 = AnwBl 1996, 637.

Herausgabe

Ein Herausgabeanspruch des Auftraggebers gegen den Rechtsanwalt aus §§ 667, 675 BGB verjährt nicht nach § 51 b BRAO, sondern gemäß § 195 BGB.
BGH, Beschl. v. 16. 1. 1997 – IX ZR 340/95, BGHR BRAO § 51 a. F. – Geltungsbereich 2.

Mehrfachberufler

Ein Regreßanspruch wegen fehlerhafter Steuerberatung gegen einen Rechtsanwalt, der nicht zugleich Steuerberater ist, verjährt nicht nach § 68 StBerG, sondern nach § 51 b BRAO.
Ein Regreßanspruch wegen fehlerhafter Steuerberatung gegen einen Wirtschaftsprüfer, der nicht zugleich Steuerberater ist, verjährt nicht nach § 68 StBerG, sondern nach § 51 a WPO.
BGH, Urt. v. 6. 11. 1980 – VII ZR 237/79, BGHZ 78, 335, 338 ff. = NJW 1981, 401 = WM 1981, 92.

Ein Regreßanspruch wegen fehlerhafter Steuerberatung gegen einen Fachanwalt für Steuerrecht, der nicht zugleich Steuerberater oder Wirtschaftsprüfer ist, verjährt gemäß § 51 b BRAO.
BGH, Urt. v. 27. 1. 1994 – IX ZR 195/93, NJW 1994, 1405 = WM 1994, 504, 505 = AnwBl 1994, 243.

Ein Schadensersatzanspruch wegen fehlerhafter Steuerberatung gegen einen Rechtsanwalt, der auch Steuerberater oder Wirtschaftsprüfer ist, verjährt i. d. R. nach § 68 StBerG.
BGH, Urt. v. 21. 4. 1982 – IV a ZR 291/80, BGHZ 83, 328, 332 = NJW 1982, 1866, 1867 = WM 1982, 743; v. 27. 1. 1994 – IX ZR 195/93, NJW 1994, 1405 = WM 1994, 504, 505 = AnwBl 1994, 243.

Ein Schadensersatzanspruch wegen fehlerhafter Steuerberatung gegen einen Rechtsanwalt, der auch Wirtschaftsprüfer ist, verjährt entweder nach § 51 b BRAO oder gemäß § 51 a WPO, je nachdem, ob die Beratung nach dem Willen der Vertragspartner als Rechtsanwalt oder als Wirtschaftsprüfer erbracht werden sollte.
BGH, Urt. v. 28. 9. 1995 – IX ZR 158/94, NJW 1995, 3248 = WM 1995, 2075, 2079 = AnwBl. 1996, 342.

Prospekthaftung

Prospekthaftungsansprüche im engeren Sinne, deren Grundlage nicht persönliches, einem bestimmten Verhandlungspartner entgegengebrachtes Vertrauen ist, sondern das typisierte Vertrauen auf die Richtigkeit und Vollständigkeit von Prospektangaben, das u. a. aus einer „Garantenstellung" von Rechtsanwälten, Steuerberatern und Wirtschaftsprüfern hergeleitet wird, verjähren in sechs Monaten seit Kenntnis des Prospektmangels, spätestens jedoch in drei Jahren seit der Vermögensanlage, soweit diese sich auf den Erwerb von Kapitalanteilen bezieht (entsprechend § 20 Abs. 5 des Gesetzes über Kapitalanlagen – KAGG –, § 12 Abs. 5 des Auslandsinvestmentsgesetzes – Ausl Investm G –).
BGH, Urt. v. 22. 3. 1982 – II ZR 114/81, BGHZ 83, 222 = NJW 1982, 1514 = WM 1982, 554; v. 31. 5. 1990 – VII ZR 340/88, BGHZ 111, 314 = NJW 1990, 2461 = WM 1990, 1276; v. 5. 7. 1993 – II ZR 194/92, BGHZ 123, 106 = NJW 1993, 2865 = WM 1993, 1787.

Prospekthaftungsansprüche beim Bauherrenmodell verjähren nach § 195 BGB in dreißig Jahren; wird ein Wirtschaftsprüfer als Prospektverantwortlicher aufgrund typisierten Vertrauens in Anspruch genommen, so ist die Verjährungsregelung des § 51 a WPO nicht anzuwenden, weil der Wirtschaftsprüfer in keine vertragliche oder vorvertragliche Beziehung zu den Anlegern getreten ist.
BGH, Urt. v. 1. 6. 1994 – VIII ZR 36/93, BGHZ 126, 166 = NJW 1994, 2226 = WM 1994, 1371.

Wird ein Steuerberater als Prospektverantwortlicher aufgrund typisierten Vertrauens in Anspruch genommen, so ist die Verjährungsregelung des § 68 StBerG nicht anzuwenden, weil der Steuerberater in keine vertragliche oder vorvertragliche Beziehung zu den Anlegern getreten ist.
BGH, Urt. v. 26. 9. 1991 – VII ZR 376/89, BGHZ 115, 213, 226f. = NJW 1992, 228 = WM 1991, 2092.

Prospekthaftungsansprüche im weiteren Sinne betreffen eine vorvertragliche Haftung von Vertretern, Beauftragten (Sachwaltern) oder Garanten kraft Amtes, Berufes, Fachkunde oder wirtschaftlicher Stellung, die aufgrund des Prospektes mit Anlegern unter Inanspruchnahme persönlichen Vertrauens oder aus eigenem wirtschaftlichem Interesse verhandelt haben; solche Ansprüche verjähren grundsätzlich in dreißig Jahren.
BGH, Urt. v. 22. 3. 1982 – II ZR 114/81, BGHZ 83, 222, 227 = NJW 1982, 1514 = WM 1982, 554; v. 14. 1. 1985 – II ZR 124/82, WM 1985, 534; v. 10. 10. 1994 – II ZR 95/93, NJW 1995, 130 = WM 1994, 2192.

Rechtsbeistand

Ein vertraglicher oder vertragsähnlicher Regreßanspruch gegen einen Rechtsbeistand verjährt entsprechend § 51 b BRAO.
BGH, Beschl. v. 9. 1. 1997 – IX ZR 17/96, BGHR BRAO § 51 a. F. – Belehrungspflicht 4.

Schadensersatzanspruch des Auftraggebers

Ein vertraglicher Schadensersatzanspruch des Auftraggebers gegen den Rechtsanwalt kann gepfändet und zur Einziehung überwiesen werden.
BGH, Urt. v. 21. 9. 1995 – IX ZR 228/94, NJW 1996, 48 = WM 1996, 35, 37ff. = AnwBl 1996, 640.

Sekundärhaftung

Ist für den Rechtsanwalt die (sekundäre) vertragliche Pflicht entstanden, seinen Auftraggeber rechtzeitig vor Eintritt der Primärverjährung darauf hinzuweisen, daß dieser gegen ihn – den Rechtsanwalt – möglicherweise einen Schadensersatzanspruch wegen schuldhafter Pflichtverletzung hat und ein solcher Anspruch der kurzen Verjährung nach § 51 b BRAO unterliegt, so verwehrt die schuldhafte Verletzung dieser Hinweispflicht die Einrede der Primärverjährung, falls der Mandant bei ordnungsmäßiger Aufklärung die Primärverjährung seines Regreßanspruchs verhindert hätte.
BGH, Urt. v. 23. 5. 1985 – IX ZR 102/84, BGHZ 94, 380, 385 = NJW 1985, 2250 = WM 1985, 889; v. 14. 11. 1991 – IX ZR 31/91, NJW 1992, 836, 837 = WM 1992, 579.

Die Sekundärhaftung beruht auf der Vertragspflicht des Rechtsanwalts, im Rahmen seines Mandats den Auftraggeber umfassend zu beraten und vor voraussehbaren und vermeidbaren Nachteilen zu bewahren; diese Pflicht darf vor der möglichen eigenen Regreßhaftung nicht haltmachen.
BGH, Urt. v. 11. 7. 1967 – VI ZR 41/66, VersR 1967, 979, 980; v. 2. 7. 1968 – VI ZR 39/67, VersR 1968, 1042, 1043; v. 20. 5. 1975 – VI ZR 138/74, NJW 1975, 1655, 1656 = WM 1975, 828.

Gegen die Verjährungsregelung des § 51 BRAO a. F. (= § 51 b BRAO n. F.) bestehen keine durchgreifenden verfassungsrechtlichen Bedenken. Insbesondere mit Rücksicht darauf, daß die Rechtsprechung den Rechtsanwalt für verpflichtet hält, den Mandanten auf mögliche Regreßansprüche und deren drohende Verjährung hinzuweisen (sekundärer Schadensersatzsnapruch), stellt die Rechtsordnung im Bereich der Anwaltshaftung insgesamt ein Instrumentarium zur Verfügung, das geeignet ist, die strukturelle Abhängigkeit des Mandanten von seinem Prozeßbevollmächtigten zu kompensieren.
BVerfG – 1. Kammer des Ersten Senats –, Beschl. v. 16. 2. 1999 – 1 BvR 812/96.

Die sekundäre Pflicht des Rechtsanwalts, seinen Auftraggeber auf einen möglichen Regreßanspruch und dessen Verjährung rechtzeitig vor Eintritt der Primärverjährung hinzuweisen, kann nur bis zum Ende des Mandats entstehen, es sei denn, daß der Rechtsanwalt von diesem Mandanten – vor Eintritt der Primärverjährung – einen neuen Auftrag über denselben Gegenstand erhält.
BGH, Urt. v. 16. 11. 1975 – IX ZR 148/94, NJW 1996, 661 = WM 1996, 540, 541f. = AnwBl 1996, 339.

Die sekundäre Hinweispflicht entsteht dann, wenn der Rechtsanwalt – nach einem Fehler und vor Eintritt der Primärverjährung – bei der weiteren Wahrnehmung desselben Mandats oder eines neuen Auftrags über denselben Gegenstand aufgrund objektiver Umstände begründeten Anlaß hat zu prüfen, ob er durch eine Pflichtverletzung den Mandanten geschädigt hat, und wenn ein sorgfältiger Anwalt dabei seine mögliche Haftpflicht erkennen kann.
BGH, Urt. v. 23. 5. 1985 – IX ZR 102/84, BGHZ 94, 380, 386f. = NJW 1985, 2220 = WM 1985, 889; v. 18. 9. 1986 – IX ZR 204/85, NJW 1987, 326 = WM 1986, 1500f.; v. 16. 11. 1995 – IX ZR 148/94, NJW 1996, 661 = WM 1996, 540, 541f. = AnwBl 1996, 339.

Über den Sekundäranspruch und dessen Verjährung braucht der haftpflichtige Rechtsanwalt den Auftraggeber auch bei fortbestehendem Mandat nicht aufzuklären, weil ein „Tertiäranspruch" nicht besteht.
BGH, Urt. v. 23. 5. 1985 – IX ZR 102/84, BGHZ 94, 380, 391 = NJW 1985, 2250 = WM 1985, 889.

Auch der steuerliche Berater unterliegt im Rahmen des § 68 StBerG einer Sekundärhaftung.
BGH, Urt. v. 20. 1. 1982 – IVa ZR 314/80, BGHZ 83, 17, 23, 26f. = NJW 1982, 1285 = WM 1982, 367.

Ein Steuerberater hat im Rahmen seiner sekundären Hinweispflicht dem Mandanten mitzuteilen, daß ein möglicher Regreßanspruch nach § 68 StBerG verjährt; dabei genügt die Bekanntgabe des Wortlauts dieser Vorschrift.
BGH, Urt. v. 4. 4. 1991 – IX ZR 215/90, BGHZ 114, 150, 159 = NJW 1991, 2828 = WM 1991, 1088.

Ein Rechtsanwalt braucht seinen Auftraggeber nicht auf die Möglichkeit eines Regreßanspruchs und dessen Verjährung hinzuweisen, wenn der Mandant rechtzeitig vor Ablauf der Verjährung wegen der Haftungsfrage anwaltlich beraten wird oder auf anderem Wege von seinem Schadenersatzanspruch und dessen Verjährung Kenntnis erhält.
BGH, Urt. v. 14. 11. 1991 – IX ZR 31/91, NJW 1992, 836, 837 = WM 1992, 579; v. 28. 9. 1995 – IX ZR 227/94, WM 1996, 33, 34; v. 15. 4. 1999 – IX ZR 328/97, WM 1999, 1330, 1335f.

Eine Sekundärhaftung des steuerlichen Beraters entfällt nicht, wenn der Mandant einen anderen Steuerberater beauftragt, wohl aber bei Einschaltung eines Rechtsanwalts.
BGH, Urt. v. 11. 5. 1995 – IX ZR 140/94, BGHZ 129, 386, 392 = NJW 1995, 2108 = WM 1995, 1450; v. 28. 9. 1995 – IX ZR 227/94, NJW-RR 1996, 313 = WM 1996, 33, 34 = AnwBl 1996, 345.

Die Pfändung eines vertraglichen Regreßanspruchs des Mandanten gegen den Rechtsanwalt erfaßt auch einen Sekundäranspruch.
BGH, Urt. v. 21. 9. 1995 – IX ZR 228/94, NJW 1996, 48 = WM 1996, 35, 37 ff. = AnwBl 1996, 640.

Sekundärverjährung

Der sekundäre Schadensersatzanspruch des Mandanten gegen den Rechtsanwalt verjährt nach § 51 b BRAO. Dieser Anspruch entsteht mit der (Primär-)Verjährung des ursprünglichen (primären) Regreßanspruchs gemäß § 51 b BRAO; damit beginnt auch seine Verjährung, falls in diesem Zeitpunkt das Mandat noch andauert, andernfalls nach der Hilfsregel des § 51 b BRAO mit dem Mandatsende.
BGH, Urt. v. 23. 5. 1985 – IX ZR 102/84, BGHZ 94, 380, 389 = NJW 1985, 2250 = WM 1985, 889; v. 21. 1. 1988 – IX ZR 65/87, WM 1988, 629, 631.

Auf die Sekundärverjährung hat es keinen Einfluß, wenn der Mandant nach seinen Rechtskenntnissen die Möglichkeit eines Regreßanspruchs gegen den Rechtsanwalt und den Zeitpunkt der Verjährung eines solchen Anspruchs selbst hätte erkennen können.
BGH, Urt. v. 15. 4. 1999 – IX ZR 328/97, WM 1999, 1330, 1336.

Die Sekundärverjährung wird unterbrochen durch Einklagung eines Regreßanspruchs gegen einen Rechtsanwalt.
BGH, Urt. v. 2. 7. 1996 – IX ZR 19/96, NJW 1996, 2797 = WM 1996, 2069, 2070 = AnwBl 1996, 585.

Spätschäden

Die einheitliche Verjährungsfrist für einen Schadensersatzanspruch aus einer bestimmten Pflichtverletzung des Rechtsanwalts oder Steuerberaters erstreckt sich auf alle voraussehbaren Schadensfolgen.
BGH, Urt. v. 5. 11. 1992 – IX ZR 200/91, NJW 1993, 1320, 1321 = WM 1993, 610 = AnwBl 1994, 37 (Rechtsanwalt); v. 29. 2. 1996 – IX ZR 180/95, NJW 1996, 1895 = WM 1996, 1106, 1107 (Steuerberater); v. 18. 12. 1997 – IX ZR 180/96, WM 1998, 779, 780 (Steuerberater); v. 12. 2. 1998 – IX ZR 190/97, WM 1998, 786, 788 (Steuerberater).

Haben mehrere selbständige Pflichtverletzungen den Auftraggeber geschädigt, so beginnt die Verjährung eines Ersatzanspruchs aus der jeweiligen Pflichtverletzung mit der Entstehung des ersten daraus folgenden Nachteils.
BGH, Urt. v. 15. 10. 1992 – IX ZR 43/92, NJW 1993, 648, 650 = WM 1993, 251 (für die Notarhaftung); v. 12. 2. 1998 – IX ZR 190/97, WM 1998, 786, 788 (Steuerschaden).

Treuhandvertrag

Ein vertraglicher Schadensersatzanspruch gegen einen Rechtsanwalt als Treuhänder, der den Kapitalanleger auch in Rechtsfragen zu beraten hatte, verjährt gemäß § 51 b BRAO.
BGH, Urt. v. 9. 11. 1992 – II ZR 141/91, BGHZ 120, 157, 159f. = NJW 1993, 199 = WM 1992, 2132.

Ein vertraglicher Schadensersatzanspruch gegen einen Rechtsanwalt als Treuhänder, der keine Rechtsberatung zu leisten hatte, verjährt nicht nach § 51 b BRAO, sondern in dreißig Jahren (§ 195 BGB).
BGH, Urt. v. 1. 12. 1994 – III ZR 93/93, NJW 1995, 1025 = WM 1995, 344, 347.

Ein vertraglicher Schadensersatzanspruch gegen einen Steuerberater, der im Bauherrenmodell als Treuhänder tätig war, verjährt nach § 68 StBerG.
BGH, Urt. v. 5. 7. 1990 – VII ZR 26/89, NJW 1990, 2464, 2465 = WM 1990, 1623; v. 2. 7. 1992 – XI ZR 268/91, NJW 1992, 2766, 2767 = WM 1992, 1738 (insoweit nicht abgedruckt in BGHZ 119, 69).

Unterbrechung

Die Verjährung eines Anspruchs wird gemäß § 208 BGB insoweit unterbrochen, als dieser vom Schuldner gegenüber dem Berechtigten – zumindest durch rein tatsächliches Verhalten – während der Verjährungsfrist wenigstens dem Grunde nach anerkannt wird.
BGH, Urt. v. 21. 11. 1996 – IX ZR 159/95, NJW 1997, 516 = WM 1997, 330, 332.

Die Klageerhebung gegen einen Rechtsanwalt wegen eines Regreßanspruchs unterbricht auch die Verjährung eines Sekundäranspruchs des Mandanten.
BGH, Urt. v. 2. 7. 1996 – IX ZR 19/96, NJW 1996, 2797 = WM 1996, 2069, 2070 = AnwBl 1996, 585.

§ 201 BGB ist auf den Fristenlauf nach einer Unterbrechung nicht anzuwenden.
BAG, Urt. v. 18. 3. 1997 – 9 AZR 130/96, NJW 1997, 3461, 3462.

Verjährungsunterbrechende oder -einschränkende Erklärungen und Handlungen eines Mitglieds einer Steuerberatersozietät wirken grundsätzlich auch gegenüber

der Gesamthand und den übrigen Sozietätsmitgliedern, es sei denn, daß der gegenüber dem Mandanten auftretende Sozius deutlich macht, daß sein Vorgehen sich auf die eigene Verbindlichkeit beschränkt.
BGH, Urt. v. 28. 9. 1995 – IX ZR 227/94, NJW-RR 1996, 313 = WM 1996, 33, 34 f. = AnwBl 1996, 345.

Wird die Verjährung zugleich mit einer Hemmung oder später unterbrochen, so läuft die neue Verjährungsfrist (§ 217 BGB) erst vom Ende der Hemmung an.
BGH, Urt. v. 23. 11. 1989 – VII ZR 313/88, BGHZ 109, 220, 223 = NJW 1990, 826 = WM 1990, 527.

Die Inanspruchnahme von Primärrechtschutz unterbricht nicht die Verjährung eines Regreßanspruchs des Mandanten gegen den Steuerberater.
BGH, Urt. v. 29. 2. 1996 – IX ZR 180/95, NJW 1996, 1895 = WM 1996, 1106, 1107.

Zur Dauer der Verjährungsunterbrechung durch Klageerhebung nach § 211 Abs. 2 BGB.
BGH, Urt. v. 6. 7. 1995 – IX ZR 132/94, NJW-RR 1995, 1335 = WM 1995, 1962; v. 20. 2. 1997 – VII ZR 227/96, NJW 1997, 1777.

Zum nachträglichen Wegfall der Verjährungswirkung gemäß § 215 Abs. 2 BGB.
BGH, Urt. v. 9. 10. 1975 – VII ZR 130/73, BGHZ 65, 127, 135 ff. = NJW 1976, 39 = WM 1975, 1210; v. 2. 7. 1980 – VIII ZR 191/79, NJW 1980, 2303, 2304 = WM 1980, 1172.

Verjährungsunterbrechende Umstände hat der Gläubiger darzulegen und zu beweisen.
BGH, Urt. v. 21. 11. 1996 – IX ZR 159/95, NJW 1997, 516 = WM 1997, 330, 332.

Vereinbarung über Verjährung

Wird die Verjährung entgegen § 225 Satz 1 BGB ausgeschlossen oder erschwert, so verjährt der Anspruch nach Ablauf der gesetzlichen Verjährungsfrist.
BGH, Urt. v. 3. 12. 1987 – VII ZR 363/86, NJW 1988, 1259, 1260 = WM 1988, 168.

Verzichtet der Schuldner während des Laufs einer Verjährungsfrist für eine bestimmte Zeit auf die Verjährungseinrede, so darf er sich nach Treu und Glauben (§ 242 BGB) nicht auf den Eintritt der Verjährung in diesem Zeitraum berufen; § 270 Abs. 3 ZPO ist entsprechend anwendbar.
BGH, Urt. v. 26. 5. 1994 – IX ZR 57/53, NJW-RR 1994, 1210 = WM 1994, 1848, 1849.

Nach Ablauf der Verjährungsfrist kann der Schuldner auf die Verjährungseinrede und das damit verbundene Leistungsverweigerungsrecht (§ 222 Abs. 1 BGB) verzichten.
BGH, Urt. v. 16. 11. 1995 – IX ZR 148/94, NJW 1996, 661 = WM 1996, 540, 542 = AnwBl 1996, 339.

Ein schlüssiger Verzicht auf die Verjährungseinrede setzt voraus, daß der Schuldner wußte oder zumindest für möglich hielt, daß die Verjährung bereits eingetreten war.
BGH, Urt. v. 22. 4. 1992 – VII ZR 191/81, BGHZ 83, 382, 389 = NJW 1982, 1815 = WM 1982, 827; v. 16. 11. 1993 – XI ZR 70/93, NJW 1994, 379, 380 = WM 1994, 13; v. 22. 6. 1995 – VII ZR 118/94, NJW-RR 1996, 237 = WM 1995, 1677.

Wollte der Schuldner nur eine vermeintlich noch laufende Verjährungsfrist für eine bestimmte Zeit verlängern, so ist seine Erklärung wirkungslos, wenn die Verjährung in Wirklichkeit bereits eingetreten war.
BGH, Urt. v. 16. 11. 1995 – IX ZR 148/94, NJW 1996, 661 = WM 1996, 540, 542 = AnwBl 1996, 339.

§ 68 StBerG hat Leitbildfunktion für eine Mindestregelung der Verjährung, die nicht durch AGB eingeschränkt werden kann.
BGH, Urt. v. 16. 1. 1986 – VII ZR 61/85, BGHZ 97, 21, 25 = NJW 1986, 1171 = WM 1986, 484; v. 2. 7. 1992 – IX ZR 268/91, NJW 1992, 2766, 2767 = WM 1992, 1738, 1739 (insoweit nicht abgedruckt in BGHZ 119, 69)

Vertragsverhältnis

Ein Vertragsverhältnis i. S. d. § 51 b BRAO liegt nur dann vor, wenn der Rechtsanwalt im Rahmen eines Geschäftsbesorgungsvertrages (§ 675 BGB) gemäß § 3 Abs. 1 BRAO als unabhängiger Berater und Vertreter in einer Rechtsangelegenheit tätig wird.
Ein Vertragsverhältnis in diesem Sinne ist auch eine steuerrechtliche Beratung durch den Rechtsanwalt.
BGH, Urt. v. 21. 4. 1982 – IV a ZR 291/80, BGHZ 83, 328, 330 = NJW 1982, 1866 = WM 1982, 743; v. 27. 1. 1994 – IX ZR 195/93, NJW 1994, 1405 = WM 1994, 504 = AnwBl 1994, 243.

Ein Vertragsverhältnis i. S. d. § 51 b BRAO liegt auch dann vor, wenn es sich auf eine anwaltsfremde Tätigkeit bezieht, falls diese in einem engeren inneren Zusammenhang mit einer Rechtsberatung steht und jedenfalls auch Rechtsfragen aufwerfen kann.
BGH, Urt. v. 21. 4. 1994 – IX ZR 195/93, NJW 1994, 1405 = WM 1994, 504 = AnwBl 1994, 243; v. 2. 7. 1998 – IX ZR 63/97, WM 1998, 2243, 2244 = NJW 1998, 3486.

Ein Schadensersatzanspruch gegen einen Rechtsanwalt aus schuldhafter Pflichtverletzung bei Anbahnung eines Treuhandverhältnisses, das auch Rechtsberatung zum Gegenstand hat, verjährt gemäß § 51 b BRAO.
BGH, Urt. v. 9. 11. 1992 – II ZR 141/91, BGHZ 120, 157, 160 = NJW 1993, 199 = WM 1992, 2132.

Werkvertrag

Der Vertrag zwischen einem Rechtsanwalt und seinem Auftraggeber ist abweichend vom Regelfall eines Dienstvertrages (§§ 611, 675 BGB) dann ein Werkvertrag (§ 631, 675 BGB), wenn der Anwalt in erster Linie nicht rechtlichen Beistand, sondern einen durch fachliche Arbeit herbeizuführenden Erfolg schuldet.

BGH, Urt. v. 16. 11. 1995 – IX ZR 148/94, NJW 1996, 661 = WM 1996, 540 = AnwBl 1996, 339; v. 20. 6. 1996 – IX ZR 106/95, NJW 1996, 2929 = WM 1996, 1832 = AnwBl 1996, 637.

Ein Anspruch auf Ersatz eines „Mangelschadens" aus einem Anwaltswerkvertrag (§ 635 BGB) verjährt in sechs Monaten seit Abnahme des Werks gemäß § 638 Abs. 1 BGB.

Vgl. RGZ 88, 223, 225f.; BGH, Urt. v. 20. 10. 1964 – VI ZR 101/63, NJW 1965, 106.

Ein Anspruch aus einem Anwaltswerkvertrag auf Ersatz eines Schadens infolge der Verwertung des mangelhaften Werks („Mangelfolgeschadens") verjährt nach § 51 b BRAO.

BGH, Urt. v. 16. 11. 1995 – IX ZR 148/94, NJW 1996, 661 = WM 1996, 540, 541 = AnwBl 1996, 339.

Zweck

Die Verjährung soll verhindern, daß der Schuldner noch nach längerer Zeit in Anspruch genommen werden kann, obwohl sich seine Beweislage inzwischen verschlechtert haben kann; darüber hinaus dient die Verjährung dem öffentlichen Interesse an Rechtsfrieden und -sicherheit durch möglichst rasche Abwicklung von Rechtsverhältnissen.

RGZ 145, 239, 244; BGH, Urt. v. 16. 1. 1972 – I ZR 154/70, BGHZ 59, 72, 74 = NJW 1972, 1460.

§ 51 b BRAO soll die Rechtsanwälte davor bewahren, durch die Folgen berufstypischer Risiken in unübersehbarer Weise auf unangemessen lange Zeit wirtschaftlich bedroht zu werden.

BGH, Urt. v. 23. 5. 1985 – IX ZR 102/84, BGHZ 94, 380, 387 = NJW 1985, 2250 = WM 1985, 889.

Anhang 2: Leitfaden zur Verjährung 1340

Prüfungsschritt 1:

Der **Rechtsanwalt,** der von einem Mandanten auf Schadensersatz in Anspruch genommen wird, hat die **Einrede der Verjährung** (§ 222 Abs. 1 BGB) nach **§§ 51 b BRAO, 45 b PatAnwO, wenn folgende drei Fragen zu bejahen sind:**

1. **Handelt es sich um einen Schadensersatzanspruch des Auftraggebers – oder eines durch den Anwaltsvertrag unmittelbar begünstigten Dritten – aus einem Vertrag oder einer vor- oder nachvertraglichen Beziehung und war dieses – geschlossene oder angestrebte – Vertragsverhältnis zumindest auch auf einen nennenswerten Rechtsbeistand gerichtet** (Rn. 1201 ff.)?

   Dies ist **nicht der Fall:**

   - bei amtlicher oder amtsähnlicher Anwaltstätigkeit (Rn. 1179 ff.),
   - bei einem sonstigen gesetzlichen Schuldverhältnis (Rn. 1185 ff.),
   - bei ausschließlich anwaltsfremder Tätigkeit (Rn. 1201, 1204),
   - bei einem Anspruch, der keinen Schadensersatz betrifft (Rn. 1226).

   Wichtig:

   Bei einem **Mehrfachberufler** (Rechtsanwalt, der zugleich Steuerberater und/oder Wirtschaftsprüfer ist) ist zu prüfen, ob die Verjährungsregelung des – mit § 51 b Fall 1 BRAO übereinstimmenden – **§ 68 StBerG** oder des **§ 51 a WPO** anzuwenden ist (Rn. 1195 ff.).

   Ein Anspruch aus **Anwaltswerkvertrag** auf Ersatz eines **„Mangelschadens" (nicht aber eines „Mangelfolgeschadens")** verjährt nach **§ 638 Abs. 1 BGB** in sechs Monaten seit Abnahme des Werks (Rn. 1193 f.).

2. **Ist die Erst-(Primär-)verjährung des Ersatzanspruchs nach § 51 b Fall 1 BRAO oder, falls der (erste) Schaden des Auftraggebers erst nach Mandatsende entstanden ist, gem. § 51 b Fall 2 BRAO eingetreten** (Rn. 1229 ff.)?

   Wichtig:

   Ob und gegebenenfalls wann der (erste) Schaden entstanden ist, richtet sich nach der **„Risiko-Schaden-Formel"** (Rn. 1233): Solange bei wertender Betrachtung nur das Risiko eines Vermögensnachteils und deswegen allenfalls eine Vermögensgefährdung besteht, ist ein Schaden infolge einer anwaltlichen Pflichtverletzung noch nicht eingetreten.

Haben **mehrere selbständige Pflichtverletzungen** des Rechtsanwalts den Mandanten geschädigt, so beginnt die Verjährung der jeweiligen Schadensersatzansprüche nach § 51 b Fall 1 BRAO mit der Entstehung des (ersten) Nachteils aus der jeweiligen Pflichtverletzung, es sei denn, daß die Verjährung gemäß § 51 b Fall 2 BRAO – früher – mit der Beendigung des Mandats beginnt, aus dem die Pflichtverletzung stammt (Rn. 1245 ff.).

Zu prüfen ist, ob die Primärverjährung durch **Hemmung** (Rn. 1305 ff.) und/oder **Unterbrechung** (Rn. 1311 ff.) verhindert wurde oder ob die Verjährung wegen einer wirksamen **Vereinbarung** (Rn. 1326) nicht geltend gemacht werden kann.

3. **Falls die Primärverjährung eines Regreßanspruchs gegen den Rechtsanwalt eingetreten ist: Hat der Mandant keinen sekundären Schadensersatzanspruch** (Rn. 1250, 1271 ff.) **oder ist auch ein solcher Anspruch nach § 51 b BRAO verjährt** (Rn. 1294 ff.)?

   Wichtig:

   Besteht ein sekundärer Schadensersatzanspruch, so ist zu prüfen, ob dessen Verjährung durch **Hemmung** (Rn. 1305 ff.) und/oder **Unterbrechung** (Rn. 1311 ff.) gehindert wurde oder ob die Verjährung wegen einer wirksamen **Vereinbarung** (Rn. 1326) nicht geltend gemacht werden kann.

   Bei **Verjährungshemmung und -unterbrechung** ist zu beachten, daß sie, falls mehrere Rechtsanwälte und/oder Steuerberater als Gesamtschuldner haften, **Gesamtwirkung** gegenüber allen Gesamtschuldnern haben können (Rn. 1215 ff., 1320). Die Wirkung einer **Verjährungsunterbrechung** kann **nachträglich wegfallen – vgl. insbesondere § 215 Abs. 2 BGB –** (Rn. 1319).

Prüfungsschritt 2:

Hat der in Anspruch genommene Rechtsanwalt die **Verjährungseinrede** nach §§ 51 b BRAO, 45 b PatAnwO, so ist weiterhin zu prüfen, ob ihr der **Arglisteinwand (§ 242 BGB)** entgegensteht (Rn. 1331 ff.).

Prüfungsschritt 3:

Schließlich ist zu untersuchen, ob die Anforderungen der **Darlegungs- und Beweislast** erfüllt werden können, die dem Mandanten und dem Rechtsanwalt im Rahmen der Verjährungsregelungen der §§ 51 b BRAO, 45 b PatAnwO obliegen (Rn. 1223 ff., 1288 ff., 1310, 1321, 1324).

Teil 2: Vertragliche Haftung gegenüber „Nichtmandanten" („Dritthaftung")

Spezialliteratur:

Bell, Anwaltshaftung gegenüber Dritten, 1996;
Berg, Verträge mit Drittschutzwirkung und Drittschadensliquidation, JuS 1977, 363;
ders., Zur Abgrenzung von vertraglicher Drittschutzwirkung und Drittschadensliquidation, NJW 1978, 2018;
Bosch, Expertenhaftung gegenüber Dritten - Überlegungen aus der Sicht der Bankpraxis, ZHR 1999, 274;
v. Caemmerer, Bereicherungsansprüche und Drittbeziehungen, JZ 1962, 385;
ders., Verträge zugunsten Dritter, FS Wieacker 1978, S. 311;
Canaris, Die Haftung des Sachverständigen zwischen Schutzwirkungen für Dritte und Dritthaftung aus culpa in contrahendo, JZ 1998, 603;
ders., Die Reichweite der Expertenhaftung gegenüber Dritten, ZHR 1999, 206;
Damm, Entwicklungstendenzen der Expertenhaftung, JZ 1991, 373;
Decku, Zwischen Vertrag und Delikt (Berufs- und Expertenhaftung zum Schutze des Vermögens Dritter), 1997;
Dingfelder/Friedrich, Parteiverrat und Standesrecht, 1987;
Ebke, Abschlußprüfer, Bestätigungsvermerk und Drittschutz, JZ 1998, 991;
Feddersen, Die Dritthaftung des Wirtschaftsprüfers nach § 323 HGB, WM 1999, 105;
Gehrlein, Haftung nach Abbruch von Verhandlungen über formgebundene Verträge, MDR 1998, 445;
Gernhuber, Das Schuldverhältnis, 1989;
ders., Die fiduziarische Treuhand, JuS 1988, 355;
ders., Drittwirkungen im Schuldverhältnis kraft Leistungsnähe, FS Nikisch 1958, S. 249 ff.;
ders., Gläubiger, Schuldner und Dritte, JZ 1962, 553;
v. Gierke, Die Dritthaftung des Rechtsanwalts, 1984;
Grundmann, Der Treuhandvertrag (insbesondere die werbende Treuhand), 1997;
Hadding, Der Bereicherungsausgleich beim Vertrag zu Rechten Dritter, 1970;
Hagen, Die Drittschadensliquidation im Wandel der Rechtsdogmatik, 1971;
Heiseke, Zur Schutzwirkung eines Schuldvertrages gegenüber dritten Personen, NJW 1960, 77;
Henssler, Treuhandgeschäft – Dogmatik und Wirklichkeit –, AcP, Bd. 196 (1996), S. 37;
v. Heymann, Bankenhaftung bei Immobilienanlagen, 12. Aufl. 1998;
Hohloch, Ersatz von Vermögensschäden Dritter aus Vertrag – „Drittschadensliquidation" oder „Vertrag mit Schutzwirkung zugunsten Dritter"? –, FamRZ 1977, 530;
Hopt, Dritthaftung für Testate, NJW 1987, 1745;
ders., Nichtvertragliche Haftung außerhalb von Schadens- und Bereicherungsausgleich, AcP, Bd. 183 (1983), S. 608;
Hübner, Die Berufshaftung – ein zumutbares Berufsrisiko?, NJW 1989, 5;

Jansen/von der Lely, Haftung für Auskünfte; ein Vergleich zwischen englischem, deutschem und niederländischem Recht, ZEuP 1999, 229;
Junker, Die Vertretung im Vertrauen im Schadensrecht, 1991;
Kaiser, Schadensersatz aus culpa in contrahendo bei Abbruch von Verhandlungen über formbedürftige Verträge, JZ 1997, 448;
Kiss, Die Haftung berufsmäßiger Sachkenner gegenüber Dritten, WM 1999, 117;
Kleutgens, Die Sekundärhaftung des Rechtsanwalts, 1994;
Knebel, Probleme bei der Zusammenarbeit eines Rechtsanwalts mit Unfallhelfern, VersR 1972, 409;
Kullmann, Schadensersatz und Steuern, VersR 1993, 385;
Lammel, Zur Auskunftshaftung, AcP, Bd. 179 (1979), S. 336;
Lang, Die Rechtsprechung des Bundesgerichtshofes zur Dritthaftung der Wirtschaftsprüfer und anderer Sachverständiger, WM 1988, 1001;
Lange, (Heinrich), Die Auswirkung von Leistungsstörungen beim echten Vertrage zugunsten Dritter im Rechtsbereich des Dritten, NJW 1965, 657;
Larenz, Zur Schutzwirkung eines Schuldvertrages gegenüber dritten Personen, NJW 1960, 78;
Littbarski, Die Berufshaftung – eine unerschöpfliche Quelle richterlicher Rechtsfortbildung, NJW 1984, 1667;
Lorenz, (Stephan), Vertragsaufhebung wegen culpa in contrahendo : Schutz der Entscheidungsfreiheit oder des Vermögens?, ZIP 1998, 1053;
Lorenz, (Werner), Anwaltshaftung wegen Untätigkeit bei der Errichtung letztwilliger Verfügungen, JZ 1995, 317;
Maaß, Sorgfaltspflichten und Haftungsrisiken des Notars bei widersprechenden Treuhandauflagen des finanzierenden Kreditinstituts, ZNotP 1998, 58;
Motive zu dem Entwurfe eines Bürgerlichen Gesetzbuches – Bd. II – , 1888;
Müssig, Falsche Auskunftserteilung und Haftung, NJW 1989, 1697;
Musielak, Haftung für Rat, Auskunft und Gutachten, 1974;
Neuner, Der Schutz und die Haftung Dritter nach vertraglichen Grundsätzen, JZ 1999, 126;
Peters, Zu den bereicherungsrechtlichen Fragen eines mangelhaften Vertrages zu Rechten Dritter, AcP, Bd. 173 (1973), S. 71;
Pleyer/Hegel, Die Prospekthaftung bei der Publikums-KG, ZIP 1985, 1370;
Poll, Die Haftung der freien Berufe am Beispiel des Rechtsanwalts, 1992;
ders., Die Haftung der Freien Berufe zwischen standesrechtlicher Privilegierung und europäischer Orientierung, 1994;
Puhle, Vertrag mit Schutzwirkung und Drittschadensliquidation, 1982;
Reithmann/Meichssner/von Heymann, Kauf vom Bauträger, 6. Aufl. 1992;
Riedel, Der Rechtsanwalt als Treuhänder im Bauherrenmodell, NJW 1984, 1021;
Schlee, Haftung des Rechtsanwalts gegenüber Nichtmandanten, AnwBl 1993, 118;
Schmidt/Weidert, Zur Verjährung von Prospekthaftungsansprüchen bei geschlossenen Immobilienfonds, DB 1998, 2309;
Schneider, (Hannes), Reichweite der Expertenhaftung gegenüber Dritten, ZHR 1999, 246;
Schwichtenberg, Anwaltshaftung im Niemandsland zwischen Vertrag und Delikt, ZVglRWiss 91 (1992), 290;
Seibel/von Westphalen, Prospekthaftung beim Immobilien-Leasing, BB 1998, 169;

Söllner, Mietvertragliche Sachmängelhaftung des Grundstückserwerbers gegenüber Dritten, JuS 1970, 159;
Stodolkowitz, Beweislast und Beweiserleichterungen bei der Schadensursächlichkeit von Aufklärungspflichtverletzungen, VersR 1994, 11;
Strauch, Verträge mit Drittschutzwirkung, JuS 1982, 823;
Traugott, Das Verhältnis von Drittschadensliquidation und vertraglichem Drittschutz, 1997;
Urban, „Vertrag" mit Schutzwirkung zugunsten Dritter und Drittschadensliquidation, 1989;
Westerwelle, Die Interessenkollision nach der neuen Berufsordnung, NJW 1997, 2781;
Zugehör, Die Haftung des Anwaltsnotars als Treuhänder, ZNotP 1997, 42.

Einführung

Rechtsberater – und andere berufliche Fachleute – haften ihren **Auftraggebern** für eine schuldhafte Pflichtverletzung aus dem **Vertrag** und/oder aus **Deliktsrecht**. Insoweit steht die **„Berufshaftung"** auf den sicheren rechtlichen Fundamenten eines – regelmäßig vorliegenden – Dienstvertrages oder – ausnahmsweise – eines Werkvertrages, der eine Geschäftsbesorgung zum Gegenstand hat (§ 675 BGB; vgl. Rn. 4 ff., 504 ff., 849, 1192 ff., 1201 ff.), bzw. der Vorschriften über unerlaubte Handlungen (§§ 823 ff. BGB; vgl. Rn. 1611 ff.). 1341

Anders ist es mit einer beruflichen **Haftung der Rechtsberater** – und anderer Sachkenner – wegen mangelhafter Beratung sowie fehlerhafter Auskünfte und Erklärungen **gegenüber Dritten („Nichtmandanten")**, die nicht durch ein Vertragsverhältnis mit dem Fachmann verbunden sind. Erstellt z. B. ein Rechtsberater im Auftrag seines Mandanten eine falsche Expertise, die ein Dritter zur Grundlage einer ihm nachteiligen Vermögensentscheidung macht, so entstehen Probleme „im Niemandsland zwischen Vertrag und Delikt".[2401] 1342

Zur Lösung dieses Problems hat die Rechtswissenschaft zahlreiche Wege vorgeschlagen.[2402] Die **Rechtsprechung** hat – begleitet von Zustimmung und Kritik – insoweit ihren eigenen Weg eingeschlagen. Sie geht davon aus, daß einerseits **das Deliktsrecht das Vermögen nur unzulänglich schützt** (dazu Rn. 1386), es andererseits **Schädigungen Dritter** durch berufliche Fachleute gibt, die nach dem Gerechtigkeitsempfinden eine **Haftung als unumgänglich** erscheinen lassen. Für solche Fälle hat die Rechtsprechung **Haftungsgrundlagen auf vertraglicher und vorvertraglicher Ebene** entwickelt, die dem geschädigten Dritten mehr Vorteile bieten als das Deliktsrecht (Rn. 1386), insbesondere einen besseren 1343

2401 *Schwichtenberg*, ZVglRWiss 91 (1992), 290.
2402 Zusammenfassend *Hirte*, S. 386 ff.

Schutz bei fahrlässiger Schädigung und bei Schadenszufügung durch Gehilfen des Schädigers sowie einen erleichterten Verschuldensnachweis.

1344 Im Ergebnis hat diese Rechtsprechung – grob gesagt – zu einer **Vertrauenshaftung** der beruflichen Sachkenner gegenüber Dritten **auf überwiegend vertraglicher und vorvertraglicher Grundlage** mit intensiver – zuweilen extensiver – **Auslegung von Vertragserklärungen** geführt; dabei behält die Rechtsprechung eine **Haftung aus unerlaubter Handlung** – insbesondere aus **§ 826 BGB** – im Auge (Rn. 1736 ff.). Ihren Weg hält die Rechtsprechung für denjenigen, der, solange der Gesetzgeber die berufliche Dritthaftung keiner geschlossenen Regelung zuführt, dem geltenden Recht am besten entspricht.

1345 Das Gesetz bietet mit den Vorschriften über den **Vertrag zugunsten Dritter** (§§ 328 ff. BGB) eine Regelung, Belange eines Dritten bei Abschluß und Abwicklung eines Vertrages zu berücksichtigen (Rn. 1352 ff.). Im Bereich der Rechtsbetreuung können vor allem **Treuhandverträge** zugunsten eines oder mehrerer Nichtmandanten geschlossen sein; deswegen soll auch der Treuhandvertrag im folgenden dargestellt werden (Rn. 1475 ff.).

1346 Zu einem Schwerpunkt der beruflichen Dritthaftung hat sich – in entsprechender Anwendung der §§ 328 ff. BGB – der **Vertrag mit Schutzwirkung zugunsten Dritter** entwickelt (Rn. 1382 ff.). Ergibt eine Auslegung – notfalls eine ergänzende Auslegung – des Vertragsinhalts den Willen der Vertragspartner, einen Dritten in den Schutzbereich ihres Vertrags einzubeziehen, so kann der Dritte aus dem fremden Vertrag einen eigenen Schadensersatzanspruch wegen einer ihn beeinträchtigenden vertraglichen Leistungsstörung erwerben. Dies erfordert eine Abgrenzung vom anerkannten Institut der **Drittschadensliquidation** (Rn. 1421 ff.).

Die **Grenzen des Ausnahmeinstituts** eines Vertrages mit Schutzwirkung zugunsten Dritter müssen eng gezogen werden, um der Gefahr vorzubeugen, daß ein fiktiver Wille der Vertragspartner zum Schutz eines Dritten angenommen und damit dem Vertragsschuldner ein unberechenbares – und damit i. d. R. unversichertes –, unerträgliches Haftungsrisiko auferlegt wird (Rn. 1390, 1395). Bedenklich ist es, bei Gutachtenverträgen mit Schutzwirkung zugunsten Dritter – im allgemeinen Käufer oder Kreditgeber – die entsprechend anwendbare Vorschrift des § 334 BGB, über die ein Schadensbeitrag des Auftraggebers berücksichtigt werden könnte, insoweit regelmäßig als „stillschweigend“ abbedungen anzusehen (Rn. 1415), um auf diese Weise grundsätzlich eine volle Haftung des Sachverständigen zu erreichen. Die Eigenart des jeweiligen Vertragsrahmens, in dem der Fachmann tätig wird, muß auch bei der Prüfung einer Dritthaftung beachtet werden. Deswegen muß bei der Auslegung eines Anwaltsvertrages im Gegensatz zur

Rechtsprechung bezüglich anderer Verträge (Rn. 1411) berücksichtigt werden, daß ein Rechtsanwalt im Rahmen eines Anwaltsvertrages mit Rechtsbeistandspflicht grundsätzlich keine widerstreitenden Interessen wahrnehmen darf (Rn. 1411). Spezifische, den betroffenen Berufsangehörigen günstige Verjährungsregelungen (§§ 51 b BRAO, 68, 72 StBerG, 51 a, 56 WPO) müssen auch für Schadensersatzansprüche Dritter aus Verträgen mit Schutzwirkung gelten (Rn. 1411).

Ein weiterer Schwerpunkt der beruflichen Dritthaftung ist – in Ausfüllung des 1347
§ 676 BGB – die **selbständige vertragliche Haftung für eine Auskunft** (Rn. 1431 ff.), die nicht innerhalb eines umfassenden Beratungsvertrages – möglicherweise neben einem solchen – erteilt wird. Eine solche Haftung des Auftraggebers kann bestehen **gegenüber dem Empfänger der Auskunft** (Rn. 1437 ff.), wobei ein Auskunftsvertrag auch **Schutzwirkung zugunsten Dritter** haben kann (Rn. 1444), oder **gegenüber Dritten**, die auf eine Auskunft vertrauen, die einem anderen erteilt worden ist (Rn. 1443). Danach besteht ein **weiter Haftungsbereich**, dessen Grenzen der Handelnde im Einzelfall oft nur schwer oder gar nicht erkennen kann. Die Haftungsgefahr wird dadurch gesteigert, daß die Rechtsprechung den „**stillschweigenden**" **Abschluß eines Auskunftsvertrages** als Regelfall ansieht (Rn. 1439).

Rechtsberater geraten in die Gefahr einer solchen Haftung vor allem dann, wenn sie in Wahrnehmung der Interessen ihres Auftraggebers mit einem Dritten in Verbindung treten (Rn. 1440), sowie bei Anlageberatung und -vermittlung (Rn. 1445 ff.). Gegenläufige Interessen des Auftraggebers und eines Dritten sprechen i. d. R. gegen einen anwaltlichen Auskunftsvertrag gegenüber dem Nichtmandanten (Rn. 1454). Ein Schadensersatzanspruch eines Dritten aus einem gesonderten Auskunftsvertrag, der in engem innerem Zusammenhang mit einem echten Anwaltsvertrag mit Rechtsbeistandspflicht steht, verjährt nach § 51 b BRAO (Rn. 1472).

Eine **Eigenhaftung beruflicher Verhandlungsgehilfen** (Vertreter, Vermittler, 1348
Sachwalter) kann sich aus **Verschulden bei Vertragsverhandlungen oder bei Vertragsschluß** (culpa in contrahendo – c. i. c.) wegen Verletzung vorvertraglicher Aufklärungs- und anderer Schutzpflichten gegenüber dem Verhandlungspartner ergeben (Rn. 1531 ff.). Voraussetzung ist, daß der **Gehilfe** – über das gewöhnliche Auftreten eines Verhandlungs- oder Abschlußgehilfen hinaus – **gleichsam in eigener Sache tätig wird**, weil er den Vertragsentschluß des anderen Teils durch **Inanspruchnahme persönlichen Vertrauens** beeinflußt oder ein **unmittelbares eigenes wirtschaftliches Interesse** an dem beabsichtigten Geschäft verfolgt (Rn. 1533 ff.).

Rechtsberatern droht eine solche Haftungsgefahr vor allem dann, wenn sie für ihren Auftraggeber Vertragsverhandlungen mit einem Dritten führen oder daran mitwirken (Rn. 1539 f.). Der Einsatz der Rechtskunde allein begründet noch kein persönliches Vertrauen (Rn. 1540). Da ein Rechtsanwalt bekanntermaßen regelmäßig nur die Interessen seines Auftraggebers wahrnimmt, darf der Verhandlungsgegner grundsätzlich nicht annehmen, der Rechtsanwalt werde ihm gegenüber auch in eigener Sache tätig (Rn. 1540). Ein Schadensersatzanspruch eines Dritten (Nichtmandanten) gegen einen Rechtsanwalt aus c.i.c. verjährt dann nach § 51 b BRAO, wenn dieser aufgrund eines echten Anwaltsvertrags mit Rechtsbeistandspflicht tätig geworden ist (Rn. 1565 f.).

1349 Ein Sonderfall der Haftung aus Verschulden vor oder bei Vertragsschluß ist die **bürgerlichrechtliche Prospekthaftung** zum Schutz des Kapitalanlegers, der seine Anlageentscheidung aufgrund eines Werbeprospekts trifft (Rn. 1572).

Der **Prospekthaftung im engeren Sinne** unterliegen die Prospektverantwortlichen, die das typisierte Vertrauen des Anlegers auf die Richtigkeit und Vollständigkeit des Prospekts enttäuschen (Rn. 1573 ff.). Dazu können auch **Rechtsberater** gehören, wenn sie wegen ihres Berufs eine „Garantenstellung“ einnehmen und an dem Prospekt mitwirken (Rn. 1574). Ihre Haftung erstreckt sich auf die Richtigkeit und Vollständigkeit ihrer Prospektangaben (Rn. 1575, 1588). Schadensersatzansprüche geschädigter Anleger gegen Rechtsberater aus dieser Haftungsgrundlage unterliegen nicht den diesen günstigen Verjährungsregelungen (§§ 51 b BRAO, 68, 72 StBerG, 51 a, 56 WPO), weil die Schädiger in keine vertragliche oder vorvertragliche Beziehung zu den Geschädigten getreten sind (Rn. 1596).

Einer **Prospekthaftung im weiteren Sinne** unterliegen Vertreter, Vermittler und Sachwalter, die wegen Verletzung vorvertraglicher Pflichten unter Verwendung eines fehlerhaften Prospekts aus Verschulden bei Vertragsschluß haften (Rn. 1597 ff.). Eine solche Haftung kann vor allem Anlagevermittler und -berater, Treuhänder und Kreditinstitute treffen (Rn. 1598). Haftet ein Rechtsanwalt in diesem Sinne, so verjährt ein Schadensersatzanspruch des geschädigten Anlegers nur dann gemäß § 51 b BRAO, wenn der Rechtsanwalt aufgrund eines echten Anwaltsvertrages mit Rechtsbeistandspflicht tätig geworden ist (Rn. 1599).

1350 Für die **„Berufs- und Expertenhaftung“** greift die Rechtsprechung über die – überwiegend von ihr selbst entwickelten – Grundsätze vertraglicher und vorvertraglicher Rechtsgrundlagen hinaus auch auf den deliktischen Haftungstatbestand des **§ 826 BGB** zurück (Rn. 1722 ff.). Danach ist derjenige zum Schadensersatz verpflichtet, der einen anderen in sittenwidriger Weise vorsätzlich schädigt.

Nach dieser Vorschrift kann ein beruflicher Sachkenner – auch ein **Rechtsberater – einem Dritten, der nicht sein Auftraggeber ist, haften**, wenn dieser Dritte auf eine falsche Expertise des Fachmanns vertraut und dadurch einen Vermögensschaden erleidet (Rn. 1736 ff.). Die Hürden des § 826 BGB hat die Rechtsprechung herabgesetzt. Nicht nur ein bewußtes, sondern auch ein leichtfertiges – vor allem grob fahrlässiges – und gewissenloses Verhalten kann einen Sittenverstoß begründen; dies liegt dann nahe, wenn der Sachkundige mit Rücksicht auf sein Ansehen und seinen Beruf eine Vertrauensstellung einnimmt und die Grundlage für weittragende Vermögensverfügungen Dritter zu ermitteln hat (Rn. 1737 f.). Der – für die Haftung ausreichende – bedingte Vorsatz kann mit der Art und Weise des Sittenverstoßes bewiesen werden (Rn. 1735, 1739).

Die Rechtsprechung muß ihre Aufgabe bewältigen, ihre Grundsätze zur berufli- 1351
chen Dritthaftung auf vertraglicher und vorvertraglicher Grundlage in den **engen Grenzen von Ausnahmeinstituten** zu halten und die gesetzlichen **Haftungsvoraussetzungen des § 826 BGB nicht auszuhöhlen**. Die Tatbestände der Berufs- und Expertenhaftung gegenüber Dritten (Nichtmandanten) dürfen nicht beliebig austauschbar und im Ergebnis zu einer uferlosen deliktischen Generalklausel mit Erfolgshaftung werden. Der Schuldner kraft seiner beruflichen Sachkunde muß sein Haftungsrisiko gegenüber Nichtmandanten, die ihm regelmäßig keine Vergütung schulden, berechnen und versichern können. Die Unzulänglichkeit des deliktischen Vermögensschutzes (Rn. 1386) darf im gesetzlichen Rahmen nur insoweit ausgeglichen werden, als dies unabweisbar ist zur Vermeidung von Ergebnissen, die mit dem Gerechtigkeitsempfinden schlechthin unvereinbar wären.

Abschnitt 1: Anwaltsvertrag zugunsten Dritter

Inhaltsverzeichnis

A. Allgemeines

1352 Ein **Vertrag zwischen einem Rechtsanwalt und einem Auftraggeber** kann – wie jede schuldrechtliche Verpflichtung[2403] – von den Vertragspartnern dahin ausgestaltet werden, daß der **Schuldner (Rechtsanwalt) seine vertragliche Hauptleistung nicht an seinen Mandanten** zu erbringen hat, sondern an eine andere natürliche oder juristische Person, die zumindest bestimmbar sein muß,[2404] und daß **dieser Dritte unmittelbar das Recht erwirbt, die Leistung zu fordern** (§ 328 Abs. 1 BGB). In diesem Falle verspricht der **Anwalt (Versprechender)** seinem **Auftraggeber (Versprechensempfänger),** an den **Dritten** zu leisten. Fehlt eine entsprechende eindeutige Abrede über die Rechtsstellung des Dritten, der durch den Vertrag begünstigt wird, aber an dessen Abschluß nicht beteiligt ist, so ist gemäß § 328 Abs. 2 BGB im Wege der **Vertragsauslegung** aus den Umständen, ins-

2403 RGZ 150, 129, 133.
2404 RGZ 106, 120, 126; BGHZ 93, 271, 273 f. = NJW 1985, 1457; BGHZ 129, 297, 305 = NJW 1995, 2028.

besondere aus dem Zweck des Vertrages zu entnehmen, ob ein solcher Vertrag zugunsten eines Dritten vorliegt.[2405] Dies gilt auch dann, wenn unklar ist, ob ein Forderungsrecht für den Dritten sofort voll oder nur unter gewissen Voraussetzungen – bedingt oder befristet – entstehen soll[2406] und ob die Vertragspartner sich die Befugnis vorbehalten haben, das Recht des Dritten ohne dessen Zustimmung aufzuheben oder zu ändern.[2407]

In den **Ausnahmefällen,** in denen insoweit eine Vertragslücke vorliegt,[2408] kommt 1353
eine **ergänzende Vertragsauslegung** in Betracht.[2409]

Die **Auslegung** kann folgende **Fallgestaltungen** ergeben:

- Es handelt sich um einen **echten Vertrag zugunsten eines Dritten; dieser erwirbt einen** 1354
Anspruch auf die Leistung, die der Schuldner (Versprechender) nach Vereinbarung mit seinem Vertragspartner (Versprechensempfänger) zu erbringen hat (§ 328 Abs. 1 BGB). In einem solchen Falle **kann auch dieser Versprechensempfänger** – also bei einem Anwaltsvertrag der Mandant – **regelmäßig die vertragliche Leistung – bei einer Leistungsstörung auch Schadensersatz –**[2410] **an den Dritten verlangen** (§ 335 BGB); ausnahmsweise kann jedoch der Wille der Vertragspartner dahin gehen, daß die Vertragsrechte des Gläubigers allein dem Dritten zustehen sollen (vgl. die in § 335 BGB enthaltene Einschränkung).
- Andererseits kann ein **unechter Vertrag zugunsten eines Dritten** vorliegen. Nach dem 1355
Willen der Vertragsschließenden hat dann zwar der Schuldner seine Leistung an einen oder zugunsten eines Dritten zu erbringen, **allein der Vertragspartner als Gläubiger darf aber die geschuldete Leistung an den Dritten verlangen.** In einem solchen Falle erfüllt der Schuldner seine Vertragspflicht durch Leistung gegenüber dem Dritten (§§ 182, 185 Abs. 1, 362 Abs. 2 BGB).

B. Anwaltliche Rechtsbeistandspflicht zugunsten Dritter

Anwaltsverträge, deren Gegenstand zumindest in nennenswertem, nicht ganz un- 1356
wesentlichem Umfang in der anwaltstypischen **Aufgabe des rechtlichen Beistandes** besteht (vgl. § 3 Abs. 1 BRAO; Rn. 4 ff., 504 ff., 849 ff., 1192 ff., 1201 ff.),[2411]

2405 Vgl. RGZ 127, 218, 222; BGH NJW 1991, 2209.
2406 Vgl. BGH, NJW-RR 1987, 114.
2407 BGH, NJW 1986, 1165, 1166; OLG Celle, WM 1985, 1455, 1456; OLG Frankfurt, NJW-RR 1986, 1176, 1177; LG Mosbach, MDR 1971, 222.
2408 Vgl. BGHZ 40, 91, 103 f. = NJW 1963, 2071; BGHZ 77, 301, 304 = NJW 1980, 2347; BGH, NJW 1985, 1835, 1836; NJW-RR 1989, 1490, 1491; WM 1995, 743, 744 und 2000.
2409 RGZ 98, 210, 213; 127, 218, 222.
2410 BGH, NJW 1974, 502.
2411 BGH, NJW 1994, 1405 = WM 1994, 504; WM 1998, 2243, 2244 = NJW 1998, 3486.

können gemäß § 328 Abs. 1 BGB **zugunsten eines Dritten** oder mehrerer anderer Personen geschlossen werden. Wesen und Inhalt eines Anwaltsvertrages werden zwar durch das Vertrauensverhältnis zwischen Mandant und Rechtsanwalt so sehr geprägt, daß die Anwaltsleistung grundsätzlich nur gegenüber dem Auftraggeber zu erbringen ist.[2412] Insbesondere der – in § 328 Abs. 2 BGB hervorgehobene – **Vertragszweck** kann jedoch etwas anderes ergeben. Deswegen liegt ein **Anwaltsvertrag zugunsten eines Dritten** auf der Hand, wenn ein **Rechtsschutz- oder Haftpflichtversicherer im eigenen Namen** – anders als im Regelfall namens des Versicherungsnehmers[2413] – **einen Rechtsanwalt mit der Betreuung des Versicherungsnehmers beauftragt**.[2414] Wegen seines Zwecks kann ein **Treuhandvertrag eines Rechtsanwalts** mit seinem Auftraggeber **zugunsten eines Dritten** geschlossen sein. Dies ist der Fall zugunsten der Gläubiger bei einem **Liquidationsvergleich** (vgl. §§ 7 Abs. 4, 9 Abs. 3 VerglO).[2415] Auch in anderen Fällen, in denen ein **Schuldner einem Rechtsanwalt Vermögen zur Befriedigung der Gläubiger überträgt,** kann ein Treuhandvertrag zu deren Gunsten vorliegen.[2416] Ein Treuhandvertrag kann **zugunsten eines Kapitalanlegers** geschlossen sein, wenn ein Rechtsanwalt als Treuhänder die Mittelverwendung zu überwachen.[2417] oder Sicherheiten zu prüfen hat[2418]

I. Deckungsverhältnis zwischen Rechtsanwalt und Auftraggeber

1357 Die Verpflichtung des Rechtsanwalts (Versprechender) gegenüber seinem Mandanten (Versprechensempfänger), im Rahmen eines echten Anwaltsvertrages – also in der Regel eines Dienstvertrages (§§ 611, 675 BGB), ausnahmsweise eines Werkvertrages (§§ 631, 675 BGB; vgl. Rn. 506, 849, 1192 ff., 1201 ff.) – den geschuldeten rechtlichen Beistand zugunsten eines Dritten zu leisten, ist das rechtliche Grundverhältnis, aus dem der Anwalt Deckung in Gestalt einer Vergütung erhält (**Deckungs- oder Außenverhältnis). I. d. R.** ist ein solcher Vertrag **formlos gültig;** die allgemeinen Formvorschriften für Sonderfälle (z. B. §§ 313, 518 BGB) sind zu berücksichtigen.[2419]

2412 Vgl. BGH, NJW 1977, 2073, 2074.

2413 Vgl. BGH, NJW 1978, 1003, 1004.

2414 BGH, VersR 1967, 76, 77; OLG Köln, NJW 1978, 896, 897.

2415 BGHZ 55, 307, 309 = NJW 1971, 1702; BGHZ 62, 1, 2 f. = NJW 1974, 238; BGHZ 118, 70, 75 = NJW 1992, 1834; BGHZ 126, 138, 141 = NJW 1994, 3102; BGH, NJW 1966, 1116.

2416 BGHZ 55, 307, 308 = NJW 1971, 1702; BGHZ 109, 47, 51 f. = NJW 1990, 45.

2417 BGH, WM 1986, 904, 905.

2418 OLG Karlsruhe, WM 1997, 1476, 1477.

2419 Vgl. RGZ 106, 1, 2; BGHZ 54, 145, 147 = NJW 1970, 2157; BGH, NJW 1965, 1913 f.; JZ 1967, 26, 27.

1. Rechtsstellung des begünstigten Dritten

Dieser **Anwaltsvertrag begründet den Anspruch des Dritten** auf die anwaltliche Vertragsleistung, und zwar ohne Durchgangserwerb des Versprechensempfängers (Mandanten).[2420] **Der Dritte darf** das ihm zugewandte **Forderungsrecht grundsätzlich zurückweisen;** dieses gilt dann als nicht erworben (§ 333 BGB).[2421] Eine Zurückweisung entfällt, nachdem der Dritte das Forderungsrecht angenommen hat.[2422] Dies gilt auch dann, wenn sich der Dritte gegenüber dem Gläubiger verpflichtet hat, das Forderungsrecht anzunehmen; eine Zurückweisung wäre dann ein unzulässiges widersprüchliches Verhalten des Dritten.[2423] 1358

Beeinträchtigt der **Rechtsanwalt** den abgespaltenen Anspruch des Dritten durch eine von ihm zu vertretende **Leistungsstörung,** so **kann der Dritte vom anwaltlichen Schuldner Ersatz eines eigenen Schadens fordern** wegen Unmöglichkeit (§ 280 BGB), wegen Verzuges (§§ 284–286 BGB) oder – dies ist der Hauptfall – wegen positiver Forderungsverletzung (§ 242 BGB oder entsprechend §§ 280, 286 BGB[2424]), jeweils nach Maßgabe der Bestimmungen des im Einzelfall vorliegenden Dienst- oder Werkvertrages zwischen dem Rechtsanwalt und seinem Auftraggeber (§ 675 BGB).[2425] Ist die **Geschäftsgrundlage dieses Vertrages gestört,** so kann der Anspruch auf die angepaßte Leistung dem Dritten zustehen.[2426] 1359

Weitergehende Rechte aus der Vertragsstellung des Versprechensempfängers (Mandanten) können dem Dritten gegenüber dem Schuldner (Rechtsanwalt) grundsätzlich nur in dem **Ausnahmefall** zustehen, daß nach dem Willen der Vertragspartner der Dritte nicht nur den vom Gläubigerrecht abgespaltenen Anspruch auf die Vertragsleistung des Schuldners, sondern sämtliche Vertragsrechte des Gläubigers erhalten sollte (vgl. § 335 BGB; Rn. 1375). Ansonsten hat der Dritte nicht die Rechtsstellung des Versprechensempfängers als Vertragspartei.[2427] Daher kann der Dritte **i. d. R.** nicht allein, sondern **nur im Zusammenwirken mit dem Versprechensempfänger (Mandanten),** dessen Zustimmung er möglicherweise aufgrund eines rechtlichen Innenverhältnisses verlangen kann, wegen Lei- 1360

2420 MünchKomm/*Gottwald*, BGB, § 328 Rn. 2.
2421 Vgl. zu den Rechtsfolgen RGRK/*Ballhaus*, BGB, § 333 Rn. 4; *Soergel/Hadding*, BGB, § 333 Rn. 8 ff.; *Palandt/Heinrichs*, BGB, § 333 Rn. 3, 4.
2422 RGZ 119, 1, 3.
2423 Vgl. RGZ 119,1, 4.
2424 Vgl. BGHZ 11,80, 83 f. = NJW 1954, 229.
2425 Vgl. RGRK/*Ballhaus*, BGB, § 328 Rn. 27; MünchKomm/*Gottwald*, BGB, § 335 Rn. 12 ff.; *Staudinger/Jagmann*, BGB, Vorbem. zu §§ 328 ff. Rn. 37; *Erman/Westermann*, BGB, § 328 Rn. 8; *(Heinrich) Lange*, S. 661, 663.
2426 BGH, NJW 1972, 152, 153 f. mit abl. Anm. *Stötter*, NJW 1972, 1191.
2427 Vgl. BGH, NJW-RR 1993, 770, 771.

stungsstörungen des Schuldners **vertragsgestaltende Erklärungen** (Anfechtung, Rücktritt, Kündigung, Wandlung, Minderung, Aufrechnung) abgeben, die das Deckungsverhältnis umgestalten oder lösen.[2428] Das gilt auch **für Rechte aus §§ 325, 326 BGB.**[2429] Dementsprechend hat das OLG München[2430] dem Dritten einen Schadensersatzanspruch wegen positiver Forderungsverletzung aus §§ 280, 286 BGB, nicht aber wegen positiver Vertragsverletzung zugebilligt. Dagegen hat der BGH[2431] dem Dritten – ohne nähere Erläuterung – einen Schadensersatzanspruch gegen den Schuldner aus § 325 zuerkannt; dies ist zu Recht beanstandet worden.[2432]

2. Rechtsstellung des Auftraggebers (Versprechensempfängers)

1361 Abgesehen von dem Ausnahmefall, daß der Dritte nach dem Willen der Vertragspartner sämtliche Gläubigerrechte erwirbt (Rn. 1360), hat der **Mandant (Versprechensempfänger) als Vertragspartei** die **vertragliche Gläubigerstellung mit Ausnahme des abgespaltenen Forderungsrechts des Dritten.** Dies spiegelt sich in § 335 BGB; danach kann auch der Versprechensempfänger im Regelfall die Leistung an den begünstigten Dritten fordern.

1362 Als Vertragspartner kann der **Mandant** vom Rechtsanwalt (Schuldner und Versprechenden) **Ersatz eines eigenen Schadens** verlangen, der durch eine anwaltliche Vertragsverletzung entstanden ist.[2433] Dementsprechend kann der Versprechensempfänger vom Schuldner **Freistellung** von einer Ersatzpflicht gegenüber dem Dritten fordern, wenn der Schuldner für den Schaden verantwortlich ist. Gegen den Vergütungsanspruch des Rechtsanwalts kann der Mandant als Versprechensempfänger mit einer eigenen Geldforderung – etwa auf Schadensersatz – **aufrechnen.**[2434]

1363 Vertragsgestaltende Erklärungen, die durch Änderung oder Lösung des Deckungsverhältnisses mit dem Schuldner die Rechtsstellung des Dritten beeinträchtigen (vgl. Rn. 1360), **kann der Versprechensempfänger i. d. R. nur mit Zustim-**

2428 Vgl. im einzelnen *Lange*, S. 658 f., 661 ff.

2429 Vgl. RGZ 101, 275, 276; RGRK/*Ballhaus*, BGB, § 328 Rn. 27, 29; § 335 Rn. 3, 5; *Staudinger/Jagmann*, BGB, Vorbem. zu §§ 328 ff. Rn. 37, § 335 Rn. 6 ff., 24; *Palandt/Heinrichs*, BGB, § 328 Rn. 5; *Erman/Westermann*, BGB, § 328 Rn. 8; a. A. MünchKomm/*Gottwald*, BGB, § 335 Rn. 8, 13 f.; *Soergel/Hadding*, BGB, § 328 Rn. 42, 46.

2430 Rpfleger 1972, 31, 32.

2431 BGHZ 93, 271, 277 = NJW 1985, 1457.

2432 *Gottwald*, JZ 1985, 575, 576.

2433 Vgl. RG, HRR 1935, Nr. 342; BGH, NJW 1967, 2261, 2262; WM 1972, 486, 488; RGRK/*Ballhaus*, BGB, § 335 Rn. 1, 4; MünchKomm/*Gottwald*, BGB, § 335 Rn. 7 f.; *Lange*, S. 663.

2434 Vgl. *Lange*, S. 660.

mung des Dritten abgeben, weil sonst dessen Leistungsanspruch entzogen oder verändert würde.[2435] Dies ist **ausnahmsweise dann anders,** wenn sich die Vertragspartner bei Vertragsschluß die Befugnis vorbehalten haben, das Recht des Dritten ohne dessen Zustimmung aufzuheben oder zu ändern (§ 328 Abs. 2 BGB).

3. Rechtsstellung des Rechtsanwalts (Versprechenden und Schuldners)

Der **Rechtsanwalt** kann gemäß § 334 BGB, soweit diese Vorschrift nicht – dies ist 1364
auch „stillschweigend" durch schlüssiges Verhalten möglich – abbedungen worden ist,[2436] **alle Einwendungen und Einreden aus dem Dienst- oder Werkvertrag (Deckungsverhältnis)** nicht nur **seinem Auftraggeber (Versprechensempfänger),** sondern auch dem **begünstigten Dritten entgegenhalten.** Diesem steht aus dem fremden Vertrag grundsätzlich kein weitergehendes Recht zu als dem Versprechensempfänger als Vertragspartner, von dem er seinen Anspruch herleitet[2437]; der Schuldner darf nicht deswegen schlechter stehen, weil er nicht an seinen Vertragspartner, sondern an einen Dritten leisten soll. Immer muß die Einwendung oder Einrede des Rechtsanwalts in seinem Deckungsverhältnis mit dem Auftraggeber vor dem Forderungserwerb des Dritten angelegt gewesen sein; nachträgliche Vereinbarungen zu Lasten des Dritten sind unwirksam,[2438] es sei denn, daß sich die Vertragspartner bei Vertragsschluß die Befugnis vorbehalten haben, das Recht des Dritten ohne dessen Zustimmung aufzuheben oder zu ändern (§ 328 Abs. 2 BGB).

Der Anwalt kann sowohl gegenüber seinem Auftraggeber als auch gegenüber dem 1365
Dritten auf der Grundlage des jeweiligen Dienst- oder Werkvertrages (§ 675 BGB) insbesondere geltend machen[2439]:

- der Vertrag sei **nichtig, angefochten** oder in sonstiger Weise **rückgängig gemacht,**
- die anwaltliche **Haftung** sei gemäß § 51 a BRAO **beschränkt** worden (vgl. Rn. 425 ff.),[2440]

2435 RGZ 101, 275, 276; *Staudinger/Jagmann*, BGB, Vorbem. zu §§ 328 ff. Rn. 37; *Palandt/Heinrichs*, BGB, § 328 Rn. 6; *Lange*, S. 661 ff.; a. A. MünchKomm/*Gottwald*, BGB, § 335 Rn. 8, der dem Dritten allein die Befugnis zubilligt.

2436 BGHZ 93, 271, 275 f. = NJW 1985, 1457; BGHZ 127, 378, 385 = NJW 1995, 392.

2437 BGHZ 56, 269, 272 = NJW 1971, 1931.

2438 Vgl. BGHZ 61, 359, 361 = NJW 1974, 96.

2439 Vgl. die Zusammenfassungen von *Staudinger/Jagmann*, BGB, § 334 Rn. 6 ff., 11 ff.; MünchKomm/*Gottwald*, BGB, § 334 Rn. 3 ff.; *Soergel/Hadding*, BGB, § 334 Rn. 2 ff.

2440 Vgl. BGHZ 56, 269, 272 ff. = NJW 1971, 1931; BGH, NJW 1987, 1758, 1760, jeweils für einen Vertrag mit Schutzwirkung zugunsten Dritter.

- ein Anspruch auf Ersatz eines bestimmten Schadens – des Dritten oder des Mandanten – sei gemäß § 51 b BRAO **verjährt** (Rn. 1168 ff.),[2441]
- er – der Anwalt – habe ein **Zurückbehaltungsrecht** aus §§ 273, 274 BGB,[2442] aus §§ 320–322 BGB[2443] oder aus § 50 BRAO.[2444]

1366 Wichtige Einwendungen ergeben sich aus **Leistungsstörungen des Mandanten als Versprechensempfänger**.[2445] Kommt er als Auftraggeber des Anwalts mit der Zahlung des Honorars in Verzug, so kann der Anwalt Ersatz eines Verzugsschadens (§ 286 Abs. 1 BGB) und unter den weiteren Voraussetzungen des § 326 BGB Schadensersatz wegen Nichterfüllung verlangen oder von dem Vertrag zurücktreten. Hat der Mandant die anwaltliche Vertragsleistung schuldhaft unmöglich gemacht oder tritt deren Unmöglichkeit während eines von ihm zu verantwortenden Annahmeverzuges ein, so wird der Anwalt von seiner Leistungspflicht frei (§ 275 BGB) und behält seinen Vergütungsanspruch (§ 324 BGB). Eine Verletzung von Nebenpflichten löst eine Schadensersatzpflicht des Mandanten aus. Weitere Rechte des Anwalts gegen den Auftraggeber als Versprechensempfänger können sich aus **Sonderregelungen des Dienst- oder Werkvertragsrechts** – jeweils i. V. m. § 675 BGB – ergeben (z. B. §§ 615, 616, 627, 628 BGB – §§ 644, 645 BGB: vgl. Rn. 925 ff.).

1367 Hat der **Dritte** das ihm zugewandte Recht nicht gemäß § 333 BGB zurückgewiesen (Rn. 1358), so hat er wegen seiner abgespaltenen Gläubigerstellung ebenfalls für **Leistungsstörungen gegenüber dem Rechtsanwalt (Schuldner)** einzustehen.[2446] Bei Annahmeverzug hat der Dritte dem Schuldner die Mehraufwendungen zu ersetzen (§ 304 BGB). Bei einer Verpflichtung zur Abnahme der Leistung kann auch ein Schuldnerverzug des Dritten mit der Verpflichtung zum Ersatz des Verzögerungsschadens in Betracht kommen (§ 286 Abs. 1 BGB). Ist eine Unmöglichkeit der Leistung des Schuldners vom Dritten zu vertreten oder wird diese während seines Annahmeverzuges unmöglich, so wird der Schuldner von seiner Verpflichtung frei (§ 275 BGB) und kann vom Versprechensempfänger (Mandanten) die

2441 Vgl. RGRK/*Ballhaus*, BGB, § 334 Rn. 4; MünchKomm/*Gottwald*, BGB, § 334 Rn. 3; *Staudinger/Jagmann*, BGB, § 334 Rn. 23.
2442 Vgl. RGZ 66, 97, 100 f.; BGH, NJW 1980, 450 wegen eines Anspruchs auf Schadensersatz wegen Verzuges des Versprechensempfängers.
2443 Vgl. RGRK/*Ballhaus*, BGB, § 334 Rn. 4; *Staudinger/Jagmann*, BGB, § 334 Rn. 24, 26; *Lange*, S. 660.
2444 Vgl. BGH, WM 1997, 2087.
2445 Vgl. im einzelnen RGRK/*Ballhaus*, BGB, § 334 Rn. 4; *Staudinger/Jagmann*, BGB, § 334 Rn. 17; MünchKomm/*Gottwald*, BGB, § 334 Rn. 4; *Lange* S. 659 ff.
2446 Vgl. im einzelnen *Staudinger/Jagmann*, BGB, § 334 Rn. 33 ff.; MünchKomm/*Gottwald*, BGB, § 334 Rn. 7 ff.; *Soergel/Hadding*, BGB, § 334 Rn. 19; *Lange*, S. 660 ff.

Gegenleistung verlangen (§ 324 BGB). Auch für die Verletzung von Schutzpflichten haftet der Dritte dem Schuldner (Rn. 1378).

Einem Schadensersatzanspruch des Mandanten (Versprechensempfängers) oder des Dritten kann der Rechtsanwalt (Schuldner und Versprechender) ein **Mitverschulden des Geschädigten** entgegenhalten (§ 254 BGB). Dieser muß sich ein Verschulden seines gesetzlichen Vertreters und seiner Erfüllungsgehilfen wie eigenes Verschulden zurechnen lassen (§§ 254, 278 BGB); dies gilt auch gegenüber dem – gegen den Schuldner gerichteten – Schadensersatzanspruch einer Person, zu deren Gunsten ein fremder Vertrag geschlossen worden ist.[2447] Da der Dritte bei einem solchen Vertrag einen Teil der Gläubigerstellung einnimmt (§ 328 Abs. 1 BGB), darf ihm der Schuldner (Rechtsanwalt) nach dem Rechtsgedanken des – abdingbaren – § 334 BGB ein **Mitverschulden des Versprechensempfängers (Mandanten),** der die übrige Gläubigerstellung hat (§ 335 BGB), auch dann entgegensetzen, wenn dieser nicht gesetzlicher Vertreter oder Erfüllungsgehilfe des geschädigten Dritten ist.[2448] Andererseits ist auch dem Versprechensempfänger (Mandanten), der sich die Gläubigerstellung mit dem Dritten teilt, nach dem Zweck des § 334 BGB ein **Mitverschulden des Dritten** anzulasten.[2449] 1368

Nach dem BGH[2450] kann der Schuldner (Versprechender) **mit einer Forderung gegenüber seinem Vertragspartner (Versprechensempfänger)** weder gegen dessen Anspruch auf Leistung an den Dritten (§ 335 BGB) noch gegen den Anspruch des Dritten **aufrechnen;** insoweit handelt es sich nicht um eine Einwendung aus dem Vertrag i. S. d. § 334 BGB. Danach könnte ein haftpflichtiger Rechtsanwalt weder gegenüber dem Anspruch des Gläubigers, der gemäß § 335 BGB Schadensersatz an den Dritten fordert, noch gegenüber dem Ersatzanspruch des Dritten mit einer Forderung gegen den Mandanten – etwa auf Zahlung des Honorars – aufrechnen. In einem solchen Falle wäre jedoch ein allgemeiner Ausschluß der Aufrechnung zweifelhaft. Die Berufung auf mangelnde Gegenseitigkeit der Forderungen (§ 387 BGB) kann gegen Treu und Glauben (§ 242 BGB) verstoßen.[2451] Mit Rücksicht darauf ist eine Aufrechnung nur dann ausgeschlossen, wenn der Zweck des Vertrages zugunsten des Dritten eine tatsächliche Leistung an diesen verlangt.[2452] Dies ist i. d. R. nicht der Fall, wenn sich eine auf Geld gerichtete 1369

2447 BGHZ 9, 316, 318 = NJW 1953, 977; BGHZ 24, 325, 327 f. = NJW 1957, 1187.
2448 Vgl. BGHZ 33, 247, 250 = NJW 1961, 211; BGH NJW 1965, 1757, 1759; BGHZ 127, 378, 384 f. = NJW 1995, 392.
2449 MünchKomm/*Gottwald*, BGB, § 334 Rn. 5; *Lange*, S. 663 f.
2450 MDR 1961, 481.
2451 BGHZ 26, 31, 33 = NJW 1958, 98.
2452 Vgl. *Lange*, S. 662.

Schadensersatzforderung und ein Gegenanspruch auf Honorarzahlung gegenüberstehen.

Mit einer Forderung gegen den Dritten kann der Schuldner gegenüber diesem **aufrechnen.**[2453] Gegenüber dem Dritten kann der Schuldner eine Forderung gegen seinen Vertragspartner im Wege der Einrede eines Zurückbehaltungsrechts geltend machen (Rn. 1365); eine Aufrechnungserklärung kann i. d. S. umgedeutet werden.[2454]

1370 **Vertragsgestaltende Erklärungen** (z. B. Anfechtung, Rücktritt, Kündigung, Anspruch auf Schadensersatz wegen Nichterfüllung) **muß der Rechtsanwalt (Schuldner) gegenüber seinem Auftraggeber,** nicht gegenüber dem Dritten abgeben.[2455]

4. Ausgleich bei unwirksamem oder fehlerhaftem Deckungsverhältnis

1371 Ist ein **Anwaltsvertrag zugunsten eines Dritten (Deckungsverhältnis) unwirksam oder fehlerhaft,** so fragt es sich, zwischen welchen Beteiligten die **Rückabwicklung von Leistungen** zu erfolgen hat.

1372 Ob der Versprechende (Rechtsanwalt) einen **vertraglichen Anspruch auf Rückgewähr seiner Leistung** aus §§ 323 Abs. 3, 346 BGB oder im Rahmen eines Schadensersatzes wegen Nichterfüllung (§§ 325, 326 BGB) gegen den Versprechensempfänger (Mandanten) und/oder gegen den Dritten zu richten hat, ist streitig; die Lösung sollte der **bereicherungsrechtlichen Rückabwicklung** (§§ 812 ff. BGB) entsprechen, weil dieselbe Interessenlage zugrunde liegt.[2456] Bei einem unwirksamen Anwaltsvertrag zugunsten eines Dritten wird im Mittelpunkt die Frage stehen, von wem der Rechtsanwalt (Schuldner und Versprechender), der seine Vertragsleistung erbracht hat, **Wertersatz** i. S. d. § 818 Abs. 2 BGB – **durch Zahlung einer Vergütung –** verlangen kann.[2457]

1373 Auch die Frage, gegen wen sich ein **Bereicherungsanspruch des Versprechenden (Rechtsanwalts)** richtet, wenn sein Deckungsverhältnis zum Versprechensempfänger (Mandanten) unwirksam oder fehlerhaft ist, ist umstrit-

2453 Vgl. RGZ 119, 1, 4; *Staudinger/Jagmann*, BGB, § 334 Rn. 32; *Palandt/Heinrichs*, BGB, § 334 Rn. 4.

2454 Vgl. BGH, WM 1959, 696, 698, insoweit nicht abgedruckt in BGHZ 29, 337.

2455 Vgl. RGRK/*Ballhaus*, BGB, § 334 Rn. 2; *Staudinger/Jagmann*, BGB, § 334 Rn. 19; *Palandt/Heinrichs*, BGB, § 334 Rn. 3; *Soergel/Hadding*, BGB, § 334 Rn. 12; *Lange*, S. 659.

2456 Vgl. im einzelnen *Staudinger/Jagmann*, BGB, § 334 Rn. 38, 39; MünchKomm/*Gottwald*, BGB, § 334 Rn. 11–13.

2457 Vgl. BGHZ 36, 321, 323 = NJW 1962, 807; BGHZ 37, 258, 264 = NJW 1962, 2010; BGHZ 55, 128, 131, 137 = NJW 1971, 609; BGHZ 111, 308, 314 = NJW 1990, 2542; BGH, WM 1982, 97.

ten.[2458] Der BGH[2459] hat hierzu betont, daß auch bei Verträgen zugunsten Dritter die Besonderheiten des einzelnen Falles für die sachgerechte bereicherungsrechtliche Abwicklung von Leistungen in Dreipersonenverhältnissen zu beachten seien; maßgeblich sei, welchen Zweck die Beteiligten nach ihrem zum Ausdruck gekommenen Willen verfolgt haben. Dieser Ansatz weist – anders als begriffliche Überlegungen – den Weg zu interessengerechten Lösungen; wirtschaftlicher Hintergrund ist die Frage, wer das Risiko der Insolvenz eines anderen Beteiligten zu tragen hat.

In dem **Hauptfall,** daß das Deckungsverhältnis zwischen dem Schuldner (Versprechenden) und seinem Vertragspartner (Versprechensempfänger) mangelhaft ist und nach dem Valutaverhältnis zwischen dem Dritten und dem Versprechensempfänger ein **entgeltlicher Erwerb** vorliegt, dient der Vertrag zugunsten des Dritten in der Regel einer **„abgekürzten Leistung"**; dann ist der **Bereicherungsausgleich zwischen dem Versprechenden (Rechtsanwalt) und dem Versprechensempfänger (Mandanten)** vorzunehmen, so daß diese Personen das Risiko der Insolvenz ihres Vertragspartners zu tragen haben.[2460] In diesen Fällen eines entgeltlichen Erwerbs ist ein Bereicherungsanspruch des Versprechenden gegen den Dritten selbst dann nicht gerechtfertigt, wenn auch das Valutaverhältnis fehlerhaft ist – Fall des Doppelmangels –.[2461] 1374

Dagegen kann bei zwei weiteren Fallgestaltungen, die für Anwaltsverträge zugunsten Dritter mit fehlerhaftem Deckungsverhältnis bedeutsam sind, die **Bereicherung zwischen dem Versprechenden (Rechtsanwalt) und dem Dritten auszugleichen** sein. Dies betrifft einmal die Fälle, in denen der Dritte nach seinem Valutaverhältnis mit dem Versprechensempfänger (Mandanten) die Leistung, die der Versprechende (Rechtsanwalt) aufgrund des mangelhaften Deckungsverhältnisses erbracht hat, als **unentgeltliche Zuwendung** erhalten hat; ist diese wegen ihres „Versorgungscharakters" in ihrer Zweckrichtung auf den Dritten bezogen und deswegen allein vom Bestand des Deckungsverhältnisses abhängig, so kann ein unmittelbarer Bereicherungsanspruch des Versprechenden (Rechtsan- 1375

2458 Vgl. zum Meinungsstand *Staudinger/Jagmann*, BGB, § 334 Rn. 40 ff.; *MünchKomm/Gottwald*, BGB, § 334 Rn. 14 ff.; *Soergel/Hadding*, BGB, § 334 Rn. 15 ff.; *Erman/Westermann*, BGB, § 812 Rn. 33 ff.; *Hadding*, Bereicherungsausgleich S. 27 ff.; *Peters*, S. 73 ff.

2459 BGHZ 58, 184, 187 ff. = NJW 1972, 864 mit Anm. *Canaris*, NJW 1972, 1196.

2460 Vgl. BGHZ 5, 281, 284; BGHZ 58, 184, 188 = NJW 1972, 864; BGHZ 72, 246, 250 f. = NJW 1979, 157; RGRK/*Ballhaus*, BGB, § 334 Rn. 9; *Staudinger/Jagmann*, BGB, § 334 Rn. 42; MünchKomm/*Gottwald*, BGB, § 334 Rn. 15; *Soergel/Hadding*, BGB, § 334 Rn. 17.

2461 MünchKomm/*Gottwald*, BGB, § 334 Rn. 15; *Staudinger/Jagmann*, BGB, § 334 Rn. 42, jeweils m. w. N.

walts) gegen den Dritten bestehen.[2462] Das gilt auch dann, wenn entgegen der abdingbaren Vorschrift des § 335 BGB **die Gläubigerstellung ausschließlich dem Dritten** zustehen soll; in solchen Fällen ist der Rechtsgrund für den Bestand des Drittrechts ebenfalls nur in dem – mangelhaften – Deckungsverhältnis enthalten und vom Valutaverhältnis unabhängig.[2463]

II. Valutaverhältnis zwischen Auftraggeber und begünstigtem Dritten

1376 Das rechtliche **Zuwendungs-(Valuta-)verhältnis** in der inneren Beziehung **zwischen dem Auftraggeber des Rechtsanwalts und dem Dritten,** der durch den Anwaltsvertrag (Außen- oder Deckungsverhältnis) begünstigt wird, bildet den Rechtsgrund dafür, daß der Mandant (Versprechensempfänger) den vertraglichen Anspruch auf die Vertragsleistung des Rechtsanwalts (Versprechenden) dem Dritten überläßt, und entscheidet darüber, ob dieser die Zuwendung behalten darf.[2464] Mängel dieses Rechtsverhältnisses führen **i. d. R.** zu einem **Bereicherungsausgleich zwischen** den daran beteiligten Personen, also zwischen dem **Versprechensempfänger (Mandanten) und dem Dritten.**[2465] Fordert der Dritte die Leistung, obwohl ihm diese wegen der Unwirksamkeit oder eines anderen Fehlers des Valutaverhältnisses nicht zusteht, so kann ihm der Versprechensempfänger (Mandant) den Einwand der unzulässigen Rechtsausübung (§ 242 BGB) entgegenhalten, weil das Erlangte sogleich nach Bereicherungsrecht wieder herauszugeben wäre.[2466]

1377 **Einwendungen aus dem Valutaverhältnis** zwischen dem Auftraggeber (Versprechensempfänger) und dem Dritten **kann der Rechtsanwalt** (Versprechender und Schuldner) **gegenüber dem Dritten i. d. R. nicht erheben;** § 334 BGB bezieht sich nur auf den zwischen Anwalt und Auftraggeber geschlossenen Vertrag zugunsten des Dritten, nicht auf dessen Rechtsverhältnis mit dem Mandanten. Der Anwalt hat also grundsätzlich an den Dritten zu leisten, selbst wenn das Valutaverhältnis unwirksam ist; der Dritte ist dann auf Kosten des Mandanten ungerechtfer-

2462 Vgl. BGHZ 58, 184, 188 f. = NJW 1972, 864; RGRK/*Ballhaus*, BGB, § 334 Rn. 10; MünchKomm/*Gottwald*, BGB, § 334 Rn. 16; *Soergel/Hadding*, BGB, § 334 Rn. 17; wohl auch *Staudinger/Jagmann*, BGB, § 334 Rn. 43, die versehentlich einen direkten Bereicherungsanspruch „des Versprechensempfängers" – richtig: des Versprechenden – gegen den Dritten bejahen.

2463 Vgl. BGHZ 58, 184, 189 = NJW 1972, 864; RGRK/*Ballhaus*, BGB, § 334 Rn. 10; MünchKomm/*Gottwald*, BGB, § 334 Rn. 16; *Staudinger/Jagmann*, BGB, § 334 Rn. 44.

2464 BGH, NJW 1975, 382, 383; BGHZ 91, 288, 290 =NJW 1984, 2156.

2465 Vgl. BGHZ 111, 382, 385 = NJW 1990, 3194; BGH, NJW 1995, 3315, 3316; *Staudinger/Jagmann*, BGB, § 334 Rn. 41 m. w. N.

2466 BGH, NJW 1975, 382, 383.

tigt bereichert.[2467] Ausnahmsweise kann sich aus der Unwirksamkeit des Valutaverhältnisses eine Einwendung des Schuldners (Rechtsanwalts) ergeben, wenn der Bestand dieser Beziehung Geschäftsgrundlage des Anwaltsvertrages war, so daß es sich dann um einen Einwand aus dem Deckungsverhältnis handelt (§ 334 BGB).[2468]

III. Vollzugsverhältnis zwischen Rechtsanwalt und begünstigtem Dritten

Der Dritte, zu dessen Gunsten ein Vertrag zwischen dem Rechtsanwalt und seinem 1378
Auftraggeber geschlossen wird, tritt in keine vertragliche Beziehung zu dem Rechtsanwalt.[2469]

Allerdings wird zwischen Anwalt und Drittem ein **vertragsähnliches (Vollzugs-, Leistungs-, Dritt-)Verhältnis** begründet.[2470] Deswegen obliegen dem Dritten gegenüber dem Anwalt Nebenpflichten (Mitwirkungs-, Aufklärungs-, Schutz- und sonstige Verhaltenspflichten), deren schuldhafte Verletzung einen Schadensersatzanspruch des Anwalts gegen den Dritten auslöst.[2471] Streitig ist, ob in diesem Falle auch der Mandant (Versprechensempfänger) gemäß § 278 BGB dem Anwalt haftet.[2472]

Ein **Mitverschulden** (§§ 254, 278 BGB) kann der Schuldner (Rechtsanwalt) einem Schadensersatzanspruch des Dritten entgegenhalten (Rn. 1368).

Mit einer Forderung gegen den Dritten kann der Schuldner diesem gegenüber **aufrechnen** (Rn. 1369).[2473]

C. Andere anwaltliche Verpflichtungen zugunsten Dritter

Zugunsten eines Dritten kann sich der Rechtsanwalt gegenüber seinem Auftragge- 1379
ber auch verpflichten, eine **anwaltsuntypische (-fremde) Leistung** ohne nennenswertem Rechtsbeistand zu erbringen, je nach Vertragsgestaltung etwa als Makler,

2467 *Staudinger/Jagmann*, BGB, § 334 Rn. 5; MünchKomm/*Gottwald*, BGB, § 334 Rn. 18.
2468 Vgl. BGHZ 54, 145, 155 f. = NJW 1970, 2157.
2469 Vgl. BGHZ 54, 145, 147 = NJW 1970, 2157; BGH, NJW-RR 1993, 770, 771.
2470 Vgl. BGHZ 9, 316, 318 = NJW 1953, 977.
2471 Vgl. RG, JW 1913, 426, 427; RGRK/*Ballhaus*, BGB, § 328 Rn. 27; MünchKomm/*Gottwald*, BGB, § 334 Rn. 10; *Staudinger/Jagmann*, BGB, § 334 Rn. 37; *Palandt/Heinrichs*, BGB, § 328 Rn. 7; *Lange*, S. 660.
2472 Bejahend *Palandt/Heinrichs*, BGB, § 328 Rn. 7; a. A. *Lange*, S. 660.
2473 Vgl. RGZ 119, 1, 4; *Staudinger/Jagmann*, BGB, § 334 Rn. 32; *Palandt/Heinrichs*, BGB, § 334 Rn. 4.

Anlageberater oder -vermittler, Vermögensverwalter oder Treuhänder (vgl. Rn. 1201 ff.). Für solche Verträge gelten die vorstehenden Ausführungen im wesentlichen entsprechend nach Maßgabe der jeweiligen Vertragsregeln. Ein Schadensersatzanspruch gegen den Rechtsanwalt aus einem solchen Vertrag verjährt allerdings nicht nach § 51 b BRAO, sondern unterliegt der Verjährungsregelung für die jeweilige Vertragsart (vgl. Rn. 1204).

1380 D. Anhang: Rechtsprechungslexikon

Durch den Vertrag zugunsten Dritter wird zwischen dem Schuldner und dem Dritten kein besonderes Vertrauensverhältnis begründet. Für den Dritten entsteht nur ein aus dem Vertragsverhältnis zwischen dem Schuldner und dem Versprechensempfänger abgespaltenes Forderungsrecht. Der Rechtsgrund für die Leistung des Schuldners an den Dritten ergibt sich aus dem Vertrag zwischen dem Schuldner und dem Versprechensempfänger. Deswegen kommt es für ein Schriftformerfordernis allein auf dieses Verhältnis an.
BGH, Urt. v. 9. 4. 1970–KZR 7/69, BGHZ 54, 145, 147 = NJW 1970, 2157.

Von dem Vertrag zugunsten des Dritten (Deckungsverhältnis) ist die Rechtsbeziehung zwischen dem Versprechensempfänger und dem Dritten (Valutaverhältnis) zu unterscheiden. Diese bildet den Rechtsgrund für die Leistung des Versprechensempfängers an den Dritten (Drittleistung) und entscheidet darüber, ob der Dritte sie behalten darf.
BGH, Urt. v. 29. 5. 1984 – IX ZR 86/82, BGHZ 91, 288, 290 = NJW 1984, 2156.

Fehlt ein wirksames Valutaverhältnis, so kann der Versprechensempfänger dem Dritten den Einwand der unzulässigen Rechtsausübung entgegenhalten.
BGH, Urt. v. 30. 10. 1974 – IV ZR 172/73, NJW 1975, 382, 383.

Beauftragt ein Rechtsschutzversicherer im eigenen Namen einen Rechtsanwalt mit der Betreuung eines Versicherungsnehmers, so wird der Anwaltsvertrag zugunsten des Versicherungsnehmers geschlossen.
BGH, Urt. v. 8. 11. 1966 – VI ZR 30/65, VersR 1967, 76, 77.

Beauftragt ein Haftpflichtversicherer im eigenen Namen einen Rechtsanwalt mit der Betreuung eines Versicherungsnehmers, so wird der Anwaltsvertrag zugunsten des Versicherungsnehmers geschlossen.
OLG Köln, Beschl. v. 7. 9. 1977–17 W 203/77, NJW 1978, 896.

Beauftragt ein Rechtsschutzversicherer einen Rechtsanwalt im Namen und Auftrag des Versicherungsnehmers, so kommt der Anwaltsvertrag mit dem Versicherungsnehmer zustande.
BGH, Urt. v. 24. 1. 1978 – VI ZR 220/76, NJW 1978, 1003, 1004.

Ein Liquidationsvergleich (§ 7 Abs. 4 VerglO), in dem ein Schuldner sein Vermögen einem Treuhänder überläßt, damit dieser es zugunsten der Gläubiger verwertet, ist ein Vertrag zugunsten der Gläubiger.
BGH, Urt. v. 14. 3. 1966 – VII ZR 7/64, NJW 1966, 1116; v. 10. 2. 1971 – VIII ZR 182/69, BGHZ 55, 307, 309 = NJW 1971, 1702; v. 29. 11. 1973 – VII ZR 2/73, BGHZ 62, 1, 3 = NJW 1974, 238; v. 9. 4. 1992 – IX ZR 304/90, BGHZ 118, 70, 75 = NJW 1992, 1834; v. 26. 5. 1994 – IX ZR 39/93, BGHZ 126, 138, 141 = NJW 1994, 3102.

Ein Treuhandvertrag ist zugunsten der Kapitalanleger geschlossen, wenn der Rechtsanwalt als Treuhänder die Mittelverwendung zu überwachen hat.
BGH, Urt. v. 14. 4. 1986 – II ZR 123/85, WM 1986, 904, 905.

Ein Treuhandvertrag ist zugunsten der Kapitalanleger geschlossen, wenn der Rechtsanwalt als Treuhänder Sicherheiten zu prüfen hat.
OLG Karlsruhe, Urt. v. 5. 3. 1997–13 U 167/95, WM 1997, 1476, 1477.

Die Vorschrift des § 334 BGB, wonach dem Versprechenden (Schuldner) Einwendungen aus dem Deckungsverhältnis auch gegenüber dem Dritten zustehen, kann – auch stillschweigend – abbedungen werden. Insbesondere kann sich aus der Natur des Deckungsverhältnisses ergeben, daß der Schuldner nicht alle Einwendungen aus diesem Verhältnis dem Dritten entgegenhalten kann.
BGH, Urt. v. 17. 1. 1985 – VII ZR 63/84, BGHZ 93, 271, 275f. = JZ 1985, 574, 575; v. 10. 11. 1994 – III ZR 50/94, BGHZ 127, 378, 385 = NJW 1995, 392.

Die Aufrechnung des Versprechenden mit einer gegen den Versprechensempfänger gerichteten Forderung ist keine Einwendung i. S. d. § 334 BGB.

Der Grundsatz, daß die Aufrechnung gegenseitige Forderungen voraussetzt, kann ausnahmsweise durchbrochen sein, wenn die Berufung auf die mangelnde Gegenseitigkeit der Forderungen gegen Treu und Glauben verstößt.
BGH, Urt. v. 27. 2. 1961 – II ZR 60/59, MDR 1961, 481.

Eine Einwendung i. S. d. § 334 BGB ist auch ein Zurückbehaltungsrecht nach § 273 BGB, das dem Versprechenden aufgrund eines Schadensersatzanspruchs wegen Verzuges gegen den Versprechensempfänger zusteht.
BGH, Urt. v. 9. 11. 1979 – V ZR 226/77, NJW 1980, 450.

Zum Bereicherungsausgleich beim Vertrag zugunsten Dritter.
BGH, Urt. v. 24. 2. 1972 – VII ZR 207/70, BGHZ 58, 184, 187 = NJW 1972, 864; v. 26. 10. 1978 – VII ZR 71/76, BGHZ 72, 246, 251 = NJW 1979, 157.

Abschnitt 2: Anwaltsvertrag mit Schutzwirkung zugunsten Dritter

Inhaltsverzeichnis

A. Allgemeines

Neben einem Vertrag i. S. d. § 328 Abs. 1 BGB, der den Anspruch eines Dritten 1383
auf die von den Vertragspartnern vereinbarte und vom Schuldner zu erbringende hauptsächliche Vertragsleistung begründet, ist ein **Vertrag mit Schutzwirkung zugunsten eines Dritten** als selbständiger Vertragstyp anerkannt. Ein solcher Vertrag bezieht eine Person, die nicht am Vertragsschluß beteiligt ist, so stark in seinen **Schutzbereich** ein, daß sie daraus zwar keinen – primären – Anspruch auf die vertragliche Hauptleistung, wohl aber einen **eigenen – sekundären – Schadensersatzanspruch gegen den Schuldner** wegen Verletzung von Vertragspflichten erwerben kann.[2474]

B. Rechtsgrundlage und Zweck des Vertrages mit Schutzwirkung zugunsten Dritter 1384

I. Schutzwirkung kraft Vertragsauslegung

Schon das **RG** gewährte in Anwendung des § 328 BGB einer Person, die bei der 1385
Erfüllung eines fremden Vertrages geschädigt worden war, durch **Auslegung, notfalls durch ergänzende Vertragsauslegung,**[2475] einen eigenen, aus diesem Vertrag abgeleiteten Anspruch gegen den Schuldner auf Ersatz ihres Schadens.[2476]

Die Rechtsprechung des **BGH** hat den **Vertrag mit Schutzwirkung zugunsten eines Dritten** zu einer selbständigen Vertragsart entwickelt.[2477] Sie rechtfertigt

2474 U. a. BGHZ 56, 269, 273 = NJW 1971, 1931; BGHZ 69, 82, 85 ff. = NJW 1977, 1916; BGHZ 70, 327, 328 ff. = NJW 1978, 883; BGH 89, 95, 98, 104 = NJW 1984, 658; BGH NJW 1984, 355, 356; WM 1986, 711; NJW 1995, 392; zusammenfassend JZ 1997, 358, 359 f. = NJW 1996, 2927.

2475 RGZ 127, 218, 221 f.

2476 RGZ 87, 64, 65 u. 289, 292: Personenbeförderungsvertrag; RGZ 91, 21, 24; 102, 231, 232: Mietvertrag; RGZ 127, 218, 221 ff.: Werkvertrag; RGZ 152, 175, 176 f.: Ärztlicher Behandlungsvertrag; Übersicht zur Rechtsprechung des RG: BGH, JZ 1997, 358, 359 = NJW 1996, 2927.

2477 Zur Entwicklung der Rechtsprechung des BGH: BGH, JZ 1997, 358, 359 = NJW 1996, 2929.

den Schadensersatzanspruch des Dritten aus dem fremden Vertrag mit dem **Willen der Vertragspartner**, der durch **Auslegung** gemäß § 157 BGB[2478] und für den Fall, daß die Parteien an den Schutz Dritter bei Abwicklung ihres Vertrages nicht gedacht haben, durch **ergänzende Auslegung** ermittelt wird.[2479]

Das **Schrifttum** befürchtet dagegen, daß eine ergänzende Auslegung häufig zur Annahme eines fiktiven Willens der Vertragspartner führe, und stützt die Schutzwirkung des fremden Vertrages zugunsten des Dritten auf den gesetzlichen **Grundsatz von Treu und Glauben im Rechtsverkehr (§ 242 BGB)**.[2480] Diese Rechtsgrundlage führt i. d. R. zu demselben Ergebnis wie eine Vertragsauslegung.[2481]

II. Vertragliche Schutzwirkung statt Deliktsschutz

1386 Die Entwicklung des Vertrages mit Schutzwirkung zugunsten Dritter erklärt sich aus dem **Bestreben der Rechtsprechung,** unter bestimmten Voraussetzungen denjenigen, der bei der Abwicklung eines fremden Vertrages geschädigt wird, **nicht** auf einen Schadensersatzanspruch aus dem – insoweit als unzureichend erachteten – **Deliktsrecht** zu verweisen, sondern ihm eine **aus dem Vertrag abgeleitete Schadensersatzforderung** mit allen damit verbundenen **Vorteilen** zu verschaffen. Das Vermögen ist kein sonstiges Recht i. S. d. § 823 Abs. 1 BGB, dessen fahrlässige Verletzung zum Schadensersatz verpflichtet. Vielmehr setzt ein Anspruch auf Ersatz eines Vermögensschadens nach §§ 823 Abs. 2, 826 BGB den schwierigen Nachweis des Vorsatzes voraus. Die Gehilfenhaftung gemäß § 831 BGB entfällt, wenn der Geschäftsherr darlegt und beweist, daß er bei der Auswahl und Leitung der bestellten Person die erforderliche Sorgfalt beobachtet hat oder wenn der Schaden auch bei Anwendung dieser Sorgfalt entstanden sein würde. Demgegenüber wird der **Dritte bessergestellt,** wenn er in den **Schutzbereich des fremden Vertrages** einbezogen wird. Verletzt der Vertragsschuldner fahrlässig oder vorsätzlich eine Vertragspflicht, die auch dem Schutz des Dritten dient, so erwirbt dieser einen Anspruch auf Ersatz seines daraus entstandenen Schadens gegen den Schädiger. Dabei kommt dem Dritten zugute, daß der Schuldner sich nach §§ 282, 285 BGB zu entlasten und gemäß § 278 BGB ein Verschulden seiner Erfüllungsgehilfen zu vertreten hat.

2478 BGH NJW 1984, 355, 356; WM 1986, 711.
2479 BGHZ 56, 269, 273 = NJW 1971, 1931.
2480 Vgl. *Staudinger/Jagmann*, BGB, Vorbem. zu §§ 328 ff. Rn. 101, 102; MünchKomm/*Gottwald*, BGB, § 328 Rn. 80; *Bell*, S. 90 ff., jeweils m. w. N.
2481 BGHZ 56, 269, 273 = NJW 1971, 1931.

C. Voraussetzungen des Vertrages mit Schutzwirkung zugunsten Dritter 1387

I. Objektive Voraussetzungen

Objektiv setzt ein solcher Vertrag voraus, daß der **Dritte** 1388

- entweder in den **Schutzbereich von Nebenpflichten** des fremden Vertrages (§ 242 BGB) einbezogen ist
- oder **ihm** die vom Schuldner zu erbringende **Hauptleistung** – ohne eigenes Forderungsrecht i. S. d. § 328 Abs. 1 BGB – **zugute kommen soll**
- und ein **Schutzbedürfnis des Dritten** besteht.

Diese Voraussetzungen des Erwerbs eines eigenen Anspruchs aus fremden Vertrag mit Schutzwirkung hat der **Dritte zu beweisen**.

1. Einbeziehung in den Schutzbereich von Nebenpflichten

Die **sekundären Schutzpflichten** aus einem fremden Vertrag **erstrecken sich** 1389
dann auf einen Dritten, wenn dieser **bestimmungsgemäß mit der vertraglichen Hauptleistung in Berührung kommt** und deswegen den damit verbundenen Gefahren ebenso ausgesetzt ist wie der Gläubiger, dem der Schuldner zur Abwendung dieser Gefahren verpflichtet ist, und wenn – für den Schuldner erkennbar – der **Gläubiger den Dritten schützen will.**[2482]

Auf diese Schutzwirkung eines Vertrages zugunsten eines Dritten beschränkte sich ursprünglich die Rechtsprechung des BGH in Fortführung derjenigen des RG (Rn. 1385).[2483]

Schon damals stand die Rechtsprechung vor der Aufgabe, den **geschützten Perso-** 1390
nenkreis eng zu ziehen, um dem Vertragsschuldner mit einer Schadensersatzpflicht gegenüber einem Dritten kein unberechenbares – und damit regelmäßig unversichertes –, unerträgliches Haftungsrisiko aufzuerlegen. Ist die Wahrung eines Drittinteresses von den Vertragspartnern nicht zum Gegenstand des Vertrages gemacht worden, so sind Nachteile eines Dritten, die durch den Vertragsschuldner im Zusammenhang mit seiner Vertragsleistung ausgelöst werden, grundsätzlich „reine Reflexwirkungen“, die keinen vertraglichen Schadensersatzanspruch begründen.[2484] Der Vertrag mit Schutzwirkung für Dritte darf nicht die Grenzen zwi-

2482 U. a. BGHZ 70, 327, 329 = NJW 1978, 883; BGHZ 96, 9, 17 = NJW 1986, 249; BGH, NJW 1984, 355, 356; 1985, 489; 1994, 2231; JZ 1997, 358, 359 f. = NJW 1996, 2927.
2483 Vgl. BGH, NJW 1954, 874; VersR 1955, 740, 742; NJW 1956, 1193, 1194.
2484 Vgl. BGH, NJW 1977, 2073, 2074.

schen Vertrags- und Deliktshaftung aufheben[2485] und zu einer uferlosen deliktischen Generalklausel werden.[2486] Zur Eingrenzung des geschützten Personenkreises hatte der **BGH,** falls die Vertragserklärungen und das Verhalten der Vertragspartner insoweit keine Anhaltspunkte enthielten, **zunächst verlangt,** daß der **Vertragsgläubiger** eine (familien- oder arbeitsrechtliche, mietvertragliche) **Fürsorgepflicht gegenüber dem Dritten habe** und deswegen für dessen **„Wohl und Wehe" verantwortlich sei,**[2487] so daß Angehörige, Arbeitnehmer und Mieter des Gläubigers geschützt wurden. Diese Voraussetzung hat der **BGH aufgegeben.**[2488]

1391 **Entscheidend** dafür, ob die dem Schuldner – grundsätzlich nur gegenüber dem Gläubiger – obliegenden vertraglichen Schutzpflichten auch den Dritten umfassen, ist vielmehr, daß dessen Rechtsgüter nach der objektiven **Interessenlage** im Einzelfall durch die Vertragsleistung des Schuldners mit Rücksicht auf den **Vertragszweck** („bestimmungsgemäß, typischerweise") beeinträchtigt werden können (**„Leistungsnähe, Drittbezogenheit der Leistung"**) und der **Gläubiger ein berechtigtes Interesse am Schutz des Dritten** hat.[2489] Die allgemeine Pflicht, Rechte eines Dritten nicht zu verletzen, genügt nicht für dessen Einbeziehung in einen vertraglichen Schutzbereich.[2490]

2. Einbeziehung in den Schutzbereich der Leistungspflicht

1392 Aufgrund eines Falles, in dem ein **Rechtsanwalt** seine vertragliche Verpflichtung gegenüber seinem Mandanten, an der testamentarischen Erbeinsetzung der Tochter mitzuwirken, schuldhaft versäumt hatte, hat der **BGH**[2491] die **Schutzwirkung eines Vertrages** zugunsten Dritter **auf die geschuldete Hauptleistungspflicht erstreckt** (vgl. Rn. 1398). Soll die hauptsächliche Vertragsleistung zwar nicht vom Dritten nach § 328 Abs. 1 BGB beansprucht werden können, aber nach dem Vertragsinhalt erkennbar zumindest auch dem Interesse des Dritten dienen und deswegen diesem unmittelbar zugute kommen, so entspricht es nach Sinn und Zweck des Vertrages dem Willen der Vertragspartner, dem Dritten selbst Schutz bei Lei-

2485 BGH, NJW 1977, 2073, 2074.
2486 MünchKomm/*Gottwald*, BGB, § 328 Rn. 86; *Staudinger/Jagmann*, BGB, Vorbem. zu §§ 328 ff. Rn. 99, jeweils m. w. N.
2487 BGHZ 51, 91, 96 = NJW 1969, 269; BGHZ 56, 269, 273 = NJW 1971, 1931; BGHZ 66, 51, 57 = NJW 1976, 712; BGH NJW 1977, 2208, 2209.
2488 BGH, NJW 1984, 355, 356.
2489 BGHZ 49, 350, 354 = NJW 1968, 885; BGHZ 69, 82, 86 = NJW 1977, 1916; BGH 70, 327, 329= NJW 1978, 883; BGHZ 96, 9, 17 = NJW 1986, 249; BGH, JZ 1997, 358, 359 f. = NJW 1996, 2927.
2490 OLG Köln, VersR 1984, 340.
2491 NJW 1965, 1955.

stungsstörungen zu gewähren (vgl. Rn. 1413 ff.).[2492] Dies gilt insbesondere bei einer Schlechterfüllung des Vertrages, sie ist der **Hauptanwendungsfall eines Anwaltsvertrages mit Schutzwirkung zugunsten Dritter.**

3. Schutzbedürfnis des Dritten

Der Dritte muß ein **schutzwürdiges Interesse** daran haben, aus dem Ausnahme- 1393
charakter der Schutzwirkung eines fremden Vertrages einen Schadensersatzanspruch abzuleiten. Dies ist **nicht** der Fall, wenn der **Dritte aus eigenem Vertrag Ansprüche** – etwa gegen einen der Partner des fremden Vertrages – hat, die denselben oder zumindest einen gleichwertigen Inhalt haben.[2493]

II. Erkennbarkeit des Drittschutzes

Subjektiv setzt ein Vertrag mit Schutzwirkung voraus, daß dem **Vertragsschuld-** 1394
ner bei Vertragsschluß bekannt oder zumindest erkennbar ist, daß ein Dritter objektiv – gemäß den vorstehenden Ausführungen (Rn. 1387 ff.) – in den Bereich einer Schutz-(Neben-)pflicht oder der vertraglichen (Haupt-)Leistungspflicht einbezogen ist.[2494] Der begünstigte Personenkreis muß bei Vertragsschluß objektiv abgrenzbar sein; nicht erforderlich ist, daß der Schuldner die geschützten Dritten dem Namen oder der Anzahl nach kennt.[2495] In dem Zeitpunkt, in dem sich der Schuldner vertraglich bindet, muß er das Haftungsrisiko übersehen, berechnen und versichern können.[2496] Nur unter dieser Voraussetzung kann der vertragliche Schutz eines Dritten auf den Vertragswillen des Schuldners zurückgeführt werden.

III. Interessenabwägung

Bieten die Vertragserklärungen und das Verhalten der Vertragspartner keine An- 1395
haltspunkte für einen Drittschutz, so kann sich eine Schutzwirkung des Vertrages zugunsten Dritter im Wege einer – notfalls ergänzenden – Vertragsauslegung gemäß § 157 BGB nur dann ergeben, wenn die gebotene **Abwägung der sich aus dem Vertragszweck ergebenden Interessen** der Vertragspartner und des dadurch

2492 BGH, NJW 1977, 2073, 2074; NJW 1984, 355, 356; 1987, 1758, 1759; 1988, 200; NJW-RR 1990, 1172, 1173; NJW 1995, 51, 52.
2493 BGHZ 70, 327, 329 f. = NJW 1978, 883; BGH, NJW 1987, 2510, 2511; 1993, 655, 656; JZ 1997, 358, 360 = NJW 1996, 2927.
2494 BGHZ 49, 350, 354 = NJW 1968, 885; WM 1984, 1233, 1234; NJW 1985, 489.
2495 BGH, NJW 1987, 1758, 1760; 1995, 392.
2496 Vgl. BGHZ 51, 91, 96 = NJW 1969, 269.

betroffenen Dritten dies mit Rücksicht auf Treu und Glauben nahelegt.[2497] An die Feststellung einer vertraglichen Schutzwirkung für Dritte sollten **strenge Anforderungen** gestellt werden.[2498] Das von der Rechtsprechung entwickelte Institut des Vertrages mit Schutzwirkung zugunsten Dritter darf nur in Ausnahmefällen dazu dienen, Unzulänglichkeiten des deliktischen Vermögenschutzes zu beheben (vgl. Rn. 1346).

IV. Vorvertragliches Verhältnis mit Schutzwirkung

1396 Unter den dargelegten Voraussetzungen kann schon ein **vorvertragliches Verhältnis Schutzwirkung für einen Dritten** haben.[2499]

D. Anwaltliche Rechtsbeistandspflicht mit Schutzwirkung zugunsten Dritter

1397 Ein **echter Anwaltsvertrag,** aufgrund dessen der Rechtsanwalt seinem Auftraggeber Rechtsbeistand schuldet (§ 3 BRAO), kann zum Inhalt haben, daß der **Anwalt mit seiner Leistungspflicht** zumindest auch die **Vermögensinteressen eines Dritten wahrzunehmen** hat. Dann **kann** die – notfalls ergänzende – **Auslegung** des Vertrages ergeben, daß der **Dritte in den Schutzbereich der anwaltlichen Vertragsleistung einbezogen** ist und bei einer Leistungsstörung einen eigenen Schadensersatzanspruch gegen den Rechtsanwalt haben kann (vgl. Rn. 1383).

I. Schutzwirkung für Angehörige des Auftraggebers

1398 In den beiden ersten Urteilen, in denen der BGH[2500] echten Anwaltsverträgen im Ergebnis Schutzwirkung für Dritte zugebilligt hat, hat er seine Bedenken betont, Dritte in den Schutzbereich der vertraglichen Hauptpflicht des Rechtsanwalts, seinem Auftraggeber rechtlichen Beistand zu leisten, einzubeziehen; späteren Entscheidungen des BGH sind solche Bedenken nicht mehr zu entnehmen.

Im ersten Falle hatte ein Rechtsanwalt seine vertragliche Verpflichtung gegenüber seinem Mandanten, an der testamentarischen **Erbeinsetzung** der Tochter mitzu-

2497 BGHZ 66, 51, 57 = NJW 1976, 712; BGHZ 69, 82, 86 = NJW 1977, 1916; BGH 96, 9, 17 = NJW 1986, 249; BGH, JZ 1997, 358, 360 = NJW 1996, 2927.

2498 Vorbildlich BGH, JZ 1997, 358, 360 f. = NJW 1996, 2927 betreffend einen Werkvertrag („Nitrierofen").

2499 BGHZ 66, 51, 56 = NJW 1976, 712.

2500 NJW 1965, 1955; 1977, 2073.

wirken, schuldhaft verletzt.[2501] Der BGH hat ausgeführt, die anwaltliche Leistungspflicht habe zwar nur gegenüber dem Auftraggeber bestanden, nach Sinn und Zweck des Vertrages habe aber der Rechtsanwalt eine **vertragliche Sorgfaltspflicht auch gegenüber der Tochter** gehabt, so daß dieser ein eigener Anspruch aus dem Anwaltsvertrag auf Ersatz ihres Schadens infolge des unterbliebenen Testaments zustehe.

Im nächsten Falle hatte ein Rechtsanwalt, der den Ehemann in einem Ehescheidungsverfahren vertrat, schuldhaft versäumt, eine von ihm entworfene **Scheidungsvereinbarung**, in der sich die Ehefrau zur Übertragung eines Grundstücksanteils an die Kinder verpflichtete, beurkunden zu lassen.[2502] Der BGH hat einem Kind des Mandanten gegen den Rechtsanwalt einen Schadensersatzanspruch zugebilligt, der sich entweder aus einer **Schutzwirkung des Anwaltsvertrages zugunsten der Kinder** oder aufgrund einer Abtretung eines Schadensersatzanspruchs des Auftraggebers ergebe. Dabei hat der BGH eine Schutzwirkung des Anwaltsvertrages in den Vordergrund gerückt; nach dem Schlußsatz seines Urteils wäre eine andere Entscheidung mit dem Sinn und Zweck dieses Vertrages nicht zu vereinbaren.

Weitere **Anwaltsverträge mit Schutzwirkung für Angehörige des Mandanten** 1399
sind in folgenden Fällen angenommen worden:

- Hat ein Rechtsanwalt, der seinen Auftraggeber bei der vorzeitigen Beendigung seines Arbeitsverhältnisses vertritt, auch eine **Vereinbarung über Ruhegeld** herbeizuführen, so hat der **Anwaltsvertrag Schutzwirkung zugunsten der Ehefrau des Mandanten**, weil die Ruhegehaltsregelung auch die Anwartschaft auf die Witwenrente bestimmt. Die Ehefrau hat gegen den Rechtsanwalt einen eigenen Anspruch auf Ersatz des Schadens, der sich daraus ergibt, daß ihr Rentenanspruch infolge einer unklaren Formulierung der Ruhegeldabrede durch den Anwalt zu niedrig ausfällt.[2503]
- Hat ein Rechtsanwalt im Auftrag seines Mandanten, der anstelle seiner Ehefrau seine Töchter als **Erben** einsetzen will, einen Ehescheidungsantrag (wegen der Wirkung gemäß §§ 1933, 2077, 2279 BGB) zuzustellen und die Ausübung eines vorbehaltenen Rücktritts von einem Erbvertrag zugunsten der Ehefrau (vgl. §§ 2293, 2296, 2298 Abs. 2 BGB) vor einem Notar herbeizuführen, so sind die **Töchter des Auftraggebers in den Schutzbereich des Anwaltsvertrages einbezogen**. Diese können den Unterschiedsbetrag zwischen dem

2501 BGH, NJW 1965, 1955.
2502 BGH, NJW 1977, 2073.
2503 BGH, NJW 1988, 200, 201 = WM 1987, 1520, 1521.

Wert des Nachlasses und demjenigen ihrer Pflichtteile als Schadensersatz geltend machen, wenn der Anwalt seine Vertragspflicht schuldhaft verletzt hat.[2504]

- Prüft ein Rechtsanwalt den **Entwurf eines Testaments** seines Auftraggebers, so hat der **Anwaltsvertrag Schutzwirkung für die bedachten Angehörigen.** Ihrer Erbengemeinschaft steht ein Schadensersatzanspruch gegen den Anwalt zu, wenn dieser dem Auftraggeber nicht eine gebotene Regelung vorgeschlagen hat, die eine Einziehung seiner Kommanditanteile durch die übrigen Gesellschafter ausgeschlossen hätte.[2505]
- Verletzt der Rechtsanwalt schuldhaft seine Vertragspflicht, die **Ehelichkeit eines scheinehelichen Kindes anzufechten,** so ergibt die Auslegung des Anwaltsvertrages, daß ein **leibliches Kind des Mandanten**, das bei einem Erfolg der Anfechtungsklage erbrechtlich begünstigt worden wäre, **in den Schutzbereich des Anwaltsvertrages einbezogen** ist und deswegen einen eigenen Schadensersatzanspruch gegen den Anwalt hat, weil dessen Tätigkeit auch und gerade diesem Kind zu dienen bestimmt war und der Anwalt eine solche Erwartung seines Mandanten kannte.[2506]
- Hat ein Rechtsanwalt im Auftrag seiner Mandantin, die ihr vermietetes Haus ihrer Tochter und deren Familie überlassen will, den **Mietvertrag zu kündigen,** so sind diese **Angehörigen in den Schutzbereich des Anwaltsvertrages einbezogen**. Diese haben einen Anspruch auf Ersatz ihres Schadens, wenn zu spät gekündigt wird.[2507]

1400 Ein **Anwaltsvertrag mit Schutzwirkung für Angehörige des Mandanten** ist dagegen **abgelehnt** worden in folgenden Fällen:

- **Kinder eines hochbetagten Mandanten,** den der Rechtsanwalt nicht über die Möglichkeit belehrt hat, zur Vermeidung der **Erbschaftsteuer** die wertvolle Erbschaft auszuschlagen, sind **nicht in den Schutzbereich des Anwaltsvertrages** insoweit einbezogen, als sie selbst als Erben des Auftraggebers Erbschaftsteuer zu entrichten haben werden.[2508]
- Hat der Rechtsanwalt eine Ehefrau bei einer Scheidungsfolgenvereinbarung beraten, so hat der **Anwaltsvertrag keine Schutzwirkung zugunsten des früheren Ehemannes der Mandantin,** selbst wenn dieser einen Schuldbeitritt wegen des Anwaltshonorars erklärt hat.[2509]

2504 BGH, NJW 1995, 51, 52.
2505 BGH, NJW 1995, 2551, 2552.
2506 OLG Hamm, MDR 1986, 1026.
2507 LG München I, NJW 1983, 1621 f.
2508 LG Köln, NJW 1981, 351.
2509 OLG Düsseldorf, NJW-RR 1986, 730.

Der **steuerberatende Rechtsanwalt** muß berücksichtigen, daß auch **Steuerberatungsverträge Schutzwirkung für Angehörige des Mandanten** haben können. Dies ist der Fall, wenn der steuerliche Berater 1401

- von seinem **Mandanten**, der mit seiner **Ehefrau gemeinsam steuerlich veranlagt** wird, beauftragt wird, eine **Einkommensteuererklärung** anzufertigen;[2510]
- eine **Steuererklärung** zur gesonderten und einheitlichen Feststellung der Einkünfte einer **Grundstücksgemeinschaft** zu entwerfen hat, an der neben dem Auftraggeber dessen Angehörige beteiligt sind;[2511]
- ein **Gutachten** zu erstatten hat über die Steuerfolgen einer geplanten **Übertragung von Gesellschaftsanteilen** durch den Mandanten an seinen Sohn.[2512]

Veranlaßt ein **Wirtschaftsprüfer** durch eine **falsche Bilanz** die **Ehefrau seines Auftraggebers** zu **Darlehen** und **Sicherheiten** für Kredite an das Unternehmen ihres Ehemannes, so kann die Ehefrau in den Schutzbereich des Wirtschaftsprüfervertrages einbezogen sein.[2513] 1402

II. Schutzwirkung für andere Personen

Anwaltsverträge können **Schutzwirkung auch zugunsten anderer Personen** haben, die in **enger Beziehung zum Mandanten** stehen. 1403

Eine **GmbH** ist in den **Schutzbereich eines Anwaltsvertrages mit ihren Gründungsgesellschaftern** einbezogen und hat einen eigenen Anspruch gegen den Rechtsanwalt auf Ersatz ihres Schadens, der sich daraus ergibt, daß die Gesellschafter nicht über § 25 HGB belehrt wurden und infolgedessen die GmbH für Altschulden haftet.[2514]

Schädigt ein Rechtsanwalt durch schuldhafte Verletzung seiner Vertragspflicht eine **GmbH,** deren **Alleingesellschafter der Mandant** ist, so kann die Gesellschaft in die **Schutzwirkung des Anwaltsvertrages** einbezogen sein; in diesem Falle kann jedoch der Schaden der Gesellschaft einem Schaden des Gesellschafters gleichstehen.[2515]

2510 BGH, WM 1985, 1274, 1275.
2511 OLG Celle, NJW-RR 1986, 1315.
2512 OLG München, NJW-RR 1991, 1127, 1128.
2513 BGH, WM 1993, 897.
2514 BGH, NJW 1986, 581, 582 = WM 1985, 1475, 1476.
2515 BGHZ 61, 380, 382 ff. = NJW 1974, 134.

1404 I. d. R. hat ein **Anwaltsvertrag keine Schutzwirkung zugunsten des Vertragsgegners des Mandanten** (vgl. Rn. 1408).[2516]

III. Auskunft, Gutachten und Testat mit Schutzwirkung zugunsten Dritter

1405 Wenn ein **Sachverständiger** eine fachliche **Auskunft erteilt** oder ein **Gutachten** erstattet und dabei **erkennbar auch die Interessen eines Dritten** wahren soll, der – etwa als Kreditgeber oder Käufer – die Auskunft oder das Gutachten zur **Grundlage einer Vermögensentscheidung** machen will, so kann der **Dritte einbezogen** sein in den **Schutzbereich** des – i. d. R. „stillschweigend“ durch schlüssiges Verhalten geschlossenen – **Auskunftsvertrages** (vgl. Rn. 1435 ff.)[2517] oder des **Gutachtenvertrages** – regelmäßig eines Werkvertrages.[2518-2519]

1406 Dementsprechend können **Dritte** – i. d. R. Kreditgeber – **geschützt** sein durch einen fremden Vertrag, aufgrund dessen ein **Rechtsanwalt, Steuerberater** oder **Wirtschaftsprüfer** kraft seiner Sachkunde

- eine **Auskunft** erteilt,[2520]
- ein **Rechtsgutachten** anfertigt[2521]
- oder einen **Zwischen- oder Jahresabschluß erstellt**.[2522]

Wird im letztgenannten Falle die Einhaltung handelsrechtlicher und steuerlicher Vorschriften und/oder die Ordnungsmäßigkeit der zugrunde liegenden Buchführung bescheinigt, so haftet der Aussteller dem geschützten Dritten nur insoweit, als er nach dem Wortlaut seines **Testats** die **Verantwortung für die Richtigkeit** übernommen hat.[2523]

2516 BGH, NJW 1991, 32, 33; OLG Düsseldorf, NJW-RR 1986, 730; vgl. für den Steuerberater BGH, NJW 1980, 180, 181; VersR 1988, 178, 179.

2517 BGH, DB 1985, 1464, 1465 betreffend eine Auskunft über einen Grundstückswert; NJW-RR 1986, 1307 = WM 1986, 711 betreffend eine Bonitätsauskunft durch einen Wirtschaftsprüfer; WM 1998, 1032 = NJW 1998, 1948 betreffend eine Auskunft eines Abschlußprüfers.

2518 BGHZ 127, 378, 384 = NJW 1995, 392.

2519 BGH, NJW 1982, 2431; 1984, 355, 356; BGHZ 127, 378, 380 = NJW 1995, 392; BGH, WM 1998, 440, 441 ff.; OLG Karlsruhe, NJW-RR 1990, 861; OLG Frankfurt, OLG-Report 1994, 158, sämtlich betreffend Gutachten über Grundstückswerte; OLG Hamm, NJW-RR 1993, 1497 betreffend ein Gutachten über die Bebaubarkeit eines Grundstücks.

2520 BGH, NJW-RR 1986, 1307 = WM 1986, 711 betreffend die Bonitätsauskunft eines Wirtschaftsprüfers; WM 1998, 1032 = NJW 1998, 1948 betreffend die Auskunft eines Abschlußprüfers; vgl. *Bell*, S. 116 ff.; *Vollkommer*, Rn. 72.

2521 BGH, NJW 1983, 1053, 1054 betreffend das steuerrechtliche Gutachten eines Wirtschaftsprüfers.

2522 Steuerberater: BGH, NJW 1987, 1758, 1759 = WM 1987, 257; NJW-RR 1989, 696 = WM 1989, 375; WM 1997, 359, 360; OLG München, WM 1997, 613, 615 ff.; Wirtschaftsprüfer: BGH, WM 1993, 897; OLG Düsseldorf, NJW-RR 1986, 522.

2523 BGH, NJW-RR 1989, 696, 697 = WM 1989, 375, 377.

Eine Pflichtverletzung des Sachkundigen entfällt schon nicht deswegen, weil er seinem Gutachten **falsche Angaben seines Auftraggebers** zugrunde gelegt hat[2524] (vgl. Rn. 1346). Dieser hat zwar das Tatsachenmaterial zur Verfügung zu stellen, das zur Erstellung des Gutachtens benötigt wird. Soweit dieses Material dem Sachverständigen nicht bekannt ist, hat dieser sich beim Auftraggeber zu erkundigen. Dessen Angaben hat der Sachverständige aber – soweit wie möglich – auf ihre Richtigkeit zu prüfen. Verwendet er in seinem Gutachten Angaben und Unterlagen des Auftraggebers, die er nicht geprüft hat, so muß er dies in seinem – für Dritte bestimmten – Gutachten klarstellen, damit kein falscher Eindruck entsteht. 1407

Eine **vertragliche Schutzwirkung ist abgelehnt** worden, wenn ein **Steuerberater Auskünfte bei Verhandlungen** seines Mandanten mit dessen Vertragsgegner abgegeben hat[2525] und **Konkursgläubiger** sich zu ihren Gunsten auf das – vom Gemeinschuldner erteilte – **Steuerberatermandat** berufen.[2526] 1408

IV. Bewertung 1409

1. Grenzen des Vertrages mit Schutzwirkung zugunsten Dritter

Eine **Gesamtbetrachtung** vermittelt den Eindruck, daß die **Rechtsprechung** in ihrem Bestreben, mit einem Schutz Dritter aus fremdem Vertrag den unzureichenden deliktsrechtlichen Vermögensschutz zu verbessern, **an ihre Grenzen stößt** (vgl. Rn. 1346). Das ursprüngliche Ausnahmeinstitut ist zu einer selbständigen Vertragsart ausgeweitet worden. Es ist bedenklich, daß der **BGH**[2527] ausspricht, „auf dieser Entwicklungslinie ...“ habe „sich eine Berufshaftung für Rechtsanwälte, Sachverständige, Steuerberater und Wirtschaftsprüfer herausgebildet“; es fragt sich, ob ein entsprechendes geschlossenes System einer Sonderhaftung für diese Berufskreise dem Willen des Gesetzgebers entspricht. 1410

Die verbreitete Unsicherheit in diesem Bereich zeigen zwei in der Tendenz gegensätzliche, in kurzem Abstand ergangene Urteil des X. Zivilsenats des BGH. Im Juli 1996 hat er – überzeugend – entschieden, daß diejenigen, die unabhängig voneinander Werkverträge mit einem Werkunternehmer abgeschlossen haben, sich regelmäßig nicht darauf berufen können, diese Verträge hätten Schutzwirkung zugunsten der anderen Besteller.[2528] Im November 1997 hat dieser Senat dagegen in

2524 BGH, WM 1998, 440, 441 f.
2525 BGH, NJW 1980, 180, 181.
2526 BGH, VersR 1988, 178, 179.
2527 JZ 1997, 358, 359 = NJW 1996, 2927.
2528 JZ 1997, 358, 360 ff. mit zust. Anm. Lorenz, JZ 1997, 361.

den Schutzbereich eines Gutachtenvertrages nicht nur denjenigen einbezogen, der – dies war dem Sachverständigen bekannt – dem Auftraggeber aufgrund des Gutachtens möglicherweise einen Kredit gewähren wollte, sondern auch denjenigen, der sich – dies war dem Sachverständigen unbekannt – für einen Teil eines Kredits verbürgen sollte.[2529]

Die Suche nach dem „richtigen" Ergebnis im Einzelfall muß an engen Grenzen des Instituts haltmachen. Der **Berater** darf **nicht einer vertraglichen Risikohaftung** ausgeliefert werden, deren Grenzen er bei Vertragsschluß nicht sicher erkennen kann. Die Übernahme eines Mandats darf nicht zu einem unberechenbaren Wagnis – mit der Gefahr einer Existenzbedrohung – werden, das infolge Unkenntnis nicht versichert ist.

2. Folgerungen für den echten Anwaltsvertrag

1411 **Grundsätzlich** führt das **Vertrauensverhältnis** zwischen Auftraggeber und Rechtsanwalt dazu, daß ein **Anwaltsvertrag** nach seinem Wesen und Inhalt **Pflichten allein zwischen den Vertragspartnern** auslöst; nur **ausnahmsweise können Dritte in den Vertrag einbezogen** sein.[2530] Dies kann im Wege der **Vertragsauslegung** dann angenommen werden, wenn die Vertragserklärungen und das Verhalten der Vertragspartner **eindeutige Anhaltspunkte** bieten. Die gebotenen **strengen Anforderungen** sind vor allem dann zu beachten, wenn eine – möglicherweise wegen abschließender Regelung gar nicht vorhandene – Vertragslücke durch **ergänzende Vertragsauslegung** geschlossen werden soll.[2531]

Die Rechtsprechung,[2532] die **Gegenläufigkeit der Interessen** des Auftraggebers und eines Dritten spreche nicht gegen dessen Einbeziehung in den Schutzbereich eines Vertrages mit einem Sachkundigen, ist **für den echten Anwaltsvertrag** mit Rechtsbeistandspflicht (§ 3 BRAO) **einzuschränken**. Es ist allseits bekannt, daß ein Rechtsanwalt nicht in derselben Rechtssache mehrere Personen mit widerstreitenden Interessen beraten und vertreten darf (§ 356 StGB; §§ 43 a Abs. 4, 59 b Abs. 2 Nr. 1 e BRAO mit § 3 der – am 11. 3. 1997 in Kraft getretenen – Berufsordnung und Nr. 3.2 der Standesregeln der Rechtsanwälte der Europäischen Gemeinschaft – Anlage zu § 29 Abs. 1 der Berufsordnung –).[2533] Schließen die

2529 WM 1998, 440, 441, 443 = NJW 1998, 1059.
2530 BGH, NJW 1977, 2073, 2074.
2531 Vgl. dazu BGHZ 77, 301, 304 = NJW 1980, 2347; BGHZ 84, 1, 7 = NJW 1982, 2184; BGHZ 90, 69, 77 = NJW 1984, 1177; *Bell* S. 8 ff.
2532 BGHZ 127, 378, 380 m. w. N. = NJW 1995, 392; BGH, WM 1998, 440, 441.
2533 Vgl. BGH, WM 1999, 970, 972 f. (Syndikusanwalt – § 46 Abs. 2 Nr. 1 BRAO); *Westerwelle*, NJW 1997, 2781.

entgegengesetzten Belange des Mandanten und des Dritten es aus, daß dem Rechtsanwalt ein übergeordnetes gemeinschaftliches Interesse dieser Personen – dieses ist z. B. bei der anwaltlichen Mitwirkung an der Erbeinsetzung von Angehörigen des Mandanten gegeben – anvertraut wird,[2534] so darf dem Rechtsanwalt nicht im Wege richterlicher Vertragsauslegung zugemutet werden, in unzulässiger Weise gleichsam mehreren Auftraggebern mit widerstreitenden Interessen dienen zu müssen.[2535] Dementsprechend ist dem Anwaltsvertrag eine Schutzwirkung für den Vertragsgegner des Mandanten abgesprochen worden (vgl. Rn. 1404).[2536]

Besondere, den betroffenen Rechtsberatern günstige Verjährungsregelungen (§§ 51 b BRAO, 68, 72 StBerG, 51 a, 56 WPO) umfassen auch einen Schadensersatzanspruch aus Dritthaftung aufgrund eines echten Anwaltsvertrages (dazu Rn. 4 ff., 132 ff., 504 ff., 849 ff., 1192 ff., 1201 ff.). Insoweit kann der Dritte nicht besser stehen als der Auftraggeber, von dem er sein Recht ableitet.

E. Sonstige anwaltliche Verpflichtung mit Schutzwirkung zugunsten Dritter

Ein Vertrag, in dem sich ein Rechtsanwalt gegenüber seinem Auftraggeber zu 1412
einer **anwaltsuntypischen Leistung** ohne nennenswerten Rechtsbeistand verpflichtet (Rn. 132 ff., 504, 852, 1201 ff.), kann ebenfalls unter den dargelegten objektiven und subjektiven Voraussetzungen (Rn. 1387 ff.) **Schutzwirkung zugunsten eines Dritten** haben. Dies kommt beispielsweise in Betracht für einen „stillschweigend" abgeschlossenen Vertrag über eine tatsächliche Auskunft.[2537]

Insoweit gelten nicht die vorstehenden Bedenken, die gegen eine ausdehnende Annahme eines Vertrages mit Schutzwirkung zugunsten Dritter sprechen (Rn. 1411).

F. Rechtsfolgen eines Vertrages mit Schutzwirkung zugunsten Dritter

Haben die Vertragspartner einen Dritten in den Schutzbereich ihres Vertrages ein- 1413
bezogen, ohne ein unmittelbares Forderungsrecht des Dritten gemäß § 328 Abs. 1 BGB zu begründen, so hat **der Dritte** grundsätzlich einen aus dem Vertrag abgeleiteten **Anspruch auf Ersatz seines Schadens** infolge schuldhafter Verletzung

2534 Vgl. BGH, WM 1996, 1832, 1834; OLG München, NJW 1997, 1313.
2535 Vgl. *Bell*, S. 113, 125; *Rinsche*, Rn. I 42.
2536 BGH, NJW 1991, 32, 33; OLG Düsseldorf, NJW-RR 1986, 730.
2537 Vgl. BGH, NJW 1991, 352 betreffend eine Bankauskunft.

einer drittbezogenen Schutz-(Neben-)pflicht oder (Haupt-)Leistungspflicht. Dieser Anspruch kann auf **Ersatz eines Körper-, Sach- oder Vermögenschadens** gerichtet sein.[2538]

1414 Hat ein **Anwaltsvertrag Schutzwirkung für einen Dritten,** so geht es i. d. R. darum, daß dieser vom Rechtsanwalt als Vertragsschuldner Ersatz seines Schadens aus einer **Schlechterfüllung der anwaltlichen Vertragsleistung** verlangt. **Daneben** kann der **Auftraggeber (Mandant)** den **Ersatz eines eigenen Schadens** aus der anwaltlichen Leistungsstörung fordern; dieser Anspruch kann auch auf die Freistellung von einer eigenen Ersatzpflicht gegenüber dem geschützten Dritten gerichtet sein.

1415 Die Rechtsstellung des Dritten ist zwar bei einem Vertrag mit Schutzwirkung schwächer als bei einem Vertrag zu seinen Gunsten; da beide Vertragsarten aber den Dritten begünstigen und ihm Ansprüche aus einer fremden Vereinbarung verleihen, sind sie miteinander rechtlich verwandt. Deswegen können die **§§ 328 ff. BGB** auf einen Vertrag mit Schutzwirkung insoweit **entsprechend** angewendet werden, als diese Verwandtschaft reicht.[2539] Dies gilt insbesondere für eine **entsprechende Anwendung des § 334 BGB**, soweit die Vertragspartner dies nicht ausnahmsweise ausgeschlossen haben.[2540] Danach kann der Vertragsschuldner (Rechtsanwalt) **dem geschützten Dritten alle Einwendungen und Einreden entgegenhalten**, die ihm aus dem Vertrag mit dem Mandanten zustehen. Der Dritte hat aus dem fremden Vertrag mit Schutzwirkung zu seinen Gunsten grundsätzlich kein weitergehendes Recht als der Vertragspartner des Schädigers.[2541] Insoweit kann im wesentlichen auf die Ausführungen zum Vertrag zugunsten Dritter verwiesen werden (Rn. 1364). In dem wichtigen Fall des **Gutachtenvertrages mit Schutzwirkung für Dritte** (vgl. Rn. 1405 ff.) kann die Vertragsauslegung ergeben, daß die entsprechende Anwendung des § 334 mit Rücksicht auf den Vertragszweck „stillschweigend" insoweit abbedungen worden ist, als falsche Angaben des Auftraggebers zu dem unrichtigen Gutachten beigetragen haben; dann kann der Sachverständige dem geschützten Dritten nicht den Einwand des Mitverschuldens (§ 254 BGB) seines Auftraggebers entgegenhalten. In diesem Falle **haftet** der **Berater dem geschützten Dritten** selbst dann – voll – für ein falsches Gutachten, wenn der **Auftraggeber oder sein Vertreter die Unrichtigkeit des Gutach-**

2538 BGHZ 49, 350, 355 = NJW 1968, 885; BGH, NJW 1977, 2073, 2074.

2539 Für § 334 BGB: BGHZ 127, 378, 383 = NJW 1995, 392; OLG Köln, OLG-Report 1994, 78 – Leitsatz –; *Staudinger/Jagmann*, BGB, Vorbem. zu §§ 328 ff. Rn. 100; *Larenz*, NJW 1960, 80; a. A. MünchKomm/*Gottwald*, BGB, § 328 Rn. 79 m. w. N.

2540 Vgl. BGHZ 93, 271, 275 f. = NJW 1985, 1457; BGHZ 127, 378, 383, 385 = NJW 1995, 392; BGH, WM 1998, 440, 442.

2541 BGHZ 56, 269, 272 = NJW 1971, 1931.

tens arglistig herbeigeführt hat; einem Schadensersatzanspruch des Auftraggebers selbst steht dann der Einwand der unzulässigen Rechtsausübung entgegen.[2542] Der Berater haftet in einem solchen Falle regelmäßig dann nicht, wenn er in seinem Gutachten Angaben des Auftraggebers als solche kenntlich macht.[2543]

Soweit eine entsprechende Anwendung des § 334 BGB nicht abbedungen worden, **1416**
kann der **Rechtsanwalt als Vertragsschuldner sowohl seinem Auftraggeber als auch dem geschützten Dritten** insbesondere **entgegenhalten**,

- der **Anwaltsvertrag** sei **nichtig** oder **rückgängig gemacht worden;**
- die anwaltliche **Haftung** sei gemäß § 51 a BRAO **beschränkt**;[2544]
- die anwaltliche **Leistungspflicht sei entfallen** (§ 275 BGB) wegen einer Leistungsstörung des Auftraggebers (§§ 324–326 BGB), der sich wegen seiner ungeteilten Gläubigerstellung einen Störungsbeitrag des geschützten Dritten zurechnen lassen muß;
- der Schadensersatzanspruch sei nach §51 b BRAO **verjährt**;
- es bestehe ein **Zurückbehaltungsrecht** (§§ 273, 274, 320–322 BGB, 50 BRAO).

Ist eine entsprechende Anwendung des § 334 BGB nicht abbedungen worden **1417**
(Rn. 1415), so ist auf einen Schadensersatzanspruch des geschützten Dritten oder des Vertragspartners (Mandanten) gegen den Vertragsschuldner (Rechtsanwalt) ein **Mitverschulden** des Geschädigten sowie seiner gesetzlichen Vertreter und Gehilfen anzurechnen (§§ 254, 278 BGB).[2545] Dem Ersatzanspruch des Dritten kann der Vertragsschuldner (Rechtsanwalt) ein Verschulden seines Vertragspartners (Mandanten) – und dessen Erfüllungsgehilfen – auch dann entgegenhalten, wenn dieser nicht gesetzlicher Vertreter oder Erfüllungsgehilfe des geschädigten Dritten ist.[2546] Da der geschützte Dritte in die Gläubigerstellung eingebunden ist, muß sich nach dem Rechtsgedanken des § 334 BGB der Auftraggeber auf einen Anspruch gegen den Vertragsschuldner (Rechtsanwalt) auf Ersatz eines eigenen Schadens ein schadensursächliches Mitverschulden des Dritten zurechnen lassen.[2547]

2542 BGHZ 127, 378, 384 ff. = NJW 1995, 392; BGH, WM 1998, 440, 442.

2543 BGHZ 127, 378, 387 = NJW 1995, 392; BGH, WM 1998, 440, 442.

2544 Vgl. BGHZ 56, 269, 272 ff. = NJW 1971, 1931; BGH NJW 1987, 1758, 1760; zur „isolierten" Freizeichnung nur gegenüber dem Dritten: *Bell*, S. 95.

2545 BGHZ 24, 325, 327 f. = NJW 1957, 1187; BGHZ 127, 378, 385 = NJW 1995, 392; vgl. BGH, NJW 1975, 867, 868 f., wonach sich schon die vertragliche Schutzwirkung zugunsten eines Dritten nicht auf das Verhalten seines gesetzlichen Vertreters erstreckt, wenn dieser für den Schuldner tätig wird.

2546 BGHZ 33, 247, 250 = NJW 1961, 211; BGH, NJW 1965, 1757, 1759; BGHZ 127, 378, 384 f. = NJW 1995, 392; vgl. BGH, WM 1997, 1398, 1399 f. zur Anrechnung des Mitverschuldens eines unmittelbaren Urkundsbeteiligten zu Lasten eines geschützten Dritten im Rahmen der §§ 19 Abs. 1 Satz 3 BNotO, 839 Abs. 3 BGB.

2547 Vgl. MünchKomm/*Gottwald*, BGB, § 334 Rn. 5.

1418 Gegen eine Schadensersatzforderung des Dritten kann der haftpflichtige Vertragsschuldner (Rechtsanwalt) mit einem gleichartigen Anspruch gegen diesen **aufrechnen.**[2548] Mit einem Honoraranspruch gegen den Auftraggeber kann der Rechtsanwalt – entgegen der Ansicht des BGH[2549] – i. d. R. gegen eine Schadensersatzforderung des Mandanten und nach Treu und Glauben trotz der fehlenden Gegenseitigkeit der Forderungen auch gegen einen Schadensersatzanspruch des Dritten aufrechnen (vgl. Rn. 1369). Umgekehrt kann mit einem Schadensersatzanspruch gegen eine Honorarforderung des Rechtsanwalts aufgerechnet werden.

1419 **Vertragsgestaltende Erklärungen** sind allein zwischen den Vertragspartnern abzugeben. Anders als bei einem Vertrag zugunsten Dritter (vgl. Rn. 1363) kann der Vertragsgläubiger (Mandant) **ohne Zustimmung des geschützten Dritten den Vertrag** mit dem Schuldner (Rechtsanwalt) **ändern oder auflösen,** weil der Dritte keinen Anspruch auf die Vertragsleistung hat, sondern nur in den Schutzbereich des Vertrages einbezogen ist.

1420 Da bei einem Vertrag mit Schutzwirkung für einen Dritten – anders als bei einem Vertrag zugunsten Dritter (§ 328 BGB; vgl. Rn. 1371 ff.) – nach dem Vertragswillen der Vertragspartner allein diese Leistender und Leistungsempfänger **sind**, bestehen **bei Unwirksamkeit oder Fehlerhaftigkeit des Vertrages Ansprüche** auf Rückgewähr einer Leistung (§§ 346, 323 Abs. 3 BGB) oder auf einen Bereicherungsausgleich (§§ 812 ff. BGB) **nur zwischen den Vertragspartnern.**[2550]

G. Vertrag mit Schutzwirkung zugunsten Dritter und Drittschadensliquidation

1421 Die **Abgrenzung** dieser beiden Institute ist umstritten.[2551]

Die Bedeutung dieser Streitfrage soll folgender **Fall** verdeutlichen: Ein Rechtsanwalt versäumt schuldhaft seine Vertragspflicht, einen Erbvertrag, den der Auftraggeber vor seiner Eheschließung und der Geburt seiner Kinder zugunsten seiner Schwester geschlossen hat, anzufechten (§§ 2079, 2281 ff. BGB). Ehefrau und Kinder lassen ihre Schadensersatzansprüche gegen den Rechtsanwalt aus dem Anwaltsvertrag mit Schutzwirkung zu ihren Gunsten verjähren. Der Auftraggeber, der die Verjährung eines eigenen Schadensersatzanspruchs rechtzeitig unter-

2548 Vgl. RGZ 119, 1, 4; *Staudinger/Jagmann*, BGB, § 334 Rn. 32; *Palandt/Heinrichs*, BGB, § 334 Rn. 4.

2549 MDR 1961, 481.

2550 Vgl. BGHZ 58, 184, 188 = NJW 1972, 864.

2551 Vgl. die Übersichten bei *Staudinger/Jagmann*, BGB, Vorbem. zu §§ 328 ff. Rn. 114; MünchKomm/*Gottwald*, BGB, § 328 Rn. 96.

brochen hat, klagt – mit Zustimmung seiner Ehefrau und Kinder – gegen den Rechtsanwalt auf Feststellung, daß dieser verpflichtet ist, den infolge seiner Pflichtverletzung entstandenen Schaden der Ehefrau und Kinder des Auftraggebers zu ersetzen. Kann der Mandant (Vertragsgläubiger) aufgrund seines Vertrages mit dem Rechtsanwalt (Vertragsschuldner) einen Schaden der geschützten Dritten nach den Regeln der **Drittschadensliquidation** oder in entsprechender Anwendung des **§ 335 BGB** geltend machen, obwohl eigene Ansprüche der Dritten gegen den Rechtsanwalt aus diesem Vertrag mit Schutzwirkung zu ihren Gunsten, diesen Schaden zu ersetzen, verjährt sind?

I. Meinungsstreit

Zum Verhältnis des Vertrages mit Schutzwirkung zugunsten Dritter und der Drittschadensliquidation werden **folgende Ansichten** vertreten: 1422

Beide Institute können **nebeneinander** angewendet werden.[2552] Dann könnte der Vertragsgläubiger im Ausgangsfall den Schaden der vertraglich geschützten Dritten gegen den Vertragsschuldner geltend machen.

Die **Drittschadensliquidation** hat **Vorrang** vor den Regeln des Vertrages mit Schutzwirkung zugunsten Dritter.[2553] Dann könnte der Vertragsgläubiger im Ausgangsfall den Schaden der vertraglich geschützten Dritten gegen den Vertragsschuldner einklagen, wenn die Voraussetzungen einer Drittschadensliquidation vorliegen.

Ein Anspruch aus **Vertrag mit Schutzwirkung zugunsten Dritter schließt** eine **Liquidation des Drittschadens** durch den Vertragsgläubiger **aus.**[2554] Dann wäre die Klage im Ausgangsfall unbegründet.

II. Drittschadensliquidation

Grundsätzlich kann nur derjenige aus einem Vertrag Schadensersatz beanspruchen, der selbst einen Schaden erlitten hat;[2555] tritt bei der Vertragsabwicklung 1423

2552 BGH, NJW 1977, 2073, 2074; *Söllner*, JuS 1970, 159, 164; *Staudinger/Jagmann*, BGB, Vorbem. §§ 328 ff. Rn. 114; Lorenz, JZ 1995, 317, 322; wohl auch *Hagen*, S. 15 ff., 24.

2553 *Berg*, JuS 1977, 363, 366 und NJW 1978, 2018, 2019; *Hohloch*, FamRZ 1977, 530, 533; *von Caemmerer*, S. 311, 319 f.; *Soergel/Hadding*, BGB, Anh. § 328 Rn. 12.

2554 BGHZ 40, 91, 106 = NJW 1963, 2071; BGHZ 51, 91, 95 f. = NJW 1969, 269; *Strauch*, JuS 1982, 823, 825; *Gernhuber*, Das Schuldverhältnis, § 21 I 5 – S. 515 f. –; *H. Lange*, § 8 IV – S. 479 ff., 482 –; MünchKomm/*Gottwald*, BGB, § 328 Rn. 96; *Medicus*, Rn. 840 ff.; *Puhle*, S. 105 ff., 137 f., 154; *Urban*, S. 167, 170 ff.

2555 Vgl. zum folgenden BGHZ 40, 91, 100 ff. = NJW 1963, 2071; BGHZ 51, 91, 93 ff. = NJW 1969, 269.

ein Schaden eines Dritten ein, so haftet der Schädiger ihm i. d. R. nur nach Deliktsrecht.[2556] Ausnahmsweise kann einer Vertragspartei das Recht zustehen, den **Schaden eines Dritten geltend zu machen**, falls die Interessen der Personen so eng verknüpft sind, daß der Vertragsgläubiger die Drittinteressen wahrzunehmen hat und der Vertragsschuldner nach den gegebenen Umständen damit rechnen muß.[2557]

Anerkannte Fälle einer solchen „Interessen-/Schadensverlagerung" sind der **Vertragsschluß in mittelbarer Stellvertretung** für Rechnung eines Dritten,[2558] die sog. **Gefahrentlastung**[2559] (vgl. u. a. §§ 447, 644 Abs. 2 BGB) und die **Obhutspflicht für eine fremde Sache**.[2560] In diesen Fällen darf der Schädiger aus der Verschiedenheit von Gläubiger und Geschädigtem keinen Vorteil ziehen.[2561]

Liegen die Voraussetzungen einer **Drittschadensliquidation** vor, so kann **der Vertragsgläubiger die Ersatzleistung an sich oder an den Dritten verlangen**.[2562] Der **geschädigte Dritte** hat keinen eigenen vertraglichen Schadensersatzanspruch, kann jedoch i. d. R. aus vertraglicher Nebenpflicht oder entsprechend § 281 BGB **Abtretung** des vertraglichen Schadensersatzanspruchs von dem – nicht geschädigten – Vertragspartner verlangen.[2563] **Gegen den Willen des Dritten** ist die Liquidation seines Schadens **unzulässig**;[2564] im Streitfall hat der Schädiger den entsprechenden Nachweis zu führen.[2565]

Der Ausgangsfall läßt sich nicht unter die anerkannten Fälle einer Drittschadensliquidation einordnen.

III. Unterschiede

1424 Der Vertrag mit Schutzwirkung zugunsten Dritter und die Drittschadensliquidation **stimmen darin überein**, daß ein Dritter bei der Abwicklung eines Vertrages

2556 BGH, WM 1987, 581, 582.

2557 BGH, NJW 1974, 502; die erforderliche Interessenverknüpfung ist verneint worden im Verhältnis zwischen einem Käufer und seinem Abnehmer: BGHZ 40, 91, 102 = NJW 1963, 2071.

2558 BGHZ 25, 250, 258 = NJW 1957, 1839; BGHZ 40, 91, 100 = NJW 1963, 2071; BGH, WM 1987, 581, 582.

2559 BGHZ 40, 91, 100 = NJW 1963, 2071; BGH NJW 1970, 38, 41; VersR 1972, 1138, 1139; MDR 1980, 123; OLG Düsseldorf, NJW-RR 1996, 591.

2560 BGHZ 40, 91, 101 = NJW 1963, 2071; BGH, NJW 1969, 789, 790; WM 1984, 1233, 1234.

2561 BGHZ 40, 91, 100 = NJW 1963, 2071; BGHZ 51, 91, 93 = NJW 1969, 269.

2562 BGH, WM 1987, 581, 582.

2563 BGH, NJW 1970, 38, 41.

2564 Vgl. BGHZ 25, 250, 260 = NJW 1957, 1839; BGH, LM BGB § 249–D-Nr. 17 = MDR 1985, 117; WM 1998, 335, 336.

2565 BGH, WM 1998, 335, 336.

anderer Personen einen Schaden erleidet. Sie **unterscheiden sich** aber in folgendem: In den Fällen der **Drittschadensliquidation** hat der Vertragsgläubiger einen Anspruch, aber keinen Schaden, und der geschädigte Dritte hat keinen vertraglichen Anspruch; Schaden und Ersatzanspruch werden zusammengeführt, indem der Vertragsgläubiger den Schaden des Dritten geltend macht („liquidiert") oder seinen Ersatzanspruch an den Dritten abtritt. Dagegen gewährt der **Vertrag mit Schutzwirkung** dem Dritten einen eigenen Anspruch auf Ersatz seines Schadens; Schaden und Ersatzanspruch sind also von vornherein in der geschädigten Person vereinigt.

IV. Folgerungen

Die **Liquidation des Drittschadens** betrifft einen bestimmten einheitlichen Schaden, der sich bei dem Vertragsgläubiger ausgewirkt hätte, wenn nicht – aus der Sicht des Schädigers **zufällig - ein Dritter Träger des geschützten Rechtsguts** wäre. Beim **Vertrag mit Schutzwirkung** kann **i. d. R.** eine Pflichtverletzung des Vertragsschuldners einen **Schaden sowohl des Vertragsgläubigers als auch eines Dritten**, der in den vertraglichen Schutzbereich einbezogen ist, auslösen. **Anders** ist dies in den **Ausnahmefällen** – etwa beim Anwaltsvertrag des Ausgangsfalles (Rn. 1421) –, in denen die Vertragspartner die drittbezogene **Schutzwirkung** ihres Vertrages auf die **Hauptleistungspflicht des Vertragsschuldners** in einer Weise erstrecken, daß zwar allein der Vertragsgläubiger die Erfüllung dieser Pflicht verlangen darf, deren Verletzung aber **nur den geschützten Dritten schädigen kann**. 1425

Die **Drittschadensliquidation erweitert das Haftungsrisiko des Vertragsschuldners nicht**; dieser ist nur einem einzigen Schadensersatzanspruch ausgesetzt. Dagegen muß der Vertragsschuldner bei einem **Vertrag mit Schutzwirkung im Regelfall** damit rechnen, daß seine Pflichtverletzung zu einem eigenen Schadensersatzanspruch sowohl seines Vertragspartners als auch des geschützten Dritten führt; dementsprechend **größer** ist **die Haftungsgefahr des Vertragsschuldners. Dessen Haftungsrisiko stiege nochmals**, wenn in solchen Fällen der Vertragsgläubiger nicht nur Ersatz eines eigenen Schadens, sondern auch – neben dem Dritten selbst – eines Drittschadens selbst dann verlangen dürfte, wenn der Dritte seinen eigenen Schadensersatzanspruch nicht geltend macht oder – etwa wegen Verjährung – nicht durchsetzen kann. **Damit rechnet ein Vertragspartner bei Vertragsschluß im allgemeinen nicht**, so daß dann auch nicht im Wege der – notfalls ergänzenden – Vertragsauslegung auf sein Einverständnis geschlossen werden darf. **Keine Haftungskumulation** tritt grundsätzlich in dem **Ausnahme-** 1426

fall ein, daß eine Pflichtverletzung des Schuldners bei einem Vertrag mit Schutzwirkung nur den geschützten Dritten schädigen kann; **anders** wäre dies allerdings im Ergebnis dann, wenn dem Vertragsgläubiger gestattet würde, einen Schadensersatzanspruch des Dritten einzuklagen, den dieser selbst nicht geltend macht oder – etwa wegen Verjährung – nicht durchsetzen kann.

Da der durch einen fremden Vertrag **geschützte Dritte** einen eigenen unmittelbaren Schadensersatzanspruch gegen den Vertragsschuldner als Schädiger hat, ist er **auf eine mittelbare Beteiligung an einem Ersatzanspruch des Vertragsgläubigers** und damit auf dessen Unterstützung **nicht angewiesen.**[2566]

V. Ergebnis

1427 Danach **schließen sich Vertrag mit Schutzwirkung zugunsten Dritter und Drittschadensliquidation im Regelfall aus**, weil ihre Zielrichtung und infolgedessen auch ihre Voraussetzungen und Wirkungen verschieden sind.

Eine **Ausnahme** kann nur dann in Betracht kommen, wenn – wie im Ausgangsfall eines Anwaltsvertrages (Rn. 1421) – die Vertragspartner die **drittbezogene Schutzwirkung** ihres Vertrages auf die **Hauptleistungspflicht des Vertragsschuldners** in einer Weise erstrecken, daß die Verletzung dieser Pflicht **nur den Dritten schädigen kann**; dann begründet der Vertrag mit Schutzwirkung nur einen einzigen Schadensersatzanspruch – nämlich des Dritten –. Aber auch in einem solchen Ausnahmefall wird – anders als in den anerkannten Fällen der Drittschadensliquidation – das **Haftungsrisiko des Vertragsschuldners erweitert**, falls dem Vertragsgläubiger gestattet wird, einen Schaden des Dritten auch dann einzuklagen, wenn dieser seinen Anspruch nicht geltend machen will oder – etwa wegen Verjährung – nicht durchsetzen kann. Für eine solche Verbindung der Ausnahmeinstitute des Vertrages mit Schutzwirkung zugunsten Dritter und der Drittschadensliquidation auf Kosten des Vertragsschuldners besteht im allgemeinen kein zwingender Grund, insbesondere **kein schutzwürdiges Interesse des Dritten**.

Ob im Ausgangsfall etwas anderes gilt, weil der Vertragsgläubiger auch den Verlust seiner Testierfreiheit ausgleichen will, mag dahinstehen; nimmt man dies an, so wäre zu prüfen, ob auf diese Weise die Verjährung eines Anspruchs des Geschädigten umgangen werden darf.

2566 *Gernhuber*, Das Schuldverhältnis, § 21 I 5 – S. 515 f.

VI. Entsprechende Anwendung des § 335 BGB?

Eine Drittschadensliquidation darf in den Bereich eines Vertrages mit Schutzwirkung zugunsten Dritter **grundsätzlich** auch **nicht** auf dem Umweg einer **entsprechenden Anwendung des § 335 BGB** eingeführt werden, weil sonst eine übermäßige Haftungssteigerung beim Vertragsschuldner einträte.[2567] 1428

Nach dieser Vorschrift kann bei einem **Vertrag zugunsten Dritter**, bei dem der Dritte unmittelbar den Anspruch auf die Leistung aus einem fremden Vertrag erworben hat (§ 328 Abs. 1 BGB), auch der Versprechensempfänger grundsätzlich vom Versprechenden (Vertragsschuldner) die Leistung an den Dritten fordern. Dies gilt auch dann, wenn der Dritte wegen der Vertragsverletzung des Schuldners einen – sekundären – eigenen Schadensersatzanspruch erlangt hat.[2568] Insoweit handelt es sich um mehrere Forderungsberechtigte, die unabhängig voneinander vom Schuldner dieselbe Leistung verlangen können; ein vom Versprechensempfänger gegen den Versprechenden (Schuldner) erstrittenes Urteil wirkt – analog §§ 425, 429 Abs. 3 BGB – nicht zugunsten des Dritten.[2569]

Hat der Versprechensempfänger den an sich ihm zustehenden Anspruch auf die vertragliche Hauptleistung einem Dritten zugewandt, so hat die in § 335 BGB vorgesehene Unterstützung des Dritten ihren Sinn. Bei einem **Vertrag mit Schutzwirkung zugunsten Dritter** ist die Rechtsstellung des Dritten jedoch schwächer. Er erwirbt nicht den Anspruch auf die – primäre – vertragliche Hauptleistung, sondern wird nur vor Schäden bei der Abwicklung des Vertrages zwischen den Vertragspartnern geschützt; nur wenn ein solcher Schaden bei dem Dritten eintritt, erhält dieser einen – sekundären – **eigenen Schadensersatzanspruch gegen den Vertragsschuldner**. Das **genügt für das Schutzbedürfnis des Dritten**; zur Durchsetzung seines Anspruchs benötigt er die Unterstützung des Vertragsgläubigers nicht.

H. Anhang: Rechtsprechungslexikon 1429

Anwaltsvertrag mit Schutzwirkung zugunsten Dritter

Verpflichtet sich ein Rechtsanwalt gegenüber seinem Mandanten, an der testamentarischen Erbeinsetzung der Tochter des Mandanten mitzuwirken, so können die-

2567 MünchKomm/*Gottwald*, BGB, § 335 Rn. 4.
2568 BGH, NJW 1974, 502.
2569 BGHZ 3, 385, 388 f. = NJW 1952, 178.

ser unmittelbare Schadensersatzansprüche gegen den Anwalt wegen schuldhafter Säumnis erwachsen.
BGH, Urt. v. 6. 7. 1965 – VI ZR 47/64, NJW 1965, 1955, 1956f.

Schädigt der Rechtsanwalt durch schuldhafte Verletzung seiner Vertragspflicht eine GmbH, deren Alleingesellschafter der Mandant ist, so kann die Gesellschaft in den Schutzbereich des Anwaltsvertrages einbezogen sein. In diesem Fall kann jedoch der Schaden der GmbH einem Schaden des Gesellschafters gleichstehen.
BGH, Urt. v. 13. 11. 1973 – VI ZR 53/72, BGHZ 61, 380, 382ff. = NJW 1974, 134.

Versäumt ein Rechtsanwalt, der den Ehemann in einem Ehescheidungsverfahren vertritt, die Beurkundung einer von ihm entworfenen Scheidungsvereinbarung, in der sich die Ehefrau zur Übertragung eines Grundstücksanteils an die Kinder verpflichtet, so können diesen unmittelbare Schadensersatzansprüche gegen den Anwalt zustehen.
BGH, Urt. v. 11. 1. 1977 – VI ZR 261/75, NJW 1977, 2073.

Verletzt der Rechtsanwalt schuldhaft seine Vertragspflicht, die Ehelichkeit eines scheinehelichen Kindes anzufechten, so haftet er aufgrund einer Schutzwirkung des Anwaltsvertrages einem leiblichen Kind des Mandanten, das bei einem Erfolg der Anfechtungsklage erbrechtlich begünstigt worden wäre.
OLG Hamm, Urt. v. 19. 9. 1985–28 U 228/84, MDR 1986, 1026.

Eine GmbH ist in den Schutzbereich eines Anwaltsvertrages mit ihren Gründungsgesellschaftern einbezogen, wenn ihre Errichtung Gegenstand dieses Vertrages ist. Der Rechtsanwalt haftet der GmbH, wenn diese für Altschulden einzustehen hat, weil der Anwalt die Gesellschafter nicht über § 25 HGB belehrt hat.
BGH, Urt. v. 10. 10. 1985 – IX ZR 153/84, NJW 1986, 581, 582 = WM 1985, 1475, 1476.

Ein Anwaltsvertrag, der auf die Beratung eines Ehegatten im Rahmen einer Scheidungsfolgenvereinbarung gerichtet ist, hat i. d. R. auch dann keine Schutzwirkung zugunsten des anderen Ehegatten, wenn dieser wegen des Anwaltshonorars einen Schuldbeitritt erklärt hat.
OLG Düsseldorf, Urt. v. 5. 12. 1985 – 8 U 104/84, NJW-RR 1986, 730.

Hat ein Rechtsanwalt, der seinen Auftraggeber bei der vorzeitigen Beendigung seines Arbeitsverhältnisses vertritt, auch eine Vereinbarung über Ruhegeld herbeizuführen, so haftet er aufgrund einer Schutzwirkung des Anwaltsvertrages der Ehefrau des Mandanten, wenn deren Rentenanspruch infolge unklarer Formulierung der Ruhegeldabrede durch den Rechtsanwalt zu niedrig ausfällt.
BGH, Urt. v. 1. 10. 1987 – IX ZR 117/86, NJW 1988, 200, 201 = WM 1987, 1520, 1521.

Ein Rechtsanwalt haftet für Erklärungen gegenüber dem Vertragsgegner seines Mandanten dann nicht aufgrund eines Vertrages mit Schutzwirkung zugunsten Dritter, wenn die vertraglichen Interessen des Mandanten und des Dritten gegen-

läufig sind und die anwaltliche Tätigkeit erkennbar nur dem Mandanten bestimmungsgemäß zugute kommen soll.
BGH, Urt. v. 17. 5. 1990 – IX ZR 85/89, NJW 1991, 32, 33.

Verpflichtet sich ein Rechtsanwalt, an der Erbeinsetzung der Kinder seines Mandanten anstelle der Ehefrau mitzuwirken, so sind die Kinder in den Schutzbereich des Anwaltsvertrages einbezogen.
BGH, Urt. v. 13. 7. 1994 – IV ZR 294/93, NJW 1995, 51, 52.

Hat ein Rechtsanwalt den Entwurf eines Testaments seines Auftraggebers zu prüfen, so hat der Anwaltsvertrag Schutzwirkung zugunsten der bedachten Angehörigen seines Mandanten.
BGH, Urt. v. 13. 6. 1995 – IX ZR 121/94, NJW 1995, 2551, 2552 = WM 1995, 1504.

Drittschadensliquidation

Grundsätzlich kann aufgrund eines Vertrages nur derjenige Schadensersatz verlangen, bei dem der Schaden tatsächlich eingetreten ist und dem er rechtlich zur Last fällt. Entsteht der Schaden einem Dritten, so haftet ihm der Schädiger i. d. R. nur nach Deliktsrecht. Nur in besonders gelagerten Fällen kann der anspruchsberechtigte Vertragspartner den Ersatz des einem Dritten entstandenen Schadens dann verlangen, wenn sein – durch den Vertrag geschütztes – Interesse mit demjenigen des Dritten so verknüpft ist, daß er das Drittinteresse wahrzunehmen hat und der andere Vertragsteil damit rechnen muß.
BGH, Urt. v. 15. 1. 1974 – X ZR 36/71, NJW 1974, 502; v. 21. 5. 1996 – XI ZR 199/95, NJW 1996, 2734, 2735.

Der Schaden eines Dritten kann durch den anspruchsberechtigten Vertragspartner geltend gemacht werden in den Fällen der mittelbaren Stellvertretung, der sog. Gefahrentlastung (z. B. § 447 BGB) und der Obhutspflicht für eine fremde Sache. In diesen Fällen handelt es sich um eine Interessen- oder Schadensverlagerung, aus der der Schädiger keinen Vorteil ziehen darf.
BGH, Urt. v. 10. 7. 1963 – VIII ZR 204/61, BGHZ 40, 91, 100ff. = NJW 1963, 2071; v. 26. 11. 1968 – VI ZR 212/66, BGHZ 51, 91, 93 = NJW 1969, 269.

Bei der Drittschadensliquidation geht der Anspruch auf Leistung an den Gläubiger oder statt dessen an den Dritten.
BGH, Urt. v. 8. 12. 1986 – II ZR 2/86, NJW-RR 1987, 880, 882 = WM 1987, 581, 582.

Der geschädigte Dritte kann i. d. R. aus vertraglicher Nebenpflicht oder entsprechend § 281 BGB Abtretung des vertraglichen Schadensersatzanspruchs von dem – nicht geschädigten – Vertragspartner verlangen.
BGH, Urt. v. 30. 9. 1969 – VI ZR 254/67, NJW 1970, 38, 41.

Eine Drittschadensliquidation entfällt, wenn sie nicht dem Willen des Geschädigten entspricht. Dies hat im Streitfall der Schädiger zu beweisen.
BGH, Urt. v. 4. 12. 1997 – IX ZR 41/97, WM 1998, 335, 336 = NJW 1998, 1864.

Sachverständiger

Sollte das Gutachten eines Sachverständigen einem Dritten als Entscheidungsgrundlage dienen, so ist im Wege der Vertragsauslegung zu prüfen, ob die Vertragspartner den Willen hatten, zugunsten des Dritten eine Schutzpflicht des Sachverständigen zu begründen. Dabei sind auch die Interessen des Sachverständigen zu berücksichtigen, der nicht in unzumutbarer Weise mit Schadensersatzpflichten gegenüber Dritten belastet werden darf.
BGH, Urt. v. 2. 11. 1983 – IV a ZR 20/82, NJW 1984, 355, 356.

Zur Haftung eines Sachverständigen aus einem Auskunftsvertrag mit Schutzwirkung für Dritte.
BGH, Urt. v. 23. 1. 1985 – IV a ZR 66/83, DB 1985, 1464.

Ein Grundstückskäufer kann in den Schutzbereich eines Gutachtenvertrages einbezogen sein, aufgrund dessen ein Bausachverständiger für den Verkäufer ein Gutachten über den Wert des Grundstücks erstattet; die Gegenläufigkeit der Interessen des Auftraggebers und des Dritten sprechen nicht gegen dessen Einbeziehung in den Schutzbereich des Vertrages.

Ist ein Gutachtenvertrag i. d. S. auszulegen, so liegt die Annahme nahe, daß das Vertrauen des Dritten auf die Richtigkeit des Gutachtens auch dann geschützt werden soll, wenn dessen Unrichtigkeit durch den Auftraggeber (hier: arglistig) mitveranlaßt worden ist; dann kann § 334 BGB stillschweigend abbedungen sein.
BGH, Urt. v. 10. 11. 1994 – III ZR 50/94, BGHZ 127, 378, 380, 384 = NJW 1995, 392, 393.

In die Schutzwirkungen eines Vertrages über die Erstattung eines Gutachtens durch einen öffentlich bestellten Sachverständigen zum Wert eines Grundstücks sind diejenigen Personen einbezogen, denen das Gutachten nach seinem erkennbaren Zweck für Vermögensentscheidungen vorgelegt werden soll. Dazu gehört ein potentieller Kreditgeber. Entsprechend dem Zweck des Gutachtens, gegenüber dem Dritten Vertrauen zu erwecken und Beweiskraft zu besitzen, steht eine Gegenläufigkeit der Interessen des Auftraggebers und des Dritten dessen Einbeziehung in den vertraglichen Schutzbereich nicht entgegen.

In solchen Fällen enthält der Gutachtenvertrag i. d. R. zugleich eine konkludente Abbedingung des § 334 BGB, so daß sich der geschädigte Dritte nicht ein Mitverschulden des Auftraggebers anrechnen lassen muß. Der Sachverständige kann in seinem Gutachten klarstellen, daß dieses nur für den internen Gebrauch des Auftraggebers diene oder daß es in einzelnen, näher bezeichneten Punkten auf ungeprüften Angaben des Auftraggebers beruhe, für die keine Gewähr übernommen werde.

In den Schutzbereich des Gutachtenvertrages kann neben dem Kreditgeber auch ein mit diesem zusammenarbeitender, den Kredit sichernder Bürge einbezogen sein. Dies ist der Fall, wenn es sich um eine komplexe Umschuldung handelt, bei der im Rahmen einer einheitlichen Finanzierungsmaßnahme ein Teil des Darlehens nur gegen weitere Sicherheiten gewährt wird. Insoweit ist es nicht entscheidend, ob dem Sachverständigen die Einschaltung des Bürgen bekannt ist.
BGH, Urt. v. 13. 11. 1997 – X ZR 144/94, WM 1998, 440, 441 ff. = NJW 1998, 1059.

Steuerlicher Berater

Eine Ehefrau, die gemeinsam mit ihrem Ehemann steuerlich veranlagt wird, ist in den Schutzbereich eines Vertrages ihres Ehemannes mit dem steuerlichen Berater einbezogen, der eine Einkommensteuererklärung anzufertigen hat.
BGH, Urt. v. 5. 6. 1985 – IV a ZR 55/83, WM 1985, 1274, 1275.

Der Auftrag eines Mitglieds einer Grundstücksgemeinschaft an einen Steuerberater, die Steuererklärung zur gesonderten Feststellung der Einkünfte der Gemeinschaft zu entwerfen, ist ein Vertrag mit Schutzwirkung zugunsten der anderen Mitglieder der Gemeinschaft.

OLG Celle, Urt. v. 16. 7. 1986 – 3 U 285/85, NJW-RR 1986, 1315.

Erweckt ein Steuerberater mit einem testierten Zwischenabschluß den Eindruck, er habe die Ordnungsmäßigkeit der – tatsächlich mangelhaften – Buchhaltung festgestellt, so kann er einem Käufer oder Kreditgeber aus einer Schutzwirkung des Steuerberatervertrages haften, wenn für ihn erkennbar war, daß die Ausarbeitung für einen solchen Dritten bestimmt war.
BGH, Urt. v. 26. 11. 1986 – IV a ZR 86/85, NJW 1987, 1758, 1759 f. = WM 1987, 257.

Ein Steuerberater, der von seinem Auftraggeber verfälschte Jahresabschlüsse unterzeichnet, kann aus Vertrag mit Schutzwirkung einem Darlehensgeber des Auftraggebers haften.

Die Haftung reicht nur soweit, wie der Steuerberater nach dem Wortlaut des Testats die Verantwortung für die Richtigkeit der testierten Aufstellung übernimmt.
BGH, Urt. v. 18. 10. 1988 – XI ZR 12/88, NJW-RR 1989, 696, 697 = WM 1989, 375.

Beauftragt ein Betriebsinhaber einen Steuerberater mit einem steuerlichen Gutachten, weil er Gesellschaftsanteile an seinen Sohn übertragen will, so ist dieser in den Schutzbereich des Vertrages einbezogen.
OLG München, Urt. v. 1. 6. 1990 – 14 U 843/89, NJW-RR 1991, 1127, 1128.

Ein Steuerberater, der einen Jahresabschluß erstellt und dabei zu Unrecht die Ordnungsmäßigkeit der Buchführung bescheinigt, haftet aus Vertrag mit Schutzwirkung zugunsten der Bank, der – für den Steuerberater erkennbar – der Jahresabschluß als Kreditunterlage dienen soll.

BGH, Urt. v. 19. 12. 1996 – IX ZR 327/95, WM 1997, 359, 360 = NJW 1997, 1235.

Ein Steuerberater kann einem Kreditgeber des Mandanten aus Vertrag mit Schutzwirkung haften, wenn der Mandant vom Steuerberater erstellte Jahresabschlüsse und Zwischenberichte mit dessen Wissen dem Kreditgeber überreicht, selbst wenn der Mandant gegenüber dem Steuerberater bewußt falsche Wertangaben gemacht hat.

OLG München, Urt. v. 13. 4. 1995 – 24 U 86/93, WM 1997, 613, 615ff.

Voraussetzungen einer vertraglichen Schutzwirkung zugunsten Dritter

Zur Entwicklung der Rechtsprechung zum Vertrag mit Schutzwirkung zugunsten Dritter.

Aufgrund dieser Entwicklungslinie hat sich eine Berufshaftung für Rechtsanwälte, Sachverständige, Steuerberater und Wirtschaftsprüfer herausgebildet. Dabei handelt es sich um Berufsgruppen, die über eine besondere, vom Staat anerkannte Sachkunde verfügen und deren Vertragsleistungen von vornherein erkennbar zum Gebrauch gegenüber einem Dritten bestimmt sind und nach dem Willen des Auftraggebers mit einer entsprechenden Beweiskraft ausgestattet sein sollen.

Der Kreis der in den Schutz eines Vertrages einbezogenen Dritten ist unter sachgerechter Abwägung der Interessen der Beteiligten dahin zu begrenzen, daß der Dritte bestimmungsgemäß mit der Hauptleistung in Berührung kommt. Über die danach erforderliche Leistungsnähe des Dritten hinaus muß der Gläubiger ein schutzwürdiges Interesse an der Einbeziehung des Dritten in den vertraglichen Schutzbereich haben. Diese entfällt, wenn ein Schutzbedürfnis des Dritten fehlt; das ist im allgemeinen dann der Fall, wenn dem Dritten eigene vertragliche Ansprüche – gleich gegen wen – zustehen, die denselben oder zumindest einen gleichwertigen Inhalt haben wie diejenigen Ansprüche, die ihm über eine Einbeziehung in den vertraglichen Schutzbereich zukämen.

Danach entfällt i. d. R. ein Vertrag mit Schutzwirkung zugunsten Dritter, wenn mehrere Auftraggeber mit einem Werkunternehmer selbständige, voneinander unabhängige Werkverträge schließen, die in gleicher Weise abzuwickeln sind (hier: Einbringen von Nitriergut verschiedener Auftraggeber in denselben Ofen).

BGH, Urt. v. 2. 7. 1996 – X ZR 104/94, JZ 1997, 358, 359ff. = NJW 1996, 2927 mit zust. Anm. Lorenz, JZ 1997, 361.

Wirtschaftsprüfer

Beauftragt eine Gesellschaft einen Wirtschaftsprüfer mit einem steuerrechtlichen Gutachten, um ihre Gesellschafter vor Steuernachteilen infolge einer verdeckten Gewinnausschüttung zu bewahren, so sind die Gesellschafter in den Schutzbereich des Vertrages einbezogen.
BGH, Urt. v. 29. 9. 1982 – IV a ZR 309/80, NJW 1983, 1053 1054.

Beauftragt der Mandant einen Wirtschaftsprüfer, eine als Kreditunterlage dienende Auskunft über seine Bonität zu erstellen, so kann ein Vertrag mit Schutzwirkung zugunsten des Kreditgebers vorliegen.
BGH, Urt. v. 19. 3. 1986 – IV a ZR 127/84, NJW-RR 1986, 1307 = WM 1986, 711.

Ein Wirtschaftsprüfer, der durch eine unrichtige Bilanz die Ehefrau des Mandanten zu Darlehen und Sicherheiten für Kredite an das Unternehmen des Ehemannes veranlaßt, haftet ihr aus Vertrag mit Schutzwirkung.
BGH, Urt. v. 21. 1. 1993 – III ZR 15/92, WM 1993, 897.

Ein Prüfvertrag zwischen einer Kapitalgesellschaft und einem Wirtschaftsprüfer über eine Pflichtprüfung nach §§ 316 ff. HGB hat Schutzwirkung zugunsten eines Dritten, der im Vertrauen auf ein vom Abschlußprüfer angekündigtes unrichtiges Testat Gesellschaftsanteile erwirbt. § 323 Abs. 1 Satz 3 HGB schließt eine solche Dritthaftung nicht aus; allerdings erfordert der in § 323 HGB zum Ausdruck kommende Wille des Gesetzgebers eine angemessene Begrenzung einer Dritthaftung des Abschlußprüfers.
BGH, Urt. v. 2. 4. 1998 – III ZR 245/96, WM 1998, 1032, 1033 = JZ 1998, 1013 = NJW 1998, 1948, z. V. b. in BGHZ 138, 257.

Abschnitt 3: Anwaltshaftung gegenüber Dritten aus Auskunftsvertrag

Inhaltsverzeichnis

A. Allgemeines

Nach **§ 676 BGB** haftet derjenige, der einen **Rat** oder eine **Empfehlung** erteilt, für einen Fehler – eine Unrichtigkeit oder Unvollständigkeit – seiner Erklärung nur aufgrund einer entsprechenden **vertraglichen Verpflichtung** – dieser kann eine **vorvertragliche Pflicht** bei Vertragsverhandlungen gleichstehen[2570] – oder aufgrund einer **unerlaubten Handlung**. 1431

Unter diese Vorschrift fällt – als „Minus" gegenüber Rat und Empfehlung – auch eine **Auskunft**.[2571] Diese betrifft die Mitteilung eines Umstandes, der einem anderen als Entscheidungsgrundlage dient (vgl. Rn. 1347). 1432

B. Auskunft im Rahmen eines Anwaltsvertrages

Hat sich ein **Rechtsanwalt** gegenüber seinem **Auftraggeber** verpflichtet, aufgrund eines **Dienstvertrages** (§§ 611, 675 BGB) die Interessen seines Mandanten wahrzunehmen oder gemäß einem **Werkvertrag** (§§ 631, 675 BGB) durch fachliche Arbeit den vereinbarten Erfolg herbeizuführen (vgl. Rn. 4 ff., 504 ff., 849 ff., 1192 ff., 1201 ff.), so erstreckt sich eine anwaltliche **Ersatzpflicht wegen Schlechterfüllung** eines solchen Vertrages auf **Schäden des Mandanten infolge einer falschen oder unvollständigen Auskunft**, die der Rechtsanwalt im Rahmen der Vertragserfüllung abgegeben hat. 1433

Ein solcher Vertrag kann **Schutzwirkung zugunsten eines Dritten** haben, der auf die **Richtigkeit und Vollständigkeit der anwaltlichen Auskunft vertraut**; wird der Dritte durch die fehlerhafte Auskunft geschädigt, so kann ihm ein eigener Schadensersatzanspruch gegen den Rechtsanwalt zustehen (vgl. Rn. 1383 ff., 1404 ff.). Der **BGH**[2572] hat eine solche Schutzwirkung des Anwaltsvertrages **verneint** für **anwaltliche Auskünfte gegenüber dem Vertragsgegner des Mandanten**.

2570 BGHZ 74, 103, 106, 108 = NJW 1979, 1449.
2571 Motive zum BGB – Bd. II – S. 554; RGZ 126, 50, 52; *Musielak*, S. 6; *Borgmann/Haug*, § 32 Rn. 1 – S. 212.
2572 NJW 1991, 32, 33.

C. Vertragliche Auskunft gegenüber Dritten (Nichtmandanten)

1434 Eine **vertragliche Vertrauenshaftung des Rechtsanwalts** betrifft **Auskünfte gegenüber Dritten – Nichtmandanten** –, die auf die Richtigkeit und Vollständigkeit einer anwaltlichen Auskunft vertrauen, aber keinen Ersatzanspruch wegen einer fehlerhaften Auskunft aus einem Vertrag des Rechtsanwalts mit dem Mandanten herleiten können.

I. Auskunftsvertrag als Rechtsgrundlage

1435 Die Rechtsprechung stützt die Auskunftshaftung – in Ausfüllung des Vorbehalts des § 676 BGB – i. d. R. auf ein **„Vertragsverhältnis" zwischen Geber und Empfänger der Auskunft**.

1436 Das **RG** hatte zuletzt für die Auskunftshaftung nicht mehr darauf abgestellt, ob Geber und Empfänger der Auskunft Vertragsbeziehungen herstellen wollten, sondern hatte es genügen lassen, daß sie miteinander Verbindung aufgenommen hatten und dies nach der bürgerlichen Rechtsordnung als vertraglich anzusehen war.[2573] Diese Rechtsprechung unterstellte bei „sozialtypischem Verhalten" einen Auskunftsvertrag auch dann, wenn ein Vertragswille fehlte.

1437 Der **BGH,** der sich ursprünglich dieser Rechtsprechung angeschlossen hatte,[2574] stützt die Auskunftshaftung inzwischen auf einen übereinstimmenden **Vertragswillen der Beteiligten**. Danach kommt ein **Auskunftsvertrag** zustande, wenn der Geber einer Auskunft gegenüber deren Empfänger – außerhalb einer anderen Vertragsbeziehung – **ausdrücklich** oder – dies ist der Hauptfall – **durch schlüssiges Verhalten** („stillschweigend, konkludent") die Vertragspflicht übernimmt, eine bestimmte Auskunft zu erteilen.[2575] Ein solcher Auskunftsvertrag kann ein **unentgeltlicher Auftragsvertrag** (§ 662 BGB) oder ein **entgeltlicher Geschäftsbesorgungsvertrag** (§ 675 BGB) sein. Die Vereinbarung einer Vergütung ist also keine notwendige Voraussetzung eines Auskunftsvertrages.[2576]

1438 Ein **Garantievertrag** kommt **bei Rat und Auskunft** selten in Betracht.[2577] Er setzt die Verpflichtung voraus, über die allgemeine Vertragshaftung hinaus uneinge-

2573 RG, JW 1928, 1134, 1135; 1933, 510 und 2701, jeweils Rechtsanwälte betreffend.
2574 Vgl. BGHZ 7, 371, 375 = NJW 1953, 60.
2575 BGH, NJW 1972, 678, 680; 1973, 321, 323; 1992, 2080, 2082.
2576 BGHZ 100, 117, 119 = NJW 1987, 1815.
2577 *Musielak*, S. 15 f.

schränkt – auch ohne eigenes Verschulden – für die Richtigkeit der Erklärungen zu haften.[2578] Dafür müssen eindeutige Anhaltspunkte vorliegen.

II. „Stillschweigend" geschlossener Auskunftsvertrag

Schließt jemand einen Auskunftsvertrag bewußt, so kennt er das Haftungsrisiko. 1439
Diese Kenntnis fehlt dem Auskunftgeber i. d. R., wenn er aus der maßgeblichen Sicht des Auskunftempfängers durch schlüssiges Verhalten einen solchen Vertrag eingeht.

Nach der Rechtsprechung des BGH kann der **„stillschweigende" Abschluß eines Auskunftsvertrages** zwischen Geber und Empfänger der Auskunft anzunehmen sein, wenn diese **für den Empfänger erkennbar von erheblicher Bedeutung** ist und dieser sie zur **Grundlage wesentlicher Entschlüsse** machen will. Dies gilt **insbesondere** in Fällen, in denen der **Auskunftgeber** für die Erteilung der Auskunft besonders **sachkundig** ist oder ein **eigenes wirtschaftliches Interesse** verfolgt; solche Umstände sind jedoch **nur Indizien**, die in die Würdigung der gesamten Gegebenheiten des Einzelfalles einzubeziehen sind. **Entscheidend** für den Abschluß eines Auskunftsvertrages durch schlüssiges Verhalten ist es, **ob die Gesamtumstände** des konkreten Falles mit Rücksicht auf Verkehrsanschauung und -bedürfnis **den Rückschluß zulassen**, daß beide Teile nach dem objektiven Inhalt ihrer Erklärungen – jeweils aus der Sicht des anderen – **die Auskunft zum Gegenstand vertraglicher Rechte und Pflichten gemacht haben.**[2579]

Weitere Anhaltspunkte für einen solchen Vertragsschluß können – **außer der Sachkunde und/oder einem eigenen wirtschaftlichen Interesse des Auskunftgebers** – sein:

- **Zusicherungen** nach Art einer Garantieübernahme,[2580]
- das **Versprechen**, **Angaben des Geschäftspartners** des Auskunftsempfängers zu prüfen,[2581]
- die **Einschaltung des Auskunftgebers in Vertragsverhandlungen** auf Verlangen des Auskunftempfängers[2582] oder **als unabhängige neutrale Person**[2583]

2578 BGH, WM 1960, 879, 881.
2579 U. a. BGH, NJW 1986, 180 (Steuerberater); WM 1988, 1828, 1829; NJW 1992, 2080, 2082 (Steuerberater); NJW 1993, 3073, 3075; WM 1995, 941, 943 (Steuerberater); BGH, ZIP 1999, 275 (Bankauskunft).
2580 BGH, NJW 1962, 1500.
2581 BGH, WM 1965, 287, 288.
2582 BGH, VersR 1967, 65, 66.
2583 BGH, NJW 1972, 678, 680.

- sowie eine bereits bestehende **andere Vertragsbeziehung** zwischen Auskunftgeber und -empfänger.[2584]

III. Auskunftsvertrag mit Dritten in Wahrnehmung der Interessen eines Mandanten?

1440 In die **Gefahr,** unbewußt durch schlüssiges Verhalten eine vertragliche Auskunftshaftung zu übernehmen, gerät der **Rechtsanwalt** vor allem dann, wenn er in **Wahrnehmung der Interessen seines Mandanten** mit **Dritten** – insbesondere mit einem **Gegner des Mandanten – Verbindung aufnimmt**. Insoweit hat die höchstrichterliche Rechtsprechung den Rechtsanwalt bisher geschont.[2585]

1441 Der **BGH**[2586] hat einen **Auskunftsvertrag verneint** in einem Falle, in dem ein **Rechtsanwalt gegenüber einem Gläubiger seines Mandanten** erklärt hatte, dieser sei glaub- und kreditwürdig, zahlungsfähig und -bereit, und der Gläubiger im Vertrauen auf diese Erklärung von Sicherungsmaßnahmen abgesehen hatte. In dieser Entscheidung hat der BGH ausgeführt, ein Rechtsanwalt könne ausnahmsweise mit Zustimmung seines Mandanten Auskunftsperson gegenüber dessen Gegner werden, wenn die Umstände deutlich für einen Verpflichtungswillen des Anwalts sprächen; dies komme insbesondere dann in Betracht, wenn er von dem Mandanten zu einer Unterredung wegen dessen Kreditwürdigkeit hinzugezogen werde. Im entschiedenen Falle ergebe die erforderliche Gesamtwürdigung der Umstände aber keinen anwaltlichen Verpflichtungswillen zum stillschweigenden Abschluß eines Auskunftsvertrages. Für den Gläubiger sei vor allem mit Rücksicht auf die allgemein gehaltenen Äußerungen des Rechtsanwalts klar gewesen, daß dieser sich in erster Linie vor seinen Mandanten gestellt und ihn in der Abwehr der angedrohten Maßnahmen unterstützt habe.

1442 In einer späteren Entscheidung hat der **BGH**[2587] ebenfalls den stillschweigenden Abschluß eines **Auskunftsvertrages** zwischen einem **Rechtsanwalt und einem Vertragsgegner seines Mandanten verneint**. Der Rechtsanwalt, der als Treuhänder einen Kaufvertrag abzuwickeln hatte, hatte mit Erklärungen über den Warenwert und die Erfolgsaussicht der Vertragsdurchführung einen Dritten bewogen, dem Mandanten einen Kredit zu gewähren, der aus dem Kaufpreis zurückgezahlt werden sollte. Nach Ansicht des BGH hat sich der Rechtsanwalt nicht im Sinne eines Auskunftsvertrages gegenüber dem Kreditgeber verpflichtet. Dieser habe

2584 BGH, WM 1969, 36, 37.
2585 Vgl. allerdings BGH, NJW 1972, 678, 680.
2586 WM 1978, 576.
2587 NJW 1991, 32.

nach geschäftsgefährdenden Umständen nicht ausdrücklich gefragt und deswegen keine entsprechende Auskunft erwarten dürfen; außerdem hätte sich ihm wegen des spekulativen Charakters des Geschäfts aufdrängen müssen, daß die beabsichtigte Darlehensgewährung hohe Risiken berge.

IV. Auskunftsvertrag mit „demjenigen, den es angeht"?

Zu weit ginge im Regelfall die Annahme, ein **Rechtsberater** mache über den 1443
Empfänger seiner Auskunft einem Dritten – **„demjenigen, den es angeht"**, – ein – möglicherweise „stillschweigendes" – **Angebot zum Abschluß eines Auskunftsvertrages.**[2588] Zwar hat dies der XI. Zivilsenat des BGH anerkannt für Bankauskünfte unter der Voraussetzung, daß die Auskunft für denjenigen, der sie vom Empfänger erhalten hat und auf ihre Richtigkeit und Vollständigkeit vertraut, bestimmt war und daß die Bank gewußt hat, ihre Auskunft werde für den Vertrauenden von erheblicher Bedeutung und Grundlage wesentlicher Vermögensverfügungen sein.[2589] Die Besonderheiten einer Bankauskunft lassen sich aber nicht ohne weiteres auf den Bereich der Rechtsberatung übertragen. Ein Vertragswille eines Rechtsberaters zum Abschluß eines Auskunftsvertrages mit einer Person, zu der er keine unmittelbare Verbindung hat und die hinter dem Empfänger der Auskunft steht, läßt sich regelmäßig nicht feststellen.[2590] Vielmehr setzt der Abschluß eines Auskunftsvertrages grundsätzlich einen Anfragenden voraus. Besteht kein unmittelbarer Kontakt zwischen Geber und demjenigen Empfänger der Auskunft, der auf ihre Richtigkeit und Vollständigkeit vertraut, so kann die Annahme eines Auskunftsvertrages zu unübersehbaren, aus der Interessenlage nicht mehr zu rechtfertigenden Haftungsrisiken führen.[2591]

V. Auskunftsvertrag mit Schutzwirkung zugunsten Dritter

Die Rechtsprechung hat auch einem **Auskunftsvertrag**, den ein mit besonderer 1444
Sachkunde ausgestatteter Geber einer Auskunft – etwa ein **Rechtsanwalt, Steuerberater oder Wirtschaftsprüfer** – mit deren Empfänger schließt, **Schutzwir-**

2588 Vgl. BGHZ 12, 105, 109 = NJW 1954, 793; 1973, 321, 323; *Bell*, S. 52 ff.

2589 BGH, WM 1970, 1021, 1022; 1979, 548, 549 f.; NJW 1991, 352; NJW 1996, 2734, 2736 = ZIP 1996, 1667, 1669; WM 1998, 1771 f.; vgl. BGH, VersR 1986, 35 = WM 1985, 1520 betreffend einen Vertreiber ausländischer Aktien; OLG Hamm, NJW-RR 1987, 209 und OLG Köln, NJW-RR 1988, 335 betreffend Architekten, auf deren falsche Baufortschrittsanzeigen Kreditgeber vertraut haben.

2590 *Bell*, S. 54.

2591 BGH, NJW 1973, 321, 323.

kung zugunsten eines Dritten beigemessen, wenn der Auskunftgeber erkennbar auch die Interessen eines Dritten – beispielsweise eines Kreditgebers oder Käufers – wahren soll, der die Auskunft zur Grundlage einer Vermögensentscheidung machen will (vgl. Rn. 1405 ff.). Dies ist angenommen worden für **Bonitätsauskünfte**.[2592]

D. Auskunft bei vertraglicher Anlageberatung oder -vermittlung

1445 Die Gefahr, aus einem stillschweigend abgeschlossenen Vertrag wegen fehlerhafter Auskunft in Anspruch genommen zu werden, droht einem **Rechtsanwalt** weiterhin dann, wenn er – häufig in Zusammenhang mit Steuerberatung – **als Anlageberater oder -vermittler** tätig wird. Es kann sich dann um einen – auch „stillschweigend" geschlossenen – selbstständigen **Anlageberatungs- oder -vermittlungsvertrag mit unselbständiger Auskunftspflicht** und/oder um **einen eigenständigen Auskunftsvertrag** handeln.[2593]

I. Auskunft und Anlageberatung

1446 Einen **eigenständigen Vertrag, einen Anlageninteressenten** bezüglich einer Vermögensanlage **zu beraten**, kann ein Rechtsanwalt als **echten Anwaltsvertrag** mit Verpflichtung zum Rechtsbeistand[2594] oder als **unechten Anwaltsvertrag** ohne eine solche anwaltstypische Verbindlichkeit[2595] schließen (vgl. Rn. 4 ff., 132 ff., 504 ff., 849 ff., 1192 ff., 1201 ff.). In jedem Falle hat der **Anwalt als Anlageberater** dem Anlageinteressenten die für die Anlageentscheidung bedeutsamen **Tatsachen mitzuteilen** und diese **fachkundig zu bewerten** – regelmäßig unter Darlegung der Vor- und Nachteile sowie der Risiken[2596] –; häufig schuldet der Berater, dem weitreichendes persönliches Vertrauen entgegengebracht wird, **eine auf die Verhältnisse des Interessenten zugeschnittene Betreuung**.[2597]

2592 BGH, DB 1985, 1464, 1465 = NJW-RR 1986, 484; 1986, 1307 = WM 1986, 711; 1987, 257, 259.

2593 BGHZ 74, 103, 106 ff. = NJW 1979, 1449; BGHZ 100, 117, 118 ff. = NJW 1987, 1815; BGHZ 116, 209, 211 ff. = NJW 1992, 555; BGHZ 123, 126, 128 = NJW 1993, 2433; BGH, WM 1993, 1238, 1239; NJW 1994, 1405 = WM 1994, 504 (Rechtsanwalt – Fachanwalt für Steuerrecht).

2594 BGH, WM 1994, 504, 505 = NJW 1994, 1405; vgl. BGH, NJW 1982, 1866, 1867 (Steuerberater).

2595 Vgl. BGH, NJW 1980, 1855, 1856.

2596 Vgl. BGH, NJW-RR 1987, 1375, 1376 für eine Anlageberatung innerhalb eines Steuerberatervertrages.

2597 Vgl. BGH, WM 1993, 1238, 1239; BGHZ 123, 126, 129 = NJW 1993, 2433.

Dieser regelmäßig weite Pflichtenkreis eines Anlageberatungsvertrages erstreckt sich darauf, richtige und vollständige **Auskunft über das Anlageobjekt und den Kapitalsuchenden** zu geben.[2598] Der **regelmäßig sachunkundige Anlageinteressent**, der die Anlageberatung meistens zu vergüten hat, soll durch die Beratung einschließlich der gebotenen Auskünfte in die Lage versetzt werden, **eigenverantwortlich** Vor- und Nachteile sowie Risiken einer Anlage abzuwägen und sich zu entscheiden.[2599] 1447

Der Rechtsanwalt kann eine **Anlageberatung auch als unselbstständige Verpflichtung** im Rahmen eines Vertrages übernehmen, der überwiegend einen anderen Gegenstand hat; der Inhalt der Pflicht zur Anlageberatung ändert sich dadurch nicht.[2600] Andererseits kann ein **gesonderter Auskunfts- und/oder Anlageberatungsvertrag zusätzlich** zu einem **bereits bestehenden Anwalts- oder Steuerberatungsvertrag** geschlossen werden.[2601] 1448

II. Auskunft und Anlagevermittlung

Ein Vertrag eines **Rechtsanwalts, einem Anlageinteressenten eine bestimmte Kapitalanlage zu vermitteln**, kann ein **echter Anwaltsvertrag** mit Rechtsberatung (§ 675 BGB)[2602] oder ein **Maklervertrag** (§ 652 BGB) ohne Pflicht zum rechtlichen Beistand sein (vgl. Rn. 1201 ff.). 1449

Die Pflichten aus einem solchen Vertrag mit dem Anlageinteressenten gehen nicht so weit wie diejenigen aus einem Anlageberatungsvertrag. Regelmäßig weiß der Interessent, daß der Anlagevermittler für die von ihm vertriebene Kapitalanlage eines Kapitalsuchenden wirbt, und vertraut diesem deswegen nicht wie einem unabhängigen individuellen Anlageberater. Grundsätzlich hat der **Anlagevermittler dem Anlageinteressenten** – sei es aufgrund eines **Vermittlungs-** oder **Auskunftsvertrages** – nur **richtige und vollständige Auskunft** zu erteilen über die Umstände, die für den Anlageentschluß besonders bedeutsam sind, insbesondere über die **Wirtschaftlichkeit der Kapitalanlage** und die **Bonität des Kapital-** 1450

2598 Vgl. zur Anlageberatung: *Siol*, in: *Schimansky/Bunte/Lwowski*, § 43 Rn. 6 ff., § 45 Rn. 2 ff.; *Kienle*, in: *Schimansky/Bunte/Lwowski*, § 110 Rn. 1 ff.; *von Heymann*, in: *Assmann/Schütze*, § 5 Rn. 3, 6 ff., 18 ff., 51 ff., 102 ff.; *von Heymann*, Bankenhaftung S. 41 ff.

2599 Vgl. BGHZ 129, 386, 396 = NJW 1995, 2108.

2600 Vgl. BGH, NJW-RR 1987, 1375, 1376 f. zur Anlageberatung im Rahmen eines Steuerberatungsvertrages.

2601 Vgl. BGH, WM 1969, 36, 37; BGHZ 100, 117, 119 f. = NJW 1987, 1815.

2602 Vgl. BGHZ 18, 340, 346 = NJW 1955, 1921; BGH, VersR 1968, 792, 793; WM 1976, 1135, 1136; VersR 1982, 245; NJW 1984, 2524.

suchenden.[2603] Der Anlageinteressent soll auf diese Weise die Risiken der in Aussicht genommenen Anlage erkennen können.

1451 Die Pflicht zur **Auskunft und Anlagevermittlung** kann **unselbständige Nebenpflicht** innerhalb eines Vertrages mit anderem Gegenstand oder **selbstständige Hauptpflicht eines selbständigen Vertrages** sein, der möglicherweise zusätzlich zu einem bereits bestehenden Anwalts- oder Steuerberatungsvertrag geschlossen wird.

III. Abgrenzung zwischen Anlageberatung und -vermittlung

1452 Ob eine vertragliche Verpflichtung eine **Anlageberatung oder -vermittlung** betrifft, **hängt davon ab**, ob bei Vertragsschluß nach den Umständen des Einzelfalles eine fachkundige, an den Verhältnissen des Interessenten ausgerichtete Beurteilung der für eine Anlageentscheidung bedeutsamen Umstände im Vordergrund stand – **dann Anlageberatung** – oder ob der Interessent lediglich Auskünfte über das Anlageobjekt und den Kapitalsuchenden ohne individuelle Beratung gewünscht hat – **dann Anlagevermittlungs- oder Auskunftsvertrag** –.[2604]

E. Keine eigenständige anwaltliche Berufshaftung

1453 Der von der Rechtsprechung eingeschlagene Weg, eine anwaltliche **Auskunftshaftung** – gemäß dem Vorbehalt des § 676 BGB – mit einem **Vertrag** – oder mit einem **Verschulden bei Vertragsschluß**[2605] – zu begründen, ist vom Ansatz her richtig. Eine im Schrifttum befürwortete **Vertrauenshaftung kraft Berufsstellung** für fachliche Ratschläge und Auskünfte[2606] würde über diese Haftungsgrundlagen hinausgehen und die rechtsberatenden Berufe unzumutbar belasten.[2607]

2603 BGHZ 74, 103, 106 f. = NJW 1979, 1449; BGHZ 100, 117, 118 ff. = NJW 1987, 1815; WM 1993, 1238, 1239; vgl. zur Anlagevermittlung: *Siol*, in: *Schimansky/Bunte/Lwowski*, § 45 Rn. 2 ff.; *von Heymann*, in: *Assmann/Schütze*, § 5 Rn. 4, 6 ff., 22 ff., 75 ff., 102 ff.; *von Heymann*, Bankenhaftung S. 19 ff.

2604 Vgl. BGH, WM 1993, 1238, 1239.

2605 Vgl. BGHZ 74, 103, 106, 108 = NJW 1979, 1449.

2606 *Lammel*, AcP 179, S. 336, 345 ff., 364 ff.; *Hopt*, AcP 183, S. 608, 635, 638 ff., 645 ff., 663 ff., 669 ff., 678 ff., 705 ff.

2607 *Kleutgens*, S. 104 f.

F. Grenzen des anwaltlichen Auskunftsvertrages

Die von der Rechtsprechung entwickelten Grundsätze über den – i. d. R. stillschweigenden – Abschluß eines Auskunftsvertrages können auf das **Verhältnis eines Rechtsanwalts zu einem Nichtmandanten** nur mit der gebotenen **Vorsicht und Zurückhaltung** angewendet werden.[2608] Das Bestreben, Unzulänglichkeiten des deliktischen Vermögensschutzes durch eine Vertragshaftung auszugleichen (vgl. Rn. 1386), darf nicht übertrieben werden.[2609] Soweit sich die Gefahr einer **Dritthaftung wegen fehlerhafter Auskunft** im Zusammenhang mit der Wahrnehmung der Interessen eines Mandanten einstellt, **verdoppelt sie das anwaltliche Berufsrisiko**. Gegen den Willen eines Rechtsanwalts zur Eingehung eines Auskunftsvertrages spricht, daß er i. d. R. für eine Auskunft **kein Honorar** verlangt und erhält. Bei **gegenläufigen Interessen eines Mandanten und eines Dritten**, der auf eine anwaltliche Auskunft vertraut, ist – ebenso wie beim Vertrag mit Schutzwirkung zugunsten Dritter (Rn. 1411)[2610] und beim Treuhandvertrag (Rn. 1505) – das allseits bekannte **Kontrahierungsverbot** des § 43 a Abs. 4 BRAO zu beachten.[2611] 1454

G. Schadensersatzpflicht aus anwaltlichem Auskunftsvertrag 1455

I. Verletzung einer Auskunftspflicht

Derjenige, der behauptet, der Rechtsanwalt habe ihn durch eine fehlerhafte Auskunft geschädigt, hat für einen Schadensersatzanspruch zunächst **darzulegen** und – gemäß § 286 ZPO – **zu beweisen**, daß der **Anwalt ihm gegenüber eine vertragliche Auskunftspflicht** – gemäß den vorstehenden Ausführungen (Rn. 1437, 1439 ff.) – **übernommen** und **diese Pflicht verletzt hat**, indem er eine falsche oder unvollständige Auskunft erteilt hat. Unter besonderen Umständen kann auch gegen eine Pflicht, eine nachträglich falsch gewordene **Auskunft zu berichtigen**, verstoßen worden sein.[2612] 1456

Die **Darlegungs- und Beweislast** für diese anspruchsbegründenden Voraussetzungen richten sich nach den **allgemeinen Regeln** (Rn. 998, 1224, 1288).[2613] So-

2608 *Bell*, S. 64 ff.
2609 BGH, NJW 1992, 2080, 2082.
2610 Vgl. BGH, NJW 1991, 32, 33.
2611 Vgl. BGH, NJW 1972, 678, 680.
2612 Vgl. BGHZ 61, 176, 179 = NJW 1973, 1923; 1993, 3073.
2613 BGH, NJW 1987, 1322, 1323; 1996, 2571; WM 1997, 335, 339.

weit geltend gemacht wird, der Rechtsanwalt habe eine gebotene Mitteilung unterlassen, wird die Darlegungs- und Beweislast des Geschädigten für eine solche negative Tatsache dadurch **gemildert**, daß zunächst der Anwalt im einzelnen darzulegen hat, in welcher Weise er die behauptete Mitteilung vorgenommen haben will.[2614]

II. Verschulden

1457 Steht die Verletzung einer anwaltlichen Auskunftspflicht fest, so ist **entsprechend § 282 BGB** von einem **Verschulden** (§ 276 BGB) **des Rechtsanwalts** auszugehen; dieser hat sich zu entlasten.[2615]

III. Haftungsausfüllende Kausalität

1458 Die **Darlegungs- und Beweislast** für den anspruchsbegründenden **Ursachenzusammenhang** zwischen dem Schaden und der schuldhaften Verletzung einer vertraglichen Beratungs-, Aufklärungs- oder Auskunftspflicht (**haftungsausfüllende Kausalität**) wird in der höchstrichterlichen Rechtsprechung nicht einheitlich festgelegt.

Insoweit ist für einen Schadensersatzanspruch die sich aus **§ 249 Satz 1 BGB** ergebende Frage zu beantworten, was geschehen wäre, wenn der Vertragspartner sich vertragsgerecht verhalten hätte, und wie die Vermögenslage des Anspruchstellers dann wäre.[2616]

1459 **Grundsätzlich** hat nach der Rechtsprechung des BGH **der Schädiger zu beweisen**, daß der Schaden auch bei pflichtgemäßer Beratung, Aufklärung und Auskunft entstanden wäre, weil **der Geschädigte sich nicht „beratungs-, aufklärungs-, auskunftsgerecht" verhalten hätte**.[2617]

1460 **Abweichend** von dieser Rechtsprechung legt der – für Rechtsanwalts – und Steuerberaterhaftung zuständige- IX. Zivilsenat des BGH die **Darlegungs- und Beweislast** dafür, daß eine schuldhafte Verletzung einer Beratungs-, Aufklärungs- oder Auskunftspflicht eines **Rechtsanwalts- oder Steuerberaters** aus einem Vertrag mit Rechtsbeistandsverpflichtung den geltend gemachten Schaden verursacht hat, dem **Geschädigten** – auch im Falle einer groben Pflichtverlet-

2614 BGH, NJW 1987, 1322, 1323; 1995, 2842, 2843; 1996, 2571; WM 1997, 335, 339.

2615 BGH, WM 1972, 583, 584; NJW 1987, 326, 327; WM 1996, 1832, 1835; vgl. BGHZ 129, 386, 391 f. = NJW 1995, 2108 für den Steuerberater.

2616 BGH, WM 1993, 610, 614; 1996, 1832, 1835.

2617 BGHZ 124, 151, 159 m. w. N. = NJW 1994, 512; BGH, Beschl. v. 1. 4. 1993 – III ZR 193/91, BGHR BGB § 676 – Auskunftsvertrag 15.

zung[2618] – auf; diese Last wird durch Anwendung des **§ 287 ZPO**[2619] und der Regeln über den **Beweis des ersten Anscheins**[2620] erleichtert (vgl. Rn. 1042, 1224, 1290 ff.).[2621]

IV. Haftungsrechtliche Zurechnung

Der vom Rechtsberater angerichtete Schaden muß dem Schädiger **haftungsrechtlich zuzurechnen** sein (Rn. 1061 ff., 1224).[2622] Der Schaden ist nur dann zu ersetzen, wenn er im Kreis der Gefahren liegt, zu deren Abwendung die verletzte Vertragspflicht übernommen wurde; dieser **Schutzzweck** bestimmt sich nach dem Ziel, das der Mandant mit der Beauftragung aus der Sicht des Rechtsanwalts oder Steuerberaters verfolgt hat.[2623] 1461

Dieser **Zurechnungszusammenhang** ist beispielsweise gegeben, wenn

- der Mandant, der von einem Kaufvertrag über eine Eigentumswohnung zurücktreten kann und gegen den Verkäufer einen Schadensersatzanspruch wegen Nichterfüllung hat, infolge eines anwaltlichen Beratungsfehlers die Wohnung weiterveräußert und dadurch geschädigt wird;[2624]
- der Mandant infolge einer falschen anwaltlichen Beratung über die Wirksamkeit eines Treuhandvertrages eine Bürgschaft übernimmt.[2625]

V. Umfang des Schadenersatzes

Sofern der Schädiger die Vermeidung des Schadens nicht garantiert hat, haftet er grundsätzlich für den **Nachteil, der durch das Vertrauen auf die Richtigkeit und Vollständigkeit der – fehlerhaften – Auskunft entstanden ist.**[2626] Diese Haftung wird **durch den Schutzbereich (-zweck)** der verletzten vertraglichen – oder vorvertraglichen – Auskunftspflicht **begrenzt.**[2627] 1462

2618 BGHZ 126, 217 = WM 1994, 2113.
2619 Dazu BGH, WM 1992, 1155, 1156 = NJW-RR 1992, 997; NJW 1992, 2694, 2695; WM 1993, 382 = NJW 1993, 734.
2620 Dazu BGHZ 123, 311, 314 ff. = NJW 1993, 3259; BGHZ 126, 217, 222 = WM 1994, 2113; 1993, 610, 614 f. und 1513, 1516.
2621 BGHZ 123, 311 = NJW 1993, 3259 = WM 1994, 78; BGHZ 126, 217 = WM 1994, 2113; 1995, 941, 942.
2622 Vgl. zum Zurechnungszusammenhang im einzelnen BGH, WM 1995, 398, 401 f. = NJW 1995, 449; WM 1997, 2085, 2086 m. w. N.; zum Zurechnungszusammenhang bei unrichtiger Auskunft: BGH, Beschl. v. 18. 6. 1991 – XI ZR 282/90, BGHR BGB § 676 – Auskunftsvertrag 10.
2623 BGH, WM 1997, 2085, 2086.
2624 BGH, WM 1995, 398, 402 = NJW 1995, 449.
2625 BGH, WM 1997, 2085, 2086.
2626 BGH, WM 1995, 941, 942; 1998, 142, 143.
2627 BGHZ 116, 209, 211 ff. = NJW 1992, 555 = WM 1992, 133; BGH, WM 1998, 142, 143.

1463 Hat der Schädiger seine **fehlerhafte Auskunft im Rahmen eines umfassenden Beratungsvertrages** erteilt (Rn. 1433, 1448), so haftet er **grundsätzlich für alle Schäden** (positives Interesse), die sein Vertragspartner aus einer Vermögensentscheidung aufgrund der Auskunft erlitten hat, und zwar auch dann, wenn diese nur einen Einzelpunkt betroffen hat.[2628]

1464 Dagegen ist die **Haftung beschränkt auf den Vertrauensschaden** (negatives Interesse), wenn lediglich die vertragliche – oder vorvertragliche – Pflicht zur Beratung, Aufklärung oder Auskunft **hinsichtlich eines bestimmten Einzelpunktes eines Vorhabens** übernommen worden ist.[2629] In einem solchen Falle erfaßt eine Ersatzpflicht wegen einer fehlerhaften Auskunft grundsätzlich nur die Schäden, die nach dem **Schutzzweck** der verletzten Vertragspflicht in diesem Einzelpunkt verhindert werden sollten. Der Schädiger braucht also dann im allgemeinen nicht den gesamten Schaden aus dem fehlgeschlagenen Vorhaben zu tragen, für das die Auskunft bestimmt war. Zwar mag die fehlerhafte Auskunft einen weitergehenden Schaden des Vertragspartners adäquat verursacht haben. Es ginge aber „jedenfalls dann, wenn bei wertender Betrachtung der aus der Auskunftspflichtverletzung herrührende Schaden ... isoliert und durch Ausgleich in Geld neutralisiert werden kann", über den Schutzbereich der verletzten Vertragspflicht hinaus, das Entscheidungsrisiko des Vertragspartners – wie bei einem umfassenden Beratungsvertrag – voll auf den Auskunftgeber abzuwälzen; dieser konnte die übrigen Umstände, die zur tatsächlichen Entscheidung des Geschädigten beigetragen haben, i. d. R. weder überblicken noch beeinflussen.[2630] Der Geschädigte ist dann so zu stellen wie er stünde, wenn er nicht auf die Richtigkeit und Vollständigkeit der Auskunft vertraut hätte; er darf jedoch nicht besser gestellt werden als er stünde, wenn die Auskunft fehlerfrei gewesen wäre.[2631]

1465 **Art und Umfang des Schadens** hat der **Geschädigte darzulegen** und gemäß § 287 ZPO **zu beweisen.**[2632] **Auszugleichende Vorteile** des Schadenereignisses[2633] – auch **steuerliche Vorteile**[2634] – hat der **Schädiger darzulegen und zu beweisen.**[2635]

2628 BGHZ 116, 209, 212 = WM 1992, 133 für eine Vermögensanlage.
2629 BGHZ 116, 209, 213 = WM 1992, 133; BGH, WM 1998, 142, 143 = NJW 1998, 982, 983.
2630 BGHZ 116, 209, 213 f. = WM 1992, 133.
2631 BGHZ 116, 209, 213 = WM 1992, 133.
2632 Vgl. zur schwierigen Feststellung eines Anlageschadens: BGH, NJW 1995, 2106, 2107.
2633 Vgl. dazu BGHZ 91, 206, 209 f. m. w. N. = NJW 1984, 2457; zum Vorteilsausgleich bei unrichtiger Bonitätsauskunft: BGH, NJW-RR 1992, 1397.
2634 Vgl. BGHZ 53, 132, 134 = NJW 1970, 461; BGHZ 74, 103, 113 ff. = NJW 1979, 1449; BGH, NJW 1986, 245; NJW-RR 1989, 1102, 1103; *Kullmann*, VersR 1993, 385.
2635 BGHZ 94, 195, 217 = NJW 1985, 1539; BGH, NJW 1995, 2106, 2107.

Derjenige, der als verdeckter Stellvertreter eine Auskunft für einen Dritten eingeholt hat, kann grundsätzlich nicht den Schaden geltend machen, den der Dritte im Vertrauen auf die fehlerhafte Auskunft erlitten hat (**keine Drittschadensliquidation**).[2636] 1466

VI. Mitverschulden

Die Voraussetzungen des – von Amts wegen zu prüfenden[2637] – **Einwands des schadensursächlichen Mitverschuldens** (§ 254 BGB) sind vom **Schädiger zu beweisen**[2638] (vgl. Rn. 1133 ff., 1144). 1467

Dieser **Einwand eines Rechtsberaters** ist **gegenüber einem Mandanten regelmäßig** dann **unbegründet**, wenn die Verhütung des entstandenen Schadens nach dem Vertragsinhalt dem in Anspruch genommenen Rechtsberater allein oblag. Deswegen kann grundsätzlich dem geschädigten Auftraggeber kein Mitverschulden angerechnet werden, weil er eine Gefahr, zu deren Vermeidung er einen Fachmann hinzugezogen hat, bei genügender Sorgfalt selbst hätte erkennen und abwenden können.[2639] Dies gilt i. d. R. **auch im Verhältnis eines Rechtsanwalts zu einem rechtskundigen Mandanten.**[2640] Ein anrechenbares **Mitverschulden** kommt allerdings in Betracht, wenn eine Schadensursache im Bereich der **Eigenverantwortung des Geschädigten** entstanden ist und dieser diejenige Sorgfalt außer acht gelassen hat, die nach der Sachlage erforderlich erschien, um sich selbst vor Schaden zu bewahren[2641] (vgl. Rn. 1149 ff.). 1468

Diese Grundsätze gelten auch im Verhältnis zwischen einem **Rechtsberater**, der eine fehlerhafte Auskunft erteilt hat, und demjenigen **Partner eines Auskunftsvertrages**, der im Vertrauen auf die Richtigkeit und Vollständigkeit der Auskunft geschädigt worden ist. Nach dem Inhalt des Auskunftsvertrages ist es im allgemeinen Sache des Rechtsberaters, den Vertragspartner vor den Schäden zu warnen, die im Schutzbereich der übernommenen Auskunftspflicht liegen. Deswegen kann **dem Geschädigten i. d. R. kein Mitverschulden** vorgeworfen werden mit der Begründung, er habe der Auskunft vertraut und dadurch einen Mangel an Sorgfalt gezeigt.[2642] Das gilt insbesondere dann, wenn der Ge- 1469

2636 BGHZ 133, 36, 41 = BGH, NJW 1996, 2734.
2637 BGH, NJW 1991, 166, 167.
2638 BGHZ 91, 243, 260 = NJW 1984, 2216.
2639 BGH, WM 1995, 212, 213; 1996, 1832, 1835.
2640 BGH, NJW 1992, 820; 1993, 2045, 2047.
2641 BGH, WM 1996, 1832, 1835 f.
2642 BGH, WM 1965, 287, 288.

schädigte die Auskunft des Rechtsberaters wegen dessen Sachkunde eingeholt hat.[2643]

1470 **Ausnahmsweise** kann dem Geschädigten ein **Mitverschulden** vorgeworfen werden, wenn er

- der Auskunft blindlings vertraut hat, ohne gebotene weitere Ermittlungen anzustellen;[2644]
- sich mit einer erkennbar unvollständigen Auskunft begnügt hat;[2645]
- Warnungen von dritter Seite oder differenzierende Hinweise des anderen Teils nicht genügend beachtet hat oder wenn im Hinblick auf die Interessenlage, in der die Partner in vertragliche Beziehungen zueinander getreten sind, besondere Umstände vorgelegen haben.[2646]

VII. Verjährung

1471 Ein **Schadensersatzanspruch wegen fehlerhafter Auskunft verjährt grundsätzlich in dreißig Jahren** (§ 195 BGB).[2647]

1472 Dagegen gelten die **kurzen Verjährungsregelungen** des § 51 b BRAO für **Rechtsanwälte**[2648] und der §§ 68, 72 Abs. 1 StBerG für **Steuerberater**[2649] in den **beiden folgenden Fällen:**

- Die verletzte **Auskunftspflicht** war Teil eines **umfassenden Beratungsvertrages**, der auch in nennenswertem Umfang **rechtlichen Beistand** erforderte (vgl. Rn. 1201 ff.).
- Die verletzte Auskunftspflicht war Gegenstand eines **gesonderten Auskunftsvertrages**, hatte aber eine so **enge inhaltliche Verbindung mit Rechts- oder Steuerberatung**, daß sie bei lebensnaher Betrachtung aus der Sicht der Parteien zu dieser Beratung gehörte.[2650] Das hat zur Folge, daß bei einer solchen einmaligen (Auskunfts-)Leistung eines Rechtsanwalts, bei der im allgemeinen Primär- und Sekundäranspruch in unwesentlichem Abstand nach § 51 b Fall 2 BRAO verjähren (Rn. 1256), sich ausnahmsweise eine Sekundärhaftung erheblich auswirken kann.[2651]

2643 BGHZ 100, 117, 125 = NJW 1987, 1815; BGH, WM 1993, 1238, 1240.
2644 BGH, WM 1973, 164, 166; OLG Frankfurt, ZIP 1984, 976, 978.
2645 BGH, NJW 1989, 2882, 2884.
2646 BGH, NJW 1982, 1095, 1096; WM 1993, 1238, 1240, jeweils auskunftspflichtige Anlagevermittler betreffend.
2647 BGH, NJW 1984, 2524; zur Verletzung einer vertraglichen Beratungspflicht: BGHZ 70, 356, 361 = NJW 1978, 997; BGH, WM 1992, 1246, 1248 = NJW-RR 1992, 1011, 1012; WM 1997, 2315, 2318; NJW 1999, 1540, 1541 = WM 1999, 1170.
2648 Vgl. BGHZ 120, 157, 159 = NJW 1993, 199 für einen als Treuhänder tätigen Rechtsanwalt.
2649 BGH, NJW 1984, 2524; WM 1995, 941, 944.
2650 BGHZ 115, 213, 226 = NJW 1992, 228; BGH NJW 1994, 1405, 1407.
2651 BGH, Beschl. v. 9. 9. 1997 – IX ZR 238/96.

War demgegenüber die verletzte **Auskunftspflicht des Rechtsanwalts** oder **Steuerberaters Teil eines Vertrages ohne nennenswerten rechtlichen Beistand** (vgl. Rn. 132 ff., 504, 852, 1201 ff.) oder hatte diese Pflicht **keine enge inhaltliche Verbindung mit Rechts- oder Steuerberatung,**[2652] so **verjährt ein Schadensersatzanspruch wegen fehlerhafter Auskunft in dreißig Jahren** (§ 195 BGB).[2653] 1473

H. Anhang: Rechtsprechungslexikon 1474

Anlageberatung und -vermittlung

Stellung und Aufgaben eines Anlageberaters und eines Anlagevermittlers sind unterschiedlich.

Einen Anlageberater wird der Anleger im allgemeinen hinzuziehen, wenn er selbst keine ausreichenden wirtschaftlichen Kenntnisse und keinen genügenden Überblick über wirtschaftliche Zusammenhänge hat. Er erwartet dann nicht nur die Mitteilung von Tatsachen, sondern insbesondere deren fachkundige Bewertung und Beurteilung. Häufig wünscht er eine auf seine persönlichen Verhältnisse zugeschnittene Beratung, die er auch besonders vergütet. Ein solcher unabhängiger individueller Berater, dem weitreichendes persönliches Vertrauen entgegengebracht wird, hat regelmäßig weitgehende Pflichten gegenüber dem betreuten Anleger und muß diesen differenziert und fundiert beraten.

Dagegen tritt der Anlageinteressent einem Anlagevermittler, der den Vertrieb einer bestimmten Kapitalanlage im Interesse des Kapitalsuchenden und auch mit Rücksicht auf die von diesem versprochene Provision übernommen hat, selbständiger gegenüber. An den Vermittler wendet sich der Interessent i. d. R. in dem Bewußtsein, daß der werbende und anpreisende Charakter der Angaben im Vordergrund steht. Der Vertrag zwischen dem Anlageinteressenten und dem Anlagevermittler zielt lediglich auf Auskunftserteilung. Er verpflichtet den Vermittler zu richtiger und vollständiger Information über diejenigen tatsächlichen Umstände, die für den Anlageentschluß des Interessenten von besonderer Bedeutung sind.
BGH, Urt. v. 13. 5. 1993 – III ZR 25/92, WM 1993, 1238, 1239.

Ein Steuerberater, der von einem Anlageinteressenten zur Aufklärung über die steuerlichen Risiken einer Anlage hinzugezogen wird, ist zu besonders weitgehen-

2652 Vgl. BGH, NJW 1994, 1405, 1407.
2653 BGH, WM 1995, 344, 347 für einen als Treuhänder tätigen Rechtsanwalt.

der Beratung verpflichtet. Er muß auch ungefragt steuerliche bedeutsame Umstände darlegen und über ihre Folgen belehren.
BGH, Urt. v. 9. 12. 1981 – IVa ZR 42/81, VersR 1982, 245 f.

Zwischen dem Anlagevermittler und dem Anlageinteressenten besteht i. d. R. ein Auskunftsvertrag, der den Vermittler auch dann noch zur Richtigstellung fehlerhafter Prospektangaben verpflichtet, wenn inzwischen ein Dritter die Beratung des Interessenten übernommen hat.
BGH, Urt. v. 12. 6. 1997 – III ZR 278/95, NJW 1998, 448.

Auskunftsvertrag mit dem Empfänger der Auskunft

Ungeachtet der Vorschrift des § 676 BGB kann zwischen dem Geber und Empfänger einer Auskunft stillschweigend ein Auskunftsvertrag geschlossen werden, wenn die Auskunft für den Empfänger erkennbar von erheblicher Bedeutung ist und dieser sie zur Grundlage wesentlicher Entschlüsse machen will. Sachkunde und ein eigenes wirtschaftliches Interesse des Auskunftgebers sind insoweit Indizien. Entscheidend ist es, ob die Gesamtumstände unter Berücksichtigung der Verkehrsauffassung und des Verkehrsbedürfnisses den Rückschluß zulassen, daß beide Teile nach dem objektiven Inhalt ihrer Erklärungen die Auskunft zum Gegenstand vertraglicher Rechte und Pflichten gemacht haben.
BGH, Urt. v. 17. 9. 1985 – VI ZR 73/84, NJW 1986, 180 f.; v. 11. 10. 1988 – XI ZR 1/88, WM 1988, 1828, 1829; v. 13. 2. 1992 – III ZR 28/90, NJW 1992, 2080, 2082; v. 15. 6. 1993 – XI ZR 111/92, NJW 1993, 3073, 3075; v. 16. 2. 1995 – IX ZR 15/94, WM 1995, 941, 943; v. 8.12.1998 – XI ZR 50/98, ZIP 1999, 275.

Außer der Sachkunde und einem eigenen wirtschaftlichen Interesse des Auskunftgebers an dem Geschäftsabschluß können für den stillschweigenden Abschluß eines Auskunftsvertrages sprechen ein persönliches Engagement in der Form von Zusicherungen nach Art einer Garantieübernahme, das Versprechen eigener Nachprüfung der Angaben des Geschäftspartners des Auskunftsempfängers, die Hinzuziehung des Auskunftgebers zu Vertragsverhandlungen auf Verlangen des Auskunftsempfängers oder die Einbeziehung in solche Verhandlungen als unabhängige neutrale Person sowie eine bereits anderweitig bestehende Vertragsbeziehung zwischen Geber und Empfänger der Auskunft.
BGH, Urt. v. 13. 2. 1992 – III ZR 28/90, NJW 1992, 2080, 2082.

Tritt ein Anlageinteressent an einen Anlagevermittler nach dessen Angebot oder von sich aus heran, und macht er deutlich, daß er für eine bestimmte Anlageentscheidung die besonderen Kenntnisse und Verbindungen des Vermittlers in Anspruch nehmen will, so liegt darin sein Angebot auf Abschluß eines Auskunfts-

oder Beratungsvertrages. Dieses Angebot nimmt der Vermittler stillschweigend jedenfalls dadurch an, daß er die gewünschte Tätigkeit beginnt. Die Vereinbarung eines Entgelts ist keine notwendige Voraussetzung für einen verbindlichen Vertrag.

Ein gesonderter Auskunfts- oder Beratungsvertrag kann neben anderen vertraglichen Beziehungen der Vertragspartner bestehen.
BGH, Urt. v. 4. 3. 1987 – IVa ZR 122/85, BGHZ 100, 117, 118ff. = NJW 1987, 1815; v. 13. 5. 1993 – III ZR 25/92, WM 1993, 1238, 1239.

Anlagevermittler können für ihre Angaben aus einem stillschweigend geschlossenen Beratungsvertrag und daneben aus einem Verschulden bei Vertragsverhandlungen haften.
BGH, Urt. v. 22. 3. 1979 – VII ZR 259/77, BGHZ 74, 103, 106, 108 = NJW 1979, 1449.

Gibt ein Rechtsanwalt gegenüber einem Gläubiger seines Mandanten Erklärungen über dessen Kreditwürdigkeit ab, so kann ein Auskunftsvertrag nur ausnahmsweise dann bejaht werden, wenn die im einzelnen festgestellten Umstände deutlich für den Verpflichtungswillen des Rechtsanwalts sprechen.
BGH, Urt. v. 24. 1. 1978 – VI ZR 105/76, WM 1978, 576, 577.

Zur Frage, wann ein Rechtsanwalt für Erklärungen gegenüber dem Vertragsgegner seines Mandanten aus einem Auskunftsvertrag haften kann.
BGH, Urt. v. 17. 5. 1990 – IX ZR 85/89, NJW 1991, 32.

Auskunftsvertrag mit einem Nichtempfänger der Auskunft

Bei einer Bankauskunft können vertragliche oder vertragsähnliche Beziehungen auch mit demjenigen zustande kommen, „den es angeht". Für die rechtliche Beurteilung kann es keinen Unterschied machen, ob die Bank die Anfrage des Interessenten abwartet oder ob sie ohne Anfrage dem Kunden eine Auskunft gibt und ihm damit die Möglichkeit eröffnet, mit dieser an eine Vielzahl von Interessenten heranzutreten und diesen die Anfrage zu ersparen. Jedoch ist die Übernahme einer Haftung durch die Bank gegenüber beliebigen, noch unbekannten Dritten ungewöhnlich und ein Angebot „an wen es angeht" regelmäßig zu verneinen.
BGH, Urt. v. 6. 7. 1970 – II ZR 85/68, WM 1970, 1021, 1022.

Wendet sich eine Bank mit einer unrichtigen Kreditauskunft über einen Kunden an unbekannte Personen, die als Darlehensgeber des Kunden in Betracht kommen, so kann die Bank diesen aus Auskunftsvertrag haften.
BGH, Urt. v. 12. 2. 1979 – II ZR 177/77, WM 1979, 548, 549f.

Ein Auskunftgeber kann ausnahmsweise auch demjenigen haften, der auf die einem anderen erteilte Auskunft vertraut hat.
BGH, Urt. v. 16. 10. 1990 – XI ZR 165/88, NJW 1991, 352.

Eine Bank kann wegen falscher Auskunft nicht nur dem anfragenden Kunden, sondern auch demjenigen haften, der auf die einem anderen erteilte Auskunft vertraut hat. Dafür ist jedoch erforderlich, daß die Auskunft für diesen bestimmt und die Bank sich bewußt war, daß ihre Auskunft für diesen von erheblicher Bedeutung sein und als Grundlage entscheidender Vermögensverfügungen dienen werde.

Wer in verdeckter Stellvertretung eine Auskunft für einen Dritten einholt, kann den Schaden, den der Dritte im Vertrauen auf die Auskunft erleidet, grundsätzlich nicht zum Gegenstand eines eigenen Ersatzanspruchs machen.
BGH, Urt. v. 21. 5. 1996 – XI ZR 199/95, NJW 1996, 2734, 2735f.

Zwischen einem Kreditinstitut und einem Dritten kommt mit der Vorlage einer Bankbescheinigung ein Auskunftsvertrag zustande, wenn die dem Bankkunden zur Verfügung gestellte Bescheinigung auch für den Dritten bestimmt und dem Kreditinstitut bewußt ist, daß sie für ihn von erheblicher Bedeutung sein und er sie unter Umständen zur Grundlage wesentlicher Vermögensverfügungen machen werde.
BGH, Urt. v. 7. 7. 1998 – XI ZR 375/97, WM 1998, 1771.

Auskunftsvertrag mit Schutzwirkung zugunsten Dritter

Wird ein öffentlich bestellter und vereidigter Sachverständiger mit einem Gutachten über einen Grundstückswert beauftragt, das als Kreditunterlage dienen soll, so kann ein Auskunftsvertrag mit Schutzwirkung für Dritte vorliegen.
BGH, Urt. v. 23. 1. 1985 – IVa ZR 66/83, DB 1985, 1464.

Beauftragt ein Bankkunde einen Wirtschaftsprüfer, eine als Kreditunterlage dienende Auskunft über seine Bonität zu erstellen, so kann darin ein Vertrag mit Schutzwirkung zugunsten der Bank gesehen werden.
BGH, Urt. v. 19. 3. 1986 – IVa ZR 127/84, NJW-RR 1986, 1307 = WM 1986, 711.

Mitverschulden

Bei einer Anlageberatung kann den Kunden ein Mitverschulden treffen, wenn er den Angaben des Beraters blindlings vertraut.
BGH, Urt. v. 18. 1. 1973 – II ZR 82/71, WM 1973, 164, 166.

Den Empfänger einer Auskunft trifft ein erhebliches Mitverschulden, wenn er Verträge ohne weitere Nachforschungen allein aufgrund der Auskunft abschließt, ob-

wohl diese zur Kreditwürdigkeit seines Vertragspartners nicht ausdrücklich Stellung nimmt.
OLG Frankfurt, Urt. v. 19. 6. 1984 – 5 U 187/83, ZIP 1984, 976, 978.

Den Anlageinteressenten trifft an seinem Schaden infolge einer Falschauskunft kein Mitverschulden, wenn er nicht dieselbe Sachkunde und Erkenntnismöglichkeit wie der Auskunftspflichtige hat und keine auffälligen Unklarheiten erkennen kann.
BGH, Urt. v. 4. 3. 1987 – IVa ZR 122/85, BGHZ 100, 117, 125 = NJW 1987, 1815.

Wer seine Entscheidung auf eine erkennbar unvollständige Kreditauskunft stützt, ohne von dem Angebot weiterer Unterrichtung Gebrauch zu machen, hat keinen Schadensersatzanspruch aus einem Auskunftsvertrag.
BGH, Urt. v. 27. 6. 1989 – XI ZR 52/88, NJW 1989, 2882, 2884.

Zwar gibt derjenige, der einen Sachkundigen hinzuzieht, damit zu erkennen, daß er auf dem betreffenden Fachgebiet nicht die erforderlichen Kenntnisse hat und auf fremde Hilfe angewiesen ist, so daß sein Vertrauen besonderen Schutz verdient. Dennoch kann der Anlagevermittler aber dem Geschädigten unter besonderen Umständen ein Mitverschulden entgegenhalten, wenn dieser Warnungen von dritter Seite oder differenzierende Hinweise des anderen Teils nicht genügend beachtet hat oder wenn hinsichtlich der Interessenlage bei Vertragsschluß solche besonderen Umstände vorgelegen haben.
BGH, Urt. v. 13. 5. 1993 – III ZR 25/92, WM 1993, 1238, 1240.

Schaden

Im Wege des Vorteilsausgleichs sind auch ersparte Steuern zu berücksichtigen.
BGH, Urt. v. 22. 3. 1979 – VII ZR 259/77, BGHZ 74, 103, 113 f. = NJW 1979, 1449.

Wer einem Anlageinteressenten eine umfassende Beratung oder Aufklärung schuldet, haftet grundsätzlich für alle Schäden infolge einer nachteiligen Anlageentscheidung, auch wenn er seine Pflicht nur hinsichtlich eines Einzelpunktes verletzt hat.

Wer dagegen, ohne Partner des Anlagegeschäfts zu sein, einem Anlageinteressenten Beratung oder Aufklärung nur hinsichtlich eines bestimmten, für das Vorhaben bedeutsamen Einzelpunkts schuldet, dessen Haftung aus Auskunftsvertrag oder vorvertraglichem Schuldverhältnis beschränkt sich – gemäß dem Schutzzweck der verletzten Pflicht – auf die Schäden, die in diesem Punkt eintreten könnten.
BGH, Urt. v. 3. 12. 1991 – XI ZR 300/90, BGHZ 116, 209, 211 ff. = NJW 1992, 555.

Ein steuerlicher Berater haftet wegen einer Falschauskunft grundsätzlich nur für den Schaden, der dem Auftraggeber durch sein Vertrauen auf die Richtigkeit und Vollständigkeit der Auskunft entstanden ist.
BGH, Urt. v. 16. 2. 1995 – IX ZR 15/94, WM 1995, 941, 942.

Der Tatrichter braucht die Feststellung der Schadenshöhe nicht hinauszuschieben, bis Finanzbehörden und -gerichte abschließend über steuerrechtliche Fragen entschieden haben, die für die Schadensermittlung bedeutsam sein können. Er hat über den Schadensumfang und die damit verbundene Ausgleichung von Steuerersparnissen gemäß § 287 ZPO zu entscheiden; diese Aufgabe verlangt nicht, anrechenbare Vorteile unter Gegenüberstellung der tatsächlichen und einer hypothetischen Vermögenslage des Geschädigten bis ins letzte genau zu berechnen.

Die tatsächlichen Voraussetzungen der Vorteilsausgleichung hat der Schädiger darzulegen und zu beweisen. Der Geschädigte muß bei konkretem Sachvortrag des Gegners seinerseits ihm bekannte, steuerlich bedeutsame Tatsachen darlegen und darf sich nicht auf ein Bestreiten oder eine unklare Darstellung beschränken.
BGH, Urt. v. 8. 12. 1994 – IX ZR 254/93, NJW 1995, 2106, 2107.

Wird keine umfassende Beratung bezüglich eines Gesamtvorhabens, sondern nur eine Auskunft über einen bestimmten Einzelpunkt geschuldet, so beschränkt sich ein Anspruch auf Ersatz des Vertrauensschadens wegen schuldhafter Verletzung der Auskunftspflicht auf das Interesse an der Richtigkeit der Auskunft.
BGH, Urt. v. 20. 11. 1997 – IX ZR 286/96, WM 1998, 142, 143 = NJW 1998, 982.

Verjährung

Ein Schadensersatzanspruch gegen einen Anlagevermittler, der nicht Rechtsanwalt oder Steuerberater ist, verjährt in dreißig Jahren.
BGH, Urt. v. 27. 6. 1984 – IVa ZR 231/82, NJW 1984, 2524.

Empfiehlt ein Rechtsanwalt in engem innerem Zusammenhang mit einer Rechtsberatung pflichtwidrig eine nachteilige Vermögensanlage, so verjährt ein Schadensersatzanspruch des Mandanten nach § 51 BRAO a. F. (= § 51 b BRAO n. F.). Dafür kommt es nicht entscheidend darauf an, ob die Anlageberatung rechtlich Bestandteil eines umfassenden Anwaltsvertrages oder Gegenstand eines gesonderten Vertrages ist.
BGH, Urt. v. 27. 1. 1994 – IX ZR 195/93, NJW 1994, 1405, 1407.

Ein Schadensersatzanspruch gegen einen steuerlichen Berater wegen falscher Auskunft verjährt nach §§ 68, 72 Abs. 1 StBerG.
BGH, Urt. v. 16. 2. 1995 – IX ZR 15/94, WM 1995, 941, 944.

Abschnitt 4: Anwaltshaftung aus Treuhandvertrag

Inhaltsverzeichnis

1475 ## A. Allgemeines

I. Treuhandverhältnis

1476 Ein **rechtsgeschäftliches Treuhandverhältnis** ist dadurch gekennzeichnet, daß ein **Treugeber** dem **Treuhänder** einen Gegenstand (**Treugut**) überträgt oder über eine Bevollmächtigung oder Ermächtigung Rechtsmacht über sein Vermögen einräumt und die sich daraus nach außen gegenüber Dritten ergebende Rechtsstellung des Treuhänders gemäß der schuldrechtlichen **Treuhandabrede** – im Innenverhältnis zwischen Treugeber und Treuhänder – nach § 137 Satz 2 BGB beschränkt.[2654] Diese Treuhandvereinbarung ist das Rechtsgeschäft, das einer solchen Einräumung von Rechtsmacht über fremdes Vermögen zugrunde liegt; sie verknüpft das **Vertrauen des Treugebers** mit der **Treuepflicht des Treuhänders.** Die Treuhandabrede kann **offen**[2655] oder **verdeckt**[2656] sein.

II. Treuhandschaften nach Rechtsstellung des Treuhänders

1477 Die Rechtsstellung des Treuhänders kann gemäß dem Treuhandzweck verschieden gestaltet werden.

1. Echte („fiduziarische") Treuhand

1478 Bei der **echten („fiduziarischen") Treuhand** wird der anvertraute Vermögenswert – das **Treugut – dem Treuhänder zu vollem Recht übertragen**; dieser darf seine im Außenverhältnis unbeschränkte Rechtsmacht jedoch nur im Rahmen der zugrunde liegenden Treuhandvereinbarung ausüben.[2657] Eine **Verfügung des Treuhänders** ist grundsätzlich auch dann **wirksam**, wenn sie der **treuhänderischen Bindung widerspricht**.[2658]

1479 Zur Beendigung der Treuhand (Rn. 1497 ff.) können die Vertragspartner eine **auflösende Bedingung** (§ 158 Abs. 2 BGB)[2659] oder eine **Befristung** (§ 163 BGB) vereinbaren. Ist dies nicht geschehen, so hat der Treuhänder nach Beendigung

---

2654 Vgl. zur Treuhand eingehend *Coing*, S. 91 ff.; *Liebich/Mathews*, S. 59 ff.; *Gernhuber*, JuS 1988, 355; *Henssler*, AcP 196–1996 –, S. 37; *Grundmann*, S. 11 ff.; Überblick bei *Palandt/Bassenge*, BGB, § 903 Rn. 33 ff.; zum „Treuhandkonto": *Hadding/Häuser*, in: *Schimansky/Bunte/Lwowski*, § 37.

2655 Vgl. BGH, WM 1990, 1954, 1955.

2656 Vgl. BGH, WM 1997, 2036, 2037 m. w. N.

2657 BGHZ 11, 37, 43 = NJW 1954, 190; BGH, WM 1996, 1190, 1191.

2658 BGH, NJW 1968, 1471 mit abl. Anm. *Kötz*.

2659 Vgl. BGH, NJW 1962, 1200, 1201.

des Treuhandverhältnisses das Treugut gemäß §§ 667, 675 BGB an den Treugeber **zurückzuübertragen**.[2660]

Infolge einer treuhänderischen Vermögensübertragung kann der Treuhänder den Gläubigern des Treugebers haften gemäß **§ 419 BGB**,[2661] nach **§ 7 AnfG**[2662] oder wegen **Beihilfe zur Vollstreckungsvereitelung** (§ 823 Abs. 2 BGB mit §§ 27, 288 StGB; § 826 BGB).[2663] 1480

2. Unechte Treuhand („Ermächtigungs-, Vollmachtstreuhand")

Die Vertragspartner können eine Treuhandschaft in der Weise vereinbaren, daß der **Treugeber Rechtsinhaber bleibt** und den **Treuhänder** entweder zu Verfügungen über sein Vermögen (Treugut) im eigenen Namen **ermächtigt** (§ 185 BGB)[2664] – **Ermächtigungstreuhand** – oder zu solchen Rechtsgeschäften im Namen des Treugebers **bevollmächtigt** (§§ 164 ff. BGB)[2665] – **Vollmachtstreuhand** –. 1481

III. Eigen- und fremdnützige Treuhand 1482

1. Sicherungstreuhand

Die rechtsgeschäftliche **Treuhand** kann **eigenem oder fremdem Nutzen** dienen. Sie verfolgt das **eigene Interesse des Treuhänders**, wenn der **Treugeber den Treuhänder (-nehmer) sichern** will – eigennützige **Sicherungstreuhand** –.[2666] 1483

Ein Mandant kann den **Rechtsanwalt** wegen seines Vergütungsanspruchs sichern, etwa durch treuhänderische Abtretung einer vom Rechtsanwalt beizutreibenden Forderung. Da solche Sicherungsgeschäfte in der Anwaltspraxis bisher nicht verbreitet sind, sollen sie hier nicht näher erörtert werden. Sie sind nach den allgemeinen Regeln zu beurteilen.[2667]

2660 BGHZ 11, 37, 43 = NJW 1954, 190; BGH, NJW 1994, 726, 727.
2661 BGH, NJW 1993, 1851, 1852: Liquidationstreuhand; § 419 BGB ist mit Ablauf des 31. 12. 1998 außer Kraft getreten: EGInsO Art. 33 Nr. 16.
2662 BGH, NJW 1993, 2041, 2042; 1994, 726, 727 f.
2663 BGH, NJW 1994, 726, 727 f.
2664 Vgl. BGH, NJW 1966, 1116.
2665 Vgl. BGH, WM 1964, 318.
2666 Vgl. BGH, WM 1969, 935.
2667 Dazu *Ganter*, in: *Schimansky/Bunte/Lwowski*, § 95 – Sicherungsübereignung – und § 96 – Sicherungsabtretung –; vgl. BGH – GSZ –, WM 1998, 227 BGHZ 137, 212.

2. Verwaltungstreuhand

1484 Eine fremdnützige **Verwaltungstreuhand** wird **im Interesse eines Treugebers (einseitige Treuhand)** oder **mehrerer Treugeber (doppelte oder mehrseitige Treuhand)** begründet.[2668] Insbesondere bei Rechtsgeschäften, an denen Personen mit verschiedenen, häufig gegensätzlichen Interessen beteiligt sind, soll ein **Treuhänder die vereinbarte Abwicklung überwachen und sichern**.

IV. Treugut in Zwangsvollstreckung und im Konkurs

1485 Vollstrecken **Gläubiger des fremdnützigen Treuhänders** in das Treugut, so kann der **Treugeber** der Zwangsvollstreckung gemäß **§ 771 ZPO** widersprechen, weil ihm an dem Gegenstand der Vollstreckung ein die Veräußerung hinderndes Recht[2669] zusteht; das Treugut gehört zwar nicht rechtlich, wohl aber wirtschaftlich zum Vermögen des Treugebers.[2670] Dafür ist es gleichgültig, ob die treuhänderische Bindung offen oder verdeckt war.[2671] Notwendig ist dagegen grundsätzlich, daß der Treuhänder das Treugut aus dem Vermögen des Treugebers erhalten hat.[2672]

Von diesem **Grundsatz der Unmittelbarkeit** hat der BGH **Ausnahmen** zugelassen für ein **Anderkonto**[2673] und für ein anderes **Sonderkonto** dann, wenn die den Zahlungen auf dieses Konto zugrundeliegenden Forderungen unmittelbar in der Person des Treugebers entstanden waren.[2674] In solchen Ausnahmefällen ist i. d. R. hinreichend klar, daß es sich bei den Geldbeträgen auf den Konten um Treugut handelt, das dem Treuhänder anvertraut wurde, aber wirtschaftlich zum Vermögen des Treugebers gehört. Ein Guthaben auf einem **Sonderkonto** kann grundsätzlich nur dann nicht dem Vermögen des Kontoinhabers, sondern demjenigen eines Dritten aufgrund eines Treuhandverhältnisses zugerechnet werden, wenn das Konto ausschließlich zur Verwaltung von Fremdgeldern eingerichtet und benutzt worden ist.[2675] Hat der **Rechtsanwalt** Forderungen seines Auftraggebers über ein eigenes **Geschäfts- oder Privatkonto** eingezogen, so kann der **Mandant**

2668 Vgl. BGH, NJW 1966, 1116; WM 1969, 935; DB 1972, 2010; NJW-RR 1993, 367, 368.
2669 Vgl. dazu BGHZ 55, 20, 26 = NJW 1971, 799.
2670 BGHZ 11, 37, 41 = NJW 1954, 190; BGH, NJW 1993, 2622; 1996, 1543.
2671 BGH, NJW 1993, 2622; 1996, 1543.
2672 BGH, WM 1993, 83, 84; NJW 1993, 2622.
2673 BGH, NJW 1954, 190, 191 f. = BGHZ 11, 37; BGH, NJW 1971, 559, 560; 1993, 2622; 1996, 1543.
2674 BGH, NJW 1959, 1223, 1225.
2675 BGH, NJW 1996, 1543; zum „Treuhandkonto" in Zwangsvollstreckung und im Konkurs: *Hadding/Häuser*, in: *Schimansky/Bunte/Lwowski*, § 37 Rn. 61 ff.

der Pfändung des Kontoguthabens durch Gläubiger des Anwalts **nicht gemäß § 771 ZPO widersprechen.**[2676]

Vollstrecken **Gläubiger des Treugebers** in das Treugut, so sind folgende Fälle zu unterscheiden[2677]: Wird die Zwangsvollstreckung in **bewegliche Sachen** des Treuhandvermögens betrieben, die sich **im Besitz des Treugebers** befinden, so hat der **fremdnützige Treuhänder** grundsätzlich **kein Widerspruchsrecht nach § 771 ZPO. Besitzt** dagegen **der Treuhänder die beweglichen Sachen** des Treuguts, in die vollstreckt wird, so kann er der Vollstreckung mit der Erinnerung nach **§ 766 ZPO** entgegentreten. Zum Treugut gehörende und **dem Treuhänder übertragene Forderungen** können aufgrund eines Vollstreckungstitels gegen den Treugeber **nicht gepfändet** werden; Gläubiger des Treugebers können nur auf dessen **Anspruch gegen den Treuhänder auf Rückübertragung der Forderung** zugreifen. 1486

Im **Konkurs-(Insolvenz-)verfahren** über das Vermögen **des Treuhänders** hat bei fremdnütziger Treuhand der **Treugeber ein Aussonderungsrecht** (§§ 43 KO, 47 InsO), da das Treugut wirtschaftlich zu seinem Vermögen gehört.[2678] 1487

Im **Konkurs-(Insolvenz-)verfahren** über das Vermögen **des Treugebers** hat der **fremdnützige Treuhänder kein Aus- oder Absonderungsrecht** (§§ 43, 47 ff. KO, 47 ff. InsO). Der Konkurs-(Insolvenz-)verwalter kann Herausgabe des Treuguts verlangen, weil es wirtschaftlich nicht zum Vermögen des Treuhänders gehört und der Treuhandvertrag mit der Verfahrenseröffnung gemäß § 23 KO (§ 115 Abs. 1 InsO) beendet wurde.[2679]

B. Rechtsanwalt als Treuhänder 1488

I. Beispiele

Rechtsanwälte – und **Steuerberater** – sind als unabhängige, zuverlässige, rechtskundige und – erfahrene **Treuhänder** gefragt, etwa bei 1489

- Kapitalanlagen,[2680]

2676 BGH, NJW 1971, 559, 560; 1996, 1543.
2677 BGHZ 11, 37, 41 ff. = NJW 1954, 190.
2678 BGH, WM 1993, 83, 84; NJW 1993, 2622.
2679 BGH, NJW 1962, 1200, 1201.
2680 Rechtsanwalt: BGH, NJW-RR 1989, 1102; BGHZ 120, 157, 159 = NJW 1993, 199; BGH, NJW 1995, 1025; OLG Hamm, ZIP 1990, 1331; KG, NJW-RR 1992, 795; OLG Karlsruhe, WM 1997, 1476, 1477; Steuerberater: BGH, NJW-RR 1987, 20, 21 und 273, 274; NJW 1990, 2464; NJW-RR 1991, 660, 661; vgl. *Grundmann*, S. 482 ff.

- Abwicklung von – insbesondere fremdfinanzierten – Verträgen,[2681]
- Geldverwahrung auf Anderkonto,[2682]
- Sanierungsvorhaben,[2683]
- Ausführung eines Liquidationsvergleichs.[2684]

1490 **II. Anwaltlicher Treuhandvertrag**

1. Rechtsnatur

1491 Der **Rechtsanwalt** kann als **Treuhänder** für einen oder mehrere Treugeber tätig werden im Rahmen eines **echten Anwaltsvertrages**, der die anwaltstypische Aufgabe des rechtlichen Beistandes umfaßt (vgl. § 3 Abs. 1 BRAO),[2685] oder ohne eine solche Verpflichtung aufgrund eines **unechten Anwaltsvertrages** (Rn. 4 ff., 132 ff., 504 ff., 849 ff., 1192 ff., 1201 ff.).[2686] Dabei handelt es sich um einen **Geschäftsbesorgungsvertrag**, der ein **Dienst- oder Werkvertrag** sein kann (§ 675 BGB; vgl. Rn. 506, 849, 1192 ff., 1201 ff.).[2687] Im Zweifel kommt ein Treuhandvertrag, den ein einer Sozietät angehörender Rechtsanwalt abschließt, **mit allen Mitgliedern der Sozietät** zustande (vgl. Rn. 336 ff., 1216).[2688]

Nicht jeder Anwaltsvertrag ist ein Treuhandverhältnis; z. B. begründet ein Mandat zur Einziehung einer Forderung i. d. R. keine Treuhandpflichten des Rechtsanwalts.[2689] Der Mandant muß bei Vertragsschluß deutlich machen, daß er über den normalen Anwaltsvertrag hinaus eine treuhänderische Bindung seines Anwalts – etwa eine Verwaltung eingehender Gelder – wünscht.[2690]

1492 Hat der Rechtsanwalt als Treuhänder neben den Belangen seines Auftraggebers auch fremde Vermögensinteressen zu wahren, so kann ein **Treuhandvertrag zugunsten des geschützten Dritten** gemäß § 328 BGB vorliegen (vgl. Rn. 1356), etwa bei Abwicklung eines **Liquidationsvergleichs**[2691] oder bei **Kapi-**

2681 Vgl. BGH, WM 1988, 986, 987; 1992, 1533, 1537 = NJW-RR 1992, 1178.

2682 BGH, NJW 1971, 559, 560; WM 1988, 986 f. = NJW-RR 1988, 1299; BGHZ 109, 47, 51 = WM 1989, 1779; zum Anderkonto im einzelnen: *Hadding*, in: *Schimansky/Bunte/Lwowski*, § 38.

2683 Vgl. BGH, WM 1969, 935; BGHZ 109, 47, 51 ff. = WM 1989, 1779.

2684 Vgl. BGHZ 118, 70, 74 ff. = NJW 1992, 1834; BGH, NJW 1993, 1851, 1852 f.; 1994, 3102, 3103, 3105, insoweit nicht abgedruckt in BGHZ 126, 138.

2685 BGHZ 120, 157, 159 f. = NJW 1993, 199.

2686 BGH, WM 1995, 344, 347.

2687 BGHZ 32, 67, 70 = NJW 1960, 958; BGH, WM 1969, 935; NJW-RR 1991, 1120, 1121.

2688 BGH, WM 1988, 986.

2689 BGH, NJW 1971, 559, 560; vgl. BGHZ 71, 380, 383 = NJW 1978, 1807, 1808.

2690 Vgl. BGHZ 71, 380, 383 = NJW 1978, 1807.

2691 BGH, NJW 1966, 1116; BGHZ 118, 70, 75 = NJW 1992, 1834; BGHZ 126, 138, 141 = NJW 1994, 3102 = WM 1994, 1584.

talanlagen.[2692] Ein **anwaltlicher Treuhandvertrag** kann auch **Schutzwirkung zugunsten Dritter** haben, aus der sich ein eigener Schadensersatzanspruch des Dritten ergeben kann (vgl. Rn. 1403 ff., 1411). Soll der Rechtsanwalt auch **fremde Interessen** wahrnehmen, so muß dies für ihn aus der Vertragserklärung seines Auftraggebers **zumindest erkennbar** sein.[2693]

Ein **Dritter**, dessen Interessen durch eine **anwaltliche Treuhand** im Auftrag des 1493
Mandanten berührt werden, kann sich dem Mandat – als **Mit-Auftraggeber** – anschließen oder einen **eigenen Betreuungsvertrag** mit dem Rechtsanwalt eingehen.

2. Wechselseitige Pflichten

Der **Rechtsanwalt als Treuhänder** hat – dies ist seine **Hauptleistungspflicht** – 1494
das ihm vom Treu-(Auftrag-) geber übertragene **Geschäft zu besorgen**; dabei kann es sich um einen Dienst- oder Werkvertrag handeln (§ 675 BGB; Rn. 1491). Der Treuhänder hat dem Treugeber die erforderlichen **Nachrichten** zu übermitteln, auf dessen Verlangen **Auskunft** über den Stand des Geschäfts zu erteilen und nach der Geschäftsbesorgung **Rechenschaft** abzulegen (§§ 666, 675 BGB).[2694]

Weiterhin hat der Treuhänder dem Treugeber gemäß §§ 667, 675 BGB dasjenige 1495
herauszugeben, was er zur Ausführung der Geschäftsbesorgung **erhalten**[2695] und aus dieser **erlangt hat.**[2696] Zu demjenigen, was der Treuhänder aus der Geschäftsbesorgung erlangt hat, gehören auch **Sondervorteile** (Provision, Schmiergeld, sonstige Vergütung), die dem Treuhänder oder einem „Strohmann" in unmittelbarem innerem Zusammenhang mit der Geschäftsbesorgung zugewendet wurden und eine Willensbeeinflussung zum Nachteil des Auftraggebers befürchten lassen.[2697] Wann die Herausgabepflicht nach §§ 667, 675 BGB zu erfüllen ist, richtet sich nach der Treuhandabrede; i. d. R. ist dieser Zeitpunkt die Beendigung des Treuhandverhältnisses.

2692 BGH, WM 1986, 904, 905; NJW-RR 1989, 1102; NJW 1995, 1025; OLG Karlsruhe, WM 1997, 1476, 1477.

2693 Vgl. BGHZ 49, 350, 354 = NJW 1968, 885; BGHZ 56, 269, 273 = NJW 1971, 1931; BGH, NJW 1986, 581, 582; 1988, 200, 201.

2694 Vgl. BGHZ 93, 327, 329 f. = NJW 1985, 1693; BGHZ 109, 260, 266 = NJW 1990, 510; OLG München, DB 1986, 1970; OLG Köln, DB 1989, 773.

2695 Vgl. BGH, WM 1988, 763, 764; BGHZ 109, 260, 264 = NJW 1990, 510; BGH, NJW 1997, 47, 48.

2696 Vgl. BGHZ 85, 245, 249 = NJW 1983, 566; BGHZ 109, 260, 265 = NJW 1990, 510; BGH, NJW 1994, 3346 f.

2697 BGH, NJW-RR 1987, 1380; NJW 1991, 1224; NJW-RR 1992, 560.

1496 Der **Treu-(Auftrag-)geber** hat dem **Rechtsanwalt als Treuhänder** die **Vergütung zu zahlen,** die vereinbart wurde oder – nach §§ 612, 632, 675 BGB – als vereinbart gilt (vgl. Rn. 849 ff.). Außerdem hat der Auftraggeber dem Treuhänder einen verlangten **Vorschuß** zu leisten (§§ 669, 675 BGB) und ihm diejenigen **Aufwendungen** zu ersetzen, die zur Geschäftsbesorgung dienten und die der Treuhänder den Umständen nach für erforderlich halten durfte (§§ 670, 675 BGB).[2698]

3. Beendigung

1497 Das **Treuhandverhältnis endet**[2699] spätestens mit der **Erfüllung** der wechselseitigen Vertragspflichten (§ 362 Abs. 1 BGB), also nach Erreichung des Treuhandzwecks.

Ein Treuhandverhältnis, das für eine **bestimmte Zeit** geschlossen wurde, endet mit deren Ablauf (§ 163 mit § 158 Abs. 2 BGB; § 675 mit § 620 Abs. 1 BGB für einen Dienstvertrag, der eine Geschäftsbesorgung des Treuhänders zum Gegenstand hat).

1498 Die Vertragspartner können einen Treuhandvertrag **jederzeit einvernehmlich aufheben** (§ 305 BGB). Dies kann unter Umständen selbst dann formlos geschehen, wenn das aufgehobene Rechtsgeschäft formbedürftig war.[2700]

1499 Die wichtigste Maßnahme zur Beendigung eines Treuhandvertrages ist die **Kündigung.** Sie löst ein für unbestimmte Zeit eingegangenes Dauerschuldverhältnis auf; sie beendet aus wichtigem Grund eine auf bestimmte Zeit vereinbarte Treuhandbindung. Ein **unentgeltlicher Treuhandvertrag** (§ 662 BGB) kann von beiden Vertragspartnern grundsätzlich jederzeit einseitig beendet werden (§ 671 BGB). Für einen **entgeltlichen Treuhandvertrag** gilt dies nicht; insoweit ist lediglich § 671 Abs. 2 BGB entsprechend anzuwenden, wenn der Treuhänder zur fristlosen Kündigung des Vertrages berechtigt ist (§ 675 BGB).

Für die **Kündigung eines entgeltlichen Treuhandvertrages** ist danach zu unterscheiden, ob es sich – wie i. d. R. – um einen Dienstvertrag (§§ 611, 675 BGB) oder – ausnahmsweise – um einen Werkvertrag (§§ 631, 675 BGB) handelt (vgl. Rn. 4 ff., 506, 849, 1192 ff., 1201 ff.).

1500 Für die **Kündigung** eines **Dienstvertrages,** der eine **treuhänderische Geschäftsbesorgung** zum Gegenstand hat, gilt folgendes: Eine **ordentliche Kündigung** des

2698 Vgl. BGHZ 8, 222, 225, 229, 235 = NJW 1953, 377; BGHZ 95, 375, 388 = NJW 1986, 310; BGH, NJW 1983, 1729; NJW-RR 1994, 87.

2699 Vgl. dazu im einzelnen: *Liebich/Mathews*, S. 120 ff.

2700 Vgl. BGHZ 83, 395, 397 ff. = NJW 1982, 1639.

Treuhandverhältnisses kann gemäß §§ 620 Abs. 2, 621 bis 624 BGB erklärt werden. Eine **fristlose Kündigung** des Treuhandvertrages kann aus **wichtigem Grund** (§ 626 BGB) oder nach § 627 BGB bei einer **besonderen Vertrauensstellung des Treuhänders** ausgesprochen werden (dazu Rn. 925 ff.). Anwaltliche Dienste sind „höherer Art" i. S. d. § 627 BGB, die aufgrund besonderen Vertrauens übertragen zu werden pflegen.[2701] Nach fristloser Kündigung des Treuhandvertrages richtet sich der **Vergütungsanspruch des Treuhänders** nach § 628 Abs. 1 BGB[2702] (Rn. 925 ff.). Ist die fristlose Kündigung durch vertragswidriges Verhalten des anderen Vertragspartners veranlaßt worden, so ist dieser zum **Ersatz des Schadens** verpflichtet, der durch die Vertragsaufhebung entsteht (§ 628 Abs. 2 BGB; Rn. 948).

Für die **Kündigung** eines **Werkvertrages,** der eine **treuhänderische Geschäfts-** 1501
besorgung zum Gegenstand hat (§§ 631, 675 BGB), gilt folgendes (dazu Rn. 949 ff.): Der **Treugeber** kann den Vertrag bis zur Vollendung des Werkes jederzeit **fristlos kündigen** (§ 649 Satz 1 BGB). Der **Vergütungsanspruch des Treuhänders** bestimmt sich dann grundsätzlich nach § 649 Satz 2 BGB. Hat der Treugeber allerdings einen wichtigen Kündigungsgrund, so kann dies den Vergütungsanspruch des Treuhänders einschränken.[2703] Der **Treuhänder** kann ein werkvertragliches Geschäftbesorgungsverhältnis aus wichtigem Grund wegen positiver Vertragsverletzung[2704] oder gemäß §§ 642, 643 BGB **kündigen**; dabei ist die Vorschrift des § 671 Abs. 2 BGB zu beachten, die entsprechend anzuwenden ist (§ 675 BGB). Eine **Vergütungs- und Schadensersatzpflicht des Treugebers** kann sich aus positiver Vertragsverletzung und/oder aus §§ 642, 643, 645 BGB ergeben.

Andere gesetzliche Rechte zur Lösung eines Treuhandvertrages – etwa im 1502
Wege der Anfechtung oder des Rücktritts – haben in der Praxis nur geringe Bedeutung.[2705]

Infolge der Eröffnung des **Konkurs-(Insolvenz-)verfahrens** über das Vermögen 1503
des **Treugebers erlischt ein Treuhandvertrag,** soweit er sich auf die Konkursmasse bezieht (§§ 23 KO, 115 InsO).[2706] Im **Konkurs-(Insolvenz-)verfahren**

2701 Vgl. BGH, WM 1993, 515; NJW 1995, 1954; OLG Karlsruhe, NJW-RR 1994, 1084.

2702 Vgl. dazu BGH, NJW 1985, 41; 1995, 1954 f.; WM 1996, 2244, 2246; OLG Karlsruhe, NJW-RR 1994, 1084 f.

2703 Vgl. BGHZ 31, 224, 229 = NJW 1960, 431; BGHZ 45, 372, 375 = NJW 1966, 1713; BGHZ 65, 391, 393 = NJW 1976, 518; BGH, WM 1990, 1756, 1757; NJW 1993, 1972, 1973; NJW-RR 1996, 1108; OLG Düsseldorf, NJW-RR 1996, 1170, 1171.

2704 Vgl. BGH, NJW 1995, 1954, 1955.

2705 Vgl. dazu *Liebich/Mathews*, S. 127 ff.

2706 Vgl. BGH, WM 1975, 79.

über das Vermögen des **Treuhänders** kann der Treugeber den Treuhandvertrag nach den vorstehenden Ausführungen **kündigen**.[2707]

1504 Der Treuhandvertrag erlischt im Zweifel durch den **Tod des Treuhänders** (§§ 673, 675 BGB), **nicht** aber durch den **Tod des Treugebers** (§§ 672, 675 BGB). Im letztgenannten Falle gilt der Vertrag zugunsten des Treuhänders als fortbestehend, bis dieser das Erlöschen kennt oder kennen muß (§§ 674, 675 BGB).

III. Verbot der Vertretung widerstreitender Interessen

1505 Zwar gehört die **Treuhandtätigkeit zum Berufsbild des Rechtsanwalts**; daran ändert es nichts, daß die Gebührenordnung für Rechtsanwälte für eine solche Tätigkeit nicht gilt (§ 1 Abs. 2 BRAGO).[2708] Bei der Wahrnehmung einer Treuhandaufgabe rückt aber – mehr noch als bei einem Vertrag mit Schutzwirkung (Rn. 1411) und einem Auskunftsvertrag (Rn. 1454) – das **Verbot der Vertretung widerstreitender Interessen** in den Vordergrund (§§ 43 a Abs. 4, 59 b Abs. 2 Nr. 1 e BRAO mit § 3 der – am 11. 3. 1997 in Kraft getretenen – Berufsordnung und Nr. 3.2 der Standesregeln der Rechtsanwälte der Europäischen Gemeinschaft; § 356 StGB). Dieses Verbot soll den Rechtsanwalt **vor Interessenkonflikten schützen** und damit seine **Unabhängigkeit** wahren; letztlich dient das Verbot der **Funktionsfähigkeit der Rechtspflege**. Da § 43 a Abs. 4 BRAO über § 356 StGB hinausgeht, ist auch ein **fahrlässiger Verstoß pflichtwidrig**.[2709]

1506 Abweichend von dem Grundsatz, daß der Rechtsanwalt nur die Interessen seines Auftraggebers wahrzunehmen und zu vertreten hat, verlangt ein Treuhandvertrag häufig, daß der **Rechtsanwalt als Treuhänder neben den Belangen seines Mandanten ein fremdes Interesse** – eines Dritten oder mehrerer anderer Personen – **wahren** muß (mehrseitige Treuhand).[2710] Da die **Interessen der Beteiligten meistens gegenläufig** sind, kann der Rechtsanwalt als Treuhänder leicht gegen das Verbot verstoßen, mehrere Parteien mit entgegengesetzten Interessen in derselben Rechtssache zu beraten und zu vertreten. Die **Grenzen** dieses Verbots, das sich auf Mitglieder einer Sozietät erstreckt (§ 3 Abs. 2 BORA), sind noch **weitgehend ungeklärt**.[2711] Eine **anwaltliche Tätigkeit** dürfte dann **unzulässig** sein, wenn gegensätzliche Belange des Auftraggebers und weiterer Beteiligter es ausschließen, daß

2707 Vgl. *Liebich/Mathews*, S. 135 f.
2708 BGHZ 120, 157, 159 f. = NJW 1993, 199.
2709 *Feuerich/Braun*, § 43 a Rn. 54; *Eylmann*, in: *Henssler/Prütting*, § 43 a Rn. 160 ff.
2710 Vgl. OLG Hamm, AnwBl 1987, 42, 43 für den Fall, daß ein Prozeßanwalt eine Sicherheit zur Abwendung der Zwangsvollstreckung entgegennimmt; vgl. *Grundmann*, S. 237 ff.
2711 Vgl. *Dingfelder/Friedrich*, S. 66 ff., 215, 217 ff.; *Hartung/Holl*, § 3 Rn. 29, Anhang § 3 Rn. 48; *Westerwelle*, NJW 1997, 2781

dem Rechtsanwalt ein übergeordnetes gemeinschaftliches Interesse dieser Personen anvertraut ist.[2712]

IV. Treuhand eines Anwaltsnotars

Ein **Anwaltsnotar** kann eine **Treuhandtätigkeit** übernehmen und ausführen 1507
entweder **als Rechtsanwalt** im Rahmen eines privatrechtlichen Geschäftsbesorgungsvertrages (§ 675 BGB) oder **als Notar**, der eine selbständige, öffentlich-rechtliche „Betreuung der Beteiligten auf dem Gebiete vorsorgender Rechtspflege" ausübt (§§ 23, 24 Abs. 1, 2 BNotO). Die Berechnung und Beitreibung der **Gebühren** für eine Anwalts- und eine Notartreuhand sind verschieden, ebenso die **Voraussetzungen und Folgen einer Haftung**.[2713] Die **Zuordnung** einer treuhänderischen Tätigkeit eines Anwaltsnotars ist – trotz der **Vermutungstatbestände des § 24 Abs. 2 BNotO – regelmäßig schwierig**, wenn – dies ist meistens der Fall – neben den Belangen des Auftraggebers auch ein gegenläufiges fremdes Interesse zu wahren ist.[2714]

Die Hilfsregeln des § 24 Abs. 2 BNotO werden nicht benötigt, wenn im Einzelfall 1508
unstreitig oder aufgrund der Umstände klar ist, daß es sich um eine anwaltliche oder eine notarielle Treuhand des Anwaltsnotars handelt.[2715]

In unklaren Fällen begründet **§ 24 Abs. 2 Satz 1 BNotO** die **unwiderlegbare Vermutung einer notariellen Tätigkeit**, wenn die Handlung bestimmt ist, Amtsgeschäfte gemäß §§ 20–23 BNotO vorzubereiten oder auszuführen. Damit wird gewährleistet, daß Vorbereitungs- und Vollzugstätigkeiten eines Anwaltsnotars in sachlichem Zusammenhang mit Urkundsgeschäften dem Notarrecht unterliegen.[2716]

Falls eine Tätigkeit des Anwaltsnotars nicht eindeutig dem anwaltlichen oder notariellen Bereich zuzuordnen ist und die Voraussetzungen des § 24 Abs. 2 Satz 1 BNotO für die Vermutung eines notariellen Geschäfts nicht vorliegen, weil ein unmittelbarer sachlicher Zusammenhang mit einem Urkunds- oder Verwahrungsgeschäft (§§ 20–23 BNotO)[2717] fehlt, enthält **§ 24 Abs. 2 Satz 2 BNotO** die **Auslegungsregel**, daß „im übrigen ... im Zweifel anzunehmen" ist, der Anwaltsnotar sei **als Rechtsanwalt** tätig geworden. Da diese Regel nur „im Zweifel" gilt, muß zu-

2712 Vgl. BGH, WM 1996, 1832, 1834; OLG München, NJW 1997, 1313, 1314.
2713 Dazu im einzelnen *Zugehör*, ZNotP 1997, 42.
2714 Zur Abgrenzung im einzelnen *Zugehör*, ZNotP 1997, 42, 43 ff.
2715 Vgl. BGH, WM 1977, 1141; 1993, 260, 261; 1997, 78, 80.
2716 Mitteilung der Bundesnotarkammer DNotZ 1969, 201, 202.
2717 Vgl. zum Begriff des Verwahrungsgeschäfts i. S. d. § 23 BNotO: BGH, WM 1998, 335, 337.

nächst versucht werden, diesen Zweifel durch **tatsächliche Feststellungen im Einzelfall** auszuräumen.[2718] Dafür sind **Art und Schwerpunkt des vorgenommenen Geschäfts entscheidend**. Die **Rechtsprechung**[2719] verwendet folgende **Abgrenzungsformel**: Ist der Anwaltsnotar einseitig als Vertreter seines Auftraggebers zur Wahrung streitiger Interessen tätig geworden, so hat er als Rechtsanwalt gehandelt; ist der Anwaltsnotar dagegen als unparteiischer Betreuer aller Beteiligten im Rahmen vorsorgender Rechtspflege aufgetreten, so hat er ein notarielles Amtsgeschäft vorgenommen.

1509 Dieses Abgrenzungsmerkmal wird **unscharf**, wenn zu klären ist, ob eine **mehrseitige Treuhandschaft** dem anwaltlichen oder dem notariellen Bereich des Anwaltsnotars zuzuordnen ist. Dieser ist bei einer solchen Tätigkeit in jedem Falle zu einem **Mindestmaß an Neutralität** verpflichtet, weil er neben den Belangen des Auftraggebers auch Interessen anderer Beteiligter zu wahren hat. Insbesondere bei einer solchen Drittbegünstigung erfordert die Abgrenzung zwischen der anwaltlichen und notariellen Tätigkeit des Anwaltsnotars eine sorgfältige **Gesamtwürdigung aller Umstände des Einzelfalls**, die vor allem auf **Art, Inhalt und Umfang der mit dem „Treuhandauftrag" verbundenen Pflichten** abzustellen hat. Danach wird i. d. R. festgestellt werden können, ob eine **Notartreuhand**[2720] oder eine **Anwaltstreuhand**[2721] vorliegt, so daß dann nicht auf § 24 Abs. 2 Satz 2 BNotO zurückgegriffen werden muß.

1510 C. Schadensersatzpflicht aus anwaltlichem Treuhandvertrag

1511 I. Verletzung der Treuhandpflicht

1. Inhalt und Umfang der Pflicht

1512 Inhalt und Umfang der **hauptsächlichen Pflicht des Treuhänders,** das ihm vom Treu-(Auftrag-)geber **übertragene Geschäft zu besorgen** (§§ 662, 675 BGB), richten sich nach der im Einzelfall getroffenen **Treuhandvereinbarung**; ein typischer Treuhandvertrag ist im Gesetz nicht geregelt. Im allgemeinen hat der Treuhänder **Vermögensinteressen des Treugebers** und/oder eines nach dem Vertrags-

2718 Vgl. BGH, WM 1992, 1533, 1537; 1996, 30, 32.
2719 BGH, WM 1992, 1533, 1537; 1993, 1889, 1890; 1996, 30, 32; 1997, 78, 80.
2720 Vgl. BGHZ 134, 100 = BGH, NJW 1997, 61 = WM 1997, 78.
2721 Vgl. BGH, WM 1998, 335, 337.

zweck einbezogenen **Dritten** im Rahmen und nach Maßgabe der Treuhandabrede **zu wahren**.[2722]

Daraus können sich vertragliche Pflichten zur **Beratung**, zum **Beistand**, zur **Mitwirkung, Prüfung, Aufklärung** und **Überwachung** ergeben.[2723]

Der **Rechtsanwalt als Treuhänder** kann insbesondere **verpflichtet** sein, 1513

- die **vereinbarte Verwendung des Treuguts zu sichern**, etwa durch **Überwachung** des vertragsgerechten Einsatzes von Anlegermitteln[2724] oder durch Einzahlung fremder Gelder auf ein **Anderkonto**;[2725]
- über Gefahren – auch schon vorvertraglich – **aufzuklären**, die ihm bekannt sind oder die er bei gehöriger Sorgfalt hätte kennen können und müssen;[2726]
- im Interesse des Treugebers **Prüfungen** vorzunehmen;[2727]
- **besondere Belange des Treugebers zu wahren**, die sich im Einzelfall aus der Vertragsgestaltung ergeben, etwa die Wahrnehmung der **steuerlichen Interessen** von Anlegern, die Steuervorteile erstreben.[2728]

2. Abweichung von Weisungen

Da der Treuhänder Interessen des Treugebers wahrzunehmen hat, sind dessen 1514
Weisungen grundsätzlich bindend (dazu Rn. 976 ff.); dies gilt auch für geänderte Weisungen (§§ 665, 675 BGB).[2729] Der Treuhänder darf Weisungen aber nicht blindlings folgen. Bergen sie eine Gefahr für den Treugeber, etwa weil sie unklar oder sachwidrig sind oder veränderten Verhältnisses nicht entsprechen, so hat der Treuhänder den Treugeber zu **warnen**.[2730] Der Treuhänder ist zur **Ab-**

2722 BGHZ 102, 220, 225 = NJW 1988, 1663 = WM 1988, 54: Steuerberater und Wirtschaftsprüfer als Treuhänder einer Bauherrengemeinschaft; BGH, WM 1986, 1320 = NJW-RR 1987, 20: Treuhänder einer Bauherrengemeinschaft; WM 1988, 986, 987: Rechtsanwälte, die als Treuhänder ein anvertrautes Darlehen nur gegen Sicherung durch Grundpfandrecht auszahlen sollen; NJW-RR 1989, 1102: Rechtsanwalt als „Mittelverwendungstreuhänder" innerhalb eines Bauherrenmodells; NJW-RR 1991, 660, 661: u. a. Steuerberater als Treuhänder eines Bauherrenmodells; WM 1994, 1720, 1722 = NJW 1994, 2228: Treuhänder einer Bauherrengemeinschaft.

2723 BGHZ 84, 141, 143 f. = NJW 1982, 2493 = WM 1982, 758; BGH, WM 1988, 632, 633; 1991, 10, 12.

2724 BGH, WM 1986, 1320, 1321 = NJW-RR 1987, 20, 21; WM 1988, 986, 987; NJW-RR 1989, 1102; NJW 1995, 1025 f.; OLG Hamm, ZIP 1990, 1331 f.; KG, NJW-RR 1992, 795, 796.

2725 BGH, NJW 1971, 559, 560.

2726 BGHZ 84, 141, 143 f. = NJW 1982, 2493 = WM 1982, 758; BGH, NJW 1995, 1025, 1026 f.; OLG Karlsruhe, WM 1997, 1476, 1478.

2727 BGH, WM 1990, 1623, 1624; 1991, 10, 12.

2728 BGH, WM 1984, 240, 242; 1987, 212, 213 = NJW-RR 1987, 273; BGHZ 102, 220, 225 = NJW 1988, 1663 = WM 1988, 54; BGH, WM 1988, 632, 633 = NJW-RR 1988, 618; NJW-RR 1991, 660, 661 = WM 1991, 765.

2729 BGH, WM 1988, 986, 987.

2730 Vgl. BGH, WM 1997, 1392, 1393 f.

weichung von einer Weisung **berechtigt**, wenn er den Umständen nach annehmen darf, daß der Treu-(Auftrag-)geber dies bei Kenntnis der Sachlage billigen würde (§§ 665 Satz 1, 675 BGB). Da andernfalls dem Treuhänder eine Schadensersatzpflicht droht, ist jede Abweichung für ihn **gefährlich.**

Deswegen sollte der Treuhänder vor einer Abweichung **dem Treugeber Anzeige machen** und dessen **Entschließung abwarten**, falls mit einer solchen Verzögerung keine Gefahr verbunden ist (§§ 665 Satz 2, 675 BGB). Bleibt dem Treuhänder keine Zeit für eine Rückfrage beim Treugeber, so muß er den **Treuhandzweck im wohlverstandenen Interesse des Treugebers verfolgen**. In jedem Falle hat der Treuhänder den Treugeber zu **benachrichtigen,** wenn er von einer Weisung abgewichen ist (§§ 666, 675 BGB).[2731]

1515 Schwierig kann die Aufgabe des Treuhänders werden, wenn er gegenläufige Belange mehrerer Personen wahrzunehmen hat **(mehrseitige Treuhand)** und diese **einander widersprechende Weisungen** erteilen. Dies kann der Fall sein nach dem Nichteintritt von Vertragsbedingungen, nach Leistungsstörungen oder wegen einer Änderung der Umstände nach Vertragsschluß (z. B. Abtretung, Verpfändung oder Pfändung eines Anspruchs; Konkurs eines Beteiligten); infolgedessen kann ein Beteiligter im Gegensatz zu anderen den Vertrag für unwirksam halten, sich vom Vertrag lossagen oder dessen Abwicklung mit Einwendungen und Einreden behindern. Daraus ergeben sich bei der – privatrechtlichen – Anwaltstreuhand ähnliche Probleme wie bei der – öffentlichrechtlichen – Notartreuhand.[2732] In einer solchen Lage sollte der Rechtsanwalt als Treuhänder im eigenen Interesse **Vorsicht** walten lassen. Häufig werden die tatsächlichen und/oder rechtlichen Fragen, die sich wegen gegensätzlicher Weisungen stellen, nicht eindeutig zu beantworten sein. Verbleiben Zweifel, so sollte sich der Treuhänder vor jeder **Eigenmächtigkeit** hüten; er darf nicht nach eigenem Gutdünken voneinander abweichende Weisungen in Einklang bringen, weil dies i. d. R. zu Lasten eines Beteiligten geht.[2733] Der Treuhänder sollte die **Beteiligten**, die er von den gegensätzlichen Weisungen zu **benachrichtigen** hat (§§ 666, 675 BGB), zu einer **einvernehmlichen Lösung** auffordern. Die Beteiligten können die verschiedenen **Weisungen einander anpassen**[2734] oder eine **Vertragsänderung vereinbaren**; dazu kann eine Ver-

2731 Vgl. BGH, WM 1993, 1518, 1520.

2732 Vgl. BGH, WM 1978, 190, 191; 1986, 583, 584; NJW 1996, 3343, 3344; OLG Hamm, DNotZ 1983, 702, 703; KG, WM 1998, 340; *Reithmann*, in: *Seybold/Schippel*, § 23 Rn. 30 ff.; *Sandkühler*, in: *Arndt/Lerch/Sandkühler*, § 23 Rn. 39 ff., 55 ff., 105 ff., 118 ff.; *Haug*, Rn. 622 ff., 635 ff.; *Maaß*, ZNotP 1998, 58.

2733 BGH, NJW 1996, 3343, 3344 für eine Notartreuhand.

2734 Vgl. BGH, NJW 1996, 3343, 3344.

pflichtung nach Treu und Glauben (§ 242 BGB) bestehen.[2735] Einigen sich die Beteiligten nicht, so kann der Treuhänder sie auf einen **Rechtsstreit** verweisen. Die Möglichkeiten einer **Hinterlegung** (§§ 372 ff. BGB) können bei einer Anwaltstreuhand genutzt werden. Notfalls muß der Anwaltstreuhänder den **Geschäftsbesorgungsvertrag kündigen**.

3. Darlegungs- und Beweislast

Derjenige, der eine anwaltliche Pflichtverletzung aus einem Treuhandvertrag be- 1516
hauptet, hat als Voraussetzungen eines Schadensersatzanspruchs **darzulegen und zu beweisen,** daß

- ein Treuhandvertrag geschlossen wurde,
- das daraus folgende Mandat des Rechtsanwalts die angeblich verletzte Pflicht umfaßt
- und der Rechtsanwalt gegen diese Pflicht verstoßen hat (vgl. Rn. 998, 1224, 1288, 1456).[2736]

Wird dem Anwalt eine pflichtwidrige Unterlassung vorgeworfen, so hat dieser zunächst substaniiert darzulegen, in welcher Weise er die gebotene Handlung vorgenommen haben will (Rn. 998, 1224, 1288, 1456).[2737]

II. Verschulden

Hat der Rechtsanwalt eine Treuhandpflicht verletzt, so ist von seinem Verschulden 1517
(§ 276 BGB) auszugehen; er hat sich zu entlasten (Rn. 1033, 1225, 1457).[2738]

III. Haftungsausfüllende Kausalität

Ist streitig, ob der behauptete Schaden auf der Verletzung einer Treuhandpflicht 1518
zur Aufklärung und Beratung beruht, so stehen **Rechtsanwälte** und **Steuerberater,** die aufgrund eines **Treuhandvertrages mit Rechtsbeistandspflicht** tätig waren, hinsichtlich der **Darlegungs- und Beweislast für den Ursachenzusammenhang** günstiger als andere Treuhänder in gleicher Lage (Rn. 1042, 1224, 1290 ff., 1459 f.). **Grundsätzlich** hat der **Schädiger** diese Last zu tragen.[2739] Dementspre-

2735 Vgl. BGH, NJW 1983, 1605, 1607.
2736 BGH, NJW 1987, 1322, 1323; 1996, 2571; WM 1997, 335, 339.
2737 BGH, NJW 1987, 1322, 1323; 1995, 2842, 2843; 1996, 2571; WM 1997, 335, 339.
2738 BGH, NJW 1987, 326, 327; WM 1996, 1832, 1835; vgl. BGH, NJW 1995, 2106, 2107 und BGHZ 129, 386, 391 f. = NJW 1995, 2108 für den Steuerberater.
2739 BGHZ 124, 151, 159 m. w. N. = NJW 1994, 512.

chend hat der VII. Zivilsenat des BGH[2740] einem Rechtsanwalt, der als „Mittelverwendungstreuhänder" eine Aufklärungspflicht verletzt hatte, den Nachteil der Beweislosigkeit dafür auferlegt, daß unklar blieb, ob der Geschädigte sich gemäß einer vertragsgerechten Unterrichtung verhalten hätte. Nach der Rechtsprechung des – für die Anwalts- und Steuerberaterhaftung zuständigen – IX. Zivilsenats des BGH hat der **Geschädigte,** der einen Schadensersatzanspruch gegen einen **Rechtsanwalt** oder **Steuerberater** aus einem **Vertrag mit Rechtsbeistandspflicht** erhebt, **darzulegen und zu beweisen,** daß er sich entsprechend einer pflichtgemäßen Beratung und Aufklärung verhalten hätte und sein Schaden deswegen auf der Pflichtverletzung beruht; diese Last wird durch Anwendung des **§ 287 ZPO** und des **Anscheinsbeweises** erleichtert (Rn. 1042, 1224, 1290 ff., 1460).[2741]

IV. Haftungsrechtliche Zurechnung

1519 Der Schaden infolge Verletzung einer Treuhandpflicht ist – gemäß der allgemeinen Regel (Rn. 1061 ff., 1224, 1461) – nur dann zu ersetzen, wenn er zum Kreis der Gefahren gehört, zu deren Abwendung die verletzte Pflicht nach dem Vertragszweck übernommen wurde.[2742]

V. Umfang des Schadensersatzes

1520 Verletzt der Treuhänder eine Aufklärungspflicht, so kann der **Treugeber**, dessen Vertrauen enttäuscht wurde, verlangen, daß

- entweder der Treuhandvertrag und eine darauf beruhende Vermögensanlage **rückgängig gemacht** und seine Aufwendungen erstattet werden
- oder, falls der Treugeber an diesen Verträgen **festhält,** diejenigen Aufwendungen ersetzt werden, die er infolge des pflichtwidrigen Verhaltens des Treuhänders zuviel erbracht hat.[2743]

Im Falle einer solchen Pflichtverletzung kann der Anleger auch dann die **Rückabwicklung seiner Beteiligung** fordern, wenn sich seine Anlageentscheidung später aus anderen, vom Aufklärungsmangel unabhängigen Gründen als nachteilig erwiesen hat.[2744]

2740 NJW-RR 1989, 1102, 1103.
2741 BGHZ 123, 311 = NJW 1993, 3259 = WM 1994, 78; BGHZ 126, 217 = WM 1994, 2113; BGH, WM 1995, 941, 942.
2742 BGH, WM 1995, 398, 401 f. = NJW 1995, 449; WM 1997, 2085, 2086.
2743 BGH, NJW-RR 1991, 599, 600 = WM 1991, 695.
2744 BGH, NJW 1995, 1025, 1026 m. w. N.

Hat sich der Rechtsberater pflichtwidrig eine **Provision** dafür gewähren lassen, daß er seinen Mandanten zu einer Vermögensanlage veranlaßt, so führt schon diese Pflichtverletzung zu einer Schadensersatzpflicht; eine falsche Beratung ist dafür nicht erforderlich.[2745] 1521

Der **Geschädigte** hat **Art und Höhe seines Schadens darzulegen** und gemäß § 287 ZPO **zu beweisen**;[2746] dem **Schädiger** obliegt diese Last für **auszugleichende Vorteile** des Schadensereignisses (Rn. 1115 ff., 1465).[2747] 1522

VI. Mitverschulden

Insoweit wird auf Rn. 1149 ff., 1467 ff. verwiesen. 1523

VII. Verjährung

Ein Schadensersatzanspruch gegen einen Rechtsanwalt aus einem Treuhandvertrag unterliegt nur dann der **kurzen Verjährung des § 51 b BRAO** (= § 51 BRAO a. F.), wenn es sich im Einzelfall um einen **echten Anwaltsvertrag mit der Pflicht** zum rechtlichen Beistand handelt (Rn. 4 ff., 132 ff., 504 ff., 849 ff., 1192 ff., 1201 ff.).[2748] Ein Schadensersatzanspruch aus einem Treuhandvertrag ohne eine solche Verpflichtung verjährt dagegen gemäß **§ 195 BGB** in 30 Jahren.[2749] 1524

D. Aufrechnung und Zurückbehaltungsrecht

Insoweit wird auf Rn. 963 ff. verwiesen. 1525

2745 BGH, NJW-RR 1987, 1381, 1382.
2746 BGH, NJW 1995, 2106, 2107.
2747 BGHZ 94, 195, 217 = NJW 1985, 1539; BGH, NJW 1995, 2106, 2107.
2748 BGHZ 120, 157, 159 = NJW 1993, 199; vgl. zu § 68 StBerG bei Steuerberatertreuhand: BGH, NJW 1990, 2464, 2465; NJW-RR 1991, 599; BGHZ 115, 213, 226 = NJW 1992, 228.
2749 BGH, NJW 1995, 1025, 1027.

1526 E. Anhang: Rechtsprechungslexikon

Treugut

Gläubiger des Treugebers können eine zum Treugut gehörende, auf den Treuhänder zu vollem Recht übertragene Forderung aufgrund eines Titels gegen den Treugeber nicht pfänden. Ihrem Zugriff unterliegt nur der Anspruch des Treugebers gegen den Treuhänder auf Rückübertragung der Forderung.
BGH, Urt. v. 5. 11. 1953 – IV ZR 95/53, BGHZ 11, 37, 41 ff. = NJW 1954, 190.

Erlischt ein Treuhandvertrag gemäß § 23 KO und ist das Treugut nicht unter der auflösenden Bedingung der Konkurseröffnung übertragen worden, so fällt das Treugut nicht von selbst an den Treugeber zurück. Der Treuhänder hat jedoch das Treugut an den Konkursverwalter zu übertragen, sofern es nicht bereits endgültig aus dem Vermögen des Treugebers ausgeschieden war.
BGH, Urt. v. 25. 4. 1962 – VIII ZR 43/61, NJW 1962, 1200, 1201.

Beim Treuhandverhältnis handelt der Treuhänder im eigenen Namen und verfügt über ein eigenes Recht. Ein im Innenverhältnis zum Treugeber bestehendes Verfügungsverbot hat keine dingliche Wirkung (§ 137 BGB). Die Verfügungen des Treuhänders sind deshalb auch bei Verstoß gegen das Verfügungsverbot grundsätzlich wirksam. Der Grundsatz, daß aus einem Rechtsgeschäft keine Rechte hergeleitet werden können, das ein Vertreter erkennbar unter Mißbrauch seiner Vollmacht vorgenommen hat, kann auf dieses Treuhandverhältnis nicht übertragen werden. Der Treugeber kann – abgesehen von einem Schadensersatzanspruch gegen den Treuhänder – nur im Rahmen der §§ 138, 823 Abs. 2 BGB i. V. m. § 266 StGB oder des § 826 BGB geschützt werden.
BGH, Urt. v. 4. 4. 1968 – II ZR 26/67, NJW 1968, 1471.

Der Treugeber kann jederzeit, spätestens bei Fälligkeit, vom Treuhänder gemäß § 667 BGB die Herausgabe des aufgrund des Treuhandauftrags Erlangten fordern.
BGH, Urt. v. 9. 7. 1992 – XII ZR 156/90, NJW-RR 1993, 367, 368.

Hat ein Rechtsanwalt aufgrund seines Vertragsverhältnisses mit seinem Auftraggeber empfangenes Geld als Treugut anzulegen, so soll er fremde Gelder auf ein Anderkonto einzahlen, soweit nichts anderes vereinbart ist.
Leistet ein Dritter auf ein solches Treuhandkonto, so ist derjenige, zu dessen Gunsten das Konto angelegt ist, zum Widerspruch berechtigt, wenn Gläubiger des Treuhänders die Zwangsvollstreckung in das Konto betreiben.
Der Treugeber hat ein Widerspruchsrecht auch dann, wenn es sich um Treugut auf einem nur zur Anlegung von Fremdgeldern eingerichteten und benutzten Sonder-

konto handelt. Dieser Fall liegt nicht vor, wenn der Rechtsanwalt eine Mandantenforderung auf sein Geschäfts- oder Privatkonto einzieht.
BGH, Urt. v. 16. 12. 1970 – VIII ZR 36/69, NJW 1971, 559, 560.

Bei einer uneigennützigen Verwaltungstreuhand kann der Treugeber im Konkurs des Treuhänders das Treugut grundsätzlich aussondern.
Der Treugeber hat kein Aussonderungsrecht hinsichtlich der Beträge, die Dritte auf ein nicht offenkundiges Treuhandkonto des Verwaltungstreuhänders gezahlt haben (hier : Mietkonto). Insoweit fehlt die notwendige „Verdinglichung“ der Rechtsstellung des Treugebers.
BGH, Urt. v. 19. 11. 1992 – IX ZR 45/92, ZIP 1993, 213, 214 = WM 1993, 83.

Für das Widerspruchsrecht des Treugebers nach § 771 ZPO ist die Publizität des Treuhandkontos nicht zwingend erforderlich.
BGH, Urt. v. 1. 7. 1993 – IX ZR 251/92, NJW 1993, 2622.

Treuhand

Der Treuhandvertrag beruht auf einem Auftragsverhältnis oder, wenn ein Entgelt vereinbart worden ist, auf einem Geschäftsbesorgungsvertrag (§ 675 BGB).
Die Sorgfaltspflichten des Treuhänders ergeben sich grundsätzlich aus der Natur des Rechtsverhältnisses.
Die Pflicht des Treuhänders, die Interessen des Treugebers wahrzunehmen, gründet sich darauf, daß einerseits der Treuhänder über den ihm anvertrauten Gegenstand allein verfügen darf, andererseits dem Treugeber nach wie vor an der Erhaltung und möglichst hohen Verwertung des Treuguts gelegen ist. Nach dieser Interessenlage richten sich die Aufgaben des Treuhänders. Er hat insoweit einzugreifen, als es der Treugeber infolge der Übertragung nicht mehr kann. Dagegen braucht er keine Maßnahmen zu ergreifen, die dem Treugeber selbst offenstehen.
BGH, Urt. v. 11. 2. 1960 – VII ZR 206/58, BGHZ 32, 67, 70 = NJW 1960, 958.

Wird einem Treuhänder nicht das dingliche Recht am Treugut übertragen, sondern nur die Vollmacht erteilt, das Treugut im Rahmen eines Vergleichs zur Abwendung des Konkursverfahrens zu verwerten, so ist der Treuhänder zwar im Innenverhältnis nur zur Verfügungen nach Maßgabe des Vergleichs befugt; nach außen geht aber seine Verfügungsmacht darüber hinaus, da er zu Verwertungshandlungen schlechthin bevollmächtigt ist.
BGH, Urt. v. 29. 1. 1964 – Ib ZR 197/62, WM 1964, 318.

Bei einem Liquidationsvergleich pflegt der Schuldner sein Vermögen auf einen von ihm und den Gläubigern unabhängigen Treuhänder zu übertragen oder diesem

mindestens das Verfügungsrecht darüber einzuräumen. Dann besteht zwischen Schuldner und Treuhänder zunächst ein uneigennütziger – einseitiger – Treuhandvertrag. Dieser ist zugleich ein Vertrag zugunsten der Gläubiger, aus dem diese unmittelbare Ansprüche herleiten dürfen (§ 328 Abs. 1 BGB). Erklären sich die Gläubiger mit dem Abkommen einverstanden, so wird die Treuhandschaft doppelseitig, weil der Treuhänder dann Rechten und Pflichten gegenüber beiden Teilen hat.
Überträgt der Schuldner sein Vermögen im Rahmen eines Liquidationsvergleichs nicht auf einen unbeteiligten Treuhänder, sondern an seine Gläubiger, so sind diese eigennützige Treuhänder.
BGH, Urt. v. 14. 3. 1966 – VII ZR 7/64, NJW 1966, 1116.

Einen typischen Treuhandvertrag, der sich nach bestimmten Regeln richtet, gibt es nicht. Die Rechtsbeziehungen müssen vielmehr nach den jeweiligen Umständen des Einzelfalls, insbesondere nach dem zugrunde liegenden Auftrag, oder, wenn ein Entgelt vereinbart worden ist, nach dem Geschäftsbesorgungsvertrag (§ 675 BGB) bestimmt werden.
Eine eigennützige Treuhandschaft setzt voraus, daß sie im Interesse des Treunehmers begründet worden ist.
Eine Verwaltungstreuhand ist grundsätzlich auch dann uneigennützig, wenn der Treuhänder eine Vergütung erhält.
BGH, Urt. v. 5. 5. 1969 – VII ZR 79/67, WM 1969, 935.

Ein Anwaltsvertrag begründet nicht schon ein Treuhandverhältnis an allem, was der Rechtsanwalt bei Ausführung des Mandats erlangt.
BGH, Urt. v. 16. 12. 1970 – VIII ZR 36/69, NJW 1971, 559, 560.

Eigentum an Wertpapieren kann in der Art treuhänderisch übertragen werden, daß dem bisherigen Eigentümer das Verfügungs- und Nutznießungsrecht verbleibt und der neue Eigentümer sich jeder Verfügung oder sonstigen Tätigkeit enthält.
Verwaltung und Nutznießung sind durch eine Vollmacht zu ermöglichen, die solange als unwiderruflich erteilt werden muß, wie das Treuhandverhältnis besteht.
BGH, Urt. v. 20. 3. 1972 – II ZR 52/71, DB 1972, 2010.

Ein Treuhandvertrag, der mit einem einer Sozietät angehörenden Rechtsanwalt geschlossen wird, kommt im Zweifel mit allen Sozietätsanwälten zustande. Auch ein aus der Sozietät ausgeschiedener Rechtsanwalt, der es gestattet, daß sein Name in den Briefbögen der Anwaltspraxis weiterhin aufgeführt wird, ist wegen des von ihm hervorgerufenen Rechtsscheins Vertragspartner.
Soll ein Rechtsanwalt als Treuhänder die Sicherungsinteressen seiner Auftraggeber wahren (hier : Auszahlung eines Darlehens nur gegen erstrangige Sicherung

durch ein Grundpfandrecht), so ist er bei Verfügungen über das treuhänderisch verwaltete Geld an die Weisungen seines Auftraggebers gebunden.
BGH, Urt. v. 10. 3. 1988 – III ZR 195/86, WM 1988, 986 f.

Zum Wesen der uneigennützigen Treuhand gehört es, daß der treuhänderisch zu verwaltende Gegenstand formell aus dem Vermögen des Treugebers ausscheidet, der Treuhänder nach außen Vollrechtsinhaber wird und dieser nach Maßgabe der Treuhandabrede verpflichtet ist, das nach wie vor wirtschaftlich zum Vermögen des Treugebers gehörende Recht in dessen Interesse zu handhaben.
BGH, Urt. v. 9. 7. 1992 – XII ZR 156/90, NJW-RR 1993, 367, 368.

Ein Treuhandvertrag eines bei Anlagegeschäften eingeschalteten Rechtsanwalts kann zugunsten künftiger Anleger geschlossen sein.
BGH, Urt. v. 1. 12. 1994 – III ZR 93/93, NJW 1995, 1025.

Für die „fiduziarische" Treuhand ist im Gegensatz zu einer bloßen Ermächtigungs- oder Verwaltungstreuhand kennzeichnend, daß das Treugut dem Treuhänder zu vollem Recht, also mit ungeschmälerter Außenzuständigkeit übertragen wird. Dabei besteht die treuhänderische Bindung in der Verpflichtung des Treuhänders gegenüber dem Treugeber, die unbeschränkte Rechtsmacht nur in den vereinbarten Grenzen zu gebrauchen.
BGH, Urt. v. 26. 1. 1996 – V ZR 212/94, WM 1996, 1190, 1191; v. 20. 6. 1997 – V ZR 392/95, WM 1997, 2036.

Nimmt ein Rechtsanwalt Spekulationsgeld entgegen mit der Auflage, für eine Rückzahlungssicherheit zu sorgen, so kommt ein Treuhandverhältnis auch mit dem Anleger zustande. Diesem hat der Rechtsanwalt bei auflagewidriger Weiterleitung des Geldes Schadensersatz zu leisten.
KG, Urt. v. 3. 2. 1992 – 24 U 4762/91, NJW-RR 1992, 795.

Übernimmt ein Rechtsanwalt vertraglich gegenüber einer Kapitalanlagegesellschaft Treuhandaufgaben, so handelt es sich um einen Treuhandvertrag zugunsten der Anleger.
OLG Karlsruhe, Urt. v. 5. 3. 1997 – 13 U 167/95, WM 1997, 1476, 1477.

Treuhandpflichten

Ein Rechtsanwalt als sog. Mittelverwendungstreuhänder hat die Vermögensinteressen seiner Treugeber dadurch zu wahren, daß er die Verwendung der anvertrauten Mittel überwacht.
BGH, Urt. v. 11. 5. 1989 – VII ZR 12/88, NJW-RR 1989, 1102.

Ein Treuhänder, der im Rahmen eines Bauherrenmodells Erklärungen zur Bildung und zum Erwerb von Eigentumswohnungen als Vertreter des Bauherrn abgibt,

muß prüfen, ob die Wohnung vom Veräußerungsvertrag abweichende öffentlich-rechtliche Nutzungsbeschränkungen aufweist.
BGH, Urt. v. 5. 7. 1990 – VII ZR 26/89, WM 1990, 1623, 1624 = NJW 1990, 2464.

Von einem umfassend beauftragten Treuhänder können die einzelnen Anleger erwarten, daß er ausschließlich ihre Interessen wahrnimmt. Deshalb ist der Treuhänder verpflichtet, die Anleger schon im Vorfeld ihrer Anlageentscheidung über Verflechtungen mit anderen am Bauherrenmodell Beteiligten aufzuklären.
BGH, Urt. v. 16. 1. 1991 – VIII ZR 14/90, WM 1991, 695, 696 = NJW-RR 1991, 599.

Der Treuhänder eines Bauherrenmodells muß überwachen, daß die Abwicklung des Bauvorhabens der Anerkennung der Anleger als Bauherren und der Gewährung der damit verbundenen Steuervorteile nicht entgegensteht.
BGH, Urt. v. 6. 2. 1991 – VIII ZR 26/90, NJW-RR 1991, 660, 661.

Ein als Treuhänder bei Anlagegeschäften eingeschalteter Rechtsanwalt kann verpflichtet sein, die vertragsmäßige Verwendung der von den Anlegern eingezahlten Beträge zu überwachen und die Anleger über Umstände aufzuklären, die erkennbar den Vertragszweck gefährden.
BGH, Urt. v. 1. 12. 1994 – III ZR 93/93, NJW 1995, 1025, 1026.

Der Treuhänder hat dem Treugeber eine umfassende Auskunft und Rechnungslegung zu erteilen.
OLG München, Urt. v. 17. 4. 1986 – 1 U 6053/85, DB 1986, 1970.

Bei der schuldrechtlichen Begründung eines Treuhandverhältnisses empfiehlt es sich dringend, Vereinbarungen darüber zu treffen, welche genau umrissene Rechte und Pflichten der Treuhänder haben soll, und was insbesondere dann geschehen soll, wenn der Treuhänder widerstrebende Interessen mehrerer Personen zu berücksichtigen hat oder wenn bei Nichterfüllung der Bedingungen oder bei einer Zweckstörung Streitigkeiten auftreten.
Bei der Entscheidung über die Auskehrung eines hinterlegten Betrages können tatsächlich und rechtlich zweifelhafte Fragen auftreten. In solchen Fällen kann der als Treuhänder beauftragte Rechtsanwalt in erhebliche Konflikte zwischen der Treuepflicht gegenüber seinem Mandanten und seiner treuhänderischen Pflicht zu strikter Objektivität geraten.
Hinterlegt eine Prozeßpartei beim Gegenanwalt Geld als Sicherheitsleistung zur Abwendung der Zwangsvollstreckung, so hat dieser, soweit die Parteien nicht ausdrücklich etwas anderes vereinbart haben, das Geld zu verwahren und darüber nur im Einverständnis beider Parteien zu verfügen, nicht aber eigenverantwortlich über die Auskehrung des Geldes zu entscheiden.
OLG Hamm, Urt. v. 9. 5. 1986 – 28 U 182/84, AnwBl 1987, 42, 43 f.

Ein Treuhänder verletzt seine vorvertragliche Pflicht, wenn er einen Kapitalanleger nicht darauf hinweist, daß er zur Wahrnehmung der im Treuhandvertrag übernommenen Pflichten nach den tatsächlichen Gegebenheiten außerstande ist.
OLG Karlsruhe, Urt .v. 5. 3. 1997 – 13 U 167/95, WM 1997, 1476, 1478.

Treuhandschaden

Verlangt der Vertragspartner von einem Treuhänder Ersatz von Aufwendungen, die er als Werbungskosten geltend gemacht hat, so braucht er sich die damit verbundenen Steuervorteile nicht anrechnen zu lassen, wenn er die Schadensersatzleistung wieder zu versteuern hat.
BGH, Urt. v. 25. 2. 1988 – VII ZR 152/87, WM 1988, 586, 587.

Ersparte Steuern sind im Wege des Vorteilsausgleichs zu berücksichtigen. Dies gilt nicht, wenn der Geschädigte die Schadensersatzleistung versteuern muß.
BGH, Urt. v. 11. 5. 1989 – VII ZR 12/88, NJW-RR 1989, 1102, 1103.

Derjenige, dessen Vertrauen auf die Richtigkeit oder Vollständigkeit der Angaben des Treuhänders (hier : Steuerberater und Rechtsbeistand) enttäuscht worden ist, kann entweder im Wege des Schadensersatzes Rückgängigmachung des Vertrages verlangen oder am Vertrag festhalten und lediglich zusätzlich Schadensersatz beanspruchen.
BGH, Urt. v. 16. 1. 1991 – VIII ZR 14/90, WM 1991, 695, 698.

Ein Treuhänder haftet im Rahmen eines Bauherrenmodells nicht für entgangene Steuervorteile, wenn die tatsächliche Abwicklung des Bauvorhabens der Finanzbehörde bei Zugrundelegung der seinerzeit maßgeblichen Verwaltungspraxis keinen Anlaß zur Versagung der Steuervorteile hätte geben dürfen.
BGH, Urt. v. 6. 2. 1991 – VIII ZR 26/90, NJW-RR 1991, 660, 662.

Die formelle Rechtsstellung des Treuhänders ist auch bei der fremdnützigen Treuhand ein Vermögenswert, dessen Rückgewähr nach § 7 Abs. 1 AnfG gefordert werden kann.
Wertersatz schuldet nur der Treuhänder, der das anfechtbar erlangte Treugut zum eigenen Vorteil veräußert, verbraucht oder den Wert sich sonst zugeführt hat.
Der Treuhänder, der keinen Wertersatz schuldet, kann dem anfechtenden Gläubiger auf Schadensersatz gemäß § 823 Abs. 2 BGB i. V. m. §§ 288, 27 StGB oder nach § 826 BGB haften.
BGH, Urt. v. 9. 12. 1993 – IX ZR 100/93, NJW 1994, 726, 727 f.

Verjährung

Ein Schadensersatzsanspruch gegen einen Steuerberater, der Treuhandpflichten in einem Bauherrenmodell verletzt hat, verjährt nach § 68 StBerG.
BGH, Urt. v. 5. 7. 1990 – VII ZR 26/89, WM 1990, 1623, 1624 = NJW 1990, 2464.

Die Verjährung von Ansprüchen gegen einen Steuerberater, der bei einem Bauherrenmodell als (Basis-)Treuhänder tätig ist, richtet sich nach § 68 StBerG, weil ein für die Anwendung dieser Vorschrift ausreichender Zusammenhang mit einer steuerberatenden Tätigkeit besteht.
BGH, Urt. v. 16. 1. 1991 – VIII ZR 14/90, WM 1991, 695, 697 = NJW-RR 1991, 599.

Ein Schadensersatzanspruch gegen einen Treuhänder, der nicht Rechtsanwalt, Steuerberater oder Wirtschaftsprüfer ist, verjährt gemäß § 195 BGB in dreißig Jahren.
BGH, Urt. v. 15. 5. 1991 – VIII ZR 123/90, NJW-RR 1991, 1120, 1123.

Ein Schadensersatzanspruch gegen einen Rechtsanwalt wegen Verletzung von Treuhandpflichten verjährt nach § 51 BRAGO a. F. (= § 51 b BRAO n. F.), wenn die treuhänderische Verwaltung von Anlagebeteiligungen auch eine Rechtsberatung zum Gegenstand hatte.
BGH, Urt. v. 9. 11. 1992 – II ZR 141/91, BGHZ 120, 157, 159f. = NJW 1993, 199.

Ein Schadensersatzanspruch gegen einen Rechtsanwalt wegen Verletzung von Treuhandpflichten verjährt gemäß § 195 BGB in dreißig Jahren, wenn der Rechtsanwalt die betreuten Anleger nicht in Rechtsfragen zu beraten, sondern nur Überwachungs- und Aufklärungspflichten wahrzunehmen hatte.
BGH, Urt. v. 1. 12. 1994 – III ZR 93/93, NJW 1995, 1025, 1027.

Abschnitt 5: Anwaltshaftung aus Verschulden bei Vertragsschluß

Inhaltsverzeichnis

1527 A. Allgemeines

I. Haftung für Verhandlungsgehilfen (§ 278 BGB)

1528 Diejenigen Personen, die miteinander Verbindung zur Anbahnung eines Vertrages aufnehmen, haben **schuldhafte Pflichtverletzungen** der von ihnen eingeschalteten **Verhandlungsführer und -gehilfen** in dem gesetzlichen Schuldverhältnis der **Vertragsverhandlungen („culpa in contrahendo" – „c. i. c.")** gemäß **§ 278 BGB** wie eigenes Verschulden zu vertreten. Dies setzt voraus, daß aus der Sicht eines Außenstehenden das Verschulden des Verhandelnden ein Verhalten betrifft, das in einem **unmittelbaren inneren Sachzusammenhang** mit dem ihm **zugewiesenen Aufgabenkreis** steht.[2750]

1529 Grundsätzlich richten sich Pflichten und Sorgfaltsmaßstab eines solchen „Erfüllungsgehilfen" nach der Stellung des hinter ihm stehenden Geschäftsherrn; dessen Sorgfaltspflichten können jedoch nach dem Schutzzweck des § 278 BGB verstärkt werden durch einen Verhandlungsgehilfen, der mit besonderer Fachkunde, die der Geschäftsherr selbst nicht hat, um persönliches Vertrauen wirbt.[2751]

1530 Ob der Geschäftsherr für das Verhalten des Gehilfen einstehen muß, entscheidet letztlich eine **wertende Beurteilung der tatsächlichen Umstände im Einzelfall**; dafür kommt es nicht darauf an, ob der Hilfsperson Vertretungsmacht eingeräumt wurde.[2752] Eigenmächtiges oder strafbares Handeln schließt eine Haftung des Geschäftsherrn grundsätzlich nicht aus.[2753]

II. Eigenhaftung der Verhandlungsgehilfen

1531 Die **Verhandlungsgehilfen selbst** haften i. d. R. nur dann, wenn ihre Pflichtverletzung den Tatbestand einer **unerlaubten Handlung** (§§ 823 ff. BGB) erfüllt.

Die Unzulänglichkeiten des deliktischen Vermögensschutzes (dazu Rn. 1386) will die Rechtsprechung auch dadurch mildern, daß **Vertreter, Vermittler und sonstige Sachwalter**, die an Vertragsverhandlungen anderer Personen beteiligt sind, unter bestimmten Voraussetzungen wegen **Verletzung von Pflichten vor**

2750 BGHZ 114, 263, 270 = NJW 1991, 2556; BGH, NJW 1997, 1233, 1234.
2751 BGHZ 114, 263, 272 = NJW 1991, 2556.
2752 BGH, NJW 1995, 2550, 2551; 1996, 451, 452 betreffend Makler.
2753 BGH, NJW 1997, 1233, 1235.

oder bei Vertragsschluß selbst auf Schadensersatz haften.[2754] Im Kern handelt es sich um eine **Haftung für enttäuschtes Vertrauen.**[2755] Da sie **Ausnahmecharakter** hat, sind an die Prüfung, ob die Haftungsvoraussetzungen erfüllt sind, **strenge Anforderungen** zu stellen.[2756]

Die **eigene Haftung des Gehilfen** wegen Verletzung vorvertraglicher Pflichten ist dadurch **gekennzeichnet,** daß dieser – über das gewöhnliche Auftreten eines Verhandlungs- oder Abschlußgehilfen hinaus – **gleichsam in eigener Sache** tätig geworden ist.[2757]

Eine Haftung des Verhandelnden aus Verschulden vor oder bei Vertragsschluß kann **neben einer Vertragshaftung** bestehen.[2758]

III. Voraussetzungen der Gehilfenhaftung aus c. i. c. 1532

1. Inanspruchnahme persönlichen Vertrauens

Der Verhandelnde (Vertreter, Vermittler, Sachwalter) kann selbst für eine vorver- 1533
tragliche Pflichtverletzung haften, wenn er – über das normale Verhandlungsvertrauen hinaus – **in besonderem Maße persönliches Vertrauen** in Anspruch genommen, und der Verhandlungsgegner ihm dieses entgegengebracht hat.[2759] Dadurch muß der Gehilfe eine **zusätzliche, von ihm persönlich ausgehende Gewähr** für die Vollständigkeit und Richtigkeit seiner Erklärungen und damit für das Gelingen des angebahnten Geschäfts geboten haben, die den Willensentschluß des anderen Teils beeinflußt hat.[2760]

Ein solches **Vertrauen,** das von der Person des Verhandelnden ausgeht, kann – 1534
nach den maßgeblichen Umständen des Einzelfalls – begründet werden durch

- **außergewöhnliche Sachkunde** für den Gegenstand des angestrebten Vertrages,

---

2754 BGHZ 56, 81, 83, 86 = NJW 1971, 1309; BGHZ 74, 103, 108 = NJW 1979, 1449; BGHZ 88, 67, 68 = NJW 1983, 2696; BGHZ 126, 181, 183 ff. = NJW 1994, 2220; BGH, NJW 1989, 389; 1990, 1907, 1908; 1991, 32, 33; NJW-RR 1992, 605; NJW 1997, 1233; WM 1997, 1431, 1432; Einzelfälle: BGHR BGB vor § 1/Verschulden bei Vertragsschluß – Sachwalter-, Vermittler- und Vertreterhaftung.

2755 BGHZ 60, 221, 226 = NJW 1973, 752.

2756 Vgl. BGH, NJW-RR 1991, 1241, 1242; 1992, 605; NJW 1997, 1233, 1234.

2757 BGH, NJW-RR 1990, 459, 461; NJW 1991, 32, 33; NJW-RR 1991, 1241, 1242.

2758 BGHZ 74, 103, 106, 108 = NJW 1979, 1449; BGHZ 108, 200, 209 = NJW 1989, 3095.

2759 BGHZ 56, 81, 83 ff. = NJW 1971, 1309; BGHZ 74, 103, 108 = NJW 1979, 1449; BGHZ 88, 67, 68 f. = NJW 1983, 2696; BGH NJW 1990, 1907, 1908; NJW-RR 1991, 1241, 1242; 1992, 605; NJW 1997, 1233.

2760 BGHZ 56, 81, 86 f. = NJW 1971, 1309; BGHZ 74, 103, 108 = NJW 1979, 1449; BGHZ 88, 67, 69 = NJW 1983, 2696; BGHZ 126, 181, 189 = NJW 1994, 2220; BGH, NJW 1990, 1907, 1908; NJW-RR 1992, 605 f.; NJW 1997, 1233.

- **besondere persönliche Zuverlässigkeit**,
- **eigenen Einfluß** – etwa als finanzieller Sachwalter – auf die Abwicklung des künftigen Vertrages.[2761]

Ein allgemeiner Hinweis des Verhandlungsgehilfen auf seine Sachkunde reicht i. d. R. für eine Eigenhaftung nicht aus.[2762] Dies gilt auch dann, wenn ein **Angestellter** die genannten Eigenschaften aufweist.[2763]

Ein Sonderfall ist die sog. **Prospekthaftung** für **typisiertes Vertrauen** (Rn. 1570 ff.).

2. Eigenes wirtschaftliches Interesse

1535 Ein Verhandlungsgehilfe (Vertreter, Vermittler, Sachwalter) kann wegen Verletzung vorvertraglicher Pflichten auch dann selbst haften, wenn er an dem angestrebten Geschäft ein **unmittelbares eigenes wirtschaftliches Interesse** hat, das so stark ist, daß es demjenigen des Geschäftsherrn vergleichbar ist, so daß der Gehilfe aus wirtschaftlicher Sicht gleichsam in eigener Sache verhandelt hat.[2764]

Dafür reicht das normale Geschäfts-, Entgelt- oder Provisionsinteresse eines **Angestellten, Prokuristen, Handelsvertreters, Geschäftsführers** oder **Gesellschafters** einer GmbH oder eines **Versicherungsagenten,** das nur ein mittelbares Interesse am Verhandlungserfolg begründet, nicht aus.[2765]

3. Gehilfenhaftung für Gehilfen

1536 Eine **Eigenhaftung** des Vertreters, Vermittlers oder Sachwalters setzt nicht voraus, daß dieser selbst die Vertragsverhandlungen führt; schaltet er dafür einen Gehilfen ein, so hat er für dessen vorvertragliche Pflichtverletzung nach **§ 278 BGB** einzustehen.[2766] Dies gilt insbesondere für den **Sachwalter** einer Partei, der die Verhandlungen nur aus dem Hintergrund beeinflußt.[2767]

2761 BGHZ 56, 81, 84 f. = NJW 1971, 1309; BGHZ 74, 103, 108 = NJW 1979, 1449.
2762 BGH, NJW 1990, 506 f.; NJW-RR 1991, 1241, 1242.
2763 BGHZ 88, 67, 69 = NJW 1983, 2696.
2764 BGHZ 56, 81, 83 f. = NJW 1971, 1309; BGH, NJW 1991, 32, 33; NJW-RR 1991, 1241, 1242; NJW 1997, 1233, 1234.
2765 BGHZ 56, 81, 84 = NJW 1971, 1309; BGHZ 88, 67, 70 = NJW 1983, 2696; BGHZ 126, 181, 183 ff. = NJW 1994, 2220; BGH, NJW 1986, 586, 587 f.; 1990, 506; NJW-RR 1991, 1241, 1242; NJW 1997, 1233 = WM 1997, 1431, 1432.
2766 BGHZ 56, 81, 85 f. = NJW 1971, 1309; BGH, NJW 1997, 1233.
2767 BGHZ 56, 81, 86 f. = NJW 1971, 1309.

B. Rechtsanwalt und c. i. c. 1537

I. § 44 BRAO

Ein gesetzlich geregelter Fall einer Anwaltshaftung für vorvertragliches Verschulden ist **§ 44 BRAO**.[2768] Nach dieser Vorschrift hat der Rechtsanwalt, der in seinem Beruf in Anspruch genommen wird und den Auftrag nicht annehmen will, den Schaden zu ersetzen, der aus einer schuldhaften Verzögerung der Ablehnung entsteht. 1538

II. Beteiligung an Vertragsverhandlungen des Mandanten

In die **Gefahr**, wegen Verletzung vorvertraglicher Pflichten aus **Verschulden bei Vertragsschluß einem Nichtmandanten selbst zu haften**, gerät ein **Rechtsanwalt** i. d. R. dann, wenn er für seinen Auftraggeber **Vertragsverhandlungen mit einem Dritten führt oder daran mitwirkt**. 1539

Grundsätzlich kann auch den **Rechtsanwalt** eine solche **Eigenhaftung** treffen, wenn die dargelegten Voraussetzungen (Rn. 1532 ff.) erfüllt sind,[2769] gleichgültig, ob er aufgrund eines echten Anwaltsvertrages mit Rechtsbeistandspflicht oder eines unechten Anwaltsvertrages ohne eine solche Verpflichtung tätig wird (vgl. Rn. 4 ff., 132 ff., 504 ff., 849 ff., 1192 ff., 1201 ff.).

Der **BGH**[2770] hat jedoch **hohe Hürden** für eine Inanspruchnahme des Rechtsanwalts wegen Verletzung vorvertraglicher Pflichten errichtet, falls dieser sich aufgrund eines **echten Anwaltsvertrages** mit seinem Auftraggeber an dessen Vertragsverhandlungen mit einem Dritten beteiligt. Es ist allgemein bekannt, daß der Rechtsanwalt als berufener Berater und Vertreter in allen Rechtsangelegenheiten (§ 3 Abs. 1 BRAO) einseitig die Interessen seines Mandanten wahrnimmt. Dieses Wissen steht grundsätzlich einem Eindruck des Verhandlungsgegners entgegen, der Rechtsanwalt werde bei den Vertragsverhandlungen gleichsam in eigener Sache tätig; dies gilt insbesondere dann, wenn der Verhandlungsgegner selbst anwaltlichen Beistand hat. Allein mit dem Einsatz seiner **Sachkunde**, die für die Betreuung des Mandanten erforderlich ist, begründet der Rechtsanwalt noch kein besonderes persönliches Vertrauen über das normale Verhandlungsvertrauen hinaus.[2771] Ist der 1540

2768 BGHZ 47, 320, 323 = NJW 1967, 1567.
2769 BGH, NJW 1989, 293, 294; NJW-RR 1990, 459, 460 f.; NJW 1991, 32, 33; vgl. *Bell* S. 127 ff., 133 ff., 167 ff.
2770 NJW 1989, 293, 294; NJW-RR 1990, 459, 460 f.; NJW 1991, 32, 33.
2771 BGH, NJW-RR 1990, 459, 461; NJW 1991, 32, 33.

Rechtsanwalt aufgrund eines **echten Anwaltsvertrages** mit Rechtsbeistandspflicht an **Vertragsverhandlungen seines Mandanten** mit einem Dritten beteiligt, so erfordert eine **anwaltliche Eigenhaftung** wegen Verletzung vorvertraglicher Pflichten **zusätzliche besondere Umstände**, die die Voraussetzungen der Haftung als Vertreter, Vermittler oder Sachwalter (Rn. 1533 ff.) erfüllen.[2772] Dafür genügt es nicht, daß der Rechtsanwalt an der abschließenden Feststellung des Verhandlungsergebnisses mitwirkt.[2773]

III. Amtliche und amtsähnliche Tätigkeit

1541 Entsprechendes gilt, wenn der **Rechtsanwalt** in Ausübung **amtlicher oder amtsähnlicher Tätigkeit Vertragsverhandlungen** in Vertretung fremder Interessen führt.

1542 Der **Konkursverwalter** haftet, wenn er Pflichten verletzt, die sich aus der Konkursordnung ergeben, also „konkursspezifisch" sind (§ 82 KO).[2774] Auch für ihn kommt grundsätzlich eine **Eigenhaftung wegen Verletzung vorvertraglicher Pflichten** in Betracht, wenn er einen Vertrauenstatbestand geschaffen hat, an dem er sich festhalten lassen muß, oder wenn er ein unmittelbares eigenes wirtschaftliches Interesse an dem angestrebten Geschäft hat.[2775] Diese Voraussetzungen sind aber noch nicht erfüllt, wenn der Konkursverwalter gegen Pflichten – etwa zur Aufklärung des Verhandlungsgegners – verstößt, die jedem Verhandlungspartner nach den allgemeinen Vorschriften obliegen; in diesem Falle **haftet i. d. R. nur die Konkursmasse**, nicht der Konkursverwalter als ihr Repräsentant.[2776] Dies gilt auch dann, wenn er mit Sicherungsnehmern Vereinbarungen über die Verwertung des Sicherungsgutes trifft und dabei einen Massekredit erhält.[2777] Es müssen also **zusätzliche Umstände** vorliegen, um **ausnahmsweise eine persönliche Haftung** des Konkursverwalters wegen Verletzung vorvertraglicher Pflichten begründen zu können.

1543 Dies gilt entsprechend für den **Sequester** (§ 106 Abs. 1 Satz 2 KO)[2778] und den **Sachwalter i. S. d. Vergleichsordnung** (§§ 91, 92 VerglO).[2779]

2772 Vgl. BGH, NJW 1989, 293, 294.
2773 BGH, NJW 1989, 293, 294.
2774 BGHZ 100, 346, 350 = NJW 1987, 3133.
2775 BGHZ 100, 346, 351 f. = NJW 1987, 3133.
2776 BGHZ 100, 346, 352 = NJW 1987, 3133.
2777 BGH, NJW-RR 1990, 94, 96.
2778 BGHZ 105, 230, 234 = NJW 1989, 1034.
2779 BGHZ 103, 310, 312 ff. = NJW-RR 1988, 1488.

Wird der Rechtsanwalt gemäß §§ **48, 49, 49 a BRAO** tätig, so haftet er für Pflichtverletzungen in dem sich daraus ergebenden gesetzlichen Schuldverhältnis, das bis zum Abschluß eines Anwaltsvertrages besteht, **entsprechend § 1833 BGB, nicht aus c. i. c.** (Rn. 1189). 1544

C. Schadensersatzpflicht aus c. i. c. 1545

I. Verletzung einer vorvertraglichen Pflicht

Aus dem gesetzlichen Schuldverhältnis der Vertragsverhandlungen, das eine vertragsähnliche, vom Zustandekommen eines Vertrages weitgehend unabhängige Rechtsbeziehung begründet,[2780] können sich **Schutzpflichten gegenüber dem Verhandlungspartner** ergeben, die insbesondere **Aufklärung, Hinweise, Auskunft** und **Beratung** erfordern können.[2781] 1546

Eine solche Pflicht obliegt einer Partei bei der Anbahnung eines Vertrages nur insoweit, als der Verhandlungs- und künftige Vertragspartner über diejenigen **entscheidungserheblichen Umstände zu unterrichten** ist, über die er eine Aufklärung nach dem Grundsatz von Treu und Glauben im Rechtsverkehr (§ 242 BGB) **redlicherweise erwarten darf**.[2782] Deswegen besteht **keine regelmäßige Pflicht** einer Partei, von sich aus – ungefragt – einen anderen vor oder bei Vertragsschluß über das damit verbundene Risiko zu unterrichten. Nur **ausnahmsweise** kann eine **Aufklärungs- und Warnpflicht** mit Rücksicht auf den Zweck des angestrebten Vertrages und nach Treu und Glauben (§ 242 BGB) dann bestehen, wenn wegen besonderer Umstände des Einzelfalls davon auszugehen ist, daß der Verhandlungs- und künftige Vertragspartner nicht hinreichend unterrichtet ist und die Verhältnisse nicht durchschaut.[2783] 1547

Dementsprechend entfällt eine solche Schutzpflicht, wenn beide Verhandlungspartner über dieselben Erkenntnismöglichkeiten verfügen und infolgedessen nicht darauf angewiesen sind, dem anderen Teil besonderes Vertrauen entgegenzubringen.[2784]

2780 RGZ 162, 129, 156; BGHZ 6, 330, 333 = NJW 1952, 1130; BGHZ 49, 77, 79, 82 = NJW 1968, 547; BGHZ 66, 51, 54 = NJW 1976, 712.

2781 BGH, WM 1986, 1047; NJW 1990, 1907, 1909; Einzelfälle vorvertraglicher Aufklärungspflichten bei Vertragsverhandlungen: BGHR BGB vor § 1/Verschulden bei Vertragsschluß – Aufklärungspflicht.

2782 BGH, WM 1997, 1045, 1047.

2783 BGH, WM 1997, 1045, 1047.

2784 BGH, WM 1986, 1047, 1048; 1988, 41, 43; BGHZ 116, 251, 257 f. = NJW 1992, 1037; vgl. BGHR BGB vor § 1/Verschulden bei Vertragsschluß – „Beweislast" und „Vertrauensschutz".

1548 Derjenige, der den Verhandlungsgehilfen seines Verhandlungsgegners wegen Verletzung vorvertraglicher Pflichten in Anspruch nimmt, hat – gemäß den allgemeinen Regeln (Rn. 998, 1224, 1288, 1456) – **darzulegen** und – gemäß § 286 ZPO – **zu beweisen,** daß

- eine solche **Schutz- und Aufklärungspflicht** bestanden hat (Rn. 1546 f.),
- der Verhandlungsgehilfe diese **Pflicht verletzt hat**
- und die **besonderen Voraussetzungen für eine Eigenhaftung** vorliegen (Rn. 1532 ff.).

II. Verschulden

1549 Die vorvertragliche Pflichtverletzung deutet auf ein **Verschulden des Schädigers** (§ 276 BGB)[2785] hin; dieser hat sich i. d. R. entsprechend § 282 BGB zu entlasten.[2786]

III. Haftungsausfüllende Kausalität

1550 Grundsätzlich hat der **Schädiger darzulegen und zu beweisen,** daß der Schaden auch bei pflichtgemäßer vorvertraglicher Aufklärung, Auskunft und Beratung entstanden wäre, weil der Geschädigte sich nicht „beratungs-, aufklärungs- und auskunftsgerecht" verhalten hätte[2787] (vgl. Rn. 1042, 1224, 1290 ff., 1458 ff.).

1551 **Anders** ist dies bei folgerichtiger Erweiterung der Rechtsprechung des IX. Zivilsenats des BGH, soweit **Rechtsanwälte** und **Steuerberater** persönlich **als Vertreter, Vermittler oder Sachwalter** aufgrund eines **Vertrages mit Rechtsbeistandspflicht** tätig geworden sind und auf Schadensersatz in Anspruch genommen werden. Dieser – für die Anwalts- und Steuerberaterhaftung zuständige – Senat legt die **Darlegungs- und Beweislast** dafür, daß die Verletzung einer Beratungs-, Aufklärungs- oder Auskunftspflicht eines Rechtsanwalts oder Steuerberaters aus einem solchen Vertrag den geltend gemachten Schaden verursacht hat, dem geschädigten Auftraggeber auf;[2788] diese Last wird durch Anwendung des § 287

2785 Vgl. dazu BGHZ 71, 284, 291 = NJW 1978, 1625 = WM 1978, 705; BGHZ 74, 103, 111 = NJW 1979, 1449 = WM 1979, 530.

2786 BGHZ 66, 51, 54 = NJW 1976, 712; BGHZ 67, 383, 387 = NJW 1977, 501; BGHZ 99, 101, 107 f. = NJW 1987, 639, 640 = WM 1987, 136; BGH, NJW 1992, 3296 = WM 1992, 1892; vgl. BGH, WM 1972, 583, 584 für einen Auskunftsvertrag; BGHZ 28, 251, 254 = NJW 1959, 34 für die positive Verletzung von Dienst- und Werkverträgen.

2787 BGH NJW 1990, 1907, 1909; BGHZ 114, 87, 94 = NJW 1991, 1818; BGHZ 124, 151, 159 = NJW 1994, 512 = WM 1994, 149; BGH, WM 1997, 2309, 2310; BGHR, BGB vor § 1/Verschulden bei Vertragsschluß – Beweislast.

2788 BGHZ 123, 311, 313 ff., 317 = NJW 1993, 3259; BGHZ 126, 217, 221 ff. = WM 1994, 2113.

ZPO[2789] und die Regeln über den Beweis des ersten Anscheins erleichtert[2790] (vgl. Rn. 1042, 1224, 1290 ff., 1460). Diese Regelung hält der IX. Zivilsenat des BGH für berechtigt, weil es in solchen Fällen nicht dem Schutzzweck der verletzten Beraterpflicht entspreche, einer durch das vertragswidrige Verhalten entstandenen Beweisnot des geschädigten Mandanten abzuhelfen.[2791] Diese Zuordnung der Darlegungs- und Beweislast muß folgerichtig auch dann gelten, wenn **Rechtsanwälte und Steuerberater**, die aufgrund eines **Vertrages mit Rechtsbeistandspflicht** (vgl. Rn. 4 ff., 132 ff., 504 ff., 849 ff., 1192 ff., 1201 ff.) für ihre Mandanten **als Vertreter, Vermittler oder Sachwalter** tätig geworden sind, von den Verhandlungspartnern wegen Verletzung vorvertraglicher Pflichten persönlich in Anspruch genommen werden. Danach haben die **Verhandlungspartner**, die eine solche **Eigenhaftung eines Rechtsanwalts oder Steuerberaters** geltend machen, **den Ursachenzusammenhang** zwischen der schuldhaften Verletzung einer vorvertraglichen Pflicht und ihrem Schaden **darzulegen und zu beweisen**.

Diese Ausnahme gilt **nicht** zugunsten eines **Rechtsanwalts,** der aufgrund eines **Vertrages ohne Rechtsbeistandspflicht** als Vertreter, Vermittler oder Sachwalter seines Auftraggebers tätig geworden ist und bei Vertragsverhandlungen mit einem Dritten vorvertragliche Pflichten verletzt hat.

IV. Haftungsrechtliche Zurechnung

Dem Schädiger ist ein **Schaden** nur dann **haftungsrechtlich zuzurechnen,** wenn 1552
dieser aus dem Kreis der Gefahren stammt, zu deren Abwendung die verletzte Pflicht diente[2792] (vgl. Rn. 1061 ff., 1224, 1461). Dieser **Schutzzweck** bestimmt sich, falls ein **Rechtsberater** seinen Mandanten geschädigt hat, nach dem Ziel, das dieser mit Beauftragung des Rechtsanwalts oder Steuerberaters aus dessen Sicht verfolgt hat.[2793]

Hat der **Rechtsanwalt als Vertreter, Vermittler oder Sachwalter** seines Mandanten **einen Dritten geschädigt**, so ist der Schaden, der durch Verletzung vorvertraglicher Pflichten entstanden ist, dem Anwalt haftungsrechtlich zuzurechnen,

2789 Dazu BGH, WM 1992, 1155, 1156 = NJW-RR 1992, 997; NJW 1992, 2694, 2695; 1993, 734 = WM 1993, 382.

2790 BGHZ 123, 311, 314 ff. = NJW 1993, 3259; BGH, WM 1993, 610, 614 f. und 1513, 1516; BGHZ 126, 217, 222 = WM 1994, 2113; BGH, WM 1995, 941, 942; NJW 1996, 1828; 1998, 79, 81.

2791 BGHZ 123, 311, 314 = NJW 1993, 3259; BGHZ 126, 217, 223 = WM 1994, 2113.

2792 BGH, WM 1990, 808, 809 = NJW 1990, 2057; WM 1995, 398, 401 f. = NJW 1995, 449; WM 1997, 2085, 2086.

2793 BGH, WM 1997, 2085, 2086.

wenn die verletzte Pflicht mit Rücksicht auf den Zweck des angestrebten Vertrages auch der Abwendung eines solchen Schadens diente.

1553 **V. Art und Umfang des Schadensersatzes**

1. Vertrauensschaden

1554 Derjenige, der durch Verschulden bei Vertragsverhandlungen geschädigt wurde, kann verlangen, so gestellt zu werden, wie er ohne die vorvertragliche Pflichtverletzung des anderen Teils stünde (§ 249 BGB). Er hat deswegen Anspruch auf **Ersatz des Vertrauensschadens,** der der Höhe nach **nicht durch das Erfüllungsinteresse begrenzt** wird.[2794] Der Schadensersatz ist **in Geld** zu leisten; ein Naturalersatz kann nicht nach § 249 BGB in dem Sinne verlangt werden, den Vertrauensschaden durch Abschluß oder Erfüllung des angestrebten Vertrages zu ersetzen.[2795]

Ein Verhandlungspartner, der infolge einer vorvertraglichen Pflichtverletzung des anderen Teils bei einer Auftragsvergabe nicht berücksichtigt worden ist, kann Schadensersatz in Höhe des **positiven Interesses** verlangen, wenn er bei ordnungsmäßigem Vergabeverfahren den Auftrag erhalten hätte.[2796]

Hätte der Geschädigte ohne die vorvertragliche Pflichtverletzung des anderen Teils einen **Vertrag mit einem anderen Partner** geschlossen, so gehört zum Vertrauensschaden (negativen Interesse) auch der aus einem solchen Vertrag **entgangene Gewinn.**[2797] Dies gilt auch dann, wenn ohne das schädigende Verhalten **mit demselben Vertragspartner** ein Vertrag mit günstigeren Bedingungen für den Geschädigten zustande gekommen wäre.[2798]

2. Zustandekommen des Vertrages

1555 Ist aufgrund schuldhafter vorvertraglicher Pflichtverletzung ein **Vertrag zustande gekommen,** so kann der Geschädigte verlangen, einen **nachteiligen Vertrag rückgängig zu machen** und dadurch **nutzlos gewordene Aufwendungen zu er-**

2794 BGHZ 49, 77, 82 = NJW 1968, 457; BGHZ 57, 191, 193 = NJW 1972, 95; BGHZ 69, 53, 56 = NJW 1977, 1536; BGHZ 114, 87, 94 = NJW 1991, 1818; BGH, WM 1988, 781, 785 = NJW 1988, 2234; WM 1990, 145, 148; Einzelfälle: BGHR, BGB vor § 1/Verschulden bei Vertragsschluß – „Schaden" und „Vertrauensschaden".

2795 BGH, NJW 1965, 812, 814; WM 1966, 89, 91; 1968, 1402, 1403.

2796 BGHZ 120, 281, 284 = NJW 1993, 520.

2797 BGH, NJW 1962, 1196, 1198; WM 1988, 781, 785 = NJW 1988, 2234.

2798 BGH, WM 1998, 2210, 2211.

statten.[2799] Will der Geschädigte an einem solchen Vertrag **festhalten** unter Änderung der ungünstigen Bedingungen, die auf die vorvertragliche Pflichtverletzung des anderen Teils zurückzuführen sind, so kann der Geschädigte eine **Anpassung des Vertrages** fordern; in diesen Fällen entspricht der **Schaden** dem Betrag, den der Geschädigte **zuviel aufgewandt** hat.[2800]

3. Scheitern des Vertrages

1556 Schließt jemand einen **unwirksamen Vertrag,** so kann er dem Verhandlungspartner wegen Verschuldens vor oder bei Vertragsschluß zum Schadensersatz verpflichtet sein, wenn er den **Grund der Unwirksamkeit zu vertreten hat**; zu ersetzen sind dann diejenigen Aufwendungen, die dem Verhandlungspartner im Vertrauen auf die Wirksamkeit des Vertrages entstanden sind.[2801] Allerdings wird eine solche Haftung noch nicht allein dadurch begründet, daß ein Verhandlungspartner – sei es auch nach längeren, ernsthaften Verhandlungen – im Rahmen seiner Vertragsfreiheit vom Vertragsschluß Abstand nimmt; deswegen werden Aufwendungen in Erwartung des Vertragsschlusses grundsätzlich auf eigene Gefahr vorgenommen.[2802]

1557 Ein **Abbruch der Vertragsverhandlungen** ohne triftigen Grund kann zu einer Schadensersatzpflicht aus c. i. c. führen, wenn der Abbrechende zuvor in seinem Vertragspartner das Vertrauen erweckt hatte, der **Vertrag werde mit Sicherheit zustande kommen**; dies gilt jedenfalls dann, wenn der angebahnte, aber gescheiterte **Vertrag formfrei** geschlossen werden konnte.[2803]

Eine solche Haftung aus c. i. c. kommt grundsätzlich auch beim **Abbruch von Verhandlungen über formbedürftige Verträge** in Betracht.[2804] Insoweit hat die höchstrichterliche Rechtsprechung jedoch schwerwiegende **Einschränkungen** vorgenommen für das Scheitern eines nach **§ 313 BGB** notariell zu beurkundenden Vertrages, durch den sich eine Partei zur Übereignung oder zum Erwerb eines Grundstücks verpflichten sollte; diese Einschränkungen müssen entspre-

2799 BGHZ 69, 53, 57 = NJW 1977, 1536; BGH, NJW 1981, 1035, 1036; WM 1992, 143 f.; 1993, 1277, 1279 = NJW 1993, 2107; WM 1997, 2309, 2311.

2800 BGHZ 69, 53, 57 f. = NJW 1977, 1536; BGH, NJW 1981, 1035, 1036; BGH 111, 75, 82 f. = NJW 1990, 1659; BGHZ 114, 87, 94 f. = NJW 1991, 1818; BGH, WM 1988, 1700, 1702; 1992, 143; 1994, 758, 760; NJW 1993, 1323, 1324 f.

2801 BGHZ 92, 164, 175 f. = NJW 1985, 1778; BGHZ 99, 101, 106 f. m. w. N. = NJW 1987, 639.

2802 BGH, WM 1989, 685, 686; 1996, 1728, 1729.

2803 BGHZ 71, 386, 395 = WM 1978, 1082; BGHZ 76, 343, 349 = NJW 1980, 1683; BGH, WM 1989, 685, 687, 688; 1996, 738, 740 und 1728, 1729; *Kaiser*, JZ 1997, 448, 449, 450.

2804 BGH, NJW 1975, 43 f.; WM 1979, 458, 462; 1982, 1436; BGHZ 92, 164, 175 = NJW 1985, 1778.

chend gelten für **andere Verträge**, die einem gesetzlichen Formzwang unterliegen. Bricht eine Partei, der bis dahin keine Verletzung einer vorvertraglichen Pflicht vorzuwerfen ist, die Verhandlungen über den Abschluß eines nach § 313 BGB formbedürftigen Vertrages ab, so haftet sie nicht allein deswegen dem Vertragspartner aus c. i. c.; eine solche Haftung auf Ersatz eines Vertrauensschadens würde einen mittelbaren Zwang zum Abschluß des formbedürftigen Vertrages ausüben und verstieße damit gegen den Zweck der Formvorschrift, vor einer übereilten Verpflichtung zu schützen.[2805] Bricht die Partei Verhandlungen zum Abschluß eines nach § 313 BGB zu beurkundenden Vertrages dagegen ab, nachdem sie zuvor pflichtwidrig den Vertragsschluß trotz fehlender Abschlußbereitschaft als sicher hingestellt hatte, so kann der Abbrechende wegen Verschuldens vor Vertragsschluß haften, falls ihm ein schwerer Verstoß gegen die Pflicht zu redlichem Verhalten bei Vertragsverhandlungen vorzuwerfen ist; dies erfordert i. d. R. die Feststellung einer vorsätzlichen Pflichtverletzung.[2806]

4. Vorteilsausgleich

1558 Zu den **auszugleichenden Vorteilen** aus dem Schadensereignis gehören grundsätzlich auch die **Steuervergünstigungen,** die der geschädigte Anleger aufgrund seiner Vermögensanlage erlangt hat.[2807] Auf Rn. 1115 ff. wird verwiesen.

VI. Mitverschulden

1559 Eine Haftung wegen **Verletzung vorvertraglicher Pflichten** kann durch ein schadensursächliches **Mitverschulden des Geschädigten** bei der Entstehung des Schadens oder wegen Verletzung der Schadensminderungspflicht (§ 254 BGB) ausgeschlossen oder verringert sein; die Regelung der §§ 122 Abs. 2, 179 Abs. 3 Satz 1, 307 Abs. 1 Satz 2 BGB, die eine Abwägung gemäß § 254 BGB i. d. R. ausschließt, gilt hier nicht.[2808]

Ein schadensursächliches Verschulden eines Kapitalanlegers kann vorliegen, wenn er eine zumutbare und gebotene Überprüfung der empfohlenen Anlage unterlassen hat.[2809] Im übrigen wird auf Rn. 1149 ff., 1467 ff. verwiesen.

2805 BGH, NJW 1975, 43, 44; WM 1979, 458, 462; 1982, 1436 f.; BGHZ 92, 164, 175 = NJW 1985, 1778; BGHZ 116, 251, 258 = NJW 1992, 1037; BGH, WM 1996, 1728, 1729.
2806 BGH, WM 1996, 1728, 1729 f.; dazu krit. *Kaiser*, JZ 1997, 448 ff.
2807 BGHZ 74, 103, 113 f. = NJW 1979, 1449 = WM 1979, 530; BGH, WM 1989, 1925.
2808 RGZ 151, 357, 358 ff.; BGH, DB 1967, 1085; BGHZ 99, 101, 108 f. = NJW 1987, 639 = WM 1987, 136.
2809 BGHZ 74, 103, 112 = NJW 1979, 1449 = WM 1979, 530.

VII. Verjährung 1560

1. Allgemeines

Ein Schadensersatzanspruch aus Verschulden bei Vertragsschluß **verjährt regelmäßig in dreißig Jahren** (§ 195 BGB); **Ausnahmen** bestehen dann, wenn vergleichbare Erfüllungs- oder Ersatzansprüche in kürzerer Frist verjähren und der Zweck einer solchen Verjährungsregelung auch für die Haftung wegen Verletzung vorvertraglicher Pflichten Geltung verlangt.[2810] 1561

Deswegen kann ein **Schadensersatzanspruch aus c. i. c.** einer **kürzeren Verjährungsregelung** unterliegen, z. B. 1562

- beim **Scheitern des angestrebten Vertrages** infolge der vorvertraglichen Pflichtverletzung, wenn der Geschädigte das positive oder negative Interesse geltend macht und beim Zustandekommen des Vertrages eine kurze Verjährungsfrist – etwa **§§ 196, 197 BGB** – für den **Erfüllungsanspruch** gegolten hätte;[2811]
- beim **Zustandekommen des angestrebten Vertrages** trotz vorvertraglicher Pflichtverletzung eines Vertreters, wenn der **Erfüllungsanspruch** gegen den Vertragspartner nach **§ 196 BGB** verjährt;[2812]
- wenn der Anspruch unmittelbar **Mängel einer Kaufsache** betrifft und ein Gewährleistungsanspruch des Käufers nach **§ 477 BGB** verjährt;[2813]
- wenn der Anspruch sich mit demjenigen aus **§ 635 BGB deckt und deswegen nach § 638 BGB** verjährt.[2814]

Ein Schadensersatzanspruch wegen Verletzung vorvertraglicher Pflichten gegen einen **Vertreter, Vermittler oder Sachwalter**, der persönliches Vertrauen des Verhandlungsgegners in Anspruch genommen hat, verjährt selbst dann **i. d. R. in dreißig Jahren**, wenn **bei den Vertragsverhandlungen Prospekte** verwendet worden sind; die kürzeren Verjährungsfristen aus Prospekthaftung (dazu Rn. 1594), die die Enttäuschung typisierten Vertrauens betrifft, gelten dann nicht (Rn. 1599).[2815] 1563

2810 BGHZ 83, 222, 223 = NJW 1982, 1514.
2811 BGHZ 49, 77, 81 ff. = NJW 1968, 547; BGHZ 57, 191, 194 ff., 197 f. = NJW 1972, 95; BGH, NJW 1986, 2564, 2567.
2812 BGHZ 87, 27, 36 f. = NJW 1983, 1607.
2813 RGZ 129, 280, 281 f.; BGHZ 111, 75, 82 = NJW 1990, 1659.
2814 BGH, NJW 1969, 1710 f.; 1997, 50, 51.
2815 BGH, WM 1984, 1529, 1531 = NJW 1985, 380, 381; WM 1985, 533, 534; NJW 1995, 130.

1564 Umstritten ist in der höchstrichterlichen Rechtsprechung, wann eine **kürzere Verjährung** für einen Schadensersatzanspruch aus Verschulden vor oder bei Vertragsschluß **beginnt**.

Der VIII. Zivilsenat des BGH[2816] hat – für eine Verjährungsfrist gemäß § 196 Abs. 2 BGB – entschieden, daß die Verjährung erst dann beginnt, wenn der Geschädigte die vorvertragliche Pflichtverletzung und die Person des dafür Verantwortlichen kennt. Dagegen beginnt nach Ansicht des III. Zivilsenats des BGH[2817] die Verjährung gemäß § 197 BGB nach § 201 BGB unabhängig von einer solchen Kenntnis.

2. Schadensersatzanspruch gegen einen Rechtsanwalt aus c. i. c.

1565 Verletzt ein **Rechtsanwalt** schuldhaft eine vorvertragliche Pflicht bei der **Anbahnung eines echten Anwaltsvertrages** mit Rechtsbeistandspflicht, so unterliegt ein darauf beruhender Schadensersatzanspruch desjenigen, der **Auftraggeber (Mandant)** werden sollte oder geworden ist, der anwaltsfreundlichen Verjährungsregelung des **§ 51 b BRAO** (Rn. 1210). Dagegen verjährt ein solcher Ersatzanspruch des in Aussicht genommenen oder tatsächlichen **Auftraggebers** aus c. i. c. gegen einen **Rechtsanwalt** nach den vorstehenden **allgemeinen Regeln** (Rn. 1561 ff.), wenn dieser seine Pflichten bei Verhandlungen über den Abschluß eines **Vertrages ohne Rechtsbeistandspflicht** verletzt hat (Rn. 132 ff., 504, 852, 1201 ff.).

1566 Folgerichtig muß ein Schadensersatzanspruch eines **Dritten (Nichtmandanten)** gegen einen **Rechtsanwalt**, der als **Vertreter, Vermittler oder Sachwalter** seines Auftraggebers vorvertragliche Pflichten gegenüber dem Verhandlungsgegner schuldhaft verletzt hat, nach **§ 51 b BRAO** verjähren, wenn der Rechtsanwalt aufgrund eines **echten Anwaltsvertrages** mit Rechtsbeistandspflicht tätig geworden ist. In diesem Falle hat sich ein **berufstypisches Risiko** des Rechtsanwalts verwirklicht; die entsprechende Haftung soll nach dem Willen des Gesetzgebers der anwaltsfreundlichen Verjährungsregelung des § 51 b BRAO unterliegen (vgl. Rn. 1210).[2818] Dagegen gelten die **allgemeinen Verjährungsregeln** für einen Schadensersatzanspruch eines **Dritten** aus c. i. c. (Rn. 1561 ff.), wenn der **Rechtsanwalt** aufgrund eines **Vertrages ohne Rechtsbeistandspflicht** für seinen Vertragspartner als **Vertreter, Vermittler oder Sachwalter** tätig geworden ist

2816 BGHZ 87, 27 = NJW 1983, 1607.
2817 NJW 1986, 2564, 2568.
2818 BGHZ 94, 380, 387 = NJW 1985, 2250.

und dabei vorvertragliche Pflichten gegenüber dem Verhandlungsgegner schuldhaft verletzt hat. In diesem Falle fehlt der Privilegierungsgrund des § 51 b BRAO.

D. Anhang: Rechtsprechungslexikon 1567

Allgemeines

Eine Haftung aus Verschulden bei Vertragsverhandlungen setzt nicht voraus, daß es zu einem Vertragsschluß kommt.
BGH, Urt. v. 16. 11. 1967 – III ZR 12/67, BGHZ 49, 77, 82 = NJW 1968, 547.

Eine Haftung aus Verschulden bei Vertragsverhandlungen kann neben derjenigen aus Auskunftsvertrag bestehen.
BGH, Urt. v. 22. 3. 1979 – VII ZR 259/77, BGHZ 74, 103, 106, 108 = NJW 1979, 1449.

Haftung des Geschäftsherrn

Der Geschäftsherr haftet nach § 278 BGB für die Pflichtverletzung desjenigen, der bei der Anbahnung eines Vertrages als beauftragter Verhandlungsführer oder -gehilfe tätig geworden ist, wenn dieser wegen seiner engen Beziehung zum Geschäftsherrn als dessen Vertrauensperson erscheint. Dafür ist es nicht entscheidend, ob dem Verhandlungsführer oder -gehilfen für die Verhandlungen Vertretungsmacht eingeräumt worden ist. Vielmehr kommt es darauf an, ob bei wertender Beurteilung der tatsächlichen Umstände sein Verhalten dem Geschäftsherrn zuzurechnen ist.
BGH, Urt. v. 2. 6. 1995 – V ZR 52/94, NJW 1995, 2550, 2551; v. 24. 11. 1995 – V ZR 40/94, NJW 1996, 451, 452.

Haftung des Verhandlungsgehilfen

Die Verpflichtungen aus dem gesetzlichen Schuldverhältnis, das durch die Anbahnung von Vertragsverhandlungen eines Vertreters begründet wird, treffen zwar grundsätzlich den Vertretenen. Hat aber der Vertreter – über das normale Verhandlungsvertrauen hinaus – in besonderem Maße persönliches Vertrauen in Anspruch genommen und hat der Verhandlungsgegner ihm dieses auch entgegengebracht, dann muß der Vertreter selbst für die Verletzung vorvertraglicher Pflichten – etwa zur Aufklärung – einstehen, weil er dem Verhandlungspartner eine zusätzliche, von ihm persönlich ausgehende Gewähr für das Gelingen des beabsichtigten Rechtsgeschäfts geboten hat, die für den Willensentschluß des anderen Teils be-

deutsam war. Ein dem Vertreter persönlich entgegengebrachtes besonderes Vertrauen kann in seiner außergewöhnlichen Sachkunde für den Vertragsgegenstand oder in besonderer persönlicher Zuverlässigkeit begründet sein.
BGH, Urt. v. 22. 3. 1979 – VII ZR 259/77, BGHZ 74, 103, 106, 108 = NJW 1979, 1449.

Ein Vertreter kann für ein Verschulden bei Vertragsverhandlungen haften, wenn er wirtschaftlich selbst stark an dem Vertragsschluß interessiert ist und aus dem Geschäft eigenen Nutzen erstrebt oder in besonderem Maße persönliches Vertrauen in Anspruch nimmt.
BGH, Urt. v. 23. 2. 1983 – VIII ZR 325/81, BGHZ 87, 27, 32 = NJW 1983, 1607.

Eine Haftung aus einem Verschulden bei Vertragsverhandlungen kann den Vertreter u. a. bei einem besonderen wirtschaftlichen Interesse am Abschluß des Vertrages treffen. Dafür reicht ein mittelbares wirtschaftliches Interesse, insbesondere das Provisionsinteresse eines Handelsvertreters, Prokuristen oder sonstigen Angestellten, nicht aus. Es muß vielmehr eine so enge Beziehung zum Gegenstand der Vertragsverhandlungen gegeben sein, daß der Vertreter wirtschaftlich gleichsam in eigener Sache beteiligt ist.
Eine Eigenhaftung des Vertreters kommt auch dann in Betracht, wenn er in besonderem Maße persönliches Vertrauen in Anspruch genommen hat. Dies kann dann der Fall sein, wenn der Vertreter mit Hinweis auf seine außergewöhnliche Sachkunde oder seine besondere persönliche Zuverlässigkeit dem Verhandlungspartner eine zusätzliche, von ihm persönlich ausgehende Gewähr für das Gelingen des beabsichtigten Geschäfts bietet. Dafür reicht es nicht aus, daß der Vertreter über die für seine Tätigkeit erforderliche Sachkunde verfügt und auf diese hinweist.
BGH, Urt. v. 17. 10. 1989 – XI ZR 173/88, NJW 1990, 506; v. 17. 6. 1991 – II ZR 171/90, NJW-RR 1991, 1241, 1242.

Schadensersatzansprüche gegen einen Vertreter wegen Verschuldens bei Vertragsverhandlungen richten sich grundsätzlich nach § 278 BGB gegen den Vertretenen. Ausnahmsweise kann jedoch auch der Vertreter selbst haften, wenn er entweder dem Vertragsgegenstand besonders nahe steht und bei wirtschaftlicher Betrachtung gleichsam in eigener Sache handelt oder wenn er gegenüber dem Verhandlungspartner in besonderem Maße persönliches Vertrauen in Anspruch genommen und dadurch die Vertragsverhandlungen beeinflußt hat. Dafür reicht es nicht schon aus, daß der Vertreter über die für seine Tätigkeit erforderliche Sachkunde verfügt und darauf hinweist. Notwendig ist vielmehr, daß er dem Verhandlungspartner zusätzlich in zurechenbarer Weise den Eindruck vermittelt, er werde persönlich mit seiner Sachkunde die ordnungsmäßige Abwicklung des Geschäfts selbst dann ge-

währleisten, wenn der Verhandlungspartner dem Geschäftsherrn nicht oder nur wenig vertraut.
BGH, Urt. v. 3. 4. 1990 – XI ZR 206/88, NJW 1990, 1907, 1908.

Eine Haftung wegen Verschuldens bei Vertragsverhandlungen kann ausnahmsweise denjenigen treffen, der selbst nicht Vertragspartei werden soll, an den Vertragsverhandlungen aber als Vertreter, Vermittler oder Sachwalter einer Partei beteiligt ist, wenn er – über das normale Verhandlungsvertrauen hinaus – in besonderem Maße Vertrauen für sich persönlich in Anspruch nimmt und damit dem anderen Vertragspartner eine zusätzliche, gerade von ihm persönlich ausgehende Gewähr für Bestand und Erfüllung des beabsichtigten Rechtsgeschäftes bietet oder wenn er wegen eines eigenen unmittelbaren Interesses dem Verhandlungsgegenstand besonders nahe steht, also bei wirtschaftlicher Betrachtung gleichsam in eigener Sache verhandelt.
Beteiligt sich der Vertreter, Vermittler oder Sachwalter an den Vertragsverhandlungen nicht selbst, läßt er sich vielmehr seinerseits durch einen (Unter-)Vertreter vertreten, so kann dieser sein Erfüllungsgehilfe i. S. d. § 278 BGB bezüglich der vorvertraglichen Verpflichtungen sein.
BGH, Urt. v. 29. 1. 1997 – VIII ZR 356/95, WM 1997, 1431, 1432 = NJW 1997, 1233 = ZIP 1997, 548.

Die Eigenhaftung eines Vertreters wegen Inanspruchnahme persönlichen Vertrauens setzt nicht voraus, daß der Vertreter selbst die Verhandlungen führt. Er kann auch durch einen Untervertreter tätig werden, der dann für eigene vorvertragliche Verpflichtungen als sein Erfüllungsgehilfe i. S. d. § 278 BGB anzusehen ist.
Dieser Grundsatz ist entsprechend anzuwenden auf den Sachwalter einer Vertragspartei, der sich selbst bei den Verhandlungen im Hintergrund hält und eigene Beziehungen zu dem Verhandlungsgegner nur mittelbar über den von ihm betreuten Verhandlungspartner in der Weise herstellt, daß er zu dem beabsichtigten Vertragsschluß seine Zustimmung erteilt, die dem anderen Teil zur Kenntnis gebracht wird und diesen zum Abschluß des Vertrages bestimmt.
BGH, Urt. v. 5. 4. 1971 – VII ZR 163/69, BGHZ 56, 81, 85 ff. = NJW 1971, 1309.

Zieht eine Partei bei Vertragsverhandlungen zu ihrer Beratung einen Rechtsanwalt ihres Vertrauens hinzu, so haftet dieser ohne besondere zusätzliche Umstände auch dann nicht persönlich aus Verschulden bei Vertragsabschluß für die Richtigkeit der bei dieser Gelegenheit abgegebenen Parteierklärungen, wenn er bei der abschließenden Fixierung des Verhandlungsergebnisses mitwirkt.
BGH, Urt. v. 11. 7. 1988 – II ZR 232/87, NJW 1989, 293, 294; vgl. BGH, Urt. v. 1. 2. 1990 – IX ZR 82/89, NJW-RR 1990, 459, 460 f.

Ein Rechtsanwalt, der Erklärungen gegenüber dem Vertragsgegner seines Mandanten abgibt, kann aus einem Verhandlungsverschulden nur dann persönlich haften, wenn er gleichsam in eigener Sache tätig wird, indem er in besonderem Maße Vertrauen für seine Person in Anspruch nimmt oder wirtschaftlich selbst stark am Vertragsschluß interessiert ist und aus dem Geschäft eigenen Nutzen erstrebt.
BGH, Urt. v. 17. 5. 1990 – IX ZR 85/89, NJW 1991, 32, 33.

Eine persönliche Haftung des Konkursverwalters kann nicht aus einem Verstoß gegen Aufklärungs- und Hinweispflichten hergeleitet werden, die jeden Vertragschließenden während der Verhandlungen und beim Abschluß treffen.
Verletzt der Konkursverwalter solche allgemeinen Pflichten, so haftet i. d. R. nur die Konkursmasse. In diesen Fällen kann der Konkursverwalter persönlich nur unter besonderen Voraussetzungen haften, nämlich wenn er eigene Pflichten ausdrücklich übernommen oder insoweit einen Vertrauenstatbestand geschaffen oder eine unerlaubte Handlung begangen hat.
BGH, Urt. v. 14. 4. 1987 – IX ZR 260/86, BGHZ 100, 346, 352 = NJW 1987, 3133; vgl. BGH, Urt. 12. 10. 1989 – IX ZR 245/88, NJW-RR 1990, 94, 96 (Rechtsanwalt).

Die persönliche Haftung eines Sachwalters i. S. d. §§ 91, 92 VerglO kommt nur dann in Betracht, wenn er eigene Pflichten ausdrücklich übernommen oder einen Vertrauenstatbestand geschaffen oder eine unerlaubte Handlung begangen hat.
BGH, Urt. v. 25. 2. 1988 – IX ZR 139/87, BGHZ 103, 310, 315 = NJW-RR 1988, 1488.

Die Rechtsfolgen der Pflichtverletzung eines Sequesters (§ 106 Abs. 1 Satz 2 KO) treffen regelmäßig den Schuldner. Eine persönliche Haftung des Sequesters kommt nur ausnahmsweise nach den Grundsätzen der Sachwalterhaftung in Betracht.
BGH, Urt. v. 29. 9. 1988 – IX ZR 39/88, BGHZ 105, 230, 234 = NJW 1989, 1034.

Der Angestellte eines Handelsgeschäfts kann wegen Verletzung vorvertraglicher Pflichten regelmäßig nicht persönlich in Anspruch genommen werden.
BGH, Urt. v. 4. 7. 1983 – II ZR 220/82, BGHZ 88, 67, 70 = NJW 1983, 2696.

Der Geschäftsführer und Gesellschafter einer GmbH nimmt bei Vertragsverhandlungen grundsätzlich nur das normale Vertragsvertrauen in Anspruch, so daß regelmäßig eine Eigenhaftung aus Verhandlungsverschulden wegen eines unmittelbaren wirtschaftlichen Eigeninteresses entfällt.
BGH, Urt. v. 23. 10. 1985 – VIII ZR 210/84, NJW 1986, 586, 587; v. 6. 6. 1994 – II ZR 292/91, BGHZ 126, 181, 186, 189 = NJW 1994, 2220.

Mitverschulden

Ein Mitverschulden des Geschädigten schließt einen Schadensersatzanspruch aus Verschulden bei Vertragsverhandlungen nicht von vornherein aus.
BGH, Urt. v. 12. 11. 1986 – VIII ZR 280/85, BGHZ 99, 101, 109 = NJW 1987, 639 = WM 1987, 136.

Pflichten des Verhandlungsgehilfen

Bei der Anbahnung eines Vertrages hat eine Partei dem anderen Teil nur diejenigen entscheidungserheblichen Umstände mitzuteilen, über die dieser eine Aufklärung nach dem Grundsatz von Treu und Glauben im Rechtsverkehr (§ 242 BGB) erwarten darf. Danach besteht keine regelmäßige Pflicht einer Partei, von sich aus – ungefragt – einen anderen vor oder bei Vertragsschluß über das damit verbundene Risiko zu unterrichten. Nur ausnahmsweise kann eine Aufklärungs- und Warnpflicht dann bestehen, wenn wegen besonderer Umstände des Einzelfalls davon auszugehen ist, daß der künftige Vertragspartner nicht hinreichend unterrichtet ist und die Verhältnisse nicht durchschaut.
BGH, Urt. v. 15. 4. 1997 – IX ZR 112/96, WM 1997, 1045, 1047.

Ein Vertreter, Sachwalter oder Verhandlungsgehilfe kann seinem Verhandlungspartner haften, wenn er dessen Vertrauen für seine Person in Anspruch genommen und dessen Vertragsentschluß durch falsche Auskünfte maßgeblich beeinflußt hat. Eine Aufklärungspflicht bei Vertragsverhandlungen kann entfallen, wenn beide Verhandlungspartner über dieselben Erkenntnismöglichkeiten verfügen.
BGH, Urt. v. 12. 5. 1986 – II ZR 84/85, WM 1986, 1047 f.

Ein Sachwalter, der aufgrund eines Treueverhältnisses fremde Vermögensinteressen wahrzunehmen hat, hat die vorvertragliche Pflicht, den Geschäftsherrn über die Provisionszusage eines interessierten Dritten aufzuklären.
BGH, Urt. v. 14. 3. 1991 – VII ZR 342/89, NJW 1991, 1819, 1820.

Wie bei anderen Erfüllungsgehilfen richtet sich der Pflichtenkreis und Sorgfaltsmaßstab eines Verhandlungsgehilfen nach der Stellung des Schuldners i. S. d. § 278 BGB. Bei persönlicher Vertrauenswerbung mit besonderer Fachkunde kann jedoch der Verhandlungsgehilfe die Sorgfaltspflichten des hinter ihm stehenden Geschäftsherrn entsprechend verstärken.
BGH, Urt. v. 26. 4. 1991 – V ZR 165/89, BGHZ 114, 263, 272 = NJW 1991, 2556.

Wegen Verschuldens bei Vertragsschluß kann auch derjenige haften, der die Unwirksamkeit eines Vertrages zu vertreten hat.
BGH, Urt. v. 12. 11. 1986 – VIII ZR 280/85, BGHZ 99, 101, 106 = NJW 1987, 639.

Trotz längerer und ernsthafter Vertragsverhandlungen kann jede Seite vom Vertragsschluß Abstand nehmen, ohne allein deshalb bereits wegen Verschuldens bei Vertragsverhandlungen zu haften.

Eine Schadensersatzpflicht besteht dann, wenn ein Verhandlungspartner zurechenbar bei der Gegenseite das aus deren Sicht berechtigte Vertrauen erweckt, der Vertrag werde mit Sicherheit zustandekommen, sodann aber die Vertragsverhandlungen ohne triftigen Grund abbricht.
BGH, Urt. v. 22. 2. 1989 – VIII ZR 4/88, WM 1989, 685, 686f.; v. 10. 1. 1996 – VIII ZR 327/94, WM 1996, 738, 740.

Wird der Abschluß eines formbedürftigen Vertrages als sicher dargestellt, kann der Abbruch der Verhandlungen durch einen Partner grundsätzlich nur dann einen Schadensersatzanspruch des anderen begründen, wenn das Verhalten des Abbrechenden einen schweren Verstoß gegen die Verpflichtung zu redlichem Verhalten bei Vertragsverhandlungen bedeutet. Dies erfordert regelmäßig eine vorsätzliche Treupflichtverletzung.
BGH, Urt. v. 29. 3. 1996 – V ZR 332/94, WM 1996, 1728, 1729.

Schaden

Derjenige, der bei Vertragsverhandlungen schuldhaft falsche Angaben macht, kann dem Verhandlungspartner zum Ersatz von Aufwendungen oder des Gewinns aus einem entgangenen Geschäft verpflichtet sein.
BGH, Urt. v. 31. 1. 1962 – VIII ZR 120/60, NJW 1962, 1196, 1198.

Ist ein Grundstückskaufvertrag wegen eines vom Verkäufer verschuldeten Formfehlers nichtig, wäre er aber ohne dieses Verschulden formgültig abgeschlossen worden, so hat der Verkäufer wegen Verschuldens bei Vertragsschluß den Käufer in Geld so zu entschädigen, daß dieser sich ein gleichwertiges anderes Grundstück beschaffen kann; die Übereignung des verkauften Grundstücks kann nicht verlangt werden.
BGH, Urt. v. 29. 1. 1965 – V ZR 53/64, NJW 1965, 812, 814.

Wegen Verschuldens bei Vertragsschluß kann grundsätzlich nur Ersatz des Schadens gefordert werden, der dem Geschädigten durch das Vertrauen auf die Gültigkeit des Vertrages entstanden ist. Ausnahmsweise kann der Schaden das Erfüllungsinteresse ausmachen und sogar darüber hinausgehen.
BGH, Urt. v. 29. 10. 1965 – V ZR 96/63, WM 1966, 89, 91; v. 16. 11. 1967 – III ZR 12/67, BGHZ 49, 77, 82 = NJW 1968, 547.

Der Anspruch wegen Verschuldens bei Vorvertragsverhandlungen geht nicht auf Naturalersatz i. S. einer Erfüllung des erstrebten Vorvertrages, sondern nur auf Ersatz des Vertrauensschadens in Geld.
BGH, Urt. v. 27. 9. 1968 – V ZR 53/65, WM 1968, 1402, 1403.

Enttäuscht ein Verhandlungspartner das berechtigte Vertrauen der Gegenseite auf das Zustandekommen eines Rechtsgeschäfts, kann er zum Ersatz des Vertrauensschadens auch dann verpflichtet sein, wenn es um den Abschluß eines nach § 313 BGB formbedürftigen Vertrages geht und der Verweigerung des Vertragsschlusses ein Verschulden vorangegangen ist.
BGH, Urt. v. 18. 10. 1974 – V ZR 17/73, NJW 1975, 43f.; v. 19. 1. 1979 – I ZR 172/76, WM 1979, 458, 462; v. 8.10.1982 – V ZR 216/81, WM 1982, 1436f.; v. 20. 9. 1984 – III ZR 47/83, BGHZ 92, 164, 175f. = NJW 1985, 1778.

Derjenige, der aus Verhandlungsverschulden wegen Verletzung einer Aufklärungspflicht haftet, hat dem anderen Teil dasjenige zu ersetzen, was diesem aus einem Geschäft zugeflossen wäre, das dieser bei gehöriger Aufklärung geschlossen hätte.
BGH, Urt. v. 2. 3. 1988 – VIII ZR 380/86, WM 1988, 781, 785; v. 24. 6. 1998 – XII ZR 126/96, WM 1998, 2210, 2211.

Bei einer vorschriftswidrigen Auftragsvergabe durch einen öffentlichen Auftraggeber kann der benachteiligte Bieter wegen vorvertraglichen Verschuldens Ersatz des positiven Interesses verlangen, wenn er bei ordnungsmäßigem Vergabeverfahren den Zuschlag hätte erhalten müssen.
BGH, Urt. v. 25. 11. 1992 – VIII ZR 170/91, BGHZ 120, 281, 284 = NJW 1993, 520.

Der Schadensersatzanspruch aus Verschulden bei Vertragsschluß ist grundsätzlich auf Ersatz des Vertrauensschadens gerichtet. Der Geschädigte, der aufgrund des schadensstiftenden Verhaltens einen Vertrag geschlossen hat, ist daher so zu stellen, wie er ohne den Vertrag stünde. Er hat deswegen einen Anspruch auf Befreiung von dem Vertrag und auf Ersatz seiner nutzlosen Aufwendungen. Will der Geschädigte an dem Vertrag festhalten, so ist er so zu stellen, als wäre es ihm bei Kenntnis der wahren Sachlage gelungen, den Vertrag zu einem günstigeren Preis abzuschließen.
BGH, Urt. v. 14. 1. 1993 – IX ZR 206/91, NJW 1993, 1323, 1324f.

Eine Schadensersatzpflicht wegen Verschuldens bei Vertragsverhandlungen besteht dann, wenn ein Verhandlungspartner zurechenbar bei der Gegenseite das aus deren Sicht berechtigte Vertrauen erweckt, der Vertrag werde mit Sicherheit zustandekommen, sodann aber die Vertragsverhandlungen ohne triftigen Grund abbricht.

BGH, Urt. v. 22. 2. 1989 – VIII ZR 4/88, WM 1989, 685, 686f.; v. 10. 1. 1996 – VIII ZR 327/94, WM 1996, 738, 740.

Wird der Abschluß eines formbedürftigen Vertrages als sicher dargestellt, kann der Abbruch der Verhandlungen durch einen Partner grundsätzlich nur dann einen Schadensersatzanspruch des anderen begründen, wenn das Verhalten des Abbrechenden einen schweren Verstoß gegen die Verpflichtung zu redlichem Verhalten bei Vertragsverhandlungen bedeutet. Dies erfordert in der Regel eine vorsätzliche Treupflichtverletzung.

BGH, Urt. v. 29. 3. 1996 – V ZR 332/94, WM 1996, 1728, 1729.

Derjenige, der durch Irreführung oder mangelnde Aufklärung zum Abschluß eines Vertrages bestimmt worden ist, kann neben einer möglichen Anfechtung wegen arglistiger Täuschung den Vertrag auch wegen Verschuldens bei Vertragsschluß, falls ein Vermögensschaden entstanden ist, oder aus unerlaubter Handlung rückgängig machen.

BGH, Urt. v. 26. 9. 1997 – V ZR 29/96, WM 1997, 2309, 2311 = ZIP 1998, 154.

Steuerliche Vorteile muß sich der Geschädigte nach den Grundsätzen des Vorteilsausgleichs anrechnen lassen. Dazu gehören auch Steuern, die infolge der Schädigung erspart wurden.

BGH, Urt. v. 22. 3. 1979 – VII ZR 259/77, BGHZ 74, 103, 113f. = NJW 1979, 1449.

Verjährung

Ein Schadensersatzanspruch aus Verschulden bei Vertragsschluß verjährt grundsätzlich in dreißig Jahren (§ 195 BGB).

Ausnahmen bestehen insoweit, als vergleichbare Erfüllungs- oder Ersatzansprüche in kürzerer Frist verjähren und der Zweck solcher Verjährungsregelungen auch für die Haftung aus Verschulden bei Vertragsschluß Geltung beansprucht.

BGH, Urt. v. 16. 11. 1967 – III ZR 12/67, BGHZ 49, 77, 80ff. = NJW 1968, 547; v. 28. 10. 1971 – VII ZR 15/70, BGHZ 57, 191, 194ff. = NJW 1972, 95 = WM 1971, 1543; v. 22. 3. 1982 – II ZR 114/81, BGHZ 83, 222, 223 = NJW 1982, 1514; v. 23. 2. 1983 – VIII ZR 325/81, BGHZ 87, 27, 35ff. = NJW 1983, 1607; v. 10. 7. 1986 – III ZR 133/85, NJW 1986, 2564, 2567f.

Ein Anspruch aus Verschulden bei Vertragsverhandlungen verjährt gemäß § 638 BGB jedenfalls insoweit, als sich dieser mit dem Anspruch aus § 635 BGB deckt.

BGH, Urt. v. 3. 7. 1969 – VII ZR 132/67, NJW 1969, 1710, 1711.

Ein Schadensersatzanspruch gegen einen Wirtschaftsprüfer wegen Verschuldens bei Anbahnung eines Treuhandvertrages verjährt nach § 51 a WPO.
BGH, Urt. v. 11. 3. 1987 – IVa ZR 290/85, BGHZ 100, 132, 136 = NJW 1987, 3135.

Ein Schadensersatzanspruch gegen einen Rechtsanwalt wegen Verschuldens bei Anbahnung eines Treuhandvertrages verjährt nach § 51 BRAO a. F. (= § 51 b BRAO n. F.).
BGH, Urt. v. 9. 11. 1992 – II ZR 141/91, BGHZ 120, 157, 160 = NJW 1993, 199.

Abschnitt 6: Anwaltliche Prospekthaftung

Inhaltsverzeichnis

1568 A. Allgemeines

1569 Eine **gesetzliche Prospekthaftung** ergibt sich aus §§ 45, 46 des Börsengesetzes in der Neufassung vom 17. 7. 1996 (BGBl I S. 1030, 1031), §§ 19, 20 des Gesetzes über Kapitalanlagegesellschaften – KAGG – vom 14. 1. 1970 (BGBl I S. 127), § 12 des Gesetzes über den Vertrieb ausländischer Investmentanteile und über die Besteuerung der Erträge aus ausländischen Investmentanteilen – AuslInvestmG – vom 28. 7. 1969 (BGBl I S. 986) und § 13 des Wertpapier-Verkaufsprospektgesetzes in der Neufassung vom 17. 7. 1996 (BGBl I S. 1047, 1048).

1570 Im Gegensatz zu dieser gesetzlichen Haftung hat die **bürgerlichrechtliche Prospekthaftung**, die die höchstrichterliche Rechtsprechung aus der Vertrauenshaftung für Verschulden vor und bei Vertragsschluß und in Anlehnung an die gesetzlichen Prospekthaftungsregeln entwickelt hat, in der Praxis erhebliche Bedeutung erlangt.[2819] Ziel ist der **Schutz des Kapitalanlegers**, der seine **Anlageentscheidung aufgrund eines Werbeprospektes** trifft.

2819 Vgl. dazu im einzelnen: *Assmann*, in: *Assmann/Schütze*, § 7; *Siol*, in: *Schimansky/Bunte/Lwowski*, § 45; *von Heymann*, Bankenhaftung S. 183 ff., 209 ff.; *Thode*, in: *Reithmann/Meichssner/von Heymann*, S. 435 ff.; *Seibel/von Westphalen*, BB 1998, 169 ff.; Einzelfälle: BGHR BGB vor § 1/ Verschulden bei Vertragsschluß – Prospekthaftung.

In den **Bereich der Prospekthaftung** wurden einbezogen 1571

- die **Beteiligung an Publikums-Kommanditgesellschaften,**[2820]
- die **Beteiligung an Bauherrenmodellen,**[2821]
- die **Beteiligung an Anlagemodellen** mit einer **Mischung aus reiner Kapitalanlage und Elementen des Bauherrenmodells,**[2822]
- die **Beteiligung an sonstigen Erwerbermodellen,**[2823]
- und der **Erwerb von Aktien außerhalb der geregelten Aktienmärkte.**[2824]

Im Schrifttum[2825] wird auch die Einbeziehung **geschlossener Immobilienfonds** befürwortet. 1572

B. Prospekthaftung im engeren Sinne 1573

I. Prospektverantwortliche

Der Prospekthaftung unterliegen die **Prospektverantwortlichen**, die das **typisierte Vertrauen des Anlegers auf die Richtigkeit und Vollständigkeit des Prospekts enttäuschen**. 1574

Verantwortlich für den Prospekt sind

- die **Initiatoren, Gestalter** und **Gründer** der Anlagegesellschaft, die das Management bilden oder beherrschen;[2826]
- diejenigen **Personen,** die **hinter der Anlagegesellschaft** oder dem Projekt stehen und – neben der Geschäftsleitung – besonderen Einfluß in der Gesellschaft ausüben und Mitverantwortung tragen, z. B. als Mitglieder des Vorstandes, des Aufsichts- oder Beirats;[2827]
- diejenigen Personen – etwa **Rechtsanwälte, Steuerberater** und **Wirtschaftsprüfer** –, die wegen ihrer herausgehobenen beruflichen und wirtschaftlichen Stellung oder als berufsmäßige Sachkenner eine **„Garantenstellung"** einnehmen und mit ihrer Zustimmung als Fachkundige im Prospekt angeführt werden und darin Erklärungen abgeben, also

2820 BGHZ 71, 284 = NJW 1978, 1625 = WM 1978, 705; BGHZ 74, 103 = NJW 1979, 1449 = WM 1979, 530; BGHZ 77, 172 = NJW 1980, 1840 = WM 1980, 794; BGHZ 79, 337 = NJW 1981, 1449 = WM 1981, 483; BGHZ 83, 222 = NJW 1982, 1514 = WM 1982, 554; BGH, NJW 1984, 865 und 2523; 1992, 3296.

2821 BGHZ 111, 314 = NJW 1990, 2461 = WM 1990, 1276; BGHZ 126, 166 = NJW 1994, 2226.

2822 BGHZ 115, 213 = NJW 1992, 228 = WM 1991, 2092.

2823 BGH, NJW-RR 1992, 879, 883.

2824 BGHZ 123, 106 = NJW 1993, 2865 = WM 1993, 1787.

2825 *Schmidt/Weidert*, DB 1998, 2309, 2310 m. w. N.

2826 BGHZ 71, 284, 287 f. = NJW 1978, 1625; BGHZ 115, 213, 217 f. = NJW 1992, 228; BGHZ 126, 166, 169 = NJW 1994, 2226; BGH, NJW 1995, 1025.

2827 BGHZ 77, 172, 175 = NJW 1980, 1840; BGHZ 79, 337, 340 = NJW 1981, 1449; BGHZ 115, 213, 218 = NJW 1992, 228; BGH, NJW 1995, 1025.

durch ihre erkennbare Mitwirkung an der Prospektgestaltung nach außen hin einen besonderen – zusätzlichen – Vertrauenstatbestand schaffen.[2828]

1575 Eine solche **Prospekthaftung eines Rechtsanwalts** ist angenommen worden, weil ein Prospekt ein Kurzgutachten des Anwalts wiedergab.[2829] In einem weiteren Fall ist ein Rechtsanwalt als Prospektverantwortlicher angesehen worden, weil er im Prospekt als Inhaber des Anderkontos aufgeführt wurde, durch das Anlegerzahlungen abgesichert werden sollten.[2830] In solchen Fällen wird für die Richtigkeit und Vollständigkeit der Prospektangaben **nur insoweit gehaftet**, als diese sich auf den in Anspruch genommenen Verantwortlichen beziehen und ihm zuzurechnen sind.[2831]

II. Pflichtverletzung

1576 Die **Pflichtverletzung der Prospektverantwortlichen** liegt darin, daß sie mit einem unrichtigen, unvollständigen oder unklaren Prospekt zu der Anlageentscheidung eines Interessenten zumindest beitragen.

1577 Da der Prospekt i. d. R. die einzige Informationsquelle des Anlageinteressenten ist, muß dieser sich auf die **sachliche Richtigkeit und Vollständigkeit der Angaben im Prospekt** verlassen können, auf die er seinen wirtschaftlich bedeutsamen und riskanten Anlageentschluß stützt. Deswegen hat der Prospekt den Interessenten über alle Umstände, die für seine Entscheidung wesentlich sind oder sein können, sachlich richtig, vollständig und unmißverständlich zu **unterrichten**; dazu gehört eine **Aufklärung** über bestimmte Tatsachen, die den Vertragszweck vereiteln können, insbesondere über wesentliche kapitalmäßige und personelle Verflechtungen der Anbieterseite, die die Gefahr von Interessenkollisionen zum Nachteil des Anlegers begründen.[2832]

1578 Ändern sich maßgebliche Umstände nach Herausgabe des Prospekts, so haben die Verantwortlichen dies durch **Prospektberichtigung** oder entsprechende Hinweise bei Vertragsschluß mitzuteilen.[2833]

2828 BGHZ 77, 172, 176 f. = NJW 1980, 1840 betreffend Rechtsanwälte; BGHZ 79, 337, 341 = NJW 1981, 1449; BGHZ 83, 222, 224 = NJW 1982, 1514; BGHZ 111, 314, 319 = NJW 1990, 2461; BGH, NJW 1984, 865, 866 betreffend einen Rechtsanwalt; NJW-RR 1992, 879, 883; NJW 1995, 1025 betreffend einen Rechtsanwalt als Treuhänder.

2829 BGHZ 77, 172, 177 = NJW 1980, 1840.

2830 BGH, NJW 1984, 865, 866.

2831 BGHZ 79, 337, 348 = NJW 1981, 1449; BGH, NJW 1984, 865, 866.

2832 BGHZ 79, 337, 344 f. = NJW 1981, 1449; BGHZ 111, 314, 317 f. = NJW 1990, 2461; BGHZ 123, 106, 109 f. = NJW 1993, 2865; BGH, NJW 1992, 228, 230, insoweit nicht abgedruckt in BGHZ 115, 213; NJW 1995, 130.

2833 BGHZ 123, 106, 110 = NJW 1993, 2865.

Diese Pflichten der Prospektverantwortlichen befreien den Anleger nicht vom Risiko seiner **eigenverantwortlichen Anlageentscheidung**, sondern sollen nur gewährleisten, daß der Anleger die Chancen und Risiken einer Anlage erkennen und berechnen kann.[2834] 1579

Der **geschädigte Anleger** hat nach allgemeinen Regeln (Rn. 998, 1224, 1288, 1456) **darzulegen** und nach § 286 ZPO zu **beweisen**, daß der unrichtige, unvollständige oder irreführende Prospekt seine Anlageentscheidung zumindest mitbestimmt hat (**haftungsbegründende Kausalität**). Da ausschlaggebend ist, ob die Anlageentscheidung auf dem Prospektmangel beruht, sind nachfolgende Glieder in der Ursachenkette – etwa eine Entwertung der Anlage durch Gesetzesänderungen oder konjunkturelle Verschlechterungen – insoweit unerheblich.[2835] 1580

III. Verschulden

Das für eine Prospekthaftung erforderliche **Verschulden** (§ 276 BGB) wird durch die Pflichtverletzung des Prospektverantwortlichen indiziert.[2836] Dieser kann sich – wie bei der allgemeinen Haftung aus c. i. c. (Rn. 1549) – entsprechend § 282 BGB entlasten.[2837] Welche Anforderungen an die Sorgfaltspflicht des Prospektverantwortlichen zu stellen sind, hängt von den Umständen des Einzelfalles ab.[2838] Für den Verantwortlichen muß bei Beachtung der im Verkehr erforderlichen Sorgfalt zumindest erkennbar gewesen sein, daß der mangelhafte Prospektinhalt für Anlageentscheidungen der Interessenten von wesentlicher Bedeutung war.[2839] Ob und inwieweit der Prospektverantwortliche **Nachforschungen** über die Verläßlichkeit der Prospektangaben vornehmen muß, hängt davon ab, welche Mitteilungen der Anlageinteressent im Einzelfall redlicherweise erwarten darf.[2840] 1581

IV. Haftungsausfüllende Kausalität

Die Prospekthaftung setzt voraus, daß ein **Ursachenzusammenhang** zwischen der Pflichtverletzung des Prospektverantwortlichen und dem behaupteten Schaden des Anlegers besteht (**haftungsausfüllende Kausalität**). An sich hat dieser als 1582

2834 BGHZ 79, 337, 344 f. = NJW 1981, 1449; BGHZ 111, 314, 317 = NJW 1990, 2461.
2835 BGHZ 123, 106, 111 = NJW 1993, 2865.
2836 BGHZ 84, 141, 148 = NJW 1982, 2493; BGH, NJW 1992, 3296.
2837 Vgl. zum Rechtsirrtum: BGH, NJW 1992, 3296.
2838 BGHZ 74, 103, 111 = NJW 1979, 1449.
2839 BGHZ 71, 284, 291 = NJW 1978, 1625; BGHZ 72, 382, 388 = NJW 1979, 718; BGHZ 79, 337, 345 = NJW 1981, 1449.
2840 BGHZ 74, 103, 111 = NJW 1979, 1449.

Voraussetzung seines Schadensersatzanspruchs darzulegen und zu beweisen, daß er seine Anlageentscheidung dann nicht getroffen hätte, wenn der Prospekt richtig, vollständig und klar gewesen wäre. **I. d. R.** hat der **BGH** jedoch diese **Darlegungs- und Beweislast** bei Verletzung vertraglicher oder vorvertraglicher Aufklärungs- und Beratungspflichten – auch im Bereich der Prospekthaftung – **umgekehrt und dem Schädiger auferlegt** mit der Begründung, die verletzte Pflicht habe bezweckt, einer in solchen Fällen häufig auftretenden Beweisnot des Geschädigten vorzubeugen (vgl. Rn. 1040 ff.).[2841] Dann hat der **Prospektverantwortliche darzulegen und zu beweisen**, daß der Schaden des Anlegers auch bei Verwendung eines richtigen, vollständigen und klaren Prospektes eingetreten wäre, weil der Anleger sich nicht „aufklärungsgerecht" verhalten, sondern auch nach pflichtgemäßer Prospektaufklärung und -information die Anlage vorgenommen hätte; in diesem Falle hätte die Pflichtverletzung des Prospektverantwortlichen den Schaden des Anlegers nicht verursacht.

1583 Der II. Zivilsenat des BGH[2842] ist in Entscheidungen zur Prospekthaftung bei der Darlegungs- und Beweislast des geschädigten Anlegers geblieben, hat diesem allerdings die Beweiserleichterung zugebilligt, die Lebenserfahrung spreche dafür, daß ein in wesentlichen Punkten unrichtiger Prospekt die nachteilige Anlage verursacht habe; der Tatrichter habe insoweit aufgrund der nach § 286 ZPO gebotenen Gesamtwürdigung zu entscheiden.

1584 **Richtigerweise** muß der **Geschädigte den Ursachenzusammenhang** zwischen Pflichtverletzung und Schaden **darlegen** und **beweisen**. Darüber hat der Tatrichter nach **§ 287 ZPO** zu entscheiden; in zahlreichen Fällen wird dem Geschädigten der auf die Lebenserfahrung gestützte **Anscheinsbeweis** zugute kommen[2843] (Rn. 1042 ff., 1224, 1290 ff., 1458, 1518, 1550 f.).

1585 Soweit die höchstrichterliche Rechtsprechung nach den vorstehenden Ausführungen (Rn. 1582) die Darlegungs- und Beweislast bezüglich der haftungsausfüllenden Kausalität dem Schädiger zuweist, ändert sich daran nichts, wenn ein **Rechtsanwalt, Steuerberater** oder **Wirtschaftsprüfer als Prospektverantwortlicher** in Anspruch genommen wird. Insoweit können sich diese Berufsgruppen nicht auf die ihnen günstige Rechtsprechung des – für Anwalts- und Steuerberaterhaftung zuständigen – IX. Zivilsenat des BGH (Rn. 1042, 1224, 1290 ff., 1460)

2841 BGHZ 115, 213, 223 = NJW 1992, 228; BGHZ 124, 151, 159 = NJW 1994, 512 = WM 1994, 149; BGH, NJW 1994, 1864, 1865 = WM 1994, 1076, jeweils m. w. N.; kritisch zur Beweislastumkehr: *Stodolkowitz*, VersR 1994, 11, 12 ff.

2842 NJW-RR 1991, 1246, 1248; NJW 1992, 3296 f.; BGHZ 123, 106, 114 = NJW 1993, 2865.

2843 Vgl. für die Rechtsanwalts- und Steuerberaterhaftung: BGHZ 123, 311 = NJW 1993, 3259; BGHZ 126, 217 = WM 1994, 2113.

berufen, wonach derjenige, der Schadensersatz von einem Rechtsanwalt oder Steuerberater aus einem Vertrag mit Rechtsbeistandspflicht verlangt, den Ursachenzusammenhang zwischen Pflichtverletzung und Schaden darzulegen und zu beweisen hat. Zwischen den Prospektverantwortlichen und den Anlegern kommen nämlich keine vertraglichen oder vorvertraglichen, der Anbahnung eines Vertrages dienenden Rechtsbeziehungen zustande; die Prospekthaftung gründet sich vielmehr auf das – enttäuschte – Vertrauen, das den Prospektverantwortlichen von Anlegern typischerweise entgegengebracht wird.[2844]

V. Haftungsrechtliche Zurechnung

Auch der Prospektverantwortliche hat nur den **Schaden** zu ersetzen, der ihm nach dem **Schutzzweck** der verletzten Informationspflicht **haftungsrechtlich zuzurechnen** ist (vgl. Rn. 1061 ff., 1224, 1461).[2845] Dieser Grundsatz begrenzt die Haftung auf diejenigen Schäden, die aus dem Kreis der Gefahren stammen, deren Abwendung die verletzte Pflicht diente.[2846] 1586

Der II. Zivilsenat des **BGH**[2847] hat dazu allgemein ausgesprochen, der **Schutzzweck** der Verpflichtung des Prospektverantwortlichen beschränke sich nicht darauf, den Anlageinteressenten gerade vor denjenigen Risiken zu warnen, die sich tatsächlich später verwirklicht haben. Vielmehr solle die umfassende Aufklärungspflicht das Recht des mit dem Prospekt geworbenen Anlageinteressenten sichern, selbst über die Verwendung seines Vermögens eigenverantwortlich zu bestimmen. Deswegen falle ein Schaden infolge einer Vermögensanlage, die der Anleger bei ordnungsmäßiger Prospektaufklärung unterlassen hätte, in den Schutzbereich der verletzten Aufklärungspflicht; es komme nicht ausschlaggebend darauf an, ob sich später gerade die im Prospekt verschwiegene Gefahr als solche verwirklicht habe. 1587

Dies bedeutet aber nicht, daß diese umfassende Ausfüllung des Schutzzwecks der Prospektpflichten für alle Prospektverantwortlichen gilt. Der II. Zivilsenat des **BGH**[2848] hat klargestellt, daß die **Prospektverantwortlichen kraft „Garantenstellung“** (Rn. 1574) – also etwa **Rechtsanwälte, Steuerberater** und **Wirtschaftsprüfer** – nur für die Richtigkeit und Vollständigkeit ihrer Prospektangaben 1588

2844 Vgl. BGHZ 115, 213, 227 = NJW 1992, 228; BGHZ 126, 166, 174 = NJW 1994, 2226.
2845 BGHZ 123, 106, 112 f. = NJW 1993, 2865.
2846 BGH, WM 1990, 808, 809 = NJW 1990, 2057; WM 1995, 398, 401 f. = NJW 1995, 449; WM 1997, 2085, 2086.
2847 BGHZ 123, 106, 112 ff. = NJW 1993, 2865.
2848 BGHZ 79, 337, 348 = NJW 1981, 1449; NJW 1984, 865, 866 = WM 1984, 19; ebenso der IV a – Zivilsenat des BGH, NJW- RR 1986, 1102.

haften. Danach umfaßt der Schutzzweck der verletzten Garantenpflicht nur die Schäden des Anlegers, die nach Art und Entstehungsweise in dem Bereich der Gefahren wurzeln, zu deren Abwendung die „Garantie“ erklärt wurde.

VI. Art und Umfang des Schadensersatzes

1589 Der haftpflichtige Prospektverantwortliche hat den **Schaden zu ersetzen**, den der Anleger **im Vertrauen auf die Richtigkeit und Vollständigkeit der Prospektangaben** erlitten hat; dieser ist so zu stellen, wie er stünde, wenn er die nachteilige Anlageentscheidung nicht getroffen hätte (**Vertrauensschaden = negatives Interesse**).[2849]

Der geschädigte Anleger kann **Befreiung von dem nachteiligen Vertrag** und **Ersatz seiner Aufwendungen** verlangen; ein Restwert der Anlage ist dem Schädiger im Rahmen des Schadensersatzes „Zug um Zug“ zu übertragen.[2850] Der Geschädigte kann auch an seiner **Anlage festhalten** und **Ersatz eines Minderwerts** fordern (Rn. 1555).[2851]

1590 Dagegen kann der Anleger **nicht das positive Interesse** geltend machen und verlangen, so gestellt zu werden, als wären die mangelhaften Prospektangaben richtig und vollständig. Deswegen hat er keinen Anspruch auf die volle, im Prospekt in Aussicht gestellte **Steuervergünstigung**.[2852]

1591 Steuervorteile des Anlegers aus dem Schadensereignis sind **grundsätzlich auszugleichen**.[2853] Die tatsächlichen Voraussetzungen hat der **Schädiger darzulegen** und zu **beweisen**.[2854] Der Tatrichter hat insoweit gemäß **§ 287 ZPO** zu entscheiden; dabei ist es nicht erforderlich, anrechenbare Vorteile unter Gegenüberstellung der tatsächlichen und einer hypothetischen Vermögenslage des Geschädigten bis ins letzte genau zu berechnen.[2855]

VII. Mitverschulden

1592 Ein schadensursächliches **Mitverschulden** (§ 254 BGB) kann dem Anleger in der Regel nur dann vorgeworfen werden, wenn er bei Beachtung der zumutbaren Sorg-

2849 BGHZ 79, 337, 346 = NJW 1981, 1449; BGHZ 115, 213, 220 f. = NJW 1992, 228; BGHZ 123, 106, 111 f. = NJW 1993, 2865.
2850 BGHZ 79, 337, 346 = NJW 1981, 1449; BGHZ 115, 213, 221 = NJW 1992, 228.
2851 BGH, WM 1988, 1685, 1688.
2852 OLG Köln, WM 1987, 1292, 1293.
2853 BGHZ 79, 337, 347 = NJW 1981, 1449; BGH, WM 1988, 220; 1989, 1925.
2854 BGHZ 94, 195, 217 = NJW 1985, 1539.
2855 BGH, WM 1989, 1925; NJW 1995, 2106, 2107.

falt den Prospektmangel hätte erkennen können und müssen.[2856] Dies wird häufig nicht der Fall sein, weil der Anleger i. d. R. nicht dieselbe Sachkunde und Erkenntnismöglichkeit hat wie der Prospektverantwortliche.[2857] Andererseits drängen sich in diesem Haftungsbereich oft Bedenken gegen die Richtigkeit spekulativer Prospektangaben – etwa zur Rendite der Anlage – geradezu auf.

Im übrigen wird auf Rn. 1149 ff., 1467 ff. verwiesen.

VIII. Verjährung

Auf Rn. 1339 (Rechtsprechungsübersicht zum Kapitel „Verjährung – Prospekthaftung") wird Bezug genommen. 1593

Da Grundlage der **Prospekthaftung im engeren Sinne** das – enttäuschte – **typisierte Vertrauen** auf die Richtigkeit und Vollständigkeit der Prospektangaben ist, nicht aber persönliches, einem bestimmten Verhandlungspartner entgegengebrachtes Vertrauen, **verjähren Schadensersatzansprüche** aus dieser Prospekthaftung – entsprechend § 20 Abs. 5 KAGG, § 12 Abs. 5 AuslInvestmG – **in sechs Monaten seit Kenntnis** des Prospektmangels, **spätestens** jedoch **in drei Jahren seit der Vermögensanlage,** soweit diese den **Erwerb von Kapitalanteilen** betrifft.[2858] Die kurze Verjährungsfrist soll verhindern, daß der Anleger, der Kenntnis vom Prospektmangel erlangt hat, spekulativ abwartet, ob seine Anlage nicht doch ein Erfolg wird.[2859] 1594

Diese auf das Recht des Kaufvertrages zugeschnittene Verjährungsregelung gilt **nicht** für die Prospekthaftung im engeren Sinne, die eine werkvertraglich geprägte **Beteiligung an einem Bauherrenmodell** oder einer ähnlichen Immobilienanlage betrifft.[2860] Schadensersatzansprüche aus einer solchen Haftung **verjähren** gemäß § 195 BGB **in dreißig Jahren;** auch die Verjährungsvorschrift des § 638 BGB für werkvertragliche Gewährleistungsansprüche ist nicht anzuwenden.[2861] 1595

Haften **Rechtsanwälte, Steuerberater** oder **Wirtschaftsprüfer als Prospektverantwortliche** wegen Enttäuschung typisierten Vertrauens (Prospekthaftung im engeren Sinne), so gelten die für diese Berufsgruppen **günstigen Verjährungsrege-** 1596

2856 BGH, WM 1987, 1546, 1547; vgl. dazu eingehend: *Pleyer/Hegel*, ZIP 1985, 1370, 1378 f.; *Assmann*, in: *Assmann/Schütze*, § 7 Rn. 152 ff.

2857 Vgl. BGH, WM 1987, 495, 498.

2858 BGHZ 83, 222, 226 f. = NJW 1982, 1514; BGHZ 111, 314, 321 f. = NJW 1990, 2461; BGHZ 123, 106, 117 f. = NJW 1993, 2865.

2859 BGHZ 123, 106, 118 = NJW 1993, 2865.

2860 BGHZ 111, 314, 322 f. = NJW 1990, 2461; BGHZ 115, 213, 224 f. = NJW 1992, 228.

2861 BGHZ 126, 166, 171 ff. = NJW 1994, 2226 = WM 1994, 1371.

lungen der § 51 b BRAO (= § 51 BRAO a. F.), §§ 68, 72 StBerG, §§ 51 a, 56 WPO nicht, weil die Haftpflichtigen in keine vertragliche oder vorvertragliche Beziehung zu den geschädigten Anlegern getreten sind.[2862]

1597 C. Prospekthaftung im weiteren Sinne

I. Voraussetzungen

1598 Der **Prospekthaftung im weiteren Sinne** unterliegen **Vertreter, Vermittler und sonstige Sachwalter,** die wegen **Verletzung vorvertraglicher Pflichten unter Verwendung eines mangelhaften Prospekts** selbst aus **c. i. c.** haften (Rn. 1532 ff.), weil sie in besonderem Maße persönliches Vertrauen des Verhandlungspartners – über das typisierte Vertrauen auf die Prospektangaben hinaus – in Anspruch genommen (Rn. 1533 f.) oder aus eigenem unmittelbarem wirtschaftlichem Interesse an dem angestrebten Geschäft verhandelt haben (Rn. 1535); dies gilt **entsprechend für Prospektverantwortliche,** die kraft Amtes, Berufes, Fachkunde oder wirtschaftlicher Stellung eine **„Garantenstellung"** (Rn. 1574) einnehmen.[2863]

Eine solche Haftung betrifft i. d. R. **Anlagevermittler** und **-berater, Treuhänder** und **Kreditinstitute.**

II. Verjährung

1599 Ein **Schadensersatzanspruch aus einer Prospekthaftung im weiteren Sinne,** die nach den Grundsätzen der Haftung aus Verschulden vor oder bei Vertragsschluß zu beurteilen ist, **verjährt** – wie ein Ersatzanspruch aus einer solchen Haftung (Rn. 1560 ff.) – **grundsätzlich gemäß § 195 BGB in dreißig Jahren.**[2864] Haftet ein **Rechtsanwalt** i. d. S., so ist die ihm günstige Verjährungsregelung des **§ 51 b BRAO** nur dann anzuwenden, wenn er aufgrund eines **echten Anwaltsvertrages** mit Rechtsbeistandspflicht tätig geworden ist (Rn. 1192 ff., 1201 ff.).

2862 BGHZ 115, 213, 226 f. zu § 68 StBerG = NJW 1992, 228; BGHZ 126, 166, 173 f. zu § 51 a WPO = NJW 1994, 2226.

2863 BGHZ 74, 103, 109 = NJW 1979, 1449; BGHZ 83, 222, 227 = NJW 1982, 1514; BGH, NJW 1995, 130.

2864 BGHZ 83, 222, 227 = NJW 1982, 1514; BGH, NJW 1985, 380, 381; WM 1985, 533, 534; NJW 1995, 130.

D. Anhang: Rechtsprechungslexikon 1600

Aufklärung

Der Prospekt muß alle Angaben enthalten, die für die Anlageentscheidung von wesentlicher Bedeutung sind. Nur wenn diese Angaben vollständig und richtig sind, hat der Interessent die Möglichkeit, seine Entscheidung frei von Fehlvorstellungen zu treffen, die auf mangelhafte Sachinformation zurückzuführen sind. Andere Informationsquellen sind dem Interessenten regelmäßig nicht zugänglich, gleichgültig, ob es sich bei der beabsichtigten Kapitalanlage um eine gesellschaftsrechtliche Beteiligung oder um den Erwerb einer Immobilie handelt. Die Interessen des Anlegers verlangen, daß der Prospekt tauglich ist, die für den Anlageentschluß erforderlichen Informationen umfassend und objektiv zu vermitteln. Für die Vollständigkeit und Richtigkeit der in Verkehr gebrachten Prospekte muß deswegen jeder einstehen, der durch den Prospekt den Entschluß eines Kapitalanlegers beeinflußt hat.
BGH, Urt. v. 31. 5. 1990 – VII ZR 340/88, BGHZ 111, 314, 317f. = NJW 1990, 2461.

Die Grundsätze der Prospekthaftung gehen aus von einem typisierten Vertrauen des Anlegers auf die Richtigkeit und Vollständigkeit der Prospektangaben.

Der Prospekt hat ein zutreffendes Bild der angebotenen Kapitalbeteiligung zu vermitteln. Sämtliche Umstände, die für die Entschließung des Anlageinteressenten bedeutsam sind oder sein können, müssen richtig und vollständig dargestellt werden.

Ändern sich diese Umstände nach der Herausgabe des Prospekts, so haben die Verantwortlichen davon durch Berichtigung des Prospekts oder durch entsprechende Hinweise bei Vertragsschluß Mitteilung zu machen.
BGH, Urt. v. 5. 7. 1993 – II ZR 194/92, BGHZ 123, 106, 109f. = NJW 1993, 2865.

Zu den offenbarungspflichtigen Tatsachen gehören auch wesentliche kapitalmäßige und personelle Verpflichtungen zwischen den Gesellschaftern und den Unternehmen, in deren Hand die Gesellschaft die nach dem Prospekt durchzuführenden Vorhaben ganz oder wesentlich gelegt hat.
BGH, Urt. v. 10. 10. 1994 – II ZR 95/93, NJW 1995, 130.

Prospektverantwortung

Verantwortlich für die Richtigkeit und Vollständigkeit des Prospektinhalts sind die Initiatoren und Gestalter des Vorhabens, die Gründer der Anlagegesellschaft und diejenigen Personen, die hinter dieser Gesellschaft stehen und darin Einfluß ausüben und Mitverantwortung tragen, sowie alle Personen, die durch ihre erkennbare Mitwirkung an der Prospektgestaltung einen besonderen Vertrauenstatbestand schaffen. Hierzu zählen insbesondere Personen, die mit Rücksicht auf ihre herausgehobene berufliche und wirtschaftliche Stellung oder wegen ihrer Eigenschaft als berufsmäßige Sachkenner dem Anlageinteressenten als besonders vertrauenswürdig erscheinen.

Namentlich Rechtsanwälte, Wirtschaftsprüfer und Steuerberater genießen solches Ansehen und nehmen deshalb eine besondere Vertrauensstellung („Garantenstellung") ein, wenn sie mit ihrer Zustimmung im Prospekt als Sachverständige aufgeführt werden und in dieser Eigenschaft Erklärungen abgeben.
BGH, Urt. v. 22. 5. 1980 – II ZR 209/79, BGHZ 77, 172, 175 ff. = NJW 1980, 1840 = WM 1980, 794; v. 6. 10. 1980 – II ZR 60/80, BGHZ 79, 337, 340 ff. = NJW 1981, 1449 = WM 1981, 483; v. 22. 3. 1982 – II ZR 114/81, BGHZ 83, 222, 223 ff. = NJW 1982, 1514 = WM 1982, 554; v. 22. 11. 1984 – II ZR 27/83, NJW 1984, 865, 866; v. 14. 4. 1986 – II ZR 123/85, WM 1986, 904, 905 f.; v. 31. 5. 1990 – VII ZR 340/88, BGHZ 111, 314, 319 f. = NJW 1990, 2461, 2462; v. 31. 3. 1992 – XI ZR 70/91, NJW – RR 1992, 879, 883; v. 1. 12. 1994 – III ZR 93/93, NJW 1995, 1025.

Ein Prospektverantwortlicher haftet für solche Fehler, Ungenauigkeiten und irreführenden Darstellungen, deren Richtigstellung oder Fehlen gerade aufgrund seiner besonderen Vertrauensstellung erwartet werden dürfte.
BGH, Urt. v. 12. 2. 1986 – IV a ZR 76/84, NJW – RR 1986, 1102.

Ein Rechtsanwalt haftet als Prospektverantwortlicher für die Richtigkeit der Prospektangaben insoweit, als sie sich auf ihn beziehen und ihm demgemäß zuzurechnen sind.
BGH, Urt. v. 21. 11. 1983 – II ZR 27/83, NJW 1984, 865, 866.

Schaden

Der Prospektverantwortliche hat grundsätzlich dem Anleger den Schaden zu ersetzen, den dieser durch sein Vertrauen auf die Richtigkeit und Vollständigkeit der Prospektangaben erlitten hat.

Der Anleger ist so zu stellen, als hätte er die Anlageentscheidung nicht getroffen. Er kann deshalb Befreiung von dem Vertrag und Ersatz seiner Aufwendungen verlangen. Ist die Beteiligung noch werthaltig, so kann der Schadensersatz Zug um Zug gegen deren Übertragung erfolgen.
BGH, Urt. v. 26. 9. 1991 – VII ZR 376/89, BGHZ 115, 213, 220 f. = NJW 1992, 228 = WM 1991, 2092.

Der durch einen Prospekt geschädigte Anleger, der an seiner Anlage festhält, kann Ersatz derjenigen Beträge verlangen, die er für seine Beteiligung im enttäuschten Vertrauen auf die Prospektangaben zuviel aufgewendet hat. Dieser Schadenser-

satzanspruch entspricht dem Minderwert, den die Gegenleistung des Vertragspartners insofern hat, als sie von derjenigen abweicht, die der Anleger erwarten durfte.
BGH, Urteil vom 27. 9. 1988, XI ZR 4/88, WM 1988, 1685, 1687 f.

Hat ein Aufklärungsmangel den Anlageentschluß beeinflußt, so kann der Anleger auch dann die Rückgängigmachung seiner Beteiligung verlangen, wenn sich seine Entscheidung später aus anderen Gründen, die mit diesem Mangel nichts zu tun haben, als nachteilig erweist.
BGH, Urt. v. 1. 12. 1994 – III ZR 93/93, NJW 1995, 1025, 1026; v. 5. 7. 1993 – II ZR 194/92, BGHZ 123, 106, 111 f. = NJW 1993, 2865 = WM 1993, 1787.

Der durch einen Prospekt geschädigte Anleger hat sich auf seinen Schadensersatzanspruch auch ersparte Steuern anrechnen zu lassen. Dies gilt jedoch nicht, wenn dem Steuervorteil ein Nachzahlungsanspruch des Finanzamts gegenübersteht.
BGH, Urt. v. 6. 10. 1980 – II ZR 60/80, BGHZ 79, 337, 347 = NJW 1981, 1449 = WM 1981, 483.

Der durch einen Prospekt geschädigte Anleger braucht sich Steuervorteile regelmäßig dann nicht anrechnen zu lassen, wenn er die Ersatzleistung versteuern muß und der sich daraus ergebende Nachteil den Vorteil in etwa ausgleicht; eine genaue Berechnung der Vor- und Nachteile erübrigt sich wegen der Regelung des § 287 ZPO.
BGH, Urt. v. 6. 11. 1989 – II ZR 235/88, WM 1989, 1925.

Die Prospekthaftung im engeren Sinne soll den Anleger vor dem Verlust seines Anlagevermögens schützen; sie verleiht aber keinen Anspruch auf den vollen, in dem Prospekt angegebenen Steuervorteil, den der Anleger aus seiner Beteiligung erwartet.
OLG Köln, Urt. v. 10. 12. 1985 – 9 U 99/85, WM 1987, 1292, 1293.

Schutzzweck

Der Schutzzweck der Pflicht des Prospektverantwortlichen zur möglichst vollständigen Aufklärung über sämtliche Umstände, die für die Entscheidung des Anlegers für oder gegen den Erwerb der angebotenen Anlage bedeutsam sind, beschränkt sich nicht darauf, den Anleger nur vor einigen mit der Anlage verbundenen Risiken, nämlich gerade denjenigen, die sich später verwirklichen, zu warnen. Vielmehr soll durch eine umfassende Aufklärungspflicht das Recht der Interessenten zur Selbstbestimmung über die Verwendung ihres Vermögens sichergestellt werden.
BGH, Urt. v. 5. 7. 1993 – II ZR 194/92, BGHZ 123, 106, 112 = NJW 1993, 2865 = WM 1993, 1787.

Ursachenzusammenhang

Der Ursachenzusammenhang zwischen Prospektmängeln und der Entscheidung des Anlegers liegt vor, wenn diese zumindest auch von den unrichtigen oder unvollständigen Prospektangaben mitbestimmt worden ist und wenn sich der Anleger in Kenntnis der wahren Sachlage nicht an dem Anlageobjekt beteiligt hätte.

Der Prospektverantwortliche hat darzulegen und zu beweisen, daß der Schaden auch bei pflichtgemäßer Aufklärung und Unterrichtung eingetreten wäre.
BGH, Urt. v. 26. 9. 1991 – VII ZR 376/89, BGHZ 115, 213, 223 = NJW 1992, 228 = WM 1991, 2092.

Bei der Prüfung des ursächlichen Zusammenhangs zwischen der Schlechterfüllung der Prospektpflicht und dem Schaden des Anlegers ist nicht maßgeblich auf das letzte mögliche Glied der Kausalkette in Gestalt der Entwertung oder des Verlustes der Beteiligung abzustellen. Entscheidend ist vielmehr die Ursächlichkeit des Aufklärungsmangels für den Anlageentschluß.
BGH, Urt. v. 5. 7. 1993 – II ZR 194/92, BGHZ 123, 106, 111 = NJW 1993, 2865 = WM 1993, 1787.

Verjährung

Auf Rn. 1339 (Rechtssprechungsübersicht „Verjährung – Prospekthaftung") wird verwiesen.

Verschulden

Enthält ein Prospekt unrichtige Angaben und wird dieser bei der Anwerbung von Anlegern in Kenntnis der wahren Verhältnisse verwendet, dann ergibt sich hieraus im Regelfall nicht nur die Verletzung der Aufklärungspflicht, sondern auch das Verschulden der handelnden Personen.
BGH, Urt. v. 28. 9. 1992 – II ZR 224/91, NJW 1992, 3296.

Teil 3: Außervertragliche Haftung des Rechtsanwalts

Abschnitt 1: Geschäftsführung ohne Auftrag und ungerechtfertigte Bereicherung

Inhaltsverzeichnis

A. Geschäftsführung ohne Auftrag

Wenn ein Rechtsanwalt für eine Partei tätig wird, mit dieser aber **keinen Anwaltsvertrag** geschlossen hat, kommt eine außervertragliche Haftung – etwa wegen **auftragloser Prozeßführung** – gemäß den Grundsätzen der **Geschäftsführung ohne Auftrag** (§§ 677 ff. BGB) in Betracht.[2865] Dies ist etwa der Fall, wenn ein Rechtsanwalt einem Rechtsuchenden im Nachgang zu einem Antrag auf Gewährung von Prozeßkostenhilfe beigeordnet worden ist, die Parteien aber noch keinen Anwaltsvertrag geschlossen haben (vgl. Rn. 165). 1601

Die Regeln über die Geschäftsführung ohne Auftrag können nach der im Schrifttum umstrittenen Rechtsprechung des BGH auch anwendbar sein, wenn ein **Anwaltsvertrag** zwar geschlossen, dieser jedoch **nicht wirksam** ist. Dessen Nichtigkeit kann sich insbesondere aus einem Verstoß gegen die guten Sitten (§ 138 Abs. 1 BGB) oder gegen ein gesetzliches Verbot (§ 134 BGB) ergeben. Der Umstand, daß der Geschäftsführer sich zu einer Leistung verpflichtet hat oder für verpflichtet hält, steht dem nicht entgegen.[2866] 1602

2865 *Vollkommer*, Rn. 236, 237.

2866 BGHZ 37, 258, 263 = BGH, NJW 1962, 2010, 2011 – Nichtigkeit eines Beratungsvertrages mit einem Betriebsberater wegen Verstoßes gegen das Rechtsberatungsgesetz; BGH, NJW 1992, 2021 – Nichtigkeit eines einem Abschlußprüfer erteilten Prüfungsauftrags gemäß § 134 BGB i. V. m. § 319 Abs. 2 Nr. 4 HGB; BGH, NJW 1997, 47, 48 – Sittenwidrigkeit eines Vertrages mit einem Rechtsanwalt zur Vermittlung eines Adelstitels im Wege der Erwachsenenadoption; a. A. *Jauerning/Vollkommer*, BGB, § 677 Rn. 6 m. w. N. – Rückabwicklung ausschließlich über Bereicherungsrecht.

1603 Grundsätzlich ist zwischen berechtigter und unberechtigter Geschäftsführung ohne Auftrag zu unterscheiden. **Berechtigte Geschäftsführung ohne Auftrag** setzt voraus, daß die Übernahme der Geschäftsführung (durch den Rechtsanwalt) dem Interesse und dem wirklichen oder mutmaßlichen Willen des Geschäftsherrn (des Quasi-Mandanten) enspricht (§ 683 Satz 1 BGB). Dann entsteht ein auftragsähnliches gesetzliches Schuldverhältnis. Wenn **die Ausführung dem Interesse oder Willen des Geschäftsherrn widerspricht** (§ 677 BGB), ist ihm der Geschäftführer nach den allgemeinen Regeln zum **Schadensersatz** verpflichtet.[2867] Er haftet dann entsprechend den Regeln der positiven Verletzung eines Anwaltsvertrages. Eine Haftung wegen der **Übernahme** der Geschäftsführung kommt jedoch nicht in Betracht.

1604 Bei einer berechtigten Geschäftsführung ohne Auftrag kann der Geschäftsführer gemäß § 683 Satz 1 BGB sowie in den Fällen der §§ 683 Satz 2, 679 BGB oder des § 684 Satz 2 BGB wie ein Beauftragter **Ersatz seiner Aufwendungen** verlangen, soweit er sie den Umständen nach für erforderlich halten darf (§ 670 BGB). An dieser Voraussetzung fehlt es, wenn ein Rechtsanwalt ein von der Rechtsordnung mißbilligtes Geschäft besorgt.[2868]

1605 Der BGH hatte einen Fall zu entscheiden, in dem ein Rechtsanwalt sich zur – sittenwidrigen und daher gemäß § 138 Abs. 1 BGB nichtigen – entgeltlichen Vermittlung einer Adoption mit einer adligen Person und zur Vertretung vor dem Vormundschaftsgericht verpflichtet hatte. Die **Rückgabe der treuhänderisch überlassenen Gelder** hängt dann gemäß §§ 681 Satz 2, 667 1. Alt. BGB davon ab, ob sie zweckentsprechend verwendet worden sind. Hierzu ist der Inhalt der – wenn auch nichtigen – Treuhandabrede zu ermitteln.

1606 Der BGH hat hervorgehoben, dies bedeute nicht, daß die Rechtsordnung den von ihr mißbilligten Verträgen doch wieder Geltung verschaffe. Ein Anspruch auf Durchführung des Geschäfts bestehe keinesfalls. Die Anwendung der §§ 681 Satz 2, 667 1. Alt. BGB führe nur zu einer angemessenen Risikoverteilung unter den Parteien des nichtigen Auftrags bzw. Geschäftsbesorgungsvertrages bei der internen „Abwicklung" des Geschäfts.[2869]

1607 Im Fall der **unberechtigten Geschäftsführung ohne Auftrag**, d. h. wenn die Übernahme der Geschäftsführung dem wirklichen oder mutmaßlichen Willen des Geschäftsherrn widerspricht und der Geschäftsführer dies erkennen mußte, ist dieser dem Geschäftsherrn zum **Ersatz des aus der Geschäftsführung entste-**

2867 *Palandt/Thomas*, BGB, § 677 Rn. 15; *Vollkommer*, Rn. 236.
2868 BGH, NJW 1962, 2010, 2011; 1992, 2021, 2022; 1997, 47, 49.
2869 BGH, NJW 1997, 47, 48 f.

henden Schadens verpflichtet. Die gilt auch, wenn dem Geschäftsführer außer dem Übernahmeverschulden (vgl. §§ 276, 679, 680 BGB) kein sonstiges Verschulden zur Last fällt (§ 678 BGB). Gemäß § 684 Satz 1 BGB besteht dann ein **Herausgabeanspruch** nach den Vorschriften über die ungerechtfertigte Bereicherung.

B. Ungerechtfertigte Bereicherung

Wenn ein Anwaltsvertrag nichtig ist, kommen neben Ansprüchen aus Geschäfts- 1608
führung ohne Auftrag auch **Bereicherungsanprüche**, insbesondere aus Leistungskondiktion gemäß § 812 Abs. 1 Satz 1, 1. Alt. BGB in Betracht. Der Bereicherungsschuldner hat dann i. d. R. die von dem Rechtsanwalt geleisteten Dienste „erlangt". Deren Wert (§ 818 Abs. 2 BGB) richtet sich nach der Höhe der üblichen oder (mangels einer solchen) nach der angemessenen Vergütung.[2870] Bereicherungsansprüchen auf Rückzahlung des auf einen nichtigen Anwaltsvertrag Geleisteten steht aber i. d. R. **§ 817 Satz 2 BGB** entgegen. Danach ist die Rückforderung einer Leistung ausgeschlossen, wenn sowohl der Leistende als auch der Leistungsempfänger gegen ein gesetzliches Verbot oder gegen die guten Sitten verstoßen haben. Ist ein Anwaltsvertrag gemäß § 134 oder § 138 Abs. 1 BGB nichtig, liegt diese Voraussetzung regelmäßig vor. Eine Ausnahme von dieser Regel macht das Gesetz lediglich dann, wenn die Leistung in der Erfüllung einer Verbindlichkeit bestand; das zur Erfüllung einer solchen Verbindlichkeit Geleistete kann nicht zurückgefordert werden.[2871] § 817 Satz 2 BGB setzt voraus, daß die Betroffenen sich des Verstoßes gegen ein gesetzliches Verbot oder gegen die guten Sitten bewußt sind. Hierzu reicht es allerdings aus, daß die Parteien die Umstände, aus denen sich der Gesetzesverstoß oder die Sittenwidrigkeit ergibt, kennen.[2872] § 817 Satz 2 BGB ist nicht abdingbar und kann nicht umgangen werden, indem der ausgeschlossene Bereicherungsanspruch durch eine andere Forderung ersetzt wird.[2873] Die Anwendung des § 817 Satz 2 BGB ist bei nichtigen Anwaltsverträgen grundsätzlich auch nicht nach Treu und Glauben (§ 242 BGB) ausgeschlossen.[2874] Auf Ansprüche aus Geschäftsführung ohne Auftrag ist § 817 Satz 2 BGB nicht entsprechend anwendbar.[2875]

2870 BGH, NJW 1962, 2010, 2011 – nach dem Rechtsberatungsgesetz nichtiger Beratungsvertrag; vgl. auch LG Stuttgart, ZIP 1998, 1275, 1277, 1281.

2871 Vgl. etwa BGH, NJW 1994, 187 – ohne Rechtsgrund begebenes Wechselakzept.

2872 BGH, NJW 1994, 187, 188; vgl. auch BGH, NJW 1999, 1715, 1717.

2873 BGHZ 28, 164, 170; BGH, NJW 1994, 187.

2874 BGH, NJW 1992, 2021, 2023 – Nichtigkeit des einem Abschlußprüfer erteilten Prüfungsauftrages; in Abgrenzung zu BGH, NJW 1990, 2524 – Schwarzarbeit.

2875 BGH, NJW 1963, 950, 951; OLG Stuttgart, NJW 1996, 665, 666.

C. Verjährung

1609 Die **Verjährung** von Ansprüchen aus Geschäftsführung ohne Auftrag oder wegen ungerechtfertigter Bereicherung richtet sich nach den allgemeinen Regeln, so daß grundsätzlich die Regelfrist des § 195 BGB (30 Jahre) gilt.[2876] Die Verjährungsfrist für Schadensersatzansprüche aus dem Anwaltsvertrag gemäß **§ 51 b BRAO** gilt dann nicht.

D. Anhang: Rechtsprechungslexikon

1610 Ist ein Prüfungsauftrag gemäß § 134 BGB i. V. m. § 319 Abs. 2 Nr. 4 HGB nichtig, steht dem Abschlußprüfer auch unter dem Gesichtspunkt der Geschäftsführung ohne Auftrag oder der ungerechtfertigten Bereicherung kein Vergütungsanspruch zu.

BGH, Urt. v. 30. 4. 1992 – III ZR 151/91, BGHZ 118, 142 = NJW 1992, 2021.

1. Wenn ein Rechtsgeschäft gegen ein gesetzliches Verbot oder gegen die guten Sitten verstößt und deshalb richtig ist, kann auf die Vorschriften über die Geschäftsführung ohne Auftrag zurückgegriffen werden. Dem steht nicht entgegen, daß sich der Geschäftsführer zur Leistung verpflichtet hat oder für verpflichtet hält.
2. Verlangt der Auftraggeber eines mit einem Rechtsanwalt geschlossenen nichtigen Geschäftsbesorgungsvertrages unter Anwendung der Grundsätze der Geschäftsführung ohne Auftrag nach §§ 681 Satz 2, 667 1. Alt BGB die zur Durchführung des Geschäfts treuhänderisch überlassenen Gelder heraus, beantwortet sich die Frage, ob die übergebenen Gelder zweckentsprechend verwendet worden sind, nach den – wenn auch nichtigen – getroffenen Treuhandabreden.
3. Wenn der Geschäftsführer zur Besorgung eines von der Rechtsordnung mißbilligten Geschäfts tätig geworden ist, darf er seine Aufwendungen nicht i. S. d. §§ 683 Satz 1, 670 BGB den Umständen nach für erforderlich halten.

   BGH, Urt. v. 10 10. 1996 – III ZR 205/95, NJW 1997, 47.

2876 BGH, MDR 1967, 664, 665; WM 1992, 38, 40 m. w. N.

Abschnitt 2: Unerlaubte Handlungen

Inhaltsverzeichnis

Spezialliteratur:

Baston-Vogt, Der sachliche Schutzbereich des zivilrechtlichen allgemeinen Persönlichkeitsrechts, 1997;

Baur, Der Beseitigungsanspruch nach § 1004 BGB, AcP 160 (1961), 465;

Bell, Anwaltshaftung gegenüber Dritten, 1996;

Decku, Zwischen Vertrag und Delikt (Berufs- und Expertenhaftung im deutschen und englischen Recht), 1997;

Frank, Ist die Bestimmung über den Parteiverrat (§ 356 StGB) ein Schutzgesetz im Sinne des § 823 Abs. 2 BGB?, MDR 1962, 945;

Graef, Die Haftung des deutschen und englischen Anwalts für fehlerhafte Prozeßführung, 1995;

Gursky, Zur neueren Diskussion um § 1004 BGB, JR 1989, 397;

Helle, Die Rechtswidrigkeit der ehrenrührigen Behauptung, NJW 1961, 1896;

Hellmer, Beleidigung und Intimsphäre, Goltdammer's Archiv für Strafrecht 1963, 129;

Henckel, Vorbeugender Rechtschutz im Zivilrecht, AcP 174 (1974), 97;

Henssler, Haftungsrisiken anwaltlicher Tätigkeit, JZ 1994, 178;

Herrmann, Der Störer nach § 1004 BGB, 1987;

Hildenbrand, Rechtsanwaltskosten als Schadensersatz?, NJW 1995, 1944;

Hohloch, Die negatorischen Ansprüche und ihre Beziehungen zum Schadensersatzrecht, 1976;
Hopt, Schadensersatz aus unberechtigter Verfahrenseinleitung, 1968;
ders., Dritthaftung für Testate, NJW 1987, 1745;
Kort, Abkauf von Anfechtungsrechten und Rechtsanwaltshaftung, DB 1992, 1765;
Lang, Die Rechtsprechung des Bundesgerichtshofes zur Dritthaftung der Wirtschaftsprüfer und anderer Sachverständiger, WM 1988, 1001;
Lepa, Beweislast und Beweiswürdigung im Haftpflichtprozeß, 1988,
ders., Die Verjährung im Deliktsrecht, VersR 1986, 301;
Müssig, Falsche Auskunftserteilung und Haftung, NJW 1989, 1697;
Picker, Der negatorische Beseitigungsanspruch, – Bonner Rechtswissenschaftliche Abhandlungen 92–1972;
Ritter, Zum Widerruf einer Tatsachenbehautung, ZZP 84 (1971), 163;
Schlee, Haftung des Rechtsanwalts gegenüber Nichtmandaten, AnwBl 1993, 118;
Schnaufer, Die Kenntnis des Geschädigten als Auslöser für den Beginn der Verjährungsfrist, 1997;
Schultz-Süchting, Dogmatische Untersuchungen zur Frage eines Schadensersatzanspruchs bei ungerechtfertigter Inanspruchnahme eines gerichtlichen Verfahrens, 1971;
Seyfarth, Der Einfluß des Verfassungsrechts auf zivilrechtliche Ehrschutzklagen, NJW 1999, 1287;
Tilmann, Haftungsbegrenzung im Äußerungsdeliktsrecht, NJW 1975, 758;
Wohlers, Die Zurückweisung eines Adhäsionsantrages wegen Nichteignung des geltend gemachten Anspruches, MDR 1990, 763.

A. Haftung aus § 823 Abs. 1 BGB 1611

I. Allgemeines

Ein **Rechtsanwalt** kann seinem **Auftraggeber (Mandanten)** und/oder einem **Dritten (Nichtmandanten)** aus **unerlaubter Handlung** (§§ 823 ff. BGB) haften. 1612

Aufgrund desselben Sachverhalts können **Schadensersatzansprüche aus Vertrag** und **aus unerlaubter Handlung** zusammentreffen, wenn ein Verhalten sowohl gegen eine vertragliche Pflicht als auch gegen eine allgemeine Rechtspflicht verstößt. Es handelt sich dann um eine **echte Anspruchskonkurrenz**, weil Vertrags- und Deliktsrecht gleichen Rang haben.[2877] 1613

2877 BGHZ 55, 392, 395 = NJW 1971, 1131; BGHZ 116, 297, 300 = NJW 1992, 1679; BGH, NJW-RR 1996, 1121, 1122.

Die Voraussetzungen, der Inhalt, der Umfang und die Durchsetzbarkeit solcher Schadensersatzansprüche richten sich **grundsätzlich nach ihrem jeweiligen Rechtsbereich**.[2878]

1614 In **Ausnahmefällen** können sich **Wechselwirkungen** ergeben; insbesondere können Einschränkungen der vertraglichen Haftung auch diejenige aus unerlaubter Handlung aufgrund desselben Sachverhalts begrenzen,[2879] etwa bezüglich des **Verschuldens**[2880] oder der **Verjährung** (Rn. 1617).[2881]

1615 Im Bereich unerlaubter Handlungen kann ein **Rechtsanwalt** anläßlich seiner beruflichen Tätigkeit insbesondere eine Schadensersatzpflicht aus **§ 823 Abs. 1 BGB** wegen Verletzung eines absoluten Rechts eines anderen (Rn. 1612 ff.), aus **§ 823 Abs. 2 BGB** wegen Verstoßes gegen ein Schutzgesetz (Rn. 1699 ff.), aus **§ 824 BGB** wegen Kreditgefährdung (Rn. 1714 ff.), aus **§ 826 BGB** wegen sittenwidriger vorsätzlicher Schädigung (Rn. 1722 ff.) und aus **§ 831 BGB** wegen Haftung für einen Verrichtungsgehilfen (Rn. 1741 ff.) auslösen.

1616 Eine **Beteiligung** an einer fremden unerlaubten Handlung, insbesondere als **Mittäter, Anstifter** oder **Gehilfe**, führt dazu, daß jeder Beteiligte den gesamten Schaden zu ersetzen hat (§ 830 BGB). Mehrere Verantwortliche haften dem Geschädigten als **Gesamtschuldner** (§ 840 Abs. 1 BGB); für den Ausgleich in deren Innenverhältnis sind neben §§ 426, 254 BGB die besonderen Regelungen des § 840 Abs. 2, 3 BGB zu berücksichtigen.[2882]

1617 Haftet ein **Rechtsanwalt**, der aufgrund eines **Vertrages mit Rechtsbeistandspflicht** tätig geworden ist, seinem **Auftraggeber** oder einem **Dritten** aufgrund desselben Sachverhalts sowohl wegen Verletzung vertraglicher oder vorvertraglicher Pflichten als auch aus unerlaubter Handlung, so **verjährt** der vertragliche oder vorvertragliche Schadensersatzanspruch nach der kenntnisunabhängigen Vorschrift des **§ 51 b BRAO**, der Schadensersatzanspruch aus unerlaubter Handlung zumindest bei vorsätzlichem Handeln nach der kenntnisabhängigen Regelung des **§ 852 Abs. 1 BGB** (Rn. 1759 ff.). Hat der Rechtsanwalt sich aufgrund eines **Vertrages ohne Rechtsbeistandspflicht** regreßpflichtig gemacht, so **verjährt** ein vertraglicher oder vorvertraglicher Schadensersatzanspruch nach den allgemeinen Regeln (Rn. 1201 ff., 1210 ff.), ein daneben bestehender Schadensersatzanspruch aus unerlaubter Handlung nach § 852 BGB.

2878 BGHZ 55, 392, 395 = NJW 1971, 1131.
2879 BGHZ 55, 392, 396 = NJW 1971, 1131; BGHZ 61, 203, 204 = NJW 1973, 1752.
2880 BGHZ 46, 140, 141 = NJW 1967, 42; BGHZ 46, 313, 316 = NJW 1967, 558.
2881 BGHZ 55, 392, 395 ff. = NJW 1971, 1131.
2882 Vgl. BGH, NJW 1990, 1361 zu einem – wegen des Haftungsprivilegs des § 636 Abs. 1 RVO – gestörten Gesamtschuldverhältnis.

II. § 823 Abs. 1 BGB

Nach dieser Vorschrift ist derjenige, der vorsätzlich oder fahrlässig das **Leben**, den **Körper**, die **Gesundheit**, die **Freiheit**, das **Eigentum** oder ein **sonstiges Recht** eines anderen widerrechtlich verletzt, diesem zum Schadensersatz verpflichtet. 1618

1. Geschützte Rechtsgüter

Neben den **erwähnten Rechtsgütern** sind als **sonstige Rechte** i. S. d. § 823 Abs. 1 BGB, die eine ausschließliche Rechtsnatur mit dem Rang der ausdrücklich genannten Rechtsgüter haben, anerkannt 1619

- **dingliche Rechte** – etwa vertragliche und gesetzliche Pfandrechte sowie das Pfändungspfandrecht –[2883] und **Anwartschaftsrechte**,[2884]
- der **unmittelbare Besitz**[2885] (§§ 854, 865, 866 BGB),
- das **allgemeine Persönlichkeitsrecht** einschließlich der persönlichen Ehre[2886] (Art. 1 Abs. 1, 2 Abs. 1 GG),
- das **elterliche Sorgerecht**[2887] (§§ 1626, 1705 BGB),
- das **Namensrecht** (§ 12 BGB),[2888]
- das **Urheberrecht**,[2889]
- der eingerichtete und ausgeübte **Gewerbebetrieb**,[2890]
- das **Mitgliedschaftsrecht**.[2891]

Keine sonstigen Rechte i. S. d. § 823 Abs. 1 BGB sind **Forderungen** und das **Vermögen**.

2883 BGHZ 65, 211, 212 = NJW 1976, 189; BGH, NJW 1991, 695, 696.

2884 BGH, VersR 1957, 297; BGHZ 55, 20, 25 f. = NJW 1971, 799; BGHZ 114, 161, 164 = NJW 1991, 2019.

2885 BGHZ 62, 243, 248 = NJW 1974, 1189; BGH, VersR 1981, 161, 162; OLG Hamburg, MDR 1974, 668.

2886 BVerfG, NJW 1991, 1475, 1476; 1999, 1322, 1323; BGHZ 24, 72, 76 = NJW 1957, 1146; BGHZ 30, 7, 10 ff. = NJW 1959, 1269; BGH, NJW 1963, 904; BGHZ 66, 182 = NJW 1976, 1178; BGH, WM 1994, 641, 643 betreffend das allgemeine Persönlichkeitsrecht einer juristischen Person; vgl. im einzelnen: *Kuner*, in: *Damm/Kuner*, S. 7 ff. – Rn. 13 ff. –, S. 60 ff. – Rn. 115 ff. –; *Damm*, ebenda, S. 97 ff. – Rn. 192 ff. –; *Wenzel*, S. 121 ff., 269 ff.; *Steffen*, in: *Löffler*, Presserecht, S. 278 ff. – § 6 LPP Rn. 55 ff. –; *Baston-Vogt*, S. 11 ff. 73 ff., 151 ff., 411 ff.; zum Recht am eigenen Bild: BGH, NJW 1995, 1995, 1996; 1996, 1128, 1129.

2887 BGHZ 111, 168, 172 = NJW 1990, 2060.

2888 Vgl. BGHZ 8, 318, 319, 321 = NJW 1953, 577; BGHZ 30, 7, 9 = NJW 1959, 1269; OLG Karlsruhe NJW 1972, 1810, 1811; vgl. BVerfG, JZ 1998, 1114.

2889 Vgl. BVerfG, JZ 1971, 773, 774.

2890 BGHZ 29, 65, 67 = NJW 1959, 479; BGHZ 62, 29, 32 = NJW 1974, 315 betreffend eine unberechtigte Schutzrechtsverwarnung; BGHZ 74, 9, 18 = NJW 1979, 1351; BGH, WM 1998, 2534, 2536.

2891 BGHZ 110, 323, 327 = BGH, NJW 1990, 2877, 2878; OLG München, ZIP 1990, 1552.

2. Widerrechtliche Verletzung

1620 Ein unerlaubtes **Tun** oder pflichtwidriges **Unterlassen,** das ein Rechtsgut i. S. d. § 823 Abs. 1 BGB verletzt, „**indiziert**" **im Regelfall** das Unwerturteil der **Rechtswidrigkeit.**[2892] Der tatbestandsmäßige **Erfolg** der Verletzungshandlung deutet dann auf deren Rechtswidrigkeit hin. Diese liegt nicht vor, wenn der **Schädiger** einen **Rechtfertigungsgrund** (§§ 227 ff. BGB[2893] – §§ 859, 904 BGB – § 127 StPO[2894] – § 193 StGB[2895]) **darlegt** und **beweist.**[2896]

1621 Bei sog. „**offenen Verletzungstatbeständen**", zu denen der Eingriff in den eingerichteten und ausgeübten **Gewerbebetrieb** und die Beeinträchtigung des **Persönlichkeitsrechts** gehören, ist die Rechtsgutsverletzung **kein Indiz** für deren **Rechtswidrigkeit**; diese haftet dem schadensursächlichen **Verhalten** nur dann an, wenn die erforderliche **Güter- und Interessenabwägung** im konkreten Einzelfall ergibt, daß die Rechtsposition des Geschädigten dem vom Schädiger geltend gemachten Recht – etwa der Freiheit der Meinungsäußerung (Art. 5 Abs. 1 GG) – vorgeht.[2897]

1622 Die **Indizwirkung** einer unerlaubten Verletzungshandlung ist **eingeschränkt** in den für **Rechtsanwälte** wichtigen Bereichen der **Vollstreckungsmaßnahmen** und der **Einleitung von Verfahren gegen Dritte**.

1623 Der BGH hat zur **Zwangsvollstreckung in schuldnerfremde Gegenstände**[2898] und für einen **unbegründeten Konkursantrag**[2899] entschieden, daß eine sachlich unberechtigte, aber – trotz fahrlässiger Verkennung der Rechtslage – **subjektiv redliche Einleitung und Durchführung** eines gesetzlich geregelten Verfahrens **nicht die Rechtswidrigkeit** einer damit verbundenen Rechtsgutsverletzung **indiziert;** vielmehr hat ein solches schadensursächliches Verhalten wegen seiner verfahrensrechtlichen Zulässigkeit die **Vermutung der Rechtmäßigkeit** für sich. Dies ist auch verfassungsrechtlich geboten.[2900] Der Betroffene muß in diesen Fäl-

---

2892 BGHZ-GSZ-24, 21, 24, 27 f. = NJW 1957, 785; BGHZ 57, 245, 253 = NJW 1972, 195; BGHZ 118, 201, 207 = NJW 1992, 2014.

2893 Vgl. BGH, NJW 1976, 41, 42 betreffend Notwehr und Putativnotwehr; NJW 1981, 745 betreffend die irrige Annahme einer Notwehrlage; OLG Frankfurt, NJW 1994, 946 betreffend Notwehr, Selbsthilfe und Notstand (§ 34 StGB).

2894 Vgl. BGH, NJW 1981, 745.

2895 Vgl. BVerfG, NJW 1991, 29; BGHZ 3, 270, 280 = NJW 1952, 660; BGHZ 31, 308, 312 f. = NJW 1960, 476; BGHZ 45, 296, 306 = NJW 1966, 1617.

2896 BGHZ-GSZ-24, 21, 25, 28 = NJW 1957, 785; BGHZ 39, 103, 108 = NJW 1963, 953.

2897 BGHZ 45, 296, 307 = NJW 1966, 1617; BGHZ 59, 30, 34 = NJW 1972, 1366; BGHZ 74, 9, 14 = NJW 1979, 1351; BGH, ZIP 1998, 1033, 1034, 1036 = NJW 1998, 2141, 2143.

2898 BGHZ 58, 207, 213 f. = NJW 1972, 1048; BGHZ 74, 9, 14 f. = NJW 1979, 1351; BGHZ 95, 10, 18 f. = NJW 1985, 1959; BGHZ 118, 201, 206 = NJW 1992, 2014.

2899 BGHZ 36, 18, 20 f. = NJW 1961, 2254.

2900 BVerfG, NJW 1987, 1929.

len die Verletzung seines Rechtsguts ohne delitksrechtliche Sanktion hinnehmen, weil er sich gegen die ungerechtfertigte Inanspruchnahme in dem jeweiligen Verfahren wehren kann.[2901] Ist dies nicht der Fall, etwa weil der **Geschädigte nicht an dem Verfahren förmlich beteiligt** ist, so verbleibt ihm der **deliktsrechtliche Schutz**.[2902]

Eine **vorsätzliche Einleitung und Durchführung** eines unberechtigten Verfahrens **indiziert** uneingeschränkt die **Rechtswidrigkeit** einer damit verbundenen Rechtsgutsverletzung.[2903] 1624

Verzögert ein mit der Zwangsvollstreckung beauftragter **Rechtsanwalt** schuldhaft die **Freigabe einer Pfandsache**, nachdem ein die Veräußerung hinderndes Recht glaubhaft gemacht worden ist, so **haftet** nicht der weisungsgebundene Anwalt, sondern der **Gläubiger** (**Mandant**) gemäß § 278 BGB für einen Verzugsschaden des Dritten.[2904] Dagegen haftet ein **Testamentsvollstrecker**, der bei der Verwaltung des Nachlasses ein fremdes Sicherungseigentum oder dingliches Anwartschaftsrecht schuldhaft verletzt, selbst aus § 823 BGB.[2905] 1625

3. Verschulden

Eine Schadensersatzpflicht aus § 823 Abs. 1 BGB setzt voraus, daß die Verletzungshandlung vorsätzlich oder fahrlässig war (vgl. für eine schuldhafte Vertragsverletzung: Rn. 1013 ff.). 1626

Vorsätzlich handelt, wer einen rechtswidrigen Erfolg mit **Wissen und Wollen** verwirklicht, obwohl ihm ein rechtmäßiges Verhalten zugemutet werden kann; deswegen ist auch das **Bewußtsein der Rechtswidrigkeit** erforderlich.[2906] Es genügt **bedingter Vorsatz** in dem Sinne, daß der Täter den rechtswidrigen Erfolg nur für möglich hält, diesen aber im Eintrittsfall billigend in Kauf nimmt.[2907] Davon zu unterscheiden ist die bewußte Fahrlässigkeit; mit dieser handelt derjenige, der zwar auch den Eintritt des widerrechtlichen (Schadens-)Erfolges für möglich 1627

2901 BGHZ 36, 18, 21 = NJW 1961, 2254; BGHZ 74, 9, 16 = NJW 1979, 1351; BGHZ 95, 10, 18 f. = NJW 1985, 1959; BGHZ 118, 201, 206 = NJW 1992, 2014.

2902 BGHZ 118, 201, 206 = NJW 1992, 2014 betreffend die Verletzung von Sicherungseigentum durch eine Rechtsanwältin.

2903 BGHZ 36, 18, 21 = NJW 1961, 2254; BGHZ 74, 9, 12 = NJW 1979, 1351; BGHZ 95, 10, 19, 21 = NJW 1985, 1959; BGHZ 118, 201, 206 = NJW 1992, 2014.

2904 BGHZ 58, 207 = NJW 1972, 1048.

2905 BGH, VersR 1957, 297.

2906 BGH, NJW 1965, 962, 963; BGHZ 69, 128, 143 = NJW 1977, 1875; BGHZ 118, 201, 208 = NJW 1992, 2014.

2907 BGHZ 7, 311, 313 = NJW 1952, 1291; BGH, NJW 1965, 962, 963; 1986, 180, 182.

hält, aber fahrlässig darauf vertraut, daß dies doch nicht der Fall sein werde. Ein **Irrtum über tatsächliche Umstände** des Tatbestandes und ein **Rechtsirrtum** schließen den Vorsatz aus; allerdings kann der Irrtum auf Fahrlässigkeit beruhen und deswegen zu einer Haftung führen.[2908] Auf den eingetretenen Schaden braucht sich der Vorsatz grundsätzlich – von gesetzlichen Ausnahmen wie § 826 BGB abgesehen – nicht zu erstrecken;[2909] anders ist dies bei einem Anspruch auf Schmerzensgeld aus § 847 BGB[2910]

1628 **Fahrlässig** handelt, wer die im Rechtsverkehr erforderliche Sorgfalt außer acht läßt (§ 276 Abs. 1 Satz 2 BGB). Danach ist maßgeblich ein an den Verkehrsbedürfnissen ausgerichteter **objektiver,** kein individueller **Sorgfaltsmaßstab.**[2911] Fahrlässigkeit ist demjenigen vorzuwerfen, der in seiner konkreten Lage nach einem objektiven Beurteilungsmaßstab den drohenden rechtswidrigen Erfolg seines Verhaltens **voraussehen und vermeiden konnte und mußte.**[2912]

4. Beweis des Haftungsgrundes

1629 Der **Geschädigte** hat für seinen Schadensersatzanspruch aus unerlaubter Handlung zunächst die objektiven und subjektiven **Voraussetzungen des Haftungsgrundes darzulegen** und gemäß den strengen Anforderungen des **§ 286 ZPO** – mit einer an Sicherheit grenzenden Wahrscheinlichkeit – zu beweisen[2913] (vgl. zum vertraglichen Ersatzanspruch: Rn. 1033).

1630 Diese Darlegungs- und Beweislast erstreckt sich **grundsätzlich** darauf, daß

- eine – vom Willen beherrschte – **Verletzungshandlung** (vgl. aber §§ 827, 828 BGB: Rn. 1633) des in Anspruch genommenen Schädigers vorliegt und diese – vorbehaltlich eines vom Schädiger zu beweisenden Rechtfertigungsgrundes – **widerrechtlich** ist, soweit ausnahmsweise die Rechtswidrigkeit der schädigenden Handlung nicht indiziert ist (Rn. 1621),[2914]

2908 RGZ 119, 265, 267 f.; BGHZ 69, 128, 143 = NJW 1977, 1875; BGH, VersR 1987, 1133, 1134; BGHZ 118, 201, 208 = NJW 1992, 2014.

2909 BGHZ 59, 30, 39 = NJW 1972, 1366; BGHZ 75, 328, 329 f. = NJW 1980, 996.

2910 RGZ 142, 116, 122 f.

2911 BGHZ 39, 281, 283 = NJW 1963, 1609; BGHZ 80, 186, 193 = NJW 1981, 1603; BGH, NJW 1988, 909; NJW-RR 1996, 981.

2912 BGHZ 57, 25, 32 f. = NJW 1971, 1980; BGH, LM BGB § 828 Nr. 1; NJW-RR 1993, 345, 346; 1996, 981.

2913 BGHZ 4, 192, 196 f. = NJW 1952, 301; BGHZ 29, 393, 398 = NJW 1959, 1079; BGHZ 51, 91, 104 = NJW 1969, 269; BGH, NJW 1968, 2291, 2293; 1983, 998; 1987, 705 f.; 1992, 3298; 1993, 3073, 3076; 1997, 2748.

2914 BGHZ-GSZ-24, 21, 28 = NJW 1957, 785; BGHZ 39, 103, 106 f., 108 = NJW 1963, 953.

- dem Schädiger ein **Verschulden** vorzuwerfen ist[2915] – die Beweisregel des § 282 BGB ist auf Ansprüche aus §§ 823 ff. BGB grundsätzlich nicht anzuwenden[2916] –
- und ein **Ursachenzusammenhang** zwischen dem schädigenden Handeln und der ersten Rechtsgutverletzung (**haftungsbegründende Kausalität**) besteht.[2917]

Soweit die höchstrichterliche Rechtsprechung bei der **Arzthaftung**,[2918] Produzenten- 1631
tenhaftung[2919] und der **Haftung für Immissionsschäden**[2920] **Beweiserleichterungen** bis zur **Beweislastumkehr** entwickelt hat, sind diese auf die Besonderheiten dieser Haftungsbereiche zugeschnitten[2921] und deswegen auf andersgelagerte Haftungstatbestände aus unerlaubter Handlung nicht übertragbar.[2922]

Der **Beweis des Verschuldens** kann dadurch erleichtert sein, daß eine feststehende 1632
objektive Pflichtverletzung ein Verschulden indiziert.[2923]

Im Rahmen der **§§ 827, 828 BGB** (vgl. § 829 BGB) hat der Schädiger darzulegen 1633
und zu beweisen, daß seine Schadenshandlung im Zustand der Bewußtlosigkeit vorgenommen worden ist oder ihm die Zurechnungs – und Schuldfähigkeit gefehlt hat.[2924] Einen Haftungsgrund aus § 827 Abs. 1 Satz 2 BGB hat der Geschädigte darzulegen und zu beweisen.

Die Darlegungs- und Beweislast des Geschädigten für den konkreten Haftungs- 1634
grund kann durch den **Beweis des ersten Anscheins** erleichtert, aber nicht umgekehrt werden (vgl. zur Vertragshaftung: Rn. 1053 ff.). Danach kann bei einem typischen Geschehensablauf nach der Lebenserfahrung von einer bestimmten – typischen – Ursache auf einen bestimmten – typischen – Erfolg und umgekehrt geschlossen werden.[2925] Der **Schädiger** kann **dem Anscheinsbeweis die Grundlage entziehen**, indem er Umstände aufzeigt und diese notfalls beweist, aus denen sich die ernsthafte Möglichkeit eines anderen – atypischen – Geschehensablaufs ergibt, der vom erfahrungsgemäß normalen Lauf der Dinge abweicht; gelingt dies, so ver-

2915 BGHZ-GSZ-24, 21, 28 = NJW 1957, 785; BGHZ 39, 103, 108 f. = NJW 1963, 953; BGH, VersR 1986, 765, 766.
2916 BGH, VersR 1986, 765, 766.
2917 BGHZ 4, 192, 196 f. = NJW 1952, 301; BGH, NJW 1968, 2291, 2293; 1983, 998; 1987, 705 f.; 1992, 3298; 1993, 3037, 3076; 1997, 2748.
2918 BGH, NJW 1989, 2945, 2946; 1995, 1611, 1612; 1996, 779, 780 f.
2919 BGHZ 104, 323, 332 ff. = NJW 1988, 2611; BGH, NJW 1993, 528, 529.
2920 BGHZ 92, 143, 148 ff. = NJW 1985, 47.
2921 BGH, NJW 1992, 3298, 3299 für die Arzthaftung.
2922 Vgl. für die vertragliche Anwaltshaftung: BGHZ 126, 217, 223 = WM 1994, 2113.
2923 BGH, VersR 1986, 765, 766.
2924 Zu § 827 BGB: BGHZ 39, 103, 108 = NJW 1963, 953; BGHZ 98, 135, 137 ff. = NJW 1987, 121; BGHZ 102, 227, 229 f. = NJW 1988, 822; BGHZ 111, 372, 374 = NJW 1990, 2387; zu § 828 BGB: BGHZ 39, 103, 108 = NJW 1963, 953; BGH, VersR 1970, 467, 468.
2925 BGHZ 39, 103, 107 = NJW 1963, 953; BGHZ 100, 214, 216 = NJW 1987, 1944; BGHZ 123, 311, 315 ff. = NJW 1993, 3259; BGH, WM 1993, 1513, 1516.

bleibt dem **Geschädigten die uneingeschränkte Beweislast** für die Voraussetzungen seines Anspruchs.[2926]

Wer der in Anspruch genommenen Partei schuldhaft die Möglichkeit beschneidet, den Anscheinsbeweis zu erschüttern, kann sich nicht auf dessen Beweiserleichterung berufen.[2927]

5. Haftungsausfüllende Kausalität

1635 Für seinen Schadensersatzanspruch aus unerlaubter Handlung hat der **Geschädigte** weiterhin **darzulegen** und gemäß den – gegenüber § 286 ZPO ermäßigten – Anforderungen des **§ 287 ZPO zu beweisen**, daß zwischen dem konkreten Haftungsgrund – also der rechtswidrigen, schuldhaften Verletzung des Rechtsguts – und seinem geltend gemachten weiteren Schaden ein Ursachenzusammenhang besteht (**haftungsausfüllende Kausalität**;[2928] vgl. bezüglich einer Vertragsverletzung Rn. 1040 ff.). Bei einem Anspruch aus § 844 Abs. 2 BGB gilt dies auch für den Ursachenzusammenhang zwischen der Körperverletzung und dem Tod des Verletzten.[2929]

1636 Die Frage nach der haftungsausfüllenden Kausalität geht gemäß § 249 BGB dahin, wie der Geschädigte ohne das haftungsbegründende Verhalten des Schädigers stünde.[2930] Die richterliche Beantwortung dieser Frage gemäß **§ 287 ZPO erleichtert** dem Geschädigten **die Darlegungs- und Beweislast**. Diese Vorschrift stellt den Richter gegenüber § 286 ZPO freier. Eine Beweisaufnahme steht in seinem pflichtgemäßen Ermessen (§ 287 Abs. 1 Satz 2 ZPO). Gegenüber der Bestimmung des § 286 ZPO, die für die richterliche Überzeugung eine an Sicherheit grenzende Wahrscheinlichkeit verlangt, verringert § 287 ZPO das Beweismaß, weil danach eine deutlich überwiegende, auf gesicherter Grundlage beruhende Wahrscheinlichkeit für die richterliche Überzeugung genügt.[2931] Weiterhin kann die Beweislast für die haftungsausfüllende Kausalität bei typischen Geschehensabläufen erleichtert werden durch den **Beweis des ersten Anscheins** (Rn. 1634).

2926 BGHZ 2, 1, 5 = NJW 1951, 653; BGHZ 39, 103, 107 f. = NJW 1963, 953; BGH, WM 1993, 1513, 1516; VersR 1995, 723, 724.

2927 BGH, NJW 1998, 79.

2928 BGHZ 4, 192, 196 f. = NJW 1952, 301; BGHZ 29, 393, 398 = NJW 1959, 1079; BGH, NJW 1968, 2291, 2293; 1983, 998 f.; 1987, 705, 706; 1992, 3298 f.

2929 BGH, NJW 1992, 3298, 3299.

2930 BGH, NJW 1983, 998 f.

2931 BGH WM 1992, 1155, 1156 = NJW-RR 1992, 997; NJW 1992, 2694, 2695 u. 3298, 3299; 1993, 734 = WM 1993, 382; BGHZ 133, 110, 113 = NJW 1996, 2501.

6. Haftungsrechtliche Zurechnung

Der adäquate Ursachenzusammenhang allein führt nicht immer zu einer gerechten Haftungsbegrenzung. Das Korrektiv ergibt sich daraus, daß nur derjenige **Schaden** zu ersetzen ist, der bei wertender Betrachtung im Rahmen der durch das verletzte Gesetz geschützten Interessen liegt und deswegen **dem Schädiger haftungsrechtlich zuzurechnen** ist (vgl. zur Vertragsverletzung Rn. 1061 ff.); der Schaden muß also aus der Verletzung eines Rechtsguts entstanden sein, zu dessen Schutz die verletzte Rechtsnorm nach ihrem Zweck und ihrer Tragweite erlassen wurde.[2932] 1637

Zum **Schutzbereich des § 823 Abs. 1 BGB** gehören grundsätzlich **Rechtsanwaltskosten** des Geschädigten;[2933] dies gilt entsprechend, wenn der Geschädigte Rechtsanwalt ist und sich selbst vertritt.[2934] Auch **Detektivkosten**, die der sorgeberechtigte Elternteil aufgewendet hat, um den Aufenthaltsort eines entzogenen Kindes zu erfahren, fallen in den Schutzbereich des Rechts der elterlichen Sorge.[2935] 1638

Außerhalb des Schutzbereichs des § 823 Abs. 1 BGB liegen z. B. **Strafverteidigerkosten**[2936] und **Auslagen des Nebenklägers,**[2937] die Kosten für die **Bearbeitung eines Ladendiebstahls**[2938] – **anders** als eine vor dem Diebstahl ausgesetzte angemessene **Fangprämie**[2939] **– und die Entdeckung einer verborgenen**, zum vorzeitigen Ruhestand führenden **Krankheit** eines Unfallverletzten.[2940] 1639

7. Schadensersatz 1640

a) Ersatzpflichtige

Ersatzpflichtig aus unerlaubter Handlung sind der **Täter** (Schädiger), **Mittäter, Anstifter** und **Gehilfe** sowie **andere Beteiligte** (vgl. § 830 BGB; Rn. 1670). Eine **Haftung Unzurechnungsfähiger, Minderjähriger** und **Taubstummer** kommt gemäß §§ 827–829 BGB in Betracht. **Dritte** können für die unerlaubte Handlung eines anderen nach §§ 831, 832 BGB haften (vgl. Rn. 1741 ff.). 1641

2932 BGHZ 27, 137, 140 = NJW 1958, 1041; BGHZ 30, 154, 156 f. = NJW 1959, 1631; BGH, NJW 1968, 2287, 2288.
2933 BGHZ 30, 154, 156 ff. = NJW 1959, 1631; BGH, NJW 1986, 2243, 2244; OLG Oldenburg, NJW 1961, 613.
2934 Vgl. BAG, ZIP 1995, 499, 502 für jeden Schadensersatzanspruch.
2935 BGHZ 111, 168, 174 ff. = NJW 1990, 2060.
2936 BGHZ 27, 137, 140 ff. = NJW 1958, 1041; BGHZ 75, 230, 235 = NJW 1980, 119.
2937 BGHZ 24, 263, 266 ff. = NJW 1957, 1593.
2938 BGHZ 75, 230, 231 f. = NJW 1980, 119.
2939 BGHZ 75, 230, 235 ff. = NJW 1980, 119.
2940 BGH, NJW 1968, 2287, 2288.

1642 Nach **§ 31 BGB** haftet ein **Verein** und – in entsprechender Anwendung dieser Vorschrift – jede andere **juristische Person des Privatrechts**, aber nicht eine Gesellschaft bürgerlichen Rechts (§ 705 BGB),[2941] für einen **Schaden aus unerlaubter Handlung,** den ein verfassungsmäßig berufener **Vertreter** in Ausführung der ihm zustehenden Verrichtungen herbeiführt; daneben ist grundsätzlich der **Vertreter selbst** zum Schadensersatz aus seiner unerlaubten Handlung verpflichtet.[2942] § 31 BGB ist auf den **Fiskus** und die **juristischen Personen des öffentlichen Rechts** bei Handeln eines solchen Bediensteten im **privaten Rechtsverkehr** entsprechend anzuwenden (§ 89 Abs. 1 BGB).

1643 Für die **Amtspflichtverletzung** eines **Beamten** haftet grundsätzlich der Staat gemäß § 839 BGB, Art. 34 GG;[2943] für die Haftung aus § 839 BGB ist es gleichgültig, ob das schädigende Verhalten im hoheitlichen oder fiskalischen Bereich des Dienstherrn liegt und der Tatbestand einer unerlaubten Handlung nach §§ 823 ff. BGB erfüllt ist.[2944] Eine **Eigenhaftung** gegenüber dem Geschädigten **entfällt,** wenn ein Beamter im haftungsrechtlichen Sinne – also auch ein mit hoheitlichen Aufgaben betrauter Nichtbeamter im staats-(beamten-)rechtlichen Sinne[2945] – in **Ausübung öffentlicher Gewalt** gehandelt hat.[2946]

Stammt eine unerlaubte Handlung eines **Beamten im staatsrechtlichen Sinne** aus dem **privatrechtlichen Bereich** des Dienstherrn, so richtet sich die deliktische Eigenhaftung grundsätzlich nach § 839 BGB;[2947] zwar entfällt dann eine Staatshaftung nach Art. 34 GG, der beamtete Schädiger darf aber, sofern ihm nur Fahrlässigkeit vorzuwerfen ist, den Geschädigten gemäß § 839 Abs. 1 Satz 2 BGB auf eine anderweitige Ersatzmöglichkeit verweisen.[2948]

b) Ersatzberechtigte

1644 Grundsätzlich hat einen Schadensersatzanspruch aus unerlaubter Handlung nur der **unmittelbar Geschädigte**, also derjenige, dessen Rechtsgut verletzt worden

2941 BGHZ 45, 311, 312 = NJW 1966, 1807.
2942 BGHZ 49, 19, 21, 23 = NJW 1968, 391; BGHZ 109, 297, 302 = NJW 1990, 976; BGH, NJW 1996, 1535, 1536.
2943 Vgl. zu Ausnahmen: *Geigel/Kunschert* § 20 Rn. 14; *Wussow/Treitz* Rn. 768, 769.
2944 BGHZ 13, 25, 28 = NJW 1954, 917; BGHZ-GSZ-34, 99, 104 = NJW 1961, 658; BGH, LM BGB § 839 – Fa-Nr. 3.
2945 Verneinend für den beigeordneten Rechtsreferendar: BGHZ 60, 255, 257 ff. = NJW 1973, 757.
2946 BGHZ 121, 161, 163 ff. = NJW 1993, 1258; BGHZ 131, 200, 202 f. = WM 1996, 81 = NJW 1996, 464.
2947 Aber Deliktshaftung des beamteten Arztes für Schädigung bei ambulanter Behandlung von Privatpatienten nur nach § 823 BGB: BGHZ 120, 376, 380 f., 385 = NJW 1993, 784.
2948 BGHZ 85, 393, 395 = NJW 1983, 1374; BGH, NJW 1986, 2883.

ist. Der nur **mittelbar Geschädigte**, der infolge der unerlaubten Handlung, durch die ein anderer unmittelbar geschädigt worden ist, einen Vermögensschaden erlitten hat, hat einen Schadensersatzanspruch nur nach den **Ausnahmeregelungen** der **§§ 844, 845 BGB**[2949] und in **Sondergesetzen.**[2950]

Mehrere Geschädigte können grundsätzlich jeweils nur den eigenen Schaden geltend machen. Die Grundsätze der **Drittschadensliquidation** (Rn. 1421 ff.) können allerdings auch bei Ansprüchen aus unerlaubter Handlung anzuwenden sein.[2951] 1645

Ein Anspruch auf Ersatz eines Vermögensschadens aus unerlaubter Handlung ist, soweit er nicht kraft Gesetzes auf einen **Versicherer** (§ 67 VVG), einen **Sozialversicherungs- oder Sozialhilfeträger** (§§ 116, 117 SGB X für Schadensfälle nach dem 30. 6. 1983: vorher § 1542 RVO a. F.) oder auf den **Dienstherrn** (§ 87 a BBG) übergegangen ist, **übertragbar** und **vererblich**. Dies gilt auch für einen Anspruch auf **Schmerzensgeld** aus § 847 BGB i. d. F. des Gesetzes vom 14. 3. 1990 (BGBl I S. 478.[2952] 1646

Nach gesetzlichem Übergang eines Schadensersatzanspruchs auf den ersatzleistenden Versicherer, Sozialversicherungs- oder Sozialhilfeträger oder Dienstherrn kann, wenn der Schädiger wegen einer Haftungsbegrenzung oder Mitverantwortung des Geschädigten nur teilweise haftet, ein sog. **Quotenvorrecht** des Geschädigten oder seiner Hinterbliebenden bestehen.[2953] 1647

c) Inhalt und Umfang des Schadensersatzes

Der Geschädigte hat einen **Anspruch auf Ersatz** seines aus der unerlaubten Handlung entstandenen **Schadens** (§§ 823 ff. BGB). **Inhalt und Umfang** dieses Anspruchs richten sich nach §§ 249 ff. i. V. m. §§ 842, 843, 847 bis 851 BGB. 1648

Der deliktische Schadensersatzanspruch umfaßt das **negative Interesse** einschließlich der bei wertender Betrachtung erstattungsfähigen **entgangenen Vermögensvorteile** (§§ 252, 842 BGB;[2954] vgl. Rn. 1125, 1130) und solcher **Folgeschäden**, die mit der Schadenshandlung in adäquatem Ursachenzusammenhang 1649

2949 BGHZ 7, 30, 33 f. = NJW 1952, 1249.
2950 Vgl. dazu *Wussow/Dressler*, Rn. 1690 ff.
2951 BGH, NJW 1967, 930, 931; 1991, 2696, 2697; ZIP 1996, 53, 55 f.
2952 BGH, NJW 1995, 783.
2953 Vgl. dazu *Wussow/Dressler*, Rn. 1530 ff., 1555, 1636, 1730, 1765; *Wussow/Schloën*, Rn. 2399, 2402, 2404 f., 2469 f.
2954 BGHZ-GSZ-98, 212, 217 ff. = NJW 1987, 50.

stehen und in den Schutzbereich der verletzten Norm fallen (Rn. 1637 ff.). Der Geschädigte ist so zu stellen, wie er ohne die unerlaubte Handlung stünde.

1650 Nach § 249 Satz 1 BGB hat der Schädiger grundsätzlich den Schaden durch **Naturalrestitution** zu beheben; dafür hat er den gleichen wirtschaftlichen Zustand herzustellen, der ohne das schädigende Verhalten bestünde.[2955] Wäre nach der unerlaubten Handlung derselbe Schaden, den der Verantwortliche herbeigeführt hat, nachträglich durch ein anderes Ereignis verursacht worden, so kann diese **hypothetische Schadensursache** bei der Ermittlung des Schadensersatzes zu berücksichtigen sein[2956] (Rn. 1078 ff.). Besteht der Schaden in der **Belastung mit einer Verbindlichkeit,** so kann der Geschädigte **Befreiung** fordern; dieser Anspruch kann nach § 250 BGB in einen Geldanspruch übergehen.[2957] Wird wegen **Verletzung einer Person** oder **Sachbeschädigung** gehaftet, so kann der Geschädigte statt der Naturalrestitution **Geldersatz** verlangen (§ 249 Satz 2 BGB). Schadensersatz in Geld kann der Geschädigte beanspruchen, wenn er dem Schädiger vergeblich eine angemessene **Frist zur Naturalrestitution** gesetzt hat mit der Erklärung, daß er diese Ersatzart nach Fristablauf ablehne (§ 250 BGB); eine solche Fristsetzung erübrigt sich, wenn der Schädiger eine Ersatzleistung ernsthaft und endgültig verweigert hat.[2958] Geldersatz wird insoweit geschuldet, als die **Naturalrestitution nicht** oder nur mit **unverhältnismäßigen Aufwendungen** möglich oder zur **Schadloshaltung nicht genügend** ist (§ 251 BGB). Hat die unerlaubte Handlung zu einem Vertragsschluß geführt, so kann der Ausgleich des Vertrauensschadens das **positive Interesse** erreichen.[2959] Zur Ersatzfähigkeit von **Anwaltskosten** und ähnlichen **Aufwendungen** wird auf Rn. 1638 f. verwiesen.

1651 Besteht der Schaden in der gegenwärtigen Beeinträchtigung eines geschützten Rechtsguts, so kann der – verschuldensabhängige – deliktische Schadensersatzanspruch auf die **Beseitigung der andauernden Störung** – insbesondere auf den **Widerruf** einer ehrenrührigen Tatsachenbehauptung – und auf **Unterlassung einer künftigen Störung** gerichtet sein; dies hat aber in der Praxis nur geringe Bedeutung, da dieselben Rechtsfolgen auch mit den – verschuldensunabhängigen – **negatorischen (Abwehr-)Ansprüchen** erreicht werden können (Rn. 1673 ff.).

1652 Nach **§ 847 Abs. 1 BGB** kann derjenige, der durch eine Körper- oder Gesundheitsverletzung oder eine Freiheitsentziehung betroffen ist, eine **billige Geldentschädigung** auch wegen seines Schadens, der nicht Vermögensschaden ist, verlan-

2955 BGH, NJW 1985, 793.
2956 BGHZ 10, 6, 9, 12 = NJW 1953, 977.
2957 BGH, NJW 1992, 2221, 2222.
2958 BGH, NJW 1992, 2221, 2222; NJW-RR 1996, 700.
2959 BGH, WM 1976, 1307, 1308; 1998, 294 f. = NJW 1998, 983.

gen („**Schmerzensgeld**“). Dies gilt auch bei einer **schweren Verletzung des allgemeinen Persönlichkeitsrechts** (Art. 1, 2 GG).[2960] Dieser Anspruch soll einen angemessenen **Ausgleich des immateriellen Schadens** herbeiführen und der **Genugtuung** dienen;[2961] dieses Schmerzensgeld kann – das ist die Regel – als **Kapitalbetrag** oder – das kommt bei dauernden Nachteilen in Betracht – als **Rentenanspruch** festgesetzt werden.[2962] Waren **mehrere Schädiger** beteiligt, so ist die Entschädigung im Verhältnis zu jedem einzelnen Verantwortlichen gesondert zu bestimmen.[2963]

Der Anspruch gegen den Schädiger auf Ersatz des vollen Schadens wird **nicht** da- 1653
durch **ausgeschlossen,** daß dem Geschädigten zugleich ein **Anspruch gegen einen Dritten** zusteht; ein solcher Anspruch ist dem Schädiger Zug um Zug gegen Ersatzleistung abzutreten (§ 255 BGB).[2964] Hat er den Schaden bereits ersetzt, so kann er die Abtretung nachträglich verlangen.[2965]

d) Beweis

Der **Geschädigte** hat Art und Umfang seines Schadens **darzulegen** und **gemäß** 1654
§ 287 ZPO zu beweisen[2966] (vgl. Rn. 1128 ff.). In einem Rechtsstreit ist der dafür maßgebliche Zeitpunkt die **letzte mündliche Verhandlung** vor dem Tatrichter.[2967] Zur Vorbereitung einer Schadensersatzklage kann dem Geschädigten ein **Anspruch auf Auskunft** gegen den Schädiger zustehen.[2968]

Die Darlegung des Schadens erfordert einen **Gesamtvermögensvergleich**, der 1655
alle Vermögenspositionen umfaßt, die von dem haftungsbegründenden Ereignis betroffen sind; die Differenzrechnung darf sich also nicht auf einzelne Rechnungsposten beschränken.[2969]

2960 BGHZ 26, 349, 354 ff. = NJW 1958, 827; BGH, NJW 1963, 904 f.; BGHZ 128, 1, 12 = NJW 1995, 861; BGHZ 132, 13, 27 = NJW 1996, 1131; vgl. dazu im einzelnen: *Steffen*, in: *Löffler*, Presserecht, S. 415 ff. – § 6 LPG Rn. 322 ff.

2961 Dazu im einzelnen BGHZ-GSZ-18, 149, 154 ff. = NJW 1955, 1675; BGHZ 128, 117, 119 ff. = NJW 1995, 781; zum Schmerzensgeld für einen alsbald verstorbenen Verletzten: BGH, NJW 1998, 2741, 2743, zur Veröffentlichung bestimmt in BGHZ 138, 388.

2962 BGHZ-GSZ-18, 149, 167 = NJW 1955, 1675.

2963 BGHZ-GSZ-18, 149, 164 ff. = NJW 1955, 1675.

2964 Vgl. BGH, NJW 1993, 593, 594; 1997, 1008, 1012 = BGHZ 134, 212.

2965 BGHZ 52, 39, 42 = NJW 1969, 1165.

2966 BGH, NJW 1990, 1358; vgl. BGHZ 10, 6, 11 = NJW 1953, 977; BGH, NJW 1968, 985; BGHZ 111, 168, 181 = NJW 1990, 2060.

2967 BGH, NJW 1996, 2652, 2654.

2968 BGH, NJW 1962, 731; 1990, 1358; vgl. im einzelnen: *Steffen*, in: *Löffler*, Presserecht, S. 420 f. – § 6 LPG Rn. 346 ff.

2969 BGH, WM 1983, 418; NJW 1988, 1837, 1838.

1656 Im Rahmen des **§ 287 ZPO** hat der Richter notfalls den **Schaden zu schätzen,** wenn und soweit ausreichende Umstände vorliegen; eine solche Schätzung – wenigstens eines „Mindestschadens" – entfällt nur dann, wenn greifbare Anhaltspunkte fehlen und deswegen das richterliche Ermessen völlig in der Luft hinge.[2970] Da § 287 ZPO auch die Darlegungslast des Geschädigten mindert, darf die Klage also trotz lückenhaften Vorbringens nicht abgewiesen werden, soweit eine Grundlage für eine Schadensschätzung vorhanden ist. Diese Vorschrift ändert allerdings nichts daran, daß demjenigen, der Schadensersatz fordert, grundsätzlich die **Darlegungs- und Beweislast** für die Entstehung und Höhe des geltenden gemachten Schadens verbleibt.[2971]

1657 Verlangt der Geschädigte **Ersatz entgangenen Gewinns** (§ 249 Satz 1, § 252 Satz 1 BGB), so hat der Richter bei seiner Entscheidung nach § 287 ZPO auch die **Darlegungs- und Beweiserleichterung** des **§ 252 Satz 2 BGB** zu berücksichtigen[2972]

1658 Einen vermögensrechtlichen Anspruch aus einer Straftat kann der Verletzte auch im **Adhäsionsverfahren** eines Strafprozesses geltend machen (§§ 403 ff. StPO).[2973]

e) Vorteilsausgleich

1659 Auf den Schadensersatzanspruch sind grundsätzlich diejenigen **Vorteile anzurechnen,** die dem Geschädigten in **adäquatem Zusammenhang mit dem Schadensereignis** zufließen. Dies betrifft nur Vorteile, deren Ausgleich mit dem **jeweiligen Zweck des Ersatzanspruchs** übereinstimmt, die Anrechnung also dem Geschädigten zuzumuten ist und den Schädiger nicht unangemessen entlastet; Vor- und Nachteile müssen bei bewertender Betrachtung gleichsam zu einer **Rechnungseinheit** verbunden sein.[2974] Solche Vorteile hat der **Schädiger darzulegen** und zu **beweisen.**[2975]

2970 BGHZ 54, 45, 55 = NJW 1970, 1411; BGH, WM 1992, 1155, 1156; NJW 1992, 2694, 2695; 1993, 734 = WM 1993, 382.
2971 BGH, WM 1992, 1155, 1156.
2972 BGHZ 54, 45, 55 = NJW 1970, 1411; BGH, WM 1992, 1155, 1156.
2973 Vgl. BGH, NStZ 1988, 237 f.; NJW 1991, 1244; *Wohlers*, MDR 1990, 763.
2974 BGHZ 91, 206, 209 f. = NJW 1984, 2457.
2975 BGHZ 94, 195, 217 = NJW 1985, 1539.

8. Mitverschulden

Nach **§ 254 BGB** hat der Geschädigte ein **Mitverschulden** bei der Entstehung oder der Entwicklung seines Schadens zu verantworten (vgl. Rn. 1133 ff. zum Einwand des Mitverschuldens gegenüber einem Schadensersatzanspruch wegen Vertragsverletzung). 1660

Der **Einwand des Mitverschuldens,** der in einem Rechtsstreit **von Amts wegen zu beachten** ist, betrifft auch einen **Schadensersatzanspruch** des unmittelbar Geschädigten **aus unerlaubter Handlung**[2976] einschließlich des Anspruchs auf **Schmerzensgeld** aus § 847 BGB[2977] – hier ist das Mitverschulden als Bewertungsfaktor, nicht quotenmäßig zu berücksichtigen[2978] –. Die nach §§ 844, 845 BGB ersatzberechtigten **mittelbar Geschädigten** müssen sich ein Mitverschulden des unmittelbar Geschädigten bei der Entstehung des Schadens gemäß § 254 BGB zurechnen lassen (§ 846 BGB); außerdem sind sie für ein eigenes schadensursächliches Mitverschulden verantwortlich.[2979] 1661

Mitverschulden i. S. d. § 254 BGB ist ein vorwerfbarer Verstoß gegen die im eigenen Interesse gebotene **Obliegenheit,** eine Selbstschädigung zu vermeiden, also ein **„Verschulden gegen sich selbst"**[2980] und **„in eigener Angelegenheit"**.[2981] Ein Mitverschulden ist dem Geschädigten vorzuwerfen, der bei der Entstehung oder Entwicklung seines Schadens diejenige **Aufmerksamkeit und Sorgfalt außer acht läßt,** die nach der Sachlage jedem verständigen Menschen erforderlich erscheint, um sich selbst vor Schaden zu bewahren.[2982] Eine solche Mißachtung der Sorgfalt in eigener Angelegenheit muß nicht eine selbständige Haftung des Geschädigten begründen. Ein – vorsätzliches oder fahrlässiges – Mitverschulden setzt **Zurechnungsfähigkeit** voraus; insoweit gelten §§ 827, 828 BGB entsprechend,[2983] so daß auch § 829 BGB analog anzuwenden ist.[2984] 1662

Ein Mitverschulden des Geschädigten kann nur dann auf den Schadensersatzanspruch angerechnet werden, wenn es als **adäquate Mitursache** zum Schaden 1663

2976 BGH, VersR 1961, 907; NJW 1965, 962, 964.
2977 BGHZ 20, 259, 264 = NJW 1956, 1067.
2978 OLG Karlsruhe, VersR 1988, 59, 60.
2979 RGZ 170, 313, 315; BGHZ 56, 163, 168 f. = NJW 1971, 1883; OLG Köln, VersR 1992, 894.
2980 BGHZ 57, 137, 145 = NJW 1972, 36.
2981 BGH, VersR 1961, 907.
2982 BGHZ 9, 316, 318 = NJW 1953, 977; BGH, VersR 1961, 907; NJW 1965, 962, 963; WM 1995, 212, 214.
2983 RGZ 108, 86, 89 f.; BGHZ 24, 325, 327 = NJW 1957, 1187.
2984 BGHZ 37, 102, 105 = NJW 1962, 1199; BGH, NJW 1969, 1762; 1973, 1795.

beigetragen hat;[2985] zeitlich kann es grundsätzlich der unerlaubten Handlung vorausgehen oder nachfolgen.[2986]

1664 Weiterhin setzt die Zurechnung eines Mitverschuldens voraus, daß der Schadensbeitrag des Geschädigten nach Art und Entstehungsweise bei wertender Betrachtung in den **Schutzbereich der verletzten Norm (§ 254 BGB)** fällt; der infolge des Mitverschuldens entstandene Nachteil muß also aus dem Bereich der Gefahren stammen, zu deren Abwendung die verletzte Vorschrift dient (vgl. Rn. 1061 ff., 1139).[2987] Der Zweck des § 254 BGB, eine voraussehbare und vermeidbare Selbstschädigung zu verhindern, muß die vom Geschädigten verletzte Obliegenheit und den damit verbundenen Nachteil umfassen.

1665 Das schadensursächliche Mitverschulden des Geschädigten kann sich auf die **Entstehung des Schadens** beziehen (§ 254 Abs. 1 BGB). Eine vom Geschädigten zu verantwortende **Sach- oder Betriebsgefahr** ist zu berücksichtigen.[2988] Auch eine **schuldlose Mitverursachung**, die sich nicht aus einer Sach- oder Betriebsgefahr ergibt, kann anzurechnen sein, wenn der Schadensersatzanspruch wieder auf einer Gefährdungs- noch auf einer Verschuldenshaftung beruht.[2989]

1666 Ein Mitverschulden kann die **Entwicklung des Schadens** betreffen, weil der Geschädigte es zu unterlassen hat, den Schädiger auf die – diesem unbekannte und nicht erkennbare – Gefahr eines ungewöhnlich hohen Schadens aufmerksam zu machen oder den **Schaden abzuwenden** oder **zu mindern** (§ 254 Abs. 2 Satz 1 BGB). Erfüllt der Geschädigte seine Obliegenheit gemäß § 254 Abs. 2 BGB, so sind seine dabei entstandenen **Aufwendungen ein adäquater Folgeschaden.**[2990] Der **Nichtgebrauch aussichtsreicher Rechtsbehelfe** kann ein Mitverschulden des Geschädigten begründen[2991] (Rn. 1155).

1667 Einen **Beitrag** seines **gesetzlichen Vertreters** oder eines **Gehilfen** zur **Entstehung des Schadens** braucht sich der Geschädigte dann nicht gemäß §§ 254 Abs. 1, 278 BGB anrechnen zu lassen, wenn – wie im Regelfall – vor dem haftungsbegründenden Ereignis (der unerlaubte Handlung) zwischen Schädiger und Geschädigtem keine schuldrechtliche (vertragliche oder vertragsähnliche) Beziehung bestanden hat; anders ist dies bezüglich der **Pflicht zur Schadensminde-**

2985 BGH, NJW 1957, 217.
2986 BGH, NJW 1957, 217; VersR 1988, 570 u. 1238, 1239.
2987 BGH, VersR 1970, 812, 813.
2988 BGHZ 20, 259, 263 = NJW 1956, 1067; BGH, NJW 1976, 2130, 2131, insoweit nicht abgedruckt in BGHZ 67, 129; VersR 1981, 354, 355.
2989 BGH, NJW 1969, 1380 zu § 122 BGB; NJW 1995, 395, 396 zu § 1004 BGB.
2990 BGH, NJW-RR 1991, 1458, 1459; BGHZ 122, 172, 179 = NJW 1993, 2685.
2991 BGHZ 90, 17, 32 = NJW 1984, 1169; BGHZ 110, 323, 330 = NJW 1990, 2877; BGH, NJW-RR 1991, 1458.

rung aus §§ 254 Abs. 2, 278 BGB nach dem schadensstiftenden Ereignis, weil dieses dann eine Rechtsbeziehung zwischen Schädiger und Geschädigtem geschaffen hat, die der Geschädigte duch gesetzliche Vertreter oder Hilfspersonen i. S. d. § 278 BGB erfüllen kann.[2992]

Bestand dagegen schon vor der unerlaubten Handlung eine schuldrechtliche Ver- 1668
bindung zwischen Schädiger und Geschädigten, so muß sich dieser nach § 254 Abs. 1 BGB auch einen Beitrag seines gesetzlichen Vertreters oder seines Erfüllungsgehilfen zur Entstehung des Schadens unter den Voraussetzungen des § 278 BGB – also falls der gesetzliche Vertreter im Rahmen seiner Vertretungsmach[2993] oder der Erfüllungsgehilfe innerhalb seines Aufgabengereiches tätig geworden ist[2994] – anrechnen lassen, auch soweit der Ersatzanspruch auf unerlaubte Handlung gestützt wird.[2995] Das gilt ebenfalls regelmäßig im Verhältnis des Geschädigten zu weiteren Gesamtschuldnern, auch wenn diese allein aus unerlaubter Handlung haften.[2996]

Nach Feststellung sämtlicher tatsächlichen Umstände, die Schadensanteile des 1669
Schädigers und des Geschädigten begründet haben,[2997] sind die beiderseitigen Schadensbeiträge gegeneinander **abzuwägen** (§ 254 Abs. 1, 2 BGB). Dafür ist abzustellen **in erster Linie** auf das Maß der **wechselseitigen Verursachung**, erst **in zweiter Linie** auf den Umfang des **beiderseitigen Verschuldens**.[2998] Entscheidend für die Haftungsverteilung nach § 254 BGB ist, ob das Verhalten des Schädigers oder des Geschädigten den Schadenseintritt in wesentlich höherem Maße wahrscheinlich gemacht hat.[2999] Im Ergebnis kann die Abwägung dazu führen, daß der Schadensersatzanspruch des Geschädigten voll erhalten bleibt, weil dessen Mitverschulden gegenüber dem Schadensbeitrag des Schädigers unerheblich ist, oder daß der Geschädigte seinen Schadensersatzanspruch wegen seines Mitverschuldens teilweise oder vollständig verliert, je nachdem, welches Gewicht das Mitverschulden gegenüber dem Schadensanteil des Schädigers hat. Ein vorsätzlich Handelnder wird bei nur fahrlässigem Verhalten des anderen den Schaden

2992 BGHZ 1, 248, 249, 253 = NJW 1951, 477; BGHZ 9, 316, 319 f. = NJW 1953, 977; BGHZ 33, 247 = NJW 1961, 211.
2993 BGHZ 33, 136, 144 = NJW 1961, 20.
2994 BGH, NJW 1965, 1709, 1710.
2995 BGHZ 9, 316, 320 = NJW 1953, 977; BGH 24, 325, 327 = NJW 1957, 1187; BGHZ 33, 247 = NJW 1961, 211; BGH, NJW 1964, 1670, 1671; 1984, 2087.
2996 BGH, NJW 1984, 2087 f.
2997 BGH, NJW 1963, 1447, 1449.
2998 BGHZ 33, 293, 302 = NJW 1961, 166; BGH, NJW 1969, 789, 790.
2999 BGH, NJW 1969, 789, 790; WM 1994, 217, 218; 1995, 212, 214.

meistens allein zu tragen haben.[3000] Dieser Grundsatz gilt nicht, wenn ein Erfüllungsgehilfe vorsätzlich gehandelt hat.[3001]

1670 Ist ein Schaden von **mehreren Schädigern**, die als **Mittäter, Anstifter** oder **Gehilfen** haften (§ 830 BGB), und vom Geschädigten herbeigeführt worden, so ist jeder Schädiger für den Beitrag der übrigen gegenüber dem Geschädigten mitverantwortlich; deswegen ist bei der Abwägung nach § 254 BGB die „gemeinsame Verantwortungssphäre" sämtlicher Schädiger dem schadensursächlichen Mitverschulden des Geschädigten gegenüberzustellen.[3002] Haben dagegen **mehrere Nebentäter** nicht durch gemeinschaftliches Handeln, sondern durch selbständige Einzelhandlungen den Schaden verursacht und hat der Geschädigte dazu beigetragen, so ist dessen Mitverantwortung gegenüber jedem Schädiger nach § 254 BGB abzuwägen (**Einzelabwägung**); zusammen haben die Schädiger nur den Schadensersatz zu leisten, der bei einer Gesamtschau des Schadensvorgangs dem Anteil der Verantwortung entspricht, die sie im Verhältnis zur Mitverantwortung des Geschädigten insgesamt tragen (**Gesamtabwägung**).[3003] Eine solche Gesamtabwägung („Gesamtschau") scheidet aus, wenn mehrere Schädiger eine sog. **Haftungseinheit** bilden, so daß auf diese eine gemeinsame Quote entfällt,[3004] oder wenn sich das Verhalten mehrerer Schädiger **nur in ein und derselben Schadensursache** ausgewirkt hat, bevor der Schadensbeitrag des Geschädigten hinzugekommen ist und zum Schadenseintritt geführt hat;[3005] dies gilt auch für die Höhe des Ersatzes eines **Nichtvermögensschadens**.[3006]

1671 Der **Schädiger** muß die Umstände **beweisen,** die ein anspruchsminderndes **Mitverschulden** begründen; der Geschädigte muß aber, soweit es sich um Umstände aus seinem Verantwortungsbereich handelt, an der Aufklärung mitwirken und darlegen, was er zur Schadensminderung unternommen hat.[3007] Im Rahmen der Abwägung nach § 254 BGB ist die Beweislastregel des § 282 BGB nicht anzuwenden.[3008]

1672 Der **Beweis** für die **Umstände,** die dem Geschädigten **als Mitverschulden vorzuwerfen** wären („konkreter Haftungsgrund" des Geschädigten oder „haftungsbe-

3000 BGHZ 57, 137, 145 f. = NJW 1972, 36.
3001 BGH, WM 1966, 64, 65.
3002 BGHZ 30, 203, 205 f. = NJW 1959, 1772; OLG Saarbrücken, OLGZ 1970, 9, 10 f.
3003 BGHZ 30, 203, 205 ff. = NJW 1959, 1772; BGHZ 61, 351, 354 = NJW 1974, 360; OLG Düsseldorf, NJW-RR 1995, 281 f.
3004 BGHZ 54, 283, 285 = NJW 1971, 33; BGHZ 61, 213, 218 = NJW 1973, 2022.
3005 BGHZ 54, 283, 284 f. = NJW 1971, 33.
3006 BGHZ 54, 283, 287 = NJW 1971, 33.
3007 BGHZ 91, 243, 260 = NJW 1984, 2216; BGH, NJW 1991, 1412, 1413.
3008 BGHZ 46, 260, 268 = NJW 1967, 622.

gründende Kausalität" seines möglichen Schadensbeitrags), ist nach der strengen Vorschrift des **§ 286 ZPO** – bei typischen Geschehensabläufen mit der Erleichterung des **Beweises des ersten Anscheins**[3009] – zu führen (Rn. 1144). Die weitere Frage, **ob und inwieweit** ein so festgestelltes Verhalten des Geschädigten zum Entstehen und Umfang des Schadens **beigetragen** hat (haftungsausfüllende Kausalität eines Mitverschuldens), ist nach dem verringerten Beweismaß des **§ 287 ZPO** (vgl. Rn. 1144) zu beantworten[3010].

Auf §§ 9, 17, 18 StVG wird verwiesen.

B. Abwehransprüche auf Beseitigung und Unterlassung 1673

I. Allgemeines

Neben dem **deliktischen Schadensersatzanspruch** (§§ 823 ff. mit § 249 BGB), 1674 der den Beweis des **Verschuldens des Schädigers** voraussetzt und auf Herstellung des Zustandes gerichtet ist, der ohne das schädigende Ereignis bestünde, oder anstelle eines solchen Anspruchs kann derjenige, der in seinen durch §§ 823 ff. BGB geschützten Rechtsgütern verletzt wird, in **entsprechender Anwendung der §§ 12, 862, 1004 BGB** – die letztgenannte Vorschrift wird in diesem Zusammenhang häufig allein verwendet – von dem **Störer** die **Beseitigung** einer fortdauernden widerrechtlichen Beeinträchtigung für die Zukunft und, falls weitere Störungen zu besorgen sind, **Unterlassung** künftiger rechtswidriger Störungen verlangen, **ohne** daß den Störer ein **Verschulden** treffen muß.[3011]

Solche „quasi-negatorischen" Ansprüche können in ihrer Wirkung derjenigen eines deliktischen Schadensersatzanspruchs, der grundsätzlich auf Naturalrestitution gerichtet ist (§ 249 BGB), weitgehend gleichkommen.[3012] Die Abwehransprüche richten sich gegen jeden, der unmittelbar oder mittelbar an der Beeinträchtigung des fremden Rechtsguts mitwirkt.[3013] Dem Betroffenen kann ein Anspruch auf **Auskunft** darüber zustehen, wem gegenüber die zu widerrufende Behauptung aufgestellt worden ist.[3014]

3009 BGH, NJW 1991, 166, 167.

3010 BGH, NJW 1968, 985; 1986, 2945, 2946.

3011 BGHZ 28, 110, 113 = NJW 1958, 1580; BGH, LM BGB § 1004 Nr. 132; vgl. im einzelnen: *Picker*, S. 18 ff., 25 ff.; *Gursky*, JR 1989, 379.

3012 BGHZ 99, 133, 136, 140 = NJW 1987, 1400; BGH, NJW 1996, 845, 846.

3013 BGHZ 14, 163, 174 = NJW 1954, 1682; BGHZ 49, 340, 347 = NJW 1968, 1281; BGH, NJW 1976, 799, 800.

3014 BGH, NJW 1962, 731.

1675 Auf den schuldunabhängigen Abwehranspruch kann sich ein – auch schuldloser – **Störungsbeitrag des Betroffenen** in Anwendung des Rechtsgedankens des § 254 BGB auswirken.[3015] Ob dies auch für einen (quasi-) negatorischen Anspruch auf Widerruf und Unterlassung gilt,[3016] hat der BGH noch nicht entschieden; zum Ehrenschutz wegen eines mehrdeutigen – fremdsprachigen – Zitats hat er dies – aus der Sache heraus für den beurteilten Einzelfall – abgelehnt, weil der Betroffene wegen der Mehrdeutigkeit vom Störer einen „Interpretationsvorbehalt" verlangen könne.[3017]

1676 **Grundsätzlich** hat der **Betroffene** alle Voraussetzungen eines Abwehranspruchs zu **beweisen.** Wird das – auch in § 823 Abs. 2 BGB geschützte – allgemeine Persönlichkeitsrecht einschließlich der persönlichen Ehre durch eine **üble Nachrede** i. S. d. § 186 StGB beeinträchtigt, so hat der Störer wegen der in dieser Vorschrift enthaltenen Beweisregel die Wahrheit der behaupteten oder verbreiteten Tatsache zu beweisen (vgl. auch die Beweisregel des § 190 StGB); hat der Störer jedoch in **Wahrnehmung berechtigter Interessen** (Art. 5 GG, § 193 StGB[3018]) gehandelt, so hat der Betroffene die Unwahrheit der Tatsache zu beweisen.[3019] Ein Widerruf einer ehrkränkenden Behauptung kann weder im Wege eines deliktischen Schadensersatzanspruchs noch eines Abwehranspruchs verlangt werden, wenn sich nicht klären läßt, ob die Behauptung richtig oder falsch ist;[3020] insoweit trägt also der Betroffene immer die Beweislast.[3021] Die Unwahrheit kann als erwiesen angesehen werden, wenn der Störer einem konkreten Vorbringen des Betroffenen keinen substantiierten Vortrag entgegensetzt oder eine mögliche **Substantiierung** für die Richtigkeit der Behauptung verweigert.[3022]

1677 Abwehransprüche aus § 1004 BGB **verjähren** grundsätzlich ab ihrer Entstehung in dreißig Jahren (§§ 195, 198 BGB);[3023] ausnahmsweise gilt eine kürzere Verjährungsfrist, wenn eine solche für einen Ersatzanspruch aus demselben Sachverhalt

3015 BGHZ 110, 313, 317 = NJW 1990, 2058 und BGHZ 135, 235, 239 ff. = JZ 1998, 92 für einen Beseitigungsanspruch des Eigentümers.

3016 Für einen negatorischen Unterlassungsanspruch LG Frankenthal, NJW 1955, 263 mit abl. Anm. *Larenz*, ebenda.

3017 BGH, NJW 1998, 1391, 1392.

3018 Dazu im einzelnen: BGHZ 132, 13, 23 = NJW 1996, 1131; *Helle*, NJW 1961, 1896; *Steffen*, in: *Löffler*, Presserecht, S. 301, 379, 393 – § 6 LPG Rn. 99, 246, 273.

3019 BGH, NJW 1959, 2011, 2012, 2013; NJW 1985, 1621, 1622; BGHZ 95, 212, 214 ff. = NJW 1985, 2644; BGH, NJW 1987, 2225, 2226; 1993, 525, 527.

3020 BGHZ 37, 187, 189 = NJW 1962, 1438.

3021 *Lepa*, Beweislast und Beweiswürdigung S. 22 f.

3022 BGH, NJW 1959, 2011, 2012; DB 1974, 1429, 1430; GRUR 1987, 397, 399.

3023 BGHZ 60, 235, 239 f. = NJW 1973, 703; BGH, NJW 1990, 2555, 2556; BGHZ 125, 56, 63 = NJW 1994, 999.

gilt.[3024] Dagegen verjähren **quasi-negatorische** – schuldunabhängige – **Abwehransprüche nach § 852 BGB,** weil dies auch für – schuldabhängige – deliktische Beseitigungs- und Unterlassungsansprüche gilt[3025]; ein Anspruch auf Widerruf einer geschäftsschädigenden Äußerung, die gegen das Gesetz gegen den unlauteren Wettbewerb (UWG) verstößt, verjährt gemäß **§ 21 UWG**.[3026]

Die begehrte Abwehrmaßnahme muß **verhältnismäßig** und **zumutbar**[3027] sowie **geeignet**[3028] sein. Dies müssen **der Antrag der Klage**, die im **Zivilrechtsweg** zu verfolgen ist[3029], und das **Urteil** berücksichtigen.[3030] Ein Unterlassungsanspruch wird regelmäßig im Wege einer **einstweiligen Verfügung** geltend gemacht. Für den Widerrufsanspruch ist dieses vorläufige Verfahren ungeeignet;[3031] ein Widerruf in diesem Verfahren würde sich als endgültig darstellen. 1678

Die **Kosten** der Beseitigung hat grundsätzlich der Störer zu tragen.[3032] Abwehrmaßnahmen gegen eine Rufschädigung können auf eine **Gegendarstellung** (dazu Rn. 1698) beschränkt sein.[3033] 1679

Die **Vollstreckung** eines titulierten Anspruchs auf eine **Beseitigungsmaßnahme,** die auch ein Dritter vornehmen kann, richtet sich nach § 887 ZPO. Ein Anspruch auf **Widerruf** einer unwahren Behauptung wird nach § 888 ZPO – nicht nach § 894 ZPO – vollstreckt.[3034] Wer zu einem uneingeschränkten Widerruf verurteilt wurde, kann diesen nicht mit abschwächenden Zusätzen oder Einschränkungen erklären.[3035] Die Vollstreckung eines **Unterlassungsgebots** bestimmt sich nach § 890 ZPO.[3036] 1680

3024 BGHZ 98, 235, 241 = NJW 1987, 187 und BGH, NJW 1997, 1983, 1984 zu § 558 BGB.

3025 BGH, NJW 1969, 463; dazu im einzelnen *Hohloch*, S. 198 ff.

3026 BGH, GRUR 1974, 99, 100 = NJW 1973, 2285.

3027 BGHZ 10, 104, 105 f. = NJW 1953, 1386; BGHZ 31, 308, 320 f. = NJW 1960, 476; BGH, LM BGB § 1004 Nr. 70; BGH, NJW 1998, 1391, 1392.

3028 BGHZ 10, 104, 105 f. = NJW 1953, 1386; BGHZ 89, 198, 201 ff. = NJW 1984, 1104 für den Widerruf einer unwahren Behauptung; BGHZ 128, 1, 9 = NJW 1995, 861; BGH, NJW 1996, 845, 847; NJW-RR 1996, 659.

3029 BGHZ 66, 182, 185 = NJW 1976, 1198.

3030 BGHZ 120, 239, 245 ff. = NJW 1993, 925; BGH, NJW-RR 1996, 659.

3031 OLG Celle, BB 1964, 910; OLG Bremen, AfP 1979, 355; OLG Köln, AfP 1981, 358.

3032 Vgl. BGHZ 66, 182, 191 ff. = NJW 1976, 1198; BGHZ 97, 231, 234 = NJW 1986, 2640; BGH, NJW 1991, 2826, 2827 f.

3033 Dazu im einzelnen: *Steffen*, in: *Löffler*, Presserecht S. 410 f. – § 6 LPG Rn. 319.

3034 BGHZ 37, 187, 190 = NJW 1962, 1438; OLG Zweibrücken, NJW 1991, 304; OLG Köln, MDR 1992, 184.

3035 OLG Hamm, MDR 1983, 850, 851.

3036 BGHZ 120, 239, 242, 248 = NJW 1993, 925; vgl. BGH, WM 1998, 870, z. V. b. in BGHZ, zum Verhältnis zwischen Vertragsstrafe und gerichtlichem Ordnungsmittel nach § 890 ZPO.

II. Beseitigung und Widerruf

1681 Der Inhaber eines nach §§ 823 ff. BGB geschützten Rechtsguts kann analog §§ 12 Satz 1, 862 Abs. 1 Satz 1, Abs. 2, 1004 Abs. 1 Satz 1, Abs. 2 BGB die **Beseitigung einer gegenwärtigen, rechtswidrigen Beeinträchtigung** des Rechtsguts **für die Zukunft** von dem Störer verlangen; auf dessen **Verschulden** kommt es dafür **nicht** an. Ein wichtiger Anwendungsfall ist der Anspruch auf **Widerruf unwahrer Behauptungen**.

1682 Ein Anspruch auf **Widerruf** und/oder **Unterlassung ehrenrühriger Äußerungen**[3037] kann sich ergeben in entsprechender Anwendung der Vorschrift(en) des (der) § (§§ 12, 862) 1004 BGB wegen fortdauernder oder künftiger rechtswidriger Beeinträchtigung

- des in § 823 Abs. 1 BGB geschützten allgemeinen, den Schutz der persönlichen Ehre umfassenden **Persönlichkeitsrechts** (Art. 1 Abs. 1, 2 Abs. 1 GG[3038]),
- der in § 823 Abs. 2 BGB in Verbindung mit §§ 185 ff. StGB geschützten persönlichen **Ehre**,[3039]
- der in § 824 BGB geschützten **wirtschaftlichen Wertschätzung („Geschäftsehre")**.[3040]

1683 Widerrufbar ist nur eine – beweisbare – **Tatsachenbehauptung, kein** (subjektives) **Werturteil**.[3041] Aus der Sicht eines verständigen Dritten ist zu prüfen, ob die beanstandete Äußerung nach ihrem **Gesamtzusammenhang** als Behauptung einer Tatsache oder als Bewertung anzusehen ist.[3042] Enthält eine Aussage die Behauptung von Tatsachen und eine Meinungsäußerung, so kann diese die ganze Aussage so sehr prägen, daß es sich insgesamt um ein Werturteil handelt; deswegen dürfen tatsächliche Teile der Erklärung nicht aus dem Gesamtzusammenhang

---

3037 Vgl. dazu im einzelnen: *Steffen*, in: *Löffler*, Presserecht, S. 385 ff. – § 6 LPG Rn. 260 ff., 283 ff.; *Damm*, in: *Damm/Kuner*, S. 123 ff. – Rn. 233 ff., S. 134 ff. – Rn. 254 ff.; *Wenzel*, S. 269 ff., 624 ff.

3038 Vgl. BVerfG, NJW 1991, 1475, 1476 und NJW 1997, 2589; Rundfunk- oder Fernsehsendung: BGHZ 66, 182 = NJW 1976, 1198; BGH, WM 1998, 2164, zur Veröffentlichung bestimmt in BGHZ 139, 95; Presse: BVerfG, NJW 1997, 2589; BGHZ 31, 308, 311 ff. = NJW 1960, 476, BGH, NJW 1963, 904; BGHZ 57, 325, 327 ff. = NJW 1972, 431; BGH, WM 1977, 653; BGHZ 99, 133 = NJW 1987, 1400; BGHZ 128, 1 = NJW 1995, 861; BGHZ 132, 13 = NJW 1996, 1131; Flugblatt gegen Rechtsanwalt: BGH, NJW 1997, 2513; vgl. BVerfG, NJW 1999, 2262 zum Ehrenschutz bei Äußerungen zwischen Rechtsanwalt und Notar.

3039 BGH, NJW 1987, 2225, 2226; BGHZ 95, 212, 214 = NJW 1985, 2644; BGHZ 132, 13, 23 = NJW 1996, 1131.

3040 BGH, WM 1977, 653; NJW 1983, 1183.

3041 BGHZ 3, 270, 273 f. = NJW 1952, 660 und BGHZ 99, 133, 138 f. = NJW 1987, 1400 betreffend Pressemitteilungen; BGH, NJW 1989, 774 betreffend eine ärztliche Diagnose; BGH, NJW 1997, 1148, 1149 betreffend eine Fernsehsendung.

3042 BGHZ 3, 270, 273 f. = NJW 1952, 660; BGH, DB 1974, 1429 f.; NJW 1987, 2225, 2226; 1997, 2513; BGHZ 132, 13, 20 = NJW 1996, 1131.

gelöst und isoliert betrachtet werden.[3043] Umgekehrt können Meinungsäußerungen **verdeckte Tatsachenbehauptungen** sein, wenn und soweit beim Adressaten die Vorstellung tatsächlicher, in Wertungen gekleideter Vorgänge erweckt wird; entscheidend ist insoweit der Zusammenhang des Vorwurfs.[3044] Eine **unwahre Tatsachenbehauptung** genießt **nicht** den Schutz der Meinungsfreiheit i. S. d **Art. 5 Abs. 1 Satz 1 GG.**[3045] Die **Ankündigung** eines künftigen Verhaltens stellt i. d. R. noch keine beweisbare Tatsache dar.[3046]

Werturteile fallen unter das **Grundrecht der freien Meinungsäußerung** (Art. 5 1684 GG); deswegen gehören zu diesem Schutzbereich **auch Tatsachenbehauptungen**, wenn und soweit Tatsachen zur Meinungsbildung erforderlich sind oder es um eine Äußerung geht, die durch subjektives Stellungnehmen, Dafürhalten und Meinen geprägt ist.[3047] Verlangt der Betroffene die Unterlassung von Bewertungen, weil dadurch sein durch Art. 1 Abs. 1, 2 Abs. 1 GG geschütztes allgemeines Persönlichkeitsrecht beeinträchtigt werde, so ist eine **Abwägung dieser Grundrechtspositionen** im Einzelfall erforderlich.[3048] Auch starke, überspitzte oder polemisierende Ausdrücke machen eine Äußerung noch nicht unzulässig; erst bei einer **Schmähkritik**, die in erster Linie die Person herabsetzen soll, tritt die Freiheit der Meinungsäußerung i. d. R. hinter das Persönlichkeitsrecht zurück.[3049]

Die Verurteilung zum **Widerruf** einer ehrenrührigen Behauptung – auch im Wege 1685 des Schadensersatzes nach § 823 mit § 249 BGB – setzt voraus, daß die **Unwahrheit dieser Behauptung feststeht.**[3050] Der Betroffene kann den Widerruf ehrverletztender unwahrer Behauptungen grundsätzlich auch dann verlangen, wenn diese **„im kleinen Kreis"** aufgestellt worden sind; davon sind nur auszunehmen Äußerungen im engsten Familienkreis und grundsätzlich in einem besonderen Vertrauensverhältnis – etwa zwischen Mandant und Rechtsanwalt –.[3051] Ehrverletzer kann neben dem Erklärenden auch derjenige sein, der die fremde ehrenrührige

---

3043 BGHZ 132, 13, 20 f. = NJW 1996, 1131; BGH, NJW 1997, 2513 f.
3044 BGH, NJW 1992, 1314, 1316; BGHZ 132, 13, 21 = NJW 1996, 1131.
3045 BVerfG, NJW 1991, 1475, 1476; BGH, NJW 1997, 1148, 1149 m. w. N.
3046 BGH, NJW 1998, 1223, 1224.
3047 BVerfG, NJW 1996, 1529; BGH, NJW 1997, 1148, 1149.
3048 BVerfG, NJW 1991, 1475, 1476 f., auch zu dem in Art. 17 GG gewährleisteten Petitionsrecht; BGH, WM 1977, 653, 654 f.; NJW 1997, 2513, 2514; BGH, WM 1998, 2164, 2165 ff., zur Veröffentlichung bestimmt in BGHZ 139, 95.
3049 BVerfG, NJW 1991, 1475, 1477; BGH, NJW 1987, 2225, 2227.
3050 BGHZ 37, 187, 189, 191 = NJW 1962, 1438; BGHZ 69, 181, 182 = NJW 1977, 1681; BGHZ 99, 133, 138 = NJW 1987, 1400.
3051 BGHZ 89, 198, 203 f. = NJW 1984, 1104 betreffend Behauptungen über Rechtsanwälte.

Äußerung **verbreitet,** indem er sich deren Inhalt erkennbar zu eigen macht oder davon nicht ernsthaft Abstand nimmt.[3052]

1686 Ein **eingeschränkter Widerruf** mit der Erklärung, die behauptete Tatsache könne nicht aufrechterhalten werden, weil sie nicht bewiesen werden könne, kann in Betracht kommen, wenn die Unwahrheit nicht feststeht, aber eine Beweisaufnahme keine ernstlichen Anhaltspunkte für die Richtigkeit ergeben hat.[3053] Ein solcher abgeschwächter Widerruf entfällt aber, wenn sich die umstrittene Tatsache nur zwischen den Streitparteien ereignet hat[3054] oder ernsthafte Anhaltspunkte für die Wahrheit der Behauptung verbleiben, so daß deren Richtigkeit möglich ist; die Beweisregel des § 186 StGB ändert daran nichts.[3055]

1687 Der **Widerruf** ist nur dann zur Beseitigung einer fortbestehenden Ansehensminderung **geeignet,** wenn die beanstandete Behauptung Dritten oder der Öffentlichkeit zur Kenntnis gelangt ist oder gelangen kann. Ist eine solche „Außenwirkung" nicht zu befürchten, so ist ein Widerruf nicht gerechtfertigt, weil er dann darauf hinauslaufen würde, dem Betroffenen Genugtuung zu verschaffen, den anderen Teil zu demütigen oder die eigene Rechtsstellung in einem künftigen Verfahren zu verbessern.[3056] Ein Anspruch auf Widerruf einer **Formalbeleidigung** besteht nicht.[3057]

1688 Ist eine Behauptung nur teilweise unwahr, unvollständig, übertrieben, mißverständlich oder entstellt, so kann der Betroffene eine **Richtigstellung** – als mindere Form eines Widerrufs – verlangen.[3058] Ausnahmsweise kommt ein Anspruch auf **Ergänzung** einer Äußerung in Betracht, wenn die behauptete ehrenrührige Tatsache sich nachträglich zugunsten des Betroffenen verändert hat; so hat ein Presseorgan, das über eine nicht rechtskräftige strafgerichtliche Verurteilung unter Namensnennung berichtet hat, auf Verlangen des Betroffenen den das Strafverfahren abschließenden Freispruch mitzuteilen.[3059]

1689 Führt eine unwahre Tatsachenbehauptung in der Presse zu einer fortdauernden Verletzung des Persönlichkeitsrechts des Betroffenen, so kann diesem ein An-

3052 BGHZ 132, 13, 18 = NJW 1996, 1131.
3053 BGH, NJW 1960, 672 (Ls); BGHZ 37, 187, 190 = NJW 1962, 1438; BGHZ 69, 181, 182 = NJW 1977, 1681.
3054 BGHZ 37, 187, 190 = NJW 1962, 1438.
3055 BGHZ 69, 181, 183 = NJW 1977, 1681.
3056 BGH, NJW 1977, 1681, 1682, insoweit nicht abgedruckt in BGHZ 69, 181; BGHZ 89, 198, 201 f. = NJW 1984, 1104; BGH, NJW 1989, 774.
3057 BGHZ 10, 104, 105 f. = NJW 1953, 1386; OLG Hamburg, MDR 1979, 140.
3058 BGHZ 31, 308, 316, 319 f. = NJW 1960, 476; BGH, WM 1987, 634, 636; BGHZ 128, 1, 10 = NJW 1995, 861; vgl. BVerfG, NJW 1998, 1381.
3059 BGHZ 57, 325, 326, 328, 330 ff. = NJW 1972, 431; vgl. BVerfG, NJW 1997, 2589.

spruch auf **Veröffentlichung des Widerrufs** zustehen.[3060] Bei einer rufschädigenden Meinungsäußerung in der Presse kann der Betroffene den deliktsrechtlichen Schadensersatzanspruch (§ 823 mit § 249 BGB) und/oder den (quasi-)negatorischen Anspruch (§ 1004 BGB analog) haben, eine **Verurteilung oder freiwillige Verpflichtung zur Unterlassung zu veröffentlichen**.[3061] Für eine **Klage auf Feststellung** der Unwahrheit einer Tatsachenbehauptung oder der Rechtswidrigkeit einer Verletzung des Persönlichkeitsrechts zum Zwecke des zivilrechtlichen Ehrenschutzes fehlt eine Rechtsgrundlage.[3062]

Ehrverletzende Äußerungen, die der Rechtsverfolgung oder -verteidigung **in einem gerichtlichen oder behördlichen Verfahren** dienen, können i. d. R. nicht mit Ehrenschutzklagen abgewehrt werden; die Äußerungsfreiheit der Verfahrensbeteiligten darf – auch aus rechtsstaatlichen Gründen[3063] – grundsätzlich nicht dadurch beschnitten werden, daß der Rechtsuchende oder sein Bevollmächtigter wegen Äußerungen in einem solchen Verfahren Nachteile außerhalb dieser Verfahren befürchten muß. Der **Ausschluß der Ehrenschutzklage** ist angenommen worden für Äußerungen 1690

- der Parteien oder ihrer Anwälte in einem **Zivilprozeß**,[3064]
- als Zeuge in einem **Strafverfahren**,[3065]
- als Erstatter einer **Strafanzeige**.[3066]

Dieser Ausschluß ist erstreckt worden auf Beschwerden

- gegenüber dem Vorstand einer **Rechtsanwaltskammer**[3067]
- und gegenüber einer **Kassenärztlichen Vereinigung**.[3068]

In derartigen Fällen **fehlt regelmäßig das Rechtsschutzbedürfnis** für eine Ehrenschutzklage auf Widerruf oder Unterlassung.[3069] **Anders** kann es sein, wenn

- die Partei oder ihr Rechtsanwalt in einem Verfahren leichtfertig oder **bewußt unwahre Tatsachen** behauptet hat,[3070]

3060 BGHZ 128, 1, 8 ff. = NJW 1995, 861.
3061 BGHZ 99, 133, 136 ff. = NJW 1987, 1400; vgl. *Steffen*, in: *Löffler*, Presserecht, S. 422 – § 6 LPG Rn. 351.
3062 BGHZ 68, 331, 334 = NJW 1977, 1288.
3063 BVerfG, NJW 1987, 1929 betreffend eine gutgläubige Strafanzeige; NJW 1991, 29 betreffend Vorbringen in einem Zivilprozeß zur Glaubwürdigkeit eines Zeugen.
3064 BGH, NJW 1962, 243; 1971, 284; OLG Hamm, VersR 1991, 435, 436 und NJW 1992, 1329, 1330.
3065 BGH, NJW 1986, 2502.
3066 BGH, NJW 1962, 243, 245.
3067 BGH, NJW 1962, 243, 245.
3068 OLG Frankfurt, NJW-RR 1994, 416.
3069 BGH, NJW 1992, 1314, 1315.
3070 BGH, NJW 1962, 243, 244; 1971, 284, 285.

- eine **Schmähung** des Verfahrensgegners vorliegt,[3071]
- es sich um **widerrechtlich erlangte Beweismittel handelt**,[3072]
- die ehrverletzende Äußerung einen **nicht** am Ausgangsverfahren **beteiligten Dritten** betrifft[3073],
- die ehrenkränkende Äußerung **außerhalb der prozessualen Rechtsverfolgung** in Rundschreiben oder ähnlichen an die Öffentlichkeit gerichteten Aktionen aufgestellt wurde.[3074]

1691 Ein Abwehranspruch gegen eine **anwaltliche Presseerklärung**, die im Namen des Mandanten außerhalb eines gerichtlichen Verfahrens abgegeben wird, richtet sich i. d. R. nicht gegen den Rechtsanwalt, sondern gegen dessen Mandanten, soweit der Anwalt „lediglich gleichsam als Sprachrohr seines Mandanten" tätig geworden ist.[3075] Enthält eine solche anwaltliche Erklärung unwahre Tatsachen, die das Persönlichkeitsrecht eines Dritten widerrechtlich beeinträchtigen, so ist der Mandant allein der verantwortliche Störer, falls er dem Rechtsanwalt die zugrunde liegende Information erteilt hat und die Veröffentlichung vom Mandat gedeckt ist. Liegen dagegen diese Voraussetzungen nicht vor, so kann der Rechtsanwalt der Störer sein, weil er von sich aus unwahre ehrenrührige Tatsachen zum Nachteil des Dritten behauptet oder verbreitet hat. Für ein solches eigenmächtiges Vorgehen seines Anwalts kann der Mandant nach der Rechtsprechung des BGH[3076] gemäß § 831 BGB haften (Rn. 1741 ff.).

1692 III. Unterlassung

Auf Rn. 1674, 1682, 1689 wird verwiesen.

1693 Zur **Abwehr künftiger widerrechtlicher Beeinträchtigungen** eines nach §§ 823 ff. BGB geschützten Rechtsguts kann dessen Inhaber entsprechend §§ 12 Satz 2, 862 Abs. 1 Satz 2, 1004 Abs. 1 Satz 2 BGB von dem Störer **Unterlassung** verlangen; auf dessen **Verschulden** kommt es dafür **nicht an**.[3077] Von diesem **vorbeugenden Anspruch auf Unterlassung** künftiger Störungen ist zu

3071 OLG Köln, NJW-RR 1992, 1247.

3072 BGH, NJW 1988, 1016 betreffend die Löschung einer heimlichen Tonbandaufnahme eines Telefongesprächs.

3073 BGH, NJW 1986, 2502, 2503.

3074 BGH, NJW 1992, 1314, 1315.

3075 KG, NJW 1997, 2390.

3076 LM, BGB § 823 – Hb-Nr. 5.

3077 BGHZ 3, 270, 275, 278 = NJW 1952, 660; BGHZ 14, 163, 170, 173 = NJW 1954, 1682; BGHZ 30, 7, 14 = NJW 1959, 1269; BGH, NJW 1993, 1580, 1582; ZIP 1998, 1033, 1034 = NJW 1998, 2141.

unterscheiden der – „wiederherstellende" – deliktische Anspruch, fortwirkende rechtswidrige Beeinträchtigungen des Rechtsguts zu unterlassen.

Ein wichtiger Anwendungsfall ist der (quasi-) negatorische Anspruch auf **Unterlassung ehrverletzender Äußerungen.**[3078] Der Betroffene hat einen Anspruch auf Unterlassung einer **Tatsachenbehauptung**, deren Unwahrheit feststeht, weil an der Wiederholung einer unwahren Behauptung kein berechtigtes Interesse besteht.[3079] Ist weder die Unwahrheit noch die Wahrheit der ehrenrührigen Behauptung erwiesen, so setzt ein Unterlassungsanspruch voraus, daß sich der andere Teil nicht auf ein Recht zu seiner Äußerung – etwa gemäß Art. 5 Abs. 1 GG oder § 193 StGB – berufen kann.[3080] Fehlt ein solches Recht für ehrenkränkende **Werturteile** – etwa bei einer diffamierenden Schmähkritik (Rn. 1684, 1690) –, so kann deren Unterlassung verlangt werden.[3081] 1694

Bei Verwendung eines mehrdeutigen fremdsprachigen Zitats kann der Betroffene einen **beschränkten Unterlassungsanspruch** dahin haben, daß künftigen Verwendungen des Zitats ein **„Interpretationsvorbehalt"** beigefügt wird.[3082] 1695

Voraussetzung eines Unterlassungsanspruchs ist grundsätzlich eine **Wiederholungsgefahr**, also die objektiv ernstliche Besorgnis weiterer Beeinträchtigungen des Rechtsguts, die vom Betroffenen zu beweisen ist. Zu seinen Gunsten begründet eine vorausgegangene Störung des Rechtsguts die **tatsächliche Vermutung** der Wiederholungsgefahr; an die Widerlegung dieser Vermutung sind strenge Anforderungen zu stellen.[3083] Ob diese durch eine strafbewehrte Unterlassungsverpflichtung erfüllt werden, ist stets eine Frage des Einzelfalls.[3084] 1696

Ein Unterlassungsanspruch zur Abwehr einer künftigen Rechtsgutsverletzung kann auch dann bestehen, wenn noch kein widerrechtlicher Eingriff stattgefunden hat, aber eine – erste – rechtswidrige Rechtsgutsverletzung unmittelbar droht (**„Erstbegehungsgefahr"**); der Betroffene muß dafür konkrete Tatsachen darlegen und beweisen, die darauf schließen lassen, daß eine solche Beeinträchtigung vorbereitet und beabsichtigt ist.[3085] 1697

3078 BGHZ 30, 7, 14 = NJW 1959, 1269; BGH, NJW 1987, 2225, 2226; vgl. im einzelnen: *Steffen*, in: Löffler, Presserecht, S. 385 ff. – § 6 LPG Rn. 260 ff.
3079 BVerfG, NJW 1996, 1529; BGH, NJW 1979, 266, 267; 1992, 1314, 1316.
3080 BGH, NJW 1979, 266, 267; 1987, 2225, 2226.
3081 BVerfG, NJW 1991, 1475,1477; BGH, NJW 1977, 653, 655; 1987, 2225, 2227 m. w. N.
3082 BGH, NJW 1998, 1391, 1392, mit krit. Anm. *Helle*, EWiR 1998, 351, 352.
3083 BGH, DB 1974, 1429, 1430; NJW 1987, 2225, 2227; WM 1994, 641, 644; NJW 1995, 132, 134.
3084 BGH, NJW 1983, 1060, 1061.
3085 RGZ 101, 135, 138; 151, 239, 245; BGHZ 2, 394, 395 = NJW 1951, 843; BGH, LM BGB § 1004 Nr. 27; NJW 1990, 2469, 2470; BGHZ 117, 264, 272 = NJW 1992, 2292; OLG Hamm, NJW-RR 1995, 1399, 1400.

IV. Gegendarstellung

1698 Die Landespressegesetze gewähren demjenigen, der sich durch eine **Mitteilung** in der **Presse**, im **Rundfunk** oder **Fernsehen** in seinem allgemeinen Persönlichkeitsrecht (Art. 1, 2 GG) betroffen fühlt, als Gegengewicht zur verfassungsrechtlich gewährleisteten Freiheit der Presse und der Berichterstattung durch Rundfunk und Film (Art. 5 Abs. 1 Satz 2 GG) – im Rahmen des Art. 5 Abs. 2 GG – einen **Anspruch auf Gegendarstellung** des einschlägigen Sachverhalts.[3086] Dieser Anspruch eigener Art steht dem Betroffenen neben deliktischen oder (quasi-)negatorischen Ansprüchen zu und setzt weder eine Ehrverletzung noch den Nachweis der Unwahrheit voraus. Im Regelfall kann der Anspruch mit einer einstweiligen Verfügung im Zivilrechtsweg durchgesetzt werden.

C. Haftung aus § 823 Abs. 2 BGB

1699 Nach dieser Vorschrift ist derjenige zum Schadensersatz verpflichtet, der gegen ein Gesetz verstößt, das den Schutz eines anderen bezweckt (Satz 1). Ist ein Verstoß gegen dieses Gesetz nach dessen Inhalt auch ohne Verschulden möglich, so tritt die Ersatzpflicht nur im Falle des Verschuldens ein (Satz 2).

1700 Auf die Ausführungen zu § 823 Abs. 1 BGB wird verwiesen (Rn. 1611 ff.).

Durch § 823 Abs. 2 BGB wird der **Schutz** der Rechtsgüter vorverlegt in den **Bereich ihrer Gefährdung** und ausgedehnt auf das **Vermögen**.

I. Schutzgesetz

1701 **Gesetz** i. S. d. Bestimmung kann jede Rechtsvorschrift sein, also nicht nur ein Gesetz im staatsrechtlichen Sinne, sondern auch eine Rechtsverordnung[3087] oder ein Verwaltungsakt in Verbindung mit der zugrunde liegenden Ermächtigungsnorm.[3088]

Eine solche Rechtsvorschrift dient dem **Schutz eines anderen**, wenn sie nach ihrem Inhalt und Zweck – zumindest auch – gerade dazu bestimmt ist, den einzelnen oder einzelne Personenkreise gegen die Verletzung eines Rechtsguts zu schützen;

3086 BVerfG, NJW 1998, 1381; BGHZ 66, 182, 193 ff. = NJW 1976, 1198; vgl. im einzelnen: *Sedelmeier*, in: *Löffler*, Presserecht, S. 591 ff. – § 11 LPG Rn. 20 ff.; *Löffler/Ricker*, Handbuch, S. 133 ff.; *Seitz/Schmidt/Schoener*, Rn. 1 ff.; *Wenzel*, S. 489 ff.

3087 BGHZ 27, 137, 143 = NJW 1958, 1041; BGHZ 46, 17, 23 = NJW 1966, 2014.

3088 BGHZ 122, 1, 3 = NJW 1993, 1580; BGH, NJW 1997, 55.

daran ändert es nichts, wenn die Norm – sogar in erster Linie – die Allgemeinheit schützen soll.[3089]

Im Rahmen des § 823 Abs. 2 BGB haben für den **Rechtsanwalt** folgende **Schutzgesetze besondere Bedeutung**:

Diese Vorschrift schützt – neben § 823 Abs. 1 BGB – i. V. m. §§ 185 ff. StGB das **allgemeine Persönlichkeitsrecht** einschließlich der persönlichen **Ehre** (vgl. Rn. 1619, 1682).[3090]

Nach § 823 Abs. 2 BGB kann dem Geschädigten derjenige haften, der an einer – vollendeten oder versuchten – **Straftat mitwirkt** (§§ 25–27 StGB). 1702

Bei der **Durchsetzung einer Forderung** kann es zu einer **Nötigung** (§ 240 StGB) oder **Erpressung** (§ 253 StGB) kommen.[3091] Der Rechtsanwalt, der **Mandantengelder** oder andere fremde **Sachen**, die er im Besitz oder Gewahrsam hat oder die ihm – etwa **als Treuhänder – anvertraut** wurden, nicht vertragsgerecht verwendet, kann wegen **Unterschlagung** (§ 246 StGB) und **Untreue** (§ 266 StGB) haften.[3092] 1703

Zur Ersatzpflicht führt der – vollendete oder versuchte – **Betrug** (§ 263 StGB) eines **Rechtsanwalts zum Nachteil seines Auftraggebers** oder seine Beteiligung an einer solchen Straftat – in Ausübung eines Mandats – **zum Nachteil eines Verhandlungs- oder Vertragspartners des Auftraggebers**[3093] oder **zum Schaden eines Verfahrensgegners**. Ein solcher Betrug kann geschehen etwa im **Zivilprozeß**[3094] und im **Mahnverfahren**[3095] – sog. **Prozeßbetrug-**,[3096] bei der Erwirkung eines **Arrestes**,[3097] durch Erschleichung einer **falschen Grundbucheintragung**,[3098] eines **unrichtigen Erbscheins**[3099] oder eines **unzutreffenden Rentenbescheids.**[3100] **Auch die Mitwirkung an einem Kreditbetrug** (§ 265 b StGB) führt zu einer Haftung.[3101]

3089 BGH, DB 1976, 1665; BGHZ 116, 7, 13 m. w. N. = WM 1991, 2090 = NJW 1992, 241; BGHZ 122, 1, 3 = NJW 1993, 1580; vgl. die Zusammenstellung bei Palandt/Thomas, BGB, § 823 Rn. 145 ff.

3090 Vgl. BGH, NJW 1983, 1183; BGHZ 95, 212, 214 = NJW 1985, 2644; BGHZ 132, 13, 23 = NJW 1996, 1131; vgl. im einzelnen: *Steffen*, in: *Löffler*, Presserecht, S. 299 ff. – § 6 LPG Rn. 95 ff.

3091 Vgl. BGH, NJW 1962, 910; 1992, 2821, 2822.

3092 Vgl. BGHZ 100, 190, 192 = NJW 1987, 2008; BGH, NJW-RR 1995, 1369, 1370; OLG Bremen, WM 1998, 520, 522 betreffend einen Treuhänder.

3093 Vgl. BGH, WM 1978, 576, 577 betreffend eine Auskunft eines Rechtsanwalts gegenüber einem Gläubiger seines Mandanten.

3094 Vgl. BGH, NJW 1952, 1148; 1998, 1001.

3095 BGHSt 24, 257, 260 f.; OLG Düsseldorf, NStZ 1991, 586.

3096 Dazu im einzelnen: Lackner, in: Leipziger Kommentar zum StGB, § § 263 StGB Rn. 304 ff.

3097 RGSt 2, 91.

3098 RGSt 66, 371, 372 ff.

3099 RGSt 53, 260, 261 f.

3100 RGSt 62, 418, 419.

3101 Vgl. *Müssig*, NJW 1989, 1697, 1702 zu falschen Testaten.

1704 Insbesondere bei **Anlagevermittlung und -vertrieb** kann eine Schadensersatzpflicht nach § 823 Abs. 2 BGB in Betracht kommen wegen Mitwirkung an einem **Betrug** (§ 263 StGB),[3102] an einem **Kapitalanlagebetrug** (§ 264 a StGB),[3103] an einer **strafbaren Werbung** (§ 4 UWG)[3104] oder **Untreue** (§ 266 StGB).[3105]

1705 Die Beteiligung an einer **Vollstreckungsvereitelung** (§ 288 StGB) zum Nachteil eines Gläubigers, insbesondere durch **Mitwirkung an anfechtbaren Rechtshandlungen** des Schuldners (§§ 29 ff. KO, §§ 1, 3 ff. AnfG, §§ 129 ff. InsO), kann eine Haftung aus § 823 Abs. 2 BGB auslösen.

Dies gilt auch für **Anwaltsdelikte** wegen **Verletzung von Privatgeheimnissen** (§ 203 Abs. 1 Nr. 3 StGB), wegen **Gebührenüberhebung** (§ 352 StGB) oder wegen **Parteiverrats** (§ 356 StGB).[3106]

1706 II. Widerrechtlichkeit, Verschulden und haftungsrechtliche Zurechnung

1707 Die Verletzung des Schutzgesetzes „indiziert" i. d. R. die **Rechtswidrigkeit** des schädigenden Verhaltens.[3107] Dies ist nicht der Fall bei einer subjektiv redlichen, aber unbegründeten Einleitung oder Durchführung eines gesetzlichen Verfahrens (Rn. 1623).[3108]

1708 Eine Schadensersatzpflicht aus § 823 Abs. 2 BGB setzt immer ein **Verschulden** voraus (§ 823 Abs. 2 Satz 2 BGB). Kann gegen ein Schutzgesetz nach seinem Inhalt ohne Verschulden verstoßen werden, so ist für einen Schadensersatzanspruch aus § 823 Abs. 2 BGB eine fahrlässige oder vorsätzliche Verletzung des Schutzgesetzes erforderlich. Sieht dieses eine bestimmte Schuldform vor, so ist diese für § 823 Abs. 2 BGB maßgeblich.[3109] Genügt zum Verstoß gegen das Schutzgesetz Fahrlässigkeit, so gilt dies auch für die Anwendung des § 823 Abs. 2 BGB; verlangt die Verletzung des Schutzgesetzes Vorsatz, so ist dieser auch für die Haftung aus § 823 Abs. 2 BGB notwendig.[3110]

1709 Es braucht nur der **Vorsatz** vorzuliegen, den das Schutzgesetz für einen Verstoß voraussetzt.[3111] Dies ist insbesondere bedeutsam für die Verletzung von **Schutzge-**

3102 Vgl. *Worms*, in: *Assmann/Schütze*, § 8 Rn. 8 ff.
3103 Vgl. BGHZ 116, 7, 12 ff. = WM 1991, 2090 = NJW 1992, 241; OLG Bremen, WM 1998, 520 betreffend einen „Mittelverwendungstreuhänder"; *Worms*, in: *Assmann/Schütze*, § 8 Rn. 42 ff.
3104 Vgl. *Worms*, in: *Assmann/Schütze*, § 8 Rn. 29 ff.
3105 Vgl. *Worms*, in: *Assmann/Schütze*, § 8 Rn. 26 ff.
3106 Vgl. BGHSt 5, 301, 306; a. A. *Frank*, MDR 1962, 945, 947.
3107 BGHZ 122, 1, 6 = NJW 1993, 1580.
3108 Vgl. BGHZ 74, 9, 18 = NJW 1979, 1351 für einen unberechtigten Vollstreckungsantrag.
3109 BGHZ 46, 17, 21 = NJW 1966, 2014.
3110 BGH, NJW 1962, 910, 911.
3111 BGH, NJW 1962, 910, 911.

setzen des Straf- oder Ordnungswidrigkeitenrechts.[3112] Im Zivilrecht gilt grundsätzlich die sog. Vorsatztheorie, die für den Vorsatz auch das Bewußtsein der Rechtswidrigkeit verlangt, so daß bei einem Verbotsirrtum eine Haftung wegen Vorsatzes entfällt.[3113] Im Straf- und Ordnungswidrigkeitenrecht reicht es dagegen nach der sog. Schuldtheorie für den Vorsatz aus, daß der Täter – neben der Kenntnis der Tatbestandsmerkmale und dem Erfolgswillen – das Bewußtsein der Rechtswidrigkeit der tatbestandsmäßigen Handlung zwar nicht gehabt hat (Verbotsirrtum), aber bei gehöriger Anspannung seines Gewissens hätte haben können (vgl. §§ 17 StGB, 11 Abs. 2 OWiG).[3114] Ist gegen ein Schutzgesetz des Straf- oder Ordnungswidrigkeitenrechts verstoßen worden, so genügt für eine (Vorsatz-) Haftung aus § 823 Abs. 2 BGB Vorsatz im Sinne der strafrechtlichen Schuldtheorie. Deswegen steht in einem solchen Falle ein Verbotsirrtum einer Sanktion als Vorsatztat nach § 823 Abs. 2 BGB nicht entgegen, wenn er auf Fahrlässigkeit beruht; anders ist dies nur bei einem unvermeidbaren Verbotsirrtum (§§ 17 StGB, 11 Abs. 2 OWiG).[3115]

Die **haftungsrechtliche Zurechnung** (vgl. Rn. 1637 ff.) eines Schadens, dessen Ersatz nach § 823 Abs. 2 BGB begehrt wird, beschränkt sich auf die Beeinträchtigung des Rechtsguts, die das verletzte Schutzgesetz verhindern soll.[3116] 1710

III. Beweis

Grundsätzlich hat **derjenige, der Schadensersatz** aus § 823 Abs. 2 BGB **verlangt,** alle anspruchsbegründenden Voraussetzungen **darzulegen** und zu **beweisen**[3117] (vgl. Rn. 1629, 1635 f.; zur Haftung wegen übler Nachrede – § 186 StGB –: Rn. 1676). 1711

Dies gilt auch für die **objektive Rechtswidrigkeit** des Verstoßes gegen ein Schutzgesetz.[3118]

Steht die objektive Verletzung eines Schutzgesetzes fest, so hat der Schädiger i. d. R. Umstände darzulegen und zu beweisen, die sein **Verschulden** ausräumen können; dies gilt aber nur, wenn das Schutzgesetz das geforderte Verhalten bereits so konkret umschreibt, daß die Verwirklichung des objektiven Tatbestandes einen 1712

3112 BGH, NJW 1962, 910, 911; 1985, 134, 135.
3113 BGHZ 69, 128, 142 f. = NJW 1977, 1875 m. w. N.
3114 BGHSt 2, 194, 201 f. = NJW 1952, 593.
3115 BGH, NJW 1962, 910, 911, 1985, 134, 135.
3116 BGHZ 46, 17, 23 = NJW 1966, 2014.
3117 BGH, VersR 1959, 277, 278; 1985, 452, 453; BGHZ 100, 190, 195 = NJW 1987, 2008.
3118 BGH, VersR 1985, 452, 453.

subjektiven Schuldvorwurf nahelegt.[3119] Ein Verschulden wird dagegen durch den Verstoß gegen das Schutzgesetz nicht indiziert, wenn dieses sich darauf beschränkt, einen bestimmten Verletzungserfolg zu verbieten; in diesem Falle muß der Anspruchsteller ein Verschulden des anderen voll beweisen.[3120]

1713 Die Beweislast für den **Ursachenzusammenhang** zwischen der festgestellten Verletzung des Schutzgesetzes und dem eingetretenen Schaden wird häufig durch den **Beweis des ersten Anscheins** (Rn. 1634) erleichtert. Ist gegen ein Schutzgesetz verstoßen worden, das typischen Gefährdungsmöglichkeiten entgegenwirken soll, und ist im Zusammenhang mit dem Verstoß gerade derjenige Schaden eingetreten, den das Schutzgesetz verhindern sollte, so spricht grundsätzlich der Anscheinsbeweis dafür, daß der Verstoß für den Schadenseintritt ursächlich gewesen ist.[3121] Nur ausnahmsweise darf die Beweislast für die Ursächlichkeit umgekehrt werden.[3122]

D. Haftung aus § 824 BGB

1714 Nach § 824 BGB hat derjenige, der eine unwahre Tatsache behauptet oder verbreitet, die geeignet ist, den Kredit eines anderen zu gefährden oder sonstige Nachteile für dessen Erwerb oder Fortkommen herbeizuführen, dem anderen den daraus entstehenden Schaden auch dann zu ersetzen, wenn er die Unwahrheit zwar nicht kennt, aber kennen muß (Abs. 1); eine Mitteilung, deren Unwahrheit dem Mitteilenden unbekannt ist, verpflichtet diesen nicht zum Schadensersatz, wenn er oder der Empfänger der Mitteilung an ihr ein berechtigtes Interesse hat (Abs. 2).

I. Geschütztes Rechtsgut

1715 Die Bestimmung soll die **wirtschaftliche Wertschätzung („Geschäftsehre")** von Personen und Unternehmen schützen.[3123] Die behauptete oder verbreitete Tatsache muß sich nach dem Verständnis des Verkehrs mit dem Betroffenen befassen oder zumindest in enger Beziehung zu seinen Verhältnissen, seiner Betätigung oder seiner gewerblichen Leistung stehen.[3124] Neben einem Schadensersatzanspruch aus § 824 BGB kommen ein deliktischer Ehrenschutz nach § 823 Abs. 1 BGB

3119 BGHZ 116, 104, 114 f. = NJW 1992, 1039.
3120 BGHZ 116, 104, 115 = NJW 1992, 1039.
3121 BGH, NJW 1984, 432, 433; 1994, 945, 946.
3122 Vgl. dazu BGH, NJW 1984, 432, 433; VersR 1985, 452, 453.
3123 BGH, NJW 1978, 2151, 2152; BGHZ 90, 113, 119 = NJW 1984, 1607.
3124 BGH, NJW 1963, 1871, 1872.

(Rn. 1619, 1621, 1651) oder § 823 Abs. 2 BGB (Rn. 1701) und Abwehransprüche entsprechend § 1004 BGB – i. V. m. §§ 823, 824 BGB – in Betracht[3125] (Rn. 1674 ff.). Die Schutzbereiche des § 823 Abs. 2 BGB i. V. m. §§ 185 ff. StGB einerseits und des § 824 BGB andererseits ergänzen sich; diese Bestimmung ist insoweit keine vorrangige Sondervorschrift.[3126]

II. Verletzung

Tathandlung ist die Behauptung oder Verbreitung unwahrer – nicht unbedingt ehrkränkender[3127] – Tatsachen, die der Geschäftsehre abträglich sein können. Werturteile sind keine beweisbaren Tatsachen;[3128] allerdings kann eine als Meinungsäußerung dargestellte Erklärung – etwa eine „Verdachtsäußerung" – eine versteckte Tatsachenbehauptung sein (vgl. Rn. 1683).[3129] 1716

III. Verschulden

Für das **Verschulden** reicht es aus, daß der Täter die Unwahrheit der Tatsache fahrlässig nicht kennt. Bei der Veröffentlichung von Mitteilungen, die – wie etwa Preisvergleiche – einschneidende Folgen für die Betroffenen haben können, sind hohe Anforderungen an die Sorgfaltspflicht zu stellen.[3130] 1717

IV. Schutzbereich

Die weite Fassung des § 824 BGB erfordert mit Rücksicht auf die Entstehungsgeschichte und Stellung dieser Vorschrift innerhalb des Deliktsrechts eine **Begrenzung ihres Schutzbereichs**. Sie schützt die Geschäftsehre des Betroffenen gegen die – gerade gegen seine Erwerbstätigkeit gerichtete – Behauptung oder Verbreitung unwahrer Tatsachen nur insoweit, als diese die geschäftlichen Entschließungen gegenwärtiger und künftiger Geschäftspartner unmittelbar beeinflussen können.[3131] „Außergeschäftliche" Störungen durch Personen, die nicht als Geschäftspartner, sondern als „Außenstehende" den Kredit gefährden und Erwerb oder Fortkommen beeinträchtigen können (Aufrufe zu Streiks, zu Blockaden 1718

3125 BGHZ 42, 210, 220 = NJW 1965, 29.
3126 BGH, NJW 1983, 1183.
3127 BGH, NJW 1963, 1871, 1872.
3128 BGHZ 45, 296, 302 ff. = NJW 1966, 1617.
3129 BGH, NJW 1978, 2151 f.; OLG Frankfurt, NJW 1996, 1146.
3130 BGH, NJW 1986, 981.
3131 BGH, NJW 1978, 2151, 2152; BGHZ 90, 113, 119 ff. = NJW 1984, 1607; BGH, DB 1989, 921.

oder zu Maßnahmen Dritter), werden vom Schutzbereich des § 824 BGB grundsätzlich nicht umfaßt; allerdings können solche Vorgänge den durch § 823 Abs. 1 BGB geschützten Gewerbebetrieb beeinträchtigen (Rn. 1619).[3132]

V. Berechtigtes Interesse

1719 Die Mitteilung einer unwahren Tatsache, deren Unrichtigkeit der Mitteilende nicht kennt, verpflichtet selbst bei fahrlässiger Unkenntnis nicht zum Schadensersatz, wenn der Mitteilende oder der Empfänger an der Mitteilung ein **berechtigtes Interesse** hat (§ 824 Abs. 2 BGB). Diese Vorschrift ist besonders für Medien, Auskunfteien und Warentestinstitute[3133] bedeutsam. Die Annahme eines rechtfertigenden Interesses i. S. d. Bestimmung setzt i. d. R. eine **Abwägung** der schutzwürdigen wirtschaftlichen Belange des Betroffenen und des Informationsinteresses des Adressaten – insbesondere der Öffentlichkeit – voraus. Da sich dieses Interesse nur auf zuverlässige, auf ihre Richtigkeit ausreichend geprüfte Mitteilungen erstreckt, kann es nur dann eine Beeinträchtigung des in § 824 BGB geschützten Rechtsguts der Geschäftsehre rechtfertigen, wenn der Mitteilende die erforderliche Sorgfalt bei seinen Ermittlungen beachtet hat.[3134] Ist dies nicht der Fall, so wird die falsche Information weder durch § 824 Abs. 2 BGB noch durch Art. 5 GG gedeckt.[3135] Entfällt eine Schadensersatzpflicht aus § 824 Abs. 1 BGB wegen eines berechtigten Interesses i. S. d. Abs. 2 dieser Vorschrift, so kann doch der Betroffene einen Anspruch auf **Unterlassung** einer künftigen Verbreitung der unwahren Mitteilung haben, weil für ein solches Verhalten kein rechtfertigender Grund besteht[3136] (Rn. 1694).

Eine subjektiv redliche, aber unbegründete **Einleitung oder Durchführung eines gerichtlichen Verfahrens** – etwa ein unberechtigter Vollstreckungs- oder Konkursantrag – löst keinen Schadensersatzanspruch aus § 824 BGB aus, selbst wenn damit die fahrlässige Mitteilung einer unwahren Tatsache gegenüber Dritten verbunden ist[3137] (vgl. Rn. 1623).

3132 BGHZ 90, 113, 120 ff. = NJW 1984, 1607; BGH, WM 1998, 2534, 2536.
3133 Vgl. *Tilmann*, NJW 1975, 758, 763 ff.
3134 BGH, NJW 1986, 981, 982; DB 1989, 921, 922; OLG Düsseldorf, VersR 1985, 247 f.
3135 BGH, DB 1989, 921, 922.
3136 BGH, DB 1974, 1429.
3137 Vgl. BGHZ 36, 18, 23 = NJW 1961, 2254 für einen unbegründeten Konkursantrag; BGHZ 74, 9, 18 = NJW 1979, 1351 für einen unberechtigten Vollstreckungsantrag.

VI. Schadensersatz

Soweit der Betroffene einer Beeinträchtigung seines wirtschaftlichen Rufes durch eine presserechtliche **Gegendarstellung** begegnen kann, kann er i. d. R. keinen **Schadensersatz** in der Weise verlangen, daß er auf Kosten des Schädigers berichtigende Anzeigen verbreitet; ein solcher Schadensersatzanspruch kommt nur in schwerwiegenden Ausnahmefällen in Betracht.[3138] 1720

VII. Beweislast

Der **Betroffene** hat **zu beweisen,** daß der Täter eine unwahre, der Geschäftsehre abträgliche Tatsache behauptet oder verbreitet hat und die Unwahrheit gekannt hat oder kennen mußte. Der **Täter** hat ein **berechtigtes Interesse** i. S. d. § 824 Abs. 2 BGB **zu beweisen.** Macht er in einem Rechtsstreit die Wahrheit der Tatsache oder die Rechtmäßigkeit seines Vorgehens geltend, so hat er bezüglich dieser Streitpunkte eine **substantiierte Stellungnahme** abzugeben.[3139] 1721

E. Haftung aus § 826 BGB

Nach § 826 BGB ist derjenige, der einen anderen in sittenwidriger Weise vorsätzlich schädigt, diesem zum Ersatz des Schadens verpflichtet. 1722

I. Verstoß gegen die guten Sitten

Gegen die guten Sitten verstößt derjenige, dessen Verhalten dem Anstandsgefühl aller billig und gerecht Denkenden widerspricht.[3140] Der Verstoß kann bestehen in einem **Unterlassen,** wenn die Vornahme der unterbliebenen Handlung sittlich geboten ist[3141], oder in einem **positiven Tun**. Auch **leichtfertiges oder gewissenloses Verhalten** kann gegen die guten Sitten verstoßen, insbesondere dann, wenn der andere Teil auf das Ansehen oder den Ruf des Handelnden vertraut.[3142] 1723

Maßstab der Sittenwidrigkeit ist das **Mittel-Zweck-Verhältnis**.

3138 NJW 1986, 981, 982 m. w. N.
3139 BGH, NJW 1974, 1710, 1711.
3140 BGHZ 129, 136, 172 = NJW 1995, 1739 = WM 1995, 882, 894.
3141 BGH, NJW 1963, 148, 149.
3142 BGH, WM 1975, 559, 560; NJW 1986, 180, 181; 1987, 1758.

1724 **Sittenwidrig** kann ein Verhalten sein wegen des eingesetzten **Mittels,** z. B.

- **Arglist** bei Vertragsschluß[3143] oder während eines Vertrages;[3144]
- Mitwirkung an einem besonders **rücksichtslosen Vertragsbruch**;[3145]
- Ausübung **wirtschaftlichen Drucks**;[3146]
- Zahlung von **Schmiergeld**;[3147]
- Verschweigen einer strafbaren Handlung und der darauf gestützten fristlosen Entlassung in einem **Zeugnis**;[3148]
- **Erschleichung eines Rechts**[3149] oder eines **Vollstreckungstitels.**[3150]

1725 **Sittenwidrig** kann ein Verhalten wegen seines **Zwecks** sein, etwa

- **schikanöses Vorgehen** (§ 226 BGB);
- **planmäßiges (kollusives) Zusammenwirken** mehrerer Täter zur Schädigung eines anderen;[3151]
- eine unlautere **Gläubigerbenachteiligung**.[3152]

1726 Weiterhin kann ein Verhalten **sittenwidrig** sein, weil das eingesetzte – an sich nicht zu beanstandende – **Mittel** zu dem angestrebten – für sich genommen billigenswerten – **Zweck** mit Rücksicht auf alle Umstände des Einzelfalls **außer Verhältnis** steht, etwa weil der angerichtete Schaden den begehrten Nutzen weit übersteigt oder nicht durch ein berechtigtes Interesse gedeckt wird.[3153] Dies kann z. B. der Fall sein

bei einem **Mißbrauch einer formalen Rechtsstellung,** etwa weil

- eine **Prozeßpartei** ein Verhalten des Prozeßgegners veranlaßt, fördert oder ausnutzt, das auf eine Benachteiligung Dritter hinausläuft;[3154]

3143 BGH, WM 1985, 866, 868; vgl. BGH, WM 1975, 325, 327 f. betreffend die Beteiligung eines Rechtsanwalts; WM 1999, 540, 541.
3144 BGH, WM 1998, 779, 782: Regreßvereitelung durch Steuerberater.
3145 BGH, NJW 1994, 128, 129.
3146 BGH, WM 1985, 866, 868.
3147 BGH, NJW 1962, 1099.
3148 BGH, VersR 1964, 314, 315; 1970, 1152, 1153.
3149 BGHZ 57, 108 = NJW 1971, 2226; BGH, WM 1965, 203, 204 u. a. zu einem Bietabkommen unter Mitwirkung eines Rechtsanwalts.
3150 BGH, NJW 1956, 505, 506; LM BGB § 826–Fa-Nr. 7; NJW 1979, 162, 163.
3151 BGH, NJW 1988, 700, 702 = DB 1988, 226, 228; NJW 1994, 128, 129.
3152 BGH, NJW 1984, 1893, 1900; NJW-RR 1986, 579, 581; NJW 1988, 701, 703; BGHZ 108, 134, 142 = NJW 1989, 3277; BGH, NJW 1996, 1283; OLG Köln, WM 1981, 1238, 1240.
3153 BGHZ 129, 136, 172 m. w. N. = NJW 1995, 1739.
3154 BGH, WM 1962, 906, 909.

- dem **Kreditgeber** eines Dritten ungünstige wahre Tatsachen mitgeteilt werden und dadurch dessen Existenz gefährdet wird, um auf bequeme Weise eine Auskunft zu erhalten, die sich unschwer auch auf andere Weise beschaffen ließ;[3155]
- eine **Bank** einen Überweisungsauftrag durch Gutschrift auf dem Konto der Bank des Empfängers ausführt, obwohl mit dem Zusammenbruch der Bank zu rechnen ist;[3156]
- ein **Rechtsanwalt** daran mitwirkt, daß sich **„räuberische Aktionäre“** ihr Anfechtungsrecht abkaufen lassen;[3157]
- ein **Gesellschafter** aus eigennützigen Gründen eine sinnvolle Sanierung der Gesellschaft verhindert;[3158]
- von einem nicht erschlichenen **unrichtigen Vollstreckungstitel**, der der wirklichen Sach- und Rechtslage nicht entspricht, in Kenntnis der Unrichtigkeit Gebrauch gemacht wird und besondere Umstände hinzutreten, die die Ausnutzung als sittenwidrig erscheinen lassen;[3159]

bei einer **unlauteren Verfahrenseinleitung**,[3160] etwa

- wegen einer mit unwahren Angaben erschlichenen **Konkurseröffnung**[3161] oder der Einleitung eines Konkursverfahrens zu einem **konkursfremden Zweck**.[3162]

II. Vorsätzliche Schädigung

Ein Schadensersatzanspruch aus § 826 BGB setzt **Vorsatz** des Schädigers voraus. 1727
Mit – direktem – Vorsatz handelt derjenige, der einen anderen **mit Wissen und Wollen schädigt** (Rn. 1627). **Bedingter Vorsatz** genügt. Er liegt vor, wenn der Täter mit der Möglichkeit rechnet, daß durch sein Verhalten der andere geschädigt werden könnte, und er diese Schädigung billigend in Kauf nimmt[3163] (Rn. 1627; vgl. zum Beweis des bedingten Vorsatzes: Rn. 1735, 1739). Nur unter dieser Voraussetzung kann ein **Rechtsanwalt** aus §§ 826, 830 BGB für **falsche Erklärun-**

3155 BGH, LM BGB § 826 – Gc-Nr. 2.
3156 BGH, NJW 1963, 1872, 1873.
3157 BGH, NJW 1992, 2821, 2822 = WM 1992, 1184 = DB 1992, 1673; vgl. dazu *Kort*, DB 1992, 1765; *Schlee*, AnwBl 1993, 118, 119.
3158 BGHZ 129, 136, 172 ff. = NJW 1995, 1739.
3159 BGHZ 13, 71, 72 f. = NJW 1954, 880: Versäumnisurteil; BGHZ 26, 391, 396 f. = NJW 1958, 826: Scheidungsurteil; BGH, NJW 1963, 1606, 1607 f.: Verwerfung eines Rechtsmittels; BGHZ 53, 47, 50 = NJW 1970, 565: Zuschlagsbeschluß; BGH NJW 1986, 2047, 2049: Unterhaltsurteil; BGHZ 112, 54, 56 = NJW 1991, 30; BGH, NJW 1998, 2818; 1999, 1257, 1258; Vollstreckungsbescheid.
3160 BGHZ 95, 10, 19 = NJW 1985, 1959.
3161 BGHZ 36, 18, 21 = NJW 1991, 2254.
3162 BGH, WM 1962, 929, 930.
3163 BGH, WM 1975, 559, 560; ZIP 1985, 1506, 1508.

gen haften, die er in Ausübung eines Mandats gegenüber einem Gläubiger seines Auftraggebers[3164] oder gegenüber dessen Vertragsgegner abgibt.[3165]

1728 Der **Vorsatz** erfordert nicht, daß der Täter sich den genauen Schadenshergang (Kausalverlauf) vorgestellt und den Schadensumfang vorausgesehen hat; der Vorsatz i. S. d. § 826 BGB muß aber die gesamten **Schadensfolgen umfassen.**[3166] Eine **Schädigungsabsicht** ist **nicht** notwendig.[3167] Der Vorsatz muß sich auch **nicht gegen eine bestimmte Person** richten; es genügt, daß der Täter wenigstens die Richtung, in der sich sein Verhalten zum Nachteil anderer auswirken kann, und die Art des möglicherweise eintretenden Schadens vorausgesehen und in seinen Willen aufgenommen oder zumindest gebilligt hat.[3168]

1729 Der Schädiger muß die **Tatumstände**, die den Verstoß gegen die guten Sitten begründen, **gekannt** oder mit der Möglichkeit **gerechnet haben,** daß solche Umstände vorliegen könnten; das **Bewußtsein der Sittenwidrigkeit** selbst braucht der Täter **nicht** zu haben.[3169] Kennt er diese Umstände, so entlastet es ihn nicht, daß er bei seinem Vorgehen dem **Rat seines Rechtsanwalts** gefolgt ist.[3170] Der Kenntnis dieser Tatumstände kann es gleichstehen, daß der Täter sich einer solchen **Kenntnis bewußt verschlossen** hat.[3171]

Ein **Irrtum** des Täters über ein Tatbestandsmerkmal schließt Vorsatz aus, auch wenn der Irrtum auf Fahrlässigkeit beruht; dies gilt auch für einen Rechtsirrtum.[3172]

III. Schadensersatz

1730 Ersatzberechtigt aus § 826 BGB ist derjenige Geschädigte, der nach der „Reichweite des Schädigungsvorsatzes" als mögliches Tatopfer in die Tatvorstellung des Schädigers billigend einbezogen wurde, selbst wenn sich die sittenwidrige Handlung gegen einen anderen gerichtet hat, und dessen Schaden im Verhältnis zum Schädiger auf einem Verstoß gegen die guten Sitten beruht.[3173]

3164 BGH, WM 1978, 576, 577.

3165 BGH, NJW 1962, 1766; WM 1986, 904, 906; NJW 1991, 32, 33.

3166 BGH, NJW 1963, 148, 150.

3167 BGHZ 8, 387, 393 = NJW 1953, 900.

3168 BGH, NJW 1963, 579, 580; WM 1966, 1150, 1152; NJW-RR 1986, 1150, 1151.

3169 BGHZ 8, 387, 393 = NJW 1953, 900; BGH, WM 1962, 578, 579; NJW-RR 1986, 1150, 1151; vgl. BGHZ 133, 246, 250 = NJW 1996, 2652 zu § 819 Abs. 1 BGB.

3170 BGHZ 74, 281, 284 = NJW 1979, 1882.

3171 BGH, NJW 1994, 2289, 2291 für einen Mittäter; BGHZ 133, 246, 251 = NJW 1996, 2652 zu § 819 Abs. 1 BGB.

3172 RGZ 159, 211, 227.

3173 BGH, NJW 1979, 1599, 1600; vgl. BGH, NJW 1986, 1174, 1175 zur Geltendmachung von Ansprüchen aus § 826 BGB durch Konkursverwalter.

Der Schädiger hat den Schaden nach **§§ 249 ff. BGB** zu ersetzen (dazu Rn. 1640 ff.). Dazu kann auch die Entrichtung eines **Schmerzensgeldes** nach § 847 BGB gehören (dazu Rn. 1652). **§ 817 Satz 2 BGB** ist im Deliktsrecht nicht entsprechend anwendbar.[3174] 1731

Ist der Geschädigte durch **arglistige Täuschung** zu einem Vertragsschluß bestimmt worden und hat er dennoch seine Vertragserklärung nicht gemäß §§ 123, 124 BGB angefochten, so kann ihm ein Schadensersatzanspruch aus § 826 BGB – und aus § 823 Abs. 2 BGB i. V. m. § 263 StGB – zustehen; in einem solchen Falle ist grundsätzlich das **negative Interesse** zu ersetzen, also der Schaden, der dadurch entstanden ist, daß der Betroffene auf die täuschenden Angaben vertraut hat.[3175] 1732

Gegenüber einer vorsätzlichen Schädigung gemäß § 826 BGB ist ein fahrlässiges **Mitverschulden** des Geschädigten bei der **Schadensentstehung** (§ 254 Abs. 1 BGB) grundsätzlich nicht zu berücksichtigen; besondere Umständes des Einzelfalls – etwa eine grob fahrlässige Mitverursachung – können eine Ausnahme rechtfertigen, wenn dies dem § 254 BGB zugrunde liegenden Gesichtspunkt von Treu und Glauben entspricht.[3176] Dieser Grundsatz gilt auch dann, wenn es sich nicht um eigenen Vorsatz des Schädigers, sondern um denjenigen eines Vertreters i. S. d. § 31 BGB handelt.[3177] Dagegen kann jeder Schadensbeitrag des Geschädigten wegen **Verletzung der Schadensminderungspflicht** (§ 254 Abs. 2 BGB) zu einer Schadensverteilung führen (vgl. zum Mitverschulden: Rn. 1660 ff.). 1733

IV. Beweis

Derjenige, der **Schadensersatz** aus § 826 BGB **verlangt,** hat die haftungsbegründenden und -ausfüllenden Voraussetzungen des Anspruchs **darzulegen** und **zu beweisen** (dazu Rn. 1629 ff., 1636, 1654 ff.). 1734

Die größte Schwierigkeit bereitet der **Beweis des Vorsatzes**. Davon ist zwar grundsätzlich die Feststellung der Sittenwidrigkeit zu trennen; die **Art und Weise des sittenwidrigen Verhaltens** deuten jedoch häufig darauf hin, daß der Täter eine Schädigung des anderen zumindest billigend in Kauf genommen, also mit bedingtem Vorsatz gehandelt hat.[3178] 1735

3174 BGH, NJW 1992, 310, 311.
3175 BGH, BB 1960, 696, 697; vgl. BGH, NJW 1962, 1197, 1198.
3176 BGH, NJW 1984, 921, 922; 1992, 310, 311.
3177 BGH, NJW 1984, 921, 922.
3178 BGH, WM 1975, 559, 560; NJW 1986, 180, 182.

V. Berufs- und Expertenhaftung

1736 Die höchstrichterliche Rechtsprechung hat die **berufsmäßige Haftung gegenüber Nichtmandanten** („**Berufs-**, **Dritthaftung**") – u. a. von **Rechtsanwälten**, **Steuerberatern** und **Wirtschaftsprüfern** – für fehlerhafte **Gutachten**, **Auskünfte**, **Berichte**, **Bilanzen**, **Testate**, **Prospekte** und **Zeugnisse** beträchtlich ausgedehnt über den Vertrag mit Schutzwirkung für Dritte (Rn. 1383 ff.), den – insbesondere stillschweigend geschlossenen – Auskunftsvertrag (Rn. 1431 ff.), das Verschulden bei Vertragsschluß (Rn. 1527 ff.) und die Prospekthaftung (Rn. 1568 ff.). Daneben wird **§ 826 BGB** als Grundlage einer solchen Haftung herangezogen.[3179]

1737 Ein **Dritter**, der nicht Auftraggeber eines Fachmanns ist, kann **geschädigt** werden, weil er auf eine **falsche Äußerung dieses Sachkundigen vertraut**. Eine Haftung des Fachkundigen aus § 826 BGB setzt voraus, daß sein Verhalten gegen die guten Sitten verstoßen hat. Dafür reicht es nicht aus, daß er eine fehlerhafte Erklärung abgegeben hat.[3180] Nach der Rechtsprechung des BGH kann ein **bewußtes** sowie auch ein – nur – **leichtfertiges** – vor allem grob fahrlässiges – **und gewissenloses Verhalten** einen solchen **Sittenverstoß** begründen; dies liegt insbesondere dann **nahe**, wenn der Schädiger mit Rücksicht auf sein **Ansehen** oder seinen **Beruf** eine Vertrauensstellung einnimmt, oder wenn der Sachkundige wichtige Fragen zu untersuchen hat, von deren Beantwortung **weittragende wirtschaftliche Folgen** für die Beteiligten abhängen.[3181]

1738 Ein leichtfertiges oder gewissenloses Verhalten des Experten kann **sittenwidrig** sein, wenn er

- seinem Gutachten, seiner Auskunft, seiner Bilanz oder Bestätigung **nachlässige Ermittlungen** oder
- gar **Angaben „ins Blaue hinein"** zugrunde legt
- oder den **unzutreffenden Anschein** erweckt, er habe die Grundlagen seiner Expertise **überprüft**,

---

3179 Dazu *Hopt*, NJW 1987, 1745; *Lang*, WM 1988, 1001, 1003, 1004; *Müssig*, NJW 1989, 1697, 1703; *Henssler*, JZ 1994, 178, 184; *Bell*, S. 33 ff.; *Decku*, S. 56 ff.

3180 BGH, NJW 1991, 3282, 3283.

3181 BGH, WM 1956, 1229: Gutachten eines Wirtschaftsprüfers; WM 1962, 579, 581: Bilanz einer Treuhandgesellschaft; WM 1966, 1150, 1151: Wertgutachten eines Ingenieurs; ZIP 1985, 1506, 1508 = NJW 1986, 180, 181: Bilanz eines Steuerbevollmächtigten; NJW-RR 1986, 1150, 1151: Gutachten eines Tierarztes; NJW 1987, 1758 f.: Zwischenabschluß eines Steuerberaters; NJW 1991, 3282, 3283: Wertgutachten eines öffentlich bestellten und vereidigten Sachverständigen; NJW 1992, 2080, 2083 f.: Auskünfte eines Steuerberaters.

- oder mit seiner fehlerhaften Äußerung den **eigenen Vorteil** ohne Rücksicht auf die Belange Dritter sucht
- oder aus sonstigen Gründen **gleichgültig gegenüber den Folgen** seines Verhaltens ist

und damit eine **Rücksichtslosigkeit** gegenüber dem Adressaten seiner Expertise und den in seinem Informationsbereich stehenden Dritten zeigt, die wegen der **Bedeutung seiner Äußerung** für deren Entschließungen und wegen der von ihm in Anspruch genommenen **Fachkunde** als gewissenlos bezeichnet werden muß.[3182]

Es genügt für die Haftung des Sachkundigen, der in sittenwidriger Weise einen anderen durch eine fehlerhafte Äußerung geschädigt hat, daß er mit **bedingtem Vorsatz** (Rn. 1727) gehandelt hat; dieser kann durch die **Art und Weise des Sittenverstoßes bewiesen** werden (Rn. 1735). Insbesondere bei **testierten Unternehmensabschlüssen** muß der Experte damit rechnen, daß der Abschluß bei Kreditverhandlungen verwendet wird und den Kreditgeber zu nachteiligen Vermögensdispositionen veranlaßt.[3183] Die **Person des Geschädigten** braucht der Schädiger nicht zu kennen (Rn. 1728). 1739

Die **Rechtsprechung** muß sich bewußt sein, daß sie im Rahmen des § 826 BGB die **Anforderungen** an den **Sittenverstoß** sowie an den **Vorsatz** und dessen **Beweis** nach und nach **gesenkt** hat.[3184] Sie muß sich davor hüten, durch **Aushöhlung gesetzlicher Haftungsvoraussetzungen** und **Kumulation vertraglicher, vorvertraglicher und deliktischer Haftungstatbestände** die **Berufs- und Expertenhaftung** gegenüber Dritten (Nichtmandanten) zur Erfolgshaftung **ausufern** zu lassen[3185] (vgl. Rn. 1341 ff.). Die Unzulänglichkeit des deliktischen Vermögensschutzes (Rn. 1386) muß im gesetzlichen Rahmen insoweit ausgeglichen werden, als dies unabweisbar ist zur Vermeidung von Ergebnissen, die mit dem Gerechtigkeitsempfinden schlechthin unvereinbar wären. Dies darf aber nicht dazu führen, daß vertragliche und vorvertragliche Ausnahmeinstitute der beruflichen Dritthaftung überdehnt und gesetzliche Haftungsvoraussetzungen gesenkt werden[3186] (vgl. Rn. 1351). 1740

3182 BGH, NJW 1991, 3282, 3283; 1992, 2080, 2083.

3183 BGH, NJW 1987, 1758, 1759.

3184 Vgl. BGHZ 74, 281, 289 = NJW 1979, 1882: Der Tatbestand des § 826 BGB sei „bisher von der Rechtsprechung in diesem Bereich vielleicht schon allzusehr strapaziert“ worden.

3185 Vgl. *Henssler*, JZ 1994, 178, 184; *Bell*, S. 33 ff., 37 ff.; *Decku*, S. 56 ff.; vgl. zum Diskussionsstand: *Hirte*, S. 386 ff.

3186 Vgl. *Henssler*, JZ 1994, 178, 184; *Kort*, DB 1992, 1765, 1767; *Schlee*, AnwBl 1993, 118, 119.

F. Haftung aus § 831 BGB

1741 Nach § 831 BGB ist derjenige, der einen anderen zu einer Verrichtung bestellt, zum Ersatz des Schadens verpflichtet, den der andere in Ausführung der Verrichtung einem Dritten widerrechtlich zufügt (Abs. 1 Satz 1). Diese Haftung des Geschäftsherrn tritt nicht ein, wenn er bei der Auswahl der bestellten Hilfsperson und, falls er Vorrichtungen oder Gerätschaften zu beschaffen oder die Verrichtung zu leiten hat, bei der Beschaffung oder Leitung die im Verkehr erforderliche Sorgfalt beobachtet hat oder wenn der Schaden auch bei Anwendung dieser Sorgfalt entstanden wäre (Abs. 1 Satz 2). In gleicher Weise ist derjenige verantwortlich, der für den Geschäftsherrn die Besorgung eines Geschäfts i. S. d. Abs. 1 Satz 2 vertraglich übernimmt (Abs. 2).

I. Haftungsgrundlage

1742 Die **Haftung des Geschäftsherrn** für eine tatbestandsmäßige und rechtswidrige – mit Ausnahme des § 826 BGB[3187] nicht unbedingt schuldhafte – **unerlaubte Handlung des Gehilfen** beruht auf der **Vermutung eines eigenen Verschuldens** bei der Auswahl oder Leitung und Überwachung des Gehilfen (vgl. § 831 Abs. 1 Satz 2 1. Halbs. BGB) sowie auf der **weiteren Vermutung** (vgl. § 831 Abs. 1 Satz 2 letzter Halbs. BGB), daß ein **Ursachenzusammenhang** zwischen einem solchen Verschulden des Geschäftsherrn und der Schädigung des Dritten durch die Hilfsperson besteht.[3188] Danach setzt eine Haftung des Geschäftsherrn dessen **Schuldfähigkeit** voraus.

Dagegen hat nach **§ 278 BGB** derjenige für das Verschulden anderer Personen einzustehen, deren er sich zur Erfüllung seiner – im Zeitpunkt der Schädigung bereits bestehenden – Verbindlichkeit bedient, ohne daß er sich durch einen Entlastungsbeweis von seiner Haftung befreien kann. Diese Möglichkeit entfällt auch bei der Organhaftung nach **§§ 31, 89 Abs. 1 BGB** (Rn. 1642); die nach diesen Vorschriften Verantwortlichen können einer Haftung nach **§ 831 BGB** für andere Bedienstete durch den Entlastungsbeweis entgehen (Rn. 1749 ff.).

1743 Für eine unerlaubte Handlung nach §§ 823 ff. BGB **haftet der Gehilfe** selbst. Auch der **Geschäftsherr** kann nach diesen Vorschriften – über § 831 BGB hinaus – haften, wenn ihm selbst – etwa infolge schuldhafter Verletzung einer Aufsichts- und Überwachungspflicht – eine **eigene unerlaubte Handlung** vorzuwerfen

3187 BGH, NJW 1956, 1715.
3188 Vgl. BGH, LM BGB § 831–Fc-Nr. 1.

ist.[3189] Sind sowohl der Geschäftsherr als auch der Gehilfe für einen Schaden aus unerlaubter Handlung verantwortlich, so haften sie dafür als **Gesamtschuldner** (§ 840 Abs. 1 BGB). Der **Ausgleich in ihrem Innenverhältnis** richtet sich nach § 426 BGB, falls beide jeweils eine eigenständige schuldhafte unerlaubte Handlung (§§ 823 ff. BGB) begangen haben; haftet der Geschäftsherr nur aus vermutetem Verschulden nach § 831 BGB, so hat der Gehilfe bei erwiesenem Verschulden den vollen Innenausgleich zu erbringen (§ 840 Abs. 2 BGB).

Dem Schadensersatzanspruch aus § 831 BGB kann der haftende Geschäftsherr ein **Mitverschulden des Geschädigten** (§ 254 BGB) entgegenhalten (dazu Rn. 1660 ff.). Der Grundsatz, daß der vorsätzlich Handelnde i. d. R. den Schaden nicht auf einen Geschädigten abwälzen kann, der nur fahrlässig zur Entstehung des Schadens beigetragen hat, gilt nicht, wenn lediglich der Gehilfe vorsätzlich gehandelt hat und der Geschäftsherr dafür nach § 831 BGB einstehen muß.[3190] Hat der Geschädigte seinerseits für einen Beitrag eines Gehilfen zur Entstehung des Schadens (nur) nach § 831 BGB einzustehen, so kann dies, sofern der Entlastungsbeweis nicht geführt wird, den Ersatzanspruch verringern oder ausschließen.[3191]

II. Verrichtungsgehilfe

Zu einer **Verrichtung** i. S. d. § 831 BGB ist derjenige **bestellt**, dem der Geschäfts- 1744
herr im Rahmen eines dauernden oder wenigstens im konkreten Einzelfall bestehenden **Abhängigkeitsverhältnisses** eine bestimmte Tätigkeit übertragen hat; dafür genügt es, daß der Geschäftsherr aufgrund eines **Weisungsrechts** die Tätigkeit des Gehilfen beschränken, untersagen oder nach Art, Zeit und Umfang bestimmen kann.[3192] Auch eine Hilfsperson, die gegenüber ihrem Geschäftsherrn eine weitgehend selbständige Stellung hat, kann Verrichtungsgehilfe im vorstehenden Sinne sein.[3193] Dies gilt unter besonderen Umständen sogar für eine juristische Person.[3194] Dagegen sind diejenigen Personen, die – wie selbständige **Handwerker** und **Unternehmer** – über Zeit und Umfang ihrer Tätigkeit selbst bestimmen können, i. d. R. keine Verrichtungsgehilfen.[3195] Das dafür notwendige Abhängigkeitsverhältnis besteht grundsätzlich auch nicht zwischen **Gesellschaftern** einer

3189 Vgl. BGHZ 11, 151, 155 f. = NJW 1954, 505.
3190 RGZ 157, 228, 233.
3191 Vgl. BGHZ 1, 248, 249 = NJW 1951, 477; BGH, NJW 1984, 2087.
3192 BGH, LM BGB § 823 – Hb-Nr. 5; BGHZ 45, 311, 313 = NJW 1966, 1807; BGH, WM 1989, 1047, 1050.
3193 BGH, LM BGB § 823 – Hb-Nr. 5; NJW 1956, 1715.
3194 BGH, WM 1989, 1047, 1050.
3195 BGH, BB 1994, 1741.

bürgerlichrechtlichen Gesellschaft aufgrund des Gesellschaftsvertrages.[3196] Deswegen haftet ein **Soziusanwalt** nicht für eine unerlaubte Handlung eines anderen Mitglieds der Sozietät.

1745 Der BGH[3197] hat einen **Rechtsanwalt**, der aufgrund einer Namensverwechslung die Zwangsvollstreckung gegen einen Nichtschuldner betrieben hat, als **Verrichtungsgehilfen seines Auftraggebers** angesehen, so daß dieser für eine unerlaubte Handlung seines Anwalts in Ausführung seines Auftrags nach § 831 BGB haften soll. Auch das OLG Koblenz[3198] hat einen Rechtsanwalt, der einer Abmahnung eine gerichtliche Entscheidung beigefügt hatte, in der Name und Anschrift eines Mitbewerbers angegeben waren, als Verrichtungsgehilfen des Auftraggebers bezeichnet, aber dessen Haftung nach § 831 BGB verneint, weil der Mandant die Eignung des beauftragten Anwalts nicht zu prüfen und diesen auch nicht zu beaufsichtigen brauche.

Der Rechtsanwalt ist jedoch kein Verrichtungsgehilfe seines Auftraggebers im Sinne dieser Vorschrift.[3199] Einer Haftung für vermutetes eigenes Verschulden bei der Auswahl, Leitung und Überwachung einer Hilfsperson fehlt die Grundlage, wenn ein regelmäßig fachunkundiger Mandant – trotz seines vertraglichen Weisungsrechts (§§ 665, 675 BGB; Rn. 976 ff.) – einen gemäß § 8 BRAO zugelassenen Rechtsanwalt beauftragt, der ein unabhängiges Organ der Rechtspflege ist (§ 1 BRAO), einen freien Beruf ausübt (§ 2 BRAO) und der berufene unabhängige Berater und Vertreter in allen Rechtsangelegenheiten ist (§ 3 Abs. 1 BRAO).

1746 **Verrichtungsgehilfen des Rechtsanwalts** sind seine **angestellten Mitarbeiter**.

III. Verrichtung

1747 Der Geschäftsherr kann nach § 831 BGB nur für denjenigen Drittschaden haften, den der Gehilfe widerrechtlich – also mit Ausnahme des § 826 BGB[3200] durch eine tatbestandsmäßige, rechtswidrige unerlaubte Handlung – „**in Ausführung der Verrichtung**“ herbeigeführt hat. Der Gehilfe muß in **unmittelbarem innerem Zusammenhang** mit der ihm zugewiesenen Aufgabe, der sich aus Art und Zweck dieser Aufgabe ergibt, den Dritten geschädigt haben, nicht nur bei Gelegenheit der aufgetragenen Verrichtung; nur dann ist es gerechtfertigt, den Geschäftsherrn das entsprechende „Personalrisiko tragen zu lassen“.[3201] Auch **rechtsgeschäftliches**

3196 BGHZ 45, 311, 313 = NJW 1966, 1807.
3197 LM BGB § 823 – Hb-Nr. 5.
3198 NJW-RR 1989, 363.
3199 *Schultz-Süchting*, S. 169 ff.
3200 BGH, NJW 1956, 1715.
3201 BGH, NJW 1971, 31, 32; WM 1977, 1169, 1170.

Handeln – etwa die Anbahnung, Vermittlung oder der Abschluß eines Vertrages – kann eine solche Verrichtung sein.[3202] Ein **eigenmächtiges Verhalten** des Gehilfen kann sich so weit von dem ihm übertragenen Aufgabenbereich entfernen, daß es damit aus der Sicht eines Außenstehenden keinen inneren Zusammenhang mehr hat.[3203]

IV. Schutzbereich

Hat der Gehilfe zwar den Tatbestand einer unerlaubten Handlung erfüllt und ist diese wegen ihres Erfolgs rechtswidrig (Rn. 1620), so entfällt dennoch eine Haftung des Geschäftsherrn wegen des **beschränkten Schutzzwecks** des § 831 BGB, wenn der Gehilfe sich so verhalten hat, wie jede sorgfältig ausgewählte und beaufsichtigte Person sachgerecht gehandelt hätte; bei objektiv fehlerfreiem Verhalten bestünde auch kein Anspruch gegen den Geschäftsherrn, wenn dieser selbst gehandelt hätte. Deswegen haftet er in diesem Falle nicht aus § 831 BGB, ohne daß er den Entlastungsbeweis führen müßte.[3204] 1748

V. Entlastung 1749

1. Widerlegung der Verschuldensvermutung

Der Geschäftsherr kann sich von seiner Haftung für den Verrichtungsgehilfen nach § 831 Abs. 1 Satz 1 BGB befreien, indem er die **Vermutung seines eigenen Verschuldens widerlegt** (§ 831 Abs. 1 Satz 2 1. Halbs. BGB). 1750

Die Anforderungen an seine Pflicht, den **Verrichtungsgehilfen sorgfältig auszuwählen, zu überwachen** und bei der Ausführung der Verrichtung **zu leiten**, richten sich nicht nach starren Regeln, sondern nach der **Verkehrsanschauung** und den **besonderen Umständen des Einzelfalles**.[3205] Die Anforderungen steigen mit dem Grad der Verantwortung des Gehilfen und der Schwierigkeit seiner Tätigkeit.[3206] 1751

Im Schadensfall hängt die Haftung des Geschäftsherrn nicht davon ab, daß sich gerade der Eignungsmangel des Gehilfen ausgewirkt hat, den der Geschäftsherr bei der Auswahl oder Überwachung schuldhaft nicht erkannt hat.[3207]

3202 BGH, WM 1977, 1169, 1170.
3203 BGH, NJW-RR 1989, 723, 725.
3204 BGHZ 12, 94, 96 = NJW 1954, 913; BGH, VersR 1975, 447, 449; NJW 1996, 3205, 3207.
3205 BGH, NJW-RR 1996, 867, 868 = VersR 1996, 469.
3206 Vgl. BGH, NJW-RR 1987, 1469, 1470; OLG Köln, NJW-RR 1997, 471.
3207 BGH, NJW 1978, 1681, 1682.

1752 Läßt sich nicht feststellen, **welcher Verrichtungsgehilfe** den Schaden verursacht hat, so muß sich der Geschäftsherr in der Weise entlasten, daß er die sorgfältige Auswahl und Leitung aller Verrichtungsgehilfen nachweist, die als Schädiger in Betracht kommen.[3208]

1753 Für den Inhaber eines Großbetriebs kommt ein **„dezentralisierter Entlastungsbeweis"** in der Weise in Betracht, daß die Auswahl und Beaufsichtigung des Personals einem sorgfältig ausgewählten und überwachten Gehilfen überlassen wird; insoweit verbleibt dem Unternehmer jedoch die Pflicht, im Rahmen seiner Oberaufsicht allgemeine Anweisungen zu erteilen.[3209]

2. Widerlegung der Ursächlichkeitsvermutung

1754 Selbst wenn die vermutete Verletzung der Sorgfaltspflicht bei der Auswahl, Leitung und Überwachung des Gehilfen durch den Geschäftsherrn nicht ausgeräumt werden kann oder sogar feststeht, so kann dieser sich doch von der Haftung für die unerlaubte Handlung seines Gehilfen befreien, indem er die **gesetzliche (Ursächlichkeits-) Vermutung** (§ 831 Abs. 1 Satz 2 letzter Halbs. BGB), daß die Vernachlässigung der Sorgfalt zu dem vom Gehilfen angerichteten Schaden beigetragen hat, **widerlegt**. Dies ist der Fall beim Nachweis, daß der Schaden auch dann entstanden wäre, wenn der Gehilfe sorgfältig ausgewählt und beaufsichtigt worden wäre.[3210]

VI. Verantwortlichkeit eines Vertragsgehilfen (§ 831 Abs. 2 BGB)

1755 Derjenige, der es durch **Vertrag mit dem Geschäftsherrn** übernommen hat, dessen Geschäfte i. S. d. § 831 Abs. 1 Satz 2 BGB – also die Auswahl, Überwachung und Leitung von Verrichtungsgehilfen – zu besorgen, haftet selbst nach § 831 Abs. 1 BGB für einen Schaden, den eine solche Hilfsperson einem Dritten widerrechtlich zufügt (§ 831 Abs. 2 BGB). Daneben hat der Geschäftsherr für diesen Schaden nach § 831 Abs. 1 BGB einzustehen, wenn er sich seinerseits nicht bezüglich des Vertragspartners – i. S. d. § 831 Abs. 2 BGB – entlasten kann.

Der Anstellungsvertrag zwischen dem **Geschäftsführer einer GmbH** und der Gesellschaft betrifft die Organstellung des Geschäftsführers und ist deswegen i. d. R. kein Vertrag i. S. d. § 831 Abs. 2 BGB, so daß der Geschäftsführer nicht für Schäden haftet, die die von ihm bestellten Verrichtungsgehilfen verursachen.[3211]

3208 BGH, VersR 1971, 1020, 1021; NJW 1973, 1602, 1603.
3209 BGHZ 4, 1, 2 f.; BGH, MDR 1968, 139, 140.
3210 Vgl. BGHZ-GSZ-24, 21, 29 = NJW 1957, 785; OLG Oldenburg, NJW-RR 1988, 38.
3211 BGH, NJW 1974, 1371, 1372.

VII. Beweislast

Der **Geschädigte**, der einen Geschäftsherrn – oder einen Vertragsgehilfen i. S. d. § 831 Abs. 2 BGB – aus § 831 Abs. 1 BGB in Anspruch nimmt, hat zu **beweisen**, daß der geltend gemachte Schaden von einem Verrichtungsgehilfen des Geschäftsherrn herbeigeführt wurde. Der **Geschäftsherr** hat zu **beweisen**, daß das schadensursächliche Verhalten seines Verrichtungsgehilfen rechtmäßig war, hilfsweise, daß die Entlastungsvoraussetzungen des § 831 Abs. 1 Satz 2 BGB vorliegen.[3212] 1756

G. Verjährung (§ 852 BGB) 1757

I. Anwendungsbereich

Die Verjährungsregelung des **§ 852 BGB** erstreckt sich auf **Schadensersatzansprüche aus unerlaubter Handlung** – auch auf die Fälle schuldloser Haftung (z. B. § 829 BGB) – und **aus Gefährdung**, soweit nicht etwas anderes bestimmt ist.[3213] 1758

Nach dieser Vorschrift verjähren etwa Schadensersatzforderungen aus

- **§ 302 Abs. 4 ZPO** wegen Vollstreckung von Urteilen unter Vorbehalt der Entscheidung über die Aufrechnung;[3214]
- **§ 600 Abs. 2 ZPO** wegen Vollstreckung von Vorbehaltsurteilen im Urkundenprozeß;[3215]
- **§ 717 Abs. 2 ZPO** wegen Vollstreckung aus vorläufig vollstreckbaren Urteilen;[3216]
- **§ 945 ZPO** wegen Vollziehung eines Arrestes oder einer einstweiligen Verfügung;[3217]
- **amtlicher oder amtsähnlicher Anwaltstätigkeit** (Rn. 1180 ff.) als
  - **Konkursverwalter** aus § 82 KO;[3218]
  - **Sequester** aus §§ 106, 82 KO;[3219]
  - **Vergleichsverwalter** aus § 42 VerglO und als **Sachwalter** aus §§ 92 Abs. 1, 42 VerglO;[3220]

3212 BGHZ-GSZ-24, 21, 29 f. = NJW 1957, 785; BGH, VersR 1971, 1020, 1021; BB 1994, 1741; vgl. BGH, DB 1973, 1645, 1646 für den Sonderfall der Produzentenhaftung.
3213 BGHZ 57, 170, 176 m. w. N. = NJW 1972, 204; BGHZ 93, 278, 280 = NJW 1985, 1161; vgl. die Zusammenstellung durch *Schnaufer*, S. 159 ff., 195 ff.
3214 BGH, NJW 1957, 1926.
3215 BGH, NJW 1957, 1926.
3216 BGH, NJW 1957, 1926.
3217 BGH, NJW 1980, 189, 190; 1992, 2297; 1993, 863, 864.
3218 BGHZ 93, 278 = NJW 1985, 1161.
3219 Vgl. BGH, NJW 1989, 1034.
3220 BGH, WM 1992, 2110, 2115 = NJW 1993, 522; BGHZ 126, 138, 144 = NJW 1994, 3102.

- **Mitglied des Gläubigerausschusses** aus § 89 KO[3221] oder des **Gläubigerbeirats** aus § 44 Abs. 3 VerglO;[3222]
- **Zwangsverwalter** aus § 154 ZVG.[3223]

Entgegen der herkömmlichen Meinung, die eine regelmäßige Verjährungsfrist von dreißig Jahren gemäß § 195 BGB annimmt, ist § 852 BGB auch entsprechend anzuwenden auf Schadensersatzansprüche gegen einen **Vormund**, **Pfleger**, **Betreuer**, **Nachlaßverwalter** und **Testamentsvollstrecker** (Rn. 1184).

Eine **Übergangsregelung der Verjährung** nach dem **Einigungsvertrag** enthält **Art. 231 § 6 EGBGB**.[3224]

II. Anspruchs- und Verjährungskonkurrenz

1759 Zum Verhältnis der Verjährungsvorschrift des **§ 51 b BRAO für die anwaltliche Vertragshaftung** zu **§ 852 BGB** wird auf Rn. 1334 ff. verwiesen.

1760 Begründet ein schadensstiftendes Verhalten **Schadensersatzansprüche sowohl aus Vertrag als auch aus unerlaubter Handlung**, so ist **i. d. R.** jeder Anspruch bezüglich seiner Voraussetzungen, seines Inhalts und seiner Durchsetzung selbständig nach seiner eigentümlichen Regelung zu beurteilen (**Anspruchskonkurrenz**); dies gilt auch für die Verjährung (**Verjährungskonkurrenz**).[3225] Vertrags- und Deliktsrecht sind grundsätzlich gleichrangig und gleichwertig.[3226]

1761 Ein Nebeneinander von vertraglichem und deliktischem Schadensersatzanspruch aus ein und demselben Sachverhalt entfällt **ausnahmsweise** nur insoweit, als durch Gesetz die Haftung aus unerlaubter Handlung entweder ausgeschlossen oder auf bestimmte Schuldformen oder der Höhe nach beschränkt wird oder die Zwecke der vertraglichen und deliktsrechtlichen Normen deren gleichzeitige Anwendung nicht zulassen (**Gesetzeskonkurrenz**).[3227] Dieser letzte Gesichtspunkt steht der Anwendung des § 852 BGB dann entgegen, wenn die Vertragshaftung gesetzliche Besonderheiten aufweist, die einen Sachverhalt erschöpfend regeln

---

3221 Vgl. BGHZ 124, 86 = NJW 1994, 453.
3222 BGHZ 126, 138, 144 = NJW 1994, 3102.
3223 OLG Hamm, ZIP 1989, 1592.
3224 Vgl. dazu BGHZ 122, 308 = NJW 1993, 2178; BGHZ 126, 87 = NJW 1994, 1792; BGHZ 129, 282 = DtZ 1995, 280.
3225 BGHZ 55, 392, 395 = NJW 1971, 1131; BGHZ 66, 315, 319 = NJW 1976, 1505; BGHZ 100, 190, 201 = NJW 1987, 2008; BGHZ 116, 297, 300 = NJW 1992, 1679; BGH, NJW-RR 1993, 793; vgl. *Schnaufer*, S. 185 ff. mit einer Übersicht über das Zusammentreffen von Verjährungsregelungen konkurrierender Schadensersatzansprüche.
3226 BGH 100, 190, 201 = NJW 1987, 2008; BGHZ 116, 297, 300 = NJW 1992, 1679.
3227 BGHZ 100, 190, 201 = NJW 1987, 2008; BGHZ 116, 297, 300 = NJW 1992, 1679.

sollen, und dies die **ausschließliche Geltung** der – dem Schädiger günstigeren – **vertraglichen Verjährungsregelung** verlangt.[3228]

§ 852 BGB wird verdrängt durch die konkurrierenden vertraglichen Verjährungsregelungen 1762

- des **§ 477 BGB** für kaufvertragliche Schadensersatzansprüche, falls **ausnahmsweise** das Integritätsinteresse des Geschädigten völlig deckungsgleich ist mit seinem Äquivalenzinteresse;[3229]
- des **§ 558 BGB** für Schadensersatzansprüche des Vermieters und des Verpächters (§ 581 Abs. 2 BGB), des Verleihers (§ 606 BGB) und des Eigentümers gegen den Nießbraucher (§ 1057 BGB);[3230]
- des **§ 117 BinnSchG** für Ansprüche aus dem Betrieb eines Binnenschiffes.[3231]

Hat der Geschädigte also aus demselben Sachverhalt gegen den Schädiger einen vertraglichen Schadensersatzanspruch, der unter eine der genannten vertraglichen Verjährungsvorschriften fällt, sowie einen deliktischen Schadensersatzanspruch (§§ 823 ff. BGB), so verjährt dieser ebenfalls nach der vertraglichen Verjährungsregelung, weil sonst deren Zweck vereitelt würde.[3232]

§ 852 BGB wird dagegen **nicht ausgeschlossen** durch die Verjährungsvorschriften 1763

- des **§ 477 Abs. 1 BGB** für den kaufvertraglichen Schadensersatzanspruch **im Regelfall**;[3233]
- des **§ 638 BGB** für einen Schadensersatzanspruch des Bestellers gegen den Unternehmer;[3234]
- des **§ 414 HGB** für Schadensersatzansprüche gegen Spediteure, Lagerhalter (§ 423 HGB) und Frachtführer (§ 439 HGB);[3235]
- des **§ 43 Abs. 4 GmbHG** für Schadensersatzansprüche gegen den Geschäftsführer einer GmbH, der **§§ 34 Abs. 6, 41 GenG** für Schadensersatzansprüche gegen Mitglieder des Vorstands und Aufsichtsrats einer Genossenschaft, der

3228 BGH, NJW-RR 1993, 793, 794.
3229 BGH, NJW-RR 1993, 793, 794.
3230 BGHZ 55, 392, 396 = NJW 1971, 1131; BGHZ 71, 175, 177, 179 f. = NJW 1978, 1426; BGHZ 93, 64, 66 = NJW 1985, 798; BGHZ 98, 235, 237 = NJW 1987, 187; BGHZ 116, 293, 294 ff. = NJW 1992, 1820; BGH, ZIP 1998, 111 f.
3231 BGHZ 76, 312, 318 = NJW 1981, 2576.
3232 BGHZ 66, 315, 319 = NJW 1976, 1505.
3233 BGHZ 66, 315, 319 = NJW 1976, 1505.
3234 BGHZ 55, 392, 397 ff. = NJW 1971, 1131.
3235 BGHZ 116, 297, 299 f. = NJW 1992, 1679.

§§ 93 Abs. 6, 116 AktG für Schadensersatzansprüche gegen Mitglieder des Vorstands oder Aufsichtsrats einer Aktiengesellschaft.[3236]

1764 **III. Verjährungsbeginn**

1. Allgemeines

1765 Die dreijährige **Verjährung** des § 852 Abs. 1 BGB **beginnt grundsätzlich** in dem Zeitpunkt, in welchem der Verletzte Kenntnis von dem Schaden und der Person des Ersatzpflichtigen erlangt.

1766 Haftet jemand aufgrund desselben Schadensereignisses sowohl aus § 823 BGB als auch aus **§ 831 BGB**, so unterliegen die Ersatzansprüche nicht verschiedenen Verjährungsabläufen, je nachdem, wann die Voraussetzungen des § 852 Abs. 1 BGB für den jeweiligen Haftungstatbestand erfüllt sind; vielmehr gilt insoweit eine einheitliche Verjährungsregelung.[3237] Die Verjährung eines Schadensersatzanspruchs aus **§ 945 ZPO** setzt voraus, daß der Arrest – oder Verfügungsantrag rechtskräftig zurückgewiesen[3238] oder das Verfahren in der Hauptsache rechtskräftig zugunsten des Geschädigten abgeschlossen wurde.[3239]

1767 **Kenntnis** des Schadens und des Schädigers erwirbt der „Verletzte" – also i. d. R. der unmittelbar Geschädigte – dann, sobald er von seiner Vermögensbeeinträchtigung, ihrer Ursache und ihrem Urheber soviel erfährt, daß er eine hinreichend aussichtsreiche – nicht unbedingt risikolose – und daher zumutbare **Klage** auf Schadensersatz oder zumindest auf Feststellung einer Ersatzpflicht **erheben kann**; **erforderlich** ist, daß der Geschädigte aufgrund seines Kenntnisstandes eine solche Klage auf deliktischer Anspruchsgrundlage **schlüssig begründen kann.**[3240]

Staatliche **Behörden** und **juristische Personen des öffentlichen Rechts** erlangen eine Kenntnis i. S. d. § 852 Abs. 1 BGB in dem Zeitpunkt, in dem der zuständige Bedienstete der verfügungsbefugten Behörde, der mit der Vorbereitung und Verfolgung von Schadensersatzansprüchen betraut ist, von dem Schaden und von der Person des ersatzpflichtigen Schädigers erfährt.[3241]

1768 Maßgeblich für die Kenntnis i. S. d. § 852 Abs. 1 BGB ist die **Kenntnis der Tatsachen**, die bei richtiger Verknüpfung und rechtlicher Einordnung die Feststellung

3236 BGHZ 100, 190, 199, 201 = NJW 1987, 2008.
3237 BGH, VersR 1971, 1148, 1149; vgl. BGH, NJW 1999, 423, 424.
3238 BGH, NJW 1992, 2297, 2298.
3239 BGH, NJW 1993, 863, 864.
3240 BGH, NJW 1990, 2808, 2809; 1993, 648, 653 und 2741, 2743; 1994, 3092, 3093; 1996, 117, 118; 1998, 2051, 2052 f.
3241 BGH, NJW 1985, 2583 = VersR 1985, 735; NJW 1997, 1584 f.

der Ersatzpflicht einer bestimmten Person erlauben; danach hängt der Verjährungsbeginn nicht davon ab, daß der Geschädigte alle Einzelheiten des schädigenden Ereignisses, des weiteren Ursachenverlaufs und des Schadensbildes nach Art und Umfang kennt.[3242] Ob der Geschädigte die ihm bekannten Tatsachen zutreffend rechtlich würdigt, ist aus Gründen der Rechtssicherheit für den Verjährungsbeginn unerheblich.[3243] Besteht die Schadensursache im **Unterlassen einer Aufklärung**, so erwirbt der Geschädigte die für den Verjährungsbeginn notwendige Kenntnis erst dann, wenn er von den Umständen erfährt, aus denen sich die Offenbarungspflicht ergibt.[3244] Kommt es für den Verjährungsbeginn auf die **Kenntnis innerer Tatsachen** an, so ist der Zeitpunkt maßgebend, in dem der Geschädigte von den äußeren Umständen erfährt, aus denen die inneren Tatsachen herzuleiten sind.[3245]

Bei unsicherer Rechtslage kann **Rechtsunkenntnis** den Verjährungsbeginn ausnahmsweise hinausschieben.[3246] Die Kenntnisnahme i. S. d. § 852 Abs. 1 BGB kann sich auch verzögern bei **verwickelten wirtschaftlichen Abläufen und Zusammenhängen**; deswegen hat ein Geschädigter, der als Zeuge in einem Strafverfahren wegen betrügerischer Vermittlung von Warenterminoptionen vernommen wird, damit i. d. R. noch keine hinreichende Kenntnis von der Schadenshandlung und dem Schädiger erlangt.[3247] 1769

Eine **verschuldete Unkenntnis** steht, selbst wenn sie auf grober Fahrlässigkeit beruht, der vom Gesetz geforderten positiven Kenntnis des Schadens und Schädigers nicht gleich. Anders ist dies nur dann, wenn der Geschädigte zwar keine positive Kenntnis hatte, er sich diese aber in zumutbarer Weise ohne nennenswerte Mühe – und ohne großen Kostenaufwand[3248] – hätte beschaffen können, so daß er eine gleichsam auf der Hand liegende Erkenntnismöglichkeit versäumt hat und das Berufen auf Unkenntnis letztlich als Förmelei erscheint; damit wird – in Anwendung des Rechtsgedankens des § 162 BGB – verhindert, daß der Geschädigte den Verjährungsbeginn entgegen § 225 Satz 1 BGB mißbräuchlich hinausschieben kann.[3249] Einer Erkenntnismöglichkeit hat sich der Geschädigte noch **nicht** dann im vorstehenden Sinne **verschlossen**, wenn 1770

3242 BGH, NJW 1993, 648, 653 und 2741, 2743.
3243 BGH, NJW 1993, 648, 653 und 2741, 2743; NJW 1998, 2051, 2052 = BGHZ 138, 247.
3244 BGH, NJW 1990, 2808, 2809 betreffend Vermittlung von Warenterminoptionen.
3245 BGH, NJW 1964, 493, 494.
3246 BGH, NJW 1994, 3162, 3164; BGH, WM 1999, 974, 975 = NJW 1999, 2041; WM 1999, 1330, 1334 = NJW 1999, 2183.
3247 BGH, NJW 1994, 3092, 3093.
3248 Vgl. BGH, NJW 1994, 3092, 3093 f.; NJW 1998, 988, 989 = WM 1998, 543.
3249 BGH, NJW 1990, 2808, 2810; 1994, 3092, 3093; BGHZ 133, 192, 198 = NJW 1996, 2933.

- eine Wissenslücke nur durch lange und zeitraubende Telefonate geschlossen werden kann;[3250]
- die Beauftragung eines Rechtsanwalts zur weiteren Aufklärung notwendig ist;[3251]
- der Geschädigte ein Strafverfahren gegen den Schädiger nicht verfolgt;[3252]
- der Geschädigte nur die Geschäftsanschrift des Schädigers im Ausland kennt und Nachforschungen über den Wohnsitz notwendig wären.[3253]

1771 Eine Pflicht des Geschädigten, im Interesse des Schädigers an einem möglichst frühen Verjährungsbeginn eine Aufklärungsinitiative zu ergreifen, besteht grundsätzlich nicht.[3254]

1772 Einem Geschädigten, der nur die Geschäftsanschrift des Schädigers im Ausland kennt, ist eine **Klage** vor einem deutschen Gericht, deren Zustellung im Ausland ungewiß ist, **nicht zuzumuten.**[3255] Dies gilt auch für eine Amtshaftungsklage (§ 839 BGB), solange die aussichtsreiche Möglichkeit besteht, durch Verhandlungen mit der Behörde oder in anderer Weise einen Schadensausgleich zu erreichen.[3256]

2. Kenntnis des Schadens

1773 Die Kenntnis „von dem Schaden“ als Voraussetzung des Verjährungsbeginns nach § 852 Abs. 1 BGB verlangt nicht, daß der Geschädigte seinen Schaden nach Art, Umfang und Höhe in allen Einzelheiten übersieht. Vielmehr genügt es i. d. R., daß **dem Geschädigten bekannt** ist, daß **irgendein Schaden** – nicht nur eine Vermögensgefährdung – entstanden ist.[3257] Ein Feststellungsinteresse für einen künftigen Schadensersatzanspruch besteht i. d. R. nicht, solange der Eintritt eines Schadens ungewiß ist und deswegen noch keine Verjährungsfrist läuft.[3258]

a) Einmalige Schadenshandlung

1774 Für den Schaden aus einer **einmaligen, einheitlichen, abgeschlossenen Schadenshandlung** (-ursache) – einem positiven Tun oder pflichtwidrigen Unterlas-

3250 BGHZ 133, 192, 199 f. = NJW 1996, 2933.
3251 BGH, NJW 1994, 3092, 3093 f.; 1995, 776, 778.
3252 BGH, WM 1990, 642, 644.
3253 BGH, NJW 1998, 988, 989 = WM 1998, 543.
3254 BGH, NJW 1994, 3092, 3094; 1995, 776, 778.
3255 BGH, NJW 1998, 988, 989 = WM 1998, 543.
3256 BGH, NJW 1993, 2303, 2305.
3257 BGH, VersR 1990, 277, 278; NJW 1993, 648, 650, 653; WM 1997, 2187, 2188.
3258 BGH, NJW 1993, 648, 653 f.

sen –, die auch ein **Dauerverhalten** ohne zeitliche Einschnitte sein kann,[3259] gilt im Deliktsrecht – ebenso wie bei der Vertragshaftung (dazu Rn. 1246) – der **Grundsatz der Schadenseinheit**; danach ist der aus einem bestimmten Ereignis erwachsene Schaden als ein einheitliches Ganzes aufzufassen, das auch alle weiteren adäquat verursachten, zurechenbaren und als möglich voraussehbaren **Spätfolgen umfaßt**.[3260] Das bedeutet, daß die Verjährung beginnen kann, sobald der Geschädigte **irgendeinen** solchen (**Teil-)Schaden kennt**; damit gelten i. S. d. § 852 Abs. 1 BGB auch die weiteren Schadensfolgen als bekannt.[3261]

Der Grundsatz, daß die Nachteile aus einem bestimmten – abgeschlossenen – Schadensereignis eine rechtliche Einheit bilden, beruht letztlich darauf, daß **Rechtsklarheit und -sicherheit** es gebieten, den **Verjährungsbeginn** für alle Schadensfolgen **möglichst auf einen einheitlichen Zeitpunkt festzulegen**.[3262] Daraus ergibt sich zugunsten des Schädigers ein verhältnismäßig früher Verjährungsbeginn; bei einem sich nach und nach entwickelnden Schaden aus ein und derselben unerlaubten Handlung kann der Ersatzanspruch bereits verjährt sein, bevor sich Spätfolgen einstellen. Dies kann der Geschädigte verhindern, indem er die Verjährung unterbricht durch eine Klage auf Feststellung, daß der Schädiger verpflichtet ist, alle weiteren – künftigen – Nachteile aus seinem schadensstiftenden Verhalten zu ersetzen (§§ 209 Abs. 1 BGB, 256 ZPO). Nur in **Ausnahmefällen** darf der Grundsatz der Schadenseinheit nach **§ 242 BGB** dann durchbrochen werden, wenn die Berufung auf diesen Grundsatz als Inanspruchnahme einer rein formalen Rechtsposition erscheint, weil der Geschädigte unverhältnismäßig zugunsten des Schädigers belastet wird.[3263] 1775

Die **Fortdauer des Schadenzustandes** allein ist kein neuer Folgeschaden und beruht auch nicht auf Wiederholungen der schadensstiftenden Handlung.[3264] Dagegen soll die **pflichtwidrige Unterlassung**, einen Schaden zu beseitigen, Wiederholungen der unerlaubten Schadenshandlung darstellen, so daß die Verjährung nach § 852 Abs. 1 BGB für jeden infolge der Nichtbeseitigung eintretenden Schaden gesondert erst mit dem Zeitpunkt beginnen kann, in dem der Geschädigte vom jeweiligen Schaden Kenntnis erlangt.[3265] Tatsächlich dürfte in einem solchen Fall regelmäßig eine einheitliche Dauerschädigung vorliegen, so daß die Verjährung 1776

3259 BGH, NJW 1985, 1023, 1024.
3260 Zusammenfassend BGH, WM 1998, 779, 780 und 786, 788.
3261 BGH, NJW 1991, 973; WM 1997, 2187, 2188.
3262 BGH, NJW 1991, 973, 974; WM 1997, 2187, 2188.
3263 BGH, NJW 1991, 973, 974; WM 1997, 2187, 2188 = ZIP 1997, 1796, 1797; vgl. *Schnaufer*, S. 95 ff.
3264 BGH, NJW 1969, 463 für eine ehrverletzende Äußerung.
3265 BGHZ 71, 86, 93 f. = NJW 1978, 1377.

nach § 852 Abs. 1 BGB mit der Kenntnis des ersten (Teil-)Schadens beginnen kann.

1777 Bei einer **natürlichen Handlungseinheit** mit zeitversetzten Teilakten soll die Verjährung eines Ersatzanspruchs nach § 852 Abs. 1 BGB für Schäden, die in späteren Zeitabschnitten entstehen, nicht schon mit der Kenntnis des Geschädigten vom Eintritt irgendeines Schadens beginnen, sondern frühestens jeweils mit Beendigung des einzelnen Zeitabschnitts oder erst mit Abschluß des schädigenden Handelns insgesamt.[3266] Damit wird jedoch die Verjährung nach § 852 Abs. 1 BGB nicht mehr auf die danach maßgeblichen Merkmale ausgerichtet, sondern entgegen § 225 Satz 1 BGB erschwert mit Hilfe des strafrechtlichen Begriffs der natürlichen Handlungseinheit, der ebensowenig wie derjenige der rechtlichen Handlungseinheit – der fortgesetzten Handlung – auf diesen zivilrechtlichen Bereich übertragen werden kann. In Wirklichkeit dürften die darunter zusammengefaßten „Teilakte" entweder jeweils selbständige – möglicherweise wiederholte – unerlaubte Handlungen (dazu Rn. 1779 f.) oder aber eine einmalige, einheitliche Dauerschädigung (Rn. 1774) sein.

1778 Zu einem einheitlichen Schaden aus einer bestimmten unerlaubten Handlung gehören nicht **unvorhersehbare Folgeschäden**; der Anspruch auf Ersatz solcher Schäden verjährt von dem Zeitpunkt an, in dem der Geschädigte von ihnen und ihrem Urheber erfährt.[3267]

b) Mehrere Schadenshandlungen

1779 Stammen Schäden nicht aus ein und derselben Ursache, sondern aus **mehreren selbständigen unerlaubten Handlungen**, so beginnt die Verjährung von Ersatzansprüchen, sobald der Betroffene von irgendeinem Schaden und seinem Urheber aus der jeweiligen unerlaubten Handlung Kenntnis erhält.[3268] Die Schäden aus einer jeden dieser selbständigen Handlungen können jeweils zu einer Einheit verbunden sein (vgl. Rn. 1247).

1780 Auch **Wiederholungen der schädigenden Handlung** sind jeweils rechtlich selbständige Schadensereignisse. Jede Wiederholung löst einen neuen Schaden und damit einen neuen Ersatzanspruch aus, dessen Verjährung nach § 852 Abs. 1 BGB beginnt, sobald der Geschädigte von dem jeweiligen (neuen) Schaden aus der einzelnen Wiederholung und dem Schädiger erfährt; der strafrechtliche Be-

3266 BGH, VersR 1972, 1046, 1047 für das Einleiten von Abwasser in Fischwasser; NJW 1981, 573 für die Vertiefung eines Grundstücks.

3267 BGH, VersR 1988, 929, 930; NJW 1991, 973; WM 1997, 2187, 2188.

3268 BGH, NJW 1993, 648, 650; NJW 1997, 1584, 1585; WM 1998, 786, 788.

griff der **fortgesetzten Handlung**[3269] ist insoweit nicht übertragbar.[3270] Auch die **pflichtwidrige Nichtbeseitigung eines Schadens** soll – dies ist zweifelhaft (Rn. 1776) – ein wiederholtes Schadensverhalten sein.[3271]

c) Anderweitige Ersatzmöglichkeit

Die Verjährung eines Schadensersatzanspruchs wegen **fahrlässiger Amtspflichtsverletzung (§ 839 BGB)** kann erst beginnen mit der Kenntnis des Geschädigten, daß er – dies ist eine anspruchsbegründende Voraussetzung – für seinen Schaden **nicht auf andere Weise Ersatz** zu erlangen vermag (§ 839 Abs. 1 Satz 2 BGB); ausnahmsweise kann für den Verjährungsbeginn auf den Zeitpunkt abzustellen sein, in dem der Geschädigte im Prozeßwege oder auf andere Weise sich hinreichende Klarheit verschaffen konnte, daß er keine andere Ersatzmöglichkeit hat.[3272] Die Verjährung eines Schadensersatzanspruchs gegen einen **Notar wegen fahrlässiger Amtspflichtsverletzung (§ 19 BNotO)** beginnt bereits dann, sobald der Geschädigte weiß, daß die **anderweitige Ersatzmöglichkeit seinen Schaden mindestens teilweise nicht deckt**.[3273] 1781

3. Kenntnis des Schädigers

Kenntnis „von der Person des Ersatzpflichtigen" – als Voraussetzung für den Verjährungsbeginn nach § 852 Abs. 1 BGB – erlangt der Geschädigte i. d. R., sobald er den **Namen** und die **Anschrift des Schädigers** sowie so viele **Umstände des Tathergangs** erfährt, daß er die haftungsrechtliche Verantwortung des anderen aus unerlaubter Handlung im Klagewege begründen kann.[3274] 1782

Für die Kenntnis des Ersatzpflichtigen kann genügen: 1783

- die Übermittlung der Anklage gegen den Schädiger an den Geschädigten,[3275]

3269 Dazu BGHSt-GSSt-40, 138, 145 ff. = NStZ 1994, 383.

3270 RGZ 134, 335, 338 ff.; BGHZ 71, 86, 94 = NJW 1978, 1377; BGH, VersR 1972, 1046, 1047 für das Einleiten von Abwasser in Fischwasser; WM 1977, 788 für Einwirkungen durch Lärm, Erschütterungen und Dämpfe; NJW 1981, 573 für die Vertiefung eines Grundstücks; NJW 1985, 1023, 1024 für den Gebrauch einer fremden Firma; BGHZ 97, 97, 109 f. = NJW 1986, 2309 für fortgesetzte Immissionen beim Betrieb einer Kläranlage.

3271 BGHZ 71, 86, 93 ff. = NJW 1978, 1377 für den pflichtwidrig unterlassenen Widerruf einer unberechtigten Schutzrechtsverwarnung.

3272 BGHZ 121, 65, 71 m. w. N. = NJW 1993, 933.

3273 BGHZ 102, 246, 248 ff. = NJW 1988, 1146.

3274 BGH, NJW-RR 1990, 222, 223; NJW 1998, 988, 989 = WM 1998, 543; vgl. dazu im einzelnen *Schnaufer*, S. 124 ff.

3275 BGH, VersR 1983, 273.

- dessen Vernehmung als Zeuge in einem solchen Strafverfahren bei einfach gelagertem Sachverhalt,[3276]
- oder die Einsicht in die Akte des Strafverfahrens gegen den Schädiger.[3277]

Verstirbt der ersatzpflichtige Schädiger, so erstreckt sich die Kenntnis i. S. d. § 852 Abs. 1 BGB nicht auf die Person des oder der – gemäß §§ 1967, 2058 BGB haftenden – Erben.[3278]

1784 Haben **mehrere Schädiger** den Schaden herbeigeführt, so kann die Verjährung der Ersatzansprüche gegen jeden einzelnen Schädiger nach § 852 Abs. 1 BGB – gesondert – beginnen, sobald der Geschädigte jeweils weiß, daß es sich um einen „Ersatzpflichtigen", also um eine für den Schaden verantwortliche Person handelt.[3279] Dies gilt auch dann, wenn der Geschädigte irrtümlich einen dritten Beteiligten für den eigentlich Verantwortlichen hält.[3280]

4. Zurechnung der Kenntnis Dritter

1785 Die Verjährungsfrist nach § 852 Abs. 1 BGB kann dadurch in Lauf gesetzt werden, daß der **Geschädigte** sich eine **Kenntnis Dritter** i. S. d. Vorschrift **zurechnen** lassen muß.[3281]

a) Gesetzlicher Vertreter

1786 Derjenige Verletzte, der geschäftsunfähig (§ 104 BGB) oder in seiner Geschäftsfähigkeit beschränkt ist (§ 106 BGB), muß die **Kenntnis seines gesetzlichen Vertreters** (§§ 1626, 1629, 1902 BGB) gegen sich gelten lassen.[3282]

b) Wissensvertreter

1787 In Anlehnung an den Rechtsgedanken des **§ 166 BGB** muß sich der Geschädigte die **Kenntnis eines sog. „Wissensvertreters"** im Rahmen des § 852 Abs. 1 BGB zurechnen lassen.[3283]

3276 BGH, NJW 1994, 3092, 3093.
3277 BGH, NJW-RR 1990, 222, 223.
3278 OLG Neustadt, MDR 1963, 413.
3279 BGH, VersR 1963, 285, 286; NJW-RR 1990, 222, 223.
3280 BGH, NJW-RR 1990, 222, 223.
3281 Vgl. dazu im einzelnen *Schnaufer*, S. 58 ff.
3282 Vgl. BGH, NJW 1976, 2344.
3283 BGH, NJW 1968, 988; VersR 1985, 735; NJW 1989, 2323; NJW-RR 1990, 222, 223; NJW 1993, 648, 652.

Nach § 166 BGB kommt es **im rechtsgeschäftlichen Verkehr** grundsätzlich auf die Person des Bevollmächtigten an, soweit die Kenntnis oder das Kennenmüssen gewisser Umstände die rechtlichen Folgen einer Willenserklärung beeinflussen; dies gilt auch für gesetzliche Vertreter[3284] und die Organe juristischer Personen.[3285] Diese Vorschrift ist **grundsätzlich nicht** auf die Kenntnis i. S. d. **§ 852 Abs. 1 BGB übertragbar**; für den Verjährungsbeginn nach dieser Bestimmung kommt es i. d. R. allein auf die Kenntnis des Verletzten, nicht auf diejenige seines Vertreters an.[3286]

§ 166 BGB ist allerdings der **allgemeine Rechtsgedanke** entnommen worden, daß derjenige, der – unabhängig von einem Vertretungsverhältnis – einen anderen mit der Erledigung einer bestimmten Angelegenheit in eigener Verantwortung betraut, sich das in diesem Rahmen erlangte Wissen des anderen zurechnen lassen muß – „**Wissensvertretung**" –.[3287] „**Wissensvertreter**" ist jeder, der nach der Arbeitsorganisation des Geschäftsherrn dazu berufen ist, als dessen Repräsentant im Rechtsverkehr bestimmte Aufgaben in eigener Verantwortung zu erledigen und die dabei anfallenden Informationen zur Kenntnis zu nehmen und weiterzuleiten; eine Bestellung zum rechtsgeschäftlichen Vertreter oder zum Wissensvertreter ist nicht erforderlich, jedoch muß sich der Geschäftsherr seines Repräsentanten im rechtsgeschäftlichen Verkehr wie eines Vertreters bedienen.[3288]

Diese „**Wissensvertretung**" hat die Rechtsprechung **auf § 852 Abs. 1 BGB über-** 1788
tragen. Der **Geschädigte** muß sich die **Kenntnis eines Dritten** i. S. d. Vorschrift dann **zurechnen** lassen, wenn er diesen – unabhängig von einem Vertretungsverhältnis – beauftragt hat, in eigener Verantwortung seine Interessen bezüglich des Schadensersatzanspruchs aus unerlaubter Handlung zu wahren, also insbesondere diesen Anspruch durchzusetzen; dann hat der Geschädigte diesen Dritten insoweit zu seinem „**Wissensvertreter**" bestellt.[3289] Dies gilt insbesondere für die Beauftragung eines **Rechtsanwalts** zur Aufklärung des Sachverhalts der unerlaubten Handlung und/oder zur Geltendmachung eines daraus folgenden Schadensersatzanspruchs.[3290] Eine Wissensvertretung durch Behörden entfällt.[3291] Der Geschädigte muß sich nicht nur eine **positive Kenntnis** des Wissensvertreters i. S. d.

3284 BGHZ 38, 65, 66 = NJW 1963, 2251.
3285 BGH, NJW 1994, 1150, 1151 für eine juristische Person des öffentlichen Rechts.
3286 BGH, NJW 1968, 988; 1993, 648, 652.
3287 BGH, NJW 1968, 988; BGHZ 83, 293, 296 = NJW 1982, 1585; BGH, NJW 1997, 1584, 1585.
3288 BGHZ 117, 104, 106 f. m. w. N. = NJW 1992, 1099; BGH, NJW 1994, 1150, 1151 für den Wissensvertreter einer juristischen Person des öffentlichen Rechts.
3289 BGH, NJW 1968, 988; VersR 1985, 735; NJW 1989, 2323; 1993, 648, 652.
3290 BGH, NJW 1989, 2323; NJW-RR 1990, 222, 223.
3291 BGH, NJW 1997, 1584, 1585.

§ 852 Abs. 1 BGB, sondern auch ein **mißbräuchliches Sichverschließen** vor der Kenntnis (vgl. Rn. 1770 ff.) entgegenhalten lassen.[3292]

c) Drittschadensliquidation

1789 Ist der Schaden aus einer unerlaubten Handlung – etwa aus der Amtspflichtsverletzung eines Notars – nicht bei demjenigen, der durch die Pflichtverletzung unmittelbar betroffen wurde, sondern bei einem Dritten eingetreten, so kommt es bei der **Schadensliquidation im Drittinteresse** (vgl. Rn. 1421 ff.) für die **Kenntnis** i. S. d. § 852 Abs. 1 BGB auf den **Anspruchsteller**, nicht auf den geschädigten Dritten an.[3293]

d) Erbfall

1790 Verstirbt der durch eine unerlaubte Handlung „Verletzte", so geht der in seiner Person entstandene Schadensersatzanspruch[3294] auf den oder die Erben über (§ 1922 BGB). Der Eintritt in die Rechtsstellung des Erblassers hat zur Folge, daß sich der Erbe eine **Kenntnis des Erblassers** i. S. d. § 852 Abs. 1 BGB zurechnen lassen muß.

Hatte der Erblasser eine solche Kenntnis noch nicht erlangt, so kommt es für den Verjährungsbeginn auf die Kenntnis der Erben an. Dafür ist, wenn eine Erbengemeinschaft den geerbten Schadensersatzanspruch geltend macht, erforderlich, daß alle **Miterben** diese **Kenntnis** haben[3295] (vgl. §§ 2038, 2040 BGB). Klagt ein Miterbe im eigenen Namen gemäß § 2039 BGB auf Schadensersatz an die Gesamthand, so ist streitig, ob die Verjährungsunterbrechung nicht nur für ihn, sondern auch für die übrigen Erben eintritt.[3296]

e) Forderungsübergang

1791 Ist die Schadensersatzforderung **abgetreten** worden, so muß sich der Zessionar die bis zum Forderungsübergang erworbene **Kenntnis des Zedenten** i. S. d. § 852

3292 BGH, NJW 1989, 2323 f.
3293 BGH, NJW 1967, 930, 931.
3294 Vgl. dazu BGH, BB 1968, 566.
3295 OLG Celle, NJW 1964, 869 f.
3296 Verneinend: *RGRK/Kregel*, BGB, § 2039 Rn. 12; bejahend: *Staudinger/Werner*, BGB, § 2039 Rn. 26; *MünchKomm/Dütz*, BGB, § 2039 Rn. 20; *Soergel/Wolf*, BGB, § 2039 Rn. 11; *Erman/Schlüter*, BGB, § 2039 Rn. 1; *Palandt/Edenhofer* § 2039 Rn. 7.

Abs. 1 BGB zurechnen lassen (§ 404 BGB).[3297] Dies gilt grundsätzlich entsprechend bei **gesetzlichem Forderungsübergang** (§§ 404, 412 BGB).[3298]

5. Begehung

Für den Fall, daß der Geschädigte keine Kenntnis von seinem Schaden und dem Schädiger erlangt, beginnt – **hilfsweise** – „von der Begehung der Handlung an" eine **Verjährungsfrist von dreißig Jahren** für den Schadensersatzanspruch aus unerlaubter Handlung (§ 852 Abs. 1 2. Halbs. BGB). Maßgeblich für diesen **Verjährungsbeginn** ist allein der Zeitpunkt, in dem die **schadensstiftende Handlung begangen** wird, also die Schadensursache sich ereignet; unerheblich ist insoweit, ob der Schaden und damit der Ersatzanspruch schon entstanden sind oder erst später entstehen.[3299] 1792

IV. Verjährungshemmung (§ 852 Abs. 2 BGB)

Zur Hemmung der Verjährung wird auf Rn. 1305 ff. verwiesen. 1793

Ein besonderer Grund zur **Hemmung der Verjährung** eines Schadensersatzanspruchs aus unerlaubter Handlung besteht nach **§ 852 Abs. 2 BGB** dann, wenn zwischen dem Schädiger und dem Geschädigten **Verhandlungen über den zu leistenden Schadensersatz** schweben, und zwar solange, bis der eine oder andere Teil die Fortsetzung der Verhandlungen verweigert. Dies gilt auch für einen **vertraglichen Schadensersatzanspruch**, der mit einem deliktischen Schadensersatzanspruch aus demselben Sachverhalt in **Gesetzeskonkurrenz** steht; insoweit handelt es sich um eine unmittelbare Anwendung des § 852 Abs. 2 BGB.[3300] Umstritten ist, ob diese Vorschrift auch dann anzuwenden ist, wenn nur ein vertraglicher Schadensersatzanspruch besteht. Der BGH hat dies für Ansprüche des Vermieters i. S. d. § 558 BGB bejaht,[3301] für einen **Regreßanspruch gegen einen Rechtsanwalt verneint**.[3302]

3297 BGH, NJW 1996, 117, 118.

3298 Vgl. BGHZ 48, 181, 183 ff. = NJW 1967, 2199; BGH, NJW 1983, 1912; BGHZ 133, 192, 197 = NJW 1996, 2933; BGH, NJW 1998, 902 f.; ZIP 1998, 111; Urt. v. 13. 4. 1999 – VI ZR 88/98; vgl. im einzelnen *Lepa*, VersR 1986, 301, 302 f.; *Schnaufer*, S. 72 ff.

3299 BGHZ 98, 77, 82 = NJW 1986, 2827; BGHZ 117, 287, 292 = NJW 1992, 1884.

3300 BGHZ 93, 64, 66, 68 f. = NJW 1985, 798; BGH, WM 1998, 871, 872 = ZIP 1998, 111, 112.

3301 BGHZ 93, 64, 70 = NJW 1985, 798.

3302 BGH, WM 1989, 581, 583 = NJW 1990, 326; WM 1996, 1106, 1107.

1794 Für **Verhandlungen** i. S. d. § 852 Abs. 2 BGB genügt jeder Meinungsaustausch über den Schadensfall, solange nicht erkennbar die Erörterung der Ersatzpflicht oder jede Ersatzleistung abgelehnt wird.[3303]

Die Verjährungshemmung nach dieser Vorschrift erfaßt einen **abtrennbaren Teil des Schadensersatzanspruchs** ausnahmsweise dann nicht, wenn die Parteien nur über einen anderen Teil verhandelt haben.[3304]

1795 Die **Hemmungszeit** nach § 852 Abs. 2 BGB **endet**, wenn der Ersatzberechtigte die Verhandlungen „einschlafen läßt"[3305] oder diese durch klares und eindeutiges Verhalten einer Partei abgebrochen werden.[3306] Durch Wiederaufnahme der Verhandlungen kann die Verjährung erneut gehemmt werden.

V. Verjährungsunterbrechung

1796 Insoweit wird auf Rn. 1311 ff. verwiesen. Im Bereich der Amtshaftung (§ 839 BGB) hat die Inanspruchnahme von Primärrechtsschutz verjährungsunterbrechende Wirkung.[3307]

VI. Vollendung der Verjährung, Beweislast und Verjährungseinrede

1797 Insoweit wird auf Rn. 1322 ff. verwiesen.

VII. Verzicht auf Verjährungseinrede

1798 Insoweit wird auf Rn. 1326 ff. verwiesen.

VIII. Rechtsmißbräuchliche Verjährungseinrede

1799 Insoweit wird auf Rn. 1331 ff. verwiesen.

IX. Bereicherung aus unerlaubter Handlung (§ 852 Abs. 3 BGB)

1800 Hat der Schädiger durch die unerlaubte Handlung etwas auf Kosten des Geschädigten erlangt, so ist er zur **Herausgabe nach den Bereicherungsvorschriften**

3303 BGHZ 93, 64, 66 f. = NJW 1985, 798; DB 1991, 2183.
3304 BGH, WM 1998, 871, 872 = ZIP 1998, 111, 112.
3305 BGH, VersR 1990, 755, 756.
3306 BGH, DB 1991, 2183; NJW 1998, 2819, 2820.
3307 BGH, NJW 1998, 2051.

(§§ 812 ff. BGB) auch dann verpflichtet, nachdem der deliktische Schadensersatzanspruch verjährt ist (§ 852 Abs. 3 BGB). Der Herausgabeanspruch ergibt sich seiner Rechtsnatur nach aus dem verjährten Schadensersatzanspruch, so daß dessen Voraussetzungen erfüllt sein müssen; nur wegen des Umfangs des Herausgabeanspruchs wird auf §§ 812 ff. BGB verwiesen.[3308] Diese Vorschrift **soll verhindern**, daß derjenige, der durch eine unerlaubte Handlung etwas erlangt hat, nach Ablauf der dreijährigen Verjährungsfrist des § 852 Abs. 1 1. Halbs. BGB zu Lasten des Geschädigten das Erlangte behalten kann; nach Ablauf der längstmöglichen Verjährungsfrist von dreißig Jahren (§ 852 Abs. 1 2. Halbs. BGB) kann der Anspruch aus § 852 Abs. 3 BGB nicht mehr durchgesetzt werden.[3309]

Soweit eine Forderung aus vorsätzlicher unerlaubter Handlung vorliegt, wenn der Geschädigte den Herausgabeanspruch aus § 852 Abs. 3 BGB geltend macht, kann dagegen **nicht aufgerechnet** werden (§ 393 BGB).[3310]

X. Arglisteinrede gemäß § 853 BGB

Hat jemand durch eine unerlaubte Handlung eine Forderung gegen den Geschädigten erlangt, so kann dieser die Erfüllung dieser Forderung auch dann verweigern, wenn sein Schadensersatzanspruch, mit dem die Aufhebung der Forderung hätte begehrt werden können (§ 249 Satz 1 BGB), verjährt ist (**§ 853 BGB**).[3311] 1801

H. Anhang: Rechtsprechungslexikon 1802

Abwehranspruch

Zur Abgrenzung zwischen Tatsachenbehauptung und Werturteil.
BGH, Urt. v. 12. 5. 1987 – VI ZR 195/86, NJW 1987, 2225, 2226 f.; v. 25. 3. 1997 – VI ZR 102/96, NJW 1997, 2513.

Zur Verletzung des Persönlichkeitsrechts.
BGH, Urt. v. 27. 1. 1998 – VI ZR 72/97, NJW 1998, 1391.

3308 BGHZ 71, 86, 98 ff. = NJW 1978, 1377; BGH, DB 1986, 2017, 2018.

3309 BGH, DB 1986, 2017 f.

3310 BGH, NJW 1977, 529, 530 zu § 852 Abs. 2 BGB a. F. = § 852 Abs. 3 BGB n. F.

3311 Vgl. BGH, NJW 1969, 604, 605 betreffend die Versäumung der Anfechtungsfrist wegen arglistiger Täuschung.

Zur Abwägung der Meinungsäußerungsfreiheit gegen das allgemeine Persönlichkeitsrecht.
BGH, Urt. v. 16. 6. 1998 – VI ZR 205/97, WM 1998, 2164, 2165 ff., zur Veröffentlichung bestimmt in BGHZ; vgl. BVerfG, Beschl. v. 13. 2. 1996 – 1 BvR 262/91, NJW 1996, 1529 f.

Eine diffamierende Schmähkritik überschreitet die Grenzen einer zulässigen Meinungsäußerung.
BGH, Urt. v. 1. 2. 1977 – VI ZR 204/74, WM 1977, 653, 655; v. 12. 5. 1987 – VI ZR 195/86, NJW 1987, 2225, 2227; vgl. BVerfG, Beschl. v. 12. 12. 1990 – 1 BvR 839/90, NJW 1991, 1475, 1477.

Ein Anspruch auf Widerruf beleidigender Äußerungen, die nur gegenüber dem Verletzten gemacht worden sind, besteht nicht.
BGH, Urt. v. 17. 6. 1953 – VI ZR 51/52, BGHZ 10, 104, 105 f. = NJW 1953, 1386.

I. d. R. kann der Betroffene nicht Widerruf oder Unterlassung eines ehrenkränkenden Vorbringens einer Partei oder eines Zeugen verlangen, das der Rechtsverfolgung oder -verteidigung in einem schwebenden Verfahren dient.
BVerfG, Beschl. v. 23. 6. 1990–2 BvR 674/88, NJW 1991, 29; BGH, Urt. v. 14. 11. 1961 – VI ZR 89/59, NJW 1962, 243 ff. (Zivilprozeß, Strafanzeige, Beschwerde an Rechtsanwaltskammer); v. 24. 11. 1970 – VI ZR 70/69, NJW 1971, 284 f. (Zivilprozeß); v. 14. 6. 1977 – VI ZR 111/75, NJW 1977, 1681, 1682 (Zivilprozeß); v. 10. 6. 1986 – VI ZR 154/85, NJW 1986, 2502, 2503 (Strafverfahren).

Für eine Ehrenschutzklage besteht dann ein Rechtsschutzbedürfnis, wenn die ehrenkränkende Äußerung außerhalb der prozessualen Rechtsverfolgung in Rundschreiben oder ähnlichen an die Öffentlichkeit gerichteten Aktionen aufgestellt worden ist.
BGH, Urt. v. 17. 12. 1991 – VI ZR 169/71, NJW 1992, 1314, 1315 f.

Die Verurteilung zum Widerruf einer ehrkränkenden Behauptung setzt voraus, daß die Unwahrheit der zu widerrufenden Behauptung feststeht.
BGH, Urt. v. 5. 6. 1962 – VI ZR 236/61, BGHZ 37, 187, 189 ff. = NJW 1962, 1438.

Solange der Kläger ernsthafte Anhaltspunkte für die Wahrheit einer ehrenrührigen Behauptung nicht ausgeräumt hat, kann er nicht deren Widerruf verlangen, auch nicht in der eingeschränkten Form, der Beklagte „könne sie nicht aufrechterhalten, weil er sie nicht beweisen könne".
BGH, Urt. v. 14. 6. 1977 – VI ZR 111/75, BGHZ 69, 181, 182 f. = NJW 1977, 1681.

Der Betroffene kann den Widerruf der verletzenden unwahren Behauptungen grundsätzlich auch dann verlangen, wenn sie im „kleinen Kreis" aufgestellt worden sind.
BGH, Urt. v. 20. 12. 1983 – VI ZR 94/82, BGHZ 89, 198, 203 = NJW 1984, 1104, 1105.

Führt eine unwahre Tatsachenbehauptung auf der Titelseite einer Illustrierten zu einer fortdauernden Persönlichkeitsverletzung des Betroffenen, so kann dieser vom Verleger einen Widerruf gleichfalls auf der Titelseite der Illustrierten verlangen.
Zur Geldentschädigung bei vorsätzlicher Verletzung des Persönlichkeitsrechts zwecks Gewinnerzielung.
BGH, Urt. v. 15. 11. 1994 – VI ZR 56/94, BGHZ 128, 1, 6ff. = NJW 1995, 861.

Bei einer Verletzung des allgemeinen Persönlichkeitsrechts kann Unterlassung künftiger Beeinträchtigungen verlangt werden, wenn weitere Verletzungen zu besorgen sind.
BGH, Urt. v. 18. 3. 1959 – IV ZR 182/58, BGHZ 30, 7, 14 = NJW 1959, 1269.

Ein vorbeugender Unterlassungsanspruch kann dann bestehen, wenn es bisher noch zu keiner Beeinträchtigung gekommen ist, ein künftiger Eingriff aber aufgrund greifbarer Anhaltspunkte zu besorgen ist.
BGH, Urt. v. 10. 4. 1956 – I ZR 165/54, LM BGB § 1004 Nr. 27; v. 26. 4. 1990 – I ZR 99/88, NJW 1990, 2469, 2470.

Ein rechtswidriger Eingriff in das allgemeine Persönlichkeitsrecht begründet die tatsächliche Vermutung einer Wiederholungsgefahr.
BGH, Urt. v. 8. 2. 1994 – VI ZR 286/93, WM 1994, 641, 644.

Zur Gegendarstellung und Richtigstellung auf der Titelseite einer Zeitschrift wegen Verletzung des Persönlichkeitsrechts.
BVerfG, Beschl. v. 14. 1. 1998 – 1 BvR 1861/93, NJW 1998, 1381, 1382ff.

Bei rufschädigenden Meinungsäußerungen kann dem Verletzten auf negatorischer und deliktischer Grundlage ein Anspruch auf Veröffentlichung einer strafbewehrten Unterlassungsverpflichtung des Schädigers zustehen.
BGH, Urt. 25. 11. 1986 – VI ZR 57/86, BGHZ 99, 133, 135ff. = NJW 1987, 1400.

Nach geltendem Recht kann nicht zum Zwecke des zivilrechtlichen Ehrenschutzes auf Feststellung der Unwahrheit einer Tatsachenbehauptung oder der Rechtswidrigkeit einer Persönlichkeitsverletzung geklagt werden.
BGH, Urt. v. 3. 5. 1977 – VI ZR 36/74, BGHZ 68, 331, 335 = NJW 1977, 1288.

§ 254 BGB ist auch im Rahmen des Beseitigungsanspruchs nach § 1004 Abs. 1 Satz 1 BGB entsprechend anwendbar.
BGH, Urt. v. 18. 4. 1997 – V ZR 28/96, BGHZ 135, 235, 239 = JZ 1998, 92.

Durch eine Klage auf Unterlassung der geschäftsschädigenden Äußerung wird die Verjährung des Anspruchs auf Widerruf dieser Äußerung nicht unterbrochen.
BGH, Urt. v. 28. 9. 1973 – I ZR 136/71, NJW 1973, 2285, 2286.

Ein Anspruch auf Widerruf ehrverletzender Tatsachenbehauptungen verjährt nach § 852 BGB.
BGH, Urt. v. 3. 12. 1968 – VI ZR 140/67, NJW 1969, 463.

Anscheinsbeweis

Kann zugunsten des Klägers im Wege des Anscheinsbeweises bei typischen Geschehensabläufen nach der Lebenserfahrung von einem bestimmten Ereignis auf einen bestimmten Erfolg geschlossen werden, so kann der Beklagte dem Anscheinsbeweis dadurch die Grundlage entziehen, daß er Umstände aufzeigt und notfalls beweist, aus denen sich die ernsthafte Möglichkeit eines anderen als des erfahrungsgemäß normalen Verlaufs der Dinge ergibt. Gelingt ihm dies, so hat der Kläger den vollen Beweis für die Voraussetzungen seines Anspruchs zu erbringen.
BGH, Urt. v. 12. 2. 1963 – VI ZR 70/62, BGHZ 39, 103, 107 f. = NJW 1963, 953; v. 17. 1. 1995 – X ZR 82/93, VersR 1995, 723, 724.

Beweis

Bei Personen- und Sachschäden – i. d. R. also bei Schadensersatzansprüchen aus § 823 Abs. 1 BGB – gehört der Zusammenhang zwischen dem Verhalten des Schädigers und der Rechtsgutsverletzung im allgemeinen zum konkreten Haftungsgrund (haftungsbegründende Kausalität), der nach den strengen Anforderungen des § 286 ZPO zu beweisen ist.
Bei einem vertraglichen Anspruch auf Ersatz eines Vermögensschadens erstreckt sich der Bereich des nach § 286 ZPO zu beweisenden Haftungsgrundes nur bis zu der Feststellung, der Vertragspartner sei durch die Vertragsverletzung so betroffen worden, daß nachteilige Folgen für ihn eintreten konnten.
Den Ursachenzusammenhang zwischen dem Haftungsgrund und dem eingetretenen Schaden (haftungsausfüllende Kausalität) hat der Tatrichter nach § 287 ZPO festzustellen; insoweit genügt für die Überzeugungsbildung je nach Lage des Einzelfalls eine höhere oder deutlich höhere Wahrscheinlichkeit.
BGH, Urt. v. 24. 6. 1986 – VI ZR 21/85, NJW 1987, 705 f.; v. 22. 9. 1992 – VI ZR 293/91, NJW 1992, 3298 f.; v. 15. 6. 1993 – XI ZR 111/92, NJW 1993, 3073, 3076.

Gehilfenhaftung (§ 831 BGB)

§ 831 BGB bedarf mit Rücksicht auf seinen Schutzzweck einer Einschränkung. Der Geschäftsherr haftet nicht, wenn der Gehilfe sich so verhalten hat, wie jede

mit Sorgfalt ausgewählte und überwachte Person sich sachgerecht verhalten hätte; bei objektiv fehlerfreiem Verhalten bestünde nämlich gegen den Geschäftsherrn auch bei eigenem Handeln kein Schadensersatzanspruch. In diesem Falle ist kein Entlastungsbeweis i. S. d. § 831 Abs. 1 Satz 2 BGB erforderlich.
BGH – GSZ –, Beschl. v. 4. 3. 1957 – GSZ 1/56 –, BGHZ 24, 21, 29 = NJW 1957, 785; Urt. v. 22. 11. 1974 – I ZR 32/74, VersR 1975, 447, 449; v. 12. 7. 1996 – V ZR 280/94, NJW 1996, 3205, 3207; OLG Oldenburg, Urt. v. 8. 5. 1987 – 6 U 151/85, NJW – RR 1988, 38.

Verrichtungsgehilfe i. S. d. § 831 BGB ist derjenige, der von Weisungen seines Geschäftsherrn abhängig ist. Dafür genügt es, daß der Geschäftsherr die Tätigkeit des Gehilfen jederzeit beschränken oder entziehen oder nach Zeit und Umfang bestimmen kann.
Auf eine bürgerlichrechtliche Gesellschaft ist § 31 BGB nicht anzuwenden.
BGH, Urt. v. 30. 6. 1966 – VII ZR 23/65, BGHZ 45, 311, 312f. = NJW 1966, 1807.

Selbständige Handwerker und Unternehmer – auch Subunternehmer – sind i. d. R. keine Verrichtungsgehilfen des Bauherrn.
Der geschädigte Kläger hat zu beweisen, daß der Schaden von einem Verrichtungsgehilfen des Beklagten zugefügt worden ist.
BGH, Urt. v. 21. 6. 1994 – VI ZR 215/93, BB 1994, 1741.

Der Gehilfe schädigt einen anderen „in Ausführung der Verrichtung“, wenn sein schadensstiftendes Handeln innerhalb des übernommenen Pflichtenkreises liegt, also ein unmittelbarer innerer Zusammenhang zwischen seiner zugewiesenen Aufgabe nach deren Art und Zweck einerseits und der schädigenden Handlung andererseits besteht.
Daran fehlt es, wenn aus der Sicht eines Außenstehenden das Verhalten des Gehilfen aus dem Kreis oder dem allgemeinen Rahmen der ihm anvertrauten Aufgabe herausfällt. Dies ist der Fall, wenn der Gehilfe nur bei Gelegenheit der Erledigung seiner Aufgaben den Schaden verursacht, also etwa dann, wenn der Gehilfe rein zufällig mit den Rechtsgütern des Geschädigten in einer Weise in Berührung kommt, die ihm lediglich die Gelegenheit bietet, eine von den ihm übertragenen Aufgaben völlig losgelöste unerlaubte Handlung zu begehen.
BGH, Urt. v. 6. 10. 1970 – VI ZR 56/69, NJW 1971, 31, 32; v. 13. 7. 1977 – VIII ZR 243/75, WM 1977, 1169, 1170; v. 14. 2. 1989 – VI ZR 121/88, NJW – RR 1989, 723, 725.

Hat der Geschädigte die Schädigung durch den Verrichtungsgehilfen bewiesen, so hat der Geschäftsherr einen Sachverhalt zu behaupten und zu beweisen, der die an sich gegebene Rechtswidrigkeit der Rechtsgutsverletzung aus besonderen Gründen entfallen läßt.
BGH, Urt. 29. 6. 1971 – VI ZR 274/69, VersR 1971, 1020, 1021.

Hat ein bei der Herstellung der Ware entstandener Mangel einen Schaden verursacht, so muß der auf Schadensersatz in Anspruch genommene Hersteller darlegen und beweisen, daß Verrichtungsgehilfen, bezüglich derer er sich nicht nach § 831 Abs. 1 Satz 2 BGB entlastet hat, den Mangel nicht herbeigeführt haben können.
BGH, Urt. v. 19. 6. 1973 – VI ZR 178/71, DB 1973, 1645, 1646.

Im Schadensfall braucht sich nicht derjenige Mangel des Gehilfen ausgewirkt zu haben, den der Geschäftsherr bei der Auswahl oder Überwachung erkennen mußte, aber schuldhaft nicht beachtet hat.
BGH, Urt. v. 14. 3. 1978 – VI ZR 213/76, NJW 1978, 1681, 1682.

Für ein deliktisches Verhalten ihres Prozeßbevollmächtigten haftet die Partei auch bei unbeschränkter Vollmachterteilung nur nach § 831 BGB.
Das Mandat begründet ein Abhängigkeitsverhältnis i. S. d. Vorschrift, weil der Auftraggeber den Auftrag jederzeit beschränken oder entziehen kann und dem Rechtsanwalt Weisungen erteilen darf.
BGH, Urt. v. 15. 2. 1957, VI ZR 335/55, VersR 1957, 301 = LM BGB § 823 – Hb – Nr. 5 (irrtümliche Zwangsvollstreckung infolge Namensverwechslung).

Maß und Umfang der Pflicht des Geschäftsherrn, den Verrichtungsgehilfen auszuwählen, zu überwachen und zu leiten, lassen sich nicht nach starren Regeln, sondern nur nach der Verkehrsanschauung und den Besonderheiten des Einzelfalles beurteilen.
BGH, Urt. v. 30. 1. 1996 – VI ZR 408/94, NJW – RR 1996, 867, 868 = VersR 1996, 469; OLG Köln, Urt. v. 21. 6. 1996 – 19 U 2/96, NJW – RR 1997, 471.

Schädigt ein Rechtsanwalt im Rahmen eines Mandats einen Dritten, so kann sich der Auftraggeber i. S. d. § 831 Abs. 1 Satz 2 BGB dahin entlasten, daß er bei der Auswahl seines Rechtsanwalts die erforderliche Sorgfalt beobachtet hat. Er braucht nicht die Eignung des Rechtsanwalts zu prüfen, sondern darf sich darauf verlassen, daß dieser aufgrund seiner akademischen Ausbildung und wegen der staatlichen Zulassung über eine hinreichende Qualifikation verfügt und der übertragenen Aufgabe gerecht werden kann. Dementsprechend braucht der Mandant den Rechtsanwalt auch nicht bei der Ausübung seiner Tätigkeit zu beaufsichtigen.
OLG Koblenz, Beschl. v. 8. 11. 1988–6 W 681/88, NJW – RR 1989, 363.

Zum dezentralisierten Entlastungsbeweis bei einem Großbetrieb.
BGH, Urt. v. 25. 10. 1951 – III ZR 95/50, BGHZ 4, 1, 2ff.; v. 17. 10. 1967 – VI ZR 70/66, MDR 1968, 139, 140; v. 30. 1. 1996 – VI ZR 408/94, VersR 1996, 469, 470.

§ 831 BGB stellt die Vermutung eines eigenen Verschuldens des Geschäftsherrn auf; dadurch wird aber die Schadenshandlung des Verrichtungsgehilfen nicht zu seiner eigenen Tat.

Deswegen kann der aus § 831 BGB haftende Geschäftsherr dem Geschädigten dessen Mitverschulden bei der Entstehung des Schadens entgegenhalten.
RG, Urt. v. 9. 3. 1938 – VI 212/37, RGZ 157, 228, 233.

Der Geschäftsführer einer GmbH haftet nicht aus § 831 Abs. 2 BGB für den Schaden, den ein von ihm bestellter Verrichtungsgehilfe verursacht hat. Zwar besteht zwischen einer GmbH und ihrem Geschäftsführer i. d. R. ein vertragliches Anstellungsverhältnis; jedenfalls im Haftpflichtrecht wird jedoch die Rechtsstellung des Geschäftsführers durch seine Organstellung geprägt.
BGH, Urt. v. 14. 5. 1974 – VI ZR 8/73, NJW 1974, 1371, 1372.

Kreditgefährdung (§ 824 BGB)

§ 824 BGB schützt das Interesse an ungestörter wirtschaftlicher Betätigung nicht umfassend gegen jede Bedrohung, die auf eine falsche Information zurückgeführt werden kann. Geschützt sind nur diejenigen Interessen, die der Betroffene an ungestörten wirtschaftlichen Beziehungen zu dem Personenkreis hat, die ihm als Geschäftspartner im weiten Sinne – etwa als Kreditgeber, Abnehmer, Lieferant, Auftrag- und Arbeitgeber – Existenz und Fortkommen im Wirtschaftsleben ermöglichen.
Der Schutzbereich der Vorschrift erstreckt sich nicht auf außergeschäftliche Beziehungen des Betroffenen zu seiner Umwelt. Deshalb greift § 824 BGB nicht ein, soweit es um Aufforderungen zu Streiks, Blockaden und Aktionen von Personen geht, die als Außenstehende dem Erwerb oder dem Fortkommen des Betroffenen Hindernisse bereiten können.
BGH, Urt. v. 7. 2. 1984 – VI ZR 193/82, BGHZ 90, 113, 119ff. = NJW 1984, 1607.

§ 824 BGB soll allein vor unmittelbaren Beeinträchtigungen wirtschaftlicher Interessen durch Behauptung oder Verbreitung unwahrer Tatsachen schützen. Die Vorschrift begründet nur für denjenigen einen Ersatzanspruch, der von der Stoßrichtung einer unrichtigen – nicht notwendigerweise ehrenrührigen – Aussage nach dem Verkehrsverständnis betroffen ist, weil diese sich mit seiner Person, seinem Unternehmen oder seiner Tätigkeit unmittelbar befaßt. Diese Beschränkung des Schutzumfangs ergibt sich aus der Entstehungsgeschichte und der Stellung der Vorschrift im Haftungssystem.
BGH, Urt. v. 20. 12. 1988 – VI ZR 95/88, DB 1989, 921.

Zur Frage, ob eine den wirtschaftlichen Ruf beeinträchtigende Erklärung eine Tatsachenbehauptung oder Meinungsäußerung ist.
Zum Wahrheitsbeweis beim Unterlassungsbegehren.
BGH, Urt. v. 30. 5. 1974 – VI ZR 174/72, DB 1974, 1429f.

Zur Wahrnehmung berechtigter Interessen i. S. d. § 824 Abs. 2 BGB.
BGH, Urt. v. 13. 3. 1979 – VI ZR 117/77, BGHZ 74, 9, 18 = NJW 1979, 1351 (unberechtigte Vollstreckungsmaßnahme eines Rechtsanwalts); v. 3.12.1985 – VI ZR 160/84, NJW 1986, 981, 982 (Veröffentlichung von Preisvergleichen); v. 20. 12. 1988 – VI ZR 95/88, DB 1989, 921, 922 (Filmbesprechung); OLG Düsseldorf, Urt. v. 11. 1. 1984 – 3 U 82/83, VersR 1985, 247 (Pressemitteilung).

Wer unwahre kreditschädigende Tatsachen behauptet hat, kann dem Betroffenen zur Auskunft verpflichtet sein, wem gegenüber er die Vorwürfe verbreitet hat.
BGH, Urt. 6. 2. 1962 – VI ZR 193/61, NJW 1962, 731.

Die Regelung des § 824 BGB, die Schadensersatzansprüche wegen Gefährdung der „Geschäftsehre" durch unwahre Behauptungen begründet, verdrängt nicht eine Haftung aus § 823 Abs. 2 BGB i. V. m. §§ 185 ff. StGB.
BGH, Urt. v. 16. 11. 1982 – VI ZR 122/80, NJW 1983, 1183.

Mitverschulden

Eine mitwirkendes Verschulden ist ein Verschulden in eigener Angelegenheit, nämlich ein Außerachtlassen derjenigen Aufmerksamkeit und Sorgfalt, die nach Lage der Sache jeder verständige Mensch zur Wahrnehmung seiner Angelegenheiten beachtet, um Schäden zu vermeiden.
BGH, Urt. v. 3. 7. 1961 – III ZR 101/60, VersR 1961, 907.

Trifft den Geschädigten ein Mitverschulden (§ 254 BGB), so richtet sich die Abwägung der wechselseitigen Schadensbeiträge in erster Linie danach, inwieweit der Schaden vorwiegend von dem einen oder dem anderen Teil verursacht worden ist; hierfür ist maßgeblich, wer den Schaden in wesentlich höherem Maße wahrscheinlich gemacht hat. Erst wenn sich ergibt, daß kein Teil den Schaden überwiegend verursacht hat, ist der beiderseitige Verschuldensgrad zu prüfen.
BGH, Urt. v. 29. 1. 1969 – I ZR 18/67, NJW 1969, 789, 790.

Gegenüber einer vorsätzlichen sittenwidrigen Schädigung ist ein fahrlässiger Beitrag des Geschädigten an der Schadensentstehung grundsätzlich nicht anzurechnen.
BGH, Urt. v. 6. 12. 1983 – VI ZR 60/82, NJW 1984, 921, 922; v. 9.10.1991 – VIII ZR 19/91, NJW 1992, 310, 311.

Der aus § 831 BGB haftende Geschäftsherr kann dem Geschädigten dessen Mitverschulden bei der Entstehung des Schadens entgegenhalten.
RG, Urt. v. 9. 3. 1938 – VI 212/37, RGZ 157, 228, 233.

§ 254 BGB ist auch im Rahmen eines Beseitigungsanspruchs nach § 1004 Abs. 1 Satz 1 BGB entsprechend anwendbar.
BGB, Urt. v. 18. 4. 1997 – V ZR 28/96, BGHZ 135, 235, 239 = JZ 1998, 92.

Rechtsanwalt

Für ein deliktisches Verschulden ihres Prozeßbevollmächtigten haftet die Partei auch bei unbeschränkter Vollmachtserteilung nur nach § 831 BGB.
BGH, Urt. v. 15. 2. 1957 – VI ZR 335/55, VersR 1957, 301.

Schädigt ein Rechtsanwalt im Rahmen eines Mandats einen Dritten, so kann sich der Auftraggeber i. S. d. § 831 Abs. 1 Satz 2 BGB dahin entlasten, daß er bei der Auswahl seines Rechtsanwalts die erforderliche Sorgfalt beachtet hat. Er braucht nicht die Eignung des Rechtsanwalts zu prüfen, sondern darf sich darauf verlassen, daß dieser aufgrund seiner akademischen Ausbildung und wegen der staatlichen Zulassung über eine hinreichende Qualifikation verfügt und der übertragenen Aufgabe gerecht werden kann. Dementsprechend braucht der Mandant den Rechtsanwalt auch nicht bei der Ausübung seiner Tätigkeit zu beaufsichtigen.
OLG Koblenz, Beschl. v. 8. 11. 1988–6 W 681/88, NJW – RR 1989, 363.

Verzögert der mit der Zwangsvollstreckung beauftragte Rechtsanwalt die Freigabe des Pfandgegenstandes, nachdem ein die Veräußerung hinderndes Recht glaubhaft gemacht ist, so haftet der Gläubiger aufgrund der durch den Vollstreckungseingriff begründeten privatrechtlichen Sonderbeziehung i. V. m. § 278 BGB für den Verzugsschaden des Dritten.
BGH, Urt. v. 7. 3. 1972 – VI ZR 158/70, BGHZ 58, 207, 214ff. = NJW 1972, 1048.

Zur Haftung eines Rechtsanwalts, der die im Auftrag des Gläubigers eingeleitete Zwangsvollstreckung versehentlich nach Tilgung der Schuld weiterbetreibt.
BGH, Urt. v. 13. 3. 1979 – VI ZR 117/77, BGHZ 74, 9, 11ff. = NJW 1979, 1351.

Die Zwangsvollstreckung in schuldnerfremde Gegenstände ist grundsätzlich eine Eigentumsverletzung i. S. d. § 823 Abs. 1 BGB und kann eine deliktische Haftung des Betreibers begründen. Dies gilt auch, wenn das beeinträchtigte Recht des Dritten in einem Sicherungseigentum besteht.
Die Haftung kann neben dem Gläubiger des Vollstreckungsverfahrens auch dessen Rechtsanwalt betreffen, der namens des Gläubigers die Zwangsvollstreckung betreibt, es sei denn, daß eine verbindliche Weisung im Mandatsverhältnis vorliegt.
BGH, Urt. v. 12. 5. 1992 – VI ZR 257/91, BGHZ 118, 201, 205 = NJW 1992, 2014.

Ein Rechtsanwalt, der an einem Vertrag zur Zahlung einer Abfindung gegen Rücknahme einer aktienrechtlichen Anfechtungsklage mitwirkt, kann aus § 826 BGB und § 823 Abs. 2 BGB i. V. m. §§ 253, 25, 27 StGB haften.
BGH, Urt. v. 14. 5. 1992 – II ZR 299/90, NJW 1992, 2821 f. = WM 1992, 1184.

Gibt ein Rechtsanwalt gegenüber einem Gläubiger seines Mandanten unwahre Erklärungen über dessen Kreditwürdigkeit ab, so kann er wegen Beihilfe zum Betrug (§ 823 Abs. 2 BGB i. V. m. §§ 263, 27 StGB) oder aus § 826 BGB haften.
BGH, Urt. v. 24. 1. 1978 – VI ZR 105/76, WM 1978, 576, 577.

Zum Anspruch eines Rechtsanwalts, ein gegen ihn gerichtetes Flugblatt eines früheren Mandanten nicht zu verbreiten.
BGH, Urt. v. 25. 3. 1997 – VI ZR 102/96, NJW 1997, 2513.

Ein Rechtsanwalt kann den Widerruf ehrverletzender unwahrer Behauptungen auch dann verlangen, wenn sie im „kleinen Kreis" aufgestellt worden sind.
BGH, Urt. v. 20. 12. 1983 – VI ZR 94/82, BGHZ 89, 198, 203 = NJW 1984, 1104.

Die Pflicht des Rechtsanwalts, den Sachverhalt wahrheitsgemäß und vollständig mitzuteilen (§ 138 Abs. 1 ZPO), entfällt, wenn er sich mit der Offenbarung des wahren Sachverhalts in Widerspruch zu früheren Behauptungen seines Mandanten setzen und diesen dadurch der Unwahrhaftigkeit und damit eines versuchten Prozeßbetruges bezichtigen müßte.
BGH, Urt. v. 8. 8. 1952 – 4 StR 416/51, NJW 1952, 1148.

Zum Prozeßbetrug im Mahnverfahren.
OLG Düsseldorf, Beschl. v. 30. 8. 1991 – 2 Ws 317/91, NStZ 1991, 586.

Zum Unterlassungsanspruch bei anwaltlicher Presseerklärung.
KG, Urt. v. 27. 5. 1997 – 9 U 901/97, NJW 1997, 2390.

Rechtspflegeverfahren

Grundsätzlich indiziert die subjektiv redliche Einleitung und Durchführung eines gesetzlich geregelten Rechtspflegeverfahrens nicht schon die Rechtswidrigkeit der Beeinträchtigung eines in § 823 BGB geschützten Rechtsguts, weil das schadensursächliche Verhalten wegen seiner verfahrensrechtlichen Legalität die Vermutung der Rechtmäßigkeit für sich hat. Daher haftet derjenige, der Rechtsschutz begehrt, seinem Gegner außerhalb der schon im Verfahrensrecht vorgesehenen Sanktionen nicht nach dem sachlichen Recht der unerlaubten Handlungen für die Folgen einer nur fahrlässigen Fehleinschätzung der Rechtslage.
Diese Grundsätze sind nur dann anzuwenden, wenn derjenige, dessen durch § 823 BGB geschütztes Rechtsgut beeinträchtigt wird, sich gegen eine ungerechtfertigte Inanspruchnahme in dem Verfahren selbst hinreichend wehren kann. Ist dies nicht

der Fall, so muß es beim uneingeschränkten deliktischen Rechtsgüterschutz verbleiben.

BGH, Urt. v. 12. 5. 1992 – VI ZR 257/91, BGHZ 118, 201, 206 = NJW 1992, 2014; vgl. BGH, Urt. v. 3. 10. 1961 – VI ZR 242/60, BGHZ 36, 18, 20f. = NJW 1961, 2254 (unbegründeter Konkursantrag).

Einer Handhabung des Schadensersatzrechts, die den gutgläubigen Erstatter einer Strafanzeige mit dem Risiko des Schadensersatzes belastet für den Fall, daß die Anzeige nicht zum Beweis des behaupteten Vorwurfs führt, verstößt gegen Art. 2 Abs. 1 GG i. V. m. dem Rechtsstaatsprinzip.

BVerfG, Beschl. v. 25. 2. 1987 – 1 BvR 1086/85, NJW 1987, 1929.

Herabsetzende Äußerungen, die im Rahmen einer Auseinandersetzung von Parteien vor einer Verwaltungsbehörde abgegeben werden, sind dem zivilrechtlichen Ehrenschutz in gleicher Weise entzogen wie Äußerungen in einem gerichtlichen Verfahren.

OLG Düsseldorf, Urt. v. 29. 10. 1997 – 13 U 226/96, NVwZ 1998, 435.

Schaden

Der deliktische Schadensersatzanspruch eines getäuschten Käufers erstreckt sich grundsätzlich auf das negative Interesse. Den Ersatz seines positiven Interesses kann der Käufer auf deliktischer Grundlage nur dann verlangen, wenn die unerlaubte Handlung zugleich die Voraussetzungen für einen vertraglichen Gewährleistungsanspruch nach §§ 463, 480 Abs. 2 BGB erfüllt.

BGH, Urt. v. 25. 11. 1997 – VI ZR 402/96, NJW 1998, 983, 984 = WM 1998, 294.

Im Bereich der unerlaubten Handlungen sind dem Geschädigten grundsätzlich auch die bei der Verfolgung des Schadensersatzanspruchs entstehenden Rechtsanwaltskosten als adäquater und dem Schädiger zurechenbarer Folgeschaden zu ersetzen.

Mit Rücksicht auf § 254 BGB sind nur solche Aufwendungen zu ersetzen, die aus der Sicht des Geschädigten zur Wahrnehmung und Durchsetzung seiner Rechte erforderlich und zweckmäßig waren.

BGH, Urt. v. 30. 4. 1986 – VIII ZR 112/85, NJW 1986, 2243, 2244f.

Die Rechtsanwaltskosten für die Durchsetzung des Honoraranspruchs können auch dann zu ersetzen sein, wenn ein Rechtsanwalt sich im Verfahren selbst vertritt.

BAG, Beschl. v. 27. 7. 1994 – 7 ABR 10/93, ZIP 1995, 499, 502f.

Ist in einem einfach gelagerten Schadensfall die Haftung nach Grund und Höhe so klar, daß aus der Sicht des Geschädigten kein Anlaß zu Zweifeln an der Ersatz-

pflicht des Schädigers besteht, so ist für die erstmalige Geltendmachung des Anspruchs gegenüber dem Schädiger oder seiner Versicherung die Einschaltung eines Rechtsanwalts nur dann erforderlich, wenn der Geschädigte selbst hierzu aus besonderen Gründen – z. B. wegen fehlender geschäftlicher Gewandtheit – nicht in der Lage ist.
Jedoch kann der Geschädigte – auch eine Behörde – die weitere Bearbeitung des Schadensfalls auf Kosten des Schädigers einem Rechtsanwalt übertragen, wenn die erste Anmeldung nicht zur unverzüglichen Regulierung des Schadens führt.
BGH, Urt. v. 8. 11. 1994 – VI ZR 3/94, NJW 1995, 446, 447.

Der Geschädigte hat grundsätzlich gegen den Schädiger keinen Anspruch auf Ersatz der Aufwendungen, die durch die Anschließung als Nebenkläger im Strafprozeß entstanden sind, wenn der Schädiger im Strafverfahren freigesprochen wird.
BGH, Urt. v. 17. 5. 1957, VI ZR 63/56, BGHZ 24, 263, 266ff. = NJW 1957, 1593.

Der Anspruch auf Schmerzensgeld nach § 847 BGB soll dem Geschädigten einen Ausgleich für diejenigen Schäden bieten, die nicht vermögensrechtlicher Art sind, und dem Genugtuungsbedürfnis Rechnung tragen.
Bei der Festsetzung dieser billigen Entschädigung dürfen grundsätzlich alle Umstände des Falles berücksichtigt werden, darunter auch der Grad des Verschuldens des Schädigers, die wirtschaftlichen Verhältnisse der Beteiligten und eine Haftpflichtversicherung des Schädigers. Dabei hat das Ausmaß der Lebensbeeinträchtigung im Vordergrund zu stehen.
BGH – GSZ –, Beschl. v. 6. 7. 1955 – GSZ 1/55, BGHZ 18, 149, 154ff. = NJW 1955, 1675.

Im Rahmen des Anspruchs auf Schmerzensgeld nach § 847 BGB kann jedenfalls bei vorsätzlichen Rechtsgutsverletzungen auch ein Genugtuungsbedürfnis des Geschädigten berücksichtigt werden.
Dieses ist von einem staatlichen Strafanspruch zu unterscheiden und fällt deshalb nicht weg, wenn der Schädiger wegen der Tat zu einer Freiheitsstrafe verurteilt wird.
BGH, Urt. v. 29. 11. 1994 – VI ZR 93/94, BGHZ 128, 117, 120ff. = NJW 1995, 781.

Zur Bemessung des Schmerzensgelds bei einer Körperverletzung, an deren Folgen der Verletzte alsbald verstirbt.
BGH, Urt. v. 12. 5. 1998 – VI ZR 182/97, NJW 1998, 2741, 2743, zur Veröffentlichung bestimmt in BGHZ 138, 388.

Die im Bereich des Schadensersatzrechts entwickelten Grundsätze der Vorteilsausgleichung beruhen auf dem Gedanken, daß dem Geschädigten in gewissem Umfang diejenigen Vorteile zuzurechnen sind, die ihm in adäquatem Zusammenhang mit dem Schadensereignis zufließen. Der Geschädigte darf nicht besser gestellt werden, als er ohne das schädigende Ereignis stünde. Andererseits sind nicht

alle durch das Schadensereignis bedingten Vorteile auf den Schadensersatzanspruch anzurechnen, sondern nur solche, deren Anrechnung dem Geschädigten zumutbar ist und den Schädiger nicht unangemessen entlastet. Vor- und Nachteile müssen bei wertender Betrachtung gleichsam zu einer Rechnungseinheit verbunden sein. Letztlich folgt der Rechtsgedanke des Vorteilsausgleichs aus dem Grundsatz von Treu und Glauben (§ 242 BGB).
BGH, Urt. v. 17. 5. 1984 – VII ZR 169/82, BGHZ 91, 206, 209f. = NJW 1984, 2457.

Die tatsächlichen Voraussetzungen der Vorteilsausgleichung hat der Ersatzpflichtige darzulegen und zu beweisen.
BGH, Urt. v. 24. 4. 1985 – VIII ZR 95/84, BGHZ 94, 195, 217 = NJW 1985, 1539.

Schutzbereich

Der adäquate Ursachenzusammenhang ist nicht immer geeignet, die Haftung in befriedigender Weise zu begrenzen. Deshalb bedarf es eines Korrektivs, um den Schadensersatz bei wertender Betrachtung auf die zurechenbaren Folgen zu beschränken, die dem Schädiger haftungsrechtlich billigerweise zugemutet werden können. Der Schaden muß aus der Verletzung eines Rechtsguts entstanden sein, zu dessen Schutz die verletzte Rechtsnorm erlassen wurde.
BGH, Urt. v. 1. 6. 1959 – III ZR 49/58, BGHZ 30, 154, 156f. = NJW 1959, 1631 betreffend Anwaltskosten eines Unfallgeschädigten.

Für eine gerechte Begrenzung der Haftung ist zu prüfen, ob die Tatfolge, für die Ersatz begehrt wird, innerhalb des Schutzbereichs der verletzten Norm liegt. Dafür sind deren Sinn und Zweck zu untersuchen.
BGH, Urt. v. 7. 6. 1968 – VI ZR 1/67, NJW 1968, 2287, 2288.

Der Zeitaufwand des Geschädigten infolge außergerichtlicher Tätigkeit zur Wahrung seiner Ansprüche liegt außerhalb des Schutzzwecks der Haftung des Schädigers.
Die Auslagen für die Einleitung eines Strafverfahrens gegen einen Warendieb werden nicht vom Zweck des Eigentumsschutzes gedeckt.
Zu den als Folgeschäden erstattungsfähigen Kosten der Rechtsverfolgung gehören angemessene Belohnungen, um gestohlene Gegenstände wiederzuerlangen.
BGH, Urt. v. 6. 11. 1979 – VI ZR 254/77, BGHZ 75, 230, 231ff. = NJW 1980, 119.

Sittenwidrige Schädigung

Ein Verstoß gegen die guten Sitten kann durch Unterlassen begangen werden, wenn die Vornahme der unterbliebenen Handlung – etwa der Aufklärung über die Kreditunwürdigkeit eines Vertragspartners – sittlich geboten ist.
BGH, Urt. v. 5. 11. 1962 – II ZR 161/61, NJW 1963, 148, 149; v. 7. 3. 1985 – III ZR 90/93, WM 1985, 866, 868.

Ein Verhalten, das sich gegen das Anstandsgefühl aller billig und gerecht Denkenden richtet, verstößt gegen die guten Sitten.
Diese Voraussetzung kann gegeben sein, wenn das angewandte, unter anderen Umständen nicht zu beanstandende Mittel zu dem angestrebten, für sich genommen billigenswerten Zweck mit Rücksicht auf alle Umstände des Einzelfalls außer Verhältnis steht. Das ist der Fall, wenn der angerichtete Schaden außer Verhältnis zu dem erstrebten Nutzen steht oder wenn der durch das Verhalten entstandene Schaden unausweichlich war, ohne daß dieser durch ein berechtigtes Interesse gedeckt würde.
BGH, Urt. v. 20. 3. 1995 – II ZR 205/94, BGHZ 129, 136, 172 = WM 1995, 882, 884.

Die Verfolgung eigener Interessen bei der Ausübung von Rechten ist grundsätzlich auch dann gerechtfertigt, wenn damit eine Schädigung Dritter verbunden ist.
Bedient sich allerdings ein Gläubiger zur Befriedigung eigener Forderungen unlauterer Mittel – etwa durch Ausnutzung einer tatsächlichen oder rechtlichen Machtstellung oder durch Ausübung wirtschaftlichen Drucks –, durch die Ansprüche anderer Gläubiger vereitelt werden, so ist sein Vorgehen sittenwidrig.
BGH, Urt. v. 7. 3. 1985 – III ZR 90/93, WM 1985, 866, 868 f.; v. 19. 10. 1987 – II ZR 9/87, DB 1988, 226, 228 = NJW 1988, 700, 703.

Sittenwidrig i. S. d. § 826 BGB handelt nicht nur derjenige, der die haftungsbegründenden Umstände kennt, sondern auch ein Mittäter, der sich einer solchen Kenntnis bewußt verschließt.
BGH, Urt. v. 27. 1. 1994 – I ZR 326/190, NJW 1994, 2289, 2291.

Auch leichtfertiges und gewissenloses Handeln kann ein Sittenverstoß sein. Dies gilt insbesondere dann, wenn der andere Teil auf das Ansehen oder den Ruf des grob leichtfertig Handelnden vertraut.
Für § 826 BGB reicht bedingter Vorsatz aus. Dieser liegt vor, wenn der Schädiger mit der Möglichkeit rechnet, daß der andere durch sein Verhalten geschädigt werden kann, und er dieses Ergebnis billigend in Kauf nimmt. Anhaltspunkte für vorsätzliches Handeln können die Art und Weise des Sittenverstoßes bieten.
BGH, Urt. v. 5. 3. 1975 – VIII ZR 230/73, WM 1975, 559, 560; v. 17. 9. 1985 – VI ZR 73/84, NJW 1986, 180, 181 = ZIP 1985, 1506, 1508.

Vorsatz i. S. d. § 826 BGB verlangt nicht, daß der Täter sich den genauen Kausalverlauf vorstellt oder weiß, wer geschädigt werden wird. Es genügt, daß der Täter wenigstens die Richtung voraussieht, in die sich sein Handeln zum Schaden anderer auswirken kann; eine nur allgemeine Vorstellung genügt insoweit nicht.
OLG Hamm, Urt. v. 27. 3. 1974 – 20 U 281/73, NJW 1974, 2091, 2092.

Derjenige, der Schmiergelder an einen Vertreter des anderen Vertragsteils zahlt, um bei der Vergebung von Aufträgen bevorzugt zu werden, verstößt gegen die guten Sitten.
BGH, Urt. v. 26. 3. 1962 – II ZR 151/60, NJW 1962, 1099.

Zu einem Schadensersatzanspruch aus § 826 BGB wegen Erschleichung eines Urteils.
BGH, Urt. v. 17. 12. 1955 – IV ZR 219/55, NJW 1956, 505f.; v. 20. 3. 1957 – IV ZR 235/56, LM BGB § 826 – Fa – Nr. 7.

Ein Anspruch aus § 826 BGB auf Unterlassung der Zwangsvollstreckung aus einem nicht erschlichenen, materiell falschen Vollstreckungstitel und auf Herausgabe des Titels setzt voraus, daß derjenige, der die Vollstreckung betreibt, die Unrichtigkeit kennt und daß weitere besondere Umstände hinzutreten, die die Ausnutzung des Titels als sittenwidrig erscheinen lassen.
Urteil: BGH, Urt. v. 1. 4. 1954 – IV ZR 177/53, BGHZ 13, 71, 72 = NJW 1954, 880; v. 5. 3. 1958 – IV ZR 307/57, BGHZ 26, 391, 396ff. = NJW 1958, 826; v. 23. 4. 1986 – IV b ZR 29/85, NJW 1986, 2047, 2049; Beschluß: BGH, Urt. v. 27. 5. 1963 – III ZR 165/62, NJW 1963, 1606, 1607f. (Verwerfung eines Rechtsmittels); v. 7.11.1969 – V ZR 85/66, BGHZ 53, 47, 50 = NJW 1970, 565 (Zuschlag); Vollstreckungsbescheid: BGH, Urt. v. 3. 7. 1990 – XI ZR 302/89, BGHZ 112, 54, 57f. = NJW 1991, 30; v. 30. 6. 1998 – VI ZR 160/97, NJW 1998, 2818 = WM 1998, 1950; v. 9. 2. 1999 – VI ZR 9/98, NJW 1999, 1257, 1258 = WM 1999, 919.

Ein Dritter haftet nicht nach § 826 BGB, wenn er nur daran mitwirkt, daß der Vertragsschuldner Ansprüche des Gläubigers verletzt.
Eine sittenwidrige Mitwirkung des Dritten am Vertragsbruch liegt nur dann vor, wenn sein Eindringen in die Vertragsbeziehung ein besonderes Maß an Rücksichtslosigkeit gegenüber dem Betroffenen zeigt. Dies kann der Fall sein bei einem kollusiven Zusammenwirken mit dem Vertragsschuldner gerade zur Vereitelung der Ansprüche des Vertragsgläubigers.
BGH, Urt. v. 19. 10. 1993 – XI ZR 184/92, NJW 1994, 128, 129.

Zur sittenwidrigen Schädigung eines Dritten durch einen berufsmäßigen Fachmann, der für seinen Auftraggeber bewußt oder leichtfertig eine fehlerhafte Expertise erstellt und weiß, daß ein Dritter diese einer Vermögensentscheidung zugrunde legen kann.

BGH, Urt. v. 13. 7. 1956 – VI ZR 132/55, WM 1956, 1229 (Prüfbericht eines Wirtschaftsprüfers); v. 27. 2. 1962 – VI ZR 194/61, WM 1962, 579, 581 (Bilanz einer Treuhandgesellschaft); v. 28. 6. 1966 – VI ZR 287/94, WM 1966, 1150, 1151 (Wertgutachten eines Ingenieurs); v. 24. 1. 1978 – VI ZR 105/76, WM 1978, 576, 577 (Erklärung eines Rechtsanwalts gegenüber einem Gläubiger seines Mandanten über dessen Bonität); v. 20. 2. 1979 – VI ZR 189/78, NJW 1979, 1599 f. (Kreditauskunft einer Bank); v. 17. 9. 1985 – VI ZR 73/84, NJW 1986, 180, 181 f. (Bilanz eines Steuerbevollmächtigten); v. 18. 2. 1986 – X ZR 95/85, NJW – RR 1986, 1150, 1151 (Gutachten eines Tierarztes); v. 26. 11. 1986 – IV a ZR 86/85, NJW 1987, 1758 f. (Zwischenabschluß eines Steuerberaters); v. 17. 5. 1990 – IX ZR 85/89, NJW 1991, 32, 33 (Erklärung eines Rechtsanwalts gegenüber dem Vertragsgegner des Mandanten); v. 24. 9. 1991 – VI ZR 293/90, NJW 1991, 3282, 3283 (Gutachten eines Sachverständigen); v. 13. 2. 1992 – III ZR 28/90, NJW 1992, 2080, 2083 (Auskunft eines Steuerberaters).

Verjährung (§ 852 BGB)

(vgl. Rn. 1339)

Vertrags- und Deliktsansprüche stehen regelmäßig im Verhältnis der Anspruchskonkurrenz. Die Normen des Vertrags- und Deliktsrechts sind grundsätzlich gleichrangig und gleichwertig. Erfüllt ein Vorgang sowohl den Tatbestand des Vertragsrechts als auch den des Deliktsrechts, so haftet der Schädiger in der Regel sowohl aus Vertrag als auch aus unerlaubter Handlung.

Gesetzeskonkurrenzen bestehen im wesentlichen nur dann, wenn durch Gesetz die Haftung aus unerlaubter Handlung in zulässiger Weise entweder ganz ausgeschlossen oder auf bestimmte Schuldformen beschränkt oder der Höhe nach begrenzt ist oder wenn die Zwecke beider Normen ihre Anwendung nebeneinander nicht zulassen. Das ist regelmäßig aber nur dann der Fall, wenn etwa Vertragsverletzungen typischerweise zugleich einen Deliktstatbestand erfüllen oder wenn ein Deliktstatbestand überhaupt nur von der Vertragspartei erfüllt werden kann.

BGH, Urt. v. 17. 3. 1987 – VI ZR 282/85, BGHZ 100, 190, 201 = NJW 1987, 2008; v. 12. 12. 1991 – I ZR 212/89, BGHZ 116, 297, 300 = NJW 1992, 1679; v. 16. 2. 1993 – VI ZR 252/92, NJW – RR 1993, 793 f.

Sind mehrere Schädigungsakte rechtlich selbständige Handlungen, so beginnt die Verjährung gemäß § 852 Abs. 1 BGB gesondert für jede Handlung und die durch sie verursachten Schäden.

BGH, Urt. v. 4. 2. 1997 – VI ZR 306/95, NJW 1997, 1584, 1585.

Jede schädigende (Teil-)Handlung ist eine verjährungsrechtlich selbständige neue Schädigung.
BGH, Urt. v. 27. 5. 1986 – III ZR 239/84, DB 1986, 2017, 2018.

Die Wiederholung einer schädigenden Handlung ist eine neue Schädigung und löst einen neuen Schadensersatzanspruch aus, so daß sich der Verjährungsbeginn nach dem Zeitpunkt der einzelnen Handlungen bestimmt. Diese könne nicht als zusammenhängendes einheitliches Gesamtverhalten angesehen werden; der strafrechtliche Begriff der fortgesetzten Handlung ist auf das bürgerliche Recht nicht übertragbar.
BGH, Urt. v. 14. 2. 1978 – X ZR 19/76, BGHZ 71, 86, 94 = NJW 1978, 1377; v. 31. 10. 1980 – V ZR 140/79, NJW 1981, 573; v. 26. 1. 1984 – I ZR 195/81, NJW 1985, 1023, 1024.

Fortgesetzte Immissionen sind mehrere (wiederholte) unerlaubte Handlungen, die jeweils eigene Schadensfolgen hervorrufen und dadurch erst den Gesamtschaden bewirken. Jede schädigende (Teil-) Handlung ist eine verjährungsrechtlich selbständige neue Schädigung, die einen neuen Ersatzanspruch mit eigenem Lauf der Verjährungsfrist entstehen läßt.
BGH, Urt. v. 6. 2. 1986 – III ZR 109/84, BGHZ 97, 97, 110 = NJW 1986, 2309.

„Begangen" ist die Handlung i. S. d. § 852 Abs. 1 BGB, wenn die Schadensursache gesetzt ist, mag auch der Schadensersatzanspruch selbst noch gar nicht entstanden sein.
BGH, Urt. v. 27. 5. 1986 – III ZR 239/84, DB 1986, 2017, 2018.

Voraussetzung für den Beginn der Verjährungsfrist des § 852 BGB ist, daß ein Ersatzanspruch bereits entstanden ist. Wenn das Gesetz auf die Kenntnis des Verletzten von dem Schaden und der Person des Ersatzpflichtigen abstellt, so geht es hierbei vom Bestehen des Ersatzanspruchs aus.
Ein Ersatzanspruch ist dann entstanden, wenn ein Schaden dem Grunde nach eingetreten ist, wenn also die Vermögenslage des Betroffenen sich verschlechtert hat, mögen auch Umfang und Höhe sowie die Endgültigkeit der Beeinträchtigung noch ungewiß sein. Ist hingegen noch offen, ob ein pflichtwidriges, mit einem Risiko behaftetes Verhalten zu einem Schaden führt, ist der Anspruch nicht entstanden und somit eine Verjährungsfrist nicht in Lauf gesetzt, mag auch gemäß § 256 ZPO eine Feststellungsklage mit dem Ziel erhoben werden können, die Verpflichtung zur Leistung künftigen Schadensersatzes festzustellen.
BGH, Urt. v. 2. 7. 1992 – IX ZR 174/91, NJW 1992, 3034; v. 15. 10. 1992 – IX ZR 43/92, NJW 1993, 648, 650.

Für den Verjährungsbeginn reicht im allgemeinen eine solche Kenntnis aus, die es dem Geschädigten erlaubt, eine hinreichend aussichtsreiche – wenn auch nicht risikolose – und daher zumutbare Feststellungsklage zu erheben. Dafür ist es erfor-

derlich, daß der Geschädigte den Schadenshergang so weit kennt, daß er einen deliktischen Schadensersatzanspruch schlüssig begründen kann.
BGH, Urt. v. 10. 4. 1990 – VI ZR 288/89, NJW 1990, 2808, 2809; v. 20. 9. 1994 – VI ZR 336/93, NJW 1994, 3092, 3093.

Die Kenntnis eines rechtsgeschäftlichen Vertreters ist für den Verjährungsbeginn nach § 852 Abs. 1 BGB regelmäßig unerheblich; § 166 Abs. 1 BGB ist wegen des Zwecks der Verjährungsvorschrift nicht anwendbar. Nur wenn ein Geschädigter einen Dritten mit der Tatsachenermittlung gerade zur Durchsetzung oder Abwehr desjenigen Ersatzanspruchs, um dessen Verjährung es konkret geht, beauftragt hat, muß er die Kenntnis dieses „Wissensvertreters" gegen sich gelten lassen.
BGH, Urt. 15. 10. 1992 – IX ZR 43/92, NJW 1993, 648, 652.

Die Verjährung i. S. d. § 852 Abs. 1 BGB kann auch dann beginnen, wenn der Geschädigte den Schaden, Schadenshergang und Schädiger zwar nicht kennt, sich aber eine Kenntnis ohne nennenswerte Mühe hätte beschaffen können. In solchen Fällen, in denen es der Geschädigte versäumt, eine gleichsam auf der Hand liegende Erkenntnismöglichkeit wahrzunehmen, und deswegen die Berufung auf Unkenntnis als Förmelei erscheint, soll verhindert werden, daß der Geschädigte die Verjährungsfrist mißbräuchlich verlängern kann.
BGH, Urt. v. 10. 4. 1990 – VI ZR 288/89, NJW 1990, 2808, 2810; v. 20. 9. 1994 – VI ZR 336/93, NJW 1994, 3092, 3093.

Die Kenntnis des Schadens i. S. d. § 852 Abs. 1 BGB muß nicht Schadensumfang und -höhe umfassen. Die Verjährung kann vielmehr schon dann beginnen, sobald der Geschädigte weiß, daß eine unerlaubte Handlung zu einem Schaden geführt hat. Dann gelten wegen des Grundsatzes der Schadenseinheit auch voraussehbare Schadensfolgen als bekannt. In Ausnahmefällen kann dies zu einer unverhältnismäßigen, treuwidrigen Verkürzung der materiellen Rechte des Geschädigten führen.
Die Verjährung für einen Anspruch auf Ersatz unvorhersehbarer Folgeschäden beginnt mit der Kenntnisnahme des Geschädigten gemäß § 852 Abs. 1 BGB.
BGH, Urt. v. 27. 11. 1990 – VI ZR 2/90, NJW 1991, 973 f.; v. 15. 10. 1992 – IX ZR 43/92, NJW 1993, 648, 653; v. 3. 6. 1997 – VI ZR 71/96, WM 1997, 2187, 2188.

Kommt es für den Beginn der Verjährung auf die Kenntnis innerer Tatsachen an – etwa des Zwecks und Beweggrunds einer Wettbewerbshandlung –, so ist der Zeitpunkt maßgeblich, in dem der Geschädigte von den äußeren Umständen erfährt, aus denen die inneren Tatsachen herzuleiten sind.
BGH, Urt. v. 27. 11. 1963 – I b ZR 49/62, NJW 1964, 493, 494.

Kenntnis von der Person des Ersatzpflichtigen hat der Verletzte nur dann, wenn ihm Name und Anschrift des Schädigers bekannt sind.
BGH, Urt. v. 16. 12. 1997 – VI ZR 408/96, NJW 1998, 988, 989 = WM 1998, 543 = VersR 1998, 378.

Bei unklarer Rechtslage kann dem Geschädigten die für den Verjährungsbeginn erforderliche Kenntnis des Ersatzpflichtigen fehlen.
BGH, Urt. v. 25. 2. 1999 – IX ZR 30/98, WM 1999, 974, 975 = NJW 1999, 2041; v. 15. 4. 1999 – IX ZR 328/97, WM 1999, 1330, 1334 = NJW 1999, 2183.

Unter Verhandlungen i. S. d. § 852 Abs. 2 BGB ist jeder Meinungsausstausch über den Schadensfall zwischen Geschädigtem und Schädiger zu verstehen, wenn nicht sofort erkennbar die Verhandlungen über die Ersatzpflicht oder jeder Ersatz abgelehnt werden.
BGH, Urt. v. 28. 11. 1984 – VIII ZR 240/83, NJW 1985, 798, 799.

Verjährungshemmende Verhandlungen i. S. d. § 852 Abs. 2 BGB können unter bestimmten Umständen auch durch ein Einschlafenlassen seitens des Berechtigten abgebrochen werden.
BGH, Urt. v. 7. 1. 1986 – VI ZR 203/84, NJW 1986, 1337, 1338.

Die Fortsetzung von Verhandlungen wird erst dann i. S. d. § 852 Abs. 2 BGB verweigert, wenn ein Abbruch der Verhandlungen klar und eindeutig zum Ausdruck gebracht wird.
BGH, Urt. v. 30. 6. 1998 – VI ZR 260/97, NJW 1998, 2819, 2820.

Die Verjährungshemmung des § 852 Abs. 2 BGB wirkt für einen abtrennbaren Teil eines Anspruchs ausnahmsweise dann nicht, wenn die Parteien nur über den anderen Teil verhandelt haben.
BGH, Urt. v. 19. 11. 1997 – IV ZR 357/96, WM 1998, 871, 872 = ZIP 1998, 111, 112.

Im Bereich der Amtshaftung (§ 839 BGB) hat die Inanspruchnahme vom Primärrechtsschutz verjährungsunterbrechende Wirkung.
BGH, Urt. v. 2. 4. 1998 – III ZR 309/96, NJW 1998, 2051.

§ 852 Abs. 3 BGB verweist nicht wegen der Voraussetzungen, sondern nur wegen des Umfangs des Bereicherungsanspruchs auf §§ 812 ff. BGB.
BGH, Urt. v. 14. 2. 1978 – X ZR 19/76, BGHZ 71, 86, 98 ff. = NJW 1978, 1377; v. 27. 5. 1986 – III ZR 239/84, DB 1986, 2017, 2018.

Hat der Geschädigte die Frist zur Anfechtung wegen arglistiger Täuschung versäumt, so steht ihm die Arglisteinrede des § 853 BGB zu, wenn die Täuschung zugleich eine unerlaubte Handlung war.
BGH, Urt. v. 29. 1. 1969 – IV ZR 518/68, NJW 1969, 604, 605.

Verstoß gegen Schutzgesetz (§ 823 Abs. 2 BGB)

Schutzgesetz i. S. d. § 823 Abs. 2 BGB ist eine Rechtsnorm dann, wenn sie nach ihrem Inhalt und Zweck – sei es auch neben dem Schutz der Allgemeinheit – gerade dazu dienen soll, den einzelnen oder einzelne Personenkreise gegen die Verletzung eines Rechtsguts zu schützen.
BGH, Urt. v. 21. 10. 1991 – II ZR 204/90, BGHZ 116, 7, 13 = NJW 1992, 241 = WM 1991, 2090.

Ein Schadensersatzanspruch wegen Verletzung des allgemeinen Persönlichkeitsrechts kann – außer auf § 823 Abs. 1 BGB – auch auf §§ 823 Abs. 2 BGB, 186 StGB gestützt werden.
BGH, Urt. v. 9. 7. 1985 – VI ZR 214/83, BGHZ 95, 212, 214 = NJW 1985, 2644.

Der Geschädigte, der Schadensersatz wegen Verletzung eines Schutzgesetzes verlangt, hat grundsätzlich die Umstände zu beweisen, aus denen sich objektiv der Verstoß gegen das Schutzgesetz, dessen Ursächlichkeit für den eingetretenen Schaden und das Verschulden des angeblichen Schädigers ergeben.
Dabei können dem Geschädigten Beweiserleichterungen zugute kommen bezüglich des Verschuldens und je nach Lage des Einzelfalls hinsichtlich der Ursächlichkeit der Schutzgesetzverletzung für den Schaden.
BGH, Urt. v. 13. 12. 1984 – III ZR 20/83, VersR 1985, 452, 453.

Hat der Schädiger gegen ein Schutzgesetz verstoßen, das typischen Gefährdungsmöglichkeiten entgegenwirken soll, und ist im Zusammenhang mit dem Verstoß gerade derjenige Schaden eingetreten, der mit Hilfe des Schutzgesetzes verhindert werden sollte, so spricht grundsätzlich der Beweis des ersten Anscheins dafür, daß der Verstoß für den Schadenseintritt ursächlich gewesen ist.
BGH, Urt. v. 14. 12. 1993 – VI ZR 271/92, NJW 1994, 945, 946.

Zwar gilt im Zivilrecht grundsätzlich die sog. Vorsatztheorie, nach der zum Vorsatz auch das Bewußtsein der Rechtswidrigkeit gehört, so daß bei einem Verbotsirrtum eine Haftung entfällt. Handelt es sich aber um ein Schutzgesetz aus dem Straf- oder Ordnungswidrigkeitenrecht, wonach nur der unvermeidbare Verbotsirrtum entlastet (§§ 17 StGB, 11 Abs. 2 OWiG – sog. Schuldtheorie), so gilt dasselbe auch im Anwendungsbereich des § 823 Abs. 2 BGB; bei fahrlässigem Verbotsirrtum wird also die Sanktion als Vorsatztat nicht ausgeschlossen.
Zum Tatsachen- und Rechtsirrtum.
BGH, Urt. v. 10. 7. 1984 – VI ZR 222/82, NJW 1985, 134, 135.

Teil 4: Checklisten für die Haftungsprüfung 1803

Checkliste 1: Vertragliche Haftung des Rechtsanwalts gegenüber dem Auftraggeber (Mandanten) 1804

Prüfungsschritte	Erläuterungen unter Rn.
☑ **Ist ein echter Anwaltsvertrag mit Rechtsbeistandspflicht zustande gekommen?**	9 ff., 132 ff., 504, 849 ff., 1201 ff.
Dies ist i. d. R. auch dann der Fall, wenn der Vertrag eine anwaltsuntypische Tätigkeit umfaßt, die in engem innerem Zusammenhang mit einer Rechtsberatung steht und jedenfalls auch Rechtsfragen aufwerfen kann (zusammenfassend BGH, WM 1998, 2243, 2244 = NJW 1998, 3486).	
• Bei **Beteiligung verbundener Rechtsanwälte:** Wer ist Vertragspartner auf der Anwaltsseite?	336 ff., 1215 ff.
• **Umfassendes oder beschränktes Mandat?** Wichtig vor allem dann, wenn für den Mandanten mehrere Rechtsanwälte neben- oder nacheinander tätig sind.	42 ff., 517 ff. 204 ff., 289 ff.
• **Inhalt des Mandats?** Wichtig vor allem dann, wenn für den Mandanten mehrere Rechtsanwälte neben- oder nacheinander tätig sind.	40 ff., 204 ff. 204 ff., 289 ff.
• **Rechtsnatur des Vertrages?** Regelmäßig Dienstvertrag, der eine Geschäftsbesorgung zum Gegenstand hat (§§ 611, 675 BGB); ausnahmsweise Werkvertrag, der eine Geschäftsbesorgung zum Gegenstand hat – etwa bei Rechtsauskunft zu bestimmter Frage, Rechtsgutachten oder Vertragsentwurf –. Unterschied kann bedeutsam sein für Verjährungsfrage.	4 ff., 504 ff. 849, 949 ff., 1192 ff., 1201 ff. 1193

• **Mehrfachberufler?** (Rechtsanwalt/Notar/Steuerberater/Wirtschaftsprüfer)	108 ff., 1190 f., 1195 ff.
• **Beweislast des Anspruchstellers** – also des Mandanten bei Regressforderung – für Inhalt und Umfang des Anwaltsauftrags – § 286 ZPO.	102 ff., 531, 1224
• **Sonderfragen:**	
– Verletzung einer vor- oder nachvertraglichen Pflicht?	172 ff., 1210 ff.
– Mandat mit Auslandsbezug?	170 f., 307 ff., 562 ff.
• **Sonderprüfung bei:**	
– Vertrag über anwaltsfremde Tätigkeit	132 ff., 852 ff., 1201 ff.
– amtlicher oder amtsähnlicher Tätigkeit	153 ff., 1179 ff., 1190 f.
– gerichtlicher Beiordnung	160 ff., 1185 ff.
– Tätigkeit als allgemein und amtlich bestellter Vertreter, § 53 BRAO, oder als Abwickler, § 55 BRAO	267 ff., 281 ff.
☑ **Anwaltliche Pflichtverletzung?**	503 ff., 639 ff., 988 ff. Leitfaden 1035
1. Feststellung der Pflicht	
• Um **welche anwaltliche Grundpflicht** geht es?	507 ff., 532 ff.
– Klärung des Sachverhalts?	533 ff.
– Rechtsprüfung?	548 ff.
– Rechtsberatung mit Empfehlung des sichersten Weges?	584 ff., 598 ff.
– Schadensverhütung mit Gebot des sichersten Weges?	618 ff.
• **Welche anwaltliche Einzelpflicht** ergibt sich daraus?	639 ff.
Insbesondere bei	
– prozessualer Tätigkeit	640 ff.

– außergerichtlicher Beratung	769 ff.
– rechtsgestaltender Tätigkeit?	783 ff.
• Liegt die Pflichtverletzung innerhalb der **Grenzen des Mandats?**	506, 509, 517 ff.
– Warnpflicht bei beschränktem Mandat	522 ff.
• Falls es nicht um eine anwaltliche Hauptpflicht während des Mandats geht:	510
Verletzung einer vor- oder nachvertraglichen Nebenpflicht?	172 ff., 511 ff.
2. Objektive Verletzung der Vertragspflicht?	513 ff., 988 ff.
Hauptfall: Schlechterfüllung des Anwaltsvertrages (= positive Vertragsverletzung)	
• **Objektiver Sorgfaltsmaßstab**	993 ff.
Was durfte der Auftraggeber bezüglich der Erfüllung der vertraglichen Pflicht allgemein von einem gewissenhaften und sorgfältigen Anwalt erwarten?	
• **Pflichtverletzung indiziert Vertragwidrigkeit**	996 f.
– Rechtfertigungsgrund ist vom Anwalt zu beweisen.	1008
– I. d. R. keine Pflichtverletzung, wenn der Anwalt eine Weisung des Mandanten ausführt, den er zuvor über voraussehbare und vermeidbare Nachteile bei Befolgung der Weisung belehrt hat.	976 ff., 997, 1007 f.
3. Beweislast	
• Der Mandant muß die anwaltliche Pflichtverletzung gemäß § 286 ZPO beweisen.	999 ff., 1224, 1456
• Behauptet der Mandant eine pflichtwidrige Unterlassung, so hat der Rechtsanwalt zunächst konkret darzulegen, welche Belehrungen und Maßnahmen er vorgenommen und wie der Auftraggeber darauf reagiert hat.	1004 ff., 1224

• Der Anwalt hat zu beweisen, daß der Mandant ausnahmsweise nicht belehrungsbedürftig war. • Zur Beweislast bei streitiger Weisung	1009 1007 ff.
☑ Verschulden (§ 276 BGB)?	1013 ff., Leitfaden 1035
• **Vorsatz**	1627
• **Fahrlässigkeit** Grundfrage im Regelfall der fahrlässigen Pflichtverletzung (§ 276 Abs. 1 Satz 2 BGB): Hätte der Rechtsanwalt in der konkreten Lage des jeweiligen Falles nach objektivem Beurteilungsmaßstab erkennen können, daß er sich pflichtwidrig verhält und dem Auftraggeber daraus ein Schaden entstehen kann, und hätte er dies vermeiden können?	1014 ff., 1628
• Haftung für **Verschulden gesetzlicher Vertreter** und der **Erfüllungsgehilfen** (§ 278 BGB)?	837 ff.
• Wirksame vertragliche Haftungsbeschränkung (§§ 51 a, 59 m Abs. 2 BRAO, § 8 Abs. 2 PartGG)?	423 ff.
• Der Rechtsanwalt hat zu **beweisen**, daß er seine Pflichtverletzung nicht zu vertreten hat.	1033, 1225, 1457
☑ **Kausalität und Zurechenbarkeit?**	1038 ff., Leitfaden 1132
1. Zum Haftungsgrund gehörende **haftungsbegründende Kausalität?** Adäquater Ursachenzusammenhang zwischen der Verletzung der anwaltlichen Vertragspflicht und dem durch diese geschützten Vermögensinteresse des Mandanten in dem Sinne, daß für diesen durch das pflichtwidrige Tun oder Unterlassen Nachteile eintreten können; vom Mandanten nach § 286 ZPO zu beweisen.	1039 f.

2. **Haftungsausfüllende Kausalität?** Adäquater Ursachenzusammenhang zwischen der anwaltlichen Pflichtverletzung und dem geltend gemachten Schaden. Insoweit ist die nach §§ 249 ff. BGB für die Schadensersatzpflicht bedeutsame Frage zu beantworten, was geschehen wäre – insbesondere wie sich der Mandant verhalten hätte –, wenn der Anwalt seine Pflicht vertragsgerecht erfüllt hätte, und wie die Vermögenslage des Mandanten dann wäre.	1040 ff., 1062 ff., 1458, 1635 f.
a) **Unterbrechung des Ursachen- (Zurechnungs-) zusammenhangs**, weil der Mandant selbst oder ein Dritter – insbesondere ein Gericht – in den Geschehensablauf eingegriffen und zu dem Schaden beigetragen hat?	1063 ff.
• Keine **Unterbrechung durch Mandanten**, wenn sein Vorgehen durch die anwaltliche Pflichtverletzung herausgefordert wurde oder dafür ein rechtfertigender Anlaß bestand und eine nicht ungewöhnliche Reaktion darstellt (BGH, NJW 1990, 2882, 2883).	1065 f.
• **Unterbrechung durch Dritten** nur dann, wenn die anwaltliche Pflichtverletzung lediglich den äußeren Anlaß für ein völlig ungewöhnliches und sachwidriges Eingreifen eines Dritten bildet, das dann den Schaden erst endgültig herbeiführt; dabei kommt es – anders als bei Maßnahmen des Geschädigten selbst – nicht darauf an, ob sich der Dritte zu seinem Verhalten durch die vorangegangene anwaltliche Pflichtverletzung herausgefordert fühlen durfte (BGH, NJW 1990, 2882, 2884).	1067 ff.
• Insbesondere **keine Unterbrechung durch einen gerichtlichen Fehler**, wenn dieser auf Umständen oder Problemen beruht, die der Rechtsanwalt durch ordnungsmäßige Erfüllung seiner Vertragspflichten gerade hätte vermeiden müssen.	1070 ff.

b) **Sonderprobleme** der haftungsausfüllenden Kausalität:	
• **Gesamt- und Doppelkausalität**	1060
• **hypothetische Kausalität** – „Reserveursache" –	1078 ff.
• **rechtmäßiges Alternativverhalten**	1083 ff.
c) **Beweislast**	
• Die haftungsausfüllende Kausalität ist – auch bei grober Pflichtverletzung - vom Mandanten nach § 287 ZPO zu beweisen.	1042 ff., 1224, 1458 f.
• Erleichterung durch Anscheinsbeweis und die – gegenüber § 286 ZPO – geringeren Anforderungen des § 287 ZPO an die Darlegungslast und das Beweismaß.	1053 ff., 1128 f., 1292, 1634, 1636
3. **Haftungsrechtliche Zurechnung** nach dem **Schutzzweck** der verletzten Vertragspflicht?	1061 ff., 1074 ff., 1461, 1637
Der Rechtsanwalt haftet nur für solche Nachteile des Auftraggebers, zu deren Abwendung er die Mandatspflichten übernommen hat, also nur für Schäden, die innerhalb des Schutzbereichs der verletzten Vertragspflicht eingetreten sind.	
☑ **Schaden?**	1086 ff., Leitfaden 1132
1. Hat der Anspruchsteller einen **Schaden infolge der anwaltlichen Pflichtverletzung** erlitten, gegebenenfalls in welcher Art und Höhe?	1086 ff., 1115 ff., 1125 ff.
Die Darlegung des Schadens darf sich nicht auf einzelne Rechnungsposten beschränken, sondern erfordert einen Gesamtvermögensvergleich, der alle von der anwaltlichen Pflichtverletzungen betroffenen Vermögenspositionen umfaßt (BGH, WM 1983, 418; NJW 1988, 1837, 1838).	1087, 1125 ff.
Ein Schadensersatzanspruch des Mandanten gegen den Rechtsanwalt entfällt grundsätzlich nicht schon des-	1094, 1121

wegen, weil ihm auch ein Dritter haftet (vgl. § 255 BGB).	
2. Ist dem Mandanten ein Schaden entstanden, weil er einen **früheren Prozeß** oder ein sonstiges gerichtliches Verfahren, in dem der Rechtsanwalt seine Vertragspflicht schuldhaft verletzt hat, verloren hat, oder weil er infolge eines Anwaltsfehlers einen Prozeß oder sonstiges gerichtliches Verfahren nicht geführt hat?	1095 ff., 1100 ff.
Grundsatz: Der Geschädigte darf im Wege des Schadensersatzes nicht mehr erhalten als dasjenige, was er nach der materiellen Rechtslage verlangen kann.	1095 ff.
• Das Regreßgericht hat gemäß § 287 ZPO zu entscheiden, wie nach seiner Ansicht das gerichtliche Vorverfahren bei pflichtgerechtem Verhalten des Rechtsanwalts richtigerweise hätte entschieden werden müssen; unerheblich ist, wie das Vorverfahren tatsächlich ausgegangen wäre.	1101 f., 1110 ff.
• Dieser Beurteilung ist der Sachverhalt zugrunde zu legen, der dem Gericht des Vorverfahrens bei pflichtgemäßem Verhalten des Rechtsanwalt unterbreitet worden wäre; grundsätzlich sind maßgeblich die Rechtslage und höchstrichterliche Rechtsprechung zu dem Zeitpunkt, in dem die Entscheidung im Vorverfahren ergangen wäre oder hätte ergehen müssen.	1103 f.
• Die Regeln der Darlegungs- und Beweislast im Vorverfahren gelten auch im Regreßprozeß.	1114
• Neue Beweismittel, die im Vorverfahren noch nicht zur Verfügung standen, sind zu berücksichtigen.	1113
3. Hat der Mandant einen Schaden erlitten, weil ein **Verwaltungsverfahren**, in dem der Rechtsanwalt seine Vertragspflicht schuldhaft verletzt hat, nachteilig ausgegangen ist, oder weil der Mandant infolge eines Anwaltsfehlers ein solches Verfahren nicht eingeleitet hat?	1105 ff.

• Die vorstehenden Ausführungen zum hypothetischen Ausgang eines gerichtlichen Verfahrens sind nur insoweit entsprechend anzuwenden, als die Behörde rechtlich gebunden und deswegen nur eine einzige rechtmäßige Entscheidung möglich war.	1105
• Hatte die Behörde dagegen eine Ermessensentscheidung zu treffen, so hat das Regreßgericht festzustellen, wie die Behörde tatsächlich entschieden hätte. Ein erstattungsfähiger Schaden ist daraus grundsätzlich nur dann entstanden, wenn die Entscheidung der Behörde rechtmäßig gewesen wäre.	1105 ff. 1106 ff.
4. Vorteilsausgleich? Insoweit Beweislast des Schädigers.	1115 ff., 1465, 1659 1122, 1465
5. Beweislast des Geschädigten	
Der Mandant hat die Entstehung und Höhe eines Schadens infolge der anwaltlichen Pflichtverletzung gemäß § 287 ZPO zu beweisen; dies wird erleichtert durch die Milderung der Darlegungslast und des Beweismaßes in § 287 ZPO sowie durch § 252 Satz 2 BGB.	1128 ff., 1224, 1465; vgl. 1654 ff.
☑ **Mitverschulden?**	1133 ff.
1. Ist auf den Ersatzanspruch des Mandanten, der durch eine schuldhafte Pflichtverletzung seines Rechtsanwalts geschädigt wurde, ein schadensursächliches Mitverschulden (§ 254 BGB) anzurechnen?	1133 ff.
• Verstoß gegen die im eigenen Interesse gebotene Obliegenheit, eine Selbstschädigung zu vermeiden. Im Rechtsstreit von Amts wegen zu berücksichtigen.	1135 1145
• Erforderlich sind grundsätzlich Schuldfähigkeit und eine adäquate Mitursache im Schutzbereich des § 254 BGB.	1137 ff.
Mitverschulden kann ein Schadensbeitrag des Geschädigten selbst oder seiner gesetzlichen Vertreter und Erfüllungsgehilfen (§ 278 BGB) bei der Entstehung des Schadens (§ 254 Abs. 1 BGB) oder bei dessen Entwicklung (§ 254 Abs. 2 BGB) sein.	1136, 1140 ff.

2. **Kein Mitverschulden des Mandanten** insoweit, als allein der Rechtsanwalt den entstandenen Schaden nach dem Vertragsinhalt – also bezüglich der anwaltlichen Grundpflichten – zu verhüten hatte.	532 ff., 1151 ff., 1468
Dies gilt auch dann, wenn der Mandant selbst rechtskundig ist.	1151, 1468
3. **Mitverschulden des Mandanten**, wenn sein Schadensbeitrag aus dem Bereich seiner Eigenverantwortung stammt. Dies ist z. B. der Fall, wenn seitens des Mandanten die Informationspflicht verletzt wurde, ein Gerichtskostenvorschuß nicht gezahlt wurde oder aussichtsreiche, zumutbare Rechtsbehelfe und -mittel nicht eingelegt wurden.	1155 f., 1468 538, 971 ff., 975, 1155 f.
4. Haben **mehrere Rechtsanwälte neben- oder nacheinander** zum Schaden desselben Mandanten beigetragen, so braucht sich dieser auf einen Schadensersatzanspruch gegen einen haftpflichtigen Rechtsanwalt den Schadensbeitrag eines anderen Anwalts nur ausnahmsweise als Mitverschulden – § 254 BGB i. V. m. § 278 BGB – anrechnen zu lassen.	1157 ff.
a) Hinsichtlich der Entstehung des Schadens (§ 254 Abs. 1 BGB) ist dies der Fall, wenn ein für den Mandanten tätiger Rechtsanwalt den – in Anspruch genommenen – haftpflichtigen Prozeßbevollmächtigten falsch informiert hat.	1159
b) Bei Verletzung der Schadensminderungspflicht (§ 254 Abs. 2 BGB) Anrechnung dann, wenn der Mandant einen (Zweit-) Anwalt beauftragt hat, um einen erkannten oder für möglich gehaltenen Fehler eines früheren, auf Schadensersatz in Anspruch genommenen (Erst-)Anwalts zu beheben, und auch der Zweitanwalt durch eine schuldhafte Pflichtverletzung zu dem Schaden beigetragen hat.	1160 ff.
5. **Abwägung** der wechselseitigen Schadensbeiträge	1143, 1166

• Abzustellen ist in erster Linie auf die beiderseitige Verursachung, erst in zweiter Linie auf das wechselseitige Verschulden.	1143
• Maßgeblich für die Haftungsverteilung ist, ob das Verhalten des schädigenden Rechtsanwalts oder des geschädigten Mandanten den Schadenseintritt im wesentlich höheren Maße wahrscheinlich gemacht hat.	1143, 1166
6. **Beweislast** Der haftpflichtige Rechtsanwalt muß die Umstände, die dem Mandanten als Mitverschulden vorzuwerfen wären, gemäß § 286 ZPO und den Anrechnungsbeitrag nach § 287 ZPO beweisen.	1144
7. **Verfahrensfragen** (Mitverschulden im Rechtsstreit)	1145 ff.
☑ **Verjährung**	1168 ff.
1. §§ 51 b, 59 m Abs. 2 BRAO, 45 b, 52 m Abs. 2 PatAnwO; §§ 68, 72 Abs. 1 StBerG; §§ 51 a, 56 Abs. 1 WPO	1168 ff.
2. Spezieller **Leitfaden** zur „Verjährung"	1340
☑ **Aufrechnung und Zurückbehaltung?**	830 ff.
1. Kann der Rechtsanwalt gegen einen Schadensersatzanspruch des Mandanten mit einem Gegenanspruch – etwa auf Zahlung der Vergütung – aufrechnen – §§ 387 ff. BGB –?	845 ff. 963 ff.
2. Kann der Rechtsanwalt ein Zurückbehaltungsrecht an der Handakte ausüben – §§ 273, 274, 320 ff. BGB mit § 50 Abs. 3–5 BRAO-?	830 ff., 970

Checkliste 2: Vertragliche Haftung des Rechtsanwalts gegenüber einem „Nichtmandanten" („Dritthaftung") 1805

Prüfungsschritte	Erläuterungen unter Rn.
☑ **Haftung aus Vertrag zugunsten Dritter**	1352 ff.
1. Haftung aus **(echtem) Anwaltsvertrag** (mit Rechtsbeistandspflicht) zugunsten des Dritten – §§ 328 ff. BGB –?	1353 ff., 1356 ff.
Insbesondere aus einem **anwaltlichen Treuhandvertrag?**	1356, 1475 ff., 1488 ff.
a) Ergibt die Auslegung des Vertrages die Einbeziehung des Dritten?	1354 f.
b) Falls ja:	
• Rechtsverhältnis zwischen Rechtsanwalt und Auftraggeber	1357 ff.
• Rechtsverhältnis zwischen Auftraggeber und Drittem	1376 f.
• Rechtsverhältnis zwischen Rechtsanwalt und Drittem	1378
c) Insbesondere zur Schadensersatzpflicht aus anwaltlichem Treuhandvertrag	1510 ff.
2. Haftung aus **anwaltsuntypischer Verpflichtung** zugunsten des Dritten?	1379
☑ **Haftung aus Vertrag mit Schutzwirkung zugunsten Dritter**	1383 ff.
1. Haftung aus **(echtem) Anwaltsvertrag** (mit Rechtsbeistandspflicht und) mit Schutzwirkung zugunsten des Dritten – analog §§ 328 ff. BGB –?	1383 ff., 1397 ff.

a) Ergibt die Auslegung des Vertrages dessen Schutzwirkung für den Dritten?	1385
b) Sind die Voraussetzungen eines Vertrages mit Schutzwirkung zugunsten Dritter erfüllt?	1387 ff., 1397 ff.
c) Ist der Dritte einbezogen in den Schutzbereich von Nebenpflichten und/oder der hauptsächlichen Leistungspflicht des Rechtsanwalts?	1389 ff. 1392, 1397 ff.
d) Besteht ein Schadensersatzanspruch des Dritten?	1413 ff.
e) Ist der Anspruch ausgeschlossen wegen Drittschadensliquidation?	1421 ff.
2. Haftung aus **anwaltsuntypischer Verpflichtung** mit Schutzwirkung zugunsten des Dritten?	1412
☑ **Haftung des Rechtsanwalts gegenüber Drittem aus Auskunftsvertrag – § 676 BGB**	1431 ff.
1. (Regelmäßig „stillschweigender") Abschluß eines Auskunftsvertrages zwischen Rechtsanwalt und Drittem?	1435 ff., 1445 ff., 1454
2. Auskunftsvertrag des Rechtsanwalts mit Schutzwirkung zugunsten des Dritten?	1444
3. Schadensersatzanspruch des Dritten aus Auskunftsvertrag?	1455 ff.
☑ **Haftung des Rechtsanwalts als Verhandlungsgehilfe (Vertreter, Vermittler, Sachwalter) gegenüber Drittem aus Verschulden bei Vertragschluß – c. i. c.**	1527 ff.
1. § 44 BRAO?	1538
2. a) Inanspruchnahme persönlichen Vertrauens?	1533 f.
b) Verfolgung eines unmittelbaren eigenen wirtschaftlichen Interesses?	1535
c) Haftungsgrenze bei Beteiligung an Vertragsverhandlungen des Mandanten	1539 f.

3.	Eigenhaftung wegen Verletzung vorvertraglicher Pflichten bei amtlicher und amtsähnlicher Tätigkeit?	1541 ff.
•	Bei gerichtlicher Beiordnung gemäß §§ 48, 49, 49 a BRAO bis zum Abschluß eines Anwaltsvertrages keine Haftung aus c. i. c., sondern entsprechend § 1833 BGB.	1544
4.	Schadensersatzanspruch des Dritten aus Verschulden bei Vertragsschluß?	1546 ff.
☑	**Bürgerlichrechtliche Prospekthaftung des Rechtsanwalts gegenüber Kapitalanleger**	1570 ff.
1.	**Prospekthaftung im engeren Sinne** für die Richtigkeit und Vollständigkeit des Werbeprospekts?	1573 ff.
•	Ist der Rechtsanwalt Prospektverantwortlicher, insbesondere wegen einer „Garantenstellung" als berufsmäßiger Sachkenner?	1574
•	Schadensersatzanspruch des Anlegers wegen Pflichtverletzung des Prospektverantworlichen?	1576 ff.
2.	**Prospekthaftung im weiteren Sinne** wegen Verletzung vorvertraglicher Pflichten unter Verwendung eines mangelhaften Prospekts?	1597 ff.

1806 ## Checkliste 3: Außervertragliche Haftung des Rechtsanwalts gegenüber Mandanten und Dritten

Prüfungsschritte	**Erläuterungen unter Rn.**
Geschäftsführung ohne Auftrag (§§ 677 ff. BGB) und ungerechtfertigte Bereicherung (§§ 812 ff. BGB)	1601 ff.
Haftung wegen unerlaubter Handlung (§§ 823 ff. BGB)	1611 ff.
Neben einem Schadensersatzanspruch aus Anwaltsvertrag	1615, 1617
1. **Schadensersatzanspruch gegen Rechtsanwalt wegen Verletzung eines ausschließlichen Rechts – § 823 Abs. 1 BGB**	1618 ff.
a) Wichtig für die Anwaltshaftung:	
• Unberechtigte Vollstreckungsmaßnahmen und ehrenrührige Äußerungen	1622 ff. 1619, 1681 ff., 1694 f., 1701, 1714 f.
• Die subjektiv redliche Einleitung und Durchführung eines gesetzlich geregelten Verfahrens indiziert grundsätzlich nicht die Rechtswidrigkeit einer damit verbundenen Rechtsgutsverletzung.	1623, 1719
• Ehrverletzende Äußerungen, die der Rechtsverfolgung oder -verteidigung in einem gerichtlichen oder behördlichen Verfahren dienen sollen, können i. d. R. nicht Gegenstand einer Ehrenschutzklage sein.	1690
b) Beweis	1629 ff., 1635 f., 1654 ff.
c) Verjährung (§ 852 BGB)	1757 ff.
2. **Abwehransprüche gegen Rechtsanwalt aus §§ 823 ff. mit § 249 BGB und in entsprechender Anwendung der §§ 12, 862, 1004 BGB**	1673 ff.

a) Beseitigung und Widerruf	1681 ff.
Zu ehrverletzenden Äußerungen in einem gerichtlichen oder behördlichen Verfahren	1690
Zum Abwehranspruch gegen eine anwaltliche Presseerklärung	1691
b) Unterlassung	1692 ff.
c) Gegendarstellung	1698
d) Beweis	1676
e) Verjährung	1677
3. **Schadensersatzanspruch gegen Rechtsanwalt wegen Verletzung eines Schutzgesetzes – § 823 Abs. 2 BGB**	1699 ff.
a) Wichtig: Strafrechtliche Tatbestände	1702 ff.
b) Beweis	1711
c) Verjährung (§ 852 BGB)	1757 ff.
4. **Schadensersatzanspruch gegen Rechtsanwalt wegen Kreditgefährdung – § 824 BGB**	1714 ff.
a) Beweis	1721
b) Verjährung (§ 852 BGB)	1757 ff.
5. **Schadensersatzanspruch gegen Rechtsanwalt wegen sittenwidriger vorsätzlicher Schädigung – § 826 BGB**	1722 ff.
Wichtigster Deliktstatbestand für die Anwaltshaftung wegen unerlaubter Handlungen bei der Rechtsbetreuung und wegen der außervertraglichen „Berufs- und Expertenhaftung" gegenüber Dritten, die im Vertrauen auf fehlerhafte Gutachten, Auskünfte, Berichte, Bilanzen, Testate, Prospekte und Zeugnisse geschädigt werden.	1723 ff., 1736 ff.
a) Verstoß gegen die guten Sitten	1723 ff.

• z. B. Mitwirkung an Vertragsbruch	1724
• Erschleichung eines Rechts- oder Vollstreckungstitels	1724
• unlautere Gläubigerbenachteiligung	1725
• kollusives Vorgehen	1725
• Mißbrauch einer formalen Rechtsstellung, u. a. Verwendung eines unrichtigen Vollstreckungstitels und eine unlautere Verfahrenseinleitung	1726
• falsche Expertise im Bewußtsein, daß ein Dritter (nicht der Auftraggeber) – regelmäßig ein Kreditgeber oder Käufer – auf deren Richtigkeit vertraut und dadurch geschädigt werden kann	1736 ff.
b) Vorsätzliche Schädigung	1727 ff.
c) Schadensersatz	1730 ff.
d) Beweis	1734 f.
Der Vorsatz kann durch die Art und Weise des sittenwidrigen Verhaltens bewiesen werden.	1735
e) Verjährung (§ 852 BGB)	1757 ff.
6. **Ersatzanspruch gegen Rechtsanwalt wegen Schädigung durch Verrichtungsgehilfen – § 831 BGB**	1741 ff.
a) Haftung für angestellte Mitarbeiter	1746
b) Beweis	1756
c) Verjährung (§ 852 BGB)	1757 ff.
d) Sonderproblem: Ist der Rechtsanwalt Verrichtungsgehilfe seines Mandanten?	1745 f.

Teil 5: Berufshaftpflichtversicherung für Rechtsanwälte

Inhaltsverzeichnis

Spezialliteratur:

Braun, Berufshaftpflichtversicherungen, BRAK-Mitt. 1994, 202;

Brieske, Die Berufshaftpflichtversicherung, AnwBl 1995, 225;

Flesch, Von den Vorzügen der individuellen Altersvorsorge, Versicherungswirtschaft 1998, 49 ff.;

Meßmer, Die Berufshaftpflichtversicherung des deutschen Rechtsanwalts, Versicherungswirtschaft 1998, 294;

Prölss, Die Berücksichtigung des versicherungswirtschaftlichen Zweckes einer risikobegrenzenden AVB-Klausel nach den Methoden der teleologischen Gesetzesanwendung. Zugleich Anmerkung zu BGH, Urteil v. 29. 4. 1998 – IV ZR 21/97 –, NVersZ 1998, 17;

Römer, Zu den Informationspflichten der Versicherer und ihrer Vermittler, VersR 1998, 1313;
Stöhr, Die Vermögensschadenhaftpflichtversicherung als Pflichtversicherung für Rechtsanwälte und Notare, AnwBl 1995, 234.

Abschnitt 1: Grundlagen

A. Rechtsgrundlagen

Rechtsgrundlagen für die Haftpflichtversicherung für Anwälte sind §§ 51, 59j BRAO, § 19a BNotO vom 31. 8. 1998 (BGBl. 1998 I S. 2585), Versicherungsvertragsgesetz (VVG), Allgemeine Versicherungsbedingungen für die Vermögensschaden-Haftpflichtversicherung von Rechtsanwälten und Patentanwälten (AVB-A). Die Allgemeinen Versicherungsbedingungen für die Haftpflichtversicherung (AHB) sind als Rechtsgrundlage für die AVB-A auch nicht subsidiär anzuwenden. Die Allgemeine Haftpflichtversicherung ist eine Versicherung eigener Art.[3311] Dies schließt indessen nicht aus, bei der Rechtsanwendung Rechtsprechung und Kommentierung zu den AHB mitheranzuziehen, soweit Wort- oder jedenfalls Inhaltsgleichheit der Bestimmungen besteht. 1807

B. Die Allgemeinen Versicherungsbedingungen (AVB)

I. Kein Genehmigungserfordernis

Nach der Deregulierung[3312] im Versicherungswesen kann jedes Versicherungsunternehmen eigene AVB formulieren und auf den Markt bringen. Die AVB unterliegen nicht mehr der Vorabgenehmigung durch das Bundesaufsichtsamt für das Versicherungswesen. Zwar müssen nach § 5 Abs. 5 Nr. 1 VAG die AVB für die Pflichtversicherungen dem Aufsichtsamt eingereicht werden. Das macht sie aber nicht zum Bestandteil des Geschäftsplans und sie unterliegen deshalb auch nicht dem Genehmigungserfordernis.[3313] In manchen Versicherungszweigen hat dies zu erheblichem Wettbewerb unter den Versicherungsunternehmen geführt, z. B. in der Kfz-Versicherung. In der Versicherung für Anwälte und Notare ist dies (noch) nicht zu beobachten. Hier sind die **AVB im wesentlichen gleich**. 1808

3311 BGH, VersR 1964, 230.
3312 Durchführungsgesetz/EWG zum VAG vom 21. 7. 1994, BGBl I 1630.
3313 Vgl. (Reimer) *Schmidt*, in: *Prölss*, VAG, § 5 Rn. 25.

Soweit im nachfolgenden der Wortlaut einzelner Regelungen der AVB wiedergegeben wird, handelt es sich um den Text, wie er allgemein von den Versicherern verwandt wird. Im Einzelfall kann aber nicht ausgeschlossen werden, daß eine entscheidende Stelle der Regelung **im Wortlaut abweicht**. Es empfiehlt sich deshalb, im Streitfall den Wortlaut der jeweils vereinbarten Bedingungen zu prüfen und von ihm auszugehen.

II. Verhandelbarkeit der AVB

1809 Die AVB sind im wesentlichen **nicht verhandelbar**. Das schließt aber nicht aus, daß im einen oder anderen Fall, besonders wenn der Konkurrent den Versicherungsnehmer abwerben möchte, doch einzelne Regelungen innerhalb der von § 51 BRAO vorgegebenen Grenzen zugunsten des Versicherungsnehmers anders vereinbart werden können. So können **Begrenzungen der Nachversicherung** als störend empfunden werden. Der den Versicherer wechselnde Anwalt kann ein berechtigtes Interesse daran haben, daß der neue Versicherer auf die **Einrede der Vorversicherung** verzichtet. Welche Änderungen in Betracht kommen, hängt vom Bedürfnis des einzelnen Anwalts ab, das er vor Abschluß des Vertrages prüfen sollte.

III. Auslegung der AVB

1810 Die Auslegung Allgemeiner Versicherungsbedingungen geschieht nach heute h. M. nicht mehr nach den Regeln der Gesetzesauslegung. AVB sind so auszulegen, wie sie ein **durchschnittlicher Versicherungsnehmer** bei verständiger Würdigung, aufmerksamer Durchsicht und Berücksichtigung des erkennbaren Sinnzusammenhangs verstehen muß. Dabei kommt es auf die Verständnismöglichkeiten eines Versicherungsnehmers ohne versicherungsrechtliche Spezialkenntnisse an.[3314] Ist **Adressat der AVB** eine bestimmte Gruppe von Versicherungsnehmern, kommt es auf das Verständnis eines durchschnittlichen Versicherungsnehmers dieser Gruppe an. Das bedeutet bei den AVB für Anwälte, daß auch Rechtskenntnisse vorausgesetzt werden können, in deren Licht die AVB auszulegen sind. Indessen sind die Kenntnisse und Verständnismöglichkeiten des einzelnen Vertragspartners irrelevant.

3314 BGHZ 123, 83, 85; s. näher *Römer/Langheid*, VVG 1997, vor § 1 Rn. 1 ff. m. w. N. zur Rechtsprechung.

C. Versicherungsverträge mit ausländischen Versicherern

Ausländische Versicherer können in der Bundesrepublik tätig sein. Das gilt insbe- 1811
sondere für Versicherer aus der EG oder einem EWR-Staat. Diesen ist die Tätigkeit hier erleichtert.[3315] Verträge mit diesen Gesellschaften wollen aber gut überlegt sein. Eine im Vergleich zu deutschen Unternehmen **niedrigere Prämie** kann täuschen. Zunächst muß in die Erwägungen einbezogen werden, daß die Bedingungen von Grund auf anders sein können. Sie folgen anderen Prinzipien, z. B. in der Haftpflichtversicherung dem „claims-made"-Prinzip der englischen Versicherer[3316], bei dem es zur Beurteilung des Versicherungsfalls auf den Zeitpunkt der Anspruchserhebung ankommt. Das sind **gravierende Unterschiede zur deutschen Berufshaftpflichtversicherung**, die nach dem Versicherungsbedarf im einzelnen zu prüfen sind.[3317] Zu bedenken ist auch, ob die Nähe zum Versicherer bei der Schadensabwicklung eine Rolle spielen kann – bis hin zur Frage, **welches Recht anwendbar** ist.

Abschnitt 2: Die Berufshaftpflichtversicherung

A. Versicherungspflicht

§ 51 BRAO normiert die gesetzliche Versicherungspflicht des Anwalts. Die Versi- 1812
cherungspflicht betrifft jeden Rechtsanwalt.[3318] Nach § 51 Abs. 1 Satz 1 BRAO ist der Rechtsanwalt verpflichtet, eine Berufshaftpflichtversicherung zur Deckung der sich aus seiner Berufstätigkeit ergebenden Haftpflichtgefahren für Vermögensschäden abzuschließen und diese während seiner Zulassung aufrechtzuerhalten. Diese Pflichtversicherung, § 158 b Abs. 1 VVG, soll vorrangig dem **Schutz des rechtsuchenden Publikums** dienen.[3319] Gleichzeitig bewirkt sie aber auch den **Schutz des Rechtsanwalts** vor Vermögensverlusten, die bei entsprechender Höhe auch seine wirtschaftliche Existenz gefährden können. Dieser Umstand kann Anlaß zu Überlegungen sein, ob die Haftpflichtversicherung nicht über die gesetzliche Mindestversicherungssumme von 500 000 DM (§ 51 Abs. 4 BRAO) abgeschlossen werden sollte, wozu die Versicherer bei höherer Prämie bereit sind.[3320]

3315 Vgl. § 110 a VAG.
3316 Vgl. dazu *Flesch*, Versicherungswirtschaft 1998, 49 ff.
3317 Vgl. auch *Meßmer*, Versicherungswirtschaft 1998, 294.
3318 S. näher Rn. 1814 ff.
3319 BT-Drucks. 12/4993, 31 zu Nr. 22.
3320 S. Rn. 1868 ff.

1813 § 51 Abs. 3 BRAO läßt **Ausschlüsse von der Pflichtversicherung** zu, wovon die Versicherer mit ihren AVB-A i. d. R. auch Gebrauch machen.[3321] Damit ist ein Teil des wünschenswerten Schutzes für den Mandanten nicht erreicht. Er bleibt z. B. allein auf die Leistungsfähigkeit des Anwalts verwiesen, wenn dieser einen Schaden durch eine wissentliche Pflichtverletzung verursacht, § 51 Abs. 3 Nr. 1 BRAO, § 4 Nr. 5 AVB-A.[3322] Ebensowenig ist der Mandant durch eine Haftpflichtversicherung vor Veruntreuung des Anwalts, seines Personals oder seiner Angehörigen geschützt, § 4 Nr. 3 AVB-A. Abhilfe könnte in solchen Fällen nur eine Versicherung schaffen, wie sie die **Notarkammern** für ihre Mitglieder nach § 67 Abs. 2 Nr. 3 BNotO abschließen müssen.

B. Versicherte Personen

I. Adressaten des § 51 BRAO

1814 Die Versicherungspflicht des § 51 BRAO betrifft **sämtliche Rechtsanwälte**. Es kommt nicht darauf an, ob er **Einzelanwalt** ist oder mit anderen eine **Sozietät** oder **Bürogemeinschaft** bildet. Ebenso sind der Anwalt einer Partnerschaftsgesellschaft, der angestellte Anwalt oder freie Mitarbeiter wie auch der Syndikus verpflichtet, eine Berufshaftpflichtversicherung abzuschließen. Entscheidend ist, ob der Anwalt eine Zulassung anstrebt oder sie bereits hat. Deshalb bleibt auch der Anwalt, der sich faktisch zur Ruhe gesetzt, aber seine Zulassung noch nicht zurückgegeben hat, versicherungspflichtig. Die **Mindestversicherungssumme** bleibt von solchen Sonderfällen unberührt, auch wenn feststeht, daß ein etwaiger Schaden diese Summe bei weitem nicht erreichen kann. Das bedeutet aber auch, daß besondere Umstände dieser Art ohne Einfluß auf die Prämie bleiben.

1815 Auch der **ausländische Rechtsanwalt**, der im Inland tätig ist, muß eine Berufshaftpflichtversicherung abschließen, obwohl er keine Zulassung braucht. Insoweit ist die Aufnahme in die Rechtsanwaltskammer der Zulassung gleichzustellen.[3323] Der Schutz des Mandanten nötigt zu einer entsprechenden Anwendung des § 51 BRAO.

§ 51 Abs. 1 Satz 2 BRAO verlangt, daß sich die Pflichtversicherung auch auf solche Vermögensschäden erstreckt, für die der Rechtsanwalt nach § 278 BGB oder § 831 BGB einzustehen hat. Entsprechend dem Formular ist deshalb bei Antrag-

3321 S. Rn. 1843 ff.
3322 Dazu Rn. 1858 ff.
3323 Vgl. *Stobbe*, in: *Henssler/Prütting*, BRAO, § 51 Rn. 27.

stellung anzugeben, wieviel **Mitarbeiter** (unterschieden nach ihrer Vorbildung) bei dem Anwalt tätig sind. Für sie schließt der Anwalt eine **Fremdversicherung** ab, § 7 AVB-A.

Mit § 59j BRAO hat der Gesetzgeber die Haftpflichtversicherung der neuen **Anwalts-GmbH** geregelt. Danach muß die GmbH neben dem Anwalt eine eigene Haftpflichtversicherung abschließen. Von ihr hängt die Zulassung ab. Die **Mindestversicherungssumme** beträgt für jeden Schadensfall 5 000 000 DM. Bei kleineren Gesellschaften führt diese Versicherungssumme zu deutlich höheren Prämien als bei einer Sozietät. Welche Erfahrungen mit der Versicherung für die Anwalts-GmbH gemacht werden, welche Fragen auftauchen, insbesondere zum Deckungsumfang, wird zunächst noch abgewartet werden müssen. 1816

II. Regelungen der AVB-A

Der Versicherer gewährt mit seinen AVB Deckungsschutz **für alle Sozien** zusammen mit einer einheitlichen Durchschnittsleistung. Allerdings kann der Vertrag für die einzelnen Sozien mit **unterschiedlich hohen Deckungssummen** abgeschlossen werden. Das kann sich in solchen Fällen auswirken, bei denen die Höhe des Schadens über der Summe der niedrigsten Deckung liegt. Über die komplizierte Berechnung der Durchschnittsleistung nach § 12 IV AVB-A s. die bei Voit[3324] veröffentlichten Beispielsberechnungen entsprechend dem Merkblatt eines Versicherers. 1817

§ 12 Sozien 1818

I. 1. Als Sozien gelten Berufsangehörige, die ihren Beruf nach außen hin gemeinschaftlich ausüben, ohne Rücksicht darauf, ob sie durch Gesellschaftsvertrag oder einen anderen Vertrag verbunden sind.

2. Wer als Mitglied einer Sozietät außerhalb einer Sozietät tätig wird, gilt insoweit nicht als Sozius.

II. Der Versicherungsfall auch nur eines Sozius gilt als Versicherungsfall aller Sozien. Der Versicherer tritt für diese zusammen mit einer einheitlichen Durchschnittsleistung ein. Dieser Durchschnittsversicherungsschutz besteht (nach Maßgabe des § 7 I 1) auch zugunsten eines Sozius, der Nichtversicherungsnehmer ist.

III. Ein Ausschlußgrund nach § 4, der in der Person eines Sozius vorliegt, geht zu Lasten aller Sozien.

IV. Für die zu II erwähnte Durchschnittsleistung gilt folgendes:

a) Die Leistung auf die Haftpflichtsumme ist in der Weise zu berechnen, daß zunächst bei

3324 In *Prölss/Martin*, VVG, S. 1373; vgl. auch das übersichtliche Rechenbeispiel von *Brieske*, AnwBl 1995, 225, 230.

jedem einzelnen Sozius festgestellt wird, wieviel er vom Versicherer zu erhalten hätte, wenn er, ohne Sozius zu sein, allein einzutreten hätte (fiktive Leistung), und sodann die Summe dieser fiktiven Leistungen durch die Zahl aller Sozien geteilt wird.
b) Bezüglich der Kosten sind die Bestimmungen in § 3 II 8 in sinngemäßer Verbindung mit den vorstehenden Bestimmungen anzuwenden.

1819 § 12 III, der einen Ausschlußgrund in der Person eines Sozius auf alle Sozien erstreckt, ist im Zusammenhang mit § 12 I 1 zu sehen. Ohne die Bestimmung des § 12 III wäre der Versicherer immer leistungspflichtig. Denn für den Sozius, bei dem kein Ausschluß nach § 4 eingreift, ist der Verstoß des anderen gemäß § 12 II auch ein Versicherungsfall, den er gegenüber dem Versicherer geltend machen könnte. § 12 III will deshalb nur verhindern, daß trotz Vorliegens eines Ausschlußgrundes in der Person eines Sozius der andere Sozius gleichwohl Versicherungsschutz beanspruchen kann.[3325]

§ 12 III dürfte dann nicht anwendbar sein, wenn ein Sozius der Mandant des anderen Sozius ist. In einem solchen Fall treten beide nicht einem Dritten gegenüber als Sozien auf.[3326]

1820 13. Mitarbeiter
Die Anstellung eines zuschlagspflichtigen Mitarbeiters, der nicht Sozius im Sinne des § 12 I 1 ist, gilt als Erweiterung des versicherten Risikos nach § 8 II.
Wird trotz Aufforderung die Anstellung eines Mitarbeiters nicht angezeigt, so verringert sich dem Versicherungsnehmer gegenüber die Leistung des Versicherers, wie wenn der Mitarbeiter Sozius im Sinne des § 12 I 1 wäre.
In Ansehung solcher Verstöße, die vor Ablauf der Frist des § 8 II 1 oder nach Bezahlung des Mitarbeiterzuschlags erfolgt sind, deckt die Versicherung im Rahmen des Versicherungsvertrages auch Haftpflichtansprüche, die unmittelbar gegen die Mitarbeiter erhoben werden (§ 7 I 1).

1821 § 7 I. und II. Versicherung für fremde Rechnung
I. 1. Soweit sich die Versicherung auf Haftpflichtansprüche gegen andere Personen als den Versicherungsnehmer selbst – mitversicherte Personen – erstreckt, finden alle in dem Versicherungsvertrag bezüglich des Versicherungsnehmers getroffenen Bestimmungen auch auf diese Personen sinngemäße Anwendung. Der Versicherungsnehmer bleibt neben dem Versicherten für die Erfüllung der Obliegenheiten verantwortlich.

3325 S. den Fall OLG Hamm, VersR 1996, 1006 = r + s 1996, 96 m. Anm. *Schimikowski* = zfs, 1996, 346.
3326 OLG Hamm, a. a. O., wenn auch dort offengelassen.

Der Mitversicherte ist nicht Vertragspartei. Er muß den Inhalt des Vertrages so hinnehmen, wie ihn die Parteien gestaltet haben. Auf den Mitversicherten sind nach Satz 1 alle Bestimmungen des Vertrages sinngemäß anzuwenden. Bei Ausschlußtatbeständen gilt dies jedoch nur soweit, als der Ausschluß in der jeweiligen Person verwirklicht ist. Hat der Mitversicherte den Schaden verursacht, ohne daß in seiner Person ein Ausschlußtatbestand vorliegt, ist die Leistung des Versicherers nicht ausgeschlossen, auch wenn auf den Versicherungsnehmer der Ausschlußtatbestand zutrifft.[3327] 1822

Aus Satz 2 ist zu entnehmen, daß der Mitversicherte auch selbst zur Erfüllung der Obliegenheiten verpflichtet sein soll. Das ist nicht selbstverständlich und bedarf ausdrücklicher Regelung.[3328]

§ 7 I 2. Mitversicherte Personen können ihre Versicherungsansprüche selbständig geltend machen. Dasselbe gilt für Sozien, die im Versicherungsschein oder in einem Nachtrag zum Versicherungsschein namentlich genannt sind. 1823

§ 7 I Nr. 2 ist eine wohltuende Abweichung von der gesetzlichen Regelung in der Fremdversicherung, nach der der Mitversicherte zwar Inhaber des Anspruchs ist, ihn grundsätzlich aber nicht selbst geltend machen kann, § 75 VVG. Durch die Regelung in den AVA-A sind eine Menge Probleme der Fremdversicherung gelöst. 1824

§ 7 II. Ansprüche des Versicherungsnehmers selbst sowie seiner Angehörigen gegen den Versicherten, soweit dieser nicht Versicherungsnehmer ist, sind, soweit nicht anderes vereinbart ist, von der Versicherung ausgeschlossen. 1825

§ 7 II schließt den **Eigenschaden**[3329] **des Versicherten** vom Deckungsschutz aus. Der Eigenschaden ist Gegenstand der Vertrauensschaden- und nicht der Vermögenshaftpflichtversicherung. Der Ausschluß erfaßt auch Ansprüche der Angehörigen des Versicherten. 1826

C. Versicherter Gegenstand

I. Überblick

Gegenstand und Umfang der Versicherung ergeben sich aus den §§ 1 und 3 II AVB-A. Sie legen die **Leistung des Versicherers** im Grundsatz fest. Die Aus- 1827

3327 OLG Hamm, NJW-RR 1993, 160 = r + s 1993, 9.
3328 Vgl. BGHZ 49, 130, 134.
3329 S. zum „unechten" Eigenschaden *Späte*, AHB-Kommentar, § 1 Rn. 219.

schlüsse ergeben sich aus § 4. Daneben kann die Leistungspflicht des Versicherers entfallen, wenn der Versicherungsnehmer Obliegenheiten verletzt hat, vgl. z. B. §§ 5, 6, dazu unter Rn. 1898 und 1918. Auch Pflichtverletzungen des Versicherungsnehmers, wie etwa die nicht rechtzeitige Prämienzahlung, können zum Verlust des Anspruchs führen, § 8, dazu unter Rn. 1891 ff.

II. Deckungsumfang im Grundsatz

1828 § 1 Gegenstand der Versicherung
Der Versicherer gewährt dem Versicherungsnehmer Versicherungsschutz (Deckung) für den Fall, daß er wegen eines bei der Ausübung beruflicher Tätigkeit – von ihm selbst oder einer Person, für die er einzutreten hat – begangenen Verstoßes von einem anderen aufgrund gesetzlicher Haftpflichtbestimmungen privatrechtlichen Inhalts für einen Vermögensschaden verantwortlich gemacht wird.
Vermögensschäden sind solche Schäden, die weder Personenschäden (Tötung, Verletzung des Körpers oder Schädigung der Gesundheit von Menschen) noch Sachschäden (Beschädigung, Verderben, Vernichtung oder Abhandenkommen von Sachen) sind, noch sich aus solchen – von dem Versicherungsnehmer oder einer Person, für die er einzutreten hat, verursachten – Schäden herleiten. Als Sachen gelten insbesondere auch Geld und geldwerte Zeichen.

1. „Verstoß" als Versicherungsfall

1829 Gegenstand der Versicherung ist das Risiko des Anwalts und der Mitversicherten, wegen eines Verstoßes, der bei einem Dritten zu einem Vermögensschaden geführt hat, in Anspruch genommen zu werden. Mit der Anknüpfung des Versicherungsschutzes an einen **„Verstoß"** des Versicherungsnehmers, wird der **Versicherungsfall** bezeichnet. Dieser ist unten unter Rn. 1895 ff. näher behandelt.

2. Ausübung beruflicher Tätigkeit

1830 Der Versicherungsschutz bezieht sich auf die **Ausübung beruflicher Tätigkeit** eines Rechtsanwalts. Damit sind Ansprüche Dritter aus dem privaten Bereich des Anwalts ausgeschlossen. Diese Abgrenzung ist i. d. R. unproblematisch.

1831 Schwierig ist die **Abgrenzung** zwischen beruflicher Tätigkeit eines Rechtsanwalts und den häufig von ihm ausgeübten **Nebentätigkeiten**. Im Ausgangspunkt ist entscheidend, welche Tätigkeit **typischerweise zum Berufsbild** des Anwalts gehört (vgl. § 3 BRAO und insbes. Rn. 9 ff., 132 ff., 504, 849 ff., 1201 ff.) Soweit § 1

Abs. 2 BRAGO bestimmte Tätigkeiten vom Geltungsbereich der Gebührenordnung für Rechtsanwälte ausnimmt, folgt daraus noch nicht, daß es sich bei diesen Tätigkeiten zwangsläufig nicht um anwaltliche Tätigkeiten i. S. d. § 1 Abs. 1 AVB-A handelt.[3330] So ist z. B. die **treuhänderische Verwaltung von Anlagebeteiligungen** anwaltliche Tätigkeit, wenn sie auch die Beratung der Anleger in den mit der Beteiligung und deren Verwaltung auftretenden Rechtsfragen umfaßt.[3331] Dagegen ist die reine **Vermögensverwaltung** keine Ausübung beruflicher Tätigkeit des Anwalts i. S. d. § 1 Abs. 1 AVB-A.[3332] Ebensowenig ist Gegenstand der Versicherung die **Tätigkeit als Strohmann**, bei der der Anwalt etwa Geschäftsanteile für einen Dritten hält. Eine solche Tätigkeit kann auch jeder andere, der nicht Anwalt ist, ausüben.[3333] War aber neben der Aufgabe als Strohmann dem Anwalt auch der Auftrag erteilt, die dazu erforderliche rechtliche Konstruktion zu entwerfen, so liegt in der Erfüllung dieses Auftrags eine anwaltliche, rechtsberatende Tätigkeit, die vom Versicherungsschutz gedeckt ist.[3334]

Der BGH[3335] hat in einem Streit um die Höhe der Gebühren zur Frage der anwaltlichen Tätigkeit ausgeführt, maßgebend sei, ob die dem Rechtsanwalt eigene Aufgabe im Vordergrund stehe, rechtlichen Beistand zu leisten. Das OLG Düsseldorf[3336] hat diesen Gedanken aufgenommen in einem Fall, bei dem über den Deckungsschutz aus der Berufshaftpflichtversicherung für Anwälte zu entscheiden war. Es hat ausgeführt, auch eine typischerweise berufsfremde Tätigkeit könne unter den Versicherungsschutz fallen, wenn der Anwalt neben der wirtschaftlichen Tätigkeit auch die ihm als Anwalt obliegende rechtsberatende Funktion wahrnehme. Voraussetzung sei, daß die anwaltliche Beratung gegenüber der eigentlichen berufsfremden Tätigkeit den „Schwerpunkt des Mandats" bilde. Dem kann nicht zugestimmt werden. 1832

Der **Schwerpunkt der Tätigkeit**, was also im Vordergrund steht, ist als Kriterium zur Anwendung der BRAGO im Gebührenstreit sicher gerechtfertigt. Dieses Kriterium kann aber nicht auf Fragen nach dem Deckungsschutz übertragen werden. Der Versicherer verspricht Versicherungsschutz bei Vermögensschäden aus einem 1833

3330 BGHZ 120, 157, 159 f. = NJW 1993, 199; OLG Düsseldorf, NVersZ 1998, 132 = r + s 1998, 496 = zfs 1998, 389.
3331 BGHZ 120, 157, 159 f. = NJW 1993, 199.
3332 Vgl. BGHZ 46, 268, 271 = NJW 1967, 876.
3333 OLG Düsseldorf, NVersZ 1998, 132 = r + s 1998, 496 = zfs 1998, 389.
3334 Ebenso im Falle OLG Düsseldorf, a. a. O., woraus aber kein Schaden entstanden war.
3335 BGHZ 46, 268, 270 = NJW 1967, 876.
3336 NVersZ 1998, 132 = r + s 1998, 496 = zfs 1998, 389; das Urteil ist im Ergebnis aber zutreffend, weshalb der BGH die Revision mit Beschluß vom 25. 2. 1998 – IV ZR 342/96 – nicht angenommen hat.

Verstoß bei der Ausübung beruflicher Tätigkeit des Rechtsanwalts. Er hat das Versprechen nicht eingeschränkt (vgl. aber § 4 Nr. 4, s. unter Rn. 1834). Folglich hat er auch dann Versicherungsschutz zu gewähren, wenn der Verstoß bei einer anwaltlichen Tätigkeit eintrat, die untergeordnet neben einer wirtschaftlichen Tätigkeit ausgeübt wurde. Entscheidend muß vielmehr sein, ob der **schadenstiftende Verstoß** der Rechtsberatung oder der wirtschaftlichen, anderen Tätigkeit **zuzuordnen** ist. Ob die Rechtsberatung den Schwerpunkt des Mandats bildete, ob sie im Vordergrund stand oder nicht, ist gleichgültig.[3337]

1834 Für eine Reihe von Fällen ist die Frage nach dem Deckungsschutz durch besondere Regelungen konkret beantwortet. So bestimmt § 4 Nr. 4 AVB-A, daß Haftpflichtansprüche aus der Tätigkeit als Leiter, Vorstands- oder Aufsichtsratsmitglied privater Unternehmen, Vereine, Verbände und als Angestellter nicht gedeckt sind.[3338]

1835 Soweit die vereinbarte Versicherungssumme die Mindestsumme übersteigt, bestimmt die „Risikobeschreibung für Vermögensschaden-Haftpflichtversicherung von Rechtsanwälten (einschließlich des **Rechtsanwalts-Risikos von Anwaltsnotaren**)“ folgende **Tätigkeiten als mitversichert, wenn sie nicht überwiegend ausgeübt werden:**

- Konkursverwalter,
- Vergleichsverwalter,
- Verwalter nach der Gesamtvollstreckung,
- gerichtlich bestellter Liquidator,
- Zwangsverwalter,
- Sequester,
- Sachwalter,
- Gläubigerausschußmitglied,
- Gläubigerbeiratsmitglied,
- Testamentsvollstrecker,
- Nachlaßpfleger,
- Nachlaßverwalter,
- Vormund,
- Betreuer,
- Pfleger und Beistand,
- Schiedsrichter,
- Abwickler einer Praxis gemäß § 55 BRAO und
- Zustellungsbevollmächtigter gemäß § 30 BRAO.

3337 Vgl. auch den Fall OGH, VersR 1998, 84.
3338 S. auch Rn. 1458 ff.

Die **Tätigkeit** als **Notarvertreter** ist mitversichert, wenn die Dauer von 60 Tagen innerhalb eines Versicherungsjahres nicht überschritten wird.

Da es in der Risikobeschreibung am Ende ausdrücklich heißt: *„Diese Risikobeschreibung zählt die mitversicherten Tätigkeiten abschließend auf"*, ist die neue Tätigkeit als **Mediator** jedenfalls nicht aufgrund der Risikobeschreibung mitversichert. Eine Mediation kann als mitversichert unter dem Gesichtspunkt angesehen werden, daß sie mit zur typischen Tätigkeit eines Rechtsanwalts gehört. Das ist heute aber noch zweifelhaft. Es empfiehlt sich deshalb, mit dem Versicherer die Aufnahme dieser Tätigkeit, soweit Bedarf besteht, in den Versicherungsschutz ausdrücklich zu vereinbaren. 1836

3. Gesetzliche Haftpflichtbestimmungen privatrechtlichen Inhalts

Gesetzliche Haftpflichtbestimmungen privatrechtlichen Inhalts sind Rechtsnormen, die unabhängig von dem Willen der beteiligten Parteien an die Verwirklichung des Tatbestandes eines unter § 1 fallenden Schadensereignisses Rechtsfolgen knüpfen, wobei an die Stelle des Schadensereignisses in der Vermögenshaftpflichtversicherung der Verstoß tritt.[3339] Unter die gesetzlichen Haftpflichtbestimmungen fallen auch **vertragliche und vertragsähnliche Schadensersatzansprüche** (also nicht Erfüllungs- und Gewährleistungsansprüche), wenn sie gesetzlich begründet sind, mithin nach Grund und Höhe nicht auf dem Willen der Vertragsparteien beruhen.[3340] Vor allem aber zählen zu den gesetzlichen Haftpflichtbestimmungen auch die für Ersatzansprüche gegen den Anwalt so wichtigen Regeln über die **positive Vertragsverletzung** und das **Verschulden bei Vertragsschluß**.[3341] 1837

4. Vermögensschaden

Versichert ist nur das Risiko der Inanspruchnahme durch einen Dritten, weil dieser einen **Vermögensschaden** erlitten hat. § 1 Abs. 2 definiert den Vermögensschaden näher. Dennoch kann im Einzelfall zweifelhaft sein, ob der sich aus einem Sachschaden entwickelte Schaden ein Vermögensschaden i. S. d. Regelung ist. Kommt dem Anwalt etwa aus seinem Verschulden eine Sache abhanden, die als **Beweismittel** unersetzbar war, erscheint fraglich, ob der Schaden aus dem deshalb verlorenen Prozeß versichert ist. 1838

3339 BGH, NJW 1971, 429 unter 4 = VersR 1971, 144.
3340 *Späte*, a. a. O., § 1 Rn. 128.
3341 *Voit*, in: *Prölss/Martin*, VVG, § 1 AHB Rn. 4 f.; *Späte*, a. a. O., Rn. 134, 136, je m. w. N. zur Rechtsprechung.

1839 Soweit eine höhere als die Mindestversicherungssumme vereinbart ist, bestimmt die Risikobeschreibung, daß unter die Vermögensschäden auch solche fallen, die durch **Freiheitsentzug** verursacht worden sind (Straf- oder Untersuchungshaft, Unterbringung).

1840 Nicht versichert ist der **Eigenschaden** des Versicherten.[3342] Ebensowenig sind Ansprüche der Angehörigen gegen den Versicherten vom Deckungsschutz erfaßt (vgl. § 7 II). Die Versicherung von Eigenschäden ist Gegenstand der Vertrauensschadenversicherung.

5. Abwehr- und Befreiungsanspruch

1841 § 3 II. 1.
Der Versicherungsschutz umfaßt die Befriedigung begründeter und die Abwehr unbegründeter Schadenersatzansprüche.

1842 Der Anspruch des Anwalts gegen den Versicherer hat einen für die Haftpflichtversicherung **typischen Doppelcharakter**. Er geht einmal darauf, daß der Versicherer ihm Rechtsschutz gewährt, einschließlich der erforderlichen Kosten. Zum anderen ist der Versicherer verpflichtet, den Anwalt von berechtigten Forderungen des Geschädigten zu befreien. Welche der beiden Seiten in Betracht kommt, obliegt der Entscheidung des Versicherers. Dieser hat aber die Sach- und Rechtslage sorgfältig zu prüfen. Ergibt die Prüfung, daß der Anspruch des Dritten berechtigt ist, kann der Versicherer sofort anerkennen oder befriedigen. Allerdings ist § 3 II 9 AVB-A zu entnehmen, daß der Versicherungsnehmer widersprechen kann (s. Rn. 1882). Grundsätzlich steht es aber im Ermessen des Versicherers, wie er zur Erfüllung seiner Vertragspflicht die Ansprüche des Dritten abwenden will.[3343]

III. Ausschlüsse vom Deckungsumfang

1843 § 4 bestimmt, was als Ausnahme von dem Grundsatz der Leistungspflicht des Versicherers nach § 3 II 1 nicht vom Versicherungsschutz umfaßt sein soll. Es handelt sich um **echte Risikoausschlüsse** und nicht um verhüllte Obliegenheiten. Der Unterschied ist für die Rechtsanwendung bedeutsam.[3344] Ist der objektive Tatbestand

3342 Vgl. den Fall OLG Düsseldorf, NVersZ 1998, 132 = r + s 1998, 496 = zfs 1998, 389, bei dem die erste Instanz die Klage mit der Begründung abgewiesen hatte, es handele sich um einen Eigenschaden.

3343 BGH, NJW 1956, 826 unter 2 = VersR 1956, 186.

3344 S. näher *Römer/Langheid*, VVG, § 6 Rn. 2 ff.

eines Risikoausschlusses erfüllt, kommt es auf weiteres, insbesondere auf ein Verschulden des Versicherungsnehmers nicht mehr an. Demgegenüber sind auf **verhüllte Obliegenheiten** die Regeln des § 6 VVG anwendbar einschließlich der Relevanzrechtsprechung[3345], die in einigen Fällen doch noch zum Versicherungsschutz führt. Bei vor Eintritt des Versicherungsfalls zu erfüllenden Obliegenheiten müßte der Versicherer gekündigt haben, wenn er sich auf Leistungsfreiheit berufen will, § 6 Abs. 1 Satz 3 VVG. Als Risikoausschluß und nicht als verhüllte Obliegenheit ist insbesondere auch der Leistungsausschluß wegen wissentlicher Pflichtverletzung, § 4 Nr. 5, anzusehen (s. unter Rn. 1858 ff.).

§ 4 Ausschlüsse 1844
Der Versicherungsschutz bezieht sich nicht auf Haftpflichtansprüche

1. Auslandsschäden

1. aus Tätigkeiten 1845
a) über in anderen Staaten eingerichtete oder unterhaltene Kanzleien oder Büros,
b) im Zusammenhang mit der Beratung und Beschäftigung mit außereuropäischem Recht,
c) des Rechtsantwalts vor außereuropäischen Gerichten.
Die Leistungen des Versicherers erfolgen auch bei mitversicherten Auslandsrisiken in Deutscher Mark. Die Verpflichtung des Versicherers gilt mit dem Zeitpunkt als erfüllt, in dem der DM-Betrag bei einem inländischen Geldinstitut angewiesen ist;

Die Ausschlußklausel des § 4 Nr. 1 erfaßt nicht: Haftpflichtansprüche des Man- 1846
danten aus Fehlern bei der Beratung zum deutschen Recht, auch wenn der Pflichtverstoß im Ausland begangen worden ist. Haftpflichtansprüche, die aus der Verletzung europäischen Rechts herrühren, auch soweit es vor ausländischen Gerichten geltend gemacht wurde. § 4 Nr. 1 greift auch nicht schon deshalb ein, weil etwa Vermögensschäden im Ausland entstanden sind.

Die Ausschlußklausel des § 4 Nr. 1 erfaßt: Solche Schäden, die auf einer Tätig- 1847
keit des Anwalts im Ausland beruhen. Ferner sind Schäden ausgeschlossen, die durch eine Beratung oder Beschäftigung „im Zusammenhang" mit außereuropäischem Recht entstanden sind. Der Zusammenhang ist aber nur hergestellt, wenn die Beschäftigung mit dem außereuropäischen Recht in irgendeinem Kausalzusammenhang zu dem Schaden steht. Nicht jede Tätigkeit, die auch außereuropäisches Recht umfaßt, unterfällt dem Deckungsausschluß. Ausgeschlossen sind

3345 Darstellung bei *Römer/Langheid*, VVG, § 6 Rn. 39 bis 48.

Schäden, die durch eine Tätigkeit vor außereuropäischen Gerichten entstanden sind, unabhängig davon, welches Recht bei dieser Tätigkeit angewandt wurde.

1848 Durch besondere Vereinbarung können Auslandsschäden in den Deckungsschutz einbezogen werden. Das wird insbesondere bei Sozietäten mit Partnern im Ausland in Betracht kommen.

2. Aufgrund Vertrags oder Zusage

1849

> 2. soweit sie aufgrund Vertrags oder besonderer Zusage über den Umfang der gesetzlichen Haftpflicht hinausgehen;

1850 § 4 Nr. 2 dient nur der Klarstellung, denn andere als gesetzliche Haftpflichtansprüche sind von vornherein nicht gedeckt, § 1 Satz 1. Trotz der Klarstellung ist nicht alles klar. Umstritten ist, ob der Ausschluß auch auf die vertraglich vereinbarte **Verlängerung von Verjährungsfristen** zutrifft.[3346] Die Frage ist für Anwälte dann von Bedeutung, wenn sie mit einem Mandanten über den Ersatz etwaiger Schäden in Verhandlung stehen und den Mandanten behalten möchten. Die drohende Verjährung kann die Verhandlungen empfindlich stören und damit das Mandatsverhältnis in Frage stellen. Die Neigung zu einer Vereinbarung, die Verjährungseinrede zunächst nicht zu erheben, wird groß sein. Das OLG Düsseldorf[3347] hat zwischen Zusagen differenziert, die von vornherein gegeben sind und solchen, die erst nach eingetretenem Versicherungsfall erteilt werden. Es hat offengelassen, ob bei einer von vornherein erteilten Verlängerung der Verjährungsfristen ein Deckungsausschluß in Betracht kommt. Bei einem Verzicht auf die Verjährungeinrede, die bei Vergleichsverhandlungen, also nach Eintritt des Versicherungsfalls, erklärt wird, greife der Ausschluß jedenfalls nicht.

3. Sozien- und Angehörigenklausel

1851

> 3. wegen Schäden durch Veruntreuung durch Personal, Sozien oder Angehörige des Versicherungsnehmers;
> – als Angehörige gelten:
> a) der Ehegatte des Versicherungsnehmers;
> b) wer mit dem Versicherungsnehmer in gerader Linie verwandt oder verschwägert oder im zweiten Grad der Seitenlinie verwandt ist;

3346 Vgl. *Voit*, in: *Prölss/Martin*, VVG, § 4 AHB Rn. 5 m. w. N.
3347 NVersZ 1999, 82 = VersR 1999, 480 = r + s 1999, 18.

§ 51 Abs. 3 Nr. 5 BRAO erlaubt den Ausschluß von Ansprüchen wegen **Veruntreuungen durch Personal, Angehörige oder Sozien**. Zweck der Klausel soll u. a. sein, der Kollusionsgefahr zu begegnen, die als hoch eingeschätzt wird.[3348] Häufig dürfte es sich im wirtschaftlichen Sinne um Eigenschäden des Versicherungsnehmers handeln, die vom Versicherungsschutz ohnehin ausgenommen sind. 1852

Der Ausschluß greift nicht ein, wenn der Schädiger im Zeitpunkt der Veruntreuung nicht Sozius oder Verwandter war.[3349]

4. Organ- und Leitungsklausel

> 4. aus der Tätigkeit des Versicherungsnehmers als Leiter, Vorstands- oder Aufsichtsratsmitglied privater Unternehmungen, Vereine, Verbände und als Angestellter; 1853

Sinn des Risikoausschlusses nach **§ 4 Nr. 4** ist es, den Versicherungsschutz auf die **Haftung aus eigentlich beruflicher Tätigkeit** zu beschränken und **Haftungsansprüche aus berufsfremder Tätigkeit** vom Versicherungsschutz auszunehmen (s. auch oben Rn. 1830). Die Leitung eines Unternehmens entspricht nicht dem typischen Berufsbild eines Anwalts. Es ist deshalb gerechtfertigt, die aus dieser Tätigkeit entstehenden Haftungsansprüche aus der Anwaltshaftpflichtversicherung herauszunehmen. Fehler unternehmerischer Entscheidungen gehören nicht zum Haftungsrisiko des Anwalts.[3350] 1854

Der Risikoausschluß erfaßt allerdings nur solche Tätigkeiten, die der Anwalt als **„Leiter, Vorstands- oder Aufsichtsratsmitglied"** ausübt. Da Regeln über Risikoausschlüsse grundsätzlich eng und nicht über ihren Wortsinn hinaus auszulegen sind[3351], sind die Begriffe des Leiters usw. **nicht analogiefähig**. Damit werden vom Risikoausschluß grundsätzlich andere Tätigkeiten nicht erfaßt, soweit sie zur „Ausübung beruflicher Tätigkeit", § 1 Abs. 1, eines Anwalts gehören. 1855

War der Anwalt als Leiter usw. tätig und hat er für denselben Mandanten daneben gleichzeitig eine anwaltliche Tätigkeit ausgeübt, so entfällt der Deckungsanspruch nicht schon deshalb, weil die Tätigkeit auch die eines Leiters usw. umfaßte. Ist der Anwalt z. B. **Vorstandsmitglied einer AG** und hat er als Anwalt für die AG Verträge entworfen oder als Anwaltsnotar Urkunden errichtet, so ist für diese Tätigkeit der Deckungsschutz nicht ausgeschlossen, wenn dem Anwalt dabei Fehler unter- 1856

3348 *Bruck/Möller/Johannsen*, VVG, Anm. G 235.
3349 *Voit*, in: *Prölss/Martin*, VVG, § 4 AVB Vermögen/WB Rn. 9.
3350 BGH, VersR 1980, 353 unter III 2; *Bruck/Möller/Johannsen*, VVG, Anm. G 276.
3351 St. Rechtsprechung, vgl. *Römer/Langheid*, VVG, vor § 1 Rn. 9 m. w. N. zur Rechtsprechung; a. A. zum Teil *Prölss*, NVersZ 1998, 17.

laufen sind. Er ist insoweit nicht wirtschaftlich, sondern anwaltlich tätig geworden.[3352] Das Risiko ist für den Versicherer nicht deshalb höher, weil der Anwalt außerdem Vorstandsmitglied ist.

1857 Ist der Versicherungsschutz vertraglich auch auf die **Tätigkeit eines Konkursverwalters** erweitert, so besteht zu dem Ausschluß nach § 4 Nr. 4 kein Widerspruch. Der Deckungsausschluß für Haftpflichtansprüche aus der Leitung privater Unternehmen betrifft nicht die Haftung des als Konkursverwalter tätigen Rechtsanwalts aus der Fortführung des in Konkurs gefallenen Unternehmens, die dem Ziel dient, eine möglichst günstige Verwertung der Konkursmasse herbeizuführen.[3353]

5. Wissentliche Pfichtverletzung

1858 5. wegen Schadenverursachung durch wissentliches Abweichen von Gesetz, Vorschrift, Anweisung oder Bedingung des Auftraggebers oder durch sonstige wissentliche Pflichtverletzung. Der Versicherungsnehmer behält, wenn dieser Ausschlußgrund nicht in seiner Person und auch nicht in der Person eines Sozius vorliegt – unbeschadet der Bestimmungen des § 7 IV 2 – den Anspruch auf Versicherungsschutz.

1859 **Nach § 152 VVG** haftet der Versicherer nicht, wenn der Versicherungsnehmer vorsätzlich den Eintritt der Tatsache herbeigeführt hat, für die er dem Dritten verantwortlich ist. Nach h. M.[3354] muß der Versicherungsnehmer in seinen **Vorsatz** nicht nur die schädigende Handlung, sondern auch den Erfolg, d. h. den Schaden aufgenommen haben, wenn der Versicherer leistungsfrei sein soll. Die **Beweislast** für diesen Vorsatz liegt beim Versicherer. Er trägt an dieser Last schwer, denn häufig wird er die innere Tatsache, daß sich der Versicherungsnehmer auch den Schaden vorgestellt und diesen gewollt hat, nicht beweisen können.

1860 Von der dispositiven gesetzlichen Regelung des § 152 VVG weicht § 4 Nr. 5 zum Nachteil des versicherten Anwalts ab.[3355] Der **Eintritt des Schadens** braucht **nicht vom Vorsatz erfaßt** zu sein. Zu den Tatbestandsmerkmalen des Risikoausschlusses gehört nicht, daß der Versicherte den schädigenden Erfolg des Pflichtenverstoßes als mögliche Folge vorausgesehen und billigend in Kauf genommen hat. Es genügt, daß der eingetretene Schaden auf der Pflichtverletzung beruht. Der Anwalt

3352 Vgl. den Fall OGH, VersR 1998, 84.

3353 BGH, VersR 1980, 353.

3354 *Römer/Langheid*, VVG, § 152 Rn. 3 f.; *Voit*, in: *Prölss/Martin*, VVG, § 152 Rn. 2, je m. w. N. zur Rechtsprechung.

3355 Vgl. zu den nachfolgenden Ausführungen vor allem BGH, VersR 1991, 176 = NJW-RR 1991, 145; aber auch BGH, VersR 1986, 647; VersR 1987, 174, je zu vergleichbaren Ausschlußklauseln.

hat also schon dann keinen Versicherungsschutz, wenn er überzeugt war oder hoffte, durch sein Handeln – oder Unterlassen – werde kein Schaden entstehen.

Die schädigende Handlung, also **die Pflichtverletzung, erfordert Vorsatz**. Aller- 1861
dings reicht – im Vergleich zu § 152 VVG zugunsten des Versicherungsnehmers – bedingter Vorsatz als Verschuldensform nicht aus. Die Ausschlußklausel fordert mit der Formulierung „wissentliche" Pflichtverletzung **dolus directus**. Eine wissentliche Pflichtverletzung kann nur begehen, wer die verletzte Pflicht positiv kennt. Hält der Anwalt es nur für möglich, daß eine Pflicht bestimmten Inhalts besteht und handelt er dieser nur für möglich gehaltenen Pflicht zuwider, hat er die Voraussetzung einer wissentlichen Pflichtverletzung nicht erfüllt. Auch wer sich über das Bestehen einer Rechtspflicht oder deren Inhalt irrt, handelt nicht bewußt pflichtwidrig. In solchen Fällen ist der Versicherungsnehmer für den Rechtsirrtum auch nicht beweisbelastet.[3356]

Die **Darlegungs- und Beweislast** für die Tatbestandsvoraussetzungen des Risi- 1862
koausschlusses trägt der Versicherer. Er muß also darlegen, daß es für den Anwalt eine bindende Anweisung oder Bedingung des Auftraggebers gegeben hat. Er muß darlegen, daß und inwiefern der Anwalt eine konkrete Pflicht hatte, die er verletzt hat. Ein derartiger Pflichtverstoß läßt sich nur dadurch geltend machen, daß der Versicherer aufzeigt, wie sich der Versicherte hätte verhalten müssen. Für einen bewußten Pflichtverstoß muß darüber hinaus dargelegt werden, der Versicherte habe gewußt, wie er sich hätte verhalten müssen. Wußte der Versicherte gar nicht, was er hätte tun oder unterlassen müssen, um dem Vorwurf pflichtwidrigen Verhaltens zu entgehen, so kommt ein bewußter Pflichtverstoß nicht in Betracht. Der **Anscheinsbeweis** bleibt in diesem Bereich unanwendbar.[3357] I. d. R. ist aber davon auszugehen – will man nicht lebensfremd werden –, daß der Versicherte die allgemeinen Vorschriften kennt, die seinen Beruf betreffen.[3358]

Bei der Frage, ob der Versicherungsnehmer vorsätzlich gegen Pflichten verstoßen 1863
hat, ist eine **Kollision der Interessen** des Versicherers mit denen des Anwalts nicht auszuschließen. Denn hat der Anwalt vorsätzlich gehandelt, braucht der Versicherer nicht einzutreten, während dem Anwalt bei Vorsatz die Haftung gegenüber dem (angeblich) Geschädigten droht. In solchen Fällen hat der Versicherer seine Interessen zurückzustellen und sich im Haftpflichtprozeß so zu verhalten, wie es ein den Versicherungsnehmer vertretender Rechtsanwalt tun müßte.[3359]

3356 BGH, VersR 1986, 647 unter 2 d.
3357 OLG Saarbrücken, VersR 1992, 994.
3358 Vgl. OLG Köln, VersR 1990, 193; r + s 1997, 496.
3359 S. Rn. 1906.

1864 Im Deckungsprozeß ist von dem auszugehen, was im Haftpflichtprozeß rechtskräftig festgestellt ist. Das ergibt sich aus der **Bindungswirkung** und dem **Trennungsprinzip** in der Haftpflichtversicherung.[3360] Die Bindungswirkung besteht unabhängig davon, ob der Versicherer am Haftpflichtprozeß beteiligt war.[3361] Steht aufgrund des Haftpflichtprozesses fest, daß der Versicherungsnehmer gegen Berufspflichten verstoßen hat, kann dieser im Deckungsprozeß nicht einwenden, das Urteil aus dem Haftpflichtprozeß sei unrichtig. Falls sich das Urteil aus dem Haftpflichtprozeß nicht differenziert zum Verschulden des Versicherungsnehmers äußert, kann im Deckungsverfahren allenfalls darüber gestritten werden, ob der Verstoß wissentlich in dem oben erläuterten Sinne erfolgte. Im übrigen gilt auch umgekehrt: Sollte sich aus den Feststellungen des Haftpflicht-Urteils ergeben, daß kein Verstoß oder jedenfalls kein schuldhafter Verstoß gegen Berufspflichten vorliegt, kann auch der Versicherer im Deckungsprozeß nicht mehr einwenden, leistungsfrei zu sein, weil der Versicherungsnehmer wissentlich gegen seine Pflichten verstoßen habe.

1865 Ist ein Haftpflichtprozeß noch nicht rechtskräftig abgeschlossen oder noch gar nicht angestrengt und macht der angeblich geschädigte Dritte Ansprüche aus einem behaupteten Sachverhalt geltend, der **sowohl eine wissentliche Pflichtverletzung als auch** einen Risikoausschluß oder auch einen Grund **außerhalb des versicherten Risikos** beinhalten könnte, ist der Versicherer zunächst zur Deckung verpflichtet. Das ergibt sich daraus, daß der Versicherer, solange die Haftpflicht des Versicherungsnehmers noch nicht feststeht, unbegründete Ansprüche abzuwehren hat.[3362]

1866 § 4 Nr. 5 ist nach überwiegender Meinung ein **subjektiver Risikoausschluß** und keine verhüllte Obliegenheit.[3363] § 6 VVG ist also nicht anwendbar (s. o. Rn. 1843 ff.). Die Regelung des § 4 Nr. 5 benachteiligt den Versicherungsnehmer nicht unangemessen und ist deshalb mit § 9 AGBG vereinbar.[3364]

1867 ***Beispiele aus der Praxis:***

- *Das unordentliche Führen von Akten und Handakten reicht allein zur Feststellung einer wissentlichen Pflichtverletzung nicht aus. Eine unordentliche Büroorganisation muß*

3360 S. näher *Voit*, in: *Prölss/Martin*, VVG, § 149 Rn. 24 ff.; *Römer/Langheid*, a. a. O., § 149 Rn. 5, 7; *Römer*, Prozessuale Besonderheiten im Versicherungsrecht, in: Homburger Tage 1995, Schriftenreihe der AG Verkehrsrecht im DAV, 1996, S. 79 ff.

3361 BGH, NJW 1963, 441, 443 = VersR 1963, 158 unter VI. 2; OLG Düsseldorf, VersR 1990, 411, 412.

3362 OLG Koblenz, VersR 1979, 830 m. w. N.

3363 Vgl. BGH, VersR 1987, 174 zum inhaltsgleichen § 5 Nr. 1 AVB einer Berufshaftpflichtversicherung; OLG Hamm, VersR 1996, 1006; OLG Koblenz, VersR 1990, 41; OLG Düsseldorf, VersR 1981, 769; OLG Köln, r + s 1997, 496; ebenso *Voit*, in: *Prölss/Martin* VVG, AVB-Vermögen/WB, § 4 Rn. 5, vgl. auch ders., a. a. O., Arch.-Haftpfl. Rn. 32; a. A. *Schimikowski*, r + s 1996, 97; *ders.*, r + s 1997, 497.

3364 BGH, VersR 1991, 176 unter 6 c; OLG Saarbrücken, VersR 1992, 994.

nicht auf vorsätzlicher Mißachtung von Vorschriften beruhen. Sie kann ebenso auf Nachlässigkeit und damit auf Fahrlässigkeit zurückzuführen sein.[3365]

- *Unterläßt es ein Versicherungsnehmer, einen Vermögensschaden bei dem eintrittspflichtigen Vorversicherer zu melden, so liegt in diesem Unterlassen noch kein selbständiger Pflichtenverstoß, für den der spätere Versicherer eintrittspflichtig wäre.*[3366]
- *Ein Anwalt, der eine Sache längere Zeit unbearbeitet läßt, weil er die Rechtslage als schwierig ansieht, verstößt wissentlich gegen seine Berufspflicht.*[3367]
- *Wird ein Anwalt für unredliche Zwecke als Werkzeug benutzt, genügt es für die Feststellung eines wissentlichen Pflichtenverstoßes nicht, daß er bei genügendem Nachdenken die Zwecke des Dritten hätte erkennen können.*[3368]
- *Beim Anwalt wird als wissentlicher Verstoß gegen Berufspflichten schon einmal die Versäumung von Fristen eine Rolle spielen. Hat der Anwalt die Frist „einfach vergessen", liegt kein wissentlicher Verstoß vor. Er kannte zwar die Pflicht, Fristen einhalten zu müssen. Die Unterlassung, die die Fristversäumung bewirkte, war bei einem Vergessen aber nicht von Vorsatz getragen. Kritischer liegt der Fall, in dem der Anwalt die Frist wegen allgemeiner Arbeitsüberlastung versäumt hat. Das OLG Düsseldorf*[3369] *hat bei einem arbeitsüberlasteten Steuerberater einen wissentlichen Pflichtenverstoß angenommen. Die Einlassung der Arbeitsüberlastung lasse nur den Schluß zu, daß er die Aufgaben (Abgabe der Steuererklärungen) immer wieder über die Fristen hinaus verschoben habe, und zwar in Kenntnis der Fristen. Damit habe er die Fristen bewußt verstreichen lassen. Diese Argumentation spricht aber eher dafür, daß der Versicherungsnehmer wegen der Arbeitsüberlastung die Versäumung der Fristen nur billigend in Kauf nahm, was nicht reichen würde. Von dem erforderlichen dolus directus dürfte erst auszugehen sein, wenn die Arbeitsüberlastung dazu führt, daß der Versicherungsnehmer ständig die Fristen versäumt, ohne die Überlastung abzustellen. Ein wissentlicher Verstoß wird auch dann anzunehmen sein, wenn der Versicherte von dritter Seite mehrfach aufgefordert worden ist, tätig zu werden, dem nicht folgte und so die Fristen mehrfach versäumte.*[3370]
- *Der Hinweis eines Dritten, etwa des Mandanten, auf eine bestimmte Rechtslage läßt den Schluß auf einen bewußten Verstoß so lange nicht zu, wie nicht feststeht, daß sich der Anwalt die Auffassung seines Mandanten zu eigen gemacht hat. Das gilt jedenfalls für Rechtsfragen, die nicht zum juristischen Alltag eines Anwalts gehören, wie z. B. Klagefristen aus einem Manteltarifvertrag und dessen Anwendung auf das Arbeitsverhältnis des Mandanten.*[3371]

3365 OLG Hamm, VersR 1987, 802, 804 bei einem Notar.
3366 Vgl. OLG München, VersR 1996, 1008.
3367 LG Düsseldorf, VersR 1980, 81.
3368 OLG Hamm, NJW-RR 1995, 1431 = r +s 1996, 16 für einen Notar.
3369 VersR 1981, 621 und in einem weiteren Fall S. 767.
3370 Vgl. OLG Koblenz, VersR 1990, 41 bei einem Steuerberater.
3371 OLG Saarbrücken, VersR 1992, 994.

- *Prozeßkosten zu verursachen gegen den ausdrücklichen Wunsch des Mandanten, ohne vorher die Zusage der Kostendeckung bei der Rechtsschutzversicherung einzuholen, kann wissentliche Pflichtverletzung sein.*[3372]

IV. Einschlüsse über die Pflichtversicherung hinaus

1868 Die AVB-A sehen besondere Einschlüsse bei Verträgen vor, soweit sie über die Pflichtversicherung, insbesondere über die **Mindestversicherungssumme von 500 000 DM**, hinausgehen.

1. Sachschäden

1869 Grundsätzlich deckt die Haftpflichtversicherung nur Vermögensschäden eines Dritten ab, vgl. § 1 AVB-A. Mit Rücksicht auf die besonderen Belange eines Rechtsanwalts sind in die AVB-A auch **genauer definierte Sachschäden** mit aufgenommen worden:

1870

> § 18 Sachschäden
> Im bedingungsgemäßen Umfang mitversichert sind Ansprüche wegen Sachschäden
> a) an Akten und anderen für die Sachbehandlung in Betracht kommenden Schriftstücken,
> b) an sonstigen beweglichen Sachen, die das Objekt der versicherten Betätigung des Versicherungsnehmers bilden, sofern es sich nicht um Sachschäden aus Anlaß der Ausübung technischer Berufsfähigkeit oder der Verwaltung von Grundstücken handelt.
> Das gilt nicht für Ansprüche wegen Sachschäden, die entstehen durch Abhandenkommen von Geld, geldwerten Zeichen, Wertsachen, Inhaberpapieren und in blanco indossierten Orderpapieren; das Abhandenkommen von Wechseln sowie von zu Protest gegangenen Schecks fällt nicht unter diese Bestimmung.

2. Auszahlungsfehler bei Anderkonten

1871 Grundsätzlich sind in der Haftpflichtversicherung Ansprüche auf Erfüllung ausgeschlossen. Davon macht § 19 AVB-A eine Ausnahme. Durch diese Regelung sind auch Ansprüche des Mandanten eingeschlossen, die aus einer fahrlässig fehlerhaften Verfügung über Beträge auf dem Anderkonto entstanden sind. Ebenso ist das Risiko versichert, daß dem Mandanten ein Schaden durch fahrlässige Verfügung über fremde Gelder entstanden ist, die zur Anlage auf ein Anderkonto vorgesehen und in Verwahrung genommen waren. Bei einer Fehlüberweisung des Anwalts behält der Mandant seinen Anspruch auf die Zahlung, d. h. er hat Anspruch auf Er-

3372 Mit nach neuer Rechtsprechung unzureichender Begründung bejaht von OLG Karlsruhe, VersR 1978, 33.

füllung. Ohne diese Sonderregelung wäre die Haftpflicht solcher Ansprüche ausgeschlossen. Die Regelung der AVB-A lautet:

§ 19 Deckung für Auszahlungsfehler bei Anderkonten 1872
Versicherungsschutz wird auch für den Fall gewährt, daß der Versicherungsnehmer wegen einer fahrlässigen Verfügung über Beträge, die in unmittelbarem Zusammenhang mit einer Rechtsanwaltstätigkeit auf ein Anderkonto eingezahlt sind, von dem Berechtigten in Anspruch genommen wird.
Das gleiche gilt für Inanspruchnahme des Versicherungsnehmers aus fahrlässigen Verfügungen über fremde Gelder, die zur alsbaldigen Anlage auf ein Anderkonto in Verwahrung genommen und ordnungsgemäß verbucht sind.

IV. Versicherungssumme, Selbstbehalt

1. Versicherungssumme

Nach § 51 Abs. 4 BRAO beträgt die Mindestversicherungssumme 500 000 DM. 1873
Sie muß für jeden einzelnen Versicherungsfall zur Verfügung stehen. § 51 Abs. 4 Satz 2 gestattet aber, die Leistungen des Versicherers für alle innerhalb eines Versicherungsjahres verursachten Schäden auf den vierfachen Betrag der Mindestversicherungssumme zu begrenzen. In den meisten Fällen wird es zweckmäßig sein, eine höhere als die Mindestversicherungssumme zu vereinbaren. Davon geht § 3 II Nr. 3 aus. Da die Versicherungssumme den Risiken entsprechen soll, die sich im Laufe der Zeit ändern können, dürfte die Überprüfung einer ausreichenden Deckung von Zeit zu Zeit notwendig sein.[3373] Übernimmt der Rechtsanwalt ein Mandat, bei dem eine Haftungsbegrenzung zu vereinbaren als untunlich oder in ihrer Wirksamkeit fraglich erscheint, das aber dennoch die Gefahr eines besonders hohen Schadens mit sich bringen kann, empfiehlt es sich, für dieses Mandat gesondert eine höhere Versicherungssumme zu vereinbaren **(Excedentenversicherung)**; etwa bei der Erstellung eines Gutachtens oder dem Entwurf eines umfangreichen Gesellschaftsvertrages.[3374] In der Praxis sind die Versicherer zum Abschluß zeitlich begrenzter höherer Versicherungssummen bereit. Zur Auswirkung der Versicherungssumme bei mehreren Sozien s. Rn. 1851 f.

§ 3 II 1874
2. Die Versicherungssumme stellt den Höchstbetrag der dem Versicherer – abgesehen vom Kostenpunkt (s. Nr. 8) – in jedem einzelnen Schadenfalle obliegenden Leistung

3373 Vgl. *Brieske*, AnwBl 1995, 225, 230.
3374 Vgl. *Stöhr*, AnwBl 1995, 234, 235.

dar, und zwar mit der Maßgabe, daß nur eine einmalige Leistung der Versicherungssumme in Frage kommt,
a) gegenüber mehreren entschädigungspflichtigen Personen, auf welche sich der Versicherungsschutz erstreckt,
b) bezüglich eines aus mehreren Verstößen stammenden einheitlichen Schadens,
c) bezüglich sämtlicher Pflichtverletzungen bei der Erledigung eines einheitlichen Auftrags, mögen diese auf dem Verschulden des Versicherungsnehmers oder einer von ihm herangezogenen Hilfsperson beruhen.
3. Ist eine höhere als die gesetzliche Mindestversicherungssumme von 500 000 DM je Versicherungsfall vereinbart, beträgt die Höchstleistung des Versicherers für alle Versicherungsfälle eines Versicherungsjahres (Jahreshöchstleistung) vorbehaltlich abweichender Vereinbarung das Zweifache der vereinbarten Versicherungssumme; die Jahreshöchstleistung beträgt jedoch mindestens das Vierfache der Mindestversicherungssumme.

1875 Die **Versicherungssumme begrenzt die Leistungspflicht** des Versicherers. Eine Ausnahme bilden die in Nr. 8 gesondert geregelten Kosten eines gegen den Versicherungsnehmer anhängig gewordenen Haftpflichtprozesses. Mit § 3 II 2 ist indessen die gesetzliche Regelung des § 150 Abs. 2 Satz 2 VVG nicht abbedungen.[3375] Danach hat der Versicherer auch die die Versicherungssumme **übersteigenden Zinsen** zu tragen, die der Versicherungsnehmer infolge einer vom Versicherer veranlaßten Verzögerung der Befriedigung des Dritten diesem zu entrichten hat. Veranlaßt sind die Zinsen, wenn der Versicherer nicht rechtzeitig seiner Freistellungsverpflichtung nachkommt und mit dem Unterliegen des Versicherungsnehmers im Haftpflichtprozeß rechnen muß. Hat sich der Versicherer über den Umfang des Prozeßrisikos geirrt, braucht dies nicht den Verzug zu hindern.[3376] Ein Verschulden des Versicherers setzt § 150 Abs. 2 Satz 2 VVG nicht voraus.[3377]

1876 Auch bei mehreren Versicherten stellt die Versicherungssumme ihnen gegenüber insgesamt die Höchstsumme dar, **§ 3 II a**. Bei mehreren Geschädigten, d. h. bei mehreren Schadenfällen, steht jedem die volle Versicherungssumme zur Verfügung.

1877 **§ 3 II b** stellt klar, daß bei einem einheitlichen Schaden auch die Versicherungssumme nur einmal zur Verfügung steht, selbst wenn der Schaden das Ergebnis mehrere Verstöße ist.[3378] Liegen dagegen mehrere Verstöße vor, von denen jeder für sich zu einem zeitlich und sachlich unterscheidbaren Schaden geführt hat, ist

3375 BGH, VersR 1992, 1257 = r + s 1992, 193; krit. Bemerkung *Johannsen*, ZVersWiss 1993, 281; BGH, VersR 1990, 191 unter II = r + s 1990, 82.
3376 BGH, VersR 1990, 153.
3377 *Bruck/Möller/Johannsen*, VVG, Anm. G 47; *Voit*, in: *Prölss/Martin*, VVG, AHB § 3 Rn. 4.
3378 *Bruck/Möller/Johannsen*, VVG, Anm. G 45.

ein daraus erwachsender Gesamtschaden nicht durch die Versicherungssumme begrenzt.[3379]

Die Begrenzung des **§ 3 II 2 c** ist nicht selbstverständlich. Auch bei der Erledigung eines **einheitlichen Auftrags** können dem Anwalt mehrere Fehler unterlaufen, die je unterschiedliche Schäden zur Folge haben können. Das sind jeweils getrennte Versicherungsfälle. Dennoch bestimmt die Regelung, daß die Versicherungssumme nur einmal zur Verfügung steht. Was zu einem einheitlichen Auftrag gehört, ergibt sich aus dem Mandat. Bei Abgrenzungsschwierigkeiten kann auf den für die Gebührenberechnung maßgebenden Auftragsgegenstand abgestellt werden.[3380] 1878

§ 3 III berücksichtigt den Fall, daß die Parteien eine höhere als die Mindestversicherungssumme vereinbaren können. Ist dies geschehen, so ist die Leistung des Versicherers auf das Zweifache der vereinbarten Summe begrenzt. Ausgehend von der Mindestversicherungssumme ist die Jahreshöchstleistung mindestens ihr Vierfaches. 1879

2. Selbstbehalt und andere Belastungen

Nach § 51 Abs. 5 BRAO ist die Vereinbarung eines Selbstbehalts **bis zu 1% der Mindestversicherungssumme** zulässig. Davon macht § 3 AVB-A Gebrauch. 1880

> § 3 II
> 4. Von der Summe, die vom Versicherungsnehmer aufgrund richterlichen Urteils oder eines Versicherer genehmigten Anerkenntnisses oder Vergleichs zu bezahlen ist (Haftpflichtsumme), ersetzt der Versicherer von den ersten 10 000 DM 80%, vom Mehrbetrag bis 40 000 DM 90%.
> Der von dem Versicherungsnehmer allein zu deckende Schaden beträgt in jedem Falle mindestens 100 DM. Der Selbstbehalt kann durch besondere Vereinbarung anderweitig festgesetzt werden.

Die Vereinbarung eines Selbstbehalts führt nicht dazu, daß der Versicherer auch seiner Abwehrverpflichtung nicht nachzukommen braucht, wenn der vom Mandanten erhobene Haftpflichtanspruch unterhalb der Selbstbehaltssumme liegt.

Ein durchschnittlicher Versicherungsnehmer der hier in Betracht kommenden Gruppe der Rechtsanwälte wird den Selbstbehalt nicht so verstehen, daß mit seiner Vereinbarung auch die Verpflichtung des Versicherers zur Abwehr entfällt. Es

---

3379 Vgl. BGH, VersR 1991, 873 unter 2; *Voit*, in: *Prölss/Martin*, VVG, je zu § 3 II Nr. 2 b AVB-WB.
3380 *Stobbe*, in: *Henssler/Prütting*, a. a. O., § 51 Rn. 54.

wäre Sache des Versicherers, falls er die Selbstbehalt-Regelung so verstanden haben möchte, dies auch so in den Wortlaut aufzunehmen.[3381]

> 5. Der Haftpflichtanspruch ist in Ansehung eines solchen Betrages nicht gedeckt, der gleichkommt der Höhe der eigenen Gebühren des Versicherungsnehmers in derjenigen Angelegenheit, bei deren Behandlung der Verstoß erfolgt ist. Es macht dabei keinen Unterschied, ob die Gebühren von dem Haftpflichtanspruch ergriffen werden oder nicht. Auch im letzten Falle sind sie im Verhältnis zum Versicherer vorweg an der Haftpflichtsumme zu kürzen.
> Bei Prozessen gilt jede Instanz als besondere Angelegenheit. Bei Vermögensverwaltungen, Vormundschaften oder sonstigen Angelegenheiten, die sich als Gesamtheit von Einzelangelegenheiten darstellen, tritt, wenn nicht der Verstoß den Verlust des ganzen Vermögens zur Folge hat, nur eine im Verhältnis zum Vermögensverlust stehende oder sonst den Umständen oder der Billigkeit entsprechende Kürzung der anzurechnenden Gebühren ein.
> Diese Bestimmung findet mit der Maßgabe Anwendung, daß die erhaltenen Gebühren nur bis zu 10% der Haftpflichtsumme angerechnet werden. Ein Anspruch auf Rückforderung von Gebühren fällt nicht unter den Versicherungsschutz.
> 6. Die Selbstbeteiligung (Nr. 4) und die angerechneten Gebühren (Nr. 5) dürfen zusammen den Betrag von 5000 DM nicht übersteigen.
> Werden Haftpflichtansprüche gegen Erben des Versicherungsnehmers erhoben, ersetzt der Versicherer die gesamte Haftpflichtsumme bis zur Versicherungssumme. Dasselbe gilt für Haftpflichtansprüche, die gegen den Versicherungsnehmer geltend gemacht werden, nachdem er die versicherte Tätigkeit alters- oder krankheitshalber oder aus anderen, nicht unehrenhaften Gründen beendet hat.
> 7. An der Sicherheitsleistung oder Hinterlegung, die zur Abwendung der zwangsweisen Beitreibung der Haftpflichtsumme zu leisten ist, beteiligt sich der Versicherer in demselben Umfange wie an der Ersatzleistung.
> 8. Die Kosten eines gegen den Versicherungsnehmer anhängig gewordenen, einen gedeckten Haftpflichtanspruch betreffenden Haftpflichtprozesses sowie einer wegen eines solchen Anspruchs mit Zustimmung des Versicherers vom Versicherungsnehmer betriebenen negativen Feststellungsklage oder Nebenintervention gehen voll zu Lasten des Versicherers.
> Es gilt aber folgendes:
> a) Übersteigt der Haftpflichtanspruch die Versicherungssumme, trägt der Versicherer die Gebühren und Pauschsätze nur nach der der Versicherungssumme entsprechenden Wertklasse. Bei den nicht durch Pauschsätze abzugeltenden Auslagen tritt eine verhältnismäßige Verteilung auf Versicherer und Versicherungsnehmer ein.
> b) Übersteigt der Haftpflichtanspruch nicht den Betrag des Mindestselbstbehalts, treffen den Versicherer keine Kosten.

3381 Die Frage ist umstritten, wie hier im Ergebnis *Späte*, AHB-Kommentar, § 3 Rn. 61.

c) Sofern ein Versicherungsnehmer sich selbst vertritt oder durch einen Sozius oder Mitarbeiter vertreten läßt, werden eigene Gebühren nicht erstattet.

§ 3 II 8 a beschränkt den Anspruch des Versicherungsnehmers gegen den Versi- 1881
cherer auf **Erstattung der Kosten** eines gegen den Versicherungsnehmer gerichteten Haftpflichtprozesses nur dann auf die **Gebühren** und **Pauschsätze** der der Versicherungssumme entsprechenden Wertklasse, wenn der begründete Haftpflichtanspruch die Versicherungssumme übersteigt. Nicht maßgebend ist der Wert der geltend gemachten Ansprüche.[3382]

9. Falls die vom Versicherer verlangte Erledigung eines Haftpflichtanspruchs durch An- 1882
erkenntnis, Befriedigung oder Vergleich an dem Widerstand des Versicherungsnehmers scheitert oder falls der Versicherer seinen vertragsmäßigen Anteil zur Befriedigung des Geschädigten zur Verfügung stellt, hat der Versicherer für den von der Weigerung bzw. der Verfügungstellung an entstehenden Mehraufwand an Hauptsache, Zinsen und Kosten ihm gegenüber nicht aufzukommen.

§ 3 II 9 ist dann problematisch, wenn der Gesamtschaden die Leistung des Versicherers übersteigt und ein Teil des Schadens deshalb notwendigerweise zu Lasten des Anwalts geht. Grundsätzlich kann der Versicherer, soweit seine Leistung betroffen ist, gemäß § 5 III 4 alle zur Beilegung des Streits ihm zweckmäßig erscheinende Erklärungen abgeben. § 3 II 9 ist aber zu entnehmen, daß der **Versicherungsnehmer** widersprechen kann und der Versicherer diesen **Widerspruch** auch berücksichtigen muß. Bei einem Streit, der eine die Leistung des Versicherers übersteigende Summe zum Inhalt hat, kann es nützlich sein, nicht einen Teil vorab durch Vergleich zu erledigen, sondern ein „Gesamtpaket" zu schnüren. Dazu hat der Anwalt aber nur die Möglichkeit, wenn der Versicherer seinen Widerspruch beachtet. Freilich kann der Versicherer dann nicht mit den daraus entstandenen Kosten belastet werden.

3382 OLG Düsseldorf, VersR 1991, 94.

D. Beginn und Ende der Versicherung

I. Beginn der Versicherung

1. Mit Vertragsschluß

1883 Der **Versicherungsschutz beginnt grundsätzlich** mit Abschluß des Versicherungsvertrages. Die Annahme des Antrags auf Abschluß des Vertrages liegt i. d. R. in der **Zusendung der Versicherungspolice**. Ist in dem Antrag ein früheres Datum als Beginn der Versicherung genannt, beginnt der Versicherungsschutz mit diesem Datum, vorausgesetzt, der Versicherer hat den Antrag – wenn auch zu einem späteren Zeitpunkt – überhaupt wirksam angenommen. Die in anderen Versicherungszweigen teilweise wichtige Unterscheidung zwischen technischem, formellem und materiellem Versicherungsbeginn[3383] dürfte in der Anwaltshaftpflichtversicherung keine Rolle spielen, weil sie ohnehin die Folgen unbekannter Verstöße aus der Vergangenheit mit einbeziehen kann, § 2 II.

> § 3 Beginn des Versicherungsschutzes
> I. 1. Der Versicherungsschutz beginnt vorbehaltlich einer anderen Vereinbarung mit der Einlösung des Versicherungsscheines durch Zahlung der Prämie, der im Antrag angegebenen Kosten und etwaiger öffentlicher Abgaben.

Von dem Grundsatz, daß der Versicherungsschutz mit dem Abschluß des Vertrages beginnt, macht die vorstehende sogenannte Einlösungsklausel eine Ausnahme. S. näher, auch zur erweiterten Einlösungsklausel des § 3 I Nr. 4, unten unter Rn. 1891 ff.

2. Vorwärtsversicherung

1884
> § 2 Vorwärts- und Rückwärtsversicherung
> 1. Die Vorwärtsversicherung umfaßt die Folgen aller vom Beginn des Versicherungsschutzes an (§ 3) bis zum Ablauf des Vertrages vorkommenden Verstöße.

Vom **Beginn und Ende des zeitlichen Geltungsbereichs** hängt die Frage der Leistungspflicht des Versicherers ab. Da der **Verstoß (Kausalereignis)** der Versicherungsfall ist, § 5 I, ist der Versicherer leistungspflichtig, wenn der Anwalt während der versicherten Zeit gegen seine Rechtspflichten verstößt. Es kommt also nicht darauf an, wann die Folgen des Verstoßes (Folgeereignis) eintreten, wann etwa

3383 Vgl. dazu *Römer/Langheid*, VVG, § 2 Rn. 2.

ein Dritter Schadensersatzansprüche erhebt oder jedenfalls für möglich hält. Grundsätzlich sind also solche Verstöße nicht gedeckt, die vor Beginn des Versicherungsschutzes begangen wurden, auch wenn sich die Folgen dieses Verstoßes erst in versicherter Zeit zeigen (Ausnahme Rückwärtsversicherung s. u. Rn. 1885 f.).

Andererseits haftet der Versicherer auch für Verstöße, soweit sie in versicherter Zeit begangen wurden, bei denen die **Folgen erst nach Beendigung des Vertrages** eintreten. Erhebt ein Dritter nach Ablauf der Versicherungszeit wegen eines Verstoßes, begangen während der versicherten Zeit, Ansprüche, sind diese gedeckt. Diese Regelung kann zur Folge haben, daß der Versicherer auch 25 Jahre nach Vertragsende noch leisten muß. Hat z. B. der Anwalt einen späteren Erblasser bei der Abfassung des Testaments falsch beraten, kann sich der Fehler erst sehr spät, im Erbfall herausstellen. Die Versicherer der Anwaltshaftpflichtversicherung müssen deshalb erhebliche Reserven für sogenannte Spätschäden bilden.

3. Rückwärtsversicherung

II. Die Rückwärtsversicherung bietet Deckung gegen in der Vergangenheit vorgekommene Verstöße, welche dem Versicherungsnehmer oder versicherten Personen bis zum Abschluß der Rückwärtsversicherung nicht bekanntgeworden sind. Bei Antragstellung ist die zu versichernde Zeit nach Anfangs- und Endpunkt zu bezeichnen. Ein Verstoß gilt als bekannt, wenn ein Vorkommnis vom Versicherungsnehmer oder von mitversicherten Personen als – wenn auch nur möglicherweise – objektiv fehlsam erkannt oder ihnen, wenn auch nur bedingt, als fehlsam bezeichnet worden ist, auch wenn Schadensersatzansprüche weder erhoben noch angedroht noch befürchtet worden sind. 1885

§ 2 II macht eine Ausnahme von dem Grundsatz, daß Vermögensschäden aus Verstößen nicht gedeckt sind, die vor Beginn des Versicherungsverhältnisses begangen wurden. Der Anwalt kann sich auch gegen die Folgen solcher **Verstöße versichern** lassen, die **vor der versicherten Zeit** liegen, wenn danach ein Bedürfnis besteht. Ein solches Bedürfnis wird der Anwalt zu prüfen haben, der in eine Gemeinschaft eintritt. Bei einer **Partnerschaftsgesellschaft** haftet er auch für die Altschulden anderer. Bei einer **Sozietät** kann sich ein „Altfall" auf die Berechnung der Durchschnittsversicherungssumme auswirken.[3384] Die Antragsformulare sehen i. d. R. die Möglichkeit einer Rückwärtsversicherung bereits vor. Dabei ist anzugeben, für wie lange vor Vertragsbeginn die Deckung für bereits begangene Verstöße gewünscht wird. Der Endpunkt ist, ohne daß dies ausdrücklich angegeben zu

3384 Vgl. *Brieske*, AnwBl 1995, 225, 227.

werden braucht, der Beginn des Deckungsschutzes für künftige Verstöße (Vorwärtsversicherung s. o.). Für die Rückwärtsversicherung ist eine **Einmalprämie** zu entrichten, deren Höhe sich nach der zu versichernden Zeit richtet.

1886 Voraussetzung einer solchen Rückwärtsversicherung ist, daß der in der Vergangenheit liegende Verstoß dem Versicherungsnehmer oder dem Mitversicherten „bis zum Abschluß der Rückwärtsversicherung“ nicht bekannt ist. Damit stellt sich die Frage, ob der **entscheidende Zeitpunkt** der des Vertragsschlusses oder der der Antragsabgabe ist. Der Wortlaut des § 2 II Satz 1 spricht für den Zeitpunkt des Vertragsschlusses, also den Zugang der Versicherungspolice. Dem entspricht auch die Auslegung, die der BGH § 2 Abs. 2 Satz 2 VVG gegeben hat, wonach der Versicherer leistungsfrei ist, wenn der Versicherungsnehmer „bei der Schließung des Vertrages“ weiß, daß der Versicherungsfall bereits eingetreten ist. Allerdings hat der BGH bei der Rückwärtsversicherung diese gesetzliche Regelung als stillschweigend abbedungen angesehen, weil anderenfalls der Abschluß einer Rückwärtsversicherung keinen Sinn hätte.[3385] Da die Regelung des § 2 II Satz 1 AVB-A ausdrücklich bei der Rückwärtsversicherung auf den „Abschluß“ des Vertrages abstellt, wird man diese Regelung nicht als stillschweigend abbedungen ansehen können. Dennoch ist sie in dem Fall unbefriedigend, in dem der Anwalt im Zeitpunkt seiner Antragstellung keine Kenntnis von einem Verstoß hat, davon aber in der Zeit zwischen Antragstellung und Erhalt der Police erfährt. Bei Abschluß der Rückwärtsversicherung wird er davon ausgehen, durchgehenden Deckungsschutz zu erhalten, während in Wahrheit in der Zeit zwischen Antrag und Annahme eine Lücke besteht. Möglicherweise liegt dann aber ein Beratungsverschulden des Versicherers oder seines Agenten vor.[3386]

1887 Anders als § 2 I Satz 2 VVG fordert § 2 II Satz 3 AVB-A nicht Kenntnis vom Versicherungsfall (i. S. d. § 5 I). Vielmehr schadet dem Versicherungsnehmer schon, wenn er oder ein Mitversicherer von einem Vorkommnis wußte, das er als möglicherweise fehlsam erkannt oder das ihnen gegenüber ein Dritter als – eventuell nur bedingt – fehlsam bezeichnet hat. Von Schadensersatzansprüchen braucht keine Rede gewesen zu sein. Diese Regelung geht **zum Nachteil des Anwalts** sehr weit. Sie stellt aber noch keine unangemessene Benachteiligung i. S. d. § 9 AGBG dar, weil auch das Interesse des Versicherers berücksichtigt werden muß, vor Vertragsschluß das Risiko einschätzen zu können, wenn er schon bereit ist, auch das Risiko vergangener Verstöße zu übernehmen.

3385 S. dazu *Römer/Langheid*, VVG, § 2 Rn. 4 m. Nachweisen zur Rechtsprechung.
3386 Zu den Informationspflichten des Versicherers und seines Vermittlers allgemein *Römer*, VersR 1998, 1313.

Als Dritter kommen nur Beteiligte in Betracht, etwa der Geschädigte und derjenige, der die berufliche Tätigkeit des Anwalts überwacht. Ein unbeteiligter Außenstehender kann nicht Dritter sein. Seine Äußerungen können aber dazu führen, daß der Versicherungsnehmer oder der Mitversicherte das Vorkommnis als möglicherweise fehlsam erkennt.[3387]

4. Verstoß durch Unterlassen

III. Wird ein Schaden durch fahrlässige Unterlassung verursacht, gilt im Zweifel der Verstoß als an dem Tag begangen, an welchem die versäumte Handlung spätestens hätte vorgenommen werden müssen, um den Eintritt des Schadens abzuwenden. 1888

Die Frage, ob der Verstoß noch in die gegebenenfalls durch Rückwärtsversicherung erweiterte Versicherungszeit fällt, ist dann schwer zu beantworten, wenn der Verstoß in einem Unterlassen liegt. Die Unterlassung bewirkt meist keinen sofort eintretenden Schaden. Dem trägt die Regelung des § 2 III Rechnung, indem sie bei einer fahrlässigen Unterlassung auf den Zeitpunkt abstellt, zu dem der Schaden noch hätte vermieden werden können.[3388] Das ist hypothetisch festzustellen. Dabei ist als Vergleich der Zeitpunkt zugrunde zu legen, in dem der Schaden tatsächlich eingetreten ist. Ob der Schaden auch schon früher hätte eintreten können, ist nicht von Belang.[3389]

II. Ende der Versicherung

§ 9 Vertragsdauer, Kündigung 1889

I. Der Vertrag ist zunächst für die in dem Versicherungsschein festgesetzte Zeit abgeschlossen. Beträgt diese mindestens ein Jahr, bewirkt die Unterlassung rechtswirksamer Kündigung eine Verlängerung des Vertrages jeweils um ein Jahr. Die Kündigung ist rechtswirksam, wenn sie spätestens drei Monate vor dem jeweiligen Ablaufe des Vertrages schriftlich erklärt wird; sie soll durch eingeschriebenen Brief erfolgen.

II. 1. Das Versicherungsverhältnis kann nach Eintritt eines Versicherungsfalles gekündigt werden, wenn eine Zahlung aufgrund eines Versicherungsfalles geleistet oder der Haftpflichtanspruch rechtshängig geworden ist oder der Versicherungsnehmer mit einem von ihm geltend gemachten Versicherungsanspruch rechtskräftig abgewiesen ist. Der Versicherer hat eine Kündigungsfrist von einem Monat einzuhalten. Der Versicherungs-

3387 *Voit*, in: *Prölss/Martin*, VVG, § 2 AVB Vermögen/WB Rn. 2 für Wirtschaftsprüfer.

3388 Vgl. die Fälle zur allg. Vermögensschaden-Haftpflichtversicherung LG Berlin, VersR 1995, 330; OGH, VersR 1995, 75.

3389 OGH, VersR 1995, 75.

> nehmer kann mit sofortiger Wirkung oder zum Schluß der laufenden Versicherungsperiode kündigen.
> 2. Das Recht zur Kündigung erlischt, wenn es nicht spätestens einen Monat, nachdem die Zahlung geleistet, der Rechtsstreit durch Klagerücknahme, Anerkenntnis oder Vergleich beigelegt oder das Urteil rechtskräftig geworden ist, ausgeübt wird.
> III. Die Kündigung ist nur dann rechtzeitig erklärt, wenn sie dem Vertragspartner innerhalb der jeweils vorgeschriebenen Frist zugegangen ist.

§ 9 I entspricht den Anforderungen, die § 8 VVG seit dem 1. 1. 1991 stellt. Sollten noch Verträge mit einer Laufzeit von zehn Jahren und länger in Gebrauch sein, so kann sich nach der Rechtsprechung des BGH der Versicherer nicht auf diese Vertragsdauer berufen.[3390]

1890

> IV. Bei Wegfall des versicherten Interesses (Wegfall der Zulassung) erlischt der Versicherungsschutz.

Das Interesse ist noch nicht vollständig weggefallen, wenn dem Anwalt die Tätigkeit nur vorübergehend untersagt ist. Erst wenn er seine Tätigkeit als Anwalt endgültig beendet hat, ist auch das Versicherungsverhältnis beendet. Das Ende des Vertragsverhältnisses schließt eine **Nachhaftung** i. d. S. nicht aus, daß der Versicherer noch für Schäden einzustehen hat, die zwar nach Beendigung des Vertrages entstanden sind oder erkennbar werden, die aber auf einem Verstoß während versicherter Zeit beruhen (s. auch Rn. 1884). Beim Tod des Versicherten erlischt das Versicherungsverhältnis; es geht nicht auf die Erben über.

E. Prämienzahlung

1891 Die Versicherer gewähren bei Abschluß des Vertrages erhebliche Nachlässe von zum Teil beträchtlicher Höhe. Diese hängen von unterschiedlichen Voraussetzungen ab, etwa ob ein Anwalt nur nebenberuflich tätig sein möchte, ob er Berufsanfänger ist, ob er in eine Kanzlei eintreten möchte und von welcher Art diese ist.[3391]

Die Bedeutung der Prämienzahlung i. S. e. Einflusses auf den Versicherungsvertrag ist in § 3 AVB-A geregelt. Von der Zahlung hängt der Beginn des Versicherungsverhältnisses ab, wenn nicht eine vorläufige Deckung vereinbart worden ist. **Zahlungsverzögerungen** können Leistungsfreiheit gegenüber dem Versiche-

3390 BGH, BB 1994, 1739 = LM § 9 (Bk) AGBG Nr. 25; näher bei *Römer/Langheid*, VVG, § 8 Rn. 29 ff.

3391 Vgl. die Ausführungen von *Stöhr*, AnwBl 1995, 234.

rungsnehmer bedeuten und die Möglichkeit der Kündigung durch den Versicherer eröffnen. Nach der Rechtsprechung wird es dem Versicherer nicht leichtgemacht, Leistungsfreiheit für sich in Anspruch zu nehmen. Sollte der Rechtsanwalt die Prämie nicht rechtzeitig gezahlt und vom Versicherer mit Androhungen von Rechtsfolgen gemahnt worden sein, empfiehlt es sich unter Berücksichtigung der seinen Fall charakterisierenden Einzelheiten, sich der versicherungsrechtlichen Kommentarliteratur[3392] zu bedienen. Sie gibt eine Fülle von Hinweisen, deren Beachtung zugunsten des Anwalts ausschlagen kann.

§ 3 Beginn und Umfang des Versicherungsschutzes
I. 1. Der Versicherungsschutz beginnt vorbehaltlich einer anderen Vereinbarung mit der Einlösung des Versicherungsscheines durch Zahlung der Prämie, der im Antrag angegebenen Kosten und etwaiger öffentlicher Abgaben.
2. Wird die erste oder einmalige Prämie nicht rechtzeitig bezahlt, ist der Versicherer, solange die Zahlung nicht bewirkt ist, berechtigt, vom Vertrag zurückzutreten. Es gilt als Rücktritt, wenn der Anspruch auf die Prämie nicht innerhalb von drei Monaten vom Fälligkeitstage an gerichtlich geltend gemacht wird.
3. Ist die Prämie zur Zeit des Eintritts des Versicherungsfalles noch nicht bezahlt, ist der Versicherer dem Versicherungsnehmer gegenüber von der Verpflichtung zur Leistung frei.
4. Wird die erste Prämie erst nach dem als Beginn der Versicherung festgesetzten Zeitpunkt eingefordert, alsdann aber ohne Verzug bezahlt, beginnt der Versicherungsschutz mit dem vereinbarten Zeitpunkt.

Die **einfache Einlösungsklausel** des § 3 I 1 greift ein, wenn für den Beginn der Versicherung kein bestimmtes Datum im Vertrag genannt ist. Haben die Parteien dagegen ein Datum für den Beginn festgelegt, ist die **erweiterte Einlösungsklausel** des § 3 I 4 anzuwenden.

§ 8 Prämienzahlung, Prämienregulierung, Prämienrückerstattung
I. Die erste oder einmalige Prämie wird mit Abschluß des Versicherungsvertrages fällig. Die nach Beginn des Versicherungsschutzes (§ 3 I) zahlbaren regelmäßigen Folgeprämien sind an den im Versicherungsschein festgesetzten Zahlungsterminen und sonstige Prämien bei Bekanntgabe an den Versicherungsnehmer zuzüglich etwaiger öffentlicher Abgaben zu entrichten. Unterbleibt die Zahlung, ist der Versicherungsnehmer auf seine Kosten unter Hinweis auf die Folgen fortdauernden Verzugs durch einen an seine letztbekannte Adresse gerichteten eingeschriebenen Brief zur Zahlung innerhalb einer Frist von zwei Wochen aufzufordern. Tritt der Verstoß nach dem Ablauf dieser Frist ein und ist der Ver-

3392 Z. B. zur Fälligkeit der Prämie allg. bei § 35, zur Erst- und Einmalprämie (etwa bei Rückwärtsversicherung) bei § 38 und zu den Folgeprämien bei § 39 VVG, *Prölss/Martin*, a. a. O.; *Römer/Langheid*, a. a. O.

sicherungsnehmer zur Zeit des Eintritts mit der Zahlung der Prämie oder der Kosten im Verzug, ist der Versicherer dem Versicherungsnehmer gegenüber von der Verpflichtung zur Leistung frei. Nach dem Ablauf der Frist ist der Versicherer, wenn der Versicherungsnehmer mit der Zahlung im Verzug ist, berechtigt, das Versicherungsverhältnis ohne Einhaltung einer Kündigungsfrist zu kündigen oder, solange noch nicht sechs Monate seit Ablauf der zweiwöchigen Frist verstrichen sind, die rückständige Prämie nebst Kosten gerichtlich einzuziehen. Bei Teilzahlung der Jahresprämie werden die noch ausstehenden Raten der Jahresprämie sofort fällig, wenn der Versicherungsnehmer mit Zahlung einer Rate in Verzug gerät.
Ist vereinbart, daß der Versicherer die jeweils fälligen Beiträge von einem Konto einzieht und kann ein Beitrag aus Gründen, die der Versicherungsnehmer zu vertreten hat, nicht fristgerecht eingezogen werden oder widerspricht der Versicherungsnehmer einer berechtigten Einziehung von seinem Konto, gerät er in Verzug und es können ihm auch die daraus entstehenden Kosten in Rechnung gestellt werden. Der Versicherer ist zu weiteren Abbuchungsversuchen berechtigt, aber nicht verpflichtet. Ist die Einziehung eines Beitrags aus Gründen, die der Versicherungsnehmer nicht zu vertreten hat, nicht möglich, so kommt er erst in Verzug, wenn er nach schriftlicher Zahlungsaufforderung nicht fristgerecht zahlt. Kann aufgrund eines Widerspruchs oder aus anderen Gründen ein Beitrag nicht eingezogen werden, so kann der Versicherer von weiteren Einzugsversuchen absehen und den Versicherungsnehmer schriftlich zur Zahlung durch Überweisung auffordern.

1892 II 1. Der Versicherungsnehmer ist verpflichtet, nach Erhalt einer Aufforderung des Versicherers, welche auch durch einen der Prämienrechnung beigefügten Hinweis erfolgen kann, Mitteilung darüber zu machen, ob und welche Änderung in dem versicherten Risiko gegenüber den zum Zwecke der Prämienbemessung gemachten Angaben eingetreten ist. Diese Anzeige ist innerhalb eines Monats nach Erhalt der Aufforderung zu machen. Auf Verlangen des Versicherers sind die Angaben durch die Geschäftsbücher oder sonstige Belege nachzuweisen.
2. Aufgrund der Änderungsanzeige oder sonstiger Feststellungen wird die Prämie entsprechend dem Zeitpunkt der Verlängerung richtiggestellt.

Die Regelung enthält keine Sanktionen für den Fall, daß der Versicherungsnehmer die Angaben unterläßt oder falsche Angaben macht. Insbesondere ist keine Leistungsfreiheit des Versicherers vorgesehen. Damit treten die allgemeinen Regeln ein, nämlich **Schadensersatz wegen pVV**. Andere Sanktionen kommen mangels ausdrücklicher Regelung nicht in Betracht.[3393] Nach Nr. 2 muß der Versicherer von sich aus tätig werden, wenn er die Angaben erhalten hat. Auch bei Verringe-

3393 Wie hier *Voit*, in: *Prölss/Martin*, VVG, § 8 AHB Rn. 2; a. A. *Späte*, AHB-Kommentar, § 8 Rn. 17, außerordentliches Kündigungsrecht und bei längerer Dauer Leistungsfreiheit. Diese Auffassung dürfte sich mit dem heutigen Verständnis zu den AVB kaum vereinbaren lassen.

rung des Risikos braucht der Versicherungsnehmer keinen Antrag auf Prämienermäßigung zu stellen.

III. 1. Endet das Versicherungsverhältnis vor Ablauf der Vertragszeit oder wird es nach Beginn der Versicherung rückwirkend aufgehoben oder ist es von Anfang an nichtig, so gebührt dem Versicherer Prämie oder Geschäftsgebühr nach Maßgabe der gesetzlichen Bestimmungen (z. B. §§ 40 und 68 VVG). 1893
2. Endet das Versicherungsverhältnis infolge Kündigung im Schadenfalle (§ 9 II 1), so gebührt dem Versicherer der Teil der Prämie, welcher der abgelaufenen Versicherungszeit entspricht.
IV. War die Prämie auf mehrere Jahre vorausbezahlt, ist der Berechnung des dem Versicherer zustehenden Betrages die Prämie zugrunde zu legen, die bei Vorauszahlung auf die Zeit, für welche dem Versicherer nach Nr. 3 die Prämie gebührt, zu zahlen gewesen wäre.

§ 8 III 1 verweist auf § 40 VVG. Danach hat der Versicherer Anspruch auf die Prämie **bis zum Ende der Versicherungsperiode**, auch wenn bis dahin kein Vertragsverhältnis mehr besteht und der Versicherer folglich kein Risiko mehr zu tragen hat. Dies wird mit dem Grundsatz von der Unteilbarkeit der Prämie begründet, dessen Berechtigung aber nicht mehr überzeugt. Die Vorschrift des § 40 VVG wird überwiegend als unbillig empfunden. Ihre Benachteiligung geht aber nicht so weit, daß sie als verfassungswidrig angesehen werden kann.[3394]

§ 15 Meldepflichten des Versicherers 1894
Der Versicherer ist verpflichtet, der Landesjustizverwaltung und der Rechtsanwaltskammer den Beginn und die Beendigung oder Kündigung des Versicherungsvertrages sowie jede Änderung des Versicherungsvertrages, die den vorgeschriebenen Versicherungsschutz beeinträchtigt, unverzüglich mitzuteilen.

Diese Regelung beruht auf §§ 51 Abs. 6 und 7 BRAO, 158 c Abs. 2 VVG. Sie ist in der Praxis gerade dann von Bedeutung, wenn der Rechtsanwalt die Prämie für die Pflichtversicherung nicht gezahlt hat. Nach § 51 Abs. 1 Satz 1 BRAO hat der Anwalt die Pflichtversicherung abzuschließen und sie während der Dauer seiner Zulassung aufrechtzuerhalten. Nach § 14 Abs. 2 Nr. 10 BRAO ist die **Zulassung zur Rechtsanwaltschaft zu widerrufen**, wenn der Anwalt nicht die vorgeschriebene Berufshaftpflichtversicherung unterhält. § 12 Abs. 2 Satz 2 BRAO schreibt vor, daß die **Zulassungsurkunde** erst ausgehändigt werden darf, wenn der Abschluß der Berufshaftpflichtversicherung oder eine vorläufige Deckung nachgewiesen ist. Die Erlangung der Zulassung und noch mehr die ihrer Aufrechterhaltung hängt also davon ab, daß das Versicherungsverhältnis in

3394 BGHZ 115, 347 = VersR 1991, 1277 = NJW 1992, 107.

seinem Bestand nicht durch mangelnde Prämienzahlung gefährdet wird. Der zögernd zahlende Anwalt muß sich darüber bewußt sein, daß sein Verzug eine **Mitteilung des Versicherers an die Landesjustizverwaltung** zur Folge hat, jedenfalls haben kann, die seine Zulassung gefährdet und im übrigen zusätzliche Arbeit bedeutet.

F. Der Versicherungsfall

I. Definition

1895 Das VVG sagt nicht, was unter dem Versicherungsfall in der Haftpflichtversicherung genau verstanden werden soll, vgl. § 149 VVG. Deshalb bestimmen die AVB den Begriff des Versicherungsfalls in der Haftpflichtversicherung.

> § 5 Der Versicherungsfall
> I. Versicherungsfall im Sinne dieses Vertrages ist der Verstoß, der Haftpflichtansprüche gegen den Versicherungsnehmer zu Folge haben könnte.

§ 1 knüpft den Versicherungsschutz an einen **„Verstoß" des Versicherungsnehmers**. Damit ist der Versicherungsfall im Kern beschrieben. In § 5 I wird die Definition präzisiert: Versicherungsfall ist der Verstoß, der Haftpflichtansprüche gegen den Versicherungsnehmer zur Folge haben könnte. Diese Definition des Versicherungsfalls in den Vermögenshaftpflichtversicherungen weicht von der Allgemeinen Haftpflichtversicherung ab. Diese bestimmt den Versicherungsfall als Schadensereignis. Der Unterschied besteht darin, daß die Allgemeine Haftpflichtversicherung an die Folge des schädigenden Ereignisses anknüpft und dieses zum Versicherungsfall erklärt. Demgegenüber sieht die Vermögenshaftpflichtversicherung in dem Kausalereignis, in der eigentlichen Ursache des Schadens, den Versicherungsfall. Man spricht deshalb von der Kausalereignistheorie im Gegensatz zur Folgeereignistheorie.

II. Zeitliche Komponente

1896 Der Unterschied hat erhebliche praktische Auswirkungen, weil Ursache und Schadensfolge zeitlich weit auseinanderliegen können. Mit der Definition des § 5 als „Verstoß" – des Rechtsanwalts gegen seine Berufspflichten – knüpft die Vermögenshaftpflichtversicherung an den **frühestmöglichen Zeitpunkt** an. Der Anwalt, der falsch berät, hat im Zeitpunkt der Falschberatung schon alles getan, damit der Versicherungsfall als gegeben angesehen werden kann, soweit die Falschberatung einen Schaden zur Folge haben könnte. Der Versicherungsfall ist also nicht erst in dem Zeitpunkt eingetreten, in dem die Folgen der Falschberatung zutage treten. Das bedeutet aber auch, daß derjenige Versicherer deckungspflichtig ist, der im Zeitpunkt der Falschberatung Vertragspartner des Anwalts war. Der Umfang der Deckung richtet sich demnach auch nach dem seinerzeit bestehenden Inhalt des Versicherungsvertrages. Hat der Anwalt den Versicherer gewechselt, ist der **Nachfolgeversicherer** nicht eintrittspflichtig, auch wenn sich der Schaden erst während des Versicherungsverhältnisses mit diesem Versicherer zeigt.[3395]

III. Mehrfaches Handeln oder Unterlassen

Bei der Beurteilung, wann ein Versicherungsfall stattgefunden hat, ist bei zeitlich 1897
mehreren Möglichkeiten grundsätzlich auf den **ersten Verstoß gegen Berufspflichten** abzustellen, der die **Kausalkette zum Schaden** in Gang gesetzt hat.[3396]

Der erste Verstoß ist auch dann der zeitlich entscheidende, wenn der Versicherungsnehmer im weiteren Verlauf die Möglichkeit hatte, durch eine korrigierende Handlung die Kausalkette zu unterbrechen und den Schaden zu vermeiden, dies aber unterlassen hat.[3397] Anders ist der Fall zu beurteilen, wenn im weiteren Verlauf eine **besondere Pflicht zum Handeln** bestand, etwa eine erneute Prüfung und Entscheidung veranlaßt war und durch ordnungsgemäße Erfüllung der Pflicht der Schaden vermieden worden wäre.[3398] **Mehrere Versicherungsfälle** liegen vor, wenn ein von dem ersten Verstoß unabhängiges Unterlassen oder Handeln, das auf einem erneuten Entschluß beruht, eine neue Kausalkette in Gang gesetzt und einen selbständigen Schaden herbeigeführt hat. Das gilt auch, wenn die weiteren Verstöße auf derselben Art von Fehlern oder Vorstellungen beruhen wie der erste.[3399] Die in anderen Haftpflichtversicherungsarten sonst übliche **Serienschadenklausel**[3400] ist so in die AVB-A nicht übernommen worden.[3401]

3395 S. auch zur Vorwärts- und Rückwärtsversicherung sowie der Nachhaftung Rn. 1884 ff.
3396 H. M. vgl. *Späte*, § 1 Rn. 28; *Voit*, in: *Prölss/Martin*, VVG, Arch.-Haftpfl. Rn. 10.
3397 Vgl. OLG Nürnberg, VersR 1994, 1462.
3398 Vgl. BGH, VersR 1970, 247.
3399 Vgl. OLG Saarbrücken, VersR 1991, 457 für die Berufshaftpflicht eines Steuerberaters.
3400 Vgl. z. B. § 3 II Nr. 2 AVB-WB, dazu BGH, VersR 1991, 873 = NVersZ 1999, 261.
3401 S. aber § 3 II Nr. 2 b) und c) AVB-A.

G. Obliegenheiten

I. Mitteilungen an den Versicherer

1898

> § 11 Anzeigen und Willenserklärungen
> Alle für den Versicherer bestimmten Anzeigen und Erklärungen sind schriftlich abzugeben und sollen an die Hauptverwaltung des Versicherers oder an die im Versicherungsschein oder in dessen Nachträgen als zuständig bezeichnete Geschäftsstelle gerichtet werden. Die Vertreter sind zu deren Entgegennahme nicht bevollmächtigt.

Die Wirksamkeit einer solchen, den Empfang durch Vertreter beschränkenden Klausel war bis vor kurzem sehr umstritten. Der BGH[3402] hat sie nun in AVB der Lebensversicherung für wirksam erklärt. Die Klausel in den AVB-A ist nicht anders zu beurteilen.

II. Vor Vertragsschluß, bei Antragstellung

1899

> § 14 Informationspflichten des Versicherungsnehmers
> I. Der Versicherer übernimmt den Versicherungsschutz im Vertrauen darauf, daß der Versicherungsnehmer alle für die Übernahme des Versicherungsschutzes bedeutsamen Umstände anzeigt und die im Versicherungsantrag gestellten Fragen schriftlich wahrheitsgemäß und vollständig beantwortet hat (vorvertragliche Anzeigepflicht). Soll eine andere Person versichert werden, so ist auch diese neben dem Versicherungsnehmer für die wahrheitsgemäße und vollständige Anzeige risikoerheblicher Umstände und die Beantwortung der Fragen verantwortlich. Treten Umstände, die für die Übernahme des Versicherungsschutzes Bedeutung haben, nach Unterzeichnung des Antrags und vor Zugang des Versicherungsscheins beim Versicherungsnehmer ein oder ändern sich die bei Antragstellung angegebenen Umstände, ist der Versicherungsnehmer gleichfalls verpflichtet, dies anzuzeigen. Unrichtige Angaben zu den Gefahrumständen oder das arglistige Verschweigen sonstiger Gefahrumstände können den Versicherer berechtigen, den Versicherungsschutz zu versagen.

Die Regelung des § 14 I AVB-A hat als AVB-Klausel nur sehr begrenzte Bedeutung. Die AVB werden erst Bestandteil des Vertrages, wenn der Vertrag geschlossen ist. Vorher können sie keine rechtlichen Wirkungen entfalten. Die Klausel zielt aber gerade auf ein **Verhalten des Antragstellers vor Abschluß des Vertrages** ab. Dennoch trifft die Klausel die ohnehin bestehende Rechtslage. Denn die in

3402 Urt. v. 10. 2. 1999 – IV ZR 324/97, VersR 1999, 565 = NVersZ 1999, 261 = MDR 1999, 740 = zfs 1999, 298.

ihr bestimmten Obliegenheiten des Antragstellers ergeben sich unmittelbar aus dem Gesetz, nämlich §§ 16 ff. VVG.

III. Vor dem Versicherungsfall

> § 14 Informationspflichten des Versicherungsnehmers 1900
> II. Der Versicherungsnehmer ist verpflichtet, dem Versicherer auf Befragen unverzüglich alle nach Vertragsschluß eintretenden, die übernommene Gefahr erhöhenden Umstände mitzuteilen. Dies gilt sowohl für die vom Versicherungsnehmer als auch von Dritten mit Duldung des Versicherungsnehmers verursachten Gefahrerhöhungen.

Die Bestimmung des § 14 II beruht auf den §§ 23 ff. VVG.

> III. Zur Vermeidung von Nachteilen ist der Versicherungsnehmer verpflichtet, Änderungen seiner Anschrift unverzüglich mitzuteilen. Ansonsten gelten an die letzte, dem Versicherer bekannte Anschrift per Einschreiben gesandte Mitteilungen als rechtsverbindlich. Entsprechendes gilt für eine Namensänderung.

Vgl. hierzu § 10 VVG.

IV. Nach dem Versicherungsfall

1. Allgemeines

Nach Eintritt des Versicherungsfalls hat der Versicherungsnehmer die Obliegen- 1901
heiten, dem Versicherer den Fall anzuzeigen und daran mitzuwirken, daß der Sachverhalt richtig aufgeklärt wird. Darauf ist der Versicherer angewiesen. Bei vorsätzlicher oder grob fahrlässiger **Verletzung der Obliegenheiten** sehen die meisten AVB, ebenso wie hier § 6 AVB-A, vor, daß der Versicherer schon wegen der Obliegenheitsverletzung nicht zu leisten braucht. Das ist eine harte Sanktion. Ob das darin liegende **Alles-oder-Nichts-Prinzip** auf Dauer gehalten werden kann, erscheint fraglich. Derzeit bestimmt es aber noch die Rechtslage. Mit § 6 VVG sind die Regeln über die Obliegenheitsverletzungen, soweit sie in den AVB Leistungsfreiheit des Versicherers zur Folge haben, näher ausgestaltet. Es sollen die wichtigsten Punkte hier kurz aufgezeigt werden.[3403]

Steht fest, daß der Versicherungsnehmer den objektiven Tatbestand einer nach dem Versicherungsfall zu erfüllenden Obliegenheit verletzt hat, was der Versiche-

3403 Vgl. näher insbes. die Kommentierungen zu § 6 VVG bei *Prölss*, in: *Prölss/Martin*, a. a. O., und *Römer/Langheid*.

rer zu beweisen hat, wird grundsätzlich **Vorsatz vermutet**. Die Vermutung wird für die Anzeige des Versicherungsfalls, insbesondere deren Rechtzeitigkeit, allerdings durch den Erfahrungssatz abgeschwächt, daß im allgemeinen kein Versicherungsnehmer vorsätzlich seinen Versicherungsschutz gefährden will. Davon abgesehen muß der Versicherungsnehmer darlegen und beweisen, inwiefern er nicht vorsätzlich gehandelt hat. Auf Fragen der Kausalität, also darauf, ob die vorsätzliche Obliegenheitsverletzung irgend etwas zum Nachteil des Versicherers bewirkt hat, kommt es bei Vorsatz grundsätzlich nicht an. Um die damit verbundene Härte zu mildern, hat der BGH die sogenannte **Relevanzrechtsprechung** entwickelt, die heute h. M. ist. Nach ihr kann der Versicherer aus einer vorsätzlichen Obliegenheit dann keine Leistungsfreiheit herleiten, wenn die Verletzung für ihn tatsächlich „ohne Relevanz", d. h. ohne Folgen i. d. S. geblieben ist, daß sie generell nicht geeignet war, die Interessen des Versicherers ernsthaft zu gefährden. Allerdings darf das Verschulden des Versicherungsnehmers nur gering sein. Ferner verlangt die Rechtsprechung, daß der Versicherungsnehmer bei Auskunftsobliegenheiten über die Folgen falscher Angaben belehrt worden ist. An die Belehrung werden strenge Anforderungen gestellt.[3404]

1902 Hat der Versicherungsnehmer **grob fahrlässig** gehandelt, wird der Versicherer leistungsfrei, wenn die Obliegenheitsverletzung Einfluß auf die Feststellung des Versicherungsfalls oder auf den Umfang der Leistungspflicht hatte. In diesen Fällen kommt es also auf Kausalitätserwägungen an, also darauf, ob sich die Obliegenheitsverletzung zum Nachteil des Versicherers ausgewirkt hat. Es ist dann Sache des Versicherungsnehmers, den **Kausalitätsgegenbeweis** zu führen. Das ist oft schwierig. Bei schuldloser oder leicht fahrlässiger Obliegenheitsverletzung kann der Versicherer nach § 6 Abs. 3 VVG keine Leistungsfreiheit für sich in Anspruch nehmen.

1903 Die nach dem Versicherungsfall zu erfüllenden **Obliegenheiten** des Versicherungsnehmers bestehen dann **nicht mehr**, wenn der Versicherer die **Deckung abgelehnt** hat.[3405] Der Versicherungsnehmer braucht also weder weitere Auskünfte zu erteilen, noch dem Versicherer irgendwie beizustehen. Er kann den Anspruch anerkennen oder erfüllen und damit auch die Fälligkeit i. S. d. § 154 VVG, § 5 IV herbeiführen.[3406]

3404 Zur Relevanzrechtsprechung *Römer/Langheid*, VVG, § 6 Rn. 39 bis 48.
3405 BGHZ 107, 368 = VersR 1989, 842 = NJW 1989, 2472; näher *Römer/Langheid*, VVG, § 6 Rn. 21.
3406 OLG Hamm, VersR 1987, 802, 804.

2. Einzelheiten

§ 5 II. 1904
1. Jeder Versicherungsfall ist dem Versicherer (vgl. § 11) unverzüglich, spätestens innerhalb einer Woche, schriftlich anzuzeigen.

Der **Versicherungsfall** ist in § 5 I definiert. Demnach entsteht die Anzeigeobliegenheit des Versicherungsnehmers schon dann, wenn er von Umständen erfährt, die Haftpflichtansprüche gegen ihn auslösen „könnten". Der Anwalt, der sich der Möglichkeit seiner Inanspruchnahme durch den Mandanten ausgesetzt sieht, sollte dies ernst nehmen und die Meldung gegenüber dem Versicherer nicht hinauszögern. Es kommt nicht darauf an, ob der Anwalt meint, im Ergebnis werde kein Anspruch des Mandanten bestehen. Verzögert er die Anzeige an den Versicherer, gefährdet er wegen einer Obliegenheitsverletzung seinen Versicherungsschutz und nimmt die Möglichkeit in Kauf, daß bei anderen Versicherungsfällen seiner Sozien die dann zu berechnende Durchschnittsversicherungssumme sinkt. Es ist auch nicht sinnvoll, den Sachverhalt in seiner Darstellung „zu schönen". Damit tut der Anwalt weder sich noch seinem Mandanten einen Gefallen. Vielmehr nimmt er die Gefahr in Kauf, daß sein Mandant die Versicherungsleistung, die ihm gebührt, nicht erhält oder daß er selbst leisten muß, ohne vom Versicherer Deckung zu erhalten. Im übrigen kann auf die Kommentierungen zu § 153 VVG verwiesen werden.

2. Wird ein Ermittlungsverfahren eingeleitet oder ein Strafbefehl oder ein Mahnbescheid erlassen, hat der Versicherungsnehmer dem Versicherer unverzüglich Anzeige zu erstatten, auch wenn er den Versicherungsfall selbst bereits angezeigt hat.
Gegen Mahnbescheide oder Verfügungen von Verwaltungsbehörden auf Schadenersatz hat er, ohne die Weisung des Versicherers abzuwarten, fristgemäß Widerspruch zu erheben und die erforderlichen Rechtsbehelfe zu ergreifen.
3. Macht der Geschädigte seinen Anspruch gegenüber dem Versicherungsnehmer geltend, ist dieser zur Anzeige innerhalb einer Woche nach der Erhebung des Anspruchs verpflichtet.
4. Wird gegen den Versicherungsnehmer ein Anspruch gerichtlich geltend gemacht, Prozeßkostenhilfe beantragt oder wird ihm gerichtlich der Streit verkündet, hat er außerdem unverzüglich Anzeige zu erstatten. Das gleiche gilt im Falle eines Arrestes, einer einstweiligen Verfügung oder eines selbständigen Beweisverfahrens.

Bei Nr. 4 handelt es sich um eine **Anzeige-**, nicht um eine **Auskunftsobliegenheit**. Der Versicherungsnehmer muß also von sich aus und nicht erst auf Anfrage des Versicherers tätig werden. Der Versicherungsnehmer hat den Versicherer auch dann von den in Nr. 4 genannten Tatbeständen zu unterrichten, wenn er dem Versicherer bereits eine **Schadensanzeige** nach Nr. 1 zugesandt hat. Die Obliegenheiten der Nr. 4 bestehen neben denen der Nr. 1.[3407] Die unterlassene Anzeige von einem gerichtlichen Verfahren ist nicht dadurch entschuldigt, daß der Versicherungsnehmer glaubt, den Prozeß zu gewinnen. Es ist Sache des Versicherers zu entscheiden, ob er sich am Verfahren beteiligen will, oder ob er dies wegen guter Prozeßchancen glaubt, unterlassen zu können. Die unterlassene Benachrichtigung ist grundsätzlich auch geeignet, die Interessen des Versicherers ernsthaft zu gefährden.[3408]

> 5. Durch die Absendung der Anzeige werden die Fristen gewahrt. Für die Erben des Versicherungsnehmers tritt anstelle der Wochenfrist jeweils eine Frist von einem Monat.
>
> 1905 III.
>
> 1. Der Versicherungsnehmer ist verpflichtet, unter Beachtung der Weisungen des Versicherers nach Möglichkeit für die Abwendung und Minderung des Schadens zu sorgen und alles zu tun, was zur Klarstellung des Schadenfalles dient, sofern ihm dabei nichts Unbilliges zugemutet wird. Er hat den Versicherer bei der Abwehr des Schadens sowie bei der Schadenermittlung und -regulierung zu unterstützen, ihm ausführlich und wahrheitsgemäße Schadenberichte zu erstatten, alle Tatumstände, welche auf den Schadenfall Bezug haben, mitzuteilen und alle nach Ansicht des Versicherers für die Beurteilung des Schadenfalls erheblichen Schriftstücke einzusenden.

In der Haftpflichtversicherung beginnt die Verpflichtung des Versicherungsnehmers, für die Abwendung und Minderung des Schadens zu sorgen, nicht schon mit dem Drohen des Versicherungsfalls, sondern erst bei dem **Eintritt des Versicherungsfalls**[3409] (der aber schon gegeben ist, wenn ein Haftungsanspruch in Betracht kommen könnte, § 5 I AVB-A). Die **Aufklärungsobliegenheit** kann es erfordern, daß der Anwalt dem Versicherer die in Frage kommende Korrespondenz vorlegt, damit der Versicherer selbständig prüfen kann, ob der Anspruch des Dritten besteht und befriedigt werden muß. Vor allem aber verlangt es die **Schadenminderungsobliegenheit** des Versicherungsnehmers, daß der Anwalt dazu beiträgt, daß unter Umständen ein Vergleich zustande kommt.

1906 Schwierig ist die Lage, wenn die Interessen des Versicherers und die des Anwalts 1906 auseinandergehen. Das Interesse des Anwalts, den Mandanten zu halten, kann mit dem Interesse des Versicherers kollidieren, den Anspruch unter allen Umständen abzuwehren. In solchen Fällen sollte das Verhalten untereinander ab-

3407 OLG Düsseldorf, VersR 1990, 411.
3408 OLG Düsseldorf, VersR 1990, 411.
3409 BGHZ 43, 88 = NJW 1965, 755 = VersrR 1965, 325; vgl. sog. Vorerstreckungstheorie *Römer/Langheid*, VVG, § 62 Rn. 2.

gestimmt werden. Auch dann aber darf der Anwalt seine Interessen nicht dadurch verfolgen, daß er den Versicherer nicht oder falsch unterichtet. Er riskiert dabei, den **Deckungsschutz** zu verlieren. Andererseits darf der Versicherer nicht vergessen, daß er nach außen den Versicherungsnehmer vertritt. Hier gilt, was der BGH[3410] für den Fall der Prozeßführung durch den Versicherer ausgesprochen hat: Der Versicherer muß die Interessen des Versicherten so wahren wie ein von diesem beauftragter Anwalt. Dies gilt auch bei einer Kollision der Interessen des Versicherers mit denen des Versicherten. In diesem Fall muß der Versicherer seine Interessen zurückstellen.

2. Der Versicherungsnehmer ist nicht berechtigt, ohne vorherige Zustimmung des Versicherers einen Haftpflichtanspruch ganz oder zum Teil anzuerkennen oder zu vergleichen oder zu befriedigen. 1907

Zweck eines Anerkenntnis- und Befriedigungsverbots ist es zu verhindern, daß sich Versicherungsnehmer und Geschädigter auf Kosten des Versicherers einigen. Mit dem Anerkenntnis oder der Befriedigung können auch umstrittene Haftpflichtansprüche in Fällen erfaßt werden, in denen eine Haftpflicht des Versicherungsnehmers objektiv nicht bestanden hat.[3411]

Es ist sehr **zweifelhaft**, ob das Anerkenntnis- und Befriedigungsverbot des **§ 5 III** 1908
2 AVB-A wirksam ist. Nach § 154 Abs. 2 VVG ist eine solche Vereinbarung unwirksam, wenn nach den Umständen der Versicherungsnehmer die Befriedigung oder die Anerkennung nicht ohne offenbare Unbilligkeit verweigern konnte. Während § 5 Nr. 5 AHB einen solchen Unbilligkeitsvorbehalt noch in den Wortlaut aufgenommen hat, fehlt er in § 5 III 2 AVB-A. Ob § 154 Abs. 2 VVG abgeändert werden kann oder zumindest halbzwingenden Charakter hat, ist umstritten.[3412]

Jedenfalls ist § 154 VVG mit seinem Abs. 2 nicht in die Unabdingbarkeitsregelung des § 158 a VVG aufgenommen.[3413] Daraus läßt sich im Umkehrschluß aber noch nicht die Wirksamkeit feststellen. Vielmehr dürfte sich die Unwirksamkeit jedenfalls aus § 9 Abs. 2 Nr. 1 AGBG ergeben, denn § 5 III AVB-A weicht von dem wesentlichen Grundgedanken des § 154 Abs. 2 VVG ab. Nach Voit[3414] gilt das **Anerkenntnis- und Befriedigungsverbot** des wortgleichen § 5 Nr. 3 a Abs. 2 AVB Vermögen/WB „nach Maßgabe des § 154 Abs. 2“. Indessen ist fraglich,

3410 BGHZ 119, 276 = VersR 1992, 1504.
3411 BGH, VersR 1977, 174 unter 4 a.
3412 Vgl. *Voit*, in: *Prölss/Martin*, VVG, § 154 Rn. 23, der ihn für halbzwingend hält.
3413 Anders im österreichischen VVG, bei dem seit dem 1. 1. 1994 „Abs. 1“ gestrichen ist, so daß die gesamte Vorschrift zumindest halbzwingend ist.
3414 In: *Prölss/Martin*, VVG, § 5 AVB Vermögen/WB Rn. 3.

ob das Verbot auf diese Weise gehalten werden kann, nachdem heute an die Transparenz von Allgemeinen Geschäftsbedingungen auch im Versicherungsrecht gewisse Anforderungen gestellt werden.

Folgt man der Auffassung, § 5 III 2 AVB-A sei wegen Verstoßes gegen § 9 AGBG unwirksam, ergibt sich eine solche oder ähnliche Regelung nicht aus dem Gesetz. § 154 Abs. 2 setzt nur eine Vereinbarung über die Anerkennung und Befriedigung voraus. Dennoch könnte die Anerkennung oder Befriedigung zum Nachteil des versicherten Anwalts ausschlagen, wenn sie gegen die Regeln über Treu und Glauben, die das Versicherungsverhältnis im besonderen Maße beherrschen, verstoßen. Das hat der BGH[3415] jedenfalls in dem Falle für möglich gehalten, daß der Versicherungsnehmer damit leichtfertig handelt. Ein solcher Ausnahmefall kann aber bei dem Anwalt, der wegen seines Verhältnisses zum Mandanten den Anspruch anerkennt oder befriedigt, nicht angenommen werden.

1909 Geht man von der Wirksamkeit des § 5 III 2 AVB-A aus, wird man entweder den **Billigkeitsvorbehalt** des § 154 Abs. 2 VVG ergänzend heranziehen oder eine etwaige Anerkennung oder Befriedigung unter dem Gesichtspunkt des § 242 BGB beurteilen und die Interessen des Anwalts in die Erwägungen mit einbeziehen müssen. Befriedigt der Anwalt die offensichtlich berechtigten Ansprüche seines Mandanten, weil der Versicherer seine Einstandspflicht mit unhaltbarer Begründung ablehnt, kann sich der Versicherer nicht auf das Befriedigungsverbot berufen.[3416] Da es sich bei dem Anerkennungs- und Befriedigungsverbot um eine **Obliegenheit handelt**, sind bei der Frage, ob der Versicherer leistungsfrei geworden ist, die oben (Rn. 1901 ff.) aufgezeigten **Entlastungsmöglichkeiten** zu prüfen.

1910 Will der Anwalt eigene Honoraransprüche den Forderungen seines Mandanten wegen eines (angeblichen) Schadens gegenüberstellen, wird er das Anerkenntnis- und Befriedigungsverbot zu beachten haben. Denn ein Verstoß gegen das Verbot liegt auch vor, wenn in einem Vergleich wechselseitig auf eigene geltend gemachte Ansprüche verzichtet wird.[3417]

1911 3. Den aus Anlaß eines Schadenfalles erforderlichen Schriftwechsel hat der Versicherungsnehmer unentgeltlich zu führen.

Die Klarstellung ist notwendig, weil der erforderliche Schriftwechsel zur beruflichen Tätigkeit des Anwalts gehört und ansonsten honorarpflichtig sein könnte.

3415 BGH, VersR 1977, 174 unter 3.

3416 Vgl. LG Berlin, r + s 1995, 211; auch den Fall OGH, VersR 1990, 447.

3417 OLG Hamm, VersR 1992, 307 für die Honorarforderungen eines Ingenieurs.

Die Regelung erhält ihre Bedeutung auch dann, wenn es der Versicherer dem versicherten Anwalt überläßt, nach seinen Weisungen die Korrespondenz mit dem geschädigten Mandanten selbst zu führen. Das wird in der Praxis unterschiedlich gehandhabt.

> 4. Der Versicherer gilt als bevollmächtigt, alle zur Beilegung oder Abwehr des Anspruchs ihm zweckmäßig erscheinenden Erklärungen im Namen des Versicherungsnehmers abzugeben.

Die Regulierungsvollmacht des Versicherers hat ihren Grund in dessen Regulierungspflicht. Will er seiner Pflicht nach § 3 II 1 nachkommen, nämlich unbegründete Ansprüche abzuwehren und begründete zu befriedigen, braucht der Versicherer – auch zu den erforderlichen Verhandlungen – eine **Regulierungsvollmacht**. Deshalb endet die Vollmacht auch nicht mit dem Versicherungsverhältnis. Insbesondere wirkt sie auch noch bei der **Nachhaftung** fort.[3418]

Die Regulierungsvollmacht besteht auch in den Fällen, in denen der Versicherer gegenüber dem Versicherungsnehmer leistungsfrei ist, ein Anspruch gegenüber dem Geschädigten nach § 158 c Abs. 1 VVG aber fingiert wird.[3419] Die Vollmacht deckt einen Vergleich oder ein Anerkenntnis auch insoweit, als der Versicherungsnehmer eine Selbstbeteiligung zu tragen hat oder die Deckungssumme nicht ausreicht.[3420]

> 5. Eine Streitverkündung seitens des Versicherungsnehmers an den Versicherer ist nicht erforderlich; die Kosten einer solchen werden vom Versicherer nicht ersetzt.
>
> § 7 III. Abtreten des Versicherungsanspruchs 1912
> Die Versicherungsansprüche können vor ihrer endgültigen Feststellung ohne ausdrückliche Zustimmung des Versicherers nicht abgetreten oder verpfändet werden.

Mit dem Abtretungsverbot **bezweckt der Versicherer** zu verhindern, daß er gezwungen wird, den Schadenfall mit unbeteiligten, ihm unbekannten Personen abzuwickeln und Rechtsfragen außerhalb des Versicherungsverhältnisses zu erörtern.[3421] Sehr überzeugend ist diese Begründung nicht, denn auch die Berufshaftpflichtversicherung ist ein Massengeschäft, bei dem es dem Versicherer auf die Person des Vertragspartners relativ wenig ankommt. Außerdem steht der Versiche-

3418 BGHZ 101, 276, 282.
3419 Vgl. BGHZ 101, 276, 283.
3420 *Voit*, in: *Prölss/Martin*, VVG, § 5 AHB Rn. 25 mit Hinweisen auf die Rechtsprechung.
3421 H. M. vgl. BGH, VersR 1983, 823 unter II 1, allerdings zu § 7 Abs. 1 Satz 2 AHB; *Späte*, AHB-Kommentar, § 7 Rn. 17; *Voit*, in: *Prölss/Martin*, VVG, § 7 AHB Rn. 8.

rer ohnehin einem Geschädigten gegenüber, dessen Anspruch er befriedigen oder abwehren muß, und den er sich nicht aussuchen kann.

1913 § 7 III untersagt die **Abtretung und Verpfändung von Ansprüchen**, die noch nicht endgültig festgestellt sind (vgl. § 154 Abs. 1 VVG), wenn der Versicherer nicht ausdrücklich zustimmt. Der Befreiungsanspruch kann ohnehin nicht abgetreten werden, weil er persönlicher Natur ist und die Haftpflichtversicherung grundsätzlich an die Person des Versicherten gebunden ist. Der geschädigte Dritte hat aber die Möglichkeit, sich den Anspruch aus der Haftpflichtversicherung des Schädigers pfänden und überweisen zu lassen, um so die Forderung unmittelbar gegen den Versicherer geltend machen zu können. Der **Befreiungsanspruch** wandelt sich dann in einen **Zahlungsanspruch** um.[3422]

1914 Die **Berufung auf das Abtretungsverbot** kann **rechtsmißbräuchlich** sein, wenn sie nicht von einem beachtlichen, im Zweckbereich der Bestimmung liegenden Interesse des Versicherers gedeckt wird.[3423] So z. B. wenn der Geschädigte über einen rechtskräftigen Titel verfügt und jederzeit in die Forderung aus der Haftpflichtversicherung vollstrecken könnte[3424] oder wenn sich der Versicherer auf Verhandlungen in einer gewissen Intensität mit dem Geschädigten eingelassen hat. Rechtsmißbräuchlich ist die Berufung auf das Abtretungsverbot oder die Verweigerung der Zustimmung zu einer Abtretung an den Geschädigten auch, wenn sich der Versicherungsnehmer ohne triftigen Grund weigert, selbst die Deckungsfrage zu klären.[3425] Die **Deckungsablehnung** steht einer endgültigen Feststellung des Anspruchs nicht gleich. Auch danach soll sich der Versicherer noch auf das Abtretungsverbot berufen können.[3426]

H. Fälligkeit, Verlust des Anspruchs, Regreß

I. Fälligkeit

1. Deckungsanspruch

1915 Fällig ist der Anspruch des Versicherungsnehmers auf Befriedigung oder Abwehr durch den Versicherer, wenn von einem Dritten Ansprüche gegen ihn, den Versi-

3422 OLG Düsseldorf, VersR 1983, 625.
3423 BGH, VersR 1983, 945.
3424 OLG Düsseldorf, VersR 1983, 625.
3425 OLG Hamm, VersR 1991, 579, Rechtsmißbrauch aber im Fall verneint.
3426 OLG München, VersR 1991, 456.

cherungsnehmer, erhoben werden.[3427] Es kommt nicht darauf an, wann ein etwaiger Zahlungsanspruch gegen den Versicherer entstanden ist[3428] (dazu Rn. 1916) oder wann ein Urteil gegen den Versicherten im Haftpflichtprozeß rechtskräftig geworden ist.[3429] Wegen des Trennungsprinzips hat ein Haftpflichtprozeß auf die Fälligkeit (und den Lauf der Verjährungsfrist) in Bezug auf den einheitlichen Deckungsanspruch des Versicherungsnehmers keinen Einfluß.[3430]

2. Leistung an den Geschädigten

§ 5 IV. Fälligkeit der Versicherungsleistung 1916
Steht die Ersatzleistung des Versicherers fest, sind die fälligen Beträge spätestens innerhalb einer Woche, die Renten an den Fälligkeitsterminen zu bezahlen. Der Versicherer kann jedoch verlangen, daß der Versicherungsnehmer seinen Schadenanteil an eine vom Versicherer bestimmte Stelle abführt und die Quittung dafür dem Versicherer einsendet. Die einwöchige Frist läuft in diesem Falle vom Eingang der Quittung.

Satz 1 entspricht inhaltlich § 154 Abs. 1 VVG, jedoch mit dem Unterschied, daß die **Frist zur Fälligkeit auf eine Woche verkürzt** ist.

II. Verlust

1. Durch Verjährung

§ 10 Verjährung 1917
Abs. 1
Die Ansprüche aus dem Versicherungsvertrag verjähren in zwei Jahren. Die Verjährungsfrist beginnt am Schluß des Jahres, in dem die Versicherungsleistung fällig wird. Ist der Anspruch angemeldet, bleibt der Zeitraum zwischen Anmeldung und abschließender schriftlicher Entscheidung des Versicherers bei der Fristberechnung unberücksichtigt.

Die Regelung entspricht § 12 Abs. 1 und 2 VVG. Zutreffend spricht sie im Plural von den Ansprüchen, denn der Versicherungsnehmer hat nach § 3 II 1 sowohl einen Anspruch auf Befriedigung begründeter als auch einen Rechtsschutzanspruch auf Abwehr unbegründeter Schadenersatzansprüche. Dennoch handelt es sich um einen **einheitlichen Deckungsanspruch**, der auch einheitlich verjährt.

3427 BGH, NJW 1960, 1346 = VersR 1960, 554; VersR 1976, 477 unter III 4; OLG Köln, r + s 1998, 323.
3428 OLG Düsseldorf, zfs 1999, 163 = NVersZ 1999, 229.
3429 OLG Frankfurt, VersR 1994, 1175, 1178.
3430 Vgl. OGH, zfs 1999, 162.

Anknüpfungspunkt für den Beginn der Verjährungsfrist ist die Fälligkeit der Versicherungsleistung. Damit beginnt für beide Ansprüche einheitlich die Verjährungsfrist mit dem Schluß des Jahres zu laufen, in dem sie fällig werden.

Hat der Versicherungsnehmer an den Geschädigten geleistet, etwa weil der Versicherer die Befriedigung unberechtigterweise abgelehnt hat, wandelt sich der **Deckungsanspruch des Versicherungsnehmers** in einen **Zahlungsanspruch** um.[3431] Für diesen beginnt eine **gesonderte Verjährungsfrist** entsprechend § 154 VVG zu laufen, es sei denn, der Zahlungsanspruch ist erst nach Verjährung des Deckungsanspruchs entstanden.[3432] Auch wenn sich der Deckungsanspruch des Versicherungsnehmers in der Hand desjenigen in einen Zahlungsanspruch umwandelt, der den Anspruch hat pfänden und an sich überweisen lassen, beginnt entsprechend § 154 VVG eine neue Verjährungsfrist.[3433]

Eine **Anmeldung des Anspruchs**, die die Unterbrechung der Verjährungsfrist bewirkt, liegt schon in der Anzeige des Versicherungsfalls.[3434] Die Unterbrechung wird beendet, wenn der Versicherer den Anspruch bescheidet.

2. Wegen Obliegenheitsverletzungen

1918 § 6 Rechtsverlust

Wird eine Obliegenheit verletzt, die nach § 5 dem Versicherer gegenüber zu erfüllen ist, ist der Versicherer dem Versicherungsnehmer gegenüber von der Verpflichtung zur Leistung frei, es sei denn, daß die Verletzung weder auf Vorsatz noch auf grober Fahrlässigkeit beruht. Bei grob fahrlässiger Verletzung bleibt der Versicherer zur Leistung insoweit verpflichtet, als die Verletzung Einfluß weder auf die Feststellung des Versicherungsfalles noch auf die Feststellung oder den Umfang der dem Versicherer obliegenden Leistung gehabt hat. Handelt es sich hierbei um die Verletzung von Obliegenheiten zwecks Abwendung oder Minderung des Schadens, bleibt der Versicherer bei grob fahrlässiger Verletzung zur Leistung insoweit verpflichtet, als der Umfang des Schadens auch bei gehöriger Erfüllung der Obliegenheiten nicht geringer gewesen wäre.

Satz 1 und 2 gehen auf § 6 Abs. 3 VVG zurück. Es wird auf die Übersicht unter Rn. 1901 ff. verwiesen. Satz 3 entspricht inhaltlich § 62 Abs. 2 VVG.

3431 BGH, VersR 1977, 174 unter 2.

3432 OLG Düsseldorf, zfs 1999, 163 = NVersZ 1999, 229; weitere Nachweise bei *Römer/Langheid*, VVG, § 149 Rn. 22.

3433 OLG Frankfurt, VersR 1994, 1175, 1178.

3434 *Römer/Langheid*, VVG, § 12 Rn. 21 m. w. N.

3. Versäumung der Klagefrist

§ 10 II 1919
Der Versicherungsnehmer verliert den Anspruch auf die Versicherungsleistung, wenn er ihn nicht innerhalb einer Frist von sechs Monaten nach Zugang der ablehnenden Entscheidung des Versicherers gerichtlich geltend macht. Diese Frist beginnt erst, wenn der Versicherer in seiner Ablehnung auf die Rechtsfolgen des Fristablaufs hingewiesen hat.

Die Bestimmung gibt den Inhalt des § 12 Abs. 3 VVG wieder. Sie ist **eine der gefährlichsten Vorschriften im Versicherungsrecht**. Der Anwalt, zu dessen Tätigkeitsfeld das Versicherungsrecht nicht gehört, erwartet eine so rigide Regelung über den Verlust von Ansprüchen – neben der längeren Verjährung – nicht. Er muß als Versicherungsnehmer aber darüber vom Versicherer belehrt werden; eine Belehrung, die volle Aufmerksamkeit verdient.

Folgt der Versicherungsnehmer seiner Obliegenheit, § 5 II 1, den Versicherer von dem Schadensfall zu unterrichten, nicht, kann sich dies auch einmal zu seinem Vorteil auswirken. Voraussetzung dafür, daß die sechsmonatige Frist in Gang gesetzt wird, ist, daß der Versicherungsnehmer seinen Deckungsanspruch gegenüber dem Versicherer „erhoben" hat, § 12 Abs. 3 VVG. Hat der Versicherungsnehmer den Versicherer nicht unterrichtet, hat er auch keinen Deckungsanspruch erhoben, so daß die Frist nicht zu laufen beginnt.[3435]

III. Regreß des Versicherers

§ 7 IV. Rückgriffsansprüche 1920
IV. 1. Rückgriffsansprüche des Versicherungsnehmers gegen Dritte, ebenso dessen Ansprüche auf Kostenersatz, auf Rückgabe hinterlegter und auf Rückerstattung bezahlter Beträge sowie auf Abtretung gemäß § 255 BGB gehen in Höhe der vom Versicherer geleisteten Zahlung ohne weiteres auf diesen über. Der Übergang kann nicht zum Nachteil des Versicherungsnehmers geltend gemacht werden. Der Versicherer kann die Ausstellung einer den Forderungsübergang nachweisenden Urkunde verlangen.
2. Rückgriff gegen Angestellte des Versicherungsnehmers wird nur genommen, wenn der Angestellte seine Pflichten wissentlich verletzt hat.
3. Hat der Versicherungsnehmer auf einen Anspruch gemäß Nr. 1 oder ein zu dessen Sicherung dienendes Recht verzichtet, bleibt der Versicherer nur insoweit verpflichtet, als der Versicherungsnehmer beweist, daß die Verfolgung des Anspruchs ergebnislos geblieben wäre.

3435 Vgl. OLG Hamm, VersR 1987, 802, 803.

§ 7 IV ändert § 67 VVG zum Teil ab. Zweifelhaft ist, ob die Regelung in Nr. 3, mit der der Versicherer dem Versicherungsnehmer die Beweislast auferlegt, wirksam ist.[3436]

I. Besonderheiten vor und im Prozeß mit dem Versicherer

1921 § 10 III. Gerichtsstand

Ansprüche aus dem Versicherungsvertrag können gegen den Versicherer bei dem für seinen Geschäftssitz oder für den Geschäftssitz seiner vertragsführenden Niederlassung örtlich zuständigen Gericht geltend gemacht werden. Ist der Vertrag durch Vermittlung eines Vertreters des Versicherers zustande gekommen, kann auch das Gericht des Ortes angerufen werden, an dem der Vertreter z. Z. der Vermittlung seine gewerbliche Niederlassung oder, wenn er eine solche nicht unterhält, seinen Wohnsitz hat. Der Versicherer kann Ansprüche aus dem Versicherungsvertrag an dem für den Wohnsitz, den Sitz oder die Niederlassung des Versicherungsnehmers örtlich zuständigen Gericht geltend machen.

I. Gerichtsstand

§ 10 III. Satz 2 gibt den Inhalt des § 48 Abs. 1 VVG wieder, der durch Vereinbarung nicht ausgeschlossen werden kann. Diese versicherungsrechtliche Besonderheit ist auch für den Anwalt von Vorteil, der einen Versicherer nicht in eigener Sache verklagen will. Die Vorschrift ist wenig bekannt.

II. Klageantrag

1922 Der Klageantrag wird i. d. R. ein **Feststellungsantrag** sein, gerichtet darauf, daß der Versicherer für das bestimmte Ereignis **Deckungsschutz** zu gewähren habe. Deckungsschutz beinhaltet sowohl die Freistellung von rechtskräftig festgestellten oder vom Versicherer für begründet gehaltenen Haftpflichtansprüchen, als auch den Anspruch des Versicherungsnehmers auf Abwehr unbegründeter Ansprüche.[3437] Ein **Zahlungsanspruch** kommt erst in Betracht, wenn der Versicherungsnehmer den Geschädigten befriedigt und sich der Anspruch auf Befreiung oder Abwehr in einen Zahlungsanspruch umgewandelt hat.

3436 *Voit*, in: *Prölss/Martin*, VVG, § 7 AVB Vermögen/WB Rn. 1: unwirksam.
3437 Vgl. OLG Hamm, NJW-RR 1995, 141 = r + s 1996, 16.

III. Erstmaliges Berufen auf Obliegenheitsverletzungen im Prozeß

Es ist umstritten, ob ein auf Leistung in Anspruch genommener Versicherer sich 1923
mit Erfolg auch dann noch im Prozeß auf Obliegenheitsverletzungen berufen kann, wenn er diesen **Grund der Leistungsfreiheit** nicht schon in seinem **Ablehnungsbescheid** oder jedenfalls sofort zu Beginn des gerichtlichen Verfahrens geltend gemacht hat.[3438] Höchstrichterlich ist diese Frage noch nicht entschieden. Auszugehen ist davon, daß der Versicherer Leistungsfreiheit geltend zu machen berechtigt ist, wenn dazu die tatbestandlichen Voraussetzungen vorliegen. Dieses Recht kann er nicht dadurch verlieren, daß über seine Leistungspflicht ein Prozeß geführt wird. Nur wenn die auch sonst heranzuziehenden Gründe eines Rechtsverlusts vorliegen, ist es dem Versicherer verwehrt, sich auf Gründe der Leistungsfreiheit zu berufen, die er erstmals vorbringt. Als ein solcher Grund kommt der Verzicht in Betracht. Dann muß ein zumindest konkludent erklärter Verzichtswille festgestellt werden. Weiter kann Verwirkung eingetreten sein, wenn der Versicherungsnehmer aufgrund konkreter Umstände nach Treu und Glauben davon ausgehen durfte, der Versicherer werde diesen Grund der Leistungsfreiheit nicht mehr ins Feld führen. Liegen solche festzustellenden Gründe nicht vor, ist der Versicherer nicht gehindert, auch zu einem späteren Zeitpunkt, gegebenenfalls auch noch in der zweiten Instanz, neue Gründe für seine Leistungsfreiheit geltend zu machen.

Abschnitt 3: Ansprüche des geschädigten Mandanten gegen den Versicherer

Der geschädigte Dritte hat **keinen Direktanspruch** gegen den Versicherer, auch 1924
soweit er Ansprüche aus der Pflichtversicherung geltend macht. Zwar bleibt der Versicherer gemäß § 158 c Abs. 1 VVG „in Ansehung des Dritten“ zur Leistung verpflichtet, auch wenn er im Innenverhältnis zum Versicherungsnehmer leistungsfrei ist. Er kann, wenn er den Dritten befriedigt, gemäß § 158 f VVG bei dem Versicherungsnehmer **Regreß** nehmen. Wie sich aus § 158 c Abs. 6 VVG ergibt, hat der Geschädigte aber keinen direkten Anspruch gegen den Versicherer. Er muß, will er gegen den Versicherer vorgehen, den Anspruch des Versicherungsnehmers **pfänden und sich überweisen** lassen.[3439] Eine Abtretung des Anspruchs

3438 S. OLG Düsseldorf, VersR 1993, 425; OLG Hamm, r + s 1994, 229; OLG Köln, VersR 1994, 1183.
3439 Vgl. OLG Hamm, VersR 1987, 803, 804.

ist nicht zu empfehlen, weil sie nach § 7 III unwirksam sein kann. Zu etwaigen Ausnahmen s. unter Rn. 1913 f.

1925 **§ 158 c VVG fingiert** einen nicht vorhandenen Anspruch des Versicherungsnehmers gegen den Versicherer, wenn das Versicherungsverhältnis „krank" ist. Das heißt der Versicherer muß aus Gründen leistungsfrei sein, die nicht darin bestehen, daß er von vornherein ein solches Risiko nicht übernommen hat. Denn nach § 158 c Abs. 3 VVG haftet der Versicherer dem Geschädigten gegenüber nur soweit, wie er die Gefahr übernommen hat. Das bedeutet z. B.: Der geschädigte Dritte ist geschützt, wenn der Versicherer leistungsfrei ist, weil der Versicherungsnehmer eine Obliegenheit verletzt, die Prämie nicht rechtzeitig gezahlt oder die Frist des § 12 Abs. 3 VVG unbeachtet gelassen hat. Der Geschädigte bleibt aber ungeschützt gegen Risiken, die vom Versicherungsschutz ausgeschlossen sind, wie z. B. der Ausschluß nach § 4 Nr. 5, dem wissentlichen Verstoß des Rechtsanwalts gegen Berufspflichten.[3440] Der den Geschädigten vertretende Anwalt wird sich also seinen Vortrag genau überlegen müssen. Wenn er die Pflichtverletzung des den Schaden verursachenden Anwalts unnötig aggraviert[3441], läuft er Gefahr, daß daraus eine wissentliche Pflichtverletzung entnommen wird mit dem Ergebnis, daß der Geschädigte nicht in den Genuß der Vorteile einer Haftpflichtversicherung des Schädigers kommt.

Im übrigen ist die Fiktion eines Anspruchs auf die amtlich festgesetzte Mindestversicherungssumme begrenzt, § 158 c Abs. 3 VVG.

Soweit der Versicherer den geschädigten Dritten nach § 158 c VVG befriedigt, geht der Anspruch des Dritten, des Mandanten gegen seinen Anwalt, auf den Versicherer über, § 158 f VVG. Ist der Versicherungsnehmer mit der Prämienzahlung in Rückstand, kann der Versicherer seine Leistung um den fälligen Betrag der Prämie kürzen, also aufrechnen. Das gilt in der Haftpflichtversicherung grundsätzlich auch, wenn der Versicherer nicht an den Versicherungsnehmer, sondern an einen Dritten leistet, § 35 b VVG. Diese **Möglichkeit der Aufrechnung** ist dem Versicherer in der Pflichtversicherung aber versagt, § 158 g VVG.

Ist das **Versicherungsverhältnis beendet**, bleibt der Mandant noch einen weiteren Monat geschützt, § 158 c Abs. 2 VVG, es sei denn, der Mandant kann von anderer Seite Schadensersatz erlangen, § 158 c Abs. 4 VVG. Die **Frist von einem Monat** beginnt erst zu laufen, wenn der Versicherer die Beendigung und ihren Grund der zuständigen Stelle, der Landesjustizbehörde, mitgeteilt hat. Der

3440 Vgl. OLG Hamm, VersR 1988, 1122.
3441 Interessant sind die Bemerkungen von *Brieske*, AnwBl 1995, 225, 232.

Grund, aus dem das Vertragsverhältnis beendet wird, ist nicht von Bedeutung.[3442]

Auch wenn der geschädigte Mandant keinen direkten Anspruch gegen den Versicherer hat, ist er doch verpflichtet, dem Versicherer mitzuteilen, wenn er gegen den Anwalt Ansprüche geltend macht (Frist zwei Wochen) oder den Anspruch gerichtlich geltend macht (unverzüglich), § 158 d Abs. 1 und 2 VVG. Der Mandant hat dem Versicherer auf dessen Verlangen auch **Auskünfte** zu erteilen, soweit diese zur Feststellung des Schadensereignisses und der Höhe des Schadens erforderlich sind, § 158 d Abs. 3 VVG. Die Schwierigkeit des Mandanten kann darin bestehen, daß er nicht weiß, wer der Versicherer seines Anwalts ist. Diesen zu fragen ist erfolglos, wenn der Anwalt nicht bereit ist, Auskunft zu erteilen oder wenn er für den Mandanten nicht mehr erreichbar ist. Aus dieser Schwierigkeit kann sich der Mandant – oder der ihn dann vertretende Anwalt – befreien, indem er bei der **Justizverwaltung** oder der Stelle, an die delegiert ist (je nach Bundesland, OLG- oder LG-Präsident), nachfragt. Bisweilen hört man, daß diese Stellen keine Auskunft erteilen. Dann kann ein Versuch bei der zuständigen **Anwaltskammer** lohnen. 1926

Unverständlicherweise ist auch nicht jede Anwaltskammer zur Auskunft bereit. In solchen Fällen muß der Mandant auf Verdacht bei den **Versicherern** nachfragen, ob der Anwalt X bei ihnen versichert ist. Indessen ist auch diese Mühe dadurch begrenzt, daß es in der Bundesrepublik nur wenige Versicherer gibt (im wesentlichen fünf oder sechs), die sich mit der Berufshaftpflichtversicherung für Anwälte befassen.

3442 Näher *Römer/Langheid*, VVG, § 158 c Rn. 6 f.

Stichwortverzeichnis

Die Zahlen verweisen auf die Randnummern.

B

I

N

O

P

U

V